Habersack, Deutsche Gesetze

Ergänzungsband

Einordnungsanweisung für die 78. Ergänzungslieferung
März 2024

(Anschluss an die 77. Ergänzungslieferung November 2023)

Die Angaben beziehen sich auf die Ordnungsnummern (fette Zahlen) und die dazugehörigen Seitenzahlen (magere Zahlen)

Herauszunehmen:		Blätter	Einzufügen:		Blätter
Titelblatt–Geleitwort		2	Titelblatt–Geleitwort		2
Inhalt I 1–12		6	**Inhalt I** 1–12		6
32c	13/14	1	**32c**	13/14	1
36	1/2	1	**36**	1/2	1
	11–16	3		11–16	3
45a	1–14	7	**45a**	1–12	6
45e	1–14	8	**45e**	1–14a	8
	27/28	1		27/28	1
47	1–**47/1** 18	12	**47**	1–**47/1** 18	12
47b	1–**47t** 16	122	**47b**	1–**47t** 16	126
49c	1–10	5	**49c**	1–10a	6
50f	1–4	2	**50f**	1–4	2
51b	1–10	5	**51b**	1–12	6
58	13–20	5	**58**	13–20a	5
	37–40	2		37–40	2
	51–78	14		51–78a	15
	133–138	3		133–138	3
	195–**58e** 20	39		195–**58e** 20	41
59	1–**62d** 24	36	**59**	1–**62d** 24	35
88a	3–8	4	**88a**	3–8a	4
	43/44	1		43/44	1
	55–74	12		55–74a	13
	93–**88b** 6	6		93–**88b** 6	6
90f	1–18	9	**90f**	1–18	9
91	20/21	1	**91**	20/21	1
95e	1–6	3	**95e**	1–6	3
	25–36	6		25–36a	7

(Fortsetzung nächste Seite)

Herauszunehmen:		Blätter	Einzufügen:		Blätter
95e	61/62	1	**95e**	61/62	1
	75–88	7		75–88	7
97	1–16	8	**97**	1–16a	9
	29–32	2		29–32	2
98	11–18	4	**98**	11–18	4
	47–50	2		47–50	2
	115/116	1		115/116	1
	123–142	4		123–134	6
98a	7/7a	1	**98a**	7/7a	1
	71–76	3		71–76	3
103c	1/2	1	**103c**	1–2a	2
	21/22	1		21/22	1
103e	1/2	1	**103e**	1/2	1
103f	1–2a	2	**103f**	1–2a	2
103g	1/2	1	**103g**	1/2	1
103h	1/2	1	**103h**	1–2a	2
103n	1–28	14	**103n**	1–24	12
110b	1/2	1	**110b**	1/2	1
110e	1–10	6	**110e**	1–10	5
Insgesamt herauszunehmen:		377	Insgesamt einzufügen:		388

Habersack
Deutsche Gesetze

Ergänzungsband

Herausgegeben von
Prof. Dr. Mathias Habersack
Ludwig-Maximilians-Universität München

Stand: 1. März 2024
(78. Ergänzungslieferung)

C.H.BECK

Dieses Titelblatt stammt aus der 78. Ergänzungslieferung März 2024
Die Ergänzungslieferung März 2024 schließt an die
Ergänzungslieferung November 2023 an
ISBN 978 3 406 81526 3

Redaktioneller Hinweis: Paragraphenüberschriften in eckigen Klammern sind nichtamtlich. Sie sind ebenso wie die Fußnoten urheber- und wettbewerbsrechtlich geschützt.

www.beck.de

ISBN 978 3 406 48859 7 (Grundwerk zur Fortsetzung für 12 Monate)
ISBN 978 3 406 61800 0 (Grundwerk ohne Fortsetzung)

Wilhelmstraße 9, 80801 München
Druck: Druckerei C.H.Beck Nördlingen
(Adresse wie Verlag)

myclimate
shape our future

chbeck.de/nachhaltig

Gedruckt auf säurefreiem, alterungsbeständigem Papier
(hergestellt aus chlorfrei gebleichtem Zellstoff)

Habersack
Deutsche Gesetze

Ergänzungsband

Geleitwort

zur 78. Ergänzungslieferung März 2024

Die 78. Ergänzungslieferung bringt Ihre Textsammlung „Habersack, Deutsche Gesetze Ergänzungsband" auf den Stand der Gesetzgebung vom 1. März 2024.

Enthalten sind zunächst die aktuellen Unterhaltsleitlinien der Oberlandesgerichte unter den Nrn. **47** ff.

Das Gesetz zur Regelung einer Inflationsausgleichs-Sonderzahlung für berufliche Betreuer, Betreuungsvereine und ehrenamtliche Betreuer und zur Änderung weiterer Gesetze vom 20.12.2023 (BGBl. 2023 I Nr. 391) änderte das BtOG (Nr. **49c**).

Änderungen im SpruchG (Nr. **51b**), im WpHG (Nr. **58**), im WpÜG (Nr. **58a**), im eWpG (Nr. **58c**), im WpPG (Nr. **58e**), im DepotG (Nr. **59**) und im GwG (Nr. **88a**) brachte das Zukunftsfinanzierungsgesetz vom 11.12.2023 (BGBl. 2023 I Nr. 354).

Unter der Nr. **62c** wurden die aktuellen Allgemeinen Hausrat Versicherungsbedingungen, unter der Nr. **62d** die aktuellen Allgemeinen Wohngebäude Versicherungsbedingungen eingestellt.

Das Artikel 10-Gesetz (Nr. **90f**) erfuhr Änderungen durch das Gesetz zur Änderung des BND-Gesetzes vom 22.12.2023 (BGBl. 2023 I Nr. 410) und durch das Gesetz zum ersten Teil der Reform des Nachrichtendienstrechts vom 22.12.2023 (BGBl. 2023 I Nr. 413).

Das Gesetz zur Beschleunigung von Disziplinarverfahren in der Bundesverwaltung und zur Änderung weiterer dienstrechtlicher Vorschriften vom 20.12.2023 (BGBl. 2023 I Nr. 389) änderte das DRiG (Nr. **97**) und die BNotO (Nr. **98a**) mWv 1.4.2024.

Die BRAO (Nr. **98**) wurde durch das Zweite Gesetz zur Umsetzung der Verhältnismäßigkeitsrichtlinie (RL (EU) 2018/958) im Bereich öffentlich-rechtlicher Körperschaften vom 17.1.2024 (BGBl. 2024 I Nr. 12) geändert.

Unter der Nr. **103n** wurde die Neubekanntmachung des Internationalen Familienrechtsverfahrensgesetzes (IntFamRVG) vom 15. Januar 2024 (BGBl. 2024 I Nr. 19) berücksichtigt.

Weitere Änderungen betrafen das LuftVG (Nr. **36**), den Auszug des EStG (Nr. **45a**), das BEEG (Nr. **45e**), das SpruchG (Nr. **51b**), das GwG (Nr. **88a**), den Auszug aus der AO (Nr. **88b**), die JAktAV (Nr. **95e**) und das StaRUG (Nr. **110e**).

München, im März 2024

Inhaltsverzeichnis I

(Systematisch geordnet)[1]

[1] Ein alphabetisch geordnetes Inhaltsverzeichnis siehe unter **Inhalt II**.

stelle, Kosten der Einrichtungen, Geräte, Maschinen und maschinellen Anlagen der Baustelle, Fracht-, Fuhr- und Ladekosten, Sozialkassenbeiträge und Sonderkosten, die bei wirtschaftlicher Betriebsführung entstehen, mit angemessenen Zuschlägen für Gemeinkosten und Gewinn (einschließlich allgemeinem Unternehmerwagnis) zuzüglich Umsatzsteuer vergütet.

(2) Verlangt der Auftraggeber, dass die Stundenlohnarbeiten durch einen Polier oder eine andere Aufsichtsperson beaufsichtigt werden, oder ist die Aufsicht nach den einschlägigen Unfallverhütungsvorschriften notwendig, so gilt Absatz 1 entsprechend.

(3) [1] Dem Auftraggeber ist die Ausführung von Stundenlohnarbeiten vor Beginn anzuzeigen. [2] Über die geleisteten Arbeitsstunden und den dabei erforderlichen, besonders zu vergütenden Aufwand für den Verbrauch von Stoffen, für Vorhaltung von Einrichtungen, Geräten, Maschinen und maschinellen Anlagen, für Frachten, Fuhr- und Ladeleistungen sowie etwaige Sonderkosten sind, wenn nichts anderes vereinbart ist, je nach der Verkehrssitte werktäglich oder wöchentlich Listen (Stundenlohnzettel) einzureichen. [3] Der Auftraggeber hat die von ihm bescheinigten Stundenlohnzettel unverzüglich, spätestens jedoch innerhalb von 6 Werktagen nach Zugang, zurückzugeben. [4] Dabei kann er Einwendungen auf den Stundenlohnzetteln oder gesondert schriftlich erheben. [5] Nicht fristgemäß zurückgegebene Stundenlohnzettel gelten als anerkannt.

(4) [1] Stundenlohnrechnungen sind alsbald nach Abschluss der Stundenlohnarbeiten, längstens jedoch in Abständen von 4 Wochen, einzureichen. [2] Für die Zahlung gilt § 16.

(5) Wenn Stundenlohnarbeiten zwar vereinbart waren, über den Umfang der Stundenlohnleistungen aber mangels rechtzeitiger Vorlage der Stundenlohnzettel Zweifel bestehen, so kann der Auftraggeber verlangen, dass für die nachweisbar ausgeführten Leistungen eine Vergütung vereinbart wird, die nach Maßgabe von Absatz 1 Nummer 2 für einen wirtschaftlich vertretbaren Aufwand an Arbeitszeit und Verbrauch von Stoffen, für Vorhaltung von Einrichtungen, Geräten, Maschinen und maschinellen Anlagen, für Frachten, Fuhr- und Ladeleistungen sowie etwaige Sonderkosten ermittelt wird.

§ 16[1) 2)] Zahlung. (1)

1. [1] Abschlagszahlungen sind auf Antrag in möglichst kurzen Zeitabständen oder zu den vereinbarten Zeitpunkten zu gewähren, und zwar in Höhe des Wertes der jeweils nachgewiesenen vertragsgemäßen Leistungen einschließlich des ausgewiesenen, darauf entfallenden Umsatzsteuerbetrages. [2] Die Leistungen sind durch eine prüfbare Aufstellung nachzuweisen, die eine rasche und sichere Beurteilung der Leistungen ermöglichen muss. [3] Als Leistungen gelten hierbei auch die für die geforderte Leistung eigens angefertigten und bereitgestellten Bauteile sowie die auf der Baustelle angelieferten Stoffe und Bauteile, wenn dem Auftraggeber nach seiner Wahl das Eigentum an ihnen übertragen ist oder entsprechende Sicherheit gegeben wird.
2. [1] Gegenforderungen können einbehalten werden. [2] Andere Einbehalte sind nur in den im Vertrag und in den gesetzlichen Bestimmungen vorgesehenen Fällen zulässig.

[1)] § 16 neu gef. mWv 26.6.2012 durch Bek. v. 26.6.2012 (BAnz AT 13.07.2012 B3).

[2)] Siehe hierzu auch die Hinweise zu § 16 VOB/B v. 26.6.2012 (BAnz AT 13.07.2012 B3), verkündet als Anl. zur Bek. v. 26.6.2012 (BAnz AT 13.07.2012 B3).

3. Ansprüche auf Abschlagszahlungen werden binnen 21 Tagen nach Zugang der Aufstellung fällig.
4. Die Abschlagszahlungen sind ohne Einfluss auf die Haftung des Auftragnehmers; sie gelten nicht als Abnahme von Teilen der Leistung.

(2)

1. [1] Vorauszahlungen können auch nach Vertragsabschluss vereinbart werden; hierfür ist auf Verlangen des Auftraggebers ausreichende Sicherheit zu leisten. [2] Diese Vorauszahlungen sind, sofern nichts anderes vereinbart wird, mit 3 v.H. über dem Basiszinssatz[1)] des § 247 BGB zu verzinsen.
2. Vorauszahlungen sind auf die nächstfälligen Zahlungen anzurechnen, soweit damit Leistungen abzugelten sind, für welche die Vorauszahlungen gewährt worden sind.

(3)

1. [1] Der Anspruch auf Schlusszahlung wird alsbald nach Prüfung und Feststellung fällig, spätestens innerhalb von 30 Tagen nach Zugang der Schlussrechnung. [2] Die Frist verlängert sich auf höchstens 60 Tage, wenn sie aufgrund der besonderen Natur oder Merkmale der Vereinbarung sachlich gerechtfertigt ist und ausdrücklich vereinbart wurde. [3] Werden Einwendungen gegen die Prüfbarkeit unter Angabe der Gründe nicht bis zum Ablauf der jeweiligen Frist erhoben, kann der Auftraggeber sich nicht mehr auf die fehlende Prüfbarkeit berufen. [4] Die Prüfung der Schlussrechnung ist nach Möglichkeit zu beschleunigen. [5] Verzögert sie sich, so ist das unbestrittene Guthaben als Abschlagszahlung sofort zu zahlen.
2. Die vorbehaltlose Annahme der Schlusszahlung schließt Nachforderungen aus, wenn der Auftragnehmer über die Schlusszahlung schriftlich unterrichtet und auf die Ausschlusswirkung hingewiesen wurde.
3. Einer Schlusszahlung steht es gleich, wenn der Auftraggeber unter Hinweis auf geleistete Zahlungen weitere Zahlungen endgültig und schriftlich ablehnt.
4. Auch früher gestellte, aber unerledigte Forderungen werden ausgeschlossen, wenn sie nicht nochmals vorbehalten werden.
5. [1] Ein Vorbehalt ist innerhalb von 28 Tagen nach Zugang der Mitteilung nach den Nummern 2 und 3 über die Schlusszahlung zu erklären. [2] Er wird hinfällig, wenn nicht innerhalb von weiteren 28 Tagen – beginnend am Tag nach Ablauf der in Satz 1 genannten 28 Tage – eine prüfbare Rechnung über die vorbehaltenen Forderungen eingereicht oder, wenn das nicht möglich ist, der Vorbehalt eingehend begründet wird.
6. Die Ausschlussfristen gelten nicht für ein Verlangen nach Richtigstellung der Schlussrechnung und -zahlung wegen Aufmaß-, Rechen- und Übertragungsfehlern.

(Fortsetzung nächstes Blatt)

[1)] Gem. Bek. der Dt. Bundesbank v. 27.12.2023 (BAnz AT 28.12.2023 B7) beträgt der Basiszinssatz ab 1.1.2024 **3,62 %**. Basinszinssatz seit 1.1.2002 abgedruckt in Anm. zu § 247 BGB **(Habersack, Deutsche Gesetze Nr. 20)**.

36. Luftverkehrsgesetz (LuftVG)

In der Fassung der Bekanntmachung vom 10. Mai 2007[1)]
(BGBl. I S. 698)

FNA 96-1

zuletzt geänd. durch Art. 6 G zur Beschleunigung von Genehmigungsverfahren im Verkehrsbereich und zur Umsetzung der RL (EU) 2021/1187 über die Straffung von Maßnahmen zur rascheren Verwirklichung des transeuropäischen Verkehrsnetzes v. 22.12.2023 (BGBl. 2023 I Nr. 409)

– Auszug –

Nichtamtliche Gliederungsübersicht

Erster Abschnitt. Luftverkehr

§§ 1–32d *(vom Abdruck wurde abgesehen)*

Zweiter Abschnitt.[2)] Haftpflicht und Schlichtung

1. Unterabschnitt. Haftung für Personen und Sachen, die nicht im Luftfahrzeug befördert werden

§ 33 [Ersatzpflicht des Halters, Schwarzflug] (1) [1] Wird beim Betrieb eines Luftfahrzeugs durch Unfall jemand getötet, sein Körper oder seine Gesundheit verletzt oder eine Sache beschädigt, so ist der Halter des Luftfahrzeugs verpflichtet, den Schaden zu ersetzen. [2] Für die Haftung aus dem Beförderungsvertrag gegenüber einem Fluggast sowie für die Haftung des Halters militärischer Luftfahrzeuge gelten die besonderen Vorschriften der §§ 44 bis 54. [3] Wer Personen zu Luftfahrern ausbildet, haftet diesen Personen gegenüber nur nach den allgemeinen gesetzlichen Vorschriften.

(2) [1] Benutzt jemand das Luftfahrzeug ohne Wissen und Willen des Halters, so ist er an Stelle des Halters zum Ersatz des Schadens verpflichtet. [2] Daneben bleibt der Halter zum Ersatz des Schadens verpflichtet, wenn die Benutzung des Luftfahrzeugs durch sein Verschulden ermöglicht worden ist. [3] Ist jedoch der Benutzer

[1)] Neubekanntmachung des LuftVG idF der Bek. v. 27.3.1999 (BGBl. I S. 550) in der ab 17.12.2006 geltenden Fassung.

[2)] 2. Abschnitt Überschrift neu gef. mWv 1.11.2013 durch G v. 11.6.2013 (BGBl. I S. 1545).

vom Halter für den Betrieb des Luftfahrzeugs angestellt oder ist ihm das Luftfahrzeug vom Halter überlassen worden, so ist der Halter zum Ersatz des Schadens verpflichtet; die Haftung des Benutzers nach den allgemeinen gesetzlichen Vorschriften bleibt unberührt.

§ 34 [Mitverschulden des Verletzten] Hat bei der Entstehung des Schadens ein Verschulden des Verletzten mitgewirkt, so gilt § 254 des Bürgerlichen Gesetzbuchs[1]; bei Beschädigung einer Sache steht das Verschulden desjenigen, der die tatsächliche Gewalt darüber ausübt, dem Verschulden des Verletzten gleich.

§ 35[2] [Umfang der Ersatzpflicht bei Tötung] (1) [1]Bei Tötung umfasst der Schadensersatz die Kosten versuchter Heilung sowie den Vermögensnachteil, den der Getötete dadurch erlitten hat, dass während der Krankheit seine Erwerbsfähigkeit aufgehoben oder gemindert oder sein Fortkommen erschwert oder seine Bedürfnisse vermehrt waren. [2]Außerdem sind die Kosten der Bestattung dem zu ersetzen, der sie zu tragen verpflichtet ist.

(2) [1]Stand der Getötete zur Zeit des Unfalls zu einem Dritten in einem Verhältnis, vermöge dessen er diesem gegenüber kraft Gesetzes unterhaltspflichtig war oder werden konnte, und ist dem Dritten infolge der Tötung das Recht auf Unterhalt entzogen, so hat der Ersatzpflichtige ihm so weit Schadensersatz zu leisten, wie der Getötete während der mutmaßlichen Dauer seines Lebens zur Gewährung des Unterhalts verpflichtet gewesen sein würde. [2]Die Ersatzpflicht tritt auch dann ein, wenn der Dritte zur Zeit des Unfalls gezeugt, aber noch nicht geboren war.

(3) [1]Der Ersatzpflichtige hat dem Hinterbliebenen, der zur Zeit der Verletzung zu dem Getöteten in einem besonderen persönlichen Näheverhältnis stand, für das dem Hinterbliebenen zugefügte seelische Leid eine angemessene Entschädigung in Geld zu leisten. [2]Ein besonderes persönliches Näheverhältnis wird vermutet, wenn der Hinterbliebene der Ehegatte, der Lebenspartner, ein Elternteil oder ein Kind des Getöteten war.

§ 36 [Umfang der Ersatzpflicht bei Körperverletzung] [1]Bei Verletzung des Körpers oder der Gesundheit umfasst der Schadensersatz die Heilungskosten sowie den Vermögensnachteil, den der Verletzte dadurch erleidet, dass infolge der Verletzung zeitweise oder dauernd seine Erwerbsfähigkeit aufgehoben oder gemindert oder sein Fortkommen erschwert ist oder seine Bedürfnisse vermehrt sind. [2]Wegen des Schadens, der nicht Vermögensschaden ist, kann auch eine billige Entschädigung in Geld gefordert werden.

§ 37 [Haftungshöchstbeträge] (1) [1]Der Ersatzpflichtige haftet für die Schäden aus einem Unfall

a) bei Luftfahrzeugen unter 500 Kilogramm Höchstabflugmasse nur bis zu einem Kapitalbetrag von 750 000 Rechnungseinheiten,

b) bei Luftfahrzeugen unter 1 000 Kilogramm Höchstabflugmasse nur bis zu einem Kapitalbetrag von 1,5 Millionen Rechnungseinheiten,

---

[1] **Habersack, Deutsche Gesetze Nr. 20.**

[2] § 35 Abs. 3 angef. mWv 22.7.2017 durch G v. 17.7.2017 (BGBl. I S. 2421).

Übereinkunft. [2]Sind deutsche Gerichte nach Artikel 33 Abs. 2 des Montrealer Übereinkommens zuständig, ist für Klagen auf Ersatz des Schadens, der durch Tod oder Körperverletzung eines Reisenden entstanden ist, das Gericht örtlich zuständig, in dessen Bezirk der Reisende zum Zeitpunkt des Unfalls seinen Wohnsitz hatte.

5. Unterabschnitt.[1)] Schlichtung

§ 57[2)] Privatrechtlich organisierte Schlichtung. (1) [1]Das Bundesministerium der Justiz kann im Einvernehmen mit dem Bundesministerium für Digitales und Verkehr und dem Bundesministerium für Wirtschaft und Klimaschutz privatrechtlich organisierte Einrichtungen als Schlichtungsstellen zur außergerichtlichen Beilegung von Streitigkeiten über Ansprüche von Fluggästen gegen Luftfahrtunternehmen nach § 57b Absatz 1 anerkennen. [2]Anerkannt werden kann auch eine verkehrsträgerübergreifende Schlichtungsstelle. [3]Die Anerkennung und der Widerruf oder die Rücknahme der Anerkennung sind im Bundesanzeiger bekannt zu machen.

(2) Privatrechtlich organisierte Einrichtungen können als Schlichtungsstellen anerkannt werden, wenn die Schlichtungsstellen und die Durchführung des Schlichtungsverfahrens den Anforderungen dieses Gesetzes, des Verbraucherstreitbeilegungsgesetzes[3)] vom 19. Februar 2016 (BGBl. I S. 254) und der nach diesen Gesetzen erlassenen Rechtsverordnungen entsprechen.

(3) [1]Fluggäste können eine Schlichtungsstelle anrufen, wenn das beteiligte Luftfahrtunternehmen an der Schlichtung durch diese Schlichtungsstelle teilnimmt. [2]Die Schlichtungsstellen sind verpflichtet, eine Liste der teilnehmenden Luftfahrtunternehmen zu führen und in geeigneter Weise Interessierten zugänglich zu machen.

(4) [1]Die Schlichtungsstellen können für das Schlichtungsverfahren mit dem Eingang des Schlichtungsbegehrens von dem beteiligten Luftfahrtunternehmen ein angemessenes Entgelt verlangen. [2]Von dem Fluggast kann ein Entgelt von bis zu 30 Euro verlangt werden, wenn die Geltendmachung des Anspruchs im Schlichtungsverfahren missbräuchlich ist. [3]Wenn das Entgelt den Anforderungen des Satzes 1 oder 2 nicht entspricht, kann die Einrichtung als Schlichtungsstelle nicht anerkannt werden.

(5) [1]Weist eine Schlichtungsstelle nach, dass innerhalb von zwei Jahren nach der Anerkennung und der Aufnahme der Schlichtung in der überwiegenden Zahl der Fälle bei ihr Ansprüche geltend gemacht wurden, die nicht bestanden, kann diese Schlichtungsstelle vor Einleitung eines Schlichtungsverfahrens von dem Fluggast ein Entgelt verlangen. [2]Der Nachweis ist gegenüber dem Bundesamt für Justiz zu erbringen. [3]Das Bundesamt für Justiz teilt der Schlichtungsstelle und dem Bundesministerium der Justiz mit, ob der Nachweis erbracht ist. [4]Das Entgelt nach Satz 1 darf 20 Euro nicht überschreiten. [5]Es kann nur verlangt werden, wenn der Vertrag, aus dem die Luftbeförderung geschuldet wird, nach Einführung des Entgelts

[1)] 5. UAbschnitt (§§ 57–57c) eingef. mWv 1.11.2013, bis auf § 57c, der bereits mWv 21.6.2013 in Kraft getreten ist, durch G v. 11.6.2013 (BGBl. I S. 1545).

[2)] § 57 eingef. mWv 1.11.2013 durch G v. 11.6.2013 (BGBl. I S. 1545); Abs. 1 Sätze 1 und 3 geänd., Abs. 2 und Abs. 4 Satz 2 neu gef., Abs. 5 Satz 3 geänd., Abs. 7 angef. mWv 1.4.2016 durch G v. 19.2. 2016 (BGBl. I S. 254); Abs. 5 Satz 10 und Abs. 7 Satz 2 geänd. mWv 1.1.2020 durch G v. 30.11.2019 (BGBl. I S. 1942); Abs. 1 Satz 1, Abs. 5 Satz 3 und Abs. 7 Sätze 2 und 3 geänd. mWv 29.12.2023 durch G v. 22.12.2023 (BGBl. 2023 I Nr. 409).

[3)] Nr. **107**.

geschlossen wurde. [6]Das Entgelt ist dem Fluggast von dem beteiligten Luftfahrtunternehmen zu erstatten, wenn der Anspruch im Schlichtungsverfahren für begründet erachtet wird. [7]Es ist auf das Entgelt nach Absatz 4 Satz 2 anzurechnen, wenn die Geltendmachung des Anspruchs im Schlichtungsverfahren missbräuchlich war. [8]Wird ein Entgelt nach Satz 1 verlangt, obwohl der Nachweis nicht erbracht ist, ist die Anerkennung nach Absatz 1 zu widerrufen. [9]Dies gilt auch, wenn ein Entgelt von mehr als 20 Euro verlangt wird. [10]Wird ein Entgelt nach Satz 1 von einer Schlichtungsstelle verlangt, gilt für diese Schlichtungsstelle § 57b Absatz 2 Satz 1 Nummer 7 nicht.

(6) Die Regelung der Entgelte nach den Absätzen 4 und 5 haben die Schlichtungsstellen Interessierten zugänglich zu machen.

(7) [1]Eine anerkannte Einrichtung ist Verbraucherschlichtungsstelle nach dem Verbraucherstreitbeilegungsgesetz. [2]Das Bundesministerium der Justiz übermittelt der Zentralen Anlaufstelle für Verbraucherschlichtung die Angaben nach § 32 Absatz 2 und 4 des Verbraucherstreitbeilegungsgesetzes. [3]Die Schlichtungsstelle hat den Evaluationsbericht nach § 34 Absatz 2 des Verbraucherstreitbeilegungsgesetzes an das Bundesministerium der Justiz zu übermitteln. [4]Dieses leitet den Evaluationsbericht an die Zentrale Anlaufstelle für Verbraucherschlichtung weiter; § 35 Absatz 2 des Verbraucherstreitbeilegungsgesetzes ist nicht anzuwenden.

§ 57a[1)] Behördliche Schlichtung. (1) [1]Zur außergerichtlichen Beilegung von Streitigkeiten über Ansprüche von Fluggästen nach § 57b Absatz 1 gegen Luftfahrtunternehmen, die nicht an einem Schlichtungsverfahren einer anerkannten privatrechtlich organisierten Schlichtungsstelle nach § 57 teilnehmen, können Fluggäste die Schlichtungsstelle anrufen, die bei dem Bundesamt für Justiz einzurichten ist. [2]Dies gilt auch, wenn keine privatrechtlich organisierte Einrichtung als Schlichtungsstelle anerkannt ist.

(2) Die Schlichtungsstelle und die Durchführung des Schlichtungsverfahrens müssen den Anforderungen dieses Gesetzes, des Verbraucherstreitbeilegungsgesetzes[2)] und der auf Grund dieser Gesetze erlassenen Rechtsverordnungen entsprechen.

(3) Das Bundesamt für Justiz kann dem Fluggast die Gebühr 1224 der Anlage (Kostenverzeichnis) zum Justizverwaltungskostengesetz[3)] auferlegen, wenn die Geltendmachung des Anspruchs im Schlichtungsverfahren missbräuchlich ist.

(4) [1]Sind innerhalb von zwei Jahren nach Aufnahme der Schlichtung in der überwiegenden Zahl der Fälle Ansprüche geltend gemacht worden, die nicht bestanden, kann das Bundesministerium der Justiz im Einvernehmen mit dem Bundesministerium für Digitales und Verkehr und dem Bundesministerium für Wirtschaft und Klimaschutz durch Rechtsverordnung, die nicht der Zustimmung des Bundesrates bedarf, bestimmen, dass die Schlichtungsstelle vor Einleitung eines Schlichtungsverfahrens von dem Fluggast eine Gebühr erhebt. [2]Die Gebühr darf 20 Euro nicht überschreiten. [3]Sie kann nur verlangt werden, wenn der Vertrag, aus dem die Luftbeförderung geschuldet wird, nach Einführung der Gebühr geschlossen wurde. [4]Die Gebühr ist dem Fluggast von dem beteiligten Luftfahrt-

[1)] § 57a eingef. mWv 1.11.2013 durch G v. 11.6.2013 (BGBl. I S. 1545, geänd. durch G v. 23.7.2013, BGBl. I S. 2586); Abs. 2 und 3 neu gef., Abs. 4 Sätze 1 und 5 geänd., Abs. 6 angef. mWv 1.4.2016 durch G v. 19.2.2016 (BGBl. I S. 254); Abs. 4 Satz 6 und Abs. 6 geänd. mWv 1.1.2020 durch G v. 30.11.2019 (BGBl. I S. 1942); Abs. 3 geänd. mWv 17.7.2020 durch G v. 10.7.2020 (BGBl. I S. 1655); Abs. 4 Satz 1 geänd. mWv 29.12.2023 durch G v. 22.12.2023 (BGBl. 2023 I Nr. 409).

[2)] Nr. **107**.

[3)] **Habersack, Deutsche Gesetze Nr. 120.**

unternehmen zu erstatten, wenn der Anspruch im Schlichtungsverfahren für begründet erachtet wird. [5] Sie ist auf die Gebühr nach Absatz 3 anzurechnen, wenn die Geltendmachung des Anspruchs im Schlichtungsverfahren missbräuchlich war. [6] Wird eine Gebühr nach Satz 1 erhoben, gilt § 57b Absatz 2 Satz 1 Nummer 7 nicht.

(5) Das Bundesamt für Justiz kann für Beitreibungsmaßnahmen anordnen, dass das Luftfahrtunternehmen innerhalb einer angemessenen Frist einen Zustellungsbevollmächtigten benennt, der im Inland wohnt oder dort einen Geschäftsraum hat.

(6) Die Schlichtungsstelle nach Absatz 1 ist Verbraucherschlichtungsstelle nach dem Verbraucherstreitbeilegungsgesetz und von der Zentralen Anlaufstelle für Verbraucherschlichtung in die Liste nach § 33 Absatz 1 des Verbraucherstreitbeilegungsgesetzes einzutragen; § 32 Absatz 3 und 4 sowie § 35 Absatz 2 des Verbraucherstreitbeilegungsgesetzes sind nicht anzuwenden.

§ 57b[1] Gemeinsame Vorschriften. (1)[2] [1] Die Streitigkeiten nach den §§ 57 und 57a betreffen Zahlungsansprüche bis zu 5 000 Euro aus einer Luftbeförderung, die einem Verbraucher (§ 13 des Bürgerlichen Gesetzbuchs[3]) geschuldet wird, und die geltend gemacht werden wegen

1. der Nichtbeförderung, der verspäteten Beförderung oder der Herabstufung von Fluggästen in eine niedrigere Klasse sowie der Annullierung von Flügen,
2. der Zerstörung, der Beschädigung, des Verlustes oder der verspäteten Beförderung von Reisegepäck,
3. der Zerstörung, der Beschädigung oder des Verlustes von Sachen, die der Fluggast an sich trägt oder mit sich führt, oder
4. Pflichtverletzungen bei der Beförderung von behinderten Fluggästen und Fluggästen mit eingeschränkter Mobilität.

[2] Streitigkeiten über Zahlungsansprüche nach Satz 1 von mehr als 5 000 Euro können Gegenstand der Schlichtung nach § 57 sein, wenn die Verfahrensordnung dies vorsieht.

(2) [1] Die Schlichtungsstellen nach den §§ 57 und 57a können nicht angerufen werden, wenn

1. keine Zuständigkeit deutscher Gerichte gegeben ist,
2. der Anspruch bereits bei einem Gericht rechtshängig ist oder rechtshängig war,
3. der streitige Anspruch oder das Rechtsverhältnis des Fluggastes, das den Gegenstand des Streitbeilegungsverfahrens bildet, zum Verbandsklageregister nach § 46 des Verbraucherrechtedurchsetzungsgesetzes[4] wirksam angemeldet ist,

---

[1] § 57b eingef. mWv 1.11.2013 durch G v. 11.6.2013 (BGBl. I S. 1545); Abs. 1 Satz 1 Nr. 1 geänd., Abs. 2 Satz 1 Nr. 4 neu gef., Nr. 5 und Abs. 3 geänd. mWv 1.4.2016 durch G v. 19.2.2016 (BGBl. I S. 254); Abs. 2 Satz 1 Nr. 2 geänd., Nr. 3 eingef., bish. Nr. 3 wird Nr. 4 und geänd., bish. Nr. 4–6 werden Nr. 5–7, Satz 2 geänd. mWv 1.1.2020 durch G v. 30.11.2019 (BGBl. I S. 1942); Abs. 2 Satz 1 Nr. 3 und Satz 2 geänd. mWv 13.10.2023 durch G v. 8.10.2023 (BGBl. 2023 I Nr. 272).

[2] Siehe die Bek. zur vorläufigen Anerkennung der Schlichtungsstelle für den öffentlichen Personenverkehr e.V. als Schlichtungsstelle zur außergerichtlichen Beilegung von Streitigkeiten über Ansprüche von Fluggästen gemäß § 57b Absatz 1 des Luftverkehrsgesetzes (LuftVG) v. 21.11.2014 (BAnz AT 30.12. 2014 B2).

[3] **Habersack, Deutsche Gesetze Nr. 20.**

[4] **Habersack, Deutsche Gesetze Nr. 105a.**

4. der Anspruch bereits bei einer Schlichtungsstelle nach § 57 oder § 57a geltend gemacht worden ist, die zur Schlichtung des Anspruchs angerufen werden konnte und deren Anrufung nicht nach Nummer 6 ausgeschlossen war,
5. das Schlichtungsbegehren missbräuchlich ist, insbesondere wenn die Streitigkeit durch außergerichtlichen Vergleich bereits beigelegt ist,
6. der Anspruch nicht unmittelbar gegenüber dem Luftfahrtunternehmen geltend gemacht worden ist, wenn das Luftfahrtunternehmen den geltend gemachten Anspruch nicht abgelehnt hat oder wenn das Luftfahrtunternehmen den geltend gemachten Anspruch weder anerkannt noch abgelehnt hat und seit der Geltendmachung nicht mehr als 2 Monate vergangen sind oder
7. die Höhe des Anspruchs 10 Euro nicht überschreitet.

[2] Die Schlichtung nach den §§ 57 und 57a wird unzulässig, wenn während des Schlichtungsverfahrens der Anspruch bei einem Gericht rechtshängig gemacht wird oder der streitige Anspruch oder das Rechtsverhältnis des Fluggastes, das den Gegenstand des Streitbeilegungsverfahrens bildet, zum rechtshängigen Verbandsklageregister nach § 46 des Verbraucherrechtedurchsetzungsgesetzes wirksam angemeldet wird.

(3) Die Schlichtungsstellen können die Schlichtung ablehnen, wenn eine grundsätzliche Rechtsfrage, die für die Bewertung der Streitigkeit erheblich ist, nicht geklärt ist.

(4) Das Recht, die Gerichte anzurufen, bleibt unberührt.

§ 57c[1) 2)] **Verordnungsermächtigungen.** (1) Das Bundesministerium der Justiz regelt im Einvernehmen mit dem Bundesministerium für Digitales und Verkehr und dem Bundesministerium für Wirtschaft und Klimaschutz durch Rechtsverordnung, die nicht der Zustimmung des Bundesrates bedarf, weitere Anforderungen an die Schlichtungsstellen nach § 57 und das von den Schlichtungsstellen nach den §§ 57 und 57a zu gewährleistende Schlichtungsverfahren.

(2) Die Rechtsverordnung nach Absatz 1 kann auch die Einzelheiten des Verfahrens nach § 57 Absatz 5 regeln.

(3) Das Bundesministerium der Justiz kann im Einvernehmen mit dem Bundesministerium für Digitales und Verkehr und dem Bundesministerium für Wirtschaft und Klimaschutz durch Rechtsverordnung, die nicht der Zustimmung des Bundesrates bedarf, die Beträge nach § 57b Absatz 1 und 2 Satz 1 Nummer 7 an die allgemeine Preissteigerung anpassen, wenn diese seit dem 1. November 2013 oder seit der letzten Anpassung mehr als 10 Prozent beträgt.

§ 57d[3) 2)] **Verhältnis zum Verbraucherstreitbeilegungsgesetz.** [1] Soweit die Vorschriften dieses Unterabschnitts und der nach § 57c erlassenen Rechtsverordnung keine Regelung enthalten, gelten für die Schlichtung von Streitigkeiten über Ansprüche nach § 57b Absatz 1 das Verbraucherstreitbeilegungsgesetz[4)] und die auf Grund des § 42 Absatz 1 des Verbraucherstreitbeilegungsgesetzes erlassenen Rechtsverordnungen. [2] Dies gilt auch für die Schlichtung von Streitigkeiten über

---

[1)] § 57c neu gef. mWv 1.4.2016 durch G v. 19.2.2016 (BGBl. I S. 254); Abs. 3 geänd. mWv 1.1.2020 durch G v. *30.11.2019* (BGBl. I S. 1942); Abs. 1 und 3 geänd. mWv 29.12.2023 durch G v. 22.12.2023 (BGBl. 2023 I Nr. 409).

[2)] Beachte zur zeitlichen Geltung § 72 Abs. 5 dieses Gesetzes.

[3)] § 57d eingef. mWv 1.4.2016 durch G v. 19.2.2016 (BGBl. I S. 254).

[4)] Nr. **107**.

Ansprüche des Fluggastes nach § 57b Absatz 1, der mit dem Luftfahrtunternehmen nicht vertraglich verbunden ist.

Dritter Abschnitt. Straf- und Bußgeldvorschriften

§§ 58–63 *(vom Abdruck wurde abgesehen)*

Vierter Abschnitt. Luftfahrtdateien

§§ 64–70 *(vom Abdruck wurde abgesehen)*

Fünfter Abschnitt. Übergangsregelungen

§§ 71–73 *(vom Abdruck wurde abgesehen)*

Anlage. *(vom Abdruck wurde abgesehen)*

45a. Einkommensteuergesetz (EStG)

In der Fassung der Bekanntmachung vom 8. Oktober 2009[1)]
(BGBl. I S. 3366, ber. S. 3862)

FNA 611-1

zuletzt geänd. durch Art. 19 und 20 Kreditzweitmarktförderungsgesetz v. 22.12.2023 (BGBl. 2023 I Nr. 411)

– Auszug –

IV. Tarif

§ 31[2)] **Familienleistungsausgleich.** [1]Die steuerliche Freistellung eines Einkommensbetrags in Höhe des Existenzminimums eines Kindes einschließlich der Bedarfe für Betreuung und Erziehung oder Ausbildung wird im gesamten Veranlagungszeitraum entweder durch die Freibeträge nach § 32 Absatz 6 oder durch Kindergeld nach Abschnitt X bewirkt. [2]Soweit das Kindergeld dafür nicht erforderlich ist, dient es der Förderung der Familie. [3]Im laufenden Kalenderjahr wird Kindergeld als Steuervergütung monatlich gezahlt. [4]Bewirkt der Anspruch auf Kindergeld für den gesamten Veranlagungszeitraum die nach Satz 1 gebotene steuerliche Freistellung nicht vollständig und werden deshalb bei der Veranlagung zur Einkommensteuer die Freibeträge nach § 32 Absatz 6 vom Einkommen abgezogen, erhöht sich die unter Abzug dieser Freibeträge ermittelte tarifliche Einkommensteuer um den Anspruch auf Kindergeld für den gesamten Veranlagungszeitraum; bei nicht zusammenveranlagten Eltern wird der Kindergeldanspruch im Umfang des Kinderfreibetrags angesetzt. [5]Bei der Prüfung der Steuerfreistellung und der Hinzurechnung nach Satz 4 bleibt der Anspruch auf Kindergeld für Kalendermonate unberücksichtigt, in denen durch Bescheid der Familienkasse ein Anspruch auf Kindergeld festgesetzt, aber wegen § 70 Absatz 1 Satz 2 nicht ausgezahlt wurde. [6]Satz 4 gilt entsprechend für mit dem Kindergeld vergleichbare Leistungen nach § 65. [7]Besteht nach ausländischem Recht Anspruch auf Leistungen für Kinder, wird dieser insoweit nicht berücksichtigt, als er das inländische Kindergeld übersteigt.

§ 32[3)] **Kinder, Freibeträge für Kinder.** (1) Kinder sind

1. im ersten Grad mit dem Steuerpflichtigen verwandte Kinder,

---

[1)] Neubekanntmachung des EStG idF der Bek. v. 19.10.2002 (BGBl. I S. 4210; 2003 I S. 179) in der ab 1.9.2009 geltenden Fassung.

[2)] § 31 Satz 5 eingef., bish. Sätze 5 und 6 werden Sätze 6 und 7 mWv 18.7.2019 durch G v. 11.7.2019 (BGBl. I S. 1066).

[3)] § 32 Abs. 6 Satz 1 geänd. mWv 31.12.2009 durch G v. 22.12.2009 (BGBl. I S. 3950); Abs. 4 Sätze 2 und 3 neu gef., Sätze 4–10 aufgeh., Abs. 5 Satz 3 geänd., Abs. 6 Satz 7 neu gef., Sätze 8–11 angef. mWv 1.1.2012 durch G v. 1.11.2011 (BGBl. I S. 2131); Abs. 4 Satz 2 geänd. mWv 1.1.2012 durch G v. 26.6.2013 (BGBl. I S. 1809); Abs. 6 Satz 7 geänd. mWv 31.7.2014 durch G v. 25.7.2014 (BGBl. I S. 1266); Abs. 4 Satz 1 Nr. 2 Buchst. b geänd. mWv 1.1.2015 durch G v. 22.12.2014 (BGBl. I S. 2417); Abs. 6 Satz 1 geänd. mWv 23.7.2015 und mWv 1.1.2016 durch G v. 16.7.2015 (BGBl. I S. 1202); Abs. 6 Satz 1 geänd. mWv 1.1.2017 und mWv 1.1.2018 durch G v. 20.12.2016 (BGBl. I S. 3000); Abs. 6 Satz 1 geänd. mWv 1.1.2019, Abs. 6 Satz 1 geänd. mWv 1.1.2020 durch G v. 29.11.2018 (BGBl. I S. 2210); Abs. 6 Satz 1 geänd. mWv 1.1.2021 durch G v. 1.12.2020 (BGBl. I S. 2616); Abs. 6 Satz 6 neu gef. mWv 9.6.2021 durch G v. 2.6.2021 (BGBl. I S. 1259); Abs. 6 Satz 1 geänd. mWv 1.1.2022, mWv 1.1.2023 und mWv 1.1.2024 durch G v. 8.12.2022 (BGBl. I S. 2230); Abs. 4 Satz 1 Nr. 2 Buchst. d neu gef. mWv 21.12.2022, Abs. 6 Sätze 12–14 angef. mWv 1.1.2023 durch G v. 16.12.2022 (BGBl. I S. 2294).

2. Pflegekinder (Personen, mit denen der Steuerpflichtige durch ein familienähnliches, auf längere Dauer berechnetes Band verbunden ist, sofern er sie nicht zu Erwerbszwecken in seinen Haushalt aufgenommen hat und das Obhuts- und Pflegeverhältnis zu den Eltern nicht mehr besteht).

(2) [1] Besteht bei einem angenommenen Kind das Kindschaftsverhältnis zu den leiblichen Eltern weiter, ist es vorrangig als angenommenes Kind zu berücksichtigen. [2] Ist ein im ersten Grad mit dem Steuerpflichtigen verwandtes Kind zugleich ein Pflegekind, ist es vorrangig als Pflegekind zu berücksichtigen.

(3) Ein Kind wird in dem Kalendermonat, in dem es lebend geboren wurde, und in jedem folgenden Kalendermonat, zu dessen Beginn es das 18. Lebensjahr noch nicht vollendet hat, berücksichtigt.

(4) [1] Ein Kind, das das 18. Lebensjahr vollendet hat, wird berücksichtigt, wenn es

1. noch nicht das 21. Lebensjahr vollendet hat, nicht in einem Beschäftigungsverhältnis steht und bei einer Agentur für Arbeit im Inland als Arbeitsuchender gemeldet ist oder
2. noch nicht das 25. Lebensjahr vollendet hat und
   a) für einen Beruf ausgebildet wird oder
   b) sich in einer Übergangszeit von höchstens vier Monaten befindet, die zwischen zwei Ausbildungsabschnitten oder zwischen einem Ausbildungsabschnitt und der Ableistung des gesetzlichen Wehr- oder Zivildienstes, einer vom Wehr- oder Zivildienst befreienden Tätigkeit als Entwicklungshelfer oder als Dienstleistender im Ausland nach § 14b des Zivildienstgesetzes[1)] oder der Ableistung des freiwilligen Wehrdienstes nach § 58b des Soldatengesetzes oder der Ableistung eines freiwilligen Dienstes im Sinne des Buchstaben d liegt, oder
   c) eine Berufsausbildung mangels Ausbildungsplatzes nicht beginnen oder fortsetzen kann oder
   d) einen der folgenden freiwilligen Dienste leistet:
      aa) ein freiwilliges soziales Jahr im Sinne des Jugendfreiwilligendienstegesetzes[2)],
      bb) ein freiwilliges ökologisches Jahr im Sinne des Jugendfreiwilligendienstegesetzes,
      cc) einen Bundesfreiwilligendienst im Sinne des Bundesfreiwilligendienstgesetzes[3)],
      dd) eine Freiwilligentätigkeit im Rahmen des Europäischen Solidaritätskorps im Sinne der Verordnung (EU) 2021/888 des Europäischen Parlaments und des Rates vom 20. Mai 2021 zur Aufstellung des Programms für das Europäische Solidaritätskorps und zur Aufhebung der Verordnungen (EU) 2018/1475 und (EU) Nr. 375/2014 (ABl. L 202 vom 8.6.2021, S. 32),
      ee) einen anderen Dienst im Ausland im Sinne von § 5 des Bundesfreiwilligendienstgesetzes,

---

[1)] Sartorius Nr. 625.
[2)] Sartorius Nr. 390.
[3)] Sartorius Nr. 627.

ff) einen entwicklungspolitischen Freiwilligendienst „weltwärts" im Sinne der Förderleitlinie des Bundesministeriums für wirtschaftliche Zusammenarbeit und Entwicklung vom 1. Januar 2016,

gg) einen Freiwilligendienst aller Generationen im Sinne von § 2 Absatz 1a des Siebten Buches Sozialgesetzbuch oder

hh) einen Internationalen Jugendfreiwilligendienst im Sinne der Richtlinie des Bundesministeriums für Familie, Senioren, Frauen und Jugend vom 4. Januar 2021 (GMBl S. 77) oder

3. wegen körperlicher, geistiger oder seelischer Behinderung außerstande ist, sich selbst zu unterhalten; Voraussetzung ist, dass die Behinderung vor Vollendung des 25. Lebensjahres eingetreten ist.

[2] Nach Abschluss einer erstmaligen Berufsausbildung oder eines Erststudiums wird ein Kind in den Fällen des Satzes 1 Nummer 2 nur berücksichtigt, wenn das Kind keiner Erwerbstätigkeit nachgeht. [3] Eine Erwerbstätigkeit mit bis zu 20 Stunden regelmäßiger wöchentlicher Arbeitszeit, ein Ausbildungsdienstverhältnis oder ein geringfügiges Beschäftigungsverhältnis im Sinne der §§ 8 und 8a des Vierten Buches Sozialgesetzbuch sind unschädlich.

(5) [1] In den Fällen des Absatzes 4 Satz 1 Nummer 1 oder Nummer 2 Buchstabe a und b wird ein Kind, das

1. den gesetzlichen Grundwehrdienst oder Zivildienst geleistet hat oder
2. sich anstelle des gesetzlichen Grundwehrdienstes freiwillig für die Dauer von nicht mehr als drei Jahren zum Wehrdienst verpflichtet hat oder
3. eine vom gesetzlichen Grundwehrdienst oder Zivildienst befreiende Tätigkeit als Entwicklungshelfer im Sinne des § 1 Absatz 1 des Entwicklungshelfer-Gesetzes ausgeübt hat,

für einen der Dauer dieser Dienste oder der Tätigkeit entsprechenden Zeitraum, höchstens für die Dauer des inländischen gesetzlichen Grundwehrdienstes oder bei anerkannten Kriegsdienstverweigerern für die Dauer des inländischen gesetzlichen Zivildienstes über das 21. oder 25. Lebensjahr hinaus berücksichtigt. [2] Wird der gesetzliche Grundwehrdienst oder Zivildienst in einem Mitgliedstaat der Europäischen Union oder einem Staat, auf den das Abkommen über den Europäischen Wirtschaftsraum Anwendung findet, geleistet, so ist die Dauer dieses Dienstes maßgebend. [3] Absatz 4 Satz 2 und 3 gilt entsprechend.

(6) [1] Bei der Veranlagung zur Einkommensteuer wird für jedes zu berücksichtigende Kind des Steuerpflichtigen ein Freibetrag von 3192 Euro für das sächliche Existenzminimum des Kindes (Kinderfreibetrag) sowie ein Freibetrag von 1464 Euro für den Betreuungs- und Erziehungs- oder Ausbildungsbedarf des Kindes vom Einkommen abgezogen. [2] Bei Ehegatten, die nach den §§ 26, 26b zusammen zur Einkommensteuer veranlagt werden, verdoppeln sich die Beträge nach Satz 1, wenn das Kind zu beiden Ehegatten in einem Kindschaftsverhältnis steht. [3] Die Beträge nach Satz 2 stehen dem Steuerpflichtigen auch dann zu, wenn

1. der andere Elternteil verstorben oder nicht unbeschränkt einkommensteuerpflichtig ist oder
2. der Steuerpflichtige allein das Kind angenommen hat oder das Kind nur zu ihm in einem Pflegekindschaftsverhältnis steht.

[4] Für ein nicht nach § 1 Absatz 1 oder 2 unbeschränkt einkommensteuerpflichtiges Kind können die Beträge nach den Sätzen 1 bis 3 nur abgezogen werden, soweit sie nach den Verhältnissen seines Wohnsitzstaates notwendig und angemessen sind. [5] Für jeden Kalendermonat, in dem die Voraussetzungen für einen Freibetrag nach

den Sätzen 1 bis 4 nicht vorliegen, ermäßigen sich die dort genannten Beträge um ein Zwölftel. [6] Abweichend von Satz 1 wird bei einem unbeschränkt einkommensteuerpflichtigen Elternpaar, bei dem die Voraussetzungen des § 26 Absatz 1 Satz 1 nicht vorliegen, auf Antrag eines Elternteils der dem anderen Elternteil zustehende Kinderfreibetrag auf ihn übertragen, wenn er, nicht jedoch der andere Elternteil, seiner Unterhaltspflicht gegenüber dem Kind für das Kalenderjahr im Wesentlichen nachkommt oder der andere Elternteil mangels Leistungsfähigkeit nicht unterhaltspflichtig ist; die Übertragung des Kinderfreibetrags führt stets auch zur Übertragung des Freibetrags für den Betreuungs- und Erziehungs- oder Ausbildungsbedarf. [7] Eine Übertragung nach Satz 6 scheidet für Zeiträume aus, für die Unterhaltsleistungen nach dem Unterhaltsvorschussgesetz[1)] gezahlt werden. [8] Bei minderjährigen Kindern wird der dem Elternteil, in dessen Wohnung das Kind nicht gemeldet ist, zustehende Freibetrag für den Betreuungs- und Erziehungs- oder Ausbildungsbedarf auf Antrag des anderen Elternteils auf diesen übertragen, wenn bei dem Elternpaar die Voraussetzungen des § 26 Absatz 1 Satz 1 nicht vorliegen. [9] Eine Übertragung nach Satz 8 scheidet aus, wenn der Übertragung widersprochen wird, weil der Elternteil, bei dem das Kind nicht gemeldet ist, Kinderbetreuungskosten trägt oder das Kind regelmäßig in einem nicht unwesentlichen Umfang betreut. [10] Die den Eltern nach den Sätzen 1 bis 9 zustehenden Freibeträge können auf Antrag auch auf einen Stiefelternteil oder Großelternteil übertragen werden, wenn dieser das Kind in seinen Haushalt aufgenommen hat oder dieser einer Unterhaltspflicht gegenüber dem Kind unterliegt. [11] Die Übertragung nach Satz 10 kann auch mit Zustimmung des berechtigten Elternteils erfolgen, die nur für künftige Kalenderjahre widerrufen werden kann. [12] Voraussetzung für die Berücksichtigung des Kinderfreibetrags sowie des Freibetrags für den Betreuungs- und Erziehungs- oder Ausbildungsbedarf des Kindes ist die Identifizierung des Kindes durch die an dieses Kind vergebene Identifikationsnummer (§ 139b der Abgabenordnung). [13] Ist das Kind nicht nach einem Steuergesetz steuerpflichtig (§ 139a Absatz 2 der Abgabenordnung), ist es in anderer geeigneter Weise zu identifizieren. [14] Die nachträgliche Identifizierung oder nachträgliche Vergabe der Identifikationsnummer wirkt auf Monate zurück, in denen die übrigen Voraussetzungen für die Gewährung des Kinderfreibetrags sowie des Freibetrags für den Betreuungs- und Erziehungs- oder Ausbildungsbedarf des Kindes vorliegen.

X. Kindergeld

§ 62[2)] Anspruchsberechtigte. (1) [1] Für Kinder im Sinne des § 63 hat Anspruch auf Kindergeld nach diesem Gesetz, wer

1. im Inland einen Wohnsitz oder seinen gewöhnlichen Aufenthalt hat oder
2. ohne Wohnsitz oder gewöhnlichen Aufenthalt im Inland
   a) nach § 1 Absatz 2 unbeschränkt einkommensteuerpflichtig ist oder
   b) nach § 1 Absatz 3 als unbeschränkt einkommensteuerpflichtig behandelt wird.

[1)] *Nr. **45d**.*

[2)] § 62 Abs. 1 Sätze 2 und 3 angef. mWv 9.12.2014 durch G v. 2.12.2014 (BGBl. I S. 1922); Abs. 1a eingef. mWv 18.7.2019 durch G v. 11.7.2019 (BGBl. I S. 1066); Abs. 2 Nr. 2 Buchst. c und Nr. 3 Buchst. b geänd., Nr. 4 angef. mWv 1.1.2020, Abs. 2 neu gef. mWv 1.3.2020 durch G v. 12.12.2019 (BGBl. I S. 2451); Abs. 2 Nr. 2 Buchst. c geänd. mWv 1.6.2022 durch G v. 23.5.2022 (BGBl. I S. 760).

[2] Voraussetzung für den Anspruch nach Satz 1 ist, dass der Berechtigte durch die an ihn vergebene Identifikationsnummer (§ 139b der Abgabenordnung) identifiziert wird. [3] Die nachträgliche Vergabe der Identifikationsnummer wirkt auf Monate zurück, in denen die Voraussetzungen des Satzes 1 vorliegen.

(1a) [1] Begründet ein Staatsangehöriger eines anderen Mitgliedstaates der Europäischen Union oder eines Staates, auf den das Abkommen über den Europäischen Wirtschaftsraum Anwendung findet, im Inland einen Wohnsitz oder gewöhnlichen Aufenthalt, so hat er für die ersten drei Monate ab Begründung des Wohnsitzes oder des gewöhnlichen Aufenthalts keinen Anspruch auf Kindergeld. [2] Dies gilt nicht, wenn er nachweist, dass er inländische Einkünfte im Sinne des § 2 Absatz 1 Satz 1 Nummer 1 bis 4 mit Ausnahme von Einkünften nach § 19 Absatz 1 Satz 1 Nummer 2 erzielt. [3] Nach Ablauf des in Satz 1 genannten Zeitraums hat er Anspruch auf Kindergeld, es sei denn, die Voraussetzungen des § 2 Absatz 2 oder Absatz 3 des Freizügigkeitsgesetzes/EU[1)] liegen nicht vor oder es sind nur die Voraussetzungen des § 2 Absatz 2 Nummer 1a des Freizügigkeitsgesetzes/EU erfüllt, ohne dass vorher eine andere der in § 2 Absatz 2 des Freizügigkeitsgesetzes/EU genannten Voraussetzungen erfüllt war. [4] Die Prüfung, ob die Voraussetzungen für einen Anspruch auf Kindergeld gemäß Satz 2 vorliegen oder gemäß Satz 3 nicht gegeben sind, führt die Familienkasse in eigener Zuständigkeit durch. [5] Lehnt die Familienkasse eine Kindergeldfestsetzung in diesem Fall ab, hat sie ihre Entscheidung der zuständigen Ausländerbehörde mitzuteilen. [6] Wurde das Vorliegen der Anspruchsvoraussetzungen durch die Verwendung gefälschter oder verfälschter Dokumente oder durch Vorspiegelung falscher Tatsachen vorgetäuscht, hat die Familienkasse die zuständige Ausländerbehörde unverzüglich zu unterrichten.

(2) Ein nicht freizügigkeitsberechtigter Ausländer erhält Kindergeld nur, wenn er

1. eine Niederlassungserlaubnis oder eine Erlaubnis zum Daueraufenthalt-EU besitzt,
2. eine Blaue Karte EU, eine ICT-Karte, eine Mobiler-ICT-Karte oder eine Aufenthaltserlaubnis besitzt, die für einen Zeitraum von mindestens sechs Monaten zur Ausübung einer Erwerbstätigkeit berechtigen oder berechtigt haben oder diese erlauben, es sei denn, die Aufenthaltserlaubnis wurde
   a) nach § 16e des Aufenthaltsgesetzes[2)] zu Ausbildungszwecken, nach § 19c Absatz 1 des Aufenthaltsgesetzes zum Zweck der Beschäftigung als Au-Pair oder zum Zweck der Saisonbeschäftigung, nach § 19e des Aufenthaltsgesetzes zum Zweck der Teilnahme an einem Europäischen Freiwilligendienst oder nach § 20 Absatz 1 und 2 des Aufenthaltsgesetzes zur Arbeitsplatzsuche erteilt,
   b) nach § 16b des Aufenthaltsgesetzes zum Zweck eines Studiums, nach § 16d des Aufenthaltsgesetzes für Maßnahmen zur Anerkennung ausländischer Berufsqualifikationen oder nach § 20 Absatz 3 des Aufenthaltsgesetzes zur Arbeitsplatzsuche erteilt und er ist weder erwerbstätig noch nimmt er Elternzeit nach § 15 des Bundeselterngeld- und Elternzeitgesetzes[3)] oder laufende Geldleistungen nach dem Dritten Buch Sozialgesetzbuch in Anspruch,

---

[1)] **Sartorius Nr. 560.**
[2)] **Sartorius Nr. 565.**
[3)] Nr. **45e**.

c) nach § 23 Absatz 1 des Aufenthaltsgesetzes wegen eines Krieges in seinem Heimatland oder nach den § 23a oder § 25 Absatz 3 bis 5 des Aufenthaltsgesetzes erteilt,

3. eine in Nummer 2 Buchstabe c genannte Aufenthaltserlaubnis besitzt und im Bundesgebiet berechtigt erwerbstätig ist oder Elternzeit nach § 15 des Bundeselterngeld- und Elternzeitgesetzes oder laufende Geldleistungen nach dem Dritten Buch Sozialgesetzbuch in Anspruch nimmt,
4. eine in Nummer 2 Buchstabe c genannte Aufenthaltserlaubnis besitzt und sich seit mindestens 15 Monaten erlaubt, gestattet oder geduldet im Bundesgebiet aufhält oder
5. eine Beschäftigungsduldung gemäß § 60d in Verbindung mit § 60a Absatz 2 Satz 3 des Aufenthaltsgesetzes besitzt.

§ 63[1)] Kinder. (1) [1] Als Kinder werden berücksichtigt
1. Kinder im Sinne des § 32 Absatz 1,
2. vom Berechtigten in seinen Haushalt aufgenommene Kinder seines Ehegatten,
3. vom Berechtigten in seinen Haushalt aufgenommene Enkel.

[2] § 32 Absatz 3 bis 5 gilt entsprechend. [3] Voraussetzung für die Berücksichtigung ist die Identifizierung des Kindes durch die an dieses Kind vergebene Identifikationsnummer (§ 139b der Abgabenordnung). [4] Ist das Kind nicht nach einem Steuergesetz steuerpflichtig (§ 139a Absatz 2 der Abgabenordnung), ist es in anderer geeigneter Weise zu identifizieren. [5] Die nachträgliche Identifizierung oder nachträgliche Vergabe der Identifikationsnummer wirkt auf Monate zurück, in denen die Voraussetzungen der Sätze 1 bis 4 vorliegen. [6] Kinder, die weder einen Wohnsitz noch ihren gewöhnlichen Aufenthalt im Inland, in einem Mitgliedstaat der Europäischen Union oder in einem Staat, auf den das Abkommen über den Europäischen Wirtschaftsraum Anwendung findet, haben, werden nicht berücksichtigt, es sei denn, sie leben im Haushalt eines Berechtigten im Sinne des § 62 Absatz 1 Satz 1 Nummer 2 Buchstabe a. [7] Kinder im Sinne von § 2 Absatz 4 Satz 2 des Bundeskindergeldgesetzes[2)] werden nicht berücksichtigt.

(2) Die Bundesregierung wird ermächtigt, durch Rechtsverordnung, die nicht der Zustimmung des Bundesrates bedarf, zu bestimmen, dass einem Berechtigten, der im Inland erwerbstätig ist oder sonst seine hauptsächlichen Einkünfte erzielt, für seine in Absatz 1 Satz 3 erster Halbsatz bezeichneten Kinder Kindergeld ganz oder teilweise zu leisten ist, soweit dies mit Rücksicht auf die durchschnittlichen Lebenshaltungskosten für Kinder in deren Wohnsitzstaat und auf die dort gewährten dem Kindergeld vergleichbaren Leistungen geboten ist.

§ 64 Zusammentreffen mehrerer Ansprüche. (1) Für jedes Kind wird nur einem Berechtigten Kindergeld gezahlt.

(2) [1] Bei mehreren Berechtigten wird das Kindergeld demjenigen gezahlt, der das Kind in seinen Haushalt aufgenommen hat. [2] Ist ein Kind in den gemeinsamen Haushalt von Eltern, einem Elternteil und dessen Ehegatten, Pflegeeltern oder Großeltern aufgenommen worden, so bestimmen diese untereinander den Berechtigten. [3] Wird eine Bestimmung nicht getroffen, so bestimmt das Familiengericht auf Antrag den Berechtigten. [4] Den Antrag kann stellen, wer ein berechtigtes

---

[1)] § 63 Abs. 1 Sätze 3 bis 5 eingef., bish. Sätze 3 und 4 werden Sätze 6 und 7, neuer Satz 6 geänd. mWv 9.12.2014 durch G v. 2.12.2014 (BGBl. I S. 1922).
[2)] Nr. **45b**.

Interesse an der Zahlung des Kindergeldes hat. [5]Lebt ein Kind im gemeinsamen Haushalt von Eltern und Großeltern, so wird das Kindergeld vorrangig einem Elternteil gezahlt; es wird an einen Großelternteil gezahlt, wenn der Elternteil gegenüber der zuständigen Stelle auf seinen Vorrang schriftlich verzichtet hat.

(3) [1]Ist das Kind nicht in den Haushalt eines Berechtigten aufgenommen, so erhält das Kindergeld derjenige, der dem Kind eine Unterhaltsrente zahlt. [2]Zahlen mehrere Berechtigte dem Kind Unterhaltsrenten, so erhält das Kindergeld derjenige, der dem Kind die höchste Unterhaltsrente zahlt. [3]Werden gleich hohe Unterhaltsrenten gezahlt oder zahlt keiner der Berechtigten dem Kind Unterhalt, so bestimmen die Berechtigten untereinander, wer das Kindergeld erhalten soll. [4]Wird eine Bestimmung nicht getroffen, so gilt Absatz 2 Satz 3 und 4 entsprechend.

§ 65[1)] Andere Leistungen für Kinder. [1]Kindergeld wird nicht für ein Kind gezahlt, für das eine der folgenden Leistungen zu zahlen ist oder bei entsprechender Antragstellung zu zahlen wäre:

1. Leistungen für Kinder, die im Ausland gewährt werden und dem Kindergeld oder der Kinderzulage aus der gesetzlichen Unfallversicherung nach § 217 Absatz 3 des Siebten Buches Sozialgesetzbuch in der bis zum 30. Juni 2020 geltenden Fassung oder dem Kinderzuschuss aus der gesetzlichen Rentenversicherung nach § 270 des Sechsten Buches Sozialgesetzbuch in der bis zum 16. November 2016 geltenden Fassung vergleichbar sind,
2. Leistungen für Kinder, die von einer zwischen- oder überstaatlichen Einrichtung gewährt werden und dem Kindergeld vergleichbar sind.

[2]Soweit es für die Anwendung von Vorschriften dieses Gesetzes auf den Erhalt von Kindergeld ankommt, stehen die Leistungen nach Satz 1 dem Kindergeld gleich. [3]Steht ein Berechtigter in einem Versicherungspflichtverhältnis zur Bundesagentur für Arbeit nach § 24 des Dritten Buches Sozialgesetzbuch oder ist er versicherungsfrei nach § 28 Absatz 1 Nummer 1 des Dritten Buches Sozialgesetzbuch oder steht er im Inland in einem öffentlich-rechtlichen Dienst- oder Amtsverhältnis, so wird sein Anspruch auf Kindergeld für ein Kind nicht nach Satz 1 Nummer 2 mit Rücksicht darauf ausgeschlossen, dass sein Ehegatte als Beamter, Ruhestandsbeamter oder sonstiger Bediensteter der Europäischen Union für das Kind Anspruch auf Kinderzulage hat.

§ 66[2)] Höhe des Kindergeldes, Zahlungszeitraum. (1) Das Kindergeld beträgt monatlich für jedes Kind 250 Euro.

(2) Das Kindergeld wird monatlich vom Beginn des Monats an gezahlt, in dem die Anspruchsvoraussetzungen erfüllt sind, bis zum Ende des Monats, in dem die Anspruchsvoraussetzungen wegfallen.

[1)] § 65 Abs. 1 Satz 3 geänd. mWv 30.6.2013 durch G v. 26.6.2013 (BGBl. I S. 1809); Abs. 2 aufgeh., Satz 1 neu gef., Satz 3 geänd. mWv 21.12.2022 durch G v. 16.12.2022 (BGBl. I S. 2294).

[2)] § 66 Abs. 1 Satz 1 neu gef. mWv 31.12.2009 durch G v. 22.12.2009 (BGBl. I S. 3950); Abs. 1 neu gef. mWv 23.7.2015 und mWv 1.1.2016 durch G v. 16.7.2015 (BGBl. I S. 1202); Abs. 1 neu gef. mWv 1.1.2017 und mWv 1.1.2018 durch G v. 20.12.2016 (BGBl. I S. 3000); Abs. 3 angef. mWv 1.1.2018 durch G v. 23.6.2017 (BGBl. I S. 1682); Abs. 1 neu gef. mWv 1.7.2019 durch G v. 29.11.2018 (BGBl. I S. 2210); Abs. 3 aufgeh. mWv 18.7.2019 durch G v. 11.7.2019 (BGBl. I S. 1066); Abs. 1 Sätze 2–4 angef. mWv 1.7.2020 durch G v. 29.6.2020 (BGBl. I S. 1512); Abs. 1 neu gef. mWv 1.1.2021 durch G v. 1.12. 2020 (BGBl. I S. 2616); Abs. 1 Sätze 2–4 angef. mWv 18.3.2021 durch G v. 10.3.2021 (BGBl. I S. 330); Abs. 1 Sätze 2 und 3 geänd. mWv 28.5.2022 durch G v. 23.5.2022 (BGBl. I S. 749); Abs. 1 neu gef. mWv 1.1.2023 durch G v. 8.12.2022 (BGBl. I S. 2230).

§ 67[1] Antrag. [1]Das Kindergeld ist bei der zuständigen Familienkasse schriftlich zu beantragen; eine elektronische Antragstellung nach amtlich vorgeschriebenem Datensatz über die amtlich vorgeschriebene Schnittstelle ist zulässig, soweit der Zugang eröffnet wurde. [2]Den Antrag kann außer dem Berechtigten auch stellen, wer ein berechtigtes Interesse an der Leistung des Kindergeldes hat. [3]In Fällen des Satzes 2 ist § 62 Absatz 1 Satz 2 bis 3 anzuwenden. [4]Der Berechtigte ist zu diesem Zweck verpflichtet, demjenigen, der ein berechtigtes Interesse an der Leistung des Kindergeldes hat, seine an ihn vergebene Identifikationsnummer (§ 139b der Abgabenordnung) mitzuteilen. [5]Kommt der Berechtigte dieser Verpflichtung nicht nach, teilt die zuständige Familienkasse demjenigen, der ein berechtigtes Interesse an der Leistung des Kindergeldes hat, auf seine Anfrage die Identifikationsnummer des Berechtigten mit.

§ 68[2] Besondere Mitwirkungspflichten und Offenbarungsbefugnis.

(1) [1]Wer Kindergeld beantragt oder erhält, hat Änderungen in den Verhältnissen, die für die Leistung erheblich sind oder über die im Zusammenhang mit der Leistung Erklärungen abgegeben worden sind, unverzüglich der zuständigen Familienkasse mitzuteilen. [2]Ein Kind, das das 18. Lebensjahr vollendet hat, ist auf Verlangen der Familienkasse verpflichtet, an der Aufklärung des für die Kindergeldzahlung maßgebenden Sachverhalts mitzuwirken; § 101 der Abgabenordnung findet insoweit keine Anwendung.

(2) (weggefallen)

(3) Auf Antrag des Berechtigten erteilt die das Kindergeld auszahlende Stelle eine Bescheinigung über das für das Kalenderjahr ausgezahlte Kindergeld.

(4) [1]Die Familienkassen dürfen den Stellen, die die Bezüge im öffentlichen Dienst anweisen, den für die jeweilige Kindergeldzahlung maßgebenden Sachverhalt durch automatisierte Abrufverfahren bereitstellen oder Auskunft über diesen Sachverhalt erteilen. [2]Das Bundesministerium der Finanzen wird ermächtigt, durch Rechtsverordnung ohne Zustimmung des Bundesrates zur Durchführung von automatisierten Abrufen nach Satz 1 die Voraussetzungen, unter denen ein Datenabruf erfolgen darf, festzulegen.

(5) [1]Zur Erfüllung der in § 31a Absatz 2 der Abgabenordnung[3] genannten Mitteilungspflichten dürfen die Familienkassen den Leistungsträgern, die für Leistungen der Arbeitsförderung nach § 19 Absatz 2, für Leistungen der Grundsicherung für Arbeitsuchende nach § 19a Absatz 2, für Kindergeld, Kinderzuschlag, Leistungen für Bildung und Teilhabe und Elterngeld nach § 25 Absatz 3 oder für Leistungen der Sozialhilfe nach § 28 Absatz 2 des Ersten Buches Sozialgesetzbuch zuständig sind, und den nach § 9 Absatz 1 Satz 2 des Unterhaltsvorschussgesetzes[4] zuständigen Stellen den für die jeweilige Kindergeldzahlung maßgebenden Sachverhalt durch automatisierte Abrufverfahren bereitstellen. [2]Das Bundesministerium der Finanzen wird ermächtigt, durch Rechtsverordnung mit Zustimmung des Bundesrates zur Durchführung von automatisierten Abrufen nach Satz 1 die Voraussetzungen, unter denen ein Datenabruf erfolgen darf, festzulegen.

---

[1] § 67 Sätze 3–5 angef. mWv 9.12.2014 durch G v. 2.12.2014 (BGBl. I S. 1922); Satz 1 neu gef. mWv 10.12.2020 durch G v. 3.12.2020 (BGBl. I S. 2668).

[2] § 68 Abs. 4 neu gef. mWv 14.12.2016 durch G v. 8.12.2016 (BGBl. I S. 2835); Überschrift geänd., Abs. 5–7 angef. mWv 18.7.2019 durch G v. 11.7.2019 (BGBl. I S. 1066); Abs. 4 Satz 1 geänd. mWv 26.11.2019 durch G v. 20.11.2019 (BGBl. I S. 1626).

[3] Nr. **88b**.

[4] Nr. **45d**.

(6) [1]Zur Prüfung und Bemessung der in Artikel 3 Absatz 1 Buchstabe j in Verbindung mit Artikel 1 Buchstabe z der Verordnung (EG) Nr. 883/2004 des Europäischen Parlaments und des Rates vom 29. April 2004 zur Koordinierung der Systeme der sozialen Sicherheit (ABl. L 166 vom 30.4.2004, S. 1), die zuletzt durch die Verordnung (EU) 2017/492 (ABl. L 76 vom 22.3.2017, S. 13) geändert worden ist, genannten Familienleistungen dürfen die Familienkassen den zuständigen öffentlichen Stellen eines Mitgliedstaates der Europäischen Union den für die jeweilige Kindergeldzahlung maßgebenden Sachverhalt durch automatisierte Abrufverfahren bereitstellen. [2]Das Bundesministerium der Finanzen wird ermächtigt, durch Rechtsverordnung ohne Zustimmung des Bundesrates zur Durchführung von automatisierten Abrufen nach Satz 1 die Voraussetzungen, unter denen ein Datenabruf erfolgen darf, festzulegen.

(7) [1]Die Datenstelle der Rentenversicherung darf den Familienkassen in einem automatisierten Abrufverfahren die zur Überprüfung des Anspruchs auf Kindergeld nach § 62 Absatz 1a und 2 erforderlichen Daten übermitteln; § 79 Absatz 2 bis 4 des Zehnten Buches Sozialgesetzbuch gilt entsprechend. [2]Die Träger der Leistungen nach dem Zweiten und Dritten Buch Sozialgesetzbuch dürfen den Familienkassen in einem automatisierten Abrufverfahren die zur Überprüfung des Anspruchs auf Kindergeld nach § 62 erforderlichen Daten übermitteln. [3]Das Bundesministerium für Arbeit und Soziales wird ermächtigt, durch Rechtsverordnung mit Zustimmung des Bundesrates die Voraussetzungen für das Abrufverfahren und Regelungen zu den Kosten des Verfahrens nach Satz 2 festzulegen.

§ 69[1)] Datenübermittlung an die Familienkassen. [1]Erfährt das Bundeszentralamt für Steuern, dass ein Kind, für das Kindergeld gezahlt wird, verzogen ist oder von Amts wegen von der Meldebehörde abgemeldet wurde, hat es der zuständigen Familienkasse unverzüglich die in § 139b Absatz 3 Nummer 1, 3, 5, 8 und 14 der Abgabenordnung genannten Daten zum Zweck der Prüfung der Rechtmäßigkeit des Bezugs von Kindergeld zu übermitteln. [2]Die beim Bundeszentralamt für Steuern gespeicherten Daten für ein Kind, für das Kindergeld gezahlt wird, werden auf Anfrage auch den Finanzämtern zur Prüfung der Rechtmäßigkeit der Berücksichtigung der Freibeträge nach § 32 Absatz 6 zur Verfügung gestellt. [3]Erteilt das Bundeszentralamt für Steuern auf Grund der Geburt eines Kindes eine neue Identifikationsnummer nach § 139b der Abgabenordnung, übermittelt es der zuständigen Familienkasse zum Zweck der Prüfung des Bezugs von Kindergeld unverzüglich

1. die in § 139b Absatz 3 Nummer 1, 3, 5, 8 und 10 der Abgabenordnung genannten Daten des Kindes sowie
2. soweit vorhanden, die in § 139b Absatz 3 Nummer 1, 3, 5, 8 und 10 und Absatz 3a der Abgabenordnung genannten Daten der Personen, bei denen für dieses Kind nach § 39e Absatz 1 ein Kinderfreibetrag berücksichtigt wird.

§ 70[2)] Festsetzung und Zahlung des Kindergeldes. (1) [1]Das Kindergeld nach § 62 wird von den Familienkassen durch Bescheid festgesetzt und ausgezahlt. [2]Die Auszahlung von festgesetztem Kindergeld erfolgt rückwirkend nur für die letzten sechs Monate vor Beginn des Monats, in dem der Antrag auf Kindergeld

---

[1)] § 69 eingef. mWv 1.1.2018 durch G v. 23.6.2017 (BGBl. I S. 1682); Satz 1 geänd., Sätze 2 und 3 angef. mWv 1.1.2023 durch G v. 16.12.2022 (BGBl. I S. 2294).

[2)] § 70 Abs. 4 aufgeh. mWv 1.1.2012 durch G v. 1.11.2011 (BGBl. I S. 2131); Abs. 3 neu gef. mWv 1.1.2015 durch G v. 22.12.2014 (BGBl. I S. 2417); Abs. 1 Sätze 2 und 3 angef. mWv 18.7.2019 durch G v. 11.7.2019 (BGBl. I S. 1066).

eingegangen ist. [3]Der Anspruch auf Kindergeld nach § 62 bleibt von dieser Auszahlungsbeschränkung unberührt.

(2) [1]Soweit in den Verhältnissen, die für den Anspruch auf Kindergeld erheblich sind, Änderungen eintreten, ist die Festsetzung des Kindergeldes mit Wirkung vom Zeitpunkt der Änderung der Verhältnisse aufzuheben oder zu ändern. [2]Ist die Änderung einer Kindergeldfestsetzung nur wegen einer Anhebung der in § 66 Absatz 1 genannten Kindergeldbeträge erforderlich, kann von der Erteilung eines schriftlichen Änderungsbescheides abgesehen werden.

(3) [1]Materielle Fehler der letzten Festsetzung können durch Aufhebung oder Änderung der Festsetzung mit Wirkung ab dem auf die Bekanntgabe der Aufhebung oder Änderung der Festsetzung folgenden Monat beseitigt werden. [2]Bei der Aufhebung oder Änderung der Festsetzung nach Satz 1 ist § 176 der Abgabenordnung entsprechend anzuwenden; dies gilt nicht für Monate, die nach der Verkündung der maßgeblichen Entscheidung eines obersten Bundesgerichts beginnen.

§ 71[1)] Vorläufige Einstellung der Zahlung des Kindergeldes. (1) Die Familienkasse kann die Zahlung des Kindergeldes ohne Erteilung eines Bescheides vorläufig einstellen, wenn

1. sie Kenntnis von Tatsachen erhält, die kraft Gesetzes zum Ruhen oder zum Wegfall des Anspruchs führen, und
2. die Festsetzung, aus der sich der Anspruch ergibt, deshalb mit Wirkung für die Vergangenheit aufzuheben ist.

(2) [1]Soweit die Kenntnis der Familienkasse nicht auf Angaben des Berechtigten beruht, der das Kindergeld erhält, sind dem Berechtigten unverzüglich die vorläufige Einstellung der Zahlung des Kindergeldes sowie die dafür maßgeblichen Gründe mitzuteilen. [2]Ihm ist Gelegenheit zu geben, sich zu äußern.

(3) Die Familienkasse hat die vorläufig eingestellte Zahlung des Kindergeldes unverzüglich nachzuholen, soweit die Festsetzung, aus der sich der Anspruch ergibt, zwei Monate nach der vorläufigen Einstellung der Zahlung nicht mit Wirkung für die Vergangenheit aufgehoben oder geändert wird.

§ 72[2)] *(aufgehoben)*

§ 73 (weggefallen)

§ 74 Zahlung des Kindergeldes in Sonderfällen. (1) [1]Das für ein Kind festgesetzte Kindergeld nach § 66 Absatz 1 kann an das Kind ausgezahlt werden, wenn der Kindergeldberechtigte ihm gegenüber seiner gesetzlichen Unterhaltspflicht nicht nachkommt. [2]Kindergeld kann an Kinder, die bei der Festsetzung des Kindergeldes berücksichtigt werden, bis zur Höhe des Betrags, der sich bei entsprechender Anwendung des § 76 ergibt, ausgezahlt werden. [3]Dies gilt auch, wenn der Kindergeldberechtigte mangels Leistungsfähigkeit nicht unterhaltspflichtig ist oder nur Unterhalt in Höhe eines Betrags zu leisten braucht, der geringer ist als das für die Auszahlung in Betracht kommende Kindergeld. [4]Die Auszahlung kann auch an die Person oder Stelle erfolgen, die dem Kind Unterhalt gewährt.

[1)] § 71 neu gef. mWv 18.7.2019 durch G v. 11.7.2019 (BGBl. I S. 1066).
[2)] § 72 aufgeh. mWv 1.1.2024 durch G v. 16.12.2022 (BGBl. I S. 2294).

(2) Für Erstattungsansprüche der Träger von Sozialleistungen gegen die Familienkasse gelten die §§ 102 bis 109 und 111 bis 113 des Zehnten Buches Sozialgesetzbuch entsprechend.

§ 75[1] Aufrechnung. (1) Mit Ansprüchen auf Erstattung von Kindergeld kann die Familienkasse gegen Ansprüche auf Kindergeld bis zu deren Hälfte aufrechnen, wenn der Leistungsberechtigte nicht nachweist, dass er dadurch hilfebedürftig im Sinne der Vorschriften des Zwölften Buches Sozialgesetzbuch über die Hilfe zum Lebensunterhalt oder im Sinne der Vorschriften des Zweiten Buches Sozialgesetzbuch über die Leistungen zur Sicherung des Lebensunterhalts wird.

(2) Absatz 1 gilt für die Aufrechnung eines Anspruchs auf Erstattung von Kindergeld gegen einen späteren Kindergeldanspruch eines mit dem Erstattungspflichtigen in Haushaltsgemeinschaft lebenden Berechtigten entsprechend, soweit es sich um laufendes Kindergeld für ein Kind handelt, das bei beiden berücksichtigt werden kann oder konnte.

§ 76 Pfändung. [1] Der Anspruch auf Kindergeld kann nur wegen gesetzlicher Unterhaltsansprüche eines Kindes, das bei der Festsetzung des Kindergeldes berücksichtigt wird, gepfändet werden. [2] Für die Höhe des pfändbaren Betrags gilt:

1. [1] Gehört das unterhaltsberechtigte Kind zum Kreis der Kinder, für die dem Leistungsberechtigten Kindergeld gezahlt wird, so ist eine Pfändung bis zu dem Betrag möglich, der bei gleichmäßiger Verteilung des Kindergeldes auf jedes dieser Kinder entfällt. [2] Ist das Kindergeld durch die Berücksichtigung eines weiteren Kindes erhöht, für das einer dritten Person Kindergeld oder dieser oder dem Leistungsberechtigten eine andere Geldleistung für Kinder zusteht, so bleibt der Erhöhungsbetrag bei der Bestimmung des pfändbaren Betrags des Kindergeldes nach Satz 1 außer Betracht;
2. der Erhöhungsbetrag nach Nummer 1 Satz 2 ist zugunsten jedes bei der Festsetzung des Kindergeldes berücksichtigten unterhaltsberechtigten Kindes zu dem Anteil pfändbar, der sich bei gleichmäßiger Verteilung auf alle Kinder, die bei der Festsetzung des Kindergeldes zugunsten des Leistungsberechtigten berücksichtigt werden, ergibt.

§ 76a[2] *(aufgehoben)*

§ 77 Erstattung von Kosten im Vorverfahren. (1) [1] Soweit der Einspruch gegen die Kindergeldfestsetzung erfolgreich ist, hat die Familienkasse demjenigen, der den Einspruch erhoben hat, die zur zweckentsprechenden Rechtsverfolgung oder Rechtsverteidigung notwendigen Aufwendungen zu erstatten. [2] Dies gilt auch, wenn der Einspruch nur deshalb keinen Erfolg hat, weil die Verletzung einer Verfahrens- oder Formvorschrift nach § 126 der Abgabenordnung unbeachtlich ist. [3] Aufwendungen, die durch das Verschulden eines Erstattungsberechtigten entstanden sind, hat dieser selbst zu tragen; das Verschulden eines Vertreters ist dem Vertretenen zuzurechnen.

(2) Die Gebühren und Auslagen eines Bevollmächtigten oder Beistandes, der nach den Vorschriften des Steuerberatungsgesetzes zur geschäftsmäßigen Hilfeleistung in Steuersachen befugt ist, sind erstattungsfähig, wenn dessen Zuziehung notwendig war.

---

[1] § 75 Abs. 1 geänd. mWv 1.1.2015 durch G v. 22.12.2014 (BGBl. I S. 2417).
[2] § 76a aufgeh. mWv 1.1.2012 durch G v. 7.7.2009 (BGBl. I S. 1707).

(3) [1] Die Familienkasse setzt auf Antrag den Betrag der zu erstattenden Aufwendungen fest. [2] Die Kostenentscheidung bestimmt auch, ob die Zuziehung eines Bevollmächtigten oder Beistandes im Sinne des Absatzes 2 notwendig war.

§ 78 Übergangsregelungen. (1) bis (4) (weggefallen)

(5) [1] Abweichend von § 64 Absatz 2 und 3 steht Berechtigten, die für Dezember 1990 für ihre Kinder Kindergeld in dem in Artikel 3 des Einigungsvertrages genannten Gebiet bezogen haben, das Kindergeld für diese Kinder auch für die folgende Zeit zu, solange sie ihren Wohnsitz oder gewöhnlichen Aufenthalt in diesem Gebiet beibehalten und die Kinder die Voraussetzungen ihrer Berücksichtigung weiterhin erfüllen. [2] § 64 Absatz 2 und 3 ist insoweit erst für die Zeit vom Beginn des Monats an anzuwenden, in dem ein hierauf gerichteter Antrag bei der zuständigen Stelle eingegangen ist; der hiernach Berechtigte muss die nach Satz 1 geleisteten Zahlungen gegen sich gelten lassen.

45e. Gesetz zum Elterngeld und zur Elternzeit (Bundeselterngeld- und Elternzeitgesetz – BEEG)

In der Fassung der Bekanntmachung vom 27. Januar 2015[1)]
(BGBl. I S. 33)

FNA 85-5

Lfd. Nr.	Änderndes Gesetz	Datum	Fundstelle	Betroffen	Hinweis
1.	Urt. des BVerfG – 1 BvF 2/13 –	21.7.2015	BGBl. I S. 1565	§§ 4a, 4b, 4c, 4d	unvereinbar mit Art. 72 Abs. 2 GG und nichtig
2.	Art. 1k Heil- und HilfsmittelversorgungsG[2)]	4.4.2017	BGBl. I S. 778	§ 4	geänd. mWv 11.4.2017
3.	Art. 6 Abs. 9 G zur Neuregelung des Mutterschutzrechts[3)]	23.5.2017	BGBl. I S. 1228	§§ 2b, 3, 4, 15, 16	geänd. mWv 1.1.2018
4.	Art. 118 Zweites Datenschutz-Anpassungs- und UmsetzungsG EU[4)]	20.11. 2019	BGBl. I S. 1626	§ 24a	geänd. mWv 26.11.2019
				§ 24b	eingef. mWv 26.11.2019
5.	Art. 35 und 36 G zur weiteren steuerl. Förderung der Elektromobilität und zur Änd. weiterer steuerl. Vorschriften	12.12. 2019	BGBl. I S. 2451	§§ 1, 27	geänd. mWv 1.1.2020
				§§ 1, 27	geänd. mWv 1.3.2020
6.	Art. 1 G für Maßnahmen im Elterngeld aus Anlass der COVID-19-Pandemie	20.5.2020	BGBl. I S. 1061	§§ 2b, 28	geänd. mWv 1.3.2020
				§ 27	eingef. mWv 1.3.2020
				§§ 2c, 2d	geänd. mWv 29.5.2020
7.	Art. 6 G zur Digitalisierung von Verwaltungsverfahren bei der Gewährung von Familienleistungen	3.12.2020	BGBl. I S. 2668	§§ 9, 14, 28	geänd. mWv 1.1.2021
				§ 25	neu gef. mWv 1.1.2021

[1)] Neubekanntmachung des Bundeselterngeld- und ElternzeitG v. 5.12.2006 (BGBl. I S. 2748) in der ab 1.1.2015 geltenden Fassung; beachte die Übergangsvorschriften in § 27.

[2)] **Amtl. Anm.:** Dieses Gesetz dient der Umsetzung der Richtlinie 2013/55/EU des Europäischen Parlaments und des Rates vom 20. November 2013 zur Änderung der Richtlinie 2005/36/EG über die Anerkennung von Berufsqualifikationen und der Verordnung (EU) Nr. 1024/2012 über die Verwaltungszusammenarbeit mit Hilfe des Binnenmarkt-Informationssystems („IMI-Verordnung") (ABl. L 354 vom 28.12.2013, S. 132).

[3)] **Amtl. Anm.:** Dieses Gesetz dient der Umsetzung der Richtlinie 92/85/EWG des Rates vom 19. Oktober 1992 über die Durchführung von Maßnahmen zur Verbesserung der Sicherheit und des Gesundheitsschutzes von schwangeren Arbeitnehmerinnen, Wöchnerinnen und stillenden Arbeitnehmerinnen am Arbeitsplatz (zehnte Einzelrichtlinie im Sinne des Artikels 16 Absatz 1 der Richtlinie 89/391/EWG) (ABl. L 348 vom 28.11.1992, S. 1), die zuletzt durch die Richtlinie 2014/27/EU (ABl. L 65 vom 5.3.2014, S. 1) geändert worden ist.

[4)] **Amtl. Anm.:** Dieses Gesetz dient der Umsetzung der Richtlinie (EU) 2016/680 des Europäischen Parlaments und des Rates vom 27. April 2016 zum Schutz natürlicher Personen bei der Verarbeitung personenbezogener Daten durch die zuständigen Behörden zum Zweck der Verhütung, Ermittlung, Aufdeckung oder Verfolgung von Straftaten oder der Strafvollstreckung sowie zum freien Datenverkehr und zur Aufhebung des Rahmenbeschlusses 2008/977/JI des Rates (ABl. L 119 vom 4.5.2016, S. 89; L 127 vom 23.5.2018, S. 9).

Lfd. Nr.	Änderndes Gesetz	Datum	Fundstelle	Betroffen	Hinweis
8.	Art. 3 BeschäftigungssicherungsG	3.12.2020	BGBl. I S. 2691	§§ 2b, 27	geänd. mWv 1.1.2021
9.	Art. 23 JahressteuerG 2020	21.12.2020	BGBl. I S. 3096	§ 2e	geänd. mWv 1.1.2024
10.	Art. 1 Zweites ÄndG	15.2.2021	BGBl. I S. 239	§ 27	geänd. mWv 28.5.2020
				§§ 1, 2, 2b, 2c, 3, Abschnitt 2 Überschrift, §§ 7, 8, 10, 11, 12, 14, Abschnitt 3 Überschrift, §§ 15, 18, 20, Abschnitt 4 Überschrift, §§ 22, 26, 27, 28	geänd. mWv 1.9.2021
				Abschnitt 2	aufgeh. mWv 1.9.2021
				§§ 4, 4a, 4b, 4c, 4d, 5, 6	neu gef. mWv 1.9.2021
				§ 12	geänd. mWv 1.1.2023
11.	Art. 5 Covid-19-G zur Verlängerung des Sozialdienstleister-EinsatzG und weiterer Regelungen	18.3.2022	BGBl. I S. 473	§§ 2b, 27	geänd. mWv 19.3.2022
12.	Art. 12 G zur Regelung eines Sofortzuschlages und einer Einmalzahlung in den sozialen Mindestsicherungssystemen sowie zur Änd. des FinanzausgleichsG und weiterer G	23.5.2022	BGBl. I S. 760	§§ 1, 28	geänd. mWv 1.6.2022
13.	Art. 12 Abs. 7 Bürgergeld-Gesetz	16.12.2022	BGBl. I S. 2328	§ 10	geänd. mWv 1.1.2023
14.	Art. 1 G zur weiteren Umsetzung der RL (EU) 2019/1158	19.12.2022	BGBl. I S. 2510	§ 15	geänd. mWv 24.12.2022
15.	Art. 1 HaushaltsfinanzierungsG 2024	22.12.2023	BGBl. 2023 I Nr. 412	§§ 1, 4, 28	geänd. mWv 1.4.2024

Zum Bundeselterngeld- und ElternzeitG haben die Länder ua folgende Vorschriften erlassen:

– **Baden-Württemberg:** VO über die Zuständigkeiten nach dem Bundeselterngeld- und ElternzeitG v. 14.2.2007 (GBl. S. 139), zuletzt geänd. durch VO v. 28.6.2016 (GBl. S. 382)
– **Brandenburg:** VO über die Zuständigkeiten zur Durchführung des Bundeselterngeld- und ElternzeitG v. 5.1.2007 (GVBl. II S. 11), zuletzt geänd. durch VO v. 11.9.2013 (GVBl. II Nr. 71)
– **Hessen:** VO über Zuständigkeiten nach dem Bundeselterngeld- und ElternzeitG v. 2.1.2007 (GVBl. I S. 2), zuletzt geänd. durch VO v. 11.12.2012 (GVBl. S. 681)
– **Nordrhein-Westfalen:** VO zur Regelung von Zuständigkeiten nach dem Bundeselterngeld- und ElternzeitG und nach dem BundeskindergeldG v. 5.12.2006 (GV. NRW. S. 599), zuletzt geänd. durch VO v. 9.7.2013 (GV. NRW. S. 456)
– **Rheinland-Pfalz:** LandesVO über Zuständigkeiten nach dem Achten Buch Sozialgesetzbuch, dem JugendschutzG, dem UnterhaltsvorschussG, dem Bundeselterngeld- und ElternzeitG und dem AdoptionsvermittlungsG v. 23.12.2004 (GVBl. 2005 S. 13), zuletzt geänd. durch G v. 26.6.2020 (GVBl. S. 287)
– **Saarland:** VO über die Zuständigkeit nach dem Bundeselterngeld- und ElternzeitG v. 10.8.2017 (Amtsbl. I S. 730)
– **Sachsen-Anhalt:** AusführungsG des Landes Sachsen-Anhalt zum Bundeselterngeld- und ElternzeitG v. 5.11.2009 (GVBl. LSA S. 514)

– **Schleswig-Holstein:** LandesVO über die zuständige Behörde nach dem Bundeselterngeld- und ElternzeitG v. 7.11.2017 (GVOBl. Schl.-H. S. 508)
– **Thüringen:** Thüringer VO über Zuständigkeiten nach dem Bundeselterngeld- und ElternzeitG v. 13.2.2007 (GVBl. S. 14)

Abschnitt 1. Elterngeld

§ 1[1)] Berechtigte. (1) [1] Anspruch auf Elterngeld hat, wer

1. einen Wohnsitz oder seinen gewöhnlichen Aufenthalt in Deutschland hat,
2. mit seinem Kind in einem Haushalt lebt,
3. dieses Kind selbst betreut und erzieht und
4. keine oder keine volle Erwerbstätigkeit ausübt.

[2] Bei Mehrlingsgeburten besteht nur ein Anspruch auf Elterngeld.

(2) [1] Anspruch auf Elterngeld hat auch, wer, ohne eine der Voraussetzungen des Absatzes 1 Satz 1 Nummer 1 zu erfüllen,

1. nach § 4 des Vierten Buches Sozialgesetzbuch dem deutschen Sozialversicherungsrecht unterliegt oder im Rahmen seines in Deutschland bestehenden öffentlich-rechtlichen Dienst- oder Amtsverhältnisses vorübergehend ins Ausland abgeordnet, versetzt oder kommandiert ist,
2. Entwicklungshelfer oder Entwicklungshelferin im Sinne des § 1 des Entwicklungshelfer-Gesetzes ist oder als Missionar oder Missionarin der Missionswerke und -gesellschaften, die Mitglieder oder Vereinbarungspartner des Evangelischen Missionswerkes Hamburg, der Arbeitsgemeinschaft Evangelikaler Missionen e.V. oder der Arbeitsgemeinschaft pfingstlich-charismatischer Missionen sind, tätig ist oder
3. die deutsche Staatsangehörigkeit besitzt und nur vorübergehend bei einer zwischen- oder überstaatlichen Einrichtung tätig ist, insbesondere nach den Entsenderichtlinien des Bundes[2)] beurlaubte Beamte und Beamtinnen, oder wer vorübergehend eine nach § 123a des Beamtenrechtsrahmengesetzes[3)] oder § 29 des Bundesbeamtengesetzes[4)] zugewiesene Tätigkeit im Ausland wahrnimmt.

[2] Dies gilt auch für mit der nach Satz 1 berechtigten Person in einem Haushalt lebende Ehegatten oder Ehegattinnen.

(3) [1] Anspruch auf Elterngeld hat abweichend von Absatz 1 Satz 1 Nummer 2 auch, wer

1. mit einem Kind in einem Haushalt lebt, das er mit dem Ziel der Annahme als Kind aufgenommen hat,
2. ein Kind des Ehegatten oder der Ehegattin in seinen Haushalt aufgenommen hat oder

---

[1)] § 1 Abs. 7 neu gef. mWv 1.3.2020 durch G v. 12.12.2019 (BGBl. I S. 2451); Abs. 2 Satz 1 Nr. 2 geänd., Satz 2, Abs. 3 Satz 1 Nr. 2 und Abs. 4 neu gef., Abs. 6 und Abs. 8 Satz 2 geänd. mWv 1.9.2021 durch G v. 15.2.2021 (BGBl. I S. 239); Abs. 7 Satz 1 Nr. 2 Buchst. c geänd. mWv 1.6.2022 durch G v. 23.5.2022 (BGBl. I S. 760); Abs. 8 Sätze 1 und 2 geänd. mWv 1.4.2024 durch G v. 22.12.2023 (BGBl. 2023 I Nr. 412).

[2)] Siehe die Entsendungsrichtlinie Bund v. 9.12.2015 (GMBl 2016 S. 34).

[3)] **Sartorius Nr. 150a.**

[4)] **Sartorius Nr. 160.**

3. mit einem Kind in einem Haushalt lebt und die von ihm erklärte Anerkennung der Vaterschaft nach § 1594 Absatz 2 des Bürgerlichen Gesetzbuchs[1] noch nicht wirksam oder über die von ihm beantragte Vaterschaftsfeststellung nach § 1600d des Bürgerlichen Gesetzbuchs noch nicht entschieden ist.

[2] Für angenommene Kinder und Kinder im Sinne des Satzes 1 Nummer 1 sind die Vorschriften dieses Gesetzes mit der Maßgabe anzuwenden, dass statt des Zeitpunktes der Geburt der Zeitpunkt der Aufnahme des Kindes bei der berechtigten Person maßgeblich ist.

(4) Können die Eltern wegen einer schweren Krankheit, Schwerbehinderung oder Todes der Eltern ihr Kind nicht betreuen, haben Verwandte bis zum dritten Grad und ihre Ehegatten oder Ehegattinnen Anspruch auf Elterngeld, wenn sie die übrigen Voraussetzungen nach Absatz 1 erfüllen und wenn von anderen Berechtigten Elterngeld nicht in Anspruch genommen wird.

(5) Der Anspruch auf Elterngeld bleibt unberührt, wenn die Betreuung und Erziehung des Kindes aus einem wichtigen Grund nicht sofort aufgenommen werden kann oder wenn sie unterbrochen werden muss.

(6) Eine Person ist nicht voll erwerbstätig, wenn ihre Arbeitszeit 32 Wochenstunden im Durchschnitt des Lebensmonats nicht übersteigt, sie eine Beschäftigung zur Berufsbildung ausübt oder sie eine geeignete Tagespflegeperson im Sinne des § 23 des Achten Buches Sozialgesetzbuch[2] ist und nicht mehr als fünf Kinder in Tagespflege betreut.

(7) [1] Ein nicht freizügigkeitsberechtigter Ausländer oder eine nicht freizügigkeitsberechtigte Ausländerin ist nur anspruchsberechtigt, wenn diese Person

1. eine Niederlassungserlaubnis oder eine Erlaubnis zum Daueraufenthalt-EU besitzt,
2. eine Blaue Karte EU, eine ICT-Karte, eine Mobiler-ICT-Karte oder eine Aufenthaltserlaubnis besitzt, die für einen Zeitraum von mindestens sechs Monaten zur Ausübung einer Erwerbstätigkeit berechtigen oder berechtigt haben oder diese erlauben, es sei denn, die Aufenthaltserlaubnis wurde
   a) nach § 16e des Aufenthaltsgesetzes[3] zu Ausbildungszwecken, nach § 19c Absatz 1 des Aufenthaltsgesetzes zum Zweck der Beschäftigung als Au-Pair oder zum Zweck der Saisonbeschäftigung, nach § 19e des Aufenthaltsgesetzes zum Zweck der Teilnahme an einem Europäischen Freiwilligendienst oder nach § 20 Absatz 1 und 2 des Aufenthaltsgesetzes zur Arbeitsplatzsuche erteilt,
   b) nach § 16b des Aufenthaltsgesetzes zum Zweck eines Studiums, nach § 16d des Aufenthaltsgesetzes für Maßnahmen zur Anerkennung ausländischer Berufsqualifikationen oder nach § 20 Absatz 3 des Aufenthaltsgesetzes zur Arbeitsplatzsuche erteilt und er ist weder erwerbstätig noch nimmt er Elternzeit nach § 15 des Bundeselterngeld- und Elternzeitgesetzes oder laufende Geldleistungen nach dem Dritten Buch Sozialgesetzbuch in Anspruch,
   c) nach § 23 Absatz 1 des Aufenthaltsgesetzes wegen eines Krieges in seinem Heimatland oder nach den § 23a oder § 25 Absatz 3 bis 5 des Aufenthaltsgesetzes erteilt,

---

[1] **Habersack, Deutsche Gesetze Nr. 20.**
[2] Nr. **46.**
[3] **Sartorius Nr. 565.**

3. eine in Nummer 2 Buchstabe c genannte Aufenthaltserlaubnis besitzt und im Bundesgebiet berechtigt erwerbstätig ist oder Elternzeit nach § 15 des Bundeselterngeld- und Elternzeitgesetzes oder laufende Geldleistungen nach dem Dritten Buch Sozialgesetzbuch in Anspruch nimmt,
4. eine in Nummer 2 Buchstabe c genannte Aufenthaltserlaubnis besitzt und sich seit mindestens 15 Monaten erlaubt, gestattet oder geduldet im Bundesgebiet aufhält oder
5. eine Beschäftigungsduldung gemäß § 60d in Verbindung mit § 60a Absatz 2 Satz 3 des Aufenthaltsgesetzes besitzt.

[2] Abweichend von Satz 1 Nummer 3 erste Alternative ist ein minderjähriger nicht freizügigkeitsberechtigter Ausländer oder eine minderjährige nicht freizügigkeitsberechtigte Ausländerin unabhängig von einer Erwerbstätigkeit anspruchsberechtigt.

(8) [1] Ein Anspruch entfällt, wenn die berechtigte Person im letzten abgeschlossenen Veranlagungszeitraum vor der Geburt des Kindes ein zu versteuerndes Einkommen nach § 2 Absatz 5 des Einkommensteuergesetzes in Höhe von mehr als 150 000 Euro erzielt hat. [2] Erfüllt auch eine andere Person die Voraussetzungen des Absatzes 1 Satz 1 Nummer 2 oder der Absätze 3 oder 4, entfällt abweichend von Satz 1 der Anspruch, wenn die Summe des zu versteuernden Einkommens beider Personen mehr als 175 000 Euro beträgt.

§ 2[1)] Höhe des Elterngeldes. (1) [1] Elterngeld wird in Höhe von 67 Prozent des Einkommens aus Erwerbstätigkeit vor der Geburt des Kindes gewährt. [2] Es wird bis zu einem Höchstbetrag von 1 800 Euro monatlich für volle Lebensmonate gezahlt, in denen die berechtigte Person kein Einkommen aus Erwerbstätigkeit hat. [3] Das Einkommen aus Erwerbstätigkeit errechnet sich nach Maßgabe der §§ 2c bis 2f aus der um die Abzüge für Steuern und Sozialabgaben verminderten Summe der positiven Einkünfte aus

1. nichtselbständiger Arbeit nach § 2 Absatz 1 Satz 1 Nummer 4 des Einkommensteuergesetzes sowie
2. Land- und Forstwirtschaft, Gewerbebetrieb und selbständiger Arbeit nach § 2 Absatz 1 Satz 1 Nummer 1 bis 3 des Einkommensteuergesetzes,

die im Inland zu versteuern sind und die die berechtigte Person durchschnittlich monatlich im Bemessungszeitraum nach § 2b oder in Lebensmonaten der Bezugszeit nach § 2 Absatz 3 hat.

(2) [1] In den Fällen, in denen das Einkommen aus Erwerbstätigkeit vor der Geburt geringer als 1 000 Euro war, erhöht sich der Prozentsatz von 67 Prozent um 0,1 Prozentpunkte für je 2 Euro, um die dieses Einkommen den Betrag von 1 000 Euro unterschreitet, auf bis zu 100 Prozent. [2] In den Fällen, in denen das Einkommen aus Erwerbstätigkeit vor der Geburt höher als 1 200 Euro war, sinkt der Prozentsatz von 67 Prozent um 0,1 Prozentpunkte für je 2 Euro, um die dieses Einkommen den Betrag von 1 200 Euro überschreitet, auf bis zu 65 Prozent.

(3) [1] Für Lebensmonate nach der Geburt des Kindes, in denen die berechtigte Person ein Einkommen aus Erwerbstätigkeit hat, das durchschnittlich geringer ist als das Einkommen aus Erwerbstätigkeit vor der Geburt, wird Elterngeld in Höhe des nach Absatz 1 oder 2 maßgeblichen Prozentsatzes des Unterschiedsbetrages dieser Einkommen aus Erwerbstätigkeit gezahlt. [2] Als Einkommen aus Erwerbs-

---

[1)] § 2 Abs. 1 Satz 2 und Satz 3 abschl. Satzteil, Abs. 3 Sätze 1 und 3 geänd. mWv 1.9.2021 durch G v. 15.2.2021 (BGBl. I S. 239).

tätigkeit vor der Geburt ist dabei höchstens der Betrag von 2 770 Euro anzusetzen. [3] Der Unterschiedsbetrag nach Satz 1 ist für das Einkommen aus Erwerbstätigkeit in Lebensmonaten, in denen die berechtigte Person Basiselterngeld in Anspruch nimmt, und in Lebensmonaten, in denen sie Elterngeld Plus im Sinne des § 4a Absatz 2 in Anspruch nimmt, getrennt zu berechnen.

(4) [1] Elterngeld wird mindestens in Höhe von 300 Euro gezahlt. [2] Dies gilt auch, wenn die berechtigte Person vor der Geburt des Kindes kein Einkommen aus Erwerbstätigkeit hat.

§ 2a Geschwisterbonus und Mehrlingszuschlag. (1) [1] Lebt die berechtigte Person in einem Haushalt mit

1. zwei Kindern, die noch nicht drei Jahre alt sind, oder
2. drei oder mehr Kindern, die noch nicht sechs Jahre alt sind,

wird das Elterngeld um 10 Prozent, mindestens jedoch um 75 Euro erhöht (Geschwisterbonus). [2] Zu berücksichtigen sind alle Kinder, für die die berechtigte Person die Voraussetzungen des § 1 Absatz 1 und 3 erfüllt und für die sich das Elterngeld nicht nach Absatz 4 erhöht.

(2) [1] Für angenommene Kinder, die noch nicht 14 Jahre alt sind, gilt als Alter des Kindes der Zeitraum seit der Aufnahme des Kindes in den Haushalt der berechtigten Person. [2] Dies gilt auch für Kinder, die die berechtigte Person entsprechend § 1 Absatz 3 Satz 1 Nummer 1 mit dem Ziel der Annahme als Kind in ihren Haushalt aufgenommen hat. [3] Für Kinder mit Behinderung im Sinne von § 2 Absatz 1 Satz 1 des Neunten Buches Sozialgesetzbuch liegt die Altersgrenze nach Absatz 1 Satz 1 bei 14 Jahren.

(3) Der Anspruch auf den Geschwisterbonus endet mit Ablauf des Monats, in dem eine der in Absatz 1 genannten Anspruchsvoraussetzungen entfällt.

(4) [1] Bei Mehrlingsgeburten erhöht sich das Elterngeld um je 300 Euro für das zweite und jedes weitere Kind (Mehrlingszuschlag). [2] Dies gilt auch, wenn ein Geschwisterbonus nach Absatz 1 gezahlt wird.

§ 2b[1] Bemessungszeitraum. (1) [1] Für die Ermittlung des Einkommens aus nichtselbstständiger Erwerbstätigkeit im Sinne von § 2c vor der Geburt sind die zwölf Kalendermonate vor dem Kalendermonat der Geburt des Kindes maßgeblich. [2] Bei der Bestimmung des Bemessungszeitraums nach Satz 1 bleiben Kalendermonate unberücksichtigt, in denen die berechtigte Person

1. im Zeitraum nach § 4 Absatz 1 Satz 2 und 3 und Absatz 5 Satz 3 Nummer 2 Elterngeld für ein älteres Kind bezogen hat,
2. während der Schutzfristen nach § 3 des Mutterschutzgesetzes[2] nicht beschäftigt werden durfte oder Mutterschaftsgeld nach dem Fünften Buch Sozialgesetzbuch oder nach dem Zweiten Gesetz über die Krankenversicherung der Landwirte bezogen hat,
3. eine Krankheit hatte, die maßgeblich durch eine Schwangerschaft bedingt war, oder

[1] § 2b Abs. 1 Satz 2 Nr. 2 geänd. mWv 1.1.2018 durch G v. 23.5.2017 (BGBl. I S. 1228); Abs. 1 Sätze 3 und 4 angef., Abs. 2 Satz 2 und Abs. 3 Satz 2 geänd. mWv 1.3.2020 durch G v. 20.5.2020 (BGBl. I S. 1061); Abs. 1 Satz 3 geänd. mWv 1.1.2021 durch G v. 3.12.2020 (BGBl. I S. 2691); Abs. 1 Satz 1 geänd., Satz 2 Nr. 1 neu gef., Satz 3 eingef., bish. Sätze 3 und 4 werden Sätze 4 und 5, Abs. 3 Satz 1 neu gef., Abs. 4 angef. mWv 1.9.2021 durch G v. 15.2.2021 (BGBl. I S. 239); Abs. 1 Satz 4 geänd. mWv 19.3.2022 durch G v. 18.3.2022 (BGBl. I S. 473).

[2] Nr. **79**.

4. Wehrdienst nach dem Wehrpflichtgesetz[1] in der bis zum 31. Mai 2011 geltenden Fassung oder nach dem Vierten Abschnitt des Soldatengesetzes oder Zivildienst nach dem Zivildienstgesetz[2] geleistet hat

und in den Fällen der Nummern 3 und 4 dadurch ein geringeres Einkommen aus Erwerbstätigkeit hatte. [3] Abweichend von Satz 2 sind Kalendermonate im Sinne des Satzes 2 Nummer 1 bis 4 auf Antrag der berechtigten Person zu berücksichtigen. [4] Abweichend von Satz 2 bleiben auf Antrag bei der Ermittlung des Einkommens für die Zeit vom 1. März 2020 bis zum Ablauf des 23. September 2022 auch solche Kalendermonate unberücksichtigt, in denen die berechtigte Person aufgrund der COVID-19-Pandemie ein geringeres Einkommen aus Erwerbstätigkeit hatte und dies glaubhaft machen kann. [5] Satz 2 Nummer 1 gilt in den Fällen des § 27 Absatz 1 Satz 1 mit der Maßgabe, dass auf Antrag auch Kalendermonate mit Elterngeldbezug für ein älteres Kind nach Vollendung von dessen 14. Lebensmonat unberücksichtigt bleiben, soweit der Elterngeldbezug von der Zeit vor Vollendung des 14. Lebensmonats auf danach verschoben wurde.

(2) [1] Für die Ermittlung des Einkommens aus selbstständiger Erwerbstätigkeit im Sinne von § 2d vor der Geburt sind die jeweiligen steuerlichen Gewinnermittlungszeiträume maßgeblich, die dem letzten abgeschlossenen steuerlichen Veranlagungszeitraum vor der Geburt des Kindes zugrunde liegen. [2] Haben in einem Gewinnermittlungszeitraum die Voraussetzungen des Absatzes 1 Satz 2 oder Satz 3 vorgelegen, sind auf Antrag die Gewinnermittlungszeiträume maßgeblich, die dem diesen Ereignissen vorangegangenen abgeschlossenen steuerlichen Veranlagungszeitraum zugrunde liegen.

(3) [1] Abweichend von Absatz 1 ist für die Ermittlung des Einkommens aus nichtselbstständiger Erwerbstätigkeit vor der Geburt der letzte abgeschlossene steuerliche Veranlagungszeitraum vor der Geburt maßgeblich, wenn die berechtigte Person in den Zeiträumen nach Absatz 1 oder Absatz 2 Einkommen aus selbstständiger Erwerbstätigkeit hatte. [2] Haben im Bemessungszeitraum nach Satz 1 die Voraussetzungen des Absatzes 1 Satz 2 oder Satz 3 vorgelegen, ist Absatz 2 Satz 2 mit der zusätzlichen Maßgabe anzuwenden, dass für die Ermittlung des Einkommens aus nichtselbstständiger Erwerbstätigkeit vor der Geburt der vorangegangene steuerliche Veranlagungszeitraum maßgeblich ist.

(4) [1] Abweichend von Absatz 3 ist auf Antrag der berechtigten Person für die Ermittlung des Einkommens aus nichtselbstständiger Erwerbstätigkeit allein der Bemessungszeitraum nach Absatz 1 maßgeblich, wenn die zu berücksichtigende Summe der Einkünfte aus Land- und Forstwirtschaft, Gewerbebetrieb und selbstständiger Arbeit nach § 2 Absatz 1 Satz 1 Nummer 1 bis 3 des Einkommensteuergesetzes

1. in den jeweiligen steuerlichen Gewinnermittlungszeiträumen, die dem letzten abgeschlossenen steuerlichen Veranlagungszeitraum vor der Geburt des Kindes zugrunde liegen, durchschnittlich weniger als 35 Euro im Kalendermonat betrug und
2. in den jeweiligen steuerlichen Gewinnermittlungszeiträumen, die dem steuerlichen Veranlagungszeitraum der Geburt des Kindes zugrunde liegen, bis einschließlich zum Kalendermonat vor der Geburt des Kindes durchschnittlich weniger als 35 Euro im Kalendermonat betrug.

---

[1] **Sartorius Nr. 620.**
[2] **Sartorius Nr. 625.**

[2] Abweichend von § 2 Absatz 1 Satz 3 Nummer 2 ist für die Berechnung des Elterngeldes im Fall des Satzes 1 allein das Einkommen aus nichtselbstständiger Erwerbstätigkeit maßgeblich. [3] Die für die Entscheidung über den Antrag notwendige Ermittlung der Höhe der Einkünfte aus Land- und Forstwirtschaft, Gewerbebetrieb und selbstständiger Arbeit erfolgt für die Zeiträume nach Satz 1 Nummer 1 entsprechend § 2d Absatz 2; in Fällen, in denen zum Zeitpunkt der Entscheidung kein Einkommensteuerbescheid vorliegt, und für den Zeitraum nach Satz 1 Nummer 2 erfolgt die Ermittlung der Höhe der Einkünfte entsprechend § 2d Absatz 3. [4] Die Entscheidung über den Antrag erfolgt abschließend auf der Grundlage der Höhe der Einkünfte, wie sie sich aus den gemäß Satz 3 vorgelegten Nachweisen ergibt.

§ 2c[1)] Einkommen aus nichtselbstständiger Erwerbstätigkeit. (1) [1] Der monatlich durchschnittlich zu berücksichtigende Überschuss der Einnahmen aus nichtselbstständiger Arbeit in Geld oder Geldeswert über ein Zwölftel des Arbeitnehmer-Pauschbetrags, vermindert um die Abzüge für Steuern und Sozialabgaben nach den §§ 2e und 2f, ergibt das Einkommen aus nichtselbstständiger Erwerbstätigkeit. [2] Nicht berücksichtigt werden Einnahmen, die im Lohnsteuerabzugsverfahren nach den lohnsteuerlichen Vorgaben als sonstige Bezüge zu behandeln sind. [3] Die zeitliche Zuordnung von Einnahmen erfolgt nach den lohnsteuerlichen Vorgaben für das Lohnsteuerabzugsverfahren. [4] Maßgeblich ist der Arbeitnehmer-Pauschbetrag nach § 9a Satz 1 Nummer 1 Buchstabe a des Einkommensteuergesetzes in der am 1. Januar des Kalenderjahres vor der Geburt des Kindes für dieses Jahr geltenden Fassung.

(2) [1] Grundlage der Ermittlung der Einnahmen sind die Angaben in den für die maßgeblichen Kalendermonate erstellten Lohn- und Gehaltsbescheinigungen des Arbeitgebers. [2] Die Richtigkeit und Vollständigkeit der Angaben in den maßgeblichen Lohn- und Gehaltsbescheinigungen wird vermutet.

(3) [1] Grundlage der Ermittlung der nach den §§ 2e und 2f erforderlichen Abzugsmerkmale für Steuern und Sozialabgaben sind die Angaben in der Lohn- und Gehaltsbescheinigung, die für den letzten Kalendermonat im Bemessungszeitraum mit Einnahmen nach Absatz 1 erstellt wurde. [2] Soweit sich in den Lohn- und Gehaltsbescheinigungen des Bemessungszeitraums eine Angabe zu einem Abzugsmerkmal geändert hat, ist die von der Angabe nach Satz 1 abweichende Angabe maßgeblich, wenn sie in der überwiegenden Zahl der Kalendermonate des Bemessungszeitraums gegolten hat. [3] § 2c Absatz 2 Satz 2 gilt entsprechend.

§ 2d[2)] Einkommen aus selbstständiger Erwerbstätigkeit. (1) Die monatlich durchschnittlich zu berücksichtigende Summe der positiven Einkünfte aus Land- und Forstwirtschaft, Gewerbebetrieb und selbstständiger Arbeit (Gewinneinkünfte), vermindert um die Abzüge für Steuern und Sozialabgaben nach den §§ 2e und 2f, ergibt das Einkommen aus selbstständiger Erwerbstätigkeit.

(2) [1] Bei der Ermittlung der im Bemessungszeitraum zu berücksichtigenden Gewinneinkünfte sind die entsprechenden im Einkommensteuerbescheid ausgewiesenen Gewinne anzusetzen. [2] Ist kein Einkommensteuerbescheid zu erstellen, werden die Gewinneinkünfte in entsprechender Anwendung des Absatzes 3 ermittelt.

[1)] § 2c Abs. 1 Satz 3 eingef., bish. Satz 3 wird Satz 4 mWv 29.5.2020 durch G v. 20.5.2020 (BGBl. I S. 1061); Abs. 2 Satz 1, Abs. 3 Sätze 1 und 2 geänd. mWv 1.9.2021 durch G v. 15.2.2021 (BGBl. I S. 239).

[2)] § 2d Abs. 5 angef. mWv 29.5.2020 durch G v. 20.5.2020 (BGBl. I S. 1061).

(3) [1]Grundlage der Ermittlung der in den Bezugsmonaten zu berücksichtigenden Gewinneinkünfte ist eine Gewinnermittlung, die mindestens den Anforderungen des § 4 Absatz 3 des Einkommensteuergesetzes entspricht. [2]Als Betriebsausgaben sind 25 Prozent der zugrunde gelegten Einnahmen oder auf Antrag die damit zusammenhängenden tatsächlichen Betriebsausgaben anzusetzen.

(4) [1]Soweit nicht in § 2c Absatz 3 etwas anderes bestimmt ist, sind bei der Ermittlung der nach § 2e erforderlichen Abzugsmerkmale für Steuern die Angaben im Einkommensteuerbescheid maßgeblich. [2]§ 2c Absatz 3 Satz 2 gilt entsprechend.

(5) Die zeitliche Zuordnung von Einnahmen und Ausgaben erfolgt nach den einkommensteuerrechtlichen Grundsätzen.

§ 2e[1)] Abzüge für Steuern. (1) [1]Als Abzüge für Steuern sind Beträge für die Einkommensteuer, den Solidaritätszuschlag und, wenn die berechtigte Person kirchensteuerpflichtig ist, die Kirchensteuer zu berücksichtigen. [2]Die Abzüge für Steuern werden einheitlich für Einkommen aus nichtselbstständiger und selbstständiger Erwerbstätigkeit auf Grundlage einer Berechnung anhand des am 1. Januar des Kalenderjahres vor der Geburt des Kindes für dieses Jahr geltenden Programmablaufplans für die maschinelle Berechnung der vom Arbeitslohn einzubehaltenden Lohnsteuer, des Solidaritätszuschlags und der Maßstabsteuer für die Kirchenlohnsteuer im Sinne von § 39b Absatz 6 des Einkommensteuergesetzes nach den Maßgaben der Absätze 2 bis 5 ermittelt.

(2) [1]Bemessungsgrundlage für die Ermittlung der Abzüge für Steuern ist die monatlich durchschnittlich zu berücksichtigende Summe der Einnahmen nach § 2c, soweit sie von der berechtigten Person zu versteuern sind, und der Gewinneinkünfte nach § 2d. [2]Bei der Ermittlung der Abzüge für Steuern nach Absatz 1 werden folgende Pauschalen berücksichtigt:

1. der Arbeitnehmer-Pauschbetrag nach § 9a Satz 1 Nummer 1 Buchstabe a des Einkommensteuergesetzes, wenn die berechtigte Person von ihr zu versteuernde Einnahmen hat, die unter § 2c fallen, und
2. eine Vorsorgepauschale
   a) mit den Teilbeträgen nach § 39b Absatz 2 Satz 5 Nummer 3 Buchstabe b, c und e des Einkommensteuergesetzes, falls die berechtigte Person von ihr zu versteuernde Einnahmen nach § 2c hat, ohne in der gesetzlichen Rentenversicherung oder einer vergleichbaren Einrichtung versicherungspflichtig gewesen zu sein, oder
   b) mit den Teilbeträgen nach § 39b Absatz 2 Satz 5 Nummer 3 Buchstabe a bis c und e des Einkommensteuergesetzes in allen übrigen Fällen,

   wobei die Höhe der Teilbeträge ohne Berücksichtigung der besonderen Regelungen zur Berechnung der Beiträge nach § 55 Absatz 3 und § 58 Absatz 3 des Elften Buches Sozialgesetzbuch bestimmt wird.

(3) [1]Als Abzug für die Einkommensteuer ist der Betrag anzusetzen, der sich unter Berücksichtigung der Steuerklasse und des Faktors nach § 39f des Einkommensteuergesetzes nach § 2c Absatz 3 ergibt; die Steuerklasse VI bleibt unberücksichtigt. [2]War die berechtigte Person im Bemessungszeitraum nach § 2b in keine Steuerklasse eingereiht oder ist ihr nach § 2d zu berücksichtigender Gewinn höher als ihr nach § 2c zu berücksichtigender Überschuss der Einnahmen über ein

[1)] § 2e Abs. 2 Satz 2 Nr. 2 Buchst a und b geänd. mWv 1.1.2024 durch G v. 21.12.2020 (BGBl. I S. 3096).

Zwölftel des Arbeitnehmer-Pauschbetrags, ist als Abzug für die Einkommensteuer der Betrag anzusetzen, der sich unter Berücksichtigung der Steuerklasse IV ohne Berücksichtigung eines Faktors nach § 39f des Einkommensteuergesetzes ergibt.

(4) [1] Als Abzug für den Solidaritätszuschlag ist der Betrag anzusetzen, der sich nach den Maßgaben des Solidaritätszuschlagsgesetzes 1995 für die Einkommensteuer nach Absatz 3 ergibt. [2] Freibeträge für Kinder werden nach den Maßgaben des § 3 Absatz 2a des Solidaritätszuschlagsgesetzes 1995 berücksichtigt.

(5) [1] Als Abzug für die Kirchensteuer ist der Betrag anzusetzen, der sich unter Anwendung eines Kirchensteuersatzes von 8 Prozent für die Einkommensteuer nach Absatz 3 ergibt. [2] Freibeträge für Kinder werden nach den Maßgaben des § 51a Absatz 2a des Einkommensteuergesetzes berücksichtigt.

(6) Vorbehaltlich der Absätze 2 bis 5 werden Freibeträge und Pauschalen nur berücksichtigt, wenn sie ohne weitere Voraussetzung jeder berechtigten Person zustehen.

§ 2f Abzüge für Sozialabgaben. (1) [1] Als Abzüge für Sozialabgaben sind Beträge für die gesetzliche Sozialversicherung oder für eine vergleichbare Einrichtung sowie für die Arbeitsförderung zu berücksichtigen. [2] Die Abzüge für Sozialabgaben werden einheitlich für Einkommen aus nichtselbstständiger und selbstständiger Erwerbstätigkeit anhand folgender Beitragssatzpauschalen ermittelt:

1. 9 Prozent für die Kranken- und Pflegeversicherung, falls die berechtigte Person in der gesetzlichen Krankenversicherung nach § 5 Absatz 1 Nummer 1 bis 12 des Fünften Buches Sozialgesetzbuch versicherungspflichtig gewesen ist,
2. 10 Prozent für die Rentenversicherung, falls die berechtigte Person in der gesetzlichen Rentenversicherung oder einer vergleichbaren Einrichtung versicherungspflichtig gewesen ist, und
3. 2 Prozent für die Arbeitsförderung, falls die berechtigte Person nach dem Dritten Buch Sozialgesetzbuch versicherungspflichtig gewesen ist.

(2) [1] Bemessungsgrundlage für die Ermittlung der Abzüge für Sozialabgaben ist die monatlich durchschnittlich zu berücksichtigende Summe der Einnahmen nach § 2c und der Gewinneinkünfte nach § 2d. [2] Einnahmen aus Beschäftigungen im Sinne des § 8, des § 8a oder des § 20 Absatz 3 Satz 1 des Vierten Buches Sozialgesetzbuch werden nicht berücksichtigt. [3] Für Einnahmen aus Beschäftigungsverhältnissen im Sinne des § 20 Absatz 2 des Vierten Buches Sozialgesetzbuch ist der Betrag anzusetzen, der sich nach § 344 Absatz 4 des Dritten Buches Sozialgesetzbuch für diese Einnahmen ergibt, wobei der Faktor im Sinne des § 163 Absatz 10 Satz 2 des Sechsten Buches Sozialgesetzbuch unter Zugrundelegung der Beitragssatzpauschalen nach Absatz 1 bestimmt wird.

(3) Andere Maßgaben zur Bestimmung der sozialversicherungsrechtlichen Beitragsbemessungsgrundlagen werden nicht berücksichtigt.

§ 3[1)] Anrechnung von anderen Einnahmen. (1) [1] Auf das der berechtigten Person nach § 2 oder nach § 2 in Verbindung mit § 2a zustehende Elterngeld werden folgende Einnahmen angerechnet:

1. Mutterschaftsleistungen
   a) in Form des Mutterschaftsgeldes nach dem Fünften Buch Sozialgesetzbuch oder nach dem Zweiten Gesetz über die Krankenversicherung der Landwirte

---

[1)] § 3 Abs. 1 Satz 1 Nr. 1 Buchst. a und b geänd. mWv 1.1.2018 durch G v. 23.5.2017 (BGBl. I S. 1228); Abs. 1 Satz 1 Nr. 3 geänd., Satz 4 angef. mWv 1.9.2021 durch G v. 15.2.2021 (BGBl. I S. 239).

mit Ausnahme des Mutterschaftsgeldes nach § 19 Absatz 2 des Mutterschutzgesetzes[1)] oder

b) in Form des Zuschusses zum Mutterschaftsgeld nach § 20 des Mutterschutzgesetzes, die der berechtigten Person für die Zeit ab dem Tag der Geburt des Kindes zustehen,

2. Dienst- und Anwärterbezüge sowie Zuschüsse, die der berechtigten Person nach beamten- oder soldatenrechtlichen Vorschriften für die Zeit eines Beschäftigungsverbots ab dem Tag der Geburt des Kindes zustehen,
3. dem Elterngeld vergleichbare Leistungen, auf die eine nach § 1 berechtigte Person außerhalb Deutschlands oder gegenüber einer über- oder zwischenstaatlichen Einrichtung Anspruch hat,
4. Elterngeld, das der berechtigten Person für ein älteres Kind zusteht, sowie
5. Einnahmen, die der berechtigten Person als Ersatz für Erwerbseinkommen zustehen und
   a) die nicht bereits für die Berechnung des Elterngeldes nach § 2 berücksichtigt werden oder
   b) bei deren Berechnung das Elterngeld nicht berücksichtigt wird.

[2] Stehen der berechtigten Person die Einnahmen nur für einen Teil des Lebensmonats des Kindes zu, sind sie nur auf den entsprechenden Teil des Elterngeldes anzurechnen. [3] Für jeden Kalendermonat, in dem Einnahmen nach Satz 1 Nummer 4 oder Nummer 5 im Bemessungszeitraum bezogen worden sind, wird der Anrechnungsbetrag um ein Zwölftel gemindert. [4] Beginnt der Bezug von Einnahmen nach Satz 1 Nummer 5 nach der Geburt des Kindes und berechnen sich die anzurechnenden Einnahmen auf der Grundlage eines Einkommens, das geringer ist als das Einkommen aus Erwerbstätigkeit im Bemessungszeitraum, so ist der Teil des Elterngeldes in Höhe des nach § 2 Absatz 1 oder 2 maßgeblichen Prozentsatzes des Unterschiedsbetrages zwischen dem durchschnittlichen monatlichen Einkommen aus Erwerbstätigkeit im Bemessungszeitraum und dem durchschnittlichen monatlichen Bemessungseinkommen der anzurechnenden Einnahmen von der Anrechnung freigestellt.

(2) [1] Bis zu einem Betrag von 300 Euro ist das Elterngeld von der Anrechnung nach Absatz 1 frei, soweit nicht Einnahmen nach Absatz 1 Satz 1 Nummer 1 bis 3 auf das Elterngeld anzurechnen sind. [2] Dieser Betrag erhöht sich bei Mehrlingsgeburten um je 300 Euro für das zweite und jedes weitere Kind.

(3) Solange kein Antrag auf die in Absatz 1 Satz 1 Nummer 3 genannten vergleichbaren Leistungen gestellt wird, ruht der Anspruch auf Elterngeld bis zur möglichen Höhe der vergleichbaren Leistung.

§ 4[2)] Bezugsdauer, Anspruchsumfang. (1) [1] Elterngeld wird als Basiselterngeld oder als Elterngeld Plus gewährt. [2] Es kann ab dem Tag der Geburt bezogen werden. [3] Basiselterngeld kann bis zur Vollendung des 14. Lebensmonats des Kindes bezogen werden. [4] Elterngeld Plus kann bis zur Vollendung des 32. Lebensmonats bezogen werden, solange es ab dem 15. Lebensmonat in aufeinander folgenden Lebensmonaten von zumindest einem Elternteil in Anspruch genommen wird. [5] Für angenommene Kinder und Kinder im Sinne des § 1 Absatz 3

[1)] Nr. **79**.

[2)] § 4 neu gef. mWv 1.9.2021 durch G v. 15.2.2021 (BGBl. I S. 239); Abs. 2 Satz 3 aufgeh., Abs. 6 angef. mWv 1.4.2024 durch G v. 22.12.2023 (BGBl. 2023 I Nr. 412).

Satz 1 Nummer 1 kann Elterngeld ab Aufnahme bei der berechtigten Person längstens bis zur Vollendung des achten Lebensjahres des Kindes bezogen werden.

(2) [1] Elterngeld wird in Monatsbeträgen für Lebensmonate des Kindes gezahlt. [2] Der Anspruch endet mit dem Ablauf des Lebensmonats, in dem eine Anspruchsvoraussetzung entfallen ist.

(3) [1] Die Eltern haben gemeinsam Anspruch auf zwölf Monatsbeträge Basiselterngeld. [2] Ist das Einkommen aus Erwerbstätigkeit eines Elternteils in zwei Lebensmonaten gemindert, haben die Eltern gemeinsam Anspruch auf zwei weitere Monate Basiselterngeld (Partnermonate). [3] Statt für einen Lebensmonat Basiselterngeld zu beanspruchen, kann die berechtigte Person jeweils zwei Lebensmonate Elterngeld Plus beziehen.

(4) [1] Ein Elternteil hat Anspruch auf höchstens zwölf Monatsbeträge Basiselterngeld zuzüglich der höchstens vier zustehenden Monatsbeträge Partnerschaftsbonus nach § 4b. [2] Ein Elternteil hat nur Anspruch auf Elterngeld, wenn er es mindestens für zwei Lebensmonate bezieht. [3] Lebensmonate des Kindes, in denen einem Elternteil nach § 3 Absatz 1 Satz 1 Nummer 1 bis 3 anzurechnende Leistungen oder nach § 192 Absatz 5 Satz 2 des Versicherungsvertragsgesetzes[1)] Versicherungsleistungen zustehen, gelten als Monate, für die dieser Elternteil Basiselterngeld nach § 4a Absatz 1 bezieht.

(5) [1] Abweichend von Absatz 3 Satz 1 beträgt der gemeinsame Anspruch der Eltern auf Basiselterngeld für ein Kind, das

1. mindestens sechs Wochen vor dem voraussichtlichen Tag der Entbindung geboren wurde:
   13 Monatsbeträge Basiselterngeld;
2. mindestens acht Wochen vor dem voraussichtlichen Tag der Entbindung geboren wurde:
   14 Monatsbeträge Basiselterngeld;
3. mindestens zwölf Wochen vor dem voraussichtlichen Tag der Entbindung geboren wurde:
   15 Monatsbeträge Basiselterngeld;
4. mindestens 16 Wochen vor dem voraussichtlichen Tag der Entbindung geboren wurde:
   16 Monatsbeträge Basiselterngeld.

[2] Für die Berechnung des Zeitraums zwischen dem voraussichtlichen Tag der Entbindung und dem tatsächlichen Tag der Geburt ist der voraussichtliche Tag der Entbindung maßgeblich, wie er sich aus dem ärztlichen Zeugnis oder dem Zeugnis einer Hebamme oder eines Entbindungspflegers ergibt.
[3] Im Fall von

1. Satz 1 Nummer 1
   a) hat ein Elternteil abweichend von Absatz 4 Satz 1 Anspruch auf höchstens 13 Monatsbeträge Basiselterngeld zuzüglich der höchstens vier zustehenden Monatsbeträge Partnerschaftsbonus nach § 4b,
   b) kann Basiselterngeld abweichend von Absatz 1 Satz 3 bis zur Vollendung des 15. Lebensmonats des Kindes bezogen werden und
   c) kann Elterngeld Plus abweichend von Absatz 1 Satz 4 bis zur Vollendung des 32. Lebensmonats des Kindes bezogen werden, solange es ab dem 16. Lebens-

[1)] **Habersack, Deutsche Gesetze Nr. 62.**

monat in aufeinander folgenden Lebensmonaten von zumindest einem Elternteil in Anspruch genommen wird;

2. Satz 1 Nummer 2
   a) hat ein Elternteil abweichend von Absatz 4 Satz 1 Anspruch auf höchstens 14 Monatsbeträge Basiselterngeld zuzüglich der höchstens vier zustehenden Monatsbeträge Partnerschaftsbonus nach § 4b,
   b) kann Basiselterngeld abweichend von Absatz 1 Satz 3 bis zur Vollendung des 16. Lebensmonats des Kindes bezogen werden und
   c) kann Elterngeld Plus abweichend von Absatz 1 Satz 4 bis zur Vollendung des 32. Lebensmonats des Kindes bezogen werden, solange es ab dem 17. Lebensmonat in aufeinander folgenden Lebensmonaten von zumindest einem Elternteil in Anspruch genommen wird;
3. Satz 1 Nummer 3
   a) hat ein Elternteil abweichend von Absatz 4 Satz 1 Anspruch auf höchstens 15 Monatsbeträge Basiselterngeld zuzüglich der höchstens vier zustehenden Monatsbeträge Partnerschaftsbonus nach § 4b,
   b) kann Basiselterngeld abweichend von Absatz 1 Satz 3 bis zur Vollendung des 17. Lebensmonats des Kindes bezogen werden und
   c) kann Elterngeld Plus abweichend von Absatz 1 Satz 4 bis zur Vollendung des 32. Lebensmonats des Kindes bezogen werden, solange es ab dem 18. Lebensmonat in aufeinander folgenden Lebensmonaten von zumindest einem Elternteil in Anspruch genommen wird;
4. Satz 1 Nummer 4
   a) hat ein Elternteil abweichend von Absatz 4 Satz 1 Anspruch auf höchstens 16 Monatsbeträge Basiselterngeld zuzüglich der höchstens vier zustehenden Monatsbeträge Partnerschaftsbonus nach § 4b,
   b) kann Basiselterngeld abweichend von Absatz 1 Satz 3 bis zur Vollendung des 18. Lebensmonats des Kindes bezogen werden und
   c) kann Elterngeld Plus abweichend von Absatz 1 Satz 4 bis zur Vollendung des 32. Lebensmonats des Kindes bezogen werden, solange es ab dem 19. Lebensmonat in aufeinander folgenden Lebensmonaten von zumindest einem Elternteil in Anspruch genommen wird.

(6) [1] Ein gleichzeitiger Bezug von Basiselterngeld beider Elternteile ist nur in einem der ersten zwölf Lebensmonate des Kindes möglich. [2] Bezieht einer der beiden Elternteile Elterngeld Plus, so kann dieser Elternteil das Elterngeld Plus gleichzeitig zum Bezug von Basiselterngeld oder von Elterngeld Plus des anderen Elternteils beziehen. [3] § 4b bleibt unberührt. [4] Abweichend von Satz 1 können bei Mehrlingsgeburten sowie bei Frühgeburten im Sinne des Absatzes 5 beide Elternteile gleichzeitig Basiselterngeld beziehen.

§ 4a[1)] Berechnung von Basiselterngeld und Elterngeld Plus. (1) Basiselterngeld wird allein nach den Vorgaben der §§ 2 bis 3 ermittelt.

(2) [1] Elterngeld Plus wird nach den Vorgaben der §§ 2 bis 3 und den zusätzlichen Vorgaben der Sätze 2 und 3 ermittelt. [2] Das Elterngeld Plus beträgt monatlich höchstens die Hälfte des Basiselterngeldes, das der berechtigten Person zustünde, wenn sie während des Elterngeldbezugs keine Einnahmen im Sinne des § 2 oder des § 3 hätte oder hat. [3] Für die Berechnung des Elterngeldes Plus halbieren sich:

[1)] § 4a neu gef. mWv 1.9.2021 durch G v. 15.2.2021 (BGBl. I S. 239).

1. der Mindestbetrag für das Elterngeld nach § 2 Absatz 4 Satz 1,
2. der Mindestbetrag des Geschwisterbonus nach § 2a Absatz 1 Satz 1,
3. der Mehrlingszuschlag nach § 2a Absatz 4 sowie
4. die von der Anrechnung freigestellten Elterngeldbeträge nach § 3 Absatz 2.

§ 4b[1] Partnerschaftsbonus. (1) Wenn beide Elternteile

1. nicht weniger als 24 und nicht mehr als 32 Wochenstunden im Durchschnitt des Lebensmonats erwerbstätig sind und
2. die Voraussetzungen des § 1 erfüllen,

hat jeder Elternteil für diesen Lebensmonat Anspruch auf einen zusätzlichen Monatsbetrag Elterngeld Plus (Partnerschaftsbonus).

(2) [1]Die Eltern haben je Elternteil Anspruch auf höchstens vier Monatsbeträge Partnerschaftsbonus. [2]Sie können den Partnerschaftsbonus nur beziehen, wenn sie ihn jeweils für mindestens zwei Lebensmonate in Anspruch nehmen.

(3) Die Eltern können den Partnerschaftsbonus nur gleichzeitig und in aufeinander folgenden Lebensmonaten beziehen.

(4) Treten während des Bezugs des Partnerschaftsbonus die Voraussetzungen für einen alleinigen Bezug nach § 4c Absatz 1 Nummer 1 bis 3 ein, so kann der Bezug durch einen Elternteil nach § 4c Absatz 2 fortgeführt werden.

(5) Das Erfordernis des Bezugs in aufeinander folgenden Lebensmonaten nach Absatz 3 und § 4 Absatz 1 Satz 4 gilt auch dann als erfüllt, wenn sich während des Bezugs oder nach dem Ende des Bezugs herausstellt, dass die Voraussetzungen für den Partnerschaftsbonus nicht in allen Lebensmonaten, für die der Partnerschaftsbonus beantragt wurde, vorliegen oder vorlagen.

§ 4c[1] Alleiniger Bezug durch einen Elternteil. (1) Ein Elternteil kann abweichend von § 4 Absatz 4 Satz 1 zusätzlich auch das Elterngeld für die Partnermonate nach § 4 Absatz 3 Satz 3 beziehen, wenn das Einkommen aus Erwerbstätigkeit für zwei Lebensmonate gemindert ist und

1. bei diesem Elternteil die Voraussetzungen für den Entlastungsbetrag für Alleinerziehende nach § 24b Absatz 1 und 3 des Einkommensteuergesetzes vorliegen und der andere Elternteil weder mit ihm noch mit dem Kind in einer Wohnung lebt,
2. mit der Betreuung durch den anderen Elternteil eine Gefährdung des Kindeswohls im Sinne von § 1666 Absatz 1 und 2 des Bürgerlichen Gesetzbuchs[2] verbunden wäre oder
3. die Betreuung durch den anderen Elternteil unmöglich ist, insbesondere, weil er wegen einer schweren Krankheit oder einer Schwerbehinderung sein Kind nicht betreuen kann; für die Feststellung der Unmöglichkeit der Betreuung bleiben wirtschaftliche Gründe und Gründe einer Verhinderung wegen anderweitiger Tätigkeiten außer Betracht.

(2) Liegt eine der Voraussetzungen des Absatzes 1 Nummer 1 bis 3 vor, so hat ein Elternteil, der in mindestens zwei bis höchstens vier aufeinander folgenden Lebensmonaten nicht weniger als 24 und nicht mehr als 32 Wochenstunden im Durchschnitt des Lebensmonats erwerbstätig ist, für diese Lebensmonate Anspruch *auf zusätzliche* Monatsbeträge Elterngeld Plus.

---

[1] §§ 4b und 4c neu gef. mWv 1.9.2021 durch G v. 15.2.2021 (BGBl. I S. 239).
[2] **Habersack, Deutsche Gesetze Nr. 20.**

§ 4d[1] Weitere Berechtigte. [1]Die §§ 4 bis 4c gelten in den Fällen des § 1 Absatz 3 und 4 entsprechend. [2]Der Bezug von Elterngeld durch nicht sorgeberechtigte Elternteile und durch Personen, die nach § 1 Absatz 3 Satz 1 Nummer 2 und 3 Anspruch auf Elterngeld haben, bedarf der Zustimmung des sorgeberechtigten Elternteils.

Abschnitt 2.[2] Verfahren und Organisation

§ 5[3] Zusammentreffen von Ansprüchen. (1) Erfüllen beide Elternteile die Anspruchsvoraussetzungen, bestimmen sie, wer von ihnen die Monatsbeträge für welche Lebensmonate des Kindes in Anspruch nimmt.

(2) [1]Beanspruchen beide Elternteile zusammen mehr als die ihnen nach § 4 Absatz 3 und § 4b oder nach § 4 Absatz 3 und § 4b in Verbindung mit § 4d zustehenden Monatsbeträge, so besteht der Anspruch eines Elternteils, der nicht über die Hälfte der zustehenden Monatsbeträge hinausgeht, ungekürzt; der Anspruch des anderen Elternteils wird gekürzt auf die vom Gesamtanspruch verbleibenden Monatsbeträge. [2]Beansprucht jeder der beiden Elternteile mehr als die Hälfte der ihm zustehenden Monatsbeträge, steht jedem Elternteil die Hälfte des Gesamtanspruchs der Monatsbeträge zu.

(3) [1]Die Absätze 1 und 2 gelten in den Fällen des § 1 Absatz 3 und 4 entsprechend. [2]Wird eine Einigung mit einem nicht sorgeberechtigten Elternteil oder einer Person, die nach § 1 Absatz 3 Satz 1 Nummer 2 und 3 Anspruch auf

(Fortsetzung nächstes Blatt)

[1] § 4d neu gef. mWv 1.9.2021 durch G v. 15.2.2021 (BGBl. I S. 239).
[2] Bish. Abschnitt 2 aufgeh., bish. Abschnitt 3 wird Abschnitt 2 mWv 1.9.2021 durch G v. 15.2.2021 (BGBl. I S. 239).
[3] § 5 neu gef. mWv 1.9.2021 durch G v. 15.2.2021 (BGBl. I S. 239).

§ 4f[1] Weitere Berechtigte. [1] Die §§ 4 bis 4e gelten in den Fällen des § 1 Absatz 3 und 4 entsprechend. [2] Der Bezug von Elterngeld durch nicht sorgeberechtigte Elternteile und durch Personen, die nach § 1 Absatz 3 Satz 1 Nummer 2 und 3 Anspruch auf Elterngeld haben, bedarf der Zustimmung des sorgeberechtigten Elternteils.

Abschnitt 2.[2] Verfahren und Organisation

§ 5[3] Zusammentreffen von Ansprüchen. (1) Erfüllen beide Elternteile die Anspruchsvoraussetzungen, bestimmen sie, wer von ihnen die Monatsbeträge für welche Lebensmonate des Kindes in Anspruch nimmt.

(2) [1] Beanspruchen beide Elternteile zusammen mehr als die ihnen nach § 4 Absatz 3 und § 4b oder nach § 4 Absatz 3 und § 4b in Verbindung mit § 4d zustehenden Monatsbeträge, so besteht der Anspruch eines Elternteils, der nicht über die Hälfte der zustehenden Monatsbeträge hinausgeht, ungekürzt; der Anspruch des anderen Elternteils wird gekürzt auf die vom Gesamtanspruch verbleibenden Monatsbeträge. [2] Beansprucht jeder der beiden Elternteile mehr als die Hälfte der ihm zustehenden Monatsbeträge, steht jedem Elternteil die Hälfte des Gesamtanspruchs der Monatsbeträge zu.

(3) [1] Die Absätze 1 und 2 gelten in den Fällen des § 1 Absatz 3 und 4 entsprechend. [2] Wird eine Einigung mit einem nicht sorgeberechtigten Elternteil oder einer Person, die nach § 1 Absatz 3 Satz 1 Nummer 2 und 3 Anspruch auf

(Fortsetzung nächstes Blatt)

[1] § 4f eingef. mWv 1.9.2021 durch G v. 15.2.2021 (BGBl. I S. 239).
[2] Bish. Abschnitt 2 aufgeh., bish. Abschnitt 3 wird Abschnitt 2 mWv 1.9.2021 durch G v. 15.2.2021 (BGBl. I S. 239).
[3] § 5 neugef. mWv 1.9.2021 durch G v. 15.2.2021 (BGBl. I S. 239).

auch noch nach Vollendung des 14. Lebensmonats bezogen werden. [4]In der Zeit vom 1. März 2020 bis 30. Juni 2021 entstehende Lücken im Elterngeldbezug sind abweichend von § 4 Absatz 1 Satz 4 unschädlich.

(2) [1]Für ein Verschieben des Partnerschaftsbonus genügt es, wenn nur ein Elternteil einen systemrelevanten Beruf ausübt. [2]Hat der Bezug des Partnerschaftsbonus bereits begonnen, so gelten allein die Bestimmungen des Absatzes 3.

(3) Liegt der Bezug des Partnerschaftsbonus ganz oder teilweise vor dem Ablauf des 23. September 2022 und kann die berechtigte Person die Voraussetzungen des Bezugs aufgrund der COVID-19-Pandemie nicht einhalten, gelten die Angaben zur Höhe des Einkommens und zum Umfang der Arbeitszeit, die bei der Beantragung des Partnerschaftsbonus glaubhaft gemacht worden sind.

§ 28[1)] Übergangsvorschrift. (1) Für die vor dem 1. September 2021 geborenen oder mit dem Ziel der Adoption aufgenommenen Kinder ist dieses Gesetz in der bis zum 31. August 2021 geltenden Fassung weiter anzuwenden.

(1a) Für die nach dem 31. August 2021 und vor dem 1. April 2024 geborenen oder mit dem Ziel der Adoption aufgenommenen Kinder ist dieses Gesetz in der bis zum 31. März 2024 geltenden Fassung weiter anzuwenden.

(1b) Soweit dieses Gesetz Mutterschaftsgeld nach dem Fünften Buch Sozialgesetzbuch oder nach dem Zweiten Gesetz über die Krankenversicherung der Landwirte in Bezug nimmt, gelten die betreffenden Regelungen für Mutterschaftsgeld nach der Reichsversicherungsordnung oder nach dem Gesetz über die Krankenversicherung der Landwirte entsprechend.

(2) Für die dem Erziehungsgeld vergleichbaren Leistungen der Länder sind § 8 Absatz 1 und § 9 des Bundeserziehungsgeldgesetzes in der bis zum 31. Dezember 2006 geltenden Fassung weiter anzuwenden.

(3) [1]§ 1 Absatz 7 Satz 1 Nummer 1 bis 4 in der Fassung des Artikels 36 des Gesetzes vom 12. Dezember 2019 (BGBl. I S. 2451) ist für Entscheidungen anzuwenden, die Zeiträume betreffen, die nach dem 29. Februar 2020 beginnen. [2]§ 1 Absatz 7 Satz 1 Nummer 5 in der Fassung des Artikels 36 des Gesetzes vom 12. Dezember 2019 (BGBl. I S. 2451) ist für Entscheidungen anzuwenden, die Zeiträume betreffen, die nach dem 31. Dezember 2019 beginnen. [3]§ 1 Absatz 7 Satz 1 Nummer 2 Buchstabe c in der Fassung des Artikels 12 Nummer 1 des Gesetzes vom 23. Mai 2022 (BGBl. I S. 760) ist für Entscheidungen anzuwenden, die Zeiträume betreffen, die nach dem 31. Mai 2022 beginnen.

(4) [1]§ 9 Absatz 2 und § 25 sind auf Kinder anwendbar, die nach dem 31. Dezember 2021 geboren oder nach dem 31. Dezember 2021 mit dem Ziel der Adoption aufgenommen worden sind. [2]Zur Erprobung des Verfahrens können diese Regelungen in Pilotprojekten mit Zustimmung des Bundesministeriums für Familie, Senioren, Frauen und Jugend, des Bundesministeriums für Arbeit und Soziales und des Bundesministeriums des Innern, für Bau und Heimat auf Kinder, die vor dem 1. Januar 2022 geboren oder vor dem 1. Januar 2022 zur Adoption aufgenommen worden sind, angewendet werden.

[1)] Früherer § 27 Abs. 3 neu gef. mWv 1.1.2020 und neu gef. mWv 1.3.2020 durch G v. 12.12.2019 (BGBl. I S. 2451); bish. § 27 wird § 28 mWv 1.3.2020 durch G v. 20.5.2020 (BGBl. I S. 1061); Abs. 4 angef. mWv 10.12.2020 durch G v. 3.12.2020 (BGBl. I S. 2668); Abs. 1 Satz 1 geänd., Sätze 2 und 3 aufgeh. mWv 1.9.2021 durch G v. 15.2.2021 (BGBl. I S. 239); Abs. 3 Satz 3 angef. mWv 1.6.2022 durch G v. 23.5.2022 (BGBl. I S. 760); Abs. 1a eingef., bish. Abs. 1a wird Abs. 1b, Abs. 5 angef. mWv 1.4.2024 durch G v. 22.12.2023 (BGBl. 2023 I Nr. 412).

(5) [1] § 1 Absatz 8 ist auf Kinder anwendbar, die ab dem 1. April 2025 geboren oder mit dem Ziel der Adoption angenommen worden sind. [2] Für die ab dem 1. April 2024 und vor dem 1. April 2025 geborenen oder mit dem Ziel der Adoption angenommenen Kinder gilt § 1 Absatz 8 mit der Maßgabe, dass ein Anspruch entfällt, wenn die berechtigte Person im letzten abgeschlossenen Veranlagungszeitraum vor der Geburt des Kindes ein zu versteuerndes Einkommen nach § 2 Absatz 5 des Einkommensteuergesetzes in Höhe von mehr als 150 000 Euro erzielt hat. [3] Erfüllt auch eine andere Person die Voraussetzungen des § 1 Absatz 1 Satz 1 Nummer 2 oder des Absatzes 3 oder 4, entfällt in diesem Zeitraum abweichend von § 1 Absatz 8 Satz 1 der Anspruch, wenn die Summe des zu versteuernden Einkommens beider Personen mehr als 200 000 Euro beträgt.

47. Düsseldorfer Tabelle[1) 2)]

(Stand: 1. Januar 2024)

A. Kindesunterhalt

	Nettoeinkommen des/der Barunterhaltspflichtigen (Anm. 3, 4)	Altersstufen in Jahren (§ 1612a Abs. 1 BGB[3)])				Prozentsatz	Bedarfskontrollbetrag (Anm. 6)
		0 – 5	6 – 11	12 – 17	ab 18		
		Alle Beträge in Euro					
1.	bis 2.100	480	551	645	689	100	1.200/1.450
2.	2.101 – 2.500	504	579	678	724	105	1.750
3.	2.501 – 2.900	528	607	710	758	110	1.850
4.	2.901 – 3.300	552	634	742	793	115	1.950
5.	3.301 – 3.700	576	662	774	827	120	2.050
6.	3.701 – 4.100	615	706	826	882	128	2.150
7.	4.101 – 4.500	653	750	878	938	136	2.250
8.	4.501 – 4.900	692	794	929	993	144	2.350
9.	4.901 – 5.300	730	838	981	1.048	152	2.450
10.	5.301 – 5.700	768	882	1.032	1.103	160	2.550
11.	5.701 – 6.400	807	926	1.084	1.158	168	2.850
12.	6.401 – 7.200	845	970	1.136	1.213	176	3.250
13.	7.201 – 8.200	884	1.014	1.187	1.268	184	3.750
14.	8.201 – 9.700	922	1.058	1.239	1.323	192	4.350
15.	9.701 – 11.200	960	1.102	1.290	1.378	200	5.050

Anmerkungen:

1. Die Tabelle hat keine Gesetzeskraft, sondern stellt eine Richtlinie dar.
Sie weist den monatlichen Unterhaltsbedarf aus, bezogen auf zwei Unterhaltsberechtigte, ohne Rücksicht auf den Rang. Der Bedarf ist nicht identisch mit dem Zahlbetrag; dieser ergibt sich unter Berücksichtigung der nachfolgenden Anmerkungen.
Bei einer größeren/geringeren Anzahl Unterhaltsberechtigter können *Ab- oder Zuschläge* durch Einstufung in niedrigere/höhere Gruppen angemessen sein. Anmerkung 6 ist zu beachten. Zur Deckung des Mindestbedarfs aller Beteiligten – einschließlich des Ehegatten – ist gegebenenfalls eine Herabstufung bis in die unterste Tabellengruppe vorzunehmen. Reicht das verfügbare Einkommen auch dann nicht aus, setzt sich der Vorrang der Kinder im Sinne von Anm. 5 Abs. 1, § 1609 Nr. 1 BGB[3)], durch. Gegebenenfalls erfolgt zwischen den erstrangigen Unterhaltsberechtigten eine Mangelberechnung nach Abschnitt C.
2. Die Richtsätze der 1. Einkommensgruppe entsprechen für die 1., 2. und 3. Altersstufe dem Mindestbedarf gemäß der Sechsten Verordnung zur Änderung

---

[1)] **Amtl. Anm.:** Die neue Tabelle nebst Anmerkungen beruht auf Koordinierungsgesprächen, die unter Beteiligung aller Oberlandesgerichte und der Unterhaltskommission des Deutschen Familiengerichtstages e.V. stattgefunden haben.

[2)] In der jeweils aktuellen Fassung kostenlos abrufbar unter www.olg-duesseldorf.nrw.de. Unterstreichungen im Original wurden zur besseren Lesbarkeit als *Kursivdruck* umgesetzt.

[3)] **Habersack, Deutsche Gesetze Nr. 20.**

der Mindestunterhaltsverordnung vom 29.11.2023. Der Prozentsatz drückt die Steigerung des Richtsatzes der jeweiligen Einkommensgruppe gegenüber dem Mindestbedarf (= 1. Einkommensgruppe) aus. Die durch Multiplikation des gerundeten Mindestbedarfs mit dem Prozentsatz errechneten Beträge sind entsprechend § 1612a Absatz 2 Satz 2 BGB aufgerundet.
Bei volljährigen Kindern, die im Haushalt der Eltern oder eines Elternteils wohnen, bemisst sich der Unterhalt nach der 4. Altersstufe der Tabelle.

3. *Berufsbedingte Aufwendungen*, die sich von privaten Lebenshaltungskosten nach objektiven Merkmalen eindeutig abgrenzen lassen, sind vom Einkommen abzuziehen. Bei entsprechenden Anhaltspunkten kann eine Pauschale von 5 % des Nettoeinkommens – mindestens 50 EUR, bei geringfügiger Teilzeitarbeit auch weniger, und höchstens 150 EUR monatlich – geschätzt werden. Bei Geltendmachung die Pauschale übersteigender Aufwendungen sind diese insgesamt nachzuweisen.
4. Berücksichtigungsfähige *Schulden* sind in der Regel vom Einkommen abzuziehen.
5. Der *notwendige Eigenbedarf (Selbstbehalt)*, § 1603 Abs. 2 BGB,
   – gegenüber minderjährigen unverheirateten Kindern,
   – gegenüber volljährigen unverheirateten Kindern bis zur Vollendung des 21. Lebensjahres, die im Haushalt der Eltern oder eines Elternteils leben und sich in der allgemeinen Schulausbildung befinden,

   beträgt
   für den nicht erwerbstätigen Unterhaltspflichtigen monatlich 1.200 EUR,
   für den erwerbstätigen Unterhaltspflichtigen monatlich 1.450 EUR.

   Hierin sind bis 520 EUR für Unterkunft einschließlich umlagefähiger Nebenkosten und Heizung (Warmmiete) enthalten.

   Der *angemessene Eigenbedarf*, § 1603 Abs. 1 BGB, beträgt
   mindestens monatlich 1.750 EUR.
   Hierin ist eine Warmmiete bis 650 EUR enthalten.

   Der notwendige bzw. der angemessene Eigenbedarf sollen erhöht werden, wenn die Wohnkosten (Warmmiete) 520 EUR (notwendiger Eigenbedarf) bzw. 650 EUR (angemessener Eigenbedarf) übersteigen und nicht unangemessen sind.
6. Der *Bedarfskontrollbetrag* des Unterhaltspflichtigen ab Gruppe 2 ist nicht identisch mit dem Eigenbedarf. Er soll eine ausgewogene Verteilung des Einkommens zwischen dem Unterhaltspflichtigen und den unterhaltsberechtigten Kindern gewährleisten. Wird er unter Berücksichtigung auch anderer Unterhaltspflichten unterschritten, ist der Tabellenbetrag der nächst niedrigeren Gruppe, deren Bedarfskontrollbetrag nicht unterschritten wird, anzusetzen.
7. Der angemessene Unterhaltsbedarf eines studierenden Kindes, das nicht bei seinen Eltern oder einem Elternteil wohnt, beträgt in der Regel monatlich 930 EUR. Hierin sind bis 410 EUR für Unterkunft einschließlich umlagefähiger Nebenkosten und Heizung (Warmmiete) enthalten. Dieser Bedarfssatz kann auch für ein Kind mit eigenem Haushalt angesetzt werden.
   Von dem Betrag von 930 EUR kann bei erhöhtem Bedarf oder mit Rücksicht auf die Lebensstellung der Eltern nach oben abgewichen werden.
8. Die *Ausbildungsvergütung* eines in der Berufsausbildung stehenden Kindes, das im Haushalt der Eltern oder eines Elternteils wohnt, ist vor ihrer Anrechnung

in der Regel um einen ausbildungsbedingten Mehrbedarf von monatlich 100 EUR zu kürzen.

9. In den Bedarfsbeträgen (Anmerkungen 1 und 7) sind keine *Beiträge zur Kranken- und Pflegeversicherung und keine Studiengebühren* enthalten.
10. Das auf das jeweilige Kind entfallende *Kindergeld* ist nach § 1612b BGB auf den Tabellenunterhalt (Bedarf) anzurechnen.

B. Ehegattenunterhalt

I. Monatliche Unterhaltsrichtsätze des berechtigten Ehegatten ohne unterhaltsberechtigte Kinder (§§ 1361, 1569, 1578, 1581 BGB[1]):

1. gegen einen *erwerbstätigen Unterhaltspflichtigen:*

a) wenn der Berechtigte kein Einkommen hat:	45 % des anrechenbaren Erwerbseinkommens zuzüglich 50 % der anrechenbaren sonstigen Einkünfte des Pflichtigen, nach oben begrenzt durch den vollen Unterhalt, gemessen an den zu berücksichtigenden ehelichen Verhältnissen;
b) wenn der Berechtigte ebenfalls Einkommen hat:	45 % der Differenz zwischen den anrechenbaren Erwerbseinkommen der Ehegatten, insgesamt begrenzt durch den vollen ehelichen Bedarf; für sonstige anrechenbare Einkünfte gilt der Halbteilungsgrundsatz;
c) wenn der Berechtigte erwerbstätig ist, obwohl ihn keine Erwerbsobliegenheit trifft:	gemäß § 1577 Abs. 2 BGB;
2. gegen einen *nicht erwerbstätigen Unterhaltspflichtigen* (z.B. Rentner):	wie zu 1a, b oder c, jedoch 50 %.

II. Monatliche Unterhaltsrichtsätze des berechtigten Ehegatten, wenn die ehelichen Lebensverhältnisse durch Unterhaltspflichten gegenüber Kindern geprägt werden:

wie zu I., jedoch wird der Kindesunterhalt (Zahlbetrag; vgl. Anm. C und Anhang) vorab vom Nettoeinkommen abgezogen.

III. Monatlicher Eigenbedarf (Selbstbehalt) gegenüber dem getrenntlebenden und dem geschiedenen Berechtigten:

a)	falls erwerbstätig	1.600 EUR
b)	falls nicht erwerbstätig	1.475 EUR

Hierin sind bis 580 EUR für Unterkunft einschließlich umlagefähiger Nebenkosten und Heizung (Warmmiete) enthalten. Der Eigenbedarf soll erhöht werden, wenn die Wohnkosten (Warmmiete) 580 EUR übersteigen und nicht unangemessen sind.

---

[1] **Habersack, Deutsche Gesetze Nr. 20.**

IV. Existenzminimum des unterhaltsberechtigten Ehegatten einschließlich des trennungsbedingten Mehrbedarfs in der Regel:

a)	falls erwerbstätig:	1.450 EUR
b)	falls nicht erwerbstätig:	1.200 EUR

V. Monatlicher notwendiger Eigenbedarf

1. Monatlicher notwendiger Eigenbedarf des von dem Unterhaltspflichtigen getrenntlebenden oder geschiedenen Ehegatten:

a)	gegenüber einem nachrangigen geschiedenen Ehegatten	
	aa) falls erwerbstätig	1.600 EUR
	bb) falls nicht erwerbstätig	1.475 EUR
b)	gegenüber nicht privilegierten volljährigen Kindern	1.750 EUR

2. Monatlicher notwendiger Eigenbedarf des Ehegatten, der in einem gemeinsamen Haushalt mit dem Unterhaltspflichtigen lebt:

a)	gegenüber einem nachrangigen geschiedenen Ehegatten	
	aa) falls erwerbstätig	1.280 EUR
	bb) falls nicht erwerbstätig	1.180 EUR
b)	gegenüber nicht privilegierten volljährigen Kindern	1.400 EUR

Anmerkung zu I. und II.:

Hinsichtlich *berufsbedingter Aufwendungen* und *berücksichtigungsfähiger Schulden* gelten Anmerkungen A. 3 und 4 – auch für den erwerbstätigen Unterhaltsberechtigten – entsprechend. Berufsbedingte Aufwendungen, die sich nicht nach objektiven Merkmalen eindeutig von den privaten Lebenshaltungskosten abgrenzen lassen, sind pauschal im Erwerbstätigenbonus von 1/10 enthalten.

C. Mangelfälle

Reicht das Einkommen zur Deckung des Bedarfs des Unterhaltspflichtigen und gleichrangiger Unterhaltsberechtigter im Sinne des § 1609 Nr. 1 BGB[1)] nicht aus (sog. Mangelfall), ist die nach Abzug des notwendigen Eigenbedarfs (Selbstbehalts) des Unterhaltspflichtigen verbleibende Verteilungsmasse auf die Unterhaltsberechtigten im Verhältnis ihrer jeweiligen Einsatzbeträge gleichmäßig zu verteilen.

Der Einsatzbetrag für den *Kindesunterhalt* entspricht dem Zahlbetrag des Unterhaltspflichtigen. Dies ist der nach Anrechnung des Kindergeldes oder von Einkünften auf den Unterhaltsbedarf verbleibende Restbedarf.

Beispiel: Bereinigtes Nettoeinkommen des Unterhaltspflichtigen (U): 1.750 EUR, Unterhalt für drei unterhaltsberechtigte Kinder im Alter von 18 Jahren (K1) – in allgemeiner Schulausbildung befindlich –, 7 Jahren (K2) und 5 Jahren (K3), die bei dem nicht unterhaltsberechtigten und den Kindern nicht barunterhaltspflichtigen Elternteil (E) leben. E bezieht das Kindergeld.

Notwendiger Eigenbedarf des U:		1.450 EUR
Verteilungsmasse:	1.750 EUR – 1.450 EUR	= 300 EUR
Einsatzbeträge der Unterhaltsberechtigten:		
K 1:	(689 – 250)	439 EUR
K 2:	(551 – 125)	426 EUR

[1)] Habersack, Deutsche Gesetze Nr. 20.

K 3:	(480 – 125)	355 EUR
Summe		= 1.220 EUR
Unterhalt:		
K1:	439 x 300 : 1.220	= 107,95 EUR
K2:	426 x 300 : 1.220	= 104,75 EUR
K3:	355 x 300 : 1.220	= 87,30 EUR

D. Verwandtenunterhalt und Unterhalt nach § 1615l BGB[1)]

I. Angemessener Selbstbehalt gegenüber den Eltern:

Dem Unterhaltspflichtigen ist der angemessene Eigenbedarf zu belassen. Bei dessen Bemessung sind Zweck und Rechtsgedanken des Gesetzes zur Entlastung unterhaltspflichtiger Angehöriger in der Sozialhilfe und in der Eingliederungshilfe (Angehörigenentlastungsgesetz) vom 10.12.2019 (BGBl I S. 2135) zu beachten.

II. Bedarf der Mutter und des Vaters eines nichtehelichen Kindes (§ 1615l BGB[1)]):

nach der Lebensstellung des betreuenden Elternteils,
in der Regel mindestens 1.200 EUR.

III. Angemessener Selbstbehalt gegenüber der Mutter und dem Vater eines nichtehelichen Kindes (§§ 1615l, 1603 Abs. 1 BGB[1)]):

a) falls erwerbstätig 1.600 EUR
b) falls nicht erwerbstätig 1.475 EUR

Hierin sind bis 580 EUR für Unterkunft einschließlich umlagefähiger Nebenkosten und Heizung (Warmmiete) enthalten. Der Selbstbehalt soll erhöht werden, wenn die Wohnkosten (Warmmiete) 580 EUR übersteigen und nicht unangemessen sind.

E. Übergangsregelung

Umrechnung dynamischer Titel über Kindesunterhalt nach § 36 Nr. 3 EGZPO[2)]: Ist Kindesunterhalt als Prozentsatz des jeweiligen Regelbetrages zu leisten, bleibt der Titel bestehen. Eine Abänderung ist nicht erforderlich. An die Stelle des bisherigen Prozentsatzes vom Regelbetrag tritt ein neuer Prozentsatz vom Mindestunterhalt (Stand: 01.01.2008). Dieser ist für die jeweils maßgebliche Altersstufe gesondert zu bestimmen und auf eine Stelle nach dem Komma zu begrenzen (§ 36 Nr. 3 EGZPO). Der Prozentsatz wird auf der Grundlage der zum 01.01.2008 bestehenden Verhältnisse einmalig berechnet, und bleibt auch bei späterem Wechsel in eine andere Altersstufe unverändert (BGH Urteil vom 18.04.12 – XII ZR 66/10 – FamRZ 2012, 1048). Der Bedarf ergibt sich aus der Multiplikation des neuen Prozentsatzes mit dem Mindestunterhalt der jeweiligen Altersstufe und ist auf volle Euro aufzurunden
(§ 1612a Abs. 2 S. 2 BGB[1)]). Der Zahlbetrag ergibt sich aus dem um das jeweils anteilige Kindergeld verminderten bzw. erhöhten Bedarf.

[1)] **Habersack, Deutsche Gesetze Nr. 20.**
[2)] **Habersack, Deutsche Gesetze Nr. 101.**

Wegen der sich nach § 36 Nr. 3 EGZPO ergebenden vier Fallgestaltungen wird auf die Beispielsberechnungen der Düsseldorfer Tabelle Stand 01.01.2017 verwiesen.

Anhang: Tabelle Zahlbeträge

Die folgende Tabelle enthält die sich nach Abzug des jeweiligen Kindergeldanteils (hälftiges Kindergeld bei Minderjährigen, volles Kindergeld bei Volljährigen) ergebenden Zahlbeträge auf der Grundlage eines Kindergeldbetrages von einheitlich 250,00 EUR je Kind im Jahr 2024.

Kindergeld: 250 EUR			0 - 5	6 - 11	12 - 17	ab 18	%
1.		bis 2.100	355	426	520	439	100
2.	2.101-	2.500	379	454	553	474	105
3.	2.501-	2.900	403	482	585	508	110
4.	2.901-	3.300	427	509	617	543	115
5.	3.301-	3.700	451	537	649	577	120
6.	3.701-	4.100	490	581	701	632	128
7.	4.101-	4.500	528	625	753	688	136
8.	4.501-	4.900	567	669	804	743	144
9.	4.901-	5.300	605	713	856	798	152
10.	5.301-	5.700	643	757	907	853	160
11.	5.701-	6.400	682	801	959	908	168
12.	6.401-	7.200	720	845	1.011	963	176
13.	7.201-	8.200	759	889	1.062	1.018	184
14.	8.201-	9.700	797	933	1.114	1.073	192
15.	9.701-	11.200	835	977	1.165	1.128	200

47/1. Oberlandesgericht Düsseldorf – Leitlinien zum Unterhalt[1)]

(Stand: 1. Januar 2024)

zur Ergänzung der Düsseldorfer Tabelle[2)] herausgegeben von den Senaten für Familiensachen des Oberlandesgerichts Düsseldorf

Unterhaltsrechtliches Einkommen

1. Geldeinnahmen

1.1

Auszugehen ist vom Jahresbruttoeinkommen einschließlich Weihnachts- und Urlaubsgeld sowie sonstiger Zuwendungen, wie z.B. Tantiemen und Gewinnbeteiligungen.

1.2

Einmalige höhere Zahlungen, wie z.B. Abfindungen oder Jubiläumszuwendungen, sind auf einen angemessenen Zeitraum zu verteilen (in der Regel mehrere Jahre).

Abfindungen aus Anlass der Beendigung eines Arbeitsverhältnisses sind grundsätzlich auch bei Aufnahme einer neuen Arbeitsstelle mit dauerhaft geringerem Einkommen bis zur Höchstgrenze des Bedarfs nach dem früheren Einkommen zu verwenden; ob eine Aufstockung bis zum bisherigen Einkommen zur vollständigen Aufrechterhaltung des bisherigen Lebensstandards geboten ist, beurteilt sich nach den Umständen des Einzelfalls, insbesondere der zu erwartenden weiteren Einkommensentwicklung.

Beim Ehegattenunterhalt bleibt eine Abfindung unberücksichtigt, soweit sie bereits güterrechtlich Berücksichtigung gefunden hat oder soweit sie zur Aufstockung nicht benötigt wird, weil ein Einkommen in gleicher Höhe bezogen wird.

1.3

Überstundenvergütungen werden in der Regel dem Einkommen voll zugerechnet, soweit sie berufsüblich sind oder nur in geringem Umfang anfallen oder wenn der Mindestunterhalt minderjähriger Kinder oder der entsprechende Unterhalt ihnen nach § 1603 Abs. 2 S. 2 BGB[3)] gleichgestellter Volljähriger nicht gedeckt ist. Sonst ist die Anrechnung unter Berücksichtigung des Einzelfalls nach Treu und Glauben zu beurteilen.

Dies gilt gleichermaßen für Einkünfte aus einer Nebentätigkeit, die neben einer vollschichtigen Erwerbstätigkeit ausgeübt wird. Zur Sicherstellung des Mindestunterhalts minderjähriger Kinder oder ihnen nach § 1603 Abs. 2 S. 2 BGB gleichgestellter volljähriger Kinder kann es dem Pflichtigen obliegen, Überstunden zu leisten und/oder eine Nebentätigkeit auszuüben, soweit dies – in den Grenzen der §§ 3 und 6 ArbZG[4)] – zumutbar ist.

[1)] In der jeweils aktuellen Fassung kostenlos abrufbar unter www.olg-duesseldorf.nrw.de.
[2)] Nr. **47**.
[3)] **Habersack, Deutsche Gesetze Nr. 20.**
[4)] Nr. **78**.

1.4

Auslösungen und Spesen sind nach den Umständen des Einzelfalls anzurechnen. Soweit solche Zuwendungen geeignet sind, laufende Lebenshaltungskosten zu ersparen, ist diese Ersparnis in der Regel mit ⅓ des Nettobetrags zu bewerten.

1.5

Bei Selbständigen ist für den laufenden und zukünftigen Unterhalt grundsätzlich vom durchschnittlichen Gewinn während eines längeren Zeitraums von in der Regel mindestens drei aufeinander folgenden Jahren, möglichst den letzten drei Jahren, auszugehen.

Für die Vergangenheit sind die in dem jeweiligen Kalenderjahr erzielten Einkünfte maßgebend. Durchschnittsberechnungen für einen längeren Zeitraum sind möglich.

Anstatt auf den Gewinn kann ausnahmsweise auf die Entnahmen abzüglich der Einlagen abgestellt werden, wenn eine zuverlässige Gewinnermittlung nicht möglich oder der Betriebsinhaber unterhaltsrechtlich zur Verwertung seines Vermögens verpflichtet ist.

Abschreibungen (Absetzung für Abnutzung: AfA) können insoweit anerkannt werden, als dem steuerlich zulässigen Abzug ein tatsächlicher Wertverlust entspricht. Wegen des Umfangs der Abschreibung kann auf die von der Finanzverwaltung herausgegebenen AfA-Tabellen abgestellt werden. Dies gilt in der Regel jedoch nicht für Gebäude. Zinsen für Kredite, mit denen die absetzbaren Wirtschaftsgüter finanziert werden, mindern den Gewinn. Wenn und soweit die Abschreibung unterhaltsrechtlich anerkannt wird, sind Tilgungsleistungen nicht zu berücksichtigen.

Steuern und Vorsorgeaufwendungen sind nach Nr. 10.1 zu berücksichtigen. Der Gewinn ist nicht um berufsbedingte Aufwendungen (Nr. 10.2.1) zu kürzen.

1.6

Einkünfte aus Vermietung und Verpachtung werden durch eine Überschussrechnung ermittelt. Dabei kann zur Ermittlung der durchschnittlichen Einkünfte auf einen Mehrjahreszeitraum abgestellt werden. AfA-Beträge für Gebäude sind in der Regel nicht abzusetzen. Für die Berücksichtigung von Tilgungsleistungen gilt Nr. 5. Abs. 3 entsprechend.

Kapitaleinkünfte sind unterhaltsrechtliches Einkommen.

1.7

Steuererstattungen und Steuernachzahlungen sind in der Regel in dem Jahr, in dem sie anfallen, zu berücksichtigen (In-Prinzip); bei Selbständigen kann zur Ermittlung eines repräsentativen Einkommens auf den Zeitraum der Veranlagung abgestellt werden (Für-Prinzip). Steuervorteile, die auf unterhaltsrechtlich nicht zu berücksichtigenden Aufwendungen beruhen, bleiben außer Betracht. Steuervorteile sind wahrzunehmen (vgl. Nr. 10.1.1).

1.8

Sonstige Einnahmen wie z.B. berufstypische Trinkgelder, Krankentagegeld sind Einkommen.

2. Sozialleistungen

2.1

Arbeitslosengeld (§ 136 SGB III) und sonstige Lohnersatzleistungen nach dem SGB III (Übergangs-, Ausbildungs-, Kurzarbeiter- und Insolvenzgeld) sowie Krankengeld sind Einkommen.

2.2

Arbeitslosengeld II und andere Leistungen nach dem SGB II sind Einkommen beim Verpflichteten. Beim Berechtigten sind Arbeitslosengeld II und Sozialgeld kein Einkommen. Nicht subsidiäre Leistungen nach dem SGB II sind Einkommen, etwa Einstiegsgeld nach § 16b SGB II und Entschädigung für Mehraufwendungen nach § 16d SGB II.

Die Geltendmachung von Unterhalt durch den Hilfeempfänger kann treuwidrig sein, wenn er infolge des Ausschlusses des Anspruchsübergangs (vgl. § 33 Abs. 2 SGB II) insbesondere für die Vergangenheit durch das Arbeitslosengeld II oder das Sozialgeld und den Unterhalt mehr als seinen Bedarf erhalten würde.

2.3

Wohngeld ist Einkommen, soweit es nicht erhöhte Wohnkosten abdeckt.

2.4

BAföG-Leistungen (außer Vorausleistungen) sind Einkommen, auch soweit sie als Darlehen gewährt werden.

2.5

Elterngeld nach § 1 BEEG[1] ist Einkommen, soweit es über den Sockelbetrag von 300 EUR bzw. 150 EUR bei verlängertem Bezug hinausgeht. Der Sockelbetrag des Elterngeldes ist Einkommen, wenn einer der Ausnahmefälle des § 11 BEEG vorliegt.

2.6

Unfall- und Versorgungsrenten sowie Übergangsgelder aus der Unfall- bzw. Rentenversicherung sind Einkommen.

2.7

Leistungen aus der Pflegeversicherung, Blindengeld, Schwerbeschädigten- und Pflegezulagen nach Abzug eines Betrages für tatsächliche Mehraufwendungen sind Einkommen; bei Sozialleistungen nach § 1610a BGB[2] wird widerlegbar vermutet, dass sie durch Aufwendungen aufgezehrt werden.

2.8

Der Anteil des an die Pflegeperson weitergeleiteten Pflegegeldes, durch den ihre Bemühungen abgegolten werden, ist Einkommen. Bei Pflegegeld aus der Pflegeversicherung gilt dies nur nach Maßgabe des § 13 Abs. 6 SGB XI.

Pflegegeld nach § 64a SGB XII für eigene pflegebedürftige Kinder und nach § 39 SGB VIII[3] für die Aufnahme fremder Kinder ist mit seinem im Einzelfall zu bemessenden Vergütungsanteil Einkommen der Pflegeperson.

---

[1] Nr. **45e**.
[2] **Habersack, Deutsche Gesetze Nr. 20.**
[3] Nr. **46**.

2.9

Leistungen zur Grundsicherung nach den §§ 41 ff. SGB XII sind anders als beim Ehegattenunterhalt beim Verwandtenunterhalt als Einkommen des Beziehers zu berücksichtigen.

2.10. Sozialhilfeleistungen nach dem SGB XII sind kein Einkommen.

Hinsichtlich der Geltendmachung von Unterhalt durch den Hilfeempfänger gilt Nr. 2.2 Absatz 2 entsprechend.

2.11

Leistungen nach dem Unterhaltsvorschussgesetz[1)] sind kein Einkommen.

3. Kindergeld

Kindergeld ist kein Einkommen der Eltern.

4. Geldwerte Zuwendungen des Arbeitgebers

Geldwerte Zuwendungen des Arbeitgebers aller Art, z.B. Firmenwagen, freie Kost und Logis, mietgünstige Wohnung, sind dem Einkommen hinzuzurechnen, soweit sie entsprechende Eigenaufwendungen ersparen. Die hierfür steuerlich in Ansatz gebrachten Beträge bieten einen Anhaltspunkt für die Bewertung des geldwerten Vorteils.

5. Wohnwert

Der Wohnvorteil durch mietfreies Wohnen im eigenen Heim ist als wirtschaftliche Nutzung des Vermögens wie Einkommen zu behandeln, wenn sein Wert die Belastungen übersteigt, die unter Berücksichtigung der staatlichen Eigenheimförderung, durch die allgemeinen Grundstückskosten und -lasten, durch Annuitäten und durch sonstige nicht nach § 556 BGB[2)] in Verbindung mit der BetrKV[3)] umlagefähige Kosten entstehen.

Auszugehen ist von der erzielbaren Miete (objektiver oder voller Wohnwert). Wenn es nicht möglich oder zumutbar ist, die Wohnung aufzugeben und das Objekt zu vermieten oder zu veräußern, kann stattdessen die ersparte Miete angesetzt werden, die angesichts der persönlichen und wirtschaftlichen Verhältnisse angemessen wäre (subjektiver oder angemessener Wohnwert). Dies kommt insbesondere für die Zeit bis zur endgültigen Vermögensauseinandersetzung oder bis zum endgültigen Scheitern der Ehe, etwa bei Zustellung des Scheidungsantrags, in Betracht, wenn ein Ehegatte das Eigenheim allein bewohnt. Bei der Inanspruchnahme auf Elternunterhalt ist stets auf den subjektiven oder angemessenen Wohnwert abzustellen.

Neben Zinsleistungen sind auch Tilgungsleistungen bis zur Höhe des Wohnwerts jedenfalls dann abzuziehen, wenn sie nicht der einseitigen Vermögensbildung dienen. Im Übrigen kommt eine Berücksichtigung der Tilgungsleistungen nach den Umständen des Einzelfalls in Betracht, soweit sie über die Höhe des Wohnwerts hinausgehen, insbesondere unter dem Gesichtspunkt der ergänzenden Altersvorsorge (vgl. Nr. 10.1.2).

---

1) Nr. **45d**.
2) **Habersack, Deutsche Gesetze Nr. 20.**
3) Nr. **30b/1**.

6. Haushaltsführung

Für die Führung des Haushalts eines leistungsfähigen Dritten ist ein Einkommen anzusetzen. Bei der Haushaltsführung durch einen Nichterwerbstätigen kann in der Regel ein Betrag von 300 EUR bis 500 EUR monatlich angesetzt werden.

7. Einkommen aus unzumutbarer Erwerbstätigkeit

Einkünfte aus Nebentätigkeit und unzumutbarer Erwerbstätigkeit sind im Rahmen der Billigkeit (vgl. §§ 242, 1577 Abs. 2 BGB[1]) als Einkommen zu berücksichtigen.

8. Freiwillige Zuwendungen Dritter

Freiwillige Leistungen Dritter (z.B. Geldleistungen, mietfreies Wohnen) sind kein Einkommen, es sei denn, dass die Anrechnung dem Willen des Dritten entspricht. Wenn der Mindestunterhalt minderjähriger Kinder oder ihnen nach § 1603 Abs. 2 S. 2 BGB[1] gleichgestellter volljähriger Kinder sowie das Existenzminimum des Ehegatten nicht gedeckt sind, kommt eine Anrechnung ebenfalls in Betracht.

9. Erwerbsobliegenheit und Einkommensfiktion

Einkommen sind auch aufgrund einer unterhaltsrechtlichen Obliegenheit unter Beachtung einer realen Beschäftigungschance erzielbare Einkünfte, die sich bei gesteigerter Unterhaltspflicht gemäß § 1603 Abs. 2 BGB[1] im Rahmen der Zumutbarkeit auch aus einer Nebentätigkeit ergeben können (vgl. Nr. 1.3 Abs. 2).

10. Bereinigung des Einkommens

10.1. Steuern und Vorsorgeaufwendungen

Vom Bruttoeinkommen sind Steuern, Sozialabgaben und/oder angemessene Vorsorgeaufwendungen abzusetzen (Nettoeinkommen).

10.1.1

Steuerzahlungen und -nachzahlungen sind in der Regel in dem Jahr, in dem sie anfallen, zu berücksichtigen (In-Prinzip). Bei Selbständigen kann auf den Zeitraum der Veranlagung abgestellt werden (Für-Prinzip). Grundsätzlich sind Steuervorteile in Anspruch zu nehmen; hierzu gehört bei unstreitigem, freiwillig geleistetem oder tituliertem Unterhalt auch das Realsplitting. Ob im laufenden Jahr von der Möglichkeit der Eintragung eines Freibetrages Gebrauch zu machen ist, richtet sich nach den Umständen des Einzelfalls (vgl. Nr. 1.7).

10.1.2

Als Vorsorgeaufwendungen sind Aufwendungen zur Kranken-, Pflege-, Renten- und Arbeitslosenversicherung abzuziehen. Zu den angemessenen Vorsorgeaufwendungen kann auch eine zusätzliche Altersvorsorge zählen.

Personen, die der gesetzlichen Rentenversicherung nicht unterliegen, können für ihre Altersvorsorge regelmäßig einen Prozentsatz ihres Bruttoeinkommens aufwenden, der dem jeweiligen Beitragssatz zur gesetzlichen Rentenversicherung entspricht. Für eine zusätzliche Altersvorsorge können sie ebenso wie gesetzlich Rentenversicherte weitere 4 % (bei Elternunterhalt 5 %) ihres Bruttoeinkommens einsetzen. Personen, die der gesetzlichen Rentenversicherung unterliegen, können für das die Beitragsbemessungsgrenze der gesetzlichen Rentenversicherung über-

---

[1] **Habersack, Deutsche Gesetze Nr. 20.**

steigende Einkommen zusätzliche Aufwendungen zur Altersvorsorge bis zur Höhe eines Prozentsatzes des die Beitragsbemessungsgrenze übersteigenden Einkommens tätigen, der dem jeweiligen Beitragssatz zur gesetzlichen Rentenversicherung entspricht. Wenn der Mindestunterhalt minderjähriger Kinder oder ihnen nach § 1603 Abs. 2 S. 2 BGB[1] gleichgestellter Volljähriger nicht gedeckt ist, sind Aufwendungen für die zusätzliche Altersvorsorge nicht zu berücksichtigen.

10.2. Berufsbedingte Aufwendungen

10.2.1

Für berufsbedingte Aufwendungen gilt Anm. A. 3 der Düsseldorfer Tabelle[2].

10.2.2

Als notwendige Kosten der berufsbedingten Nutzung eines Kraftfahrzeugs können 0,42 EUR pro gefahrenem Kilometer (§ 5 Abs. 2 Nr. 2 JVEG[3]) angesetzt werden. Ab dem 31. Entfernungskilometer kommt in der Regel eine Kürzung der Kilometerpauschale für die Mehrkilometer auf 0,28 EUR in Betracht.

10.2.3

Für die Ausbildungsvergütung eines Kindes, das im Haushalt der Eltern oder eines Elternteils wohnt, gilt Anm. A. 8 der Düsseldorfer Tabelle[2]. Lebt das Kind im eigenen Haushalt, ist Anm. A. 3 der Düsseldorfer Tabelle anzuwenden.

10.3. Kinderbetreuung

Das Einkommen aus einer neben der Kinderbetreuung ausgeübten Erwerbstätigkeit kann um den notwendigen, konkret dargelegten Aufwand für die Betreuung des Kindes vermindert werden. Zum Aufwand für die Betreuung des Kindes zählen nicht die Kosten des Kindergartenbesuchs; diese sind Mehrbedarf des Kindes.

10.4. Schulden

Schulden können nach den Umständen des Einzelfalls (Art, Grund und Zeitpunkt des Entstehens) das anrechenbare Einkommen vermindern. Die Abzahlung soll im Rahmen eines Tilgungsplans in angemessenen Raten erfolgen. Dabei sind die Belange von Unterhaltsgläubiger, Unterhaltsschuldner und Drittgläubiger gegeneinander abzuwägen. Unter Umständen besteht im Rahmen gesteigerter Unterhaltspflicht nach § 1603 Abs. 2 BGB[1] die Obliegenheit zur Einleitung eines Insolvenzverfahrens und Geltendmachung der gesetzlichen Pfändungsfreigrenzen.

10.5

nicht besetzt

10.6. Vermögensbildung

Vermögenswirksame Leistungen, die nicht unter Nr. 10.1.2 fallen, vermindern das Einkommen nicht. Zusatzleistungen des Arbeitgebers für die vermögenswirksame Anlage sind dem Bezieher zu belassen.

10.7. Umgangskosten

Umgangskosten können durch einen – teilweisen – Abzug vom Einkommen oder eine Erhöhung des Selbstbehalts berücksichtigt werden.

[1] **Habersack, Deutsche Gesetze Nr. 20.**
[2] Nr. 47.
[3] **Habersack, Deutsche Gesetze Nr. 116.**

Bei einem über das übliche Maß hinausgehenden Umgang können dadurch bedingte hohe Mehraufwendungen (z.B. Fahrt- und Unterbringungskosten) zu einer Herabstufung um eine oder mehrere Einkommensgruppen der Düsseldorfer Tabelle[1)] oder zum Absehen von einer erforderlichen Höherstufung führen.

Ferner kann der Unterhaltsbedarf des Kindes dadurch gemindert sein, dass der umgangsberechtigte Elternteil dem Kind im Zuge seines erweiterten Umgangs Leistungen erbringt, mit denen er den Unterhaltsbedarf des Kindes auf andere Weise als durch Zahlung einer Geldrente teilweise deckt.

Kindesunterhalt

11. Bemessungsgrundlage (Tabellenunterhalt)

Der Barunterhaltsbedarf minderjähriger Kinder und im Haushalt der Eltern oder eines Elternteils lebender volljähriger Kinder ist der Düsseldorfer Tabelle[1)] zu entnehmen. Bei minderjährigen Kindern kann der Kindesunterhalt als Festbetrag oder als Prozentsatz des Mindestunterhalts gemäß § 1612a Abs. 1 BGB[2)] geltend gemacht werden.

11.1

In den Tabellensätzen sind Beiträge zur Kranken- und Pflegeversicherung nicht enthalten. Wenn das Kind nicht in der gesetzlichen Familienversicherung mitversichert ist, gehören die Kosten der Krankenversicherung des Kindes zu seinem Grundbedarf und sind zusätzlich vom barunterhaltspflichtigen Elternteil zu tragen. Dessen Einkommen ist um diese Versicherungskosten zu bereinigen. Studiengebühren sind von den Tabellensätzen nicht erfasst, wohl aber Semesterbeiträge.

11.2

Bei minderjährigen Kindern, die bei einem Elternteil leben, richtet sich zur Bemessung des Barunterhalts die Eingruppierung in die Düsseldorfer Tabelle[1)] nach dem anrechenbaren Einkommen des anderen Elternteils. Der Bedarfskontrollbetrag (Anm. A. 6 der Düsseldorfer Tabelle) und Ab- oder Zuschläge (Anm. A. 1 der Düsseldorfer Tabelle) sind zu beachten.

12. Minderjährige Kinder

12.1

Der betreuende Elternteil braucht in der Regel keinen Barunterhalt für das minderjährige Kind zu leisten.

Zum einen kann jedoch die Barunterhaltspflicht des nicht betreuenden Elternteils entfallen oder sich ermäßigen, wenn er zu Unterhaltszahlungen nur unter Beeinträchtigung seines angemessenen Unterhalts in der Lage wäre, während der andere Elternteil neben der Betreuung des Kindes auch den Barunterhalt leisten könnte, ohne dass dadurch sein eigener angemessener Unterhalt gefährdet würde, und ohne die Beteiligung des betreuenden Elternteils am Barunterhalt ein erhebliches finanzielles Ungleichgewicht zwischen den Eltern entstehen würde. In solchen Fällen entfällt die gesteigerte Unterhaltspflicht nach § 1603 Abs. 2 S. 1 und 2 BGB[2)], also insbesondere die Beschränkung auf den notwendigen Selbstbehalt. Die Unterhaltspflicht mit dem Einkommen, das den angemessenen Selbstbehalt übersteigt, wird davon nicht berührt.

[1)] Nr. **47**.
[2)] **Habersack, Deutsche Gesetze Nr. 20.**

Zum anderen kann es der Billigkeit entsprechen, den betreuenden Elternteil den Barunterhalt gemäß § 1606 Abs. 3 BGB in voller Höhe aufbringen zu lassen, wenn dieser mindestens das Dreifache der Nettoeinkünfte des an sich barunterhaltspflichtigen Elternteils erzielt. Unterhalb dieser Schwelle kann bei einer erheblichen Einkommensdifferenz eine beiderseitige Barunterhaltspflicht der Eltern nach Nr. 13.3 der Leitlinien in Betracht kommen, wobei zugunsten des betreuenden Elternteils eine wertende Veränderung des Verteilungsmaßstabs vorzunehmen ist.

12.2

Das bereinigte Einkommen des Kindes, das von einem Elternteil betreut wird, wird nur teilweise, in der Regel zur Hälfte auf den Barunterhalt angerechnet; im Übrigen kommt es dem betreuenden Elternteil zugute.

12.3

Sind, z.B. bei auswärtiger Unterbringung des Kindes, beide Eltern zum Barunterhalt verpflichtet, bemisst sich der Bedarf des Kindes in der Regel nach dem zusammengerechneten Einkommen beider Eltern ohne Höhergruppierung nach Anm. A. 1 der Düsseldorfer Tabelle[1]. Für den Gesamtbedarf haften die Eltern anteilig (Berechnung nach Nr. 13.3).

Gleiches gilt bei einem Wechselmodell. In diesem Fall umfasst der Bedarf des Kindes auch die durch das Wechselmodell bedingten Mehrkosten. Der Unterhaltsanspruch ist auf den hälftigen Ausgleich der nach Abzug der von den Eltern erbrachten Leistungen verbleibenden Unterhaltsspitze durch den besser verdienenden Elternteil gerichtet (BGH, FamRZ 2017, 437).

12.4

Für Zusatzbedarf (Prozess-/Verfahrenskostenvorschuss, Mehrbedarf, Sonderbedarf) haften beide Eltern gemäß § 1606 Abs. 3 S. 1 BGB[2] anteilig (Berechnung nach Nr. 13.3). Zum Mehrbedarf des Kindes zählen insbesondere Kindergartenkosten (ohne Verpflegungsanteile).

13. Volljährige Kinder

13.1

Der Bedarf volljähriger Kinder, die noch im Haushalt der Eltern oder eines Elternteils wohnen, richtet sich nach der 4. Altersstufe der Düsseldorfer Tabelle[1]. Dies gilt bis zur Vollendung des 21. Lebensjahres auch für unverheiratete volljährige Kinder, die sich in der allgemeinen Schulausbildung befinden. Der Bedarf bemisst sich, falls beide Eltern leistungsfähig sind, in der Regel nach dem zusammengerechneten Einkommen ohne Höhergruppierung nach Anm. A. 1 der Düsseldorfer Tabelle. Für die Haftungsquote gilt Nr. 13.3.

Für ein volljähriges Kind mit eigenem Hausstand gilt Anm. A. 7 Abs. 2 der Düsseldorfer Tabelle. Der Bedarfssatz kann bei entsprechender Lebensstellung der Eltern erhöht werden.

13.2

Das bereinigte Einkommen des volljährigen Kindes wird in der Regel in vollem Umfang auf den Bedarf angerechnet. Bei Einkünften aus unzumutbarer Erwerbs-

[1] Nr. 47.
[2] **Habersack, Deutsche Gesetze Nr. 20.**

tätigkeit gilt § 1577 Abs. 2 BGB[1] entsprechend. Zu den Einkünften des Kindes gehören auch BAföG-Darlehen und Ausbildungsbeihilfen.

13.3

Sind beide Eltern barunterhaltspflichtig, bemisst sich die Haftungsquote nach dem Verhältnis ihrer anrechenbaren Einkünfte. Diese sind vorab jeweils um den Sockelbetrag zu kürzen. Der Sockelbetrag entspricht dem angemessenen Selbstbehalt gemäß Anm. A 5 Abs. 2 der Düsseldorfer Tabelle[2], bei minderjährigen unverheirateten und ihnen gleichgestellten volljährigen Kindern (§ 1603 Abs. 2 S. 2 BGB[1]) jedoch dann dem notwendigen Selbstbehalt gemäß Anm. A. 5 Abs. 1 der Düsseldorfer Tabelle, wenn bei einem Sockelbetrag in Höhe des angemessenen Selbstbehalts der Bedarf dieser Kinder nach der ersten Einkommensgruppe nicht sichergestellt ist. Ein Elternteil hat höchstens den Unterhalt zu leisten, der sich allein – unter Berücksichtigung von Anm. A. 1 der Düsseldorfer Tabelle – nach seinem Einkommen ergibt.

Die anrechenbaren Einkommen der Eltern sind um Unterhaltsleistungen an vorrangig Berechtigte zu kürzen.

Der Verteilungsschlüssel kann bei Vorliegen besonderer Umstände (z.B. Betreuung eines behinderten Volljährigen) wertend verändert werden.

14. Verrechnung des Kindergeldes

Kindergeld wird nach § 1612b BGB[1] zur Deckung des Barbedarfs verwandt, und zwar bei minderjährigen Kindern, die von einem Elternteil oder im Rahmen des Wechselmodells von beiden Eltern betreut werden, zur Hälfte, ansonsten in voller Höhe. Beim Wechselmodell kommt somit die auf den Barunterhalt entfallende Hälfte des Kindergeldes den Eltern entsprechend ihrer sich aus den beiderseitigen Einkommen ergebenden Beteiligungsquote zugute; der auf den Betreuungsunterhalt entfallende Kindergeldanteil ist zwischen den Eltern hälftig aufzuteilen.

Ehegattenunterhalt

15. Unterhaltsbedarf

15.1

Der Bedarf der Ehegatten richtet sich nach ihren Einkommens- und Vermögensverhältnissen im Unterhaltszeitraum, soweit diese als die ehelichen Lebensverhältnisse nachhaltig prägend anzusehen sind. Die ehelichen Lebensverhältnisse im Sinne von § 1578 Abs. 1 S. 1 BGB[1] werden dabei grundsätzlich durch die Umstände bestimmt, die bis zur Rechtskraft der Ehescheidung eingetreten sind. Nachträgliche Entwicklungen wirken sich auf die Bedarfsbemessung nach den ehelichen Lebensverhältnissen aus, wenn sie auch bei fortbestehender Ehe eingetreten wären oder in anderer Weise in der Ehe angelegt und mit hoher Wahrscheinlichkeit zu erwarten waren. Andere nacheheliche Entwicklungen bleiben außer Betracht (siehe Nr. 15.5).

Es ist von einem Mindestbedarf auszugehen, der nicht unter dem Existenzminimum für Nichterwerbstätige liegen darf (Anm. B. IV Nr. 2 der Düsseldorfer Tabelle[2]).

[1] **Habersack, Deutsche Gesetze Nr. 20.**
[2] Nr. **47**.

Bei Berechnung des Bedarfs ist von dem anrechenbaren Einkommen (Nr. 10) vorab der prägende Kindesunterhalt – Zahlbetrag – abzuziehen.

Unterhalt für nachrangige volljährige Kinder ist vorab abzusetzen, wenn der Kindesunterhalt die ehelichen Lebensverhältnisse geprägt hat und den Eheleuten ein angemessener Unterhalt verbleibt.

15.2

Der Bedarf eines jeden Ehegatten ist grundsätzlich mit der Hälfte des unterhaltsrechtlich relevanten Einkommens beider Ehegatten anzusetzen (Halbteilungsgrundsatz).

Dem erwerbstätigen Ehegatten steht vorab ein Bonus von 1/10 seiner Erwerbseinkünfte zu. Der Erwerbstätigenbonus ist von dem gemäß Nr. 10 bereinigten Erwerbseinkommen, das zusätzlich – bei Mischeinkünften anteilig – um den Kindesunterhalt in Höhe des Zahlbetrages zu mindern ist, zu bilden.

Der Bedarf des berechtigten Ehegatten beträgt danach 45 % der Erwerbseinkünfte des anderen Ehegatten zuzüglich 55 % der eigenen Erwerbseinkünfte sowie 50 % der sonstigen Einkünfte beider Eheleute. Der Bedarf des Verpflichteten beträgt 55 % der eigenen Erwerbseinkünfte zuzüglich 45 % der Erwerbseinkünfte des anderen Ehegatten sowie 50 % des sonstigen Einkommens beider Eheleute (Quotenbedarf).

15.3

Bei sehr guten Einkommensverhältnissen der Eheleute muss der Unterhaltsberechtigte auf geeignete Weise vortragen, in welchem Umfang das Familieneinkommen für den Konsum verbraucht worden ist. Dies kann erfolgen durch einen konkreten Vortrag zu den ehelichen Lebensverhältnissen (konkrete Bedarfsbemessung) oder durch den Vortrag, welcher Anteil der hohen Einkünfte nicht zur Deckung des ehelichen Lebensbedarfs verwendet wurde (Sparquote). Wenn der Unterhaltspflichtige substantiiert – beispielsweise durch die Darlegung des konkreten Bedarfs oder der Sparquote – widerspricht, bleibt es hinsichtlich der Höhe des zu Konsumzwecken eingesetzten Einkommensanteils bei der vollen Darlegungslast und Beweislast des Unterhaltsberechtigten.

Ab welcher Einkommenshöhe eine tatsächliche Vermutung für den vollständigen Verbrauch der Einkünfte zur Deckung des laufenden Lebensbedarfs entfällt, bleibt der tatrichterlichen Würdigung im Einzelfall vorbehalten. Jedenfalls ab einem bereinigten Einkommen der Ehegatten von mehr als dem Betrag der höchsten Einkommensgruppe der Düsseldorfer Tabelle[1](derzeit 11.200 EUR) gilt diese Vermutung in der Regel nicht.

Auf einen konkret festgestellten Bedarf ist Einkommen des Berechtigten ohne Berücksichtigung eines Erwerbstätigenbonus anzurechnen.

Bei sehr guten Einkommensverhältnissen hat der Unterhaltsberechtigte ein Wahlrecht, nach welcher Methode er seinen Unterhalt berechnen will. Der Quotenunterhalt stellt unter Berücksichtigung eines objektiven Maßstabs im Hinblick auf die Halbteilung die Obergrenze auch bei der konkreten Bedarfsbemessung dar.

15.4

Verlangt der Berechtigte neben dem Elementarunterhalt Vorsorgeunterhalt für Alter, Krankheit und Pflegebedürftigkeit, den er aus seinen eigenen Einkünften

[1] Nr. **47**.

nicht decken kann, sind die vom Pflichtigen hierfür geschuldeten Beträge wie eigene Vorsorgeaufwendungen (Nr. 10.1) von seinem Einkommen abzuziehen.

Die zweistufige Berechnung und der Vorwegabzug des Vorsorgeunterhalts für Alter, Krankheit oder Pflegebedürftigkeit können unterbleiben, soweit nicht prägendes Einkommen in einer den ungedeckten Vorsorgebedarf übersteigenden Höhe zur Verfügung steht, also entweder der Verpflichtete über nicht prägendes Einkommen verfügt oder nicht prägendes Einkommen des Berechtigten bedarfsdeckend angerechnet wird. Dies kann insbesondere bei einer Berechnung nach Nr. 15.3 der Fall sein.

Altersvorsorgeunterhalt wird wegen Vorrangs des Elementarunterhalts nicht geschuldet, wenn bzw. soweit das Existenzminimum des Berechtigten nicht gesichert ist.

Bei der zweistufigen Ermittlung des Altersvorsorgeunterhalts wird zunächst ein vorläufiger Elementarunterhalt nach Nrn. 15.2, 21.4 bestimmt. Einkünfte des Berechtigten, die zu keiner Altersvorsorge führen, bleiben unberücksichtigt. Hinzu kommt ein Zuschlag entsprechend der jeweils gültigen Bremer Tabelle[1]. Von dieser Bruttobemessungsgrundlage wird mit Hilfe des jeweiligen Beitragssatzes in der gesetzlichen Rentenversicherung (Arbeitgeber- und Arbeitnehmerbeitrag) der Vorsorgeunterhalt errechnet. Dieser wird vom bereinigten Nettoeinkommen des Verpflichteten abgezogen; auf dieser Basis wird der endgültige Elementarunterhalt errechnet.

15.5

Ohne Auswirkung auf den Unterhaltsbedarf sind nacheheliche Entwicklungen, die keinen Anknüpfungspunkt in der Ehe haben, wie die Unterhaltspflicht gegenüber einem neuen Ehegatten, der Splittingvorteil aus der neuen Ehe, sonstige von der neuen Ehe abhängige Einkommenszuschläge, der Vorteil des Zusammenlebens in der neuen Ehe, Unterhaltspflichten für nachehelich geborene Kinder und hierdurch bedingte Ansprüche nach § 1615l BGB[2]. Allerdings können diese Veränderungen bei Gleichrang zu einer Einschränkung der Leistungsfähigkeit (§ 1581 BGB, relativer Mangelfall) und zu einer Begrenzung des geschuldeten Unterhalts führen (siehe Nrn. 21.3.2 Abs. 2 bis 4).

15.6

Trennungsbedingter Mehrbedarf kann berücksichtigt werden, wenn der Berechtigte oder der Verpflichtete über zusätzliches nicht prägendes Einkommen verfügt, das die Zahlung des nach dem prägenden Einkommen berechneten Unterhalts sowie des trennungsbedingten Mehrbedarfs erlaubt.

15.7

Nach Scheidung der Ehe ist in der Regel zunächst Unterhalt nach dem eheangemessenen Bedarf zu zahlen. Vor einer Herabsetzung und/oder Begrenzung des Unterhaltsanspruchs ist dem berechtigten Ehegatten regelmäßig eine auch unter Berücksichtigung der Ehedauer angemessene Übergangsfrist einzuräumen.

Bei der Billigkeitsprüfung nach § 1578b BGB[2] ist vorrangig zu berücksichtigen, ob ehebedingte Nachteile eingetreten sind. Im Rahmen der Billigkeitsabwägung sind daneben insbesondere die beiderseitigen Einkommens- und Vermögensverhältnisse, der Vermögenserwerb während der Ehe, Beiträge zur beruflichen Ent-

---

[1] Nr. **47f/1**.
[2] **Habersack, Deutsche Gesetze Nr. 20.**

wicklung des anderen Ehegatten sowie die Dauer und Umfang des gezahlten Trennungsunterhalts zu berücksichtigen. Der Dauer der Ehe kommt in diesem Rahmen eine besondere Bedeutung zu. Fortwirkende ehebedingte Nachteile des Unterhaltsberechtigten stehen in der Regel einer Unterhaltsbefristung und einer Herabsetzung unter den angemessenen Bedarf entgegen. Etwas anderes kann gelten, wenn beide Ehegatten fortwirkende ehebedingte Nachteile erlitten haben. Bei Fehlen oder nach dem Wegfall ehebedingter Nachteile kann eine fortwirkende nacheheliche Solidarität einer Begrenzung des Anspruchs auf nachehelichen Unterhalt entgegenstehen oder eine Verlängerung der Unterhaltsdauer geboten erscheinen lassen.

Der bereits zweckbefristete Anspruch auf Betreuungsunterhalt nach § 1570 BGB ist nicht nach § 1578b Abs. 2 BGB zeitlich zu befristen, kann aber gem. § 1578b Abs. 1 BGB bis zum angemessenen Bedarf des Berechtigten herabgesetzt werden. Ein nicht auf § 1570 BGB beruhender Unterhaltsanteil kann nach § 1578b BGB zeitlich begrenzt werden.

16. Bedürftigkeit

Eigenes Einkommen des Berechtigten ist auf den Bedarf (Nr 15) anzurechnen.

17. Erwerbsobliegenheit

17.1

Bei Kindesbetreuung besteht bis zur Vollendung des dritten Lebensjahres eines gemeinsamen Kindes keine Erwerbsobliegenheit. Eine gleichwohl ausgeübte Erwerbstätigkeit ist überobligatorisch, hieraus erzieltes Einkommen ist entsprechend § 1577 Abs. 2 BGB[1)] nach Billigkeit zu berücksichtigen.

Nachdem das jüngste Kind sein drittes Lebensjahr vollendet hat, kommt es bei Beurteilung der Frage, ob und inwieweit der betreuende Ehegatte auf eine Erwerbstätigkeit verwiesen werden kann, auf die Verhältnisse des Einzelfalls an, wobei in der Regel ein abrupter Wechsel durch einen stufenweisen Übergang zu einer vollschichtigen Erwerbstätigkeit vermieden werden soll. Bei der Entscheidung über die Verlängerung des Unterhaltsanspruchs sind kindbezogene Gründe (§ 1570 Abs. 1 S. 3 BGB) und elternbezogene Gründe (§ 1570 Abs. 2 BGB) zu berücksichtigen.

Maßgeblich sind insbesondere die konkrete Betreuungssituation (Anzahl und Alter des bzw. der zu betreuenden gemeinsamen Kinder, die individuelle Betreuungsbedürftigkeit des bzw. der gemeinsamen Kinder, Verfügbarkeit und Qualität der Betreuungseinrichtungen und die verlässliche Bereitschaft des unterhaltspflichtigen Elternteils, sich an der Betreuung zu beteiligen), die gemeinsame Ausgestaltung der Kinderbetreuung während des ehelichen Zusammenlebens und das hierdurch gewachsene Vertrauen in die vereinbarte und praktizierte Rollenverteilung.

Der Umfang der Erwerbsobliegenheit beurteilt sich nach der Gesamtbelastung durch die Erwerbstätigkeit und die Kinderbetreuung. Eine tatsächlich ausgeübte Tätigkeit indiziert im Regelfall deren Vereinbarkeit mit der Kinderbetreuung, kann aber überobligatorisch sein, wenn kind- oder elternbezogene Gründe einen Anspruch auf Betreuungsunterhalt rechtfertigen würden.

Die vorstehenden Kriterien gelten in gleicher Weise, wenn der betreuende Elternteil auf Ehegattenunterhalt in Anspruch genommen wird.

[1)] **Habersack, Deutsche Gesetze Nr. 20.**

Umstände, die einer vollen oder teilweisen Erwerbsobliegenheit ab Vollendung des dritten Lebensjahres des Kindes entgegenstehen, hat der betreuende Elternteil darzulegen und zu beweisen. Dies gilt auch, wenn ein Titel über den Betreuungsunterhalt abgeändert werden soll.

17.2

Beim Trennungsunterhalt besteht für den Berechtigten im ersten Jahr nach der Trennung in der Regel keine Obliegenheit zur Aufnahme oder Ausweitung einer Erwerbstätigkeit.

18. Ansprüche nach § 1615l BGB[1)]

Der Bedarf des nach § 1615l BGB unterhaltsberechtigten betreuenden Elternteils bemisst sich allein nach dessen Lebensstellung. Maßgeblich ist, welche Einkünfte der unterhaltsberechtigte Elternteil ohne die Geburt und die Betreuung des gemeinsamen Kindes erreicht hätte. Der so ermittelte Betrag ist nicht auf den Zeitpunkt der Geburt des Kindes festgeschrieben, so dass sich etwa infolge der allgemein üblichen Gehaltssteigerungen ein höherer Bedarf ergeben kann. Der Bedarf ist auch dann nicht nach dem Einkommen des Pflichtigen zu bemessen, wenn dieser mit dem betreuenden Elternteil zusammengelebt hat. Er kann sich auch aus einem Unterhaltsanspruch gegen einen früheren Ehegatten ergeben, darf aber das Existenzminimum für Nichterwerbstätige (Anm. B. IV Nr. 2 der Düsseldorfer Tabelle[2)]) nicht unterschreiten.

Eine Begrenzung des Unterhaltsanspruchs des nach § 1615l BGB berechtigten Elternteils erfolgt durch den Halbteilungsgrundsatz sowie durch den dem Unterhaltspflichtigen zu belassenden Selbstbehalt (vgl. Anm. D. III der Düsseldorfer Tabelle). Der Anspruch nach § 1615l BGB ist begrenzt auf den Betrag, der einem Ehegatten in gleicher Lage zustünde.

Zur Frage der Berücksichtigung eigener Einkünfte, zu Abzügen und zur Erwerbsobliegenheit gelten die Ausführungen für den Ehegatten entsprechend.

Die Unterhaltspflicht des nichtbetreuenden Elternteils besteht für mindestens drei Jahre nach der Geburt des Kindes. Sie verlängert sich, solange und soweit dies der Billigkeit entspricht. Dabei sind insbesondere die Belange des Kindes und die bestehenden Möglichkeiten der Kinderbetreuung zu berücksichtigen. Die Ausführungen unter Nr. 17.1 zum Ehegattenunterhalt gelten entsprechend.

19. Elternunterhalt

Der Bedarf der Eltern bemisst sich in erster Linie nach deren Einkommens- und Vermögensverhältnissen. Er ist konkret darzulegen. Mindestens muss jedoch das Existenzminimum eines Nichterwerbstätigen (Anm. B. IV Nr. 2 der Düsseldorfer Tabelle[2)]) sichergestellt werden. Darin sind Kosten der Kranken- und Pflegeversicherung nicht enthalten. Etwaiger Mehrbedarf ist zusätzlich auszugleichen. Bei einem Heimaufenthalt des Berechtigten wird der Bedarf durch die dadurch anfallenden notwendigen Kosten zuzüglich eines Barbetrags für die persönlichen Bedürfnisse entsprechend § 27b SGB XII bestimmt. Leistungen zur Grundsicherung nach §§ 41 ff SGB XII sind zu berücksichtigen. Die Regelungen des Gesetzes zur Entlastung unterhaltspflichtiger Angehöriger in der Sozialhilfe und in der Eingliederungshilfe (Angehörigenentlastungsgesetz) sind bei Bemessung des Unterhalts zu berücksichtigen.

[1)] **Habersack, Deutsche Gesetze Nr. 20.**
[2)] Nr. **47**.

20.

Nicht belegt.

Leistungsfähigkeit und Mangelfall

21. Selbstbehalt des Verpflichteten

21.1

Der Unterhaltsverpflichtete ist leistungsfähig, soweit ihm der Selbstbehalt verbleibt. Es ist zu unterscheiden zwischen dem notwendigen (§ 1603 Abs. 2 BGB[1]) und dem angemessenen Selbstbehalt.

21.2

Der notwendige Selbstbehalt gilt gegenüber minderjährigen unverheirateten und ihnen gleichgestellten volljährigen Kindern (§ 1603 Abs. 2 S. 2 BGB[1]). Er beträgt nach Anm. A. 5 der Düsseldorfer Tabelle[2] derzeit für Nichterwerbstätige 1.200 EUR und für Erwerbstätige 1.450 EUR.

Bei Deckung des Mindestunterhalts gilt auch gegenüber Ansprüchen minderjähriger Kinder und ihnen gleichgestellter volljähriger Kinder der angemessene Selbstbehalt nach Nr. 21.3.1.

21.3

Der angemessene Selbstbehalt gilt gegenüber volljährigen Kindern, die minderjährigen Kindern nicht gleichgestellt sind, dem Ehegatten, der Mutter oder dem Vater eines nicht ehelich geborenen Kindes gemäß § 1615l BGB[1] sowie den Eltern des Unterhaltsverpflichteten.

21.3.1

Der angemessene Selbstbehalt gegenüber volljährigen Kindern (§ 1603 Abs. 1) beträgt nach Anm. A. 5 der Düsseldorfer Tabelle[2] derzeit 1.750 EUR.

21.3.2

Der angemessene Selbstbehalt gegenüber dem Ehegatten sowohl beim Trennungs- als auch beim nachehelichen Unterhalt und gegenüber Ansprüchen nach § 1615l BGB[1] beträgt gemäß Anm. B. III und D. III der Düsseldorfer Tabelle[2] bei Erwerbstätigkeit des Unterhaltspflichtigen 1.600 EUR und sonst 1.475 EUR.

Im Rahmen der Leistungsfähigkeit des Unterhaltspflichtigen nach § 1581 BGB ist ferner ein individueller Selbstbehalt zu berücksichtigen, bei dem der Halbteilungsgrundsatz zu beachten ist, was zu einem relativen Mangelfall führen kann, wenn dem Unterhaltspflichtigen für den eigenen Unterhalt weniger verbleibt, als der Unterhaltsberechtigte mit dem Unterhalt zur Verfügung hat. Sonstige Verpflichtungen gegenüber anderen Unterhaltsberechtigten, die nicht bereits den Bedarf des Unterhaltsberechtigten beeinflusst haben, sind entsprechend ihrem Rang zu berücksichtigen. Der Rang bestimmt sich auch dann nach § 1609 Nr. 2 BGB, wenn der Anspruch auf Ehegattenunterhalt nur teilweise auf § 1570 BGB beruht.

Sind ein geschiedener und ein neuer Ehegatte nach § 1609 BGB gleichrangig, ist im Rahmen der Leistungsfähigkeit des Unterhaltspflichtigen eine Billigkeitsabwägung in Form einer Dreiteilung des gesamten unterhaltsrelevanten Einkom-

---

[1] **Habersack, Deutsche Gesetze Nr. 20.**
[2] Nr. 47.

mens zulässig. Weitere individuelle Billigkeitserwägungen können berücksichtigt werden.

Die Erwerbsobliegenheit des neuen, mit dem Unterhaltspflichtigen zusammenlebenden Ehegatten bestimmt sich nach Maßgabe der §§ 1569 ff BGB, wobei ein Anspruch nach § 1570 Abs. 2 BGB wegen elternbezogener Gründe, die auf der Rollenverteilung in der neuen Ehe beruhen, in der Regel außer Betracht bleibt.

21.3.3

Wegen des dem Unterhaltspflichtigen zu belassenden Selbstbehalts gegenüber Ansprüchen auf Elternunterhalt wird auf Anm. D I der Düsseldorfer Tabelle[1] verwiesen.

21.4

Bei Zusammenleben mit einem Ehegatten oder Partner, der sich in angemessener Weise an den Kosten der Haushaltsführung beteiligen kann, kommt eine Herabsetzung des Selbstbehalts in Betracht. Die Ersparnis kann im Regelfall mit 10 % des jeweiligen Selbstbehalts angesetzt werden.

22. Bedarf des mit dem Pflichtigen zusammenlebenden Ehegatten

Insoweit wird auf Anm. B. V der Düsseldorfer Tabelle[1] verwiesen.

23. Mangelfall

23.1

Ein absoluter Mangelfall liegt vor, wenn das Einkommen des Unterhaltsverpflichteten zur Deckung seines Selbstbehalts und der gleichrangigen Unterhaltsansprüche der Berechtigten nicht ausreicht. Für diesen Fall ist die nach Abzug des Eigenbedarfs (Selbstbehalts) des Unterhaltspflichtigen verbleibende Verteilungsmasse auf die gleichrangigen Unterhaltsberechtigten im Verhältnis ihrer jeweiligen Einsatzbeträge gleichmäßig zu verteilen.

23.2

Die Einsatzbeträge im Mangelfall belaufen sich bei minderjährigen und diesen nach § 1603 Abs. 2 S. 2 BGB[2] gleichgestellten volljährigen Kindern auf den Unterhalt nach der 1. Einkommensgruppe der jeweiligen Altersstufe der Düsseldorfer Tabelle[1] (Zahlbetrag).

24. Rundung

Der Unterhalt ist auf volle Euro zu runden.

Anhang

Rechenbeispiel zu Nr. 15.2

a)

Nur ein Ehegatte hat Einkommen:

Erwerbseinkommen V:	2.800 €
B (ohne Einkommen) ist wegen Krankheit erwerbsunfähig Ehegattenunterhalt: 2.800 € × 45 % =	1.260 €

[1] Nr. 47.
[2] **Habersack, Deutsche Gesetze Nr. 20.**

b)

Beide Ehegatten haben prägendes Einkommen:

Erwerbseinkommen V:	2.800 €
Erwerbseinkommen B:	2.100 €
Unterhaltsberechnung nach der Quotenbedarfsmethode (vgl. Ziff. 15.2):	
Der Bedarf beträgt	2.415 €
nämlich 2.800 € × 45 % + 2.100 € × 55 %.	
Auf den Bedarf ist das Erwerbseinkommen B von mit 100 % anzurechnen.	2.100 €
Es bleibt ein ungedeckter Bedarf (Anspruch) von	315 €.

Verkürzte Unterhaltsberechnung in diesem Fall nach der Differenzmethode:

(2.800 € – 2.100 €) × 45 % =	315 €

c)

Beide Ehegatten haben prägendes Einkommen, B hat zusätzlich nicht prägende Einkünfte (z.B. Lottogewinn, Erbschaft, nach unvorhersehbarem Karrieresprung, unzumutbares Einkommen):

prägendes Erwerbseinkommen V:	2.800 €
prägendes Erwerbseinkommen B:	1.050 €
zusätzliches nicht prägendes Zinseinkommen B:	350 €
Unterhaltsberechnung nach der Quotenbedarfsmethode (vgl. Nr. 15.2):	
Bedarf B: 2.800 € × 45 % + 1.050 € × 55 % =	1.837,50 €
anzurechnen:	
das prägende Erwerbseinkommen von B (1.050 € × 100 %)	1.050 €
das nicht prägende Einkommen von B	350 €
Restbedarf (= Anspruch):	437,50 €

Unterhaltsberechnung nach der Additionsmethode:	
Bedarf B: 1/2 (2.800 € × 90 % + 1.050 € × 90 %) =	1.732,50 €
anzurechnen:	
Gesamteinkommen B: 1.050 € × 90 % + 350 € =	1.295 €
Restbedarf (Anspruch)	437,50 €

d)

V hat prägendes, B hat nicht prägendes Einkommen (Zinsen aus nach Scheidung angefallener Erbschaft). Bei B, nicht bei V, ist trennungsbedingter Mehrbedarf von 150 € zu berücksichtigen:

Prägendes Erwerbseinkommen V:	2.800 €
nicht prägendes Zinseinkommen B:	300 €
Unterhaltsberechnung nach der Anrechnungsmethode:	
Bedarf B: 45 % × 2.800 € =	1.260 €
trennungsbedingter Mehrbedarf B:	150 €

Gesamtbedarf B:	1.410 €
anzurechnen: 100 % × 300 € =	300 €
Restbedarf:	1.110 €.
V ist leistungsfähig, weil ihm mit 1.690 € mehr als sein Bedarf von (2.800 € × 55 % =)	1.540 €
verbleibt.	

Zu Nr. 23 Mangelfall

Wegen der Unterhaltsberechnung im Mangelfall wird auf das Rechenbeispiel in der Düsseldorfer Tabelle[1)] unter Anm. C. Bezug genommen.

[1)] Nr. **47**.

47b. Unterhaltsrechtliche Leitlinien der Familiensenate in Süddeutschland (SüdL)[1)]

Oberlandesgerichte Bamberg, Karlsruhe, München, Nürnberg, Stuttgart und Zweibrücken

(Stand: 1. Januar 2024)

Die Familiensenate der Süddeutschen Oberlandesgerichte verwenden diese Leitlinien als Orientierungshilfe für den Regelfall unter Beachtung der Rechtsprechung des Bundesgerichtshofs, wobei die Angemessenheit des Ergebnisses in jedem Fall zu überprüfen ist.

Das Tabellenwerk der Düsseldorfer Tabelle[2)] ist eingearbeitet. Die Erläuterungen werden durch nachfolgende Leitlinien ersetzt.

Unterhaltsrechtlich maßgebendes Einkommen

Bei der Ermittlung und Zurechnung von Einkommen ist stets zu unterscheiden, ob es um Verwandten- oder Ehegattenunterhalt sowie ob es um Bedarfsbemessung einerseits oder Feststellung der Bedürftigkeit/Leistungsfähigkeit andererseits geht. Das unterhaltsrechtliche Einkommen ist nicht immer identisch mit dem steuerrechtlichen Einkommen.

1. Geldeinnahmen

1.1 Auszugehen ist vom Bruttoeinkommen als Summe aller Einkünfte.

1.2 Soweit Leistungen nicht monatlich anfallen (z.B. Weihnachts- und Urlaubsgeld), werden sie auf ein Jahr umgelegt. Einmalige Zahlungen (z.B. Abfindungen) sind auf einen angemessenen Zeitraum (in der Regel mehrere Jahre) zu verteilen.

1.3 Überstundenvergütungen werden dem Einkommen voll zugerechnet, soweit sie berufstypisch sind und das in diesem Beruf übliche Maß nicht überschreiten.

1.4 Ersatz für Spesen und Reisekosten sowie Auslösungen gelten in der Regel als Einkommen. Damit zusammenhängende Aufwendungen, vermindert um häusliche Ersparnis, sind jedoch abzuziehen. Bei Aufwendungspauschalen (außer Kilometergeld) kann 1/3 als Einkommen angesetzt werden.

1.5 Bei Ermittlung des zukünftigen Einkommens eines Selbständigen ist in der Regel der Gewinn der letzten drei Jahre zugrunde zu legen. Für zurückliegende Zeiträume ist vom tatsächlichen Einkommen auszugehen.

1.6 Einkommen aus Vermietung und Verpachtung sowie aus Kapitalvermögen ist der Überschuss der Bruttoeinkünfte über die Werbungskosten. Für Gebäude ist keine AfA anzusetzen.

---

1) In der jeweils aktuellen Fassung kostenlos abrufbar unter www.oberlandesgericht-stuttgart.de.
2) Nr. **47**.

1.7 Steuerzahlungen oder Erstattungen sind in der Regel im Kalenderjahr der tatsächlichen Leistung zu berücksichtigen.

1.8 Sonstige Einnahmen, z.B. Trinkgelder.

2. Sozialleistungen

2.1 Arbeitslosengeld (§ 136 SGB III) und Krankengeld.

2.2 Leistungen zur Sicherung des Lebensunterhalts nach §§ 19 ff. SGB II sind kein Einkommen, es sei denn, die Nichtberücksichtigung der Leistungen ist in Ausnahmefällen treuwidrig; nicht subsidiäre Leistungen nach dem SGB II sind Einkommen (insbesondere Entschädigung für Mehraufwendungen „Ein-Euro-Job" § 16 SGB II, Freibeträge nach § 11b III SGB II).

2.3 Wohngeld, soweit es nicht erhöhte Wohnkosten deckt.

2.4 BAföG-Leistungen, auch soweit sie als Darlehen gewährt werden, mit Ausnahme von Vorausleistungen nach §§ 36, 37 BAföG[1].

2.5 Elterngeld ist Einkommen, soweit es über den Sockelbetrag in Höhe von 300 €, bei verlängertem Bezugsrecht über 150 € hinausgeht. Der Sockelbetrag (§ 11 S. 4 BEEG[2]) ist kein Einkommen, es sei denn, es liegt einer der Ausnahmefälle des § 11 S. 4 BEEG vor.

2.6 Unfallrenten.

2.7 Leistungen aus der Pflegeversicherung, Blindengeld, Versorgungsrenten, Schwerbeschädigten- und Pflegezulagen nach Abzug eines Betrags für tatsächliche Mehraufwendungen; §§ 1610a, 1578a BGB[3] sind zu beachten.

2.8 Der Anteil des Pflegegelds bei der Pflegeperson, durch den ihre Bemühungen abgegolten werden; bei Pflegegeld aus der Pflegeversicherung gilt dies nach Maßgabe des § 13 VI SGB XI.

2.9 In der Regel Leistungen nach §§ 41–43 SGB XII (Grundsicherung) beim Verwandtenunterhalt, nicht aber beim Ehegattenunterhalt.

2.10/11 Kein Einkommen sind sonstige Sozialhilfe nach SGB XII und Leistungen nach dem UVG[4]. Die Unterhaltsforderung eines Empfängers dieser Leistungen kann in Ausnahmefällen treuwidrig sein. (Vgl. Ziffer 2.2).

3. Kindergeld

Kindergeld wird nicht zum Einkommen der Eltern gerechnet (vgl. Nr. 14).

4. Geldwerte Zuwendungen des Arbeitgebers

Geldwerte Zuwendungen aller Art des Arbeitgebers, z.B. Firmenwagen oder freie Kost und Logis, sind Einkommen, soweit sie entsprechende Eigenaufwendungen ersparen.

---

[1] **Sartorius Nr. 420.**
[2] Nr. **45e**.
[3] **Habersack, Deutsche Gesetze Nr. 20.**
[4] Nr. **45d**.

5. Wohnwert

Der Wohnvorteil durch mietfreies Wohnen im eigenen Heim ist als wirtschaftliche Nutzung des Vermögens unterhaltsrechtlich wie Einkommen zu behandeln. Neben dem Wohnwert sind auch Zahlungen nach dem Eigenheimzulagengesetz anzusetzen.

Bei der Bemessung des Wohnvorteils ist auszugehen von der Nettomiete, d.h. nach Abzug der auf einen Mieter nach § 2 BetrKV[1] umlegbaren Betriebskosten. Hiervon können in Abzug gebracht werden der berücksichtigungsfähige Schuldendienst, erforderliche Instandhaltungs- und Instandsetzungskosten und solche Kosten, die auf einen Mieter nicht nach § 2 BetrKV umgelegt werden können.

Auszugehen ist vom vollen Mietwert. Wenn es nicht möglich oder nicht zumutbar ist, die Wohnung aufzugeben und das Objekt zu vermieten oder zu veräußern, kann stattdessen die ersparte Miete angesetzt werden, die angesichts der wirtschaftlichen Verhältnisse angemessen wäre. Dies kommt in der Regel für die Zeit bis zur Rechtshängigkeit des Scheidungsantrags in Betracht.

6. Haushaltsführung

Führt jemand einem leistungsfähigen Dritten den Haushalt, so ist hierfür ein Einkommen anzusetzen; bei Haushaltsführung durch einen Nichterwerbstätigen geschieht das in der Regel mit einem Betrag von 200 € bis 550 €.

7. Einkommen aus unzumutbarer Erwerbstätigkeit

Einkommen aus unzumutbarer Erwerbstätigkeit kann nach Billigkeit ganz oder teilweise unberücksichtigt bleiben.

8. Freiwillige Zuwendungen Dritter

Freiwillige Zuwendungen Dritter (z.B. Geldleistungen, kostenloses Wohnen) sind als Einkommen zu berücksichtigen, wenn dies dem Willen des Dritten entspricht.

9. Erwerbsobliegenheit und Einkommensfiktion

Einkommen können auch aufgrund einer unterhaltsrechtlichen Obliegenheit erzielbare Einkünfte sein.

10. Bereinigung des Einkommens

10.1 Vom Bruttoeinkommen sind Steuern, Sozialabgaben und/oder angemessene, tatsächliche Vorsorgeaufwendungen – Aufwendungen für die Altersvorsorge bis zu 23 % des Bruttoeinkommens, bei Elternunterhalt bis zu 24 % des Bruttoeinkommens (je einschließlich der Gesamtbeiträge von Arbeitnehmer und Arbeitgeber zur gesetzlichen Rentenversicherung) – abzusetzen (Nettoeinkommen).

Es besteht die Obliegenheit, Steuervorteile in Anspruch zu nehmen (z.B. Eintragung eines Freibetrags bei Fahrtkosten, Realsplitting für unstreitigen oder titulierten Unterhalt).

---

[1] Nr. **30b/1**.

10.2 Berufsbedingte Aufwendungen, die sich von den privaten Lebenshaltungskosten nach objektiven Merkmalen eindeutig abgrenzen lassen, sind im Rahmen des Angemessenen vom Nettoeinkommen aus unselbständiger Arbeit abzuziehen.

10.2.1 Bei Vorliegen entsprechender Anhaltspunkte kann eine Pauschale von 5 % des Nettoeinkommens angesetzt werden. Übersteigen die berufsbedingten Aufwendungen die Pauschale, so sind sie im Einzelnen darzulegen. Bei beschränkter Leistungsfähigkeit kann im Einzelfall nur mit konkreten Kosten gerechnet werden.

10.2.2 Für die notwendigen Kosten der berufsbedingten Nutzung eines Kraftfahrzeugs kann ein Betrag von derzeit 0,42 € pro gefahrenen Kilometer angesetzt werden. Damit sind i.d.R. Anschaffungskosten miterfasst. Bei langen Fahrtstrecken (ab ca. 30 km einfach) kann nach unten abgewichen werden (für die Mehrkilometer in der Regel 0,28 €).

10.2.3 Bei einem Auszubildenden sind i.d.R. 100 € als ausbildungsbedingter Aufwand abzuziehen.

10.3 Kinderbetreuungskosten sind abzugsfähig, soweit die Betreuung durch Dritte allein infolge der Berufstätigkeit erforderlich ist. Im Übrigen gilt Ziffer 12.4.

10.4 Berücksichtigungswürdige Schulden (Zins, ggf. auch Tilgung) sind abzuziehen; die Abzahlung soll im Rahmen eines vernünftigen Tilgungsplanes in angemessenen Raten erfolgen. Bei der Zumutbarkeitsabwägung sind Interessen des Unterhaltsschuldners, des Drittgläubigers und des Unterhaltsgläubigers, vor allem minderjähriger Kinder, mit zu berücksichtigen.

Bei Kindesunterhalt kann die Obliegenheit zur Einleitung eines Verbraucherinsolvenzverfahrens bestehen.

10.5/6 nicht belegt

10.7 Umgangskosten (nicht belegt)

Kindesunterhalt

11. **Bemessungsgrundlage (Tabellenunterhalt)**

Der Barunterhalt minderjähriger und noch im elterlichen Haushalt lebender volljähriger unverheirateter Kinder bestimmt sich nach den Sätzen der Düsseldorfer Tabelle[1] (Anhang 1).

Bei minderjährigen Kindern kann er als Festbetrag oder als Prozentsatz des jeweiligen Mindestunterhalts geltend gemacht werden.

11.1 Die Tabellensätze der Düsseldorfer Tabelle[1] enthalten keine Kranken- und Pflegeversicherungsbeiträge für das Kind, wenn dieses nicht in einer gesetzlichen Familienversicherung mitversichert ist. Das Nettoeinkommen des Verpflichteten ist um solche zusätzlich zu zahlenden Versicherungskosten zu bereinigen.

11.2 Die Tabellensätze sind auf den Fall zugeschnitten, dass der Unterhaltspflichtige zwei Unterhaltsberechtigten Unterhalt zu gewähren hat. Bei

[1] Nr. 47.

einer größeren oder geringeren Anzahl Unterhaltsberechtigter sind i.d.R. Ab- oder Zuschläge durch Einstufung in eine niedrigere oder höhere Einkommensgruppe vorzunehmen.

Zur Eingruppierung können auch die Bedarfskontrollbeträge herangezogen werden.

12. Minderjährige Kinder

12.1 Der betreuende Elternteil braucht neben dem anderen Elternteil in der Regel keinen Barunterhalt zu leisten, es sei denn, sein Einkommen ist bedeutend höher als das des anderen Elternteils (§ 1606 III 2 BGB[1]), oder der eigene angemessene Unterhalt des sonst allein barunterhaltspflichtigen Elternteils ist gefährdet (§ 1603 II 3 BGB).

12.2 Einkommen des Kindes wird bei beiden Eltern hälftig angerechnet. Zum Kindergeld vgl. Ziffer 14.

12.3 Sind bei auswärtiger Unterbringung beide Eltern zum Barunterhalt verpflichtet, haften sie anteilig nach § 1606 III 1 BGB[1] für den Gesamtbedarf (vgl. Nr. 13.3). Der Verteilungsschlüssel kann unter Berücksichtigung des Betreuungsaufwandes wertend verändert werden.

12.4 Kosten für Kindergärten und vergleichbare Betreuungsformen (ohne Verpflegungskosten) sind Mehrbedarf des Kindes. Bei Zusatzbedarf (Prozesskostenvorschuss, Mehrbedarf, Sonderbedarf) gilt § 1606 III 1 BGB[1] (vgl. Nr. 13.3).

13. Volljährige Kinder

13.1 Bedarf

Beim Bedarf volljähriger Kinder ist zu unterscheiden, ob sie noch im Haushalt der Eltern/eines Elternteils leben oder einen eigenen Hausstand haben.

13.1.1 Für volljährige Kinder, die noch im Haushalt der Eltern oder eines Elternteils wohnen, gilt die Altersstufe 4 der Düsseldorfer Tabelle[2].

Sind beide Elternteile leistungsfähig (vgl. Nr. 21.3.1), ist der Bedarf des Kindes i.d.R. nach dem zusammengerechneten Einkommen (ohne Anwendung von Nr. 11.2) zu bemessen. Für die Haftungsquote gilt Nr. 13.3. Ein Elternteil hat jedoch höchstens den Unterhalt zu leisten, der sich allein aus seinem Einkommen aus der Düsseldorfer Tabelle (ggf. Herauf-, Herabstufung abzüglich volles Kindergeld) ergibt.

13.1.2 Der angemessene Bedarf eines volljährigen Kindes mit eigenem Hausstand beträgt in der Regel monatlich 930 € (darin sind enthalten Kosten für Unterkunft und Heizung bis zu 410 €), ohne Beiträge zur Kranken- und Pflegeversicherung sowie Studiengebühren.

Von diesem Betrag kann bei erhöhtem Bedarf oder mit Rücksicht auf die Lebensstellung der Eltern nach oben abgewichen werden.

13.2 Auf den Unterhaltsbedarf werden Einkünfte des Kindes, auch das Kindergeld, BAföG-Darlehen und Ausbildungsbeihilfen (gekürzt um ausbildungsbedingte Aufwendungen, vgl. Nr. 10.2.3) angerechnet. Bei Ein-

[1] **Habersack, Deutsche Gesetze Nr. 20.**
[2] Nr. **47.**

künften aus unzumutbarer Erwerbstätigkeit gilt § 1577 II BGB[1)] entsprechend.

13.3 Bei anteiliger Barunterhaltspflicht ist vor Berechnung des Haftungsanteils nach § 1606 III 1 BGB[1)] das bereinigte Nettoeinkommen jedes Elternteils gem. Nr. 10 zu ermitteln. Außerdem ist vom Restbetrag ein Sockelbetrag in Höhe des angemessenen Selbstbehalts (1.750 €) abzuziehen.

Der Haftungsanteil nach § 1606 III 1 BGB errechnet sich nach der Formel:

Bereinigtes Nettoeinkommen eines Elternteils (N1 oder N2) abzüglich 1.750 € mal (Rest-)Bedarf (R), geteilt durch die Summe der bereinigten Nettoeinkommen beider Eltern (N1 + N2) abzüglich 3.500 € (= 1.750 € + 1.750 €). Haftungsanteil 1 = (N1 – 1.750 €) x R : (N1 + N2 – 3.500 €).

Der so ermittelte Haftungsanteil ist auf seine Angemessenheit zu überprüfen und kann bei Vorliegen besonderer Umstände (z.B. behindertes Kind) wertend verändert werden.

Bei volljährigen Schülern, die in § 1603 II 2 BGB minderjährigen Kindern gleichgestellt sind, wird der Sockelbetrag bis zum notwendigen Selbstbehalt (1.200 €/1.450 €) herabgesetzt, wenn der Bedarf der Kinder andernfalls nicht gedeckt werden kann.

14. Verrechnung des Kindergeldes

Es wird nach § 1612b BGB[1)] angerechnet.

Für das gesamte Jahr 2015 bleiben dabei die bis Ende 2014 geltenden Kindergeldbeträge maßgeblich.

Ehegattenunterhalt

15. Unterhaltsbedarf

15.1 Die Bemessung des nachehelichen Unterhalts richtet sich nach den ehelichen Lebensverhältnissen (§ 1578 Abs. 1 S. 1 BGB[1)]). Der Bedarf des Ehegatten beträgt mindestens 1.200 €.

15.2 Es gilt der Halbteilungsgrundsatz, wobei jedoch Erwerbseinkünfte nur zu 90 % zu berücksichtigen sind (Abzug von 1/10 Erwerbstätigenbonus vom bereinigten Nettoeinkommen bei der Bedarfsermittlung, nicht bei der Ermittlung der Leistungsfähigkeit des Unterhaltsschuldners).

Leistet ein Ehegatte auch Unterhalt für ein unterhaltsberechtigtes Kind, wird sein Einkommen vor Ermittlung des Erwerbstätigenbonus um Kindesunterhalt (Zahlbetrag) bereinigt.

Erbringt der Verpflichtete sowohl Bar- als auch Betreuungsunterhalt, kann im Einzelfall ein Betreuungsbonus angesetzt werden.

15.3 Bei sehr guten Einkommensverhältnissen des Pflichtigen kommt eine konkrete Bedarfsberechnung in Betracht.

15.4 Werden Altersvorsorge-, Kranken- und Pflegeversicherungskosten vom Berechtigten gesondert geltend gemacht oder vom Verpflichteten bezahlt, sind diese vom Einkommen des Pflichtigen vorweg abzuziehen. Der Vor-

---

1) Habersack, Deutsche Gesetze Nr. 20.

wegabzug unterbleibt, soweit nicht verteilte Mittel zur Verfügung stehen, z.B. durch Anrechnung nicht prägenden Einkommens des Berechtigten auf seinen Bedarf.

15.5/6 nicht belegt

15.7 Begrenzung nach § 1578b BGB[1] (nicht belegt)

16. Bedürftigkeit

Eigene Einkünfte des Berechtigten sind auf den Bedarf anzurechnen, wobei das bereinigte Nettoerwerbseinkommen um den Erwerbstätigenbonus zu vermindern ist (vgl. Rechenbeispiel Anhang 2 Nr. 2.1).

17. Erwerbsobliegenheit

17.1 Bei der Betreuung eines Kindes besteht keine Erwerbsobliegenheit vor Vollendung des 3. Lebensjahrs, danach nach den Umständen des Einzelfalls insbesondere unter Berücksichtigung zumutbarer Betreuungsmöglichkeiten für das Kind und der Vereinbarkeit mit der Berufstätigkeit des betreuenden Elternteils, auch unter dem Aspekt des neben der Erwerbstätigkeit anfallenden Betreuungsaufwands.

17.2. In der Regel besteht für den Berechtigten im ersten Jahr nach der Trennung keine Obliegenheit zur Aufnahme oder Ausweitung einer Erwerbstätigkeit.

Weitere Unterhaltsansprüche

18. Ansprüche aus § 1615l BGB[1]

Der Bedarf nach § 1615l BGB bemisst sich nach der Lebensstellung des betreuenden Elternteils. Er beträgt mindestens 1.200 €. Ist die Mutter verheiratet oder geschieden, ergibt sich ihr Bedarf aus den ehelichen Lebensverhältnissen.

19. Elternunterhalt

Beim Bedarf der Eltern sind Leistungen zur Grundsicherung nach §§ 41 ff. SGB XII zu berücksichtigen (vgl. Nr. 2.9).

20. Lebenspartnerschaft

Bei Getrenntleben oder Aufhebung der Lebenspartnerschaft gelten §§ 12, 16 LPartG[2].

Leistungsfähigkeit und Mangelfall

21. Selbstbehalt

21.1 Es ist zu unterscheiden zwischen dem notwendigen (§ 1603 II BGB[1]), dem angemessenen (§ 1603 I BGB) und dem eheangemessenen Selbstbehalt (§§ 1361 I, 1578 I BGB).

[1] **Habersack, Deutsche Gesetze Nr. 20.**
[2] Nr. **43**.

21.2 Für Eltern gegenüber minderjährigen Kindern und diesen nach § 1603 II 2 BGB[1] gleichgestellten Kindern gilt im Allgemeinen der notwendige Selbstbehalt als unterste Grenze der Inanspruchnahme.

Er beträgt

– beim Nichterwerbstätigen 1.200 €

– beim Erwerbstätigen 1.450 €.

Hierin sind Kosten für Unterkunft und Heizung in Höhe von 520 € enthalten.

21.3 Im Übrigen gilt beim Verwandtenunterhalt der angemessene Selbstbehalt.

21.3.1 Er beträgt gegenüber volljährigen Kindern 1.750 €. Hierin sind Kosten für Unterkunft und Heizung in Höhe von 650 € enthalten.

21.3.2 Gegenüber Anspruchsberechtigten nach § 1615l BGB[1] ist der Selbstbehalt in der Regel mit einem Betrag zu bemessen, der zwischen dem angemessenen Selbstbehalt des Volljährigen nach § 1603 I BGB und dem notwendigen Selbstbehalt nach § 1603 II BGB liegt, in der Regel für Erwerbstätige 1.600 € und für Nichterwerbstätige 1.475 €. Darin sind Kosten für Unterkunft und Heizung von 580 € enthalten.

21.3.3 Selbstbehalt gegenüber Eltern

Bei der Bemessung des Selbstbehalts gegenüber Eltern sind Zweck und Rechtsgedanken des Gesetzes zur Entlastung unterhaltspflichtiger Angehöriger in der Sozialhilfe und in der Eingliederungshilfe (Angehörigen-entlastungsgesetz) vom 10. Dezember 2019 (BGBl I S. 2135) zu beachten.

21.3.4 Selbstbehalt gegenüber Enkeln

Gegenüber Enkeln beträgt der Selbstbehalt mindestens 2.650 €. Hierin sind Kosten für Unterkunft und Heizung in Höhe von 1.000 € enthalten. Zusätzlich bleibt die Hälfte des diesen Mindestbetrag übersteigenden, bereinigten Einkommens anrechnungsfrei, bei Vorteilen aus dem Zusammenleben in der Regel 45 % des diesen Mindestbetrag übersteigenden, bereinigten Einkommens.

21.4 Gegenüber Ehegatten gilt grundsätzlich der Ehegattenmindestselbstbehalt (= Eigenbedarf). Er beträgt in der Regel für Erwerbstätige 1.600 € und für Nichterwerbstätige 1.475 €. Hierin sind Kosten für Unterkunft und Heizung in Höhe von 580 € enthalten.

21.5 Anpassung des Selbstbehalts

21.5.1 Beim Verwandtenunterhalt kann der jeweilige Selbstbehalt unterschritten werden, wenn der eigene Unterhalt des Pflichtigen ganz oder teilweise durch seinen Ehegatten gedeckt ist.

21.5.2 Wird konkret eine erhebliche und nach den Umständen nicht vermeidbare Überschreitung der in den einzelnen Selbstbehalten enthaltenen angeführten Wohnkosten dargelegt, erhöht sich der Selbstbehalt. Wird die Wohnung von mehreren Personen genutzt, ist der Wohnkostenanteil des Pflichtigen festzustellen. Bei Erwachsenen geschieht die Aufteilung in der Regel nach Köpfen. Kinder sind vorab mit einem Anteil von 20 % ihres Anspruchs auf Barunterhalt zu berücksichtigen. Besteht für den

[1] **Habersack, Deutsche Gesetze Nr. 20.**

Verpflichteten ein Anspruch auf Wohngeld, ist dieser wohnkostenmindernd zu berücksichtigen (vgl. Nr. 2.3).

21.5.3 Bei Zusammenleben mit einem leistungsfähigen Partner kann der Selbstbehalt wegen ersparter Aufwendungen reduziert werden, wobei die Ersparnis des Unterhaltspflichtigen im Regelfall mit 10 % angesetzt werden kann.

22. Bedarf des mit dem Pflichtigen zusammenlebenden Ehegatten

22.1 Der Mindestbedarf eines mit dem Unterhaltspflichtigen zusammenlebenden Ehegatten gegenüber Unterhaltsansprüchen eines nachrangigen geschiedenen Ehegatten beträgt 1.280 €.

22.2 Mindestbedarf bei Ansprüchen volljähriger Kinder

Der Mindestbedarf eines mit dem Unterhaltspflichtigen zusammenlebenden Ehegatten gegenüber Unterhaltsansprüchen eines nicht privilegierten Kindes beträgt 1.400 €.

22.3 nicht belegt

23. Bedarf des vom Pflichtigen getrenntlebenden oder geschiedenen Ehegatten

23.1 Bedarf bei Ansprüchen des nachrangigen geschiedenen Ehegatten

Der Mindestbedarf eines vom Pflichtigen getrennt lebenden oder geschiedenen Ehegatten gegenüber Unterhaltsansprüchen eines nachrangigen Ehegatten beträgt 1.600 €.

23.2 Bedarf bei Ansprüchen volljähriger Kinder

Der Mindestbedarf eines vom Pflichtigen getrennt lebenden oder geschiedenen Ehegatten gegenüber Unterhaltsansprüchen nicht privilegierter volljähriger Kinder beträgt 1.750 €.

23.3 Bedarf bei Ansprüchen von Eltern oder Enkeln des anderen Ehegatten und von gemeinsamen Enkeln

nicht belegt

24. Mangelfall

24.1 Ein absoluter Mangelfall liegt vor, wenn das Einkommen des Verpflichteten zur Deckung seines notwendigen Selbstbehalts und der gleichrangigen Unterhaltsansprüche der Kinder nicht ausreicht. Zur Feststellung des Mangelfalls entspricht der einzusetzende Bedarf für minderjährige und diesen nach § 1603 II 2 BGB[1)] gleichgestellten Kindern dem Zahlbetrag, der aus der ersten Einkommensgruppe entnommen werden kann.

24.2 In sonstigen Mangelfällen beträgt der Einsatzbetrag für einen gleichrangigen, nicht mit dem Unterhaltspflichtigen zusammenlebenden, Ehegatten 1.200 €. Für vorrangige Ehegatten siehe Nr. 22 und 23.

24.3 Die nach Abzug des Selbstbehalts des Unterhaltspflichtigen verbleibende Verteilungsmasse ist anteilig auf alle gleichrangigen unterhaltsberechtigten

---

[1)] **Habersack, Deutsche Gesetze Nr. 20.**

Kinder bzw. Ehegatten im Verhältnis ihrer Unterhaltsansprüche zu verteilen.

Die prozentuale Kürzung berechnet sich nach der Formel:

K = V : S × 100

K = prozentuale Kürzung

S = Summe der Einsatzbeträge aller Berechtigten

V = Verteilungsmasse (Einkommen des Verpflichteten abzüglich Selbstbehalt)

24.4 Das im Rahmen der Mangelfallberechnung gewonnene Ergebnis ist auf seine Angemessenheit zu überprüfen.

24.5 Rechenbeispiel zum absoluten Mangelfall, vgl. Anhang 2 Nr. 2.2

Sonstiges

25. Rundung

Der Unterhaltsbetrag ist auf volle Euro aufzurunden.

Anhang

1. Düsseldorfer Tabelle 2024

(abgedruckt unter Nr. 47)

2. Zahlbeträge 2024

(abgedruckt unter Nr. 47)

3. Rechenbeispiele

3.1. Additionsmethode

Der Verpflichtete M hat ein bereinigtes Nettoerwerbseinkommen von 2.000 € sowie Zinseinkünfte von 300 €. Seine Ehefrau F hat ein bereinigtes Nettoerwerbseinkommen von 1.000 €. Anspruch der F?

Bedarf: ½ (9/10 * 2.000 € + 300 € + 9/10 * 1.000 €) = 1.500 €

Höhe: 1.500 € – 9/10 * 1.000 € = 600 €

3.2. Absoluter Mangelfall

Der unterhaltspflichtige Vater V hat ein bereinigtes Nettoeinkommen von 2.100 €. Unterhaltsberechtigt sind ein 18-jähriges Kind K1, das bei der Mutter M lebt und aufs Gymnasium geht, und die beiden minderjährigen Kinder K2 (14 Jahre) und K3 (10 Jahre), die von der Mutter betreut werden. Das Kindergeld von 750 € wird an die Mutter ausbezahlt, deren sonstiges Einkommen unter 1.450 € liegt.

Unterhaltsberechnung gemäß Nr. 23.1:

Mangels Leistungsfähigkeit der Mutter alleinige Barunterhaltspflicht von V für alle Kinder.

Bedarf K1: 689 € (DüssTab Gruppe 1, 4. Altersstufe) – 250 € Kindergeld ergibt einen ungedeckten Bedarf = Einsatzbetrag von 439 €

Bedarf K2: 645 € (DüssTab Gruppe 1, 3. Altersstufe) – 125 € 1/2 Kindergeld ergibt einen ungedeckten Bedarf = Einsatzbetrag von 520 €

Bedarf K3: 551 € (DüssTab Gruppe 1, 2. Altersstufe) – 125 € 1/2 Kindergeld ergibt einen ungedeckten Bedarf = Einsatzbetrag von 426 €

Summe der Einsatzbeträge: 439 € + 520 € + 426 € = 1.385 €
Verteilungsmasse:
Einkommen 2.100 € – Selbstbehalt 1.450 € = 650 €
Prozentuale Kürzung:
650/1.385 * 100 = 46,93 %
Berechnung der gekürzten Unterhaltsansprüche:
K1: 439 € * 46,93 % = 206 €; zum Leben verfügbar also 206 € + 250 € = 456 €;
K2: 520 € * 46,93 % = 244 €; zum Leben verfügbar also 244 € + 125 € = 369 €;
K3: 426 € * 46,93 % = 200 €; zum Leben verfügbar also 200 € + 125 € = 325 €.

4. Zusammenstellung der Bedarfssätze und Selbstbehalte

Bedarfssätze	
I. Regelbedarf eines volljährigen Kindes, das nicht im Haushalt eines Elternteils lebt (Nr. 13.1.2)	930
II. Mindestbedarf eines Ehegatten (Nr. 15.1), eines aus § 1615l BGB[1] Berechtigten (Nr. 18) und anderer Unterhaltsbedürftiger, die nicht Kinder oder (geschiedene) Ehegatten sind	1.200
Selbstbehalte	
III. Monatlicher Selbstbehalt gegenüber minderjährigen und ihnen gleichgestellten (§ 1603 Abs. 2 BGB) Kindern (Nr. 21.2)	
a. des erwerbstätigen Unterhaltsverpflichteten	1.450
b. des nichterwerbstätigen Unterhaltsverpflichteten	1.200
IV. Monatlicher Selbstbehalt gegenüber anderen Kindern (Nr. 21.3.1)	1.750
V. Monatlicher Selbstbehalt gegenüber Ehegatten (Nr. 21.4) und Ansprüchen nach § 1615l BGB (Nr. 21.3.2)	
a. des erwerbstätigen Unterhaltsverpflichteten	1.600
b. des nichterwerbstätigen Unterhaltsverpflichteten	1.475
VI. Mindestbedarf des mit dem Pflichtigen zusammenlebenden Ehegatten	
a. gegenüber nachrangigen (geschiedenen) Ehegatten (Nr. 22.1)	1.280
b. gegenüber nicht unter § 1603 Abs. 2 BGB fallenden Kindern (Nr. 22.2)	1.400

[1] **Habersack, Deutsche Gesetze Nr. 20.**

47c. Kammergericht Berlin – Unterhaltsrechtliche Leitlinien der Familiensenate[1)]

(Stand: 1. Januar 2024)

Das Kammergericht verwendet diese Leitlinien als Orientierungshilfe für den Regelfall unter Beachtung der Rechtsprechung des Bundesgerichtshofs, wobei die Angemessenheit des Ergebnisses in jedem Fall zu überprüfen ist. Sie entsprechen im Aufbau den Leitlinien anderer Oberlandesgerichte, inhaltlich ergibt sich nicht in allen Punkten eine Übereinstimmung.

Unterhaltsrechtlich maßgebendes Einkommen

Bei der Ermittlung und Zurechnung von Einkommen ist stets zu unterscheiden, ob es um Verwandten- oder Ehegattenunterhalt sowie ob es um Bedarfsbemessung einerseits oder Feststellung der Bedürftigkeit/Leistungsfähigkeit andererseits geht. Das unterhaltsrechtliche Einkommen ist nicht immer identisch mit dem steuerrechtlichen Einkommen.

1. Geldeinnahmen

1.1 Regelmäßiges Bruttoeinkommen einschließlich Renten und Pensionen

Auszugehen ist vom Bruttoeinkommen als Summe aller Einkünfte.

1.2 Unregelmäßige Einkommen

1.2.1 Nicht monatlich anfallende Leistungen

Soweit Leistungen nicht monatlich anfallen (z.B. Weihnachts- und Urlaubsgeld, Tantiemen, Jubiläumszuwendungen), werden sie auf ein Jahr umgelegt.

1.2.2 Abfindungen

Abfindungen dienen dem Ersatz des fortgefallenen Arbeitsverdienstes. Sie sind deshalb in angemessenem Umfang, in der Regel mit dem Differenzbetrag zwischen dem bisherigen Arbeitsverdienst und den tatsächlichen Einkünften (Arbeitslosengeld, neue Erwerbseinkünfte) in Ansatz zu bringen, bis sie verbraucht sind.

1.3 Überstunden

Überstundenvergütungen werden dem Einkommen voll zugerechnet, soweit sie berufstypisch sind und das in diesem Beruf übliche Maß nicht überschreiten.

1.4 Spesen und Auslösungen

Ersatz für Spesen und Reisekosten sowie Auslösungen gelten in der Regel als Einkommen. Damit zusammenhängende Aufwendungen, vermindert um häusliche Ersparnis, sind jedoch abzuziehen. Bei Aufwendungspauschalen (außer Kilometergeld) kann 1/3 als Einkommen angesetzt werden.

---

1) In der jeweils aktuellen Fassung kostenlos abrufbar unter www.berlin.de.

1.5 Einkommen aus selbständiger Tätigkeit

Bei Ermittlung des Einkommens eines Selbständigen ist in der Regel der Gewinn der letzten drei Jahre zugrunde zu legen. Für die Vergangenheit sind im Regelfall die in dem jeweiligen Kalenderjahr erzielten Einkünfte maßgebend.

1.6 Einkommen aus Vermietung und Verpachtung sowie Kapitalvermögen

Einkommen aus Vermietung und Verpachtung sowie aus Kapitalvermögen ist der Überschuss der Bruttoeinkünfte über die Werbungskosten. Für Gebäude ist keine AfA anzusetzen.

1.7 Steuererstattungen

Steuerrückzahlungen werden in der Regel auf das Jahr der Leistung umgelegt und mit den Nettobeträgen angerechnet. Eine Fortschreibung für die Zukunft setzt voraus, dass mit ihnen weiter zu rechnen ist.

1.8 Sonstige Einnahmen

Zu den Erwerbseinkünften gehören auch in vollem Umfang Trinkgelder, deren Höhe gegebenenfalls nach den Umständen zu schätzen ist.

2. Sozialleistungen

2.1 Einkommensersatzleistungen

Sozialleistungen mit Einkommensersatzfunktion (z.B. Entgeltersatzleistungen im Sinne von §§ 115–118 SGB III, Krankengeld, Krankenhaustagegeld, Mutterschaftsgeld) sowie Arbeitslosengeld (§§ 136 ff. SGB III) sind Einkommen.

2.2 Leistungen nach dem SGB II

Beim Verpflichteten sind Leistungen nach §§ 19–32 SGB II sowie die Freibeträge nach § 11b Abs. 3 SGB II Einkommen.

Beim Berechtigten sind nicht subsidiäre Leistungen nach dem SGB II, insbesondere das Einstiegsgeld nach § 16b SGB II und Entschädigungen für Mehraufwendungen nach § 16d Abs. 7 SGB II („Ein-Euro-Job") als Einkommen zu berücksichtigen, soweit diese Zahlungen nicht durch einen tatsächlich vorhandenen Mehraufwand verbraucht werden. Die übrigen Leistungen nach dem SGB II sind grundsätzlich kein Einkommen, es sei denn, der Anspruch kann nach § 33 Abs. 2 SGB II nicht übergehen oder die Nichtberücksichtigung der Leistung ist treuwidrig. Letzteres kommt in Betracht, wenn zum Zeitpunkt der letzten mündlichen Verhandlung der übergegangene Anspruch nicht mehr geltend gemacht werden kann (§ 33 Abs. 3 SGB II).

2.3 Wohngeld

Wohngeld gleicht in der Regel erhöhten Wohnbedarf aus und ist deshalb nicht als Einkommen zu behandeln.

2.4 BAföG

BAföG-Leistungen sind, soweit nicht ihretwegen der Unterhaltsanspruch übergegangen ist, als Einkommen anzusehen; Darlehen jedoch nur, wenn sie unverzinslich gewährt werden.

2.5 Erziehungsgeld/Elterngeld

Elterngeld ist Einkommen, soweit es über den Sockelbetrag von 300 € bzw. 150 € bei verlängertem Bezug hinausgeht. Der Sockelbetrag sowie Erziehungsgeld sind nur dann Einkommen, wenn ein Ausnahmefall nach § 11 BEEG[1] vorliegt.

2.6./2.7. Unfall- und Versorgungsrenten, Leistungen aus der Pflegeversicherung, Blindengeld u.ä.

Unfall- und Versorgungsrenten, Leistungen aus der Pflegeversicherung, Blindengeld, Schwerbeschädigten- und Pflegezulagen stellen nach Abzug eines Betrags für tatsächliche Mehraufwendungen Einkommen dar. §§ 1578a, 1610a BGB[2] sind zu beachten.

2.8 Pflegegeld

Der Anteil des Pflegegelds bei der Pflegeperson, durch den ihre Bemühungen abgegolten werden, stellt Einkommen dar. Bei Pflegegeld aus der Pflegeversicherung gilt dies nach Maßgabe des § 13 Abs. 6 SGB XI.

2.9 Leistungen der Grundsicherung

Leistungen der Grundsicherung im Alter und bei Erwerbsminderung nach §§ 41 ff. SGB XII sind im Unterhaltsrechtsverhältnis zwischen Verwandten Einkommen, nicht aber im Unterhaltsrechtsverhältnis zwischen Ehegatten.

2.10/2.11 Sozialhilfe und Unterhaltsvorschuss

Kein Einkommen sind sonstige Sozialhilfe nach SGB XII und Leistungen nach dem UVG[3]. Die Unterhaltsforderung eines Empfängers dieser Leistungen kann in Ausnahmefällen treuwidrig sein (BGH FamRZ 1999, 843; BGH FamRZ 2001, 619).

3. Kindergeld

Kindergeld wird nicht zum Einkommen gerechnet (vgl. Nr. 14).

4. Geldwerte Zuwendungen des Arbeitgebers

Geldwerte Zuwendungen aller Art des Arbeitgebers, z.B. Firmenwagen oder freie Kost und Logis, sind Einkommen, soweit sie entsprechende Eigenaufwendungen ersparen.

5. Wohnwert

Der Wohnvorteil durch mietfreies Wohnen im eigenen Heim ist als wirtschaftliche Nutzung des Vermögens unterhaltsrechtlich wie Einkommen zu behandeln. Neben dem Wohnwert sind auch Zahlungen nach dem Eigenheimzulagengesetz anzusetzen.

Während der Trennungszeit bis zur endgültigen Vermögensauseinandersetzung oder bis zum endgültigen Scheitern der Ehe – also in der Regel bis zur Rechtshängigkeit des Scheidungsantrages – ist der Vorteil mietfreien Wohnens nur in dem Umfang zu berücksichtigen, wie er sich als angemessene Wohnungsnutzung durch den in der Ehewohnung verblie-

---

[1] Nr. **45e**.
[2] **Habersack, Deutsche Gesetze Nr. 20.**
[3] Nr. **45d**.

benen Ehegatten darstellt. Dabei ist auf den Mietzins abzustellen, den er auf dem örtlichen Wohnungsmarkt für eine dem ehelichen Lebensstandard entsprechende kleinere Wohnung zahlen müsste. Ein Wohnvorteil liegt vor, soweit dieser Wohnwert die Belastungen übersteigt, die durch allgemeine Grundstückskosten und -lasten, Zins- und Tilgungsleistungen und die verbrauchsunabhängigen Kosten, mit denen ein Mieter üblicherweise nicht belastet wird, entstehen.

Nach diesem Zeitpunkt ist der objektive Mietwert maßgeblich. Bei einem selbstgenutzten Eigenheim ist auf die unterhaltsrechtlich angemessene Miete abzustellen; es besteht aber eine Obliegenheit zur wirtschaftlichen Nutzung des Eigentums.

Bei den gegenzurechnenden Kosten sind neben den Zinsen die Tilgungsleistungen bis zur Höhe des Wohnvorteils zu berücksichtigen, ohne dass dadurch die Befugnis geschmälert würde, Vorsorgeaufwendungen nach Nr. 10.1.2 geltend zu machen (BGH FamRZ 2022, 781 Rz. 13 ff.; BGH FamRZ 2018, 1506 Rz. 31; BGH FamRZ 2017, 519 Rz. 33 f.).

Zins- und Tilgungsleistungen auf den Kredit zur Finanzierung einer selbstgenutzten Immobilie können grundsätzlich auch beim Kindesunterhalt bis zur Höhe des Wohnvorteils berücksichtigt werden. Dabei gilt im Rahmen von § 1603 Abs. 1 BGB[1)] ein großzügigerer, im Anwendungsbereich von § 1603 Abs. 2 BGB ein strengerer Maßstab für eine Berücksichtigung. Sobald der Mindestunterhalt eines minderjährigen Kindes gefährdet ist, kann eine Obliegenheit zur Tilgungsstreckung bestehen (BGH FamRZ 2022, 781 Rz. 13 ff., 20).

6. Haushaltsführung

Führt jemand einem leistungsfähigen Dritten den Haushalt, so ist hierfür ein Einkommen anzusetzen; bei Haushaltsführung durch einen Nichterwerbstätigen geschieht das in der Regel mit einem Betrag von 200 – 550 €.

7. Einkommen aus unzumutbarer Erwerbstätigkeit

Einkommen aus unzumutbarer Erwerbstätigkeit kann nach Billigkeit ganz oder teilweise unberücksichtigt bleiben.

8. Freiwillige Zuwendungen Dritter

Freiwillige Zuwendungen (z.B. Geldleistungen, kostenloses Wohnen) Dritter sind als Einkommen anzusehen, wenn dies ihrer Zielrichtung entspricht.

9. Erwerbsobliegenheit und Einkommensfiktion

Inwieweit aufgrund einer Erwerbsobliegenheit erzielbare Einkünfte als Einkommen gelten, richtet sich nach den Umständen des Einzelfalles. Dies gilt auch für erzielbare Einkünfte aus Nutzung von Vermögen.

[1)] **Habersack, Deutsche Gesetze Nr. 20.**

10. Bereinigung des Einkommens

10.1 Steuern und Vorsorgeaufwendungen

10.1.1 Steuern

Vom Bruttoeinkommen sind die tatsächlichen Steuern abzuziehen. Den Unterhaltsschuldner trifft eine Obliegenheit zur Geltendmachung des Realsplittings; dies jedoch nur insoweit, als er den Unterhaltsanspruch anerkannt hat, dieser rechtskräftig feststeht oder soweit er den Unterhaltsanspruch freiwillig erfüllt.

Der Splittingvorteil des Unterhaltsschuldners ist beim Verwandtenunterhalt stets zu berücksichtigen, beim Ehegattenunterhalt nur dann, wenn der Vorteil aus der Ehe mit dem Unterhaltsberechtigten resultiert oder der Unterhaltsanspruch des Unterhaltsberechtigten unter Berücksichtigung eines weiteren unterhaltsberechtigten Ehegatten zu berechnen ist.

10.1.2 Vorsorgeaufwendungen

Zu den abzuziehenden Vorsorgeaufwendungen zählen die Aufwendungen für die gesetzliche Kranken- und Pflegeversicherung, Rentenversicherung und Arbeitslosenversicherung und/oder die entsprechende private Kranken- und Altersvorsorge. Soweit tatsächlich darüber hinaus Aufwendungen zur Altersvorsorge erbracht werden, sind diese in Höhe eines Betrages von 4 % (bei Unterhaltspflicht gegenüber Eltern von 5 %) des Gesamtbruttoeinkommens des Vorjahres als angemessene zusätzliche Altersversorgung auch bei einer Versicherungspflicht in der gesetzlichen Rentenversicherung zu berücksichtigen.

10.2 Berufsbedingte Aufwendungen

Berufsbedingte Kosten (Werbungskosten) sind abzusetzen.

10.2.1 Pauschale/konkrete Aufwendungen

Bei Einkünften aus nichtselbständiger Tätigkeit sind berufsbedingte Aufwendungen vom Einkommen abzuziehen, wobei ohne Nachweis eine Pauschale von 5 % – mindestens 50 €, bei geringfügiger Teilzeitarbeit auch weniger, und höchstens 150 € monatlich – des Nettoeinkommens geschätzt werden kann.

Übersteigen die berufsbedingten Aufwendungen diese Pauschale, so sind sie im Einzelnen darzulegen. Bei beschränkter Leistungsfähigkeit kann im Einzelfall mit konkreten Kosten gerechnet werden.

10.2.2 Fahrtkosten

Bei Unzumutbarkeit der Nutzung öffentlicher Verkehrsmittel können notwendige Kosten der berufsbedingten Nutzung eines Kraftfahrzeuges mit 0,42 € für jeden gefahrenen Kilometer (§ 5 Abs. 2 Nr. 2 JVEG[1]) angesetzt werden. Damit sind in der Regel Anschaffungskosten erfasst. Bei langen Fahrtstrecken (ab ca. 30 km einfach) kann nach unten abgewichen werden. Es ist auf ein angemessenes Verhältnis zwischen Unterhaltszahlbetrag und Fahrtkostenansatz zu achten.

10.2.3 Ausbildungsaufwand

Minderjährigen Kindern entstehender Ausbildungsaufwand ist auf Nachweis zu berücksichtigen.

---

[1] **Habersack, Deutsche Gesetze Nr. 116.**

10.3 (nicht besetzt)

10.4 Schulden

Berücksichtigungswürdige Schulden (Zins und Tilgung) sind bei tatsächlicher Zahlung im Rahmen eines vernünftigen Tilgungsplanes in angemessenen Raten abzuziehen.

Bei der Bedarfsermittlung für den Ehegattenunterhalt sind grundsätzlich nur eheprägende Verbindlichkeiten abzusetzen.

Beim Verwandtenunterhalt sowie bei Leistungsfähigkeit/Bedürftigkeit für den Ehegattenunterhalt erfolgt eine Abwägung nach den Umständen des Einzelfalls. Bei der Zumutbarkeitsabwägung sind Interessen des Unterhaltsschuldners, des Drittgläubigers und des Unterhaltsgläubigers, vor allem minderjähriger Kinder, mit zu berücksichtigen. Bei eingeschränkter Leistungsfähigkeit gegenüber minderjährigen und diesen gleichgestellten Kindern kann die Obliegenheit bestehen, ein Verbraucherinsolvenzverfahren einzuleiten.

10.5 (nicht besetzt)

10.6 Vermögensbildung

Vermögensbildende Aufwendungen sind im angemessenen Rahmen abzugsfähig.

10.7 Umgangskosten

(nicht besetzt)

10.8 Krankheitsbedingte Mehraufwendungen

Krankheitsbedingte Mehraufwendungen sind abzusetzen. Als Schätzungsmaßstab für Mehraufwendungen medizinisch indizierter Diäten kann § 30 Abs. 5 SGB XII herangezogen werden.

Kindesunterhalt

11. Bemessungsgrundlage

Der Barunterhalt minderjähriger und noch im elterlichen Haushalt lebender volljähriger unverheirateter Kinder bestimmt sich nach den Sätzen der Düsseldorfer Tabelle[1] (vgl. Anhang I).

11.1 Kranken- und Pflegeversicherungsbeiträge

Die Bedarfssätze der Düsseldorfer Tabelle[1] gehen davon aus, dass das Kind ohne zusätzliche Aufwendungen krankenversichert ist. Besteht für das Kind eine freiwillige Krankenversicherung, so sind die hierfür erforderlichen Beträge vom Unterhaltsverpflichteten zusätzlich zu zahlen, zur Ermittlung des Tabellenunterhalts jedoch vom Einkommen des Pflichtigen abzusetzen.

Die Teilnahme an Sport- und Bildungsprogrammen in einem Umfang, wie er auch für Kinder vorgesehen ist, die Leistungen nach dem SGB II beziehen, ist ebenso wie die schulische Ausstattung in den Bedarfssätzen enthalten.

---

[1] Nr. 47.

11.2 Eingruppierung

Die Sätze der Düsseldorfer Tabelle[1)] sind auf den Fall zugeschnitten, dass der Unterhaltspflichtige zwei Unterhaltsberechtigten Unterhalt zu gewähren hat. Bei einer größeren/geringeren Anzahl Unterhaltsberechtigter können Ab- oder Zuschläge durch Einstufung in niedrigere/höhere Gruppen angemessen sein.

In den obersten Tabellengruppen kann im Einzelfall eine Bedarfsbegrenzung aus kindgerechten Gründen in Betracht kommen.

12. Minderjährige Kinder

12.1 Betreuungs-/Barunterhalt

Der Elternteil, der in seinem Haushalt ein minderjähriges Kind versorgt, braucht für dieses neben dem anderen Elternteil in der Regel keinen Barunterhalt zu leisten, weil der Betreuungsunterhalt im Sinne von § 1606 Abs. 3 Satz 2 BGB[2)] wertmäßig dem vollen Barunterhalt entspricht. Etwas anderes kann sich ergeben, wenn sein Einkommen bedeutend höher als das des anderen Elternteils ist. In diesem Fall kann der Barunterhalt des anderen Elternteils angemessen gekürzt werden.

12.2 Einkommen des Kindes

Eigenes Einkommen des Kindes mindert grundsätzlich seinen Anspruch und wird bei beiden Eltern hälftig angerechnet.

12.3 Beiderseitige Barunterhaltspflicht/Haftungsanteil

Sind bei auswärtiger Unterbringung des Kindes beide Eltern zum Barunterhalt verpflichtet, haften sie anteilig nach § 1606 Abs. 3 Satz 1 BGB[2)] für den Gesamtbedarf (vgl. Nr. 13.3). Der Verteilungsschlüssel kann unter Berücksichtigung des Betreuungsaufwandes wertend verändert werden.

12.4 Zusatzbedarf

Bei Zusatzbedarf (Prozess-/Verfahrenskostenvorschuss, Mehrbedarf, Sonderbedarf) gilt die beiderseitige Barunterhaltspflicht nach § 1606 Abs. 3 Satz 1 BGB[2)]. Vom jeweiligen Einkommen der Eltern ist vorab der angemessene Selbstbehalt abzusetzen (vgl. Nr. 21.3.1 und BGH FamRZ 2009, 962).

13. Volljährige Kinder

13.1 Bedarf

13.1.1 Kinder im Haushalt eines Elternteils

Der Bedarf volljähriger unverheirateter Kinder ist, solange sie im Haushalt der Eltern oder eines Elternteils leben, der 4. Altersstufe derDüsseldorfer Tabelle[1)] zu entnehmen. Die maßgebende Einkommensgruppe ergibt sich, wenn beide Eltern leistungsfähig sind, aus den zusammengerechneten Einkünften der Eltern ohne Erhöhung nach Nr. 11.2. Die Haftungsquote bemisst sich grundsätzlich nach Nr. 13.3. Ein Elternteil hat jedoch höchstens den Unterhalt zu leisten, der sich allein – ggf. unter Berücksichtigung von Nr. 11.2 – nach seinem Einkommen ergibt.

---

1) Nr. **47**.
2) **Habersack, Deutsche Gesetze Nr. 20.**

13.1.2 Andere volljährige Kinder

Der Regelbedarf – einschließlich des Wohnbedarfs und üblicher berufs- bzw. ausbildungsbedingter Aufwendungen – eines nicht unter Nr. 13.1.1 fallenden Kindes beträgt 930 € monatlich. In diesem Betrag sind Beiträge zur Kranken- und Pflegeversicherung sowie Studiengebühren nicht enthalten.

Dieser Regelbedarf kann in geeigneten Fällen, insbesondere bei guten Einkommensverhältnissen der Eltern, angemessen erhöht werden. Eine solche Erhöhung kommt unter besonderer Berücksichtigung des Einzelfalles in Betracht, wenn das gemeinsame Nettoeinkommen der Eltern 5.500 € monatlich übersteigt.

13.2 Einkommen des Kindes

Einkünfte des Kindes sind auf seinen Bedarf anzurechnen. Die Ausbildungsvergütung eines volljährigen Kindes ist auf den Bedarf voll anzurechnen, weil der Bedarf nach Nr. 13.1.2 die ausbildungsbedingten Aufwendungen umfasst.

13.3 Beiderseitige Barunterhaltspflicht/Haftungsanteil

Die Haftungsquote von Eltern, die beide für ein Kind barunterhaltspflichtig sind, bemisst sich nach dem Verhältnis ihrer anrechenbaren Einkünfte abzüglich des angemessenen Selbstbehalts (vgl. Nr. 21.3.1) und abzüglich der Unterhaltsleistungen und tatsächlichen Aufwendungen für vorrangig Berechtigte. Bei Eingreifen der gesteigerten Unterhaltspflicht nach § 1603 Abs. 2 BGB[1)] ist lediglich der notwendige Selbstbehalt (vgl. Nr. 21.2) abzuziehen (BGH FamRZ 2017, 437).

14. Verrechnung des Kindergeldes

Kindergeld wird nach § 1612b BGB[1)] auf den Bedarf des Kindes angerechnet.

Ehegattenunterhalt

15. Unterhaltsbedarf

15.1 Bedarf nach den ehelichen Lebensverhältnissen

Der Bedarf der Ehegatten richtet sich nach ihren Einkommens- und Vermögensverhältnissen im Unterhaltszeitraum, soweit diese als die ehelichen Lebensverhältnisse prägend anzusehen sind. Nacheheliche Entwicklungen wirken sich auf die Bedarfsbemessung nach den ehelichen Lebensverhältnissen aus, wenn sie auch bei fortbestehender Ehe eingetreten wären oder in anderer Weise in der Ehe angelegt und mit hoher Wahrscheinlichkeit zu erwarten waren.

Eine Einkommensreduzierung ist dann unbeachtlich, wenn sie auf einem unterhaltsrechtlich vorwerfbaren Verhalten beruht. Unerwartete, nicht in der Ehe angelegte Steigerungen des Einkommens des Verpflichteten (insbesondere aufgrund eines Karrieresprungs) oder auf Wiederverheiratung beruhende Steuervorteile bleiben unberücksichtigt, es sei denn, sie dienen

---

1) **Habersack, Deutsche Gesetze Nr. 20.**

zum Ausgleich des hinzugetretenen Bedarfs weiterer Unterhaltsberechtigter.

Es ist von einem Mindestbedarf auszugehen, der 1.200 € beträgt (vgl. Nr. 21.2).

15.2 Halbteilung und Erwerbstätigenbonus

Für den Bedarf ist maßgebend, dass Ehegatten während des Zusammenlebens gleichen Anteil an dem Lebensstandard haben. Diesem Grundsatz widerspricht es nicht, zugunsten des erwerbstätigen Ehegatten von einer strikt hälftigen Teilung in maßvoller Weise abzuweichen, um einen Anreiz zur Erwerbstätigkeit zu erhalten.

Der Bedarf beträgt daher grundsätzlich die Hälfte der den ehelichen Lebensverhältnissen zuzurechnenden Einkünfte und geldwerten Vorteile. Soweit die Einkünfte aus Erwerbseinkommen herrühren, ist dem erwerbstätigen Ehegatten ein pauschalierter Betrag dieses Einkommens als Anreiz zu belassen. Dieser beträgt 1/10 seines bereinigten Erwerbseinkommens. Leistet ein Ehegatte auch Unterhalt für ein Kind, so wird sein Erwerbseinkommen vor Ermittlung des Erwerbstätigenbonus um den diesem entsprechenden Unterhalt (Zahlbetrag) bereinigt.

15.3 Konkrete Bedarfsbemessung

Der eheangemessene Unterhaltsbedarf kann bis zum höchsten, in der Düsseldorfer Tabelle[1] ausgewiesenem Einkommensbetrag als Quotenunterhalt geltend gemacht werden (BGH FamRZ 2021, 1965 Rz. 20; BGH FamRZ 2021, 28 Rz. 19; BGH FamRZ 2020, 21 Rz. 26 ff.). Im Übrigen kommt eine konkrete Bedarfsberechnung in Betracht (BGH FamRZ 2021, 1965 Rz. 21).

15.4 Vorsorgebedarf/Zusatz- und Sonderbedarf

Werden Altervorsorge-, Kranken- und Pflegeversicherungskosten vom Berechtigten gesondert geltend gemacht oder vom Verpflichteten bezahlt, sind diese von dem Einkommen des Pflichtigen vorweg abzuziehen.

15.5 Bedarf bei mehreren Ehegatten und Berechtigten nach § 1615l BGB[2]

(nicht besetzt)

15.6 Trennungsbedingter Mehrbedarf

(nicht besetzt)

15.7 Begrenzung nach § 1578b BGB[2]

(nicht besetzt)

16. Bedürftigkeit

Eigene Einkünfte des Berechtigten sind auf den Bedarf anzurechnen, wobei das bereinigte Nettoerwerbseinkommen um den Erwerbstätigenbonus zu vermindern ist.

Inwieweit der Vermögensstamm zur Deckung des laufenden Unterhalts einzusetzen ist, hängt von den Umständen des Einzelfalles ab.

---

[1] Nr. 47.
[2] **Habersack, Deutsche Gesetze Nr. 20.**

17. Erwerbsobliegenheit

17.1 Bei Kinderbetreuung

Betreut ein Ehegatte ein minderjähriges Kind, so kann von ihm bis zur Vollendung des dritten Lebensjahres des Kindes eine Erwerbstätigkeit nicht erwartet werden. Inwieweit den betreuenden Elternteil ab der Vollendung des dritten Lebensjahrs des Kindes eine Erwerbsobliegenheit trifft, bestimmt sich nach den Umständen des Einzelfalles. Hierbei können beispielsweise eine Rolle spielen:

Kindbezogene Gründe:

- Anzahl und Alter des bzw. der zu betreuenden Kinder;
- individuelle Besonderheiten oder Veranlagungen des Kindes;
- konkrete örtliche Betreuungssituation: Kapazität, Verfügbarkeit, Qualität und Verlässlichkeit der Betreuungseinrichtung; Zumutbarkeit der Betreuungseinrichtung für das Kind;
- bislang praktiziertes Betreuungsmodell;
- Gewährung angemessener, mit dem Kindeswohl im Einklang stehender Übergangsfristen bzw. abgestufter Übergänge bei Veränderungen in der Betreuungssituation.

Elternbezogene Gründe:

- bislang praktizierte Rollen- und Aufgabenverteilung in Bezug auf die Kinderbetreuung unter Berücksichtigung auch der Dauer der Ehe bzw. Partnerschaft der Eltern;
- einvernehmlich getroffene Absprachen und gemeinsame Vorstellungen hinsichtlich der Kinderbetreuung unter Berücksichtigung der infolge der Trennung notwendig gewordenen Veränderungen;
- Vermeidung überobligatorischer Belastungen durch eine Erwerbstätigkeit neben der Kinderbetreuung;
- finanzielle Zumutbarkeit der Betreuungseinrichtung;
- Gewährung angemessener Übergangsphasen bei einem Wechsel des Betreuungsmodells unter Berücksichtigung des Vertrauens in dessen Fortbestand.

Die Darlegungs- und Beweislast für die Umstände, die einer vollen oder teilweisen Erwerbsobliegenheit ab Vollendung des dritten Lebensjahres des Kindes entgegenstehen, trifft den betreuenden Ehegatten. Dies gilt auch, wenn ein Titel über den Basisunterhalt nach § 1570 Abs. 1 Satz 1 BGB[1)] abgeändert werden soll.

Der Betreuungsunterhalt nach § 1570 BGB ist nicht nach § 1578b BGB zu befristen.

17.2 Bei Trennungsunterhalt

Inwieweit in der Trennungszeit eine Erwerbsobliegenheit besteht, richtet sich nach allen Umständen des Einzelfalles.

[1)] **Habersack, Deutsche Gesetze Nr. 20.**

Weitere Unterhaltsansprüche

18. Ansprüche nach § 1615l BGB[1]

Der Bedarf nach § 1615l BGB bemisst sich nach der Lebensstellung des betreuenden Elternteils. Er beträgt mindestens 1.200 € (vgl. Nr. 21.2). Ist die Mutter verheiratet oder geschieden, ergibt sich ihr Bedarf aus den ehelichen Lebensverhältnissen.
Bezüglich der Erwerbsobliegenheit und der Dauer des Anspruchs gilt Nr. 17.1. entsprechend.

19. Elternunterhalt

Beim Bedarf der Eltern sind Leistungen zur Grundsicherung im Alter und bei Erwerbsminderung nach §§ 41 ff. SGB XII zu berücksichtigen (vgl. Nr. 2.9).

20. Lebenspartnerschaft

Unterhaltsansprüche nach dem Lebenspartnerschaftsgesetz sind nicht Gegenstand der Leitlinien.

Leistungsfähigkeit und Mangelfall

21. Selbstbehalt

21.1 Grundsatz

Der Eigenbedarf (Selbstbehalt) ist dem Unterhaltspflichtigen zu belassen. Es ist zu unterscheiden zwischen dem notwendigen (§ 1603 Abs. 2 BGB[1]), dem angemessenen (§ 1603 Abs. 1 BGB) und dem eheangemessenen Selbstbehalt (§§ 1361 Abs. 1, 1578 Abs. 1 BGB).

21.2 Notwendiger Selbstbehalt

Der notwendige Selbstbehalt gilt in allen Fällen der Inanspruchnahme als unterste Grenze. Für Eltern gegenüber minderjährigen Kindern und volljährigen, unverheirateten Kindern bis zur Vollendung des 21. Lebensjahres, die im Haushalt der Eltern oder eines Elternteils leben und sich in der allgemeinen Schulausbildung befinden, gilt im Allgemeinen der notwendige Selbstbehalt. Er beträgt

– beim Erwerbstätigen 1.450 €,
– beim Nichterwerbstätigen 1.200 €.

21.3 Angemessener Selbstbehalt

Im Übrigen gilt der angemessene Selbstbehalt.

21.3.1 gegenüber volljährigen Kindern

Er beträgt gegenüber volljährigen, nicht nach § 1603 Abs. 2 BGB[1] privilegierten Kindern 1.750 €.

21.3.2 gegenüber Ansprüchen nach § 1615l BGB[1]

Gegenüber Anspruchsberechtigten nach § 1615l BGB ist der Selbstbehalt in der Regel mit einem Betrag zu bemessen, der zwischen dem angemes-

---

[1] **Habersack, Deutsche Gesetze Nr. 20.**

senen Selbstbehalt des Volljährigen nach § 1603 Abs. 1 BGB und dem notwendigen Selbstbehalt nach § 1603 Abs. 2 BGB liegt. Er beträgt in der Regel

– beim Erwerbstätigen 1.600 €,
– beim Nichterwerbstätigen 1.475 €.

21.3.3 Elternunterhalt

Dem Unterhaltspflichtigen ist der angemessene Eigenbedarf zu belassen. Dessen Bemessung orientiert sich am Zweck und dem Rechtsgedanken des Angehörigen-Entlastungsgesetzes vom 10. Dezember 2019 (BGBl. I, 2135).

21.4 Eheangemessener Selbstbehalt

Gegenüber getrenntlebenden und geschiedenen Ehegatten beträgt der angemessene Eigenbedarf im Regelfall

– beim Erwerbstätigen 1.600 €,
– beim Nichterwerbstätigen 1.475 €.

21.5 Anpassung des Selbstbehalts

Lebt der Unterhaltspflichtige mit einem leistungsfähigen Partner in Haushaltsgemeinschaft, kommt eine Haushaltsersparnis von in der Regel 10 % in Betracht.

22. Bedarf des mit dem Pflichtigen zusammenlebenden Ehegatten

22.1 Gegenüber nachrangigen (geschiedenen) Ehegatten

Ist bei Unterhaltsansprüchen nachrangiger (geschiedener) Ehegatten der Unterhaltspflichtige verheiratet, werden für den mit ihm zusammenlebenden Ehegatten 1.280 € angesetzt.

22.2 Mindestbedarf bei Ansprüchen volljähriger Kinder

Ist bei Unterhaltsansprüchen volljähriger nicht privilegierter Kinder der Unterhaltspflichtige verheiratet, werden für den mit ihm zusammenlebenden Ehegatten 1.400 € angesetzt.

22.3 Mindestbedarf bei Ansprüchen von Eltern

Vgl. Nr. 21.3.3.

23. Bedarf des vom Pflichtigen getrenntlebenden oder geschiedenen Ehegatten

23.1 Gegenüber nachrangigen (geschiedenen) Ehegatten

Lebt der Unterhaltspflichtige von seinem Ehegatten getrennt oder ist geschieden, werden für diesen gegenüber Unterhaltsansprüchen nachrangiger (geschiedener) Ehegatten des Unterhaltspflichtigen als notwendiger Eigenbedarf 1.600 € angesetzt.

23.2 Bedarf bei Ansprüchen volljähriger Kinder

Lebt der Unterhaltspflichtige von seinem Ehegatten getrennt oder ist geschieden, werden für diesen gegenüber Unterhaltsansprüchen nicht privilegierter volljähriger Kinder des Unterhaltspflichtigen als notwendiger Eigenbedarf 1.750 € angesetzt.

23.3 Bedarf bei Ansprüchen von Eltern

Vgl. Nr. 21.3.3.

24. Mangelfall

24.1 Grundsatz

Reicht der Betrag, der zur Erfüllung mehrerer Unterhaltsansprüche zur Verfügung steht (Verteilungsmasse), nicht aus, um den Unterhaltsbedarf aller Unterhaltsberechtigten zu decken, so ist der den entsprechenden Selbstbehalt nach Nr. 21 übersteigende Betrag auf die Berechtigten unter Beachtung der Rangverhältnisse zu verteilen.

24.2 Einsatzbeträge

Hierbei sind als Einsatzbeträge die Unterhaltsansprüche einzustellen, die sich ohne Berücksichtigung des Selbstbehaltes ergäben.

24.2.1 Minderjährige und ihnen gleichgestellte Kinder

Für minderjährige und ihnen gleichgestellte Kinder ist der sich aus der Unterhaltstabelle abzüglich des zu berücksichtigenden Kindergeldes ergebende Betrag (Zahlbetrag) einzustellen.

24.2.2 (nicht besetzt)

Sonstiges

25. Rundung

Der Unterhaltsbetrag ist auf volle Euro aufzurunden.

Anhang

(Stand 1. Januar 2024)

Düsseldorfer Tabelle

*(abgedruckt unter Nr. **47**)*

Zahlbeträge

*(abgedruckt unter Nr. **47**)*

Tabellarische Zusammenstellung der Bedarfssätze und der Selbstbehalte

Bedarfssätze		
I.	Regelbedarf eines volljährigen Kindes, das nicht im Haushalt eines Elternteils lebt (Nr. 13.1.2)	930 €
II.	Mindestbedarf eines nach § 1615l BGB[1] Berechtigten und anderer Unterhaltsbedürftiger, die nicht Kinder oder (geschiedene) Ehegatten sind (Nr. 18)	1.200 €
Selbstbehaltssätze		
III.	Monatlicher Selbstbehalt gegenüber minderjährigen und ihnen gleichgestellten (§ 1603 Abs. 2 BGB) Kindern (Nr. 21.2)	
	a) des erwerbstätigen Unterhaltsverpflichteten	1.450 €
	b) des nichterwerbstätigen Unterhaltsverpflichteten	1.200 €
IV.	Monatlicher Selbstbehalt gegenüber anderen Kindern (Nr. 21.3.1)	1.750 €

[1] **Habersack, Deutsche Gesetze Nr. 20.**

V.	Monatlicher Selbstbehalt gegenüber Ansprüchen nach § 1615l BGB (Nr. 21.3.2.) a) des erwerbstätigen Unterhaltsverpflichteten b) des nicht erwerbstätigen Unterhaltsverpflichteten	 1.600 € 1.475 €
VI.	Monatlicher Selbstbehalt gegenüber dem getrenntlebenden und dem geschiedenen Ehegatten (Nr. 21.4) a) des erwerbstätigen Unterhaltsverpflichteten b) des nicht erwerbstätigen Unterhaltsverpflichteten	 1.600 € 1.475 €
VII.	Bedarf des mit dem Pflichtigen zusammenlebenden Ehegatten (Nr. 22) 1. gegenüber nachrangigen (geschiedenen) Ehegatten mindestens 2. gegenüber nicht unter § 1603 Abs. 2 BGB fallenden Kindern	 1.280 € 1.400 €

47d. Oberlandesgericht Brandenburg – Unterhaltsleitlinien[1)]

(Stand: 1. Januar 2024)

Vorbemerkung

Die Leitlinien sind von Richterinnen und Richtern der Familiensenate des Brandenburgischen Oberlandesgerichts erarbeitet worden. Die Unterhaltsleitlinien sind keine verbindlichen Rechts- oder Rechtsanwendungssätze, dienen aber dem Ziel, die Rechtsprechung möglichst zu vereinheitlichen. Sie gelten ***ab 1. Januar 2024***. Gegenüber den ab 1. Januar 2023 geltenden Leitlinien ergeben sich inhaltliche Änderungen in Nr. 2.2, 11, 21.2, 21.3, 21.4 und in den Anlagen I und II.

Unterhaltsrechtlich maßgebendes Einkommen

1. Geldeinnahmen

1.1 Regelmäßiges Bruttoeinkommen einschl. Renten und Pensionen

Zum Bruttoeinkommen gehören alle Einkünfte und geldwerten Vorteile, zum Beispiel Arbeitsverdienst (inklusive anteiligen Urlaubs- und Weihnachtsgeldes sowie sonstiger Einmalleistungen, anteilig auf den Monat umgelegt), Renten und Pensionen.

1.2 Unregelmäßiges Einkommen

Höhere einmalige Zahlungen (z.B. Jubiläumszuwendungen) können auf einen längeren Zeitraum als ein Jahr verteilt werden. Abfindungen sind zur Wahrung der bisherigen Lebensverhältnisse in der Regel auf einen angemessenen Zeitraum umzulegen.

1.3 Überstunden

Überstundenvergütungen werden dem Einkommen zugerechnet, soweit sie in geringem Umfang anfallen oder berufsüblich sind.

In Mangelfällen erfolgt die Zurechnung unabhängig von Umfang und Berufsüblichkeit. Im Übrigen ist die Zurechnung unter Berücksichtigung des Einzelfalles nach Treu und Glauben zu beurteilen.

Diese Grundsätze gelten auch für Einkünfte aus einer Nebentätigkeit.

1.4 Spesen und Auslösungen

Spesen und Auslösungen werden dem Einkommen zugerechnet, soweit dadurch eine Ersparnis eintritt oder Überschüsse verbleiben. Im Zweifel kann davon ausgegangen werden, dass eine Ersparnis eintritt oder Überschüsse verbleiben, die mit einem Drittel der Nettobeträge zu bewerten und insoweit dem Einkommen zuzurechnen sind.

1.5 Einkommen aus selbstständiger Tätigkeit

Bei Ermittlung des Einkommens eines Selbstständigen ist in der Regel von dem Gewinn dreier aufeinander folgender Geschäftsjahre auszugehen. Für zurückliegende Zeiträume können die in dem jeweiligen Kalender-

---

[1)] In der jeweils aktuellen Fassung kostenlos abrufbar unter www.olg.brandenburg.de.

jahr erzielten Einkünfte maßgebend sein (vgl. BGH, FamRZ 2007, 1532 ff. Rn. 23).

1.6 Einkommen aus Vermietung und Verpachtung sowie Kapitalvermögen

Einnahmen aus Vermietung und Verpachtung sowie Kapitalvermögen sind nach Abzug der zur Erzielung dieser Einnahmen notwendigen Ausgaben als Einkommen zu berücksichtigen. Bei schwankenden Einnahmen ist auf den Durchschnitt mehrerer Jahre abzustellen. Für zurückliegende Zeiträume können die in dem jeweiligen Kalenderjahr erzielten Einkünfte maßgebend sein (vgl. BGH, FamRZ 2007, 1532 ff. Rn. 23).

1.7 Steuererstattungen

Steuererstattungen finden in der Regel in dem Jahr, in dem sie anfallen, Berücksichtigung, ebenso Steuernachzahlungen. Sie können für die nachfolgenden Jahre fortgeschrieben werden, wenn die Bemessungsgrundlagen im Wesentlichen unverändert geblieben sind.

Nach Auffassung des 3. Familiensenats sind Steuererstattungen oder -nachzahlungen stets in dem Jahr zu berücksichtigen, das dem Steuerjahr folgt. Bei Selbstständigen setzt der 3. Familiensenat in der Regel die für die Geschäftsjahre geschuldeten Steuern an, die der Unterhaltsberechnung zu Grunde gelegt werden.

2. Sozialleistungen

2.1 Arbeitslosengeld und Krankengeld

Arbeitslosengeld gemäß § 136 SGB III ist ebenso Einkommen wie Krankengeld.

2.2 Leistungen nach dem SGB II

Bürgergeld nach dem SGB II ist auf Seiten des Unterhaltspflichtigen Einkommen. Beim Unterhaltsberechtigten sind subsidiäre Leistungen zur Sicherung des Lebensunterhalts nach §§ 19 ff. SGB II kein Einkommen. Jedoch kann seine Unterhaltsforderung bei Nichtberücksichtigung solcher Leistungen in Ausnahmefällen treuwidrig sein (BGH, FamRZ 1999, 843; FamRZ 2001, 619). Nicht subsidiäre Leistungen nach dem SGB II sind Einkommen.

2.3 Wohngeld

Wohngeld ist Einkommen, soweit es nicht erhöhte Wohnkosten deckt (vgl. BGH, FamRZ 2012, 1201 Rn. 15; FamRZ 1982, 587).

2.4 BAföG

BAföG-Leistungen sind mit Ausnahme von Vorausleistungen nach §§ 36, 37 BAföG[1)] als Einkommen anzusehen, auch soweit sie als Darlehen gewährt werden.

2.5 Elterngeld

Elterngeld ist nach Maßgabe des § 11 BEEG[2)] Einkommen.

[1)] **Sartorius Nr. 420.**
[2)] Nr. **45e**.

2.6 Unfall- und Versorgungsrenten

Unfall- und Versorgungsrenten sind nach Abzug eines Betrages für tatsächliche Mehraufwendungen unterhaltsrechtlich als Einkommen heranzuziehen. § 1610a BGB[1] ist zu beachten.

2.7 Leistungen aus der Pflegeversicherung, Blindengeld u.Ä.

Leistungen aus der Pflegeversicherung, Blindengeld, Schwerbeschädigten- und Pflegezulagen sind nach Abzug eines Betrages für tatsächliche Mehraufwendungen unterhaltsrechtlich als Einkommen heranzuziehen. § 1610a BGB[1] ist zu beachten.

2.8 Pflegegeld

Der Anteil des Pflegegeldes, durch den ihre Bemühungen abgegolten werden, ist Einkommen der Pflegeperson. Bei Pflegegeld aus der Pflegeversicherung gilt dies nach Maßgabe von § 13 Abs. 6 SGB XI (vgl. BGH, FamRZ 2006, 846).

2.9 Grundsicherung beim Verwandtenunterhalt

Leistungen der Grundsicherung im Alter und bei Erwerbsminderung, §§ 41 bis 43 SGB XII, sind auf Seiten des Unterhaltsberechtigten nur gegenüber Eltern und Kindern Einkommen.

2.10 Sozialhilfe

Sozialhilfe nach dem SGB XII ist kein Einkommen. Bezieht der Unterhaltsberechtigte eine solche Sozialhilfe, kann seine Unterhaltsforderung in Ausnahmefällen treuwidrig sein (vgl. BGH, FamRZ 1999, 843; FamRZ 2001, 619).

2.11 Unterhaltsvorschuss

Leistungen nach dem UVG[2] sind kein Einkommen. Bezieht der Unterhaltsberechtigte Unterhaltsvorschuss, kann seine Unterhaltsforderung in Ausnahmefällen treuwidrig sein (vgl. BGH, FamRZ 1999, 843; FamRZ 2001, 619).

3. Kindergeld

Kindergeld ist kein Einkommen der Eltern (vgl. auch Nr. 14).

4. Geldwerte Zuwendungen des Arbeitgebers

Geldwerte Zuwendungen des Arbeitgebers, z.B. Firmenwagen, freie Kost, kostenlose oder verbilligte Wohnung, sind Einkommen, soweit dadurch entsprechende Eigenaufwendungen erspart werden.

5. Wohnvorteil

Wohnt der Unterhaltsberechtigte oder der Unterhaltspflichtige im eigenen Haus oder in der ihm gehörenden Eigentumswohnung, so stellt der Vorteil des mietfreien Wohnens Einkommen dar. Neben dem Wohnvorteil sind auch Zahlungen nach dem Eigenheimzulagengesetz anzusetzen. Der Wohnwert errechnet sich regelmäßig unter Zugrundelegung des üblichen Entgelts für ein vergleichbares Objekt. Er kann im Einzelfall

---

[1] **Habersack, Deutsche Gesetze Nr. 20.**
[2] Nr. **45d**.

auch darunter liegen (vgl. BGH, FamRZ 1998, 899; FamRZ 2000, 950). Insbesondere beim Trennungsunterhalt kommt der volle Wohnwert regelmäßig erst dann zum Tragen, wenn nicht mehr mit einer Wiederherstellung der ehelichen Lebensgemeinschaft zu rechnen ist und auch dem in der Wohnung verbliebenen Ehegatten eine Verwertung zugemutet werden kann. Das ist meist ab Zustellung des Scheidungsantrags anzunehmen (vgl. BGH, FamRZ 2008, 963). Kosten, mit denen ein Mieter üblicherweise nicht belastet wird, sind abzusetzen (vgl. BGH, FamRZ 2009, 1300). Ist die Immobilie durch Kredite finanziert, sind neben den Zinsen die Tilgungsleistungen bis zur Höhe des Wohnwertes abzuziehen, ohne dass dies die Befugnis zur Bildung eines zusätzlichen Altersvorsorgevermögens schmälert (vgl. BGH, FamRZ 2017, 519; FamRZ 2018, 1506 Rn. 31).

6. Haushaltsführung

Führt jemand einem leistungsfähigen Dritten den Haushalt, so ist hierfür ein Einkommen anzusetzen.

7. Einkommen aus unzumutbarer Erwerbstätigkeit

Einkommen aus unzumutbarer Erwerbstätigkeit kann nach Billigkeit ganz oder teilweise unberücksichtigt bleiben.

8. Freiwillige Zuwendungen Dritter

Freiwillige Zuwendungen Dritter sind nur Einkommen, wenn dies dem Willen des Dritten entspricht.

9. Erwerbsobliegenheit und Einkommensfiktion

Wird die Erwerbsobliegenheit verletzt, sind fiktive Einkünfte anzurechnen, die nach Alter, Vorbildung und beruflichem Werdegang erzielt werden können.

10. Bereinigung des Einkommens

10.1 Steuern und Vorsorgeaufwendungen

Vom Bruttoeinkommen sind Steuern und Vorsorgeaufwendungen abzuziehen. Zu diesen zählen Aufwendungen für die gesetzliche Kranken-, Pflege-, Renten- und Arbeitslosenversicherung oder die angemessene private Kranken- und Altersvorsorge sowie die Vorsorge für den Fall der Pflegebedürftigkeit.

Grundsätzlich darf eine zusätzliche Altersversorgung betrieben werden, die unterhaltsrechtlich beim Elternunterhalt bis zu 5 % des Bruttoeinkommens (BGH, FamRZ 2006, 1511) und im Übrigen bis zu 4% des Bruttoeinkommens (BGH, FamRZ 2005, 1817) betragen kann. Voraussetzung ist stets, dass solche Aufwendungen für die eigene Altersvorsorge tatsächlich geleistet werden (BGH, FamRZ 2007, 793). Aufwendungen des gesteigert unterhaltspflichtigen Elternteils für eine zusätzliche Altersversorgung aber sind unterhaltsrechtlich nicht berücksichtigungsfähig, soweit der Mindestunterhalt für ein minderjähriges Kind nicht aufgebracht werden kann (BGH, FamRZ 2013, 616).

10.2 Berufsbedingte Aufwendungen

10.2.1 Pauschale/Konkrete Aufwendungen

Berufsbedingte Aufwendungen sind im Rahmen des Angemessenen vom Arbeitseinkommen abzuziehen. Sie können in der Regel mit einem Anteil von 5 % des Nettoeinkommens angesetzt werden, wenn hinreichende Anhaltspunkte für eine Schätzung bestehen. Werden höhere Aufwendungen geltend gemacht oder liegt ein Mangelfall vor, so sind sämtliche Aufwendungen im Einzelnen konkret darzulegen und nachzuweisen.

10.2.2 Fahrtkosten

Im Falle der konkreten Darlegung im Sinne der Nr. 10.2.1 werden für berufsbedingte Fahrten, insbesondere für Fahrten zum Arbeitsplatz (Hin- und Rückfahrt), die Kosten einer anzuerkennenden Pkw-Benutzung grundsätzlich mit einer Kilometerpauschale von *0,42* EUR berücksichtigt.

10.2.3 Ausbildungsaufwand

Ausbildungsvergütungen sind vorbehaltlich Nr. 13.1 Abs. 3 um ausbildungsbedingte Kosten zu kürzen. Die Höhe der ausbildungsbedingten Kosten bestimmt sich nach den Verhältnissen des Einzelfalles. Sie kann, wenn hinreichende Anhaltspunkte für eine Schätzung bestehen, mit *100 EUR* monatlich angenommen werden.

10.3 Kinderbetreuung

Leben im Haushalt des Unterhaltspflichtigen oder des Unterhaltsberechtigten minderjährige Kinder, so kann sich das Einkommen um Betreuungskosten (vor allem Kosten für eine notwendige Fremdbetreuung) mindern. In Betracht kommen kann auch, dass auf überobligationsmäßiger Tätigkeit beruhendes Mehreinkommen ganz oder teilweise anrechnungsfrei bleibt, wenn keine konkreten Betreuungskosten anfallen (vgl. BGH, FamRZ 2005, 1154).

10.4 Schulden

Zinsen und Tilgungsraten auf Schulden, die aus der Zeit vor Eheschließung herrühren oder während des ehelichen Zusammenlebens begründet worden sind, können, soweit angemessen, einkommensmindernd berücksichtigt werden. Den Interessen minderjähriger Kinder und volljähriger unverheirateter Kinder bis zur Vollendung des 21. Lebensjahres, die im Haushalt der Eltern oder eines Elternteils leben und sich in der allgemeinen Schulausbildung befinden, ist stets besonders Rechnung zu tragen.

10.5 Unterhaltsleistungen

Bei der Prüfung, ob Unterhaltsleistungen vorweg vom Einkommen abzuziehen sind, ist zwischen Bedarfsermittlung und Leistungsfähigkeit zu unterscheiden.

10.6 Vermögensbildung

Anlagen nach den Vermögensbildungsgesetzen sind – vorbehaltlich Nr. 10.1 – nicht vom Einkommen abzuziehen. Auf der anderen Seite erhöhen vermögenswirksame Leistungen des Arbeitgebers und Sparzulagen das Einkommen nicht.

Kindesunterhalt

11. Bemessungsgrundlage (Tabellenunterhalt)

Der Barunterhalt minderjähriger unverheirateter Kinder bestimmt sich nach den Altersstufen 1 bis 3 der Tabelle in Anlage I, die mit denjenigen nach § 1612a Abs. 1 Satz 3 BGB[1] übereinstimmen. Die Tabellensätze sind identisch mit den ab 1. Januar 2024 geltenden Tabellensätzen der Düsseldorfer Tabelle[2]. Wegen des Bedarfs volljähriger Kinder vgl. Nr. 13.1.

11.1 Kranken- und Pflegeversicherungsbeiträge

In den Unterhaltsbeträgen (Tabellensätzen) sind keine Kranken- und Pflegeversicherungsbeiträge enthalten. Soweit das Kind nicht in einer Familienversicherung mitversichert ist, hat es zusätzlich Anspruch auf Zahlung der Versicherungsbeiträge. Das Nettoeinkommen des Unterhaltspflichtigen ist in diesen Fällen vor Einstufung in die entsprechende Einkommensgruppe vorweg um diese Beiträge zu bereinigen.

11.2 Eingruppierung

Die Tabellensätze erfassen die Fälle, in denen eine Unterhaltspflicht gegenüber zwei Unterhaltsberechtigten besteht. Bei einer geringeren Anzahl von Unterhaltsberechtigten kann eine Höhergruppierung auch um mehr als eine Einkommensgruppe in Betracht kommen.

Bei einer größeren Anzahl von Unterhaltsberechtigten kann eine Korrektur *an Hand*[3] des Bedarfskontrollbetrags erfolgen. Der Bedarfskontrollbetrag ist nicht identisch mit dem Selbstbehalt des Unterhaltspflichtigen. Er soll eine ausgewogene Verteilung des Einkommens zwischen dem Unterhaltspflichtigen und dem Unterhaltsberechtigten gewährleisten. Erreicht das dem Unterhaltspflichtigen nach Abzug aller Unterhaltslasten verbleibende bereinigte Einkommen nicht den für die Einkommensgruppe ausgewiesenen Bedarfskontrollbetrag, ist ggf. soweit herabzustufen, bis dem Unterhaltspflichtigen der entsprechende Kontrollbetrag verbleibt.

12. Minderjährige Kinder

12.1 Betreuungs-/Barunterhalt

Der Betreuungsunterhalt für ein minderjähriges Kind entspricht in der Regel dem Barunterhalt, sodass der betreuende Elternteil regelmäßig keinen Barunterhalt zu leisten braucht.

12.2 Einkommen des Kindes

Einkommen des minderjährigen Kindes, das nach Abzug ausbildungsbedingter Kosten (vgl. Nr. 10.2.3) verbleibt, ist zur Hälfte auf den Barunterhalt anzurechnen. Die andere Hälfte kommt dem betreuenden Elternteil zugute.

---

[1] **Habersack, Deutsche Gesetze Nr. 20.**
[2] Nr. **47**.
[3] Richtig wohl: „anhand".

12.3 Beiderseitige Barunterhaltspflicht/Haftungsanteil

Sind ausnahmsweise beide Elternteile gegenüber dem minderjährigen Kind barunterhaltspflichtig, bestimmt sich ihr Haftungsanteil nach dem Verhältnis ihrer den jeweiligen Selbstbehalt übersteigenden Einkommen.

12.4 Zusatzbedarf

Mehrbedarf und Sonderbedarf sind in den Unterhaltsbeträgen nicht enthalten. Insoweit sind grundsätzlich beide Elternteile barunterhaltspflichtig. Nr. 12.3 gilt entsprechend.

13. Volljährige Kinder

13.1 Bedarf

Der Barunterhalt volljähriger Schüler, Studenten und Auszubildender, die noch im Haushalt eines Elternteils leben, bestimmt sich nach Altersstufe 4 der Tabelle in *Anlage I.* Der Tabellenbetrag richtet sich nach dem zusammengerechneten Einkommen beider Elternteile. Ein Elternteil hat jedoch höchstens den Unterhalt zu leisten, der sich allein nach seinem Einkommen ergibt.

Dem 3. Familiensenat dient die Altersstufe 4 der Tabelle lediglich als Orientierung.

Der Bedarf nicht im Haushalt eines Elternteils lebender Kinder beträgt regelmäßig *930 EUR* monatlich. Kosten für eine Ausbildung im üblichen Rahmen sind darin ebenso enthalten wie ein Mietanteil (Warmmiete) von bis zu *410 EUR*. Bei guten wirtschaftlichen Verhältnissen kann eine Erhöhung des regelmäßigen Bedarfs gerechtfertigt sein, im Allgemeinen aber nicht über den doppelten Betrag hinaus.

In den Unterhaltsbeträgen sind Kranken- und Pflegeversicherungsbeiträge sowie Studiengebühren nicht enthalten.

13.2 Einkommen des Kindes

Einkommen des volljährigen unterhaltsberechtigten Kindes, das nach Abzug ausbildungsbedingter Kosten (vgl. Nr. 10.2.3) verbleibt, ist auf seinen Bedarf voll anzurechnen.

13.3 Beiderseitige Barunterhaltspflicht/Haftungsanteil

Gegenüber volljährigen Kindern sind beide Elternteile barunterhaltspflichtig. Ihr Haftungsanteil bestimmt sich nach dem Verhältnis ihrer den jeweiligen Selbstbehalt übersteigenden Einkommen.

14. Verrechnung des Kindergeldes

Das Kindergeld ist nach Maßgabe des § 1612b BGB[1)] zur Deckung des Barbedarfs des Kindes zu verwenden (vgl. auch Nr. 3).

[1)] Habersack, Deutsche Gesetze Nr. 20.

Ehegattenunterhalt

15. Unterhaltsbedarf

15.1 Bedarf nach den ehelichen Lebensverhältnissen

Der Unterhaltsanspruch des Ehegatten wird bestimmt und begrenzt durch den Bedarf nach den ehelichen Lebensverhältnissen, in den Fällen nachehelichen Unterhalts nach denjenigen bei der Scheidung. Leistet ein Ehegatte Unterhalt für ein Kind und hat dies bereits die ehelichen Lebensverhältnisse geprägt (vgl. BGH, FamRZ 2012, 281 Rn. 27), wird das Einkommen vorab um den Kindesunterhalt, das ist der Zahlbetrag, also der Tabellenunterhalt nach Abzug von Kindergeld, gemindert, soweit sich daraus nicht ein Missverhältnis zum wechselseitigen Lebensbedarf der Beteiligten ergibt (vgl. BGH, FamRZ 1999, 367; FamRZ 2003, 363).

Wegen der Behandlung von Erwerbseinkünften des unterhaltsberechtigten Ehegatten aus einer nach Trennung oder Scheidung aufgenommenen oder ausgeweiteten Tätigkeit wird auf das Urteil des BGH vom 13.6.2001 (FamRZ 2001, 986) verwiesen.

15.2 Halbteilung und Erwerbstätigenbonus

Der Unterhaltsbedarf des getrennt lebenden und geschiedenen Ehegatten beläuft sich grundsätzlich auf die Hälfte des zusammengerechneten eheprägenden bereinigten Einkommens beider Ehegatten.

Erwerbseinkünfte sind als Anreiz um einen Erwerbstätigenbonus von 1/10 vor Verminderung der Einkünfte um Kindesunterhalt und berücksichtigungsfähige Verbindlichkeiten zu kürzen.

15.3 Konkrete Bedarfsbemessung

Haben außergewöhnlich hohe Einkommen die ehelichen Lebensverhältnisse geprägt, kann eine konkrete Bedarfsbemessung in Betracht kommen.

15.4 Vorsorgebedarf

Werden Altersvorsorge-, Kranken- und Pflegeversicherungskosten vom Unterhaltsberechtigten gesondert geltend gemacht oder vom Unterhaltspflichtigen gezahlt, sind diese von dem Einkommen des Pflichtigen vorweg abzuziehen.

15.5 nicht belegt

15.6 Trennungsbedingter Mehrbedarf

Trennungsbedingter Mehrbedarf kann zusätzlich berücksichtigt werden.

16. Bedürftigkeit

Bedürftigkeit besteht nur, soweit der Bedarf nicht durch eigene Einkünfte des Unterhaltsberechtigten, ggf. vermindert um den Erwerbstätigenbonus (vgl. Nr. 15.2), gedeckt ist.

17. Erwerbsobliegenheit

17.1 bei Kindesbetreuung

Die Zumutbarkeit von Erwerbstätigkeit neben Betreuung von Kindern nach Vollendung des 3. Lebensjahres (vgl. §§ 1570 Abs. 1 Satz 1, 1615l Abs. 2 Satz 3 BGB[1]) richtet sich nach den Umständen des Einzelfalles.

17.2 bei Trennungsunterhalt

Inwieweit in der Trennungszeit eine Erwerbsobliegenheit besteht, richtet sich nach den Umständen des Einzelfalles.

Weitere Unterhaltsansprüche

18. Ansprüche aus § 1615l BGB[1]

Der Bedarf nach § 1615l BGB bemisst sich nach der Lebensstellung des betreuenden Elternteils.

19. Elternunterhalt

Haben Eltern Unterhaltsansprüche gegen ihre Kinder, so sind auch Pflegebedarf und Heimkosten Teile des Unterhaltsbedarfs.

20. Lebenspartnerschaft

Der Bedarf gemäß §§ 5, 12, 16 LPartG[2] bemisst sich nach den partnerschaftlichen Lebensverhältnissen.

Leistungsfähigkeit und Mangelfall

21. Selbstbehalt

21.1 Grundsatz

Leistungsfähigkeit ist in dem Umfang gegeben, in welchem das bereinigte Einkommen, hier ohne Abzug eines Erwerbstätigenbonus, den Selbstbehalt, der dem Unterhaltspflichtigen zur Bestreitung seines eigenen Unterhalts bleiben muss, übersteigt.

21.2 Notwendiger Selbstbehalt

Der notwendige Selbstbehalt des Unterhaltspflichtigen beträgt gegenüber minderjährigen Kindern sowie gegenüber volljährigen unverheirateten Kindern bis zur Vollendung des 21. Lebensjahres, die im Haushalt der Eltern oder eines Elternteils leben und sich in der allgemeinen Schulausbildung befinden, *1.450* EUR. Darin ist ein Mietanteil (Warmmiete) von etwa *520* EUR enthalten. Sind die Einkünfte des Unterhaltspflichtigen insgesamt oder im Wesentlichen keine Erwerbseinkünfte, beträgt der Selbstbehalt *1.200* EUR.

21.3 Angemessener Selbstbehalt

21.3.1 Kindesunterhalt

Gegenüber minderjährigen und volljährigen Kindern gilt, soweit dem Unterhaltspflichtigen mehr als der notwendige Selbstbehalt (vgl. Nr. 21.2)

---

[1] **Habersack, Deutsche Gesetze Nr. 20.**
[2] Nr. 43.

zu belassen ist, ein angemessener Selbstbehalt i.H.v. *1.750* EUR. Darin ist ein Mietanteil (Warmmiete) von etwa *650* EUR enthalten.

21.3.2 Elternunterhalt

Dem Unterhaltspflichtigen ist der angemessene Eigenbedarf zu belassen. Bei dessen Bemessung sind Zweck und Rechtsgedanken des Gesetzes zur Entlastung unterhaltspflichtiger Angehöriger in der Sozialhilfe und in der Eingliederungshilfe (Angehörigenentlastungsgesetz) vom 10. Dezember 2019 (BGBl. I S. 2135) zu beachten.

21.4 Eheangemessener Selbstbehalt und Ansprüche aus § 1615l BGB[1]

Der Selbstbehalt gegenüber dem getrennt lebenden und geschiedenen Ehegatten (vgl. dazu BGH, FamRZ 2006, 683) beträgt in der Regel *1.600* EUR (billiger Selbstbehalt). Darin ist ein Mietanteil (Warmmiete) von etwa *580* EUR enthalten. Diese Beträge gelten auch in den Fällen des § 1615l BGB (BGH, FamRZ 2005, 354).

21.5 Anpassung des Selbstbehalts

Der Selbstbehalt kann unterschritten werden, wenn der eigene Unterhalt des Pflichtigen ganz oder teilweise durch den Ehegatten gedeckt ist.

Der Selbstbehalt eines Unterhaltspflichtigen kann überdies um die durch eine gemeinsame Haushaltsführung eintretende Ersparnis, höchstens jedoch bis auf sein Existenzminimum nach sozialhilferechtlichen Grundsätzen herabgesetzt werden (vgl. BGH, FamRZ 2008, 594). Die Ersparnis kann regelmäßig mit 10 % für jeden volljährigen Partner der Haushaltsgemeinschaft in Ansatz gebracht werden (vgl. BGH, FamRZ 2012, 281 Rn. 46).

22. Bedarf des mit dem Unterhaltspflichtigen zusammenlebenden Ehegatten

Ist der Unterhaltspflichtige verheiratet, so richtet sich der Bedarf des mit ihm zusammen lebenden Ehegatten nach den ehelichen Lebensverhältnissen. Der Bedarf kann mit Rücksicht auf das Zusammenleben niedriger anzusetzen sein.

23. nicht belegt

24. Mangelfall

24.1 Grundsatz

Reicht der Betrag, der zur Erfüllung mehrerer Unterhaltsansprüche zur Verfügung steht (Verteilungsmasse), nicht aus, um den Unterhaltsbedarf aller Unterhaltsberechtigten zu decken, so ist der den Selbstbehalt übersteigende Betrag auf die Berechtigten unter Beachtung der Rangverhältnisse zu verteilen.

24.2 Einsatzbeträge

Die Einsatzbeträge für minderjährige unverheiratete und ihnen gleichgestellte volljährige Kinder entsprechen den Tabellenbeträgen der ersten Einkommensgruppe der Tabelle in Anlage I abzüglich des nach § 1612b Abs. 1 BGB[1] zur Bedarfsdeckung zu verwendenden Kindergeldes.

---

[1] **Habersack, Deutsche Gesetze Nr. 20.**

24.3 Berechnung

Bei der Mangelverteilung errechnet sich der gekürzte Unterhaltsanspruch aller gleichrangigen Unterhaltsberechtigten aus dem Quotienten von Verteilungsmasse und Summe der Einsatzbeträge, multipliziert mit dem jeweiligen Einsatzbetrag.

Sonstiges

25. Rundung

Der Unterhaltsbetrag kann auf volle Euro gerundet werden.

Anlagen

I. Unterhaltstabelle

(abgedruckt unter Nr. 47)

II. Zahlbetragstabelle

(abgedruckt unter Nr. 47)

III. Umrechnung dynamisierter Titel alten Rechts gemäß § 36 Nr. 3 EGZPO[1)]

Ist Kindesunterhalt als Prozentsatz des jeweiligen Regelbetrages zu leisten, bleibt der Titel bestehen. **Eine Abänderung ist nicht erforderlich.** An die Stelle des bisherigen Prozentsatzes vom Regelbetrag tritt ein neuer Prozentsatz vom Mindestunterhalt. Dieser ist für die maßgebliche Altersstufe zu bestimmen und auf eine Stelle nach dem Komma zu begrenzen (§ 36 Nr. 3 EGZPO; vgl. auch BGH, FamRZ 2012, 1048). Der Bedarf ergibt sich aus der Multiplikation des neuen Prozentsatzes mit dem Mindestunterhalt der jeweiligen Altersstufe und ist auf volle Euro aufzurunden (§ 1612a Abs. 2 Satz 2 BGB[2)]). Der Zahlbetrag ergibt sich aus dem um das jeweils anteilige Kindergeld verminderten bzw. erhöhten Bedarf.

Es sind vier Fallgestaltungen zu unterscheiden (die Beispiele beziehen sich auf den ab 1.1.2008 geltenden Mindestunterhalt, da es für die Umrechnung auf diesen Zeitpunkt ankommt):

a) Der Titel sieht die Anrechnung des hälftigen Kindergeldes oder eine teilweise Anrechnung des Kindergeldes vor.

$$\frac{\text{Zahlbetrag} + \tfrac{1}{2}\,\text{Kindergeld}}{\text{Mindestunterhalt der jeweiligen Altersstufe}} \times 100 = \text{Prozentsatz neu}$$

Beispiel 1. Altersstufe

$$\frac{(196\,€ + 77\,€)}{279\,€} \times 100 = 97{,}8\,\%$$

Kontrollberechnung

279 € × 97,8 % = 272,86 €, ger. 273 €

Zahlbetrag 273 € – 77 € = 196 €

b) Der Titel sieht die Hinzurechnung des hälftigen Kindergeldes vor.

$$\frac{\text{Zahlbetrag} - \tfrac{1}{2}\,\text{Kindergeld}}{\text{Mindestunterhalt der jeweiligen Altersstufe}} \times 100 = \text{Prozentsatz neu}$$

---

1) Habersack, Deutsche Gesetze Nr. 101.
2) Habersack, Deutsche Gesetze Nr. 20.

Beispiel 1. Altersstufe

$$\frac{(273\ € - 77\ €)}{279\ €} \times 100 = 70{,}2\ \%$$

Kontrollberechnung

279 € × 70,2 % = 195,85 €, ger. 196 €

Zahlbetrag 196 € + 77 € = 273 €

c) Der Titel sieht die Anrechnung des vollen Kindergeldes vor.

$$\frac{\text{Zahlbetrag + 1/1 Kindergeld}}{\text{Mindestunterhalt der jeweiligen Altersstufe}} \times 100 = \text{Prozentsatz neu}$$

Beispiel 2. Altersstufe

$$\frac{(177\ € + 154\ €)}{322\ €} \times 100 = 102{,}7\ \%$$

Kontrollberechnung

322 € × 102,7 % = 330,69 €, ger. 331 €

Zahlbetrag 331 € – 154 € = 177 €

d) Der Titel sieht weder eine Anrechnung noch eine Hinzurechnung des Kindergeldes vor.

$$\frac{\text{Zahlbetrag + ½ Kindergeld}}{\text{Mindestunterhalt der jeweiligen Altersstufe}} \times 100 = \text{Prozentsatz neu}$$

Beispiel 3. Altersstufe

$$\frac{(329\ € + 77\ €)}{365\ €} \times 100 = 111{,}2\ \%$$

Kontrollberechnung

365 € × 111,2 % = 405,88 €, ger. 406 €

Zahlbetrag 406 € – 77 € = 329 €.

47e. Oberlandesgericht Braunschweig – Unterhaltsrechtliche Leitlinien der Familiensenate[1)]

(Stand: 1. Januar 2024)

Die Familiensenate des Oberlandesgerichts Braunschweig verwenden die unterhaltsrechtlichen Leitlinien als Orientierungshilfe für den Regelfall. Die Leitlinien dienen dem Zweck, die Rechtsprechung der Senate zu vereinheitlichen. Sie haben jedoch keine bindende Wirkung und können insbesondere die Prüfung des Einzelfalles nicht ersetzen. Das Tabellenwerk der Düsseldorfer Tabelle[2)] ist verlinkt. Die Erläuterungen werden durch nachfolgende Leitlinien ersetzt.

Unterhaltsrechtliches Einkommen:

Bei der Ermittlung und Zurechnung von Einkommen ist stets zu unterscheiden, ob es um Verwandten- oder Ehegattenunterhalt und ob es um die Bemessung des Bedarfs oder die Feststellung der Bedürftigkeit bzw. Leistungsfähigkeit geht.Das unterhaltsrechtliche Einkommen ist nicht in jedem Fall identisch mit den steuerrechtlichen Einkünften.

1. Geldeinnahmen:

1.1 Auszugehen ist vom Bruttoeinkommen als Summe aller Einkünfte.

1.2 Soweit Leistungen nicht monatlich anfallen (z.B. Weihnachtsgratifikation und Urlaubsgeld), werden sie auf ein Jahr umgelegt. Einmalige Zahlungen (z.B. Abfindungen) sind auf einen angemessenen Zeitraum zu verteilen.

1.3 Überstundenvergütungen werden dem Einkommen zugerechnet, soweit sie berufstypisch sind und das im jeweiligen Beruf übliche Maß nicht überschreiten.

Darüber hinausgehende Einnahmen aus Überstunden oder Zusatzarbeit sind auf Grund der Umstände des Einzelfalls (z.B. hohe Schuldenbelastung, Sicherung des Mindestbedarfs) nach Billigkeit zuzurechnen.

1.4 Auslösungen und Spesen werden pauschal zu 1/3-Anteil als Einkommen behandelt, soweit nicht der Nachweis geführt wird, dass derartige Leistungen notwendigerweise im weitergehenden Umfang verbraucht werden und deshalb keine entsprechende häusliche Ersparnis eintritt. Bei steuerfrei gewährten Auslösungen pp. wird grundsätzlich davon ausgegangen, dass sie als Aufwandsentschädigung auf Nachweis gezahlt worden sind.

1.5 Bei der Ermittlung des Einkommens aus selbstständiger Tätigkeit wird in der Regel an den Gewinn aus einem zeitnahen Drei-Jahres-Zeitraum angeknüpft.

Privatentnahmen können im Ausnahmefall Indizcharakter für die Feststellung der für den Lebensunterhalt tatsächlich verfügbaren Mittel haben, wenn keine oder keine ordnungsgemäße Gewinnermittlung vorhanden ist oder diese offensichtlich kein zutreffendes Bild ergibt.

[1)] In der jeweils aktuellen Fassung kostenlos abrufbar unter www.oberlandesgericht-braunschweig.niedersachsen.de. Unterstreichungen im Original wurden zur besseren Lesbarkeit als *Kursivdruck* umgesetzt.

[2)] Nr. **47**.

1.6 Einkünfte aus Vermietung und Verpachtung sowie aus Kapitalvermögen ergeben sich aus der Differenz zwischen Einnahmen und anerkennenswürdigen Werbungskosten. Für Gebäude ist in der Regel keine Abschreibung für Abnutzung (AfA) anzusetzen.

1.7 Steuererstattungen und Steuernachzahlungen sind in der Regel in dem Kalenderjahr, in dem sie anfallen, zu berücksichtigen („In-Prinzip“) und auf die Monate dieses Kalenderjahres umzulegen. Eine Fortschreibung für Folgejahre setzt voraus, dass die Bemessungsgrundlagen im Wesentlichen unverändert bleiben. Soweit Erstattungen auf Aufwendungen beruhen, die unterhaltsrechtlich nicht zu berücksichtigen sind, bleiben auch die Steuererstattungen außer Betracht.

1.8 Sonstige Einnahmen sind z.B. Sachbezüge oder Trinkgelder.

2. Sozialleistungen

2.1 Einkommen sind Arbeitslosengeld (§ 136 SGB III) und sonstige Lohnersatzleistungen nach dem SGB III (Übergangs-, Ausbildungs-, Kurzarbeiter- und Insolvenzgeld) sowie Krankengeld.

2.2 Arbeitslosengeld II (nach §§ 19–32 SGB II) ist Einkommen beim Unterhaltsverpflichteten; beim Unterhaltsberechtigten sind Leistungen zur Sicherung des Lebensunterhalts kein Einkommen, es sei denn, die Nichtberücksichtigung der Leistungen ist in Ausnahmefällen treuwidrig; nicht subsidiäre Leistungen nach dem SGB II sind in jedem Fall Einkommen.

2.3 Wohngeld ist Einkommen, soweit es nicht erhöhte Wohnkosten deckt.

2.4 BAföG-Leistungen sind, auch soweit sie als Darlehen gewährt werden, Einkommen mit Ausnahme von Vorausleistungen nach §§ 36, 37 BAföG[1].

2.5 Elterngeld (§ 1 BEEG[2] – Elterngeldgesetz), Betreuungsgeld (§ 4a BEEG) und Erziehungsgeld (§ 1 BErzGG) sind Einkommen nach Maßgabe der §§ 11, 6 BEEG; 9 BErzGG.

2.6 Renten wegen Minderung oder Verlust der Erwerbsfähigkeit (§§ 43 SGB VI, 56 SGB VII) sind Einkommen.

2.7 Leistungen aus der Pflegeversicherung, Blindengeld, Versorgungsrenten, Schwerbeschädigten- und Pflegezulagen sind Einkommen nach Abzug eines Betrages für tatsächliche Mehraufwendungen; §§ 1610a, 1578a BGB[3] sind zu beachten.

2.8 Bei der Pflegeperson ist der Anteil des an sie weitergeleiteten Pflegegeldes Einkommen, durch den ihre Bemühungen abgegolten werden; bei Pflegegeld aus der Pflegeversicherung gilt dies nur in den Ausnahmefällen des § 13 Abs. 6 SGB XI.

2.9 In der Regel sind Bezüge nach §§ 41–43 SGB XII (Grundsicherung) beim Verwandtenunterhalt Einkommen (nicht aber beim Ehegattenunterhalt).

---

[1] **Sartorius Nr. 420.**
[2] Nr. **45e.**
[3] **Habersack, Deutsche Gesetze Nr. 20.**

2.10 Kein Einkommen ist die sonstige Sozialhilfe nach dem SGB XII; die Unterhaltsforderung eines Empfängers dieser Leistungen kann in Ausnahmefällen treuwidrig sein (vgl. Ziff. 2.2).

2.11 Kein Einkommen sind Leistungen aus dem Unterhaltsvorschussgesetz[1)].

3. Kindergeld

Kindergeld wird nicht zum Einkommen gerechnet (vgl. Ziff. 14).

4. Geldwerte Zuwendungen

Geldwerte Zuwendungen aller Art des Arbeitgebers (z.B. Firmenwagen, kostenlose oder verbilligte Wohnung, unentgeltliche Verpflegung) sind Einkommen, soweit sie – ggf. nach § 287 ZPO[2)] zu schätzende – entsprechende Eigenaufwendungen ersparen.

Die für Firmenwagen steuerlich in Ansatz gebrachten Beträge („1 %-Regelung") können einen Anhaltspunkt für die Bewertung des geldwerten Vorteils bieten.

5. Wohnwert

Der Wohnvorteil durch mietfreies Wohnen im eigenen Heim ist als wirtschaftliche Nutzung des Vermögens unterhaltsrechtlich wie Einkommen zu behandeln. Neben dem Wohnwert sind auch Zahlungen nach dem Eigenheimzulagengesetz anzusetzen.

Ein Wohnvorteil liegt nur vor, soweit der Wohnwert den berücksichtigungsfähigen Schuldendienst, notwendige Instandhaltungskosten und die verbrauchsunabhängigen Kosten, mit denen ein Mieter üblicherweise nicht belastet wird, übersteigt.

Auszugehen ist vom vollen Mietwert. Wenn es nicht möglich oder nicht zumutbar ist, die Wohnung aufzugeben und das Objekt zu vermieten oder zu veräußern, kann stattdessen die ersparte Miete angesetzt werden, die angesichts der wirtschaftlichen Verhältnisse angemessen wäre. Dies kommt insbesondere für die Zeit bis zur Scheidung in Betracht, wenn ein Ehegatte das Familienheim allein bewohnt.

Finanzierungslasten mindern den Wohnwert, soweit sie tatsächlich durch Ratenzahlungen bedient werden.

Tilgungsleistungen sind in der Regel bis zur Höhe des in Ansatz zu bringenden Wohnwertes abzuziehen (vgl. BGH, FamRZ 2017, 519; FamRZ 2018, 1506; FamRZ 2022, 781).

Wegen des Abzuges weiterer Tilgungsleistungen als sekundäre Altersvorsorge wird auf Ziff. 10.1 verwiesen.

6. Haushaltsführung

Führt ein nicht voll Erwerbstätiger einem unterhaltsrechtlich leistungsfähigen Dritten den Haushalt, so kann hierfür ein Einkommen anzusetzen sein.

Das Zusammenleben in einer häuslichen Gemeinschaft kann unter dem Gesichtspunkt ersparter Wohn- und Haushaltskosten nach den Umstän-

---

1) Nr. **45d.**
2) **Habersack, Deutsche Gesetze Nr. 100.**

den des Einzelfalls – bei Leistungsfähigkeit des Partners – die Bedürftigkeit mindern bzw. die Leistungsfähigkeit steigern. In der Regel kann dieser geldwerte Vorteil dem jeweiligen Partner der Gemeinschaft mit 10,00 Prozent des Eigenbedarfs zugerechnet werden.

7. Einkommen aus unzumutbarer Erwerbstätigkeit

Einkommen aus unzumutbarer Erwerbstätigkeit kann nach Billigkeit ganz oder teilweise unberücksichtigt bleiben.

8. Freiwillige Zuwendungen Dritter

Freiwillige Zuwendungen Dritter (z.B. Geldleistungen, kostenloses Wohnen) sind in der Regel nur dann als Einkommen zu berücksichtigen, wenn dies dem Willen des Dritten entspricht. Eine Anrechnung kommt ebenfalls in Betracht, wenn der Mindestunterhalt minderjähriger oder privilegiert volljähriger Kinder (§ 1603 Abs. 2 S. 2 BGB[1)]) oder das Existenzminimum des Ehegatten nicht gedeckt ist.

9. Erwerbsobliegenheit und fiktives Einkommen

9.1 Einkommen sind auch auf Grund einer unterhaltsrechtlichen Obliegenheit erzielbare Einkünfte. Gegenüber minderjährigen und diesen gleich gestellten volljährigen (privilegierten) Kindern ist die Obliegenheit nach Maßgabe des § 1603 Abs. 2 BGB[1)] gesteigert, wenn kein anderer unterhaltspflichtiger Verwandter vorhanden ist.

9.2 Bei Arbeitslosigkeit sind über eine Meldung bei der Agentur für Arbeit hinausgehende Erwerbsbemühungen im Einzelnen darzulegen und zu belegen. Der Hinweis auf die Arbeitsmarktlage macht den Nachweis von Bemühungen nur im Ausnahmefall entbehrlich. Bei unzureichenden Bemühungen um einen Arbeitsplatz können bei einer nicht auszuschließenden realen Beschäftigungschance fiktive Einkünfte nach den Umständen des Einzelfalles unter Berücksichtigung von Beruf, Alter, Gesundheitszustand, Fähigkeiten und dem zuletzt erzielten Verdienst zu Grunde gelegt werden.

10. Bereinigung des Einkommens

10.1 Vom Bruttoeinkommen sind Steuern, Sozialabgaben und/oder angemessene Vorsorgeaufwendungen abzusetzen (Nettoeinkommen).

Es besteht die Obliegenheit, Steuervorteile in Anspruch zu nehmen (z.B. Eintragung eines Freibetrages bei erheblichen Werbungskosten; für titulierten oder unstreitig gezahlten Ehegattenunterhalt). Bei der Ermittlung der Steuervorteile sind damit verbundene Nachteile sowie Pauschbeträge gegenzurechnen.

Im Rahmen der Altersvorsorge können über die Aufwendungen für die Grundversorgung und Betriebsrente (primäre Altersvorsorge) hinaus in angemessenem Umfang tatsächlich geleistete Zahlungen für eine zusätzliche private Altersvorsorge (sekundäre Altersvorsorge) anerkannt werden.

Beim Kindesunterhalt und Ehegattenunterhalt ist für die sekundäre Altersvorsorge in der Regel ein Betrag von bis zu 4,00 Prozent des Gesamtbruttoeinkommens des Vorjahres angemessen, bei gesteigerter Unterhalts-

---

[1)] Habersack, Deutsche Gesetze Nr. 20.

pflicht gegenüber Kindern aber nur, soweit der Mindestunterhalt gedeckt ist; beim Elternunterhalt in Höhe von bis zu 5,00 Prozent des Vorjahresbruttoeinkommens.

Einem abhängig Beschäftigten, dessen Einkommen über der Beitragsbemessungsgrenze liegt, können für den darüber hinausgehenden Einkommensteil ebenso wie beim selbständig berufstätigen Unterhaltsschuldner Aufwendungen bis zu insgesamt 24,00 Prozent dieses Bruttoeinkommens als Altersvorsorge zugebilligt werden.

Dabei kann insbesondere ein den Wohnvorteil (Ziffer 5) übersteigender Tilgungsanteil als Vermögensbildung Berücksichtigung finden (BGH FamRZ 2017, 519; FamRZ 2018, 1506).

10.2 Berufsbedingte Aufwendungen, die sich von den privaten Lebenshaltungskosten nach objektiven Merkmalen eindeutig abgrenzen lassen, sind im Rahmen des Angemessenen vom Nettoeinkommen aus unselbständiger Arbeit abzuziehen.

10.2.1 Bei Vorliegen entsprechender Anhaltspunkte kann von Einkünften aus nicht selbständiger Erwerbstätigkeit eine Pauschale von 5,00 Prozent des Nettoeinkommens (Ziff. 10.1) angesetzt werden, höchstens jedoch monatlich 150,00 € und mindestens monatlich 50,00 € (25,00 € bei geringerem Monatseinkommen als 500,00 €); übersteigen die berufsbedingten Aufwendungen diese Pauschale oder werden sie substantiiert bestritten, so sind die Aufwendungen im Einzelnen darzulegen.

10.2.2 Bei Unzumutbarkeit der Nutzung öffentlicher Verkehrsmittel kann für die notwendigen Kosten der berufsbedingten Nutzung eines Kraftfahrzeugs der nach den Sätzen des § 5 Abs. 2 Satz 1 Nr. 2 JVEG[1)] anzuwendende Betrag 0,42 € pro gefahrenen Kilometer angesetzt werden; damit sind in der Regel die Anschaffungskosten für das Kraftfahrzeug erfasst. Werden die Raten für einen zur Anschaffung aufgenommenen Kredit berücksichtigt, so verringern sich die anrechnungsfähigen Fahrtkosten; bei langen Fahrstrecken (ab ca. 30 km einfach) kann der Kilometersatz für die Mehrkilometer im angemessenen Rahmen nach unten korrigiert werden (in der Regel auf 0,28 €).

Bei unverhältnismäßig hohen Fahrtkosten wegen einer weiten Entfernung zum Arbeitsplatz kommt im Rahmen der Zumutbarkeit auch die Obliegenheit zu einem Wohnortwechsel in Betracht.

10.2.3 Bei einem Auszubildenden sind in der Regel 100,00 € als pauschaler ausbildungsbedingter Aufwand abzuziehen.

10.3 Das Einkommen aus einer neben der Kinderbetreuung ausgeübten Erwerbstätigkeit kann um den notwendigen, konkret dargelegten Aufwand für die Betreuung des Kindes vermindert werden. Wird die Betreuung eines Kindes durch Dritte allein infolge der Berufstätigkeit des betreuenden Elternteils erforderlich, gehören die Betreuungskosten zur allgemeinen Betreuung, die vom betreuenden Elternteil im Gegenzug zur Barunterhaltspflicht des anderen allein zu leisten ist. Dafür entstehende Betreuungskosten können mithin als berufsbedingte Aufwendungen des betreuenden Elternteils Berücksichtigung finden (vgl. BGH, FamRZ 2018, 23). Fallen keine konkreten Betreuungskosten an, kann ein Teil des

---

[1)] **Habersack, Deutsche Gesetze Nr. 116.**

Einkommens nach Billigkeitsgrundsätzen entsprechend § 1577 Abs. 2 S. 2 BGB[1)] anrechnungsfrei bleiben, sofern besondere Erschwernisse dargelegt werden.

Zum Aufwand für die Betreuung des Kindes zählen nicht die Kosten einer Kindertagesstätte (Kinderkrippe, Kindergarten, Schülerhort); diese sind Mehrbedarf des Kindes und nach dem Verhältnis der beiderseitigen Einkünfte zwischen den Eltern aufzuteilen (vgl. Ziff. 12.4).

10.4 Schulden können je nach den Umständen des Einzelfalles (Art, Grund und Zeitpunkt des Entstehens) das anrechenbare Einkommen – auch beim Kindesunterhalt – vermindern.

Sie sind im Rahmen eines angemessenen Tilgungsplanes absetzbar, wenn nach einer umfassenden Gesamtabwägung ihre Berücksichtigung der Billigkeit entspricht. Dabei sind die Belange von Unterhaltsberechtigten – insbesondere von minderjährigen Kindern –, Unterhaltsschuldnern und Drittgläubigern zu würdigen. Regelmäßig abgezogen werden Schulden, die die Lebensverhältnisse der Familie geprägt haben, ihr Verwendungszweck ist in der Regel ohne Bedeutung.

Den Unterhaltsschuldner kann eine Obliegenheit zur Einleitung der Verbraucherinsolvenz treffen, wenn dieses Verfahren zulässig und geeignet ist, den laufenden Unterhalt seiner minderjährigen Kinder dadurch sicherzustellen, dass ihm Vorrang vor sonstigen Verbindlichkeiten eingeräumt wird. Das gilt nur dann nicht, wenn der Unterhaltsverpflichtete Umstände vorträgt und ggf. nachweist, die eine solche Obliegenheit im Einzelfall als unzumutbar erscheinen lassen.

10.5 Unterhaltsleistungen (Zahlbeträge) an vorrangig Berechtigte sind grundsätzlich im Wege des Vorwegabzuges zu berücksichtigen.

10.6 Bei vermögenswirksamen Leistungen ist die Arbeitgeberleistung abzugsfähig, im Rahmen angemessener Vermögensbildung ist auch die Arbeitnehmerleistung abzugsfähig.

10.7 Außergewöhnlich hohe Umgangskosten können das unterhaltsrelevante Einkommen mindern oder durch eine Erhöhung des Selbstbehalts berücksichtigt werden.

Kindesunterhalt

11. Bemessungsgrundlage (Tabellenunterhalt)

Der Barunterhaltsbedarf minderjähriger und noch im elterlichen Haushalt lebender volljähriger unverheirateter Kinder bestimmt sich nach den Sätzen der Düsseldorfer Tabelle[2)] (vgl. Anhang 1). Bei minderjährigen Kindern kann er als Festbetrag oder als Prozentsatz des jeweiligen Mindestunterhalts (Einkommensgruppe 1 der Düsseldorfer Tabelle[2)]) geltend gemacht werden.

11.1 Die Tabellensätze enthalten keine Beiträge zur Kranken- und Pflegeversicherung des Kindes, wenn es nicht in der gesetzlichen Familienversiche-

---

[1)] **Habersack, Deutsche Gesetze Nr. 20.**
[2)] Nr. 47.

rung mitversichert ist. Solche zusätzlich aufzubringenden Beiträge sind vorweg vom Einkommen des Unterhaltspflichtigen abzuziehen.

11.2 Die Tabellensätze erfassen den Fall, dass der Unterhaltspflichtige zwei Berechtigten ohne Rücksicht auf deren Rang Unterhalt zu gewähren hat; sind mehr oder weniger Unterhaltsberechtigte vorhanden, kann dies unter Umständen die „Höher- oder Herabstufung" der Einkommensgruppe rechtfertigen.

Die Bedarfskontrollbeträge der Düsseldorfer Tabelle[1)] werden nicht übernommen; das mit Hilfe der Tabelle gewonnene Ergebnis ist aber stets auf seine Angemessenheit für den zu entscheidenden Einzelfall zu prüfen.

12. Minderjährige Kinder

12.1 Der Bedarf minderjähriger Kinder bemisst sich nach den zusammengerechneten Einkünften beider Elternteile. Die Unterhaltspflicht des barunterhaltspflichtigen Elternteils ist jedoch auf den Betrag begrenzt, den dieser bei alleiniger Unterhaltshaftung auf Grundlage seines Einkommens zu zahlen hätte (BGH FamRZ 2022, 1366; FamRZ 2021, 28).

Wenn nicht ein anderer leistungsfähiger Verwandter (§ 1603 Abs. 2 Satz 3 BGB[2)]) vorhanden ist, haben die Eltern gegenüber ihren minderjährigen Kindern eine gesteigerte Unterhaltspflicht (§ 1603 Abs. 2 Satz 1 BGB), die zu einer verstärkten Erwerbsobliegenheit der Eltern führt und erst beim sog. notwendigen Selbstbehalt (vgl. Ziff. 21.2) ihre Grenze findet.

Der Elternteil, der ein minderjähriges Kind betreut, leistet regelmäßig hierdurch seinen Beitrag zum Kindesunterhalt (§ 1606 Abs. 3 Satz 2 BGB) und ist auch bei eigenem Einkommen grundsätzlich nicht barunterhaltspflichtig („Gleichwertigkeit von Betreuungs- und Barunterhalt").

Verfügt der betreuende Elternteil etwa über das Dreifache der unterhaltsrelevanten Nettoeinkünfte des an sich barunterhaltspflichtigen Elternteils, nähert sich die Einkommensdifferenz einer Grenze, an der es unter gewöhnlichen Umständen der Billigkeit entsprechen kann, den betreuenden Elternteil auch den Barunterhalt für das Kind in voller Höhe aufbringen zu lassen (BGH, FamRZ 2013, 1558).

12.2 Eigenes Einkommen des Kindes mindert grundsätzlich seinen Unterhaltsanspruch (§ 1602 BGB[2)]); es wird nicht nur auf den Barbedarf angerechnet, sondern kommt auch dem betreuenden Elternteil zu Gute, so dass es in der Regel zur Hälfte vom Tabellenunterhalt abzuziehen ist.

12.3 Sind bei einer auswärtigen Unterbringung des Kindes oder bei einem im Vergleich zum Barunterhaltspflichtigen wesentlich höheren Einkommen des betreuenden Elternteils ausnahmsweise beide Eltern zum Barunterhalt verpflichtet, haften sie wie beim Kindesunterhalt privilegiert Volljähriger – vgl. Ziff. 13.3 – anteilig für den Gesamtbedarf (§ 1606 Abs. 3 Satz 1 BGB[2)]). Der Verteilungsschlüssel kann unter Berücksichtigung einer verbleibenden Kinderbetreuung wertend verändert werden.

12.4 Bei Zusatzbedarf (Prozesskostenvorschuss, Mehrbedarf, Sonderbedarf) gilt § 1606 Abs. 3 Satz 1 BGB[2)] (vgl. Ziff. 13.3).

[1)] Nr. **47**.
[2)] **Habersack, Deutsche Gesetze Nr. 20.**

Kosten für Kindergärten, Kinderkrippen, Schülerhort und vergleichbare Betreuungsformen (ohne Verpflegungskosten) sind Mehrbedarf des Kindes.

12.5 Im Fall des Wechselmodells haben grundsätzlich beide Elternteile für den Barunterhalt des Kindes einzustehen. Der Unterhaltsbedarf bemisst sich nach dem beiderseitigen Einkommen der Eltern und umfasst außerdem die infolge des Wechselmodells entstehenden Mehrkosten. Der dem Kind von einem Elternteil während der Betreuungszeit im Wechselmodell geleistete Naturalunterhalt führt nicht dazu, dass ein Barunterhaltsanspruch nicht geltend gemacht werden kann. Der geleistete Naturalunterhalt ist vielmehr als (teilweise) Erfüllung des Unterhaltsanspruchs zu berücksichtigen (vgl. BGH, FamRZ 2017, 437).

Wegen der Aufteilung des gesetzlichen Kindergeldes zwischen den Eltern beim Vorliegen eines Wechselmodells siehe BGH, FamRZ 2016, 1053.

13. Volljährige Kinder

13.1 Beim Bedarf volljähriger Kinder ist zwischen Kindern mit eigenem Haushalt und im Haushalt der Eltern oder eines Elternteils lebenden Kindern zu unterscheiden:

13.1.1 Für im Haushalt der Eltern oder eines Elternteils wohnende volljährige, unverheiratete Kinder ergibt sich der Bedarf aus der Altersstufe 4 der Düsseldorfer Tabelle[1]. Sind beide Eltern leistungsfähig (vgl. Ziff. 21.3.1), ist der Bedarf des Kindes in der Regel nach dem zusammengerechneten Einkommen (ohne Höher- und Herabsetzung nach Ziff. 11.2) beider Elternteile zu bemessen. Für die Haftungsquote gilt Ziff. 13.3. Ein Elternteil hat aber höchstens den Unterhalt zu leisten, der sich aus seinem Einkommen nach der Düsseldorfer Tabelle ergibt.

13.1.2 Der angemessene Bedarf eines volljährigen Kindes mit eigenem Hausstand beträgt in der Regel monatlich 930,00 € ohne Beiträge zur Kranken- und Pflegeversicherung sowie Studiengebühren, die Mehrbedarf sind. Enthalten sind hierin wiederum die Kosten der Unterkunft (Warmmiete) in Höhe von 410,00 € und Semesterbeiträge (Finanzierung von Fahrtickets, AStA- und Sozialbeitrag), die dem laufenden Lebensbedarf zuzurechnen sind.

Von diesem Bedarfsbetrag kann bei erhöhtem Bedarf oder mit Rücksicht auf die Lebensstellung der Eltern abgewichen werden.

13.2 Auf den Unterhaltsbedarf werden Einkünfte des Kindes, auch Kindergeld (vgl. Ziff. 14), BAföG-Darlehen und Ausbildungsbeihilfen (letztere gekürzt um ausbildungsbedingte Aufwendungen, vgl. Ziff. 10.2.3) angerechnet; Einkünfte aus unzumutbarer Erwerbstätigkeit können nach Billigkeit ganz oder teilweise unberücksichtigt bleiben.

13.3 Mit Eintritt der Volljährigkeit besteht – auch für privilegierte volljährige Kinder (§ 1603 Abs. 2 Satz 2 BGB[2]) – grundsätzlich eine Barunterhaltspflicht beider Elternteile.

---

[1] Nr. 47.
[2] **Habersack, Deutsche Gesetze Nr. 20.**

Zur Ermittlung des Haftungsanteils bei anteiliger Barunterhaltspflicht ist das bereinigte Nettoeinkommen jedes leistungsfähigen Elternteils gemäß Ziff. 10 zu ermitteln und vom unterhaltsrelevanten Resteinkommen ein Sockelbetrag in Höhe des angemessenen Selbstbehalts (vgl. Ziff. 21.3.1) abzuziehen. Das gilt grundsätzlich auch für privilegiert volljährige Kinder, es sei denn der Mindestunterhalt dieser Kinder ist bei der Zugrundelegung des angemessenen Selbstbehalts nicht gewahrt; in diesem Fall ist der Sockelbetrag in Höhe des notwendigen Selbstbehalts (vgl. Ziff. 21.2) abzuziehen.

Der so ermittelte Haftungsanteil ist auf seine Angemessenheit zu überprüfen und kann bei Vorliegen besonderer Umstände (z.B. behindertes Kind) wertend verändert werden.

14. Verrechnung des Kindergeldes

Das Kindergeld wird nach § 1612b BGB[1)] bedarfsdeckend angerechnet; bei minderjährigen Kindern, die von einem Elternteil betreut werden, erfolgt die Anrechnung des Kindergeldes nur zur Hälfte, ansonsten in voller Höhe.

Ehegattenunterhalt

15. Unterhaltsbedarf

15.1 Der Unterhaltsbedarf des Ehegatten wird durch die ehelichen Lebensverhältnisse, d.h. regelmäßig durch die Einkommens- und Vermögensverhältnisse der Ehegatten im Unterhaltszeitraum, bestimmt (§§ 1361, 1578 BGB[1)]).

Veränderungen des Einkommens sind grundsätzlich zu berücksichtigen. Ausnahmen gelten für Einkommenssteigerungen, die auf einer unerwarteten, vom Normalverlauf erheblich abweichenden Entwicklung beruhen, oder für unterhaltsrechtlich vorwerfbar herbeigeführte Verringerungen.

Erwerbseinkommen des Ehegatten, der während der Ehe den Haushalt geführt oder Kinder betreut hat, ist als eheprägendes Surrogationseinkommen anzusehen.

Das gilt auch für den Wert von Versorgungsleistungen, die der Ehegatte in der häuslichen Gemeinschaft mit einem neuen Partner erbringt oder für eine aus dem Versorgungsausgleich bezogene Rente.

Auch ein fiktiv anzusetzendes Erwerbseinkommen, zu dessen Erzielung der unterhaltsberechtigte Ehegatte in der Lage ist, ist als Surrogation des wirtschaftlichen Wertes seiner bisherigen Leistungen durch Haushaltsführung anzusehen.

15.2 Der Bedarf jedes Ehegatten ist grundsätzlich mit der Hälfte sämtlicher eheprägender Einkünfte anzusetzen (Halbteilungsgrundsatz); der Mindestbedarf darf das Existenzminimum für Nichterwerbstätige (vgl. Ziff. 21.2) nicht unterschreiten.

Von dem anrechnungspflichtigen Einkommen des zum Kindesunterhalt verpflichteten Ehegatten ist vorweg der Zahlbetrag des Kindesunterhalts

---

[1)] **Habersack, Deutsche Gesetze Nr. 20.**

(Tabellenbetrag abzüglich – hälftigen – Kindergeldes) abzuziehen, es sei denn, der Kindesunterhalt ist in anderer Höhe unveränderlich tituliert oder gezahlt; in diesen Fällen ist der Titel– bzw. Zahlbetrag abzusetzen.

Kommt der betreuende Elternteil für einen ungedeckten Restbedarf auf, so kommt es in Betracht, diesen ebenso von seinen Einkünften abzusetzen (BGH, FamRZ 2021, 1965).

Außerdem ist ein Erwerbstätigenbonus von 1/10-Anteil als Arbeitsanreiz und zum Ausgleich derjenigen berufsbedingten Aufwendungen, die sich nicht eindeutig von privaten Lebenshaltungskosten abgrenzen lassen, einkommensmindernd zu berücksichtigen (vgl. BGH, FamRZ 2020, 171). Der Bonus ist nach Vorwegabzug berufsbedingter Aufwendungen, des Kindesunterhalts und sonstiger berücksichtigungsfähiger Schulden zu berechnen.

15.3 Bei sehr guten Einkommensverhältnissen der Ehegatten ist eine konkrete Bedarfsberechnung zu erwägen. Die dem Quotenunterhalt zugrundliegende Annahme, dass das vorhandene Einkommen in voller Höhe für den Lebensunterhalt der Ehegatten verwendet wurde, ist bei besonders günstigen Einkommensverhältnissen nicht mehr ohne weiteres gerechtfertigt, weil es naheliegt, dass in diesem Fall ein Teil des Einkommens der Vermögensbildung zufließt. Insoweit hat das Einkommen für die Unterhaltsbemessung grundsätzlich außer Betracht zu bleiben (vgl. BGH, FamRZ 2012, 947). Solche besonders günstigen Verhältnisse kommen in Betracht, wenn das Familieneinkommen oberhalb des höchsten in der nunmehr fortgeschriebenen Düsseldorfer Tabelle[1] ausgewiesenen Einkommensbetrages liegt (vgl. BGH, FamRZ 2018, 260).

Soweit das Einkommen darüber hinausgeht, hat der Unterhaltsberechtigte den konkreten Bedarf darzulegen, der von den individuellen Verhältnissen und dem tatsächlichen Konsumverhalten der Ehegatten unter Zugrundelegung eines objektiven Maßstabes abhängt (BGH, FamRZ 2007, 1532).

Wenn der Unterhaltsberechtigte in diesem Fall dennoch Unterhalt nach der Quotenmethode begehrt, hat er die vollständige Verwendung des Einkommens für den Lebensbedarf darzulegen und ggfs. zu beweisen.

15.4 Werden Altersvorsorgeunterhalt (zu berechnen nach der „Bremer Tabelle[2]") und/oder Kranken- und Pflegeversicherungskosten vom Berechtigten gesondert geltend gemacht oder vom Verpflichteten bezahlt, sind diese in der Regel vom Einkommen des Pflichtigen vorweg abzuziehen.

Vorsorgeunterhalt kann nur beansprucht werden, wenn der Elementarunterhalt sichergestellt ist.

15.5 Die Unterhaltspflichten für einen späteren Ehegatten oder gegenüber einem betreuenden Elternteil eines nach rechtskräftiger Scheidung der Eheleute geborenen Kindes (§ 1615l BGB[3]) sind ebenso wie der Unterhalt eines nachehelich geborenen Kindes bei der Bemessung des Unterhalts*bedarfs* des früheren Ehegatten nicht zu berücksichtigen.

Bei konkurrierenden gleichrangigen Unterhaltsansprüchen mehrerer Ehegatten oder nach § 1615l BGB berechtigter Elternteile kann im

---

[1] Nr. **47**.
[2] Nr. **47f/1**.
[3] **Habersack, Deutsche Gesetze Nr. 20.**

Rahmen der Leistungsfähigkeit und Mangelverteilung die sog. „Dreiteilungsmethode" zur Anwendung kommen (BGH, FamRZ 2012, 281).

15.6. Trennungsbedingter Mehrbedarf kann in der Regel nicht berücksichtigt werden.

15.7 Eine Herabsetzung und/oder Befristung des Ehegattenunterhalts nach § 1578b BGB[1)] kommt bei entsprechendem Vortrag des Pflichtigen in Betracht und ist von Amts wegen zu prüfen.

Die dem Pflichtigen obliegende Darlegungs- und Beweislast wird im Hinblick auf das Fehlen ehebedingter Nachteile dadurch erleichtert, dass der Berechtigte vereinzelt zu den Umständen vorzutragen hat, die in seiner Sphäre liegen. Bei der Beurteilung der mutmaßlichen beruflichen Entwicklung des Berechtigten können nur solche Entwicklungen berücksichtigt werden, deren Eintreten hinreichend wahrscheinlich war und plausibel dargelegt worden ist (Vorbildung, Weiterbildung, berufliche Aktivitäten etc.).

Im Rahmen der umfassenden Billigkeitsabwägung sind neben ehebedingten Nachteilen sämtliche Umstände (z.B. Ehedauer, Kinderbetreuung, beiderseitige Einkommens- und Vermögensverhältnisse, Vermögenserwerb während der Ehe) zu berücksichtigen.

Der angemessene Lebensbedarf nach § 1578b Abs. 1 Satz 1 BGB kann in der Regel nicht unterhalb des pauschalen eheangemessenen Selbstbehalts (vgl. Ziff. 21.4) angesetzt werden.

Der Betreuungsunterhalt (§ 1570 BGB) ist nicht nach § 1578b BGB zu befristen.

16. Bedürftigkeit

Eigene Einkünfte des Unterhaltsberechtigten, die er erzielt oder durch zumutbare Erwerbstätigkeit erzielen könnte, sind grundsätzlich nach der Differenzmethode auf den Bedarf anzurechnen (§ 1577 Abs. 1 BGB[1)]); die unterhaltsrechtlich maßgeblichen Erwerbseinkünfte sind um den Erwerbstätigenbonus (1/10-Anteil) zu vermindern.

Soweit der unterhaltsberechtigte Ehegatte Einkünfte bezieht, welche die ehelichen Lebensverhältnisse nicht geprägt haben (z.B. aus Erbschaft), sind diese Einkünfte nach der Anrechnungsmethode auf den Bedarf anzurechnen, Erwerbseinkünfte zu einem 9/10-Anteil.

17. Erwerbsobliegenheit

Beim nachehelichen Unterhalt besteht nur dann keine Verpflichtung zu einer eigenen Erwerbstätigkeit, wenn der geschiedene Ehegatte insbesondere durch Kindesbetreuung, Krankheit oder Alter an der Aufnahme einer Erwerbstätigkeit gehindert ist (§§ 1570 bis 1576 BGB[1)]).

17.1 Bei Betreuung eines Kindes kann bis zur Vollendung des dritten Lebensjahres eine Erwerbstätigkeit nicht erwartet werden; in der Zeit danach richtet sich die Erwerbsobliegenheit des Ehegatten, der minderjährige Kinder betreut, nach den Umständen des Einzelfalles (Zahl und Alter der Kinder, Betreuungsbedürftigkeit, zumutbare Betreuungsmöglichkeit, Gestaltung der Ehe).

[1)] **Habersack, Deutsche Gesetze Nr. 20.**

17.2. Im ersten Jahr nach der Trennung besteht für den Berechtigten in der Regel keine Obliegenheit zur Aufnahme oder Ausweitung einer Erwerbstätigkeit.

Weitere Unterhaltsansprüche

18. Ansprüche aus § 1615l BGB[1]

Der Bedarf nach § 1615l BGB bemisst sich nach der Lebensstellung des betreuenden Elternteils, der sich auch aus einem Unterhaltsanspruch gegen einen früheren Ehegatten ergeben kann. Der Bedarf darf das Existenzminimum für Nichterwerbstätige (vgl. Ziff. 21.1) nicht unterschreiten.

19. Elternunterhalt

Der Unterhaltsbedarf der Eltern ist konkret darzulegen. Leistungen nach §§ 41–43 SGB XII (Grundsicherung) sind anzurechnen (vgl. Ziff. 2.9).

20. Lebenspartnerschaft

Bei Getrenntleben oder Aufhebung der Lebenspartnerschaft gelten §§ 12, 16 LPartG[2].

Leistungsfähigkeit und Mangelfall

21. Selbstbehalt des Verpflichteten

21.1 Dem Unterhaltspflichtigen muss nach Abzug der Unterhaltsansprüche von seinem Einkommen der Selbstbehalt (Eigenbedarf) verbleiben.

21.2 Notwendiger Selbstbehalt

Für Eltern gilt gegenüber minderjährigen Kindern und privilegiert volljährigen Kindern (§ 1603 Abs. 2 Satz 2 BGB[1]) im Allgemeinen der notwendige Selbstbehalt als unterste Grenze der Inanspruchnahme.

Er beträgt:
– beim erwerbstätigen Unterhaltspflichtigen 1.450,00 €,
– beim nicht erwerbstätigen Pflichtigen 1.200,00 €.

Hierin sind Kosten des Wohnbedarfs (Warmmiete, d.h. Miete einschließlich umlagefähiger Nebenkosten und Heizung) in Höhe von 520,00 € enthalten.

Unter den Voraussetzungen des § 1603 Abs. 2 Satz 3 BGB verbleibt dem Unterhaltspflichtigen der angemessene Selbstbehalt.

21.3 Angemessener Selbstbehalt

21.3.1 Der Selbstbehalt beträgt gegenüber (nicht privilegierten) volljährigen Kindern in der Regel 1.750,00 €.

Hierin sind Kosten der Unterkunft (Miete einschließlich umlagefähiger Nebenkosten und Heizung) in Höhe von 650,00 € enthalten.

---

[1] **Habersack, Deutsche Gesetze Nr. 20.**
[2] Nr. 43.

21.3.2 Bei Ansprüchen aus § 1615l BGB[1] ist der Selbstbehalt in der Regel mit einem Betrag zu bemessen, der zwischen dem angemessenen Selbstbehalt nach § 1603 Abs. 1 BGB und dem notwendigen Selbstbehalt nach § 1603 Abs. 2 BGB liegt. Er entspricht damit dem eheangemessenen Selbstbehalt (vgl. Ziff. 21.4.) und beträgt in der Regel 1.600,00 €, beim nicht Erwerbstätigen 1.475,00 €.

Hierin sind Kosten der Unterkunft (Miete einschließlich umlagefähiger Nebenkosten und Heizung) in Höhe von 580,00 € enthalten.

21.3.3 Der Selbstbehalt gegenüber Eltern richtet sich nach den Umständen des Einzelfalles unter Berücksichtigung des angemessenen Unterhalts vorrangig Berechtigter; er beträgt mindestens 2.650,00 € (einschließlich Warmmiete von 1.000,00 €), wobei die Hälfte des diesen Mindestbetrag übersteigenden Einkommens zusätzlich anrechnungsfrei bleibt, bei Vorteilen des Zusammenlebens in der Regel 45 % des darüber hinausgehenden Einkommens.

Auf die Entscheidung des Bundesgerichtshofs zur Ermittlung der Leistungsfähigkeit zur Zahlung von Elternunterhalt (BGH, FamRZ 2010, 1535) wird hingewiesen.

21.4 Eheangemessener Selbstbehalt

Gegenüber Ehegatten gilt grundsätzlich der eheangemessene Selbstbehalt. Er ist sowohl beim Trennungsunterhalt als auch beim Scheidungsunterhalt in der Regel mit einem Betrag zu bemessen, der zwischen dem angemessenen und notwendigen Selbstbehalt liegt; er beträgt regelmäßig 1.600,00 €, beim nicht Erwerbstätigen 1.475,00 € (vgl. BGH, FamRZ 2020, 97).

Hierin sind Kosten der Unterkunft (Miete einschließlich umlagefähiger Nebenkosten und Heizung) in Höhe von 580,00 € enthalten.

21.5 Der Selbstbehalt kann im Einzelfall angemessen abgesenkt oder erhöht werden.

22. Bedarf des mit dem Unterhaltspflichtigen zusammenlebenden Ehegatten

Ist der Unterhaltspflichtige verheiratet, wird für den mit ihm zusammenlebenden Ehegatten der (fiktive) eheangemessene Unterhaltsbedarf angesetzt, allerdings unter Beachtung der folgenden im Regelfall geltenden Mindestsätze:

22.1 bei Unterhaltsansprüchen von nachrangigen geschiedenen Ehegatten oder Elternteilen nach § 1615 l BGB[1]: 1.280,00 €
– falls nicht erwerbstätig: 1.180,00 €

22.2 bei Unterhaltsansprüchen volljähriger, nicht privilegierter Kinder: 1.400,00 €

22.3 bei Unterhaltsansprüchen von Eltern (s.o. Ziffer 21.3.3) oder Enkeln: mindestens 2.120,00 €.

---

[1] **Habersack, Deutsche Gesetze Nr. 20.**

23. Bedarf des vorrangigen getrennt lebenden oder geschiedenen Ehegatten

zur Zeit nicht belegt

24. Mangelfall

24.1 Reicht das Einkommen des Unterhaltspflichtigen zur Deckung seines eigenen notwendigen/angemessenen Eigenbedarfs und zur Erfüllung der Unterhaltsansprüche mehrerer gleichrangiger Unterhaltsberechtigter nicht aus, ist die nach Abzug des Eigenbedarfs des Pflichtigen verbleibende Verteilungsmasse anteilig auf alle gleichrangigen Unterhaltsberechtigten im Verhältnis ihrer jeweiligen Unterhaltsansprüche (Einsatzbeträge) zu verteilen.

24.2. Einsatzbeträge im Mangelfall

24.2.1 Der für minderjährige und privilegiert volljährige Kinder (§ 1603 Abs. 2 Satz 2 BGB[1]) einzusetzende Bedarf entspricht dem Zahlbetrag nach der jeweiligen Einkommensgruppe der Düsseldorfer Tabelle[2].

24.2.2 Bei getrenntlebenden/geschiedenen Ehegatten und bei dem mit dem Pflichtigen im gemeinsamen Haushalt lebenden Ehegatten sowie für den Berechtigten nach § 1615l BGB[1] sind die jeweiligen (ungedeckten) Bedarfsbeträge anzusetzen.

24.2.3 Anrechenbares Einkommen des Berechtigten ist von seinem Einsatzbetrag abzuziehen.

24.3 Die Ansprüche aller gleichrangigen Unterhaltsberechtigten sind im Verhältnis zur Verteilungsmasse prozentual zu kürzen (Verteilungsmasse: Gesamtbedarf x 100).

24.4 Das im Rahmen der Mangelfallberechnung gewonnene Ergebnis ist auf seine Angemessenheit zu überprüfen.

Sonstiges

25. Rundung

Der Unterhaltsbetrag ist auf volle Euro aufzurunden.

---

[1] **Habersack, Deutsche Gesetze Nr. 20.**

[2] Nr. 47.

47f. Oberlandesgericht Bremen – Unterhaltsrechtliche Leitlinien der Familiensenate[1)]

(Stand: 1. Januar 2024)

Die Familiensenate des Hanseatischen Oberlandesgerichts in Bremen verwenden die Unterhaltsrechtlichen Leitlinien als Orientierungshilfe für den Regelfall unter Beachtung der Rechtsprechung des BGH. Sie beruhen auf für typische Sachverhalte geltenden Erfahrungswerten und sollen zu einer möglichst einheitlichen Rechtsprechung beitragen. Sie haben jedoch keine bindende Wirkung, können insbesondere die Prüfung des Einzelfalles nicht ersetzen.

Das Tabellenwerk der Düsseldorfer Tabelle[2)] ist angefügt. Die Erläuterungen werden durch die nachfolgenden Leitlinien ersetzt.

Unterhaltsrechtlich maßgebliches Einkommen

Bei der Ermittlung und Zurechnung von Einkommen ist stets zu unterscheiden, ob es um Verwandten- oder Ehegattenunterhalt sowie ob es um Bedarfsbemessung einerseits oder Feststellung der Bedürftigkeit/Leistungsfähigkeit andererseits geht. Das unterhaltsrechtliche Einkommen ist nicht immer identisch mit dem steuerrechtlichen Einkommen.

1. Geldeinnahmen

1.1. Auszugehen ist vom *Bruttoeinkommen* als Summe aller Einkünfte einschließlich Renten, Pensionen, Zulagen, Weihnachts- und Urlaubsgeld, Prämien und Tantiemen.

1.2. Soweit Leistungen nicht monatlich anfallen (*z.B. Weihnachts- und Urlaubsgeld*), werden sie auf ein Jahr umgelegt. Einmalige Zahlungen (z.B. Abfindungen) sind auf einen angemessenen Zeitraum umzulegen.

1.3. *Überstundenvergütungen* werden dem Einkommen voll zugerechnet, soweit sie berufstypisch sind und das im jeweiligen Beruf übliche Maß nicht überschreiten. Darüber hinausgehende Einnahmen aus Überstunden oder Zusatzarbeit sind aufgrund der Umstände des Einzelfalles (z.B. hohe Schuldenbelastung, Sicherung des Mindestbedarfs) nach Billigkeit anzurechnen.

1.4. Ersatz für *Spesen und Reisekosten* sowie *Auslösungen* gelten in der Regel als Einnahmen. Damit zusammenhängende Aufwendungen, vermindert um häusliche Ersparnisse, sind jedoch abzuziehen. Bei Aufwendungspauschalen kann in der Regel 1/3 als Einkommen angesetzt werden.

1.5. Bei der Ermittlung des laufenden und künftigen Einkommens eines *Selbständigen* ist in der Regel der Gewinn von drei Jahren zugrunde zu legen. Für die Vergangenheit ist von den in den jeweiligen Jahren erzielten Einkünften auszugehen, wobei auch eine Durchschnittsberechnung für

[1)] In der jeweils aktuellen Fassung kostenlos abrufbar unter www.oberlandesgericht.bremen.de. Unterstreichungen im Original wurden zur besseren Lesbarkeit als *Kursivdruck* umgesetzt.

[2)] Nr. **47**.

mehrere Jahre möglich ist. Privatentnahmen haben Indizcharakter für die Feststellung der für den Lebensunterhalt tatsächlich verfügbaren Mittel.

1.6. Bei Einkommen aus *Vermietung und Verpachtung* sowie aus *Kapitalvermögen* ist der Überschuss der Bruttoeinkünfte über die anerkennungswürdigen Werbungskosten maßgebend. Für Gebäude ist keine AfA anzusetzen.

1.7. *Steuererstattungen und -zahlungen* sind in der Regel im Kalenderjahr der tatsächlichen Leistung zu berücksichtigen. Eine Fortschreibung für Folgejahre setzt voraus, dass die Bemessungsgrundlagen im Wesentlichen unverändert bleiben.

1.8. Sonstige Einnahmen, z.B. Trinkgelder.

2. Sozialleistungen

2.1. *Arbeitslosengeld* (§ 136 SGB III) und *Krankengeld*.

2.2. *Leistungen nach dem SGB II* beim Verpflichteten. Beim Berechtigten sind Leistungen zur Sicherung des Lebensunterhalts nach §§ 19 ff. SGB II kein Einkommen, es sei denn die Nichtberücksichtigung der Leistungen ist in Ausnahmefällen treuwidrig (vgl. BGH, FamRZ 1999, 843; 2001, 619); nicht subsidiäre Leistungen nach dem SGB II sind Einkommen.

2.3. *Wohngeld,* soweit es nicht erhöhte Wohnkosten deckt.

2.4. *BAföG*-Leistungen, auch soweit sie als Darlehen gewährt werden, mit Ausnahme von Vorausleistungen nach §§ 36 f. BAföG[1].

2.5. Der den Sockelbetrag von 300 €/Kind (bei verlängertem Bezug 150 €/ Kind) übersteigende Betrag des *Elterngeldes;* der Sockelbetrag selbst nur in den Ausnahmefällen des § 11 S. 4 BEEG[2].

2.6. *Renten* wegen Minderung oder Verlust der Erwerbsfähigkeit (§§ 43 SGB VI, 56 SGB VII).

2.7. Leistungen aus der *Pflegeversicherung, Blindengeld, Versorgungsrenten, Schwerbeschädigten- und Pflegezulagen,* jeweils nach Abzug des Betrages für tatsächliche Mehraufwendungen; § 1610a BGB[3] ist zu beachten.

2.8. Der Anteil des an die Pflegeperson weitergeleiteten *Pflegegeldes,* durch den ihre Bemühungen abgegolten werden; bei Pflegegeld aus der Pflegeversicherung gilt dies nur in den Ausnahmefällen des § 13 Abs. 6 S. 2 SGB XI.

2.9. Leistungen nach §§ 41–43 SGB XII (Grundsicherung) in der Regel beim Verwandtenunterhalt (anders beim Ehegattenunterhalt).

2.10. Kein Einkommen ist sonstige *Sozialhilfe* nach SGB XII. Die Unterhaltsforderung eines Empfängers dieser Leistungen kann in Ausnahmefällen treuwidrig sein (BGH, FamRZ 1999, 843; 2001, 619).

2.11. Kein Einkommen sind Leistungen nach dem *Unterhaltsvorschussgesetz*[4]. Siehe 2.10.

---

[1] **Sartorius Nr. 420.**
[2] Nr. **45e**.
[3] **Habersack, Deutsche Gesetze Nr. 20.**
[4] Nr. **45d**.

3. Kindergeld

Kindergeld ist kein Einkommen der Eltern. Zur Berücksichtigung beim Kind vgl. Nr. 14.

4. Geldwerte Zuwendungen

Geldwerte Zuwendungen aller Art des Arbeitgebers, z.B. Firmenwagen, kostenlose oder verbilligte Wohnung, unentgeltliche Verpflegung, sind Einkommen, soweit sie – ggf. nach § 287 ZPO[1] zu schätzende – entsprechende Eigenaufwendungen ersparen.

5. Wohnwert

Der Wohnvorteil durch mietfreies Wohnen im eigenen Heim ist als wirtschaftliche Nutzung des Vermögens wie Einkommen zu behandeln. Neben dem Wohnwert sind auch Zahlungen nach dem Eigenheimzulagengesetz anzusetzen.

Ein Wohnvorteil liegt nur vor, soweit der Wohnwert den berücksichtigungsfähigen Schuldendienst und die verbrauchsunabhängigen Kosten, die gem. § 556 Abs. 1 BGB[2] i.V.m. § 1 Abs. 2 BetrKV[3] nicht auf einen Mieter umgelegt werden können (insbesondere Kosten der Verwaltung und erforderliche Instandhaltungskosten), übersteigt (vgl. BGH, FamRZ 2009, 1300).

Auszugehen ist von der vollen Marktmiete (objektiver Mietwert). Ist eine Fremdvermietung oder Veräußerung nicht möglich oder nicht zumutbar, ist stattdessen die Miete anzusetzen, die für eine dem ehelichen Lebensstandard entsprechende kleinere Wohnung zu zahlen wäre (ersparte Miete). Dies kommt insbesondere für die Zeit bis zum endgültigen Scheitern der Ehe (in der Regel Ablauf des Trennungsjahres, ggf. Zustellung des Scheidungsantrags) in Betracht, wenn ein Ehegatte das Eigenheim allein bewohnt (vgl. BGH, FamRZ 2008, 963).

Bei der Inanspruchnahme auf Elternunterhalt ist der Wohnvorteil auf der Grundlage der unter den gegebenen Verhältnissen ersparten Miete zu berechnen (BGH, FamRZ 2017, 519, 520).

6. Haushaltsführung

Führt ein nicht voll Erwerbstätiger den Haushalt eines leistungsfähigen Dritten, kann hierfür ein Entgelt (von je nach den Umständen zwischen 200 € und 550 €) anzusetzen sein.

7. Einkommen aus unzumutbarer Erwerbstätigkeit

Einkommen aus unzumutbarer Erwerbstätigkeit kann nach Billigkeit ganz oder teilweise unberücksichtigt bleiben.

8. Freiwillige Zuwendungen Dritter

Freiwillige Zuwendungen Dritter (z.B. Geldleistungen, kostenloses Wohnen) sind in der Regel nur dann als Einkommen zu berücksichtigen, wenn dies dem Willen des Dritten entspricht.

---

[1] **Habersack, Deutsche Gesetze Nr. 100.**
[2] **Habersack, Deutsche Gesetze Nr. 20.**
[3] Nr. **30b/1.**

9. Erwerbsobliegenheit und Einkommensfiktion

9.1. Einkommen sind auch aufgrund einer unterhaltsrechtlichen Obliegenheit erzielbare Einkünfte. Gegenüber minderjährigen und diesen gleichgestellten volljährigen Kindern ist die Obliegenheit nach Maßgabe des § 1603 Abs. 2 BGB[1] gesteigert.

9.2. Bei Arbeitslosigkeit sind über eine Meldung bei der Agentur für Arbeit hinausgehende Erwerbsbemühungen im Einzelnen darzulegen und zu belegen. Der Hinweis auf die Arbeitsmarktlage macht den Nachweis von Bemühungen nur im Ausnahmefall entbehrlich. Bei unzureichenden Bemühungen können fiktive Einkünfte nach den Umständen des Einzelfalles unter Berücksichtigung von Beruf, Alter und des zuletzt erzielten Verdienstes zugrunde gelegt werden.

9.3. Neben dem Bezug von Leistungen der Agentur für Arbeit kann die Aufnahme einer geringfügigen Beschäftigung (§ 155 SGB III) in Betracht kommen.

9.4. Dem wiederverheirateten Elternteil obliegt es ungeachtet seiner Pflichten aus der neuen Ehe, im Rahmen des Zumutbaren zum Unterhalt seiner barunterhaltsberechtigten Kinder aus früherer Ehe beizutragen, ggf. durch Aufnahme einer Teilzeitarbeit.

10. Bereinigung des Einkommens

10.1. Vom Bruttoeinkommen sind *Steuern und Vorsorgeaufwendungen* abzuziehen (Nettoeinkommen). Zu letzteren zählen Aufwendungen für die gesetzliche Kranken- und Pflegeversicherung, Renten- und Arbeitslosenversicherung bzw. die entsprechende private Kranken- und Altersvorsorge sowie Kammerbeiträge. Zur Absicherung einer angemessenen Altersvorsorge kann insbesondere der nichtselbständig Erwerbstätige eine zusätzliche Altersvorsorge von bis zu 4 % seines jeweiligen Gesamtbruttoeinkommens des Vorjahres, gegenüber Ansprüchen auf Elternunterhalt von bis zu 5 % seines Bruttoeinkommens betreiben. Andere Personen können Aufwendungen für eine angemessene Altersversorgung von bis zu 23 % des Gesamtbruttoeinkommens, beim Elternunterhalt von bis zu 24 % einkommensmindernd geltend machen.

Es besteht die Obliegenheit, *Steuervorteile* in Anspruch zu nehmen.

10.2. *Berufsbedingte Aufwendungen* sind im Rahmen der Angemessenheit vom Einkommen abzuziehen.

10.2.1. Die Berücksichtigung berufsbedingter Aufwendungen setzt eine konkrete Darlegung des Aufwandes voraus.

10.2.2. Für notwendige Kosten der berufsbedingten Nutzung eines *Kraftfahrzeugs* kann für jeden gefahrenen Kilometer ein Pauschalbetrag von 0,42 € (in Anlehnung an § 5 Abs. 2 S. 1 Nr. 2 JVEG[2]) angesetzt werden. Damit sind in der Regel Anschaffungskosten einschließlich Finanzierungskosten erfasst. Bei langen Fahrtstrecken (ab ca. 60 km hin und zurück) kann nach unten abgewichen werden (für jeden Mehrkilometer in der Regel Ansatz von 0,28 €).

---

[1] **Habersack, Deutsche Gesetze Nr. 20.**
[2] **Habersack, Deutsche Gesetze Nr. 116.**

10.2.3. Bei *Auszubildenden* sind in der Regel 100 € als ausbildungsbedingter Aufwand abzuziehen.

10.3. *Kinderbetreuungskosten* sind abzugsfähig, soweit die Betreuung durch Dritte infolge der Berufstätigkeit erforderlich ist. Außerdem kann ein *Betreuungsbonus* zu berücksichtigen sein. Zu den abzugsfähigen Kinderbetreuungskosten zählen nicht die Kosten des Kindergartenbesuchs und andere Kosten, bei denen es sich um betreuungsbedingten Mehrbedarf des Kindes handelt; vgl. dazu Nr. 12.4.

10.4. *Schulden* (Zins und ggf. Tilgung) können bei tatsächlicher Zahlung im Rahmen eines vernünftigen Tilgungsplanes mit angemessenen Raten zu berücksichtigen sein. Es ist zu differenzieren:

10.4.1. Beim *Ehegattenunterhalt* sind für die *Bedarfsbemessung* grundsätzlich nur Schulden berücksichtigungsfähig, die die ehelichen Lebensverhältnisse geprägt haben.

Bei der Prüfung der *Leistungsfähigkeit* des Unterhaltspflichtigen können zusätzlich solche Schulden berücksichtigt werden, deren Eingehung notwendig und unabweisbar war. Das Gleiche gilt für die Bedürftigkeit des Unterhaltsberechtigten mit eigenem Einkommen.

10.4.2. Beim Unterhalt *minderjähriger* und gleichgestellter *volljähriger privilegierter Kinder* (§ 1603 Abs. 2 S. 2 BGB[1)]) können für die Einordnung in die Einkommensgruppen der Düsseldorfer Tabelle[2)] berücksichtigungswürdige Schulden vom Einkommen abgesetzt werden. Hierzu ist eine Interessenabwägung vorzunehmen (z.B. Zweck der Verbindlichkeit, Zeitpunkt und Art der Entstehung, Dringlichkeit des Bedürfnisses, Möglichkeit der Schuldenreduzierung). Geht es nur um Mindestunterhalt, ist ein besonders strenger Maßstab anzuwenden.

10.4.3. Bei *sonstigem Verwandtenunterhalt,* insbesondere dem nicht privilegierter volljähriger Kinder, sind Schulden nach einer Interessenabwägung ggf. abzusetzen.

10.5–10.7 (nicht belegt)

Kindesunterhalt

11. Bemessungsgrundlage (Tabellenunterhalt)

Der Barunterhalt minderjähriger und noch *im elterlichen Haushalt lebender* volljähriger unverheirateter *Kinder* bestimmt sich nach den Sätzen der Düsseldorfer Tabelle[2)] (Anhang 1).

Bei minderjährigen Kindern kann er als Festbetrag oder als Vomhundertsatz des Mindestunterhalts i.S. von § 1612a BGB[1)] (= 1. Gruppe der Düsseldorfer Tabelle[2)]) geltend gemacht werden.

11.1. Die Tabellensätze enthalten keine *Beiträge zur Kranken- und Pflegeversicherung* des Kindes, das nicht in einer gesetzlichen Familienversicherung mitversichert ist. Solche zusätzlich aufzubringenden Beiträge sind vorweg vom Einkommen des Unterhaltspflichtigen abzuziehen.

[1)] **Habersack, Deutsche Gesetze Nr. 20.**
[2)] Nr. **47**.

11.2. Die Unterhaltssätze sind auf den Fall zugeschnitten, dass der Unterhaltspflichtige *zwei Unterhaltsberechtigten* Unterhalt zu gewähren hat. Bei einer größeren oder geringeren Anzahl Unterhaltsberechtigter können Ab- oder Zuschläge durch Einstufung in eine niedrigere oder höhere Einkommensgruppe vorzunehmen sein. Dabei sind auch nachrangig Unterhaltsberechtigte zu berücksichtigen.

Bei der Eingruppierung sind die *Bedarfskontrollbeträge* zu beachten. Sie sollen eine ausgewogene Verteilung des Einkommens zwischen Unterhaltspflichtigem und unterhaltsberechtigten Kindern gewährleisten. Wird der Bedarfskontrollbetrag unter Berücksichtigung anderer – auch nachrangiger – Unterhaltspflichten unterschritten, ist der Tabellenbetrag der nächst niedrigeren Gruppe, deren Bedarfskontrollbetrag nicht unterschritten ist, heranzuziehen.

12. Minderjährige Kinder

12.1. Der *betreuende Elternteil* braucht neben dem anderen Elternteil in der Regel keinen Barunterhalt zu leisten (§ 1606 Abs. 3 S. 2 BGB). Etwas anderes kann gelten, wenn das Einkommen des betreuenden Elternteils das des anderen erheblich übersteigt oder wenn der eigene angemessene Selbstbehalt des an sich allein barunterhaltspflichtigen Elternteils gefährdet ist, der des betreuenden Elternteils dagegen nicht und ohne dessen Beteiligung am Barunterhalt ein erhebliches finanzielles Ungleichgewicht zwischen den Eltern entstünde (§ 1603 Abs. 2 S. 3 BGB[1]; BGH, FamRZ 2013,1558).

12.2. *Eigenes Einkommen* des Kindes ist anteilig auf den Barunterhalt und den Betreuungsunterhalt zu verrechnen. Zum Kindergeld vgl. Nr. 14.

12.3. Sind bei *auswärtiger Unterbringung* beide Elternteile zum Barunterhalt verpflichtet, haften sie für den Gesamtbedarf anteilig (§ 1606 Abs. 3 S. 1 BGB[1]). Für die Ermittlung der Haftungsanteile gilt Nr. 13.3 Abs. 2 und 3.

12.4. Kosten für Kindergärten und vergleichbare Betreuungseinrichtungen (ohne Verpflegungskosten) sind Mehrbedarf des Kindes. Zur Qualifizierung von Betreuungskosten als Mehrbedarf des Kindes vgl. BGH, FamRZ 2018, 23.

Die Tabellensätze berücksichtigen keinen *Mehrbedarf* oder *Sonderbedarf;* dafür gilt § 1606 Abs. 3 S. 1 BGB[1].

13. Volljährige Kinder

13.1. Beim Bedarf volljähriger Kinder ist zwischen Kindern mit einem eigenen Haushalt und im Haushalt der Eltern oder eines Elternteils lebenden Kindern zu unterscheiden.

13.1.1. Für *im Haushalt der Eltern* oder eines Elternteils wohnende volljährige Kinder gilt die Altersstufe 4 der Düsseldorfer Tabelle[2]. Sind beide Elternteile leistungsfähig (vgl. Nr. 21.3.1.), ist der Bedarf des Kindes in der Regel nach dem zusammengerechneten Einkommen (ohne Zu- und Abschläge nach Nr. 11.2.) zu bemessen. Für die Haftungsquote gilt

[1] **Habersack, Deutsche Gesetze Nr. 20.**
[2] Nr. 47.

Nr. 13.3. Ein Elternteil hat jedoch höchstens den Unterhalt zu leisten, der sich aus seinem Einkommen nach der Düsseldorfer Tabelle ergibt.

13.1.2. Der angemessene Bedarf eines volljährigen Kindes mit *eigenem Hausstand* beträgt in der Regel monatlich 930 €. Darin sind Kosten für Unterkunft einschließlich umlagefähiger Nebenkosten und Heizung (Warmmiete) von bis zu 410 € enthalten. Nicht enthalten sind Beiträge zur Kranken- und Pflegeversicherung sowie Studiengebühren. Bei besonders guten Einkommensverhältnissen der Eltern oder bei erhöhtem Bedarf kann hiervon abgewichen werden.

13.2. Auf den Unterhaltsbedarf werden das volle *Kindergeld* (vgl. Nr. 14) und *Einkünfte des Kindes,* auch BAföG-Darlehen und Ausbildungsbeihilfen – vermindert um ausbildungsbedingte Aufwendungen, vgl. 10.2.3. – angerechnet. Einkünfte aus nicht geschuldeter Erwerbstätigkeit können nach Billigkeit ganz oder teilweise unberücksichtigt bleiben.

13.3. Ab Volljährigkeit besteht – auch für privilegierte volljährige Kinder – grundsätzlich eine *Barunterhaltspflicht beider Elternteile.*

Zur Ermittlung des *Haftungsanteils* bei anteiliger Barunterhaltspflicht ist das bereinigte Nettoeinkommen jedes Elternteils gemäß Nr. 10 zu ermitteln und vom Restbetrag ein Sockelbetrag in Höhe des angemessenen Selbstbehalts von *1.750 € abzuziehen.* Der so ermittelte Haftungsanteil ist auf seine Angemessenheit zu überprüfen und kann bei Vorliegen besonderer Umstände (z.B. behindertes Kind) wertend verändert werden. Nr. 13.1.1. S. 4 gilt entsprechend.

Bei volljährigen privilegierten Kindern wird der Sockelbetrag bis zum notwendigen Selbstbehalt (*1.200 €/1.450 €*) herabgesetzt, wenn der Bedarf des Kindes andernfalls nicht gedeckt werden kann; § 1603 Abs. 2 S. 3 BGB[1] ist zu beachten.

14. Kindergeld

Das Kindergeld ist nach Maßgabe des § 1612b BGB[1] zur Deckung des Bedarfs des Kindes heranzuziehen.

Ehegattenunterhalt

15. Unterhaltsbedarf

15.1. Der Unterhaltsbedarf wird bestimmt und begrenzt durch die ehelichen Lebensverhältnisse. Diese werden in erster Linie durch das für den gesamten Lebensunterhalt – ggf. nach Abzug des Unterhalts (Zahlbetrag) für minderjährige oder volljährige Kinder – verfügbare Einkommen geprägt. Während der Ehe zur *Vermögensbildung* verwendete Teile des Einkommens bleiben bei der Bedarfsbemessung in der Regel unberücksichtigt. Der Bedarf ist mindestens in Höhe des notwendigen Selbstbehalts eines nicht erwerbstätigen Unterhaltspflichtigen anzusetzen – *Mindestbedarf* – (Nr. 21.2, zur Zeit 1.200 €). Bei *Aufnahme oder Erweiterung einer Erwerbstätigkeit* des Unterhaltsberechtigten nach Trennung/Scheidung gilt das (Mehr-) Einkommen in der Regel als eheprägend (BGH, FamRZ 2001, 986).

[1] **Habersack, Deutsche Gesetze Nr. 20.**

15.2. Es gilt der *Halbteilungsgrundsatz,* Erwerbseinkünfte werden jedoch nur zu 9/10 berücksichtigt (Abzug von 1/10 Erwerbstätigenbonus vom bereinigten Nettoeinkommen).

Leistet ein Ehegatte auch *Unterhalt für ein Kind,* so wird sein Einkommen vor Ermittlung des Erwerbstätigenbonus um diesen Unterhalt (Zahlbetrag) bereinigt. Erbringt der Verpflichtete sowohl Bar- als auch Betreuungsunterhalt, so gilt Nr. 10.3. (BGH, FamRZ 2001, 350).

15.3. Bei sehr guten Einkommensverhältnissen des Verpflichteten ist der *Bedarf* konkret zu berechnen.

15.4. Werden *Altersvorsorgeunterhalt* (zu berechnen nach der „Bremer Tabelle[1]"), *Kranken- und Pflegeversicherungskosten* vom Berechtigten gesondert geltend gemacht oder vom Verpflichteten bezahlt, sind diese vom Einkommen des Pflichtigen vorweg abzuziehen. Der Vorwegabzug unterbleibt, sofern nicht verteilte Mittel zur Verfügung stehen, z.B. in Folge der Anrechnung nicht prägenden Einkommens des Berechtigten.

Vorsorgeunterhalt kann nur beansprucht werden, wenn der Elementarunterhalt in Höhe des notwendigen Selbstbehalts für Nichterwerbstätige sichergestellt ist.

15.5–15.7 (nicht belegt)

16. Bedürftigkeit

Nicht eheprägendes Einkommen des Berechtigten ist – ggf. vermindert um den Erwerbstätigenbonus – auf den Unterhaltsanspruch anzurechnen.

17. Erwerbsobliegenheit

Bei nachehelichem Unterhalt besteht keine Verpflichtung zu einer Erwerbstätigkeit, wenn und soweit der geschiedene Ehegatte durch Kindesbetreuung, Krankheit oder Alter an der Aufnahme einer Erwerbstätigkeit gehindert ist.

17.1. Für den Fall der Kindesbetreuung gilt:

Hat das – ggf. jüngste – betreute Kind das 3. Lebensjahr noch nicht vollendet, besteht keine Erwerbsobliegenheit (zeitlich begrenzter Basisunterhalt).

Ab Vollendung des 3. Lebensjahres des – ggf. jüngsten – betreuten Kindes besteht grundsätzlich eine Erwerbsobliegenheit. Ob und in welchem Umfang eine Erwerbstätigkeit erwartet werden kann, ist jedoch unter Berücksichtigung aller Umstände des Einzelfalls, insbesondere der bisher ausgeübten Tätigkeit und der Möglichkeiten der Kinderbetreuung, zu beurteilen.

17.2. *Im ersten Jahr nach der Trennung* besteht für den Berechtigten in der Regel keine Obliegenheit zur Aufnahme oder Ausweitung einer Tätigkeit.

---

[1] Nr. **47f/1**.

Weitere Unterhaltsansprüche

18. Ansprüche nach § 1615l BGB[1]

Der Bedarf nach § 1615l BGB bemisst sich nach der Lebensstellung des betreuenden Elternteils. Er beträgt in der Regel mindestens *1.200 €*. Die Inanspruchnahme des Unterhaltspflichtigen ist durch den Halbteilungsgrundsatz begrenzt. Nr. 17.1. gilt entsprechend. Wegen des Selbstbehalts vgl. 21.3.2.

19. Elternunterhalt

Der Bedarf ist konkret darzulegen. Leistungen nach §§ 41–43 SGB XII (Grundsicherung) sind anzurechnen (vgl. Nr. 2.9.). Wegen des Selbstbehalts vgl. 21.3.3.

20. Lebenspartnerschaft

Bei Getrenntleben oder Aufhebung der Lebenspartnerschaft gelten §§ 12, 16 LPartG[2].

Leistungsfähigkeit und Mangelfall

21. Selbstbehalt des Verpflichteten

21.1. Dem Unterhaltspflichtigen muss nach Abzug der Unterhaltsansprüche von seinem Einkommen der sog. Selbstbehalt verbleiben.

21.2. Für Eltern gegenüber *minderjährigen und privilegierten volljährigen Kindern* gilt im Allgemeinen der notwendige Selbstbehalt als unterste Grenze (§ 1603 Abs. 2 BGB[1]).

Er beträgt bei nicht Erwerbstätigen *1.200 €*, bei Erwerbstätigen *1.450 €*. Hierin sind Kosten des *Wohnbedarfs* (Warmmiete, d.h. Miete einschließlich umlagefähiger Nebenkosten und Heizung) in Höhe von *520 €* enthalten.

21.3. Beim *Verwandtenunterhalt* gilt im Übrigen der angemessene Selbstbehalt (§ 1603 Abs. 1 BGB[1]).

21.3.1. Der Selbstbehalt gegenüber *volljährigen Kindern* beträgt *1.750 €*. Darin sind Kosten des *Wohnbedarfs* (Warmmiete) in Höhe von *650 €* enthalten. Für den Selbstbehalt gegenüber bereits wirtschaftlich selbständigen Kindern gilt 21.3.3 entsprechend (BGH, FamRZ 2012, 1553).

21.3.2. Gegenüber *der Mutter/dem Vater nichtehelicher Kinder* entspricht der Selbstbehalt dem nach Nr. 21.4.; er beträgt somit in der Regel 1.600 €.

21.3.3. Gegenüber *Eltern* ist der angemessene Selbstbehalt des Unterhaltspflichtigen unter Beachtung von Zweck und Rechtsgedanken des Gesetzes zur Entlastung unterhaltspflichtiger Angehöriger in der Sozialhilfe und in der Eingliederungshilfe (Angehörigenentlastungsgesetz) vom 10.12.2019 (BGBl I S. 2135) zu bemessen.

---

[1] **Habersack, Deutsche Gesetze Nr. 20.**
[2] Nr. **43**.

21.3.4. Für den Selbstbehalt gegenüber *Enkeln* gilt 21.3.3 entsprechend (BGH, FamRZ 2007, 375).

21.4. Der Selbstbehalt gegenüber getrennt lebenden und geschiedenen *Ehegatten* ist sowohl bei Erwerbstätigkeit als auch bei mangelnder Erwerbstätigkeit des Unterhaltspflichtigen mit einem Betrag zu bemessen, der zwischen dem notwendigen Selbstbehalt nach § 1603 II BGB[1] (1.200 €/ 1.450 €) und dem angemessenen Selbstbehalt nach § 1603 I BGB (1.750 €) liegt, in der Regel mit 1.600 €. Darin enthalten sind Kosten des *Wohnbedarfs* von *580* € (Warmmiete).

21.5. Der Selbstbehalt kann im Einzelfall angemessen abgesenkt oder erhöht werden. Er soll erhöht werden, wenn die Wohnkosten (Warmmiete) den ausgewiesenen Betrag überschreiten und nicht unangemessen sind.

22. Bedarf des mit dem Pflichtigen zusammenlebenden Ehegatten

22.1. Der Mindestbedarf des mit dem Unterhaltspflichtigen zusammenlebenden Ehegatten bei Ansprüchen des *nachrangigen geschiedenen Ehegatten* beträgt 1.280 €.

22.2. Der Mindestbedarf des mit dem Unterhaltspflichtigen zusammenlebenden Ehegatten bei Ansprüchen nicht privilegierter *volljähriger Kinder* beträgt 1.400 €.

22.3. Zum Mindestbedarf des mit dem Unterhaltspflichtigen zusammenlebenden Ehegatten bei Ansprüchen von *Eltern oder Enkeln* vgl. 21.3.3 bzw. 21.3.4.

23. Bedarf des vom Pflichtigen getrennt lebenden oder geschiedenen Ehegatten

23.1 Der Mindestbedarf des vom Unterhaltspflichtigen getrenntlebenden oder geschiedenen Ehegatten bei Ansprüchen des nachrangigen geschiedenen Ehegatten beträgt 1.600 €.

23.2 Der Mindestbedarf des vom Unterhaltspflichtigen getrennt lebenden oder geschiedenen Ehegatten bei Ansprüchen nicht privilegierter *volljähriger Kinder* beträgt 1.750 €.

23.3 Vgl. Nr. 21.3.3.

24. Mangelfall

24.1. Reicht das Einkommen zur Deckung des Bedarfs der im ersten Rang unterhaltsberechtigten Kinder (§ 1609 Nr. 1 BGB[1]) und zur Deckung des notwendigen Selbstbehalts des Unterhaltsverpflichteten nicht aus, ist der nach Abzug des Selbstbehalts verbleibende Betrag auf die unterhaltsberechtigten Kinder im Verhältnis ihrer jeweiligen Einsatzbeträge zu verteilen. Einsatzbeträge sind der jeweilige Mindestunterhalt (1. Gruppe der Düsseldorfer Tabelle[2]) abzüglich des zu berücksichtigenden Kindergeldanteils (Zahlbetrag).

Berechnungsformel: K = V : S × 100

K = prozentuale Kürzung

---

[1] **Habersack, Deutsche Gesetze Nr. 20.**

[2] Nr. **47**.

V = Verteilungsmasse (Einkommen des Verpflichteten abzüglich Selbstbehalt)

S = Summe der Einsatzbeträge aller Berechtigten

24.2. Entsprechendes gilt, wenn das unter Berücksichtigung des maßgebenden Selbstbehalts zur Verfügung stehende Einkommen des Unterhaltspflichtigen für die Deckung des Bedarfs von im zweiten (§ 1609 Nr. 2 BGB[1]) oder einem späteren Rang (§ 1609 Nr. 3 ff. BGB) Berechtigten nicht ausreicht.

24.3. Sind neben erstrangigen auch nachrangige Unterhaltsberechtigte vorhanden und reicht das unter Berücksichtigung des Selbstbehalts zur Verfügung stehende Einkommen des Unterhaltspflichtigen nicht zur Deckung des Bedarfs aller Berechtigen aus, so ist zunächst der Bedarf der erstrangigen Unterhaltsberechtigten zu befriedigen; dabei ist jedoch Nr. 11.2 (Bedarfskontrollbetrag) zu beachten.

24.4. Das im Rahmen der Mangelfallberechnung gewonnene Ergebnis ist auf seine Angemessenheit zu überprüfen.

Sonstiges

25. Rundung

Der Unterhaltsbetrag ist auf volle € aufzurunden.

Anhang

1. Düsseldorfer Tabelle

(abgedruckt unter Nr. 47)

2. Zahlbeträge Kindesunterhalt

(abgedruckt unter Nr. 47)

3. Selbstbehaltsätze im Überblick (in €)

		bei mangelnder Erwerbstätigkeit	bei Erwerb stätigkeit
1.	notwendiger Selbstbehalt gegenüber unverheirateten minderjährigen und privilegierten volljährigen Kindern	1.200	1.450
2.	angemessener Selbstbehalt: gegenüber sonstigen volljährigen Kindern	1.750	1.750
3.	Selbstbehalt gegenüber getrenntlebenden und geschiedenen Ehegatten sowie gegenüber Mutter/Vater eines nichtehelichen Kindes in der Regel	1.600	1.600
4.	Selbstbehalt gegenüber Eltern, wirtschaftlich selbständigen Kindern und Enkeln	vgl. Leitlinien Nr. 21.3.3.	vgl. Leitlinien Nr. 21.3.3.

[1] **Habersack, Deutsche Gesetze Nr. 20.**

4. Umrechnung nach früherem Recht erstellter dynamischer Unterhaltstitel über Kindesunterhalt nach § 36 Nr. 3 EGZPO[1]:

Vgl. Rechenformel mit Beispielen in Düsseldorfer Tabelle[2], Anmerkungen E.

---

[1] **Habersack, Deutsche Gesetze Nr. 101.**
[2] Nr. 47.

47f/1. Bremer Tabelle zur Berechnung des Altersvorsorgeunterhalts

(Stand: 1. Januar 2024)[1)]

fortgeführt von Werner Gutdeutsch, Richter am OLG a.D.

Nettobemessungsgrundlage in Euro			Zuschlag in Prozent zur Berechnung der Bruttobemessungsgrundlage
1	–	1.315	13 %
1.316	–	1.380	14 %
1.381	–	1.435	15 %
1.436	–	1.505	16 %
1.506	–	1.570	17 %
1.571	–	1.630	18 %
1.631	–	1.700	19 %
1.701	–	1.770	20 %
1.771	–	1.850	21 %
1.851	–	1.930	22 %
1.931	–	2.015	23 %
2.016	–	2.105	24 %
2.106	–	2.195	25 %
2.196	–	2.295	26 %
2.296	–	2.400	27 %
2.401	–	2.505	28 %
2.506	–	2.620	29 %
2.621	–	2.735	30 %
2.736	–	2.855	31 %
2.856	–	2.980	32 %
2.981	–	3.105	33 %
3.106	–	3.235	34 %
3.236	–	3.370	35 %
3.371	–	3.505	36 %
3.506	–	3.640	37 %
3.641	–	3.770	38 %
3.771	–	3.870	39 %
3.871	–	3.970	40 %
3.971	–	4.075	41 %
4.076	–	4.175	42 %
4.176	–	4.275	43 %
4.276	–	4.375	44 %
4.376	–	4.470	45 %
4.471	–	4.570	46 %
4.571	–	4.665	47 %
4.666	–	4.750	48 %
4.751	–	4.820	49 %

[1)] **Amtl. Anm.:** Berechnet unter Berücksichtigung von Beitragssätzen von 18,6 % für die Rentenversicherung und 2,6 % für die Arbeitslosenversicherung, und Lohnsteuer der Klasse 1 nach dem amtlichen Programmablaufplan 2024 ohne Kinderfreibeträge und ohne Vorsorgepauschale für den Kinderlosenzuschlag zur Pflegeversicherung und mit Solidaritätszuschlag, soweit er nach Art. 4 des 2. FamEntlastG v. 1.12.2020 (BGBl. I S. 2616) von Bedeutung ist; zur Anwendung vgl. BGH, FamRZ 1981, 442, 444, 445 = NJW 1981, 1556, 1558, 1559; BGH, FamRZ 1983, 888, 889, 890 = NJW 1983, 2937, 2938, 2939; siehe auch BGH FamRZ 1985, 471, 472, 473 = NJW 85/1347 [LS].

Nettobemessungsgrundlage in Euro			Zuschlag in Prozent zur Berechnung der Bruttobemessungsgrundlage
4.821	–	4.900	50 %
4.901	–	4.975	51 %[1)]
4.976	–	5.110	52 %[2)]
5.111	–	5.255	53 %
5.256	–	5.410	54 %
5.411	–	5.575	55 %
5.576	–	5.745	56 %
5.746	–	5.930	57 %
5.931	–	6.125	58 %
6.126	–	6.340	59 %
6.341	–	6.675	60 %
6.676	–	7.040	61 %
7.041	–	7.455	62 %
7.456	–	7.920	63 %
7.921	–	8.445	64 %
8.446	–	9.045	65 %
9.046	–	9.735	66 %
9.736	–	10.545	67 %
10.546	–	11.495	68 %
11.496	–	12.635	69 %
12.636	–	14.030	70 %
14.031	–	14.945	71 %
14.946	–	15.780	72 %
15.781	–	16.710	73 %
16.711	–	17.765	74 %
ab 17.766	–		75 %

[1)] **Amtl. Anm.:** In den neuen Bundesländern wird bei einer Beitragsbemessungsgrenze von 7.450 € mit einer Nettobemessungsgrundlage von 4.934,91 € und einem Zuschlag von 50,97 % der höchstmögliche Einzahlungsbetrag in die gesetzliche Rentenversicherung von 1.385 € erreicht.

[2)] **Amtl. Anm.:** In den alten Bundesländern wird bei einer Beitragsbemessungsgrenze von 7.550 € mit einer Nettobemessungsgrundlage von 4.981,69 € und einem Zuschlag von 51,55 % der höchstmögliche Einzahlungsbetrag in die gesetzliche Rentenversicherung von 1.404 € erreicht. Nach BGH, FamRZ 2007, 117 ist aber auch ein Vorsorgeunterhalt jenseits der Beitragsbemessungsgrenze nach den Grundsätzen der Bremer Tabelle zu berechnen.

Tabellarische Übersicht auf der Grundlage der Bremer Tabelle[1]

Stand 1. Januar 2024, Beitragssatz: 18,6 %, Quote 45 %

bearb. von RiOLG a.D. Werner Gutdeutsch

1 Einkommen bzw. Eink.differenz	2 45 %-Quote (Basisbetrag)	3 AVU	4 endgültiger Elementarunterhalt
100	45	9	41
200	90	19	81
300	135	28	122
400	180	38	163
500	225	47	204
600	270	57	244
700	315	66	285
800	360	76	326
900	405	85	367
1.000	450	94	408
1.100	495	104	448
1.200	540	113	489
1.300	585	123	530
1.400	630	132	571
1.500	675	142	611
1.600	720	151	652
1.700	765	161	693
1.800	810	170	734
1.900	855	180	774
2.000	900	189	815
2.100	945	199	855
2.200	990	208	896
2.300	1.035	218	937
2.400	1.080	227	978
2.500	1.125	236	1.019
2.600	1.170	246	1.059
2.700	1.215	255	1.100
2.800	1.260	265	1.141
2.900	1.305	274	1.182
3.000	1.350	286	1.221
3.100	1.395	298	1.261
3.200	1.440	311	1.300
3.300	1.485	320	1.341
3.400	1.530	333	1.380
3.500	1.575	346	1.419
3.600	1.620	356	1.460
3.700	1.665	368	1.499
3.800	1.710	382	1.538
3.900	1.755	392	1.579

[1] **Amtl. Anm.:** Zur Verwendung vgl. Gutdeutsch/Hampel, FamRZ 1992, 1028 = NJW 1992, 2684 = DAVorm 1992, 779 = FuR 1992, 216.

1 Einkommen bzw. Eink.differenz	2 45 %-Quote (Basisbetrag)	3 AVU	4 endgültiger Elementarunterhalt
4.000	1.800	405	1.618
4.100	1.845	415	1.658
4.200	1.890	429	1.697
4.300	1.935	443	1.736
4.400	1.980	453	1.776
4.500	2.025	467	1.815
4.600	2.070	477	1.855
4.700	2.115	492	1.894
4.800	2.160	502	1.934
4.900	2.205	517	1.972
5.000	2.250	527	2.013
5.100	2.295	538	2.053
5.200	2.340	553	2.091
5.300	2.385	563	2.132
5.400	2.430	578	2.170
5.500	2.475	589	2.210
5.600	2.520	605	2.248
5.700	2.565	615	2.288
5.800	2.610	626	2.328
5.900	2.655	642	2.366
6.000	2.700	653	2.406
6.100	2.745	669	2.444
6.200	2.790	680	2.484
6.300	2.835	691	2.524
6.400	2.880	707	2.562
6.500	2.925	718	2.602
6.600	2.970	729	2.642
6.700	3.015	746	2.679
6.800	3.060	757	2.719
6.900	3.105	768	2.759
7.000	3.150	785	2.797
7.100	3.195	796	2.837
7.200	3.240	814	2.874
7.300	3.285	825	2.914
7.400	3.330	836	2.954
7.500	3.375	854	2.991
7.600	3.420	865	3.031
7.700	3.465	876	3.071
7.800	3.510	894	3.108
7.900	3.555	906	3.147
8.000	3.600	917	3.187
8.100	3.645	936	3.224
8.200	3.690	947	3.264
8.300	3.735	959	3.303
8.400	3.780	977	3.340
8.500	3.825	989	3.380
8.600	3.870	1.000	3.420

1 Einkommen bzw. Eink.differenz	2 45 %-Quote (Basisbetrag)	3 AVU	4 endgültiger Elementarunterhalt
8.700	3.915	1.019	3.456
8.800	3.960	1.031	3.496
8.900	4.005	1.050	3.533
9.000	4.050	1.062	3.572
9.100	4.095	1.082	3.608
9.200	4.140	1.093	3.648
9.300	4.185	1.113	3.684
9.400	4.230	1.125	3.724
9.500	4.275	1.137	3.763
9.600	4.320	1.157	3.799
9.700	4.365	1.169	3.839
9.800	4.410	1.189	3.875
9.900	4.455	1.202	3.914

47g. Oberlandesgericht Celle – Unterhaltsrechtliche Leitlinien der Familiensenate[1)]

(Stand: 1. Januar 2024)

Die von den Familiensenaten zusammengestellten Leitlinien dienen dem Ziel, die Rechtsprechung der Senate möglichst weitgehend zu vereinheitlichen. Sie werden der Entwicklung des Unterhaltsrechts angepasst und lassen bewusst Raum für weitere Überlegungen und Konkretisierungen. Eine bindende Wirkung kommt ihnen nicht zu.

Das Tabellenwerk der Düsseldorfer Tabelle[2)] ist eingearbeitet. Die Erläuterungen werden durch nachfolgende Leitlinien ersetzt.

Unterhaltsrechtliches Einkommen

Bei der Ermittlung und Zurechnung von Einkommen ist stets zu unterscheiden, ob es um Verwandten- oder Ehegattenunterhalt sowie ob es um Bedarfsbemessung einerseits oder Feststellung der Bedürftigkeit/Leistungsfähigkeit andererseits geht.

Das unterhaltsrechtliche Einkommen ist nicht immer identisch mit dem steuerrechtlichen Einkommen.

1. Geldeinnahmen

1.1 Auszugehen ist vom Bruttoeinkommen als Summe aller Einkünfte.

1.2 Soweit Leistungen nicht monatlich anfallen (z.B. Weihnachts- und Urlaubsgeld), werden sie auf ein Jahr umgelegt. Einmalige Zahlungen (z.B. Abfindungen) sind auf einen angemessenen Zeitraum zu verteilen. In der Regel ist die Verteilung so vorzunehmen, dass der bisherige Lebensstandard aufrechterhalten werden kann.

1.3 Überstundenvergütungen werden dem Einkommen voll zugerechnet, soweit sie berufstypisch sind und das in diesem Beruf übliche Maß nicht überschreiten.

1.4 Spesen und Auslösungen werden pauschal zu 1/3 dem Einkommen hinzugerechnet, soweit nicht nachgewiesen wird, dass die Zulagen notwendigerweise in weitergehendem Umfang verbraucht werden und keine häusliche Ersparnis eintritt.

1.5 Bei Ermittlung des zukünftigen Einkommens eines Selbständigen ist in der Regel der durchschnittliche Gewinn der letzten drei Jahre zugrunde zu legen.

1.6 Einkünfte aus Vermietung und Verpachtung sowie aus Kapitalvermögen ergeben sich aus der Differenz zwischen Einnahmen und Werbungskosten. Für Gebäude ist in der Regel keine AfA anzusetzen.

1.7 Steuererstattungen und Steuernachzahlungen sind in der Regel in dem Kalenderjahr, in dem sie anfallen, zu berücksichtigen und auf die einzel-

---

[1)] In der jeweils aktuellen Fassung kostenlos abrufbar unter www.oberlandesgericht-celle.niedersachsen.de.

[2)] Nr. **47**.

nen Monate umzulegen. Soweit Erstattungen auf Aufwendungen beruhen, die unterhaltsrechtlich nicht zu berücksichtigen sind, bleiben auch die Steuererstattungen außer Betracht.

1.8 Sonstige Einnahmen, z.B. Trinkgelder.

2. Sozialleistungen

2.1 Arbeitslosengeld (§ 117 SGB III) und Krankengeld.

2.2 Bürgergeld nach § 19 Abs. 1 S. 1 SGB II (bis 31.12.2022: Arbeitslosengeld II) und andere Leistungen nach dem SGB II beim Verpflichteten. Beim Berechtigten ist das Bürgergeld nach § 19 Abs. 1 S. 2 SGB II (bis 31.12. 2022: Sozialgeld) kein Einkommen, es sei denn, die Nichtberücksichtigung der Leistungen ist in Ausnahmefällen treuwidrig (vgl. BGH FamRZ 1999, 843; 2001, 619; 2009, 307); nicht subsidiäre Leistungen nach dem SGB II sind Einkommen.

2.3 Wohngeld, soweit es nicht erhöhte Wohnkosten deckt.

2.4 BAföG-Leistungen, auch soweit sie als Darlehen gewährt werden, mit Ausnahme der subsidiären Vorausleistungen nach §§ 36, 37 BAföG[1].

2.5 Elterngeld, soweit es über den Sockelbetrag hinausgeht, nur unter den Voraussetzungen von § 11 S. 4 BEEG[2].

2.6 Arbeitsunfallrenten.

2.7 Leistungen aus der Pflegeversicherung, Blindengeld, Versorgungsrenten, Schwerbeschädigten- und Pflegezulagen nach Abzug eines Betrags für tatsächliche Mehraufwendungen; §§ 1610a, 1578a BGB[3] ist zu beachten.

2.8 Der Anteil des an die Pflegeperson weitergeleiteten Pflegegeldes, durch den ihre Bemühungen abgegolten werden; bei Pflegegeld aus der Pflegeversicherung gilt dies nur in den Ausnahmefällen des § 13 VI SGB XI.

2.9 In der Regel Bezüge nach §§ 41–43 SGB XII (Grundsicherung) beim Verwandtenunterhalt (anders beim Ehegattenunterhalt).

2.10 und 2.11 Kein Einkommen sind sonstige Sozialhilfe nach SGB XII und Leistungen nach dem UVG[4]. Die Unterhaltsforderung eines Empfängers dieser Leistungen kann in Ausnahmefällen treuwidrig sein (vgl. Ziff. 2.2).

3. Kindergeld

Kindergeld wird nicht zum Einkommen der Eltern gerechnet (vgl. Ziff. 14).

4. Geldwerte Zuwendungen des Arbeitgebers

Geldwerte Zuwendungen aller Art des Arbeitgebers, z.B. Überlassung eines Firmenwagens auch zur privaten Nutzung, Zuschüsse im Rahmen der car allowance (BGH FamRZ 2021, 186) oder freie Kost und Logis sind Einkommen, soweit sie entsprechende Eigenaufwendungen ersparen.

---

[1] **Sartorius Nr. 420.**
[2] Nr. **45e**.
[3] **Habersack, Deutsche Gesetze Nr. 20.**
[4] Nr. **45d**.

In der Regel wird die Überlassung eines Firmenwagens zur privaten Nutzung durch die steuerliche Bewertung mit 1 % des Listenpreises des Fahrzeugs zuzüglich 0,03 % für jeden Kilometer für Fahrten zwischen Wohnung und Arbeitsstätte zutreffend im Gesamtbruttoeinkommen erfasst, so dass der Sachbezug ausreichend durch die damit verbundene Erhöhung des Nettoeinkommens berücksichtigt ist.

5. Wohnwert

Der Wohnvorteil durch mietfreies Wohnen im eigenen Heim ist als wirtschaftliche Nutzung des Vermögens unterhaltsrechtlich wie Einkommen zu behandeln. Neben dem Wohnwert sind auch Zahlungen nach dem Eigenheimzulagengesetz anzusetzen.

Ein Wohnvorteil liegt nur vor, soweit der Wohnwert den berücksichtigungsfähigen Schuldendienst, notwendige Instandhaltungskosten (BGH FamRZ 2000, 351; 2017, 519) und die verbrauchsunabhängigen Kosten, mit denen ein Mieter üblicherweise nicht belastet wird, übersteigt. In diesem Rahmen sind die über den Zinsanteil hinausgehenden Tilgungsleistungen bis zur Höhe des Wohnwerts anzurechnen (BGH FamRZ 2017, 519; 2018, 1506; 2022, 781).

Auszugehen ist von der erzielbaren Miete (objektiver oder voller Wohnwert). Wenn es nicht möglich oder zumutbar ist, die Wohnung aufzugeben und das Objekt zu vermieten oder zu veräußern, kann stattdessen die ersparte Miete angesetzt werden, die angesichts der persönlichen und wirtschaftlichen Verhältnisse angemessen wäre (subjektiver oder angemessener Wohnwert). Dies kommt insbesondere für die Zeit bis zur endgültigen Vermögensauseinandersetzung oder bis zum endgültigen Scheitern der Ehe, etwa bei Zustellung des Scheidungsantrags, in Betracht, wenn ein Ehegatte das Eigenheim allein bewohnt (BGH FamRZ 2008, 963).

Die kostenfreie Zurverfügungstellung von Wohnraum wird vorrangig im unterhaltsrechtlichen Verhältnis zwischen den Eltern ausgeglichen (BGH FamRZ 2022, 1366).

6. Haushaltsführung

Führt jemand einem leistungsfähigen Dritten den Haushalt, so kann hierfür ein Einkommen angesetzt werden (BGH FamRZ 2001, 1693; 2004, 1170).

7. Einkommen aus unzumutbarer Erwerbstätigkeit

Einkommen aus unzumutbarer Erwerbstätigkeit kann nach Billigkeit ganz oder teilweise unberücksichtigt bleiben (BGH FamRZ 2005, 1154; 2014, 1987; 2017, 711).

8. Freiwillige Zuwendungen Dritter

Freiwillige Zuwendungen Dritter (z.B. Geldleistungen, kostenloses Wohnen) sind nur dann als Einkommen zu berücksichtigen, wenn dies dem Willen des Dritten entspricht. Soweit jedoch einzelne gleichrangige Kinder mit einer Nichtgeltendmachung oder einer Titulierung ihres Unterhalts in geringerer Höhe -vergleichbar mit freiwilligen Leistungen Dritter- die Zweckrichtung verfolgen, allein dem Unterhaltspflichtigen weitere Einkünfte zu belassen, findet dieses am Anspruch auf Mindestunterhalt weiterer minderjähriger Kinder seine Grenze (BGH FamRZ 2019, 1415).

9. Erwerbsobliegenheit und Einkommensfiktion

Einkommen können auch aufgrund einer unterhaltsrechtlichen Obliegenheit erzielbare Einkünfte sein (BGH FamRZ 2014, 637; 2014, 1992; 2017, 109).

10. Bereinigung des Einkommens

10.1 Vom Bruttoeinkommen sind Steuern, Sozialabgaben und/oder angemessene Vorsorgeaufwendungen abzusetzen (Nettoeinkommen).

10.1.1 Es besteht die Obliegenheit, Steuervorteile in Anspruch zu nehmen (z.B. Eintragung eines Freibetrags bei Fahrtkosten, für unstreitigen oder rechtskräftig titulierten Unterhalt (BGH FamRZ 2007, 793; 2010, 1318).

10.1.2 Zur Absicherung einer angemessenen Altersvorsorge kann der nichtselbstständig Erwerbstätige eine zusätzliche Altersvorsorge von bis zu 4 % seines jeweiligen Gesamtbruttoeinkommens (BGH FamRZ 2005, 1817; 2008, 963; 2009, 1207), gegenüber Ansprüchen auf Elternunterhalt von bis zu 5 % seines Bruttoeinkommens betreiben (vgl. BGH FamRZ 2004, 792; 2006, 1511). Liegt dessen Einkommen über der Beitragsbemessungsgrenze, können für den darüber hinausgehenden Einkommensanteil ebenso wie beim selbständig Erwerbstätigen Aufwendungen für eine angemessene Altersversorgung in Höhe der Beiträge zur gesetzlichen Rentenversicherung (seit 1.1.2018: 18,6 %) zuzüglich einer zusätzlichen Altersvorsorge von 4 bzw. 5 % nach dem Gesamtbruttoeinkommen geltend gemacht werden (BGH FamRZ 2020, 21).

Andere Personen können Aufwendungen für eine angemessene Altersversorgung in Höhe der Beiträge zur gesetzlichen Rentenversicherung (seit 1.1.2018: 18,6 %) zuzüglich einer zusätzlichen Altersvorsorge von 4 bzw. 5 % nach ihrem Gesamtbruttoeinkommen geltend machen.

Dabei kann insbesondere ein den Wohnvorteil (Ziffer 5.) übersteigender Tilgungsanteil als Vermögensbildung Berücksichtigung finden (BGH FamRZ 2017, 519; 2018, 1506).

Im Rahmen der Ermittlung von Einkünften aus Vermietung und Verpachtung (Ziffer 1.6) berücksichtigte Tilgungsleistungen (Ziffer 10.5) sind auf diese Altersvorsorgequote hingegen nicht anzurechnen (BGH FamRZ 2022, 434).

10.2 Berufsbedingte Aufwendungen, die sich von den privaten Lebenshaltungskosten nach objektiven Merkmalen eindeutig abgrenzen lassen, sind im Rahmen des Angemessenen vom Nettoeinkommen aus nichtselbstständiger Arbeit abzuziehen.

10.2.1 Bei Vorliegen entsprechender Anhaltspunkte kann von Einkünften aus nichtselbstständiger Erwerbstätigkeit eine Pauschale von 5 % des Nettoeinkommens (Ziff. 10.1) angesetzt werden. Übersteigen die berufsbedingten Aufwendungen diese Pauschale, so sind sie insgesamt im Einzelnen darzulegen.

10.2.2 Für die notwendigen Kosten der berufsbedingten Nutzung eines Kraftfahrzeugs können 0,42 € pro gefahrenem Kilometer angesetzt werden. Bei Fahrtstrecken von mehr als 30 km einfacher Entfernung kann die

Kilometerpauschale ab dem 31. Kilometer auf 0,28 € pro gefahrenem Kilometer reduziert werden. Mit der Pauschale sind i.d.R. auch Anschaffungskosten erfasst. Werden die Raten für einen zur Anschaffung aufgenommenen Kredit berücksichtigt, so verringern sich die anrechnungsfähigen km-Kosten.

10.2.3 (nicht belegt)

10.3 Kinderbetreuungskosten sind abzugsfähig, soweit die Betreuung durch Dritte infolge der Berufstätigkeit erforderlich ist. Aufwendungen für die Betreuung eines Kindes in Kindergärten oder vergleichbaren Einrichtungen mindern das Einkommen nicht; es handelt sich um Mehrbedarf (vgl. Ziff. 11.1 und 12.4) des Kindes (BGH FamRZ 2009, 962; 2017, 711).

10.4 Schulden können je nach den Umständen des Einzelfalls (Art, Grund und Zeitpunkt des Entstehens) das anrechenbare Einkommen vermindern. Die Abzahlung soll im Rahmen eines Tilgungsplans in angemessenen Raten erfolgen. Dabei sind die Belange von Unterhaltsgläubiger, Unterhaltsschuldner und Drittgläubiger gegeneinander abzuwägen (BGH FamRZ 2017, 109; 2019, 1415). Unter Umständen besteht im Rahmen gesteigerter Unterhaltspflicht nach § 1603 II BGB[1] die Obliegenheit zur Einleitung eines Insolvenzverfahrens und Geltendmachung der gesetzlichen Pfändungsfreigrenzen (BGH FamRZ 2005, 608; FamRZ 2019, 1415).

10.5 Bei Einkünften aus Vermietung und Verpachtung (Ziffer 1.6), die mittels kreditfinanzierter Immobilien erzielt werden, ist bis zur erzielten Miete nicht nur die Zins-, sondern auch die Tilgungsleistung unterhaltsrechtlich zu berücksichtigen (BGH FamRZ 2022, 434).

10.6 Vermögenswirksame Sparleistungen des Arbeitnehmers, die nicht unter Ziff. 10.1.2 fallen, vermindern das Einkommen nicht. Jedoch sind im Bruttoeinkommen enthaltene Leistungen des Arbeitgebers für die vermögenswirksame Anlage zu belassen.

10.7 Aufwendungen für die Ausübung des Umgangsrechts können sich, soweit sie notwendigerweise anfallen, einkommensmindernd auswirken. Nimmt der barunterhaltspflichtige Elternteil ein weit über das übliche Maß hinausgehendes Umgangsrecht wahr, können in diesem Zusammenhang getätigte außergewöhnlich hohe Aufwendungen (vor allem Fahrt- und Unterbringungskosten) Anlass geben, den Barunterhaltsbedarf des Kindes unter Herabstufung um eine oder mehrere Einkommensgruppen der Düsseldorfer Tabelle[2] zu bestimmen (BGH FamRZ 2014, 917).

Kindesunterhalt

11. Bemessungsgrundlage (Tabellenunterhalt)

Der Barunterhaltsbedarf minderjähriger und noch im elterlichen Haushalt lebender volljähriger unverheirateter Kinder bestimmt sich nach den Sätzen der Düsseldorfer Tabelle[2] (vgl. Anhang I). Bei minderjährigen

---

[1] **Habersack, Deutsche Gesetze Nr. 20.**
[2] Nr. **47**.

Kindern kann er als Festbetrag oder als Prozentsatz des Mindestunterhalts nach § 1612a I BGB[1] geltend gemacht werden.

11.1 Die Tabellensätze der Düsseldorfer Tabelle[2] enthalten keine Kranken- und Pflegeversicherungsbeiträge für das Kind, wenn dieses nicht in einer gesetzlichen Familienversicherung mitversichert ist. Das Nettoeinkommen des Pflichtigen ist um solche zusätzlich zu zahlenden Versicherungskosten zu bereinigen. Kosten für den Besuch eines Kindergartens oder vergleichbare Betreuungsformen werden mit Ausnahme der Verpflegungskosten durch die Tabellensätze nicht erfasst. Sie sind Mehrbedarf des Kindes (BGH FamRZ 2009, 962).

11.2 Die Tabellensätze sind auf den Fall zugeschnitten, dass der Unterhaltspflichtige zwei Unterhaltsberechtigten Unterhalt zu gewähren hat. Bei einer größeren oder geringeren Anzahl Unterhaltsberechtigter können Ab- oder Zuschläge durch Einstufung in niedrigere oder höhere Einkommensgruppen vorzunehmen sein.

Zur Eingruppierung können auch die Bedarfskontrollbeträge herangezogen werden. Der Bedarfskontrollbetrag des Unterhaltspflichtigen ab Gruppe 2 ist nicht identisch mit dem Eigenbedarf. Er soll eine ausgewogene Verteilung des Einkommens zwischen dem Unterhaltspflichtigen und den unterhaltsberechtigten Kindern gewährleisten. Wird er unter Berücksichtigung anderer Unterhaltspflichten unterschritten, ist der Tabellenbetrag der nächst niedrigeren Gruppe, deren Bedarfskontrollbetrag nicht unterschritten wird, anzusetzen.

12. Minderjährige Kinder

12.1 Der Bedarf minderjähriger Kinder bemisst sich nach den zusammengerechneten Einkünften beider Elternteile. Die Unterhaltspflicht des barunterhaltspflichtigen Elternteils ist jedoch auf den Betrag begrenzt, den dieser bei alleiniger Unterhaltshaftung auf Grundlage seines Einkommens zu zahlen hätte (BGH FamRZ 2022, 1366; FamRZ 2021, 28).

Der betreuende Elternteil braucht neben dem anderen Elternteil in der Regel keinen Barunterhalt zu leisten (§ 1606 III 2 BGB[1]), es sei denn, sein Einkommen ist bedeutend höher als das des anderen Elternteils oder der eigene angemessene Unterhalt des sonst allein barunterhaltspflichtigen Elternteils ist gefährdet (§ 1603 II 3 BGB).

12.2 Unterhaltsrechtlich zu berücksichtigendes Einkommen des Kindes wird – unter Abzug ausbildungs- oder berufsbedingter Aufwendungen – je hälftig auf den Bar- und Betreuungsunterhalt angerechnet. Zum Kindergeld vgl. Ziff. 14. Unterhaltspflichten werden durch den Kinderzuschlag nicht berührt (§ 6c BKGG[3]).

12.3 Sind, z.B. bei auswärtiger Unterbringung des Kindes, beide Eltern zum Barunterhalt verpflichtet, haften sie anteilig nach § 1606 III 1 BGB[1] für den Gesamtbedarf (vgl. Ziff. 13.3). Der Verteilungsschlüssel kann unter Berücksichtigung des Betreuungsaufwandes wertend verändert werden.

---

[1] **Habersack, Deutsche Gesetze Nr. 20.**
[2] Nr. **47**.
[3] Nr. **45b**.

12.4 Bei Zusatzbedarf (Verfahrenskostenvorschuss, Mehrbedarf, Sonderbedarf) gilt § 1606 III 1 BGB[1] (vgl. Ziff. 13.3). Die Kosten für den Kindergarten (ohne Verpflegungskosten) oder vergleichbare Betreuungseinrichtungen sind Mehrbedarf des Kindes (BGH FamRZ 2009, 962).

13. Volljährige Kinder

13.1 Beim Bedarf volljähriger Kinder ist zu unterscheiden, ob sie noch im Haushalt der Eltern/eines Elternteils leben oder einen eigenen Hausstand haben.

13.1.1 Für volljährige Kinder, die noch im Haushalt der Eltern oder eines Elternteils wohnen, ergibt sich der Bedarf aus der Altersstufe 4 der Düsseldorfer Tabelle[2]. Das gilt bis zur Vollendung des 21. Lebensjahres auch für unverheiratete volljährige Kinder, die sich in der allgemeinen Schulausbildung befinden.

Dieser vom Einkommen der Eltern abgeleitete Unterhaltsbedarf bemisst sich grundsätzlich nach den zusammengerechneten Einkommen beider Elternteile ohne Höhergruppierung nach Ziff. 11.2. Ein Elternteil hat jedoch höchstens den Unterhalt zu leisten, der sich allein aus seinem Einkommen nach der Düsseldorfer Tabelle ergibt (vgl. BGH FamRZ 2006, 99).

13.1.2 Der angemessene Bedarf eines volljährigen Kindes mit eigenem Hausstand beträgt in der Regel monatlich **930 €** ohne Beiträge zur Kranken- und Pflegeversicherung.

Von diesem Betrag kann bei erhöhtem Bedarf oder mit Rücksicht auf die Lebensstellung der Eltern nach oben abgewichen werden.

13.2 Auf den Bedarf wird unterhaltsrechtlich zu berücksichtigendes Einkommen des Kindes, auch BAföG-Leistungen (vgl. Ziff. 2.4) und Ausbildungsbeihilfen (gekürzt um ausbildungsbedingte Aufwendungen) sowie das staatliche Kindergeld in voller Höhe (vgl. Ziff. 14) angerechnet.

13.3 Bei anteiliger Barunterhaltspflicht ist vor Berechnung des Haftungsanteils nach § 1606 III 1 BGB[1] das bereinigte Nettoeinkommen jedes Elternteils gemäß Ziff. 10 zu ermitteln und davon ein Sockelbetrag in Höhe des angemessenen Selbstbehalts (vgl. Ziff. 21.3.1) abzuziehen.

Der Haftungsanteil nach § 1606 III 1 BGB errechnet sich nach der Formel:

Bereinigtes Nettoeinkommen eines Elternteils (E1 oder E2) abzüglich Sockelbetrag (S) mal (Rest-)Bedarf (R), geteilt durch die Summe der bereinigten Nettoeinkommen beider Eltern (E1 + E2) abzüglich doppelter Sockelbetrag (2 × S).

Haftungsanteil 1 = $(E1 - S) \times R : (E1 + E2 - 2 \times S)$.

Der so ermittelte Haftungsanteil ist auf seine Angemessenheit zu überprüfen und kann bei Vorliegen besonderer Umstände (z.B. behindertes Kind) wertend verändert werden.

Bei volljährigen Schülern, die in § 1603 II 2 BGB minderjährigen Kindern gleichgestellt sind, wird der Sockelbetrag bis zum notwendigen

---

[1] **Habersack, Deutsche Gesetze Nr. 20.**
[2] Nr. **47**.

Selbstbehalt (vgl. Ziff. 21.2) herabgesetzt, wenn der Mindestbedarf der Kinder andernfalls nicht gedeckt werden kann.

14. Verrechnung des Kindergeldes

Das Kindergeld wird gemäß § 1612b BGB[1] zur Deckung des Barbedarfs verwendet, bei minderjährigen Kindern, die von einem Elternteil betreut werden, zur Hälfte, ansonsten in voller Höhe.

Ehegattenunterhalt

15. Unterhaltsbedarf

15.1 Der Bedarf der Ehegatten richtet sich nach ihren Einkommens- und Vermögensverhältnissen im Unterhaltszeitraum, soweit sich diese aus den ehelichen Lebensverhältnissen fortschreiben lassen.

Änderungen des verfügbaren Einkommens der Ehegatten sind grundsätzlich zu berücksichtigen, unabhängig davon wann sie eingetreten sind und ob es sich um Minderungen oder Erhöhungen handelt. Eine Einkommensreduzierung ist unbeachtlich, wenn sie auf einem unterhaltsrechtlich vorwerfbaren Verhalten beruht. Unerwartete, nicht in der Ehe angelegte Steigerungen des Einkommens des Unterhaltspflichtigen (insbesondere aufgrund eines Karrieresprungs) bleiben unberücksichtigt.

Der nacheheliche Unterhaltsbedarf wird bestimmt durch die Umstände, die bis zur Rechtskraft der Ehescheidung eingetreten sind. Nachfolgende Entwicklungen wirken sich auf die Bedarfsbemessung aus, wenn sie auch bei fortbestehender Ehe angelegt und mit hoher Wahrscheinlichkeit zu erwarten waren (BGH FamRZ 2012, 281). Für Unterhaltspflichten infolge eines nachehelich geborenen Kindes kann dies nicht angenommen werden (BGH FamRZ 2012, 281).

Es ist von einem Mindestbedarf auszugehen, der das Existenzminimum für nicht Erwerbstätige (vgl. Ziff. 21.2) nicht unterschreiten darf.

15.2 Es gilt der Halbteilungsgrundsatz. Vom bereinigten Erwerbseinkommen kann ein Bonus von 1/10 abgezogen werden.

Leistet ein Ehegatte Unterhalt für ein unterhaltsberechtigtes Kind, wird sein Einkommen vor Ermittlung des Erwerbstätigenbonus um diesen Unterhalt (Zahlbetrag) bereinigt.

Kommt der betreuende Elternteil für einen ungedeckten Restbedarf auf, so kommt es in Betracht, diesen ebenso von seinen Einkünften abzusetzen (BGH FamRZ 2021, 1965)

15.3 Bei einem Familieneinkommen bis zur Höhe des höchsten in der Düsseldorfer Tabelle[2] ausgewiesenen Einkommensbetrags (derzeit 11.200 €) kann vermutet werden, dass dieses vollständig für den Lebensbedarf der Familie verwendet worden ist. Der Unterhaltsbedarf kann in diesem Fall ohne Darlegung der konkreten Einkommensverwendung nach der Einkommensquote bemessen werden. Soweit das Einkommen darüber hinausgeht, hat der Unterhaltsberechtigte, wenn er dennoch Unterhalt nach der Quotenmethode begehrt, die entsprechende Verwendung des Ein-

---

[1] **Habersack, Deutsche Gesetze Nr. 20.**
[2] Nr. **47.**

kommens für den Lebensbedarf darzulegen und zu beweisen. Als Familieneinkommen in diesem Sinn ist dabei das Einkommen anzusehen, das für den ehelichen Lebensbedarf der beiden Ehegatten zur Verfügung steht (BGH FamRZ 2020, 21). Dem Unterhaltsberechtigten bleibt es unbenommen, eine zunächst konkrete Bedarfsbemessung auf einen Quotenunterhalt umzustellen (BGH FamRZ 2021, 1965).

15.4 Werden Altersvorsorge-, Kranken- und Pflegeversicherungskosten vom Berechtigten gesondert geltend gemacht oder vom Pflichtigen gezahlt, sind diese von seinem Einkommen vorweg abzuziehen. Jedenfalls dann, wenn der Unterhaltspflichtige eine zusätzliche Altersvorsorge (10.1.2) betreibt, ist es geboten, dies auch dem Unterhaltsberechtigten durch eine entsprechende Erhöhung des Altersvorsorgeunterhalts zu ermöglichen (BGH FamRZ 2020, 21). Der Vorwegabzug unterbleibt, soweit nicht verteilte Mittel zur Verfügung stehen, namentlich bei einer konkreten Bedarfsberechnung (vgl. Ziff. 15.3). Altersvorsorgeunterhalt wird nicht geschuldet, wenn das Existenzminimum des Berechtigten (vgl. Ziff. 15.1) nicht gesichert ist.

15.5 Schuldet der Unterhaltspflichtige sowohl einem geschiedenen als auch einem neuen Ehegatten Unterhalt, hat dies keinen Einfluss auf die Bemessung des Unterhaltsbedarfs der Unterhaltsberechtigten. Allerdings kann dies bei der Beurteilung der Leistungsfähigkeit (§ 1581 BGB[1)]) zu einem relativen Mangelfall und bei Gleichrang zu einer Begrenzung des geschuldeten Unterhalts (Gleichteilung) führen (BGH FamRZ 2012, 281).

15.6 (nicht belegt)

15.7 Der Betreuungsunterhalt nach § 1570 BGB[1)] ist nicht nach § 1578b BGB zu befristen.

16. Bedürftigkeit

Eigene Einkünfte des Berechtigten sind auf den Bedarf anzurechnen, wobei das bereinigte Erwerbseinkommen um einen Erwerbstätigenbonus vermindert werden kann. Auf einen konkret festgestellten Bedarf – bei guten Einkommensverhältnissen sowie einer eheunabhängigen Lebensstellung – ist eigenes Einkommen ohne Berücksichtigung eines Erwerbstätigenbonus bedarfsmindernd anzurechnen (BGH FamRZ 2012, 192).

17. Erwerbsobliegenheit

17.1 Bei Kindesbetreuung besteht bis zur Vollendung des dritten Lebensjahres eines gemeinschaftlichen Kindes keine Erwerbsobliegenheit. Gleichwohl erzieltes Erwerbseinkommen ist überobligatorisch und nach den Umständen des Einzelfalls zu berücksichtigen (BGH FamRZ 2009, 770; 2009, 1124; 2009, 1391).

Nach Vollendung des dritten Lebensjahres des Kindes kommt es bei Beurteilung der Frage, ob und inwieweit der betreuende Ehegatte bei einer bestehenden Betreuungsmöglichkeit auf eine Erwerbstätigkeit verwiesen werden kann, auf die Verhältnisse des Einzelfalls an. Bei besonderer Betreuungsbedürftigkeit des Kindes und bei nicht oder nur unzurei-

1) **Habersack, Deutsche Gesetze Nr. 20.**

chender Fremdbetreuung (kindbezogene Gründe, § 1570 I 2 BGB[1]) kommt ein Unterhaltsanspruch auch nach Vollendung des dritten Lebensjahres des Kindes in Betracht.

Eine Erwerbstätigkeit des betreuenden Ehegatten kann auch aus Gründen der nachehelichen Solidarität ganz oder teilweise unbillig erscheinen. Hierbei sind das in der Ehe gewachsene Vertrauen in die vereinbarte und praktizierte Rollenverteilung und die gemeinsame Ausgestaltung der Kinderbetreuung sowie der Dauer der Ehe zu berücksichtigen (elternbezogene Gründe, § 1570 II BGB).

Die Erwerbsobliegenheit beurteilt sich auch danach, ob eine Erwerbstätigkeit neben der Betreuung des Kindes zu einer überobligationsmäßigen Belastung führen würde.

Die Darlegungs- und Beweislast für die Umstände, die einer vollen oder teilweisen Erwerbsobliegenheit ab Vollendung des dritten Lebensjahres des Kindes entgegenstehen, trifft den betreuenden Ehegatten. Dies gilt auch, wenn ein Titel über den Basisunterhalt nach § 1570 I 1 BGB abgeändert werden soll.

17.2 In der Regel besteht für den Berechtigten im ersten Jahr nach der Trennung keine Obliegenheit zur Aufnahme oder Ausweitung einer Erwerbstätigkeit.

Weitere Unterhaltsansprüche

18. Ansprüche aus § 1615l BGB[1]

Der Bedarf nach § 1615l BGB bemisst sich nach der Lebensstellung des betreuenden Elternteils. Er ist auch dann nicht nach dem Einkommen des Pflichtigen zu bemessen, wenn dieser mit dem betreuenden Elternteil zusammengelebt hat (BGH FamRZ 2008, 1739; 2010, 357).

Der Bedarf, der sich auch aus einem Unterhaltsanspruch gegen einen früheren Ehegatten ergeben kann, darf das Existenzminimum für nicht Erwerbstätige (Ziff. 21.2) nicht unterschreiten (BGH FamRZ 2010, 357; 2010, 444).

Zur Frage der Berücksichtigung eigener Einkünfte, zu Abzügen und zur Erwerbsobliegenheit gelten die Ausführungen für den Ehegatten entsprechend.

19. Elternunterhalt

19.1 Der Bedarf der Eltern bemisst sich in erster Linie nach deren Einkommens- und Vermögensverhältnissen. Mindestens muss jedoch das Existenzminimum eines Nichterwerbstätigen (Ziff. 21.2) sichergestellt werden. Darin sind Kosten der Kranken- und Pflegeversicherung nicht enthalten. Etwaiger Mehrbedarf ist zusätzlich auszugleichen.

19.2 Bei Versorgung eines Elternteils in einer Senioreneinrichtung umfasst der Unterhaltsbedarf neben den anderweitig nicht gedeckten Heimkosten auch einen Barbedarf in Höhe des sozialrechtlich nach § 35 II 1 SGB XII gewährten Barbetrags sowie des nach § 133a SGB XII gewährten Zusatzbarbetrags (BGH FamRZ 2013, 203).

---

[1] **Habersack, Deutsche Gesetze Nr. 20.**

Im Falle eines Heimaufenthalts genügt die Darlegung der für den Aufenthalt anfallenden Kosten, wenn nicht Anhaltspunkte dafür vorliegen, dass diese nicht der angemessenen Lebensstellung des Unterhaltsberechtigten entsprechen. Stellt der Unterhaltspflichtige in Abrede, dass das von dem Unterhaltsberechtigten bewohnte Heim seiner angemessenen Lebensstellung entspricht, ist von ihm regelmäßig ein substantiiertes Bestreiten zu verlangen (BGH FamRZ 2015, 2138).

19.3 Verfügt ein verheiratetes unterhaltspflichtiges Kind nicht über eigenes Erwerbseinkommen, hat es sein Taschengeld für den Elternunterhalt einzusetzen, soweit dieses nicht geschützt ist (BGH FamRZ 2013, 363). Bei Bezug eigener Einkünfte ist unter Ermittlung des individuellen Familienbedarfs sicherzustellen, dass der Elternunterhalt nur aus dem Einkommen des Unterhaltspflichtigen gespeist wird (BGH FamRZ 2014, 538; 2014, 1543; 2019; 885).

19.4 Ein Wohnwert ist bei der Inanspruchnahme auf Elternunterhalt nicht mit der bei einer Fremdvermietung erzielbaren objektiven Marktmiete, sondern auf der Grundlage der unter den gegebenen Verhältnissen ersparten Miete zu bemessen (BGH FamRZ 2013, 1554).

20. Lebenspartnerschaft

Bei Getrenntleben oder Aufhebung der Lebenspartnerschaft gelten §§ 12, 16 LPartG[1].

Leistungsfähigkeit und Mangelfall

21. Selbstbehalt

21.1 Der Unterhaltspflichtige ist leistungsfähig, wenn ihm der Selbstbehalt verbleibt (BGH MDR 2019, 1451). Es ist zu unterscheiden zwischen dem notwendigen (§ 1603 II BGB[2]) und dem angemessenen (§ 1603 I BGB) Verwandtenselbstbehalt sowie dem Selbstbehalt gegenüber Ehegatten (§§ 1361 I, 1581 BGB; BGH FamRZ 2006, 683).

Der Selbstbehalt kann im Einzelfall angemessen erhöht werden.

21.2 Für Eltern gegenüber minderjährigen Kindern und diesen nach § 1603 II 2 BGB[2] gleichgestellten volljährigen Kindern gilt der notwendige Selbstbehalt als unterste Grenze der Inanspruchnahme.

Er beträgt beim Erwerbstätigen **1.450 €** und kann bei einem nichterwerbstätigen Unterhaltspflichtigen bis auf **1.200 €** herabgesetzt werden.

21.3 Im Übrigen gilt beim Verwandtenunterhalt der angemessene Selbstbehalt.

21.3.1 Er beträgt gegenüber volljährigen Kindern **1.750 €.**

21.3.2 Gegenüber Anspruchsberechtigten nach § 1615l BGB[2] entspricht der Selbstbehalt dem eheangemessenen Selbstbehalt (Nr. 21.4).

21.3.3 Dem Unterhaltspflichtigen ist gegenüber einem Elternteil der angemessene Eigenbedarf zu belassen. Bei dessen Bemessung sind Zweck und Rechtsgedanken des Gesetzes zur Entlastung unterhaltspflichtiger Ange-

---

[1] Nr. 43.
[2] **Habersack, Deutsche Gesetze Nr. 20.**

höriger in der Sozialhilfe und in der Eingliederungshilfe (Angehörigen-entlastungsgesetz) vom 10. Dezember 2019 (BGBl I S. 2135) zu beachten.

21.3.4 Gegenüber Enkeln beträgt der Selbstbehalt **2.650 €** zuzüglich der Hälfte der diesen Betrag übersteigenden einzusetzenden Einkünfte (vgl. BGH FamRZ 2007, 375; 2022, 180).

21.4 Gegenüber Ehegatten ist der Selbstbehalt in der Regel mit einem Betrag zu bemessen, der zwischen dem angemessenen Selbstbehalt des Volljährigen nach § 1603 I BGB[1] und dem notwendigen Selbstbehalt nach § 1603 II BGB liegt (BGH FamRZ 2006, 683), in der Regel mit **1.600 €** bei Erwerbstätigkeit und **1.475 €** bei Nichterwerbstätigkeit (BGH FamRZ 2009, 307; 2009, 311; 2010, 802; 2020, 97).

21.5 Führt der Unterhaltspflichtige einen gemeinsamen Haushalt mit einem Ehegatten oder Partner, kann der Selbstbehalt noch weiter herabgesetzt werden (BGH FamRZ 2008, 594; 2010, 802).

22. Bedarf des mit dem Pflichtigen zusammenlebenden Ehegatten

22.1 und 22.2 Lebt der Unterhaltspflichtige mit einem Ehegatten zusammen, ist für diesen gegenüber einem nachrangigen volljährigen Kind ein Mindestbedarf in Höhe von **1.400 €**, gegenüber einem nachrangigen geschiedenen Ehegatten ein solcher in Höhe von **1.280 €** anzunehmen.

22.3 (nicht belegt)

23. Bedarf des vom Pflichtigen getrenntlebenden oder geschiedenen Ehegatten

23.1 bis 23.3 (nicht belegt)

24. Mangelfall

24.1 Ein Mangelfall liegt vor, wenn das Einkommen des Unterhaltsverpflichteten zur Deckung seines Selbstbehalts und der gleichrangigen Unterhaltsansprüche der Berechtigten nicht ausreicht. Für diesen Fall ist die nach Abzug des Eigenbedarfs (Selbstbehalts) des Unterhaltspflichtigen verbleibende Verteilungsmasse auf die gleichrangigen Unterhaltsberechtigten im Verhältnis ihrer jeweiligen Einsatzbeträge gleichmäßig zu verteilen. Müssen von konkurrierenden gleichrangigen Kindesunterhaltsverpflichtungen einzelne gemäß § 1613 Abs. 1 BGB[1] nicht mehr erfüllt werden, steht dieses Geld im Sinne des § 1603 Abs. 2 Satz 1 BGB für anderweitigen Mindestkindesunterhalt zur Verfügung. Dies gilt auch, soweit sich auf der Grundlage konkreter Umstände für die Zukunft prognostizieren lässt, dass einzelne gleichrangige Kindesunterhaltsansprüche nicht geltend gemacht werden (BGH FamRZ 2019, 1415).

24.2 Die Einsatzbeträge im Mangelfall belaufen sich bei minderjährigen und diesen nach § 1603 II 2 BGB[1] gleichgestellten Kindern auf den Mindestunterhalt der jeweiligen Altersstufe nach der Düsseldorfer Tabelle[2] (Anhang I) nach den jeweiligen Zahlbeträgen.

[1] **Habersack, Deutsche Gesetze Nr. 20.**
[2] Nr. 47.

24.3 Der für die Kürzung maßgebende Prozentsatz berechnet sich nach der Formel:

$$\text{Prozentsatz} = \frac{\text{Verteilungsmasse}}{\text{Summe aller Einsatzbeträge}} \times 100$$

Entsprechend ist zu verfahren, wenn das unter Berücksichtigung des jeweils maßgebenden Selbstbehalts zur Verfügung stehende Einkommen des Unterhaltspflichtigen für die Deckung des Bedarfs von im zweiten (§ 1609 Nr. 2 BGB[1)]) oder einem nachfolgenden Rang stehenden Berechtigten nicht ausreicht.

24.4 Das im Rahmen der Mangelfallberechnung gewonnene Ergebnis ist auf seine Angemessenheit zu überprüfen.

Sonstiges

25. Rundung

Der Unterhaltsbetrag ist auf volle Euro zu runden (beim Kindesunterhalt: § 1612a II 2 BGB[1)]).

Anhang

I. Düsseldorfer Tabelle (Stand ab 1.1.2024)

*(abgedruckt unter Nr. **47**)*

II. Tabelle Zahlbeträge (Stand ab 1.1.2024)

*(abgedruckt unter Nr. **47**)*

IV.[2)] Umrechnung dynamischer Titel und Mangelfall

Wegen der Umrechnung dynamischer Titel über Kindesunterhalt in Mindestunterhalt (§ 36 Nr. 3 a–d EGZPO[3)]) und der Rechenbeispiele zum Mangelfall wird auf die Anmerkungen zu C. und E. der Düsseldorfer Tabelle (Stand 1.1. 2017)[4)] verwiesen.

[1)] **Habersack, Deutsche Gesetze Nr. 20.**
[2)] Zählung amtlich.
[3)] **Habersack, Deutsche Gesetze Nr. 101.**
[4)] In der Düsseldorfer Tabelle (Nr. **47**) ist der jeweils aktuelle Stand wiedergegeben.

47h. Oberlandesgericht Dresden – Unterhaltsleitlinien[1)]

(Stand: 1. Januar 2024)

Die von den Familiensenaten des Oberlandesgerichts Dresden erarbeiteten Unterhaltsleitlinien dienen dem Ziel, die Rechtsanwendung möglichst zu vereinheitlichen, stellen aber keine verbindlichen Regelungen dar, sondern verstehen sich als Orientierungshilfe, von der je nach Lage des Einzelfalls abgewichen werden kann und muss. In ihrem Aufbau folgen sie der bundeseinheitlichen Leitlinienstruktur.

Unterhaltsrechtliches Einkommen

Bei der Ermittlung und Zurechnung von Einkommen ist stets zu unterscheiden, ob es um Verwandten- oder Ehegattenunterhalt sowie ob es um Bedarfsbemessung einerseits oder Feststellung der Bedürftigkeit/Leistungsfähigkeit andererseits geht. Das unterhaltsrechtliche Einkommen ist nicht immer identisch mit dem steuerrechtlichen Einkommen.

1. Geldeinnahmen

1.1 Auszugehen ist vom Bruttoeinkommen als Summe aller Einkünfte.

1.2 Soweit Leistungen nicht monatlich anfallen (z.B. Weihnachts- und Urlaubsgeld), werden sie auf ein Jahr umgelegt. Einmalige Zahlungen (z.B. Abfindungen) sind auf einen angemessenen Zeitraum (in der Regel mehrere Jahre) zu verteilen.

1.3 Überstundenvergütungen werden dem Einkommen regelmäßig zugerechnet, soweit sie in geringem Umfang anfallen oder berufsüblich sind, darüber hinaus im Mangelfall (vgl. Nr. 24). Entsprechendes gilt für Einkünfte aus Nebentätigkeiten.

1.4 Ersatz für Spesen und Reisekosten sowie Auslösungen gelten in der Regel als Einkommen. Damit zusammenhängende Aufwendungen, vermindert um häusliche Ersparnis, sind jedoch abzuziehen. Bei Aufwendungspauschalen (außer Kilometergeld) kann 1/3 als Einkommen angesetzt werden.

1.5 Bei Ermittlung des zukünftigen Einkommens eines Selbstständigen ist in der Regel der Gewinn der letzten drei Geschäftsjahre zugrunde zu legen Für die Vergangenheit ist von den in den jeweiligen Jahren tatsächlich erzielten Einkünften auszugehen, wobei auch eine Durchschnittsberechnung für mehrere Jahre möglich ist.

1.6 Einkommen aus Vermietung und Verpachtung (ohne Gebäudeabschreibung) sowie aus Kapitalvermögen ist der Überschuss der Bruttoeinkünfte über die Werbungskosten.

1.7 Steuerzahlungen oder Erstattungen sind in der Regel im Kalenderjahr der tatsächlichen Leistung zu berücksichtigen.

1.8 Sonstige Einnahmen, z.B. Trinkgelder

---

1) In der jeweils aktuellen Fassung kostenlos abrufbar unter www.justiz.sachsen.de.

2. Auch folgende Sozialleistungen sind Einkommen:

2.1 Arbeitslosengeld gemäß § 136 SGB III und Krankengeld

2.2 Arbeitslosengeld II (§§ 19 bis 32 SGB II) ist Einkommen beim Verpflichteten, beim Berechtigten dagegen nicht. Allerdings kann die Geltendmachung rückständigen Unterhalts neben bereits gewährtem Arbeitslosengeld II ausnahmsweise treuwidrig sein, wenn dies wegen eines gesetzlichen Ausschlusses des Anspruchsübergangs auf den Leistungsträger (§ 33 Abs. 2 SGB II) zu einer doppelten Befriedigung des Berechtigten führen würde.

2.3 Wohngeld, soweit es nicht überhöhte Wohnkosten deckt.

2.4 BAföG-Leistungen, auch soweit sie als Darlehen gewährt werden, mit Ausnahme von Vorausleistungen nach §§ 36, 37 BAföG[1].

2.5 Elterngeld ist Einkommen, soweit es über den Sockelbetrag nach § 11 Sätze 1–3 BEEG[2] hinausgeht. Der Sockelbetrag und Bundeserziehungsgeld sind kein Einkommen, es sei denn, es liegt einer der Ausnahmefälle der § 9 Satz 2 BErzGG, § 11 Satz 4 BEEG vor.

2.6 Unfallrenten

2.7 Leistungen aus der Pflegeversicherung, Blindengeld, Versorgungsrenten, Schwerbeschädigten- und Pflegezulagen nach Abzug eines Betrages für tatsächliche Mehraufwendungen; §§ 1610a, 1578a BGB[3] sind zu beachten.

2.8 Der Anteil des Pflegegeldes bei der Pflegeperson, durch den ihre Bemühungen abgegolten werden; bei Pflegegeld aus der Pflegeversicherung gilt dies nach Maßgabe des § 13 Abs. 6 SGB XI.

2.9 In der Regel Leistungen nach §§ 41–43 SGB XII (Grundsicherung) beim Verwandtenunterhalt, nicht aber beim Ehegattenunterhalt.

2.10 Kein Einkommen ist sonstige Sozialhilfe nach SGB XII. Die Unterhaltsforderung eines Empfängers dieser Leistungen kann in Ausnahmefällen treuwidrig sein (vgl. Nr. 2.2.)

2.11 Leistungen nach dem Unterhaltsvorschussgesetz[4] sind im Verhältnis zu den Eltern des Kindes kein Einkommen.

3. Kindergeld

Kindergeld wird nicht zum Einkommen der Eltern gerechnet (vgl. Nr. 14).

Der Kinderzuschlag gem. § 6a BKGG[5] lässt Unterhaltspflichten unberührt, § 6c BKGG (entgegen BGH, Beschl. v. 28.10.2020, XII ZB 512/19).

---

[1] **Sartorius Nr. 420.**
[2] Nr. **45e**.
[3] **Habersack, Deutsche Gesetze Nr. 20.**
[4] Nr. **45d**.
[5] Nr. **45b**.

4. Geldwerte Zuwendungen

Geldwerte Zuwendungen aller Art des Arbeitgebers, z.B. Firmenwagen oder freie Kost und Logis, sind Einkommen, soweit durch sie entsprechende Eigenaufwendungen erspart werden.

5. Wohnwert

Der Wohnvorteil durch mietfreies Wohnen im eigenen Heim ist als wirtschaftliche Nutzung des Vermögens unterhaltsrechtlich wie Einkommen zu behandeln. Neben dem Wohnwert sind auch Zahlungen nach dem Eigenheimzulagengesetz anzusetzen.

Ein Wohnvorteil liegt nur vor, soweit der Wohnwert den berücksichtigungsfähigen Schuldendienst einschließlich Tilgungsleistungen, erforderliche Instandhaltungskosten und die verbrauchsunabhängigen Kosten, mit denen ein Mieter üblicherweise nicht belastet wird, übersteigt.

Auszugehen ist vom vollen Mietwert. Wenn es nicht möglich oder nicht zumutbar ist, die Wohnung aufzugeben und das Objekt zu vermieten oder zu veräußern, kann stattdessen die ersparte Miete angesetzt werden, die angesichts der wirtschaftlichen Verhältnisse angemessen wäre. Dies kommt insbesondere für die Zeit bis zur Rechtshängigkeit des Scheidungsantrags in Betracht, wenn ein Ehegatte das Eigenheim allein bewohnt.

6. Haushaltsführung

Führt jemand einem leistungsfähigen Dritten den Haushalt, so ist hierfür ein Einkommen anzusetzen; bei Haushaltsführung durch einen Nichterwerbstätigen geschieht das in der Regel mit einem Betrag von 200,00 EUR bis 550,00 EUR.

7. Einkommen aus unzumutbarer Erwerbstätigkeit

Einkommen aus unzumutbarer Erwerbstätigkeit kann nach Billigkeit ganz oder teilweise unberücksichtigt bleiben.

8. Freiwillige Zuwendungen Dritter

Freiwillige Zuwendungen Dritter (z.B. Geldleistungen, kostenloses Wohnen) sind als Einkommen zu berücksichtigen, soweit dies dem Willen des Dritten nicht widerspricht.

9. Fiktives Einkommen

Einkommen können auch aufgrund einer unterhaltsrechtlichen Obliegenheit erzielbare Einkünfte sein. Fiktiv zugerechnete Einkünfte sind regelmäßig um (fiktive) berufsbedingte Aufwendungen von pauschal 5 % zu kürzen.

10. Bereinigung des Einkommens

10.1 Vom Bruttoeinkommen sind Steuern, Sozialabgaben und/oder angemessene Vorsorgeaufwendungen abzusetzen (Nettoeinkommen).

Es besteht die Obliegenheit, Steuervorteile in Anspruch zu nehmen (z.B. Eintragung eines Freibetrages bei Fahrtkosten oder für unstreitigen oder titulierten Ehegattenunterhalt).

10.2 Berufsbedingte Aufwendungen, die sich von den privaten Lebenshaltungskosten nach objektiven Merkmalen eindeutig abgrenzen lassen, sind im Rahmen des Angemessenen vom Nettoeinkommen aus unselbstständiger Arbeit abzuziehen.

10.2.1 Bei Vorliegen entsprechender Anhaltspunkte kann eine Pauschale von 5 % des Nettoeinkommens, höchstens aber 150,00 EUR angesetzt werden. Übersteigen die berufsbedingten Aufwendungen die Pauschale, so sind sie im Einzelnen darzulegen. Bei beschränkter Leistungsfähigkeit ist mit konkreten Kosten zu rechnen.

10.2.2 Für die notwendigen Kosten der berufsbedingten Nutzung eines Kraftfahrzeuges kann ein Betrag von 0,42 EUR pro gefahrenem Kilometer angesetzt werden. Hierin sind Anschaffungs-, Reparatur- und sonstige Betriebskosten enthalten. Bei langen Fahrtstrecken (ab ca. 30 km einfach) kann nach unten abgewichen werden (für die Mehrkilometer in der Regel auf 0,28 EUR). Nr. 10.1 Satz 2 gilt auch hier.

10.2.3 Bei einem Auszubildenden gelten Nrn. 10.2.1. und 10.2.2. entsprechend.

10.3 Kinderbetreuungskosten sind abzugsfähig, soweit die Betreuung durch Dritte allein infolge der Berufstätigkeit erforderlich ist. Zum Aufwand für die Betreuung des Kindes zählen nicht die Kosten des Kindergartens oder einer vergleichbaren Betreuungseinrichtung; diese sind Mehrbedarf des Kindes (vgl. Nr. 12.4.).

10.4 Zins- und Tilgungsraten für berücksichtigungsfähige Schulden können (ggf. unter Berücksichtigung einer möglichen Tilgungsstreckung) je nach den Umständen des Einzelfalles das anrechenbare Einkommen vermindern. Im Mangelfall (vgl. Nr. 24) sind sie in der Regel nur bis zur Höhe des pfändbaren Betrages (§ 850c Abs. 1 Satz 2 ZPO[1]) zu berücksichtigen.

Bei der Bedarfsermittlung für den Trennungsunterhalt sind eheprägende Verbindlichkeiten grundsätzlich voll abzusetzen; beim nachehelichen Unterhalt bleiben Tilgungsraten, die der Vermögensbildung zugutekommen, in der Regel unberücksichtigt, soweit sie nicht einer zusätzlich gebotenen Altersvorsorge dienen.

Beim Kindesunterhalt kann die Obliegenheit zur Einleitung eines Verbraucherinsolvenzverfahrens bestehen.

10.5 nicht belegt

10.6 Vermögensbildende Aufwendungen sind im angemessenen Rahmen abzugsfähig.

Kindesunterhalt

11. Bemessungsgrundlage (Tabellenunterhalt)

Der Barunterhalt minderjähriger und noch im elterlichen Haushalt lebender volljähriger unverheirateter Kinder bestimmt sich nach den Sätzen der Tabelle im Anhang (identisch mit der Düsseldorfer Tabelle[2]). Bei minderjährigen Kindern kann er als Festbetrag oder als Prozentsatz des jeweiligen Mindestunterhalts geltend gemacht werden.

---

[1] **Habersack, Deutsche Gesetze Nr. 100.**
[2] Nr. 47.

11.1 Die Tabellensätze enthalten keine Kranken- und Pflegeversicherungsbeiträge für das Kind, wenn dieses nicht in einer gesetzlichen Familienversicherung mitversichert ist. Das Nettoeinkommen des Verpflichteten ist um solche zusätzlich zu zahlenden Versicherungskosten zu bereinigen.

11.2 Die Tabellensätze sind auf den Fall zugeschnitten, dass der Unterhaltspflichtige zwei Berechtigten Unterhalt zu gewähren hat. Bei einer größeren oder geringeren Anzahl Unterhaltsberechtigter können Ab- oder Zuschläge durch Einstufung in niedrigere oder höhere Einkommensgruppen angemessen sein.

12. Minderjährige Kinder

12.1 Die Höhe des Barbedarfes bestimmt sich in der Regel allein nach dem Einkommen des nichtbetreuenden Elternteils.

12.2 Einkommen des Kindes wird regelmäßig hälftig auf Barunterhalt und Betreuungsunterhalt angerechnet. Ein höherer Anteil kann zugunsten des Barunterhaltspflichtigen berücksichtigt werden, wenn der Betreuungsaufwand des anderen Elternteils nur noch gering ist.

12.3 Der betreuende Elternteil braucht neben dem anderen Elternteil in der Regel keinen Barunterhalt zu leisten, es sei denn, sein Einkommen ist bedeutend höher als das des anderen Elternteils und der eigene angemessene Unterhalt des sonst allein barunterhaltspflichtigen Elternteils ist gefährdet (§ 1603 Abs. 2 Satz 3 BGB[1]). Ausnahmsweise kommt auch dann, wenn der angemessene Selbstbehalt des nicht betreuenden Elternteils nicht gefährdet ist, eine Beteiligung des anderen Elternteils am Barunterhalt (bis hin zur alleinigen Haftung) in Betracht, wenn dessen Einkommen sich der Grenze des Dreifachen des Einkommens des nicht betreuenden Elternteils nähert oder darüber liegt.

Sind bei auswärtiger Unterbringung beide Eltern zum Barunterhalt verpflichtet, haften sie anteilig nach § 1606 Abs. 3 Satz 1 BGB für den Gesamtbedarf (vgl. Nr. 13.3.). Gleiches gilt bei Betreuung des Kindes im paritätischen Wechselmodell.

12.4 Kosten für Kindergärten und vergleichbare Betreuungseinrichtungen (ohne Verpflegungskosten) sind Mehrbedarf des Kindes, der, wie auch Zusatzbedarf im Übrigen (Prozesskostenvorschuss, Sonderbedarf) gem. § 1606 Abs. 3 Satz 1 BGB[1] nach dem Verhältnis der beiderseitigen Einkünfte zwischen den Eltern aufzuteilen ist (vgl. Nr. 13.3.).

13. Volljährige Kinder

13.1 Beim Bedarf volljähriger Kinder ist zu unterscheiden, ob sie noch im Haushalt der Eltern/eines Elternteils leben oder einen eigenen Hausstand haben.

13.1.1 Für volljährige Kinder, die noch im Haushalt der Eltern oder eines Elternteils wohnen, gilt die Altersstufe 4 der Tabelle.

Der Bedarf des Kindes ist in der Regel nach dem zusammengerechneten Einkommen (ohne Anwendung von Nr. 11.2.) zu bemessen. Für die Haftungsquote gilt Nr. 13.3. Ein Elternteil hat jedoch höchstens den

---

[1] **Habersack, Deutsche Gesetze Nr. 20.**

Unterhalt zu leisten, der sich allein aus seinem Einkommen nach der Tabelle ergibt.

13.1.2 Der angemessene Bedarf eines volljährigen Kindes mit eigenem Hausstand beträgt in der Regel monatlich 930 EUR. Darin sind enthalten Kosten für Unterkunft (einschließlich umlagefähiger Nebenkosten) und Heizung bis zu 410 EUR, jedoch keine Beiträge zu Kranken- und Pflegeversicherung und keine Studiengebühren. Von diesem Betrag kann bei erhöhtem Bedarf oder mit Rücksicht auf die Lebensstellung der Eltern abgewichen werden.

13.2 Auf den Unterhaltsbedarf werden Einkünfte des Kindes, auch das Kindergeld, BAföG-Darlehen und Ausbildungsbeihilfen (gekürzt um ausbildungsbedingte Aufwendungen, vgl. Nr. 10.2.3.) angerechnet. Bei Einkünften aus unzumutbarer Erwerbstätigkeit gilt § 1577 Abs. 2 BGB[1] entsprechend.

13.3 Bei anteiliger Barunterhaltspflicht ist vor Berechnung des Haftungsanteils nach § 1606 Abs. 3 Satz 1 BGB[1] das bereinigte Nettoeinkommen jedes Elternteils gem. Nr. 10 zu ermitteln. Außerdem ist vom Restbetrag ein Sockelbetrag in Höhe des angemessenen Selbstbehaltes (1.750 EUR) abzuziehen.

Der Haftungsanteil nach § 1606 Abs. 3 Satz 1 BGB errechnet sich nach der Formel:

Bereinigtes Nettoeinkommen eines Elternteils (N1 oder N2) abzüglich 1.750,00 EUR mal (Rest-)Bedarf (R), geteilt durch die Summe der bereinigten Nettoeinkommen beider Eltern (N1 + N2) abzüglich 3.500 EUR (= 1.750 + 1.750 EUR).

Haftungsanteil 1 = (N1 – 1.750 EUR) × R: (N1 + N2 – 3.500 EUR).

Der so ermittelte Haftungsanteil ist auf seine Angemessenheit zu überprüfen und kann bei Vorliegen besonderer Umstände (z.B. behindertes Kind) wertend verändert werden.

Bei volljährigen Schülern, die in § 1603 Abs. 2 Satz 2 BGB minderjährigen Kindern gleichgestellt sind, wird der Sockelbetrag bis zum notwendigen Selbstbehalt (1.200 EUR/1.450 EUR) herabgesetzt, wenn der Bedarf der Kinder andernfalls nicht gedeckt werden kann.

14. Verrechnung des Kindergeldes

Es wird nach § 1612b BGB[1] angerechnet.

Ehegattenunterhalt

15. Unterhaltsbedarf

15.1 Bei der Bedarfsbemessung darf nur eheprägendes Einkommen berücksichtigt werden. Bei Aufnahme oder Erweiterung einer Erwerbstätigkeit nach Trennung/Scheidung gilt das (Mehr-)Einkommen als prägend.

15.2 Es gilt der Halbteilungsgrundsatz, wobei jedoch Erwerbseinkünfte nur zu 9/10 zu berücksichtigen sind (Abzug von 1/10 Erwerbstätigenbonus vom bereinigten Nettoeinkommen).

---

[1] **Habersack, Deutsche Gesetze Nr. 20.**

Leistet ein Ehegatte auch Unterhalt für ein Kind, wird sein Einkommen vor der Ermittlung des Erwerbstätigenbonus (vgl. Nr. 15.2.) um den Kindesunterhalt (Zahlbetrag nach Abzug des anzurechnenden Kindergeldes) bereinigt. Erbringt der Verpflichtete sowohl Bar- als auch Betreuungsunterhalt, so gilt Nr. 10.3.

15.3 Bei einem Familieneinkommen bis zur Höhe des höchsten in der Düsseldorfer Tabelle[1)] ausgewiesenen Einkommens kann der Unterhalt regelmäßig als Quotenunterhalt geltend gemacht werden. Bei einem darüberhinausgehenden Einkommen ist der Bedarf grundsätzlich konkret darzulegen. Er kann auch dann nach der Quotenmethode geltend gemacht werden, wenn der Berechtigte gleichzeitig darlegt, dass das gesamte Einkommen für den Lebensbedarf verwendet wurde.

15.4 Werden Altersvorsorge-, Kranken- und Pflegeversicherungskosten vom Berechtigten gesondert geltend gemacht oder vom Verpflichteten bezahlt, sind diese von dem Einkommen des Pflichtigen vorweg abzuziehen. Der Vorwegabzug unterbleibt, soweit nicht verteilte Mittel zur Verfügung stehen, z.B. durch Anrechnung nicht prägenden Einkommens des Berechtigten auf seinen Bedarf.

16. Bedürftigkeit

Eigene Einkünfte des Berechtigten sind auf den Bedarf anzurechnen, wobei das bereinigte Nettoerwerbseinkommen um den Erwerbstätigenbonus zu vermindern ist.

17. Erwerbsobliegenheit

17.1 Bei Betreuung eines Kindes kann bis zur Vollendung des dritten Lebensjahres eine Erwerbstätigkeit nicht erwartet werden. Danach besteht eine Erwerbsobliegenheit nach Maßgabe der Betreuungsbedürftigkeit und der zumutbaren Betreuungsmöglichkeit. Zu berücksichtigen ist dabei auch die Belastung durch die neben der Erwerbstätigkeit verbleibende Kinderbetreuung, für die das Alter und die Anzahl der Kinder von wesentlicher Bedeutung sind.

17.2 In der Regel besteht für den Berechtigten im ersten Jahr nach der Trennung keine Obliegenheit zur Aufnahme oder Ausweitung einer Erwerbstätigkeit.

Weitere Unterhaltsansprüche

18. Ansprüche nach § 1615l BGB[2)]

Der Bedarf nach § 1615l BGB bemisst sich nach der Lebensstellung des betreuenden Elternteils. Er beträgt mindestens 1.200 EUR.

19. Elternunterhalt

Beim Bedarf der Eltern sind Leistungen nach den §§ 41–43 SGB XII (Grundsicherung) zu berücksichtigen (vgl. Nr. 2.9.).

[1)] Nr. 47.
[2)] **Habersack, Deutsche Gesetze Nr. 20.**

20. Lebenspartnerschaft

Bei Getrenntleben oder Aufhebung der Lebenspartnerschaft gelten §§ 12, 16 LPartG[1].

Leistungsfähigkeit und Mangelfall

21. Selbstbehalt des Verpflichteten

21.1 Es ist zu unterscheiden zwischen dem notwendigen (§ 1603 Abs. 2 BGB[2]), dem angemessenen (§ 1603 Abs. 1 BGB) und dem eheangemessenen (§§ 1361 Abs. 1, 1578 Abs. 1 BGB) Selbstbehalt.

21.2 Für Eltern gegenüber minderjährigen Kindern und diesen nach § 1603 Abs. 2 Satz 2 BGB[2] gleichgestellten Kindern gilt im Allgemeinen der notwendige Selbstbehalt als unterste Grenze der Inanspruchnahme.

Er beträgt
– beim Nichterwerbstätigen 1.200 EUR
– beim Erwerbstätigen 1.450 EUR.

Hierin sind Kosten für Unterkunft (einschließlich umlagefähiger Nebenkosten) und Heizung in Höhe von 520 EUR enthalten (vgl. auch 21.5.2.).

21.3 Im Übrigen gilt beim Verwandtenunterhalt der angemessene Selbstbehalt.

21.3.1 Er beträgt gegenüber nicht privilegierten volljährigen Kindern 1.750 EUR und gegenüber der Mutter/dem Vater eines nichtehelichen Kindes in der Regel 1.600 EUR. Hierin sind Kosten für Unterkunft (einschließlich umlagefähiger Nebenkosten) und Heizung in Höhe von 650 EUR enthalten (vgl. auch Nr. 21.5.2.).

21.3.2 Gegenüber Eltern und Enkeln beträgt er mindestens 2.650 EUR, wobei gegenüber Eltern die Hälfte des diesen Mindestbetrag übersteigenden Einkommens zusätzlich anrechnungsfrei bleibt. Die Regelungen des Angehörigenentlastungsgesetzes bleiben unberührt.

21.3.3 Der Selbstbehalt gegenüber einem Anspruch auf Trennungsunterhalt oder nachehelichen Unterhalt (Ehegattenselbstbehalt) ist in der Regel mit einem Betrag zu bemessen, der zwischen dem angemessenen Selbstbehalt und dem notwendigen Selbstbehalt liegt, derzeit also regelmäßig mit 1.600 EUR; darin sind Kosten für Unterkunft (einschließlich umlagefähiger Nebenkosten) und Heizung in Höhe von 580 EUR enthalten (vgl. auch Nr. 21.5.2).

21.3.4 Anpassung des Selbstbehaltes

21.5.1[3] Der jeweilige Selbstbehalt kann unterschritten werden, wenn der eigene Unterhalt des Pflichtigen ganz oder teilweise durch seinen Ehegatten gedeckt ist (vgl. Nr. 22).

Bei gemeinschaftlicher Haushaltsführung kommt eine Kürzung des Selbstbehaltes auch dann in Betracht, wenn der Unterhaltspflichtige mit

---

[1] Nr. 43.
[2] **Habersack, Deutsche Gesetze Nr. 20.**
[3] Zählung amtlich.

einem Dritten zusammenlebt, soweit dadurch für den Pflichtigen Kostenersparnisse entstehen.

21.5.2[1] Überschreiten die tatsächlichen Wohnkosten (ggf. nach Abzug von Wohngeld) den in dem Selbstbehalt berücksichtigten Wohnkostenanteil erheblich und sind sie den Umständen nach dennoch angemessen, so soll der Selbstbehalt erhöht werden. Wird die Wohnung von mehreren Personen genutzt, ist der Wohnkostenanteil des Pflichtigen festzustellen. Bei Erwachsenen geschieht die Aufteilung in der Regel nach Köpfen. Kinder sind vorab mit einem Anteil von 20 % ihres Anspruchs auf Barunterhalt (Zahlbetrag) zu berücksichtigen.

22. Bedarf des mit dem Pflichtigen zusammenlebenden Ehegatten

22.1 Ist bei Unterhaltsansprüchen des nachrangigen geschiedenen Ehegatten der Unterhaltspflichtige verheiratet, werden für den mit ihm zusammenlebenden Ehegatten mindestens 1.280 EUR angesetzt.

22.2 Ist bei Unterhaltsansprüchen nicht privilegierter volljähriger Kinder oder der Enkel der Unterhaltspflichtige verheiratet, werden für den mit ihm zusammenlebenden Ehegatten mindestens 1.400 EUR angesetzt.

22.3 Ist bei Unterhaltsansprüchen der Eltern/Großeltern der Unterhaltspflichtige verheiratet, werden für den mit ihm zusammenlebenden Ehegatten mindestens 2.000 EUR angesetzt. Hieraus ergibt sich ein Familienbedarf von 4.650 EUR (2.650 EUR + 2.000 EUR).

23. Bedarf des vom Pflichtigen getrenntlebenden oder geschiedenen Ehegatten

23.1 Bei Unterhaltsansprüchen des nachrangigen geschiedenen Ehegatten werden für den vom Unterhaltspflichtigen getrenntlebenden oder geschiedenen Ehegatten mindestens 1.600 EUR angesetzt.

23.2 Bei Unterhaltsansprüchen nicht privilegierter volljähriger Kinder oder der Enkel werden für den vom Unterhaltspflichtigen getrenntlebenden oder geschiedenen Ehegatten mindestens 1.750 EUR angesetzt.

23.3 Bei Unterhaltsansprüchen der Eltern/Großeltern werden für den vom Unterhaltspflichtigen getrenntlebenden oder geschiedenen Ehegatten mindestens 2.650 EUR angesetzt.

24. Mangelfall

24.1 Ein Mangelfall liegt vor, wenn das Einkommen des Verpflichteten zur Deckung seines notwendigen Selbstbehaltes und der gleichrangigen Unterhaltsansprüche nicht ausreicht.

24.2 Zur Feststellung des Mangelfalls entspricht der einzusetzende Bedarf für minderjährige und diesen nach § 1603 Abs. 2 Satz 2 BGB[2] gleichgestellte Kindern dem Zahlbetrag, der aus der ersten Einkommensgruppe entnommen werden kann.

24.3 Die nach Abzug des notwendigen Selbstbehaltes des Unterhaltspflichtigen verbleibende Verteilungsmasse ist anteilig auf alle gleichrangigen Unter-

---

[1] Zählung amtlich.
[2] **Habersack, Deutsche Gesetze Nr. 20.**

haltsberechtigten im Verhältnis der (ggf. um eigene Einkünfte gekürzten) Einsatzbeträge zu verteilen.

24.4 Das im Rahmen der Mangelfallberechnung gewonnene Ergebnis ist auf seine Angemessenheit zu überprüfen.

25. Rundung

Der Unterhaltsbetrag ist auf volle Euro aufzurunden.

26. Anmerkungen

Nummer 8. der Leitlinien hebt den Mangelfall nicht mehr ausdrücklich hervor, um zu verdeutlichen, dass in allen Fällen zu prüfen ist, inwieweit der Unterhaltspflichtige, der seine Lebensstellung (auch) aus freiwilligen Zuwendungen Dritter bestreitet, den Unterhaltsberechtigten, der seine Lebensstellung von der des Pflichtigen ableitet, darauf verweisen kann, dass die Zuwendung kein Einkommen sei.

Anhang

Unterhaltstabelle, Stand 1. Januar 2024

(abgedruckt unter Nr. 47)

47i. OLG Frankfurt am Main – Unterhaltsgrundsätze

(Stand: 1. Januar 2024)

Präambel

Die von den Richtern der Familiensenate des für ganz Hessen zuständigen OLG Frankfurt am Main erarbeiteten Grundsätze beruhen auf der Rechtsprechung des Bundesgerichtshofs und sollen im Interesse der Einheitlichkeit und Überschaubarkeit Orientierungslinien für die Praxis geben. Sie orientieren sich an der bundeseinheitlichen Leitlinienstruktur.

Sie binden den Richter nicht; dieser wird in eigener Verantwortung die angemessenen Lösungen des Einzelfalls finden müssen.

Das Tabellenwerk der Düsseldorfer Tabelle[1] ist eingearbeitet. Die Erläuterungen werden durch nachfolgende Grundsätze ersetzt.

Unterhaltsrechtlich maßgebendes Einkommen

1. Geldeinnahmen

1.1 Regelmäßiges Bruttoeinkommen einschließlich Renten und Pensionen

Auszugehen ist vom Bruttoeinkommen als Summe aller Einkünfte, regelmäßig bezogen auf das Kalenderjahr.

Der Splittingvorteil aus einer zweiten Ehe ist beim Kindesunterhalt zu berücksichtigen, soweit er auf dem Einkommen des Pflichtigen beruht (BGH FamRZ 2008, 2189, Rn. 16, 33), beim Ehegattenunterhalt für einen ersten Ehegatten jedoch nur, wenn auf der Leistungsebene die Berücksichtigung aller Ansprüche erfolgt, etwa im Wege der Dreiteilung (BGH FamRZ 2012, 281, Rn. 26, 47, 52), während er bei Vorrang des ersten Ehegatten der neuen Ehe verbleibt.

1.2 Unregelmäßige Einkommen (z.B. Abfindungen etc.)

Soweit Leistungen nicht monatlich anfallen (z.B. Weihnachts- und Urlaubsgeld), werden sie auf ein Jahr umgelegt. Einmalige Zahlungen (z.B. Abfindungen) sind auf einen angemessenen Zeitraum (in der Regel mehrere Jahre) zu verteilen. In der Regel sind Abfindungen bei der Aufnahme einer neuen Arbeitsstelle mit dauerhaft geringerem Einkommen bis zur Höchstgrenze des Bedarfs aufgrund des früheren Einkommens sowohl beim Kindes- als auch beim Ehegattenunterhalt für den Unterhalt zu verwenden; ob eine Aufstockung bis zum bisherigen Einkommen unter vollständiger Aufrechterhaltung des bisherigen Lebensstandards geboten ist, beurteilt sich nach den Umständen des Einzelfalls, insbesondere der beim Pflichtigen zu erwartenden weiteren Einkommensentwicklung. Eine Doppelberücksichtigung der Abfindung beim Ehegattenunterhalt und im Güterrecht ist zu vermeiden.

[1] Nr. **47**.

1.3 Überstunden

Überstundenvergütungen werden voll angerechnet, soweit sie berufstypisch sind oder in geringem Umfang anfallen oder der Mindestbedarf der Kinder nicht gedeckt ist. Im Übrigen ist der Anrechnungsteil nach Zumutbarkeit zu ermitteln. Die Weiterführung überobligationsmäßiger Überstundenleistungen kann regelmäßig nicht verlangt werden. Dies gilt entsprechend auch für Nebentätigkeiten. Zur Obliegenheit einer Nebentätigkeit zur Deckung des Mindestbedarfs minderjähriger Kinder vgl. BVerfG FamRZ 2003, 661.

1.4 Spesen und Auslösungen

Über die Anrechenbarkeit von Spesen und Auslösungen ist nach Maßgabe des Einzelfalls zu entscheiden. Als Anhaltspunkt kann eine anzurechnende häusliche Ersparnis (also nicht für reine Übernachtungskosten oder Fahrtkosten bis zu der in Nr. 10.2.2 definierten Höhe) von einem Drittel in Betracht kommen.

1.5 Einkommen aus selbständiger Tätigkeit

Bei Einkünften aus selbständiger Tätigkeit oder aus Gewerbebetrieb wird regelmäßig an den Gewinn (§ 4 Abs. 1, Abs. 3 EStG) aus einem zeitnahen Dreijahreszeitraum angeknüpft. Mit der Vorlage der ESt-Bescheide und der entsprechenden Bilanzen mit G+V-Rechnung oder den Einnahme-/Überschussrechnungen wird der besonderen Darlegungslast (BGH FamRZ 93, 789, 792) in der Regel genügt. Auf substantiierten Einwand sind gegebenenfalls weitere Erläuterungen vorzunehmen oder Belege vorzulegen. Zu Ansparabschreibungen/Investitionsabzugsbeträgen und zur Beachtung von Besonderheiten der Einkommensentwicklung siehe BGH FamRZ 2004, 1177 – 1179. Zur Berechnung des Einkommens für vergangene Zeiträume vgl. BGH FamRZ 2007, 1532 ff. (1534, Rn. 23).

1.6 Einkommen aus Vermietung und Verpachtung sowie Kapitalvermögen

Einkommen aus Vermietung und Verpachtung sowie Kapitalvermögen ist der Überschuss der Bruttoeinkünfte über die Werbungskosten und notwendige Instandhaltungsrücklagen. Für Wohngebäude ist keine AfA anzusetzen; im Einzelfall kommt stattdessen die Berücksichtigung angemessener Tilgungsleistungen in Betracht.

1.7 Steuererstattungen

Steuererstattungen sind grundsätzlich im Kalenderjahr der tatsächlichen Leistung zu berücksichtigen. Steuervorteile, die auf unterhaltsrechtlich nicht zu berücksichtigenden Aufwendungen beruhen, bleiben in der Regel außer Betracht. Vgl. BGH FamRZ 2005, 1159 ff. und 1817 ff.

1.8 Sonstige Einnahmen

Sonstige Einnahmen sind z.B. Trinkgelder.

2. Sozialleistungen

2.1 Arbeitslosengeld (§§ 136 ff. SGB III) und Krankengeld

Arbeitslosengeld (§§ 136 ff. SGB III) und Krankengeld sind Einkommen.

2.2 Leistungen nach dem SGB II

Leistungen nach dem SGB II sind auf Seiten des Verpflichteten wie Einkommen zu behandeln, weshalb anrechnungsfrei belassener Hinzuverdienst zu einer teilweisen Leistungsfähigkeit des Verpflichteten führen kann. Durch die Titulierung von Unterhalt und den dadurch ermöglichten Abzug nach § 11b Abs. 1 S. 1 Nr. 7 SGB II kann die unterhaltsrechtliche Leistungsfähigkeit aber nicht erhöht werden (vgl. BGH v. 19.6.2013, XII ZB 39/11, FamRZ 2013, 1378). Auf Seiten des Berechtigten sind Leistungen zur Sicherung des Lebensbedarfes nach §§ 19 ff. SGB II kein Einkommen, es sei denn die Nichtberücksichtigung der Leistungen ist in Ausnahmefällen treuwidrig (vgl. BGH FamRZ 1999, 843; 2001, 619); nicht subsidiäre Leistungen nach dem SGB II sind Einkommen, insbesondere Einstiegsgeld (§ 16b SGB II) und Entschädigung für Mehraufwendungen „1 Eurojob" (§ 16d SGB II).

2.3 Wohngeld

Wohngeld gleicht in der Regel erhöhten Wohnbedarf aus und ist deshalb grundsätzlich nicht als Einkommen zu behandeln. Nur mit einem dafür nicht verbrauchten Teilbetrag, zu dem substantiiert vorzutragen hat, wer sich darauf beruft, ist das Wohngeld als Einkommen zu berücksichtigen (vgl. BGH FamRZ 2012, 1201, Rn. 15).

2.4 BAföG-Leistungen

BAföG-Leistungen sind Einkommen, auch soweit sie als Darlehen gewährt werden, mit Ausnahme von Vorausleistungen nach §§ 36, 37 BAföG[1)].

2.5 Elterngeld

Elterngeld ist, soweit es je Kind über den Sockelbetrag i.H.v. 300 €, bei verlängertem Bezug über 150 €, hinausgeht, Einkommen. Der Sockelbetrag des Elterngeldes und Betreuungsgeld nach § 4a BEEG[2)], soweit es trotz Nichtigkeit des Gesetzes aus Gründen des Vertrauensschutzes übergangsweise weitergewährt wird (vgl. BVerfG, Urteil vom 21.7.2015, 1 BvF 2/13, Rn. 73), sind kein Einkommen, es sei denn, es liegt einer der Ausnahmefälle des § 11 Satz 4 BEEG vor.

2.6 Unfall- und Versorgungsrenten

Unfall- und Versorgungsrenten, z.B. nach dem Bundesversorgungsgesetz, sind nach Abzug des Betrages für tatsächliche Mehraufwendungen zu berücksichtigen (§§ 1610a, 1578a BGB[3)]).

2.7 Leistungen aus der Pflegeversicherung, Blindengeld und Ähnliches

Leistungen aus der Pflegeversicherung an den Pflegling, Blindengeld, Schwerbeschädigten- und Pflegezulagen sind jeweils nach Abzug des Betrages für tatsächliche Mehraufwendungen zu berücksichtigen (§§ 1610a, 1578a BGB[3)]).

---

1) **Sartorius Nr. 420.**
2) Nr. **45e**.
3) **Habersack, Deutsche Gesetze Nr. 20.**

2.8 Pflegegeld

Der Anteil des Pflegegeldes bei der Pflegeperson, durch den ihre Bemühungen abgegolten werden, ist als Einkommen zu betrachten; bei Pflegegeld aus der Pflegeversicherung gilt dies nach Maßgabe des § 13 Abs. 6 SGB XI.

2.9 Grundsicherungsleistungen

Die Leistungen gemäß §§ 41–43 SGB XII sind beim Berechtigten im Rahmen von Verwandtenunterhaltsansprüchen in der Regel als Einkommen zu berücksichtigen.

Im Rahmen von Ehegattenunterhaltsansprüchen sind sie im Regelfall nicht als Einkommen zu bewerten.

2.10 Sonstige Leistungen nach dem SGB XII

Leistungen nach dem SGB XII zur Sicherung des Lebensunterhalts sind auf Seiten des Verpflichteten wie Einkommen zu behandeln, weshalb anrechnungsfrei belassener Hinzuverdienst zu einer teilweisen Leistungsfähigkeit des Verpflichteten führen kann. Sonstige Leistungen nach dem SGB XII sind auf Seiten des Berechtigten nicht als Einkommen zu bewerten; siehe aber Nr. 2.11 für treuwidrige Unterhaltsforderungen.

2.11 Leistungen nach dem Unterhaltsvorschussgesetz[1)]

Diese Leistungen sind nicht als Einkommen zu bewerten. Die Unterhaltsforderung eines Empfängers dieser Leistungen kann aber in Ausnahmefällen treuwidrig sein, vgl. BGH FamRZ 1999, 843 (847); 2001, 619 (620). Dies gilt vor allem bei der Geltendmachung von Kindesunterhalt gegen Großeltern sowie in den Fällen des § 7a UVG.

Solange die Voraussetzungen des § 7a UVG vorliegen, ist die gerichtliche Geltendmachung von Unterhalt aus *übergegangenem* Recht untersagt, (vgl. BGH FamRZ 2023, 1287).

2.12 Leistungen nach den Vermögensbildungsgesetzen

Leistungen nach den Vermögensbildungsgesetzen beeinflussen das Einkommen nicht, d.h. der vermögenswirksame Anlagebetrag mindert das Einkommen nicht; andererseits erhöhen vermögenswirksame Beiträge des Arbeitgebers und die Sparzulage nicht das Einkommen.

3. Kindergeld

Kindergeld wird nicht zum Einkommen der Eltern gerechnet (vgl. Nr. 14).

4. Geldwerte Zuwendungen des Arbeitgebers

Geldwerte Zuwendungen aller Art des Arbeitgebers, z.B. Firmenwagen oder freie Kost und Logis, sind Einkommen, soweit sie entsprechende Eigenaufwendungen ersparen.

5. Wohnwert

Der Wohnvorteil durch mietfreies Wohnen im eigenen Heim ist als wirtschaftliche Nutzung des Vermögens unterhaltsrechtlich wie Einkommen

---

[1)] Nr. **45d**.

zu behandeln. Neben dem Wohnwert sind auch Zahlungen nach dem Eigenheimzulagengesetz anzusetzen.

Ein Wohnvorteil liegt nur vor, soweit der Wohnwert die berücksichtigungsfähigen Finanzierungslasten (Zins und Tilgung), erforderliche Instandhaltungskosten und die verbrauchsunabhängigen Kosten, mit denen ein Mieter gem. § 556 Abs. 1 BGB[1] iVm § 1 Abs. 2 BetrKV[2] nicht belastet werden kann (vgl. dazu BGH, FamRZ 2009, 1300 ff., 1303), übersteigt. Auszugehen ist vom vollen Mietwert (objektiver Wohnwert). Wenn es nicht möglich oder nicht zumutbar ist, die Wohnung aufzugeben und das Objekt zu vermieten oder zu veräußern, kann stattdessen die ersparte Miete angesetzt werden, die angesichts der wirtschaftlichen Verhältnisse angemessen wäre (subjektiver Wohnwert). Dies kommt insbesondere für die Zeit bis zum endgültigen Scheitern der Ehe in Betracht, wenn ein Ehegatte das Eigenheim allein bewohnt. Als Untergrenze für den subjektiven Wohnwert ist der Kaltmietanteil im notwendigen Selbstbehalt anzusetzen. Bei höherem Einkommen ist der Wohnwert angemessen zu erhöhen.

Finanzierungslasten mindern den Wohnwert, soweit sie tatsächlich durch Ratenzahlungen bedient werden. Tilgungsleistungen sind in der Regel bis zur Höhe des in Ansatz zu bringenden Wohnwerts abzuziehen (BGH vom 18.01.2017, XII ZB 118/17, FamRZ 2017, 519, Rn 33f; BGH, Beschluss vom 04. Juli 2018 – XII ZB 448/17 –, Rn. 31, FamRZ 2018, 1506). Darüber hinausgehende Tilgungen sind bei der Berechnung des Ehegattenunterhalts solange zu berücksichtigen, wie der berechtigte Ehegatte am Vermögenszuwachs teilhat. Nach diesem Zeitpunkt sind neben den Zinszahlungen die den Wohnwert übersteigenden Tilgungsleistungen nur dann zu berücksichtigen, wenn weder Veräußerung noch Tilgungsaussetzung oder Tilgungsstreckung möglich sind.

Wegen des Abzugs weiterer Tilgungsleistungen als sekundäre Altersvorsorge wird auf Nummer 10.1 verwiesen.

Beim Kindesunterhalt gilt im Rahmen des § 1603 Abs. 1 BGB ein großzügigerer, im Anwendungsbereich des § 1603 Abs. 2 BGB hingegen ein strengerer Maßstab für die Berücksichtigung von Tilgungsleistungen und zusätzlicher Altersvorsorge.

6. Haushaltsführung

Führt jemand einem leistungsfähigen Dritten den Haushalt, so ist hierfür ein Einkommen anzusetzen, vgl. BGH FamRZ 1995, 343 f. (344); bei Haushaltsführung durch einen nicht Erwerbstätigen geschieht das in der Regel mit einem Betrag von 450 €.

7. Einkommen aus unzumutbarer Erwerbstätigkeit

Einkommen aus unzumutbarer Erwerbstätigkeit kann nach Billigkeit ganz oder teilweise unberücksichtigt bleiben.

---

[1] **Habersack, Deutsche Gesetze Nr. 20.**
[2] Nr. **30b/1.**

8. Freiwillige Zuwendungen Dritter

Freiwillige Zuwendungen Dritter (z.B. Geldleistungen, kostenloses Wohnen) sind als Einkommen zu berücksichtigen, wenn dies dem Willen des Dritten entspricht.

Keine freiwilligen Zuwendungen Dritter sind Leistungen, die einem Ehegatten im Rahmen des Familienunterhalts zufließen.

Zum Wohnen im Haus seines Ehegatten, mit dem die Lebensgemeinschaft besteht, vgl. BGH FamRZ 2008, 968 ff. (974, Tz. 57).

9. Erwerbsobliegenheit und Einkommensfiktion

Einkommen können im Fall einer eingeschränkten oder fehlenden Leistungsfähigkeit auch aufgrund einer unterhaltsrechtlichen Obliegenheit erzielbare Einkünfte sein (fiktives Einkommen), wenn der Unterhaltsverpflichtete eine ihm mögliche und zumutbare Erwerbstätigkeit unterlässt.

Im Rahmen dieser nach den Umständen des Einzelfalls zu bestimmenden Erwerbsobliegenheit, die gegenüber minderjährigen oder ihnen gleichgestellten Kindern nach Maßgabe des § 1603 Abs. 2 S. 1 BGB[1] gesteigert ist, bedarf es bei Ausübung einer Erwerbstätigkeit der Darlegung, dass die Arbeitskraft entsprechend den persönlichen Eigenschaften und Fähigkeiten und der Arbeitsmarktlage in zumutbarer Weise selbst unter Berücksichtigung zumutbarer Arbeitsplatz-, Berufs- oder Ortswechsel bestmöglich eingesetzt wird. Zum Umfang der Obliegenheit im Einzelnen vgl. BGH FamRZ 2009, 314 (317).

Bei Arbeitslosigkeit sind hinreichende Bemühungen um eine Arbeitsstelle und etwaige Tatsachen zur berechtigten Beendigung eines bisher bestehenden Arbeitsverhältnisses darzulegen; dabei bedarf es über die Meldung bei der Agentur für Arbeit hinaus einer nachprüfbaren und belegten Darstellung der ohne Erfolg gebliebenen Bemühungen unter Angabe zu Zeitpunkt, Inhalt und Ergebnis der erfolgten Bewerbungen, die sich im Zweifel auch auf nicht der eigenen Berufsausbildung entsprechende Stellen zu erstrecken haben; der Hinweis auf die Arbeitsmarktlage macht den Nachweis dieser Bemühungen regelmäßig nicht entbehrlich. Zweifel an der Ernsthaftigkeit der Arbeitsbemühungen gehen zu Lasten des Arbeitssuchenden.

Bei unzureichenden Bemühungen um einen Arbeitsplatz können bei einer objektiv feststellbaren realen Beschäftigungschance fiktive Einkünfte nach den Umständen des Einzelfalls unter Berücksichtigung der jeweiligen Verhältnisse auf dem Arbeitsmarkt, insbesondere auch Lohnstruktur und Mindestlöhne, und der persönlichen Eigenschaften des Arbeitssuchenden, insbesondere Alter, Ausbildung, Berufserfahrung, Gesundheitszustand, Geschlecht u.ä., zugrunde gelegt werden; die Feststellung der realen Beschäftigungschance ist auch bei Inanspruchnahme auf den Mindestunterhalt eines minderjährigen Kindes nicht entbehrlich (vgl. BVerfG vom 18. Juni 2012, 1 BvR 774/10, NJW 2012, 2420-2422).

---

[1] **Habersack, Deutsche Gesetze Nr. 20.**

10. Bereinigung des Einkommens

10.1 Steuern und Vorsorgeaufwendungen

Vom Bruttoeinkommen sind Steuern und Vorsorgeaufwendungen abzuziehen. Zu den Vorsorgeaufwendungen zählen Aufwendungen für die gesetzliche Kranken- und Pflegeversicherung, Rentenversicherung und Arbeitslosenversicherung und/oder eine angemessene private Kranken- und Altersvorsorge.

Es besteht die Obliegenheit, Steuervorteile in zumutbarem Rahmen in Anspruch zu nehmen. Zur Obliegenheit, das Realsplitting geltend zu machen, siehe BGH FamRZ 2007, 793 ff. und BGH FamRZ 2007, 882 ff.

Aufwendungen für die Altersvorsorge sind bis zu 23 % des Bruttoeinkommens, beim Elternunterhalt bis zu 24 % des Bruttoeinkommens (je einschließlich der Gesamtbeiträge von Arbeitnehmern und Arbeitgebern zur gesetzlichen Rentenversicherung, bei Beamten, Richtern, Soldaten deshalb abzüglich des gültigen Rentenbeitragssatzes) abzusetzen.

Die darin enthaltene freiwillige, den Beitragssatz der gesetzlichen Rentenversicherung übersteigende, zusätzliche Altersvorsorge kann minderjährigen und privilegiert volljährigen Kindern bei der Geltendmachung von Mindestunterhalt nicht entgegengehalten werden.

Als zusätzliche Altersvorsorge sind neben den zertifizierten Riester- oder Rürupverträgen auch andere Vermögensbildungsmaßnahmen anzusehen, die einer Absicherung im Alter dienen können, insbesondere die Tilgungsleistungen auf Kredite für Immobilien.

Insbesondere beim Elternunterhalt sind Tilgungsleistungen bis zur Höhe des Wohnvorteils vom Einkommen abzuziehen, ohne dass dies die Befugnis zur Bildung eines zusätzlichen Altersvorsorgevermögens schmälert. Der den Wohnvorteil dann noch übersteigende Tilgungsanteil ist als Vermögensbildung zu Lasten des Unterhaltsberechtigten im Rahmen der sekundären Altersvorsorge auf die Altersvorsorgequote des Unterhaltspflichtigen anzurechnen (vgl. BGH vom 18.01.2017, XII ZB 118/16, FamRZ 2017, 519, Rn. 33f).

Altersvorsorge, die unter Beachtung der jeweiligen Unterhaltsgrundsätze, abzugsfähig war, kommt unter Umständen Bestandsschutz zu.

10.2 Berufsbedingte Aufwendungen

Berufsbedingte Aufwendungen, die sich von den privaten Lebenshaltungskosten nach objektiven Merkmalen eindeutig abgrenzen lassen, sind im Rahmen des Angemessenen vom Nettoeinkommen aus unselbständiger Arbeit abzuziehen.

10.2.1 Pauschale/konkrete Aufwendungen

Bei Vorliegen entsprechender Anhaltspunkte kann eine Pauschale von 5 % des Nettoeinkommens (maximal 150 €) abgesetzt werden. Diese Pauschale wird vom Nettoeinkommen vor Abzug von Schulden und besonderen Belastungen abgezogen. Die Pauschale erfasst alle berufsbedingten Aufwendungen einschließlich der Fahrtkosten. Übersteigen die berufsbedingten Aufwendungen diese Pauschale, so sind sie im Einzelnen darzulegen.

10.2.2 Fahrtkosten

Werden berufsbedinge Aufwendungen konkret berechnet, erfolgt ein Abzug von Fahrtkosten zur Arbeitsstätte mit dem eigenen PKW grundsätzlich nur in Höhe der Fahrtkosten öffentlicher Verkehrsmittel, wenn deren Benutzung zumutbar ist. Ist wegen schwieriger öffentlicher Verkehrsverbindungen oder aus sonstigen Gründen die Benutzung eines PKW als angemessen anzuerkennen, so wird eine Kilometerpauschale in Höhe des Betrages nach § 5 Abs. 2 Nr. 1 JVEG[1] von 0,42 € für jeden gefahrenen Kilometer berücksichtigt. Anhaltspunkte für die Bestimmung der Angemessenheit können einerseits die ehelichen Lebensverhältnisse und andererseits das Verhältnis der Fahrtkosten zu dem Einkommen sein.

Die Fahrtkostenpauschale deckt in der Regel sowohl die laufenden Betriebskosten als auch die Anschaffungskosten des PKW ab.

Bei hoher Fahrleistung ist, da die Fahrtkosten nicht gleichmäßig ansteigen, eine abweichende Bewertung veranlasst. In der Regel kann bei einer Entfernung von mehr als 30 km (einfach) und einer PKW-Nutzung an ca. 220 Tagen im Jahr für jeden Mehrkilometer die Pauschale auf die Hälfte des Satzes herabgesetzt werden.

Bei unverhältnismäßig hohen Fahrtkosten infolge weiter Entfernung zum Arbeitsplatz kommt auch eine Obliegenheit zu einem Wohnortwechsel in Betracht (BGH FamRZ 1998, 1501, 1502).

10.2.3 Ausbildungsaufwand

Bei Vorliegen entsprechender Anhaltspunkte kann eine Pauschale von 5 % der Ausbildungsvergütung abgesetzt werden. Übersteigen die Aufwendungen diese Pauschale, so sind sie im Einzelnen darzulegen (vgl. Nr. 10.2.1).

10.3 Kinderbetreuung

Kinderbetreuungskosten sind abzugsfähig, soweit die Betreuung durch Dritte infolge der Berufstätigkeit erforderlich ist. Geht ein Ehegatte einer Erwerbstätigkeit nach, obwohl er eines oder mehrere minderjährige Kinder betreut, so kann ihm – auch neben den in Satz 1 genannten konkreten Kosten – noch ein Ausgleich für Aufwendungen bis zu 200 € zugebilligt werden, wenn er darlegt, dass er oder Dritte zusätzliche Aufwendungen durch die Betreuung der Kinder haben (wie z.B. Großeltern, Nachbarn oder Freunde betreuen die Kinder unentgeltlich, ohne dadurch den Unterhaltspflichtigen entlasten zu wollen; Fahrtkosten zu Betreuungsstellen etc.). Für die Höhe dieses Betrags sind u.a. folgende Faktoren von Bedeutung: Zahl und Alter der Kinder; Umfang der Berufstätigkeit; Umfang der Fremdbetreuung, deren Kosten nicht im Rahmen der in S. 1 genannten konkreten Kosten geltend gemacht werden; Höhe der konkreten Kosten.

Zum Aufwand für die Betreuung des Kindes zählen nicht die Kosten einer Kindertagesstätte (Kinderkrippe, Kindergarten, Schülerhort); diese sind Mehrbedarf des Kindes und nach dem Verhältnis der beiderseitigen Einkünfte zwischen den Eltern aufzuteilen (siehe Nr. 12.4). Die auf jeden Elternteil entfallenden Anteile bzw. tatsächlich gezahlten Beträge sind als Kindesunterhalt vom Einkommen vorweg abzuziehen.

---

[1] **Habersack, Deutsche Gesetze Nr. 116.**

10.4 Schulden

Berücksichtigungswürdige Schulden (Zins und Tilgung) sind abzuziehen; die Abzahlung soll im Rahmen eines vernünftigen Tilgungsplanes in angemessenen Raten erfolgen. Zur Obliegenheit, im Einzelfall ein Verbraucherinsolvenzverfahren einzuleiten, um für Kindesunterhalt leistungsfähig zu werden, vgl. BGH FamRZ 2005, 608 f.; beim Ehegattenunterhalt besteht eine solche Obliegenheit nicht (BGH FamRZ 2008, 497). Bei der Bedarfsermittlung für den Ehegattenunterhalt sind unterhaltsrechtlich nicht vorwerfbar eingegangene Verbindlichkeiten grundsätzlich abzusetzen. Sowohl beim Verwandten- als auch beim Ehegattenunterhalt erfolgt noch eine Abwägung nach den Umständen des Einzelfalls. Bei der Zumutbarkeitsabwägung sind Interessen des Unterhaltsschuldners, des Drittgläubigers und des Unterhaltsgläubigers, vor allem minderjähriger Kinder, mit zu berücksichtigen. Bei der Unterhaltsbemessung nach einem fiktiven Einkommen ist auch ein fiktiver Schuldendienst berücksichtigungsfähig.

10.5 Unterhaltsleistungen

(bleibt unbesetzt)

10.6 Vermögensbildung

Vermögensbildende Aufwendungen sind bei guten Einkommensverhältnissen im angemessenen Rahmen abzugsfähig.

10.7 Umgangskosten

Notwendige Kosten des Umgangs, die über den dem Umgangsberechtigten verbleibenden Anteil am Kindergeld erheblich hinausgehen, können sich einkommensmindernd auswirken.

Kindesunterhalt

11. Bemessungsgrundlage (Tabellenunterhalt)

Der Barunterhalt minderjähriger und noch im elterlichen Haushalt lebender volljähriger unverheirateter Kinder bestimmt sich nach den Sätzen der Düsseldorfer Tabelle[1] ohne Bedarfskontrollbeträge (Anhang 1). Bei minderjährigen Kindern kann er als Festbetrag oder als Prozentsatz des jeweiligen Mindestunterhalts geltend gemacht werden.

11.1 Kranken- und Pflegeversicherungsbeiträge

Die Tabellensätze der Düsseldorfer Tabelle[1] enthalten keine Kranken- und Pflegeversicherungsbeiträge für das Kind, wenn dieses nicht in einer gesetzlichen Familienversicherung mitversichert ist. Dieser Aufwand gehört jedoch zum Grundbedarf und ist von dem/den Barunterhaltspflichtigen zu tragen.

Besteht für das Kind eine freiwillige Krankenversicherung, so sind die hierfür erforderlichen Beiträge von dem/den Barunterhaltspflichtigen zusätzlich zu zahlen, zur Ermittlung des Tabellenunterhalts jedoch in Höhe des jeweiligen Anteils vom Einkommen abzusetzen.

---

[1] Nr. **47**.

11.2 Eingruppierung

Die Tabellensätze sind auf den Fall zugeschnitten, dass der Unterhaltspflichtige zwei Unterhaltsberechtigten (ohne Rücksicht auf den Rang, soweit für den Nachrangigen Mittel vorhanden sind) Unterhalt zu gewähren hat. Bei einer größeren oder geringeren Anzahl Unterhaltsberechtigter sind in der Regel Ab- oder Zuschläge durch Einstufung in niedrigere oder höhere Einkommensgruppen vorzunehmen.

12. Minderjährige Kinder

12.1 Betreuungs-/Barunterhalt

Der sorgeberechtigte Elternteil, der ein minderjähriges Kind betreut, leistet in der Regel hierdurch seinen Beitrag zum Kindesunterhalt (§ 1606 Abs. 3 S. 2 BGB[1]).

12.2 Einkommen des Kindes

Einkommen des Kindes wird bei beiden Eltern hälftig angerechnet. Zum Kindergeld vgl. Nr. 14.

12.3. Beiderseitige Barunterhaltspflicht/Haftungsanteil

Der Bedarf eines Kindes ist grundsätzlich nach dem gemeinsamen Einkommen der Eltern zu ermitteln (BGH, Beschluss vom 11. Januar 2017 – XII ZB 565/15, BGH vom 29. September 2021 – XII ZB 474/20; BGH vom 18. Mai 2022, XII ZB 325/20).

Vom Bedarf des Kindes zu unterscheiden ist der aufzubringende Kindesunterhalt.

Der betreuende Elternteil braucht neben dem anderen Elternteil in der Regel keinen Barunterhalt zu leisten (§ 1606 Abs. 3 Satz 2 BGB), es sei denn

a) der angemessene Selbstbehalt des nicht betreuenden Elternteils wäre durch den Barbedarf des Kindes gefährdet und der betreuende Elternteil wäre insoweit leistungsfähig, ohne dass sein eigener angemessener Selbstbehalt gefährdet würde (§ 1603 Abs. 2 Satz 3 BGB[1], vgl. BGH FamRZ 2011, 1041).
oder

b) der angemessene Selbstbehalt des nicht betreuenden Elternteils wäre durch den Barbedarf des Kindes zwar nicht gefährdet, die Leistungsfähigkeit des betreuenden Elternteils ist aber bedeutend höher als diejenige des nicht betreuenden Elternteils, etwa bei dreifach höherem verfügbaren Einkommen oder guten Vermögensverhältnissen (vgl. BGH vom 10.07.2013, XII ZB 297/12 = FamRZ 2013, 1558).

Fall a) führt dazu, dass das Einkommen des nicht betreuenden Elternteils nur bis zur Grenze seines angemessenen Selbstbehalts für Unterhaltszahlungen einzusetzen ist und dass im Übrigen der betreuende Elternteil im Rahmen seiner Ausfallhaftung für den Barunterhalt des Kindes haftet.

Fall b) führt zur Kürzung bis hin zum völligen Wegfall der Barunterhaltspflicht des nicht betreuenden Elternteils.

Sind bei auswärtiger Unterbringung des Kindes beide Eltern zum Barunterhalt verpflichtet, haften sie anteilig nach § 1606 Abs. 3 Satz 1 BGB

[1] Habersack, Deutsche Gesetze Nr. 20.

für den Gesamtbedarf (vgl. Nr. 13.3). Der Verteilungsschlüssel kann unter Berücksichtigung des Betreuungsaufwandes wertend verändert werden.

12.4 Zusatzbedarf

Bei Zusatzbedarf (Verfahrenskostenvorschuss, Mehrbedarf, Sonderbedarf) gilt § 1606 Abs. 3 Satz 1 BGB[1)] (vgl. Nr. 13.3). Zum Mehrbedarf des Kindes zählen die Kosten für den Besuch einer Kindertagesstätte (Kinderkrippe, Kindergarten, Schülerhort) abzüglich des ersparten Verpflegungsmehraufwandes. Schulpaket und Bildungspaket ergeben keinen Zusatzbedarf.

13. Volljährige Kinder

13.1 Bedarf

Beim Bedarf volljähriger Kinder ist zu unterscheiden, ob sie noch im Haushalt der Eltern/eines Elternteils leben oder einen eigenen Hausstand haben.

13.1.1 Für volljährige Kinder, die noch im Haushalt der Eltern oder eines Elternteils wohnen, gilt die Altersstufe 4 der Düsseldorfer Tabelle[2)]. Sind beide Elternteile leistungsfähig (vgl. Nr. 21.3.1), ist der Bedarf des Kindes in der Regel nach dem zusammengerechneten Einkommen zu bemessen. Hierbei findet bei einer Unterhaltsverpflichtung gegenüber nur einem Kind eine Höherstufung um eine Einkommensgruppe nicht statt (vgl. entsprechend beim früheren Zuschnitt der Tabelle auf drei Unterhaltsberechtigte OLG Hamm FamRZ 1993, 353, 355, bestätigt durch BGH FamRZ 1994, 696, 697). Für die Haftungsquote gilt Nr. 13.3. Ein Elternteil hat jedoch höchstens den Unterhalt zu leisten, der sich allein aus seinem Einkommen aus der Düsseldorfer Tabelle ergibt.

Dies gilt auch für ein Kind im Sinne des § 1603 Abs. 2 Satz 2 BGB[1)].

13.1.2 Der angemessene Bedarf eines volljährigen Kindes mit eigenem Hausstand beträgt in der Regel monatlich *930 €* (darin sind enthalten Kosten für Unterkunft und Heizung bis zu *410 €*), ohne Beiträge zur Kranken- und Pflegeversicherung sowie ohne Studiengebühren. Semesterbeiträge sind im Bedarfssatz enthalten. Von diesem Betrag kann bei erhöhtem Bedarf oder mit Rücksicht auf die Lebensstellung der Eltern abgewichen werden.

13.2 Einkommen des Kindes

Auf den Unterhaltsbedarf werden Einkünfte des Kindes, auch das Kindergeld (siehe Nr. 14), BAföG-Darlehen und Ausbildungsbeihilfen (gekürzt um ausbildungsbedingte Aufwendungen, vgl. Nr. 10.2.3) angerechnet. Bei Einkünften aus unzumutbarer Erwerbstätigkeit gilt § 1577 Abs. 2 BGB[1)] entsprechend.

13.3 Beiderseitige Barunterhaltspflicht/Haftungsanteil

Für den Bedarf des Volljährigen haften die Eltern anteilig nach dem Verhältnis ihrer verfügbaren Einkommen. Vor der Bildung der Haftungsquote sind der angemessene Selbstbehalt jedes Elternteils (*1.750 €,* siehe Nr. 21.3.1) und der Unterhalt vorrangig Berechtigter abzusetzen (vgl. zur

[1)] **Habersack, Deutsche Gesetze Nr. 20.**
[2)] Nr. 47.

Berechnungsmethode BGH FamRZ 1986, 151 = NJW-RR 1986, 426; FamRZ 1986, 153 = NJW-RR 1986, 293). Die Haftung ist auf den Tabellenbetrag nach Maßgabe des eigenen Einkommens des jeweils Verpflichteten begrenzt.

Diese Berechnung findet für den Bedarf des volljährigen Schülers im Sinne des § 1603 Abs. 2 Satz 2 BGB[1)] entsprechende Anwendung: Zur Bildung der Haftungsquote ist vorab der angemessene Selbstbehalt jedes Elternteils und der Barbedarf weiterer jetzt gleichrangiger Kinder abzusetzen, wenn der verbleibende Betrag zur Bedarfsdeckung aller Kinder ausreicht. Ist dies nicht der Fall (Mangelfall) wird der Selbstbehalt auf den notwendigen Selbstbehalt herabgesetzt. Außerdem ist statt eines Vorwegabzugs des Bedarfs der anderen Kinder der Bedarf des volljährigen Kindes aus dem nach Abzug des eigenen Selbstbehalts der Eltern verbleibenden Betrag anteilig zu befriedigen. Zur Berechnungsweise im Übrigen vgl. BGH FamRZ 2002, 815, (818).

14. Verrechnung des Kindergeldes

Es wird nach § 1612b BGB[1)] ausgeglichen.

Ehegattenunterhalt

15. Unterhaltsbedarf

Der Unterhaltsanspruch eines bedürftigen Ehegatten (§§ 1361, 1569 ff. BGB[1)]) besteht in dem Unterschiedsbetrag zwischen seinem eheangemessenen Bedarf und seinen tatsächlich erzielten oder zurechenbaren Einkünften im Rahmen der Leistungsfähigkeit des Verpflichteten.

15.1 Bedarf nach ehelichen Lebensverhältnissen

Bei der Bedarfsbemessung ist das eheprägende Einkommen zu berücksichtigen (Stichtag: Rechtskraft der Scheidung).

Umstände, die auch bei fortbestehender Ehe eingetreten wären, und Umstände, die bereits in anderer Weise in der Ehe angelegt und mit hoher Wahrscheinlichkeit zu erwarten waren, sind zu berücksichtigen. Dies gilt für normale absehbare weitere Entwicklungen von Einkünften aus derselben Einkommensquelle, wie für übliche Lohnerhöhungen, sowie einen nicht vorwerfbaren nachehelichen Einkommensrückgang, etwa durch Arbeitslosigkeit, Eintritt in das gesetzliche Rentenalter oder Krankheit. Ist der Pflichtige wieder verheiratet, berechnet sich der Bedarf des früheren Ehegatten aufgrund einer fiktiven Besteuerung der Einkünfte des Pflichtigen nach der Grundtabelle, also ohne den Splittingvorteil. Unterhaltsleistungen, die während der Ehe für Kinder erbracht worden sind, prägen die Ehe und sind daher bei der Bedarfsberechnung grundsätzlich vorweg in Abzug zu bringen. Zu den bei der Bedarfsberechnung zu beachtenden Umständen gehört auch das Hinzutreten weiterer Unterhaltsberechtigter bis zur rechtskräftigen Ehescheidung. Auch ein Unterhaltsanspruch aus § 1615l BGB[1)], den ein betreuender Elternteil eines vor der Rechtskraft der Scheidung geborenen Kindes hat, prägt die ehelichen Lebensverhältnisse. Dagegen sind die Unterhaltspflichten für ein nach Rechtskraft der Scheidung geborenes Kind, gegenüber dessen betreuenden Elternteil nach

---

[1)] **Habersack, Deutsche Gesetze Nr. 20.**

§ 1615l BGB sowie gegenüber einem späteren Ehegatten bei der Bemessung des Unterhaltsbedarfs nach § 1578 Abs. 1 S. 1 BGB (anders als bei der Leistungsfähigkeit) nicht zu berücksichtigen (siehe Nr. 15.5).

Das Unterhaltsrecht will den geschiedenen Ehegatten nicht besser stellen, als er während der Ehe stand oder aufgrund einer absehbaren Entwicklung ohne die Scheidung stehen würde. Daher sind nur solche Steigerungen des verfügbaren Einkommens zu berücksichtigen, die schon in der Ehe angelegt waren, nicht aber z.B. ein Einkommenszuwachs infolge eines Karrieresprungs.

Soweit ein nachehelicher Karrieresprung lediglich einen neu hinzugetretenen Unterhaltsbedarf auffängt und nicht zu einer Erhöhung des Unterhalts nach den während der Ehe absehbaren Verhältnissen führt, ist das daraus resultierende Einkommen aber in die Unterhaltsbemessung einzubeziehen.

Einkünfte, die aus einer überobligationsmäßig ausgeübten Erwerbstätigkeit erzielt werden, prägen die ehelichen Lebensverhältnisse nicht (BGH FamRZ 2003, 518).

Der Mindestbedarf eines Ehegatten liegt aber nicht unter *1.200,– €*, ggf. abzüglich etwa zu berücksichtigender Synergieeffekte durch Zusammenleben mit einem leistungsfähigen Partner.

15.2 Halbteilung und Erwerbstätigenbonus

Der eheangemessene Bedarf eines Ehegatten (ohne Vorsorgebedarf) beträgt (ungeachtet eines etwaigen Erwerbstätigenbonus) 1/2 des den ehelichen Lebensverhältnissen entsprechenden Einkommens eines oder beider Ehegatten, bereinigt um die berücksichtigungsfähigen Lasten und den Zahlbetrag des Kindesunterhalts (Quotenunterhalt). *Ob und unter welchen Umständen auch vom betreuenden Elternteil aufgebrachter Naturalunterhalt (vgl. BGH, Beschluss vom 11. Januar 2017 – XII ZB 565/15, BGH vom 29.9. 2021 – XII ZB 474/20; BGH vom 18. Mai 2022 – XII ZB 325/20) bei der Ermittlung seines Einkommens in Abzug zu bringen ist, beurteilen die Familiensenate des OLG Frankfurt aktuell uneinheitlich*[1].

Erbringt der Verpflichtete sowohl Bar- als auch Betreuungsunterhalt, so gilt Nr. 10.3 (BGH FamRZ 2001, 350).

Auf Erwerbstätigkeit beruhendes Einkommen der Ehegatten wird bei quotaler Bedarfsberechnung vorab um einen Bonus von 1/10 bereinigt. Dieser wird jeweils nach Abzug der mit der Erzielung des Erwerbseinkommens verbundenen Aufwendungen (Werbungskosten) sowie grundsätzlich der ehelichen Lasten und des von dem Erwerbstätigen zu leistenden Kindesunterhalts berechnet. Bei der Prüfung der Leistungsfähigkeit des Unterhaltspflichtigen ist ein Erwerbstätigkeitsbonus nicht zu berücksichtigen, siehe Ziffer 21.4.

Sind mit der Erzielung von Nichterwerbseinkommen (insbes. Wohnvorteil, Kapitaleinkünfte pp.) besondere Aufwendungen verbunden, werden diese von der jeweiligen Einkunftsart abgezogen.

---

[1] **Amtl. Anm.:** *Grundsätzlich für den Abzug des Naturalunterhalts: 2., 3., 4., 5. und 7. Familiensenat (vgl. OLG Frankfurt, Beschluss vom 15.06.2022 – 7 UF 77/21 –, FamRZ 2023,45); noch offen: 1., 6. und 8. Familiensenat*

Nach der Anrechnungsmethode sind Einkünfte des Berechtigten aus Vermögen, das in der Ehe nicht für den Lebensunterhalt zur Verfügung stand, zu berücksichtigen.

15.3 Konkrete Bedarfsbemessung

Nach der Rechtsprechung des BGH kann ein eheangemessener Unterhaltsbedarf bis zu einem Bedarf, der sich aus dem höchsten in der Düsseldorfer Tabelle[1] ausgewiesenen Einkommensbetrag ableitet, als Quotenunterhalt geltend gemacht werden (bei Erwerbseinkommen derzeit bis zu *5.040,– €*). Die quotale Darlegung des Bedarfs kann vom Berechtigten und Verpflichteten auch dadurch geschehen, dass die Höhe des zur Verfügung stehenden Gesamteinkommens sowie die hiervon betriebenen Aufwendungen zur Vermögensbildung dargelegt werden.

Der Bedarf auf Elementarunterhalt kann daneben auch konkret dargelegt werden; eigenes Einkommen des bedürftigen Ehegatten ist hierauf ohne Abzug eines Erwerbstätigenbonus (BGH vom 10.11.2010, XII ZR 197/08 = FamRZ 2011, 192, Tz. 24) anzurechnen. Obergrenze ist jedoch auch insoweit die unter Beachtung des Halbteilungsgrundsatzes zu errechnende Unterhaltsquote unter Berücksichtigung eines Erwerbstätigenbonus, wenn der Pflichtige sich unter Offenlegung seiner Einkommensverhältnisse darauf beruft.

15.4 Vorsorgebedarf/Zusatz- und Sonderbedarf

Werden Altersvorsorge-, Kranken- und Pflegeversicherungskosten vom Berechtigten gesondert geltend gemacht oder vom Verpflichteten bezahlt, sind diese von dem Einkommen des Pflichtigen vorweg abzuziehen. Der Vorwegabzug unterbleibt, soweit nicht verteilte Mittel zur Verfügung stehen, z.B. durch Anrechnung nicht prägenden Einkommens des Berechtigten auf seinen Bedarf.

Bei der Bemessung des Altersvorsorgebedarfs kann nach den Grundsätzen der Bremer Tabelle[2] verfahren werden. Wenn der Unterhaltspflichtige eine unterhaltsrechtlich anzuerkennende zusätzliche Altersvorsorge betreibt, ist dies auch dem Unterhaltsberechtigten durch eine entsprechende Erhöhung des Altersvorsorgeunterhalts erlaubt, vgl. BGH FamRZ 2020, 21 Rn 47. Altersvorsorgeunterhalt kann in der Regel nur dann verlangt werden, wenn der Bedarf in Höhe des Mindestselbstbehaltes für Erwerbstätige gemäß Ziffer 21.4 gedeckt ist. Der Altersvorsorgeunterhalt ist nicht auf den Höchstbetrag nach Maßgabe der Beitragsbemessungsgrenze beschränkt und soll gegebenenfalls aus nicht prägendem Einkommen gedeckt werden, so dass dann die zweite Berechnungsstufe entfallen kann, vgl. BGH FamRZ 1999, 372, FamRZ 2007, 117 ff.; XII ZR 35/09 = FamRZ 2012, 945.

Altersvorsorgeunterhalt kann für die Vergangenheit nicht erst von dem Zeitpunkt an verlangt werden, in dem er ausdrücklich geltend gemacht worden ist. Es reicht für die Inanspruchnahme des Unterhaltspflichtigen vielmehr aus, dass von diesem Auskunft mit dem Ziel der Geltendmachung eines Unterhaltsanspruchs begehrt worden ist (BGH FamRZ 2007,

[1] Nr. **47**.
[2] Nr. **47f/1**.

193 ff.), anders bei bereits erfolgter Bezifferung, BGH v. 7.11.2012, XII ZB 229/11 = FamRZ 2013, 109.

Der Beitrag für Krankenversicherung und Pflegeversicherung ist in jeweils nachzuweisender konkreter Höhe zu berücksichtigen.

15.5 Bedarf bei mehreren Ehegatten und Berechtigten nach § 1615l BGB[1)]

Der Bedarf der Ehegatten berechnet sich nach dem Prioritätsgrundsatz. Danach sind die Unterhaltspflichten für einen späteren Ehegatten oder gegenüber dem betreuenden Elternteil eines nach der Scheidung der Eheleute geborenen Kindes (§ 1615l BGB) bei der Bemessung des Unterhaltsbedarfs des ersten Ehegatten nach § 1578 Abs. 1 S. 1 BGB nicht zu berücksichtigen. Zur Anwendung der so genannten Dreiteilungsmethode kann es aber noch im Rahmen der Leistungsfähigkeit und der Mangelverteilung kommen (vgl. Nr. 24.3.2), wenn der erste Ehegatte nicht vorrangig ist. Der Bedarf eines späteren Ehegatten wird zwar durch die Unterhaltslast des Pflichtigen aus einer früheren Ehe geprägt. Der endgültige Unterhaltsbedarf des späteren Ehegatten lässt sich aber erst im Zusammenspiel mit der Leistungsfähigkeit des Unterhaltspflichtigen gegenüber einem früheren Ehegatten bemessen. Verbleibt dem Unterhaltspflichtigen danach gegenüber einem früheren Ehegatten wieder ein höherer Betrag, wirkt sich dies zugleich auf den im Wege der Halbteilung zu ermittelnden Bedarf seines späteren Ehegatten aus (BGH FamRZ 2012, 281, Tz. 45).

Zum dabei zu berücksichtigenden Einkommen vgl. Nr. 1.1 und 15.1.

15.6 Trennungsbedingter Mehrbedarf

Trennungsbedingter Mehrbedarf kann zusätzlich berücksichtigt werden, wenn ausnahmsweise noch die Anrechnungsmethode Anwendung findet. Obergrenze ist das Ergebnis der Differenzmethode.

15.7 Begrenzung nach § 1578b BGB[1)]

Nach Scheidung der Ehe ist in der Regel zunächst der eheangemessene Unterhalt weiterzuzahlen, eine sofortige Begrenzung wird bis auf Ausnahmefälle nicht in Betracht kommen. Dem berechtigten Ehegatten ist in der Regel eine auch unter Berücksichtigung der Ehedauer angemessene Übergangsfrist einzuräumen, binnen derer er sich auf die nicht an den ehelichen Lebensverhältnissen ausgerichteten neuen Verhältnisse einstellen kann.

Für die Frage der Begrenzung des nachehelichen Unterhalts kommt es nach § 1578b BGB maßgeblich darauf an, ob ehebedingte Nachteile eingetreten sind oder eine Begrenzung des Unterhaltsanspruchs unter Berücksichtigung der Dauer der Ehe unbillig wäre.

Der Ehegattenunterhalt ist nicht auf den Ausgleich ehebedingter Nachteile beschränkt. Wenn und soweit solche fehlen, ist über eine Herabsetzung auf den angemessenen Lebensbedarf im Wege einer umfassenden Billigkeitsabwägung zu entscheiden, die auch das jeweilige Maß an fortwirkender nachehelicher Solidarität einzubeziehen hat. Diesem Gedan-

[1)] **Habersack, Deutsche Gesetze Nr. 20.**

ken ist besonders Rechnung zu tragen, wenn Unterhalt wegen Krankheit geschuldet wird.

Im Rahmen der umfassenden Billigkeitsabwägung sind sämtliche Umstände (wie z.B. beiderseitige Einkommens- und Vermögensverhältnisse, Vermögenserwerb während der Ehe, die vom Berechtigten in der Ehe erbrachte Lebensleistung, Umfang und Dauer des vom Pflichtigen bis zur Scheidung gezahlten Trennungsunterhalts bzw. des nach der Scheidung gezahlten Unterhalts) zu berücksichtigen. Die Ehedauer, bei der auf die Zeit von der Eheschließung bis zur Zustellung des Scheidungsantrags abzustellen ist, gewinnt bei der Bestimmung des Maßes der nachehelichen Solidarität ihr besonderes Gewicht aus der Wechselwirkung zwischen der Rollenverteilung in der Ehe und der darauf beruhenden Verflechtung der wirtschaftlichen Verhältnisse.

Die Möglichkeit der Herabsetzung und/oder Befristung des Ehegattenunterhalts nach § 1578b BGB ist als rechtsvernichtende bzw. rechtsbeschränkende Einwendung bei entsprechendem Vortrag zu berücksichtigen. Im Rahmen der Herabsetzung und zeitlichen Begrenzung des Unterhalts ist der Unterhaltspflichtige für die Tatsachen darlegungs- und beweisbelastet, die für eine Begrenzung sprechen.

Hinsichtlich der Tatsache, dass ehebedingte Nachteile nicht entstanden sind, trifft den Unterhaltsberechtigten jedoch eine sekundäre Darlegungslast. Er muss die Behauptung, es seien keine ehebedingten Nachteile entstanden, substantiiert bestreiten und seinerseits darlegen, welche konkreten ehebedingten Nachteile entstanden sein sollen. Im Einzelfall kann der Vortrag genügen, dass in dem vor der Ehe ausgeübten Beruf Gehaltssteigerungen in einer bestimmten Höhe mit zunehmender Berufserfahrung bzw. Betriebszugehörigkeit üblich sind. Anders verhält es sich bei einem behaupteten beruflichen Aufstieg. Hier muss der Unterhaltsberechtigte darlegen, aufgrund welcher Umstände (wie etwa Fortbildungsbereitschaft, bestimmte Befähigungen, Neigungen, Talente etc.) er eine entsprechende Karriere gemacht hätte.

Der Betreuungsunterhalt nach § 1570 BGB ist nicht nach § 1578b BGB zu befristen.

16. Bedürftigkeit

Eigene (erzielte oder zurechenbare) Einkünfte des Berechtigten sind auf den Bedarf anzurechnen, wobei bei einer Berechnung nach Quoten das bereinigte Nettoerwerbseinkommen um den Erwerbstätigenbonus zu vermindern ist.

17. Erwerbsobliegenheit

17.1 bei Kindesbetreuung

Die nach Vollendung des 3. Lebensjahres des Kindes grundsätzlich einsetzende Erwerbsobliegenheit des betreuenden Elternteils ist hinsichtlich Art und Umfang an den Belangen des Kindes auszurichten.

Stehen solche Belange einer Fremdbetreuung generell entgegen oder besteht eine kindgerechte Betreuungsmöglichkeit nicht, hat das Prinzip der Eigenverantwortung des betreuenden Elternteils für seinen Unterhalt zurückzustehen.

Dieser Maßstab bestimmt auch die Verpflichtung zur Aufnahme einer Teilzeit- oder Vollzeittätigkeit.

Vgl. hierzu die Gesetzesbegründung, FamRZ 2007, 1947, 2. Spalte:

„... Die Neuregelung verlangt (also) keineswegs einen abrupten, übergangslosen Wechsel von der elterlichen Betreuung zu Vollzeiterwerbstätigkeit. Im Interesse des Kindeswohls wird vielmehr auch künftig ein gestufter, an den Kriterien von § 1570 Abs. 1 BGB[1)]-Entwurf orientierter Übergang möglich sein."

Folgende Kriterien sind insbesondere zu prüfen:

Kindbezogene Gründe:

1. Generelle Betreuungsbedürftigkeit aufgrund des Alters
2. Fehlende kindgerechte Betreuungsmöglichkeiten, wobei die staatlichen Betreuungsmöglichkeiten nach der Rechtsprechung des BGH als kindgerecht anzusehen sind.
3. Krankheiten, die durch die Betreuung in einer Einrichtung nicht aufgefangen werden können und damit die Betreuung durch einen Elternteil erfordern.

Elternbezogene Gründe:

1. Vertrauen in die vereinbarte oder praktizierte Rollenverteilung und Ausgestaltung der Kinderbetreuung. Zu berücksichtigen ist dabei auch die Aufgabe einer Erwerbstätigkeit wegen Kindererziehung und die Dauer der Ehe.
2. Umfang der Betreuungsbedürftigkeit des Kindes im Anschluss an die Betreuung in einer Betreuungseinrichtung, wobei der Betreuungsbedarf in der Regel bei jüngeren Kindern größer ist als bei älteren Kindern.

Darlegungs- und beweispflichtig für diese Umstände ist der Unterhaltsbedürftige.

Bei entsprechend konkretem Vortrag dürfte eine vollschichtige Erwerbsobliegenheit neben der Betreuung eines Kindes bis zum Ende der Grundschulzeit eher selten in Betracht kommen.

An die für eine Verlängerung des Betreuungsunterhalts, insbesondere aus kindbezogenen Gründen, erforderlichen Darlegungen sind keine überzogenen Anforderungen zu stellen (BGH FamRZ 2012, 1040).

Eine überobligationsmäßige Belastung des betreuenden Elternteils (Berufstätigkeit, Kinderbetreuung, Haushaltsführung) ist zu vermeiden.

Bei Inanspruchnahme von privater Betreuung, z.B. durch Angehörige, kann es sich um eine freiwillige Leistung Dritter handeln, die den Unterhaltspflichtigen nicht entlasten soll. Die Kinderbetreuung während des Umgangs durch den Unterhaltspflichtigen kann allenfalls dann, wenn der Umgang geregelt ist oder unproblematisch funktioniert, zu einer Erwerbsobliegenheit des Unterhaltsberechtigten in den feststehenden Zeiten führen. Die Änderung einer bestehenden Umgangsregelung zum Zweck der Ausweitung der Erwerbstätigkeit des betreuenden Unterhaltsberechtigten kann in der Regel nicht verlangt werden.

Der Betreuungsunterhalt ist nicht zu befristen.

---

1) **Habersack, Deutsche Gesetze Nr. 20.**

17.2 bei Trennungsunterhalt

In der Regel besteht für den Berechtigten im ersten Jahr nach der Trennung keine Obliegenheit zur Aufnahme oder Ausweitung einer Erwerbstätigkeit.

Für den Trennungsunterhalt gelten zunächst großzügigere Anforderungen hinsichtlich einer Erwerbsobliegenheit als sie in § 1574 BGB[1] für den nachehelichen Unterhalt bestimmt sind. Die bestehenden Verhältnisse sollen geschützt werden, damit die Wiederherstellung der ehelichen Lebensgemeinschaft nicht erschwert wird. Mit zunehmender Verfestigung der Trennung wird allerdings eine allmähliche Annäherung der unterschiedlichen Maßstäbe der Erwerbsobliegenheit bewirkt (BGH FamRZ 2012, 1201, Tz. 18).

Weitere Unterhaltsansprüche

18. Ansprüche aus § 1615l BGB[1]

Der Bedarf nach § 1615l BGB bemisst sich nach der Lebensstellung des betreuenden Elternteils. Erleidet dieser einen konkreten Verdienstausfall, ist er auch für den Unterhalt zu Grunde zu legen.

Der Mindestbedarf entspricht in der Regel dem notwendigen Selbstbehalt für nicht Erwerbstätige (*1.200 €*).

Der Anspruch nach § 1615l BGB ist begrenzt auf den Betrag, der einem Ehegatten in gleicher Lage zustünde. Dies hat der Verpflichtete darzulegen.

Bezüglich der Erwerbsobliegenheit und Dauer des Anspruchs gilt Nr. 17.1 entsprechend.

19. Elternunterhalt

Das „Angehörigen-Entlastungsgesetz" hat Auswirkungen auf den Elternunterhalt. Unterhaltsberechtigten Eltern obliegt es, vorrangig bedarfsdeckende Leistungen der Grundsicherung nach §§ 41 ff SGB XII in Anspruch zu nehmen. Nehmen unterhaltsberechtigte Eltern Leistungen nach dem SGB XII in Anspruch, geht ihr Anspruch auf Elternunterhalt nur auf den Träger der Sozialhilfe über, wenn das unterhaltspflichtige Kind ein Jahreseinkommen von mehr als 100.000 brutto im Sinne des § 94 Ia SGB XII i.V.m. § 2 EStG (steuerliches Gesamtbruttoeinkommen) erzielt. Besteht ein Anspruch auf Elternunterhalt (beispielsweise, weil der unterhaltsberechtigte Elternteil keinen Anspruch auf Leistungen nach dem SGB XII hat oder weil das Kind das Jahreseinkommen von 100.000 € brutto überschreitet), ist eine unterhaltsrechtliche Einkommensfeststellung erforderlich. Hierfür gelten die bisherigen Grundsätze.

Der Bedarf bemisst sich nach der eigenen Lebensstellung des unterhaltsberechtigten Elternteils, wobei nachteilige Veränderungen der Lebensverhältnisse, wie sie regelmäßig mit dem Eintritt in den Ruhestand einhergehen, zu berücksichtigen sind. Auch bei bescheidenen wirtschaftlichen *Verhältnissen ist die* Untergrenze des Bedarfs so zu bemessen, dass das Existenzminimum sichergestellt wird. Dieser Mindestbedarf kann in Hö-

---

[1] **Habersack, Deutsche Gesetze Nr. 20.**

he des notwendigen Selbstbehalts eines nicht Erwerbstätigen pauschaliert werden.

Bei einem Heimaufenthalt wird der Bedarf durch die dadurch anfallenden notwendigen Kosten zuzüglich eines Barbetrags für die persönlichen Bedürfnisse entsprechend § 27b Abs. 2 SGB XII bestimmt.

Das unterhaltspflichtige Kind, das nur geringe oder keine eigenen Einkünfte erzielt und einen Anspruch auf Familienunterhalt hat, ist nur dann zur Zahlung von Elternunterhalt leistungsfähig, wenn es im Rahmen des Familienunterhalts selbst vollständig abgesichert ist und aus eigenen Erwerbseinkünften oder aus Taschengeld Elternunterhalt leisten kann.

Zur Höhe des Taschengeldeinsatzes vgl. BGH FamRZ 2013, 363 mit der Maßgabe der Klarstellungen BGH FamRZ 2014, 1990, Rn. 12 ff.

Der Wohnwert ist bei der Inanspruchnahme auf Elternunterhalt in der Regel nicht mit der bei einer Fremdvermietung erzielbaren objektiven Marktmiete, sondern auf der Grundlage der unter den gegebenen Verhältnissen ersparten Miete zu bemessen.

Altersvorsorgevermögen, das der Anlage von 5 % des Jahresbruttoeinkommens des Pflichtigen, bezogen auf seine gesamte Erwerbstätigkeit bis zur Inanspruchnahme auf Elternunterhalt, entspricht, ist nicht für Unterhaltszwecke einzusetzen.

Der Wert einer selbstgenutzten Immobilie bleibt bei der Bemessung des Altersvorsorgevermögens eines auf Elternunterhalt in Anspruch genommenen Unterhaltspflichtigen grundsätzlich unberücksichtigt, BGH, XII ZB 269/12 vom 7.8.2013 = FamRZ 2013, 1554.

Angemessene Aufwendungen, die dem Unterhaltspflichtigen für Besuche bei dem Elternteil entstehen, mindern grundsätzlich seine Leistungsfähigkeit, weil ihr Zweck auf einer unterhaltsrechtlich anzuerkennenden sittlichen Verpflichtung beruht.

20. Lebenspartnerschaft

Bei Getrenntleben oder Aufhebung der Lebenspartnerschaft gelten §§ 12, 16 LPartG[1].

Leistungsfähigkeit und Mangelfall

21. Selbstbehalt

21.1 Grundsatz

Es ist zu unterscheiden zwischen dem notwendigen (§ 1603 Abs. 2 BGB[2]), dem angemessenen (§ 1603 Abs. 1 BGB) und dem eheangemessenen (§§ 1361 Abs. 1, 1578 Abs. 1 BGB; BGH FamRZ 2006, 683) Selbstbehalt.

21.2 Notwendiger Selbstbehalt

Für Eltern gegenüber minderjährigen Kindern und diesen nach § 1603 Abs. 2 Satz 2 BGB[2] gleichgestellten Kindern gilt im Allgemeinen der notwendige Selbstbehalt als unterste Grenze der Inanspruchnahme. Er

---

[1] Nr. **43**.
[2] **Habersack, Deutsche Gesetze Nr. 20.**

beträgt *1.450 €*. Davon entfallen *520 €* auf den Wohnbedarf *(390 € Kaltmiete, 130 € Nebenkosten und Heizung)*.

Für nicht Erwerbstätige beträgt er *1.200 €*; bei Anhaltspunkten für unterhaltsrechtlich bedeutsame zusätzliche Kosten kann der Selbstbehalt angemessen erhöht werden. Bei geringfügiger Erwerbstätigkeit wird wegen des notwendigen Selbstbehalts auf BGH FamRZ 2008, 594 ff., 597, Tz. 29, verwiesen.

Verursacht der Umgang des Unterhaltspflichtigen mit den minderjährigen Kindern besondere Kosten, die er nur unter Gefährdung seines Selbstbehalts aufbringen könnte, kommt eine maßvolle Erhöhung in Betracht.

21.3 Angemessener Selbstbehalt

21.3.1 gegenüber volljährigen Kindern

Er beträgt gegenüber volljährigen Kindern *1.750 €*. Davon entfallen *650 €* auf den Wohnbedarf *(490 € Kaltmiete, 160 € Nebenkosten und Heizung)*.

Gegenüber volljährigen Kindern, die ihre bereits einmal erreichte wirtschaftliche Selbständigkeit wieder verloren haben, gilt Nr. 21.3.3. und ggf. Nr. 22.3.

21.3.2 bei Ansprüchen aus § 1615l BGB[1]

Gegenüber Anspruchsberechtigten nach § 1615l BGB entspricht der Selbstbehalt dem eheangemessenen Selbstbehalt (Nr. 21.4).

21.3.3 beim Elternunterhalt

Bei der Bemessung des angemessenen Selbstbehalts sind Zweck und Rechtsgedanken des Gesetzes zur Entlastung unterhaltspflichtiger Angehöriger in der Sozialhilfe und in der Eingliederungshilfe (Angehörigen-entlastungsgesetz) vom 10. Dezember 2019 (BGBl. I S. 2135) zu beachten.

21.3.4. von Großeltern gegenüber Enkeln

Der Selbstbehalt von Großeltern gegenüber Enkeln beträgt mindestens *2.650 €,* wobei die Hälfte des diesen Mindestbetrag übersteigenden Einkommens zusätzlich anrechnungsfrei bleibt. In diesem Mindestbetrag sind Kosten für Unterkunft und Heizung in Höhe von *1.000 € (750 € Kaltmiete, 250 € Nebenkosten und Heizung)* enthalten, vgl. BGH FamRZ 2006, 26, 28, FamRZ 2007, 375 f.).

21.4 Mindestselbstbehalt gegenüber Ehegatten

Der Mindestselbstbehalt gegenüber getrennt lebenden und geschiedenen Unterhaltsberechtigten ist bei Erwerbstätigen in der Regel mit *1.600 €* zu bemessen, bei nicht Erwerbstätigen mit regelmäßig *1.475 €* (Mittelbetrag zwischen unterschiedlichem notwendigem und dem angemessenen Selbstbehalt), davon *580 €* für den Wohnbedarf (435 € Kaltmiete, 145 € Nebenkosten und Heizung).

Bei der Prüfung der Leistungsfähigkeit des Unterhaltspflichtigen ist ein Erwerbstätigkeitsbonus nicht zu berücksichtigen.

[1] **Habersack, Deutsche Gesetze Nr. 20.**

21.5 Anpassung des Selbstbehalts

21.5.1. Beim Verwandtenunterhalt kann der jeweilige Selbstbehalt unterschritten werden, wenn der eigene Unterhalt des Pflichtigen ganz oder teilweise durch seinen Ehegatten gedeckt ist.

21.5.2. Der Selbstbehalt soll erhöht werden, wenn die Wohnkosten (Warmmiete) den ausgewiesenen Betrag überschreiten und nicht unangemessen sind.

21.5.3. Eine Herabsetzung des Selbstbehalts mit Rücksicht auf geringere Wohnkosten des Unterhaltspflichtigen kommt nicht in Betracht, BGH FamRZ 2006, 1664, 1666.

Lebt der Unterhaltspflichtige mit einem leistungsfähigen Partner in Haushaltsgemeinschaft, kommt eine Haushaltsersparnis in Betracht, in der Regel 10 % des jeweils maßgeblichen Selbstbehalts. Untergrenze ist der Sozialhilfesatz (vgl. BGH FamRZ 2008, 594 ff.).

22. Bedarf des mit dem Pflichtigen zusammen lebenden Ehegatten

22.1 Mindestbedarf bei Ansprüchen des nachrangigen geschiedenen Ehegatten

Ist bei Unterhaltsansprüchen des nachrangigen geschiedenen Ehegatten der Unterhaltspflichtige wieder verheiratet, beträgt der Bedarf für den mit ihm zusammen lebenden Ehegatten mindestens *1.200 €*. Vgl. zur Bedarfsberechnung im Übrigen BGH FamRZ 2012, 281, Tz. 45, 48.

22.2 Mindestbedarf bei Ansprüchen volljähriger Kinder

Ist bei Unterhaltsansprüchen nicht privilegierter volljähriger Kinder der Unterhaltspflichtige verheiratet, werden für den mit ihm zusammen lebenden Ehegatten mindestens *1.200 €* angesetzt.

22.3. Mindestbedarf bei Ansprüchen von Eltern oder Enkeln des anderen Ehegatten und von gemeinsamen Enkeln

Ist bei Unterhaltsansprüchen der Eltern das unterhaltspflichtige Kind verheiratet, werden für den mit ihm zusammen lebenden Ehegatten mindestens *2.100 €* angesetzt. Im Familienbedarf von *4.750 € (2.650 € + 2.100 €)* sind Kosten für Unterkunft und Heizung von *1.700 €* (1.275 € kalt + 425 € Nebenkosten und Heizung) enthalten. Dies gilt auch für Unterhaltsansprüche von und gegen Großeltern und Enkel(n).

23. Bedarf des vom Pflichtigen getrennt lebenden oder geschiedenen Ehegatten

Bei Ansprüchen wie in Nr. 22: bleibt unbesetzt.

24. Mangelfall

24.1. Grundsatz

Ein absoluter Mangelfall liegt vor, wenn das Einkommen des Verpflichteten zur Deckung seines jeweils maßgeblichen Selbstbehalts und der gleichrangigen Unterhaltsansprüche nicht ausreicht. Zur Feststellung des Mangelfalls entspricht der einzusetzende Bedarf für minderjährige und diesen nach § 1603 Abs. 2 Satz 2 BGB[1] gleichgestellten Kindern dem

[1] **Habersack, Deutsche Gesetze Nr. 20.**

Zahlbetrag (Differenz zwischen dem Tabellenbetrag und dem anzurechnenden Kindergeld).

Reicht die Leistungsfähigkeit des Unterhaltspflichtigen für den Unterhalt sämtlicher (auch nachrangiger) Berechtigter nicht aus, so führt die Angemessenheitsbetrachtung beim Unterhaltsbedarf gemäß § 1610 BGB regelmäßig dazu, dass der Kindesunterhalt nur in Höhe des Existenzminimums zu veranschlagen ist (BGH FamRZ 2008, 2189, Tz. 22).

24.2. Einsatzbeträge

Zu den Einsatzbeträgen im Mangelfall beim Kindesunterhalt siehe Rechenbeispiel im Anhang III. Zwischen gleichrangigen Ehegatten bzw. bei Ansprüchen nach § 1615l BGB[1] ist der Mindestbedarf von *1.200 €*, ggf. herabgesetzt um Synergieeffekte und eigenes Einkommen, maßgebend.

24.3. Berechnung

24.3.1 Im absoluten Mangelfall ist die nach Abzug des maßgeblichen Selbstbehalts des Unterhaltspflichtigen verbleibende Verteilungsmasse anteilig auf alle gleichrangigen Unterhaltsberechtigten im Verhältnis ihrer Unterhaltsansprüche zu verteilen.

24.3.2 Stehen mehrere nach § 1609 Nr. 2 oder 3 BGB[1] Berechtigte im gleichen Rang, schränkt die Unterhaltspflicht gegenüber dem jeweils anderen Berechtigten die Leistungsfähigkeit des Pflichtigen nach § 1581 S. 1 BGB ein (sog. relativer Mangelfall). Dem kann zur Wahrung des Halbteilungsgrundsatzes dadurch Rechnung getragen werden, dass die Unterhaltsansprüche im Regelfall nach den Grundsätzen der so genannten Dreiteilung bemessen werden (BGH FamRZ 2012, 281), wobei kein Erwerbstätigenbonus zu berücksichtigen ist (BGH v. 19.3.2014 – XII ZB 19/13 = FamRZ 2014, 912 Rn. 39). Das schließt eine abweichende Verteilung aufgrund der Berücksichtigung weiterer individueller Billigkeitsabwägungen nicht aus.

24.3.3 Steht ein Berechtigter im Rang des § 1609 Nr. 2 BGB[1] und ein anderer im dritten Rang, gilt folgendes: Ist der spätere Ehegatte nachrangig, berührt eine ihm gegenüber bestehende Unterhaltsverpflichtung den Unterhaltsanspruch des vorrangigen Ehegatten grundsätzlich nicht.

Ist der Unterhaltsanspruch des späteren Ehegatten oder des nach § 1615l BGB Berechtigten vorrangig, bleibt zwar die Bedarfsberechnung für den zeitlich früheren Ehegatten von der neuen Unterhaltsverpflichtung unberührt. Jedoch darf der vorrangig Unterhaltsberechtigte nicht schlechter stehen als nach einer Berechnung gemäß Nr. 24.3.2 (BGH FamRZ 2012, 281, Tz. 42 u. 48).

24.4 Angemessenheitskontrolle

Das gewonnene Ergebnis ist jeweils noch auf seine Angemessenheit zu überprüfen.

---

[1] **Habersack, Deutsche Gesetze Nr. 20.**

Sonstiges

25. Rundung

Der Unterhaltsbetrag ist auf volle Euro aufzurunden.

26. Übergangsregelung

Für bis zum 31.12.2007 fällig gewordene Unterhaltsansprüche gilt das bis dahin geltende Recht.

Die an § 32 Abs. 6 S. 1 EStG[1)] i.d.F. des Gesetzes zur Anhebung des Grundfreibetrags, des Kinderfreibetrags, des Kindergelds und des Kinderzuschlags vom 16.7.2015 (BGBl. I 2015, 1202) ausgerichteten Mindestunterhaltsbeträge i.S.d. § 1612a BGB[2)] gelten in sinngemäßer Anwendung von § 1613 Abs. 1 S. 1 BGB erst ab 01.08.2015, ungeachtet der steuerrechtlich rückwirkend ab Januar 2015 in Kraft tretenden Kinderfreibeträge.

Anhang

I. Düsseldorfer Tabelle

(abgedruckt unter Nr. **47***)*

II. Umrechnung dynamischer Titel über Kindesunterhalt in Mindestunterhalt gem. § 36 Nr. 3 EGZPO[3)]

Siehe Düsseldorfer Tabelle[4)] unter E.

Während die dort errechneten Prozentsätze unverändert bleiben, auch wenn das Kind in eine höhere Altersstufe wechselt (BGH FamRZ 2012, 1048), müssen die ausgewiesenen Zahlbeträge für 2009 erstmals geändert werden, vgl. Diehl, Fam-Express (Deubner-Verlag), Heft 2/2009, aufrufbar bei www.hefam.de unter Unterhaltsgrundsätze/Arbeitspapier, Anhang II, oder in der „Chronik" 2009-01-06. Ab dem 1.1.2010 gelten die Beträge im jeweiligen Anhang II der Unterhaltsgrundsätze ab *dem* 1.1.2015.

Aufgrund der Erhöhung des Mindestunterhalts zum 1.1.*2024* ergeben sich seither folgende Zahlbeträge:

Bsp. 1 seit 1.1.*2024*:

480 € × 97,8 % = aufgerundet *470* €, abzüglich hälftiges Kindergeld *125* € = *345* €

Bsp. 2 seit 1.1.*2024*:

480 € × 70,2 % = aufgerundet *337* € zuzüglich hälftiges Kindergeld *125* € = *462* €.

Bsp. 3 seit 1.1.*2024*:

551 € × 102,7 % = aufgerundet 566 € abzüglich volles Kindergeld *250* € = *316* €.

Bsp. 4 seit 1.1.*2024*:

645 € × 111,2 % = aufgerundet *718* € abzüglich hälftiges Kindergeld *125* € = *593* €.

---

1) Nr. **45a**.
2) **Habersack, Deutsche Gesetze Nr. 20.**
3) **Habersack, Deutsche Gesetze Nr. 101.**
4) Nr. **47**.

III. Rechenbeispiele

Absoluter Mangelfall (für 1.1.2024 gerechnet)

Der Verpflichtete M hat ein bereinigtes Nettoeinkommen von 2110 €. Unterhaltsberechtigt sind ein 18-jähriges Kind K1, das bei der Mutter lebt und das Gymnasium besucht, und die beiden minderjährigen Kinder K2 (14 Jahre) und K3 (10 Jahre), die von der Mutter betreut werden. Das Kindergeld von 750 € (3 × 250 €) wird an die Mutter ausbezahlt, deren sonstiges Einkommen unter *1.200* € liegt.

Unterhaltsberechnung gemäß Nr. 24.1: Mangels Leistungsfähigkeit der Mutter alleinige Barunterhaltspflicht von M für alle Kinder. M erzielt zwar ein Einkommen nach der 2. Einkommensgruppe, ist aber bei drei Berechtigten in die 1. Einkommensgruppe einzustufen. Da ersichtlich ein Mangelfall vorliegt, ist das außerdem auch bereits deshalb der Fall.

Mindestbedarf K1: *689* € (Düsseldorfer Tabelle[1] Gruppe 1, 4. Altersstufe) – 250 € Kindergeld => offener Bedarf = Einsatzbetrag 439 €

Mindestunterhalt K2: *645* € – 125 € hälftiges Kindergeld => offener Bedarf = Einsatzbetrag *520* €

Mindestunterhalt K3: *551* € – 125 € hälftiges Kindergeld => offener Bedarf = Einsatzbetrag *426* €

Summe der Einsatzbeträge: 439 € + 520 € + 426 € = 1.385 €
Verteilungsmasse: 2.110 € – 1.450 € = 660 €
Prozentuale Kürzung: 660/1.385 * 100 = *47,7 %*

Berechnung der gekürzten Unterhaltsansprüche:
K1: *439 € * 47,7 % = 209* €; zum Leben verfügbar also *209 + 250 = 459 €*
K2: *520 € * 47,7 % = 248* €; zum Leben verfügbar also 248 + 125 = 373 €
K3: *426 € * 47,7 % = 203* €; zum Leben verfügbar also *203 +125 = 328 €*

[1] Nr. 47.

47k. Oberlandesgericht Hamburg – Unterhaltsrechtliche Leitlinien[1)]

(Stand: 1. Januar 2024)

Vorbemerkung

Die Familiensenate des Hanseatischen Oberlandesgerichts Hamburg verwenden diese Leitlinien als Orientierungshilfe für den Regelfall unter Beachtung der Rechtsprechung des BGH, wobei die Angemessenheit des Ergebnisses in jedem Fall zu überprüfen ist. Das Tabellenwerk der Düsseldorfer Tabelle[2)] ist eingearbeitet. Die Erläuterungen werden durch nachfolgende Leitlinien ersetzt. Sie gelten ab 1.1.2024. Gegenüber den bislang geltenden Leitlinien ergeben sich Änderungen in den Nummern 1.5, 2.2, 2.6, 2.7, 2.11, 5, 10.2.1, 10.2.2, 10.6, 12.1, 12.2, 12.4, 13.1.1, 13.2, 13.3, 15.1, 15.2, 15.3, 15.4, 15.6, 15.7, 17.1, 18, 19.1, 21.1, 21.2, 21.3.1, 21.3.3, 21.4, 22.1, 22.2, 23.1, 23.2, 24.2 und hinsichtlich der Düsseldorfer Tabelle[2)].

Unterhaltsrechtlich maßgebendes Einkommen

Bei der Ermittlung und Zurechnung von Einkommen ist stets zu unterscheiden, ob es um Verwandten- oder Ehegattenunterhalt sowie ob es um Bedarfsbemessung einerseits oder Feststellung der Bedürftigkeit/Leistungsfähigkeit andererseits geht.Das unterhaltsrechtliche Einkommen ist nicht immer identisch mit dem steuer- und sozialrechtlichen Einkommen.

1. Geldeinnahmen

1.1 Auszugehen ist vom Jahresbruttoeinkommen einschließlich Weihnachts- und Urlaubsgeld sowie sonstiger Zuwendungen, wie z.B. Tantiemen und Gewinnbeteiligungen.

1.2 Soweit Leistungen nicht monatlich anfallen (z.B. Weihnachts- und Urlaubsgeld), werden sie auf ein Jahr umgelegt. Einmalige Zahlungen (z.B. Abfindungen) sind auf einen angemessenen Zeitraum (in der Regel mehrere Jahre) zu verteilen.

1.3 Überstundenvergütungen werden in der Regel dem Einkommen voll zugerechnet, soweit sie berufstypisch sind oder nur in geringem Umfang anfallen oder wenn der Mindestunterhalt minderjähriger Kinder oder der entsprechende Unterhalt ihnen nach § 1603 Abs. 2 Satz 2 BGB[3)] gleichgestellter Volljähriger nicht gedeckt ist. Sonst ist die Anrechnung unter Berücksichtigung des Einzelfalls nach Billigkeit zu beurteilen.

1.4 Ersatz für Spesen und Reisekosten sowie Auslösungen gelten in der Regel als Einkommen. Damit zusammenhängende Aufwendungen, vermindert um häusliche Ersparnisse, sind jedoch abzuziehen. Bei Aufwendungspauschalen (außer Kilometergeld) kann in der Regel 1/3 als Einkommen geschätzt werden.

[1)] In der jeweils aktuellen Fassung kostenlos abrufbar unter https://justiz.hamburg.de.
[2)] Nr. 47.
[3)] **Habersack, Deutsche Gesetze Nr. 20.**

1.5 Bei Selbständigen ist vom durchschnittlichen Gewinn während eines längeren Zeitraums von in der Regel mindestens drei aufeinander folgenden Jahren, möglichst den letzten drei Jahren, auszugehen. Für die Vergangenheit sind die in dem jeweiligen Kalenderjahr erzielten Einkünfte maßgeblich. Anstatt auf den Gewinn kann ausnahmsweise auf die Entnahmen abzüglich der Einlagen abgestellt werden, wenn eine zuverlässige Gewinnermittlung nicht möglich oder der Betriebsinhaber unterhaltsrechtlich zur Verwertung seines Vermögens verpflichtet ist. Lineare Abschreibungen (Absetzungen für Abnutzung: AfA) werden – mit Ausnahme von Immobilienabschreibungen – in der Regel anerkannt. Ansonsten können Abschreibungen insoweit anerkannt werden, als dem steuerlich zulässigen Abzug ein tatsächlicher Wertverlust entspricht.

1.6 Einkommen aus Vermietung und Verpachtung sowie aus Kapitalvermögen ist der Überschuss der Bruttoeinkünfte über die Werbungskosten. Für Gebäude ist keine AfA anzusetzen.

1.7 Steuerzahlungen oder Erstattungen sind in der Regel im Kalenderjahr der tatsächlichen Leistung zu berücksichtigen. Steuervorteile, die auf unterhaltsrechtlich nicht zu berücksichtigenden Aufwendungen beruhen, bleiben in der Regel außer Betracht.

1.8 Sonstige Einnahmen, z.B. Einkünfte aus sog. „1 €-Jobs", Taschengeldanspruch und Trinkgelder sind Einkommen. Gleiches gilt für vom Arbeitgeber gewährte Zuschüsse für die dienstliche Nutzung privater Vermögensgegenstände, insbesondere die Nutzung des privaten PKW's. Für den Abzug der hiermit zusammenhängenden Kosten der dienstlichen Nutzung gilt Ziff. 10.2.

2. Sozialleistungen

2.1 Arbeitslosengeld (§§ 136 ff. SGB III), Kurzarbeitergeld (§§ 95 ff. SGB III) und Krankengeld sind Einkommen.

2.2 Bürgergeld (§§ 19 ff. SGB II) und andere Leistungen nach dem SGB II beim Verpflichteten sind Einkommen. Beim Berechtigten sind Bürgergeld und andere Leistungen zur Sicherung des Lebensunterhalts nach dem SGB II kein Einkommen. Sonstige nicht subsidiäre Leistungen nach dem SGB II, insbesondere Leistungen zur Eingliederung in Arbeit nach den §§ 16 ff. SGB II, sind Einkommen des Berechtigten. Die Geltendmachung von Unterhalt durch den Hilfeempfänger kann jedoch treuwidrig sein, wenn er infolge des Ausschlusses des Anspruchsübergangs (vgl. § 33 Abs. 2 SGB II) insbesondere für die Vergangenheit (aber allenfalls bis zur Rechtshängigkeit) durch Bürgergeld und sonstige Leistungen zur Sicherung des Lebensunterhalts und den Unterhalt mehr als seinen Bedarf erhalten würde.

2.3 Wohngeld ist Einkommen, soweit es nicht erhöhte Wohnkosten deckt.

2.4 BAföG-Leistungen sind Einkommen, auch soweit sie als Darlehen gewährt werden, mit Ausnahme von Vorausleistungen nach §§ 36, 37 BAföG[1].

---

[1] **Sartorius Nr. 420.**

2.5 Elterngeld ist Einkommen, soweit es über den Sockelbetrag von 300 € bzw. 150 € bei verlängertem Bezug hinausgeht. Der Sockelbetrag des Elterngeldes ist nur dann Einkommen, wenn einer der Ausnahmefälle des § 11 BEEG[1] vorliegt.

2.6 Unfallrenten und Versorgungsrenten sind Einkommen. Dies gilt nicht, sofern gesetzlich Abweichendes geregelt ist, z.B. in § 18 ContStiftG oder § 17 HIVHG.

2.7 Leistungen aus der Pflegeversicherung (SGB XI), Blindengeld (Hamburgisches Blindengeldgesetz oder andere Landesnorm) bzw. Blindenhilfe (§ 72 SGB XII), Schwerstbeschädigten- und Pflegezulagen (§§ 31, 35 BVG) oder ähnliche Zuwendungen nach Abzug eines Betrags für tatsächliche Mehraufwendungen sind Einkommen; §§ 1610a, 1578a BGB[2] sind zu beachten.

2.8 Der Anteil des Pflegegelds bei der Pflegeperson, durch den ihre Bemühungen abgegolten werden, ist Einkommen; bei Pflegegeld aus der Pflegeversicherung gilt dies nach Maßgabe des § 13 Abs. 6 SGB XI.

2.9 In der Regel sind Leistungen nach §§ 41–43 SGB XII (Grundsicherung) beim Verwandtenunterhalt Einkommen, nicht aber beim Ehegattenunterhalt.

2.10 Kein Einkommen sind auf Seiten des Berechtigten sonstige Leistungen nach dem SGB XII. Die Unterhaltsforderung eines Hilfeempfängers kann in Ausnahmefällen treuwidrig sein (vgl. Nr. 2.2).

2.11 Leistungen nach dem Unterhaltsvorschussgesetz[3] sind kein Einkommen. Die Unterhaltsforderung eines Hilfeempfängers kann in Ausnahmefällen treuwidrig sein (vgl. Nr. 2.2). Bei der Geltendmachung von übergegangenen Unterhaltsansprüchen durch die Unterhaltsvorschusskasse ist § 7a UVG zu beachten.

3. Kindergeld und Kinderzuschlag (§ 6a BKGG[4])

Kindergeld und Kinderzuschlag werden nicht zum Einkommen des Unterhaltspflichtigen gerechnet.

4. Geldwerte Zuwendungen

Geldwerte Zuwendungen aller Art des Arbeitgebers, z.B. Firmenwagen oder freie Kost und Logis, sind Einkommen, soweit sie entsprechende Eigenaufwendungen ersparen.

5. Wohnwert

Der Wohnvorteil durch mietfreies Wohnen im eigenen Heim ist als wirtschaftliche Nutzung des Vermögens unterhaltsrechtlich wie Einkommen zu behandeln. Neben dem Wohnwert sind auch Zahlungen nach dem Eigenheimzulagengesetz anzusetzen. Ein Wohnvorteil liegt nur vor, soweit der Wohnwert den berücksichtigungsfähigen Schuldendienst (nach

---

[1] Nr. **45e**.
[2] **Habersack, Deutsche Gesetze Nr. 20.**
[3] Nr. **45d**.
[4] Nr. **45b**.

den Umständen des Einzelfalls einschließlich Tilgungsleistungen), erforderliche Instandhaltungskosten und die verbrauchsunabhängigen Kosten, mit denen ein Mieter gemäß §§ 556 Abs. 1 BGB[1] i.V.m. § 1 Abs. 2 BetrKV[2] üblicherweise nicht belastet wird, übersteigt. Auszugehen ist vom vollen Mietwert. Wenn es nicht möglich oder nicht zumutbar ist, die Wohnung aufzugeben und das Objekt zu vermieten oder zu veräußern, kann stattdessen die ersparte Miete angesetzt werden, die angesichts der wirtschaftlichen Verhältnisse angemessen wäre. Dies kommt insbesondere für die Zeit bis zum endgültigen Scheitern der Ehe in Betracht, wenn ein Ehegatte das Eigenheim allein bewohnt. Die Aufnahme weiterer Personen in die im Alleineigentum des Pflichtigen stehenden Immobilie, insbesondere die Aufnahme des Ehegatten, mindert den zuzurechnenden Wohnwert nicht.

6. Haushaltsführung

Führt jemand einem leistungsfähigen Dritten den Haushalt, so kann hierfür ein angemessenes Einkommen anzusetzen sein.

7. Einkommen aus unzumutbarer Erwerbstätigkeit

Einkommen aus unzumutbarer Erwerbstätigkeit kann nach Billigkeit ganz oder teilweise unberücksichtigt bleiben (§ 1577 Abs. 2 BGB[1]).

8. Freiwillige Zuwendungen Dritter

Freiwillige Zuwendungen Dritter (z.B. Geldleistungen, kostenloses Wohnen) sind als Einkommen nur zu berücksichtigen, wenn dies dem Willen des Dritten entspricht. Beim Mindestkindesunterhalt sind auch freiwillige Leistungen Dritter einzusetzen.

9. Erwerbsobliegenheit und fiktives Einkommen

Einkommen können auch aufgrund einer unterhaltsrechtlichen Obliegenheit erzielbare Einkünfte sein, wenn der Unterhaltsverpflichtete eine ihm mögliche und zumutbare Erwerbstätigkeit unterlässt. Bei Arbeitslosigkeit sind über eine Meldung bei der Agentur für Arbeit oder telefonische Nachfragen hinausgehende eigenständige Erwerbsbemühungen im Einzelnen darzulegen und zu belegen. Der Hinweis auf die Arbeitsmarktlage macht den Nachweis von Bemühungen nur im Ausnahmefall entbehrlich. Bei unzureichenden Bemühungen um einen Arbeitsplatz können bei einer feststellbaren realen Beschäftigungschance fiktive Einkünfte nach den Umständen des Einzelfalls unter Berücksichtigung von Beruf, Alter, Gesundheit und des zuletzt erzielten Verdienstes zugrunde gelegt werden. Neben dem Bezug von Leistungen der Arbeitsverwaltung kann die Aufnahme einer geringfügigen Beschäftigung (§ 155 SGB III) in Betracht kommen. Dem wiederverheirateten Elternteil obliegt es grundsätzlich, ungeachtet seiner Pflichten aus der neuen Ehe, durch Aufnahme einer Teilzeitarbeit zum Unterhalt der Kinder aus einer früheren Ehe beizutragen.

[1] **Habersack, Deutsche Gesetze Nr. 20.**
[2] Nr. **30b/1.**

10. Bereinigung des Einkommens

10.1 Vom Bruttoeinkommen sind Steuern und Vorsorgeaufwendungen abzusetzen (Nettoeinkommen).

10.1.1 Es besteht die Obliegenheit, mögliche Steuervorteile – insbesondere als außergewöhnliche Belastung (§ 33a Abs. 1 EStG) bzw. aus dem begrenzten Realsplitting (§ 10 Abs. 1a Nr. 1 EStG) – in Anspruch zu nehmen (z.B. Eintragung eines Freibetrags bei Fahrtkosten, für unstreitigen oder titulierten Unterhalt).

10.1.2 Zu den Vorsorgeaufwendungen gehören die Aufwendungen für die gesetzliche Kranken- und Pflegeversicherung, Rentenversicherung und Arbeitslosenversicherung und/oder die angemessene private Kranken-, Pflege- und Altersvorsorge. Zu den angemessenen Vorsorgeaufwendungen kann auch eine zusätzliche, tatsächlich geleistete Altersvorsorge in Höhe von 4 % des Jahresbruttoeinkommens beim Kindes- und Ehegattenunterhalt und 5 % beim Elternunterhalt zählen, soweit kein Mangelfall vorliegt. Im Fall der Überschreitung der Beitragsbemessungsgrenze ist die BGH-Rechtsprechung (B. v. 25.9.2019, XII ZB 25/19, Rn. 35) zu beachten. Vorstehende Grundsätze gelten entsprechend für Personen, die in Folge der Ausübung einer selbständigen Tätigkeit der gesetzlichen Rentenversicherung nicht unterliegen.

10.2 Berufsbedingte Aufwendungen, die sich von den privaten Lebenshaltungskosten nach objektiven Merkmalen eindeutig abgrenzen lassen, sind im Rahmen des Angemessenen vom Nettoeinkommen aus unselbständiger Arbeit abzuziehen.

10.2.1 Bei Einkünften aus nichtselbständiger Tätigkeit sind berufsbedingte Aufwendungen vom Einkommen abzuziehen, wobei – bezogen auf Unterhaltszeiträume ab dem 1.1.2021 – ohne Nachweis eine Pauschale von 5 % – mindestens 50 €, bei geringfügiger Teilzeitarbeit auch weniger, und höchstens 150 € monatlich – des Nettoeinkommens geschätzt werden kann. Übersteigen die berufsbedingten Aufwendungen diese Pauschale, so sind sie im Einzelnen darzulegen. Bei beschränkter Leistungsfähigkeit kann im Einzelfall mit konkreten Kosten gerechnet werden. Für Unterhaltszeiträume bis 31.12.2020 gilt, dass eine Pauschale nicht gewährt wird, sondern die berufsbezogenen Aufwendungen im Einzelnen darzulegen sind. Neben konkret geltend gemachten Fahrtkosten (Ziff. 10.2.2) kann die Pauschale nicht angesetzt werden.

10.2.2 Für die Kosten der notwendigen berufsbedingten Nutzung eines Kraftfahrzeugs können 0,42 € pro gefahrenen Kilometer angesetzt werden. Damit sind i.d.R. Anschaffungskosten erfasst. Bei langen Fahrtstrecken kann nach unten abgewichen werden (regelmäßig 0,28 €). Für Unterhaltszeiträume bis 31.12.2021 verbleibt es bei den bisherigen Werten (0,30 bzw. 0,20 €/km).

Soweit angemessen und zumutbar sind öffentliche Verkehrsmittel zu nutzen. Maßstab für die Angemessenheit und Zumutbarkeit sind die ehelichen bzw. familiären Lebensverhältnisse, das Verhältnis der Fahrtkosten zum Einkommen sowie der Vergleich der jeweiligen Fahrtdauer. Unzumutbarkeit kann insb. angenommen werden, wenn die Fahrtdauer mit öffentlichen Verkehrsmitteln mehr als das Doppelte gegenüber der Nutzung des PKWs beträgt. Zur Sicherstellung des Mindestkindesunterhalts gelten ggfs. strengere Anforderungen an die Unzumutbarkeit.

10.2.3 Bei einem Auszubildenden ist ausbildungsbedingter Aufwand konkret darzulegen.

10.3 Das Einkommen aus einer neben der Kinderbetreuung ausgeübten Erwerbstätigkeit kann um den notwendigen, konkret dargelegten Aufwand für die Betreuung des Kindes vermindert werden. Zum Aufwand für die Betreuung des Kindes zählen nicht die Kosten einer über die üblichen Betreuungsleistungen eines Elternteils (einschließlich der üblichen Hausaufgabenbetreuung) hinausgehenden oder einer pädagogisch veranlassten Betreuung, insbesondere die Kosten des Kindergarten- oder Hortbesuchs; diese sind Mehrbedarf des Kindes.

10.4 Schulden (Zins und Tilgung) sind bei tatsächlicher Zahlung im Rahmen eines vernünftigen Tilgungsplanes mit angemessenen Raten zu berücksichtigen. Bei der Bedarfsermittlung für den Ehegattenunterhalt sind grundsätzlich nur eheprägende Verbindlichkeiten abzusetzen. Beim Verwandtenunterhalt sowie bei Leistungsfähigkeit/Bedürftigkeit für den Ehegattenunterhalt erfolgt eine Abwägung nach den Umständen des Einzelfalls. Bei der Zumutbarkeitsabwägung sind Interessen des Unterhaltsschuldners, des Drittgläubigers und des Unterhaltsgläubigers, vor allem minderjähriger Kinder, mit zu berücksichtigen. Unter Umständen besteht im Rahmen gesteigerter Unterhaltspflicht nach § 1603 Abs. 2 BGB[1] die Obliegenheit zur Einleitung eines Insolvenzverfahrens und Geltendmachung der gesetzlichen Pfändungsfreigrenzen.

10.5 (derzeit nicht besetzt)

10.6 Die vermögenswirksame Leistung des Arbeitgebers und die Arbeitnehmersparzulage gehören nicht zum Einkommen. Der vom Arbeitnehmer vermögenswirksam gesparte Betrag mindert nicht das anrechenbare Einkommen, es sei denn, es handelt sich um Aufwendungen der zusätzlichen Altersversorgung gemäß Ziff. 10.1.2. Dann sind auch die vermögenswerten Leistungen des Arbeitgebers Einkommen.

10.7 Konkret nachgewiesene Umgangskosten können berücksichtigt werden, soweit sie über das anteilige Kindergeld nicht abgedeckt werden und das übliche Maß übersteigen.

Kindesunterhalt

11. Bemessungsgrundlage (Tabellenunterhalt)

Der Barunterhalt minderjähriger und noch im elterlichen Haushalt lebender volljähriger unverheirateter Kinder bestimmt sich nach den Sätzen der Düsseldorfer Tabelle[2] (Anhang I). Bei minderjährigen Kindern kann er als Festbetrag oder als Vomhundertsatz des jeweiligen Mindestunterhalts geltend gemacht werden.

11.1 Die Tabellensätze der Düsseldorfer Tabelle[2] enthalten keine Kranken- *und Pfl*egeversicherungsbeiträge für das Kind, wenn dieses nicht in einer

---

[1] **Habersack, Deutsche Gesetze Nr. 20.**
[2] Nr. 47.

gesetzlichen Familienversicherung mitversichert ist. Das Nettoeinkommen des Verpflichteten ist um solche zusätzlich zu zahlenden Versicherungskosten zu bereinigen. Studiengebühren sind in den Tabellensätzen ebenfalls nicht enthalten.

11.2 Die Tabelle weist den Unterhaltsbedarf aus, bezogen auf zwei Unterhaltsberechtigte ohne Rücksicht auf den Rang, soweit für den Nachrangigen Mittel vorhanden sind. Der Bedarf ist nicht identisch mit dem Zahlbetrag. Letzterer ergibt sich nach Abzug des jeweiligen Kindergeldanteils (hälftiges Kindergeld bei Minderjährigen, volles Kindergeld bei Volljährigen) von dem Bedarfsbetrag. Bei einer größeren oder geringeren Anzahl Unterhaltsberechtigter können Ab- oder Zuschläge durch Einstufung in niedrigere oder höhere Einkommensgruppen angemessen sein. In jedem Fall wird – gegebenenfalls auch unter Heranziehung der Bedarfskontrollbeträge – darauf zu achten sein, dass der Kindesunterhalt in einem angemessenen Verhältnis zu dem Betrag steht, der dem Unterhaltspflichtigen für den eigenen Bedarf zu verbleiben hat.

12. Minderjährige Kinder

12.1 Der Elternteil, der ein minderjähriges Kind betreut, leistet in der Regel hierdurch seinen Beitrag zum Kindesunterhalt (Ausnahmen: z.B. § 1603 Abs. 2 Satz 3 BGB[1)]). Ggfs. erfüllt er neben der Betreuung noch einen Restbarbedarf des Kindes, der sich nach den gemeinsamen Einkünften der Eltern abzüglich des hälftigen Kindergelds und abzüglich des vom anderen Elternteil geleisteten Barunterhalts bestimmt.

12.2 Eigenes Einkommen des Kindes ist auf den Barbedarf zur Hälfte anzurechnen. Die kostenfreie Zurverfügungstellung von Wohnraum für das bei einem Elternteil lebende Kind ist vorrangig im unterhaltsrechtlichen Verhältnis zwischen den Eltern auszugleichen, sofern die Eltern nichts Abweichendes vereinbart haben.

12.3 Sind beide Eltern zur Zahlung von Barunterhalt verpflichtet, zum Beispiel bei auswärtiger Unterbringung oder beim Wechselmodell, haften sie anteilig nach § 1606 Abs. 1 BGB[1)] für den Gesamtbedarf (vgl. Nr. 13.3). Der Verteilungsschlüssel kann unter Berücksichtigung des Betreuungsaufwandes wertend verändert werden.

12.4 Bei Zusatzbedarf (Kostenvorschuss, Mehrbedarf, Sonderbedarf) gilt § 1606 Abs. 3 Satz 1 BGB[1)]. Zum Mehrbedarf des Kindes zählen die Kosten für den Besuch einer Kindertagesstätte (Kinderkrippe, Kindergarten, Schülerhort) abzüglich des ersparten Verpflegungsmehraufwandes. Für einen erhöhten Regelbedarf (insb. erhöhte Wohnkosten des Kindes) haftet grundsätzlich der barunterhaltspflichtige Elternteil allein, soweit nicht der andere Elternteil für den Restbarbedarf auszukommen hat (vgl. Ziff. 12.1. S. 2)

13. Volljährige Kinder

13.1 Beim Bedarf volljähriger Kinder ist zu unterscheiden, ob sie noch im Haushalt der Eltern/eines Elternteils leben oder einen eigenen Hausstand haben.

[1)] **Habersack, Deutsche Gesetze Nr. 20.**

13.1.1 Für volljährige, unverheiratete Kinder, die noch im Haushalt der Eltern oder eines Elternteils wohnen, gilt die Altersstufe 4 der Düsseldorfer Tabelle[1]. Sind beide Elternteile leistungsfähig, ist der Bedarf des Kindes i.d.R. nach dem zusammengerechneten Einkommen (ohne Anwendung von Nr. 11.2) zu bemessen. Für die Haftungsquote gilt Nr. 13.3.

13.1.2 Der angemessene Bedarf eines volljährigen Kindes mit eigenem Hausstand beträgt in der Regel monatlich 930 € (darin sind enthalten Kosten für Unterkunft und Heizung bis zu 410 €), ohne Beiträge zur Kranken- und Pflegeversicherung sowie ohne Studiengebühren und vergleichbare Aufwendungen. Von diesem Betrag kann bei erhöhtem Bedarf oder mit Rücksicht auf die Lebensstellung der Eltern abgewichen werden.

13.2 Auf den Unterhaltsbedarf werden Einkünfte des Kindes, auch BAföG-Darlehen und Ausbildungsbeihilfen (gekürzt um ausbildungsbedingte Aufwendungen) – nicht aber Vorschussleistungen nach § 36 BAFöG[2] – angerechnet. Bei Einkünften aus unzumutbarer Erwerbstätigkeit gilt § 1577 Abs. 2 BGB[3] entsprechend.

13.3 Bei anteiliger Barunterhaltspflicht ist vor Berechnung des Haftungsanteils nach § 1606 Absatz 3 Satz 1 BGB[3] das bereinigte Nettoeinkommen jedes Elternteils gem. Nr. 10 zu ermitteln. Außerdem ist vom Restbetrag ein Sockelbetrag in Höhe des angemessenen Selbstbehalts (1.750 €) abzuziehen. Der Haftungsanteil nach § 1606 Absatz 3 Satz 1 BGB errechnet sich nach der Formel: Bereinigtes Nettoeinkommen eines Elternteils (N1 oder N2) abzüglich 1.750 € mal (Rest-)Bedarf (R), geteilt durch die Summe der bereinigten Nettoeinkommen beider Eltern (N1 + N2) abzüglich 3.500 € (= 1.750 € + 1.750 €). Haftungsanteil 1 = (N1 – 1.750 €) × R : (N1 + N2 – 3.500 €). Bei minderjährigen unverheirateten und ihnen gleichgestellten volljährigen Kindern (§ 1603 Abs. 2 Satz 2 BGB) sind die anrechenbaren Einkommen der Eltern außerdem wegen gleichrangiger Unterhaltspflichten und bei anderen volljährigen Kindern wegen vorrangiger Unterhaltspflichten zu kürzen. Ein Elternteil hat jedoch höchstens den Unterhalt zu leisten, der sich allein aus seinem Einkommen aus der Düsseldorfer Tabelle[1] ergibt. Der ermittelte Haftungsanteil ist auf seine Angemessenheit zu überprüfen und kann bei Vorliegen besonderer Umstände (z.B. behindertes Kind) wertend verändert werden. Verfügt ein Elternteil über das Dreifache der unterhaltsrechtlich relevanten Nettoeinkünfte des anderen Elternteils kann es der Billigkeit entsprechen, dass dieser Elternteil den Barunterhalt in voller Höhe aufzubringen hat. Bei volljährigen Schülern, die in § 1603 Abs. 2 Satz 2 BGB minderjährigen Kindern gleichgestellt sind, wird der Sockelbetrag bis zum notwendigen Selbstbehalt (1.200 €/1.450 €) herabgesetzt, wenn der Bedarf der Kinder andernfalls nicht gedeckt werden kann.

14. Verrechnung des Kindergeldes und des Kinderzuschlages

Das Kindergeld mindert im Umfang des § 1612b BGB[3] den Bedarf des minderjährigen und volljährigen Kindes.

---

[1] Nr. 47.
[2] **Sartorius Nr. 420.**
[3] **Habersack, Deutsche Gesetze Nr. 20.**

Ehegattenunterhalt

15. Unterhaltsbedarf

15.1 Bei der Bedarfsbemessung ist das eheprägende Einkommen zu berücksichtigen. Umstände, die auch bei fortbestehender Ehe eingetreten wären und Umstände, die bereits in anderer Weise in der Ehe angelegt und mit hoher Wahrscheinlichkeit zu erwarten waren, sind zu berücksichtigen. Eine Einkommensreduzierung ist dann unbeachtlich, wenn sie auf einem unterhaltsrechtlich vorwerfbaren Verhalten beruht. Beim Unterhaltsberechtigten ist zusätzlich § 1573 Abs. 4 BGB[1)] zu berücksichtigen. Unerwartete, nicht in der Ehe angelegte Steigerungen des Einkommens des Verpflichteten (insbesondere aufgrund eines Karrieresprungs) bleiben unberücksichtigt, es sei denn, sie dienen zum Ausgleich des hinzutretenden Bedarfs weiterer Unterhaltsberechtigter. Es ist von einem Mindestbedarf auszugehen, der nicht unter 1.200 € abzüglich etwaiger Synergieeffekte durch Zusammenleben mit einem leistungsfähigen Partner liegen darf.

15.2 Es gilt der Halbteilungsgrundsatz, wobei jedoch Erwerbseinkünfte nur zu 9/10 zu berücksichtigen sind (Abzug von 1/10 Erwerbstätigenbonus vom bereinigten Nettoeinkommen). Leistet ein Ehegatte auch Unterhalt für ein Kind, so wird sein Einkommen vor Ermittlung des Erwerbstätigenbonus um den Zahlbetrag (i.d.R. Tabellenbetrag abzüglich des bedarfsmindernd anzurechnenden Kindergeldes) bereinigt. Erbringt der Verpflichtete sowohl Bar- als auch Betreuungsunterhalt, so gilt Nr. 10.3. Leistet der betreuende Elternteil Restbarunterhalt an das Kind (vgl. Ziff. 12.1. S. 2), ist auch sein Einkommen um den Restbarbedarf zu mindern.

15.3 Bei sehr guten Einkommensverhältnissen des Pflichtigen kommt nach Wahl des Berechtigten neben der Unterhaltsbemessung nach der Quote des gemeinsamen Einkommens auch eine konkrete Bedarfsberechnung in Betracht.

15.4 Werden Altersvorsorge-, Kranken- und Pflegeversicherungskosten vom Berechtigten gesondert geltend gemacht oder vom Verpflichteten bezahlt, sind diese *vom*[2)] dem Einkommen des Pflichtigen vorweg abzuziehen. Altersvorsorgeunterhalt wird nur geschuldet, soweit der Elementarunterhaltgedeckt ist. Der Vorwegabzug unterbleibt, soweit nicht verteilte Mittel zur Verfügung stehen, z.B. bei nicht prägendem Einkommen

15.5 Bei Wiederverheiratung des Unterhaltsverpflichteten oder bei Berechtigten nach § 1615l BGB[1)] bemisst sich der Unterhaltsbedarf des geschiedenen Ehegatten nach den ehelichen Lebensverhältnissen ohne Berücksichtigung der nachehelich entstandenen Unterhaltspflichten. Die unterschiedliche Rangfolge der Ansprüche nach § 1609 Nr. 2 und 3 BGB ist erst im Rahmen der Prüfung der Leistungsfähigkeit zu berücksichtigen. Die sogenannte Drittelmethode kann im Rahmen der Leistungsfähigkeit und Mangelverteilung zur Anwendung kommen, wenn der Unterhaltsanspruch des ersten Ehegatten nicht vorrangig ist.

[1)] **Habersack, Deutsche Gesetze Nr. 20.**
[2)] Richtig wohl: „von".

15.6 Trennungsbedingter Mehrbedarf kann berücksichtigt werden, wenn der Berechtigte oder der Verpflichtete über nicht prägendes Einkommen verfügen.

15.7 Nach der Scheidung der Ehe ist in der Regel zunächst der eheangemessene Unterhalt weiterzuzahlen, eine sofortige Befristung wird bis auf Ausnahmefälle nicht in Betracht kommen. Dem berechtigten Ehegatten ist in der Regel eine auch unter Berücksichtigung der Ehedauer angemessene Übergangsfrist einzuräumen, binnen derer er sich auf die nicht an den ehelichen Lebensverhältnissen ausgerichteten neuen Verhältnissen einstellen kann.

Für die Befristung des nachehelichen Unterhalts kommt es nach § 1578b BGB[1)] maßgeblich darauf an, ob ehebedingte Nachteile eingetreten sind oder eine Befristung unter Berücksichtigung der Dauer der Ehe unbillig wäre. Sind ehebedingte Nachteile vorhanden, die aus tatsächlichen Gründen nicht mehr ausgeglichen werden können, kommt regelmäßig lediglich eine Herabsetzung in Betracht. Eine Befristung ist in diesem Fall nur unter außergewöhnlichen Umständen denkbar, z.B. bei einem ganz geringfügigen ehebedingten Nachteil oder sehr guten Einkommens- und/oder Vermögensverhältnissen des Berechtigten. Auch nach Herabsetzung muss dem berechtigten Ehegatten nach Anrechnung eigener eventuell auch fiktiver Einkünfte der Betrag zur Verfügung stehen, den er ohne einen ehebedingten Nachteil zur Verfügung hätte.

Der Ehegattenunterhalt ist nicht auf den Ausgleich ehebedingter Nachteile beschränkt. Wenn und soweit solche fehlen, ist über eine Herabsetzung auf den angemessenen Lebensbedarf oder eine Befristung unter Berücksichtigung des jeweiligen Maßes an fortwirkender nachehelicher Solidarität und der Ehedauer im Wege einer umfassenden Billigkeitsabwägung zu entscheiden. Dem Gedanken der nachehelichen Solidarität ist besonders Rechnung zu tragen, wenn Unterhalt wegen Krankheit geschuldet wird, auch wenn die Erkrankung nicht ehebedingt ist.

Die Beweislast für die Umstände, aus denen die Unbilligkeit der Fortzahlung des Unterhalts resultiert, trägt der Verpflichtete. Hinsichtlich der Tatsache, dass ehebedingte Nachteile nicht entstanden sind, trifft den Unterhaltsberechtigten jedoch eine sekundäre Darlegungslast. Er muss substantiiert vortragen, welche konkreten ehebedingten Nachteile entstanden sein sollen. Behauptet der Berechtigte einen beruflichen Aufstieg, muss er insbesondere darlegen, aufgrund welcher Umstände er eine entsprechende Karriere gemacht hätte.

Der Betreuungsunterhalt nach § 1570 BGB ist nicht nach § 1578b Abs. 2 BGB zu befristen.

16. **Bedürftigkeit**

Eigene Einkünfte des Berechtigten sind auf den Bedarf anzurechnen, wobei das bereinigte Nettoerwerbseinkommen um den Erwerbstätigenbonus von 1/10 zu vermindern ist. Bei einer Bedarfsermittlung nach den konkreten Verhältnissen ist eigenes Erwerbeinkommen des Unterhaltsberechtigten zur Ermittlung der Bedürftigkeit ohne Erwerbstätigenbonus auf den Bedarf anzurechnen.

---

1) Habersack, Deutsche Gesetze Nr. 20.

17. Erwerbsobliegenheit

17.1 Bei Kindesbetreuung besteht bis zur Vollendung des dritten Lebensjahres eines gemeinschaftlichen Kindes keine Erwerbsobliegenheit. Gleichwohl erzieltes Erwerbseinkommen ist überobligatorisch und nach den Umständen des Einzelfalls zu berücksichtigen. Nach Vollendung des dritten Lebensjahres des Kindes kommt es bei Beurteilung der Frage, ob und inwieweit der betreuende Ehegatte bei einer bestehenden Betreuungsmöglichkeit auf eine Erwerbstätigkeit verwiesen werden kann, auf die Verhältnisse des Einzelfalls an. Bei besonderer Betreuungsbedürftigkeit des Kindes oder bei nicht vorhandener oder nur unzureichender Fremdbetreuung (kindbezogene Gründe, § 1570 Abs. 1 Satz 2 BGB[1]) kommt ein Unterhaltsanspruch auch nach Vollendung des dritten Lebensjahres des Kindes in Betracht. Eine Erwerbstätigkeit neben der Kinderbetreuung kann aus Gründen der nachehelichen Solidarität ganz oder teilweise unbillig sein. Hierbei sind das in der Ehe gewachsene Vertrauen in die vereinbarte und praktizierte Rollenverteilung und die gemeinsame Ausgestaltung der Kinderbetreuung sowie die Dauer der Ehe zu berücksichtigen (elternbezogene Gründe, § 1570 Abs. 2 BGB). Unbilligkeit kann vorliegen, wenn eine Erwerbstätigkeit neben der Betreuung des Kindes zu einer unzumutbaren Belastung führen würde. Die Darlegungs- und Beweislast für die Umstände, die einer vollen oder teilweisen Erwerbsobliegenheit ab Vollendung des dritten Lebensjahres des Kindes entgegenstehen, trifft den betreuenden Ehegatten. Dies gilt auch, wenn ein Titel über den Basisunterhalt nach § 1570 Abs. 1 Satz 1 BGB abgeändert werden soll.

Der Anspruch auf Betreuungsunterhalt richtet sich beim nichtehelichen Kind nach denselben Grundsätzen wie beim ehelichen Kind.

17.2 In der Regel besteht für den Berechtigten im ersten Jahr nach der Trennung keine Obliegenheit zur Aufnahme oder Ausweitung einer Erwerbstätigkeit.

Weitere Unterhaltsansprüche

18. Ansprüche nach § 1615l BGB[1]

Der Bedarf nach § 1615l BGB bemisst sich nach der Lebensstellung des betreuenden Elternteils. Er beträgt mindestens 1.200 €, bei Erwerbstätigkeit mindestens 1.450 €.

19. Elternunterhalt

Der Bedarf bemisst sich nach der eigenen Lebensstellung des unterhaltsberechtigten Elternteils. Auch bei bescheidenen wirtschaftlichen Verhältnissen ist die Untergrenze des Bedarfs so zu bemessen, dass das Existenzminimum sichergestellt wird. Bei einem Heimaufenthalt wird der Bedarf durch die dadurch anfallenden Kosten einschließlich der für die privaten Bedürfnisse gewährten Leistungen nach dem SGB XII bestimmt (vgl. zum anrechenbaren Einkommen des Berechtigten Nr. 2.9).

---

[1] **Habersack, Deutsche Gesetze Nr. 20.**

Der Wohnvorteil durch mietfreies Wohnen im eigenen Heim ist bei der Inanspruchnahme auf Elternunterhalt nicht mit der bei einer Fremdvermietung erzielbaren objektiven Marktmiete, sondern auf der Grundlage der unter den gegebenen Verhältnissen ersparten Miete zu bemessen. Hinsichtlich der Abzüge gilt Ziff. 5. S. 3.

20. Lebenspartnerschaft

Bei Getrenntleben oder Aufhebung der Lebenspartnerschaft gelten §§ 12, 16 LPartG[1].

Leistungsfähigkeit und Mangelfall

21. Selbstbehalt des Verpflichteten

21.1 Es ist zu unterscheiden zwischen dem notwendigen (§ 1603 Abs. 2 BGB[2]), dem angemessenen (§ 1603 Abs. 1 BGB) sowie dem eheangemessenen Selbstbehalt (§§ 1361 Abs. 1, 1581 Abs. 1 BGB).

21.2 Für Eltern gegenüber minderjährigen Kindern und diesen nach § 1603 Abs. 2 BGB[2] gleichgestellten Kindern („privilegierte Volljährige") gilt im Allgemeinen der notwendige Selbstbehalt als unterste Grenze für die Inanspruchnahme. Er beträgt

– beim längerfristig Nichterwerbstätigen 1.200 €

– beim Erwerbstätigen 1.450 €

Hierin sind Kosten für Unterkunft und Heizung in Höhe von 520 € enthalten.

21.3 Im Übrigen gilt beim Verwandtenunterhalt der angemessene Selbstbehalt.

21.3.1 Er beträgt gegenüber nicht privilegierten, volljährigen Kindern, die eine wirtschaftliche Selbständigkeit noch nicht erlangt haben, 1.750 €. Hierin sind Kosten für Unterkunft und Heizung in Höhe von 650 € enthalten.

21.3.2 Gegenüber Anspruchsberechtigten nach § 1615l BGB[2] entspricht der Selbstbehalt dem eheangemessenen Selbstbehalt (vgl. Nr. 21.4)

21.3.3 Bei der Bemessung des Selbstbehalts im Rahmen des Elternunterhalts sind Zweck und Rechtsgedanken des Gesetzes zur Entlastung unterhaltspflichtiger Angehöriger in der Sozialhilfe und in der Eingliederungshilfe (Angehörigenentlastungsgesetz) vom 10.12.2019 zu beachten.

21.3.4 (derzeit nicht besetzt)

21.4 Gegenüber Ehegatten und geschiedenen Ehegatten gilt grundsätzlich der eheangemessene Selbstbehalt (§§ 1361, 1581 BGB[2]). Im Regelfall beträgt dieser für den Nichterwerbstätigen 1.475 €, für den Erwerbstätigen 1.600 €. Hierin sind 580 € für Unterkunft und Heizung enthalten. Er ist nach unten durch den notwendigen Selbstbehalt und nach oben durch den angemessenen Selbstbehalt begrenzt.

21.5 Der Selbstbehalt kann im Einzelfall angemessen abgesenkt oder erhöht werden. Er soll insbesondere dann erhöht werden, wenn die Kosten der Unterkunft und Heizung den im jeweiligen Selbstbehalt enthaltenen

---

[1] Nr. **43**.

[2] **Habersack, Deutsche Gesetze Nr. 20.**

Betrag überschreiten und nicht unangemessen sind. Im Rahmen der Angemessenheit sind insbesondere großstadtbedingt überdurchschnittliche Wohnkosten zu berücksichtigen. Lebt der Unterhaltspflichtige mit Familienmitgliedern in einer Wohnung, sind die von ihm für seinen Familienverband getragenen Wohnkosten nur anteilig zu berücksichtigen.

Lebt der Unterhaltspflichtige mit einem leistungsfähigen Partner in Haushaltsgemeinschaft, kommt eine Haushaltsersparnis in Betracht, in der Regel 10 % des jeweils maßgeblichen Selbstbehalts. Untergrenze ist der Sozialhilfesatz.

22. Bedarf des mit dem Pflichtigen zusammenlebenden Ehegatten

22.1 Ist bei Unterhaltsansprüchen des nachrangigen geschiedenen Ehegatten der Unterhaltspflichtige verheiratet, werden für den mit ihm zusammenlebenden, nicht erwerbstätigen Ehegatten mindestens 1.180 €, für den erwerbstätigen Ehegatten mindestens 1.280 € angesetzt.

22.2 Ist bei Unterhaltsansprüchen von nicht privilegierten volljährigen Kindern der Unterhaltspflichtige verheiratet, werden für den mit ihm zusammenlebenden, nicht erwerbstätigen oder erwerbstätigen Ehegatten mindestens 1.400 € angesetzt.

22.3 (derzeit nicht besetzt)

23. Bedarf des vom Pflichtigen getrenntlebenden oder geschiedenen Ehegatten

23.1. Der Bedarf des vom Unterhaltspflichtigen getrenntlebenden oder geschiedenen Ehegatten bei Ansprüchen des nachrangigen, geschiedenen Ehegatten beträgt mindestens 1.600 €.

23.2. Der Bedarf des vom Unterhaltspflichtigen getrenntlebenden oder geschiedenen Ehegatten bei Ansprüchen nicht privilegierter volljähriger Kinder beträgt mindestens 1.750 €.

23.3. (derzeit nicht besetzt)

24. Mangelfall

24.1 Ein absoluter Mangelfall liegt vor, wenn das Einkommen des Verpflichteten zur Deckung seines notwendigen Selbstbehalts und der gleichrangigen Unterhaltsansprüche nicht ausreicht. Zur Feststellung des Mangelfalls entspricht der einzusetzende Bedarf für minderjährige und diesen nach § 1603 Abs. 2 Satz 2 BGB[1] gleichgestellten Kindern dem Zahlbetrag (z.B. Tabellenbetrag abzüglich des bedarfsmindernd anzurechnenden Kindesgeldes).

24.2 Die Einsatzbeträge im Mangelfall belaufen sich bei minderjährigen und diesen nach § 1603 Abs. 2 Satz 2 BGB[1] gleichgestellten Kindern auf den Zahlbetrag nach der jeweiligen Einkommensgruppe der Düsseldorfer Tabelle[2], für den zum Barunterhalt verpflichteten Elternteil bei Nichterwerbstätigen auf 1.200 €, bei Erwerbstätigen auf 1.450 €. Anrechenbares

---

[1] **Habersack, Deutsche Gesetze Nr. 20.**
[2] Nr. **47**.

Einkommen des Unterhaltsberechtigten ist vom Einsatzbetrag abzuziehen.

24.3 Die nach Abzug des Selbstbehalts des Unterhaltspflichtigen verbleibende Verteilungsmasse ist anteilig auf alle gleichrangigen Unterhaltsberechtigten im Verhältnis ihrer Unterhaltsansprüche zu verteilen.

Die prozentuale Kürzung berechnet sich nach der Formel:
K = V : S × 100

K = prozentuale Kürzung

S = Summe der Einsatzbeträge aller Berechtigten

V = Verteilungsmasse (Einkommen des Verpflichteten abzüglich Selbstbehalt)

Der proportional gekürzte Unterhalt ergibt sich aus der Multiplikation mit dem Einsatzbetrag.

Lässt sich aufgrund konkreter Umstände prognostizieren, dass bestimmte gleichrangige Kindesunterhaltsansprüche nicht erfüllt werden müssen, ist dieses Geld für anderweitigen Mindestkindesunterhalt einzusetzen.

24.4 Für die Kindergeldverrechnung gilt § 1612b BGB[1].

24.5 Das im Rahmen der Mangelfallberechnung gewonnene Ergebnis ist auf seine Angemessenheit zu überprüfen.

Sonstiges

25. Rundung

Der Unterhaltsbetrag ist auf volle Euro aufzurunden.

Anhang

I. Düsseldorfer Tabelle

(abgedruckt unter Nr. 47)

Tabelle Zahlbeträge

(abgedruckt unter Nr. 47)

II. Umrechnung dynamischer Titel nach § 36 Nr. 3 EGZPO[2]

Die Umrechnung dynamischer Titel über Kindesunterhalt nach § 36 Nr. 3 EGZPO erfolgt gemäß der Anmerkung E (Übergangsregelung) zur Düsseldorfer Tabelle[3], Stand 1.1.2024.

---

[1] **Habersack, Deutsche Gesetze Nr. 20.**
[2] **Habersack, Deutsche Gesetze Nr. 101.**
[3] Nr. **47.**

471. Oberlandesgericht Hamm – Leitlinien zum Unterhaltsrecht[1)]

(Stand: 1. Januar 2024)

Vorbemerkung

Die Leitlinien sind von den Familiensenaten des Oberlandesgerichts Hamm erarbeitet worden, um eine möglichst einheitliche Rechtsprechung im gesamten OLG-Bezirk zu erzielen. Sie stellen keine verbindlichen Regeln dar – das verbietet sich schon mit Rücksicht auf die richterliche Unabhängigkeit – und sollen dazu beitragen, angemessene Lösungen zu finden, ohne den Spielraum einzuengen, der erforderlich ist, um den jeweiligen Besonderheiten des Einzelfalls gerecht zu werden. Wesentliche Änderungen zum Vorjahr sind durch *Unterstreichung*[2)] markiert.

Unterhaltsrechtliches Einkommen

1. Geldeinnahmen

1.1 Auszugehen ist von einem durchschnittlichen Jahresbruttoeinkommen einschließlich Urlaubs- und Weihnachtsgeld sowie sonstigen Zuwendungen, auch Sachbezügen und Gewinnbeteiligungen.

1.2 [1] Höhere **einmalige Zuwendungen** (z.B. Jubiläumszulagen) können auf einen längeren Zeitraum verteilt werden. [2] **Abfindungen** sind regelmäßig auf einen angemessenen Zeitraum zur Aufrechterhaltung eines angemessenen Lebensstandards umzulegen. [3] Grundsätzlich sind Abfindungen bei der Aufnahme einer neuen Arbeitsstelle mit dauerhaft geringerem Einkommen bis zur Höchstgrenze des Bedarfs aufgrund des früheren Einkommens sowohl beim Kindes- als auch beim Ehegattenunterhalt für den Unterhalt zu verwenden; ob eine Aufstockung bis zum bisherigen Einkommen unter vollständiger Aufrechterhaltung des bisherigen Lebensstandards geboten ist, beurteilt sich nach den Umständen des Einzelfalls, insbesondere der beim Pflichtigen zu erwartenden weiteren Einkommensentwicklung. [4] Beim Ehegattenunterhalt gilt dies nicht, soweit der Abfindungsbetrag bereits güterrechtlich Berücksichtigung gefunden hat.

1.3 [1] **Überstundenvergütungen** sind Einkommen, wenn die Überstunden entweder in geringem Umfang anfallen oder berufstypisch sind. [2] Vergütungen für Überstunden, die deutlich über dieses übliche Maß hinausgehen, sind nach Billigkeitsgesichtspunkten und unter Berücksichtigung der Umstände des Einzelfalles sowie des in § 1577 Abs. 2 BGB[3)] zum Ausdruck kommenden Rechtsgedankens anzurechnen. [3] Beim Ehegattenunterhalt sind Überstundenvergütungen nach vorstehender Maßgabe bedarfsbestimmend zu berücksichtigen, wenn sie bereits die intakten Lebensverhältnisse mitgeprägt haben.

[1] Die gleichen Erwägungen gelten für Einkünfte aus einer **Nebentätigkeit**, die neben einer vollschichtigen Erwerbstätigkeit ausgeübt wird. [2] In

---

[1)] In der jeweils aktuellen Fassung kostenlos abrufbar unter www.olg-hamm.nrw.de.
[2)] Unterstreichungen im Original wurden zur besseren Lesbarkeit als *Kursivdruck* umgesetzt.
[3)] **Habersack, Deutsche Gesetze Nr. 20.**

Fällen gesteigerter Unterhaltsverpflichtung (§ 1603 Abs. 2 BGB) kann es dem Pflichtigen obliegen, zur Deckung des Mindestunterhalts Überstunden zu leisten und/oder eine Nebentätigkeit auszuüben, soweit dies möglich und zumutbar ist, jedoch nicht über die Grenzen der §§ 3 und 6 ArbZG[1)] hinaus.

1.4 [1] Über die Anrechenbarkeit von Auslösungen und Spesen ist nach Maßgabe des Einzelfalls zu entscheiden. [2] Im Zweifel kann davon ausgegangen werden, dass eine Ersparnis eintritt, die mit einem Drittel der Nettobeträge zu bewerten und insoweit dem anrechenbaren Einkommen zuzurechnen ist.

1.5 (1) [1] Einkommen aus **selbständiger Tätigkeit** ist an Hand der Gewinn- und Verlustrechnungen bzw. der Einnahmen-Überschuss-Rechnungen zu ermitteln. [2] Zur Ermittlung der laufenden und zukünftigen Einkünfte ist auf einen mehrjährigen Zeitraum abzustellen; in der Regel sind hierzu drei Jahre ausreichend, während bei erheblichem Einkommensrückgang oder Anhaltspunkten für Manipulationen zur Überprüfung weitere Jahrgänge einbezogen werden können. [3] In diesem Zusammenhang kann den Entnahmen eine Indizwirkung zukommen. [4] Für die Vergangenheit ist von den in den jeweiligen Jahren erzielten Einkünften auszugehen. [5] Eine Durchschnittsberechnung über den Zeitraum, für den Unterhalt verlangt wird, ist möglich.

(2) [1] Lineare Abschreibungen (AfA) von Wirtschaftsgütern sind regelmäßig als gewinnmindernd anzuerkennen. [2] Hinsichtlich des Umfanges der Abschreibungen haben die von der Finanzverwaltung herausgegebenen AfA-Tabellen die Vermutung der Richtigkeit für sich. [3] Soweit Abschreibungen unterhaltsrechtlich nicht anerkannt werden, kommt die Berücksichtigung der Tilgungsleistungen in Betracht.

1.6 Einnahmen aus Vermietung und Verpachtung und aus Kapitalvermögen

1.6.1 [1] Einnahmen aus Vermietung und Verpachtung sind – vermindert um die Aufwendungen zur Finanzierung und Erhaltung des Objektes – Einkommen. [2] Die Berücksichtigungsfähigkeit von Tilgungsleistungen richtet sich nach den Umständen des Einzelfalles. [3] AfA-Beträge sind für Gebäude regelmäßig nicht abzusetzen.

1.6.2 Einnahmen aus Kapitalvermögen sind nach Abzug der Werbungskosten als Einkommen zu berücksichtigen.

1.7 [1] **Steuererstattungen bzw. Steuernachzahlungen** sind grundsätzlich auf das Zahlungsjahr umzulegen (sog. In-Prinzip); insbesondere bei Selbständigen und Gewerbetreibenden kann es sich allerdings zum Zwecke der Entzerrung empfehlen, die für das jeweilige Kalenderjahr veranlagten Steuern anzusetzen (sog. Für-Prinzip). [2] Es besteht die Obliegenheit, mögliche Steuervorteile in Anspruch zu nehmen. [3] Dies gilt für das steuerliche Realsplitting nur, soweit die Unterhaltsverpflichtung auf einem Anerkenntnis oder rechtskräftiger Verurteilung beruht oder freiwillig erfüllt wird.

1.8 *Sonstige Einnahmen* (z.B. Trinkgelder).

[1)] Nr. **78**.

2. Sozialleistungen

2.1 **Arbeitslosengeld** (§ 117 SGB III), **Krankengeld**, **Krankentagegeld** und **Übergangsgeld** (§ 24 SGB II) sind Einkommen.

2.2 [1] **Arbeitslosengeld II** (§§ 19–32 SGB II) ist Einkommen bei dem Verpflichteten; bei dem Berechtigten dagegen nicht. [2] Allerdings kann die Geltendmachung rückständigen Unterhalts neben bereits gewährtem Arbeitslosengeld II ausnahmsweise treuwidrig sein, wenn dies wegen eines gesetzlichen Ausschlusses des Anspruchsüberganges auf den Leistungsträger (§ 33 Abs. 2 SGB II) zu einer doppelten Befriedigung des Berechtigten führen würde.

2.3 **Wohngeld** ist Einkommen, soweit es nicht überhöhte Wohnkosten deckt.

2.4 [1] **BAföG-Leistungen** sind mit Ausnahme von Vorausleistungen nach §§ 36, 37 BAföG[1)] Einkommen. [2] Das gilt in der Regel auch dann, wenn sie als Darlehen gewährt werden.

2.5 **Elterngeld** ist als Einkommen zu behandeln; für den Mindestbetrag von monatlich 300 € bzw. im Fall des § 6 S. 2 BEEG[2)] von monatlich 150 € gilt dies nur ausnahmsweise (§ 11 S. 4 BEEG).

2.6 **Unfall- und Versorgungsrenten** sowie Übergangsgelder aus der Unfall- bzw. Rentenversicherung sind Einkommen.

2.7 Leistungen aus der **Pflegeversicherung, Blindengeld und ähnliche Sozialleistungen** sind Einkommen, wobei § 1610a BGB[3)] zu beachten ist.

2.8 [1] **Pflegegeld** nach §§ 37 ff SGB XI, das an den Pflegenden weitergeleitet wird, ist nur unter den Voraussetzungen des § 13 Abs. 6 SGB XI Einkommen. [2] Pflegegeld nach § 64 SGB XII für eigene schwerbehinderte Kinder und nach § 39 SGB VIII[4)] für die Aufnahme fremder Kinder ist mit seinem im Einzelfall zu bemessenden Vergütungsanteil Einkommen.

2.9 Leistungen zur **Grundsicherung** nach den §§ 41–43 SGB XII sind Einkommen beim Verwandtenunterhalt.

2.10 [1] Sonstige **Sozialhilfe** (SGB XII) ist in der Regel kein Einkommen. [2] Bei der Geltendmachung rückständigen Unterhalts und Ausschluss des Anspruchsüberganges (§ 94 Abs. 3 SGB XII) gilt Nr. 2.2 (Satz 2) entsprechend.

2.11 Für **Leistungen nach dem Unterhaltsvorschussgesetz**[5)] gelten die Ausführungen unter Nr. 2.2 und 2.10.

3. Kindergeld/Kindergeldanrechnung

(1) [1] Das staatliche **Kindergeld** zählt nicht zum bedarfsprägenden Einkommen der Eltern. [2] Es mindert den Barbedarf des Kindes in voller Höhe

[1)] **Sartorius Nr. 420.**
[2)] Nr. **45e**.
[3)] **Habersack, Deutsche Gesetze Nr. 20.**
[4)] Nr. **46**.
[5)] Nr. **45d**.

bzw. in Höhe der Hälfte des Kindergeldbetrages, wenn ein Elternteil seine Unterhaltspflicht gegenüber einem minderjährigen Kind durch Betreuung erfüllt – § 1612b Abs. 1 BGB[1] (siehe dazu die Kindergeldanrechnungstabelle in Anhang II). [3] Von der Anrechnung auf den Bedarf des Kindes ausgenommen ist der sog. Zählkindervorteil (§ 1612b Abs. 2 BGB). [4] Das volljährige Kind hat im Fall des § 1612b Abs. 1 Nr. 2 BGB gegen den Empfänger des Kindergeldes Anspruch auf Auszahlung, soweit dies nicht zur Deckung seines Bedarfs verwendet wird.

(2) Kinderzulagen und Kinderzuschüsse zur Rente sind, wenn die Gewährung des staatlichen Kindergeldes entfällt, in Höhe des fiktiven Kindergeldes wie Kindergeld zu behandeln (§ 4 BKGG[2], § 65 EStG[3], § 270 SGB VI, § 1612c BGB).

4. Geldwerte Zuwendungen des Arbeitgebers

[1] Geldwerte Zuwendungen des Arbeitgebers aller Art, z.B. Firmenwagen oder freie Kost und Logis, sind Einkommen, soweit sie entsprechende Aufwendungen ersparen. [2] Die hierfür steuerlich in Ansatz gebrachten Beträge bieten einen Anhaltspunkt für die Bewertung des geldwerten Vorteils.

5. Wohnwert

5.1 Der **Vorteil des mietfreien Wohnens** im eigenen Haus oder in der Eigentumswohnung – Wohnvorteil – ist als wirtschaftliche Nutzung des Vermögens wie Einkommen zu behandeln.

5.2 (1) [1] Beim **Ehegattenunterhalt** ist während der Trennungszeit bis zur endgültigen Vermögensauseinandersetzung oder bis zum endgültigen Scheitern der Ehe – also in der Regel bis zur Rechtshängigkeit des Scheidungsantrags – der Wohnvorteil des bleibenden Ehegatten entsprechend der nur noch eingeschränkten Nutzung mit dem sog. **angemessenen Wohnwert** anzusetzen. [2] Dieser richtet sich nach dem Mietpreis (Nettokaltmiete) auf dem örtlichen Wohnungsmarkt für eine den ehelichen Lebensverhältnissen angemessene kleinere Wohnung. [3] Die gemäß § 556 BGB[1] nicht umlagefähigen Betriebskosten (z.B. Kosten für die Verwaltung und Geldverkehr) und die erforderlichen – konkreten – Instandhaltungskosten mindern den angemessenen Wohnwert. (Zu den Finanzierungslasten s. Nr. 5.4).

(2) Ebenso berechnet sich der Wohnwert in dieser Phase für den **Kindesunterhalt**; nur in eng begrenzten Ausnahmefällen kann im Hinblick auf § 1603 Abs. 2 BGB der Ansatz des objektiven Wohnwerts (Nr. 5.3) geboten sein.

5.3 [1] Nach der endgültigen Vermögensauseinandersetzung oder dem endgültigen Scheitern der Ehe richtet sich der Wohnvorteil im Ehegattenunterhalt bei der Bedarfsbemessung (§ 1578 BGB[1]) nach dem **objektiven** oder **vollen Mietwert** (Marktmiete) unter Abzug der unter Nr. 5.2 genannten Belastungen. [2] Eine Ausnahme kommt in Betracht, wenn dem in der Wohnung verbliebenen Ehegatten eine andere Verwertung der Wohnung,

---

[1] **Habersack, Deutsche Gesetze Nr. 20.**
[2] Nr. **45b**.
[3] Nr. **45a**.

insbesondere durch seinen Auszug noch nicht möglich oder zumutbar ist. [3] Nach der Veräußerung des Familienheimes treten die tatsächlichen bzw. die erzielbaren Einkünfte aus dem Erlös an die Stelle des Wohnwertes, ohne auf diesen beschränkt zu sein.

5.4 (1) [1] **Finanzierungslasten** (Immobiliendarlehen) mindern den Wohnwert, soweit sie tatsächlich durch Ratenzahlungen bedient werden. [2] Für die Berechnung des Ehegattenunterhalts bis zum endgültigen Scheitern der Ehe sind Ratenzahlungen in aller Regel mit Zins und Tilgung zu berücksichtigen.

(2) [1] Nach dem endgültigen Scheitern der Ehe mindern **Zinszahlungen** weiterhin den Wohnwert. [2] Für die Berücksichtigungsfähigkeit von **Tilgungsleistungen** kommt es auf die Umstände des Einzelfalls an, insbesondere auf die Frage, ob Miteigentum an der Immobilie besteht, ob einseitige Vermögensbildung betrieben wird, ob eine Streckung/Aussetzung der Tilgung möglich und zumutbar ist, ohne dass eine Zwangsversteigerung droht. [3] Von einseitiger Vermögensbildung kann grundsätzlich nicht ausgegangen werden, soweit den Tilgungsanteilen ein entsprechender Wohnvorteil gegenübersteht. [4] Ein den Wohnvorteil dann noch übersteigender Tilgungsanteil kann im Rahmen der sekundären Altersvorsorge (vgl. Nr. 10.1) zu berücksichtigen sein. [5] Im Einzelfall kann zu prüfen sein, ob eine Obliegenheit zur Vermögensumschichtung durch Verkauf der Immobilie besteht. [6] Dabei ist allerdings zu beachten, dass selbst genutztes Immobilieneigentum nach § 90 Abs. 2 Nr. 8 SGB XII zum geschützten Vermögen gehört.

(3) Beim **Kindesunterhalt** gilt für die Berücksichtigung der Finanzierungslasten im Rahmen des § 1603 Abs. 1 BGB[1)] ein großzügigerer, im Anwendungsbereich des § 1603 Abs. 2 BGB hingegen ein strengerer Maßstab.

(4) [1] Auch beim Elternunterhalt sind neben den Zinsen die Tilgungsleistungen bis zur Höhe des Wohnvorteils vom Einkommen des Elternunterhaltspflichtigen abzuziehen, ohne dass dies seine Befugnis zur Bildung eines zusätzlichen Altersvorsorgevermögens schmälert. [2] Der den Wohnvorteil dann noch übersteigende Tilgungsanteil ist im Rahmen der sekundären Altersvorsorge auf die Altersvorsorgequote des Elternunterhaltspflichtigen anzurechnen.

6. Haushaltsführung/Zusammenleben

6.1 [1] Für die **unentgeltliche Führung des Haushalts eines leistungsfähigen Dritten**, insbesondere eines neuen Partners, ist eine angemessene Vergütung zu fingieren und als Einkommen zu berücksichtigen. [2] Dieses kann im Falle einer Vollversorgung mit Beträgen von 250 € bis 500 € angesetzt werden.

6.2 [1] Das **Zusammenleben in einer häuslichen Gemeinschaft** kann unter dem Gesichtspunkt ersparter Wohn- und Haushaltskosten nach den Umständen des Einzelfalles – bei Leistungsfähigkeit des Partners – die Leistungsfähigkeit steigern. [2] In der Regel kann dieser geldwerte Vorteil für die Gemeinschaft mit bis zu 20 % des Selbstbehalts/Eigenbedarfs bemes-

[1)] **Habersack, Deutsche Gesetze Nr. 20.**

sen und dem jeweiligen Partner zur Hälfte zugerechnet werden. [3] Vgl. auch Nr. 21.5.

7. Einkommen aus überobligatorischer (unzumutbarer) Erwerbstätigkeit

[1] Einkommen aus überobligatorischer Erwerbstätigkeit kann nach Billigkeit ganz oder teilweise unberücksichtigt bleiben. [2] Vgl. im Übrigen Nr. 1.3, Nr. 10.3 sowie Nr. 17.3.

8. Freiwillige Leistungen Dritter

[1] Freiwillige Leistungen Dritter (z.B. Geldleistungen, Wohnungsgewährung) sind regelmäßig nicht als Einkommen zu berücksichtigen, es sei denn die Berücksichtigung entspricht dem Willen des zuwendenden Dritten. [2] Im Mangelfall kann jedoch bei der Beurteilung der Leistungsfähigkeit bzw. Bedürftigkeit eine Anrechnung derartiger Leistungen auch gegen den Willen des Zuwendenden erwogen werden.

9. Einkommensfiktion

Zum Einkommen können auch Einkünfte zu rechnen sein, die aufgrund einer unterhaltsrechtlichen Obliegenheit erzielt werden müssten, aber tatsächlich nicht erzielt werden.

10. Bereinigung des Einkommens

10.1 [1] In dem jeweiligen Jahr gezahlte **Steuern** auf das Einkommen sind vom Bruttoeinkommen abzuziehen. [2] Auf Nr. 1.7 wird verwiesen. [3] Abzuziehen sind ebenfalls notwendige **Vorsorgeaufwendungen**. [4] Hierzu zählen Aufwendungen für Kranken-, Pflege-, Renten- und Arbeitslosenversicherung. [5] Im Rahmen der Altersvorsorge können über die Aufwendungen für die Grundversorgung (primäre Altersvorsorge) hinaus in angemessenem Umfang tatsächlich geleistete Zahlungen für eine zusätzliche private Altersvorsorge (sekundäre Altersvorsorge) anerkannt werden. [6] Personen, die der gesetzlichen Versicherungspflicht nicht unterliegen, können für ihre primäre Altersversorgung entsprechend dem Aufwand eines nicht Selbständigen in der Regel etwa 20 % des Bruttoeinkommens einsetzen, es sei denn, die Altersvorsorge ist bereits auf andere Weise gesichert. [7] Beim Ehegattenunterhalt ist für die sekundäre Altersvorsorge in der Regel ein Betrag von bis zu 4 % des Gesamtbrutto- einkommens des Vorjahres angemessen, beim Elternunterhalt ein Betrag etwa in Höhe von 5 % und beim Kindesunterhalt in Höhe von bis zu 4 %, soweit der Mindestunterhalt gedeckt ist. [8] Höhere Altersvorsorgeaufwendungen während der Ehe können ab dem endgültigen Scheitern der Ehe nicht mehr berücksichtigt werden.

10.2 Berufsbedingte Aufwendungen

10.2.1 [1] Notwendige berufsbedingte Aufwendungen von Gewicht mindern das Einkommen, soweit sie konkret dargelegt werden. [2] Werden fiktiv Erwerbseinkünfte zugerechnet, kann für beruflichen Aufwand pauschal ein Abzug von 5 % des Nettoeinkommens vorgenommen werden.

10.2.2 [1] Für **Fahrten von der Wohnung zum Arbeitsplatz** sind – jedenfalls in engen wirtschaftlichen Verhältnissen – in der Regel nur die Kosten öffentlicher Verkehrsmittel absetzbar. [2] Ist die Benutzung öffentlicher Verkehrsmittel unzumutbar, sind die Kosten der PKW-Nutzung in der Regel mit 0,42 € (für die Zeit bis 31.12.2021 0,30 €) je Kilometer (Formel: Entfernungskilometer × 2 × 0,42 € × 220 Arbeitstage ÷ 12 Monate) abzugsfähig. 3 Wenn die einfache Entfernung über 30 Kilometer hinausgeht, wird empfohlen, die weiteren Kilometer wegen der eintretenden Kostenersparnis nur mit den Betriebskosten von 0,28 € (für die Zeit bis 31.12. 2021 0,20 €) je Kilometer anzusetzen. 4 Neben den Fahrtkosten sind regelmäßig keine weiteren Kosten (etwa für Kredite oder Reparaturen) abzugsfähig.

10.2.3 Bei einem Auszubildenden sind in der Regel 100 € als **Ausbildungsaufwand** abzuziehen (Nr. 12.2), soweit dieser Aufwand nicht bereits in dem Bedarfssatz enthalten ist (Nr. 13.1.2).

10.3 1 Das Einkommen aus einer neben der **Kinderbetreuung** ausgeübten Erwerbstätigkeit kann um den notwendigen, konkret dargelegten Aufwand für die Betreuung des Kindes vermindert werden. 2 Zum Aufwand für die Betreuung des Kindes zählen nicht die Kosten des Kindergartenbesuchs; diese sind Mehrbedarf des Kindes und nach dem Verhältnis der beiderseitigen Einkünfte zwischen den Eltern aufzuteilen (Nr. 12.4). 3 Fallen keine konkreten Betreuungskosten an, kann – sofern besondere Erschwernisse dargelegt werden – ein Teil des Einkommens nach Billigkeitsgrundsätzen entsprechend § 1577 Abs. 2 S. 2 BGB[1)] (für den unterhaltsberechtigten Ehegatten vgl. Nr. 17.3) anrechnungsfrei bleiben. 4 Das gilt ebenfalls bei der Prüfung der Frage, ob ein Elternteil auch zum Barunterhalt eines von ihm betreuten Kindes beitragen muss (§ 1603 Abs. 2 S. 3 BGB). 5 Auf Nr. 12.3 wird verwiesen.

10.4 Schulden

10.4.1 (1) 1 Schulden können das anrechenbare Einkommen vermindern. 2 Beim Ehegattenunterhalt sind Verbindlichkeiten zu berücksichtigen, wenn sie schon vor oder während des ehelichen Zusammenlebens eingegangen wurden. 3 Nach der Trennung entstandene Schulden können das anrechenbare Einkommen mindern, wenn sie berücksichtigungswürdig sind.

(2) Eine den Billigkeitsgrundsätzen entsprechende Gesamtabwägung der Einzelfallumstände kann es erfordern, dass die jeweils für sich anerkennungsfähigen Verbindlichkeiten nur im Rahmen eines vernünftigen Tilgungsplans in angemessenen Raten (Zinsen und Tilgung) abzugsfähig sind.

10.4.2 1 Beim Unterhalt für minderjährige und privilegierte volljährige Kinder sind Schulden nach obiger Maßgabe regelmäßig nur dann voll berücksichtigungsfähig, wenn der Mindestunterhalt sichergestellt wird. 2 Andernfalls ist, wenn die Einleitung eines Verbraucherinsolvenzverfahrens nicht möglich oder nicht zumutbar ist, lediglich ein Anwachsen der Verbindlichkeiten zu vermeiden (nur Abzug von Kreditzinsen).

10.5 Zurzeit nicht besetzt.

10.6 1 **Vermögenswirksame Leistungen** vermindern das Einkommen nicht, soweit sie nicht im Rahmen zulässiger sekundärer Altersvorsorge berücksichtigungsfähig sind (Nr. 10.1). 2 Jedoch sind dem Pflichtigen bzw. Be-

1) **Habersack, Deutsche Gesetze Nr. 20.**

rechtigten in jedem Fall etwaige Zusatzleistungen des Arbeitgebers für die vermögenswirksame Anlage (mit dem Nettobetrag) sowie die staatliche Sparzulage voll zu belassen.

10.7 Notwendige **Kosten des Umgangs** mit Kindern können das Einkommen mindern, wenn ansonsten der notwendige Selbstbehalt unterschritten würde.

Kindesunterhalt

11. Bemessungsgrundlage

Der Unterhaltsbedarf **minderjähriger sowie volljähriger** unverheirateter Kinder ohne eigene Lebensstellung ist der Unterhaltstabelle (Düsseldorfer Tabelle[1]) zu entnehmen (siehe **Anhang I**).

11.1 In den Tabellensätzen sind Beiträge zur Kranken- und Pflegeversicherung nicht enthalten.

11.2 Eingruppierung

11.2.1 [1] Die Tabellensätze sind auf den Fall zugeschnitten, dass der Pflichtige zwei Berechtigten Unterhalt zu gewähren hat, ohne Rücksicht auf deren Rang. [2] Bei einer größeren Anzahl von Berechtigten können Abschläge, bei einer geringeren Anzahl Zuschläge – durch Einstufung in höhere/niedrigere Gruppen – angemessen sein. [3] Eine Eingruppierung in eine höhere Einkommensgruppe setzt jedoch voraus, dass dem Pflichtigen nach Abzug des Kindesunterhalts und des Ehegattenunterhalts bzw. des Unterhalts für Berechtigte nach § 1615l BGB[2] der für die höhere Einkommensgruppe maßgebende Bedarfskontrollbetrag (Nr. 11.2.2) verbleibt.

11.2.2 [1] Der Kindesunterhalt muss in einem angemessenen Verhältnis zu dem Betrag stehen, der dem Pflichtigen nach Abzug des Kindesunterhalts (Zahlbetrag) und des Ehegattenunterhaltes für den eigenen Bedarf verbleibt (**Bedarfskontrollbetrag**). [2] Wird der Bedarfskontrollbetrag unterschritten, ist der Unterhalt der nächst niedrigeren Einkommensgruppe, deren Bedarfskontrollbetrag gewahrt wird, zu entnehmen.

12. Minderjährige Kinder

12.1 [1] Minderjährige Kinder haben Anspruch auf den Mindestunterhalt nach § 1612a BGB[2]; dem entspricht der Barunterhalt aus der ersten Einkommensgruppe der Unterhaltstabelle in der jeweiligen Altersstufe. [2] Der Betreuungsunterhalt im Sinne des § 1606 Abs. 3 S. 2 BGB entspricht wertmäßig in der Regel dem vollen Barunterhalt.

12.2 [1] Einkommen des Kindes wird hälftig auf seinen Bedarf angerechnet. [2] Die Ausbildungsvergütung ist – nach Kürzung um den ausbildungsbedingten Mehrbedarf (Nr. 10.2.3) – als Einkommen zu behandeln. [3] Zur Kindergeldanrechnung siehe Nr. 3.

---

[1] Nr. 47.
[2] **Habersack, Deutsche Gesetze Nr. 20.**

12.3 (1) Der Elternteil, der in seinem Haushalt ein minderjähriges unverheiratetes Kind betreut, braucht deshalb (vgl. Nr. 12.1) neben dem anderen Elternteil regelmäßig keinen Barunterhalt zu leisten.

(2) [1] Eine Barunterhaltspflicht des nicht betreuenden Elternteils kann jedoch entfallen oder sich ermäßigen, wenn er zu Unterhaltszahlungen nicht ohne Beeinträchtigung seines angemessenen Unterhalts in der Lage wäre, während der andere Elternteil neben der Betreuung des Kindes auch den Barunterhalt leisten könnte, ohne dass dadurch sein eigener angemessener Unterhalt gefährdet würde und ohne die Beteiligung des betreuenden Elternteils am Barunterhalt ein erhebliches finanzielles Ungleichgewicht zwischen den Eltern entstehen würde. [2] In solchen Fällen entfällt die gesteigerte Unterhaltspflicht nach § 1603 Abs. 2 Satz 1 und 2 BGB[1)], also die Beschränkung auf den notwendigen Selbstbehalt. [3] Die Unterhaltspflicht mit dem Einkommen, das den angemessenen Selbstbehalt übersteigt, wird davon nicht berührt.

(3) [1] Erzielt der betreuende Elternteil über das Dreifache der Nettoeinkünfte des an sich barunterhaltspflichtigen Elternteils, kann es allerdings der Billigkeit entsprechen, den betreuenden Elternteil den Barunterhalt in voller Höhe aufbringen zu lassen. [2] Unterhalb dieser Schwelle kann bei einer erheblichen Einkommensdifferenz eine beiderseitige Barunterhaltspflicht der Eltern nach Nr. 13.3 der Leitlinien in Betracht kommen, wobei zugunsten des betreuenden Elternteils eine wertende Veränderung des Verteilungsmaßstabs vorzunehmen ist.

12.4 [1] Bei Zusatzbedarf (Verfahrenskostenvorschuss, Mehrbedarf, Sonderbedarf) haften die Eltern grundsätzlich anteilig nach ihren Erwerbs- und Vermögensverhältnissen unter Wahrung ihres Selbstbehalts (vgl. Nr. 13.3.2). [2] Zum Mehrbedarf des Kindes zählen die Kindergartenkosten.

12.5 *Aufwendungen im Rahmen eines erheblich erweiterten Umgangs können durch angemessene Abschläge beim Barunterhalt berücksichtigt werden, soweit der Mindestunterhalt gewährleistet ist.*

13. Volljährige Kinder

13.1.1 [1] Volljährige Kinder ohne eigene Lebensstellung erhalten, wenn keine besonderen Umstände vorliegen, den Tabellenbetrag der vierten Altersstufe. [2] Ihr Bedarf bestimmt sich – wenn beide Elternteile barunterhaltspflichtig sind – nach dem zusammengerechneten Einkommen der Eltern aus der Unterhaltstabelle (dazu Nr. 11), und zwar ohne Abzug wegen doppelter Haushaltsführung. [3] Diese Grundsätze finden auch auf privilegierte volljährige Kinder (§ 1603 Abs. 2 S. 2 BGB[1)]) Anwendung. [4] Zur Kindergeldanrechnung siehe Nr. 3.

13.1.2 [1] Der Bedarf eines **Studenten** beträgt bei auswärtiger Unterbringung in der Regel 930 € (darin sind Kosten für Unterkunft und Heizung bis zu 410 € enthalten). [2] Von diesem Betrag kann bei erhöhtem Bedarf oder mit Rücksicht auf die Lebensstellung der Eltern abgewichen werden. [3] Dieser Bedarfssatz kann auch sonst für ein **Kind** mit **eigenem Hausstand** angesetzt werden. [4] Ein eigener Kranken- bzw. Pflegeversicherungsbeitrag

---

[1)] **Habersack, Deutsche Gesetze Nr. 20.**

ist in diesem Betrag nicht enthalten. [5]Dagegen sind in dem Bedarfssatz ausbildungs- bzw. berufsbedingte Aufwendungen bis zu einem Betrag von monatlich 100 € enthalten.

13.2 [1]**Einkommen des Kindes**, auch BAföG-Darlehn und Ausbildungsbeihilfen, wird – gekürzt um ausbildungsbedingte Aufwendungen (vgl. Nr. 10.2.3) – in voller Höhe auf den Bedarf angerechnet. [2]Überobligationsmäßig erzielte Einkünfte bleiben entsprechend § 1577 Abs. 2 BGB[1)] ganz oder teilweise unberücksichtigt.

13.3 Beiderseitige Barunterhaltspflicht/Haftungsanteil

13.3.1 Die Haftungsanteile der Eltern (§ 1606 Abs. 3 S. 1 BGB[1)]), die für ein **volljähriges Kind** unterhaltspflichtig sind, bestimmen sich nach dem Verhältnis ihrer anrechenbaren Einkommen **grundsätzlich** abzüglich ihres angemessenen Selbstbehalts (*1.750 €)* und abzüglich der Unterhaltsleistungen an vorrangig Berechtigte.

13.3.2 [1]Für die Unterhaltspflicht gegenüber **privilegierten volljährigen Kindern** i.S.d. § 1603 Abs. 2 S. 2 BGB[1)] bemessen sich die Haftungsanteile der Eltern grundsätzlich nach dem Verhältnis ihrer anrechenbaren Einkommen abzüglich ihres angemessenen Selbstbehalts (*1.750 €)*, im Mangelfall abzüglich ihres notwendigen Selbstbehalts (*1.200 €* bzw. *1.450 €)*. [2]Die Barunterhaltspflichten gegenüber minderjährigen Kindern sind auch in diesem Fall vorweg abzuziehen. [3]Hiervon kann im Einzelfall abgesehen werden, wenn der Vorwegabzug zu einem unbilligen Ergebnis führt.

13.3.3 Ein Elternteil hat jedoch in der Regel höchstens den Unterhalt zu leisten, der sich allein nach seinem Einkommen aus der Unterhaltstabelle ergibt.

14. Zur Anrechnung des Kindergeldes siehe Nr. 3.

Ehegattenunterhalt

15. Unterhaltsbedarf

15.1 (1) [1]Der Anspruch eines Ehegatten wird begrenzt durch den **Bedarf nach den ehelichen Lebensverhältnissen** (§ 1578 BGB[1)]). [2]Die ehelichen Lebensverhältnisse werden grundsätzlich durch die Umstände bestimmt, die bis zur Rechtskraft der Ehescheidung eingetreten sind. [3]Umstände, die auch bei fortbestehender Ehe eingetreten wären, und Umstände, die bereits in anderer Weise in der Ehe angelegt und mit hoher Wahrscheinlichkeit zu erwarten waren, sind zu berücksichtigen. [4]Dies gilt für normale absehbare weitere Entwicklungen von Einkünften aus derselben Einkommensquelle, wie für übliche Lohnerhöhungen sowie einen nicht vorwerfbaren nachehelichen Einkommensrückgang, etwa durch Arbeitslosigkeit, Eintritt in das gesetzliche Rentenalter oder Krankheit.

(2) Ist der Pflichtige wieder verheiratet, berechnet sich der Bedarf des früheren Ehegatten aufgrund einer fiktiven Besteuerung der Einkünfte des Pflichtigen nach der Grundtabelle, also ohne den Splittingvorteil.

(3) [1]Unterhaltsleistungen, die während der Ehe für Kinder erbracht worden sind, prägen die Ehe und sind daher bei der Bedarfsberechnung grundsätzlich vorweg in Abzug zu bringen. [2]Zu den bei der Bedarfs-

[1)] **Habersack, Deutsche Gesetze Nr. 20.**

berechnung zu beachtenden Umständen gehört auch das Hinzutreten weiterer Unterhaltsberechtigter bis zur rechtskräftigen Ehescheidung.

(4) Auch ein Unterhaltsanspruch aus § 1615l BGB, den der betreuende Elternteil eines vor der Rechtskraft der Scheidung geborenen Kindes hat, prägt die ehelichen Lebensverhältnisse.

(5) Dagegen sind die Unterhaltspflichten für ein nach Rechtskraft der Scheidung geborenes Kind, gegenüber dessen betreuenden Elternteil nach § 1615l BGB sowie gegenüber einem späteren Ehegatten bei der Bemessung des Unterhaltsbedarfs nach § 1578 Abs. 1 S. 1 BGB nicht zu berücksichtigen.

(6) Der Bedarf eines späteren Ehegatten wird durch die Unterhaltslast des Pflichtigen aus einer früheren Ehe geprägt und gemindert (vgl. Nr. 24.3.3).

(7) [1] Als **Existenzminimum** des unterhaltsberechtigten Ehegatten kommt – einschließlich evtl. trennungsbedingten Mehrbedarfs – in der Regel ein Betrag von *1.200 €* in Betracht. [2] Bei Vorteilen aus dem Zusammenleben mit einem leistungsfähigen Partner kann dieser Betrag herabgesetzt werden.

15.2 Halbteilung, Erwerbstätigenbonus und Berechnungsmethoden

15.2.1 [1] Es gilt der Halbteilungsgrundsatz, wobei jedoch Erwerbseinkünfte nur zu 90 % zu berücksichtigen sind (Abzug von 1/10 Erwerbstätigenbonus vom bereinigten Einkommen). [2] Für Unterhaltszeiträume vor dem 01.01. 2022 gilt weiter die bisherige Regelung: Es gilt der Halbteilungsgrundsatz, wobei Erwerbseinkünfte nur zu 6/7 zu berücksichtigen sind (Abzug von 1/7 Erwerbstätigenbonus vom bereinigten Einkommen).

15.2.2 [1] Hat der Berechtigte eigenes Erwerbseinkommen, kann er 45 % (für Unterhaltszeiträume vor dem 01.01.2022: 3/7) des Unterschiedsbetrages zum Erwerbseinkommen des Pflichtigen und 1/2 des Unterschiedsbetrages sonstiger eheprägender Einkünfte beider Ehegatten beanspruchen (**Differenzmethode**). [2] Beim Zusammentreffen von Erwerbseinkommen mit anderen Einkünften empfiehlt sich aus Gründen der Übersichtlichkeit die Anwendung der **Additionsmethode**, die zum gleichen Ergebnis führt wie die Differenzmethode (Beispiel zu den Berechnungsmethoden siehe **Anhang III**).

15.2.3 (1) Nach der **Anrechnungsmethode** zu berücksichtigen sind Einkünfte des Berechtigten aus Vermögen, das in der Ehe nicht für den Lebensunterhalt zur Verfügung stand.

(2) Zu Einkünften des Berechtigten aus überobligatorischer Erwerbstätigkeit wird auf Nr. 17.3 verwiesen.

15.2.4 Bei der Berechnung des **Erwerbstätigenbonus** und der Quote von 45 % (für Unterhaltszeiträume vor dem 01.01.2022: 3/7) bzw. 1/2 ist von den Mitteln auszugehen, die den Ehegatten nach Vorwegabzug ihrer zu berücksichtigenden Verbindlichkeiten (z.B. Beiträge zur Alters-, Kranken- und Pflegeversicherung, Kredit- und Sparraten, berufsbedingte Aufwendungen) und des Zahlbetrags des Kindesunterhalts noch für den Verbrauch zur Verfügung stehen.

15.3 [1] Bei besonders günstigen Verhältnissen kann der Bedarf nicht ohne weiteres als Quote des Gesamteinkommens berechnet werden. [2] Von besonders günstigen wirtschaftlichen Verhältnissen kann in der Regel ab einem Familieneinkommen von *11.200 €* ausgegangen werden, wobei die Einkünfte vorab um vorrangigen Kindesunterhalt, sonstige eheprägende Unterhaltsverpflichtungen, berufsbedingte Aufwendungen und etwaige weitere berücksichtigungsfähige Positionen, nicht aber einen Erwerbsbonus zu bereinigen sind. 3 Für den Berechtigten kommen in solch einem Fall zwei Möglichkeiten in Betracht:

4 Er kann seinen Bedarf entweder konkret darlegen. 5 Dann sind Einkünfte des Berechtigten ohne Erwerbstätigenbonus auf den Bedarf anzurechnen. 6 Oder er kann seinen Bedarf als Quotenunterhalt geltend machen, muss dann aber, soweit er einen Bedarf von mehr als derzeit *5.040 €* geltend macht (45 % von *11.200 €*), substantiiert vortragen, dass und in welchem Umfang die hohen Einkünfte zur Deckung der ehelichen Lebensverhältnisse verwendet worden sind. 7 Bestreitet der Pflichtige den vollständigen Verbrauch zu Konsumzwecken, hat der Berechtigte die Darlegungs- und Beweislast hierfür.

15.4 Vorsorgebedarf

15.4.1 1 Aufwendungen für eine notwendige Kranken- und Pflegeversicherung des berechtigten Ehegatten sowie die Kosten der Altersvorsorge (Altersvorsorgeunterhalt) können zusätzlich verlangt werden. 2 Diese Kosten sind bei der Berechnung der Quote vorab vom anrechenbaren Einkommen des Pflichtigen abzuziehen.

15.4.2 1 Der **Altersvorsorgeunterhalt** (§ 1578 Abs. 3 BGB[1)]) wird in Anknüpfung an den dem Berechtigten zustehenden Elementarunterhalt regelmäßig nach der Bremer Tabelle[2)] zweistufig berechnet. 2 In Fällen besonders günstiger wirtschaftlicher Verhältnisse und bei Anwendung der Anrechnungsmethode kommt eine einstufige Berechnung in Betracht. 3 Soweit Einkünften des Berechtigten kein Versorgungswert zukommt (z.B. Einkünfte wegen der Versorgung eines neuen Partners), bleiben diese bei der Berechnung des Altersvorsorgeunterhalts unberücksichtigt. 4 Jedenfalls dann, wenn der Unterhaltspflichtige eine berücksichtigungsfähige sekundäre Altersvorsorge betreibt (vgl. Nr. 10.1), erhöht sich der Anspruch des Berechtigten in entsprechender prozentualer Höhe um bis zu 4 Prozent.

15.4.3 Wegen des Vorrangs des Elementarunterhalts besteht ein Anspruch auf Altersvorsorgeunterhalt nur insoweit, als das Existenzminimum des Berechtigten (vgl. Nr. 15.1 Abs. 7) gedeckt ist.

15.5 1 Der Bedarf berechnet sich nicht unter Anwendung der so genannten Dreiteilungsmethode. 2 Diese kommt allenfalls im Rahmen der Leistungsfähigkeit und der Mangelverteilung zum Zuge (vgl. Nr. 24.3).

15.6 Konkret geltend gemachter **trennungsbedingter Mehrbedarf** kann darüber hinaus berücksichtigt werden, wenn dieser Bedarf aus zusätzlichen nicht prägenden Einkünften befriedigt werden kann.

15.7 (1) 1 Die Möglichkeit der **Herabsetzung** und/oder **Befristung** des Ehegattenunterhalts nach § 1578b BGB[1)] ist als rechtsvernichtende bzw. rechtsbeschränkende Einwendung bei entsprechendem Vortrag des Pflich-

---

1) **Habersack, Deutsche Gesetze Nr. 20.**
2) Nr. **47f/1.**

tigen von Amts wegen zu berücksichtigen. [2]Die dem Pflichtigen obliegende Beweislast wird im Falle eines zu erbringenden Negativbeweises (Fehlen ehebedingter Nachteile) dadurch erleichtert, dass der Berechtigte substantiiert zu den Umständen vorzutragen hat, die in seiner Sphäre liegen. [3]Die Darlegungen müssen so konkret sein, dass die für den Unterhaltsberechtigten seinerzeit vorhandenen beruflichen Entwicklungschancen und seine persönlichen Fähigkeiten, etwa auch anhand vergleichbarer Karrieren, vom Gericht auf ihre Plausibilität überprüft werden können und der Widerlegung durch den Pflichtigen zugänglich sind, wobei die Anforderungen nicht überspannt werden dürfen und den Besonderheiten des Einzelfalls Rechnung tragen müssen.

(2) Im Einzelfall kann der Unterhaltsberechtigte seiner sekundären Darlegungslast genügen, wenn er vorträgt, dass in dem von ihm erlernten oder vor der ehebedingten Berufspause ausgeübten Beruf Gehaltssteigerungen in einer bestimmten Höhe mit zunehmender Berufserfahrung oder Betriebszugehörigkeit üblich seien.

(3) Wird dagegen ein beruflicher Aufstieg behauptet, muss der Unterhaltsberechtigte darlegen, aufgrund welcher Umstände (Fortbildungsbereitschaft, besondere Befähigungen, Neigungen oder Talente), er eine entsprechende Karriere gemacht hätte.

(4) [1]§ 1578b BGB ist nicht auf den Ausgleich ehebedingter Nachteile beschränkt. [2]Im Rahmen der umfassenden Billigkeitsabwägung sind sämtliche Umstände (wie z.B. beiderseitige Einkommens- und Vermögensverhältnisse, Vermögenserwerb während der Ehe, Beitrag zur Berufsausbildung des anderen Ehegatten) zu berücksichtigen. [3]Der Ehedauer kommt in diesem Rahmen eine besondere Bedeutung zu. [4]Dies gilt auch für die Bemessung einer Übergangsfrist. [5]Der angemessene Lebensbedarf nach § 1578b Abs. 1 S. 1 BGB kann in der Regel nicht unterhalb des pauschalen billigen Selbstbehalts angesetzt werden und darf das Existenzminimum nicht unterschreiten.

16. Zurzeit nicht besetzt.

17. Erwerbsobliegenheit/Betreuungsunterhalt/überobligatorisches Einkommen

17.1.1 (1) Die **Erwerbsobliegenheit** des kinderbetreuenden Ehegatten korrespondiert mit dem **Betreuungsunterhalt** nach § 1570 BGB[1)].

(2) [1]Betreut ein Ehegatte ein gemeinschaftliches Kind, das noch nicht drei Jahre alt ist, so besteht keine Verpflichtung, einer Erwerbstätigkeit nachzugehen. [2]Der Umfang der danach regelmäßig einsetzenden Erwerbsobliegenheit – eine sogleich vollschichtige Erwerbsobliegenheit wird vielfach nicht in Betracht kommen, da ein abrupter Wechsel vermieden und ein stufenweiser Übergang erfolgen soll – richtet sich nach Billigkeitsgesichtspunkten im Einzelfall, besonders nach den bestehenden Möglichkeiten der Kinderbetreuung, den Belangen des Kindes (etwa Fremdbetreuungsfähigkeit, physischer und psychischer Gesundheitszustand) und der erfolgten bzw. geplanten Rollenverteilung der Eltern in der Ehe sowie der Dauer ihrer Ehe. [3]Zu berücksichtigen ist auch der

---

[1)] **Habersack, Deutsche Gesetze Nr. 20.**

Umfang der Belastung durch die neben der Erwerbstätigkeit verbleibende Kindesbetreuung (Gesichtspunkt der gerechten Lastenverteilung).

(3) [1]Derjenige Elternteil, der das Bestehen einer Erwerbsobliegenheit in Abrede stellt, hat die hierfür maßgebenden Umstände konkret und einzelfallbezogen darzulegen und zu beweisen. [2]Dies gilt auch, wenn ein – grundsätzlich nicht zu befristender – Titel über Betreuungsunterhalt nach § 1570 BGB abgeändert werden soll.

17.1.2 Zur Berücksichtigung von Kinderbetreuungskosten siehe Nr. 10.3.

17.2 Im ersten Jahr nach der Trennung besteht für den Berechtigten in der Regel keine Obliegenheit zur Aufnahme oder Ausweitung einer Erwerbstätigkeit.

17.3 [1]Einkünfte aus einer – auch erst nach Trennung/Scheidung aufgenommenen – **überobligatorischen Erwerbstätigkeit** sind nur mit ihrem unterhaltsrelevanten Anteil in die Differenz- bzw. Additionsberechnung einzustellen. [2]Dieser nach den §§ 1577 Abs. 2, 242 BGB[1)] zu bemessende Anteil ergibt sich, indem das Einkommen zunächst um den mit der überobligatorischen Erwerbstätigkeit verbundenen Aufwand (z.B. konkrete Kinderbetreuungskosten, die nicht Mehrbedarf des Kindes sind, vgl. Nr. 10.3) vermindert und sodann ein individuell nach Billigkeitsgesichtspunkten festzusetzender Einkommensteil von den Gesamteinkünften des Berechtigten in Abzug gebracht wird. [3]Der Abzugsbetrag – der nicht unterhaltsrelevante Anteil der Einkünfte des Berechtigten – bleibt bei der Unterhaltsberechnung unberücksichtigt (siehe auch Nr. 7).

Weitere Unterhaltsansprüche

18. Ansprüche aus § 1615l BGB[1)]

[1]Der Bedarf der Mutter und des Vaters eines nichtehelichen Kindes (§ 1615l BGB) richtet sich nach der Lebensstellung des betreuenden Elternteils; er beträgt aber in der Regel monatlich mindestens *1.200 €* (ohne Kranken- und Pflegeversicherungskosten, die zusätzlicher Bedarf sein können). [2]Die Inanspruchnahme des Pflichtigen ist durch den Halbteilungsgrundsatz begrenzt. [3]Die Erwerbsobliegenheit des betreuenden Elternteils richtet sich – sinngemäß – nach Nr. 17.1.1.

19. Elternunterhalt

[1]Das Angehörigen-Entlastungsgesetz hat Auswirkungen auf den Elternunterhalt. [2]Unterhaltsberechtigten Eltern obliegt es, vorrangig bedarfsdeckende Leistungen der Grundsicherung nach §§ 41 ff SGB XII in Anspruch zu nehmen. [3]Nehmen unterhaltsberechtigte Eltern Leistungen nach dem SGB XII in Anspruch, geht ihr Anspruch auf Elternunterhalt nur auf den Träger der Sozialhilfe über, wenn das unterhaltspflichtige Kind ein Jahreseinkommen von mehr als 100.000 € im Sinne des § 16 SGB IV erzielt, § 94 Ia SGB XII.

20. Zur Zeit nicht besetzt.

---

1) Habersack, Deutsche Gesetze Nr. 20.

Leistungsfähigkeit und Mangelfall

21. Selbstbehalt des Pflichtigen

21.1 Dem Pflichtigen muss nach Abzug der Unterhaltsansprüche der **Selbstbehalt** (Eigenbedarf) verbleiben.

21.2 Notwendiger Selbstbehalt

[1] Der Selbstbehalt des Pflichtigen beträgt im Falle des § 1603 Abs. 2 BGB[1)] gegenüber minderjährigen und privilegierten volljährigen (§ 1603 Abs. 2 S. 2 BGB) Kindern in der Regel mindestens *1.200 €,* bei Erwerbstätigkeit des Pflichtigen mindestens *1.450 €;* bei teilweiser Erwerbstätigkeit können die Beträge modifiziert werden. [2] Hierin sind Kosten für Unterkunft einschließlich umlagefähiger Nebenkosten und Heizung (Warmmiete) in Höhe von 520 € enthalten.

21.3 Angemessener Selbstbehalt

21.3.1 [1] Der Selbstbehalt des Pflichtigen beträgt **gegenüber** nicht privilegierten **volljährigen Kindern** (§ 1603 Abs. 1 BGB[1)]) im Regelfall *1.750 €.* [2] Hierin sind Kosten für Unterkunft einschließlich umlagefähiger Nebenkosten und Heizung (Warmmiete) in Höhe von 650 € enthalten.

21.3.2 Der angemessene Selbstbehalt gegenüber **der Mutter/dem Vater eines nichtehelichen Kindes** (§ 1615l BGB[1)]) entspricht dem billigen Selbstbehalt gegenüber dem Ehegatten (Nr. 21.4).

21.3.3 Zur Zeit nicht besetzt.

21.4 Eheangemessener Selbstbehalt

[1] Der Selbstbehalt des Pflichtigen gegenüber dem Anspruch des Ehegatten (billiger Selbstbehalt) beträgt in der Regel mindestens *1.475 €,* bei Erwerbstätigkeit des Pflichtigen *1.600 €,* auch wenn bei dem berechtigten Ehegatten minderjährige oder privilegierte volljährige Kinder leben, die ebenfalls Unterhaltsansprüche gegen den Pflichtigen haben. [2] *Hierin sind Kosten für Unterkunft einschließlich umlagefähiger Nebenkosten und Heizung (Warmmiete) in Höhe von* 520 € enthalten.

21.5 Anpassung des Selbstbehalts

(1) [1] Der Selbstbehalt soll erhöht werden, wenn die Wohnkosten (Warmmiete) den ausgewiesenen Betrag überschreiten und nicht unangemessen sind. [2] Eine angemessene Erhöhung des Selbstbehalts kommt zudem z.B. in Betracht, wenn das nach Abzug eines zugerechneten geldwerten Vorteils (für die private Nutzung eines Firmenwagens oder einer Wohnung) verbleibende Einkommen nicht ausreicht, um den restlichen Lebensbedarf sicherzustellen.

(2) [1] Der Selbstbehalt ist in der Regel nicht schon deshalb abzusenken, weil die tatsächlichen Wohnkosten die in den jeweiligen Selbstbehalten enthaltenen Wohnkosten nicht erreichen. [2] Beim Verwandtenunterhalt kann der jeweilige Selbstbehalt unterschritten werden, wenn der eigene Unterhalt des Pflichtigen ganz oder teilweise durch seinen Ehegatten gedeckt wird. [3] Das Zusammenleben in häuslicher Gemeinschaft mit

---

1) Habersack, Deutsche Gesetze Nr. 20.

einem leistungsfähigen Partner kann nach Nr. 6.2 berücksichtigt werden, maximal bis zur Grenze des sozialhilferechtlichen Existenzminimums.

22. Bedarf des mit dem Pflichtigen zusammenlebenden Ehegatten

22.1 Zurzeit nicht besetzt.

22.2 Ist bei Unterhaltsansprüchen nicht privilegierter volljähriger Kinder der Pflichtige verheiratet, werden für den mit ihm zusammenlebenden Ehegatten im Regelfall *1.400 €* angesetzt.

22.3 Zurzeit nicht besetzt.

23. Bedarf des vom Pflichtigen getrennt lebenden oder geschiedenen Ehegatten

23.1 Zurzeit nicht besetzt.

23.2 Bei Ansprüchen eines nicht privilegierten volljährigen Kindes: *1.750 €*.

23.3 Zurzeit nicht besetzt.

24. Mangelfall

24.1 Ist der Unterhaltspflichtige unter Berücksichtigung des ihm jeweils zustehenden Selbstbehalts außerstande, allen Unterhaltsberechtigten Unterhalt zu gewähren, so gilt für die Befriedigung der Ansprüche die **Rangfolge des § 1609 BGB[1)]**.

24.2 Reicht das Einkommen des Pflichtigen nach Abzug seines Selbstbehalts (Nr. 21) zur Deckung des Bedarfs aller gleichrangigen Unterhaltsberechtigten nicht aus, liegt ein **Mangelfall** vor.

24.3.1 Die **Einsatzbeträge** im Mangelfall belaufen sich für minderjährige und privilegierte volljährige Kinder auf den Bedarfssatz der Einkommensgruppe 1 der Unterhaltstabelle abzüglich des nach § 1612b BGB[1)] bedarfsdeckenden Kindergeldanteils (bei minderjährigen Kindern das halbe und bei volljährigen Kindern das volle Kindergeld).

24.3.2 [1] Stehen mehrere nach § 1609 Nr. 2 und 3 BGB[1)] Berechtigte im gleichen Rang, schränkt die Unterhaltspflicht gegenüber dem jeweils anderen Berechtigten die Leistungsfähigkeit des Pflichtigen nach § 1581 S. 1 BGB ein. [2] Dem kann dadurch Rechnung getragen werden, dass die Unterhaltsansprüche nach den Grundsätzen der sogenannten Dreiteilung bemessen werden. [3] Das schließt eine abweichende Verteilung aufgrund der Berücksichtigung weiterer individueller Billigkeitsabwägungen nicht aus.

24.3.3 (1) Steht ein Berechtigter im Rang des § 1609 Nr. 2 BGB[1)] und ein anderer im dritten Rang, gilt Folgendes:

(2) [1] Ist der Unterhaltsanspruch des neuen, also späteren Ehegatten – oder des nach § 1615l BGB Berechtigten – gegenüber dem Unterhaltsanspruch eines geschiedenen Ehegatten vorrangig, bleibt die Bedarfsberechnung des geschiedenen, zeitlich früheren Ehegatten von der neuen Unterhaltsverpflichtung unberührt. [2] Jedoch ist im Rahmen der Leistungsfähigkeit der vorrangige Unterhaltsanspruch gegenüber dem nachrangigen geschiedenen Ehegatten zu berücksichtigen.

---

1) Habersack, Deutsche Gesetze Nr. 20.

(3) Ist der neue Ehegatte nachrangig, berührt eine ihm gegenüber bestehende Unterhaltsverpflichtung den Unterhaltsanspruch des vorrangigen Ehegatten nicht.

24.4 Das im Rahmen der Leistungsfähigkeit gefundene Verteilungsergebnis ist abschließend auf seine Angemessenheit zu überprüfen.

24.5 Rechenbeispiel zum Mangelfall siehe Anhang III.

Sonstiges

25. Der Unterhaltsbetrag ist auf volle Euro zu runden.

26. Zusammentreffen von Ansprüchen mit bereits titulierten Ansprüchen

[1] Soweit Unterhaltsansprüche anderer Berechtigter bereits tituliert sind, ist die Rechtslage in der Regel wie bei gleichzeitiger Entscheidung über alle Unterhaltsansprüche zu beurteilen. [2] Der Verpflichtete/Berechtigte ist auf einen Abänderungsantrag gemäß §§ 238, 239 FamFG[1)] zu verweisen. [3] Soweit eine Abänderung für die Vergangenheit nicht mehr verlangt werden kann, kann auf die geleisteten Beträge abgestellt werden.

Anhang

I. Düsseldorfer Tabelle

(abgedruckt unter Nr. 47)

II. Kindergeldanrechnungstabelle

(abgedruckt unter Nr. 47)

III. Rechenbeispiele

1. Differenzmethode/Additionsmethode

Mann (M): 4.000 € Nettoeinkommen; Frau (F): 1.000 € Nettoeinkommen;
800 € Wohnvorteil des in der Ehewohnung verbliebenen M;
600 € berücksichtigungsfähige Hauslasten, von M getragen

Additionsmethode:

4.000 € × 90 % =	3.600 € Erwerbseinkommen M
	+ 800 € Wohnvorteil
	– 600 € Hauslasten
1.000 € × 90 % =	+ 900 € Einkommen F
	4.700 € addiertes Einkommen
1/2 =	2.350 € Bedarf der F
	– 900 € Einkommen F
	1.450 € Anspruch F

1) Habersack, Deutsche Gesetze Nr. 112.

Differenzmethode:

4.000 € × 90 % =	3.600 € Einkommen M
	+ 800 € Wohnvorteil
	– 600 € Hauslasten
1.000 € × 90 % =	– 900 € Einkommen F
	2.900 € Differenz der Einkommen
1/2 =	1.450 € Anspruch F

oder ([4.000 € – 1.000 € =] 3.000 € × 45 % =) 1.350 € + ([800 € – 600 €] × 1/2) = 1.450 €

2. Mangelfallberechnung:

a) mit gleichrangigen Unterhaltsberechtigten

Vater (V) 1.800 € Nettoeinkommen; Kind 19 Jahre (K1) besucht Gymnasium; Kind 16 Jahre (K2); Kind 11 Jahre (K3); die Mutter hat kein Einkommen und ist gegenüber K 1 nicht leistungsfähig

1. Stufe: Bedarfsermittlung und Prüfung, ob ein Mangelfall vorliegt (vgl. Nr. 24. 2 HLL):

Gesamtbedarf:

K1: 689 € Tabellen-Bedarfssatz der 1. Einkommensgruppe/4. Altersstufe abzgl. 250 € Kindergeld = 439 €

K2: 645 € Tabellen-Bedarfssatz der 1. Einkommensgruppe/3. Altersstufe abzgl. 125 € Kindergeldanteil = 520 €

K3: 551 € Tabellen-Bedarfssatz der 1. Einkommensgruppe/2. Altersstufe abzgl. 125 € Kindergeldanteil = 426 €

Gesamtbedarf: 1.385 €

V verblieben (1.800 € – 1.1385 €) 415 €. Da hiermit der notwendige Selbstbehalt des V von 1.450 € unterschritten wird, ist eine Mangelverteilung vorzunehmen.

2. Stufe: Mangelverteilung:

Bei der Mangelverteilung ist das seinen Selbstbehalt übersteigende Einkommen des V von 350 € (1.800 € – 1.450 €), die Verteilungsmasse, auf die Kinder im Verhältnis ihrer um das hälftige Kindergeld bzw. bei dem volljährigen privilegierten Kind (K1) um das volle Kindergeld gekürzten Einsatzbeträge zu verteilen (vgl. Nr. 24.3.1 HLL). Die Verteilungsquote beträgt 25,27 % (350 € Verteilungsmasse ÷ 1.385 € Gesamtbedarf der Kinder).

Danach entfallen auf

K1: 439 € × 25,27 % = 110,94 € oder rd. 111 €

K2: 520 € × 25,27 % = 131,40 € oder rd. 131 €

K3: 426 € × 25,27 % = 107,65 € oder rd. 108 €

b) mit Unterhaltsberechtigten verschiedener Rangstufen nach § 1609 BGB

Ehemann und Vater (V) 2.500 € Nettoerwerbseinkommen; Ehefrau und Mutter (M) kein Einkommen; Kind 7 Jahre (K1); Kind 4 Jahre (K2)

1. Stufe: Bedarfsermittlung und Prüfung, ob ein Mangelfall vorliegt (Nr. 24.2 HLL):

Gesamtbedarf (Herabstufung nach Nr. 11.2.1 HLL; wegen des Bedarfskontrollbetrages – Nr. 11.2.2 HLL – ist auf den Bedarf der 1. Einkommensgruppe abzustellen):

K1: 551 € Tabellen-Bedarfssatz der 1. Einkommensgruppe/2. Altersstufe abzgl. 125 € Kindergeldanteil = 426 €

K2: 480 € Tabellen-Bedarfssatz der 1. Einkommensgruppe/1. Altersstufe abzgl. 125 € Kindergeldanteil = 355 €

M: 2.500 € anrechenbares Einkommen des V abzüglich 426 € Zahlbetrag K1 abzüglich 355 € Zahlbetrag K2 (vgl. jeweils Nr. 15.2.4 HLL) = 1.719 €; 45 % hiervon ergeben einen eheangemessenen Bedarf der M von (gerundet) 774 €. Der Mindestbedarf (Nr. 15.1.(7)) beträgt jedoch 1.200 €.

Bei einem Gesamtbedarf von danach 1.981 € (426 € + 355 € + 1.200 €) ist die Leistungsfähigkeit des V eingeschränkt. Im ersten Rang, also gegenüber den vorrangigen Kindern, liegt aber kein Mangelfall vor, da der notwendige Selbstbehalt des V von 1.450 € gewahrt ist, wenn der Kindesunterhalt geleistet wird (2.500 € – 426 € – 355 € = 1.719 €).

2. Stufe: Mangelverteilung:

Im zweiten Rang dagegen, also gegenüber der nachrangigen M, liegt eine Mangelsituation vor. Die nach Abzug der Zahlbeträge für den Kindesunterhalt verbleibenden 1.719 € beschränken hinsichtlich des Ehegattenunterhaltsanspruchs der M unter Berücksichtigung des dem V insoweit zustehenden billigen Selbstbehalts (Nr. 21.4) von 1.600 € dessen Leistungsfähigkeit auf 119 €.

47m. OLG Jena – Unterhaltsrechtliche Leitlinien der Familiensenate des Thüringer Oberlandesgerichts[1]

(Stand: 1. Januar 2024)

Allgemeine Grundsätze

Die Familiensenate des Thüringer Oberlandesgerichts Jena verwenden diese Leitlinien als Orientierungshilfe für den Regelfall unter Beachtung der Rechtsprechung des Bundesgerichtshofs.

Das Tabellenwerk der Düsseldorfer Tabelle[2], Stand: 01.01.2024, ist einbezogen.

Die Leitlinien orientieren sich an der bundeseinheitlichen Leitlinienstruktur.

Unterhaltsrechtlich maßgebendes Einkommen

1. Einkünfte aus Erwerb und Vermögen

1.1 Auszugehen ist vom regelmäßigen Bruttoeinkommen als Summe aller Einkünfte.

1.2 Soweit Leistungen nicht monatlich anfallen (z.B. Weihnachts- und Urlaubsgeld), werden sie auf 1 Jahr umgelegt. Einmalige Zahlungen (z.B. Abfindungen) sind grundsätzlich auf einen angemessenen Zeitraum zu verteilen.

1.3 Überstundenvergütungen werden dem Einkommen voll zugerechnet, soweit sie berufstypisch sind und das in diesem Beruf übliche Maß nicht überschreiten.

1.4 Ersatz für Spesen und Reisekosten sowie Auslösungen gelten in der Regel als Einkommen. Damit zusammenhängende Aufwendungen, vermindert um häusliche Ersparnis, sind abzuziehen.

Bei Aufwendungspauschalen (ausgenommen km-Geld) kann $^1/_3$ als Einkommen angesetzt werden.

1.5 Bei Ermittlung des Einkommens eines Selbständigen ist in der Regel der Gewinn der letzten drei Jahre zu Grunde zu legen.

1.6 Einkommen aus Vermietung und Verpachtung sowie aus Kapitalvermögen ist der Überschuss der Bruttoeinkünfte über die Werbungskosten. Für Gebäude ist keine AfA anzusetzen.

2. Einkünfte aus Sozialleistungen

2.1 Arbeitslosengeld (§§ 136 ff. SGB III) und Krankengeld.

2.2 Leistungen nach den §§ 19 ff SGB II beim Verpflichteten; Leistungen zur Sicherung des Lebensunterhalts nach §§ 19 ff. SGB II sind beim Berechtigten kein Einkommen, es sei denn, die Nichtberücksichtigung der Leistungen ist in Ausnahmefällen treuwidrig (vgl. BGH, Urteil vom 17.03.1999 – XII ZR 139/97 –, juris Rn. 31; Urteil vom 27.09.2000 –

---

[1] In der jeweils aktuellen Fassung kostenlos abrufbar unter www.thueringen.de.

[2] Nr. **47**.

XII ZR 174/98 –, juris Rn. 13 f.); nicht subsidiäre Leistungen nach dem SGB II sind Einkommen, insbesondere Einstiegsgeld (§ 16b SGB II).

2.3 Wohngeld, soweit es nicht erhöhte Wohnkosten deckt.

2.4 BAföG-Leistungen, auch soweit sie als Darlehen gewährt werden, mit Ausnahme von Vorausleistungen nach §§ 36, 37 BAföG[1].

2.5 Elterngeld ist, soweit es über den Sockelbetrag in Höhe von 300,– €, bei verlängertem Bezug über 150,– €, hinausgeht, Einkommen. Der Sockelbetrag ist kein Einkommen, es sei denn, es liegt ein Ausnahmefall des § 11 Satz 4 BEEG[2] vor.

2.6 Unfallrenten

2.7 Leistungen aus der Pflegeversicherung, Blindengeld, Versorgungsrenten, Schwerbeschädigten- und Pflegezulagen nach Abzug eines Betrages für tatsächliche Mehraufwendungen; §§ 1610a, 1578a BGB[3] sind zu beachten.

2.8 Der Anteil des Pflegegeldes bei der Pflegeperson, durch den ihre Bemühungen abgegolten werden; bei Pflegegeld aus der Pflegeversicherung gilt dies nach Maßgabe des § 13 Abs. 6 SGB XI.

2.9 In der Regel Leistungen nach §§ 41 bis 43 SGB XII (Grundsicherung) beim Verwandtenunterhalt, nicht aber beim Ehegattenunterhalt.

2.10 Kein Einkommen sind sonstige Sozialhilfe nach SGB XII und Leistungen nach dem UVG[4]. Die Unterhaltsforderung eines Empfängers dieser Leistungen kann in Ausnahmefällen treuwidrig sein (vgl. Nr. 2.2).

3. Kindergeld

Kindergeld mindert den Unterhaltsbedarf der Kinder nach Maßgabe des § 1612b BGB[3] und unterstützt den betreuenden Elternteil bei der Erbringung der Betreuungsleistungen. Es stellt kein Einkommen des Bezugsberechtigten dar.

4. Geldwerte Zuwendungen des Arbeitgebers

Geldwerte Zuwendungen aller Art des Arbeitgebers (z.B. Firmenwagen oder freie Kost und Logis) sind Einkommen, soweit sie entsprechende Eigenaufwendungen ersparen.

5. Wohnwert

Der Wohnvorteil durch mietfreies Wohnen im eigenen Heim ist als wirtschaftliche Nutzung des Vermögens unterhaltsrechtlich wie Einkommen zu behandeln. Neben dem Wohnwert sind auch Zahlungen nach dem Eigenheimzulagengesetz anzusetzen.

Ein Wohnvorteil liegt nur vor, soweit der Wohnwert den berücksichtigungsfähigen Schuldendienst, erforderliche Instandhaltungskosten und je-

---

[1] **Sartorius Nr. 420.**
[2] Nr. **45e**.
[3] **Habersack, Deutsche Gesetze Nr. 20.**
[4] Nr. **45d**.

ne Kosten, mit denen ein Mieter üblicherweise nicht belastet wird, übersteigt.

Während des Getrenntlebens ist zunächst regelmäßig die ersparte Miete anzusetzen, die angesichts der wirtschaftlichen Verhältnisse angemessen wäre. Ist eine Wiederherstellung der ehelichen Lebensgemeinschaft nicht mehr zu erwarten, sind Ausnahmen von der Berücksichtigung des vollen Mietwertes grundsätzlich nicht mehr gerechtfertigt (BGH, FamRZ 2008, 963 ff.), es sei denn, es ist nicht möglich oder zumutbar, die Wohnung aufzugeben und das Objekt zu vermieten oder zu veräußern.

Die in den Selbstbehaltsätzen ausgewiesenen Kaltmiet-Wohnkosten können im Mangelfall als Maßstab für die Anrechnung mietfreien Wohnens herangezogen werden.

6. Haushaltsführung

Die Führung des Haushalts eines leistungsfähigen Dritten kann dem Nichterwerbstätigen als (fiktives) Einkommen zugerechnet werden. In der Regel kann ein Betrag von 450,00 € monatlich dafür angesetzt werden.

7. Einkommen aus unzumutbarer Erwerbstätigkeit

Einkommen aus unzumutbarer Erwerbstätigkeit kann nach Billigkeit ganz oder teilweise unberücksichtigt bleiben.

8. Freiwillige Zuwendungen Dritter

Freiwillige Zuwendungen Dritter (z.B. Geldleistungen, kostenloses Wohnen) sind regelmäßig nicht als Einkommen zu berücksichtigen (BGH, Beschluss vom 01.07.2015 – XII ZB 240/14 –, juris Rn. 20). Keine freiwilligen Zuwendungen Dritter sind Leistungen, die einem Ehegatten im Rahmen des Familienunterhalts zufließen.

9. Erwerbsobliegenheit und Einkommensfiktion

Einkommen können auch aufgrund einer unterhaltsrechtlichen Obliegenheit erzielbare Einkünfte sein.

10. Bereinigung des Einkommens

10.1 Vom Bruttoeinkommen sind Steuern, Sozialabgaben und/oder tatsächliche, angemessene Vorsorgeaufwendungen abzusetzen (Nettoeinkommen).

Es besteht die Obliegenheit, Steuervorteile in Anspruch zu nehmen (z.B. Eintragung eines Freibetrags).

10.2. Berufsbedingte Aufwendungen, die sich von den privaten Lebenshaltungskosten nach objektiven Merkmalen eindeutig abgrenzen lassen, sind vom Einkommen abzuziehen.

10.2.1 Bei entsprechenden Anhaltspunkten kann – auch bei fiktiven Einkünften – eine Pauschale von 5 % des Nettoeinkommens – mindestens 50,– €, bei geringfügiger Teilzeitarbeit auch weniger, und höchstens 150,– € monatlich – geschätzt werden. Übersteigen die berufsbedingten Aufwendungen die Pauschale, sind sie in voller Höhe konkret darzulegen.

10.2.2 Für Fahrten von der Wohnung zum Arbeitsplatz sind – jedenfalls in engen wirtschaftlichen Verhältnissen – in der Regel nur die Kosten öffentlicher

Verkehrsmittel absetzbar. Ist die Benutzung öffentlicher Verkehrsmittel unzumutbar, sind die Kosten der PKW-Nutzung in der Regel mit 0,42 € je Kilometer (Formel: Entfernungskilometer × 2 × 0,42 € × 220 Arbeitstage: 12 Monate) abzugsfähig. Wenn die einfache Entfernung über 30 Kilometer hinausgeht, wird empfohlen, die weiteren Kilometer wegen der eintretenden Kostenersparnis nur mit den Betriebskosten von 0,28 €/km anzusetzen. Neben den Fahrtkosten sind regelmäßig keine weiteren Kosten (etwa für Kredite oder Reparaturen) abzugsfähig.
Anschaffungs-, Reparatur- und sonstige Betriebskosten sind enthalten.

10.2.3 Bei einem Auszubildenden sind in der Regel 100,– € als ausbildungsbedingter Aufwand abzuziehen.

10.3 Kinderbetreuungskosten sind abzugsfähig, soweit die Betreuung durch Dritte infolge der Berufstätigkeit erforderlich ist. Kindergartenkosten stellen jedoch Mehrbedarf des Kindes dar (BGH, Urteil vom 26.11.2008 – XII ZR 65/07 –, juris Rn. 17 ff.); siehe Nr. 12.4. Geht ein Ehegatte überobligatorisch einer Vollzeittätigkeit nach, obwohl er minderjährige Kinder betreut, so kann ihm gegenüber dem anderen Ehegatten ein Kinderbetreuungsbonus anrechnungsfrei belassen werden, wenn er darlegt, dass er oder Dritte zusätzliche Kosten durch die Betreuung der Kinder haben.

10.4 Berücksichtigungswürdige Schulden (Zins, ggf. auch Tilgung) sind abzuziehen; die Abzahlung soll im Rahmen eines vernünftigen Tilgungsplanes in angemessenen Raten erfolgen. Bei der Zumutbarkeitsabwägung sind Interessen des Unterhaltsschuldners, des Drittgläubigers und des Unterhaltsgläubigers, vor allem minderjähriger Kinder, mit zu berücksichtigen. Bei Kindesunterhalt kann die Obliegenheit zur Einleitung eines Verbraucherinsolvenzverfahrens bestehen.

10.7[1] Zur ausnahmsweisen Berücksichtigung von Umgangskosten (BGH, FamRZ 2009, 1300; 1391; 1477, 1479; FamRZ 2014, 917–921).

Kindesunterhalt

11. Bemessungsgrundlage (Tabellenunterhalt)

Der Barunterhalt minderjähriger und noch im elterlichen Haushalt lebender volljähriger unverheirateter Kinder bestimmt sich nach den Sätzen der Düsseldorfer Tabelle[2] (Anlage I).

11.1 In den Tabellenbeträgen sind Krankenkassen- und Pflegeversicherungsbeiträge nicht enthalten.

11.2 Die Tabellensätze sind auf den Fall zugeschnitten, dass der Unterhaltspflichtige zwei Unterhaltsberechtigten Unterhalt zu gewähren hat.

Bei einer größeren/geringeren Anzahl Unterhaltsberechtigter können Ab- oder Zuschläge durch Einstufung in niedrigere/höhere Gruppen angemessen sein.

---

[1] Zählung amtlich.
[2] Nr. **47**.

12. Minderjährige Kinder

12.1 Der Betreuungsunterhalt im Sinne des § 1606 Abs. 3 Satz 2 BGB[1] entspricht wertmäßig in der Regel dem vollen Barunterhalt.

12.2 Einkommen des Kindes wird bei beiden Eltern hälftig angerechnet. Zum Kindergeld vgl. Nr. 14.

12.3 Sind bei auswärtiger Unterbringung beide Eltern zum Barunterhalt verpflichtet, haften sie anteilig nach § 1606 Abs. 3 Satz 1 BGB[1] für den Gesamtbedarf (vgl. Nr. 13.3). Der Verteilungsschlüssel kann unter Berücksichtigung des Betreuungsaufwandes wertend verändert werden.

12.4 Kosten für Kindergärten und vergleichbare Betreuungsformen (ohne Verpflegungskosten) sind Mehrbedarf des Kindes. Bei Zusatzbedarf (Prozesskostenvorschuss, Mehrbedarf, Sonderbedarf) gilt § 1606 Abs. 3 Satz 1 BGB[1] (vgl. Nr. 13.3).

13. Volljährige Kinder

13.1 Bedarf

Beim Bedarf volljähriger Kinder ist zu unterscheiden, ob sie noch im Haushalt der Eltern/eines Elternteils leben oder einen eigenen Hausstand haben.

13.1.1 Für volljährige Kinder, die noch im Haushalt der Eltern oder eines Elternteils wohnen, gilt die Altersstufe 4 der Düsseldorfer Tabelle[2].
Sind beide Elternteile leistungsfähig (vgl. Nr. 21.3), ist der Bedarf des Kindes in der Regel nach dem zusammengerechneten Einkommen zu bemessen. Für die Haftungsquote gilt Nr. 13.3. Ein Elternteil hat jedoch höchstens den Unterhalt zu leisten, der sich allein aus seinem Einkommen aus der Düsseldorfer Tabelle ergibt.
Dies gilt auch für ein Kind im Sinne des § 1603 Abs. 2 Satz 2 BGB[1].

13.1.2 Der angemessene Bedarf eines volljährigen Kindes mit eigenem Hausstand beträgt in der Regel monatlich 930,– € (darin sind enthalten Kosten für Unterkunft und Heizung bis zu 410,– €), ohne Beiträge zur Kranken- und Pflegeversicherung sowie ohne Studiengebühren. Von diesem Betrag kann bei erhöhtem Bedarf oder mit Rücksicht auf die Lebensstellung der Eltern abgewichen werden.

13.2 Einkommen des Kindes

Auf den Unterhaltsbedarf werden Einkünfte des Kindes, auch das Kindergeld (siehe Nr. 14), BAföG-Darlehen und Ausbildungsvergütung bzw. -beihilfen angerechnet. Bei in der Berufsausbildung befindlichen Volljährigen sind von diesen Einkünften des Kindes ausbildungsbedingte Aufwendungen abzuziehen (vgl. Nr. 10.2.3). Bei Einkünften aus unzumutbarer Erwerbstätigkeit gilt § 1577 Abs. 2 BGB[1] entsprechend.

13.3 Beiderseitige Barunterhaltspflicht/Haftungsanteil

Für den Bedarf des Volljährigen haften die Eltern anteilig nach dem Verhältnis ihrer verfügbaren Einkommen. Vor der Bildung der Haftungsquote sind der angemessene Selbstbehalt jedes Elternteils (vgl. Nr. 21.3.1)

---

[1] **Habersack, Deutsche Gesetze Nr. 20.**
[2] Nr. **47**.

und der Unterhalt vorrangig Berechtigter abzusetzen. Die Haftung ist auf den Tabellenbetrag nach Maßgabe des eigenen Einkommens des jeweils Verpflichteten begrenzt.

Diese Berechnung findet für den Bedarf des volljährigen Schülers im Sinne des § 1603 Abs. 2 Satz 2 BGB[1] entsprechende Anwendung. In diesem Fall ist vor der Bildung der Haftungsquote der notwendige Selbstbehalt jedes Elternteils (vgl. Nr. 21.2) abzusetzen.

14. Verrechnung des Kindergeldes

Kindergeld wird zur Deckung des Barbedarfs verwandt, bei Minderjährigen, die von einem Elternteil betreut werden, zur Hälfte, ansonsten insgesamt (§ 1612a BGB[1]).

Ehegattenunterhalt

15. Unterhaltsbedarf

15.1 Maßgeblich sind jeweils die die ehelichen Lebensverhältnisse prägenden Einkünfte der (geschiedenen) Ehegatten.

Bei Aufnahme oder Erweiterung einer Erwerbstätigkeit nach Trennung/Scheidung gilt das (Mehr-) Einkommen als prägend.

Verfügt der Berechtigte über die ehelichen Lebensverhältnisse nicht prägendes eigenes Einkommen, so kommt die sog. Anrechnungsmethode zur Anwendung. Hier wird das Erwerbseinkommen des Berechtigten mit 9/10 angerechnet.

15.2 Hat der Berechtigte kein eigenes Einkommen, beträgt der Bedarf 45 % des bereinigten Nettoeinkommens zuzüglich ½ der anrechenbaren sonstigen Einkünfte des Verpflichteten.

Hat der Berechtigte eigenes Einkommen, beträgt der Bedarf 45 % der Differenz zwischen dem anrechenbaren Nettoeinkommen der (geschiedenen) Ehegatten bzw. ½ der anrechenbaren sonstigen Einkünfte, jeweils begrenzt durch den vollen Bedarf nach den ehelichen Lebensverhältnissen (§ 1578 BGB[1]).

15.3 Bei sehr guten Einkommensverhältnissen des Pflichtigen kommt eine konkrete Bedarfsberechnung in Betracht.

16. Bedürftigkeit

Eigene Einkünfte des Berechtigten sind auf den Bedarf anzurechnen, wobei das bereinigte Nettoerwerbseinkommen um den Erwerbstätigenbonus zu vermindern ist.

17. Erwerbsobliegenheit

17.1 Bei der Betreuung eines Kindes besteht keine Erwerbsobliegenheit vor Vollendung des 3. Lebensjahrs, danach nach den Umständen des Einzelfalls insbesondere unter Berücksichtigung zumutbarer Betreuungsmöglichkeiten für das Kind und der Vereinbarkeit mit der Berufstätigkeit des betreuenden Elternteils, auch unter dem Aspekt des neben der Erwerbstätigkeit anfallenden Betreuungsaufwands.

---

[1] **Habersack, Deutsche Gesetze Nr. 20.**

17.2 In der Regel besteht für den Berechtigten im ersten Jahr nach der Trennung keine Obliegenheit zur Aufnahme oder Ausweitung einer Erwerbstätigkeit (BGH, Urteil vom 5. März 2008 – XII ZR 22/06 –, juris Rn. 26).

Weitere Unterhaltsansprüche

18. Ansprüche nach § 1615l BGB

Der Bedarf nach § 1615l BGB[1] bemisst sich nach der Lebensstellung des betreuenden Elternteils. Erleidet dieser einen konkreten Verdienstausfall, ist er auch für den Unterhalt zu Grunde zu legen. Der Mindestbedarf entspricht in der Regel dem notwendigen Selbstbehalt eines Nichterwerbstätigen (Nr. 21.2 lit. a), vgl. BGH, Urteil vom 16. Dezember 2009 – XII ZR 50/08 –, juris Rn. 38).

Die Lebensstellung des unterhaltsberechtigten Elternteils richtet sich danach, welche Einkünfte er ohne die Geburt und die Betreuung des gemeinsamen Kindes hätte (BGH, Beschluss vom 10. Juni 2015 – XII ZB 251/14 –, juris Rn. 34).

19. Elternunterhalt

Beim Bedarf der Eltern sind Leistungen zur Grundsicherung nach §§ 41 ff. SGB XII zu berücksichtigen (vgl. Nr. 2.9).

20. Lebenspartnerschaft

Bei Getrenntleben oder Aufhebung der Lebenspartnerschaft gelten §§ 12, 16 LPartG[2].

Leistungsfähigkeit und Mangelfall

21. Selbstbehalt des Verpflichteten

21.1 Es ist zu unterscheiden zwischen dem notwendigen (§ 1603 Abs. 2 BGB[1]), dem angemessenen (§ 1603 Abs. 1 BGB) und dem eheangemessenen (§ 1361 Abs. 1, § 1578 Abs. 1 BGB) Selbstbehalt.

21.2 Für Eltern gegenüber ihren minderjährigen Kindern und diesen nach § 1603 Abs. 2 Satz 2 BGB[1] gleichgestellten volljährigen Kindern gilt im Allgemeinen der notwendige Selbstbehalt als unterste Grenze der Inanspruchnahme. Er beträgt

a) für nicht erwerbstätige Unterhaltspflichtige: 1.200,– €

b) für erwerbstätige Unterhaltspflichtige: 1.450,– €

Darin enthalten sind 520,– € für Unterkunft einschließlich umlagefähiger Nebenkosten und Heizung (Warmmiete).

Der Selbstbehalt kann erhöht werden, wenn die Wohnkosten (Warmmiete) den ausgewiesenen Betrag überschreiten und nicht unangemessen sind.

---

[1] **Habersack, Deutsche Gesetze Nr. 20.**
[2] Nr. **43**.

Verursacht der Umgang des Unterhaltspflichtigen mit den minderjährigen Kindern besondere Kosten, die er nur unter Gefährdung seines Selbstbehalts aufbringen könnte, kommt eine maßvolle Erhöhung in Betracht.

21.3 Im Übrigen gilt beim Verwandtenunterhalt der angemessene Selbstbehalt.

Bei Deckung des Mindestunterhalts gilt auch gegenüber Ansprüchen minderjähriger Kinder und ihnen gleichgestellter volljähriger Kinder der angemessene Selbstbehalt nach 21.3.1.

21.3.1 Der Selbstbehalt beträgt gegenüber volljährigen Kindern, die nicht gemäß § 1603 Abs. 2 Satz 2 BGB[1] privilegiert sind (angemessener oder großer Selbstbehalt): 1.750,– €.
Darin ist eine Warmmiete in Höhe von 650,– € enthalten.

21.3.2 Bei Ansprüchen aus § 1615l BGB[1] ist der Selbstbehalt in der Regel mit einem Betrag zu bemessen, der zwischen dem angemessenen Selbstbehalt nach § 1603 Abs. 1 BGB und dem notwendigen Selbstbehalt nach § 1603 Abs. 2 BGB liegt (vgl. BGH, Urteil vom 1. Dezember 2004 – XII ZR 3/03 –, juris Rn. 18 ff.). Er entspricht damit dem eheangemessenen Selbstbehalt (vgl. Nr. 21.4) und beträgt in der Regel 1.600,– €, unabhängig davon, ob der Unterhaltsverpflichtete erwerbstätig ist oder nicht. Darin sind Kosten für Unterkunft und Heizung in Höhe von 580,– € enthalten.

21.3.3 Angemessener Selbstbehalt gegenüber den Eltern: Bei der Bemessung des Selbstbehalts gegenüber Eltern sind Zweck und Rechtsgedanken des Gesetzes zur Entlastung unterhaltspflichtiger Angehöriger in der Sozialhilfe und in der Eingliederungshilfe (Angehörigenentlastungsgesetz) vom 10. Dezember 2019 (BGBl. I S. 2135) zu beachten.

21.4 Gegenüber Ehegatten gilt grundsätzlich der eheangemessene Selbstbehalt. Er ist sowohl beim Trennungsunterhalt als auch beim nachehelichen Unterhalt in der Regel mit einem Betrag zu bemessen, der zwischen dem angemessenen und dem notwendigen Selbstbehalt liegt (vgl. BGH, Urteil vom 15. März 2006 – XII ZR 30/04 –, juris Rn. 19). Er beträgt in der Regel 1.600,– €, unabhängig davon, ob der Unterhaltspflichtige erwerbstätig ist oder nicht. Darin sind Kosten für Unterkunft und Heizung in Höhe von 580,– € enthalten.

21.5 Vorteile durch das Zusammenleben mit einer anderen Person können eine Herabsetzung des Selbstbehalts rechtfertigen, es sei denn, das Einkommen des Partners unterschreitet den Betrag des um 10 % verminderten notwendigen Selbstbehalts (vgl. Guhling, in: Wendl/Dose, Unterhaltsrecht, 10. Aufl. (2019), § 5 Rn. 20).

22. Bedarf des mit dem Unterhaltspflichtigen zusammenlebenden Ehegatten

22.1 Der Mindestbedarf eines mit dem Unterhaltspflichtigen zusammenlebenden Ehegatten gegenüber Unterhaltsansprüchen eines nachrangigen geschiedenen Ehegatten beträgt 1.280,– €.

22.2 Mindestbedarf bei Ansprüchen volljähriger Kinder: Der Mindestbedarf eines mit dem Unterhaltspflichtigen zusammenlebenden Ehegatten ge-

---

[1] **Habersack, Deutsche Gesetze Nr. 20.**

genüber Unterhaltsansprüchen eines nicht privilegierten volljährigen Kindes beträgt 1.400,– €.

23. Bedarf des vom Unterhaltspflichtigen getrenntlebenden oder geschiedenen Ehegatten

23.1 Bedarf bei Ansprüchen des nachrangigen geschiedenen Ehegatten: Der Mindestbedarf eines vom Unterhaltspflichtigen getrennt lebenden oder geschiedenen Ehegatten gegenüber Unterhaltsansprüchen eines nachrangigen geschiedenen Ehegatten beträgt 1.600,– €.

23.2 Bedarf bei Ansprüchen volljähriger Kinder: Der Mindestbedarf eines vom Unterhaltspflichtigen getrennt lebenden oder geschiedenen Ehegatten gegenüber Unterhaltsansprüchen nicht privilegierter volljähriger Kinder beträgt 1.750,– €.

24. Mangelfall

24.1 Ein Mangelfall liegt vor, wenn das Einkommen des Unterhaltsverpflichteten zur Deckung seines Selbstbehalts und der gleichrangigen Unterhaltsansprüche der Berechtigten nicht ausreicht. Für diesen Fall ist die nach Abzug des Eigenbedarfs (Selbstbehalts) des Unterhaltspflichtigen verbleibende Verteilungsmasse auf die gleichrangigen Unterhaltsberechtigten im Verhältnis ihrer jeweiligen Einsatzbeträge gleichmäßig zu verteilen.

24.2 Die Einsatzbeträge im Mangelfall belaufen sich

bei minderjährigen und diesen nach § 1603 Abs. 2, S. 2 BGB[1] gleichgestellten Kindern auf den Mindestunterhalt der jeweiligen Altersstufe nach der Düsseldorfer Tabelle[2] nach den jeweiligen Zahlbeträgen.

Die nach Abzug des Eigenbedarfs (Selbstbehalts) des Unterhaltspflichtigen verbleibende Verteilungsmasse ist anteilig auf die gleichrangigen Unterhaltsberechtigten im Verhältnis ihrer jeweiligen Einsatzbeträge gleichmäßig zu verteilen.

Anrechenbares Einkommen des Unterhaltsberechtigten ist vom Einsatzbetrag abzuziehen.

Sonstiges

25. Rundungen

Der Unterhaltsbetrag ist auf volle Euro aufzurunden.

Anlage I

Auszug aus der Düsseldorfer Tabelle für den Kindesunterhalt
Stand: 01.01.2024 (alle Beträge in Euro)

A. Kindesunterhalt

(abgedruckt unter Nr. **47***)*

B. Tabelle Zahlbeträge

(abgedruckt unter Nr. **47***)*

---

[1] **Habersack, Deutsche Gesetze Nr. 20.**
[2] Nr. **47**.

47n. Oberlandesgericht Koblenz – Unterhaltsrechtliche Leitlinien der Familiensenate (KoL)[1)]

(Stand: 1. Januar 2024)

(Die Leitlinien orientieren sich weitgehend an den Leitlinien des Oberlandesgerichts Düsseldorf[2)])

Unterhaltsrechtliches Einkommen

1. Geldeinnahmen

1.1 Auszugehen ist vom **Jahresbruttoeinkommen** einschließlich Weihnachts- und Urlaubsgeld sowie sonstiger Zuwendungen, wie z.B. Tantiemen und Gewinnbeteiligungen.

1.2 Einmalige höhere Zahlungen, wie z.B. Abfindungen oder Jubiläumszuwendungen, sind auf einen angemessenen Zeitraum nach Zufluss zu verteilen (in der Regel mehrere Jahre).

1.3 **Überstundenvergütungen** werden in der Regel dem Einkommen voll zugerechnet, soweit sie berufsüblich sind oder nur in geringem Umfang anfallen oder wenn der Mindestunterhalt minderjähriger Kinder oder der entsprechende Unterhalt ihnen nach § 1603 Abs. 2 S. 2 BGB[3)] gleichgestellter Volljähriger nicht gedeckt ist. Sonst ist die Anrechnung unter Berücksichtigung des Einzelfalls nach Treu und Glauben zu beurteilen.

1.4 **Auslösungen und Spesen** sind nach den Umständen des Einzelfalls anzurechnen. Soweit solche Zuwendungen geeignet sind, laufende Lebenshaltungskosten zu ersparen, ist diese Ersparnis in der Regel mit 1/3 des Nettobetrags zu bewerten.

1.5 Bei **Selbständigen** ist zur Ermittlung der laufenden oder zukünftigen Einkünfte vom durchschnittlichen Gewinn während eines längeren Zeitraums von in der Regel mindestens drei aufeinander folgenden Jahren, möglichst den letzten drei Jahren, auszugehen; es sei denn, die spezifische Geschäftsentwicklung legt die Berücksichtigung kürzerer oder längerer Zeiträume nahe. Für die Vergangenheit ist von dem in dem jeweiligen Jahr erzielten Einkommen auszugehen; es können jedoch auch die durchschnittlichen Einkünfte aus mehreren Jahren angesetzt werden, wenn der rückständige Unterhalt für diese Gesamtzeit zu ermitteln ist. Bei erheblich schwankenden Einkünften kann auch ein anderer Zeitraum zugrunde gelegt werden. Anstatt auf den Gewinn kann ausnahmsweise auf die Entnahmen abzüglich der Einlagen abgestellt werden, wenn eine zuverlässige Gewinnermittlung nicht möglich oder der Betriebsinhaber unterhaltsrechtlich zur Verwertung seines Vermögens verpflichtet ist.

1.5.1 **Abschreibungen** (Absetzung für Abnutzung, AfA) können insoweit anerkannt werden, als dem steuerlich zulässigen Abzug ein tatsächlicher Wertverlust entspricht. Dies ist bei Gebäuden in der Regel nicht der Fall.

---

1) In der jeweils aktuellen Fassung kostenlos abrufbar unter https://olgko.justiz.rlp.de.
2) Nr. **47/1.**
3) **Habersack, Deutsche Gesetze Nr. 20.**

Zinsen für Kredite, mit denen die absetzbaren Wirtschaftsgüter finanziert werden, mindern den Gewinn. Wenn und soweit die Abschreibung unterhaltsrechtlich anerkannt wird, sind Tilgungsleistungen nicht zu berücksichtigen.

1.5.2 Steuern und **Vorsorgeaufwendungen** sind nach Nr. 10.1 zu berücksichtigen. Der Gewinn ist nicht um **berufsbedingte Aufwendungen** (Nr. 10.2.) zu kürzen.

1.6 Einkünfte aus **Vermietung und Verpachtung** werden durch eine Überschussrechnung ermittelt. Dabei kann zur Ermittlung durchschnittlicher Einkünfte auf einen Mehrjahreszeitraum abgestellt werden. Für die Vergangenheit ist von dem in dem jeweiligen Jahr erzielten Einkommen auszugehen. Instandhaltungskosten können entsprechend § 28 der Zweiten Berechnungsverordnung[1] pauschaliert werden. Hinsichtlich der Abschreibungen gilt Nr. 1.5.1.

Auch **Kapitaleinkünfte** sind – vermindert um die hierauf entfallenden Steuern – unterhaltsrechtliches Einkommen. Wenn sich die konkrete individuelle Steuerlast nicht ermitteln lässt, kann ein Steuersatz von derzeit höchstens 29 % (Abgeltungssteuer incl. Solidaritätszuschlag und Kirchensteuer) berücksichtigt werden (nach Abzug des Freibetrags von derzeit 1.000,00 €/2.000,00 €).

1.7 **Steuererstattungen** sind in der Regel in dem Jahr, in dem sie anfallen, zu berücksichtigen (In-Prinzip); bei Selbständigen kann zur Ermittlung eines repräsentativen Einkommens auf den Zeitraum der Veranlagung abgestellt werden (Für-Prinzip).

1.8 sonstige Einnahmen

2. Sozialleistungen

2.1 **Arbeitslosengeld** (§§ 136, 145 SGB III) und **Krankengeld** (§ 44 SGB V) sind Einkommen.

2.2 **Bürgergeld II** (§ 19 SGB II) und andere Leistungen nach dem SGB II sind Einkommen beim Verpflichteten, beim Berechtigten nur, soweit der Unterhaltsanspruch nicht nach § 33 SGB II auf den Leistungsträger übergegangen ist. Nicht subsidiäre Leistungen nach dem SGB II sind Einkommen, insbesondere befristete Zuschläge (§ 24 SGB II a.F.) und Entschädigung für Mehraufwendungen (§ 16 SGB II a.F., § 16a SGB II a.F.).

2.3 **Wohngeld** ist Einkommen, soweit es nicht erhöhte Wohnkosten abdeckt.

2.4 **BAföG-Leistungen** (außer Vorausleistungen nach § 36 BAföG[2]) sind Einkommen, auch soweit sie als Darlehen gewährt werden.

2.5 **Elterngeld** ist Einkommen, soweit es über den Sockelbetrag von 300 € bzw. 150 € bei verlängertem Bezug hinausgeht. Der Sockelbetrag sowie **Erziehungsgeld** sind nur dann Einkommen, wenn einer der Ausnahmefälle der §§ 11 BEEG[3], 9 S. 2 BErzGG vorliegt.

---

[1] Nr. **30b**.
[2] **Sartorius Nr. 420.**
[3] Nr. **45e**.

2.6 Unfall-/Verletzten, Versorgungs- und Waisenrenten sowie Übergangsgelder aus der Unfall- bzw. Rentenversicherung sind Einkommen.

2.7 Leistungen aus der Pflegeversicherung, Blindengeld, Schwerbeschädigten- und Pflegezulagen nach Abzug eines Betrages für tatsächliche Mehraufwendungen sind Einkommen; bei Sozialleistungen nach § 1610a BGB[1] wird widerlegbar vermutet, dass sie durch Aufwendungen aufgezehrt werden.

2.8 Der Anteil des an die Pflegeperson weitergeleiteten **Pflegegeld**es, durch den ihre Bemühungen abgegolten werden, ist Einkommen. Bei Pflegegeld aus der Pflegeversicherung und nach §§ 44 Abs. 2 SGB VII, 64, 65 SGB XII, 35 BVG bzw. (zukünftig) § 71 SGB XIV gilt dies nur nach Maßgabe des § 13 Abs. 6 SGB XI.

2.9 Die **Grundsicherung** nach §§ 41 ff. SGB XII ist innerhalb der Einkommensgrenze des § 94 Abs. 1a SGB XII beim Verwandtenunterhalt (insbesondere Eltern- und Kindesunterhalt) als bedarfsdeckendes Einkommen des Beziehers zu berücksichtigen, nicht aber beim Ehegattenunterhalt.

2.10 **Sozialhilfe** ist kein Einkommen des Berechtigten; jedoch kann die Geltendmachung von Unterhalt durch den Hilfeempfänger treuwidrig sein, wenn er infolge des Ausschlusses des Anspruchsübergangs (vgl. § 94 Abs. 1 S. 3 und 4, Abs. 2 und 3 SGB XII) – insbesondere für die Vergangenheit (aber allenfalls bis zur Rechtshängigkeit) – durch die Sozialhilfe und den Unterhalt mehr als seinen Bedarf erhalten würde.

2.11 Leistungen nach dem **Unterhaltsvorschussgesetz**[2] sind kein Einkommen.

3. Kindergeld, Kinderzuschüsse und Kinderzuschlag

Kindergeld ist unterhaltsrechtlich kein Einkommen der Eltern, sondern dient der Bedarfsdeckung des Kindes. Kinderzuschüsse zur Rente sind, wenn die Gewährung des staatlichen Kindergeldes entfällt (§ 4 BKGG[3], § 65 EStG[4]; § 270 SGB VI), in dessen Höhe wie Kindergeld, im Übrigen wie Einkommen der Eltern zu behandeln. Der Kinderzuschlag (§ 6a BKGG) berührt Unterhaltspflichten nicht; für bis zum 30.06.2021 fällig gewordenen Kindesunterhalt ist er jedoch unterhaltsrechtlich in voller Höhe Einkommen des Kindes und eine Aufteilung in einen Barunterhalts- und einen Betreuungsunterhaltsteil findet nicht statt (§§ 6c, 19 Abs. 4 BKGG).

4. Geldwerte Zuwendungen des Arbeitgebers

Geldwerte Zuwendungen des Arbeitgebers aller Art, z.B. Firmenwagen, freie Kost und Logis, mietgünstige Wohnung, sind – in der Regel in Höhe der steuerlichen Ansätze (für Firmenwagen: §§ 6, 8 EStG: 1 % des Bruttolistenpreises zuzüglich 0,03 % des Bruttolistenpreises je Entfernungs-km zwischen Wohnung und Arbeitsstätte) – dem Einkommen hin-

---

[1] **Habersack, Deutsche Gesetze Nr. 20.**
[2] Nr. **45d**.
[3] Nr. **45b**.
[4] Nr. **45a**.

zuzurechnen, soweit sie entsprechende Eigenaufwendungen ersparen. Die Abzugsfähigkeit von Fahrtkosten (vgl. Nr. 10.2.2.) ist separat zu prüfen.

5. Wohnwert

Der Wohnvorteil durch mietfreies Wohnen im eigenen Heim ist als wirtschaftliche Nutzung des Vermögens wie Einkommen zu behandeln, wenn sein Wert die Belastungen übersteigt, die unter Berücksichtigung der staatlichen Eigenheimförderung durch die allgemeinen Grundstückskosten und -lasten, durch Annuitäten und durch sonstige nicht nach § 556 BGB umlagefähige Kosten entstehen.

Zinsen sind in diesem Zusammenhang absetzbar, **Tilgungsleistungen**, wenn sie nicht der einseitigen Vermögensbildung dienen. Im Übrigen kommt beim **Elternunterhalt** eine Berücksichtigung von Tilgungsleistungen inklusive der Zinsen bis zur Höhe des Wohnwerts, darüber hinaus jedoch nur unter dem Gesichtspunkt der ergänzenden Altersvorsorge in Betracht (vgl. Nr. 10.1.2). Beim **Ehegattenunterhalt** ist bei Alleineigentum eines Ehegatten im Falle von Gütertrennung sowie ab Zustellung des Scheidungsantrags auch bei Alleineigentum eines Ehegatten im Falle des gesetzlichen Güterstands zu differenzieren: Auf der Bedarfsebene ist die Tilgung neben den Zinsen bis zu einem Gesamtbetrag in Höhe des Wohnwerts abzugsfähig, darüber hinaus kommt dies nur unter dem Gesichtspunkt der ergänzenden Altersvorsorge in Betracht (vgl. Nr. 10.1.2). Das Gleiche gilt auf der Bedürftigkeits- und Leistungsfähigkeitsebene, jedoch unter den Einschränkungen der §§ 1577 Abs. 3, 1581 S. 2 BGB[1)], deren Rechtsgedanken auch im Trennungsunterhalt gelten. Beim **Kindesunterhalt** ist unabhängig von den Eigentumsverhältnissen der Eltern auf der Bedarfsebene die Tilgung neben den Zinsen bis zu einem Gesamtbetrag in Höhe des Wohnwerts abzugsfähig. Darüber hinaus kommt, soweit nicht der Mindestunterhalt betroffen ist, jedenfalls ein Abzug unter dem Gesichtspunkt der ergänzenden Altersvorsorge in Betracht (vgl. Nr. 10.1.2). Auf der Leistungsfähigkeitsebene gelten die allgemeinen Grundsätze der Berücksichtigungsfähigkeit von Schulden beim Kindesunterhalt.

Auszugehen ist von der erzielbaren Miete (objektiver oder voller Wohnwert). Wenn es nicht möglich oder zumutbar ist, die Wohnung aufzugeben und das Objekt zu vermieten oder zu veräußern, kann stattdessen die ersparte Miete angesetzt werden, die angesichts der persönlichen und wirtschaftlichen Verhältnisse angemessen wäre (subjektiver oder angemessener Wohnwert). Dies kommt zum einen beim Elternunterhalt und zum anderen insbesondere für die Zeit bis zur endgültigen Vermögensauseinandersetzung unter Eheleuten oder bis zur Zustellung des Scheidungsantrags in Betracht, wenn ein Ehegatte das Eigenheim allein bewohnt.

6. Haushaltsführung

Führt jemand einem leistungsfähigen Dritten den Haushalt, so ist hierfür, soweit es sich nicht um eine überobligatorische Leistung handelt, ein (fiktives) Einkommen von regelmäßig 350 € anzusetzen.

[1)] **Habersack, Deutsche Gesetze Nr. 20.**

7. Einkommen aus unzumutbarer Erwerbstätigkeit

Einkünfte aus Nebentätigkeit und unzumutbarer Erwerbstätigkeit sind im Rahmen der Billigkeit (vgl. §§ 242, 1577 Abs. 2 BGB) als Einkommen zu berücksichtigen.

8. Freiwillige Zuwendungen Dritter

Freiwillige Leistungen Dritter (z.B. Geldleistungen, mietfreies Wohnen) sind kein Einkommen, es sei denn, dass die Anrechnung dem Willen des Dritten entspricht.

9. Erwerbsobliegenheit und Einkommensfiktion

Einkommen sind auch aufgrund einer unterhaltsrechtlichen Obliegenheit erzielbare – d.h. fiktive – Einkünfte. Dabei dürfen die Anforderungen nicht überspannt werden. Es ist auf das Einkommen abzustellen, das aufgrund Ausbildung, Erwerbsbiographie und persönlicher Umstände (z.B. Alter, Gesundheitszustand) mit Wahrscheinlichkeit erzielt werden kann. Richtschnur können dabei bestehende Tarifverträge, Mindestlöhne oder zuvor oder aktuell tatsächlich erzielte Stundenlöhne sein.

10. Bereinigung des Einkommens

10.1 Steuern und Vorsorgeaufwendungen:

Vom Bruttoeinkommen sind Steuern, Sozialabgaben und/oder angemessene Vorsorgeaufwendungen abzusetzen (Nettoeinkommen).

10.1.1 Steuerzahlungen und -nachzahlungen sind in der Regel in dem Jahr, in dem sie anfallen, zu berücksichtigen (In-Prinzip). Bei Selbständigen kann auf den Zeitraum der Veranlagung abgestellt werden (Für-Prinzip). Grundsätzlich ist jeder gehalten, ihm zustehende Steuervorteile in Anspruch zu nehmen; hierzu gehört auch das Realsplitting, soweit der Unterhaltsanspruch anerkannt ist, rechtskräftig feststeht oder freiwillig erfüllt wird (BGH FamRZ 2007, 793). Ob im laufenden Jahr von der Möglichkeit der Eintragung eines Freibetrages Gebrauch zu machen ist, richtet sich nach den Umständen des Einzelfalls. Werden Aufwendungen unterhaltsrechtlich nicht berücksichtigt, die zu steuerlichen Entlastungen führen, sind die entsprechenden Steuervorteile aus den Steuerbescheiden herauszurechnen.

10.1.2 Personen, die der gesetzlichen Rentenversicherung nicht unterliegen, können für ihre Altersvorsorge regelmäßig 20 % ihres Bruttoeinkommens aufwenden. Für eine zusätzliche Altersvorsorge können sie ebenso wie gesetzlich Rentenversicherte weitere 4 % (bei Elternunterhalt 5 %) ihres Bruttoeinkommens einsetzen. Ferner können bei Personen, die der gesetzlichen Rentenversicherung unterliegen, 20 % des oberhalb der Beitragsbemessungsgrenze der gesetzlichen Rentenversicherung liegenden Einkommens als angemessene Altersversorgung aufgewendet werden.

10.2 Berufsbedingte Aufwendungen

10.2.1 Berufsbedingte Aufwendungen nichtselbstständig Erwerbstätiger, die sich von den privaten Lebenshaltungskosten nach objektiven Merkmalen abgrenzen lassen, sind vom Einkommen abzuziehen, wobei bei entsprechenden Anhaltspunkten eine Pauschale von 5 % des Nettoeinkommens – bei Vollerwerbstätigkeit – mindestens 50 €, bei Teilzeitarbeit auch weniger, und höchstens 150 € monatlich – geschätzt werden kann. Übersteigen die berufsbedingten Aufwendungen die Pauschale, sind sie insgesamt nachzuweisen.

10.2.2 Als notwendige Kosten der berufsbedingten Nutzung eines Kraftfahrzeugs können in der Regel 14 € (bis 31.12.2021: 10 €) pro Entfernungskilometer im Monat angesetzt werden. Hierin sind alle mit dem Kfz verbundenen Kosten enthalten (einschließlich Finanzierungskosten). Bei längerer Fahrtstrecke (über 30 Entfernungskilometer) kommt eine Kürzung der Pauschale (ab dem 31. Kilometer) auf die Hälfte in Betracht. 10.2.3. Bei einem Auszubildenden sind in der Regel 100 € als ausbildungsbedingter Aufwand abzuziehen.

10.3 Kinderbetreuung

Konkret dargelegte Kinderbetreuungskosten sind abzuziehen, soweit die Betreuung durch Dritte infolge der Berufstätigkeit erforderlich ist. Zum Aufwand für die Betreuung des Kindes zählen nicht die Kosten des Kindergartenbesuchs, diese sind Mehrbedarf des Kindes.

10.4 Schulden

Schulden können je nach den Umständen des Einzelfalls (Art, Grund und Zeitpunkt des Entstehens) das anrechenbare Einkommen vermindern. Die Abzahlung soll im Rahmen eines Tilgungsplans in angemessenen Raten erfolgen. Dabei sind die Belange von Unterhaltsgläubiger, Unterhaltsschuldner und Drittgläubiger gegeneinander abzuwägen.

10.5 Unterhaltsleistungen

Unterhaltsleistungen an minderjährige oder privilegiert volljährige Kinder sind stets vorweg abzuziehen. Im Übrigen richtet sich der Abzug nach den Umständen des Einzelfalles.

10.6 Vermögensbildung

Vermögenswirksame Leistungen vermindern das Einkommen nicht, es sei denn, sie sind als angemessene Vorsorgeaufwendungen (Nr. 10.1.2.) anzuerkennen. Bei gehobenen Einkünften können **Aufwendungen zur Vermögensbildung, die bereits die ehelichen Lebensverhältnisse geprägt haben** und nach dem vorhandenen Einkommen vom Standpunkt eines vernünftigen Betrachters aus als angemessen erscheinen, einkommensmindernd berücksichtigt werden (BGH FamRZ 2007, 1532).

10.7 Umgangskosten

Erhöhte Umgangskosten können – je nach den Umständen des Einzelfalles – berücksichtigt werden.

Kindesunterhalt

11. Bemessungsgrundlage (Tabellenunterhalt)

Der Kindesunterhalt ist der Düsseldorfer Tabelle[1)] zu entnehmen. Bei *minder*jährigen Kindern kann er als Festbetrag oder als Prozentsatz des Mindestunterhalts geltend gemacht werden.

[1)] Nr. **47**.

11.1 In den Unterhaltsbeträgen sind **Beiträge zur Kranken- und Pflegeversicherung**, Studiengebühren und Semestergebühren, sowie **Kindergartenbeiträge** und Privatschulgebühren nicht enthalten.

11.2 Bei minderjährigen Kindern, die bei einem Elternteil leben, richtet sich die Eingruppierung in die Düsseldorfer Tabelle[1] nach dem anrechenbaren Einkommen des anderen Elternteils. Ab- oder Zuschläge (Anm. A. 1 der Düsseldorfer Tabelle) kommen in Betracht. Für volljährige Kinder: siehe 13.1.

12. Minderjährige Kinder

12.1 Der betreuende Elternteil braucht in der Regel keinen Barunterhalt für das minderjährige Kind zu leisten, es sei denn, sein Einkommen ist bedeutend höher als das des anderen Elternteils oder dessen angemessener Bedarf (§ 1603 Abs. 2 Satz 3 BGB[2]) ist bei Leistung des Barunterhalts gefährdet und der angemessene Selbstbehalt des Betreuenden ist auch bei (anteiliger) Leistung des Barunterhalts gewahrt. Die Unterhaltspflicht mit dem Einkommen, das den angemessenen Selbstbehalt übersteigt, wird davon nicht berührt (BGH, FamRZ 2011, 1041).

12.2 Das bereinigte Einkommen des Kindes, das von einem Elternteil betreut wird, wird nur zur Hälfte auf den Barbedarf angerechnet; im Übrigen kommt es dem betreuenden Elternteil zu Gute.

12.3 Sind, z.B. bei auswärtiger Unterbringung des Kindes, beide Eltern zum Barunterhalt verpflichtet, haften sie anteilig nach Nr. 13.3 für den Gesamtbedarf.

12.4 Bei **Zusatzbedarf** (Prozess-/Verfahrenskostenvorschuss, Mehrbedarf, Sonderbedarf) haften die Eltern anteilig nach ihren Erwerbs- und Vermögensverhältnissen (§ 1606 Abs. 3 Satz 1 BGB[2]).

13. Volljährige Kinder

13.1 Der Unterhalt für volljährige Kinder, die noch im Haushalt der Eltern oder eines Elternteils wohnen, richtet sich nach der 4. Altersstufe der Düsseldorfer Tabelle[1]. Ihr Bedarf bemisst sich, falls beide Eltern leistungsfähig sind, in der Regel nach dem zusammengerechneten Einkommen ohne Höhergruppierung nach Anm. A. 1 der Düsseldorfer Tabelle. Für die Haftungsquote gilt Nr. 13.3. Ein Elternteil hat jedoch höchstens den Unterhalt zu leisten, der sich allein – unter Berücksichtigung von Anm. A. 1 der Düsseldorfer Tabelle – nach seinem Einkommen als Zahlbetrag ergibt.

Der angemessene Gesamtunterhaltsbedarf eines volljährigen Kindes mit eigenem Hausstand beträgt in der Regel monatlich 930 € (darin ist eine Warmmiete bis 410 € enthalten). Von diesem Regelbetrag kann bei entsprechender Lebensstellung der Eltern abgewichen werden. Hinzu kommen anzuerkennende Studiengebühren sowie im Falle einer nicht gegebenen Familienversicherung die Kosten der Kranken- und Pflegeversicherung.

---

[1] Nr. **47**.
[2] **Habersack, Deutsche Gesetze Nr. 20.**

13.2 Das bereinigte Einkommen des volljährigen Kindes wird in der Regel in vollem Umfange auf den Bedarf angerechnet. Bei Einkünften aus unzumutbarer Erwerbstätigkeit (was in der Regel bei Nebentätigkeiten von Schülern oder Studenten angenommen werden kann) gilt § 1577 Abs. 2 BGB[1] entsprechend. Zu den Einkünften des Kindes gehören auch BAföG-Darlehen und Ausbildungsbeihilfen.

13.3 Sind beide Eltern barunterhaltspflichtig, bemisst sich die **Haftungsquote** nach dem Verhältnis ihrer anrechenbaren Einkünfte. Diese sind vorab jeweils um den Sockelbetrag zu kürzen. Der Sockelbetrag entspricht dem angemessenen Selbstbehalt gemäß Anm. A. 5 Abs. 2 der Düsseldorfer Tabelle[2], bei minderjährigen unverheirateten und ihnen gleichgestellten volljährigen Kindern (§ 1603 Abs. 2 S. 2 BGB[1]) jedoch dann dem notwendigen Selbstbehalt gemäß Anm. A. 5 Abs. 1 der Düsseldorfer Tabelle, wenn bei einem Sockelbetrag in Höhe des angemessenen Selbstbehalts der Bedarf dieser Kinder nach der ersten Einkommensgruppe nicht sichergestellt ist.

Bei minderjährigen unverheirateten und ihnen gleichgestellten volljährigen Kindern (§ 1603 Abs. 2 Satz 2 BGB) sind die anrechenbaren Einkommen der Eltern außerdem wegen gleichrangiger Unterhaltspflichten und bei anderen volljährigen Kindern wegen vorrangiger Unterhaltspflichten zu kürzen.

Der Verteilungsschlüssel kann bei Vorliegen besonderer Umstände (z.B. Betreuung eines behinderten Volljährigen) wertend verändert werden.

14. Verrechnung des Kindergeldes

Kindergeld wird nach § 1612b BGB[1] zur Deckung des Barbedarfs verwandt, bei Minderjährigen, die von einem Elternteil betreut werden, zur Hälfte, ansonsten insgesamt.

Ehegattenunterhalt

15. Unterhaltsbedarf

15.1 Der Bedarf der Ehegatten richtet sich nach ihren Einkommens- und Vermögensverhältnissen im Unterhaltszeitraum, soweit diese als die ehelichen Lebensverhältnisse nachhaltig prägend anzusehen sind. Die ehelichen Lebensverhältnisse im Sinne von § 1578 Abs. 1 Satz 1 BGB[1] werden dabei grundsätzlich durch die Umstände bestimmt, die bis zur Rechtskraft der Ehescheidung eingetreten sind. Nachträgliche Entwicklungen wirken sich auf die Bedarfsbemessung nach den ehelichen Lebensverhältnissen aus, wenn sie auch bei fortbestehender Ehe eingetreten wären oder in anderer Weise in der Ehe angelegt und mit hoher Wahrscheinlichkeit zu erwarten waren (BGH FamRZ 2012, 281).

Es ist von einem Mindestbedarf auszugehen, der nicht unter dem Existenzminimum für nicht Erwerbstätige liegen darf (Anm. B IV b der Düsseldorfer Tabelle[2]). Ebenso können einem neuen Partner gegenüber erbrachte geldwerte Versorgungsleistungen als Surrogat der früheren Haushaltstätigkeit angesehen werden.

---

[1] **Habersack, Deutsche Gesetze Nr. 20.**
[2] Nr. 47.

Die den Lebenszuschnitt mitbestimmenden Nutzungsvorteile mietfreien Wohnens im eigenen Haus (Nr. 5) setzen sich an Zinsvorteilen des Verkaufserlöses fort. Bei Berechnung des Bedarfs ist von dem anrechenbaren Einkommen des Pflichtigen (Nr. 10) vorab der die Ehe prägende Unterhalt (Zahlbetrag) der Kinder abzuziehen.

Auch die Ehe prägender Unterhalt für nachrangige volljährige Kinder ist abzusetzen, wenn den Eheleuten ein angemessener Unterhalt verbleibt.

15.2 Der Bedarf eines jeden Ehegatten ist grundsätzlich mit der Hälfte des unterhaltsrechtlich relevanten Einkommens beider Ehegatten anzusetzen. Jedem erwerbstätigen Ehegatten steht vorab ein Bonus von 1/10 seiner Erwerbseinkünfte als Arbeitsanreiz und zum Ausgleich derjenigen berufsbedingten Aufwendungen zu, die sich nicht nach objektiven Merkmalen eindeutig von den privaten Lebenshaltungskosten abgrenzen lassen. Von einer Steuerrückerstattung ist ein Erwerbstätigenbonus in Abzug zu bringen, wenn diese vom Erwerbseinkommen abgezogene Steuern betrifft. Der Bonus ist vom Erwerbseinkommen nach Abzug berufsbedingter Aufwendungen, des Kindesunterhalts, ggf. der Betreuungskosten sowie sonstiger berücksichtigungsfähiger Schulden und Aufwendungen zu errechnen. Von einer als Ersatz für fortgefallenes Arbeitseinkommen vom Arbeitgeber gezahlten und auf einen längeren Zeitraum umzulegenden Abfindung ist ein Erwerbstätigenbonus nicht in Abzug zu bringen.

15.3 Bei sehr guten Einkommensverhältnissen (in der Regel mindestens der Höchstbetrag nach der Düsseldorfer Tabelle[1] als unterhaltsrechtlich bereinigtes Nettoeinkommen der Eheleute) kommt eine **konkrete Bedarfsberechnung** in Betracht.

15.4 Verlangt der Berechtigte neben dem Elementarunterhalt für Alter, Krankheit und Pflegebedürftigkeit **Vorsorgeunterhalt**, den er aus seinen eigenen Einkünften nicht decken kann, sind zur Ermittlung des geschuldeten Elementarunterhalts grundsätzlich die vom Pflichtigen geschuldeten Beträge wie eigene Vorsorgeaufwendungen (Nr. 10.1) von seinem Einkommen vorweg abzuziehen.

Altersvorsorgeunterhalt wird nicht geschuldet, wenn das Existenzminimum (notwendiger Selbstbehalt) des Berechtigten nicht gesichert ist. Zur Ermittlung des Krankheitsvorsorgeunterhalts hat der Berechtigte konkret die Kosten einer eheangemessenen Absicherung gegen Krankheit darzulegen.

Zur Ermittlung des Altersvorsorgeunterhalts wird zunächst ein vorläufiger Elementarunterhalt nach Nr. 15.2., 21.4. bestimmt. Einkünfte des Berechtigten, die zu keiner Altersvorsorge führen, bleiben unberücksichtigt. Hinzu kommt ein Zuschlag entsprechend der jeweils gültigen Bremer Tabelle[2]. Von dieser Bruttobemessungsgrundlage wird mit Hilfe des jeweiligen Beitragssatzes in der gesetzlichen Rentenversicherung (Arbeitgeber- und Arbeitnehmerbeitrag) der Vorsorgeunterhalt errechnet. Dieser wird vom bereinigten Nettoeinkommen des Verpflichteten abgezogen; auf dieser Basis wird der endgültige Elementarunterhalt errechnet.

---

[1] Nr. **47**.
[2] Nr. **47f/1**.

Betreibt der Unterhaltspflichtige eine unterhaltsrechtlich anzuerkennende zusätzliche Altersvorsorge, ist dies auch dem Unterhaltsberechtigten durch eine Erhöhung des Altersvorsorgeunterhalts in entsprechender Größenordnung im Wege eines Zuschlags einer entsprechenden Anzahl von Prozentpunkten zum Beitragssatz der gesetzlichen Rentenversicherung zu ermöglichen (BGH FamRZ 2020, 21).

Die zweistufige Berechnung und der Vorwegabzug des Vorsorgeunterhalts für Alter, Krankheit oder Pflegebedürftigkeit können unterbleiben, wenn und soweit der Verpflichtete über nicht prägendes Einkommen verfügt, das den Mehrbedarf übersteigt, oder wenn und soweit auf den Bedarf nicht prägendes Einkommen des Berechtigten angerechnet wird (BGH FamRZ 1999, 372).

15.5 Die **Unterhaltspflichten für neue Ehegatten** sowie für **nachehelich geborene Kinder** und den **dadurch bedingten Betreuungsunterhalt nach § 1615l BGB**[1] sind nicht bei der Bemessung des Unterhaltsbedarfs eines geschiedenen Ehegatten zu berücksichtigen.

16. Bedürftigkeit

Eigenes Einkommen des Berechtigten mindert den nach Nr. 15 ermittelten Bedarf.

17. Erwerbsobliegenheit

17.1 Bei Kindesbetreuung besteht bis zur Vollendung des dritten Lebensjahres eines gemeinschaftlichen Kindes keine Erwerbsobliegenheit. Gleichwohl erzieltes Erwerbseinkommen ist überobligatorisch und nach den Umständen des Einzelfalls zu berücksichtigen (BGH FamRZ 2009, 770; FamRZ 2009, 1124; FamRZ 2009, 1391).

Nach Vollendung des dritten Lebensjahres des Kindes kommt es bei Beurteilung der Frage, ob und inwieweit der betreuende Ehegatte bei einer bestehenden Betreuungsmöglichkeit auf eine Erwerbstätigkeit verwiesen werden kann, auf die Verhältnisse des Einzelfalls an. Bei besonderer Betreuungsbedürftigkeit des Kindes und bei nicht oder nur unzureichender Fremdbetreuung (kindbezogene Gründe, § 1570 Abs. 1 S. 2 BGB)[1] kommt ein Unterhaltsanspruch auch nach Vollendung des dritten Lebensjahres des Kindes in Betracht.

Eine Erwerbstätigkeit des betreuenden Ehegatten kann auch aus Gründen der nachehelichen Solidarität ganz oder teilweise unbillig erscheinen. Hierbei sind das in der Ehe gewachsene Vertrauen in die vereinbarte und praktizierte Rollenverteilung und die gemeinsame Ausgestaltung der Kinderbetreuung sowie der Dauer der Ehe zu berücksichtigen (elternbezogene Gründe, § 1570 Abs. 2 BGB).

Die Erwerbsobliegenheit beurteilt sich auch danach, ob eine Erwerbstätigkeit neben der Betreuung des Kindes zu einer überobligationsmäßigen Belastung führen würde. Die Darlegungs- und Beweislast für die Umstände, die einer vollen oder teilweisen Erwerbsobliegenheit ab Vollendung des dritten Lebensjahres des Kindes entgegenstehen, trifft den betreuenden Ehegatten. Dies gilt auch, wenn ein Titel über den Basisunterhalt nach § 1570 Abs. 1 S. 1 BGB abgeändert werden soll.

---

[1] **Habersack, Deutsche Gesetze Nr. 20.**

Der Betreuungsunterhalt nach § 1570 BGB ist nicht nach § 1578b BGB zu befristen.

17.2 In der Regel besteht spätestens ein Jahr nach der Trennung eine Obliegenheit zur Aufnahme oder Ausweitung einer Erwerbstätigkeit. Dabei sind die unter 17.1 genannten Grundsätze anzuwenden.

Ansprüche nach § 1615l BGB, Elternunterhalt. Lebenspartnerschaft

18. Ansprüche nach § 1615l BGB[1]

Der Bedarf nach § 1615l BGB bemisst sich nach der bisherigen Lebensstellung des betreuenden Elternteils. Er ist auch dann nicht nach dem Einkommen des Pflichtigen zu bemessen, wenn dieser mit dem betreuenden Elternteil zusammengelebt hat (BGH FamRZ 2008, 1739; FamRZ 2010, 357). Der Bedarf, der sich auch aus einem Unterhaltsanspruch gegen einen früheren Ehegatten ergeben kann, darf das Existenzminimum für Nichterwerbstätige (Anm. B IV b der Düsseldorfer Tabelle[2]) nicht unterschreiten (BGH FamRZ 2010, 357, FamRZ 2010, 444).

Zur Frage der Berücksichtigung eigener Einkünfte, zu Abzügen hiervon und zur Erwerbsobliegenheit gelten die Ausführungen für den Ehegatten entsprechend.

19. Elternunterhalt

Der Bedarf der Eltern bemisst sich in erster Linie nach deren Einkommens- und Vermögensverhältnissen. Mindestens muss jedoch das Existenzminimum eines Nichterwerbstätigen (Anm. B IV b der Düsseldorfer Tabelle[2]: 1.200 €) sichergestellt werden. Darin sind Kosten der Kranken- und Pflegeversicherung nicht enthalten. Etwaiger Mehrbedarf (z.B. Heimunterbringung) ist zusätzlich auszugleichen. Zur Bedarfsdeckung durch Grundsicherung siehe Ziff. 2.9.

20. Lebenspartnerschaft

Bei Getrenntleben oder Aufhebung der Lebenspartnerschaft gelten §§ 12, 16 LPartG[3].

Leistungsfähigkeit und Mangelfall

21. Selbstbehalt des Verpflichteten

21.1 Der Unterhaltsverpflichtete ist leistungsfähig, wenn ihm der Selbstbehalt verbleibt. Es ist zu unterscheiden zwischen dem notwendigen (§ 1603 Abs. 2 BGB), dem angemessenen (§ 1603 Abs. 1 BGB[1]) sowie dem billigen Selbstbehalt (§ 1581 BGB).

21.2 Der **notwendige Selbstbehalt** bei gesteigerter Unterhaltspflicht (§ 1603 Abs. 2 BGB) gegenüber minderjährigen unverheirateten und ihnen gleichgestellten volljährigen Kindern (§ 1603 Abs. 2 Satz 2 BGB[1]) beträgt beim nicht erwerbstätigen Unterhaltspflichtigen monatlich 1.200 €, beim

---

[1] **Habersack, Deutsche Gesetze Nr. 20.**
[2] Nr. **47**.
[3] Nr. **43**.

erwerbstätigen Unterhaltspflichtigen monatlich 1.450 €. Hierin sind 520 € für Unterkunft einschließlich umlagefähiger Nebenkosten und Heizung (Warmmiete) enthalten. Der Selbstbehalt kann angemessen erhöht werden, wenn dieser Betrag im Einzelfall erheblich überschritten wird und dies nicht vermeidbar ist.

21.3 Der **angemessene Selbstbehalt** (§ 1603 Abs. 1 BGB[1]) gilt insbesondere gegenüber volljährigen Kindern, die minderjährigen Kindern nicht gleichgestellt sind, sowie gegenüber den Eltern des Unterhaltsverpflichteten und gegenüber Ansprüchen nach § 1615l BGB[1].

21.3.1 Er beträgt **gegenüber volljährigen Kindern** in der Regel mindestens monatlich 1.750 €, darin ist eine Warmmiete bis 650 € enthalten.

21.3.2 Er beträgt **gegenüber Ansprüchen nach 1615l BGB[1]** beim nicht erwerbstätigen Unterhaltspflichtigen monatlich 1.475 €, beim erwerbstätigen Unterhaltspflichtigen monatlich 1.600 €, darin ist eine Warmmiete bis 580 € enthalten.

21.3.3 **Gegenüber Eltern** beträgt der Selbstbehalt monatlich mindestens 2.650 € (einschließlich 1.000 € Warmmiete) zuzüglich der Hälfte des darüber hinausgehenden Einkommens.

21.3.4 Der **Selbstbehalt von Großeltern gegenüber Enkeln** entspricht dem Selbstbehalt beim Elternunterhalt.

21.4 Der **billige Selbstbehalt** des Unterhaltsverpflichteten **beim Ehegattenunterhalt** (§ 1581 BGB[1]) beläuft sich in der Regel auf die Mitte zwischen angemessenem und notwendigem Selbstbehalt (derzeit: beim nicht erwerbstätigen Unterhaltspflichtigen monatlich gerundet 1.475 €, beim erwerbstätigen Unterhaltspflichtigen monatlich gerundet 1.600 €, bei Warmmiete bis 580 €).

21.5 Vorteile durch das **Zusammenleben mit einer anderen Person** können eine Herabsetzung des Selbstbehalts rechtfertigen, es sei denn, deren Einkommen liegt unter 650 €. Dabei beträgt die Ersparnis im Regelfall 10 % des Selbstbehalts.

22. Notwendiger Bedarf des mit dem Pflichtigen zusammenlebenden Ehegatten

Insoweit wird auf Anm. B V Nr. 2 der Düsseldorfer Tabelle[2] verwiesen.

23. Mangelfall

23.1 Ein Mangelfall liegt vor, wenn das Einkommen des Unterhaltsverpflichteten zur Deckung seines Selbstbehalts und der Unterhaltsansprüche der gleichrangigen Berechtigten nicht ausreicht. Für diesen Fall ist die nach Abzug des Selbstbehalts des Unterhaltspflichtigen verbleibende Verteilungsmasse auf die gleichrangigen Unterhaltsberechtigten im Verhältnis ihrer jeweiligen Einsatzbeträge gleichmäßig zu verteilen.

23.2 **Die Einsatzbeträge im Mangelfall** sind (nach Maßgabe der in § 1609 BGB[1] geregelten Rangfolge)

---

[1] **Habersack, Deutsche Gesetze Nr. 20.**
[2] Nr. **47**.

23.2.1 bei minderjährigen und diesen nach § 1603 Abs. 3, S. 2 BGB[1] gleichgestellten Kindern der jeweilige Zahlbetrag des Mindestunterhalts.

23.2.2 bei getrennt lebenden oder geschiedenen Ehegatten und bei mit dem Pflichtigen in gemeinsamem Haushalt lebenden Ehegatten, sowie bei nach § 1615l BGB[1] Unterhaltsberechtigten der jeweilige ungedeckte Bedarfsbetrag.

Rundung, Anhang

24. Rundung

Der Unterhalt ist auf volle Euro zu runden.

Anhang. Düsseldorfer Tabelle nebst Anmerkungen

(abgedruckt unter Nr. ***47****)*

[1] **Habersack, Deutsche Gesetze Nr. 20.**

47o. Oberlandesgericht Köln – Unterhaltsleitlinien der Familiensenate[1)]

(Stand: 1. Januar 2024)

Vorbemerkung

Die Familiensenate des OLG Köln verwenden diese Leitlinien für den Regelfall, um eine in praktisch bedeutsamen Unterhaltsfragen möglichst einheitliche Rechtsprechung zu erreichen. Die Leitlinien können die Richter nicht binden. Sie sollen die angemessene Lösung des Einzelfalls – das gilt auch für die „Tabellen-Unterhaltssätze" – nicht antasten.

Die Leitlinien folgen der Düsseldorfer Tabelle[2)] und den Süddeutschen Leitlinien[3)], weichen jedoch in Einzelfragen davon ab.

Die Leitlinien gelten ab 1. Januar 2024. Gegenüber den ab dem 1. Januar 2023 geltenden Leitlinien ergeben sich – neben redaktionellen Anpassungen – Änderungen in den Ziffern 12.1, 13.3, 15.3, 15.7, 18, 21.2, 21.3.1, 21.3.2, 21.3.4, 21.4, 21.5, 22.1, 22.2., 22.3, 23.1, 23.2 und 23.3 sowie den Anhängen I. und II.

Unterhaltsrechtliches Einkommen

Bei der Ermittlung und Zurechnung von Einkommen ist stets zu unterscheiden, ob es um Verwandten- oder Ehegattenunterhalt sowie ob es um Bedarfsbemessung einerseits oder Feststellung der Bedürftigkeit/Leistungsfähigkeit andererseits geht.

Das unterhaltsrechtliche Einkommen ist nicht immer identisch mit dem steuerrechtlichen Einkommen.

1 Geldeinnahmen

1.1 Regelmäßiges Bruttoeinkommen einschl. Renten und Pensionen

Auszugehen ist vom Bruttoeinkommen als Summe aller Einkünfte.

1.2 Unregelmäßiges Einkommen

Soweit Leistungen nicht monatlich anfallen (z.B. Weihnachts- und Urlaubsgeld), werden sie auf ein Jahr verteilt. Einmalige Zahlungen (z.B. Abfindungen) sind auf einen angemessenen Zeitraum (i.d.R. mehrere Jahre) zu verteilen.

Eine zusätzlich zu dem in unveränderter Höhe bezogenen Einkommen erhaltene Abfindung bleibt jedenfalls für den Ehegattenunterhalt unberücksichtigt (BGH, Urt. v. 2.6.2010 – XII ZR 138/08, FamRZ 2010, 1311). Im Übrigen ist eine Abfindung bis zur Höchstgrenze des Bedarfs aufgrund des früheren Einkommens grundsätzlich für den Unterhalt zu verwenden (BGH, Urt. v. 28.03.2007 – XII ZR 163/04, FamRZ 2007, 983, v. 02.06.2010 – XII ZR 138/08, FamRZ 2010, 1311 und v. 08.04. 2012 – XII ZR 65/10, FamRZ 2012, 1040, teilweise Aufgabe von BGH, Urt. v. 29.01.2003 – XII ZR 92/01, FamRZ 2003, 590).

---

1) In der jeweils aktuellen Fassung kostenlos abrufbar unter www.olg-koeln.nrw.de.
2) Nr. **47**.
3) Nr. **47b**.

Ob eine Aufstockung bis zum bisherigen Einkommen geboten ist und der bisherige Lebensstandard vollständig aufrechterhalten werden muss oder ob eine nur teilweise Aufstockung angemessen ist, um die Abfindung auf einen längeren Zeitraum zu verteilen, beurteilt sich nach den Umständen des Einzelfalls unter Berücksichtigung der beiderseitigen Interessen, insbesondere auch nach der vom Unterhaltspflichtigen zu erwartenden weiteren Einkommensentwicklung (BGH, Urt. v. 08.04.2012 – XII ZR 65/10, FamRZ 2012, 1040).

1.3 Überstunden

Überstundenvergütungen werden dem Einkommen voll zugerechnet, soweit sie berufstypisch sind und das in diesem Beruf übliche Maß nicht überschreiten. Ob und in welchem Umfang weitergehende Einkünfte durch Überstunden, aus Nebentätigkeit oder Zweitarbeit anrechenbar sind, ist nach Billigkeit nach den Umständen des Einzelfalls (Höhe der Einkünfte, hohe Schuldenbelastung, Sicherung des Mindestbedarfs, Alter, beidseitige wirtschaftliche Verhältnisse) zu entscheiden (vgl. BGH, Urt. v. 31.10.2012 – XII ZR 30/10).

1.4 Spesen und Auslösungen

Ersatz für Spesen und Reisekosten sowie Auslösungen gelten in der Regel als Einkommen. Damit zusammenhängende Aufwendungen, vermindert um häusliche Ersparnis, sind jedoch abzuziehen.

1.5 Einkommen aus selbstständiger Tätigkeit

Bei der Ermittlung des zukünftigen Einkommens eines Selbstständigen ist in der Regel der Gewinn der letzten drei Jahre zugrunde zu legen. Für die Vergangenheit ist in der Regel auf das tatsächlich erzielte Jahreseinkommen abzustellen; Durchschnittsberechnungen für den gesamten Unterhaltszeitraum oder für einzelne Unterhaltszeiträume sind möglich.

1.6 Einkommen aus Vermietung und Verpachtung sowie Kapitalvermögen

Einkommen aus Vermietung und Verpachtung sowie aus Kapitalvermögen ist der Überschuss der Bruttoeinkünfte über die Werbungskosten. Für Gebäude ist keine AfA anzusetzen.

1.7 Steuererstattungen

Steuerzahlungen oder Erstattungen sind in der Regel im Kalenderjahr der tatsächlichen Leistung zu berücksichtigen.

1.8 Sonstige Einnahmen

Sonstige Einnahmen (z.B. Trinkgelder, Krankenhaustagegeld).

2 Sozialleistungen

2.1 Arbeitslosengeld (§ 136 ff. SGB III), Insolvenzgeld (§ 165 ff. SGB III), Krankengeld und Übergangsgeld

Diese Leistungen sind Einkommen.

2.2 Leistungen nach dem SGB II

Leistungen nach dem SGB II (Bürgergeld, §§ 19–23 SGB II) sind Einkommen beim Verpflichteten. Beim Berechtigten sind Leistungen nach dem SGB II kein Einkommen. Soweit ein Übergang des Anspruchs auf den Träger der Leistungen nach § 33 Abs. 2 SGB II ausgeschlossen ist (auch bei fiktivem Einkommen), können Unterhaltsforderungen eines Leistungsempfängers für die Vergangenheit treuwidrig sein (vgl. BGH FamRZ 1999, 843).

2.3 Wohngeld

Wohngeld ist Einkommen, soweit es nicht erhöhte Wohnkosten deckt.

2.4 BAföG

BAföG-Leistungen sind Einkommen, auch soweit sie als Darlehn gewährt werden, mit Ausnahme von Vorausleistungen nach §§ 36, 37 BAföG[1].

2.5 Erziehungs- und Elterngeld

Elterngeld nach § 1 BEEG[2] ist als Einkommen zu behandeln; für den Mindestbetrag von monatlich 300 EUR bzw. 150 EUR bei verlängertem Bezug gilt dies nur ausnahmsweise (§ 11 S. 4 BEEG).

2.6 Unfall- und Versorgungsrenten

Unfall- und Versorgungsrenten sowie Übergangsgelder aus der Unfall- und Rentenversicherung sind Einkommen; §§ 1610a, 1578a BGB[3] sind zu beachten.

2.7 Leistungen aus der Pflegeversicherung u.ä.

Leistungen aus der Pflegeversicherung, Blindengeld, Schwerbeschädigten- und Pflegezulagen, jeweils nach Abzug des Betrags für tatsächliche Mehraufwendungen, sind Einkommen; §§ 1610a, 1578a BGB[3] sind zu beachten.

2.8 Pflegegeld

Leistungen der Pflegeversicherung sind nur ausnahmsweise als Einkommen der Pflegeperson zu berücksichtigen, § 13 Abs. 6 SGB XI. Berücksichtigungsfähiges Pflegegeld nach § 13 Abs. 6 SGB XI oder Pflegegeld nach anderen Rechtsvorschriften ist Einkommen der Pflegeperson höchstens mit dem Anteil, durch den ihre Bemühungen abgegolten werden.

2.9 Grundsicherung beim Verwandtenunterhalt

In der Regel sind Leistungen nach §§ 41–43 SGB XII (Grundsicherung) beim Verwandtenunterhalt Einkommen, nicht aber beim Ehegattenunterhalt.

2.10 Sozialhilfe

Kein Einkommen sind sonstige Sozialhilfeleistungen nach SGB XII. Für den Ausschluss des Anspruchsübergangs nach § 94 Abs. 3 SGB XII gilt 2.2. entsprechend.

2.11 Unterhaltsvorschuss

Leistungen nach dem UVG[4] sind nicht als Einkommen zu bewerten. Für den Ausschluss des Anspruchsübergangs nach § 7 UVG gelten die Ausführungen unter 2.2. entsprechend.

---

[1] **Sartorius Nr. 420.**
[2] Nr. **45e**.
[3] **Habersack, Deutsche Gesetze Nr. 20.**
[4] Nr. **45d**.

3 **Kindergeld**

Kindergeld wird nicht zum Einkommen der Eltern gerechnet.

4 **Geldwerte Zuwendungen des Arbeitgebers**

Geldwerte Zuwendungen aller Art des Arbeitgebers, z.B. Firmenwagen oder freie Kost und Logis, sind Einkommen, soweit sie entsprechende Eigenaufwendungen ersparen. Die hierfür steuerlich in Ansatz gebrachten Beträge bieten einen Anhaltspunkt für die Bewertung des geldwerten Vorteils (für Firmenwagen: 1 % des Bruttolistenpreises zzgl. 0,03 % des Bruttolistenpreises je Entfernungskilometer zwischen Wohnung und Arbeitsstätte).

5 **Wohnwert**

Der Wohnvorteil durch mietfreies Wohnen im eigenen Heim ist als wirtschaftliche Nutzung des Vermögens unterhaltsrechtlich wie Einkommen zu behandeln. Neben dem Wohnwert sind auch Zahlungen nach dem Eigenheimzulagengesetz anzusetzen.

Ein Wohnvorteil liegt nur vor, soweit der Wohnwert den berücksichtigungsfähigen Schuldendienst, erforderliche Instandhaltungskosten sowie nicht umlagefähige Kosten i.S.v. § 556 Abs. 1 BGB[1)], §§ 1, 2 BetrKV[2)] übersteigt (zur Berücksichtigung von Tilgungsleistungen vgl. BGH, Beschl. v. 18.01.2017, FamRZ 2017, 519).

Auszugehen ist vom vollen Mietwert (objektiver Wohnwert). Wenn es nicht möglich oder nicht zumutbar ist, die Wohnung aufzugeben und das Objekt zu vermieten oder zu veräußern, kann statt dessen die ersparte Miete angesetzt werden, die angesichts der wirtschaftlichen Verhältnisse angemessen wäre (subjektiver Wohnwert). Dies kommt insbesondere für die Zeit bis zur Zustellung des Scheidungsantrags in Betracht, wenn ein Ehegatte das Eigenheim allein bewohnt (BGH, Urt. v. 05.03.2008 – XII ZR 22/06, FamRZ 2008, 963, 965; Urt. v. 31.10.2012 – XII ZR 30/10).

6 **Haushaltsführung**

Führt jemand einem leistungsfähigen Dritten den Haushalt, so ist hierfür ein Einkommen anzusetzen. Bei Haushaltsführung durch einen Nichterwerbstätigen können in der Regel 200–550 EUR angesetzt werden.

7 **Einkommen aus unzumutbarer Erwerbstätigkeit**

Einkommen aus unzumutbarer Erwerbstätigkeit kann nach Billigkeit ganz oder teilweise unberücksichtigt bleiben.

8 **Freiwillige Zuwendungen Dritter**

Freiwillige Zuwendungen Dritter (z.B. Geldleistungen, kostenloses Wohnen) sind nur als Einkommen zu berücksichtigen, wenn dies dem Willen des Dritten entspricht.

---

1) **Habersack, Deutsche Gesetze Nr. 20.**
2) Nr. **30b/1**.

9 Erwerbsobliegenheit und Einkommensfiktion

Einkommen können auch aufgrund einer unterhaltsrechtlichen Obliegenheit erzielbare Einkünfte, ggfs. unter Berücksichtigung pauschaler berufsbedingter Kosten (BGH, Urt. v. 03.12.2008 – XII ZR 182/06, FamRZ 2009, 314, 317), sein.

Erzielbare Einkünfte sind im Einzelfall unter Berücksichtigung der jeweiligen Verhältnisse auf dem Arbeitsmarkt und der persönlichen Eigenschaften des Erwerbspflichtigen, namentlich Alter, Ausbildung, Berufserfahrung, Gesundheitszustand, Geschlecht, zu ermitteln und setzen auch bei Inanspruchnahme auf den Mindestunterhalt durch ein minderjähriges Kind eine objektiv feststellbare reale Beschäftigungschance voraus (BVerfG, 1. Sen. 2. Kammer, Beschl. v. 11.03.2010 – 1 BvR 3031/08, FamRZ 2010, 793).

10 Bereinigung des Einkommens

Das nach Nr. 1 bis 9 ermittelte Einkommen ist wie folgt zu bereinigen:

10.1 Steuern und Vorsorgeaufwendungen

Vom Bruttoeinkommen sind Steuern, Sozialabgaben und/oder angemessene Vorsorgeaufwendungen abzuziehen (Nettoeinkommen).

10.1.1 Steuern/Splittingvorteil

Es besteht die Obliegenheit, Steuervorteile in Anspruch zu nehmen (z.B. Eintragung eines Freibetrags bei Fahrtkosten, für unstreitigen oder titulierten Unterhalt).

10.1.2 Vorsorgeaufwendungen

Vom Einkommen sind ferner Aufwendungen für Kranken-, Pflege-, Renten- und Arbeitslosenversicherung abzuziehen.

Im Rahmen der Altersvorsorge können über die Aufwendungen zur Grundversorgung (primäre Altersvorsorge) hinaus in angemessenem Umfang auch tatsächlich geleistete Zahlungen für eine zusätzliche private Altersvorsorge (sekundäre Altersvorsorge) angesetzt werden. Für die primäre Altersvorsorge können Personen, die nicht der gesetzlichen Versicherungspflicht unterliegen, in der Regel etwa 20 % des Bruttoeinkommens ansetzen, sofern die Aufwendungen tatsächlich erfolgen und die Altersvorsorge nicht bereits auf andere Weise gesichert ist. Für die sekundäre Altersvorsorge ist in der Regel beim Ehegattenunterhalt und – wenn der Mindestbedarf gedeckt ist – beim Kindesunterhalt ein Betrag in Höhe von 4 %, bei Eltern- und Enkelunterhalt in Höhe von 5 % des Bruttoeinkommens angemessen.

10.2 Berufungsbedingte Aufwendungen

Berufsbedingte Aufwendungen, die sich von den privaten Lebenshaltungskosten nach objektiven Merkmalen eindeutig abgrenzen lassen, sind im Rahmen des Angemessenen vom Nettoeinkommen abzuziehen.

10.2.1 Konkrete Aufwendungen

Eine Pauschale von 5 % wird in der Regel nicht gewährt, sondern die berufsbedingten Aufwendungen sind im Einzelnen darzulegen.

10.2.2 Fahrtkosten

Für notwendige Kosten der berufsbedingten Nutzung eines Kraftfahrzeugs kann der nach § 5 Abs. 2 JVEG[1] anzuwendende Betrag (derzeit 0,42 EUR) pro gefahrenem Kilometer angesetzt werden. Damit sind i.d.R. Anschaffungs- und Betriebskosten erfasst. Bei langen Fahrtstrecken (ab ca. 30 km einfach) kann nach unten abgewichen werden (für die Mehrkilometer i.d.R. 0,28 EUR). Daneben sind weitere Kosten (etwa für Kredite oder Reparaturen) regelmäßig nicht absetzbar. Eine Verweisung auf die Benutzung öffentlicher Verkehrsmittel kommt nach Billigkeit in Betracht, insbesondere wenn der Mindestunterhalt nicht geleistet werden kann.

10.2.3 Ausbildungsaufwand

Bei einem Auszubildenden sind in der Regel 100 EUR als pauschaler ausbildungsbedingter Aufwand abzuziehen, unabhängig davon, ob er im Haushalt der Eltern oder eines Elternteils lebt. Höherer Aufwand (auch Fahrtkosten) ist konkret nachzuweisen.

10.3 Kinderbetreuung

Kinderbetreuungskosten und damit zusammenhängende Aufwendungen sind abzugsfähig, soweit die Betreuung durch Dritte infolge der Berufstätigkeit erforderlich wird. Der pauschale Abzug eines Betreuungsbonus kommt dagegen nicht in Betracht (BGH, Urt. v. 21.04.2010 – XII ZR 134/08, FamRZ 2010,1050).

10.4 Schulden

Berücksichtigungswürdige Schulden (Zinsen und Tilgung) sind abzuziehen; die Abzahlung soll im Rahmen eines vernünftigen Tilgungsplans in angemessenen Raten erfolgen.

Im Verhältnis zu minderjährigen und privilegierten volljährigen Kindern besteht grundsätzlich die Obliegenheit zur Einleitung der Verbraucherinsolvenz (BGHZ 162, 234), nicht aber gegenüber sonstigen Unterhaltsberechtigten (BGH, Urt. v. 12.12.2007 – XII ZR 23/06, FamRZ 2008, 497).

Bei der Bedarfsermittlung für den Ehegattenunterhalt sind nur eheprägende Schulden abzuziehen. Nacheheliche Entwicklungen wirken sich auf die Bedarfsbemessung nach den ehelichen Lebensverhältnissen aus, wenn sie auch bei fortbestehender Ehe eingetreten wären oder in anderer Weise in der Ehe angelegt oder mit hoher Wahrscheinlichkeit zu erwarten waren (BGH, Urt. v. 07.12.2011 – XII ZR 151/09, FamRZ 2012, 281).

Bei Verwandtenunterhalt sowie bei der Leistungsfähigkeit/Bedürftigkeit für den Ehegattenunterhalt erfolgt eine Abwägung nach den Umständen des Einzelfalls. Bei der Zumutbarkeitsabwägung sind die Interessen des Unterhaltsschuldners, des Drittgläubigers und des Unterhaltsgläubigers, vor allem minderjähriger Kinder, mit zu berücksichtigen.

10.5 Unterhaltsleistungen

Unterhaltsleistungen für vorrangig Berechtigte sind beim Verpflichteten zur Ermittlung der Leistungsfähigkeit vorweg mit dem Zahlbetrag abzuziehen. Leistet der Berechtigte einem nicht gemeinsamen minderjäh-

[1] **Habersack, Deutsche Gesetze Nr. 116.**

rigen oder privilegierten volljährigen Kind Barunterhalt, so ist auch dieser mit dem nach seinen Einkommensverhältnissen maßgeblichen Zahlbetrag abzugsfähig. Ggf. ist beim unterhaltsberechtigten Ehegatten anteiliger Barunterhalt gegenüber gemeinsamen Kindern als Abzugsposten zu berücksichtigen (vgl. BGH, Beschluss v. 29.09.2021 – XII ZB 474/20, FamRZ 2021, 1965). Im Übrigen richtet sich die Abzugsfähigkeit von Unterhaltsleistungen nach den Umständen des Einzelfalls.

10.6 Vermögensbildung

Bei vermögenswirksamen Leistungen nach den Vermögensbildungsgesetzen sind die Arbeitgeberleistung und die Arbeitnehmersparzulage nicht als unterhaltsrechtliches Einkommen zu werten. Eine weitergehende Arbeitnehmerleistung ist vom Einkommen abzuziehen, wenn sie als angemessene Vorsorgeaufwendung (Nr. 10.1.2) anerkannt werden kann. Im Übrigen sind vermögensbildende Aufwendungen im angemessenen Rahmen abzugsfähig.

10.7 Umgangskosten

Kosten der Ausübung des Umgangsrechts, die deutlich über den verbleibenden Anteil am Kindergeld (vgl. Nr. 14) hinausgehen, können durch einen –teilweisen – Abzug vom Einkommen oder eine Erhöhung des Ehegattenselbstbehalts berücksichtigt werden (BGH, Urt. v. 17.06. 2009 – XII ZR 102/08, FamRZ 2009, 1391, 1396).

Kindesunterhalt

11 Bemessungsgrundlage (Tabellenunterhalt)

Der Barunterhalt minderjähriger und noch im elterlichen Haushalt lebender volljähriger Kinder bestimmt sich nach den Sätzen der Düsseldorfer Tabelle[1] (Anhang I). Die Richtsätze der 1. Einkommensgruppe der ersten drei Altersstufen entsprechen dem Mindestbedarf gemäß § 1612a Abs. 1 BGB[2] (vgl. BGBl. I 2015, 2188) in der Fassung der Fünften Verordnung zur Änderung der Mindestunterhaltsverordnung v. 29.11.2023 (BGBl. I 2023 Nr. 330). Die Bedarfssätze der vierten Altersstufe – ab 18 Jahren – errechnen sich auf der Grundlage von 125 % des Mindestbedarfs. Bei minderjährigen Kindern kann der Barunterhalt als Festbetrag oder als Prozentsatz des jeweiligen Mindestunterhalts geltend gemacht werden.

11.1 Kranken- und Pflegeversicherungsbeiträge, Studiengebühren

Die Tabellensätze der Düsseldorfer Tabelle[1] enthalten keine Kranken- und Pflegeversicherungsbeiträge für das Kind. Ist dieses nicht in einer gesetzlichen Familienversicherung mitversichert, so sind die Beiträge zusätzlich zu zahlen. Das Nettoeinkommen des Verpflichteten ist um solche Versicherungskosten zu bereinigen. In den Tabellenbeträgen sind auch Studiengebühren nicht enthalten.

11.2 Eingruppierung

Die Tabellensätze sind auf den Fall zugeschnitten, dass der Unterhaltspflichtige zwei Berechtigten, ohne Rücksicht auf den Rang, Unterhalt zu

[1] Nr. **47**.
[2] **Habersack, Deutsche Gesetze Nr. 20.**

gewähren hat. Bei einer größeren oder geringeren Anzahl Unterhaltsberechtigter können Ab- oder Zuschläge durch Einstufung in niedrigere oder höhere Gruppen angemessen sein. Reicht das verfügbare Einkommen auch dann nicht aus, setzt sich der Vorrang der Kinder nach § 1609 Nr. 1 BGB[1)] durch (Nr. 24).

12 Minderjährige Kinder

12.1 Betreuungs-/Barunterhalt

Der betreuende Elternteil braucht neben dem anderen Elternteil in der Regel keinen Barunterhalt zu leisten, es sei denn, sein Einkommen ist bedeutend höher als das des anderen Elternteils und der eigene angemessene Unterhalt (1.750 EUR) des sonst allein barunterhaltspflichtigen Elternteils ist gefährdet (§ 1603 Abs. 2 S. 3 BGB[1)]).

12.2 Einkommen des Kindes

Einkommen des Kindes wird bei beiden Eltern hälftig angerechnet.

12.3 Beiderseitige Barunterhaltspflicht/Haftungsanteil

Sind bei auswärtiger Unterbringung oder bei Praktizierung eines echten Wechselmodells (Betreuung 50:50) beide Eltern zum Barunterhalt verpflichtet, haften sie anteilig nach § 1606 Abs. 3 S. 1 BGB[1)] für den Gesamtbedarf (BGH, Beschl. v. 11.01.2017 – XII ZB 565/15, FamRZ 2017, 437; Berechnung siehe Nr. 13.3). Der Unterhaltsbedarf umfasst auch die infolge des Wechselmodells entstehenden Mehrkosten. Der dem Kind von einem Elternteil während dessen Betreuungszeiten im Wechselmodell geleistete Naturalunterhalt ist als (teilweise) Erfüllung des Unterhaltsanspruchs zu berücksichtigen.

Bei auswärtiger Unterbringung kann der Verteilungsschlüssel unter Berücksichtigung des Betreuungsaufwands wertend verändert werden.

12.4 Zusatzbedarf

Bei Zusatzbedarf (Prozess-/Verfahrenskostenvorschuss, Mehrbedarf, Sonderbedarf) gilt § 1606 Abs. 3 S. 1 BGB[1)] (vgl. Nr. 13.3). Beiträge für Kindereinrichtungen stellen mit Ausnahme der Verpflegungskosten ebenfalls Mehrbedarf des Kindes dar (BGH, Urt. v. 26.11.2008 – 65/07, FamRZ 2009, 962). Sonstiger Betreuungsbedarf ist nur dann Mehrbedarf des Kindes, wenn er über den Umfang der von dem betreuenden Elternteil ohnehin geschuldeten Betreuung hinausgeht und eine besondere Förderung des Kindes in staatlichen Kindergärten, Kindertagesstätten oder Horten oder in vergleichbaren privaten Einrichtungen betrifft. Wird die Betreuung eines Kindes durch Dritte hingegen allein infolge der Berufstätigkeit des betreuenden Elternteils erforderlich, so stellen die Betreuungskosten keinen Mehrbedarf des Kindes dar, sondern gehören zur allgemeinen Betreuung, die vom betreuenden Elternteil im Gegenzug zur Barunterhaltspflicht des anderen allein zu leisten ist. Dafür entstehende Betreuungskosten können lediglich als berufsbedingte Aufwendungen des betreuenden Elternteils Berücksichtigung finden (BGH, Beschl. v. 04.10. 2017 – XII ZB 55/17, FamRZ 2018, 23).

---

1) Habersack, Deutsche Gesetze Nr. 20.

13 Volljährige Kinder

13.1 Bedarf

Beim Bedarf volljähriger Kinder ist zu unterscheiden, ob sie noch im Haushalt der Eltern/eines Elternteils leben oder einen eigenen Hausstand haben.

Für volljährige Kinder, die noch im Haushalt der Eltern/eines Elternteils wohnen, gilt die Altersstufe 4 der Düsseldorfer Tabelle[1]. Sind beide Eltern leistungsfähig (vgl. Nr. 21.3.1), ist der Bedarf des Kindes i.d.R. nach dem zusammengerechneten Einkommen (ohne Höhergruppierung oder Herabstufung) zu bemessen. Ein Elternteil hat jedoch höchstens den Unterhalt zu leisten, der sich allein nach seinem Einkommen aus der Düsseldorfer Tabelle ergibt.

Der angemessene Bedarf eines volljährigen Kindes mit eigenem Hausstand beträgt in der Regel monatlich 930 EUR (darin sind enthalten Kosten für Unterkunft und Heizung bis zu 410 EUR) ohne Beiträge zur Kranken- und Pflegeversicherung sowie Studiengebühren. Von diesem Betrag kann bei erhöhtem Bedarf oder mit Rücksicht auf die Lebensstellung der Eltern nach oben abgewichen werden.

Für die Haftungsquote gilt in beiden Fällen Nr. 13.3.

13.2 Einkommen des Kindes

Auf den Unterhaltsbedarf werden das Kindergeld (Nr. 14) sowie Einkünfte des Kindes, auch BAföG-Darlehen und Ausbildungsbeihilfen (gekürzt um ausbildungsbedingte Aufwendungen, vgl. Nr. 10.2.3) angerechnet. Bei Einkünften aus unzumutbarer Erwerbstätigkeit gilt § 1577 Abs. 2 BGB[2] entsprechend.

13.3 Beiderseitige Barunterhaltspflicht

Bei anteiliger Barunterhaltspflicht ist vor Berechnung des Haftungsanteils nach § 1606 Abs. 3 S. 1 BGB[2] das bereinigte Nettoeinkommen jedes Elternteils gem. Nr. 10 zu ermitteln. Hiervon ist bei Unterhaltsansprüchen nicht privilegierter volljähriger Kinder ein Sockelbetrag in Höhe des angemessenen Selbstbehalts (1.750 EUR) abzuziehen.

Der Haftungsanteil nach § 1606 Abs. 3 S. 1 BGB errechnet sich nach der Formel:

Bereinigtes Nettoeinkommen eines Elternteils (N1 oder N2) abzüglich 1.750 EUR mal (Rest-)Bedarf gemäß Nr. 13.1./13.2. (R), geteilt durch die Summe der bereinigten Nettoeinkommen beider Eltern (N1 + N2) abzüglich 3.500 (= 1.750 + 1.750) EUR.

Haftungsanteil Elternteil 1 = (N1 – 1.750) × R: (N1 + N2 – 3.500).

Der so ermittelte Haftungsanteil ist auf seine Angemessenheit zu überprüfen und kann bei Vorliegen besonderer Umstände (z.B. behindertes Kind) wertend verändert werden.

Bei volljährigen Schülern, die in § 1603 Abs. 2 S. 2 BGB minderjährigen Kindern gleichgestellt sind, wird der Sockelbetrag bis zum notwendigen Selbstbehalt (1.200 EUR/1.450 EUR) herabgesetzt, wenn der Bedarf der Kinder andernfalls nicht gedeckt werden kann.

---

[1] Nr. **47**.
[2] **Habersack, Deutsche Gesetze Nr. 20.**

14 Verrechnung des Kindergeldes

Das auf das jeweilige Kind entfallende Kindergeld ist nach § 1612b BGB[1] auf den Tabellenunterhalt anzurechnen, vgl. Anhang II. Tabelle Zahlbeträge.

Ehegattenunterhalt

15 Unterhaltsbedarf

15.1 Bedarf nach den ehelichen Lebensverhältnissen

Der Unterhaltsbedarf richtet sich nach den ehelichen Lebensverhältnissen. Nacheheliche Entwicklungen wirken sich auf die Bedarfsbemessung nach den ehelichen Lebensverhältnissen aus, wenn sie auch bei fortbestehender Ehe eingetreten wären oder in anderer Weise in der Ehe angelegt oder mit hoher Wahrscheinlichkeit zu erwarten waren (BGH, Urt. v. 07.12. 2011 – XII ZR 151/09, FamRZ 2012, 281).

Bei Aufnahme oder Ausdehnung einer Erwerbstätigkeit nach der Scheidung ist das (Mehr) einkommen, welches der Berechtigte erzielt oder pflichtwidrig zu erzielen unterlässt, als Surrogat der Haushaltsführung anzusehen (BGH, Urt. v. 07.12.2011 – XII ZR 151/09, FamRZ 2012, 281; BGH, Beschl. v. 25.09.2019 – XII ZB 25/19).

Nachrangige Unterhaltsansprüche volljähriger Kinder sind bei der Bemessung des Unterhaltsbedarfs des Ehegatten zu berücksichtigen, wenn sie eheprägende Verbindlichkeiten darstellen (BGH, Urt. v. 31.10.2012 – XII ZR 30/10).

Ohne Auswirkung auf den Unterhaltsbedarf sind nacheheliche Entwicklungen, die keinen Anknüpfungspunkt in der Ehe haben, wie die Unterhaltspflicht gegenüber einem neuen Ehegatten, der Splittingvorteil aus der neuen Ehe, sonstige von der neuen Ehe abhängige Einkommenszuschläge, der Vorteil des Zusammenlebens in der neuen Ehe und die Unterhaltspflicht für ein nachehelich geborenes Kind (BGH, Urt. v. 07.12.2011 – XII ZR 151/09, FamRZ 2012, 281).

Übersteigt der so ermittelte Bedarf des Berechtigten den Betrag, der dem Verpflichteten für den eigenen Unterhalt verbleibt (relativer Mangelfall), führt dies zur Kürzung des Unterhalts des Berechtigten und des individuellen Selbstbehalts des Verpflichteten. Ist für den Unterhaltsberechtigten die Untergrenze seines eigenen Selbstbehalts erreicht (absoluter Mangelfall), ist der Unterhalt des Berechtigten entsprechend der in § 1609 BGB[1] geregelten Rangfolge und bei Gleichrang anteilig zu kürzen (BGH, Urt. v. 07.12.2011 – XII ZR 151/09, FamRZ 2012, 281).

15.2 Halbteilung und Erwerbstätigenbonus

Es gilt der Halbteilungsgrundsatz, wobei jedoch tatsächliche und fiktive Erwerbseinkünfte nur zu 9/10 zu berücksichtigen sind (Abzug von 1/10 Erwerbstätigenbonus vom gemäß Nr. 10 bereinigten Nettoeinkommen).

15.3 Konkrete Bedarfsbemessung

Macht der Unterhaltsberechtigte – vor Abzug seines eigenen Einkommens – einen Elementarbedarf von über 5.600 EUR geltend, so hat er

---

[1] **Habersack, Deutsche Gesetze Nr. 20.**

seinen Bedarf konkret darzulegen (im Anschluss an BGH, Beschluss vom 15. November 2017 – XII ZB 503/16, FamRZ 2018, 260).

Er kann seinen Bedarf konkret dadurch berechnen, dass er diejenigen Positionen benennt, die während des ehelichen Zusammenlebens nicht für die allgemeine Lebensführung verwendet wurden (z.B. Sparrate, anderweitige Vermögensbildung) und den sich daraus ergebenden Quotenunterhalt geltend machen.

Alternativ kann er auch die nach den ehelichen Lebensverhältnissen maßgeblichen Bedarfspositionen im Einzelnen darlegen. Die Höhe des Elementarunterhalts wird dabei durch den Quotenunterhalt gemäß Nr. 15.2 begrenzt.

Beispiel:
M erzielt ein unterhaltsrechtlich bereinigtes Monatsnettoeinkommen von 20.000 EUR. F macht Trennungsunterhalt geltend. Sie reklamiert für sich einen Bedarf von 6.000 EUR. Diesen Bedarf kann sie wie folgt darlegen:

Alternative 1:
F legt dar, dass während der Ehe von den 20.000 EUR monatlich 6.000 EUR gespart wurden und der Rest von 14.000 EUR für die allgemeine Lebensführung verwendet worden ist.

Konkrete Bedarfsberechnung: (20.000 EUR – 6.000 EUR) × 45 % = 6.300 EUR

Alternative 2:
F legt die einzelnen Positionen ihres Elementarbedarfs dar, z.B. für

– Wohnen	2.000 EUR
– Lebensmittel	1.000 EUR
– Friseur	100 EUR
– Autokosten	500 EUR
– Urlaub	1.000 EUR
– Kosmetik	100 EUR
– Kleidung	900 EUR
– Restaurantbesuche	300 EUR
– Kommunikation (Handy, Zeitung)	200 EUR
– Golf	200 EUR
Gesamt	6.300 EUR

Unterhaltsbegrenzung: 20.000 EUR × 45 % = 9.000 EUR. Die geforderten 6.300 EUR liegen unter diesem Grenzbetrag.

15.4 Vorsorgebedarf/Zusatz- und Sonderbedarf

Werden Altersvorsorge-, Kranken- und Pflegeversicherungskosten vom Berechtigten gesondert geltend gemacht oder vom Verpflichteten bezahlt, sind diese vom Einkommen des Pflichtigen vorweg abzuziehen. Wegen des Vorrangs des Elementarunterhalts besteht ein Anspruch auf Altersvorsorgeunterhalt nur insoweit, als das Existenzminimum des Berechtigten (Nr. 23.2) gesichert ist.

Der Altersvorsorgeunterhalt ist regelmäßig nach der Bremer Tabelle[1] zweistufig zu berechnen. Bei besonders günstigen wirtschaftlichen Verhältnissen kommt eine einstufige Berechnung in Betracht. Der Altersvorsorgeunterhalt ist nicht auf den Höchstbetrag nach Maßgabe der Beitragsbemessungsgrenze in der gesetzlichen Rentenversicherung beschränkt (BGH, Urt. v. 25.10.2006 – XII ZR 141/04, FamRZ 2007, 117).

[1] Nr. **47f/1**.

15.5 Bedarf bei Zusammentreffen von Unterhaltsansprüchen mehrerer Ehegatten und/oder Berechtigter nach § 1615l BGB[1)]

Bei Zusammentreffen von Unterhaltsansprüchen des geschiedenen Ehegatten und des mit dem Unterhaltspflichtigen zusammenlebenden (neuen) Ehegatten bemisst sich der Unterhaltsbedarf des geschiedenen Ehegatten nach den ehelichen Lebensverhältnissen ohne Berücksichtigung der nachehelichen Entwicklungen (vgl. Nr. 15.1.).

Die unterschiedliche Rangfolge der Ansprüche (§ 1609 Nr. 2, 3 BGB) ist erst im Rahmen der Prüfung der Leistungsfähigkeit zu berücksichtigen. Entsprechendes gilt bei Berechtigten nach § 1615l BGB, es sei denn, ihr Bedarf (Nr. 18) ist geringer.

15.6 Trennungsbedingter Mehrbedarf

Trennungsbedingter Mehrbedarf bleibt in der Regel außer Betracht (BGH, Urt. v. 18.11.2009 – XII ZR 65/09, FamRZ 2010, 111).

15.7 Begrenzung und Befristung nach § 1578b BGB[1)]

Aus § 1578b BGB ergibt sich, dass die Herabsetzung wie auch die Befristung des Unterhalts nicht die Regel, sondern die Ausnahme darstellt (BGH, Urt. v. 04.08.2010 – XII ZR 7/09, FamRZ 2010, 1633).

Ein Anspruch auf nachehelichen Unterhalt ist nach § 1578b Abs. 1 S. 1 BGB auf den angemessenen Lebensbedarf, nicht jedoch geringer als 1.200 EUR, herabzusetzen, wenn eine an den ehelichen Lebensverhältnissen orientierte Bemessung des Unterhaltsanspruchs auch unter Wahrung der Belange eines dem Berechtigten zur Pflege oder Erziehung anvertrauten gemeinschaftlichen Kindes unbillig wäre. Nach § 1578b Abs. 2 S. 1 BGB ist ein Anspruch auf nachehelichen Unterhalt zeitlich zu begrenzen, wenn ein zeitlich unbegrenzter Unterhaltsanspruch unbillig wäre (BGH, Urt. v. 20.10.2010 – XII ZR 53/09, FamRZ 2010, 2059).

Bei der Billigkeitsprüfung nach § 1578b Abs. 1 S. 2 BGB ist vorrangig zu berücksichtigen, ob ehebedingte Nachteile eingetreten sind. Diese stehen schon deshalb regelmäßig einer Befristung des nachehelichen Unterhalts entgegen, weil der Unterhaltsberechtigte dann seinen eigenen angemessenen Unterhalt nicht selbst erzielen kann. Fehlen ehebedingte Nachteile, so ist über eine Herabsetzung auf den angemessenen Lebensbedarf im Wege einer umfassenden Billigkeitsabwägung zu entscheiden, bei der auch eine über die Kompensation ehebedingter Nachteile hinausgehende nacheheliche Solidarität zu berücksichtigen ist. Die Ehedauer, bei der auf die Zeit von der Eheschließung bis zur Zustellung des Scheidungsantrags abzustellen ist, gewinnt durch eine wirtschaftliche Verflechtung an Gewicht, die insbesondere durch Aufgabe einer eigenen Erwerbstätigkeit wegen der Betreuung gemeinsamer Kinder oder der Haushaltsführung eintritt (BGH, Urt. v. 6.10.2010 – XII ZR 202/08, FamRZ 2010, 1971). Im Rahmen der Abwägung nach § 1578b BGB findet eine Aufarbeitung ehelichen Fehlverhaltens nicht statt (BGH, Urt. v. 20.10.2010 – XII ZR 53/09, FamRZ 2010, 2059).

Im Rahmen der Herabsetzung und zeitlichen Begrenzung des Unterhalts ist der Unterhaltspflichtige für die Tatsachen darlegungs- und beweisbelastet, die für eine Befristung sprechen. Hinsichtlich der Tatsache, dass

---

[1)] **Habersack, Deutsche Gesetze Nr. 20.**

ehebedingte Nachteile nicht entstanden sind, trifft den Unterhaltsberechtigten aber nach den Regeln zum Beweis negativer Tatsachen eine sog. sekundäre Darlegungslast. Der Unterhaltsberechtigte muss die Behauptung, es seien keine ehebedingten Nachteile entstanden, substantiiert bestreiten und seinerseits darlegen, welche konkreten ehebedingten Nachteile entstanden sein sollen. Erst wenn das Vorbringen des Unterhaltsberechtigten diesen Anforderungen genügt, müssen die vorgetragenen ehebedingten Nachteile vom Unterhaltspflichtigen widerlegt werden (BGH, Urt. v. 24.03.2010 – XII ZR 175/08, FamRZ 2010, 875).

Der Unterhaltsberechtigte kann im Einzelfall seiner – sekundären – Darlegungslast genügen, wenn er vorträgt, dass in dem von ihm erlernten Beruf Gehaltssteigerungen in einer bestimmten Höhe mit zunehmender Berufserfahrung bzw. Betriebszugehörigkeit üblich sind (BGH, Urt. v. 20.10.2010 – XII ZR 53/09, FamRZ 2010, 2059).

16 Bedürftigkeit

Eigene Einkünfte, die der Berechtigte erzielt oder pflichtwidrig zu erzielen unterlässt, sind auf den Bedarf anzurechnen, wobei das bereinigte Nettoerwerbseinkommen um den Erwerbstätigenbonus (1/10) zu vermindern ist.

17 Erwerbsobliegenheit

17.1 bei Kindesbetreuung

Es besteht bei der Betreuung von Kindern nach Vollendung des dritten Lebensjahres die Obliegenheit, für den eigenen Unterhalt zu sorgen, solange keine kind- oder elternbezogenen Gründe im Sinne des § 1570 BGB[1)] diese Erwerbsobliegenheit einschränken (BGH, Urt. v. 18.03.2009 – XII ZR 74/08, FamRZ 2009, 770; Urt. v. 17.06.2009 – XII ZR 102/08, FamRZ 2009, 1391 und Urt. v. 21.04.2010 – XII ZR 134/08, FamRZ 2010, 1050).

Im Rahmen der Billigkeitsentscheidung über eine Verlängerung des Betreuungsunterhalts aus kindbezogenen Gründen (§ 1570 Abs. 1 S. 2 und 3 BGB) ist stets zunächst der individuelle Umstand zu prüfen, ob und in welchem Umfang die Kindesbetreuung auf andere Weise gesichert ist oder in kindgerechten Betreuungseinrichtungen gesichert werden könnte. Mit der Neugestaltung des nachehelichen Betreuungsunterhalts in § 1570 BGB hat der Gesetzgeber für Kinder ab Vollendung des dritten Lebensjahres den Vorrang der persönlichen Betreuung aufgegeben (BGH, Urt. v. 18.03.2009 – XII ZR 74/08, FamRZ 2009, 770, Urt. v. 17.06.2009 – XII ZR 102/08, FamRZ 2009, 1391, Urt. v. 21.04.2010 – XII ZR 134/08, FamRZ 2010, 1050 und Urt. v. 8.4.2012 – XII ZR 65/10, FamRZ 2012, 1040).

Eine Erwerbstätigkeit kann auch aus Gründen der nachehelichen Solidarität unbillig erscheinen. Das in der Ehe gewachsene Vertrauen in die vereinbarte und praktizierte Rollenverteilung und die gemeinsame Ausgestaltung der Kinderbetreuung gewinnen bei längerer Ehedauer oder Aufgabe der Erwerbstätigkeit zur Erziehung gemeinsamer Kinder weiter an Bedeutung (ehebezogene Gründe, § 1570 Abs. 2 BGB, vgl. BGH, Urt.

---

1) **Habersack, Deutsche Gesetze Nr. 20.**

v. 15.09.2010 – XII ZR 20/09, FamRZ 2010, 1880). Zur Beurteilung einer überobligationsmäßigen Belastung im Rahmen der Verlängerung des Betreuungsunterhalts ist auch der Aspekt einer gerechten Lastenverteilung zwischen unterhaltsberechtigtem und unterhaltspflichtigem Elternteil zu berücksichtigen (BGH, Urt. v. 18.3.2009 – XII ZR 74/08, FamRZ 2009, 770; v. 16.7.2008 – XII ZR 109/05, FamRZ 2008, 1739, v. 21.4.2010 – XII ZR 134/08, FamRZ 2010, 1050 und v. 8.4.2012 – XII ZR 65/10, FamRZ 2012, 1040).

Die Darlegungs- und Beweislast für die Umstände, die einer vollen oder teilweisen Erwerbsobliegenheit entgegenstehen, trifft den betreuenden Elternteil. Dies gilt auch, wenn ein Titel über den Basisunterhalt nach § 1570 Abs. 1 S. 1 BGB abgeändert werden soll. An die für eine Verlängerung des Betreuungsunterhalts insbesondere aus kindbezogenen Gründen erforderlichen Darlegungen sind keine überzogenen Anforderungen zu stellen (BGH, Urt. v. 15.6.2011 – XII ZR 94/09, FamRZ 2011, 1375, Urt. v. 8.4.2012 – XII ZR 65/10, FamRZ 2012, 1040).

Der Titel über den zeitlichen Basisunterhalt nach § 1570 Abs. 1 S. 1 BGB ist grundsätzlich nicht zu befristen. Eine Befristung des Titels über Betreuungsunterhalt im Übrigen kommt nicht in Betracht, eine Begrenzung vom eheangemessenen auf den angemessenen Unterhalt nach der eigenen Lebensstellung kann unter Berücksichtigung des Kindeswohls aus Gründen der Billigkeit erfolgen (BGH, Urt. v. 06.05.2009 – XII ZR 114/08, FamRZ 2009, 1124).

17.2 bei Trennungsunterhalt

In der Regel besteht für den Berechtigten im ersten Jahr nach der Trennung keine Obliegenheit zur Aufnahme oder Ausweitung einer Erwerbstätigkeit.

Weitere Unterhaltsansprüche

18 Ansprüche nach § 1615l BGB[1)]

Der Bedarf des nach § 1615l Abs. 2 S. 2, Abs. 4 BGB unterhaltsberechtigten Elternteils bemisst sich danach, welche Einkünfte er ohne die Geburt und die Betreuung des gemeinsamen Kindes erreicht hätte (BGH, Beschl. v. 10.6.2015 – XII ZB 251/14, BGHZ 205, 342, FamRZ 2015, 1369). Der Bedarf kann nicht von dem ggfls. höheren Einkommen des Unterhaltspflichtigen abgeleitet werden, auch dann nicht, wenn die Kindeseltern längere Zeit zusammengelebt haben (BGH, Urt. v. 16.07.2008 – XII ZR 109/05, FamRZ 2008, 1739). Dem Berechtigten ist jedoch jedenfalls ein Bedarf zuzubilligen, der nicht unter dem Existenzminimum liegt und mit dem notwendigen Selbstbehalt des Unterhaltspflichtigen von gegenwärtig 1.200 EUR angesetzt werden kann (BGH, Urt. v. 16.12.2009 – XII ZR 50/08, FamRZ 2010, 357). Hinsichtlich der Erwerbsobliegenheit gelten die Grundsätze unter Nr. 17.1 entsprechend.

19 Elternunterhalt

Beim Bedarf der Eltern sind Leistungen zur Grundsicherung nach §§ 41 ff. SGB XII zu berücksichtigen (vgl. Nr. 2.9.).

---

1) **Habersack, Deutsche Gesetze Nr. 20.**

20 Lebenspartnerschaft

Bei Getrenntleben oder Aufhebung der Lebenspartnerschaft gelten §§ 5, 12, 16 LPartG[1)].

Leistungsfähigkeit und Mangelfall

21 Selbstbehalt

Dem Unterhaltspflichtigen muss nach Abzug der Unterhaltsansprüche der Selbstbehalt (Eigenbedarf) verbleiben.

21.1 Grundsatz

Es ist zu unterscheiden zwischen dem notwendigen (§ 1603 Abs. 2 BGB[2)]), dem angemessenen (§ 1603 Abs. 1 BGB) sowie dem eheangemessenen Selbstbehalt (§§ 1361 Abs. 1, 1578 Abs. 1 BGB; BGH, Urt. v. 15.03.2006 – XII ZR 30/04, FamRZ 2006, 683).

21.2 Notwendiger Selbstbehalt

Der notwendige Selbstbehalt (Eigenbedarf) gegenüber minderjährigen unverheirateten Kindern und gegenüber volljährigen unverheirateten Kindern bis zur Vollendung des 21. Lebensjahres, die im Haushalt der Eltern oder eines Elternteils leben und sich in der allgemeinen Schulausbildung befinden, beträgt

– beim nicht erwerbstätigen Unterhaltspflichtigen monatlich **1.200 EUR**,
– beim erwerbstätigen Unterhaltspflichtigen monatlich **1.450 EUR**.

Hierin sind **520 EUR** für Unterkunft einschließlich umlagefähiger Nebenkosten und Heizung (Warmmiete) enthalten.

21.3 Angemessener Selbstbehalt

Der angemessene Selbstbehalt beträgt:

21.3.1 gegenüber nicht privilegiertem volljährigen Kind und im Fall des § 1603 Abs. 2 S. 3 BGB[2)]

in der Regel **1.750 EUR**. Hierin sind Kosten für Unterkunft und Heizung in Höhe von **650 EUR** enthalten.

Nach Verlust einer bereits erlangten wirtschaftlichen Selbstständigkeit des Kindes beträgt der angemessene Selbstbehalt mindestens **2.000 EUR** (vgl. BGH, Urt. v. 18.01.2012 – XII ZR 15/10, FamRZ 2012, 530, und v. 18.07.2012 – XII ZR 91/10, FamRZ 2012, 1553).

21.3.2 gegenüber Anspruchsberechtigten nach § 1615l BGB[2)]

1.600 EUR falls erwerbstätig, **1.475 EUR** falls nicht erwerbstätig (vgl. Nr. 21.4). Hierin sind Kosten für Unterkunft und Heizung in Höhe von **580 EUR** enthalten.

21.3.3 beim Elternunterhalt

Dem Unterhaltspflichtigen ist der angemessene Eigenbedarf zu belassen. Bei dessen Bemessung sind Zweck und Rechtsgedanken des Gesetzes zur Entlastung unterhaltspflichtiger Angehöriger in der Sozialhilfe und in der

---

[1)] Nr. **43**.
[2)] **Habersack, Deutsche Gesetze Nr. 20.**

Eingliederungshilfe (Angehörigen-Entlastungsgesetz) vom 10. Dezember 2019 (BGBl. I S. 2135) zu beachten.

21.3.4 von Großeltern gegenüber Enkeln

mindestens monatlich **2.650 EUR**, wobei die Hälfte des diesen Mindestbetrag übersteigenden Einkommens, bei Vorteilen des Zusammenlebens in der Regel 45 %, zusätzlich anrechnungsfrei bleibt (vgl. BGH, Urt. v. 28.07.2010 – XII ZR 140/07, FamRZ 2010, 1535). Hierin sind Kosten für Unterkunft und Heizung in Höhe von **1.000 EUR** enthalten.

21.4 Mindestselbstbehalt gegenüber Ehegatten

Der eheangemessene Selbstbehalt beträgt **1.600 EUR** beim erwerbstätigen Unterhaltspflichtigen, **1.475 EUR** beim nicht erwerbstätigen Unterhaltspflichtigen (vgl. BGH, Beschl. v. 16.10.2019 – XII ZB 341/17). Hierin sind Kosten für Unterkunft und Heizung in Höhe von **580 EUR** enthalten.

21.5 Anpassung des Selbstbehalts

Beim Verwandtenunterhalt kann der jeweilige Selbstbehalt unterschritten werden, wenn der eigene Unterhalt des Pflichtigen ganz oder teilweise durch seinen Ehegatten gedeckt ist (vgl. Nr. 22).

Wird konkret eine erhebliche und nach den Umständen nicht vermeidbare Überschreitung der in den einzelnen Selbstbehalten enthaltenen Wohnkosten dargelegt, erhöht sich der Selbstbehalt. Wird die Wohnung von mehreren Personen genutzt, ist der Wohnkostenanteil des Pflichtigen festzustellen. Bei Erwachsenen geschieht die Aufteilung in der Regel nach Köpfen. Kinder sind vorab mit einem Anteil von 20 % ihres Anspruchs auf Barunterhalt zu berücksichtigen. Besteht für den Verpflichteten ein Anspruch auf Wohngeld, ist dieser wohnkostenmindernd zu berücksichtigen (vgl. Nr. 2.3).

Eine Herabsetzung des Selbstbehalts allein wegen geringerer als der im Selbstbehalt berücksichtigten Wohnkosten kommt auch im Rahmen der gesteigerten Unterhaltsverpflichtung gegenüber minderjährigen Kindern nicht in Betracht.

Hingegen kann der Selbstbehalt eines Unterhaltspflichtigen wegen einer infolge gemeinsamer Haushaltsführung tatsächlich eingetretenen Ersparnis herabgesetzt werden, höchstens jedoch bis auf sein Existenzminimum nach sozialhilferechtlichen Grundsätzen (BGH, Urt. v. 03.12.2008 – XII ZR 182/06, FamRZ 2009, 314, 316 und v. 09.01.2008 – XII ZR 170/05, FamRZ 2008, 594, 598).

Bei der Berechnung des Mindestunterhalts für minderjährige Kinder ist der Selbstbehalt des Unterhaltspflichtigen wegen der durch Synergieeffekte eingetretenen Haushaltsersparnis um 10 %, derzeit um 120 bzw. 145 EUR, herabzusetzen, wenn der Pflichtige in einer neuen Haushaltsgemeinschaft lebt (BGH, Urt. v. 30.01.2013 – XII ZR 158/10, FamRZ 2013, 616, 618).

22 Bedarf des mit dem Pflichtigen zusammenlebenden Ehegatten

22.1 Bedarf bei Ansprüchen des nachrangigen geschiedenen Ehegatten

Der Mindestbedarf des mit dem Unterhaltspflichtigen zusammenlebenden neuen Ehegatten wird mit **1.280 EUR** (erwerbstätig) bzw. **1.180 EUR** (nicht erwerbstätig) angesetzt.

22.2 Mindestbedarf bei Ansprüchen volljähriger Kinder

Der Mindestbedarf des mit dem Unterhaltspflichtigen zusammenlebenden Ehegatten bei Ansprüchen nicht privilegierter volljähriger Kinder beträgt **1.400 EUR**, nach Verlust einer bereits erlangten wirtschaftlichen Selbstständigkeit des Kindes mindestens 2.000 EUR (vgl. 21.3.1.).

22.3 Mindestbedarf bei Ansprüchen von Eltern oder Enkeln des anderen Ehegatten und von gemeinsamen Enkeln

Ist bei Unterhaltsansprüchen der Eltern oder von Enkeln der Unterhaltspflichtige verheiratet, wird für den mit ihm zusammenlebenden Ehegatten ein Betrag von mindestens **2.000 EUR** angesetzt. Im Familienmindestbedarf (vgl. Nr. 21.3.4) von **4.650 EUR** (2.000 EUR + 2.650 EUR) sind die Kosten für Unterkunft und Heizung in Höhe von mindestens **1.300 EUR** enthalten.

Der Familienselbstbehalt trägt bereits dem Umstand Rechnung, dass die Ehegatten durch ihr Zusammenleben Haushaltsersparnisse erzielen (BGH, Urt. v. 18.07.2012 – XII ZR 91/10, FamRZ 2012, 1553).

23 Bedarf des vom Pflichtigen getrennt lebenden oder geschiedenen Ehegatten

23.1 Bedarf bei Ansprüchen des nachrangigen, geschiedenen Ehegatten

Der Bedarf des vom Pflichtigen getrennt lebenden oder geschiedenen Ehegatten beträgt bei Ansprüchen des nachrangigen, geschiedenen Ehegatten **1.600 EUR** (erwerbstätig) bzw. **1.475 EUR** (nicht erwerbstätig).

23.2 Bedarf bei Ansprüchen volljähriger Kinder

Der Bedarf des vom Pflichtigen getrennt lebenden oder geschiedenen Ehegatten beträgt bei Ansprüchen volljähriger Kinder **1.750 EUR**.

23.3 Bedarf bei Ansprüchen von Eltern oder Enkeln des anderen Ehegatten und von gemeinsamen Enkeln

Der Bedarf des vom Pflichtigen getrennt lebenden oder geschiedenen Ehegatten beträgt bei Ansprüchen von Eltern oder Enkeln des anderen Ehegatten und von gemeinsamen Enkeln **2.650 EUR**.

24 Mangelfall

24.1 Grundsatz

Ein absoluter Mangelfall liegt vor, wenn das Einkommen des Verpflichteten zur Deckung seines notwendigen Selbstbehalts und der gleichrangigen Unterhaltsansprüche nicht ausreicht. Zur Feststellung des Mangelfalls entspricht der einzusetzende Bedarf für minderjährige und diesen nach

§ 1603 Abs. 2 S. 2 BGB[1] gleichgestellte Kinder dem Zahlbetrag der Unterhaltstabelle, für den getrenntlebenden/geschiedenen Ehegatten und für den Berechtigten nach § 1615l BGB sowie den mit dem Pflichtigen zusammenlebenden Ehegatten dem jeweiligen ungedeckten Bedarfsbetrag (Nr. 15, 16).

24.2 Einsatzbeträge

Als Einsatzbeträge im Mangelfall (Existenzminimum) sind im Verhältnis von gleichrangigen Berechtigten zueinander anzusetzen:

- bei minderjährigen und diesen nach § 1603 Abs. 2 S. 2 BGB[1] gleichgestellten Kindern der Mindestunterhalt der jeweiligen Altersstufe nach der Düsseldorfer Tabelle[2] (Zahlbeträge)
- bei allen anderen Berechtigten der nach den allgemeinen Regeln bestimmte Bedarf.

Anrechenbares Einkommen des Berechtigten ist von seinem Einsatzbetrag abzuziehen.

24.3 Berechnung

Die nach Abzug des Selbstbehalts des Unterhaltspflichtigen verbleibende Verteilungsmasse ist anteilig auf alle gleichrangigen Unterhaltsberechtigten im Verhältnis ihrer Unterhaltsansprüche zu verteilen.

24.4 Angemessenheitskontrolle

Das im Rahmen der Mangelfallberechnung gewonnene Ergebnis ist auf seine Angemessenheit zu überprüfen.

25 Rundung

Der Unterhaltsbetrag ist auf volle EUR aufzurunden.

Anhang

I. Düsseldorfer Tabelle

(abgedruckt unter Nr. 47)

II. Tabellen Zahlbeträge

(abgedruckt unter Nr. 47)

III. Umrechnung nach § 36 Nr. 3 EGZPO[3] für bis zum 31.12.2007 erstellte dynamische Unterhaltstitel über Kindesunterhalt

Ist Kindesunterhalt als Prozentsatz des jeweiligen Regelbetrages zu leisten, bleibt der vor dem 31.12.2007 errichtete Titel bestehen. Eine Abänderung ist nicht erforderlich. An die Stelle des bisherigen Prozentsatzes vom Regelbetrag tritt ein neuer Prozentsatz vom Mindestunterhalt. Dieser ist für die jeweils maßgebliche Altersstufe gesondert zu bestimmen und auf eine Stelle nach dem Komma zu begrenzen (§ 36 Nr. 3 EGZPO).

Der neue Prozentsatz ist auf der Basis des Mindestunterhalts der Altersstufe zu ermitteln, der das Kind am 31.12.2007 angehörte. Für die nachfolgenden Jahre ist

[1] **Habersack, Deutsche Gesetze Nr. 20.**
[2] Nr. 47.
[3] **Habersack, Deutsche Gesetze Nr. 101.**

der so ermittelte Prozentsatz weiterhin maßgeblich (BGH, Urt. v. 18.04.2012 – XII ZR 66/10, FamRZ 2012, 1048). Der Bedarf ergibt sich aus der Multiplikation des neuen Prozentsatzes mit dem jeweils im entsprechenden Unterhaltszeitraum gültigen Mindestunterhalt der jeweiligen Altersstufe und ist auf volle Euro aufzurunden (§ 1612a Abs. 2 S. 2 BGB[1])). Der Zahlbetrag ergibt sich aus dem um das jeweils anteilige Kindergeld verminderten bzw. erhöhten Bedarf.

Es sind vier Fallgestaltungen zu unterscheiden:

1. Der Titel sieht die Anrechnung des hälftigen Kindergeldes (für das 1. bis 3. Kind 77 EUR, ab dem 4. Kind 89,50 EUR) oder eine teilweise Anrechnung des Kindergeldes vor (§ 36 Nr. 3a EGZPO).

$$\frac{(\text{Bisheriger Zahlbetrag} + 1/2\ \text{Kindergeld}) \times 100}{\text{Mindestunterhalt der jeweiligen Altersstufe}} = \text{Prozentsatz neu}$$

Beispiel für 1. Altersstufe

$$\frac{(196\ € + 77\ €) \times 100}{279\ €} = 97{,}8\,\% \qquad 279\ € \times 97{,}8\,\% = 272{,}86\ €\text{, aufgerundet } 273\ €$$

Zahlbetrag: 273 € ./. 77 € = 196 €

2. Der Titel sieht die Hinzurechnung des hälftigen Kindergeldes vor (§ 36 Nr. 3b EGZPO).

$$\frac{(\text{Bisheriger Zahlbetrag} - 1/2\ \text{Kindergeld}) \times 100}{\text{Mindestunterhalt der jeweiligen Altersstufe}} = \text{Prozentsatz neu}$$

Beispiel für 1. Altersstufe

$$\frac{(273\ € - 77\ €) \times 100}{279\ €} = 70{,}2\,\% \qquad 279\ € \times 70{,}2\,\% = 195{,}85\ €\text{, aufgerundet } 196\ €$$

Zahlbetrag: 196 € + 77 € = 273 €

3. Der Titel sieht die Anrechnung des vollen Kindergeldes vor (§ 36 Nr. 3c EGZPO).

$$\frac{(\text{Zahlbetrag} + 1/1\ \text{Kindergeld}) \times 100}{\text{Mindestunterhalt der jeweiligen Altersstufe}} = \text{Prozentsatz neu}$$

Beispiel für 2. Altersstufe

$$\frac{(177\ € + 154\ €) \times 100}{322\ €} = 102{,}7\,\% \qquad 322\ € \times 102{,}7\,\% = 330{,}69\ €\text{, aufgerundet } 331\ €$$

Zahlbetrag: 331 € ./. 154 € = 177 €

4. Der Titel sieht weder eine Anrechnung noch eine Hinzurechnung des Kindergeldes vor (§ 36 Nr. 3d EGZPO).

$$\frac{(\text{Zahlbetrag} + 1/2\ \text{Kindergeld}) \times 100}{\text{Mindestunterhalt der jeweiligen Altersstufe}} = \text{Prozentsatz neu}$$

Beispiel für 3. Altersstufe

$$\frac{(329\ € + 77\ €) \times 100}{365\ €} = 111{,}2\,\% \qquad 365\ € \times 111{,}2\,\% = 405{,}88\ €\text{, aufgerundet } 406\ €$$

Zahlbetrag: 406 € ./. 77 € = 329 €

---

[1]) **Habersack, Deutsche Gesetze Nr. 20.**

47p. OLG Naumburg – Unterhaltsrechtliche Leitlinien[1)]

(Stand: 1. Januar 2024)

Die nachfolgenden Unterhaltsleitlinien der Familiensenate des Oberlandesgerichts Naumburg dienen als Orientierungshilfe für den Regelfall und bedürfen hinsichtlich der Angemessenheit des Ergebnisses in jedem Einzelfall der Überprüfung.

Das Tabellenwerk der Düsseldorfer Tabelle[2)] – ohne Bedarfskontrollbetrag – ist als Anhang eingearbeitet, die Anmerkungen zur Tabelle werden durch die nachfolgenden Leitlinien ersetzt.

I. Unterhaltsrechtlich maßgebendes Einkommen

Bei der Ermittlung und Zurechnung von Einkommen ist stets zu unterscheiden, ob es sich um Verwandten- oder Ehegattenunterhalt handelt und ob es um Bedarfsbemessung einerseits oder Feststellung der Bedürftigkeit und Leistungsfähigkeit andererseits geht.

Das unterhaltsrechtlich maßgebliche Einkommen ist nicht identisch mit dem Einkommen im steuerrechtlichen Sinne.

1. Geldeinnahmen

1.1 Regelmäßiges Bruttoeinkommen einschließlich Renten und Pensionen

Auszugehen ist vom Bruttoeinkommen als Summe aller Einkünfte inklusive Weihnachts- und Urlaubsgeld sowie anderer Zulagen.

1.2 Unregelmäßige Einkommen

Soweit Leistungen nicht monatlich anfallen, werden sie auf ein Jahr umgelegt. Einmalige Zahlungen (z.B. Abfindungen) sind auf einen angemessenen Zeitraum (in der Regel mehrere Jahre) zu verteilen.

1.3 Überstunden

Überstundenvergütungen werden dem Einkommen voll zugerechnet, soweit sie berufstypisch sind und das in diesem Beruf übliche Maß nicht überschreiten.

Unabhängig davon sind sie stets zu berücksichtigen, soweit dies zur Deckung des Mindestunterhalts für minderjährige Kinder und privilegierte volljährige Kinder im Sinne des § 1603 Abs. 2 Satz 2 BGB[3)] erforderlich ist.

1.4 Spesen und Auslösungen

Ersatz für Spesen und Reisekosten sowie Auslösungen gelten in der Regel als Einkommen. Damit zusammenhängende Aufwendungen, vermindert um häusliche Ersparnis, sind jedoch abzuziehen.

Bei Aufwendungspauschalen (außer Kilometergeld) kann 1/3 als Einkommen angesetzt werden.

[1)] In der jeweils aktuellen Fassung kostenlos abrufbar unter https://olg.sachsen-anhalt.de.
[2)] Nr. **47**.
[3)] **Habersack, Deutsche Gesetze Nr. 20.**

1.5 Einkommen aus selbständiger Tätigkeit

Bei Ermittlung des zukünftigen Einkommens eines Selbständigen ist in der Regel der Gewinn der letzten drei Jahre zu Grunde zu legen.

1.6 Einkommen aus Vermietung und Verpachtung sowie Kapitalvermögen

Auszugehen ist von den Einnahmen abzüglich notwendiger Ausgaben. Für Gebäude ist keine Absetzung für Abnutzung (AfA) anzusetzen.

1.7 Steuererstattungen

Steuererstattungen sind in der Regel im Zahlungsjahr zu berücksichtigen und auf dieses umzulegen. Es besteht die Obliegenheit, mögliche Steuervorteile in Anspruch zu nehmen.

1.8 Sonstige Einnahmen (z.B. Trinkgelder)

2. Sozialleistungen

2.1 Arbeitslosengeld (§ 136 SGB III) und Krankengeld

2.2 Leistungen nach dem SGB II

Bürgergeld, Sozialgeld und Einstiegsgeld (§§ 19 ff.–32 SGB II) ist beim Verpflichteten stets Einkommen, beim Berechtigten nur, soweit dessen Unterhaltsanspruch nicht nach § 33 SGB II übergegangen ist.

2.3 Wohngeld

Wohngeld ist grundsätzlich Einkommen (vgl. Nr. 21.5.3), nur insoweit nicht, als es erhöhte Wohnkosten deckt.

2.4 BAföG

BAföG-Leistungen zählen zum Einkommen, auch soweit sie als Darlehen gewährt werden. Dies gilt nicht für Vorausleistungen nach den §§ 36, 37 BAföG[1].

2.5 Elterngeld

Elterngeld ist beim Kindesunterhalt nach § 1603 Abs. 2 BGB[2] sowie in den Fällen der §§ 1611 Abs. 1, 1361 Abs. 3, 1579 BGB in vollem Umfang als Einkommen zu berücksichtigen, im Übrigen nur insoweit, als es über den Sockelbetrag nach § 11 Satz 1 bis 3 BEEG[3] hinausgeht.

2.6 Unfall- und Versorgungsrenten

2.7 Leistungen aus der Pflegeversicherung, Blindengeld u.Ä.

Die Leistungen sind um einen Betrag für tatsächliche Mehraufwendungen zu kürzen; § 1610a BGB[2] und die darauf verweisenden § 1578a und § 1361 Abs. 1 Satz 1, 2. Halbs. BGB sind insoweit zu beachten.

2.8 Pflegegeld

Einkommen ist der Anteil des Pflegegelds bei der Pflegeperson, durch den ihre Bemühungen abgegolten werden; bei Pflegegeld aus der Pflegeversicherung gilt dies nach Maßgabe des § 13 Abs. 6 SGB XI.

---

[1] **Sartorius Nr. 420.**
[2] **Habersack, Deutsche Gesetze Nr. 20.**
[3] Nr. **45e**.

2.9 Leistungen der Grundsicherung

Beim Verwandtenunterhalt sind in der Regel Leistungen der Grundsicherung im Alter und bei Erwerbsminderung nach den §§ 41–43 SGB XII als Einkommen des Unterhaltsberechtigten zu berücksichtigen. Dies gilt nicht für den Ehegattenunterhalt.

2.10 Sozialhilfe

Kein Einkommen wegen des Anspruchsübergangs nach § 94 SGB XII ist die vom Unterhaltsberechtigten bezogene Sozialhilfe. Die Unterhaltsforderung eines Empfängers dieser Leistungen kann in Ausnahmefällen treuwidrig sein.

2.11 Unterhaltsvorschuss

Kein Einkommen sind Leistungen nach dem Unterhaltsvorschussgesetz[1]. Die Unterhaltsforderung eines Empfängers dieser Leistungen kann in Ausnahmefällen treuwidrig sein.

3. Kindergeld

Kindergeld zählt nicht zum Einkommen. Es wird nach Maßgabe des § 1612b BGB[2] auf den Barbedarf des Kindes angerechnet.

4. Geldwerte Zuwendungen des Arbeitgebers

Geldwerte Zuwendungen aller Art des Arbeitgebers, z.B. Firmenwagen oder freie Kost und Logis, sind Einkommen, soweit sie entsprechende Eigenaufwendungen ersparen.

5. Wohnwert

Der Wohnvorteil durch mietfreies Wohnen im eigenen Heim ist als wirtschaftliche Nutzung des Vermögens unterhaltsrechtlich wie Einkommen zu behandeln. Neben dem Wohnwert sind auch Zahlungen nach dem Eigenheimzulagengesetz anzusetzen.

Ein Wohnvorteil liegt nur vor, soweit der Wohnwert den berücksichtigungsfähigen Schuldendienst und erforderliche Instandhaltungskosten übersteigt.

Auszugehen ist vom vollen Mietwert (Nettokaltmiete). Wenn es nicht möglich oder nicht zumutbar ist, die Wohnung aufzugeben und das Objekt zu vermieten oder zu veräußern, kann stattdessen die ersparte Miete angesetzt werden, die angesichts der wirtschaftlichen Verhältnisse angemessen wäre. Dies kommt insbesondere für die Zeit bis zur Scheidung in Betracht, wenn ein Ehegatte das Eigenheim allein bewohnt.

6. Haushaltsführung

Führt jemand einem leistungsfähigen Dritten den Haushalt, so ist hierfür ein Einkommen anzusetzen; dies gilt nicht im Falle der Haushaltsführung durch einen voll Erwerbstätigen.

[1] Nr. **45d**.
[2] **Habersack, Deutsche Gesetze Nr. 20.**

7. Einkommen aus unzumutbarer Erwerbstätigkeit

Einkommen aus unzumutbarer Erwerbstätigkeit kann nach Billigkeit ganz oder teilweise unberücksichtigt bleiben.

8. Freiwillige Zuwendungen Dritter

Freiwillige Zuwendungen Dritter (z.B. Geldleistungen, kostenloses Wohnen) sind nicht als Einkommen zu berücksichtigen, es sei denn, dies entspricht dem Willen des Dritten.

9. Erwerbsobliegenheit und Einkommensfiktion

Einkommen können auch bei Arbeitslosigkeit des Unterhaltsverpflichteten aufgrund einer unterhaltsrechtlichen Erwerbsobliegenheit erzielbare Einkünfte sein (fiktives Einkommen).

10. Bereinigung des Einkommens

10.1 Steuern und Vorsorgeaufwendungen

Vom Bruttoeinkommen sind Steuern, Sozialabgaben und/oder angemessene Vorsorgeaufwendungen abzusetzen (Nettoeinkommen).

Es besteht die Obliegenheit, Steuervorteile in Anspruch zu nehmen (z.B. Eintragung eines Freibetrags bei Fahrtkosten, für unstreitigen oder titulierten Unterhalt).

10.2 Berufsbedingte Aufwendungen

Berufsbedingte Aufwendungen, die sich von den privaten Lebenshaltungskosten nach objektiven Merkmalen eindeutig abgrenzen lassen, sind im Rahmen des Angemessenen vom Nettoeinkommen aus unselbständiger Arbeit abzuziehen.

10.2.1 Pauschale/Konkrete Aufwendungen

Bei Vorliegen entsprechender Anhaltspunkte kann eine Pauschale von 5 % des Nettoeinkommens monatlich angesetzt werden. Übersteigen die berufsbedingten Aufwendungen diese Pauschale oder liegt ein Mangelfall vor, so sind sie im Einzelnen darzulegen und gegebenenfalls nachzuweisen.

10.2.2 Fahrtkosten

Für die notwendigen Kosten der berufsbedingten Nutzung eines Kraftfahrzeugs kann der nach den Sätzen des § 5 Abs. 2 Satz 1 Nr. 2 JVEG[1] anzuwendende Betrag (derzeit 0,42 Euro) pro gefahrenen Kilometer angesetzt werden. Damit sind in der Regel Anschaffungs-, Reparatur- und sonstige Betriebskosten erfasst. Bei langen Fahrtstrecken (ab ca. 30 km einfach) kann nach unten abgewichen werden, in der Regel auf $^{2}/_{3}$ des vorbezeichneten Betrages (derzeit 0,28 Euro).

10.2.3 Ausbildungsaufwand

Die Ausbildungsvergütung eines in der Berufsausbildung stehenden Kindes, das im Haushalt der Eltern oder eines Elternteils wohnt, ist vor ihrer Anrechnung in der Regel, sofern für eine derartige Schätzung hinrei-

[1] **Habersack, Deutsche Gesetze Nr. 116.**

chende Anhaltspunkte bestehen, um einen ausbildungsbedingten Mehrbedarf von 10 %, maximal 100 Euro zu kürzen.

10.3 Kinderbetreuung

Kinderbetreuungskosten sind abzugsfähig, soweit die Betreuung durch Dritte infolge der Berufstätigkeit erforderlich ist. Außerdem kann ein Kinderbetreuungsbonus angesetzt werden.

10.4 Schulden

Berücksichtigungswürdige Schulden (Zins und Tilgung) sind im Rahmen eines vernünftigen Tilgungsplanes in angemessenen Raten abzuziehen.

Beim Verwandtenunterhalt sowie bei Prüfung der Leistungsfähigkeit oder Bedürftigkeit für den Ehegattenunterhalt erfolgt eine Abwägung nach den Umständen des Einzelfalls. Bei der Zumutbarkeitsabwägung sind Interessen des Unterhaltsschuldners, des Drittgläubigers und des Unterhaltsgläubigers, vor allem minderjähriger Kinder, mit zu berücksichtigen.

Kann der Unterhaltsschuldner den Mindestunterhalt minderjähriger Kinder nicht decken, sind Schulden in der Regel nur bis zur Höhe des pfändbaren Betrages nach § 850c Abs. 1 Satz 2 ZPO[1] (evtl. in Verb. mit den §§ 36 Abs. 1 Satz 2, 89 Abs. 2 InsO[2]) zu berücksichtigen.

10.5 Unterhaltsleistungen

Unterhaltsleistungen an vorrangig Berechtigte sind vorweg abzuziehen; Unterhaltsleistungen an nachrangige Berechtigte sind angemessen zu berücksichtigen.

10.6 Vermögensbildung

Vermögensbildende Aufwendungen sind im angemessenen Rahmen abzugsfähig.

II. Kindesunterhalt

11. Bemessungsgrundlage (Tabellenunterhalt)

Der Barunterhalt minderjähriger und noch im elterlichen Haushalt lebender volljähriger unverheirateter Kinder bis zur Vollendung des 21. Lebensjahres bestimmt sich nach der Tabelle zum Kindesunterhalt im Anhang 1 und - unter Verrechnung des Kindergeldes gemäß Nr. 14 – im Anhang 2 (Zahlbeträge) zu diesen Leitlinien.

Bei minderjährigen Kindern kann der Barunterhalt als Festbetrag oder, wie im Anhang 1 und 2 tabellarisch dargestellt, gemäß § 1612a BGB[3] als Prozentsatz des jeweiligen Mindestunterhalts geltend gemacht werden.

11.1 Kranken- und Pflegeversicherungsbeiträge

Die Tabellensätze enthalten keine Kranken- und Pflegeversicherungsbeiträge für das Kind, wenn dieses nicht in einer gesetzlichen Familienversicherung mitversichert ist. Das Nettoeinkommen des Verpflichteten ist um solche zusätzlich zu zahlenden Versicherungskosten zu bereinigen.

---

[1] **Habersack, Deutsche Gesetze Nr. 100.**
[2] **Habersack, Deutsche Gesetze Nr. 110.**
[3] **Habersack, Deutsche Gesetze Nr. 20.**

11.2 Eingruppierung

Die Tabellensätze sind auf den Fall zugeschnitten, dass der Unterhaltspflichtige zwei Berechtigten Unterhalt zu gewähren hat. Bei einer größeren oder geringeren Anzahl Unterhaltsberechtigter sind in der Regel Ab- oder Zuschläge durch Einstufung in eine niedrigere oder höhere Einkommensgruppe vorzunehmen.

12. Minderjährige Kinder

12.1 Betreuungs-/Barunterhalt

Der Betreuungsunterhalt im Sinne des § 1606 Abs. 3 S. 2 BGB[1] entspricht wertmäßig in der Regel dem vollen Barunterhalt. Deshalb wird ein Einkommen des Kindes bei beiden Eltern, ggfs. nach Abzug eines ausbildungsbedingten Mehrbedarfs (vgl. Nr. 10.2.3), hälftig angerechnet.

12.2 Einkommen des Kindes

Einkommen des Kindes wird bei beiden Eltern hälftig angerechnet.

12.3 Beiderseitige Barunterhaltspflicht/Haftungsanteil

Der das Kind betreuende Elternteil braucht in der Regel neben dem anderen Elternteil keinen Barunterhalt zu leisten, es sei denn, sein Einkommen ist bedeutend höher als das des anderen Elternteils (§ 1606 Abs. 3 Satz 2 BGB[1]) oder der eigene angemessene Unterhalt des sonst allein barunterhaltspflichtigen Elternteils ist gefährdet (§ 1603 Abs. 2 Satz 3 BGB). Im letzteren Fall kann jedoch nach der so genannten „Hausmann"-Rechtsprechung eine Haftung in Betracht kommen.

Der Verteilungsschlüssel kann ggfs. unter Berücksichtigung des zusätzlichen Betreuungsaufwandes eines Elternteils wertend verändert werden.

Aufwendungen im Rahmen eines erheblich erweiterten Umgangs können durch angemessene Abschläge beim Barunterhalt berücksichtigt werden, soweit der Mindestunterhalt gewährleistet ist.

Sind bei auswärtiger Unterbringung des Kindes beide Eltern zum Barunterhalt verpflichtet, haften sie anteilig nach § 1606 Abs. 3 Satz 1 BGB für den Gesamtbedarf (Nr. 13.3). Bei vergleichbarer wirtschaftlicher Lage ist insoweit hinsichtlich Bedarf und Bedürftigkeit des Kindes die Regelung für volljährige Schüler, Studenten und Auszubildende entsprechend anzuwenden (Nr. 13).

12.4 Zusatzbedarf

Bei Zusatzbedarf (Prozesskostenvorschuss, Mehrbedarf, Sonderbedarf) gilt § 1606 Abs. 3 Satz 1 BGB[1] (s. Nr. 13.3).

13. Volljährige Kinder

13.1 Bedarf

13.1.1 Kinder ohne eigenen Hausstand

Volljährige Schüler, Studenten und Auszubildende, die noch im Haushalt eines Elternteils wohnen, erhalten den Tabellenbetrag der vierten Altersstufe bis zur Beendigung der Ausbildung.

---

[1] **Habersack, Deutsche Gesetze Nr. 20.**

Der Bedarf des Kindes bestimmt sich in der Regel, sofern beide Elternteile leistungsfähig sind, nach dem zusammengerechneten Einkommen beider Elternteile; Nr. 11.2 findet keine Anwendung.

13.1.2 Kinder mit eigenem Hausstand

Der angemessene Bedarf eines volljährigen Kindes mit eigenem Hausstand beträgt in der Regel 930 Euro monatlich. Darin enthalten sind Kosten für Unterkunft und Heizung bis zu 410 Euro, jedoch keine Beiträge zur Kranken- und Pflegeversicherung.

Von diesem Betrag kann bei erhöhtem Bedarf oder mit Rücksicht auf die Lebensstellung der Eltern abgewichen werden

13.2 Einkommen des Kindes

Auf den Unterhaltsbedarf werden Einkünfte des Kindes, auch BAföG-Darlehen und Ausbildungsbeihilfen (gekürzt um ausbildungsbedingte Aufwendungen, vgl. Nr. 10.2.3) angerechnet. Bei Einkünften aus unzumutbarer Erwerbstätigkeit gilt § 1577 Abs. 2 BGB entsprechend.

13.3 Beiderseitige Barunterhaltspflicht/Haftungsanteil

Die anteilige Barunterhaltspflicht beider Elternteile bestimmt sich nach Maßgabe des § 1606 Abs. 3 Satz 1 BGB, geht jedoch für den einzelnen Elternteil nicht über den Unterhaltsbetrag hinaus, der sich allein nach seinem Einkommen aus der Unterhaltstabelle (Anhang) ergibt.

Vor Berechnung des Haftungsanteils nach § 1606 Abs. 3 Satz 1 BGB ist das Nettoeinkommen jedes Elternteils gemäß Nr. 10 zu ermitteln. Außerdem ist vom Restbetrag ein Sockelbetrag in Höhe des angemessenen Selbstbehalts (1.750 €) oder, sofern es um Unterhaltsansprüche privilegierter Volljähriger gemäß § 1603 Abs. 2 Satz 2 BGB geht, des (entweder 1.450 € oder 1.200 € betragenden) notwendigen Selbstbehalts abzuziehen.

14. Verrechnung des Kindergeldes

Kindergeld mindert nach Maßgabe des § 1612b BGB den Barbedarf des Kindes.

III. Ehegattenunterhalt

15. Unterhaltsbedarf

15.1 Bedarf nach ehelichen Lebensverhältnissen

Bei der Bedarfsbemessung dürfen nur eheprägendes Einkommen und grundsätzlich nur eheprägende Schulden voll berücksichtigt werden. Bei Aufnahme oder Erweiterung einer Erwerbstätigkeit nach Trennung oder Scheidung gilt das (Mehr-)Einkommen als prägend.

15.2 Halbteilung und Erwerbstätigenbonus

Es gilt der Halbteilungsgrundsatz, wobei jedoch Erwerbseinkünfte nur zu 90 % zu berücksichtigen sind (Abzug von 1/10 Erwerbstätigenbonus vom bereinigten Nettoeinkommen).

Leistet ein Ehegatte auch Unterhalt für ein Kind und hat dies die ehelichen Lebensverhältnisse geprägt, so wird sein Einkommen vor Ermittlung des Erwerbstätigenbonus um diesen Unterhalt (Zahlbetrag) bereinigt.

Erbringt der Verpflichtete sowohl Bar- als auch Betreuungsunterhalt, so gilt Nr. 10.3 entsprechend.

15.3 Konkrete Bedarfsbemessung

Bei sehr guten Einkommensverhältnissen des Pflichtigen kommt eine konkrete Bedarfsberechnung in Betracht.

15.4 Vorsorgebedarf/Zusatz- und Sonderbedarf

Werden Altersvorsorge-, Kranken- und Pflegeversicherungskosten vom Berechtigten gesondert geltend gemacht oder vom Verpflichteten bezahlt, sind diese von dem Einkommen des Pflichtigen vorweg abzuziehen. Der Vorwegabzug unterbleibt, soweit nicht verteilte Mittel zur Verfügung stehen, z.B. durch Anrechnung nicht prägenden Einkommens des Berechtigten auf seinen Bedarf.

15.5 Trennungsbedingter Mehrbedarf

Trennungsbedingter Mehrbedarf kann zusätzlich berücksichtigt werden.

16. Bedürftigkeit

Eigene Einkünfte des Berechtigten sind auf den Bedarf anzurechnen, wobei das bereinigte Nettoerwerbseinkommen um den Erwerbstätigenbonus zu vermindern ist.

17. Erwerbsobliegenheit

17.1 Erwerbsobliegenheit bei Kindesbetreuung

Die Erwerbsobliegenheit des Ehegatten, der minderjährige Kinder betreut, richtet sich nach den Umständen des Einzelfalles. Dabei ist insbesondere auf die Zahl der Kinder und deren Alter, auf etwaige Schulprobleme und andere Betreuungsmöglichkeiten abzustellen (vgl. § 1570 BGB[1]).

Geht der unterhaltsberechtigte Ehegatte über das an sich zumutbare Maß hinaus einer Erwerbstätigkeit nach, so richtet sich die Anrechenbarkeit seines dadurch erzielten Einkommens auf den Unterhaltsanspruch nach § 1577 Abs. 2 BGB.

17.2 Erwerbsobliegenheit bei Trennungsunterhalt

In der Regel besteht für den Berechtigten im ersten Jahr nach der Trennung keine Obliegenheit zur Aufnahme oder Ausweitung einer Erwerbstätigkeit.

IV. Weitere Unterhaltsansprüche

18. Ansprüche aus § 1615l BGB[1]

Der Bedarf der Mutter oder des Vaters eines nichtehelichen Kindes richtet *sich nach* der Lebensstellung des betreuenden Elternteils (§§ 1615l Abs. 3 Satz 1, 1610 BGB) und beträgt in der Regel mindestens 1.200 Euro.

---

[1] **Habersack, Deutsche Gesetze Nr. 20.**

19. Elternunterhalt

Für die Unterhaltsverpflichtung gegenüber Eltern gilt ein erhöhter angemessener Selbstbehalt des unterhaltspflichtigen Kindes gemäß § 1603 Abs. 1 BGB[1)] (vgl. Nr. 21.3.3).

Beim Bedarf der Eltern sind Leistungen der Grundsicherung im Alter und bei Erwerbsminderung nach den §§ 41–43 SGB XII zu berücksichtigen (vgl. Nr. 2.9).

20. Lebenspartnerschaft

Für den Unterhalt bei Getrenntleben der Lebenspartner gilt § 12 LPartG[2)] und für den Unterhalt bei Aufhebung der Lebenspartnerschaft § 16 LPartG.

V. Leistungsfähigkeit und Mangelfall

21. Selbstbehalt

21.1 Grundsatz

Es ist zu unterscheiden zwischen dem notwendigen (§ 1603 Abs. 2 BGB[1)]), dem angemessenen (§ 1603 Abs. 1 BGB), dem eheangemessenen (§§ 1361 Abs. 1, 1578 Abs. 1 BGB) sowie dem billigen Selbstbehalt (§ 1581 BGB). In dem jeweiligen Selbstbehalt sind unterschiedlich hohe Kosten für Unterkunft und Heizung enthalten (vgl. Nr. 21.5.2).

21.2 Notwendiger Selbstbehalt

Der notwendige Selbstbehalt gilt in allen Fällen der Inanspruchnahme als unterste Grenze.

Er beträgt
– beim Nichterwerbstätigen 1.200 Euro und
– beim Erwerbstätigen 1.450 Euro.

Für Eltern gegenüber ihren minderjährigen Kindern und diesen nach § 1603 Abs. 2 Satz 2 BGB[1)] gleichgestellten volljährigen Kindern gilt im Allgemeinen der notwendige Selbstbehalt.

21.3 Angemessener Selbstbehalt

Im Übrigen gilt beim Verwandtenunterhalt der angemessene Selbstbehalt.

21.3.1 Volljährige Kinder

Der angemessene Selbstbehalt gegenüber volljährigen Kindern beträgt in der Regel 1.750 Euro. Er kann nach den Umständen des Einzelfalles, insbesondere bei nichterwerbstätigen Unterhaltsschuldnern, herabgesetzt werden.

21.3.2 Ansprüche aus § 1615l BGB[1)]

Der angemessene Selbstbehalt gegenüber der Mutter oder dem Vater eines nichtehelichen Kindes beträgt in der Regel falls erwerbstätig 1.600 Euro und falls nicht erwerbstätig 1.475 Euro.

---

1) **Habersack, Deutsche Gesetze Nr. 20.**
2) Nr. 43.

21.3.3 Elternunterhalt

Gegenüber Eltern als Unterhaltsberechtigten ist dem Unterhaltspflichtigen ein im Einzelfall zu ermittelnder angemessener Selbstbehalt zu belassen.

Beim Elternunterhalt sind bei der Bemessung des angemessenen Selbstbehalts Zweck und Rechtsgedanken des Gesetzes zur Entlastung unterhaltspflichtiger Angehöriger in der Sozialhilfe und in der Eingliederungshilfe (Angehörigenentlastungsgesetz vom 10.12.2019 (Bundesgesetzblatt I S. 2135)) zu beachten.

21.4 Eheangemessener Selbstbehalt

Gegenüber Ehegatten gilt grundsätzlich ein eheangemessener Selbstbehalt falls erwerbstätig von 1.600 Euro und falls nicht erwerbstätig von 1.475 Euro.

Eine Begrenzung auf den notwendigen Selbstbehalt (Nr. 21.2) kommt insbesondere bei Betreuung gemeinschaftlicher minderjähriger Kinder seitens des Unterhaltsberechtigten in Betracht.

21.5 Anpassung des Selbstbehalts

21.5.1 Beim Verwandtenunterhalt kann der jeweilige Selbstbehalt unterschritten werden, wenn der eigene Unterhalt des Pflichtigen ganz oder teilweise durch den Ehegatten gedeckt ist.

21.5.2 Im notwendigen Selbstbehalt sind Kosten für Unterkunft und Heizung (Wohnkosten) in Höhe von 520 Euro, im angemessenen Selbstbehalt in Höhe von 650 Euro enthalten. Der Selbstbehalt erhöht sich, wenn konkret eine erhebliche und nach den Umständen nicht vermeidbare Überschreitung dieser Wohnkosten dargelegt ist.

21.5.3 Besteht für den Verpflichteten ein Anspruch auf Wohngeld, ist dieser wohnkostenmindernd zu berücksichtigen (vgl. Nr. 2.3).

22. Bedarf des mit dem Unterhaltspflichtigen zusammenlebenden Ehegatten

22.1 Volljährige Kinder und Ansprüche aus § 1615l BGB[1]

Ist der Unterhaltspflichtige verheiratet, werden für den mit ihm zusammenlebenden Ehegatten im Regelfall als angemessener Eigenbedarf 1.400 Euro angesetzt.

22.2 Ehegattenunterhalt

Bei nachrangigen Unterhaltsansprüchen geschiedener Ehegatten beträgt der Mindestbedarf des mit dem Unterhaltspflichtigen in einem Haushalt lebenden Ehegatten falls erwerbstätig 1.280 Euro und falls nicht erwerbstätig 1.180 Euro.

23. Mangelfall

23.1 Grundsatz

Reicht der Betrag, der zur Erfüllung mehrerer Unterhaltsansprüche unter Berücksichtigung des Selbstbehalts des Verpflichteten (Nr. 21) zur Verfügung steht (Nr. 1–10), nicht aus, um alle Ansprüche zu erfüllen, so

[1] **Habersack, Deutsche Gesetze Nr. 20.**

findet, sofern nicht ein Unterhaltsanspruch nach Maßgabe der §§ 1609, 1582, 1615l Abs. 3 Satz 2 BGB[1)] vorgeht und ein anderer nur nachrangig Berücksichtigung findet, eine Mangelfallberechnung statt.

23.2 Einsatzbeträge

Die Einsatzbeträge für minderjährige unverheiratete Kinder und ihnen nach § 1603 Abs. 2 Satz 2 BGB[1)] gleichgestellte volljährige Kinder entsprechen dem Existenzminimum nach § 1612a Abs. 1 Satz 2 und 3 BGB abzüglich des nach § 1612b BGB auf den Bedarf anzurechnenden Kindergeldes, das heißt den im Anhang 2 in der 1. Einkommensgruppe aufgeführten Unterhaltszahlbeträgen.

Für den in einem gemeinsamen Haushalt mit dem Unterhaltspflichtigen lebenden Ehegatten ist im Mangelfall der seiner jeweiligen Lebenssituation entsprechende notwendige Eigenbedarf (Nr. 22) als Einsatzbetrag zu berücksichtigen.

23.3 Berechnung

Bei der Mangelfallberechnung errechnet sich der gekürzte Unterhaltsanspruch aller gleichrangigen Unterhaltsberechtigten aus dem Quotienten von Verteilungsmasse und Summe der Einsatzbeträge, multipliziert mit dem jeweiligen Einsatzbetrag.

VI. Sonstiges

24. Rundung

Der Unterhaltsbetrag ist stets auf volle Euro aufzurunden.

25. Ost-West-Fälle

In so genannten Ost-West-Fällen richtet sich bis zum 31. Dezember 2007 der Bedarf nach dem Wohnort des Unterhaltsberechtigten, die Leistungsfähigkeit bzw. der Selbstbehalt nach dem Wohnort des Unterhaltspflichtigen.

26. Unterhaltsvereinbarungen

Unterhaltsvereinbarungen regeln im Zweifel lediglich den gesetzlichen Unterhalt.

27. Selbstbehalts- und Bedarfssätze

Eine Übersicht der nach den aktuellen Unterhaltsleitlinien maßgeblichen Selbstbehalts- und Bedarfssätze ist beigefügt als Anhang 3.

Anhang 1. Tabelle zum Kindesunterhalt

(abgedruckt unter Nr. 47)

Anhang 2. Unterhaltstabelle – Zahlbeträge

(abgedruckt unter Nr. 47)

[1)] **Habersack, Deutsche Gesetze Nr. 20.**

Anhang 3. Selbstbehalts- und Bedarfssätze

seit 1. Januar 2024

Nr. der Leitlinien	Art des Selbstbehalts bzw. Bedarfs	Betrag
	Selbstbehalt	
21.2	Notwendiger Selbstbehalt	
	Erwerbstätige Unterhaltsschuldner	1.450 €
	Nicht erwerbstätige Unterhaltsschuldner	1.200 €
21.3	Angemessener Selbstbehalt	
21.3.1	Ansprüche volljähriger Kinder	1.750 €
21.3.2	Ansprüche aus § 1615l BGB[1]	falls erwerbstätig 1.600 €; falls nicht erwerbstätig 1.475 €
21.4	Eheangemessener Selbstbehalt	falls erwerbstätig 1.600 €; falls nicht erwerbstätig 1.475 €
	Bedarf	
22	Bedarf des Ehegatten, der mit dem Unterhaltspflichtigen zusammenlebt, gegenüber Unterhaltsansprüchen	
22.1	– nicht privilegierter volljähriger Kinder und Berechtigter gemäß § 1615l BGB	1.400 €
22.2	– nachrangiger geschiedener Ehegatten	falls erwerbstätig 1.280 €; falls nicht erwerbstätig 1.180 €
10.2.3	Ausbildungsbedingter Mehrbedarf eines Kindes	10 % der Ausbildungsvergütung, maximal 100 €
13.1.2	Bedarf volljähriger Kinder mit eigenem Hausstand	930 €
18	Bedarf des nach § 1615l BGB berechtigten Elternteils	1.200 €

[1] **Habersack, Deutsche Gesetze Nr. 20.**

47q. Oberlandesgericht Oldenburg – Unterhaltsrechtliche Leitlinien der Familiensenate[1)]

(Stand: 1. Januar 2024)

Allgemeine Grundsätze

Die Unterhaltsrechtlichen Leitlinien der Familiensenate des Oberlandesgerichts Oldenburg dienen nur als Hilfsmittel zur Bestimmung des angemessenen Unterhalts.

Sie beruhen auf für typische Sachverhalte geltenden Erfahrungswerten.

Insofern sollen sie zu einer einheitlichen Rechtsprechung beitragen.

Sie haben jedoch keine bindende Wirkung und können die Prüfung des Einzelfalls nicht ersetzen.

Unterhaltsrechtlich maßgebendes Einkommen

Der Unterhaltsberechnung sind alle Einnahmen und Ausgaben mit 1/12 ihres Jahresbetrages zugrunde zu legen.

1. Geldeinnahmen

1.1 Regelmäßiges Bruttoeinkommen einschließlich Renten und Pensionen

Maßgebend sind die Einnahmen eines Jahres einschließlich Zulagen, Weihnachts- und Urlaubsgeld, Prämien, Tantiemen sowie sonstiger regelmäßiger Einmalzahlungen.

1.2 Unregelmäßige Einkommen

Bei Auflösung des Arbeitsverhältnisses gezahlte Abfindungen sind auf einen angemessenen Zeitraum umzulegen. Entsprechend ist bei anderen einmaligen Zuwendungen zu verfahren.

1.3 Überstunden

Vergütungen für Überstunden sind unterhaltspflichtige Einnahmen, soweit sie berufstypisch sind und das im jeweiligen Beruf übliche Maß nicht überschreiten.

Darüberhinausgehende Einnahmen aus Überstunden oder Zusatzarbeit sind aufgrund der Umstände des Einzelfalls (hohe Schuldenbelastung, Sicherung des Mindestbedarfs) nach Billigkeit anzurechnen.

1.4 Spesen und Auslösungen

Auslösungen und Spesen sind Einnahmen, soweit sie sich nicht auf die Erstattung nachgewiesener Auslagen beschränken. Aufwendungspauschalen sind aufgrund häuslicher Ersparnis in der Regel mit 1/3 ihres Nettowertes anzurechnen.

---

1) In der jeweils aktuellen Fassung kostenlos abrufbar unter www.oberlandesgericht-oldenburg.niedersachsen.de.

1.5 Einkommen aus selbständiger Tätigkeit

Bei Einkünften aus selbständiger Tätigkeit sind die im Durchschnitt von 3 oder mehr Jahren für den Lebensunterhalt tatsächlich verfügbaren Mittel maßgebend.

1.5.1 Gewinn

Wird auf den steuerlich maßgeblichen Gewinn abgestellt, sind für das Wirtschaftsjahr gebildete Rückstellungen (§ 5 Abs. II – IVb EStG), die nach §§ 7a–7k EStG vorgenommenen Absetzungen für Abnutzung und Substanzverringerung sowie Sonderabschreibungen unterhaltsrechtlich zu korrigieren. Soweit Abschreibungen dem Gewinn hinzugerechnet werden, sind die für diese Wirtschaftsgüter notwendigen Ausgaben sowie die Tilgung betrieblicher Kredite vom Gewinn abzusetzen.

1.5.2 Privatentnahmen

Privatentnahmen haben Indizcharakter für die Feststellung der verfügbaren Mittel.

1.6 Einkommen aus Vermietung u. Verpachtung sowie Kapitalvermögen

Bei Einkünften aus Vermietung und Verpachtung sowie Kapitalvermögen sind die Einnahmen abzüglich notwendiger Ausgaben maßgebend.

1.7 Steuererstattungen

Steuererstattungen und -zahlungen gehören in der Regel zu den Einnahmen und Ausgaben im Jahr der Zahlung. Eine Fortschreibung für nachfolgende Jahre setzt voraus, dass die Bemessungsgrundlagen im Wesentlichen unverändert bleiben.

Steuererstattungen sind nicht als Einkommen anzurechnen, soweit der ihnen zugrundeliegende Aufwand unterhaltsrechtlich unberücksichtigt bleibt.

2. Sozialleistungen

2.1 Arbeitslosengeld (§ 117 SGB III) und Krankengeld

2.2 Bürgergeld, bis 2023 Arbeitslosengeld II (§§ 19–32 SGB II)

Bürgergeld, bis 2023 Arbeitslosengeld II (§§ 19–32 SGB II):

Leistungen zur Sicherung des Lebensunterhalts sind nicht als unterhaltsrelevantes Einkommen anzurechnen. Soweit ein Übergang des Anspruchs auf den Träger der Leistungen nach § 33 Abs. 2 SGB II ausgeschlossen ist (auch bei fiktivem Einkommen), können Unterhaltsforderungen eines Leistungsempfängers für die Vergangenheit treuwidrig sein (vgl. BGH FamRZ 1999, 843).

2.3 Wohngeld

2.4 BaföG

BAföG-Leistungen, auch soweit sie als Darlehn gewährt werden, mit Ausnahme von Vorausleistungen nach §§ 36, 37 BAföG[1]).

[1]) **Sartorius Nr. 420.**

2.5 Erziehungsgeld

Elterngeld ist mit dem 300 Euro/Kind (bei verlängertem Bezug 150 Euro) *übersteigende*[1] Betrag als Einkommen anzurechnen. Eine Anrechnung des Sockelbetrages erfolgt nur unter den Voraussetzungen des § 11 S. 4 BEEG[2].

2.6 Unfall- und Versorgungsrenten

Renten wegen teilweiser oder vollständiger Minderung der Erwerbsfähigkeit (§§ 43 SGB VI, 56 SGB VII).

2.7 Leistungen der Pflegeversicherung, Blindengeld u.ä.

Leistungen aus der Pflegeversicherung (§ 13 SGB XI), Blindengeld sowie Schwerverletzten- und Pflegezulagen, jeweils nach Abzug des Betrages für tatsächliche Mehraufwendungen, wobei § 1610a BGB[3] zu beachten ist.

2.8 Pflegegeld

An die Pflegeperson weitergeleitetes Pflegegeld nach Maßgabe von § 13 VI SGB XI sowie der Erziehungsbeitrag im Pflegegeld für Vollzeitpflege (§ 39 SGB VIII[4], Nds.MBl. 2014 S. 964).

2.9 Grundsicherungsgesetz

Leistungen zur Grundsicherung im Alter und bei Erwerbsminderung (§§ 41 ff SGB XII) nur beim Verwandtenunterhalt.

2.10 Sozialhilfe/Unterhaltsvorschuss

Nicht als Einkommen anzurechnen sind Sozialhilfe (SGB XII) und Leistungen nach dem Unterhaltsvorschussgesetz[5]. Für Unterhaltsrückstände gilt Ziff. 2.2 entsprechend.

3. Kindergeld

Kindergeld wird nicht als Einkommen der Eltern angerechnet. Es ist für den Bedarf des Kindes zu verwenden.

4. Geldwerte Zuwendungen des Arbeitgebers

Sachbezüge (kostenlose oder verbilligte Wohnung, Vorteil KFZ-Nutzung, unentgeltliche Verpflegung, Mitarbeiterrabatt) sind mit den nach § 287 ZPO[6] zu schätzenden ersparten Aufwendungen als Einkommen anzusetzen.

5. Wohnwert

Der Vorteil mietfreien Wohnens im eigenen Heim ist als wirtschaftliche Nutzung von Vermögen wie Einkommen zu behandeln.

5.1 Bemessung

Ein Wohnvorteil liegt nur vor, soweit die ersparte Kaltmiete den berücksichtigungsfähigen Schuldendienst (Zins- und Tilgungsleistungen) – ggf.

---

[1] Richtig wohl: „übersteigenden".
[2] Nr. **45e**.
[3] **Habersack, Deutsche Gesetze Nr. 20.**
[4] Nr. **46**.
[5] Nr. **45d**.
[6] **Habersack, Deutsche Gesetze Nr. 100.**

vermindert um die Eigenheimzulage – und erforderliche Instandhaltungskosten übersteigt. Die nach § 2 BetrKV[1] umlagefähigen Betriebskosten sind nicht abzusetzen.

5.2 Angemessener Wohnvorteil

In der Zeit bis zur endgültigen Vermögensauseinandersetzung oder bis zum endgültigen Scheitern der Ehe (Zustellung des Scheidungsantrags) ist in der Regel die angesichts der wirtschaftlichen Verhältnisse angemessene, ersparte Miete anzusetzen.

5.3 Objektiver Wohnvorteil

Nach der endgültigen Vermögensauseinandersetzung oder dem endgültigen Scheitern der Ehe ist auf den aus Vermietung bzw. bei Anlage des Reinerlöses erzielbaren Nettoertrag abzustellen, mindestens jedoch auf den nach Ziff. 5.2 anzusetzenden Betrag, sofern nicht ausnahmsweise eine anderweitige Nutzung der Wohnung unzumutbar ist.

6. Haushaltsführung

Für Haushaltsführungsleistungen in einer nichtehelichen Partnerschaft ist auf Seiten des Unterhaltsberechtigten ein wirtschaftlicher Vorteil anzusetzen, sofern nicht die Leistungsunfähigkeit des Partners feststeht. Dieser Vorteil ist im Regelfall mit 500 Euro zu bewerten.

7. Einkommen aus unzumutbarer Erwerbstätigkeit

Aus unzumutbarer Tätigkeit erzieltes Einkommen kann nach Billigkeit ganz oder teilweise unberücksichtigt bleiben.

8. Freiwillige Zuwendungen Dritter

Freiwillige Zuwendungen Dritter (z.B. Geldleistungen, mietfreies Wohnen) sind in der Regel nur dann als Einkommen zu berücksichtigen, wenn dies dem Willen des Dritten entspricht.

9. Erwerbsobliegenheit und Einkommensfiktion

9.1 Erwerbsobliegenheit

Eine Erwerbsobliegenheit besteht bis zum Erreichen der Regelaltersgrenze. Auszugehen ist von der Erwerbsobliegenheit eines Unterhaltsverpflichteten, die gegenüber minderjährigen und diesen gleichgestellten Kindern nach Maßgabe des § 1603 BGB[2] gesteigert ist. Im Einzelfall kann diese auch die Aufnahme einer Nebentätigkeit umfassen.

9.1.1. Anforderungen bei Arbeitslosigkeit

Bei Arbeitslosigkeit sind über eine Meldung bei der Agentur für Arbeit oder telefonische Nachfragen hinausgehende eigenständige Erwerbsbemühungen im Einzelnen darzulegen und zu belegen.

Der Hinweis auf die Arbeitsmarktlage macht den Nachweis von Bemühungen nur im Ausnahmefall entbehrlich.

[1] Nr. **30b/1**.
[2] **Habersack, Deutsche Gesetze Nr. 20.**

9.2 Fiktives Einkommen

Bei unzureichenden Bemühungen um einen Arbeitsplatz können fiktive Einkünfte nach den Umständen des Einzelfalls unter Berücksichtigung von Beruf, Alter und des zuletzt erzielten Verdienstes zugrunde gelegt werden.

9.3 Geringfügige Beschäftigung

Neben dem Bezug von Leistungen der Agentur für Arbeit kann die Aufnahme einer geringfügigen Beschäftigung (§ 155 SGB III) in Betracht kommen.

9.4 Erwerbspflicht bei Wiederheirat

Dem wiederverheirateten Elternteil obliegt es ungeachtet seiner Pflichten aus der neuen Ehe durch Aufnahme einer Erwerbstätigkeit zum Unterhalt der Kinder aus einer früheren Ehe beizutragen, ggf. durch Aufnahme einer Teilzeitarbeit.

10. Bereinigung des Einkommens

10.1 Steuern und Vorsorgeaufwendungen

Von den Einnahmen sind die tatsächlich gezahlten Steuern abzuziehen. Es besteht grundsätzlich die Obliegenheit, mögliche Steuervorteile – insbesondere als außergewöhnliche Belastung (§ 33a Abs. 1 EStG) bzw. aus dem begrenzten Realsplitting (§ 10 Abs. 1 Nr. 1 EStG) – durch Eintragung eines Freibetrages in Höhe des unstreitig geschuldeten Unterhaltsbetrages in Anspruch zu nehmen.

Solche Vorteile und mit einem bevorstehenden Wechsel der Steuerklasse verbundene Veränderungen können aufgrund einer Schätzung berücksichtigt werden.

Bei abhängig Beschäftigten sind zur Alters- und Krankenvorsorge die gesetzlichen Abgaben zur Sozialversicherung sowie Beiträge zur privaten Altersvorsorge zu berücksichtigen. Tatsächlich entrichtete Beiträge zur Alters- und Krankenvorsorge sind regelmäßig in einem im Verhältnis zu den Einnahmen angemessenen Umfang abzuziehen, bei zusätzlichen Beiträgen zur privaten Altersvorsorge in der Regel mit 4 %, beim Elternunterhalt mit 5 % des Bruttoeinkommens.

Bei gesteigerter Unterhaltspflicht sind jedoch allenfalls nach § 82 EStG geförderte Vorsorgebeiträge bis zur Höhe des Mindesteigenbeitrags nach § 86 EStG (z.B. Riesterrente) abzugsfähig.

10.2 Berufsbedingte Aufwendungen

Berufsbedingte Aufwendungen sind von den Einnahmen vorweg abzuziehen.

10.2.1 Nichtselbständige Tätigkeit

Bei Einnahmen aus nichtselbständiger Tätigkeit ist in der Regel eine Pauschale von 5 % des Nettoeinkommens – bei Vollzeittätigkeit mindestens 50 Euro und höchstens 150 Euro – anzusetzen.

Eine Anerkennung von diese Pauschale übersteigenden sowie mit anderen Einnahmen verbundenen Aufwendungen setzt die konkrete Darlegung des Aufwandes voraus.

10.2.2 PKW-Kosten

Für täglich anfallende PKW-Kosten können dabei pauschal 42 Cent für die ersten 60 gefahrenen Kilometer sowie 28 Cent ab dem 61. Kilometer abgesetzt werden. Darin sind Finanzierungskosten enthalten. Ausnahmsweise können stattdessen 28 Cent je gefahrenen Kilometer zuzüglich der Aufwendungen zur Fahrzeugfinanzierung angesetzt werden. Ggf. kommt eine Verweisung auf die Nutzung öffentlicher Verkehrsmittel in Betracht.

10.2.3 Ausbildung

Bei einem in der Berufsausbildung stehenden Kind sind als ausbildungsbedingte Aufwendungen in der Regel 100 Euro anzusetzen.

10.3 Kinderbetreuung

Als weitere berufsbedingte Aufwendungen gelten Kinderbetreuungskosten, soweit infolge der Berufstätigkeit eine Betreuung durch Dritte erforderlich ist. Eine nach §§ 22 ff SGB VIII[1] mögliche Unterstützung sowie Steuerermäßigungen sind in Anspruch zu nehmen. Ziff. 12.4. ist zu beachten

10.4 Schulden

Schulden (Zins und Tilgung) sind bei tatsächlicher Zahlung im Rahmen eines vernünftigen Tilgungsplans mit angemessenen Raten zu berücksichtigen.

10.4.1 Bedarfsermittlung

Für die Bedarfsermittlung sind Kreditbelastungen aus der Zeit vor der Eheschließung und die bis zur Trennung eingegangenen Verpflichtungen zu berücksichtigen.

10.4.2 Abzugsfähiger Umfang

Der Umfang abzuziehender Schulden ist unter Abwägung aller Umstände des Einzelfalls zu beurteilen. Bei gesteigerter Unterhaltspflicht hat der Unterhaltsschuldner in der Regel sein nach §§ 850c, f ZPO[2] unpfändbares Einkommen einzusetzen. Es kommt in diesen Fällen eine Obliegenheit zur Einleitung eines Verbraucherinsolvenzverfahrens in Betracht, wenn ein Antrag auf Restschuldbefreiung möglich und zumutbar ist.

10.5/6 nicht belegt

10.7 Umgangskosten

Notwendige Aufwendungen zur Ausübung des Umgangsrechts können einkommensmindernd berücksichtigt werden. Diese sind zu berücksichtigen, wenn ansonsten der notwendige Selbstbehalt unterschritten würde.

Kindesunterhalt

11. Bemessungsgrundlage (Tabellenunterhalt)

Der Unterhaltsbedarf minderjähriger und volljähriger Kinder bemisst sich nach den Sätzen der Düsseldorfer Tabelle[3].

---

[1] Nr. 46.
[2] **Habersack, Deutsche Gesetze Nr. 100.**
[3] Nr. 47.

11.1 Kranken- und Pflegeversicherungsbeiträge

Die Tabellensätze enthalten keine Beiträge zur Kranken- und Pflegeversicherung. Solche zusätzlich aufzubringenden Beiträge sind vorweg vom Einkommen des Unterhaltspflichtigen abzuziehen.

11.2 Eingruppierung

Grundlage der Tabellensätze ist der Bedarf zweier Unterhaltsberechtigter. Bei einer größeren/geringeren Anzahl Unterhaltsberechtigter können Ab- oder Zuschläge durch Einstufung in eine niedrigere bzw. höhere Einkommensgruppe vorgenommen werden. Wird bei Leistung des Kindesunterhalts der angemessene Selbstbehalt (s. Ziff. 21.2) unterschritten, kommt eine Herabstufung in Betracht.

12. Minderjährige Kinder

12.1. Betreuungs-/Barunterhalt

Die Höhe des Barbedarfs bemisst sich im Regelfall allein nach dem – um die für nachrangig Berechtigte gewährten Vorteile verminderten – Einkommen des das Kind nicht betreuenden Elternteils.

12.2 Einkommen des Kindes

Eigenes Einkommen des Kindes ist auf den Barbedarf zur Hälfte anzurechnen.

12.3 Beiderseitige Barunterhaltspflicht/Haftungsanteil

Der das Kind betreuende Elternteil ist nur dann barunterhaltspflichtig, wenn sein Einkommen das Einkommen des anderen Elternteils erheblich übersteigt. Ferner kann er in angemessenem Umfang barunterhaltspflichtig sein, wenn der angemessene Bedarf des anderen Elternteils bei Leistung des Unterhalts gefährdet wäre (§ 1603 II S. 3 BGB).

Sind bei auswärtiger Unterbringung beide Elternteile zum Barunterhalt verpflichtet, haben sie den um das volle Kindergeld verminderten Gesamtbedarf anteilig nach dem Verhältnis ihrer den angemessenen Selbstbehalt übersteigenden Einkommen zu tragen (§ 1606 Abs. 3 S. 1 BGB). Das den notwendigen Selbstbehalt übersteigende Einkommen ist maßgebend, wenn der Bedarf des Kindes andernfalls nicht gedeckt werden kann.

12.4 Zusatzbedarf

Die Tabellensätze berücksichtigen keinen vom Normalfall abweichenden erhöhten Bedarf und Sonderbedarf (§ 1613 II Nr. 1 BGB). Hierzu gehören die berücksichtigungsfähigen Aufwendungen für den Besuch von Kindergärten und vergleichbare Betreuungsformen. Soweit die Aufwendungen das hälftige Kindergeld (s. Ziff. 14) übersteigen, sind sie entsprechend Ziff. 12.3 Abs. 2 von beiden Eltern zu tragen.

13. Volljährige Kinder

13.1 Bedarf

Beim Bedarf volljähriger Kinder ist zwischen Kindern mit eigenem Haushalt und im Haushalt der Eltern oder eines Elternteils lebenden Kindern zu unterscheiden.

13.1.1 im elterlichen Haushalt lebend

Für im Haushalt der Eltern oder eines Elternteils wohnende volljährige Kinder bemisst sich der Bedarf nach der sich aus der Summe beider Einkommen ergebenden Einkommensgruppe – ohne Höher- oder Herabstufung.

13.1.2 eigener Hausstand

Bei Kindern mit eigenem Hausstand beträgt der angemessene Bedarf in der Regel monatlich 930 Euro. Darin sind Kosten für Unterkunft einschließlich umlagefähiger Nebenkosten und Heizung (Warmmiete) von bis zu 410 € enthalten. Dieser Betrag enthält keine Beiträge zur Kranken- und Pflegeversicherung sowie Studiengebühren.

13.2 Einkommen des Kindes

Auf den Bedarf sind Kindergeld und eigenes Einkommen des Kindes wie folgt anzurechnen:

- Kindergeld in voller Höhe;
- Ausbildungsvergütung in voller Höhe, für Kinder ohne eigenen Hausstand vermindert um ausbildungsbedingte Aufwendungen;
- BAföG-Leistungen in voller Höhe – auch bei Gewährung als Darlehen –, nicht jedoch die Vorausleistungen;
- Einkünfte aus nicht geschuldeter Erwerbstätigkeit (z.B. Ferienjob) können nach Billigkeit ganz oder teilweise unberücksichtigt bleiben.

13.3 Beiderseitige Barunterhaltspflicht/Haftungsanteil

Ab Volljährigkeit besteht – auch für minderjährigen Kindern gleichgestellte volljährige Kinder – grundsätzlich eine Barunterhaltspflicht beider Elternteile.

Beide Eltern schulden Unterhalt nach dem Verhältnis ihres jeweiligen den angemessenen Selbstbehalt von 1.750 Euro bzw. bei minderjährigen Kindern gleichgestellten volljährigen Kindern ggf. den notwendigen Selbstbehalt übersteigenden Einkommens. Ziff. 10.5 und Ziff. 12.3 Abs. 2 sind zu beachten. Kein Elternteil hat einen höheren Unterhaltsbetrag zu zahlen, als sich allein nach seinem Einkommen aus der Düsseldorfer Tabelle ergäbe.

14. Verrechnung des Kindergeldes

Kindergeld wird nach § 1612b BGB bedarfsmindernd angerechnet. Der nach § 1612b Abs. 1 Nr. 1 BGB nicht anzurechnende Teil des Kindergeldes steht ggf. für den laufenden Lebensunterhalt übersteigende Bedarfe zur Verfügung (s. Ziff. 3, 12.4).

Ehegattenunterhalt

15. Unterhaltsbedarf

15.1 Bedarf nach ehelichen Lebensverhältnissen

Beim Trennungsunterhalt und nachehelichen Unterhalt wird der Bedarf bestimmt und begrenzt durch die ehelichen Lebensverhältnisse. Diese werden in erster Linie durch das für den gesamten Lebensunterhalt – ggf. nach Abzug des Zahlbetrags für minderjährige oder des Bedarfs für volljährige und noch in der Berufsausbildung befindliche Kinder – verfügbare Einkommen geprägt. Zur Vermögensbildung verwendete Teile des Einkommens bleiben bei der Bedarfsbemessung unberücksichtigt.

Bei Aufnahme oder Ausweitung einer Erwerbstätigkeit nach Trennung/Scheidung gilt das (Mehr)einkommen im Regelfall als prägend.

15.2 Halbteilung und Erwerbstätigenbonus

Bei durchschnittlichen Einkommensverhältnissen bestimmt sich der Bedarf nach einer Quote vom Einkommen bzw. der Einkommensdifferenz. Bei Einkommen aus Erwerbsarbeit kann ein Erwerbstätigenbonus von 1/10 berücksichtigt werden. Im Übrigen gilt der Halbteilungsgrundsatz.

Erbringt der Verpflichtete sowohl Bar- als auch Betreuungsunterhalt, kann hiervon abgewichen werden.

15.3 Konkrete Bedarfsbemessung

Bei außergewöhnlich hohen Einkommensverhältnissen ist der Bedarf konkret darzulegen. Möglich ist auch die quotale Berechnung aus dem verfügbaren Gesamteinkommen abzüglich der hiervon zur Vermögensbildung aufgewandten Mittel.

15.4 Vorsorgebedarf/Zusatz- und Sonderbedarf

Der nach einer Quote vom Einkommen ermittelte Bedarf umfasst keine Beiträge zur Alters- und Krankenvorsorge. Altersvorsorgebedarf kann nur bei Sicherung des Elementarunterhalts beansprucht werden und ist in der Regel vom Einkommen des Unterhaltspflichtigen vorweg abzuziehen.

15.5–7 nicht belegt

16. Bedürftigkeit

Auf einen konkret festgestellten Bedarf – bei guten Einkommensverhältnissen sowie einer eheunabhängigen Lebensstellung – ist eigenes Einkommen ohne Berücksichtigung eines Erwerbstätigenbonus bedarfsmindernd anzurechnen.

17. Erwerbsobliegenheit

Bei nachehelichem Unterhalt besteht nur dann keine Verpflichtung zu einer eigenen Erwerbstätigkeit, wenn und soweit der geschiedene Ehegatte wegen Kindesbetreuung, Krankheit oder Alter an der Aufnahme einer Erwerbstätigkeit gehindert ist.

17.1 bei Kindesbetreuung

Vor Vollendung des 3. Lebensjahres eines Kindes besteht keine Obliegenheit, eine Erwerbstätigkeit aufzunehmen oder auszuweiten.

Ob und in welchem Umfang anschließend die Aufnahme oder Ausweitung einer Erwerbstätigkeit neben der Betreuung minderjähriger Kinder zumutbar ist, ist unter Berücksichtigung aller Umstände des Einzelfalles, insbesondere der bisher ausgeübten Tätigkeit und den Möglichkeiten der Kinderbetreuung, zu beurteilen.

17.2 bei Trennungsunterhalt

Bei Getrenntlebensunterhalt besteht in der Regel nach Ablauf des ersten Trennungsjahres die Obliegenheit, den eigenen Unterhalt durch Aufnahme oder Ausweitung einer Erwerbstätigkeit zu sichern. Ziff. 17.1 ist zu beachten.

Weitere Unterhaltsansprüche

18. Ansprüche aus § 1615l BGB[1]

Der Bedarf nach § 1615l BGB bemisst sich nach der Lebensstellung des betreuenden Elternteils.

19. Elternunterhalt

Der Bedarf ist konkret darzulegen. Leistungen nach §§ 41 ff SGB XII (Grundsicherung im Alter und bei Erwerbsminderung) sind zu berücksichtigen.

20. Lebenspartnerschaft

Bei Getrenntleben oder Aufhebung einer Lebenspartnerschaft gelten §§ 12, 16 LPartG[2].

Leistungsfähigkeit und Mangelfall

21. Selbstbehalt

21.1 Grundsatz

Die Selbstbehalte bezeichnen den Teil des Einkommens, der dem Unterhaltsschuldner für seine eigene Lebensführung zu verbleiben hat. Als Mindestbetrag umfassen sie jeweils den laufenden Lebensbedarf i.S.d. § 20 Abs. 1 Satz 1 SGB II, übliche Versicherungen, angemessene Wohnkosten (einschließlich Nebenkosten und Heizung entsprechend den in der Düsseldorfer Tabelle[3] ausgewiesenen Beträgen) sowie für Erwerbstätige einen weiteren Betrag als Erwerbsanreiz. Nicht im Selbstbehalt enthalten sind Mehrbedarfe i.S.v. § 21 SGB II, § 30 SGB XII.

21.2 Notwendiger Selbstbehalt

Gegenüber minderjährigen und ihnen gleichgestellten volljährigen Kindern ist der angemessene Selbstbehalt (Ziff. 21.3.) zu wahren. Im Mangelfall (Ziff. 24.1) ist als unterste Grenze der Inanspruchnahme der notwendige Selbstbehalt maßgeblich. Dieser beträgt

- 1.450 Euro bei Erwerbstätigen
- 1.200 Euro bei Nichterwerbstätigen.

21.3 Angemessener Selbstbehalt

Der angemessene Selbstbehalt beträgt zumindest

- 1.750 Euro gegenüber minderjährigen und volljährigen Kindern
- 1.600 Euro bei Ansprüchen aus §§ 1570, 1615l BGB[1].
- Gegenüber Eltern, wirtschaftlich selbständigen Kindern und Enkeln ist der angemessene Selbstbehalt des Unterhaltspflichtigen unter Beachtung von Zweck und Rechtsgedanken des Gesetzes zur Entlastung unterhalts-

---

[1] **Habersack, Deutsche Gesetze Nr. 20.**
[2] Nr. **43**.
[3] Nr. **47**.

pflichtiger Angehöriger in der Sozialhilfe und in der Eingliederungshilfe (Angehörigenentlastungsgesetz) vom 10.12.2019 (BGBl I S. 2135) zu bemessen.

21.4 Eheangemessener Selbstbehalt

Gegenüber Ehegatten ist der eheangemessene Selbstbehalt nach den ehelichen Lebensverhältnissen zu wahren. Dem Schuldner sind wenigstens 1.600 Euro zu belassen.

21.5 Anpassung des Selbstbehalts

Der Selbstbehalt ist regelmäßig auf seine Angemessenheit zu überprüfen und ist bei unvermeidbar hohen unterhaltsrechtlich erheblichen Aufwendungen angemessen zu erhöhen. Beim Zusammenleben in Partnerschaft mit einer Person, die über ein für den eigenen Lebensbedarf ausreichendes Einkommen verfügt, kommt eine Herabsetzung um bis zu 10 % in Betracht.

22. Bedarf des mit dem Pflichtigen zusammenlebenden Ehegatten

22.1 minderjährige und privilegierte volljährige Kinder

Für den in Haushaltsgemeinschaft mit dem Unterhaltspflichtigen lebenden und nicht erwerbstätigen Ehegatten werden zumindest 1.280 Euro angesetzt.

22.2 volljährige Kinder, Enkel, Ansprüche aus § 1615l BGB[1]

Bei Unterhaltsansprüchen volljähriger Kinder werden für den in Haushaltsgemeinschaft mit dem Unterhaltspflichtigen lebenden Ehegatten zumindest 1.400 Euro angesetzt.

22.3 Eltern- und Enkelunterhalt

Der Mindestbedarf des mit dem Unterhaltspflichtigen zusammenlebenden Ehegatten bei Ansprüchen von Eltern oder Enkeln entspricht dem Selbstbehalt nach 21.3. Fall 3.

23. nicht belegt

24. Mangelfall

24.1 Grundsatz

Ein Mangelfall liegt vor, wenn das Einkommen bei Wahrung des jeweils angemessenen Selbstbehalts nicht genügt, um den Bedarf aller Unterhaltsberechtigten zu decken. Eine gesteigerte Unterhaltspflicht besteht, soweit das Einkommen nicht zur Deckung des notwendigen Unterhalts minderjähriger und ihnen gleichgestellter volljähriger Kinder genügt.

Reicht das Einkommen zur Deckung des Bedarfs aller Unterhaltsberechtigten und zur Deckung des Selbstbehalts nicht aus, ist der nach Abzug des Eigenbedarfs des Unterhaltspflichtigen verbleibende Betrag auf die Unterhaltsberechtigten im Verhältnis ihrer jeweiligen Einsatzbeträge zu verteilen.

---

[1] **Habersack, Deutsche Gesetze Nr. 20.**

24.2 Einsatzbeträge

Als Einsatzbeträge sind – ggf. vermindert um eigenes Einkommen der Unterhaltsberechtigten – anzusetzen:

24.2.1 Minderjährige

Für minderjährige und ihnen gleichgestellte volljährige Kinder der Mindestunterhalt (erste Einkommensgruppe der Düsseldorfer Tabelle[1]), vermindert um den bedarfsmindernd anzurechnenden Teil des auf das jeweilige Kind entfallenden Kindergeldes.

24.2.2 Andere

Für alle anderen Berechtigten ihr nach den allgemeinen Regeln bestimmter Bedarf.

24.3 Berechnung

Die Ansprüche jeweils gleichrangig Unterhaltsberechtigter sind im Verhältnis zum verteilungsfähigen Teil des Einkommens prozentual zu kürzen (Verteilungsmasse: Gesamtbedarf × 100).

24.4/5 nicht belegt

Sonstiges

25. Rundung

Ehegattenunterhalt soll auf fünf Euro gerundet werden.

26. Beweislast

26.1 Bedarf

Der Unterhaltsberechtigte trägt die Darlegung- und Beweislast für die Bedarfsberechnung. Dazu gehören insbesondere:

- das Einkommen des Verpflichteten,
- die fehlende Möglichkeit, den Bedarf durch eigenes Erwerbseinkommen zu decken,
- die eine Verlängerung des Anspruchs wegen Kindesbetreuung (§§ 1570 Abs. 1 S. 2, 3; Abs. 2 BGB[2]) rechtfertigenden Umstände,
- das Fehlen anderer tatsächlicher oder fiktiver Einkünfte, welche den Bedarf mindern könnten; dies betrifft vor allem die Fälle, in denen kein eheähnliches Verhältnis besteht,
- oder der neue Partner nicht leistungsfähig ist; diese negative Darlegungs- und Beweislast wird erst durch einen substantiierten Vortrag des Pflichtigen zum Bestehen einer derartigen Beziehung des Berechtigten zu einem neuen Partner ausgelöst.

26.2 Leistungsfähigkeit

Steht der Unterhaltsbedarf der Höhe nach fest, so trägt der Pflichtige die Beweislast dafür, dass er nicht über ausreichende Einkünfte verfügt, um diesen Bedarf zu decken.

---

[1] Nr. 47.
[2] **Habersack, Deutsche Gesetze Nr. 20.**

Anhang. Düsseldorfer Tabelle 2024 (Stand: 1. Januar 2024)

Kindesunterhalt

*(abgedruckt unter Nr. **47**)*

Tabelle Zahlbeträge

*(abgedruckt unter Nr. **47**)*

47r. Oberlandesgericht Rostock – Unterhaltsrechtliche Leitlinien der Familiensenate[1)]

(Stand: 1. Januar 2024)

Die Familiensenate des Oberlandesgerichts Rostock verwenden diese Leitlinien als Orientierungshilfe für den Regelfall unter Beachtung der Rechtsprechung des BGH, wobei die Angemessenheit des Ergebnisses in jedem Fall zu überprüfen ist. **Wesentliche Änderungen zu den bis 31.12.2023 geltenden Leitlinien beruhen auf der Anhebung des Mindestunterhalts (Verordnung zur Festlegung des Mindestunterhalts minderjähriger Kinder nach § 1612a Abs. 1 BGB[2)] vom 03.12.2015; BGBl. I S. 2188, i.d.F. der Sechsten Verordnung zur Änderung der Mindestunterhaltsverordnung vom 29.11.2023; BGBl. I Nr. 330) und betreffen die Bedarfssätze beim Kindesunterhalt im Anhang I. (Unterhaltstabelle). Auch die Bedarfssätze volljähriger Kinder, die noch im Haushalt eines Elternteils leben (4. Altersstufe der Unterhaltstabelle), werden zum 01.01.2024 erhöht. Sie betragen, wie bisher, 125 % des (angehobenen) Bedarfs der 2. Altersstufe. Der Bedarf von volljährigen, in Ausbildung befindlichen Kindern, die nicht mehr im Haushalt eines Elternteils leben, beträgt unverändert 930,00 EUR. Die Selbstbehalte werden ebenfalls erhöht. Die Einkommensgruppen der Unterhaltstabelle, zuletzt im Jahr 2018 angehoben, werden zum 01.01.2024 durchgehend um 200,00 EUR erhöht.**

Im Übrigen bleiben die Leitlinien gegenüber denen, Stand 01.01.2023, im Wesentlichen unverändert.

Unterhaltsrechtlich maßgebendes Einkommen

Bei der Ermittlung und Zurechnung von Einkommen ist zu unterscheiden, ob es um Verwandten- oder Ehegattenunterhalt sowie ob es um Bedarfsbemessung einerseits oder Feststellung der Bedürftigkeit/Leistungsfähigkeit andererseits geht.

Das unterhaltsrechtliche Einkommen ist nicht immer identisch mit dem steuerrechtlichen Einkommen.

1. Geldeinnahmen

1.1 Auszugehen ist vom Bruttoeinkommen als Summe aller Einkünfte einschließlich Renten und Pensionen.

1.2 Soweit Leistungen nicht monatlich anfallen (z.B. Weihnachts- und Urlaubsgeld), werden sie auf ein Jahr umgelegt. Einmalige Zahlungen (z.B. Abfindungen) sind auf einen angemessenen Zeitraum (in der Regel mehrere Jahre) zu verteilen.

1.3 Überstundenvergütungen werden dem Einkommen regelmäßig zugerechnet, soweit sie in geringem Umfang anfallen oder berufsüblich sind, darüber hinaus im absoluten Mangelfall (vgl. Nr. 23). Entsprechendes gilt für Einkünfte aus Nebentätigkeiten.

---

1) In der jeweils aktuellen Fassung kostenlos abrufbar unter www.mv-justiz.de.
2) **Habersack, Deutsche Gesetze Nr. 20.**

1.4 Ersatz für Spesen und Reisekosten sowie Auslösungen gelten in der Regel als Einkommen. Damit zusammenhängende Aufwendungen – vermindert um häusliche Ersparnis – sind jedoch abzuziehen. Bei Aufwendungspauschalen (außer Kilometergeld) kann 1/3 des Nettobetrages als Einkommen angesetzt werden.

1.5 Bei der Ermittlung des zukünftigen Einkommens eines Selbstständigen ist in der Regel der Gewinn der letzten drei Jahre zugrunde zu legen. Für die Vergangenheit sind die im jeweiligen Kalenderjahr erzielten Einkünfte maßgebend.

1.6 Einkommen aus Vermietung und Verpachtung sowie Kapitalvermögen: Auszugehen ist von den Einnahmen abzüglich notwendiger Ausgaben. Für Gebäude ist keine Absetzung für Abnutzung (AfA) anzusetzen.

1.7 Steuerzahlungen oder -erstattungen sind in der Regel im Kalenderjahr der tatsächlichen Leistung zu berücksichtigen. Es besteht die Obliegenheit, mögliche Steuervorteile in Anspruch zu nehmen. Steuervorteile, die auf unterhaltsrechtlich nicht zu berücksichtigenden Aufwendungen beruhen, bleiben in der Regel außer Betracht.

1.8 Sonstige Einnahmen, z.B. Trinkgelder

2. Auch folgende Sozialleistungen sind Einkommen:

2.1 Arbeitslosengeld (§ 136 SGB III) und sonstige Lohnersatzleistungen nach dem SGB III (Übergangs-, Ausbildungs-, Kurzarbeiter- und Insolvenzgeld) sowie Krankengeld

2.2 Arbeitslosengeld II (§§ 19 ff. SGB II) beim Verpflichteten; beim Berechtigten nur, soweit es um Unterhalt für die Vergangenheit geht und der Unterhaltsanspruch nicht nach § 33 SGB II auf den Leistungsträger übergegangen ist

2.3 Wohngeld, soweit es nicht erhöhte Wohnkosten deckt

2.4 BAföG[1]-Leistungen, auch soweit sie als Darlehen gewährt werden, mit Ausnahme von Vorausleistungen nach § 36 BAföG

2.5 Elterngeld nach Maßgabe des § 11 BEEG[2]

2.6 Unfall- und Versorgungsrenten nach Abzug des Betrages für tatsächliche Mehraufwendungen

2.7 Leistungen aus der Pflegeversicherung, Blindenhilfe, Schwerbeschädigten- und Pflegezulagen nach Abzug eines Betrages für tatsächliche Mehraufwendungen; §§ 1610a, 1578a BGB[3] sind zu beachten.

2.8 Der Anteil des Pflegegeldes bei der Pflegeperson, durch den ihre Bemühungen abgegolten werden; bei Pflegegeld aus der Pflegeversicherung gilt dies nach Maßgabe des § 13 Abs. 6 SGB XI.

2.9 In der Regel Leistungen nach §§ 41 bis 43 SGB XII (Grundsicherung) beim Verwandtenunterhalt, nicht aber beim Ehegattenunterhalt

---

[1] **Sartorius Nr. 420.**
[2] Nr. **45e**.
[3] **Habersack, Deutsche Gesetze Nr. 20.**

2.10/11 Kein Einkommen sind Sozialhilfe nach dem SGB XII und Leistungen nach dem UVG[1]. Die Unterhaltsforderung eines Empfängers dieser Leistungen kann in Ausnahmefällen treuwidrig sein.

3. Kindergeld

Kindergeld ist kein Einkommen der Eltern (vgl. Nr. 14).

4. Geldwerte Zuwendungen des Arbeitgebers

Geldwerte Zuwendungen aller Art des Arbeitgebers, z.B. Firmenwagen oder freie Kost und Logis, sind Einkommen, soweit sie entsprechende Eigenaufwendungen ersparen.

5. Wohnwert

Der Wohnvorteil durch mietfreies Wohnen ist als wirtschaftliche Nutzung des Vermögens unterhaltsrechtlich wie Einkommen zu behandeln. Neben dem Wohnwert sind auch Zahlungen nach dem Eigenheimzulagengesetz anzusetzen.

Ein Wohnvorteil liegt nur vor, soweit der Wohnwert den berücksichtigungsfähigen Schuldendienst, erforderliche Instandhaltungskosten und die verbrauchsunabhängigen Kosten, mit denen ein Mieter üblicherweise nicht belastet wird, übersteigt. Auszugehen ist vom vollen Mietwert (Nettokaltmiete). Wenn es nicht möglich oder nicht zumutbar ist, die Wohnung aufzugeben und das Objekt zu vermieten oder zu veräußern, kann stattdessen die ersparte Miete angesetzt werden, die angesichts der wirtschaftlichen Verhältnisse angemessen wäre. Dies kommt insbesondere für die Zeit bis zum endgültigen Scheitern der Ehe (in der Regel Ablauf des Trennungsjahres, ggf. Zustellung des Scheidungsantrags) in Betracht, wenn ein Ehegatte das Eigenheim allein bewohnt.

6. Haushaltsführung

Führt jemand einem leistungsfähigen Dritten den Haushalt, so ist hierfür ein Einkommen anzusetzen. Bei Haushaltsführung durch einen Nichterwerbstätigen geschieht das in der Regel mit einem Betrag von 200,00 EUR bis 550,00 EUR.

7. Einkommen aus unzumutbarer Erwerbstätigkeit

Einkommen aus unzumutbarer Erwerbstätigkeit kann nach Billigkeit ganz oder teilweise unberücksichtigt bleiben.

8. Freiwillige Zuwendungen Dritter

Freiwillige Zuwendungen Dritter (z.B. Geldleistungen, kostenloses Wohnen) sind als Einkommen zu berücksichtigen, wenn dies dem Willen des Dritten entspricht. Eine Anrechnung kommt jedoch dann in Betracht, wenn der Mindestunterhalt minderjähriger Kinder oder ihnen nach § 1603 Abs. 2 Satz 2 BGB[2] gleichgestellter volljähriger Kinder bzw. das Existenzminimum des Ehegatten nicht gedeckt sind.

---

[1] Nr. **45d**.
[2] **Habersack, Deutsche Gesetze Nr. 20.**

9. Erwerbsobliegenheit und Einkommensfiktion

Einkommen können auch auf Grund einer unterhaltsrechtlichen Obliegenheit erzielbare Einkünfte sein (fiktives Einkommen).

10. Bereinigung des Einkommens

10.1 Vom Bruttoeinkommen sind Steuern, Sozialabgaben und/oder angemessene Vorsorgeaufwendungen abzusetzen (Nettoeinkommen).

10.1.1 Es besteht die Obliegenheit, Steuervorteile in Anspruch zu nehmen (z.B. Eintragung eines Freibetrags bei Fahrtkosten, für unstreitigen oder rechtskräftig titulierten Unterhalt).

10.1.2 Zur Absicherung einer angemessenen Altersvorsorge kann insbesondere der nichtselbstständig Erwerbstätige eine zusätzliche Altersvorsorge von bis zu 4 % seines jeweiligen Gesamtbruttoeinkommens des Vorjahres, gegenüber Ansprüchen auf Elternunterhalt von bis zu 5 % seines Bruttoeinkommens betreiben. Wenn der Mindestunterhalt minderjähriger Kinder oder ihnen nach § 1603 Abs. 2 Satz 2 BGB[1)] gleichgestellter volljähriger Kinder nicht gedeckt ist, sind Aufwendungen für die zusätzliche Altersvorsorge nicht zu berücksichtigen.

10.2 Berufsbedingte Aufwendungen sind – wenn sie geltend gemacht, dargelegt und im Falle des Bestreitens bewiesen werden – im Rahmen des Angemessenen vom Arbeitseinkommen abzuziehen. Eine Schätzung ist möglich, § 287 ZPO[2)].

10.2.1 Pauschale/Konkrete Aufwendungen

10.2.2 Die Kosten einer notwendigen Pkw-Nutzung für berufsbedingte Fahrten, insbesondere zum Arbeitsplatz, werden mit einer Pauschale in Höhe von 0,42 EUR je gefahrenen Kilometer berücksichtigt. Hierin sind Anschaffungs-, Reparatur- und sonstige Betriebskosten enthalten. Bei langen Fahrtstrecken (ab ca. 30 km einfach) kann für die Gesamtstrecke nach unten abgewichen werden. Steuervorteile sind gegenzurechnen.

10.2.3 Die Ausbildungsvergütung eines in der Berufsausbildung stehenden Kindes, das im Haushalt der Eltern oder eines Elternteils wohnt, ist vor ihrer Anrechnung in der Regel um einen ausbildungsbedingten Mehrbedarf von monatlich 100,00 EUR zu kürzen.

10.3 Kinderbetreuungskosten sind abzugsfähig, soweit die Betreuung durch Dritte infolge der Berufstätigkeit erforderlich ist. Ein auf überobligatorischer Tätigkeit beruhendes Mehreinkommen kann ganz oder teilweise anrechnungsfrei bleiben, wenn keine konkreten Betreuungskosten anfallen. Aufwendungen für die Betreuung eines Kindes in Kindergärten oder vergleichbaren Einrichtungen mindern das Einkommen nicht; es handelt sich um Mehrbedarf des Kindes.

10.4 Schulden

Schulden (Zins und Tilgung) sind bei tatsächlicher Zahlung im Rahmen eines vernünftigen Tilgungsplanes mit angemessenen Raten zu berücksichtigen. Soweit der Mindestbedarf der Unterhaltsberechtigten nicht

---

[1)] **Habersack, Deutsche Gesetze Nr. 20.**
[2)] **Habersack, Deutsche Gesetze Nr. 100.**

gewahrt ist, hat der Schuldendienst so weit wie möglich und zumutbar zurückzustehen. Im Einzelfall sind in eine umfassende Interessenabwägung unter Billigkeitsgrundsätzen die Belange der Unterhaltsberechtigten, des Unterhaltsschuldners (insbesondere sein Interesse an der Verhinderung einer wachsenden Verschuldung) wie auch der Drittgläubiger einzubeziehen.

Bei der Bedarfsermittlung für den Ehegattenunterhalt sind grundsätzlich nur eheprägende Verbindlichkeiten abzusetzen.

Für Minderjährige soll der Mindestunterhalt gesichert bleiben. Im Rahmen gesteigerter Unterhaltspflicht nach § 1603 Abs. 2 BGB[1] besteht in der Regel die Obliegenheit zur Einleitung eines Insolvenzverfahrens und Geltendmachung der gesetzlichen Pfändungsfreigrenzen.

10.5 Unterhaltsleistungen an vorrangig Berechtigte sind vorweg abzuziehen; Unterhaltsleistungen an nachrangig Berechtigte sind angemessen zu berücksichtigen.

10.6 Vermögensbildende Aufwendungen sind, soweit sie angemessen sind, abzugsfähig.

10.7. Aufwendungen für die Ausübung des Umgangsrechts, die erheblich über das übliche Maß hinausgehen, können sich, soweit sie notwendigerweise anfallen, einkommensmindernd auswirken. Umgangskosten können durch einen – teilweisen – Abzug vom Einkommen oder durch eine Erhöhung des Selbstbehalts angemessen berücksichtigt werden.

Kindesunterhalt

11. Bemessungsgrundlage (Tabellenunterhalt)

Der Barunterhalt minderjähriger und noch im elterlichen Haushalt lebender volljähriger unverheirateter Kinder bestimmt sich nach den Sätzen der Unterhaltstabelle im Anhang I (Düsseldorfer Tabelle[2]). Bei minderjährigen Kindern kann er als Festbetrag oder gemäß § 1612a BGB[1] als Prozentsatz des jeweiligen Mindestunterhalts geltend gemacht werden.

11.1 Die Tabellensätze enthalten keine Kranken- und Pflegeversicherungsbeiträge für das Kind, wenn dieses nicht in einer gesetzlichen Familienversicherung mitversichert ist. Das Nettoeinkommen des Verpflichteten ist um solche zusätzlich zu zahlenden Versicherungskosten zu bereinigen. Kosten für den Besuch eines Kindergartens oder vergleichbare Betreuungsformen werden mit Ausnahme der Verpflegungskosten durch die Tabellensätze nicht erfasst. Sie sind Mehrbedarf des Kindes.

11.2 Die Tabellensätze sind auf den Fall zugeschnitten, dass der Unterhaltspflichtige zwei Berechtigten Unterhalt zu gewähren hat. Bei einer größeren oder geringeren Anzahl Unterhaltsberechtigter sind in der Regel Ab- oder Zuschläge durch Einstufung in eine niedrigere oder höhere Einkommensgruppe vorzunehmen.

Bei einer größeren Anzahl von Unterhaltsberechtigten kann eine Korrektur an Hand des Bedarfskontrollbetrages erfolgen. Der Bedarfskontroll-

[1] **Habersack, Deutsche Gesetze Nr. 20.**
[2] Nr. **47**.

betrag des Unterhaltspflichtigen ab Gruppe 2 ist nicht identisch mit dem Eigenbedarf. Er soll eine ausgewogene Verteilung des Einkommens zwischen dem Unterhaltspflichtigen und den Unterhaltsberechtigten gewährleisten. Erreicht das dem Unterhaltspflichtigen nach Abzug aller Unterhaltslasten verbleibende bereinigte Einkommen nicht den für die Einkommensgruppe ausgewiesenen Bedarfskontrollbetrag, ist soweit herabzustufen, bis dem Unterhaltspflichtigen der entsprechende Kontrollbetrag verbleibt.

12. Minderjährige Kinder

12.1 Der sorgeberechtigte Elternteil, der ein minderjähriges Kind betreut, leistet in der Regel hierdurch seinen Beitrag zum Kindesunterhalt (§ 1606 Abs. 3 Satz 2 BGB).

12.2 Einkommen des minderjährigen Kindes, das nach Abzug ausbildungsbedingter Kosten (vgl. Nr. 10.2.3) verbleibt, ist in der Regel zur Hälfte auf den Barunterhalt anzurechnen. Arbeitseinkünfte geringen Umfangs (z.B. Ferienjobs) oder aus unterhaltsrechtlich nicht gebotener Tätigkeit bleiben unberücksichtigt.

12.3 Der betreuende Elternteil braucht neben dem anderen Elternteil in der Regel keinen Barunterhalt zu leisten, es sei denn, sein Einkommen ist bedeutend höher als das des anderen Elternteils oder der eigene angemessene Unterhalt (1.750,00 EUR) des sonst allein barunterhaltspflichtigen Elternteils ist gefährdet (§ 1603 Abs. 2 Satz 3 BGB) und der des anderen nicht. Sind bei auswärtiger Unterbringung beide Elternteile zum Barunterhalt verpflichtet, haften sie anteilig nach § 1606 Abs. 3 Satz 1 BGB für den Gesamtbedarf. Betreuungsleistungen sind zu berücksichtigen.

12.4 Bei Zusatzbedarf (Verfahrens-/Prozesskostenvorschuss, Mehrbedarf, Sonderbedarf) gilt § 1606 Abs. 3 Satz 1 BGB. Die Kosten für den Kindergarten (ohne Verpflegungskosten) oder vergleichbare Betreuungseinrichtungen sind Mehrbedarf des Kindes.

13. Volljährige Kinder

13.1 Bedarf

Beim Bedarf volljähriger Kinder ist zu unterscheiden, ob sie noch im Haushalt der Eltern/eines Elternteils leben oder einen eigenen Hausstand haben.

13.1.1 Volljährige Kinder, die noch im Haushalt eines Elternteils leben:

Der Bedarf volljähriger unverheirateter Kinder ist der 4. Altersstufe der beiliegenden Unterhaltstabelle zu entnehmen, solange sie im Haushalt der Eltern oder eines Elternteils leben; die maßgebende Einkommensgruppe ergibt sich, wenn beide Elternteile leistungsfähig sind, aus den zusammengerechneten Einkünften der Eltern ohne Erhöhung/Herabsetzung nach Nr. 11.2. Ein Elternteil hat jedoch höchstens den Unterhalt zu leisten, der sich allein aus seinem Einkommen nach der Tabelle ergibt.

13.1.2 Andere volljährige Kinder:

Der Bedarf (einschließlich Wohnbedarf) eines nicht unter Nr. 13.1.1 fallenden Kindes beträgt 930,00 EUR monatlich.

In diesem Betrag sind Beiträge zur Kranken- und Pflegeversicherung sowie Studiengebühren, mit Ausnahme der Semesterbeiträge, nicht enthalten.

Von diesem Betrag kann bei erhöhtem Bedarf oder mit Rücksicht auf die Lebensstellung der Eltern abgewichen werden.

13.2 Auf den Unterhaltsbedarf werden das volle Kindergeld (Nr. 14) und die Einkünfte des Kindes, auch BAföG[1]-Darlehen und Ausbildungsbeihilfen (gekürzt um ausbildungsbedingte Aufwendungen) angerechnet. Bei Einkünften aus unzumutbarer Erwerbstätigkeit gilt § 1577 Abs. 2 BGB[2] entsprechend.

13.3 Bei anteiliger Barunterhaltspflicht ist vor Berechnung des Haftungsanteils nach § 1606 Abs. 3 Satz 1 BGB[2] das bereinigte Nettoeinkommen jedes Elternteils gemäß Nr. 10 zu ermitteln. Außerdem sind vom Restbetrag ein Sockelbetrag in Höhe des angemessenen Selbstbehalts von 1.750,00 EUR und Unterhaltsleistungen für vorrangig Berechtigte abzuziehen.

Bei volljährigen Schülern, die in § 1603 Abs. 2 Satz 2 BGB minderjährigen Kindern gleichgestellt sind, wird der Sockelbetrag bis zum notwendigen Selbstbehalt (1.450,00 EUR/1.200,00 EUR) herabgesetzt, wenn der Bedarf der Kinder andernfalls nicht gedeckt werden kann.

14. Verrechnung des Kindergeldes

Kindergeld ist nach Maßgabe des § 1612b BGB[2] zur Deckung des Barbedarfs des Kindes zu verwenden.

Ehegattenunterhalt

15. Unterhaltsbedarf

15.1 Bei der Bedarfsbemessung dürfen nur eheprägendes Einkommen und grundsätzlich nur eheprägende Schulden berücksichtigt werden. Spätere Änderungen des verfügbaren Einkommens der Ehegatten sind grundsätzlich zu berücksichtigen, unabhängig davon, wann sie eingetreten sind und ob es sich um Minderungen oder Erhöhungen handelt. Eine Einkommensreduzierung ist dann unbeachtlich, wenn sie auf einem unterhaltsrechtlich vorwerfbaren Verhalten beruht. Unerwartete, nicht in der Ehe angelegte Steigerungen des Einkommens des Unterhaltspflichtigen (insbesondere aufgrund eines Karrieresprungs) oder auf Wiederverheiratung beruhende Steuervorteile bleiben unberücksichtigt, es sei denn, sie dienen zum Ausgleich des hinzugetretenen Bedarfs weiterer Unterhaltsberechtigter.

15.2 Es gilt der Halbteilungsgrundsatz; vom bereinigten Nettoerwerbseinkommen ist ein Erwerbstätigenbonus von 1/10 abzuziehen.

Leistet ein Ehegatte auch Unterhalt für ein Kind, so wird sein Einkommen vor Ermittlung des Erwerbstätigenbonus um den Zahlbetrag (Tabellenbetrag abzüglich des anzurechnenden Kindergeldes) bereinigt. Erbringt

[1] **Sartorius Nr. 420.**
[2] **Habersack, Deutsche Gesetze Nr. 20.**

der Verpflichtete sowohl Bar- als auch Betreuungsunterhalt, so gilt Nr. 10.3.

15.3 Bei sehr guten Einkommensverhältnissen des Pflichtigen kommt eine konkrete Bedarfsberechnung in Betracht.

15.4 Werden Altersvorsorge-, Kranken- und Pflegeversicherungskosten vom Berechtigten gesondert geltend gemacht oder vom Verpflichteten bezahlt, sind diese von dem Einkommen des Pflichtigen vorweg abzuziehen. Der Vorwegabzug unterbleibt, soweit nicht verteilte Mittel zur Verfügung stehen, z.B. durch Anrechnung nicht prägenden Einkommens des Berechtigten auf seinen Bedarf. Vorsorgeunterhalt kann nur beansprucht werden, wenn der Elementarunterhalt in Höhe des notwendigen Selbstbehalts für Nichterwerbstätige sichergestellt ist.

16. Bedürftigkeit

Eigene Einkünfte des Berechtigten sind auf den Bedarf anzurechnen, wobei das bereinigte Nettoerwerbseinkommen um den Erwerbstätigenbonus zu vermindern ist.

17. Erwerbsobliegenheit

17.1 Bei Betreuung eines gemeinschaftlichen Kindes kann bis zur Vollendung des 3. Lebensjahres eine Erwerbstätigkeit nicht erwartet werden. Danach besteht eine Erwerbsobliegenheit nach Maßgabe der Betreuungsbedürftigkeit und der zumutbaren Betreuungsmöglichkeit. Soweit mehrere Kinder zu betreuen sind, ist auf die Umstände des Einzelfalls abzustellen.

Geht der unterhaltsberechtigte Ehegatte über das an sich zumutbare Maß hinaus einer Erwerbstätigkeit nach, so richtet sich die Anrechenbarkeit seines dadurch erzielten Einkommens auf den Unterhaltsanspruch nach § 1577 Abs. 2 BGB[1)].

17.2 In der Regel besteht für den Berechtigten im ersten Jahr nach der Trennung keine Obliegenheit zur Aufnahme oder Ausweitung einer Erwerbstätigkeit.

Weitere Unterhaltsansprüche

18. Ansprüche nach § 1615l BGB[1)]

Der Bedarf der Mutter oder des Vaters eines nichtehelichen Kindes richtet sich nach der Lebensstellung des betreuenden Elternteils (§§ 1615l Abs. 3 Satz 1, 1610 BGB).

19. Elternunterhalt

Beim Bedarf der Eltern sind Leistungen nach den §§ 41 bis 43 SGB XII (Grundsicherung) zu berücksichtigen (vgl. Nr. 2.9).

20. Lebenspartnerschaft

Bei Getrenntleben oder Aufhebung der Lebenspartnerschaft gelten die §§ 12, 16 LPartG[2)].

[1)] **Habersack, Deutsche Gesetze Nr. 20.**
[2)] Nr. 43.

Leistungsfähigkeit und Mangelfall

21. Selbstbehalt des Verpflichteten

21.1 Es ist zu unterscheiden zwischen dem notwendigen (§ 1603 Abs. 2 BGB[1)]), dem angemessenen (§ 1603 Abs. 1 BGB) sowie dem Selbstbehalt gegenüber Ehegatten (§ 1581 BGB).

21.2 Für Eltern gegenüber minderjährigen Kindern und diesen nach § 1603 Abs. 2 Satz 2 BGB[1)] gleichgestellten volljährigen Kindern gilt im Allgemeinen der notwendige Selbstbehalt als unterste Grenze der Inanspruchnahme.

Er beträgt

– beim Erwerbstätigen **1.450,00 EUR**
– beim Nichterwerbstätigen **1.200,00 EUR**.

21.3 Im Übrigen gilt beim Verwandtenunterhalt der angemessene Selbstbehalt.

21.3.1 Er beträgt gegenüber volljährigen Kindern, die nicht gemäß § 1603 Abs. 2 Satz 2 BGB[1)] privilegiert sind, **1.750,00 EUR**.

21.3.2 Gegenüber der Mutter oder dem Vater nichtehelicher Kinder nach § 1615l Abs. 1 BGB[1)] beträgt der angemessene Selbstbehalt des erwerbstätigen Unterhaltsschuldners **1.600,00 EUR** und des nicht erwerbstätigen Unterhaltsschuldners **1.475,00 EUR**.

21.3.3 Gegenüber Eltern beträgt der Selbstbehalt mindestens **2.650,00 EUR** zuzüglich der Hälfte des darüber hinausgehenden Einkommens (bei Vorteilen des Zusammenlebens in der Regel 45 % des darüber hinausgehenden Einkommens). Unabhängig vom Selbstbehalt wird die Inanspruchnahme auf Elternunterhalt bei übergegangenen Ansprüchen begrenzt durch die Regelungen im Gesetz zur Entlastung unterhaltspflichtiger Angehöriger in der Sozialhilfe und in der Eingliederungshilfe (Angehörigenentlastungsgesetz vom 10. Dezember 2019; BGBl I S. 2135).

21.3.4. Für den Selbstbehalt gegenüber Enkeln gilt 21.3.3 entsprechend.

21.4 Gegenüber Ehegatten beträgt der Selbstbehalt (§ 1581 BGB[1)]) des erwerbstätigen Unterhaltsschuldners **1.600,00 EUR** und des nicht erwerbstätigen Unterhaltsschuldners **1.475,00 EUR**. Bei beengten wirtschaftlichen Verhältnissen, insbesondere im absoluten Mangelfall, kann der Selbstbehalt angemessen bis zum notwendigen Selbstbehalt (1.450,00 EUR/1.200,00 EUR) vermindert werden.

21.5 Beim Verwandtenunterhalt kann der jeweilige Selbstbehalt unterschritten werden, wenn der eigene Unterhalt des Pflichtigen ganz oder teilweise durch seinen Ehegatten gedeckt ist (vgl. Nr. 22). Wegen der Kostenersparnisse bei gemeinschaftlicher Haushaltsführung kommt eine Kürzung des Selbstbehalts dann in Betracht, wenn der Unterhaltspflichtige mit einem Dritten zusammenlebt.

[1)] **Habersack, Deutsche Gesetze Nr. 20.**

22. Bedarf des mit dem Pflichtigen zusammenlebenden Ehegatten

22.1 Der Mindestbedarf des mit dem Unterhaltspflichtigen zusammenlebenden Ehegatten bei Ansprüchen des nachrangigen geschiedenen Ehegatten beträgt **1.280,00 EUR.**

22.2 Der Mindestbedarf des mit dem Unterhaltspflichtigen zusammenlebenden Ehegatten bei Ansprüchen nicht privilegierter volljähriger Kinder beträgt **1.400,00 EUR.**

22.3 Zum Mindestbedarf des mit dem Unterhaltspflichtigen zusammenlebenden Ehegatten bei Ansprüchen von Eltern oder Enkeln vgl. 21.3.3 bzw. 21.3.4.

23. Bedarf des vom Pflichtigen getrenntlebenden oder geschiedenen Ehegatten

23.1 gegenüber einem nachrangigen geschiedenen Ehegatten **1.600,00 EUR**

23.2 gegenüber nicht privilegierten volljährigen Kindern **1.750,00 EUR**

23.3 gegenüber Eltern und Enkeln des Unterhaltspflichtigen **2.650,00 EUR**

24. Mangelfall

24.1 Grundsatz

Reicht der Betrag, der zur Erfüllung mehrerer Unterhaltsansprüche unter Berücksichtigung des Selbstbehalts des Verpflichteten (Nr. 21) zur Verfügung steht, nicht aus, um alle Ansprüche zu erfüllen, so ist der den Selbstbehalt übersteigende Betrag auf die Berechtigten unter Beachtung der Rangverhältnisse zu verteilen.

24.2 Einsatzbeträge

Die Einsatzbeträge für minderjährige unverheiratete und ihnen gleichgestellte volljährige Kinder entsprechen den Tabellenbeträgen der ersten Einkommensgruppe der Tabelle in Anlage I abzüglich des nach § 1612b Abs. 1 BGB zur Bedarfsdeckung zu verwendenden Kindergeldes.

24.3 Berechnung

Die nach Abzug des notwendigen Selbstbehalts des Unterhaltspflichtigen verbleibende Verteilungsmasse ist anteilig auf alle gleichrangigen Unterhaltsberechtigten im Verhältnis der (ggf. um eigene Einkünfte gekürzten) Einsatzbeträge zu verteilen.

24.4 Angemessenheitskontrolle

Das im Rahmen der Mangelfallberechnung gewonnene Ergebnis ist auf seine Angemessenheit zu überprüfen.

Sonstiges

25. Rundung

Der Unterhaltsbetrag ist auf volle EUR aufzurunden.

Anhang

I. Unterhaltstabelle

(abgedruckt unter Nr. **47***)*

II. Zahlbetragstabelle

(abgedruckt unter Nr. **47***)*

47s. Oberlandesgericht Saarbrücken – Unterhaltsrechtliche Leitlinien der Senate für Familiensachen[1)]

(Stand: 1. Januar 2024)

Die Senate für Familiensachen bei dem Saarländischen Oberlandesgericht werden die ab dem 1. Januar 2024 geltende Düsseldorfer Tabelle[2)] in der bisherigen Weise als Orientierungshilfe benutzen.

Der Selbstbehalt des Unterhaltsverpflichteten beträgt

1.	gegenüber minderjährigen unverheirateten Kindern und gegenüber volljährigen unverheirateten Kindern bis zur Vollendung des 21. Lebensjahres, die im Haushalt der Eltern oder eines Elternteils leben und sich in der allgemeinen Schulausbildung befinden	
	a) für Erwerbstätige	1.450 EUR
	b) für Nichterwerbstätige	1.200 EUR
2.	gegenüber anderen volljährigen Kindern generell	1.750 EUR
3.	gegenüber dem getrenntlebenden und dem geschiedenen Ehegatten oder der Mutter/dem Vater eines nichtehelichen Kindes	
	a) für Erwerbstätige	1.600 EUR
	b) für Nichterwerbstätige	1.475 EUR.

[1)] In der jeweils aktuellen Fassung kostenlos abrufbar unter https://www.saarland.de/solg/DE/home/home_node.html.

[2)] Nr. **47**.

47t. Oberlandesgericht Schleswig – Unterhaltsrechtliche Leitlinien[1)]

(Stand: 1. Januar 2024)

Die unterhaltsrechtlichen Leitlinien der Familiensenate des Schleswig-Holsteinischen Oberlandesgerichts dienen nur als Hilfsmittel zur Bestimmung des angemessenen Unterhalts. Sie beruhen auf Erfahrungswerten, gewonnen aus typischen Sachverhalten, und sollen zur Vereinheitlichung des Unterhaltsrechts beitragen. Sie haben keine bindende Wirkung und können eine auf den Einzelfall bezogene Gesamtschau nicht ersetzen.

Unterhaltsrechtlich maßgebendes Einkommen

Bei der Ermittlung und Zurechnung von Einkommen ist stets zu unterscheiden, ob es um Verwandten- oder Ehegattenunterhalt sowie ob es um Bedarfsbemessung einerseits oder Feststellung der Leistungsfähigkeit andererseits geht. Das unterhaltsrechtliche Einkommen ist nicht immer identisch mit dem steuerrechtlichen Einkommen. Einkommen können auch aufgrund einer unterhaltsrechtlichen Obliegenheit erzielbare Einkünfte sein (fiktives Einkommen).

1. Geldeinnahmen

1.1 Auszugehen ist vom Bruttoeinkommen als Summe aller Einkünfte einschließlich Weihnachts-, Urlaubsgeld, Tantiemen und Gewinnbeteiligungen sowie anderer Zulagen.

1.2 Leistungen, die nicht monatlich anfallen, werden auf ein Jahr umgelegt. Einmalige Zahlungen sind auf einen angemessenen Zeitraum (in der Regel mehrere Jahre) zu verteilen. Grundsätzlich sind Abfindungen bei der Aufnahme einer neuen Arbeitsstelle mit dauerhaft geringerem Einkommen bis zur Höchstgrenze des Bedarfs aufgrund des früheren Einkommens sowohl beim Kindes- als auch beim Ehegattenunterhalt für den Unterhalt zu verwenden; ob eine Aufstockung bis zum bisherigen Einkommen unter vollständiger Aufrechterhaltung des bisherigen Lebensstandards geboten ist, beurteilt sich nach den Umständen des Einzelfalls, insbesondere der beim Pflichtigen zu erwartenden weiteren Einkommensentwicklung.

1.3 Überstundenvergütungen werden dem Einkommen voll zugerechnet, soweit sie berufstypisch sind und das in diesem Beruf übliche Maß nicht überschreiten.

1.4 Ersatz für Spesen, Reisekosten und Auslösungen gelten in der Regel als Einkommen. Damit zusammenhängende Aufwendungen, vermindert um häusliche Ersparnis, sind jedoch abzuziehen. Die Ersparnis wird in der Regel mit einem Drittel bewertet und (außer Fahrtkostenersatz) insoweit dem Einkommen hinzugerechnet.

1.5 Bei Selbständigen (insbesondere Unternehmer, freiberuflich Tätige) wird das Einkommen nach Wirtschaftsjahren ermittelt. Steuerliche Belastungen

---

1) In der jeweils aktuellen Fassung kostenlos abrufbar unter www.schleswig-holstein.de.

werden grundsätzlich nur in dem tatsächlich entrichteten Umfange abgezogen, und zwar unabhängig davon, für welches Veranlagungsjahr sie angefallen sind. Für die Bemessung von zukünftigem Unterhalt ist grundsätzlich auf das Durchschnittseinkommen von drei Wirtschaftsjahren abzustellen, wobei dieser Zeitraum von dem letzten Jahr an zurückgerechnet wird, für welches ausreichende Einkommensunterlagen vorliegen; für in der Vergangenheit liegende Unterhaltszeiträume ist auf das in dieser Zeit erzielte Einkommen abzustellen (Jahresdurchschnitt). Bei erheblich schwankenden Einkünften kann auch ein anderer Zeitraum zugrunde gelegt werden. Abschreibungen auf betriebliche Wirtschaftsgüter (Absetzung für Abnutzung: Afa) stehen in der Regel entsprechende Ausgaben für Betriebsmittel gegenüber; sie sind deshalb grundsätzlich gewinnmindernd abzusetzen. Soweit die zulässigen steuerlichen Absetzungsbeträge erheblich über das tatsächliche Ausmaß der Wertminderung hinausgehen (etwa bei Gebäuden), können sie in diesem Umfang unterhaltsrechtlich nicht berücksichtigt werden. Für das Einkommen eines Selbstständigen ist grundsätzlich sein Gewinn maßgebend. Ausnahmsweise kann auf seine Privatentnahmen abgestellt werden, soweit sie Ausdruck eines nicht durch Verschuldung finanzierten Lebensstandards sind.

1.6 Zum Einkommen zählen auch Einkünfte aus Vermietung, Verpachtung sowie aus Kapitalvermögen, wobei die Einkünfte grundsätzlich auf das Jahr umgelegt werden.

1.7 Steuererstattungen und Steuernachzahlungen sind in der Regel in dem Jahr, in dem sie anfallen, zu berücksichtigen und auf die einzelnen Monate umzulegen. Soweit Erstattungen auf Aufwendungen beruhen, die unterhaltsrechtlich nicht zu berücksichtigen sind, bleiben auch die Steuererstattungen außer Betracht.

1.8 Zum Einkommen zählen auch sonstige Einnahmen (z.B. Trinkgelder).

2. **Sozialleistungen gehören wie folgt zum Einkommen:**

2.1 Arbeitslosengeld (§ 136 SGB III) und Krankengeld.

2.2 Arbeitslosengeld II (§§ 19–30 SGB II) beim Verpflichteten; beim Unterhaltsberechtigten ist das Arbeitslosengeld II subsidiär (§ 33 SGB II).

2.3 Wohngeld, soweit es nicht erhöhte Wohnkosten deckt.

2.4 BAföG-Leistungen, auch soweit sie als Darlehen gewährt werden, mit Ausnahme von Vorausleistungen nach §§ 36, 37 BAföG[1].

2.5 Elterngeld ist Einkommen, soweit es über den Sockelbetrag von 300 € bzw. 150 € bei verlängertem Bezug hinausgeht. Der Sockelbetrag des Elterngeldes sowie Betreuungsgeld nach § 4a BEEG[2] sind nur dann Einkommen, wenn einer der Ausnahmefälle des § 11 BEEG vorliegt.

2.6 Leistungen aus Unfall- und Versorgungsrenten nach Abzug eines Betrages für tatsächliche Mehraufwendungen; §§ 1610a, 1578a BGB[3] sind zu beachten.

[1] **Sartorius Nr. 420.**
[2] Nr. 45e.
[3] **Habersack, Deutsche Gesetze Nr. 20.**

2.7 Leistungen aus der Pflegeversicherung, Blindengeld, Schwerbeschädigten- und Pflegezulagen nach Abzug eines Betrages für tatsächliche Mehraufwendungen; §§ 1610a, 1578a BGB[1] sind zu beachten.

2.8 Der Anteil des Pflegegelds bei der Pflegeperson, durch den ihre Bemühungen abgegolten werden. Bei Pflegegeld aus der Pflegeversicherung gilt dies nach Maßgabe des § 13 VI SGB XI.

2.9 Beim Verwandtenunterhalt in der Regel Leistungen zur Grundsicherung (§§ 41–43 SGB XII).

2.10 Sonstige Sozialhilfe nach SGB XII zählt nicht zum Einkommen.

2.11 Leistungen nach dem Unterhaltsvorschussgesetz[2] zählen nicht zum Einkommen.

3. Kindergeld

Kindergeld mindert den Unterhaltsbedarf der Kinder nach Maßgabe des § 1612b BGB[1] und unterstützt den betreuenden Elternteil bei der Erbringung der Betreuungsleistungen. Es stellt kein Einkommen des Bezugsberechtigten dar.

4. Geldwerte Zuwendungen des Arbeitgebers

Geldwerte Zuwendungen aller Art des Arbeitgebers, z.B. Firmenwagen oder freie Kost und Logis, sind Einkommen, soweit sie entsprechende Eigenaufwendungen ersparen. Die für Firmenwagen steuerlich in Ansatz gebrachten, am Neuwert orientierten Beträge (1%–Regelung) bieten einen Anhaltspunkt für die Bewertung des geldwerten Vorteils.

5. Wohnvorteil

5.1 Der Wohnvorteil durch mietfreies Wohnen im eigenen Heim ist als wirtschaftliche Nutzung des Vermögens unterhaltsrechtlich wie Einkommen zu behandeln. Neben dem Wohnvorteil sind auch Zahlungen nach dem Eigenheimzulagengesetz anzusetzen.

Zur Ermittlung des Wohnvorteils sind dem Wohnwert der berücksichtigungsfähige Schuldendienst, erforderliche Instandhaltungskosten und jene verbrauchsunabhängigen Kosten, mit denen ein Mieter üblicherweise nicht belastet wird, als Abzugsposten gegenüberzustellen.

5.2 Als Wohnwert ist während des Getrenntlebens zunächst regelmäßig die ersparte Miete anzusetzen, die angesichts der wirtschaftlichen Verhältnisse angemessen wäre. Ist eine Wiederherstellung der ehelichen Lebensgemeinschaft nicht mehr zu erwarten, ist regelmäßig der objektive Mietwert anzusetzen; Ausnahmen hiervon sind nur gerechtfertigt, wenn eine Verwertung durch Vermietung nicht möglich (z.B. mangelnde Einigung bei Miteigentum) oder nicht zumutbar (z.B. bei zeitlich begrenztem Aufstockungsunterhalt) ist.

Beim Kindesunterhalt ist grundsätzlich auf den objektiven Mietwert abzustellen (BGH FamRZ 2014, 923)

---

[1] **Habersack, Deutsche Gesetze Nr. 20.**
[2] Nr. **45d**.

5.3 Zinsen und Tilgungsleistungen sind absetzbar. Dienen die Tilgungsleistungen ausschließlich der eigenen Vermögensbildung, sind die Tilgungsleistungen nach Vorabzug der Zinsen nur bis zur Höhe des Wohnwerts zu berücksichtigen; darüberhinausgehende Tilgungsleistungen können im Rahmen der zusätzlichen Altersvorsorge (Ziffer 10.1.2.) berücksichtigt werden (BGH FamRZ 2017, 519; BGH FamRZ 2018, 1506).

Auch beim Kindesunterhalt können Zinsen und Tilgungsleistungen grundsätzlich bis zur Höhe des Wohnwerts berücksichtigt werden. Ist jedoch der Mindestunterhalt minderjähriger Kinder gefährdet, kann ausnahmsweise eine Obliegenheit zur Tilgungsstreckung bestehen (vgl. BGH, FamRZ 2022, 781).

Im Rahmen des § 1603 Abs. 1 BGB[1] gilt ein großzügigerer, im Anwendungsbereich des § 1603 Abs. 2 BGB hingegen ein strengerer Maßstab für die Berücksichtigung von Tilgungsleistungen.

6. Haushaltsführung

Führt jemand unentgeltlich für einen in häuslicher Gemeinschaft lebenden Partner den Haushalt, so ist hierbei ein Einkommen anzusetzen. Voraussetzung ist jedoch, dass der Partner hinreichend leistungsfähig ist.

7. Einkommen aus unzumutbarer Erwerbstätigkeit

Einkommen aus unzumutbarer Erwerbstätigkeit kann nach Billigkeit ganz oder teilweise unberücksichtigt bleiben (vgl. BGH FamRZ 2006, 846).

8. Freiwillige Zuwendungen Dritter

Freiwillige Zuwendungen Dritter (z.B. Geldleistungen, Wohnungsgewährung) sind nicht als Einkommen zu berücksichtigen, es sei denn, die Berücksichtigung entspricht dem Willen des zuwendenden Dritten. *Beim Mindestkindesunterhalt sind auch freiwillige Leistungen Dritter einzusetzen (BGH FamRZ 2019, 1415).*

9. Erwerbsobliegenheit und Einkommensfiktion

Wer unter leichtfertigem Verstoß gegen eine unterhaltsrechtliche Verpflichtung bzw. Obliegenheit eine Erwerbsquelle nicht in zumutbarem Umfang nutzt, muss sich das erzielbare Einkommen zurechnen lassen.

Begibt sich jemand einer Einkommensquelle, insbesondere seines Arbeitsplatzes, aus unterhaltsrechtlich vorwerfbaren Gründen, so ist ihm das bisherige Einkommen bis zu dem Zeitpunkt fiktiv zuzurechnen, zu dem er aus anderem, nicht vorwerfbarem Grund die Arbeitsstelle verloren hätte (BGH NJW 2008, 1525 ff.).

Bei der Zurechnung von fiktiven Einkünften können fiktive berufsbedingte Aufwendungen (z.B. Fahrtkosten) berücksichtigt werden.

Im Rahmen der gesteigerten Unterhaltspflicht ist vom Unterhaltsschuldner im Hinblick auf den nicht gesicherten Mindestunterhalt seines Kindes auch zu verlangen, dass er neben einer vollschichtigen Erwerbstätigkeit eine ihm mögliche und zumutbare Nebentätigkeit ausübt. Dies gilt auch bei der Zurechnung eines lediglich fiktiven Einkommens aus einer vollschichtigen Haupttätigkeit (BGH FamRZ 2014, 1992).

---

[1] **Habersack, Deutsche Gesetze Nr. 20.**

10. Bereinigung des Einkommens

10.1 Vom Bruttoeinkommen sind Steuern, Sozialabgaben und angemessene Vorsorgeaufwendungen abzusetzen (Nettoeinkommen).

10.1.1 Es besteht die Obliegenheit, Steuervorteile in Anspruch zu nehmen (z.B. Eintragung eines Freibetrags bei Fahrtkosten, Realsplitting für unstreitigen oder rechtskräftig titulierten Unterhalt).

10.1.2 Für eine zusätzliche (keine fiktive) Altersvorsorge können beim Ehegatten- und Kindesunterhalt bis zu 4 %, beim Elternunterhalt bis zu 5 % des Bruttoeinkommens eingesetzt werden. Die zusätzliche Altersvorsorge kommt jedoch im Regelfall nicht in Betracht, soweit der Mindestunterhalt/das Existenzminimum nicht gesichert sind.

Personen, die der gesetzlichen Rentenversicherung nicht unterliegen, können für ihre primäre Altersversorgung Beträge entsprechend dem Aufwand eines Nichtselbstständigen aufwenden. Eine zusätzliche Altersvorsorge ist wie bei gesetzlich Rentenversicherten absetzbar.

10.2 Berufsbedingte Aufwendungen

10.2.1 Notwendige berufsbedingte Aufwendungen werden vom Einkommen nur abgezogen, soweit sie konkret nachgewiesen sind. Eine Pauschale wird nicht gewährt.

10.2.2 Für Fahrten zum Arbeitsplatz werden die Kosten einer Pkw-Benutzung mit einer Kilometerpauschale von 0,42 € (§ 5 II Nr. 2 JVEG[1]) für die ersten 30 Entfernungskilometer, für die weiteren Entfernungskilometer mit 0,28 € berücksichtigt.

Berechnungsbeispiel:

Entfernung zwischen Wohnung und Arbeitsplatz: 50 km.

Berechnung:

30 km × 2 × 0,42 € × 220 ArbTage: 12 Monate =	462,00 € +
20 km × 2 × 0,28 € × 220 ArbTage: 12 Monate =	205,33 €
Gesamtkosten:	667,33 €

Überschreiten die Fahrtkosten 15 % des Nettoeinkommens, muss dargelegt werden, weshalb die Benutzung von öffentlichen Verkehrsmitteln nicht zumutbar ist. Neben der Kilometerpauschale können Finanzierungskosten für die Anschaffung des Pkw regelmäßig nicht angesetzt werden.

10.2.3 Bei Auszubildenden wird auf die Ausbildungsvergütung ein Abzug eines Pauschalbetrages von 100,00 € angerechnet. Diese Pauschale deckt in der Regel den allgemeinen und ausbildungsbedingten Mehrbedarf mit Ausnahme von Fahrtkosten.

10.3 Kinderbetreuungskosten sind als berufsbedingte Aufwendungen des betreuenden Elternteils abzugsfähig, soweit die Betreuung durch Dritte allein infolge der Berufstätigkeit erforderlich ist. Aufwendungen für die Betreuung eines Kindes, die über den Umfang der von dem betreuenden Elternteil ohnehin geschuldeten Betreuung hinausgehen oder pädagogisch veranlasst sind, wie etwa in Kindergärten, Kindertagesstätten, Schu-

[1] **Habersack, Deutsche Gesetze Nr. 116.**

len, Horten oder vergleichbaren Einrichtungen, mindern das Einkommen nicht; es handelt sich um Mehrbedarf (vgl. Nr. 12.4) des Kindes (BGH FamRZ 2018, 23; BGH FamRZ 2009, 962).

10.4 Angemessene Tilgungsraten auf Schulden, die auf das eheliche Zusammenleben zurückzuführen sind oder die durch die Auflösung der Ehe unabwendbar entstanden sind, werden in der Regel einkommensmindernd berücksichtigt. Unverhältnismäßig hohe Kosten für die Ehewohnung (auch Einfamilienhaus) sind nur für eine Übergangszeit nach der Trennung abzusetzen.

Soweit der Mindestbedarf der Unterhaltsberechtigten nicht gewahrt ist, hat der Schuldendienst so weit wie möglich und zumutbar zurückzustehen. Für minderjährige Kinder soll möglichst der Mindestunterhalt gesichert bleiben. Im Einzelfall sind in eine umfassende Interessenabwägung unter Billigkeitsgrundsätzen die Belange der Unterhaltsberechtigten, des Unterhaltsschuldners (insbesondere sein Interesse an der Verhinderung einer wachsenden Verschuldung) wie auch der Fremdgläubiger einzubeziehen.

Den Unterhaltsschuldner trifft grundsätzlich eine Verpflichtung zur Einleitung einer Verbraucherinsolvenz, wenn dieses Verfahren zulässig und geeignet ist, den laufenden Unterhalt eines minderjährigen Kindes sicherzustellen (vgl. BGH NJW 2005, 1279 ff.).

Sind einkommensmindernd anzusetzende Schulden bereits Gegenstand einer Auseinandersetzung über einen Gesamtschuldnerausgleich nach § 426 BGB[1], sind sie für die Unterhaltsbemessung nicht zu berücksichtigen.

10.5 Barunterhaltsleistungen (Zahlbetrag oder restlicher Barunterhalt in Form von Naturalunterhalt) (vgl. BGH FamRZ 2021, 1965) an vorrangig Berechtigte sind vorweg abzuziehen.

10.6 Die vermögenswirksame Leistung des Arbeitgebers und die Arbeitnehmersparzulage gehören nicht zum Einkommen. Der vermögenswirksam gesparte Betrag mindert nicht das anrechenbare Einkommen, es sei denn, er ist als angemessene Vorsorgeaufwendung (Nr. 10.1.2) anzuerkennen.

10.7 Umgangskosten

10.7.1 Die notwendigen Kosten für ein im üblichen Rahmen ausgeübtes Umgangsrecht sind grundsätzlich vom Umgangsberechtigten zu tragen, wenn ihm nach Abzug dieser Kosten der notwendige Selbstbehalt verbleibt. In diesen Fällen stellen die Umgangskosten keine Abzugsposition vom Einkommen des Umgangsberechtigten dar (BGH FamRZ 2014, 917, 920; FamRZ 2006, 1015, 1018). Ist der notwendige Selbstbehalt des Umgangsberechtigten nicht gewahrt, können die notwendigen Umgangskosten durch einen – teilweisen – Abzug vom Einkommen oder eine Erhöhung des Selbstbehalts berücksichtigt werden (BGH NJW 2009, 2592).

10.7.2 Bei einem über das übliche Maß hinausgehenden Umgangsrecht können dadurch bedingte hohe Mehraufwendungen (z.B. Fahrt- und Unterbringungskosten) zu einer Herabstufung um eine oder mehrere Einkommens-

---

[1] **Habersack, Deutsche Gesetze Nr. 20.**

gruppen der Düsseldorfer Tabelle[1] oder zum Absehen von einer erforderlichen Höherstufung führen. Reicht das Einkommen des umgangsberechtigten Elternteils nur zur Zahlung des Mindestunterhalts aus, kann der Mehraufwand bei der Einkommensermittlung oder durch Erhöhung des Selbstbehalts berücksichtigt werden. Ferner kann der Unterhaltsbedarf des Kindes dadurch teilweise erfüllt sein, dass der umgangsberechtigte Elternteil dem Kind im Zuge seines erweiterten Umgangsrechts Leistungen erbringt, mit denen er den Unterhaltsbedarf des Kindes auf andere Weise als durch Zahlung einer Geldrente teilweise deckt.

Kindesunterhalt

11. Bemessungsgrundlage (Tabellenunterhalt)

Der Barunterhalt minderjähriger und noch im elterlichen Haushalt lebender volljähriger unverheirateter Kinder bestimmt sich nach den Sätzen der Düsseldorfer Tabelle[1] (Anhang I.).

11.1 Die Tabellensätze der Düsseldorfer Tabelle[1] enthalten keine Kranken- und Pflegeversicherungsbeiträge für das Kind, wenn dieses nicht in einer gesetzlichen Familienversicherung mitversichert ist. Das Nettoeinkommen des Verpflichteten ist, um solche zusätzlich zu zahlenden Versicherungskosten zu bereinigen.

11.2 Die Tabellensätze sind auf den Fall zugeschnitten, dass der Unterhaltspflichtige zwei Unterhaltsberechtigten Unterhalt zu gewähren hat. Bei einer geringeren oder größeren Zahl von Unterhaltsberechtigten ist in der Regel, um eine Stufe herauf- oder herabzustufen. In den oberen Gruppen kann im Einzelfall insbesondere aus kindgerechten Gründen eine Bedarfsbegrenzung angezeigt sein. Erreicht das dem Unterhaltspflichtigen nach Abzug aller Unterhaltslasten verbleibende Einkommen nicht den für die Tabellengruppe ausgewiesenen Bedarfskontrollbetrag, so kann so weit herabgestuft werden, dass dem Unterhaltsschuldner der entsprechende Kontrollbetrag verbleibt.

12. Minderjährige Kinder

12.1 Der Bedarf minderjähriger Kinder bemisst sich nach den zusammengerechneten Einkünften beider Elternteile. Die Unterhaltspflicht des barunterhaltspflichtigen Elternteils ist jedoch auf den Betrag begrenzt, den der Unterhaltspflichtige bei alleiniger Unterhaltshaftung auf Grundlage seines Einkommens zu zahlen hätte (BGH FamRZ 2022, 1366; BGH FamRZ 2021, 28; BGH FamRZ 2017, 711; BGH FamRZ 2017, 437).

12.2 Eigenes Einkommen des minderjährigen Kindes wird auf den Barunterhaltsanspruch des Kindes mit Rücksicht auf die Betreuungslast des anderen Elternteils nach in der Regel hälftig angerechnet.
Arbeitseinkünfte geringen Umfangs (z.B. Ferienjobs) oder aus unterhaltsrechtlich nicht gebotener Tätigkeit bleiben unberücksichtigt.

12.3 Ausnahmsweise kann der betreuende Elternteil zur Barunterhaltsleistung entlastend herangezogen werden, wenn sein Einkommen, das des anderen

[1] Nr. **47**.

Elternteils wesentlich übersteigt. Die Entlastung wird dann nach den Umständen des Einzelfalles bemessen.

12.4 Zusätzlichen Bedarf eines minderjährigen Kindes (z.B. Verfahrens-/Prozesskostenvorschuss, Mehrbedarf, Sonderbedarf) haben beide Eltern entsprechend ihren Erwerbs- und Vermögensverhältnissen unter Wahrung ihres Selbstbehalts (vgl. Nr. 13.3) zu decken (§ 1606 Abs. 3 Satz 1 BGB[1]).

13. Volljährige Kinder

13.1 Für den Unterhalt volljähriger Kinder gilt Folgendes:

Lebt das volljährige Kind im Haushalt eines Elternteils, so ist sein Bedarf grundsätzlich der Unterhaltstabelle zu entnehmen. Lebt das Kind nicht mehr im Haushalt eines Elternteils, so ist zu unterscheiden:

– Für die Vorjahre wird auf die von der Düsseldorfer Tabelle[2] aufgeführten Beträge verwiesen. Der Unterhaltsbedarf Studierender beträgt in der Regel monatlich 930,00 €. Hierin sind bis 410,00 € für Unterkunft einschließlich umlagefähiger Nebenkosten und Heizung (Warmmiete) enthalten. In den jeweiligen Bedarfsbeträgen sind keine Beiträge zur Kranken- und Pflegeversicherung sowie keine Studiengebühren enthalten.

– Für andere Kinder kann bei eigenem Haushalt derselbe Betrag zugrunde gelegt werden; dann entfallen der Freibetrag (s.o. 10.2.3) und andere Absetzungen für berufsbedingte Aufwendungen (einschließlich Fahrtkosten).

Für die Vorjahre wird auf die vorangegangenen Düsseldorfer Tabellen verwiesen.

13.2 Sämtliche Einkünfte (auch BAföG-Darlehen) werden auf den Bedarf volljähriger Kinder angerechnet. Überobligationsmäßig erzielte Einkünfte bleiben entsprechend § 1577 Abs. 2 BGB[1] ganz oder teilweise unberücksichtigt.

13.3 Verfügen beide Eltern über Einkommen, ergibt sich der Bedarf volljähriger Kinder, soweit dafür die Tabelle maßgebend ist, grundsätzlich nach dem zusammengerechneten Einkommen beider Eltern, jedoch ist wegen doppelter Haushaltsführung in der Regel, um eine Stufe herabzustufen.

Den offenen Bedarf haben die Eltern anteilig zu decken, und zwar grundsätzlich im Verhältnis ihrer Einkommen zueinander. Dabei werden nur die Einkommensteile zueinander ins Verhältnis gesetzt, die jeweils über dem angemessenen Selbstbehalt liegen, und zwar nach Abzug vorrangiger Unterhaltspflichten. Bei sog. privilegiert volljährigen Kindern sind grundsätzlich die bereinigten Einkünfte oberhalb des angemessenen Selbstbehalts maßgebend. Lediglich im Mangelfall ist auf die bereinigten Einkünfte oberhalb des notwendigen Selbstbehalts abzustellen (BGH FamRZ 2011, 454). Ein Elternteil hat jedoch höchstens den Unterhalt zu leisten, der sich allein aus seinem Einkommen gemäß der Unterhaltstabelle ergibt.

---

[1] **Habersack, Deutsche Gesetze Nr. 20.**
[2] Nr. **47**.

14. Verrechnung des Kindergeldes

Das Kindergeld wird nach § 1612b BGB[1] angerechnet.

Ehegattenunterhalt

15. Unterhaltsbedarf

15.1 Der Bedarf nach den ehelichen Lebensverhältnissen im Sinne von § 1578 Abs. 1 S. 1 BGB[1] wird grundsätzlich durch die Einkommens- und Vermögensverhältnisse der Ehegatten bestimmt, die bis zur Rechtskraft der Ehescheidung eingetreten sind.

Nacheheliche Entwicklungen wirken sich auf die Bedarfsbemessung nach den ehelichen Lebensverhältnissen aus, wenn sie auch bei fortbestehender Ehe eingetreten wären oder in anderer Weise in der Ehe angelegt und mit hoher Wahrscheinlichkeit zu erwarten waren (BGH FamRZ 2012, 281).

Unerwartete, nicht in der Ehe angelegte Steigerungen des Einkommens des Verpflichteten (insbesondere aufgrund eines Karrieresprungs) oder auf Wiederverheiratung beruhende Steuervorteile bleiben bei der Bedarfsbemessung unberücksichtigt. Eine Einkommensreduzierung ist dann unbeachtlich, wenn sie auf einem unterhaltsrechtlich vorwerfbaren Verhalten beruht.

Die Unterhaltspflichten für neue Ehegatten sowie für nachehelich geborene Kinder und den dadurch bedingten Betreuungsunterhalt nach § 1615l BGB sind bei der Bemessung des Unterhaltsbedarfs eines geschiedenen Ehegatten nach § 1578 Abs. 1 S. 1 BGB nicht zu berücksichtigen.

15.2 Der Bedarf des unterhaltsberechtigten Ehegatten bestimmt sich – unter Berücksichtigung eines Erwerbstätigenbonus von 1/10 – zu 45 % des bereinigten Arbeitseinkommens des Unterhaltsverpflichteten, falls der Unterhaltsberechtigte kein eigenes Einkommen erzielt, oder zu 45 % des Unterschiedsbetrages der bereinigten Arbeitseinkommen des Verpflichteten und des Berechtigten (Differenzmethode).

Es ist von einem Mindestbedarf auszugehen, der nicht unter dem Existenzminimum für Nichterwerbstätige liegen darf (Nr. 21.2).

Sonstiges Einkommen (z.B. Renten, Abfindungen und Kapitalerträge) ist hälftig zu teilen, falls nicht eine Herabsetzung dieser hälftigen Beteiligung durch besondere Gründe gerechtfertigt erscheint. Erträge aus ererbtem Vermögen prägen die ehelichen Lebensverhältnisse nur, soweit sie bereits zum Unterhalt der Familie zur Verfügung standen, also den Familienunterhalt nach §§ 1360, 1360a BGB[1] beeinflussten (vgl. BGH FamRZ 2006, 387, 390).

Leistet ein Ehegatte Unterhalt für ein unterhaltsberechtigtes Kind, wird sein Einkommen vor Ermittlung des Erwerbstätigenbonus um diesen Unterhalt (Zahlbetrag) bereinigt. Von den Einkünften des betreuenden Elternteils ist der Barunterhaltsbedarf des Kindes nach den gemeinsamen Einkünften der Eltern abzüglich des hälftigen auf den Barunterhalt entfallenden Kindergelds und abzüglich des vom anderen Elternteil geleisteten Barunterhalts abzusetzen. In dieser Höhe leistet der betreuende Elternteil

[1] **Habersack, Deutsche Gesetze Nr. 20.**

neben dem Betreuungsunterhalt restlichen Barunterhalt in Form von Naturalunterhalt (BGH FamRZ 2021, 1965; BGH FamRZ 2017, 711).

Unterhalt für nachrangige volljährige Kinder ist abzusetzen, wenn der Kindesunterhalt die ehelichen Lebensverhältnisse geprägt hat und den Eheleuten ein angemessener Unterhalt verbleibt.

15.3 Bei sehr guten Einkommensverhältnissen des Pflichtigen kommt eine konkrete Bedarfsberechnung in Betracht. *Es besteht eine tatsächliche Vermutung für den vollständigen Verbrauch des Familieneinkommens, wenn dieses den höchsten Einkommensbetrag der Düsseldorfer Tabelle*[1] *nicht übersteigt. Soweit das Familieneinkommen über den höchsten Einkommensbetrag der Düsseldorfer Tabelle hinausgeht, hat der Unterhaltsberechtigte mithin, wenn er dennoch Unterhalt nach der Quotenmethode begehrt, die vollständige Verwendung des Einkommens für den Lebensbedarf darzulegen und im Bestreitensfall in vollem Umfang zu beweisen (vgl. BGH FamRZ 2018, 260).* Im Falle der konkreten Bedarfsberechnung sind Einkünfte des Berechtigten ohne Erwerbstätigenbonus auf den Bedarf anzurechnen.

15.4 Vom Einkommen des Unterhaltspflichtigen sind wie die eigenen Aufwendungen für angemessene Vorsorge grundsätzlich auch solche abzusetzen, die er für den Berechtigten und gemeinsame Kinder aufbringt. Der Elementarunterhalt hat bis zur Höhe des Mindestbedarfs Vorrang vor dem Altersvorsorgeunterhalt. Die Kosten für die angemessene Vorsorge für Alter, Erwerbs- und Berufsunfähigkeit errechnen sich in folgenden Stufen:

a) der an sich geschuldete Elementarunterhalt wird mit Hilfe der sog. Bremer Tabelle[2] auf ein fiktives Bruttoeinkommen hochgerechnet.

b) Danach bemessen sich unter Anwendung des Beitragssatzes, der jeweils für die gesetzliche Rentenversicherung gilt, die Vorsorgekosten.

c) Sie werden von dem Einkommen des Unterhaltspflichtigen vorweg abgesetzt. Danach wird der Elementarunterhalt endgültig festgesetzt.

15.5/6 nicht belegt

15.7 Für die Befristung des nachehelichen Unterhalts ist bei der Billigkeitsprüfung nach § 1578b BGB[3] vorrangig zu berücksichtigen, ob ehebedingte Nachteile eingetreten sind. Diese stehen schon deswegen einer Befristung des nachehelichen Unterhalts regelmäßig entgegen, weil der Unterhaltsberechtigte dann seinen eigenen angemessenen Unterhalt nicht selbst erzielen kann. Sind ehebedingte Nachteile vorhanden, die aus tatsächlichen Gründen nicht mehr ausgeglichen werden können, kommt im Regelfall nach einer Übergangszeit eine Herabsetzung des nachehelichen Unterhalts nur insoweit in Betracht, als dem berechtigten Ehegatten unter Berücksichtigung eigener und eventuell auch fiktiver Einkünfte jedenfalls der Betrag zur Verfügung stehen muss, den er ohne einen ehebedingten Nachteil zur Verfügung hätte.

Fehlt es an ehebedingten Nachteilen oder sind diese bereits ausgeglichen, ist im Rahmen der umfassenden Billigkeitsabwägung bei der Entschei-

---

[1] Nr. **47**.
[2] Nr. **47f/1**.
[3] **Habersack, Deutsche Gesetze Nr. 20.**

dung über eine Befristung oder Herabsetzung des nachehelichen Unterhalts eine – über die Kompensation ehelicher Nachteile hinausgehende – nacheheliche Solidarität zu berücksichtigen. Dabei sind neben den weiteren relevanten Umständen des Einzelfalls die Dauer der Pflege und Erziehung eines gemeinschaftlichen Kindes, die Gestaltung von Haushaltsführung und Erwerbstätigkeit während der Ehe sowie die Dauer der Ehe maßgeblich. Die Ehedauer gewinnt durch eine wirtschaftliche Verflechtung an Gewicht, die insbesondere durch Aufgabe einer eigenen Erwerbstätigkeit wegen Kinderbetreuung oder Haushaltsführung eintritt (BGH FamRZ 2010, 1971).

Ist Unterhalt wegen Krankheit geschuldet, ist für die Billigkeitsentscheidung besonders dem Gedanken der nachehelichen Solidarität Rechnung zu tragen. Der Betreuungsunterhalt ist nicht nach § 1578b BGB zu befristen.

Die Darlegungs- und Beweislast für die Umstände, aus denen die Unbilligkeit der Fortzahlung des Unterhalts resultiert, trägt der Unterhaltsverpflichtete. Dem Unterhaltsverpflichteten obliegt es, im Rahmen seiner primären Darlegungslast das Fehlen von ehebedingten Nachteilen substantiiert zu behaupten. Sodann obliegt es dem Unterhaltsberechtigten, diese Behauptung substantiiert zu bestreiten und positiv konkrete ehebedingte Nachteile darzutun. Konkret vorgetragene ehebedingte Nachteile muss der Unterhaltsverpflichtete widerlegen (BGH FamRZ 2012, 93).

16. nicht belegt

17. Erwerbsobliegenheit

17.1 Die nach Vollendung des dritten Lebensjahres des Kindes grundsätzlich einsetzende Erwerbsobliegenheit des betreuenden Elternteils ist hinsichtlich Art und Umfang an den Belangen des Kindes auszurichten. Die Billigkeitsprüfung nach § 1570 Abs. 1 Satz 2, Abs. 2 BGB[1] ist zumindest anhand folgender Kriterien vorzunehmen:

Kindbezogene Gründe:

1. Betreuungsbedürftigkeit aufgrund der individuellen Entwicklung des Kindes
2. Fehlende kindgerechte Betreuungsmöglichkeiten
3. Krankheiten, die durch die Betreuung in einer Einrichtung nicht aufgefangen werden können und damit die Betreuung durch einen Elternteil erfordern.

Elternbezogene Gründe:

1. Vertrauen in die vereinbarte oder praktizierte Rollenverteilung und Ausgestaltung der Kinderbetreuung. Zu berücksichtigen ist dabei auch die Aufgabe einer Erwerbstätigkeit wegen Kindererziehung und die Dauer der Ehe.
2. Umfang der Betreuungsbedürftigkeit des Kindes im Anschluss an die Betreuung in einer Betreuungseinrichtung.

Eine überobligationsmäßige Belastung des betreuenden Elternteils durch Berufstätigkeit, Kinderbetreuung und Haushaltsführung ist zu vermeiden.

[1] **Habersack, Deutsche Gesetze Nr. 20.**

17.2 In der Regel besteht für den Berechtigten im ersten Jahr nach der Trennung keine Obliegenheit zur Aufnahme oder Ausweitung einer Erwerbstätigkeit.

Weitere Unterhaltsansprüche

18. Ansprüche nach § 1615l BGB[1]

Der Bedarf nach § 1615l BGB bemisst sich nach der Lebensstellung des unterhaltsberechtigten Elternteils. Er ist auch dann nicht nach dem Einkommen des Pflichtigen zu bemessen, wenn dieser mit dem unterhaltsberechtigten Elternteil zusammengelebt hat. Die Lebensstellung des unterhaltsberechtigten Elternteils richtet sich danach, welche Einkünfte er ohne die Geburt und die Betreuung des gemeinsamen Kindes hätte (BGH FamRZ 2015, 1369).

Der Bedarf darf das Existenzminimum für Nichterwerbstätige (*derzeit 1.200,00 €; Nr. 21.2)* nicht unterschreiten. Die Inanspruchnahme ist durch den Halbteilungsgrundsatz begrenzt.

19. Elternunterhalt

Beim Bedarf der Eltern sind Leistungen zur Grundsicherung nach §§ 41 ff. SGB XII zu berücksichtigen (vgl. Nr. 2.9).

20. Lebenspartnerschaft

Bei Getrenntleben oder Aufheben der Lebenspartnerschaft gelten §§ 12, 16 LPartG[2].

Leistungsfähigkeit und Mangelfall

21. Selbstbehalt

21.1 Ausgangspunkt ist das anrechenbare Einkommen des Unterhaltspflichtigen. Gegenüber minderjährigen und privilegiert volljährigen Kindern ist der angemessene Selbstbehalt (Nr. 21.3.1) zu wahren. Im Mangelfall (Nr. 24.1) ist als unterste Grenze der Inanspruchnahme der notwendige Selbstbehalt maßgeblich. Gegenüber Ehegatten ist dem Unterhaltspflichtigen der eheangemessene Selbstbehalt gemäß § 1581 S. 1 BGB[1] und gegenüber volljährigen Kindern der angemessene Selbstbehalt gemäß § 1603 Abs. 1 BGB zu belassen.

21.2 Der notwendige Selbstbehalt beträgt
bei Nichterwerbstätigen *1.200,00 €,*
bei Erwerbstätigen *1.450,00 €*. Hierin sind bis zu 520,00 € für Unterkunft einschließlich umlagefähiger Nebenkosten und Heizung (Warmmiete) enthalten.

21.3 Im Übrigen gilt beim Verwandtenunterhalt der angemessene Selbstbehalt.

21.3.1 Gegenüber nicht privilegierten volljährigen Kindern beträgt der angemessene Selbstbehalt *1.750,00 €*. Hierin sind bis zu 650,00 € für

[1] **Habersack, Deutsche Gesetze Nr. 20.**
[2] Nr. 43.

Unterkunft einschließlich umlagefähiger Nebenkosten und Heizung (Warmmiete) enthalten.

21.3.2 Gegenüber Ansprüchen aus § 1615l BGB[1] gilt der eheangemessene Selbstbehalt.

21.3.3 Gegenüber den Eltern ist dem Unterhaltspflichtigen der angemessene Eigenbedarf zu belassen.

Gegenüber Eltern beträgt der Selbstbehalt mindestens 2.650,00 € zuzüglich der Hälfte des darüberhinausgehenden Einkommens (bei Vorteilen des Zusammenlebens in der Regel 45 % des darüberhinausgehenden Einkommens). Hierin sind bis zu 1.000,00 € für Unterkunft einschließlich umlagefähiger Nebenkosten und Heizung (Warmmiete) enthalten. Unabhängig vom Selbstbehalt wird die Inanspruchnahme auf Elternunterhalt bei übergegangenen Ansprüchen begrenzt durch die Regelungen im Gesetz zur Entlastung unterhaltspflichtiger Angehöriger in der Sozialhilfe und in der Eingliederungshilfe (Angehörigen – Entlastungsgesetz vom 10. Dezember 2019; BGBl I S. 2135).

21.3.4. *Für den Selbstbehalt gegenüber Enkeln gilt Nr. 21.3.3 entsprechend.*

21.4 Ehegattenunterhalt ist nur aus dem Einkommen oberhalb des eheangemessenen Selbstbehalts zu leisten.

Der eheangemessene Selbstbehalt beträgt für Erwerbstätige *1.600,00 €* und für Nichterwerbstätige *1.475,00 €*. Hierin sind bis zu 580,00 € für Unterkunft einschließlich umlagefähiger Nebenkosten und Heizung (Warmmiete) enthalten.

Im Rahmen der Leistungsfähigkeit des Unterhaltspflichtigen nach § 1581 BGB[1] ist außerdem ein individueller Selbstbehalt zu berücksichtigen. Bei diesem ist der Halbteilungsgrundsatz zu beachten, was zu einem relativen Mangelfall führen kann, wenn dem Unterhaltspflichtigen für den eigenen Unterhalt weniger verbliebe, als der Unterhaltsberechtigte mit dem Unterhalt zur Verfügung hätte. Sonstige Verpflichtungen gegenüber anderen Unterhaltsberechtigten, die nicht bereits den Bedarf des Unterhaltsberechtigten beeinflusst haben, sind entsprechend ihrem Rang zu berücksichtigen (BGH FamRZ 2012, 281). Bei der Prüfung der Leistungsfähigkeit ist kein Erwerbstätigenbonus zu berücksichtigen (BGH FamRZ 2013, 1366).

21.5 Wird konkret eine erhebliche und nach den Umständen nicht vermeidbare Überschreitung der in den einzelnen Selbstbehalten enthaltenen angeführten Wohnkosten dargelegt, erhöht sich der Selbstbehalt.

Bei einem Zusammenleben mit einem leistungsfähigen Partner kann der Selbstbehalt wegen ersparter Aufwendungen herabgesetzt werden, wobei die Ersparnis des Unterhaltspflichtigen im Regelfall und höchstens mit 10 % seines Selbstbehalts angesetzt werden kann.

22. Bedarf des mit dem Pflichtigen zusammenlebenden Ehegatten.

22.1 Der Mindestbedarf des mit dem Pflichtigen zusammenlebenden Ehegatten beträgt bei Unterhaltsansprüchen des nachrangigen, geschiedenen, erwerbstätigen Ehegatten *1.280,00 €, für den nicht erwerbstätigen Ehegatten werden 1.180,00 € angesetzt.*

[1] **Habersack, Deutsche Gesetze Nr. 20.**

22.2 Der Mindestbedarf des mit dem Pflichtigen zusammenlebenden Ehegatten beträgt bei Unterhaltsansprüchen nicht privilegierter volljähriger Kinder *1.400,00 €.*

22.3 *Ist bei Unterhaltsansprüchen der Eltern oder von Enkeln der Pflichtige verheiratet, wird für den mit ihm zusammenlebenden Ehegatten ein Betrag von mindestens 2.120,00 € angesetzt. Im Familienmindestbedarf von 4.770,00 € (2.120,00 € + 2.650,00 €) sind 1.300,00 € für Unterkunft einschließlich umlagefähiger Nebenkosten und Heizung (Warmmiete) enthalten.*

23. Bedarf des vom Pflichtigen getrenntlebenden oder geschiedenen Ehegatten

Der monatliche notwendige Eigenbedarf des von dem Unterhaltspflichtigen getrenntlebenden oder geschiedenen Ehegatten beträgt, unabhängig davon, ob er erwerbstätig ist oder nicht:

23.1 gegenüber einem nachrangigen geschiedenen erwerbstätigen Ehegatten *1.600,00 €, für den nicht erwerbstätigen Ehegatten werden 1.475,00 € angesetzt;*

23.2 gegenüber nicht privilegierten volljährigen Kindern *1.750,00 €;*

23.3 *gegenüber Eltern und Enkeln des Unterhaltspflichtigen 2.650,00 €.*

24. Mangelfall

24.1 Ein Mangelfall liegt vor, wenn das Einkommen bei Wahrung des jeweils angemessenen Selbstbehalts nicht genügt, um den Bedarf aller gleichrangiger Unterhaltsberechtigten zu decken. Eine gesteigerte Unterhaltspflicht besteht, soweit das Einkommen nicht zur Deckung des notwendigen Unterhalts minderjähriger und ihnen gleichgestellter volljähriger Kinder genügt.

Reicht das Einkommen zur Deckung des Bedarfs aller gleichrangiger Unterhaltsberechtigten und zur Deckung des Selbstbehalts nicht aus, ist der nach Abzug des Eigenbedarfs des Unterhaltspflichtigen verbleibende Betrag auf die Unterhaltsberechtigten im Verhältnis ihrer jeweiligen Einsatzbeträge zu verteilen.

24.2 Die Einsatzbeträge im Mangelfall belaufen sich

24.2.1 bei minderjährigen und diesen nach § 1603 Abs. 2 Satz 2 BGB[1] gleichgestellten Kindern nach den jeweiligen Zahlbeträgen der Einkommensgruppe 1 der Düsseldorfer Tabelle[2]

24.2.2 bei getrenntlebenden oder geschiedenen Ehegatten und bei mit dem Pflichtigen im gemeinsamen Haushalt lebenden Ehegatten, sowie bei nach § 1615l BGB[1] Unterhaltsberechtigten nach ihren jeweiligen ungedeckten Bedarfsbeträgen.

24.3 Die prozentuale Kürzung berechnet sich nach der Formel:

$$K = V : S \times 100$$

K = prozentuale Kürzung
S = Summe der Einsatzbeträge aller Berechtigten

---

[1] **Habersack, Deutsche Gesetze Nr. 20.**
[2] Nr. 47.

V = Verteilungsmasse (Einkommen des Verpflichteten abzüglich Selbstbehalts)

24.4 nicht belegt

Sonstiges

25. Rundung

Der Unterhaltsbetrag ist auf volle Euro aufzurunden.

Anhang

I. Düsseldorfer Tabelle

*(abgedruckt unter Nr. **47**)*

II. Tabelle Zahlbeträge

*(abgedruckt unter Nr. **47**)*

III. Umrechnung nach früherem Recht erstellter dynamischer Unterhaltstitel über Kindesunterhalt nach § 36 Nr. 3 EGZPO[1]:

Ist Kindesunterhalt als Prozentsatz des jeweiligen Regelbetrages zu leisten, bleibt der Titel bestehen. Eine Abänderung ist nicht erforderlich. An die Stelle des bisherigen Prozentsatzes vom Regelbetrag tritt ein neuer Prozentsatz vom Mindestunterhalt (Stand: 01.01.2008). Dieser richtet sich einheitlich nach der am 01.01.2008 gültigen Altersstufe und ist auf eine Stelle nach dem Komma zu begrenzen (§ 36 Nr. 3 EGZPO). Der Bedarf ergibt sich aus der Multiplikation des neuen Prozentsatzes mit dem Mindestunterhalt der jeweiligen Altersstufe und ist auf volle Euro aufzurunden (§ 1612a Abs. 2 Satz 2 BGB[2]). Der Zahlbetrag ergibt sich aus dem um das jeweils anteilige Kindergeld verminderten bzw. erhöhten Bedarf.

Es sind vier Fallgestaltungen zu unterscheiden:

a) Der Titel sieht die Anrechnung des hälftigen Kindergeldes oder eine teilweise Anrechnung des Kindergeldes vor.

$$\frac{\textit{Zahlbetrag} + \tfrac{1}{2}\,\textit{Kindergeld}}{\textit{Mindestunterhalt der jeweiligen Altersstufe}} \times 100 = \textit{Prozentsatz neu}$$

Beispiel 1. Altersstufe

$$\frac{(196\,€ + 77\,€)}{279\,€} \times 100 = 97{,}8\,\%$$

Kontrollberechnung

279 € × 97,8 % = 272,86 €, ger. 273 €

Zahlbetrag 273 € – 77 € = 196 €

b) Der Titel sieht die Hinzurechnung des hälftigen Kindergeldes vor.

$$\frac{\text{Zahlbetrag} - \tfrac{1}{2}\,\text{Kindergeld}}{\text{Mindestunterhalt der jeweiligen Altersstufe}} \times 100 = \text{Prozentsatz neu}$$

Beispiel 1. Altersstufe

$$\frac{(273\,€ - 77\,€)}{279\,€} \times 100 = 70{,}2\,\%$$

Kontrollberechnung

279 € × 70,2 % = 195,85 €, ger. 196 €

Zahlbetrag 196 € + 77 € = 273 €

---

[1] **Habersack, Deutsche Gesetze Nr. 101.**
[2] **Habersack, Deutsche Gesetze Nr. 20.**

c) Der Titel sieht die Anrechnung des vollen Kindergeldes vor.

$$\frac{\text{Zahlbetrag} + 1/1 \text{ Kindergeld}}{\text{Mindestunterhalt der jeweiligen Altersstufe}} \times 100 = \text{Prozentsatz neu}$$

Beispiel 2. Altersstufe

$$\frac{(177\ € + 154\ €)}{322\ €} \times 100 = 102{,}7\ \%$$

Kontrollberechnung

322 € × 102,7 % = 330,69 €, ger. 331 €

Zahlbetrag 331 € – 154 € = 177 €

d) Der Titel sieht weder eine Anrechnung noch eine Hinzurechnung des Kindergeldes vor.

$$\frac{\text{Zahlbetrag} + ½ \text{ Kindergeld}}{\text{Mindestunterhalt der jeweiligen Altersstufe}} \times 100 = \text{Prozentsatz neu}$$

Beispiel 3. Altersstufe

$$\frac{(329\ € + 77\ €)}{365\ €} \times 100 = 111{,}2\ \%$$

Kontrollberechnung

365 € × 111,2 % = 405,88 €, ger. 406 €

Zahlbetrag 406 € – 77 € = 329 €.

49c. Betreuungsorganisationsgesetz (BtOG)[1)]

Vom 4. Mai 2021
(BGBl. I S. 882, 917)

FNA 404-33

Lfd. Nr.	Änderndes Gesetz	Datum	Fundstelle	Betroffen	Hinweis
1.	Art. 6, 7 G zur Durchführung der EU-Verordnungen über grenzüberschreitende Zustellungen und grenzüberschreitende Beweisaufnahmen in Zivil- oder Handelssachen sowie zur Änd. sonstiger Vorschriften	24.6.2022	BGBl. I S. 959	§§ 23, 24 Inhaltsübersicht, §§ 11, 23, 24, 25, 27, 32 §§ 33, 34	geänd. mWv 1.7.2022 geänd. mWv 1.1.2023 eingef. mWv 1.1.2023
2.	Art. 2 G zur Regelung einer Inflationsausgleichs-Sonderzahlung für berufliche Betreuer, Betreuungsvereine und ehrenamtliche Betreuer und zur Änd. weiterer G	20.12. 2023	BGBl. 2023 I Nr. 391	§ 21	geänd. mWv 1.1.2024

Inhaltsübersicht[2)]

---

1) Verkündet als Art. 9 G v. 4.5.2021 (BGBl. I S. 882, geänd. durch G v. 24.6.2022, BGBl. I S. 959); Inkrafttreten gem. Art. 16 Abs. 1 dieses G am 1.1.2023, mit Ausnahme des § 23 Abs. 4 (ab 1.1.2023: Abs. 5) und des § 24 Abs. 4, die gem. Art. 16 Abs. 2 Nr. 2 bereits am 1.7.2022 in Kraft treten.

2) Inhaltsübersicht geänd. mWv 1.1.2023 durch G v. 24.6.2022 (BGBl. I S. 959).

Abschnitt 1. Betreuungsbehörde

Titel 1. Allgemeine Vorschriften

§ 1 Sachliche Zuständigkeit und Durchführung überörtlicher Aufgaben.

(1) [1] Welche Behörde auf örtlicher Ebene in Betreuungsangelegenheiten sachlich zuständig ist, bestimmt sich nach Landesrecht. [2] Diese Behörde ist auch in Unterbringungssachen nach § 312 Nummer 1 bis 3 des Gesetzes über das Verfahren in Familiensachen und in den Angelegenheiten der freiwilligen Gerichtsbarkeit[1)] zuständig.

(2) Zur Durchführung überörtlicher Aufgaben oder zur Erfüllung einzelner Aufgaben der örtlichen Behörde nach Absatz 1 können nach Landesrecht weitere Behörden vorgesehen werden.

§ 2 Örtliche Zuständigkeit. (1) [1] Örtlich zuständig ist vorbehaltlich der Sätze 2 und 3 und des Absatzes 4 diejenige nach Landesrecht in Betreuungsangelegenheiten zuständige Behörde, in deren Bezirk der Betroffene seinen gewöhnlichen Aufenthalt hat. [2] Hat der Betroffene keinen gewöhnlichen Aufenthalt im Geltungsbereich dieses Gesetzes, ist ein solcher nicht feststellbar oder betrifft die behördliche Maßnahme keine Einzelperson, so ist die Behörde zuständig, in deren Bezirk das Bedürfnis für die behördliche Maßnahme hervortritt. [3] Gleiches gilt, wenn mit dem Aufschub einer Maßnahme Gefahr verbunden ist.

(2) Ändern sich die für die örtliche Zuständigkeit nach Absatz 1 maßgebenden Umstände im Laufe eines gerichtlichen Betreuungs- oder Unterbringungsverfahrens, so bleibt für dieses Verfahren die zuletzt durch das Betreuungsgericht angehörte Behörde allein zuständig, bis die nunmehr nach Absatz 1 zuständige Behörde dem Betreuungsgericht den Wechsel der Zuständigkeit schriftlich anzeigt.

(3) Beglaubigungen nach § 7 Absatz 1 Satz 1 kann abweichend von Absatz 1 jede nach Landesrecht in Betreuungsangelegenheiten zuständige Behörde vornehmen.

---

1) **Habersack, Deutsche Gesetze Nr. 112.**

(4) [1]Für die Registrierung eines beruflichen Betreuers nach § 24 und die weiteren behördlichen Maßnahmen nach Abschnitt 3 Titel 3 ist diejenige nach Landesrecht in Betreuungsangelegenheiten zuständige Behörde örtlich zuständig, in deren Zuständigkeitsbereich sich der Sitz des beruflichen Betreuers befindet oder errichtet werden soll (Stammbehörde). [2]Ist ein Sitz des beruflichen Betreuers nicht vorhanden und soll ein solcher auch nicht errichtet werden, so richtet sich die örtliche Zuständigkeit nach dem Wohnsitz des beruflichen Betreuers. [3]Für einen beruflichen Betreuer, der weder seinen Sitz noch seinen Wohnsitz im Geltungsbereich dieses Gesetzes hat, ist Stammbehörde diejenige Behörde, in deren Zuständigkeitsbereich der Schwerpunkt der beruflichen Tätigkeit des Betreuers liegt. [4]Verlegt der berufliche Betreuer seinen Sitz oder Wohnsitz in den Zuständigkeitsbereich einer anderen Behörde, so wird diese zur neuen Stammbehörde. [5]Verlegt der berufliche Betreuer seinen Sitz oder Wohnsitz ins Ausland, bleibt die bisherige Stammbehörde örtlich zuständig.

§ 3 Fachkräfte. Zur Durchführung der Aufgaben der Behörde werden Personen beschäftigt, die sich hierfür nach ihrer Persönlichkeit eignen und die in der Regel entweder eine ihren Aufgaben entsprechende Ausbildung erhalten haben (Fachkräfte) oder über vergleichbare Erfahrungen verfügen.

§ 4 Verarbeitung personenbezogener Daten durch die Behörde. (1) [1]Die Verarbeitung personenbezogener Daten des Betroffenen und solcher Personen, auf die es bei der Aufgabenerfüllung ankommt, einschließlich besonderer Kategorien personenbezogener Daten nach Artikel 9 der Verordnung (EU) 2016/679 des[1)] Europäischen Parlaments und des Rates vom 27. April 2016 zum Schutz natürlicher Personen bei der Verarbeitung personenbezogener Daten, zum freien Datenverkehr und zur Aufhebung der Richtlinie 95/46/EG (Datenschutz-Grundverordnung) (ABl. L 119 vom 4.5.2016, S. 1; L 314 vom 22.11.2016, S. 72; L 127 vom 23.5.2018, S. 2) durch die Behörde ist zulässig, soweit sie zur Erfüllung der ihr nach Abschnitt 1 Titel 2 obliegenden Aufgaben erforderlich ist. [2]Die für diesen Zweck erforderlichen Daten sind grundsätzlich bei der betroffenen Person zu erheben. [3]Ohne ihre Mitwirkung dürfen sie nur erhoben werden, wenn keine Anhaltspunkte dafür bestehen, dass überwiegende schutzwürdige Interessen der betroffenen Person beeinträchtigt werden, und

1. die von der Behörde nach Abschnitt 1 Titel 2 zu erfüllenden Aufgaben ihrer Art nach eine Erhebung bei Dritten erforderlich machen oder
2. die Erhebung bei der betroffenen Person einen unverhältnismäßigen Aufwand erfordern würde.

(2) Die Pflicht zur Information der betroffenen Person gemäß Artikel 13 Absatz 1 bis 3 und Artikel 14 Absatz 1, 2 und 4 der Verordnung (EU) 2016/679 besteht ergänzend zu den in Artikel 13 Absatz 4 und Artikel 14 Absatz 5 der Verordnung (EU) 2016/679 genannten Ausnahmen nicht,

1. soweit die Erteilung der Information die ordnungsgemäße Erfüllung der der Behörde nach Abschnitt 1 Titel 2 obliegenden Aufgaben gefährden würde oder
2. soweit zum Schutz der betroffenen Person ein Absehen von der Informationserteilung erforderlich ist, was insbesondere dann der Fall ist, wenn hiervon erhebliche Nachteile für ihre Gesundheit zu besorgen sind oder die betroffene Person aufgrund einer Krankheit oder Behinderung offensichtlich nicht in der Lage ist, die Informationen zur Kenntnis zu nehmen.

[1)] **Sartorius Nr. 246.**

Titel 2. Aufgaben der örtlichen Behörde

§ 5 Informations- und Beratungspflichten. (1) Die Behörde informiert und berät über allgemeine betreuungsrechtliche Fragen, über Vorsorgevollmachten und über andere Hilfen, bei denen kein gesetzlicher Vertreter bestellt wird.

(2) [1] Die Behörde berät und unterstützt Betreuer und Bevollmächtigte auf deren Wunsch bei der Wahrnehmung von deren Aufgaben. [2] Sie unterstützt ehrenamtliche Betreuer beim Abschluss einer Vereinbarung über eine Begleitung und Unterstützung nach § 15 Absatz 1 Satz 1 Nummer 4 mit einem gemäß § 14 anerkannten Betreuungsverein. [3] Die Behörde hat die Begleitung und Unterstützung des ehrenamtlichen Betreuers mittels einer Vereinbarung nach § 15 Absatz 1 Satz 1 Nummer 4 und Absatz 2 selbst zu gewährleisten, wenn in ihrem Zuständigkeitsbereich kein anerkannter Betreuungsverein zur Verfügung steht.

§ 6 Förderungsaufgaben. (1) Die Behörde sorgt dafür, dass in ihrem Zuständigkeitsbereich ein ausreichendes Angebot zur Einführung der Betreuer und der Bevollmächtigten in ihre Aufgaben und zu ihrer Fortbildung vorhanden ist.

(2) Die Behörde regt die Tätigkeit einzelner Personen sowie von gemeinnützigen und freien Organisationen zugunsten Betreuungsbedürftiger an und fördert diese.

(3) Die Behörde fördert die Aufklärung und Beratung über Vorsorgevollmachten, Betreuungsverfügungen und Patientenverfügungen.

§ 7 Öffentliche Beglaubigung; Verordnungsermächtigung. (1) [1] Die Urkundsperson bei der Behörde ist befugt, Unterschriften oder Handzeichen auf Betreuungsverfügungen und auf Vollmachten, soweit sie von natürlichen Personen erteilt werden, öffentlich zu beglaubigen. [2] Die Wirkung der Beglaubigung endet bei einer Vollmacht mit dem Tod des Vollmachtgebers. [3] Die Zuständigkeit der Notare, anderer Personen oder sonstiger Stellen für öffentliche Beurkundungen und Beglaubigungen bleibt unberührt. [4] Die Behörde soll auf die Möglichkeit der Registrierung bei dem Zentralen Vorsorgeregister nach § 78a Absatz 2 der Bundesnotarordnung[1)] hinweisen, wenn sie eine Vollmacht oder eine Betreuungsverfügung nach Satz 1 beglaubigt hat.

(2) [1] Die Urkundsperson bei der Behörde darf die Beglaubigung einer Vollmacht nach Absatz 1 Satz 1 nur vornehmen, wenn diese zu dem Zweck erteilt wird, die Bestellung eines Betreuers zu vermeiden. [2] Sie darf eine Beglaubigung nicht vornehmen:

1. von Unterschriften oder Handzeichen ohne dazugehörigen Text oder
2. wenn ihr in der betreffenden Angelegenheit die Vertretung eines Beteiligten obliegt.

(3) [1] Die Behörde hat geeignete Beamte und Angestellte zur Wahrnehmung der Aufgaben nach Absatz 1 Satz 1 zu ermächtigen. [2] Die Länder können Näheres hinsichtlich der fachlichen Anforderungen an diese Personen regeln.

(4) [1] Für jede Beglaubigung nach Absatz 1 Satz 1 wird eine Gebühr in Höhe von 10 Euro erhoben. [2] Auslagen werden gesondert nicht erhoben. [3] Aus Gründen der Billigkeit kann von der Erhebung der Gebühr im Einzelfall abgesehen werden.

(5) [1] Die Landesregierungen werden ermächtigt, durch Rechtsverordnung die Gebühren und Auslagen für die Beglaubigung abweichend von Absatz 4 zu regeln.

[1)] Nr. **98a.**

[2] Die Landesregierungen können die Ermächtigung nach Satz 1 durch Rechtsverordnung auf die Landesjustizverwaltungen übertragen.

§ 8 Beratungs- und Unterstützungsangebot, Vermittlung geeigneter Hilfen und erweiterte Unterstützung. (1) [1] Wenn im Einzelfall Anhaltspunkte für einen Betreuungsbedarf nach § 1814 Absatz 1 des Bürgerlichen Gesetzbuchs[1)] bestehen, soll die Behörde dem Betroffenen zur Vermeidung der Bestellung eines Betreuers ein Beratungs- und Unterstützungsangebot unterbreiten. [2] Die Beratung und Unterstützung umfasst auch die Pflicht, andere Hilfen nach § 5 Absatz 1, bei denen kein Betreuer bestellt wird, mit Zustimmung des Betroffenen zu vermitteln. [3] Insbesondere ist ein Kontakt zwischen dem Betroffenen und dem Beratungs- und Unterstützungsangebot des sozialen Hilfesystems herzustellen. [4] Bei antragsabhängigen Leistungen ist der Betroffene dabei zu unterstützen, die notwendigen Anträge selbst zu stellen. [5] Die Behörde arbeitet zur Vermittlung geeigneter Hilfen zur Betreuungsvermeidung mit den zuständigen Sozialleistungsträgern zusammen.

(2) [1] Die Beratung und Unterstützung der Behörde nach Absatz 1 kann darüber hinaus in geeigneten Fällen mit Zustimmung des Betroffenen im Wege einer erweiterten Unterstützung durchgeführt werden. [2] Diese umfasst weitere, über Absatz 1 hinausgehende Maßnahmen, die geeignet sind, die Bestellung eines Betreuers zu vermeiden, und die keine rechtliche Vertretung des Betroffenen durch die Behörde erfordern.

(3) Beratungs- und Unterstützungspflichten nach dem Sozialgesetzbuch bleiben unberührt.

(4) [1] Die Behörde kann mit der Wahrnehmung der erweiterten Unterstützung nach Absatz 2 auch einen anerkannten Betreuungsverein oder einen selbständigen beruflichen Betreuer beauftragen. [2] Dabei ist sicherzustellen, dass die Durchführung durch einen für den konkreten Fall geeigneten Betreuer erfolgt. [3] Die Beauftragung erfolgt durch einen Vertrag, der auch die Finanzierung der übertragenen Aufgaben regeln soll.

§ 9 Mitteilungen an das Betreuungsgericht und die Stammbehörde.

(1) Die Behörde kann dem zuständigen Betreuungsgericht Umstände mitteilen, die die Bestellung eines Betreuers oder eine andere Maßnahme in Betreuungssachen erforderlich machen, soweit dies unter Beachtung der berechtigten Interessen des Betroffenen nach den Erkenntnissen der Behörde erforderlich ist, um eine erhebliche Gefahr im Sinne des § 1821 Absatz 3 Nummer 1 des Bürgerlichen Gesetzbuchs[1)] von dem Betroffenen abzuwenden.

(2) [1] Hat die Behörde Kenntnis von Umständen, die an der Eignung eines Betreuers nach § 1816 Absatz 1 des Bürgerlichen Gesetzbuchs im Rahmen einer von ihm geführten Betreuung Zweifel aufkommen lassen, hat sie das für das Betreuungsverfahren zuständige Betreuungsgericht und die zuständige Stammbehörde hierüber zu informieren. [2] Die Behörde unterrichtet zugleich den Betreuer über die Mitteilung und deren Inhalt. [3] Die Unterrichtung des Betreuers unterbleibt, solange der Zweck der Mitteilung hierdurch gefährdet würde. [4] Sie ist nachzuholen, sobald die Gründe nach Satz 3 entfallen sind.

(3) Der Inhalt der Mitteilungen nach den Absätzen 1 und 2, die Art und Weise ihrer Übermittlung und der Empfänger sind aktenkundig zu machen.

[1)] **Habersack, Deutsche Gesetze Nr. 20.**

§ 10 Mitteilung an Betreuungsvereine. [1]Die Behörde teilt Name und Anschrift der ehrenamtlichen Betreuer, von deren Bestellung sie durch die Bekanntgabe des Betreuungsgerichts nach § 288 Absatz 2 Satz 1 des Gesetzes über das Verfahren in Familiensachen und in den Angelegenheiten der freiwilligen Gerichtsbarkeit[1)] Kenntnis erlangt hat, unverzüglich einem am Wohnsitz des ehrenamtlichen Betreuers anerkannten Betreuungsverein mit, um dem Verein eine Kontaktaufnahme zu ermöglichen. [2]Dies gilt nicht für ehrenamtliche Betreuer, die keine familiäre Beziehung oder persönliche Bindung zu dem Betroffenen haben.

§ 11[2)] Aufgaben im gerichtlichen Verfahren. (1) [1]Die Behörde unterstützt das Betreuungsgericht. [2]Dies umfasst insbesondere folgende Maßnahmen:
1. die Erstellung eines Berichts im Rahmen der gerichtlichen Anhörung nach § 279 Absatz 2 des Gesetzes über das Verfahren in Familiensachen und in den Angelegenheiten der freiwilligen Gerichtsbarkeit[1)] (Sozialbericht),
2. den Vorschlag eines geeigneten Betreuers,
3. die Aufklärung, Mitteilung und gegebenenfalls fachliche Beurteilung des Sachverhalts im Rahmen sonstiger Anhörungen der Behörde durch das Betreuungsgericht oder im Rahmen eines gerichtlichen Ersuchens um eine über Nummer 1 hinausgehende Sachverhaltsklärung,
4. die Prüfung der weiteren Erforderlichkeit der Betreuung in geeigneten Fällen, sobald die Behörde durch das Betreuungsgericht nach § 7 Absatz 4 Satz 1 des Gesetzes über das Verfahren in Familiensachen und in den Angelegenheiten der freiwilligen Gerichtsbarkeit über das Verfahren zur Verlängerung einer Betreuung benachrichtigt worden ist, und
5. auf Aufforderung des Betreuungsgerichts den Vorschlag eines geeigneten Verfahrenspflegers.

(2) Der Sozialbericht soll sich insbesondere auf folgende Kriterien beziehen:
1. die persönliche, gesundheitliche und soziale Situation des Betroffenen,
2. die Erforderlichkeit der Betreuung einschließlich geeigneter anderer Hilfen (§ 1814 Absatz 3 Satz 2 Nummer 2 des Bürgerlichen Gesetzbuchs[3)]) und
3. die diesbezügliche Sichtweise des Betroffenen.

(3) [1]Im Rahmen der Erstellung des Sozialberichts hat die Behörde zu prüfen, ob zur Vermeidung einer Betreuung eine erweiterte Unterstützung nach § 8 Absatz 2 in Betracht kommt. [2]In geeigneten Fällen hat die Behörde mit Zustimmung des Betroffenen eine erweiterte Unterstützung durchzuführen; § 8 Absatz 4 gilt entsprechend. [3]Die Behörde hat das Betreuungsgericht über die Durchführung und die voraussichtliche Dauer von Maßnahmen nach § 8 Absatz 2 zu informieren. [4]Während der Durchführung der erweiterten Unterstützung ist die Pflicht der Behörde zur Erstellung eines Sozialberichts ausgesetzt. [5]Das Ergebnis der Prüfung nach Satz 1 und bei Durchführung einer erweiterten Unterstützung deren Ergebnis sind im Sozialbericht darzulegen.

(4) [1]Auf Aufforderung des Betreuungsgerichts hat die Behörde auch unabhängig von der Erstellung eines Sozialberichts zu prüfen, ob die Durchführung einer

---

[1)] **Habersack, Deutsche Gesetze Nr. 112.**
[2)] § 11 Abs. 3 Satz 2 geänd. mWv 1.1.2023 durch G v. 24.6.2022 (BGBl. I S. 959).
[3)] **Habersack, Deutsche Gesetze Nr. 20.**

erweiterten Unterstützung zur Vermeidung einer Betreuung führen kann. [2]Absatz 3 Satz 2, 3 und 5 gilt entsprechend.

(5) Die Länder können durch Gesetz die Aufgabenzuweisung nach den Absätzen 3 und 4 im Rahmen von Modellprojekten auf einzelne Behörden innerhalb eines Landes beschränken.

§ 12 Betreuervorschlag. (1) [1]Die Behörde schlägt mit dem Sozialbericht oder auf Anforderung des Betreuungsgerichts eine Person vor, die sich im konkreten Einzelfall zum Betreuer eignet. [2]Die Behörde soll diesen Vorschlag begründen und die diesbezügliche Sichtweise des Betroffenen darlegen. [3]Eine Person, die keine familiäre Beziehung oder persönliche Bindung zu dem Betroffenen hat, soll nur als ehrenamtlicher Betreuer vorgeschlagen werden, wenn sie sich zum Abschluss einer Vereinbarung über eine Begleitung und Unterstützung nach § 15 Absatz 1 Satz 1 Nummer 4 mit einem anerkannten Betreuungsverein oder einer Betreuungsbehörde nach § 5 Absatz 2 Satz 3 bereit erklärt. [4]Steht keine geeignete Person für eine ehrenamtliche Betreuung zur Verfügung, schlägt die Behörde dem Betreuungsgericht einen beruflichen Betreuer vor. [5]Unter den Voraussetzungen des § 1818 des Bürgerlichen Gesetzbuchs[1)] kann die Behörde auch einen anerkannten Betreuungsverein oder sich selbst als Betreuer vorschlagen. [6]Die Behörde soll in geeigneten Fällen einen weiteren Betreuer vorschlagen, der nach § 1817 Absatz 4 des Bürgerlichen Gesetzbuchs bestellt werden kann.

(2) Auf Wunsch des Betroffenen kann die Behörde ein persönliches Kennenlernen zwischen dem Betroffenen und dem vorgesehenen Betreuer vermitteln.

(3) [1]Der Vorschlag nach Absatz 1 hat Angaben zur persönlichen Eignung zu enthalten. [2]Bei einem ehrenamtlichen Betreuer hat die Behörde dem Betreuungsgericht das Ergebnis der Auskünfte nach § 21 Absatz 2 Satz 1 mitzuteilen. [3]Bei einem beruflichen Betreuer sind die Anzahl und der Umfang der von ihm bereits zu führenden Betreuungen, die für ihn zuständige Stammbehörde sowie der zeitliche Gesamtumfang und die Organisationsstruktur seiner Betreuertätigkeit mitzuteilen.

§ 13 Weitere Aufgaben. [1]Die Aufgaben, die der Behörde nach anderen Vorschriften obliegen, bleiben unberührt. [2]Zuständige Behörde im Sinne dieser Vorschriften ist die örtliche Behörde.

Abschnitt 2. Anerkannte Betreuungsvereine

§ 14 Anerkennung. (1) Ein rechtsfähiger Verein kann als Betreuungsverein anerkannt werden, wenn er gewährleistet, dass er

1. die Aufgaben nach den §§ 15 und 16 wahrnehmen wird,
2. eine ausreichende Zahl geeigneter Mitarbeiter hat und diese beaufsichtigen, weiterbilden und gegen Schäden, die diese anderen im Rahmen ihrer Tätigkeit zufügen können, angemessen versichern wird, und
3. einen Erfahrungsaustausch zwischen den Mitarbeitern ermöglicht.

(2) [1]Die Anerkennung gilt für das jeweilige Land; sie kann auf einzelne Landesteile beschränkt werden. [2]Sie kann unter Auflagen erteilt werden und ist widerruflich.

[1)] **Habersack, Deutsche Gesetze Nr. 20.**

(3) [1] Das Nähere regelt das Landesrecht. [2] Es kann auch weitere Voraussetzungen für die Anerkennung vorsehen.

§ 15 Aufgaben kraft Gesetzes. (1) [1] Ein anerkannter Betreuungsverein hat

1. planmäßig über allgemeine betreuungsrechtliche Fragen, Vorsorgevollmachten, Betreuungsverfügungen und Patientenverfügungen zu informieren,
2. sich planmäßig um die Gewinnung ehrenamtlicher Betreuer zu bemühen,
3. vom Betreuungsgericht bestellte ehrenamtliche Betreuer in ihre Aufgaben einzuführen, sie fortzubilden und sie bei der Wahrnehmung ihrer Aufgaben zu beraten und zu unterstützen,
4. mit ehrenamtlichen Betreuern eine Vereinbarung über eine Begleitung und Unterstützung im Sinne von Nummer 3 abzuschließen, sofern eine solche Vereinbarung nach § 22 Absatz 2 in Verbindung mit § 1816 Absatz 4 des Bürgerlichen Gesetzbuchs[1)] erforderlich ist oder von dem ehrenamtlichen Betreuer gewünscht wird, und
5. Bevollmächtigte bei der Wahrnehmung ihrer Aufgaben zu beraten und zu unterstützen.

[2] Der Betreuungsverein erteilt dem ehrenamtlichen Betreuer auf dessen Aufforderung Nachweise über die Teilnahme an Einführungs- und Fortbildungsveranstaltungen nach Satz 1 Nummer 3.

(2) Eine Vereinbarung nach Absatz 1 Satz 1 Nummer 4 hat mindestens zu umfassen:

1. die Verpflichtung des ehrenamtlichen Betreuers zur Teilnahme an einer Einführung über die Grundlagen der Betreuungsführung,
2. die Verpflichtung des ehrenamtlichen Betreuers zur regelmäßigen Teilnahme an Fortbildungen,
3. die Benennung eines Mitarbeiters des Betreuungsvereins als festen Ansprechpartner und
4. die Erklärung der Bereitschaft des Betreuungsvereins zur Übernahme einer Verhinderungsbetreuung nach § 1817 Absatz 4 des Bürgerlichen Gesetzbuchs.

(3) [1] Anerkannte Betreuungsvereine können im Einzelfall Betroffene, Angehörige und sonstige Personen zu allgemeinen betreuungsrechtlichen Fragen, zu Vorsorgevollmachten und über andere Hilfen nach § 5 Absatz 1, bei denen kein Betreuer bestellt wird, beraten. [2] Dies umfasst auch eine Beratung bei der Errichtung einer Vorsorgevollmacht oder Betreuungsverfügung.

§ 16 Aufgaben kraft gerichtlicher Bestellung. Ein anerkannter Betreuungsverein ist verpflichtet, Mitarbeiter zu beschäftigen, die für die Übernahme von Betreuungen zur Verfügung stehen.

§ 17 Finanzielle Ausstattung. [1] Anerkannte Betreuungsvereine haben Anspruch auf eine bedarfsgerechte finanzielle Ausstattung mit öffentlichen Mitteln zur Wahrnehmung der ihnen nach § 15 Absatz 1 obliegenden Aufgaben. [2] Das Nähere regelt das Landesrecht.

§ 18 Verarbeitung personenbezogener Daten durch den Verein. (1) Die Verarbeitung personenbezogener Daten einschließlich besonderer Kategorien per-

---

1) **Habersack, Deutsche Gesetze Nr. 20.**

sonenbezogener Daten nach Artikel 9 der Verordnung (EU) 2016/679[1)] durch den anerkannten Betreuungsverein ist zulässig, soweit sie zur Erfüllung der ihm nach § 15 Absatz 1 und § 16 obliegenden Aufgaben erforderlich ist.

(2) § 4 Absatz 1 Satz 2 und 3 sowie Absatz 2 gilt entsprechend.

Abschnitt 3. Rechtliche Betreuer

Titel 1. Allgemeine Vorschriften

§ 19 Begriffsbestimmung. (1) [1] Ehrenamtliche Betreuer sind natürliche Personen, die außerhalb einer beruflichen Tätigkeit rechtliche Betreuungen führen. [2] Ehrenamtliche Betreuer können sowohl Personen, die familiäre Beziehungen oder persönliche Bindungen zum Betroffenen haben, als auch andere Personen sein.

(2) Berufliche Betreuer sind natürliche Personen, die selbständig oder als Mitarbeiter eines anerkannten Betreuungsvereins rechtliche Betreuungen führen und nach § 24 registriert sind oder nach § 32 Absatz 1 Satz 6 als vorläufig registriert gelten.

§ 20 Verarbeitung personenbezogener Daten durch den Betreuer.

(1) Die Verarbeitung personenbezogener Daten einschließlich besonderer Kategorien personenbezogener Daten nach Artikel 9 der Verordnung (EU) 2016/679[1)] durch den Betreuer ist zulässig, soweit sie zur Erfüllung seiner Aufgaben nach den §§ 1814 bis 1881 des Bürgerlichen Gesetzbuchs[2)] erforderlich ist.

(2) § 4 Absatz 1 Satz 2 und 3 sowie Absatz 2 gilt entsprechend.

(3) Die Absätze 1 und 2 gelten auch für Personen, denen der anerkannte Betreuungsverein oder die Behörde die Wahrnehmung der Betreuung nach § 1818 Absatz 2 und 4 Satz 2 des Bürgerlichen Gesetzbuchs übertragen hat.

Titel 2. Ehrenamtliche Betreuer

§ 21[3)] Voraussetzung für eine ehrenamtliche Tätigkeit. (1) [1] Voraussetzung für die Führung einer Betreuung als ehrenamtlicher Betreuer ist die persönliche Eignung und Zuverlässigkeit. [2] § 23 Absatz 2 Nummer 1, 2 und 4 gilt entsprechend.

(2) [1] Eine Person, die erstmalig zum ehrenamtlichen Betreuer bestellt werden soll, hat vor ihrer Bestellung zur Feststellung ihrer persönlichen Eignung und Zuverlässigkeit der zuständigen Behörde ein Führungszeugnis nach § 30 Absatz 5 des Bundeszentralregistergesetzes[4)] und eine Auskunft aus dem zentralen Schuldnerverzeichnis nach § 882b der Zivilprozessordnung[5)] vorzulegen, die jeweils nicht älter als drei Monate sein sollen. [2] Die Pflicht zur Vorlage einer Auskunft aus dem zentralen Schuldnerverzeichnis entfällt, wenn die zuständige Behörde die Auskunft nach § 882f Absatz 1 Satz 1 Nummer 2 der Zivilprozessordnung selbst einholt. [3] Satz 1 gilt nicht, sofern die Person im Wege der einstweiligen Anordnung nach den §§ 300 und 301 des Gesetzes über das Verfahren in Familiensachen und in den

---

[1)] **Sartorius Nr. 246.**
[2)] **Habersack, Deutsche Gesetze Nr. 20.**
[3)] § 21 Abs. 2 neu gef., Abs. 3 angef. mWv 1.1.2024 durch G v. 20.12.2023 (BGBl. 2023 I Nr. 391).
[4)] **Habersack, Deutsche Gesetze Nr. 92.**
[5)] **Habersack, Deutsche Gesetze Nr. 100.**

Angelegenheiten der freiwilligen Gerichtsbarkeit[1] zum vorläufigen Betreuer bestellt wird.

(3) Absatz 2 gilt entsprechend, wenn eine Person, die bereits als ehrenamtlicher Betreuer bestellt ist oder war, in einem oder mehreren weiteren Verfahren zum ehrenamtlichen Betreuer bestellt werden soll und das Führungszeugnis und die Auskunft aus dem zentralen Schuldnerverzeichnis nach Absatz 2 Satz 1 zum Zeitpunkt des Betreuervorschlags nach § 12 Absatz 1 älter als drei Jahre sind.

§ 22 Abschluss einer Vereinbarung über Begleitung und Unterstützung.

(1) Ein ehrenamtlicher Betreuer kann eine Vereinbarung über eine Begleitung und Unterstützung nach § 15 Absatz 1 Satz 1 Nummer 4 mit einem anerkannten Betreuungsverein oder hilfsweise nach § 5 Absatz 2 Satz 3 mit der zuständigen Behörde abschließen.

(2) Eine Person, die ehrenamtlich Betreuungen führen möchte und keine familiäre Beziehung oder persönliche Bindung zum Betroffenen hat, soll vor ihrer ersten Bestellung als ehrenamtlicher Betreuer eine Vereinbarung nach Absatz 1 abschließen.

Titel 3. Berufliche Betreuer

§ 23[2] Registrierungsvoraussetzungen; Verordnungsermächtigung.

(1) Voraussetzungen für eine Registrierung als beruflicher Betreuer sind:

1. die persönliche Eignung und Zuverlässigkeit,
2. eine ausreichende Sachkunde für die Tätigkeit als beruflicher Betreuer und
3. eine Berufshaftpflichtversicherung zur Deckung der sich aus der Berufstätigkeit ergebenden Haftpflichtgefahren für Vermögensschäden mit einer Mindestversicherungssumme von 250 000 Euro für jeden Versicherungsfall und von 1 Million Euro für alle Versicherungsfälle eines Versicherungsjahres.

(2) Die nach Absatz 1 Nummer 1 erforderliche Zuverlässigkeit fehlt in der Regel, wenn

1. die Person hinsichtlich der Tätigkeit als beruflicher Betreuer einem Berufsverbot nach § 70 des Strafgesetzbuchs[3] oder einem vorläufigen Berufsverbot nach § 132a der Strafprozessordnung[4] unterliegt,
2. die Person in den letzten drei Jahren vor Stellung des Registrierungsantrags wegen eines Verbrechens oder eines vorsätzlich begangenen, für die Führung einer Betreuung relevanten Vergehens rechtskräftig verurteilt worden ist,
3. in den letzten drei Jahren vor der Antragstellung eine Registrierung nach § 27 widerrufen worden ist oder
4. die Vermögensverhältnisse der Person ungeordnet sind, was in der Regel der Fall ist, wenn über das Vermögen der Person das Insolvenzverfahren eröffnet worden oder sie in das vom zentralen Vollstreckungsgericht zu führende Schuldnerverzeichnis (§ 882b der Zivilprozessordnung[5]) eingetragen ist.

---

[1] **Habersack, Deutsche Gesetze Nr. 112.**

[2] § 23 Abs. 1 Nr. 3 geänd., Abs. 4 neu gef. mWv 1.7.2022, Abs. 4 eingef., bish. Abs. 4 wird Abs. 5 und geänd. mWv 1.1.2023 durch G v. 24.6.2022 (BGBl. I S. 959).

[3] **Habersack, Deutsche Gesetze Nr. 85.**

[4] **Habersack, Deutsche Gesetze Nr. 90.**

[5] **Habersack, Deutsche Gesetze Nr. 100.**

(3) [1] Die nach Absatz 1 Nummer 2 erforderliche Sachkunde ist gegenüber der Stammbehörde durch Unterlagen nachzuweisen. [2] Sie hat zu umfassen:

1. Kenntnisse des Betreuungs- und Unterbringungsrechts, des dazugehörigen Verfahrensrechts sowie auf den Gebieten der Personen- und Vermögenssorge,
2. Kenntnisse des sozialrechtlichen Unterstützungssystems und
3. Kenntnisse der Kommunikation mit Personen mit Erkrankungen und Behinderungen und von Methoden zur Unterstützung bei der Entscheidungsfindung.

(4) [1] Ist die Person, die eine Registrierung als beruflicher Betreuer beantragt, Mitarbeiter eines nach § 14 anerkannten Betreuungsvereins oder legt sie eine Anstellungszusage eines anerkannten Betreuungsvereins vor und kann sie zum Zeitpunkt der Antragstellung das Vorliegen der Sachkunde nicht vollständig, aber in wesentlichen Teilen nachweisen, kann die Stammbehörde die Person als beruflicher Betreuer registrieren, wenn

1. die Voraussetzungen für die Registrierung nach Absatz 1 Nummer 1 und 3 vorliegen und

(Fortsetzung nächstes Blatt)

50f. Verordnung über Gebühren in Handels-, Genossenschafts-, Gesellschafts- und Partnerschaftsregistersachen (Handelsregistergebührenverordnung – HRegGebV)[1)]

Vom 30. September 2004

BGBl. I S. 2562

FNA 361-4

Lfd. Nr.	Änderndes Gesetz	Datum	Fund-stelle	Betroffen	Hinweis
1.	Art. 8 Abs. 2 BilanzrechtsreformG	4.12.2004	BGBl. I S. 3166	Anl.	
2.	Art. 10 G zur Einführung der Europäischen Genossenschaft und zur Änd. des Genossenschaftsrechts	14.8.2006	BGBl. I S. 1911	§§ 2, 2a, Anl.	
3.	Art. 12 Abs. 6 G über elektronische Handelsregister und Genossenschaftsregister sowie das Unternehmensregister	10.11. 2006	BGBl. I S. 2553	§§ 1, 6, Anl.	
4.	Art. 5 Zweites G zur Änd. des UmwandlungsG	19.4.2007	BGBl. I S. 542	Anl.	
5.	Art. 2 Dritte VO zur Änd. der Kindesunterhalt-VordruckVO und Erste VO zur Änd. der HandelsregistergebührenVO	28.12. 2007	BGBl. I S. 3283	Anl.	
6.	Art. 1 Zweite ÄndVO	29.11. 2010	BGBl. I S. 1731	§§ 1, 2, 5	geänd. mWv 1.1.2011
				§ 5a	eingef. mWv 1.1.2011
				§§ 3, 4, Anl.	neu gef. mWv 1.1.2011
7.	Art. 4 2. KostenrechtsmodernisierungsG	23.7.2013	BGBl. I S. 2586	§ 1	geänd. mWv 1.8.2013
8.	Art. 20 G für die gleichberechtigte Teilhabe von Frauen und Männern an Führungspositionen in der Privatwirtschaft und im öffentlichen Dienst	24.4.2015	BGBl. I S. 642	Anl.	geänd. mWv 1.5.2015
9.	Art. 123 Abs. 2 Zweites G über die weitere Bereinigung von Bundesrecht	8.7.2016	BGBl. I S. 1594	§ 1, Anl.	geänd. mWv 15.7.2016
10.	Art. 2 G zum Bürokratieabbau und zur Förderung der Transparenz bei Genossenschaften	17.7.2017	BGBl. I S. 2434	Anl.	geänd. mWv 22.7.2017
				§ 6	aufgeh. mit Ablauf des 21.7. 2017

[1)] Überschrift neu gef. mWv 1.1.2024 durch G v. 10.8.2021 (BGBl. I S. 3436).

Lfd. Nr.	Änderndes Gesetz	Datum	Fund-stelle	Betroffen	Hinweis
11.	Art. 9 G zur Umsetzung der DigitalisierungsRL[1)]	5.7.2021	BGBl. I S. 3338	§§ 1, 2, Anl.	geänd. mWv 1.8.2022
12.	Art. 46 Personengesellschaftsrechtsmodernisierungs G (MoPeG)	10.8.2021	BGBl. I S. 3436	§ 1, Anl.	geänd. mWv 1.1.2024
				Überschrift	neu gef. mWv 1.1.2024
13.	Art. 5 G zur Umsetzung der UmwandlungsRL und zur Änd. weiterer Gesetze	22.2.2023	BGBl. 2023 I Nr. 51	Anl.	geänd. mWv 1.3.2023

Auf Grund des § 79a der Kostenordnung, der durch Artikel 1 Nr. 7 des Gesetzes vom 3. Juli 2004 (BGBl. I S. 1410) eingefügt worden ist, verordnet das Bundesministerium der Justiz:

§ 1[2)] **Gebührenverzeichnis.** [1]Für Eintragungen in das Handels-, Genossenschafts-, Gesellschafts- oder Partnerschaftsregister, die Entgegennahme, Prüfung und Aufbewahrung der zum Handels- oder Genossenschaftsregister einzureichenden Unterlagen, die Bereitstellung von Registerdaten und von Dokumenten, die zum Register eingereicht wurden, zum Abruf sowie die Übertragung von Schriftstücken in ein elektronisches Dokument nach § 9 Abs. 2 des Handelsgesetzbuchs[3)] werden Gebühren nach dem Gebührenverzeichnis der Anlage zu dieser Verordnung erhoben. [2]Satz 1 gilt nicht für die aus Anlass eines Insolvenzverfahrens von Amts wegen vorzunehmenden Eintragungen und für Löschungen nach § 395 des Gesetzes über das Verfahren in Familiensachen und in den Angelegenheiten der freiwilligen Gerichtsbarkeit[4)].

§ 2[5)] **Allgemeine Vorschriften.** (1) Neben der Gebühr für die Ersteintragung werden nur Gebühren für die gleichzeitig angemeldete Eintragung der Errichtung einer Zweigniederlassung und für die Eintragung einer Prokura gesondert erhoben.

(2) Gebühren für die Bereitstellung von Registerdaten oder Dokumenten zum Abruf werden neben den Gebühren für Eintragungen im Register oder für Entgegennahmen zum Register gesondert erhoben.

(3) [1]Betrifft dieselbe spätere Anmeldung mehrere Tatsachen, ist für jede Tatsache die Gebühr gesondert zu erheben. [2]Das Eintreten oder das Ausscheiden einzutragender Personen ist hinsichtlich einer jeden Person eine besondere Tatsache.

(4) Als jeweils dieselbe Tatsache betreffend sind zu behandeln:

1. die Anmeldung einer zur Vertretung berechtigten Person und die gleichzeitige Anmeldung ihrer Vertretungsmacht oder deren Ausschlusses;

[1)] **Amtl. Anm.:** *(abgedruckt in Änderungstabelle Nr. **50e**)*

[2)] § 1 neu gef. mWv 1.1.2007 durch G v. 10.11.2006 (BGBl. I S. 2553); geänd. mWv 1.1.2011 durch VO v. 29.11.2010 (BGBl. I S. 1731); Satz 2 angef. mWv 1.8.2013 durch G v. 23.7.2013 (BGBl. I S. 2586); Satz 1 geänd. mWv 15.7.2016 durch G v. 8.7.2016 (BGBl. I S. 1594); Satz 1 geänd. mWv 1.8.2022 durch G v. 5.7.2021 (BGBl. I S. 3338); Satz 1 geänd. mWv 1.1.2024 durch G v. 10.8.2021 (BGBl. I S. 3436).

[3)] **Habersack, Deutsche Gesetze Nr. 50.**

[4)] **Habersack, Deutsche Gesetze Nr. 112.**

[5)] § 2 Abs. 3 neu gef. mWv 1.1.2011 durch VO v. 29.11.2010 (BGBl. I S. 1731); Abs. 2 eingef. bish. Abs. 2–4 werden Abs. 3–5 mWv 1.8.2022 durch G v. 5.7.2021 (BGBl. I S. 3338).

2. die Anmeldung der Verlegung
   a) der Hauptniederlassung,
   b) des Sitzes oder
   c) der Zweigniederlassung

   und die gleichzeitige Anmeldung der Änderung der inländischen Geschäftsanschrift;
3. mehrere Änderungen eines Gesellschaftsvertrags oder einer Satzung, die gleichzeitig angemeldet werden und nicht die Änderung eingetragener Angaben betreffen;
4. die Änderung eingetragener Angaben und die dem zugrunde liegende Änderung des Gesellschaftsvertrags oder der Satzung.

(5) Anmeldungen, die am selben Tag beim Registergericht eingegangen sind und dasselbe Unternehmen betreffen, werden als eine Anmeldung behandelt.

§ 2a[1] **Recht der Europäischen Union.** Umwandlungen und Verschmelzungen nach dem Recht der Europäischen Union stehen hinsichtlich der Gebühren den Umwandlungen nach dem Umwandlungsgesetz[2] gleich.

§ 3[3] **Zurücknahme.** (1) [1] Wird eine Anmeldung zurückgenommen, bevor die Eintragung erfolgt oder die Anmeldung zurückgewiesen worden ist, sind 120 Prozent der für die Eintragung bestimmten Gebühren zu erheben. [2] Bei der Zurücknahme einer angemeldeten Ersteintragung bleiben die Gebühren für die gleichzeitig angemeldete Eintragung der Errichtung einer Zweigniederlassung und für die Eintragung einer Prokura unberücksichtigt.

(2) [1] Erfolgt die Zurücknahme spätestens am Tag bevor eine Entscheidung des Gerichts mit der Bestimmung einer angemessenen Frist zur Beseitigung eines Hindernisses (§ 382 Absatz 4 des Gesetzes über das Verfahren in Familiensachen und in den Angelegenheiten der freiwilligen Gerichtsbarkeit[4]) unterzeichnet wird, beträgt die Gebühr 75 Prozent der für die Eintragung bestimmten Gebühr, höchstens jedoch 250 Euro. [2] Der unterzeichneten Entscheidung steht ein gerichtliches elektronisches Dokument gleich (§ 14 Absatz 3 des Gesetzes über das Verfahren in Familiensachen und in den Angelegenheiten der freiwilligen Gerichtsbarkeit in Verbindung mit § 130b der Zivilprozessordnung[5]). [3] Betrifft eine Anmeldung mehrere Tatsachen, betragen in den Fällen der Sätze 1 und 2 die auf die zurückgenommenen Teile der Anmeldung entfallenden Gebühren insgesamt höchstens 250 Euro.

§ 4[6] **Zurückweisung.** [1] Wird eine Anmeldung zurückgewiesen, sind 170 Prozent der für die Eintragung bestimmten Gebühren zu erheben. [2] Bei der Zurückweisung einer angemeldeten Ersteintragung bleiben die Gebühren für die gleichzeitig angemeldete Eintragung der Errichtung einer Zweigniederlassung und für die Eintragung einer Prokura unberücksichtigt.

---

[1] § 2a eingef. mWv 18.8.2006 durch G v. 14.8.2006 (BGBl. I S. 1911).
[2] **Habersack, Deutsche Gesetze Nr. 52a.**
[3] § 3 neu gef. mWv 1.1.2011 durch VO v. 29.11.2010 (BGBl. I S. 1731).
[4] **Habersack, Deutsche Gesetze Nr. 112.**
[5] **Habersack, Deutsche Gesetze Nr. 100.**
[6] § 4 neu gef. mWv 1.1.2011 durch VO v. 29.11.2010 (BGBl. I S. 1731).

§ 5[1)] Zurücknahme oder Zurückweisung in besonderen Fällen. [1] Wird die Anmeldung einer sonstigen späteren Eintragung, die mehrere Tatsachen zum Gegenstand hat, teilweise zurückgenommen oder zurückgewiesen, ist für jeden zurückgenommenen oder zurückgewiesenen Teil von den Gebühren 1503, 2501 und 3501 des Gebührenverzeichnisses auszugehen. [2] § 3 Absatz 2 bleibt unberührt.

§ 5a[2)] Übergangsvorschrift. Für Kosten, die vor dem Inkrafttreten einer Änderung der Rechtsverordnung fällig geworden sind, gilt das bisherige Recht.

§ 6[3)] *(aufgehoben)*

Anlage[4)]
(zu § 1)

Gebührenverzeichnis

Teil 1. Eintragungen in das Handelsregister Abteilung A, das Gesellschaftsregister und das Partnerschaftsregister

Nr.	Gebührentatbestand	Gebührenbetrag
	Vorbemerkung 1: (1) Für Eintragungen, die juristische Personen (§ 33 HGB[5)]) und Europäische wirtschaftliche Interessenvereinigungen betreffen, bestimmen sich die Gebühren nach den für Eintragungen bei Gesellschaften mit bis zu 3 eingetragenen Gesellschaftern geltenden Vorschriften. Hinsichtlich der Gebühren für Eintragungen, die Zweigniederlassungen eines Unternehmens mit Hauptniederlassung oder Sitz im Ausland betreffen, bleibt der Umstand, dass es sich um eine Zweigniederlassung handelt, unberücksichtigt; die allgemein für inländische Unternehmen geltenden Vorschriften sind anzuwenden. (2) Wird die Hauptniederlassung oder der Sitz in den Bezirk eines anderen Gerichts verlegt, wird für die Eintragung im Register der bisherigen Hauptniederlassung oder des bisherigen Sitzes keine Gebühr erhoben. (3) Für Eintragungen, die Prokuren betreffen, sind ausschließlich Gebühren nach Teil 4 zu erheben. (4) Für die Eintragung des Erlöschens der Firma oder des Namens sowie des Schlusses der Abwicklung einer Europäischen wirtschaftlichen Interessenvereinigung werden keine Gebühren erhoben; die Gebühren in Abschnitt 4 bleiben unberührt.	
	Abschnitt 1 ***Ersteintragung***	
	Eintragung – außer aufgrund einer Umwandlung nach dem UmwG[6)] –	
1100	– eines Einzelkaufmanns	70,00 €
1101	– einer Gesellschaft mit bis zu 3 einzutragenden Gesellschaftern oder einer Partnerschaft mit bis zu 3 einzutragenden Partnern	100,00 €

[1)] § 5 Satz 1 geänd., Satz 2 neu gef. mWv 1.1.2011 durch VO v. 29.11.2010 (BGBl. I S. 1731).
[2)] § 5a eingef. mWv 1.1.2011 durch VO v. 29.11.2010 (BGBl. I S. 1731).
[3)] § 6 aufgeh. mWv 22.7.2017 durch G v. 17.7.2017 (BGBl. I S. 2434).
[4)] Anl. neu gef. mWv 1.1.2011 durch VO v. 29.11.2010 (BGBl. I S. 1731); geänd. mWv 1.5.2015 durch G v. 24.4.2015 (BGBl. I S. 642); mWv 15.7.2016 durch G v. 8.7.2016 (BGBl. I S. 1594); mWv 22.7.2017 durch G v. 17.7.2017 (BGBl. I S. 2434); mWv 1.8.2022 durch G v. 5.7.2021 (BGBl. I S. 3338); mWv 1.1.2024 durch G v. 10.8.2021 (BGBl. I S. 3436); mWv 1.3.2023 durch G v. 22.2.2023 (BGBl. 2023 I Nr. 51).
[5)] **Habersack, Deutsche Gesetze Nr. 50.**
[6)] **Habersack, Deutsche Gesetze Nr. 52a.**

51b. Gesetz über das gesellschaftsrechtliche Spruchverfahren (Spruchverfahrensgesetz – SpruchG)[1)]

Vom 12. Juni 2003
(BGBl. I S. 838)

FNA 315-23

Lfd. Nr.	Änderndes Gesetz	Datum	Fundstelle	Betroffen	Hinweis
1.	Art. 5 SE-EinführungsG	22.12. 2004	BGBl. I S. 3675	§§ 1, 3, 4, 5, 6, 14	geänd. mWv 29.12.2004
				§ 6a	eingef. mWv 29.12.2004
2.	Art. 7 SCE-EinführungsG	14.8.2006	BGBl. I S. 1911	§§ 1, 3, 4, 5, 14	geänd. mWv 18.8.2006
				§§ 6b	eingef. mWv 18.8.2006
3.	Art. 12 Abs. 4 G über elektronische Handelsregister und Genossenschaftsregister sowie das Unternehmensregister	10.11. 2006	BGBl. I S. 2553	§ 4	geänd. mWv 1.1.2007
4.	Art. 2 Zweites G zur Änd. des UmwandlungsG	19.4.2007	BGBl. I S. 542	§§ 1, 4, 6a	geänd. mWv 25.4.2007
				§ 6c	eingef. mWv 25.4.2007
5.	Art. 42 FGG-ReformG	17.12. 2008	BGBl. I S. 2586	§§ 2, 7, 10, 12, 15, 17	geänd. mWv 1.9.2009
6.	Art. 2 Abs. 31 G zur Änd. von Vorschriften über Verkündung und Bekanntmachungen sowie der ZPO, des EGZPO und der AO	22.12. 2011	BGBl. I S. 3044	§ 6	geänd. mWv 1.4.2012
7.	Art. 16 Zweites Kostenrechtsmodernisierungs G	23.7.2013	BGBl. I S. 2586	§ 15	geänd. mWv 1.8.2013
8.	Art. 3 G zur Umsetzung der UmwandlungsRL und zur Änd. weiterer Gesetze[2)]	22.2.2023	BGBl. 2023 I Nr. 51	§§ 1, 2, 3, 4, 5, 6, 6a, 6b, 11, 12, 13, 16, 17	geänd. mWv 1.3.2023
				§ 6c	neu gef. mWv 1.3.2023
				§§ 5a, 10a, 11a	eingef. mWv 1.3.2023
9.	Art. 1 ZukunftsfinanzierungsG	11.12. 2023	BGBl. 2023 I Nr. 354	§§ 1, 3, 4, 5, 6, 14	geänd. mWv 15.12.2023
				§ 10a	neu gef. mWv 15.12.2023

[1)] Verkündet als Art. 1 SpruchverfahrensneuordnungsG v. 12.6.2003 (BGBl. I S. 838); Inkrafttreten gem. Art. 7 Satz 2 dieses G am 1.9.2003 mit Ausnahme der §§ 2 Abs. 4 und 12 Abs. 3, die gem. Art. 7 Satz 1 SpruchverfahrensneuordnungsG am 18.6.2003 in Kraft getreten sind.

[2)] **Amtl. Anm.:** Die Artikel 1, 2, 3, 7, 8 und 9 dieses Gesetzes dienen der Umsetzung der Richtlinie (EU) 2019/2121 des Europäischen Parlaments und des Rates vom 27. November 2019 zur Änderung der Richtlinie (EU) 2017/1132 in Bezug auf grenzüberschreitende Umwandlungen, Verschmelzungen und Spaltungen (ABl. L 321 vom 12.12.2019, S. 1; L 20 vom 24.1.2020, S. 24).

§ 1[1] Anwendungsbereich. Dieses Gesetz ist anzuwenden auf das gerichtliche Verfahren für die Bestimmung

1. der Ausgleichszahlung oder der zusätzlich zu gewährenden Aktien für Aktionäre bei Kapitalerhöhungen (§ 255 Absatz 4 bis 7 und § 255a des Aktiengesetzes[2]);
2. des Ausgleichs für außenstehende Aktionäre und der Abfindung solcher Aktionäre bei Beherrschungs- und Gewinnabführungsverträgen (§§ 304 und 305 des Aktiengesetzes);
3. der Abfindung von ausgeschiedenen Aktionären bei der Eingliederung von Aktiengesellschaften (§ 320b des Aktiengesetzes);
4. der Barabfindung von Minderheitsaktionären, deren Aktien durch Beschluss der Hauptversammlung auf den Hauptaktionär übertragen worden sind (§§ 327a bis 327f des Aktiengesetzes);
5. der Zuzahlung oder der zusätzlich zu gewährenden Aktien an Anteilsinhaber oder der Barabfindung von Anteilsinhabern (§§ 15, 34, 72a, 125 Absatz 1 Satz 1, §§ 176 bis 181, 184, 186, 196, 212, 305 Absatz 2, §§ 313, 320 Absatz 2, §§ 327 und 340 des Umwandlungsgesetzes[3]);
6. der Zuzahlung oder der zusätzlich zu gewährenden Aktien an Anteilsinhaber oder der Barabfindung von Anteilsinhabern bei der Gründung oder Sitzverlegung einer SE (§§ 6, 7, 9, 11 und 12 des SE-Ausführungsgesetzes);
7. der Zuzahlung an Mitglieder bei der Gründung einer Europäischen Genossenschaft (§ 7 des SCE-Ausführungsgesetzes).

§ 2[4] Zuständigkeit. (1) Zuständig ist das Landgericht, in dessen Bezirk der Rechtsträger, dessen Anteilsinhaber antragsberechtigt sind, seinen Sitz hat oder hatte.

(2) [1]Sind nach Absatz 1 mehrere Gerichte zuständig oder sind bei verschiedenen Landgerichten Spruchverfahren anhängig, die in einem sachlichen Zusammenhang stehen, so ist das Gericht zuständig, das zuerst mit der Angelegenheit befasst ist. [2]Besteht Streit oder Ungewissheit über das zuständige Gericht nach Satz 1, so ist § 5 des Gesetzes über das Verfahren in Familiensachen und in den Angelegenheiten der freiwilligen Gerichtsbarkeit[5] entsprechend anzuwenden.

(3) Ist bei dem Landgericht eine Kammer für Handelssachen gebildet, so entscheidet diese anstelle der Zivilkammer.

(4) Die Länder können vereinbaren, dass Entscheidungen in Verfahren nach diesem Gesetz für mehrere Länder den Landgerichten eines Landes zugewiesen werden.

(5) [1]Der Vorsitzende einer Kammer für Handelssachen entscheidet

1. über die Abgabe von Verfahren;
2. im Zusammenhang mit öffentlichen Bekanntmachungen;
3. über Fragen, welche die Zulässigkeit des Antrags betreffen;

---

[1] § 1 Nr. 6 angef. mWv 18.8.2006 durch G v. 14.8.2006 (BGBl. I S. 1911); Nr. 4 und 5 neu gef. mWv 1.3.2023 durch G v. 22.2.2023 (BGBl. 2023 I Nr. 51); Nr. 1 eingef., bish. Nr. 1–6 werden Nr. 2–7 mWv 15.12.2023 durch G v. 11.12.2023 (BGBl. 2023 I Nr. 354).

[2] **Habersack, Deutsche Gesetze Nr. 51.**

[3] **Habersack, Deutsche Gesetze Nr. 52a.**

[4] § 2 Abs. 2 und 4 aufgeh., bish. Abs. 3 wird Abs. 2 mWv 1.9.2009 durch G v. 17.12.2008 (BGBl. I S. 2586); Abs. 1 Satz 1 geänd., Sätze 2 und 3 aufgeh., Abs. 2–4 eingef., bish. Abs. 2 wird Abs. 5 mWv 1.3.2023 durch G v. 22.2.2023 (BGBl. 2023 I Nr. 51).

[5] **Habersack, Deutsche Gesetze Nr. 112.**

4. über alle vorbereitenden Maßnahmen für die Beweisaufnahme und in den Fällen des § 7;
5. in den Fällen des § 6;
6. über Geschäftswert, Kosten, Gebühren und Auslagen;
7. über die einstweilige Einstellung der Zwangsvollstreckung;
8. über die Verbindung von Verfahren.

[2] Im Einverständnis der Beteiligten kann der Vorsitzende auch im Übrigen an Stelle der Kammer entscheiden.

§ 3[1)] Antragsberechtigung. [1] Antragsberechtigt für Verfahren nach § 1 ist in den Fällen

1. der Nummer 1 jeder Aktionär, dessen Bezugsrecht ganz oder teilweise ausgeschlossen worden ist;
2. der Nummer 2 jeder außenstehende Aktionär;
3. der Nummern 3 und 4 jeder ausgeschiedene Aktionär;
4. der Nummer 5 jeder in den dort angeführten Vorschriften des Umwandlungsgesetzes[2)] bezeichnete Anteilsinhaber;
5. der Nummer 6 jeder in den dort angeführten Vorschriften des SE-Ausführungsgesetzes bezeichnete Anteilsinhaber;
6. der Nummer 7 jedes in der dort angeführten Vorschrift des SCE-Ausführungsgesetzes bezeichnete Mitglied.

[2] In den Fällen der Nummern 1, 2, 4, 5 und 6 ist die Antragsberechtigung nur gegeben, wenn der Antragsteller zum Zeitpunkt der Antragstellung Anteilsinhaber ist; dies gilt nicht für die Bestimmung der Barabfindung bei grenzüberschreitenden Umwandlungen (§§ 313, 327 und 340 des Umwandlungsgesetzes) gemäß § 1 Nummer 4. [3] Die Stellung als Aktionär ist dem Gericht ausschließlich durch Urkunden nachzuweisen.

§ 4[3)] Antragsfrist und Antragsbegründung. (1) [1] Der Antrag auf gerichtliche Entscheidung in einem Verfahren nach § 1 kann nur binnen drei Monaten seit dem Tag gestellt werden, an dem in den Fällen

1. der Nummer 1 die Eintragung der Durchführung der Kapitalerhöhung;
2. der Nummer 2 der Unternehmensvertrag oder seine Änderung;
3. der Nummer 3 die Eingliederung;
4. der Nummer 4 der Übergang aller Aktien der Minderheitsaktionäre auf den Hauptaktionär;
5. der Nummer 5 die Umwandlung;
6. der Nummer 6 die Gründung oder Sitzverlegung der SE oder
7. der Nummer 7 die Gründung der Europäischen Genossenschaft

---

1) § 3 Satz 1 Nr. 3 geänd., Nr. 4 angef., Satz 2 neu gef. mWv 29.12.2004 durch G v. 22.12.2004 (BGBl. I S. 3675); Satz 1 Nr. 4 und Satz 2 geänd., Satz 1 Nr. 5 angef. mWv 18.8.2006 durch G v. 14.8. 2006 (BGBl. I S. 1911); Satz 2 geänd. mWv 1.3.2023 durch G v. 22.2.2023 (BGBl. 2023 I Nr. 51); Satz 1 Nr. 1 eingef., bish. Nr. 1–5 werden Nr. 2–6 und jeweils geänd., Satz 2 geänd. mWv 15.12.2023 durch G v. 11.12.2023 (BGBl. 2023 I Nr. 354).

2) Habersack, Deutsche Gesetze Nr. 52a.

3) § 4 Abs. 2 Nr. 4 geänd. mWv 29.12.2004 durch G v. 22.12.2004 (BGBl. I S. 3675); Abs. 1 Satz 1 neu gef., Satz 2 geänd., Satz 3 angef. mWv 1.3.2023 durch G v. 22.2.2023 (BGBl. 2023 I Nr. 51); Abs. 1 Satz 1 Nr. 1 eingef., bish. Nr. 1–6 werden Nr. 2–7 und jeweils geänd. mWv 15.12.2023 durch G v. 11.12.2023 (BGBl. 2023 I Nr. 354).

wirksam geworden ist. [2]Die Frist wird in den Fällen des § 2 Absatz 2 durch Einreichung bei jedem zunächst zuständigen Gericht gewahrt. [3]Die Frist wird auch dann gewahrt, wenn der Antrag bei einem sachlich oder örtlich unzuständigen Gericht eingereicht wird.

(2) [1]Der Antragsteller muss den Antrag innerhalb der Frist nach Absatz 1 begründen. [2]Die Antragsbegründung hat zu enthalten:
1. die Bezeichnung des Antragsgegners;
2. die Darlegung der Antragsberechtigung nach § 3;
3. Angaben zur Art der Strukturmaßnahme und der vom Gericht zu bestimmenden Kompensation nach § 1;
4. konkrete Einwendungen gegen die Angemessenheit der Kompensation nach § 1 oder gegebenenfalls gegen den als Grundlage für die Kompensation ermittelten Unternehmenswert, soweit hierzu Angaben in den in § 7 Abs. 3 genannten Unterlagen enthalten sind. Macht der Antragsteller glaubhaft, dass er im Zeitpunkt der Antragstellung aus Gründen, die er nicht zu vertreten hat, über diese Unterlagen nicht verfügt, so kann auf Antrag die Frist zur Begründung angemessen verlängert werden, wenn er gleichzeitig Abschrifterteilung gemäß § 7 Abs. 3 verlangt.

[3]Aus der Antragsbegründung soll sich außerdem die Zahl der von dem Antragsteller gehaltenen Anteile ergeben.

§ 5[1)] Antragsgegner. [1]Der Antrag auf gerichtliche Entscheidung in einem Verfahren nach § 1 ist in den Fällen
1. der Nummer 1 gegen die Gesellschaft, deren Kapital erhöht worden ist;
2. der Nummer 2 gegen den anderen Vertragsteil des Unternehmensvertrags;
3. der Nummer 3 gegen die Hauptgesellschaft;
4. der Nummer 4 gegen den Hauptaktionär;
5. der Nummer 5 gegen die übernehmenden oder neuen Rechtsträger oder gegen den Rechtsträger neuer Rechtsform;
6. der Nummer 6 gegen die SE, aber im Fall des § 9 des SE-Ausführungsgesetzes gegen die die Gründung anstrebende Gesellschaft;
7. der Nummer 7 gegen die Europäische Genossenschaft

zu richten. [2]In den Fällen des § 1 Nummer 1 ist auf Antrag der Gesellschaft der neue Aktionär als Beteiligter hinzuzuziehen. [3]In den Fällen des Satzes 1 Nummer 5 kann bei einer Abspaltung ein Antrag auf Bestimmung der Barabfindung wahlweise auch gegen den übertragenden Rechtsträger gerichtet werden.

§ 5a[2)] Vertretung durch einen Rechtsanwalt. [1]Vor den Landgerichten, den Oberlandesgerichten und einem Obersten Landesgericht müssen sich die Beteiligten durch einen Rechtsanwalt vertreten lassen. [2]Vor dem Bundesgerichtshof müssen sich die Beteiligten durch einen bei dem Bundesgerichtshof zugelassenen Rechtsanwalt vertreten lassen. [3]Satz 1 ist auf den gemeinsamen Vertreter nicht anzuwenden.

[1)] § 5 Nr. 4 geänd., Nr. 5 angef. mWv 29.12.2004 durch G v. 22.12.2004 (BGBl. I S. 3675); Nr. 5 geänd., Nr. 6 angef. mWv 18.8.2006 durch G v. 14.8.2006 (BGBl. I S. 1911); Satz 2 angef. mWv 1.3.2023 durch G v. 22.2.2023 (BGBl. 2023 I Nr. 51); Satz 1 Nr. 1 eingef., bish. Nr. 1–6 werden Nr. 2–7 und jeweils geänd., Satz 2 eingef., bish. Satz 2 wird Satz 3 und geänd. mWv 15.12.2023 durch G v. 11.12.2023 (BGBl. 2023 I Nr. 354).

[2)] § 5a eingef. mWv 1.3.2023 durch G v. 22.2.2023 (BGBl. 2023 I Nr. 51).

§ 6[1)] Gemeinsamer Vertreter. (1) [1]Das Gericht hat den Antragsberechtigten, die nicht selbst Antragsteller sind, zur Wahrung ihrer Rechte frühzeitig einen Rechtsanwalt als gemeinsamen Vertreter zu bestellen; dieser hat die Stellung eines gesetzlichen Vertreters. [2]Werden die Festsetzung des angemessenen Ausgleichs und die Festsetzung der angemessenen Abfindung beantragt, so hat es für jeden Antrag einen gemeinsamen Vertreter zu bestellen, wenn aufgrund der konkreten Umstände davon auszugehen ist, dass die Wahrung der Rechte aller betroffenen Antragsberechtigten durch einen einzigen gemeinsamen Vertreter nicht sichergestellt ist. [3]Die Bestellung eines gemeinsamen Vertreters kann vollständig unterbleiben, wenn die Wahrung der Rechte der Antragsberechtigten auf andere Weise sichergestellt ist. [4]Das Gericht hat die Bestellung des gemeinsamen Vertreters im Bundesanzeiger bekannt zu machen. [5]Wenn in den Fällen des § 1 Nr. 1 bis 4 die Satzung der Gesellschaft, deren außenstehende oder ausgeschiedene Aktionäre antragsberechtigt sind, oder in den Fällen des § 1 Nr. 5 der Gesellschaftsvertrag, der Partnerschaftsvertrag, die Satzung oder das Statut des übertragenden, übernehmenden oder formwechselnden Rechtsträgers noch andere Blätter oder elektronische Informationsmedien für die öffentlichen Bekanntmachungen bestimmt hatte, so hat es die Bestellung auch dort bekannt zu machen.

(2) [1]Der gemeinsame Vertreter kann von dem Antragsgegner in entsprechender Anwendung des Rechtsanwaltsvergütungsgesetzes[2)] den Ersatz seiner Auslagen und eine Vergütung für seine Tätigkeit verlangen; mehrere Antragsgegner haften als Gesamtschuldner. [2]Die Auslagen und die Vergütung setzt das Gericht fest. [3]Gegenstandswert ist der für die Gerichtsgebühren maßgebliche Geschäftswert. [4]Das Gericht kann den Zahlungsverpflichteten auf Verlangen des Vertreters die Leistung von Vorschüssen aufgeben. [5]Aus der Festsetzung findet die Zwangsvollstreckung nach der Zivilprozessordnung[3)] statt.

(3) [1]Der gemeinsame Vertreter kann das Verfahren auch nach Rücknahme eines Antrags fortführen. [2]Er steht in diesem Falle einem Antragsteller gleich.

§ 6a[4)] Gemeinsamer Vertreter bei Gründung einer SE. [1]Wird bei der Gründung einer SE durch Verschmelzung oder bei der Gründung einer Holding-SE nach dem Verfahren der Verordnung (EG) Nr. 2157/2001 des Rates vom 8. Oktober 2001 über das Statut der Europäischen Gesellschaft (SE) (ABl. EG Nr. L 294 S. 1) gemäß den Vorschriften des SE-Ausführungsgesetzes ein Antrag auf Bestimmung einer Zuzahlung, zusätzlichen Gewährung von Aktien oder Barabfindung gestellt, bestellt das Gericht auf Antrag eines oder mehrerer Anteilsinhaber einer sich verschmelzenden oder die Gründung einer SE anstrebenden Gesellschaft, die selbst nicht antragsberechtigt sind, zur Wahrung ihrer Interessen einen Rechtsanwalt als gemeinsamen Vertreter, der am Spruchverfahren beteiligt ist. [2]§ 6 Abs. 1 Satz 4 und Abs. 2 gilt entsprechend.

[1)] § 6 Abs. 1 Satz 5 und Abs. 2 Satz 1 geänd. mWv 29.12.2004 durch G v. 22.12.2004 (BGBl. I S. 3675); Abs. 1 Satz 4 geänd. mWv 1.4.2012 durch G v. 22.12.2011 (BGBl. I S. 3044); Abs. 1 Sätze 1 und 5 geänd. mWv 1.3.2023 durch G v. 22.2.2023 (BGBl. 2023 I Nr. 51); Abs. 1 Satz 5 geänd. mWv 15.12.2023 durch G v. 11.12.2023 (BGBl. 2023 I Nr. 354).

[2)] **Habersack, Deutsche Gesetze Nr. 117.**

[3)] **Habersack, Deutsche Gesetze Nr. 100.**

[4)] § 6a eingef. mWv 29.12.2004 durch G v. 22.12.2004 (BGBl. I S. 3675); Satz 1 geänd. mWv 25.4.2007 durch G v. 19.4.2007 (BGBl. I S. 542); Satz 1 geänd. mWv 1.3.2023 durch G v. 22.2.2023 (BGBl. 2023 I Nr. 51).

§ 6b[1] **Gemeinsamer Vertreter bei Gründung einer Europäischen Genossenschaft.** [1] Wird bei der Gründung einer Europäischen Genossenschaft durch Verschmelzung nach dem Verfahren der Verordnung (EG) Nr. 1435/2003 des Rates vom 22. Juli 2003 über das Statut der Europäischen Genossenschaft (SCE) (ABl. EU Nr. L 207 S. 1) nach den Vorschriften des SCE-Ausführungsgesetzes ein Antrag auf Bestimmung einer baren Zuzahlung gestellt, bestellt das Gericht auf Antrag eines oder mehrerer Mitglieder einer sich verschmelzenden Genossenschaft, die selbst nicht antragsberechtigt sind, zur Wahrung ihrer Interessen einen Rechtsanwalt als gemeinsamen Vertreter, der am Spruchverfahren beteiligt ist. [2] § 6 Abs. 1 Satz 4 und Abs. 2 gilt entsprechend.

§ 6c[2] **Grenzüberschreitende Umwandlungen.** (1) [1] Wird bei einer grenzüberschreitenden Umwandlung (§§ 305, 320 und 333 des Umwandlungsgesetzes[3])) ein Antrag auf Bestimmung einer Zuzahlung, zusätzlich zu gewährender Aktien oder einer Barabfindung gestellt, so bestellt das Gericht auf Antrag eines oder mehrerer Anteilsinhaber einer beteiligten Gesellschaft, die selbst nicht antragsberechtigt sind, zur Wahrung ihrer Interessen einen Rechtsanwalt als gemeinsamen Vertreter, der am Spruchverfahren beteiligt ist. [2] § 6 Absatz 1 Satz 4 und Absatz 2 gilt entsprechend.

(2) [1] Wird bei einer grenzüberschreitenden Umwandlung ein Antrag auf Bestimmung einer Zuzahlung oder zusätzlich zu gewährender Aktien gestellt, so soll das Gericht mit jeder Stelle, die nach dem Recht eines anderen Mitgliedstaats der Europäischen Union oder eines anderen Vertragsstaats des Abkommens über den Europäischen Wirtschaftsraum, dem eine andere an der grenzüberschreitenden Umwandlung beteiligte Gesellschaft unterliegt, und die für einen Antrag auf Bestimmung einer Zuzahlung oder zusätzlich zu gewährender Anteile zuständig ist, zusammenarbeiten. [2] Ist anlässlich der grenzüberschreitenden Umwandlung vor der zuständigen ausländischen Behörde oder Stelle ein Verfahren nach Satz 1 eingeleitet worden, so kann das Gericht insbesondere

1. Informationen austauschen und
2. nach Maßgabe des § 404 der Zivilprozessordnung[4]) dieselbe Person als Sachverständigen bestimmen.

§ 7[5] **Vorbereitung der mündlichen Verhandlung.** (1) Das Gericht stellt dem Antragsgegner und dem gemeinsamen Vertreter die Anträge der Antragsteller unverzüglich zu.

(2) [1] Das Gericht fordert den Antragsgegner zugleich zu einer schriftlichen Erwiderung auf. [2] Darin hat der Antragsgegner insbesondere zur Höhe des Ausgleichs, der Zuzahlung oder der Barabfindung oder sonstigen Abfindung Stellung zu nehmen. [3] Für die Stellungnahme setzt das Gericht eine Frist, die mindestens einen Monat beträgt und drei Monate nicht überschreiten soll.

(3) [1] Außerdem hat der Antragsgegner den Bericht über den Unternehmensvertrag, den Eingliederungsbericht, den Bericht über die Übertragung der Aktien auf den Hauptaktionär oder den Umwandlungsbericht nach Zustellung der An-

---

[1]) § 6b eingef. mWv 18.8.2006 durch G v. 14.8.2006 (BGBl. I S. 1911); Satz 1 geänd. mWv 1.3.2023 durch G v. 22.2.2023 (BGBl. 2023 I Nr. 51).

[2]) § 6c neu gef. mWv 1.3.2023 durch G v. 22.2.2023 (BGBl. 2023 I Nr. 51).

[3]) **Habersack, Deutsche Gesetze Nr. 52a.**

[4]) **Habersack, Deutsche Gesetze Nr. 100.**

[5]) § 7 Abs. 8 neu gef. mWv 1.9.2009 durch G v. 17.12.2008 (BGBl. I S. 2586).

träge bei Gericht einzureichen. [2] In den Fällen, in denen der Beherrschungs- oder Gewinnabführungsvertrag, die Eingliederung, die Übertragung der Aktien auf den Hauptaktionär oder die Umwandlung durch sachverständige Prüfer geprüft worden ist, ist auch der jeweilige Prüfungsbericht einzureichen. [3] Auf Verlangen des Antragstellers oder des gemeinsamen Vertreters gibt das Gericht dem Antragsgegner auf, dem Antragsteller oder dem gemeinsamen Vertreter unverzüglich und kostenlos eine Abschrift der genannten Unterlagen zu erteilen.

(4) [1] Die Stellungnahme nach Absatz 2 wird dem Antragsteller und dem gemeinsamen Vertreter zugeleitet. [2] Sie haben Einwendungen gegen die Erwiderung und die in Absatz 3 genannten Unterlagen binnen einer vom Gericht gesetzten Frist, die mindestens einen Monat beträgt und drei Monate nicht überschreiten soll, schriftlich vorzubringen.

(5) [1] Das Gericht kann weitere vorbereitende Maßnahmen erlassen. [2] Es kann den Beteiligten die Ergänzung oder Erläuterung ihres schriftlichen Vorbringens sowie die Vorlage von Aufzeichnungen aufgeben, insbesondere eine Frist zur Erklärung über bestimmte klärungsbedürftige Punkte setzen. [3] In jeder Lage des Verfahrens ist darauf hinzuwirken, dass sich die Beteiligten rechtzeitig und vollständig erklären. [4] Die Beteiligten sind von jeder Anordnung zu benachrichtigen.

(6) Das Gericht kann bereits vor dem ersten Termin eine Beweisaufnahme durch Sachverständige zur Klärung von Vorfragen, insbesondere zu Art und Umfang einer folgenden Beweisaufnahme, für die Vorbereitung der mündlichen Verhandlung anordnen oder dazu eine schriftliche Stellungnahme des sachverständigen Prüfers einholen.

(7) [1] Sonstige Unterlagen, die für die Entscheidung des Gerichts erheblich sind, hat der Antragsgegner auf Verlangen des Antragstellers oder des Vorsitzenden dem Gericht und gegebenenfalls einem vom Gericht bestellten Sachverständigen unverzüglich vorzulegen. [2] Der Vorsitzende kann auf Antrag des Antragsgegners anordnen, dass solche Unterlagen den Antragstellern nicht zugänglich gemacht werden dürfen, wenn die Geheimhaltung aus wichtigen Gründen, insbesondere zur Wahrung von Fabrikations-, Betriebs- oder Geschäftsgeheimnissen, nach Abwägung mit den Interessen der Antragsteller, sich zu den Unterlagen äußern zu können, geboten ist. [3] Gegen die Entscheidung des Vorsitzenden kann das Gericht angerufen werden; dessen Entscheidung ist nicht anfechtbar.

(8) Für die Durchsetzung der Verpflichtung des Antragsgegners nach Absatz 3 und 7 ist § 35 des Gesetzes über das Verfahren in Familiensachen und in den Angelegenheiten der freiwilligen Gerichtsbarkeit[1)] entsprechend anzuwenden.

§ 8 Mündliche Verhandlung. (1) [1] Das Gericht soll aufgrund mündlicher Verhandlung entscheiden. [2] Sie soll so früh wie möglich stattfinden.

(2) [1] In den Fällen des § 7 Abs. 3 Satz 2 soll das Gericht das persönliche Erscheinen der sachverständigen Prüfer anordnen, wenn nicht nach seiner freien Überzeugung deren Anhörung als sachverständige Zeugen zur Aufklärung des Sachverhalts entbehrlich erscheint. [2] Den sachverständigen Prüfern sind mit der Ladung die Anträge der Antragsteller, die Erwiderung des Antragsgegners sowie das weitere schriftliche Vorbringen der Beteiligten mitzuteilen. [3] In geeigneten Fällen kann das Gericht die mündliche oder schriftliche Beantwortung von einzelnen Fragen durch den sachverständigen Prüfer anordnen.

[1)] **Habersack, Deutsche Gesetze Nr. 112.**

(3) Die §§ 138 und 139 sowie für die Durchführung der mündlichen Verhandlung § 279 Abs. 2 und 3 und § 283 der Zivilprozessordnung[1] gelten entsprechend.

§ 9 Verfahrensförderungspflicht. (1) Jeder Beteiligte hat in der mündlichen Verhandlung und bei deren schriftlicher Vorbereitung seine Anträge sowie sein weiteres Vorbringen so zeitig vorzubringen, wie es nach der Verfahrenslage einer sorgfältigen und auf Förderung des Verfahrens bedachten Verfahrensführung entspricht.

(2) Vorbringen, auf das andere Beteiligte oder in den Fällen des § 8 Abs. 2 die in der mündlichen Verhandlung anwesenden sachverständigen Prüfer voraussichtlich ohne vorhergehende Erkundigung keine Erklärungen abgeben können, ist vor der mündlichen Verhandlung durch vorbereitenden Schriftsatz so zeitig mitzuteilen, dass die Genannten die erforderliche Erkundigung noch einziehen können.

(3) Rügen, welche die Zulässigkeit der Anträge betreffen, hat der Antragsgegner innerhalb der ihm nach § 7 Abs. 2 gesetzten Frist geltend zu machen.

§ 10[2] Verletzung der Verfahrensförderungspflicht. (1) Stellungnahmen oder Einwendungen, die erst nach Ablauf einer hierfür gesetzten Frist (§ 7 Abs. 2 Satz 3, Abs. 4) vorgebracht werden, sind nur zuzulassen, wenn nach der freien Überzeugung des Gerichts ihre Zulassung die Erledigung des Rechtsstreits nicht verzögern würde oder wenn der Beteiligte die Verspätung entschuldigt.

(2) Vorbringen, das entgegen § 9 Abs. 1 oder 2 nicht rechtzeitig erfolgt, kann zurückgewiesen werden, wenn die Zulassung nach der freien Überzeugung des Gerichts die Erledigung des Verfahrens verzögern würde und die Verspätung nicht entschuldigt wird.

(3) § 26 des Gesetzes über das Verfahren in Familiensachen und in den Angelegenheiten der freiwilligen Gerichtsbarkeit[3] ist insoweit nicht anzuwenden.

(4) Verspätete Rügen, die die Zulässigkeit der Anträge betreffen und nicht von Amts wegen zu berücksichtigen sind, sind nur zuzulassen, wenn der Beteiligte die Verspätung genügend entschuldigt.

§ 10a[4] Gewährung zusätzlicher Aktien. (1) Soweit gemäß § 72a des Umwandlungsgesetzes[5] oder § 255a des Aktiengesetzes[6] zusätzliche Aktien zu gewähren sind, bestimmt das Gericht

1. in den Fällen des § 72a Absatz 1 und 2 Satz 1 des Umwandlungsgesetzes unter Zugrundelegung des angemessenen Umtauschverhältnisses oder des § 255a Absatz 1 und 2 Satz 1 des Aktiengesetzes unter Zugrundelegung der angemessenen Einlage
   a) den zusätzlich zu gewährenden Nennbetrag oder bei Stückaktien die Zahl der zusätzlich zu gewährenden Aktien und
   b) den dem Zinsanspruch gemäß § 72a Absatz 6 Satz 1 Nummer 1 des Umwandlungsgesetzes oder § 255 Absatz 6 Satz 1 in Verbindung mit § 255a Absatz 6 des Aktiengesetzes zugrunde zu legenden Ausgleichsbetrag,

---

[1] **Habersack, Deutsche Gesetze Nr. 100.**
[2] § 10 Abs. 3 geänd. mWv 1.9.2009 durch G v. 17.12.2008 (BGBl. I S. 2586).
[3] **Habersack, Deutsche Gesetze Nr. 112.**
[4] § 10a neu gef. mWv 15.12.2023 durch G v. 11.12.2023 (BGBl. 2023 I Nr. 354).
[5] **Habersack, Deutsche Gesetze Nr. 52a.**
[6] **Habersack, Deutsche Gesetze Nr. 51.**

2. im Fall des § 72a Absatz 2 Satz 2 des Umwandlungsgesetzes oder des § 255a Absatz 2 Satz 2 des Aktiengesetzes die Höhe des nachträglich einzuräumenden Bezugsrechts,
3. in den Fällen des § 72a Absatz 3 des Umwandlungsgesetzes oder des § 255a Absatz 3 des Aktiengesetzes die Höhe der baren Zuzahlung und
4. in den Fällen des § 72a Absatz 4 und 5 des Umwandlungsgesetzes oder des § 255a Absatz 4 und 5 des Aktiengesetzes die Höhe der Entschädigung in Geld.

(2) [1] In den Fällen des § 72a Absatz 1 Satz 2 des Umwandlungsgesetzes oder des § 255a Absatz 1 Satz 2 des Aktiengesetzes hat das Gericht den zusätzlich zu gewährenden Nennbetrag oder bei Stückaktien die Zahl der zusätzlich zu gewährenden Aktien unter Zugrundelegung des Umtauschverhältnisses des nachfolgenden Umwandlungsvorgangs zu bestimmen. [2] Antragsgegner ist die Gesellschaft, auf die die Pflicht zur Gewährung zusätzlicher Aktien übergegangen ist.

(3) Die Absätze 1 und 2 gelten für die Gewährung zusätzlicher Aktien gemäß § 248a des Umwandlungsgesetzes entsprechend.

§ 11[1)] Gerichtliche Entscheidung; Gütliche Einigung. (1) Das Gericht entscheidet durch einen mit Gründen versehenen Beschluss.

(2) [1] Das Gericht soll in jeder Lage des Verfahrens auf eine gütliche Einigung bedacht sein. [2] Kommt eine solche Einigung aller Beteiligten zustande, so ist hierüber eine Niederschrift aufzunehmen; die Vorschriften, die für die Niederschrift über einen Vergleich in bürgerlichen Rechtsstreitigkeiten gelten, sind entsprechend anzuwenden. [3] Die Vollstreckung richtet sich nach den Vorschriften der Zivilprozessordnung[2)].

(3) Das Gericht hat seine Entscheidung oder die Niederschrift über einen Vergleich den Beteiligten zuzustellen.

(4) [1] Ein gerichtlicher Vergleich kann auch dadurch geschlossen werden, dass die Beteiligten

1. dem Gericht einen schriftlichen Vergleichsvorschlag unterbreiten oder
2. einen schriftlichen oder zu Protokoll der mündlichen Verhandlung erklärten Vergleichsvorschlag des Gerichts durch Schriftsatz oder durch Erklärung zu Protokoll der mündlichen Verhandlung gegenüber dem Gericht annehmen.

[2] Das Gericht stellt das Zustandekommen und den Inhalt eines nach Satz 1 geschlossenen Vergleichs durch Beschluss fest. [3] § 164 der Zivilprozessordnung gilt entsprechend. [4] Der Beschluss ist den Beteiligten zuzustellen.

§ 11a[3)] Ermittlung der Kompensation durch das Gericht. Einigen sich der Antragsgegner, die gemeinsamen Vertreter und eine Mehrheit von Antragstellern, die mindestens 90 Prozent des von sämtlichen Antragstellern gehaltenen Grund- oder Stammkapitals umfasst, auf eine bestimmte Kompensation, so kann das Gericht deren Höhe im Rahmen seiner Schätzung berücksichtigen.

§ 12[4)] Beschwerde. (1) [1] Gegen die Entscheidungen nach § 11 findet die Beschwerde statt. [2] Sie ist durch Einreichung einer Beschwerdeschrift bei dem Be-

---

[1)] § 11 Abs. 4 Satz 1 neu gef. mWv 1.3.2023 durch G v. 22.2.2023 (BGBl. 2023 I Nr. 51).
[2)] Habersack, Deutsche Gesetze Nr. 100.
[3)] § 11a eingef. mWv 1.3.2023 durch G v. 22.2.2023 (BGBl. 2023 I Nr. 51).
[4)] § 12 Überschrift geänd., Abs. 2 aufgeh., bish. Abs. 3 wird Abs. 2 mWv 1.9.2009 durch G v. 17.12. 2008 (BGBl. I S. 2586); Abs. 1 neu gef. mWv 1.3.2023 durch G v. 22.2.2023 (BGBl. 2023 I Nr. 51).

schwerdegericht einzulegen; § 68 Absatz 1 des Gesetzes über das Verfahren in Familiensachen und in den Angelegenheiten der freiwilligen Gerichtsbarkeit[1] ist nicht anzuwenden. [3]Die Beschwerde ist zu begründen.

(2) [1]Die Landesregierung kann die Entscheidung über die Beschwerde durch Rechtsverordnung für die Bezirke mehrerer Oberlandesgerichte einem der Oberlandesgerichte oder dem Obersten Landesgericht übertragen, wenn dies zur Sicherung einer einheitlichen Rechtsprechung dient. [2]Die Landesregierung kann die Ermächtigung auf die Landesjustizverwaltung übertragen.

§ 13[2] Wirkung der Entscheidung. [1]Die Entscheidung wird erst mit der Rechtskraft wirksam. [2]Sie wirkt für und gegen alle, einschließlich derjenigen Anteilsinhaber, die bereits gegen die ursprünglich angebotene Barabfindung oder sonstige Abfindung aus dem betroffenen Rechtsträger ausgeschieden sind. [3]Ein Vergleich bleibt unberührt, auch wenn er vom gemeinsamen Vertreter geschlossen wurde.

§ 14[3] Bekanntmachung der Entscheidung. Die rechtskräftige Entscheidung in einem Verfahren nach § 1 ist ohne Gründe nach Maßgabe des § 6 Abs. 1 Satz 4 und 5 in den Fällen

1. der Nummer 1 durch den Vorstand der Gesellschaft, deren Kapital erhöht worden ist;
2. der Nummer 2 durch den Vorstand der Gesellschaft, deren außenstehende Aktionäre antragsberechtigt waren;
3. der Nummer 3 durch den Vorstand der Hauptgesellschaft;
4. der Nummer 4 durch den Hauptaktionär der Gesellschaft;
5. der Nummer 5 durch die gesetzlichen Vertreter jedes übernehmenden oder neuen Rechtsträgers oder des Rechtsträgers neuer Rechtsform;
6. der Nummer 6 durch die gesetzlichen Vertreter der SE, aber im Fall des § 9 des SE-Ausführungsgesetzes durch die gesetzlichen Vertreter der die Gründung anstrebenden Gesellschaft, und
7. der Nummer 7 durch die gesetzlichen Vertreter der Europäischen Genossenschaft

bekannt zu machen.

§ 15[4] Kosten. (1) Die Gerichtskosten können ganz oder zum Teil den Antragstellern auferlegt werden, wenn dies der Billigkeit entspricht.

(2) Das Gericht ordnet an, dass die Kosten der Antragsteller, die zur zweckentsprechenden Erledigung der Angelegenheit notwendig waren, ganz oder zum Teil vom Antragsgegner zu erstatten sind, wenn dies unter Berücksichtigung des Ausgangs des Verfahrens der Billigkeit entspricht.

---

[1] **Habersack, Deutsche Gesetze Nr. 112.**

[2] § 13 Satz 3 angef. mWv 1.3.2023 durch G v. 22.2.2023 (BGBl. 2023 I Nr. 51).

[3] § 14 Nr. 3 und 4 geänd., Nr. 5 angef. mWv 29.12.2004 durch G v. 22.12.2004 (BGBl. I S. 3675); Nr. 4 und 5 geänd., Nr. 6 angef. mWv 18.8.2006 durch G v. 14.8.2006 (BGBl. I S. 1911); Nr. 1 eingef., bish. Nr. 1–6 werden Nr. 2–7 und jeweils geänd. mWv 15.12.2023 durch G v. 11.12.2023 (BGBl. 2023 I Nr. 354).

[4] § 15 Abs. 1 neu gef., Abs. 2 und 3 aufgeh., bish. Abs. 4 wird Abs. 2 mWv 1.8.2013 durch G v. 23.7.2013 (BGBl. I S. 2586).

§ 16[1] **Zuständigkeit bei Leistungsklage.** Für Klagen auf Leistung des Ausgleichs, der Zuzahlung, zusätzlich zu gewährenden Aktien oder der Abfindung, die im Spruchverfahren bestimmt worden sind, ist das Gericht des ersten Rechtszuges und der gleiche Spruchkörper ausschließlich zuständig, der gemäß § 2 mit dem Verfahren zuletzt inhaltlich befasst war.

§ 17[2] **Allgemeine Bestimmungen; Übergangsvorschrift.** (1) Sofern in diesem Gesetz nichts anderes bestimmt ist, finden auf das Verfahren die Vorschriften des Gesetzes über das Verfahren in Familiensachen und in den Angelegenheiten der freiwilligen Gerichtsbarkeit[3] Anwendung.

(2) [1] Für Verfahren, in denen ein Antrag auf gerichtliche Entscheidung vor dem 1. September 2003 gestellt worden ist, sind weiter die entsprechenden bis zu diesem Tag geltenden Vorschriften des Aktiengesetzes[4] und des Umwandlungsgesetzes[5] anzuwenden. [2] Auf Beschwerdeverfahren, in denen die Beschwerde nach dem 1. September 2003 eingelegt wird, sind die Vorschriften dieses Gesetzes anzuwenden.

(3) Die Änderungen der §§ 1 bis 6c, 10a bis 13, 16 und 17 durch das Gesetz zur Umsetzung der Umwandlungsrichtlinie und zur Änderung weiterer Gesetze vom 22. Februar 2023 (BGBl. 2023 I Nr. 51) sind erstmals auf Spruchverfahren anzuwenden, in denen ein Antrag auf gerichtliche Entscheidung ab dem 31. Januar 2023 gestellt wurde.

---

[1] § 16 geänd. mWv 1.3.2023 durch G v. 22.2.2023 (BGBl. 2023 I Nr. 51).

[2] § 17 Abs. 1 geänd. mWv 1.9.2009 durch G v. 17.12.2008 (BGBl. I S. 2586); Abs. 3 angef. mWv 1.3.2023 durch G v. 22.2.2023 (BGBl. 2023 I Nr. 51).

[3] **Habersack, Deutsche Gesetze Nr. 112.**

[4] **Habersack, Deutsche Gesetze Nr. 51.**

[5] **Habersack, Deutsche Gesetze Nr. 52a.**

Lfd. Nr.	Änderndes Gesetz	Datum	Fundstelle	Betroffen	Hinweis
72.	Art. 21 Telekommunikationsmodernisierungs G[1]	23.6.2021	BGBl. I S. 1858	§ 7	geänd. mWv 1.12.2021
73.	Art. 4 Abs. 1 G zur weiteren Stärkung des Anlegerschutzes	9.7.2021	BGBl. I S. 2570	§ 15	geänd. mWv 16.8.2021
74.	Art. 14 G zur Umsetzung der DigitalisierungsRL[2]	5.7.2021	BGBl. I S. 3338	§§ 5, 26, 40, 41, 43, 46, 50, 51, 107, 109, 114, 115, 116, 118	geänd. mWv 1.8.2022
75.	Art. 56 Personengesellschaftsrechtsmodernisierungs G (MoPeG)	10.8.2021	BGBl. I S. 3436	§ 2	geänd. mWv 1.1.2024
76.	Art. 4 SanktionsdurchsetzungsG I	23.5.2022	BGBl. I S. 754	Inhaltsübersicht	geänd. mWv 28.5.2022
				§ 14a	eingef. mWv 28.5.2022
77.	Art. 10 SanktionsdurchsetzungsG II	19.12. 2022	BGBl. I S. 2606	Inhaltsübersicht	geänd. mWv 28.12.2022
				§ 2a	eingef. mWv 28.12.2022
78.	Art. 5 ZukunftsfinanzierungsG	11.12. 2023	BGBl. 2023 I Nr. 354	Inhaltsübersicht, §§ 6, 21, 26, 32e, 41, 49, 102, 107	geänd. mWv 15.12.2023
				§§ 32c, 32d	neu gef. mWv 15.12.2023
				§§ 24a, 143	eingef. mWv 15.12.2023

[1] **Amtl. Anm.:** Dieses Gesetz dient der Umsetzung der Richtlinie (EU) 2018/1972 des Europäischen Parlaments und des Rates vom 11. Dezember 2018 über den europäischen Kodex für die elektronische Kommunikation (Neufassung) (ABl. L 321 vom 17.12.2018, S. 36).

[2] **Amtl. Anm.:** Dieses Gesetz dient der Umsetzung der Richtlinie (EU) 2019/1151 des Europäischen Parlaments und des Rates vom 20. Juni 2019 zur Änderung der Richtlinie (EU) 2017/1132 im Hinblick auf den Einsatz digitaler Werkzeuge und Verfahren im Gesellschaftsrecht (ABl. L 186 vom 11.7.2019, S. 80).

Inhaltsübersicht[1)]

---

1) Inhaltsübersicht neu gef. mWv 3.1.2018 [§ 63 bereits mWv 25.6.2017] durch G v. 23.6.2017 (BGBl. I S. 1693, geänd. durch G v. 17.7.2017, BGBl. I S. 2446); geänd. mWv 21.7.2018 durch G v. 10.7.2018 (BGBl. I S. 1102); mWv 21.7.2019 durch G v. 8.7.2019 (BGBl. I S. 1002); mWv 28.3.2020 durch G v. 19.3.2020 (BGBl. I S. 529); mWv 28.12.2020 durch G v. 9.12.2020 (BGBl. I S. 2773); mWv 2.8.2021 durch G v. 3.6.2021 (BGBl. I S. 1498); mWv 1.7.2021 und mWv 1.1.2022 durch G v. 3.6.2021 (BGBl. I S. 1534); mWv 10.11.2021, mWv 28.11.2021 und mWv 1.1.2022 durch G v. 3.6.2021 (BGBl. I S. 1568); mWv 28.5.2022 durch G v. 23.5.2022 (BGBl. I S. 754); mWv 28.12.2022 durch G v. 19.12.2022 (BGBl. I S. 2606); mWv 15.12.2023 durch G v. 11.12.2023 (BGBl. 2023 I Nr. 354); sie wurde nichtamtlich an die Änderungen mWv 28.3.2020 durch G v. 19.3.2020 (BGBl. I S. 529) und mWv 19.8.2020 durch G v. 12.8.2020 (BGBl. I S. 1874) angepasst.

Abschnitt 1. Anwendungsbereich, Begriffsbestimmungen

§ 1[1)] Anwendungsbereich (1) Dieses Gesetz enthält Regelungen in Bezug auf

1. die Erbringung von Wertpapierdienstleistungen und Wertpapiernebendienstleistungen,
2. die Erbringung von Datenbereitstellungsdiensten und die Organisation von Datenbereitstellungsdienstleistern,
3. das marktmissbräuchliche Verhalten im börslichen und außerbörslichen Handel mit Finanzinstrumenten,
4. die Vermarktung, den Vertrieb und den Verkauf von Finanzinstrumenten und strukturierten Einlagen,
5. die Konzeption von Finanzinstrumenten zum Vertrieb,
6. die Überwachung von Unternehmensabschlüssen und die Veröffentlichung von Finanzberichten, die den Vorschriften dieses Gesetzes unterliegen,
7. die Veränderungen der Stimmrechtsanteile von Aktionären an börsennotierten Gesellschaften sowie
8. die Zuständigkeiten und Befugnisse der Bundesanstalt für Finanzdienstleistungsaufsicht (Bundesanstalt) und die Ahndung von Verstößen hinsichtlich
   a) der Vorschriften dieses Gesetzes,
   b) der Verordnung (EG) Nr. 1060/2009 des Europäischen Parlaments und des Rates vom 16. September 2009 über Ratingagenturen (ABl. L 302 vom 17.11.2009, S. 1; L 350 vom 29.12.2009, S. 59; L 145 vom 31.5.2011, S. 57; L 267 vom 6.9.2014, S. 30), die zuletzt durch die Richtlinie 2014/51/EU (ABl. L 153 vom 22.5.2014, S. 1; L 108 vom 28.4.2015, S. 8) geändert worden ist, in der jeweils geltenden Fassung,
   c) der Verordnung (EU) Nr. 236/2012 des Europäischen Parlaments und des Rates vom 14. März 2012 über Leerverkäufe und bestimmte Aspekte von Credit Default Swaps (ABl. L 86 vom 24.3.2012, S. 1), die zuletzt durch die Verordnung (EU) Nr. 909/2014 (ABl. L 257 vom 28.8.2014, S. 1) geändert worden ist, in der jeweils geltenden Fassung,
   d) der Verordnung (EU) Nr. 648/2012 des Europäischen Parlaments und des Rates vom 4. Juli 2012 über OTC-Derivate, zentrale Gegenparteien und Transaktionsregister (ABl. L 201 vom 27.7.2012, S. 1; L 321 vom 30.11.2013, S. 6), die zuletzt durch die Verordnung (EU) 2019/834 (ABl. L 141 vom 28.5.2019, S. 42) geändert worden ist, in der jeweils geltenden Fassung,
   e) der Verordnung (EU) Nr. 596/2014 des Europäischen Parlaments und des Rates vom 16. April 2014 über Marktmissbrauch (Marktmissbrauchsverordnung) und zur Aufhebung der Richtlinie 2003/6/EG des Europäischen Parlaments und des Rates und der Richtlinien 2003/124/EG, 2003/125/EG und 2004/72/EG der Kommission (ABl. L 173 vom 12.6.2014, S. 1; L 287 vom 21.10.2016, S. 320; L 306 vom 15.11.2016, S. 43; L 348 vom 21.12.2016, S. 83), die zuletzt durch die Verordnung (EU) 2016/1033

[1)] § 1 neu gef. mWv 3.1.2018 durch G v. 23.6.2017 (BGBl. I S. 1693); Abs. 1 Nr. 8 Buchst. d geänd. mWv 28.3.2020 durch G v. 19.3.2020 (BGBl. I S. 529); Abs. 1 Nr. 8 Buchst. j geänd., Buchst. k und l angef. mWv 2.8.2021 durch G v. 3.6.2021 (BGBl. I S. 1498); Abs. 1 Nr. 8 Buchst. j geänd. (wegen vorangegangener Änderung nicht ausführbar) und weiterer Buchst. k angef. mWv 1.1.2022, Buchst. k geänd., weiterer Buchst. l angef. mWv 10.11.2021 durch G v. 3.6.2021 (BGBl. I S. 1568).

(ABl. L 175 vom 30.6.2016, S. 1) geändert worden ist, in der jeweils geltenden Fassung,

f) der Verordnung (EU) Nr. 600/2014 des Europäischen Parlaments und des Rats vom 15. Mai 2014 über Märkte für Finanzinstrumente und zur Änderung der Verordnung (EU) Nr. 648/2012 (ABl. L 173 vom 12.6.2014, S. 84; L 6 vom 10.1.2015, S. 6; L 270 vom 15.10.2015, S. 4) in der jeweils geltenden Fassung,

g) der Verordnung (EU) Nr. 909/2014 des Europäischen Parlaments und des Rates vom 23. Juli 2014 zur Verbesserung der Wertpapierlieferungen und -abrechnungen in der Europäischen Union und über Zentralverwahrer sowie zur Änderung der Richtlinien 98/26/EG und 2014/65/EU und der Verordnung (EU) Nr. 236/2012 (ABl. L 257 vom 28.8.2014, S. 1; L 349 vom 21.12.2016, S. 5), die zuletzt durch die Verordnung (EU) 2016/1033 (ABl. L 175 vom 30.6.2016, S. 1) geändert worden ist, in der jeweils geltenden Fassung,

h) der Verordnung (EU) Nr. 1286/2014 des Europäischen Parlaments und des Rates vom 26. November 2014 über Basisinformationsblätter für verpackte Anlageprodukte für Kleinanleger und Versicherungsanlageprodukte (PRIIP) (ABl. L 352 vom 9.12.2014, S. 1; L 358 vom 13.12.2014, S. 50), in der jeweils geltenden Fassung,

i) der Verordnung (EU) 2015/2365 des Europäischen Parlaments und des Rates vom 25. November 2015 über die Transparenz von Wertpapierfinanzierungsgeschäften und der Weiterverwendung sowie zur Änderung der Verordnung (EU) Nr. 648/2012 (ABl. L 337 vom 23.12.2015, S. 1), in der jeweils geltenden Fassung,

j) der Verordnung (EU) 2016/1011 des Europäischen Parlaments und des Rates vom 8. Juni 2016 über Indizes, die bei Finanzinstrumenten und Finanzkontrakten als Referenzwert oder zur Messung der Wertentwicklung eines Investmentfonds verwendet werden, und zur Änderung der Richtlinien 2008/48/EG und 2014/17/EU sowie der Verordnung (EU) Nr. 596/2014 (ABl. L 171 vom 29.6.2016, S. 1), in der jeweils geltenden Fassung,

k) der Verordnung (EU) 2019/2088 des Europäischen Parlaments und des Rates vom 27. November 2019 über nachhaltigkeitsbezogene Offenlegungspflichten im Finanzdienstleistungssektor (ABl. L 317 vom 9.12.2019, S. 1), die durch die Verordnung (EU) 2020/852 (ABl. L 198 vom 22.6.2020, S. 13) geändert worden ist, sofern es sich um Wertpapierdienstleistungsunternehmen handelt, die Anlageberatung oder Finanzportfolioverwaltung betreiben,

l) der Verordnung (EU) 2020/852 des Europäischen Parlaments und des Rates vom 18. Juni 2020 über die Einrichtung eines Rahmens zur Erleichterung nachhaltiger Investitionen und zur Änderung der Verordnung (EU) 2019/2088 (ABl. L 198 vom 22.6.2020, S. 13), sofern es sich um Wertpapierdienstleistungsunternehmen handelt, die Anlageberatung oder Finanzportfolioverwaltung betreiben.

k)[1] der Verordnung (EU) 2019/1238 des Europäischen Parlaments und des Rates vom 20. Juni 2019 über ein Paneuropäisches Privates Pensionsprodukt (PEPP) (ABl. L 198 vom 25.7.2019, S. 1) in der jeweils geltenden Fassung,

---

[1] Zählung amtlich.

l)[1] der Verordnung (EU) 2020/1503 des Europäischen Parlaments und des Rates vom 7. Oktober 2020 über Europäische Schwarmfinanzierungsdienstleister für Unternehmen und zur Änderung der Verordnung (EU) 2017/1129 und der Richtlinie (EU) 2019/1937 (ABl. L 347 vom 20.10.2020, S. 1) in der jeweils geltenden Fassung.

(2) [1] Soweit nicht abweichend geregelt, sind die Vorschriften des Abschnitts 11 sowie die §§ 54 bis 57 auch anzuwenden auf Handlungen und Unterlassungen, die im Ausland vorgenommen werden, sofern sie

1. einen Emittenten mit Sitz im Inland,
2. Finanzinstrumente, die an einem inländischen organisierten Markt, einem inländischen multilateralen Handelssystem oder einem inländischen organisierten Handelssystem gehandelt werden oder
3. Wertpapierdienstleistungen oder Wertpapiernebendienstleistungen, die im Inland angeboten werden,

betreffen. [2] Die §§ 54 bis 57 gelten auch für im Ausland außerhalb eines Handelsplatzes gehandelte Warenderivate, die wirtschaftlich gleichwertig mit Warenderivaten sind, die an Handelsplätzen im Inland gehandelt werden.

(3) [1] Bei Anwendung der Vorschriften der Abschnitte 6, 7 und 16 unberücksichtigt bleiben Anteile und Aktien an offenen Investmentvermögen im Sinne des § 1 Absatz 4 des Kapitalanlagegesetzbuchs. [2] Für Abschnitt 6 gilt dies nur, soweit es sich nicht um Spezial-AIF im Sinne des § 1 Absatz 6 des Kapitalanlagegesetzbuchs handelt.

§ 2[2] Begriffsbestimmungen. (1) Wertpapiere im Sinne dieses Gesetzes sind, auch wenn keine Urkunden über sie ausgestellt sind, alle Gattungen von übertrag-

---

[1] Zählung amtlich.

[2] § 2 neu gef. mWv 30.10.2004 durch G v. 28.10.2004 (BGBl. I S. 2630); Abs. 6 und 7 angef. mWv 20.1.2007 durch G v. 5.1.2007 (BGBl. I S. 10); Abs. 1 Satz 1, Abs. 1a, 2, 3, 3a, 5 neu gef., Abs. 2a, 2b Satz 2 aufgeh., Abs. 2c eingef., Abs. 8–10 angef. mWv 1.11.2007 durch G v. 16.7.2007 (BGBl. I S. 1330); Abs. 3 Satz 3 angef. mWv 26.3.2009 durch G v. 20.3.2009 (BGBl. I S. 607); Abs. 2b geänd. mWv 1.6.2012 durch G v. 6.12.2011 (BGBl. I S. 2481); Abs. 3 Satz 1 Nr. 2 neu gef. mWv 15.5.2013 durch G v. 7.5.2013 (BGBl. I S. 1162); Abs. 1 Satz 2 aufgeh., Abs. 2b geänd. mWv 22.7.2013 durch G v. 4.7.2013 (BGBl. I S. 1981); Abs. 2b geänd. mWv 1.1.2014 durch G v. 28.8.2013 (BGBl. I S. 3395); Abs. 11 angef. mWv 10.7.2015 durch G v. 3.7.2015 (BGBl. I S. 1114); Abs. 5a eingef., Abs. 6 neu gef. mWv 26.11.2015 durch G v. 20.11.2015 (BGBl. I S. 2029); Abs. 2d und 2e eingef., Abs. 3 Satz 3 geänd., Abs. 3a Nr. 5 neu gef., Abs. 7a eingef. mWv 2.7.2016, Abs. 12 und 13 angef. mWv 31.12.2016 durch G v. 30.6.2016 (BGBl. I S. 1514); Abs. 1 Nr. 2 und 3 Buchst. a und b geänd., bish. Abs. 1a wird Abs. 2 und neu gef., bish. Abs. 2 wird Abs. 3 und einl. Satzteil, Nr. 1 Buchst. b und d geänd., Buchst. e neu gef., Buchst. f angef., Nr. 2 einl. Satzteil geänd., Buchst. b und c neu gef., abschl. Satzteil sowie Nr. 5 geänd., bish. Abs. 2b wird Abs. 4 und neu gef., bish. Abs. 2c–2e werden Abs. 5–7, bish. Abs. 3 wird Abs. 8 und Satz 1 Nr. 2 Buchst. a, b und d neu gef., Buchst. c und Nr. 8 geänd., Nr. 9 eingef., bish. Nr. 9 wird Nr. 10 und geänd., Sätze 2–5 eingef., bish. Sätze 2 und 3 werden Sätze 6 und 7 und neuer Satz 7 geänd., bish. Abs. 3a wird Abs. 9 und Nr. 1 geänd., bish. Abs. 4 und 5 werden Abs. 10 und 11 und neuer Abs. 11 geänd., bish. Abs. 5a wird Abs. 12 und geänd., bish. Abs. 6 wird Abs. 13 und Nr. 1 Buchst. b, Nr. 2 abschl. Satzteil und Nr. 3 geänd., bish. Abs. 7 wird Abs. 14 , bish. Abs. 7a wird Abs. 15 und neu gef., Abs. 16 eingef., bish. Abs. 8 wird Abs. 17 und neu gef., bish. Abs. 9 wird Abs. 18 und Nr. 1 geänd., bish. Abs. 10 aufgeh., bish. Abs. 11 wird Abs. 19 und Satz 1 einl. Satzteil geänd., Abs. 20–47 eingef., bish. Abs. 12 und 13 werden Abs. 48 und 49 mWv 3.1.2018 durch G v. 23.6.2017 (BGBl. I S. 1693); Abs. 3 Nr. 1 Buchst. f neu gef. mWv 25.1.2019 durch G v. 18.1.2019 (BGBl. I S. 37); Abs. 8 Satz 7 neu gef., Abs. 15 Nr. 1 geänd. mWv 28.3.2020 durch G v. 19.3.2020 (BGBl. I S. 529); Abs. 4 Nr. 7 geänd. mWv 28.12.2020 durch G v. 9.12.2020 (BGBl. I S. 2773); Abs. 10 geänd. mWv 26.6.2021 durch G v. 12.5.2021 (BGBl. I S. 990); Abs. 4 Nr. 7 geänd., Abs. 9a, 27a, 34a, 36a und 43a eingef. mWv 28.11.2021, Abs. 37, 39 und 40 neu gef., Abs. 38 aufgeh. mWv 1.1.2022 durch G v. 3.6.2021 (BGBl. I S. 1568); Abs. 1 Nr. 2 geänd. mWv 1.1.2024 durch G v. 10.8.2021 (BGBl. I S. 3436).

baren Wertpapieren mit Ausnahme von Zahlungsinstrumenten, die ihrer Art nach auf den Finanzmärkten handelbar sind, insbesondere

1. Aktien,
2. andere Anteile an in- oder ausländischen juristischen Personen, rechtsfähigen Personengesellschaften und sonstigen Unternehmen, soweit sie Aktien vergleichbar sind, sowie Hinterlegungsscheine, die Aktien vertreten,
3. Schuldtitel,
   a) insbesondere Genussscheine und Inhaberschuldverschreibungen und Orderschuldverschreibungen sowie Hinterlegungsscheine, die Schuldtitel vertreten,
   b) sonstige Wertpapiere, die zum Erwerb oder zur Veräußerung von Wertpapieren nach den Nummern 1 und 2 berechtigen oder zu einer Barzahlung führen, die in Abhängigkeit von Wertpapieren, von Währungen, Zinssätzen oder anderen Erträgen, von Waren, Indices oder Messgrößen bestimmt wird; nähere Bestimmungen enthält die Delegierte Verordnung (EU) 2017/565 der Kommission vom 25. April 2016 zur Ergänzung der Richtlinie 2014/65/EU des Europäischen Parlaments und des Rates in Bezug auf die organisatorischen Anforderungen an Wertpapierfirmen und die Bedingungen für die Ausübung ihrer Tätigkeit sowie in Bezug auf die Definition bestimmter Begriffe für die Zwecke der genannten Richtlinie (ABl. L 87 vom 31.3.2017, S. 1), in der jeweils geltenden Fassung.

(2) Geldmarktinstrumente im Sinne dieses Gesetzes sind Instrumente, die üblicherweise auf dem Geldmarkt gehandelt werden, insbesondere Schatzanweisungen, Einlagenzertifikate, Commercial Papers und sonstige vergleichbare Instrumente, sofern im Einklang mit Artikel 11 der Delegierten Verordnung (EU) 2017/565

1. ihr Wert jederzeit bestimmt werden kann,
2. es sich nicht um Derivate handelt und
3. ihre Fälligkeit bei Emission höchstens 397 Tage beträgt,

es sei denn, es handelt sich um Zahlungsinstrumente.

(3) Derivative Geschäfte im Sinne dieses Gesetzes sind

1. als Kauf, Tausch oder anderweitig ausgestaltete Festgeschäfte oder Optionsgeschäfte, die zeitlich verzögert zu erfüllen sind und deren Wert sich unmittelbar oder mittelbar vom Preis oder Maß eines Basiswertes ableitet (Termingeschäfte) mit Bezug auf die folgenden Basiswerte:
   a) Wertpapiere oder Geldmarktinstrumente,

(Fortsetzung nächstes Blatt)

2. er zwar zuvor einen anderen Staat als Herkunftsstaat gewählt hatte, aber seine Wertpapiere in diesem Staat an keinem organisierten Markt mehr zum Handel zugelassen sind.

[2] Die Wahl gilt so lange, bis

1. die Wertpapiere des Emittenten an keinem inländischen organisierten Markt mehr zugelassen sind, sondern stattdessen in einem anderen Mitgliedstaat der Europäischen Union oder in einem anderen Vertragsstaat des Abkommens über den Europäischen Wirtschaftsraum zum Handel an einem organisierten Markt zugelassen sind und der Emittent einen neuen Herkunftsstaat wählt, oder
2. die Wertpapiere des Emittenten an keinem organisierten Markt in einem Mitgliedstaat der Europäischen Union oder in einem anderen Vertragsstaat des Abkommens über den Europäischen Wirtschaftsraum mehr zum Handel zugelassen sind.

(2) [1] Ein Emittent im Sinne des § 2 Absatz 13 Nummer 2 kann die Bundesrepublik Deutschland als Herkunftsstaat wählen, wenn

1. er nicht innerhalb der letzten drei Jahre einen anderen Staat als Herkunftsstaat gewählt hat oder
2. er zwar bereits einen anderen Staat als Herkunftsstaat gewählt hatte, aber seine Finanzinstrumente in diesem Staat an keinem organisierten Markt mehr zum Handel zugelassen sind.

[2] Die Wahl gilt so lange, bis

1. der Emittent Wertpapiere im Sinne des § 2 Absatz 13 Nummer 1, die zum Handel an einem organisierten Markt in einem Mitgliedstaat der Europäischen Union oder in einem anderen Vertragsstaat des Abkommens über den Europäischen Wirtschaftsraum zugelassen sind, begibt,
2. die Finanzinstrumente des Emittenten an keinem organisierten Markt in einem Mitgliedstaat der Europäischen Union oder in einem anderen Vertragsstaat des Abkommens über den Europäischen Wirtschaftsraum mehr zum Handel zugelassen sind oder
3. der Emittent nach Satz 3 einen neuen Herkunftsstaat wählt.

[3] Ein Emittent im Sinne des § 2 Absatz 13 Nummer 2, der die Bundesrepublik Deutschland als Herkunftsstaat gewählt hat, kann einen neuen Herkunftsstaat wählen, wenn

1. die Finanzinstrumente des Emittenten an keinem inländischen organisierten Markt mehr zugelassen sind, aber stattdessen in einem anderen Mitgliedstaat der Europäischen Union oder in einem anderen Vertragsstaat des Abkommens über den Europäischen Wirtschaftsraum zum Handel an einem organisierten Markt zugelassen sind, oder
2. die Finanzinstrumente des Emittenten zum Handel an einem organisierten Markt in einem anderen Mitgliedstaat der Europäischen Union oder in einem anderen Vertragsstaat des Abkommens über den Europäischen Wirtschaftsraum zugelassen sind und seit der Wahl der Bundesrepublik Deutschland als Herkunftsstaat mindestens drei Jahre vergangen sind.

(3) Die Wahl des Herkunftsstaates wird mit der Veröffentlichung nach § 5 wirksam.

(4) Das Bundesministerium der Finanzen kann durch Rechtsverordnung, die nicht der Zustimmung des Bundesrates bedarf, nähere Bestimmungen zur Wahl des Herkunftsstaates erlassen.

§ 5[1)] Veröffentlichung des Herkunftsstaates; Verordnungsermächtigung.

(1) [1] Ein Emittent, dessen Herkunftsstaat nach § 2 Absatz 11 Nummer 1 Buchstabe a die Bundesrepublik Deutschland ist oder der nach § 4 Absatz 1 oder Absatz 2 die Bundesrepublik Deutschland als Herkunftsstaat wählt, hat dies unverzüglich zu veröffentlichen. [2] Außerdem muss er die Information, dass die Bundesrepublik Deutschland sein Herkunftsstaat ist,

1. unverzüglich der das Unternehmensregister führenden Stelle zur Einstellung in das Unternehmensregister übermitteln und
2. unverzüglich den folgenden Behörden mitteilen:
   a) der Bundesanstalt für Finanzdienstleistungsaufsicht (Bundesanstalt),
   b) wenn er seinen Sitz in einem anderen Mitgliedstaat der Europäischen Union oder einem anderen Vertragsstaat des Abkommens über den Europäischen Wirtschaftsraum hat, auch der dort zuständigen Behörde im Sinne des Artikels 24 der Richtlinie 2004/109/EG des Europäischen Parlaments und des Rates vom 15. Dezember 2004 zur Harmonisierung der Transparenzanforderungen in Bezug auf Informationen über Emittenten, deren Wertpapiere zum Handel auf einem geregelten Markt zugelassen sind, und zur Änderung der Richtlinie 2001/34/EG (ABl. L 390 vom 31.12.2004, S. 38), die durch die Richtlinie 2013/50/EU (ABl. L 294 vom 6.11.2013, S. 13) geändert worden ist, und,
   c) wenn seine Finanzinstrumente zum Handel an einem organisierten Markt in einem anderen Mitgliedstaat der Europäischen Union oder einem anderen Vertragsstaat des Abkommens über den Europäischen Wirtschaftsraum zugelassen sind, auch der dort zuständigen Behörde im Sinne des Artikels 24 der Richtlinie 2004/109/EG.

(2) Das Bundesministerium der Finanzen kann durch Rechtsverordnung, die nicht der Zustimmung des Bundesrates bedarf, nähere Bestimmungen zur Veröffentlichung des Herkunftsstaates erlassen.

Abschnitt 2.[2)] Bundesanstalt für Finanzdienstleistungsaufsicht[3)]

§ 6[4)] Aufgaben und allgemeine Befugnisse der Bundesanstalt. (1) [1] Die Bundesanstalt übt die Aufsicht nach den Vorschriften dieses Gesetzes aus. [2] Sie hat im Rahmen der ihr zugewiesenen Aufgaben Missständen entgegenzuwirken, welche

---

[1)] Früherer § 2c eingef. mWv 26.11.2015 durch G v. 20.11.2015 (BGBl. I S. 2029); bish. § 2c wird § 5 und Abs. 1 Satz 1 geänd. mWv 3.1.2018 durch G v. 23.6.2017 (BGBl. I S. 1693); Abs. 1 Satz 2 Nr. 1 neu gef. mWv 1.8.2022 durch G v. 5.7.2021 (BGBl. I S. 3338).

[2)] Abschnitt 2 Überschrift geänd. mWv 1.5.2002 durch G v. 22.4.2002 (BGBl. I S. 1310); Überschrift vor § 6 eingef. mWv 3.1.2018 durch G v. 23.6.2017 (BGBl. I S. 1693).

[3)] Siehe auch die VO zur Übertragung von Befugnissen zum Erlass von Rechtsverordnungen auf die BAFin v. 13.12.2002 (BGBl. 2003 I S. 3), zuletzt geänd. durch VO v. 24.1.2024 (BGBl. 2024 I Nr. 21).

[4)] Bish. § 4 wird § 6 und neu gef. mWv 3.1.2018 durch G v. 23.6.2017 (BGBl. I S. 1693); Abs. 2 Satz 4 geänd., Satz 5 aufgeh., Abs. 2a–2d eingef. mWv 21.7.2019 durch G v. 8.7.2019 (BGBl. I S. 1002); Abs. 2 Satz 3, Abs. 5 Satz 2 geänd., Abs. 17 neu gef. mWv 28.3.2020 durch G v. 19.3.2020 (BGBl. I S. 529); Abs. 6 Satz 1 Nr. 6a geänd. [eingef. erst mWv 1.1.2022], Nr. 6b eingef., Nr. 7 [mWv 10.11.2021 noch nicht ausführbar] und Satz 2 geänd., Abs. 8 Satz 2 und Abs. 9 Satz 1 geänd. mWv 10.11.2021, Abs. 3 Satz 1 neu gef., Abs. 6 Satz 1 Nr. 6 und Nr. 7 geänd., Nr 6a eingef., Satz 2 und Abs. 8 Satz 2 geänd. mWv 1.1.2022 durch G v. 3.6.2021 (BGBl. I S. 1568); Abs. 3 Sätze 3–5 eingef., bish. Sätze 3 und 4 werden Sätze 6 und 7 mWv 15.12.2023 durch G v. 11.12.2023 (BGBl. 2023 I Nr. 354).

die ordnungsgemäße Durchführung des Handels mit Finanzinstrumenten oder von Wertpapierdienstleistungen, Wertpapiernebendienstleistungen oder Datenbereitstellungsdienstleistungen beeinträchtigen oder erhebliche Nachteile für den Finanzmarkt bewirken können. [3] Sie kann Anordnungen treffen, die geeignet und erforderlich sind, diese Missstände zu beseitigen oder zu verhindern.

(2) [1] Die Bundesanstalt überwacht im Rahmen der ihr jeweils zugewiesenen Zuständigkeit die Einhaltung der Verbote und Gebote dieses Gesetzes, der auf Grund dieses Gesetzes erlassenen Rechtsverordnungen, der in § 1 Absatz 1 Nummer 8 aufgeführten europäischen Verordnungen einschließlich der auf Grund dieser Verordnungen erlassenen delegierten Rechtsakte und Durchführungsrechtsakte der Europäischen Kommission. [2] Sie kann Anordnungen treffen, die zu ihrer Durchsetzung geeignet und erforderlich sind. [3] Sie kann insbesondere auf ihrer Internetseite öffentlich Warnungen aussprechen, soweit dies für die Erfüllung ihrer Aufgaben erforderlich ist. [4] Sie kann den Handel mit einzelnen oder mehreren Finanzinstrumenten vorübergehend untersagen oder die Aussetzung des Handels in einzelnen oder mehreren Finanzinstrumenten an Märkten, an denen Finanzinstrumente gehandelt werden, anordnen, soweit dies zur Durchsetzung der Verbote und Gebote dieses Gesetzes, der Verordnung (EU) Nr. 596/2014 oder der Verordnung (EU) Nr. 600/2014 oder zur Beseitigung oder Verhinderung von Missständen nach Absatz 1 geboten ist.

(2a) [1] Hat die Bundesanstalt einen hinreichend begründeten Verdacht, dass gegen Bestimmungen der Verordnung (EU) 2017/1129 des Europäischen Parlaments und des Rates vom 14. Juni 2017 über den Prospekt, der beim öffentlichen Angebot von Wertpapieren oder bei deren Zulassung zum Handel an einem geregelten Markt zu veröffentlichen ist und zur Aufhebung der Richtlinie 2003/71/EG (ABl. L 168 vom 30.6.2017, S. 12), insbesondere Artikel 3, auch in Verbindung mit Artikel 5, sowie die Artikel 12, 20, 23, 25 oder 27 verstoßen wurde, kann sie

1. die Zulassung zum Handel an einem geregelten Markt oder
2. den Handel
   a) an einem geregelten Markt,
   b) an einem multilateralen Handelssystem oder
   c) an einem organisierten Handelssystem

für jeweils höchstens zehn aufeinander folgende Arbeitstage aussetzen oder gegenüber den Betreibern der betreffenden geregelten Märkte oder Handelssysteme die Aussetzung des Handels für einen entsprechenden Zeitraum anordnen. [2] Wurde gegen die in Satz 1 genannten Bestimmungen verstoßen, so kann die Bundesanstalt den Handel an dem betreffenden geregelten Markt, multilateralen Handelssystem oder organisierten Handelssystem untersagen. [3] Wurde gegen die in Satz 1 genannten Bestimmungen verstoßen oder besteht ein hinreichend begründeter Verdacht, dass dagegen verstoßen würde, so kann die Bundesanstalt eine Zulassung zum Handel an einem geregelten Markt untersagen. [4] Die Bundesanstalt kann ferner den Handel der Wertpapiere aussetzen oder von dem Betreiber des betreffenden multilateralen Handelssystems oder organisierten Handelssystems die Aussetzung des Handels verlangen, wenn der Handel angesichts der Lage des Emittenten den Anlegerinteressen abträglich wäre.

(2b) Verhängt die Bundesanstalt nach Artikel 42 der Verordnung (EU) Nr. 600/2014 oder die Europäische Wertpapier- und Marktaufsichtsbehörde nach Artikel 40 der Verordnung (EU) Nr. 600/2014 ein Verbot oder eine Beschränkung, so kann die Bundesanstalt zudem anordnen, dass die Zulassung zum Handel an einem geregelten Markt ausgesetzt oder eingeschränkt wird, solange dieses Verbot oder diese Beschränkungen gelten.

(2c) In Ausübung der in Absatz 2 Satz 4 und den Absätzen 2a und 2b genannten Befugnisse kann sie Anordnungen auch gegenüber einem öffentlich-rechtlichen Rechtsträger oder gegenüber einer Börse erlassen.

(2d) Die Bundesanstalt kann den Vertrieb oder Verkauf von Finanzinstrumenten oder strukturierten Einlagen aussetzen, wenn ein Wertpapierdienstleistungsunternehmen kein wirksames Produktfreigabeverfahren nach § 80 Absatz 9 entwickelt hat oder anwendet oder in anderer Weise gegen § 80 Absatz 1 Satz 2 Nummer 2 oder Absatz 9 bis 11 verstoßen hat.

(3) [1] Die Bundesanstalt kann von jedermann Auskünfte, die Vorlage von Unterlagen oder sonstigen Daten und die Überlassung von Kopien verlangen sowie Personen laden und vernehmen, um

1. zu überwachen, ob die Verbote oder Gebote dieses Gesetzes oder der Verordnung (EU) Nr. 596/2014, der Verordnung (EU) Nr. 600/2014, der Verordnung (EU) Nr. 1286/2014, der Verordnung (EU) 2015/2365, der Verordnung (EU) 2016/1011, der Verordnung (EU) 2019/1238 eingehalten werden, oder
2. zu prüfen, ob die Voraussetzungen für eine Maßnahme nach § 15 dieses Gesetzes, nach Artikel 42 der Verordnung (EU) 600/2014 oder nach Artikel 63 der Verordnung (EU) Nr. 2019/1238 vorliegen.

[2] Sie kann insbesondere folgende Angaben verlangen:

1. über Veränderungen im Bestand in Finanzinstrumenten,
2. über die Identität weiterer Personen, insbesondere der Auftraggeber und der aus Geschäften berechtigten oder verpflichteten Personen,
3. über Volumen und Zweck einer mittels eines Warenderivats eingegangenen Position oder offenen Forderung sowie
4. über alle Vermögenswerte oder Verbindlichkeiten am Basismarkt.

[3] Auf Verlangen der Bundesanstalt sind die Informationen nach den Sätzen 1 und 2 elektronisch zu übermitteln. [4] Für den Fall, dass ein Zugang zum Melde- und Veröffentlichungssystem der Bundesanstalt bereits besteht oder verpflichtend einzurichten ist, sind die Informationen nach Satz 1 auf Verlangen der Bundesanstalt auf diesem Weg zu übermitteln. [5] Die Bundesanstalt kann zudem die Übermittlung in einem von ihr bestimmten Format verlangen. [6] Gesetzliche Auskunfts- oder Aussageverweigerungsrechte sowie gesetzliche Verschwiegenheitspflichten bleiben unberührt. [7] Im Hinblick auf die Verbote und Gebote der Verordnung (EU) 2016/1011 gelten die Sätze 1 und 3 bezüglich der Erteilung von Auskünften, der Vorladung und der Vernehmung jedoch nur gegenüber solchen Personen, die an der Bereitstellung eines Referenzwertes im Sinne der Verordnung (EU) 2016/1011 beteiligt sind oder die dazu beitragen.

(4) [1] Von einem Wertpapierdienstleistungsunternehmen, das algorithmischen Handel im Sinne des § 80 Absatz 2 Satz 1 betreibt, kann die Bundesanstalt insbesondere jederzeit Informationen über seinen algorithmischen Handel und die für diesen Handel eingesetzten Systeme anfordern, soweit dies auf Grund von Anhaltspunkten für die Überwachung der Einhaltung eines Verbots oder Gebots dieses Gesetzes erforderlich ist. [2] Die Bundesanstalt kann insbesondere eine Beschreibung der algorithmischen Handelsstrategien, von Einzelheiten der Handelsparameter oder Handelsobergrenzen, denen das System unterliegt, von den wichtigsten Verfahren zur Überprüfung der Risiken und Einhaltung der Vorgaben des § 80 sowie von Einzelheiten über seine Systemprüfung verlangen.

1. die zuständigen Stellen nach Satz 1 und die Europäische Wertpapier- und Marktaufsichtsbehörde über Anordnungen zur Aussetzung, Untersagung oder Einstellung des Handels nach § 6 Absatz 2 Satz 4 dieses Gesetzes sowie § 3 Absatz 5 Satz 3 Nummer 1 und § 25 Absatz 1 des Börsengesetzes,
2. die zuständigen Stellen nach Satz 1 innerhalb eines Monats nach Erhalt einer Mitteilung nach § 19 Absatz 10 des Börsengesetzes von der Absicht der Geschäftsführung einer Börse, Handelsteilnehmern aus den betreffenden Staaten einen unmittelbaren Zugang zu ihrem Handelssystem zu gewähren,
3. die zuständigen Stellen nach Satz 1 und die Europäische Wertpapier- und Marktaufsichtsbehörde über Anordnungen nach § 9 Absatz 1 zur Verringerung von Positionsgrößen oder offenen Forderungen sowie
4. die zuständigen Stellen nach Satz 1 und die Europäische Wertpapier- und Marktaufsichtsbehörde über Anordnungen nach § 9 Absatz 2 zur Beschränkung von Positionen in Warenderivaten.

[5]Die Unterrichtung nach Satz 4 Nummer 3 und 4 muss mindestens 24 Stunden vor Bekanntgabe der Anordnung erfolgen; wenn dies im Ausnahmefall nicht möglich ist, muss die Unterrichtung spätestens vor der Bekanntgabe erfolgen. [6]Die Unterrichtung nach Satz 4 Nummer 3 und 4 umfasst Angaben über Auskunfts- und Vorlageersuchen gemäß § 6 Absatz 3 Satz 2 Nummer 1 einschließlich ihrer Begründung und den Adressaten sowie über den Umfang von Anordnungen gemäß § 9 Absatz 2 einschließlich ihres Adressatenkreises, der betroffenen Finanzinstrumente, Positionsschranken und Ausnahmen, die nach § 56 Absatz 3 gewährt wurden. [7]Betrifft eine in Satz 4 Nummer 3 und 4 genannte Maßnahme Energiegroßhandelsprodukte, so unterrichtet die Bundesanstalt auch die durch die Verordnung (EG) Nr. 713/2009 gegründete Agentur für die Zusammenarbeit der Energieregulierungsbehörden.

(9) Die Regelungen über die internationale Rechtshilfe in Strafsachen bleiben unberührt.

(10) [1]Die Bundesanstalt kann mit den zuständigen Stellen anderer als der in Absatz 1 genannten Staaten entsprechend den Absätzen 1 bis 9 zusammenarbeiten und Vereinbarungen über den Informationsaustausch abschließen. [2]Absatz 7 Satz 5 und 6 findet mit der Maßgabe Anwendung, dass Informationen, die von diesen Stellen übermittelt werden, nur unter Beachtung einer Zweckbestimmung der übermittelnden Stelle verarbeitet und nur mit ausdrücklicher Zustimmung der übermittelnden Stelle der Deutschen Bundesbank oder dem Bundeskartellamt mitgeteilt werden dürfen, sofern dies für die Erfüllung ihrer Aufgaben erforderlich ist. [3]Absatz 7 Satz 8 findet keine Anwendung. [4]Die Übermittlung personenbezogener Daten muss im Einklang mit Kapitel V der Verordnung (EU) 2016/679[1)] des Europäischen Parlaments und des Rates vom 27. April 2016 zum Schutz natürlicher Personen bei der Verarbeitung personenbezogener Daten, zum freien Datenverkehr und zur Aufhebung der Richtlinie 95/46/EG (Datenschutz-Grundverordnung) (ABl. L 119 vom 4.5.2016, S. 1; L 314 vom 22.11.2016, S. 72; L 127 vom 23.5.2018, S. 2) in der jeweils geltenden Fassung und mit den sonstigen allgemeinen datenschutzrechtlichen Vorschriften stehen. [5]Die Bundesanstalt unterrichtet die Europäische Wertpapier- und Marktaufsichtsbehörde über den Abschluss von Vereinbarungen nach Satz 1.

(11) Für Zwecke der Zusammenarbeit im Zusammenhang mit der Verordnung (EU) Nr. 596/2014 und der Verordnung (EU) 2020/1503 stehen der Bundes-

[1)] **Sartorius Nr. 246.**

anstalt die Befugnisse nach diesem Gesetz zu, um den einschlägigen Ersuchen der zuständigen Behörden nach der Verordnung (EU) Nr. 596/2014 und der Verordnung (EU) 2020/1503 sowie der für die Überwachung entsprechender ausländischer Bestimmungen zuständigen Behörden anderer Vertragsstaaten des Abkommens über den Europäischen Wirtschaftsraum oder von Drittstaaten nachzukommen.

(12) [1] Das Bundesministerium der Finanzen kann durch Rechtsverordnung, die nicht der Zustimmung des Bundesrates bedarf, zu den in den Absätzen 2, 3 und 7 genannten Zwecken nähere Bestimmungen über die Übermittlung von Informationen an ausländische Stellen, die Durchführung von Untersuchungen auf Ersuchen ausländischer Stellen sowie Ersuchen der Bundesanstalt an ausländische Stellen erlassen. [2] Das Bundesministerium der Finanzen kann die Ermächtigung durch Rechtsverordnung auf die Bundesanstalt für Finanzdienstleistungsaufsicht übertragen.

§ 19[1)] Zusammenarbeit mit der Europäischen Wertpapier- und Marktaufsichtsbehörde. (1) Die Bundesanstalt stellt der Europäischen Wertpapier- und Marktaufsichtsbehörde gemäß den Artikeln 35 und 36 der Verordnung (EU) Nr. 1095/2010 auf Verlangen unverzüglich alle für die Erfüllung ihrer Aufgaben erforderlichen Informationen zur Verfügung.

(2) Die Bundesanstalt übermittelt der Europäischen Wertpapier- und Marktaufsichtsbehörde jährlich eine Zusammenfassung von Informationen zu allen im Zusammenhang mit der Überwachung nach den Abschnitten 9 bis 11 ergriffenen Verwaltungsmaßnahmen und verhängten Sanktionen.

(3) Die Bundesanstalt unterrichtet die Europäische Wertpapier- und Marktaufsichtsbehörde über das Erlöschen einer Erlaubnis nach § 4 Absatz 4 des Börsengesetzes und die Aufhebung einer Erlaubnis nach § 4 Absatz 5 des Börsengesetzes oder nach den Vorschriften der Verwaltungsverfahrensgesetze der Länder.

§ 20[2)] Zusammenarbeit mit der Europäischen Kommission im Rahmen des Energiewirtschaftsgesetzes. Die Bundesanstalt übermittelt der Europäischen Kommission auf Verlangen diejenigen Angaben zu Geschäften in Finanzinstrumenten einschließlich personenbezogenen Daten, die ihr nach Artikel 26 der Verordnung (EU) Nr. 600/2014 mitgeteilt worden sind, soweit die Europäische Kommission deren Überlassung gemäß § 5a Absatz 1 des Energiewirtschaftsgesetzes[3)] auch unmittelbar von den mitteilungspflichtigen Unternehmen verlangen könnte und die Europäische Kommission diese Informationen zur Erfüllung ihrer im Energiewirtschaftsgesetz näher beschriebenen Aufgaben benötigt.

§ 21[4)] Verschwiegenheitspflicht. (1) [1] Die bei der Bundesanstalt Beschäftigten und die nach § 4 Abs. 3 des Finanzdienstleistungsaufsichtsgesetzes beauftragten

---

[1)] Früherer § 7a eingef. mWv 1.1.2012 durch G v. 4.12.2011 (BGBl. I S. 2427); bish. § 7a wird § 19 und Abs. 1 und 2 geänd. mWv 3.1.2018 durch G v. 23.6.2017 (BGBl. I S. 1693).

[2)] Früherer § 7b eingef. mWv 4.8.2011 durch G v. 26.7.2011 (BGBl. I S. 1554); bish. § 7b wird § 20 und geänd. mWv 3.1.2018 durch G v. 23.6.2017 (BGBl. I S. 1693).

[3)] **Sartorius Nr. 830.**

[4)] Früherer § 8 neu gef. mWv 30.10.2004 durch G v. 28.10.2004 (BGBl. I S. 2630); Abs. 1 Satz 1, Satz 3 *einl. Satzteil.*, Nr. 2 geänd., Nr. 3 und 4 angef. mWv 1.11.2007 durch G v. 16.7.2007 (BGBl. I S. 1330); Abs. 1 Satz 3 Nr. 3 geänd., Nr. 5 angef., Sätze 4 und 5 neu gef. mWv 1.1.2012 durch G v. 4.12.2011 (BGBl. I S. 2427); Abs. 1 Satz 3 Nr. 2 geänd. mWv 1.6.2012 durch G v. 6.12.2011 (BGBl. I S. 2481); Abs. 1 Satz 3 Nr. 2 geänd. mWv 22.7.2013 durch G v. 4.7.2013 (BGBl. I S. 1981); Abs. 2 neu gef. mWv 6.11.2015 durch G v. 2.11.2015 (BGBl. I S. 1864); bish. § 8 wird § 21 und Abs. 1 Satz 3 Nr. 2 geänd. →

Personen dürfen die ihnen bei ihrer Tätigkeit bekannt gewordenen Tatsachen, deren Geheimhaltung im Interesse eines nach diesem Gesetz Verpflichteten, der zuständigen Behörden oder eines Dritten liegt, insbesondere Geschäfts- und Betriebsgeheimnisse sowie personenbezogene Daten, nicht unbefugt offenbaren oder verwenden, auch wenn sie nicht mehr im Dienst sind oder ihre Tätigkeit beendet ist. [2] Dies gilt auch für andere Personen, die durch dienstliche Berichterstattung Kenntnis von den in Satz 1 bezeichneten Tatsachen erhalten. [3] Ein unbefugtes Offenbaren oder Verwenden im Sinne des Satzes 1 liegt insbesondere nicht vor, wenn Tatsachen weitergegeben werden an

1. Strafverfolgungsbehörden oder für Straf- und Bußgeldsachen zuständige Gerichte,
2. kraft Gesetzes oder im öffentlichen Auftrag mit der Überwachung von Börsen oder anderen Märkten, an denen Finanzinstrumente gehandelt werden, des Handels mit Finanzinstrumenten oder Devisen, von Kreditinstituten, Finanzdienstleistungsinstituten, Wertpapierinstituten, Kapitalverwaltungsgesellschaften, extern verwaltete Investmentgesellschaften, EU-Verwaltungsgesellschaften oder ausländische AIF-Verwaltungsgesellschaften, Finanzunternehmen, Versicherungsunternehmen, Versicherungsvermittlern, Unternehmen im Sinne von § 3 Absatz 1 Nummer 7 oder Mitarbeitern im Sinne des § 87 Absatz 1 bis 5 betraute Stellen sowie von diesen beauftragte Personen,
3. Zentralbanken in ihrer Eigenschaft als Währungsbehörden sowie an andere staatliche Behörden, die mit der Überwachung der Zahlungssysteme betraut sind,
4. mit der Liquidation oder dem Insolvenzverfahren über das Vermögen eines Wertpapierdienstleistungsunternehmens, eines organisierten Marktes oder des Betreibers eines organisierten Marktes befasste Stellen,
5. die Europäische Zentralbank, das Europäische System der Zentralbanken, die Europäische Wertpapier- und Marktaufsichtsbehörde, die Europäische Aufsichtsbehörde für das Versicherungswesen und die betriebliche Altersversorgung, die Europäische Bankenaufsichtsbehörde, den Gemeinsamen Ausschuss der Europäischen Finanzaufsichtsbehörden, den Europäischen Ausschuss für Systemrisiken oder die Europäische Kommission,

7.[1)] zuständige Behörden im Sinne von Artikel 2 Absatz 1 Buchstabe r der Verordnung (EU) 2020/1503,

soweit diese Stellen die Informationen zur Erfüllung ihrer Aufgaben benötigen. [4] Für die bei den in Satz 3 Nummer 1 bis 4 genannten Stellen beschäftigten Personen sowie von diesen Stellen beauftragten Personen gilt die Verschwiegenheitspflicht nach Satz 1 entsprechend. [5] Befindet sich eine in Satz 3 Nummer 1 bis 4 genannte Stelle in einem anderen Staat, so dürfen die Tatsachen nur weitergegeben werden, wenn die bei dieser Stelle beschäftigten und die von dieser Stelle beauftragten Personen einer dem Satz 1 entsprechenden Verschwiegenheitspflicht unterliegen.

(Fortsetzung der Anm. von voriger Seite)
mWv 3.1.2018 durch G v. 23.6.2017 (BGBl. I S. 1693); Abs. 1 Satz 1 und Satz 3 Nr. 2 geänd. mWv 26.6.2021 durch G v. 12.5.2021 (BGBl. I S. 990); Abs. 1 Satz 3 Nr. 7 angef. mWv 10.11.2021 durch G v. 3.6.2021 (BGBl. I S. 1568); Abs. 2 Satz 1 geänd. mWv 15.12.2023 durch G v. 11.12.2023 (BGBl. 2023 I Nr. 354).

[1)] Zählung amtlich.

(2) [1] Die §§ 93, 97 und 105 Absatz 1, § 111 Absatz 5 in Verbindung mit § 105 Absatz 1 sowie § 116 Absatz 1 der Abgabenordnung gelten für die in Absatz 1 Satz 1 und 2 bezeichneten Personen nur, soweit die Finanzbehörden die Kenntnisse für die Durchführung eines Verfahrens wegen einer Steuerstraftat oder eines Besteuerungsverfahrens benötigen, es sei denn, der Weitergabe der Informationen stehen andere Vorschriften entgegen. [2] Die in Satz 1 genannten Vorschriften sind jedoch nicht anzuwenden, soweit Tatsachen betroffen sind,

1. die den in Absatz 1 Satz 1 oder Satz 2 bezeichneten Personen durch eine Stelle eines anderen Staates im Sinne von Absatz 1 Satz 3 Nummer 2 oder durch von dieser Stelle beauftragte Personen mitgeteilt worden sind oder
2. von denen bei der Bundesanstalt beschäftigte Personen dadurch Kenntnis erlangen, dass sie an der Aufsicht über direkt von der Europäischen Zentralbank beaufsichtigte Institute mitwirken, insbesondere in gemeinsamen Aufsichtsteams nach Artikel 2 Nummer 6 der Verordnung (EU) Nr. 468/2014 der Europäischen Zentralbank vom 16. April 2014 zur Einrichtung eines Rahmenwerks für die Zusammenarbeit zwischen der Europäischen Zentralbank und den nationalen zuständigen Behörden und den nationalen benannten Behörden innerhalb des einheitlichen Aufsichtsmechanismus (SSM-Rahmenverordnung) (EZB/2014/17) (ABl. L 141 vom 14.5.2014 S. 1), und die nach den Regeln der Europäischen Zentralbank geheim sind.

§ 22[1)] Meldepflichten. (1) [1] Die Bundesanstalt ist zuständige Behörde im Sinne der Artikel 26 und 27 der Verordnung (EU) Nr. 600/2014. [2] Dies gilt insbesondere auch für die Mitteilung von Referenzdaten, die von Handelsplätzen nach Artikel 27 Absatz 1 der Verordnung (EU) Nr. 600/2014 zu übermitteln sind. [3] Sie ist zuständig für die Übermittlung von Mitteilungen nach Artikel 26 Absatz 1 der Verordnung (EU) Nr. 600/2014 an die zuständige Behörde eines anderen Mitgliedstaates oder eines anderen Vertragsstaates des Abkommens über den Europäischen Wirtschaftsraum, wenn sich in diesem Staat der unter Liquiditätsaspekten relevanteste Markt für das gemeldete Finanzinstrument im Sinne des Artikels 26 Absatz 1 der Verordnung (EU) Nr. 600/2014 befindet.

(2) [1] Ein inländischer Handelsplatz, der im Namen eines Wertpapierdienstleistungsunternehmens Meldungen nach Artikel 26 Absatz 1 der Verordnung (EU) Nr. 600/2014 vornimmt, muss Sicherheitsmechanismen einrichten, die die Sicherheit und Authentifizierung der Informationsübermittlungswege gewährleisten sowie eine Verfälschung der Daten und einen unberechtigten Zugriff und ein Bekanntwerden von Informationen verhindern und so jederzeit die Vertraulichkeit der Daten wahren. [2] Der Handelsplatz muss ausreichende Mittel vorhalten und Notfallsysteme einrichten, um seine diesbezüglichen Dienste jederzeit anbieten und aufrechterhalten zu können.

(3) [1] Die Verpflichtung nach Artikel 26 Absatz 1 bis 3 sowie 6 und 7 der Verordnung (EU) Nr. 600/2014 in Verbindung mit der Delegierten Verordnung (EU) 2017/590 der Kommission vom 28. Juli 2016 zur Ergänzung der Verordnung (EU) Nr. 600/2014 des Europäischen Parlaments und des Rates durch technische Regulierungsstandards für die Meldung von Geschäften an die zuständigen Behörden (ABl. L 87 vom 31.3.2017, S. 449), in der jeweils geltenden Fassung, gilt entsprechend für inländische zentrale Gegenparteien im Sinne des § 1 Absatz 31 des Kreditwesengesetzes hinsichtlich der Informationen, über die sie auf Grund

[1)] Bish. § 9 wird § 22 und neu gef. mWv 3.1.2018 durch G v. 23.6.2017 (BGBl. I S. 1693).

der von ihnen abgeschlossenen Geschäfte verfügen. [2]Diese Informationen umfassen Inhalte, die gemäß Anhang 1 Tabelle 2 Meldefelder Nummer 1 bis 4, 6, 7, 16, 28 bis 31, 33 bis 36 und 38 bis 56 der Delegierten Verordnung (EU) 2017/590 anzugeben sind. [3]Die übrigen Meldefelder sind so zu befüllen, dass sie den technischen Validierungsregeln, die von der Europäischen Wertpapier- und Marktaufsichtsbehörde vorgegeben sind, entsprechen.

§ 23[1)] Anzeige von Verdachtsfällen. (1) [1]Wertpapierdienstleistungsunternehmen, andere Kreditinstitute, Kapitalverwaltungsgesellschaften und Betreiber von außerbörslichen Märkten, an denen Finanzinstrumente gehandelt werden, haben bei der Feststellung von Tatsachen, die den Verdacht begründen, dass mit einem Geschäft über Finanzinstrumente, für die die Bundesanstalt die zuständige Behörde im Sinne des Artikels 2 Absatz 1 Buchstabe j der Verordnung (EU) Nr. 236/2012 ist, gegen die Artikel 12, 13 oder 14 der Verordnung (EU) Nr. 236/2012 verstoßen wird, diese unverzüglich der Bundesanstalt mitzuteilen. [2]Sie dürfen andere Personen als staatliche Stellen und solche, die auf Grund ihres Berufs einer gesetzlichen Verschwiegenheitspflicht unterliegen, von der Anzeige oder von einer daraufhin eingeleiteten Untersuchung nicht in Kenntnis setzen.

(2) [1]Der Inhalt einer Anzeige nach Absatz 1 darf von der Bundesanstalt nur zur Erfüllung ihrer Aufgaben verwendet werden. [2]Die Bundesanstalt darf die Identität einer anzeigenden Person nach Absatz 1 anderen als staatlichen Stellen nicht zugänglich machen. [3]Das Recht der Bundesanstalt nach § 123 bleibt unberührt.

(3) Wer eine Anzeige nach Absatz 1 erstattet, darf wegen dieser Anzeige nicht verantwortlich gemacht werden, es sei denn, die Anzeige ist vorsätzlich oder grob fahrlässig unwahr erstattet worden.

(4) [1]Das Bundesministerium der Finanzen kann durch Rechtsverordnung, die nicht der Zustimmung des Bundesrates bedarf, nähere Bestimmungen erlassen über

1. die Form und den Inhalt einer Anzeige nach Absatz 1 und
2. die Art und Weise der Übermittlung einer Mitteilung nach Artikel 16 Absatz 1 und 2 der Verordnung (EU) Nr. 596/2014.

[2]Das Bundesministerium der Finanzen kann die Ermächtigung durch Rechtsverordnung auf die Bundesanstalt übertragen.

§ 24[2)] Verpflichtung des Insolvenzverwalters. (1) Wird über das Vermögen eines nach diesem Gesetz zu einer Handlung Verpflichteten ein Insolvenzverfahren eröffnet, hat der Insolvenzverwalter den Schuldner bei der Erfüllung der Pflichten nach diesem Gesetz zu unterstützen, insbesondere indem er aus der Insolvenzmasse die hierfür erforderlichen Mittel bereitstellt.

(2) Wird vor Eröffnung des Insolvenzverfahrens ein vorläufiger Insolvenzverwalter bestellt, hat dieser den Schuldner bei der Erfüllung seiner Pflichten zu

---

[1)] Früherer § 10 neu eingef. mWv 30.10.2004 durch G v. 28.10.2004 (BGBl. I S. 2630); Abs. 1 Satz 1 geänd. mWv 28.12.2007 durch G v. 21.12.2007 (BGBl. I S. 3089); Abs. 1 Satz 1 geänd. mWv 27.7.2010 durch G v. 21.7.2010 (BGBl. I S. 945); Abs. 1 Satz 1 geänd. mWv 16.11.2012 durch G v. 6.11.2012 (BGBl. I S. 2286); Abs. 1 Satz 1 geänd., Abs. 2 Sätze 1 und 3 aufgeh., bish. Satz 2 wird Satz 1, bish. Sätze 4 und 5 werden Sätze 2 und 3, Abs. 4 neu gef. mWv 22.7.2013 durch G v. 4.7.2013 (BGBl. I S. 1981); Abs. 1 Satz 1 geänd., Abs. 2 Sätze 1 und 3 aufgeh., bish. Satz 2 wird Satz 1, bish. Sätze 4 und 5 werden Sätze 2 und 3, Abs. 4 neu gef. mWv 2.7.2016 durch G v. 30.6.2016 (BGBl. I S. 1514); bish. § 10 wird § 23 und Abs. 2 Satz 3 geänd. mWv 3.1.2018 durch G v. 23.6.2017 (BGBl. I S. 1693).

[2)] Früherer § 11 erneut eingef. mWv 20.1.2007 durch G v. 5.1.2007 (BGBl. I S. 10); bish. § 11 wird § 24 mWv 3.1.2018 durch G v. 23.6.2017 (BGBl. I S. 1693).

unterstützen, insbesondere indem er der Verwendung der Mittel durch den Verpflichteten zustimmt oder, wenn dem Verpflichteten ein allgemeines Verfügungsverbot auferlegt wurde, indem er die Mittel aus dem von ihm verwalteten Vermögen zur Verfügung stellt.

§ 24a[1] Verordnungsermächtigung. (1) [1]Das Bundesministerium der Finanzen wird ermächtigt, durch Rechtsverordnung festzulegen, welche Meldungen, Mitteilungen, Anzeigen, Berichte, Anträge und sonstige Informationen mit den hierzu notwendigen Unterlagen, die der Bundesanstalt vorzulegen sind,

1. nach diesem Gesetz und den auf Grund dieses Gesetzes erlassenen Rechtsverordnungen, sowie
2. nach den in § 1 Absatz 1 Nummer 8 genannten Verordnungen der europäischen Union und den europäischen Rechtsakten, die zur Durchführung dieser Verordnungen erlassen worden sind,

elektronisch übermittelt werden müssen. [2]Die Rechtsverordnung kann nähere Bestimmungen treffen über Art, Umfang, Zeitpunkt, Form und Datenformat der Einreichungen nach Satz 1 und sie kann festlegen, welches elektronische Kommunikationsverfahren für die jeweilige Vorlagepflicht bei der Bundesanstalt zu nutzen ist und welche Bestimmungen für dessen Nutzung gelten, sowie dass eine Verpflichtung zur Einrichtung eines Zugangs zu einem Melde- und Veröffentlichungssystem der Bundesanstalt besteht.

(2) [1]Das Bundesministerium der Finanzen kann die Ermächtigung nach Absatz 1 durch Rechtsverordnung auf die Bundesanstalt übertragen. [2]Rechtsverordnungen nach Absatz 1 bedürfen nicht der Zustimmung des Bundesrates.

Abschnitt 3.[2] Marktmissbrauchsüberwachung

§ 25[3] Anwendung der Verordnung (EU) Nr. 596/2014 auf Waren und ausländische Zahlungsmittel. Artikel 15 in Verbindung mit Artikel 12 Absatz 1 bis 4 der Verordnung (EU) Nr. 596/2014 gilt entsprechend für

1. Waren im Sinne des § 2 Absatz 5 und
2. ausländische Zahlungsmittel im Sinne des § 51 des Börsengesetzes,

die an einer inländischen Börse oder einem vergleichbaren Markt in einem anderen Mitgliedstaat der Europäischen Union oder in einem anderen Vertragsstaat des Abkommens über den Europäischen Wirtschaftsraum gehandelt werden.

§ 26[4] Übermittlung von Insiderinformationen und von Eigengeschäften; Verordnungsermächtigung. (1) Ein Inlandsemittent, ein MTF-Emittent oder ein OTF-Emittent, der gemäß Artikel 17 Absatz 1, 7 oder 8 der Verordnung (EU) Nr. 596/2014 verpflichtet ist, Insiderinformationen zu veröffentlichen, hat diese

---

[1] § 24a eingef. mWv 15.12.2023 durch G v. 11.12.2023 (BGBl. 2023 I Nr. 354).

[2] Abschnitt 3 Überschrift neu gef. mWv 2.7.2016 durch G v. 30.6.2016 (BGBl. I S. 1514).

[3] Früherer § 12 neu gef. mWv 2.7.2016 durch G v. 30.6.2016 (BGBl. I S. 1514); bish. § 12 wird § 25, Überschrift, Nr. 1 geänd., Nr. 2 aufgeh., bish. Nr. 3 wird Nr. 2 mWv 3.1.2018 durch G v. 23.6.2017 (BGBl. I S. 1693).

[4] Früherer § 15 neu gef. mWv 2.7.2016 durch G v. 30.6.2016 (BGBl. I S. 1514); Abs. 4 Satz 1 Nr. 2 eingef., bish. Nr. 2–5 werden Nr. 3–6, neue Nr. 4–6 geänd., Nr. 7 angef. mWv 25.6.2017, bish. § 15 wird § 26, Überschrift, Abs. 1, 2 geänd. mWv 3.1.2018 durch G v. 23.6.2017 (BGBl. I S. 1693); Abs. 3 Satz 1 geänd. mWv 14.7.2018 durch G v. 10.7.2018 (BGBl. I S. 1102); Abs. 1, 2 geänd. mWv 1.8.2022 durch G v. 5.7.2021 (BGBl. I S. 3338); Abs. 1 geänd. mWv 15.12.2023 durch G v. 11.12.2023 (BGBl. 2023 I Nr. 354).

vor ihrer Veröffentlichung den Geschäftsführungen der Handelsplätze, an denen seine Finanzinstrumente zum Handel zugelassen oder in den Handel einbezogen sind, mitzuteilen sowie unverzüglich nach ihrer Veröffentlichung der Bundesanstalt sowie der das Unternehmensregister führenden Stelle zur Einstellung in das Unternehmensregister zu übermitteln.

(2) Ein Inlandsemittent, ein MTF-Emittent oder ein OTF-Emittent, der gemäß Artikel 19 Absatz 3 der Verordnung (EU) Nr. 596/2014 verpflichtet ist, Informationen zu Eigengeschäften von Führungskräften zu veröffentlichen, hat diese Informationen unverzüglich, jedoch nicht vor ihrer Veröffentlichung, der das Unternehmensregister führenden Stelle zur Einstellung in das Unternehmensregister zu übermitteln sowie die Veröffentlichung der Bundesanstalt mitzuteilen.

(3) [1] Verstößt der Emittent gegen die Verpflichtungen nach Absatz 1 oder nach Artikel 17 Absatz 1, 7 oder 8 der Verordnung (EU) Nr. 596/2014, so ist er einem anderen nur unter den Voraussetzungen der §§ 97 und 98 zum Ersatz des daraus entstehenden Schadens verpflichtet. [2] Schadensersatzansprüche, die auf anderen Rechtsgrundlagen beruhen, bleiben unberührt.

(4) [1] Das Bundesministerium der Finanzen kann durch Rechtsverordnung, die nicht der Zustimmung des Bundesrates bedarf, nähere Bestimmungen erlassen über

1. den Mindestinhalt, die Art, die Sprache, den Umfang und die Form einer Mitteilung nach Absatz 1 oder Absatz 2,
2. den Mindestinhalt, die Art, die Sprache, den Umfang und die Form einer Veröffentlichung nach Artikel 17 Absatz 1, 2 und 6 bis 9 der Verordnung (EU) Nr. 596/2014,
3. die Bedingungen, die ein Emittent oder Teilnehmer am Markt für Emissionszertifikate nach Artikel 17 Absatz 4 Unterabsatz 1 der Verordnung (EU) Nr. 596/2014 erfüllen muss, um die Offenlegung von Insiderinformationen aufzuschieben,
4. die Art und Weise der Übermittlung sowie den Mindestinhalt einer Mitteilung nach Artikel 17 Absatz 4 Unterabsatz 3 Satz 1 und Absatz 6 Unterabsatz 1 Satz 1 der Verordnung (EU) Nr. 596/2014,
5. die Art und Weise der Übermittlung einer Insiderliste nach Artikel 18 Absatz 1 Buchstabe c der Verordnung (EU) Nr. 596/2014,
6. die Art und Weise der Übermittlung sowie der Sprache einer Meldung nach Artikel 19 Absatz 1 der Verordnung (EU) Nr. 596/2014 und
7. den Inhalt, die Art, den Umfang und die Form einer zusätzlichen Veröffentlichung der Informationen nach Artikel 19 Absatz 3 der Verordnung (EU) Nr. 596/2014 durch die Bundesanstalt gemäß Artikel 19 Absatz 3 Unterabsatz 3 der Verordnung (EU) Nr. 596/2014.

[2] Das Bundesministerium der Finanzen kann die Ermächtigung durch Rechtsverordnung auf die Bundesanstalt übertragen.

§ 27[1)] Aufzeichnungspflichten. [1] Wertpapierdienstleistungsunternehmen sowie Unternehmen mit Sitz im Inland, die an einer inländischen Börse zur Teilnahme am Handel zugelassen sind, haben vor Durchführung von Aufträgen, die Finanzinstrumente im Sinne des Artikels 2 Absatz 1 Unterabsatz 1 der Verordnung (EU)

---

1) Früherer § 16 neu gef. mWv 30.10.2004 durch G v. 28.10.2004 (BGBl. I S. 2630); Satz 1 geänd. mWv 2.7.2016 durch G v. 30.6.2016 (BGBl. I S. 1514); bish. § 16 wird § 27 mWv 3.1.2018 durch G v. 23.6.2017 (BGBl. I S. 1693).

Nr. 596/2014 oder Handlungen oder Geschäfte im Sinne des Artikels 2 Absatz 1 Unterabsatz 2 Satz 1 der Verordnung (EU) Nr. 596/2014 zum Gegenstand haben, bei natürlichen Personen den Namen, das Geburtsdatum und die Anschrift, bei Unternehmen die Firma und die Anschrift der Auftraggeber und der berechtigten oder verpflichteten Personen oder Unternehmen festzustellen und diese Angaben aufzuzeichnen. [2] Die Aufzeichnungen nach Satz 1 sind mindestens sechs Jahre aufzubewahren. [3] Für die Aufbewahrung gilt § 257 Abs. 3 und 5 des Handelsgesetzbuchs[1)] entsprechend.

§ 28[2)] *(aufgehoben)*

Abschnitt 4.[3)] Ratingagenturen

§ 29[4)] **Zuständigkeit im Sinne der Verordnung (EG) Nr. 1060/2009.**

(1) Die Bundesanstalt ist zuständige Behörde im Sinne des Artikels 22 der Verordnung (EG) Nr. 1060/2009 des Europäischen Parlaments und des Rates vom 16. September 2009 über Ratingagenturen (ABl. L 302 vom 17.11.2009, S. 1), die zuletzt durch die Verordnung (EU) Nr. 462/2013 (ABl. L 146 vom 31.5.2013, S. 1) geändert worden ist, in der jeweils geltenden Fassung.

(2) Für Wertpapierdienstleistungsunternehmen ist die Bundesanstalt nach diesem Gesetz sektoral zuständige Behörde im Sinne des Artikels 25a der Verordnung (EG) Nr. 1060/2009 in der jeweils geltenden Fassung, soweit diese Unternehmen bei der Erbringung von Wertpapierdienstleistungen oder Wertpapiernebendienstleistungen Ratings verwenden.

(3) Soweit in der Verordnung (EG) Nr. 1060/2009 in der jeweils geltenden Fassung oder den auf ihrer Grundlage erlassenen Rechtsakten nichts Abweichendes geregelt ist, sind die §§ 2, 3, 6 bis 13, 17 Absatz 2, § 18 mit Ausnahme von Absatz 7 Satz 5 bis 8, § 21 mit Ausnahme von Absatz 1 Satz 3 bis 5 für die Ausübung der Aufsicht durch die Bundesanstalt nach den Absätzen 1, 2 und 5 entsprechend anzuwenden.

(4) Widerspruch und Anfechtungsklage gegen Maßnahmen der Bundesanstalt nach den Absätzen 1 und 2, auch aufgrund oder in Verbindung mit der Verordnung (EG) Nr. 1060/2009 in der jeweils geltenden Fassung oder den auf ihrer Grundlage erlassenen Rechtsakten, haben keine aufschiebende Wirkung.

(5) [1] Zulassungsantragsteller im Sinne von § 2 Nummer 7 und Anbieter im Sinne von § 2 Nummer 6 des Wertpapierprospektgesetzes[5)], die einen Antrag auf Billigung eines Prospekts im Sinne der Verordnung (EU) 2017/1129 für ein öffentliches Angebot oder die Zulassung zum Handel von strukturierten Finanzinstrumenten im Sinne der Artikel 8b oder Artikel 8c der Verordnung (EG) Nr. 1060/2009 in der jeweils geltenden Fassung oder einer Emission im Sinne des Artikels 8d der Verordnung (EG) Nr. 1060/2009 in der jeweils geltenden Fassung bei der Bundesanstalt stellen und zugleich Emittent dieses strukturierten Finanzinstruments oder dieser Emission sind, haben der Bundesanstalt mit der Stellung

---

[1)] **Habersack, Deutsche Gesetze Nr. 50.**

[2)] § 28 aufgeh. mWv 1.7.2021 durch G v. 3.6.2021 (BGBl. I S. 1534).

[3)] Früherer Abschnitt 3a (§ 17) eingef. mWv 19.6.2010 durch G v. 14.6.2010 (BGBl. I S. 786); bish. Abschnitt 3a wird Abschnitt 4 (§ 29) mWv 3.1.2018 durch G v. 23.6.2017 (BGBl. I S. 1693).

[4)] Früherer § 17 neu gef. mWv 19.12.2014 durch G v. 10.12.2014 (BGBl. I S. 2085); bish. § 17 wird § 29 und Abs. 3 geänd. mWv 3.1.2018 durch G v. 23.6.2017 (BGBl. I S. 1693); Abs. 5 Satz 1 geänd. mWv 21.7.2019 durch G v. 8.7.2019 (BGBl. I S. 1002).

[5)] Nr. **58e**.

des Billigungsantrags eine Erklärung beizufügen, dass sie die auf sie anwendbaren Pflichten aus den Artikeln 8b, 8c oder Artikel 8d der Verordnung (EG) Nr. 1060/2009 in der jeweils geltenden Fassung erfüllen. [2]Die Wirksamkeit des Billigungsantrags bleibt von der ordnungsgemäßen Abgabe dieser Erklärung unberührt.

Abschnitt 5.[1)] OTC-Derivate und Transaktionsregister

§ 30[2)] Überwachung des Clearings von OTC-Derivaten und Aufsicht über Transaktionsregister. (1) [1]Die Bundesanstalt ist unbeschadet des § 6 des Kreditwesengesetzes nach diesem Gesetz zuständig für die Einhaltung der Vorschriften nach den Artikeln 4, 4a, 5 und 7 bis 13 der Verordnung (EU) Nr. 648/2012 des Europäischen Parlaments und des Rates vom 4. Juli 2012 über OTC-Derivate, zentrale Gegenparteien und Transaktionsregister (ABl. L 201 vom 27.7.2012, S. 1), soweit sich nicht aus § 3 Absatz 5 oder § 5 Absatz 6 des Börsengesetzes etwas anderes ergibt. [2]Die Bundesanstalt ist zuständige Behörde im Sinne des Artikels 62 Absatz 4, des Artikels 63 Absatz 3 bis 7, des Artikels 68 Absatz 3 und des Artikels 74 Absatz 1 bis 3 der Verordnung (EU) Nr. 648/2012. [3]Soweit in der Verordnung (EU) Nr. 648/2012 nichts Abweichendes geregelt ist, gelten die Vorschriften der Abschnitte 1 und 2 dieses Gesetzes, mit Ausnahme der §§ 22 und 23, entsprechend.

(2) Eine inländische finanzielle Gegenpartei im Sinne des Artikels 2 Nummer 8 der Verordnung (EU) Nr. 648/2012 hat, wenn sie eine Garantie im Sinne der Artikel 1 und 2 Absatz 1 der Delegierten Verordnung (EU) Nr. 285/2014 der Kommission vom 13. Februar 2014 zur Ergänzung der Verordnung (EU) Nr. 648/2012 des Europäischen Parlaments und des Rates im Hinblick auf technische Regulierungsstandards in Bezug auf unmittelbare, wesentliche und vorhersehbare Auswirkungen von Kontrakten innerhalb der Union und die Verhinderung der Umgehung von Vorschriften und Pflichten (ABl. L 85 vom 21.3.2014, S. 1) in der jeweils geltenden Fassung gewährt oder erweitert, durch geeignete Maßnahmen, insbesondere durch Vertragsgestaltung und Kontrollen, sicherzustellen, dass die an garantierten OTC-Derivatekontrakten beteiligten, in einem Drittstaat ansässigen Einrichtungen nicht gegen auf diese garantierten OTC-Derivatekontrakte anwendbare Bestimmungen der Verordnung (EU) Nr. 648/2012 verstoßen.

(3) Inländische Clearingmitglieder im Sinne des Artikels 2 Nummer 14 der Verordnung (EU) Nr. 648/2012 sowie Handelsplätze im Sinne des Artikels 2 Nummer 4 der Verordnung (EU) Nr. 648/2012 dürfen Clearingdienste einer in einem Drittstaat ansässigen zentralen Gegenpartei im Sinne des Artikels 25 Absatz 1 der Verordnung (EU) Nr. 648/2012 nur nutzen, wenn diese von der Europäischen Wertpapier- und Marktaufsichtsbehörde anerkannt wurde.

(4) Die Bundesanstalt übt die ihr nach Absatz 1 in Verbindung mit der Verordnung (EU) Nr. 648/2012 übertragenen Befugnisse aus, soweit dies für die Wahrnehmung ihrer Aufgaben und die Überwachung der Einhaltung der in der Verordnung (EU) Nr. 648/2012 geregelten Pflichten erforderlich ist.

[1)] Früherer Abschnitt 3b (§§ 18–20) wird Abschnitt 4, Bez. bish. Abschnitt 4 (nach § 20) aufgeh.mWv 2.7.2016 durch G v. 30.6.2016 (BGBl. I S. 1514); bish. Abschnitt 4 wird Abschnitt 5 (§§ 30–32) mWv 3.1.2018 durch G v. 23.6.2017 (BGBl. I S. 1693).

[2)] Früherer § 18 neu gef. mWv 16.2.2013 durch G v. 13.2.2013 (BGBl. I S. 174); Abs. 2 und 3 eingef., bish. Abs. 2–5 werden Abs. 4–7, neuer Abs. 4, neuer Abs. 5 Satz 1 und neuer Abs. 7 geänd. mWv 2.7.2016 durch G v. 30.6.2016 (BGBl. I S. 1514); bish. § 18 wird § 30 und Abs. 1 Satz 3 geänd. mWv 3.1.2018 durch G v. 23.6.2017 (BGBl. I S. 1693); Abs. 1 Satz 1 geänd. mWv 28.3.2020 durch G v. 19.3.2020 (BGBl. I S. 529).

(5) [1]Sofern die Bundesanstalt als zuständige Behörde nach Absatz 1 tätig wird oder Befugnisse nach Absatz 4 ausübt, sind die vorzulegenden Unterlagen in deutscher Sprache und auf Verlangen der Bundesanstalt zusätzlich in englischer Sprache zu erstellen und vorzulegen. [2]Die Bundesanstalt kann gestatten, dass die Unterlagen ausschließlich in englischer Sprache erstellt und vorgelegt werden.

(6) [1]Die Bundesanstalt kann von Unternehmen Auskünfte, die Vorlage von Unterlagen und die Überlassung von Kopien verlangen, soweit dies für die Überwachung der Einhaltung der Vorschriften nach Absatz 1 erforderlich ist. [2]Gesetzliche Auskunfts- oder Aussageverweigerungsrechte sowie gesetzliche Verschwiegenheitspflichten bleiben unberührt.

(7) Widerspruch und Anfechtungsklage gegen Maßnahmen der Bundesanstalt nach den Absätzen 4 und 6, auch in Verbindung mit der Verordnung (EU) Nr. 648/2012, haben keine aufschiebende Wirkung.

§ 31[1)] Verordnungsermächtigung zu den Mitteilungspflichten nach der Verordnung (EU) Nr. 648/2012. [1]Das Bundesministerium der Finanzen kann durch Rechtsverordnung, die nicht der Zustimmung des Bundesrates bedarf, nähere Bestimmungen erlassen über den Inhalt, die Art, die Sprache, den Umfang und die Form der Unterrichtung nach Artikel 4a Absatz 1 Unterabsatz 2 Buchstabe a oder nach Artikel 10 Absatz 1 Unterabsatz 2 Buchstabe a sowie der Nachweise nach Artikel 4a Absatz 2 Unterabsatz 1 oder nach Artikel 10 Absatz 2 Unterabsatz 1 der Verordnung (EU) Nr. 648/2012. [2]Das Bundesministerium der Finanzen kann die Ermächtigung durch Rechtsverordnung auf die Bundesanstalt übertragen.

§ 32[2)] Prüfung der Einhaltung bestimmter Pflichten der Verordnung (EU) Nr. 648/2012 und der Verordnung (EU) Nr. 600/2014. (1) [1]Kapitalgesellschaften, die weder kleine Kapitalgesellschaften im Sinne des § 267 Absatz 1 des Handelsgesetzbuchs[3)] noch finanzielle Gegenparteien im Sinne des Artikels 2 Nummer 8 der Verordnung (EU) Nr. 648/2012 sind und die im abgelaufenen Geschäftsjahr entweder

1. OTC-Derivate im Sinne des Artikels 2 Nummer 7 der Verordnung (EU) Nr. 648/2012 mit einem Gesamtnominalvolumen von mehr als 100 Millionen Euro oder
2. mehr als 100 OTC-Derivatekontrakte im Sinne des Artikels 2 Nummer 7 der Verordnung (EU) Nr. 648/2012

eingegangen sind, haben durch einen geeigneten Prüfer innerhalb von neun Monaten nach Ablauf des Geschäftsjahres prüfen und bescheinigen zu lassen, dass sie über geeignete Systeme verfügen, die die Einhaltung der Anforderungen nach Artikel 4 Absatz 1, 2 und 3 Unterabsatz 2, Artikel 9 Absatz 1 bis 3, Artikel 10 Absatz 1 bis 3 sowie Artikel 11 Absatz 1, 2 und 3 Satz 2 und Absatz 5 bis 11 Unterabsatz 1 der Verordnung (EU) Nr. 648/2012, nach Artikel 28 Absatz 1 bis 3 der Verordnung (EU) Nr. 600/2014 sowie nach einer auf Grund des § 31 dieses Gesetzes erlassenen Rechtsverordnung sicherstellen. [2]Für die Zwecke der Berech-

---

[1)] § 31 neu gef. mWv 28.3.2020 durch G v. 19.3.2020 (BGBl. I S. 529).

[2)] Früherer § 20 neu gef. mWv 16.2.2013 durch G v. 13.2.2013 (BGBl. I S. 174); Abs. 6 Sätze 1 und 2 geänd. mWv 8.9.2015 durch VO v. 31.8.2015 (BGBl. I S. 1474); Abs. 1 neu gef. mWv 2.7.2016 durch G v. 30.6.2016 (BGBl. I S. 1514); bish. § 20 wird § 32 und Überschrift, Abs. 1 Satz 1 abschl. Satzteil und Abs. 4 Satz 4 geänd. mWv 3.1.2018 durch G v. 23.6.2017 (BGBl. I S. 1693); Abs. 1 Satz 1 abschl. Satzteil geänd. mWv 28.3.2020 durch G v. 19.3.2020 (BGBl. I S. 529).

[3)] **Habersack, Deutsche Gesetze Nr. 50.**

nung der Schwelle nach Satz 1 Nummer 1 und 2 sind solche Geschäfte nicht zu berücksichtigen, die als gruppeninterne Geschäfte der Ausnahme des Artikels 4 Absatz 2 der Verordnung (EU) Nr. 648/2012 unterliegen oder von den Anforderungen des Artikels 11 Absatz 3 der Verordnung (EU) Nr. 648/2012 befreit sind. [3]Die Pflichten nach Satz 1 gelten nicht für solche Unternehmen, die den Prüfungspflichten nach § 35 des Versicherungsaufsichtsgesetzes oder den Prüfungspflichten nach § 29 des Kreditwesengesetzes unterliegen.

(2) [1]Geeignete Prüfer im Sinne des Absatzes 1 Satz 1 sind Wirtschaftsprüfer, vereidigte Buchprüfer sowie Wirtschaftsprüfungs- und Buchprüfungsgesellschaften, die hinsichtlich des Prüfungsgegenstandes über ausreichende Kenntnisse verfügen. [2]Die Kapitalgesellschaft hat den Prüfer spätestens 15 Monate nach Beginn des Geschäftsjahres, auf das sich die Prüfung erstreckt, zu bestellen.

(3) [1]Der Prüfer hat die Bescheinigung zu unterzeichnen und innerhalb von neun Monaten nach Ablauf des Geschäftsjahres, auf das sich die Prüfung erstreckt, den gesetzlichen Vertretern und dem Aufsichtsrat vorzulegen, falls die Kapitalgesellschaft über einen solchen verfügt. [2]Vor der Zuleitung der Bescheinigung an den Aufsichtsrat ist der Geschäftsleitung Gelegenheit zur Stellungnahme zu geben. [3]In der Bescheinigung hat der Prüfer über die Ergebnisse der Prüfung schriftlich zu berichten. [4]Werden dem Prüfer bei der Prüfung schwerwiegende Verstöße gegen die Anforderungen des Absatzes 1 bekannt, hat er die Bundesanstalt unverzüglich zu unterrichten. [5]§ 323 des Handelsgesetzbuchs gilt entsprechend.

(4) [1]Enthält die Bescheinigung des Prüfers die Feststellung von Mängeln, hat die Kapitalgesellschaft die Bescheinigung unverzüglich der Bundesanstalt zu übermitteln. [2]Stellt ein Prüfer fest, dass die Geschäftsleitung eine entsprechende Übermittlung an die Bundesanstalt in einem Geschäftsjahr, das vor dem Prüfungszeitraum liegt, unterlassen hat, hat er dies der Bundesanstalt unverzüglich mitzuteilen. [3]Tatsachen, die auf das Vorliegen einer Berufspflichtverletzung durch den Prüfer schließen lassen, übermittelt die Bundesanstalt der Wirtschaftsprüferkammer. [4]§ 110 Absatz 1 Satz 2 gilt entsprechend.

(5) [1]Die Pflichten nach Absatz 1 in Verbindung mit den Absätzen 2 bis 4 gelten auch für offene Handelsgesellschaften und Kommanditgesellschaften im Sinne des § 264a Absatz 1 des Handelsgesetzbuchs. [2]§ 264a Absatz 2 des Handelsgesetzbuchs gilt entsprechend.

(6) [1]Das Bundesministerium der Finanzen kann durch Rechtsverordnung, die nicht der Zustimmung des Bundesrates bedarf, im Einvernehmen mit dem Bundesministerium der Justiz und für Verbraucherschutz nähere Bestimmungen über Art, Umfang und Zeitpunkt der Prüfung nach Absatz 1 sowie über Art und Umfang der Bescheinigungen nach Absatz 3 erlassen, soweit dies zur Erfüllung der Aufgaben der Bundesanstalt erforderlich ist, insbesondere um auf die Einhaltung der in Absatz 1 Satz 1 genannten Pflichten und Anforderungen hinzuwirken und um einheitliche Unterlagen zu erhalten. [2]Das Bundesministerium der Finanzen kann die Ermächtigung durch Rechtsverordnung im Einvernehmen mit dem Bundesministerium der Justiz und für Verbraucherschutz auf die Bundesanstalt übertragen.

Abschnitt 5a.[1] Paneuropäisches Privates Pensionsprodukt (PEPP)

§ 32a[1] Zuständigkeit im Sinne der Verordnung (EU) 2019/1238.

(1) Die Bundesanstalt ist zuständige Behörde im Sinne von Artikel 2 Nummer 18 der Verordnung (EU) 2019/1238 des Europäischen Parlaments und des Rates vom 20. Juni 2019 über ein Paneuropäisches Privates Pensionsprodukt (PEPP) (ABl. L 198 vom 25.7.2019, S. 1) in der jeweils geltenden Fassung nach den Vorschriften dieses Gesetzes, soweit nicht § 295 Absatz 1 Nummer 7 des Versicherungsaufsichtsgesetzes, § 6 Absatz 1f des Kreditwesengesetzes oder § 5 Absatz 13 des Kapitalanlagegesetzbuchs anzuwenden ist.

(2) Widerspruch und Anfechtungsklage gegen Maßnahmen und Entscheidungen der Bundesanstalt nach Artikel 6 Absatz 4, Artikel 8 Absatz 1 sowie nach Artikel 63 der Verordnung (EG) 2019/1238 haben keine aufschiebende Wirkung.

Abschnitt 5b.[2] Schwarmfinanzierungsdienstleister

§ 32b[2] Zuständigkeit der Bundesanstalt nach der Verordnung (EU) 2020/1503. (1) Die Bundesanstalt ist zuständige Behörde im Sinne des Artikels 29 Absatz 1 der Verordnung (EU) 2020/1503.

(2) Die Bundesanstalt erlässt im Einvernehmen mit dem Bundesministerium der Justiz und für Verbraucherschutz Gestattungen nach Artikel 2 Absatz 2 der Verordnung (EU) 2020/1503 durch Allgemeinverfügung.

(3) In Bezug auf Maßnahmen nach Artikel 17 Absatz 1 der Verordnung (EU) 2020/1503 sind § 48 Absatz 4 Satz 1 und § 49 Absatz 2 Satz 2 des Verwaltungsverfahrensgesetzes[3] über die Jahresfrist nicht anzuwenden.

(4) Widerspruch und Anfechtungsklage gegen Entscheidungen und Maßnahmen der Bundesanstalt nach der Verordnung (EU) 2020/1503 einschließlich der Androhung und der Festsetzung von Zwangsmitteln haben keine aufschiebende Wirkung.

§ 32c[4] Haftung für Angaben im Anlagebasisinformationsblatt nach Artikel 23 der Verordnung (EU) 2020/1503. (1) Der für das Anlagebasisinformationsblatt nach Artikel 23 der Verordnung (EU) 2020/1503 verantwortliche Projektträger im Sinne des Artikels 2 Absatz 1 Buchstabe h der Verordnung (EU) 2020/1503 ist dem Anleger im Sinne des Artikels 2 Absatz 1 Buchstabe i der Verordnung (EU) 2020/1503 zur Rückabwicklung des Kredits im Sinne des Artikels 2 Absatz 1 Buchstabe b der Verordnung (EU) 2020/1503 und zur Erstattung der mit der Kreditgewährung verbundenen üblichen Kosten oder zur Übernahme der Wertpapiere oder der für Schwarmfinanzierungszwecke verwendeten Instrumente gegen die Erstattung des Erwerbspreises, soweit dieser den ersten Erwerbspreis nicht überschreitet, und zur Erstattung der mit dem Erwerb verbundenen üblichen Kosten verpflichtet, wenn in dem Anlagebasisinformationsblatt nach Artikel 23 der Verordnung (EU) 2020/1503 oder etwaigen Übersetzungen in Amtssprachen eines Mitgliedstaats der Europäischen Union aufgrund von Vorsatz oder Fahrlässigkeit

---

[1] Abschnitt 5a (§ 32a) eingef. mWv 1.1.2022 durch G v. 3.6.2021 (BGBl. I S. 1568).
[2] Abschnitt 5b (§§ 32b–32f) eingef. mWv 10.11.2021 durch G v. 3.6.2021 (BGBl. I S. 1568).
[3] **Sartorius Nr. 100.**
[4] § 32c neu gef. mWv 15.12.2023 durch G v. 11.12.2023 (BGBl. 2023 I Nr. 354).

1. irreführende oder unrichtige Informationen angegeben sind,
2. wichtige Informationen nicht angegeben sind, die erforderlich sind, um Anleger bei ihrer Entscheidung, ob sie in einem Schwarmfinanzierungsprojekt anlegen, zu unterstützen oder
3. eine nach Artikel 23 Absatz 6 Buchstabe c der Verordnung (EU) 2020/1503 abzugebende Risikowarnung nicht enthalten ist.

(2) Die Verpflichtung nach Absatz 1 besteht auch dann, wenn der Projektträger aufgrund von Vorsatz oder Fahrlässigkeit

1. das Anlagebasisinformationsblatt entgegen Artikel 23 Absatz 2 der Verordnung (EU) 2020/1503 nicht erstellt hat oder
2. dem Schwarmfinanzierungsdienstleister im Sinne des Artikels 2 Absatz 1 Buchstabe e der Verordnung (EU) 2020/1503 entgegen Artikel 23 Absatz 8 Satz 1 der Verordnung (EU) 2020/1503 eine Änderung der im Anlagebasisinformationsblatt enthaltenen Informationen nicht unverzüglich mitgeteilt hat.

(3) Die Verpflichtung nach Absatz 1 besteht für den Schwarmfinanzierungsdienstleister, wenn dieser aufgrund von Vorsatz oder Fahrlässigkeit

1. dem Anleger das Anlagebasisinformationsblatt entgegen Artikel 23 Absatz 2 der Verordnung (EU) 2020/1503 nicht zur Verfügung gestellt hat oder
2. den Anleger entgegen Artikel 23 Absatz 8 Satz 2 der Verordnung (EU) 2020/1503 über eine wesentliche Änderung der im Anlagebasisinformationsblatt enthaltenen Informationen nicht unverzüglich informiert hat.

(4) Ist der Anleger nicht mehr Inhaber der Wertpapiere oder der verwendeten Instrumente, so kann er den Ausgleich eines etwaigen Vermögensnachteils sowie die Zahlung der mit dem ursprünglichen Erwerb und der Veräußerung verbundenen Kosten verlangen, wenn der Veräußerungspreis den ersten Erwerbspreis nicht überschreitet.

§ 32d[1] Haftung für Angaben im Anlagebasisinformationsblatt auf Ebene der Plattform nach Artikel 24 der Verordnung (EU) 2020/1503. (1) Der für das Anlagebasisinformationsblatt auf Ebene der Plattform nach Artikel 24 der Verordnung (EU) 2020/1503 verantwortliche Schwarmfinanzierungsdienstleister im Sinne des Artikels 2 Absatz 1 Buchstabe e der Verordnung (EU) 2020/1503 ist dem Anleger im Sinne des Artikels 2 Absatz 1 Buchstabe i der Verordnung (EU) 2020/1503 zur Rückzahlung des für die individuelle Verwaltung des Kreditportfolios zugewiesenen Betrages sowie der mit der individuellen Verwaltung des Kreditportfolios verbundenen Gebühren und sonstigen Kosten abzüglich bereits ausgezahlter Beträge verpflichtet, wenn in dem Anlagebasisinformationsblatt auf Ebene der Plattform nach Artikel 24 der Verordnung (EU) 2020/1503 oder dessen etwaigen Übersetzungen in Amtssprachen eines Mitgliedstaats der Europäischen Union aufgrund von Vorsatz oder Fahrlässigkeit

1. irreführende oder unrichtige Informationen angegeben sind,
2. wichtige Informationen nicht angegeben sind, die erforderlich sind, um Anleger bei ihrer Entscheidung, ob sie ihre Anlage durch die individuelle Verwaltung des Kreditportfolios vornehmen, zu unterstützen oder
3. die nach Artikel 24 Absatz 1 Buchstabe c der Verordnung (EU) 2020/1503 abzugebende Erklärung nicht enthalten ist.

---

[1] § 32d neu gef. mWv 15.12.2023 durch G v. 11.12.2023 (BGBl. 2023 I Nr. 354).

(2) Die Verpflichtung nach Absatz 1 besteht auch dann, wenn der Schwarmfinanzierungsdienstleister aufgrund von Vorsatz oder Fahrlässigkeit
1. dem Anleger das Anlagebasisinformationsblatt auf Ebene der Plattform entgegen Artikel 24 Absatz 1 der Verordnung (EU) 2020/1503 nicht zur Verfügung gestellt hat,
2. das Anlagebasisinformationsblatt auf Ebene der Plattform entgegen Artikel 24 Absatz 2 Satz 1 der Verordnung (EU) 2020/1503 nicht auf dem neusten Stand gehalten hat oder
3. den Anleger entgegen Artikel 24 Absatz 2 Satz 2 der Verordnung (EU) 2020/1503 nicht unverzüglich über eine wesentliche Änderung der im Anlagebasisinformationsblatt auf Ebene der Plattform enthaltenen Informationen informiert hat.

§ 32e[1] Sonstige Regelungen hinsichtlich der Ansprüche nach den §§ 32c und 32d. (1) Ein Anspruch des Anlegers nach § 32c oder § 32d besteht nicht, wenn der Anleger vor seiner Entscheidung die Unrichtigkeit oder die Unvollständigkeit der Informationen in dem Anlagebasisinformationsblatt nach Artikel 23 oder in dem Anlagebasisinformationsblatt auf Ebene der Plattform nach Artikel 24 der Verordnung (EU) 2020/1503 oder etwaigen Übersetzungen in Amtssprachen eines Mitgliedstaats der Europäischen Union kannte.

(2) Eine Vereinbarung, durch die Ansprüche nach § 32c oder § 32d im Voraus ermäßigt, erlassen oder ausgeschlossen werden, ist unwirksam.

(3) Weitergehende Ansprüche, die nach den Vorschriften des bürgerlichen Rechts auf Grund von Verträgen oder unerlaubten Handlungen erhoben werden können, bleiben unberührt.

§ 32f[2] Überwachung und Prüfung der Pflichten nach der Verordnung (EU) 2020/1503; Verordnungsermächtigung. (1) Die Bundesanstalt kann zur Überwachung der Einhaltung der Pflichten nach der Verordnung (EU) 2020/1503 in der jeweils geltenden Fassung auch ohne besonderen Anlass Prüfungen bei den Schwarmfinanzierungsdienstleistern im Sinne des Artikels 2 Absatz 1 Buchstabe e der Verordnung (EU) 2020/1503 bei den Unternehmen, mit denen eine Auslagerungsvereinbarung besteht oder bestand, und bei sonstigen zur Durchführung eingeschalteten dritten Personen oder Unternehmen vornehmen.

(2) [1] Unbeschadet des Absatzes 1 ist einmal jährlich durch einen geeigneten Prüfer zu prüfen, ob die Schwarmfinanzierungsdienstleister die nach der Verordnung (EU) 2020/1503 einzuhaltenden Pflichten erfüllen. [2] Die Bundesanstalt kann auf Antrag von der jährlichen Prüfung ganz oder teilweise unter Berücksichtigung der Art und des Umfangs der betriebenen Geschäfte absehen. [3] Der Schwarmfinanzierungsdienstleister hat den geeigneten Prüfer spätestens zum Ablauf desjenigen Geschäftsjahres zu bestellen, auf das sich die Prüfung erstreckt. [4] Bei Schwarmfinanzierungsdienstleistern, die einem genossenschaftlichen Prüfungsverband angehören oder durch die Prüfungsstelle eines Sparkassen- und Giroverbandes geprüft werden, wird die Prüfung durch den zuständigen Prüfungsverband oder die zuständige Prüfungsstelle, soweit hinsichtlich Letzterer das Landesrecht dies vorsieht, vorgenommen. [5] Geeignete Prüfer sind darüber hinaus Wirtschaftsprüfer, vereidig-

[1] § 32e eingef. durch G v. 3.6.2021 (BGBl. I S. 1568); Abs. 1 neu gef. mWv 15.12.2023 durch G v. 11.12.2023 (BGBl. 2023 I Nr. 354).

[2] Abschnitt 5b (§§ 32b–32f) eingef. mWv 10.11.2021 durch G v. 3.6.2021 (BGBl. I S. 1568).

te Buchprüfer sowie Wirtschaftsprüfungs- und Buchprüfungsgesellschaften, die hinsichtlich des Prüfungsgegenstandes über ausreichende Kenntnisse verfügen.

(3) [1] Über die Prüfung nach Absatz 2 ist ein Prüfungsbericht zu erstellen und auf Anforderung der Bundesanstalt vorzulegen. [2] Die wesentlichen Prüfungsergebnisse sind in einem Fragebogen zusammenzufassen, der dem Prüfungsbericht beizufügen ist. [3] Der Fragebogen ist auch dann bei der Bundesanstalt einzureichen, wenn ein Prüfungsbericht nach Satz 1 nicht angefordert wird. [4] Der Fragebogen ist unverzüglich nach Beendigung der Prüfung einzureichen.

(4) [1] Der Schwarmfinanzierungsdienstleister hat vor Erteilung des Prüfungsauftrags der Bundesanstalt den Prüfer anzuzeigen. [2] Die Bundesanstalt kann innerhalb eines Monats nach Zugang der Anzeige die Bestellung eines anderen Prüfers verlangen, wenn dies zur Erreichung des Prüfungszweckes geboten ist. [3] Die Sätze 1 und 2 gelten nicht für Schwarmfinanzierungsdienstleister, die einem genossenschaftlichen Prüfungsverband angehören oder durch die Prüfungsstelle eines Sparkassen- und Giroverbandes geprüft werden.

(5) [1] Die Bundesanstalt kann gegenüber dem Schwarmfinanzierungsdienstleister Bestimmungen über den Inhalt der Prüfung treffen, die vom Prüfer zu berücksichtigen sind. [2] Sie kann insbesondere Schwerpunkte für die Prüfungen festlegen. [3] Bei Verdacht auf schwerwiegende Verstöße gegen die Pflichten, deren Einhaltung zu prüfen ist, hat der Prüfer die Bundesanstalt unverzüglich zu unterrichten. [4] Die Bundesanstalt kann an den Prüfungen teilnehmen. [5] Hierfür ist der Bundesanstalt der Beginn der Prüfung rechtzeitig mitzuteilen.

(6) [1] Die Bundesanstalt kann die Prüfung nach Absatz 2 auch ohne besonderen Anlass anstelle des Prüfers selbst oder durch Beauftragte durchführen. [2] Der Schwarmfinanzierungsdienstleister ist hierüber rechtzeitig zu informieren.

(7) Widerspruch und Anfechtungsklage gegen Maßnahmen nach den Absätzen 1 bis 6 haben keine aufschiebende Wirkung.

(8) [1] Das Bundesministerium der Finanzen kann durch Rechtsverordnung, die nicht der Zustimmung des Bundesrates bedarf, nähere Bestimmungen über Aufbau, Inhalt und Art und Weise der nach Absatz 3 vorzulegenden Prüfungsberichte sowie nähere Bestimmungen über Art, Umfang und Zeitpunkt der Prüfung nach den Absätzen 1 und 2 erlassen, um Missständen bei der Erbringung von Schwarmfinanzierungsdienstleistungen nach der Verordnung (EU) 2020/1503 entgegenzuwirken, um auf die Einhaltung der der Prüfung nach Absatz 2 Satz 1 unterliegenden Pflichten hinzuwirken und um zu diesem Zweck einheitliche Unterlagen zu erhalten. [2] Das Bundesministerium der Finanzen kann die Ermächtigung durch Rechtsverordnung auf die Bundesanstalt übertragen.

Abschnitt 6.[1)] Mitteilung, Veröffentlichung und Übermittlung von Veränderungen des Stimmrechtsanteils an das Unternehmensregister

§ 33[2)] Mitteilungspflichten des Meldepflichtigen; Verordnungsermächtigung. (1) [1] Wer durch Erwerb, Veräußerung oder auf sonstige Weise 3 Prozent, 5

[1)] Früherer Abschnitt 4 wird Abschnitt 5 mWv 1.7.2002 durch G v. 21.6.2002 (BGBl. I S. 2010); Überschrift neu gef. mWv 20.1.2007 durch G v. 5.1.2007 (BGBl. I S. 10); bish. Abschnitt 5 wird Abschnitt 6 (§§ 33–47) mWv 3.1.2018 durch G v. 23.6.2017 (BGBl. I S. 1693).

[2)] Früherer § 21 Abs. 1 geänd. mWv 1.5.2002 durch G v. 22.4.2002 (BGBl. I S. 1310); Abs. 1 Satz 1 neu gef., Satz 2 eingef., bish. Satz 2 wird Satz 3 und geänd., Abs. 1a und 2 neu gef., Abs. 3 angef. mWv 20.1.2007 durch G v. 5.1.2007 (BGBl. I S. 10); Abs. 1 Satz 4 angef. mWv 28.12.2007 durch G v. 21.12. 2007 (BGBl. I S. 3089); Abs. 1 Satz 1 geänd. mWv 10.7.2015 durch G v. 3.7.2015 (BGBl. I S. 1114); →

Prozent, 10 Prozent, 15 Prozent, 20 Prozent, 25 Prozent, 30 Prozent, 50 Prozent oder 75 Prozent der Stimmrechte aus ihm gehörenden Aktien an einem Emittenten, für den die Bundesrepublik Deutschland der Herkunftsstaat ist, erreicht, überschreitet oder unterschreitet (Meldepflichtiger), hat dies unverzüglich dem Emittenten und gleichzeitig der Bundesanstalt, spätestens innerhalb von vier Handelstagen unter Beachtung von § 34 Absatz 1 und 2 mitzuteilen. [2] Bei Hinterlegungsscheinen, die Aktien vertreten, trifft die Mitteilungspflicht ausschließlich den Inhaber der Hinterlegungsscheine. [3] Die Frist des Satzes 1 beginnt mit dem Zeitpunkt, zu dem der Meldepflichtige Kenntnis davon hat oder nach den Umständen haben mußte, daß sein Stimmrechtsanteil die genannten Schwellen erreicht, überschreitet oder unterschreitet. [4] Hinsichtlich des Fristbeginns wird unwiderleglich vermutet, dass der Meldepflichtige spätestens zwei Handelstage nach dem Erreichen, Überschreiten oder Unterschreiten der genannten Schwellen Kenntnis hat. [5] Kommt es infolge von Ereignissen, die die Gesamtzahl der Stimmrechte verändern, zu einer Schwellenberührung, so beginnt die Frist abweichend von Satz 3, sobald der Meldepflichtige von der Schwellenberührung Kenntnis erlangt, spätestens jedoch mit der Veröffentlichung des Emittenten nach § 41 Absatz 1.

(2) [1] Wem im Zeitpunkt der erstmaligen Zulassung der Aktien zum Handel an einem organisierten Markt 3 Prozent oder mehr der Stimmrechte an einem Emittenten zustehen, für den die Bundesrepublik Deutschland der Herkunftsstaat ist, hat diesem Emittenten sowie der Bundesanstalt eine Mitteilung entsprechend Absatz 1 Satz 1 zu machen. [2] Absatz 1 Satz 2 gilt entsprechend.

(3) Als Gehören im Sinne dieses Abschnitts gilt bereits das Bestehen eines auf die Übertragung von Aktien gerichteten unbedingten und ohne zeitliche Verzögerung zu erfüllenden Anspruchs oder einer entsprechenden Verpflichtung.

(4) Inlandsemittenten und Emittenten, für die die Bundesrepublik Deutschland der Herkunftsstaat ist, sind im Sinne dieses Abschnitts nur solche, deren Aktien zum Handel an einem organisierten Markt zugelassen sind.

(5) [1] Das Bundesministerium der Finanzen kann durch Rechtsverordnung, die nicht der Zustimmung des Bundesrates bedarf, nähere Bestimmungen erlassen über den Inhalt, die Art, die Sprache, den Umfang und die Form der Mitteilung nach Absatz 1 Satz 1 und Absatz 2. [2] Das Bundesministerium der Finanzen kann die Ermächtigung durch Rechtsverordnung auf die Bundesanstalt übertragen, soweit die Art und die Form der Mitteilung nach Absatz 1 oder Absatz 2, insbesondere die Nutzung eines elektronischen Verfahrens, betroffen sind.

§ 34[1)] Zurechnung von Stimmrechten. (1) [1] Für die Mitteilungspflichten nach § 33 Absatz 1 und 2 stehen den Stimmrechten des Meldepflichtigen Stimmrechte aus Aktien des Emittenten, für den die Bundesrepublik Deutschland der Herkunftsstaat ist, gleich,

---

(Fortsetzung der Anm. von voriger Seite)
Überschrift, Abs. 1 Satz 4 neu gef., Satz 5 angef., Abs. 1b eingef. mWv 26.11.2015 durch G v. 20.11.2015 (BGBl. I S. 2029); Abs. 3 Satz 2 angef. mWv 2.7.2016 durch G v. 30.6.2016 (BGBl. I S. 1514); bish. § 21 wird § 33, Abs. 1 Sätze 1, 2 und 5 geänd., bish. Abs. 1a, 1b und 2 werden Abs. 2–4, bish. Abs. 3 wird Abs. 5 und Sätze 1, 2 geänd. mWv 3.1.2018 durch G v. 23.6.2017 (BGBl. I S. 1693).

[1)] Früherer § 22 neu gef. mWv 1.1.2002 durch G v. 20.12.2001 (BGBl. I S. 3822); Abs. 1 Satz 1 einleit. Satzteil, Nr. 6 geänd., Abs. 3a eingef., Abs. 4 neu gef., Abs. 5 angef. mWv 20.1.2007 durch G v. 5.1.2007 (BGBl. I S. 10); Abs. 2 neu gef. mWv 19.8.2008 durch G v. 12.8.2008 (BGBl. I S. 1666); Abs. 1 Satz 1 Nr. 6 geänd., Nr. 7 und 8 angef., Satz 2 geänd., Abs. 3, 3a und 5 aufgeh., bish. Abs. 4 wird Abs. 3 mWv 26.11.2015 durch G v. 20.11.2015 (BGBl. I S. 2029); bish. § 22 wird § 34 und Abs. 1 Satz 1 einl. Satzteil, Abs. 3 Satz 1 geänd. mWv 3.1.2018 durch G v. 23.6.2017 (BGBl. I S. 1693).

1. die einem Tochterunternehmen des Meldepflichtigen gehören,
2. die einem Dritten gehören und von ihm für Rechnung des Meldepflichtigen gehalten werden,
3. die der Meldepflichtige einem Dritten als Sicherheit übertragen hat, es sei denn, der Dritte ist zur Ausübung der Stimmrechte aus diesen Aktien befugt und bekundet die Absicht, die Stimmrechte unabhängig von den Weisungen des Meldepflichtigen auszuüben,
4. an denen zugunsten des Meldepflichtigen ein Nießbrauch bestellt ist,
5. die der Meldepflichtige durch eine Willenserklärung erwerben kann,
6. die dem Meldepflichtigen anvertraut sind oder aus denen er die Stimmrechte als Bevollmächtigter ausüben kann, sofern er die Stimmrechte aus diesen Aktien nach eigenem Ermessen ausüben kann, wenn keine besonderen Weisungen des Aktionärs vorliegen,
7. aus denen der Meldepflichtige die Stimmrechte ausüben kann auf Grund einer Vereinbarung, die eine zeitweilige Übertragung der Stimmrechte ohne die damit verbundenen Aktien gegen Gegenleistung vorsieht,
8. die bei dem Meldepflichtigen als Sicherheit verwahrt werden, sofern der Meldepflichtige die Stimmrechte hält und die Absicht bekundet, diese Stimmrechte auszuüben.

[2] Für die Zurechnung nach Satz 1 Nummer 2 bis 8 stehen dem Meldepflichtigen Tochterunternehmen des Meldepflichtigen gleich. [3] Stimmrechte des Tochterunternehmens werden dem Meldepflichtigen in voller Höhe zugerechnet.

(2) [1] Dem Meldepflichtigen werden auch Stimmrechte eines Dritten aus Aktien des Emittenten, für den die Bundesrepublik Deutschland der Herkunftsstaat ist, in voller Höhe zugerechnet, mit dem der Meldepflichtige oder sein Tochterunternehmen sein Verhalten in Bezug auf diesen Emittenten auf Grund einer Vereinbarung oder in sonstiger Weise abstimmt; ausgenommen sind Vereinbarungen in Einzelfällen. [2] Ein abgestimmtes Verhalten setzt voraus, dass der Meldepflichtige oder sein Tochterunternehmen und der Dritte sich über die Ausübung von Stimmrechten verständigen oder mit dem Ziel einer dauerhaften und erheblichen Änderung der unternehmerischen Ausrichtung des Emittenten in sonstiger Weise zusammenwirken. [3] Für die Berechnung des Stimmrechtsanteils des Dritten gilt Absatz 1 entsprechend.

(3) [1] Wird eine Vollmacht im Falle des Absatzes 1 Satz 1 Nummer 6 nur zur Ausübung der Stimmrechte für eine Hauptversammlung erteilt, ist es für die Erfüllung der Mitteilungspflicht nach § 33 Absatz 1 und 2 in Verbindung mit Absatz 1 Satz 1 Nummer 6 ausreichend, wenn die Mitteilung lediglich bei Erteilung der Vollmacht abgegeben wird. [2] Die Mitteilung muss die Angabe enthalten, wann die Hauptversammlung stattfindet und wie hoch nach Erlöschen der Vollmacht oder des Ausübungsermessens der Stimmrechtsanteil sein wird, der dem Bevollmächtigten zugerechnet wird.

§ 35[1)] Tochterunternehmenseigenschaft; Verordnungsermächtigung.

(1) Vorbehaltlich der Absätze 2 bis 4 sind Tochterunternehmen im Sinne dieses Abschnitts Unternehmen,

---

[1)] Früherer § 22a eingef. mWv 26.11.2015 durch G v. 20.11.2015 (BGBl. I S. 2029); bish. § 22a wird § 35 und Abs. 3 Nr. 2 geänd. mWv 3.1.2018 durch G v. 23.6.2017 (BGBl. I S. 1693).

1. die als Tochterunternehmen im Sinne des § 290 des Handelsgesetzbuchs[1)] gelten oder
2. auf die ein beherrschender Einfluss ausgeübt werden kann,

ohne dass es auf die Rechtsform oder den Sitz ankommt.

(2) Nicht als Tochterunternehmen im Sinne dieses Abschnitts gilt ein Wertpapierdienstleistungsunternehmen hinsichtlich der Beteiligungen, die von ihm im Rahmen einer Wertpapierdienstleistung nach § 2 Absatz 3 Satz 1 Nummer 7 verwaltet werden, wenn

1. das Wertpapierdienstleistungsunternehmen die Stimmrechte, die mit den betreffenden Aktien verbunden sind, unabhängig vom Mutterunternehmen ausübt,
2. das Wertpapierdienstleistungsunternehmen
   a) die Stimmrechte nur auf Grund von in schriftlicher Form oder über elektronische Hilfsmittel erteilten Weisungen ausüben darf oder
   b) durch geeignete Vorkehrungen sicherstellt, dass die Finanzportfolioverwaltung unabhängig von anderen Dienstleistungen und unter Bedingungen erfolgt, die gleichwertig sind denen der Richtlinie 2009/65/EG des Europäischen Parlaments und des Rates vom 13. Juli 2009 zur Koordinierung der Rechts- und Verwaltungsvorschriften betreffend bestimmte Organismen für gemeinsame Anlagen in Wertpapieren (OGAW) (ABl. L 302 vom 17.11. 2009, S. 32) in der jeweils geltenden Fassung,
3. das Mutterunternehmen der Bundesanstalt den Namen des Wertpapierdienstleistungsunternehmens und die für dessen Überwachung zuständige Behörde oder das Fehlen einer solchen Behörde mitteilt und
4. das Mutterunternehmen gegenüber der Bundesanstalt erklärt, dass die Voraussetzungen der Nummer 1 erfüllt sind.

(3) Nicht als Tochterunternehmen im Sinne dieses Abschnitts gelten Kapitalverwaltungsgesellschaften im Sinne des § 17 Absatz 1 des Kapitalanlagegesetzbuchs und EU-Verwaltungsgesellschaften im Sinne des § 1 Absatz 17 des Kapitalanlagegesetzbuchs hinsichtlich der Beteiligungen, die zu den von ihnen verwalteten Investmentvermögen gehören, wenn

1. die Verwaltungsgesellschaft die Stimmrechte, die mit den betreffenden Aktien verbunden sind, unabhängig vom Mutterunternehmen ausübt,
2. die Verwaltungsgesellschaft die zu dem Investmentvermögen gehörenden Beteiligungen im Sinne der §§ 33 und 34 nach Maßgabe der Richtlinie 2009/65/EG verwaltet,
3. das Mutterunternehmen der Bundesanstalt den Namen der Verwaltungsgesellschaft und die für deren Überwachung zuständige Behörde oder das Fehlen einer solchen Behörde mitteilt und
4. das Mutterunternehmen gegenüber der Bundesanstalt erklärt, dass die Voraussetzungen der Nummer 1 erfüllt sind.

(4) Ein Unternehmen mit Sitz in einem Drittstaat, das nach § 32 Absatz 1 Satz 1 in Verbindung mit § 1 Absatz 1a Satz 2 Nummer 3 des Kreditwesengesetzes einer Zulassung für die Finanzportfolioverwaltung oder einer Erlaubnis nach § 20 oder § 113 des Kapitalanlagegesetzbuchs bedürfte, wenn es seinen Sitz oder seine Hauptverwaltung im Inland hätte, gilt nicht als Tochterunternehmen im Sinne dieses Abschnitts, wenn

---

[1)] **Habersack, Deutsche Gesetze Nr. 50.**

1. das Unternehmen bezüglich seiner Unabhängigkeit Anforderungen genügt, die denen nach Absatz 2 oder Absatz 3, auch in Verbindung mit einer Rechtsverordnung nach Absatz 6, jeweils gleichwertig sind,
2. das Mutterunternehmen der Bundesanstalt den Namen dieses Unternehmens und die für dessen Überwachung zuständige Behörde oder das Fehlen einer solchen Behörde mitteilt und
3. das Mutterunternehmen gegenüber der Bundesanstalt erklärt, dass die Voraussetzungen der Nummer 1 erfüllt sind.

(5) Abweichend von den Absätzen 2 bis 4 gelten Wertpapierdienstleistungsunternehmen und Verwaltungsgesellschaften jedoch dann als Tochterunternehmen im Sinne dieses Abschnitts, wenn

1. das Mutterunternehmen oder ein anderes Tochterunternehmen des Mutterunternehmens seinerseits Anteile an der von dem Unternehmen verwalteten Beteiligung hält und
2. das Unternehmen die Stimmrechte, die mit diesen Beteiligungen verbunden sind, nicht nach freiem Ermessen, sondern nur auf Grund unmittelbarer oder mittelbarer Weisungen ausüben kann, die ihm vom Mutterunternehmen oder von einem anderen Tochterunternehmen des Mutterunternehmens erteilt werden.

(6) Das Bundesministerium der Finanzen wird ermächtigt, durch Rechtsverordnung, die nicht der Zustimmung des Bundesrates bedarf, nähere Bestimmungen zu erlassen über die Umstände, unter denen in den Fällen der Absätze 2 bis 5 eine Unabhängigkeit vom Mutterunternehmen gegeben ist.

§ 36[1)] Nichtberücksichtigung von Stimmrechten. (1) Stimmrechte aus Aktien eines Emittenten, für den die Bundesrepublik Deutschland der Herkunftsstaat ist, bleiben bei der Berechnung des Stimmrechtsanteils unberücksichtigt, wenn ihr Inhaber

1. ein Kreditinstitut oder ein Wertpapierdienstleistungsunternehmen mit Sitz in einem Mitgliedstaat der Europäischen Union oder in einem anderen Vertragsstaat des Abkommens über den Europäischen Wirtschaftsraum ist,
2. die betreffenden Aktien im Handelsbuch hält und dieser Anteil nicht mehr als 5 Prozent der Stimmrechte beträgt und
3. sicherstellt, dass die Stimmrechte aus den betreffenden Aktien nicht ausgeübt und nicht anderweitig genutzt werden, um auf die Geschäftsführung des Emittenten Einfluss zu nehmen.

(2) Unberücksichtigt bei der Berechnung des Stimmrechtsanteils bleiben Stimmrechte aus Aktien, die gemäß der Verordnung (EG) Nr. 2273/2003 zu Stabilisierungszwecken erworben wurden, wenn der Aktieninhaber sicherstellt, dass die Stimmrechte aus den betreffenden Aktien nicht ausgeübt und nicht anderweitig genutzt werden, um auf die Geschäftsführung des Emittenten Einfluss zu nehmen.

[1)] Früherer § 23 neu gef. mWv 20.1.2007 durch G v. 5.1.2007 (BGBl. I S. 10); Abs. 4 neu gef. mWv 28.12.2007 durch G v. 21.12.2007 (BGBl. I S. 3089); Abs. 1 Nr. 1 und 2 geänd., Abs. 1a eingef., Abs. 4 Satz 1 Nr. 2 geänd., Abs. 7 angef. mWv 26.11.2015 durch G v. 20.11.2015 (BGBl. I S. 2029); bish. § 23 wird § 36 und bish. Abs. 1a, 2 und 3 werden Abs. 2–4, bish. Abs. 4 wird Abs. 5 und Satz 1 einl. Satzteil und Nr. 4 geänd., bish. Abs. 5 wird Abs. 6 und geänd., bish. Abs. 6 wird Abs. 7 und Nr. 1–3 geänd., bish. Abs. 7 wird Abs. 8 und geänd. mWv 3.1.2018 durch G v. 23.6.2017 (BGBl. I S. 1693).

(3) Stimmrechte aus Aktien eines Emittenten, für den die Bundesrepublik Deutschland der Herkunftsstaat ist, bleiben bei der Berechnung des Stimmrechtsanteils unberücksichtigt, sofern

1. die betreffenden Aktien ausschließlich für den Zweck der Abrechnung und Abwicklung von Geschäften für höchstens drei Handelstage gehalten werden, selbst wenn die Aktien auch außerhalb eines organisierten Marktes gehandelt werden, oder
2. eine mit der Verwahrung von Aktien betraute Stelle die Stimmrechte aus den verwahrten Aktien nur aufgrund von Weisungen, die schriftlich oder über elektronische Hilfsmittel erteilt wurden, ausüben darf.

(4) [1] Stimmrechte aus Aktien, die die Mitglieder des Europäischen Systems der Zentralbanken bei der Wahrnehmung ihrer Aufgaben als Währungsbehörden zur Verfügung gestellt bekommen oder die sie bereitstellen, bleiben bei der Berechnung des Stimmrechtsanteils am Emittenten, für den die Bundesrepublik Deutschland der Herkunftsstaat ist, unberücksichtigt, soweit es sich bei den Transaktionen um kurzfristige Geschäfte handelt und die Stimmrechte aus den betreffenden Aktien nicht ausgeübt werden. [2] Satz 1 gilt insbesondere für Stimmrechte aus Aktien, die einem oder von einem Mitglied im Sinne des Satzes 1 zur Sicherheit übertragen werden, und für Stimmrechte aus Aktien, die dem Mitglied als Pfand oder im Rahmen eines Pensionsgeschäfts oder einer ähnlichen Vereinbarung gegen Liquidität für geldpolitische Zwecke oder innerhalb eines Zahlungssystems zur Verfügung gestellt oder von diesem bereitgestellt werden.

(5) [1] Für die Meldeschwellen von 3 Prozent und 5 Prozent bleiben Stimmrechte aus solchen Aktien eines Emittenten, für den die Bundesrepublik Deutschland der Herkunftsstaat ist, unberücksichtigt, die von einer Person erworben oder veräußert werden, die an einem Markt dauerhaft anbietet, Finanzinstrumente im Wege des Eigenhandels zu selbst gestellten Preisen zu kaufen oder zu verkaufen, wenn

1. diese Person dabei in ihrer Eigenschaft als Market Maker handelt,
2. sie eine Zulassung nach der Richtlinie 2004/39/EG hat,
3. sie nicht in die Geschäftsführung des Emittenten eingreift und keinen Einfluss auf ihn dahingehend ausübt, die betreffenden Aktien zu kaufen oder den Preis der Aktien zu stützen und
4. sie der Bundesanstalt unverzüglich, spätestens innerhalb von vier Handelstagen mitteilt, dass sie hinsichtlich der betreffenden Aktien als Market Maker tätig ist; für den Beginn der Frist gilt § 33 Absatz 1 Satz 3 und 4 entsprechend.

[2] Die Person kann die Mitteilung auch schon zu dem Zeitpunkt abgeben, an dem sie beabsichtigt, hinsichtlich der betreffenden Aktien als Market Maker tätig zu werden.

(6) Stimmrechte aus Aktien, die nach den Absätzen 1 bis 5 bei der Berechnung des Stimmrechtsanteils unberücksichtigt bleiben, können mit Ausnahme von Absatz 3 Nummer 2 nicht ausgeübt werden.

(7) Das Bundesministerium der Finanzen kann durch Rechtsverordnung[1)], die nicht der Zustimmung des Bundesrates bedarf,

1. eine geringere Höchstdauer für das Halten der Aktien nach Absatz 3 Nummer 1 festlegen,

---

[1)] Siehe die Transparenzrichtlinie-DurchführungsVO v. 13.3.2008 (BGBl. I S. 408), zuletzt geänd. durch G v. 23.6.2017 (BGBl. I S. 1693).

2. nähere Bestimmungen erlassen über die Nichtberücksichtigung der Stimmrechte eines Market Maker nach Absatz 5 und
3. nähere Bestimmungen erlassen über elektronische Hilfsmittel, mit denen Weisungen nach Absatz 3 Nummer 2 erteilt werden können.

(8) Die Berechnung der Stimmrechte, die nach den Absätzen 1 und 5 nicht zu berücksichtigen sind, bestimmt sich nach den in Artikel 9 Absatz 6b und Artikel 13 Absatz 4 der Richtlinie 2004/109/EG des Europäischen Parlaments und des Rates vom 15. Dezember 2004 zur Harmonisierung der Transparenzanforderungen in Bezug auf Informationen über Emittenten, deren Wertpapiere zum Handel auf einem geregelten Markt zugelassen sind, und zur Änderung der Richtlinie 2001/34/EG (ABl. L 390 vom 31.12.2004, S. 38) benannten technischen Regulierungsstandards.

§ 37[1)] Mitteilung durch Mutterunternehmen; Verordnungsermächtigung. (1) Ein Meldepflichtiger ist von den Meldepflichten nach § 33 Absatz 1 und 2, § 38 Absatz 1 und § 39 Absatz 1 befreit, wenn die Mitteilung von seinem Mutterunternehmen erfolgt oder, falls das Mutterunternehmen selbst ein Tochterunternehmen ist, durch dessen Mutterunternehmen erfolgt.

(2) Das Bundesministerium der Finanzen kann durch Rechtsverordnung, die nicht der Zustimmung des Bundesrates bedarf, nähere Bestimmungen erlassen über den Inhalt, die Art, die Sprache, den Umfang und die Form der Mitteilung nach Absatz 1.

§ 38[2)] Mitteilungspflichten beim Halten von Instrumenten; Verordnungsermächtigung. (1) [1]Die Mitteilungspflicht nach § 33 Absatz 1 und 2 gilt bei Erreichen, Überschreiten oder Unterschreiten der in § 33 Absatz 1 Satz 1 genannten Schwellen mit Ausnahme der Schwelle von 3 Prozent entsprechend für unmittelbare oder mittelbare Inhaber von Instrumenten, die

1. dem Inhaber entweder
   a) bei Fälligkeit ein unbedingtes Recht auf Erwerb mit Stimmrechten verbundener und bereits ausgegebener Aktien eines Emittenten, für den die Bundesrepublik Deutschland der Herkunftsstaat ist, oder
   b) ein Ermessen in Bezug auf sein Recht auf Erwerb dieser Aktien

   verleihen, oder
2. sich auf Aktien im Sinne der Nummer 1 beziehen und eine vergleichbare wirtschaftliche Wirkung haben wie die in Nummer 1 genannten Instrumente, unabhängig davon, ob sie einen Anspruch auf physische Lieferung einräumen oder nicht.

[2]Die §§ 36 und 37 gelten entsprechend.

(2) Instrumente im Sinne des Absatzes 1 können insbesondere sein:

1. übertragbare Wertpapiere,
2. Optionen,
3. Terminkontrakte,
4. Swaps,

[1)] Früherer § 24 neu gef. mWv 26.11.2015 durch G v. 20.11.2015 (BGBl. I S. 2029); bish. § 24 wird § 37 und Abs. 1 geänd. mWv 3.1.2018 durch G v. 23.6.2017 (BGBl. I S. 1693).

[2)] Früherer § 25 neu gef. mWv 26.11.2015 durch G v. 20.11.2015 (BGBl. I S. 2029); Abs. 5 Satz 2 angef. mWv 2.7.2016 durch G v. 30.6.2016 (BGBl. I S. 1514); bish. § 25 wird § 38, Satz 1 einl. Satzteil und Satz 2 geänd. mWv 3.1.2018 durch G v. 23.6.2017 (BGBl. I S. 1693).

5. Zinsausgleichsvereinbarungen und
6. Differenzgeschäfte.

(3) [1] Die Anzahl der für die Mitteilungspflicht nach Absatz 1 maßgeblichen Stimmrechte ist anhand der vollen nominalen Anzahl der dem Instrument zugrunde liegenden Aktien zu berechnen. [2] Sieht das Instrument ausschließlich einen Barausgleich vor, ist die Anzahl der Stimmrechte abweichend von Satz 1 auf einer Delta-angepassten Basis zu berechnen, wobei die nominale Anzahl der zugrunde liegenden Aktien mit dem Delta des Instruments zu multiplizieren ist. [3] Die Einzelheiten der Berechnung bestimmen sich nach den in Artikel 13 Absatz 1a der Richtlinie 2004/109/EG des Europäischen Parlaments und des Rates vom 15. Dezember 2004 zur Harmonisierung der Transparenzanforderungen in Bezug auf Informationen über Emittenten, deren Wertpapiere zum Handel auf einem geregelten Markt zugelassen sind, und zur Änderung der Richtlinie 2001/34/EG (ABl. L 390 vom 31.12.2004, S. 38) benannten technischen Regulierungsstandards. [4] Bei Instrumenten, die sich auf einen Aktienkorb oder einen Index beziehen, bestimmt sich die Berechnung ebenfalls nach den technischen Regulierungsstandards gemäß Satz 2.

(4) [1] Beziehen sich verschiedene der in Absatz 1 genannten Instrumente auf Aktien desselben Emittenten, sind die Stimmrechte aus diesen Aktien zusammenzurechnen. [2] Erwerbspositionen dürfen nicht mit Veräußerungspositionen verrechnet werden.

(5) [1] Das Bundesministerium der Finanzen kann durch Rechtsverordnung, die nicht der Zustimmung des Bundesrates bedarf, nähere Bestimmungen erlassen über den Inhalt, die Art, die Sprache, den Umfang und die Form der Mitteilung nach Absatz 1. [2] Das Bundesministerium der Finanzen kann die Ermächtigung durch Rechtsverordnung auf die Bundesanstalt übertragen, soweit die Art und die Form der Mitteilung nach Absatz 1, insbesondere die Nutzung eines elektronischen Verfahrens, betroffen sind.

§ 39[1)] Mitteilungspflichten bei Zusammenrechnung; Verordnungsermächtigung. (1) Die Mitteilungspflicht nach § 33 Absatz 1 und 2 gilt entsprechend für Inhaber von Stimmrechten im Sinne des § 33 und Instrumenten im Sinne des § 38, wenn die Summe der nach § 33 Absatz 1 Satz 1 oder Absatz 2 und § 38 Absatz 1 Satz 1 zu berücksichtigenden Stimmrechte an demselben Emittenten die in § 33 Absatz 1 Satz 1 genannten Schwellen mit Ausnahme der Schwelle von 3 Prozent erreicht, überschreitet oder unterschreitet.

(2) [1] Das Bundesministerium der Finanzen kann durch Rechtsverordnung, die nicht der Zustimmung des Bundesrates bedarf, nähere Bestimmungen erlassen über den Inhalt, die Art, die Sprache, den Umfang und die Form der Mitteilung nach Absatz 1. [2] Das Bundesministerium der Finanzen kann die Ermächtigung durch Rechtsverordnung auf die Bundesanstalt übertragen, soweit die Art und die Form der Mitteilung nach Absatz 1, insbesondere die Nutzung eines elektronischen Verfahrens, betroffen sind.

---

1) Früherer § 25a neu gef. mWv 26.11.2015 durch G v. 20.11.2015 (BGBl. I S. 2029); Abs. 2 Satz 2 angef. mWv 2.7.2016 durch G v. 30.6.2016 (BGBl. I S. 1514); bish. § 25a wird § 39 und Abs. 1 geänd. mWv 3.1.2018 durch G v. 23.6.2017 (BGBl. I S. 1693).

§ 40[1)] Veröffentlichungspflichten des Emittenten und Übermittlung an das Unternehmensregister. (1) [1] Ein Inlandsemittent hat Informationen nach § 33 Absatz 1 Satz 1, Absatz 2 und § 38 Absatz 1 Satz 1 sowie § 39 Absatz 1 Satz 1 oder nach entsprechenden Vorschriften anderer Mitgliedstaaten der Europäischen Union oder anderer Vertragsstaaten des Abkommens über den Europäischen Wirtschaftsraum unverzüglich, spätestens drei Handelstage nach Zugang der Mitteilung zu veröffentlichen; er übermittelt sie außerdem unverzüglich, jedoch nicht vor ihrer Veröffentlichung der das Unternehmensregister führenden Stelle zur Einstellung in das Unternehmensregister. [2] Erreicht, überschreitet oder unterschreitet ein Inlandsemittent in Bezug auf eigene Aktien entweder selbst, über ein Tochterunternehmen oder über eine in eigenem Namen, aber für Rechnung dieses Emittenten handelnde Person die Schwellen von 5 Prozent oder 10 Prozent durch Erwerb, Veräußerung oder auf sonstige Weise, gilt Satz 1 entsprechend mit der Maßgabe, dass abweichend von Satz 1 eine Erklärung zu veröffentlichen ist, deren Inhalt sich nach § 33 Absatz 1 Satz 1, auch in Verbindung mit einer Rechtsverordnung nach § 33 Absatz 5 bestimmt, und die Veröffentlichung spätestens vier Handelstage nach Erreichen, Überschreiten oder Unterschreiten der genannten Schwellen zu erfolgen hat; wenn für den Emittenten die Bundesrepublik Deutschland der Herkunftsstaat ist, ist außerdem die Schwelle von 3 Prozent maßgeblich.

(2) Der Inlandsemittent hat gleichzeitig mit der Veröffentlichung nach Absatz 1 Satz 1 und 2 diese der Bundesanstalt mitzuteilen.

(3) Das Bundesministerium der Finanzen kann durch Rechtsverordnung, die nicht der Zustimmung des Bundesrates bedarf, nähere Bestimmungen erlassen über

1. den Inhalt, die Art, die Sprache, den Umfang und die Form sowie die elektronische Verarbeitung der Angaben der Veröffentlichung nach Absatz 1 Satz 1 einschließlich enthaltener personenbezogener Daten und
2. den Inhalt, die Art, die Sprache, den Umfang, die Form sowie die elektronische Verarbeitung der Angaben der Mitteilung nach Absatz 2 einschließlich enthaltener personenbezogener Daten.

§ 41[2)] Veröffentlichung der Gesamtzahl der Stimmrechte und Übermittlung an das Unternehmensregister. (1) [1] Ist es bei einem Inlandsemittenten zu einer Zu- oder Abnahme von Stimmrechten gekommen, so ist er verpflichtet, die Gesamtzahl der Stimmrechte unter Angabe der auf diese entfallenden Anzahl von Mehrstimmrechten und das Datum der Wirksamkeit der Zu- oder Abnahme in der in § 40 Absatz 1 Satz 1, auch in Verbindung mit einer Rechtsverordnung nach Absatz 3 Nummer 1, vorgesehenen Weise unverzüglich, spätestens innerhalb von zwei Handelstagen zu veröffentlichen. [2] Er hat die Veröffentlichung gleichzeitig der Bundesanstalt entsprechend § 40 Absatz 2, auch in Verbindung mit einer Rechtsverordnung nach Absatz 3 Nummer 2, mitzuteilen. [3] Er übermittelt die

---

[1)] Früherer § 26 neu gef. mWv 20.1.2007 durch G v. 5.1.2007 (BGBl. I S. 10); Abs. 1 Satz 2 geänd. mWv 8.4.2011, Abs. 1 Satz 1 geänd. mWv 1.2.2012 durch G v. 5.4.2011 (BGBl. I S. 538); Abs. 1 Satz 2 geänd. mWv 26.11.2015 durch G v. 20.11.2015 (BGBl. I S. 2029); Abs. 3 Nr. 1 und 2 neu gef. mWv 2.7.2016 durch G v. 30.6.2016 (BGBl. I S. 1514); bish. § 26 wird § 40 und Abs. 1 Sätze 1 und 2 geänd. mWv 3.1.2018 durch G v. 23.6.2017 (BGBl. I S. 1693); Abs. 1 Satz 1 geänd. mWv 1.8.2022 durch G v. 5.7.2021 (BGBl. I S. 3338).

[2)] Früherer § 26a neu gef. mWv 26.11.2015 durch G v. 20.11.2015 (BGBl. I S. 2029); bish. § 26a wird § 41 und Abs. 1 Sätze 1 und 2 geänd. mWv 3.1.2018 durch G v. 23.6.2017 (BGBl. I S. 1693); Abs. 1 Satz 3 geänd. mWv 1.8.2022 durch G v. 5.7.2021 (BGBl. I S. 3338); Abs. 1 Satz 1 geänd. mWv 15.12.2023 durch G v. 11.12.2023 (BGBl. 2023 I Nr. 354).

Informationen außerdem unverzüglich, jedoch nicht vor ihrer Veröffentlichung, der das Unternehmensregister führenden Stelle zur Einstellung in das Unternehmensregister.

(2) [1] Bei der Ausgabe von Bezugsaktien ist die Gesamtzahl der Stimmrechte abweichend von Absatz 1 Satz 1 nur im Zusammenhang mit einer ohnehin erforderlichen Veröffentlichung nach Absatz 1, spätestens jedoch am Ende des Kalendermonats, in dem es zu einer Zu- oder Abnahme von Stimmrechten gekommen ist, zu veröffentlichen. [2] Der Veröffentlichung des Datums der Wirksamkeit der Zu- oder Abnahme bedarf es nicht.

§ 42[1)] **Nachweis mitgeteilter Beteiligungen.** Wer eine Mitteilung nach § 33 Absatz 1 oder 2, § 38 Absatz 1 oder § 39 Absatz 1 abgegeben hat, muß auf Verlangen der Bundesanstalt oder des Emittenten, für den die Bundesrepublik Deutschland der Herkunftsstaat ist, das Bestehen der mitgeteilten Beteiligung nachweisen.

§ 43[2)] **Mitteilungspflichten für Inhaber wesentlicher Beteiligungen.**

(1) [1] Ein Meldepflichtiger im Sinne der §§ 33 und 34, der die Schwelle von 10 Prozent der Stimmrechte aus Aktien oder eine höhere Schwelle erreicht oder überschreitet, muss dem Emittenten, für den die Bundesrepublik Deutschland Herkunftsstaat ist, die mit dem Erwerb der Stimmrechte verfolgten Ziele und die Herkunft der für den Erwerb verwendeten Mittel innerhalb von 20 Handelstagen nach Erreichen oder Überschreiten dieser Schwellen mitteilen. [2] Eine Änderung der Ziele im Sinne des Satzes 1 ist innerhalb von 20 Handelstagen mitzuteilen. [3] Hinsichtlich der mit dem Erwerb der Stimmrechte verfolgten Ziele hat der Meldepflichtige anzugeben, ob

1. die Investition der Umsetzung strategischer Ziele oder der Erzielung von Handelsgewinnen dient,
2. er innerhalb der nächsten zwölf Monate weitere Stimmrechte durch Erwerb oder auf sonstige Weise zu erlangen beabsichtigt,
3. er eine Einflussnahme auf die Besetzung von Verwaltungs-, Leitungs- und Aufsichtsorganen des Emittenten anstrebt und
4. er eine wesentliche Änderung der Kapitalstruktur der Gesellschaft, insbesondere im Hinblick auf das Verhältnis von Eigen- und Fremdfinanzierung und die Dividendenpolitik anstrebt.

[4] Hinsichtlich der Herkunft der verwendeten Mittel hat der Meldepflichtige anzugeben, ob es sich um Eigen- oder Fremdmittel handelt, die der Meldepflichtige zur Finanzierung des Erwerbs der Stimmrechte aufgenommen hat. [5] Eine Mitteilungspflicht nach Satz 1 besteht nicht, wenn der Schwellenwert auf Grund eines Angebots im Sinne des § 2 Absatz 1 des Wertpapiererwerbs- und Übernahmegesetzes[3)] erreicht oder überschritten wurde. [6] Die Mitteilungspflicht besteht ferner nicht für Kapitalverwaltungsgesellschaften sowie ausländische Verwaltungsgesell-

---

[1)] Früherer § 27 geänd. mWv 1.5.2002 durch G v. 22.4.2002 (BGBl. I S. 1310); geänd. mWv 20.1.2007 durch G v. 5.1.2007 (BGBl. I S. 10); geänd. mWv 26.11.2015 durch G v. 20.11.2015 (BGBl. I S. 2029); bish. § 27 wird § 42 und geänd. mWv 3.1.2018 durch G v. 23.6.2017 (BGBl. I S. 1693).

[2)] Früherer § 27a eingef. mWv 31.5.2009 durch G v. 12.8.2008 (BGBl. I S. 1666); Abs. 1 Satz 6 neu gef. mWv 1.7.2012 durch G v. 26.6.2012 (BGBl. I S. 1375); Abs. 1 Satz 6 geänd. mWv 22.7.2013 durch G v. 4.7.2013 (BGBl. I S. 1981); Abs. 2 geänd. mWv 26.11.2015 durch G v. 20.11.2015 (BGBl. I S. 2029); bish. § 27a wird § 43, Abs. 1 Sätze 1 und 5 und Abs. 2 geänd. mWv 3.1.2018 durch G v. 23.6.2017 (BGBl. I S. 1693); Abs. 2 geänd. mWv 1.8.2022 durch G v. 5.7.2021 (BGBl. I S. 3338).

[3)] Nr. **58a**.

schaften und Investmentgesellschaften im Sinne der Richtlinie 2009/65/EG, die einem Artikel 56 Absatz 1 Satz 1 der Richtlinie 2009/65/EG entsprechenden Verbot unterliegen, sofern eine Anlagegrenze von 10 Prozent oder weniger festgelegt worden ist; eine Mitteilungspflicht besteht auch dann nicht, wenn eine Artikel 57 Absatz 1 Satz 1 und Absatz 2 der Richtlinie 2009/65/EG entsprechende zulässige Ausnahme bei der Überschreitung von Anlagegrenzen vorliegt.

(2) Der Emittent hat die erhaltene Information oder die Tatsache, dass die Mitteilungspflicht nach Absatz 1 nicht erfüllt wurde, entsprechend § 40 Absatz 1 Satz 1 in Verbindung mit der Rechtsverordnung nach § 40 Absatz 3 Nummer 1 zu veröffentlichen; er übermittelt diese Informationen außerdem unverzüglich, jedoch nicht vor ihrer Veröffentlichung der das Unternehmensregister führenden Stelle zur Einstellung in das Unternehmensregister.

(3) [1] Die Satzung eines Emittenten mit Sitz im Inland kann vorsehen, dass Absatz 1 keine Anwendung findet. [2] Absatz 1 findet auch keine Anwendung auf Emittenten mit Sitz im Ausland, deren Satzung oder sonstige Bestimmungen eine Nichtanwendung vorsehen.

(4) Das Bundesministerium der Finanzen kann durch Rechtsverordnung, die nicht der Zustimmung des Bundesrates bedarf, nähere Bestimmungen über den Inhalt, die Art, die Sprache, den Umfang und die Form der Mitteilungen nach Absatz 1 erlassen.

§ 44[1)] Rechtsverlust. (1) [1] Rechte aus Aktien, die einem Meldepflichtigen gehören oder aus denen ihm Stimmrechte gemäß § 34 zugerechnet werden, bestehen nicht für die Zeit, für welche die Mitteilungspflichten nach § 33 Absatz 1 oder 2 nicht erfüllt werden. [2] Dies gilt nicht für Ansprüche nach § 58 Abs. 4 des Aktiengesetzes[2)] und § 271 des Aktiengesetzes, wenn die Mitteilung nicht vorsätzlich unterlassen wurde und nachgeholt worden ist. [3] Sofern die Höhe des Stimmrechtsanteils betroffen ist, verlängert sich die Frist nach Satz 1 bei vorsätzlicher oder grob fahrlässiger Verletzung der Mitteilungspflichten um sechs Monate. [4] Satz 3 gilt nicht, wenn die Abweichung bei der Höhe der in der vorangegangenen unrichtigen Mitteilung angegebenen Stimmrechte weniger als 10 Prozent des tatsächlichen Stimmrechtsanteils beträgt und keine Mitteilung über das Erreichen, Überschreiten oder Unterschreiten einer der in § 33 genannten Schwellen unterlassen wird.

(2) Kommt der Meldepflichtige seinen Mitteilungspflichten nach § 38 Absatz 1 oder § 39 Absatz 1 nicht nach, so ist Absatz 1 auf Aktien desselben Emittenten anzuwenden, die dem Meldepflichtigen gehören.

§ 45[3)] Richtlinien der Bundesanstalt. [1] Die Bundesanstalt kann Richtlinien aufstellen, nach denen sie für den Regelfall beurteilt, ob die Voraussetzungen für einen mitteilungspflichtigen Vorgang oder eine Befreiung von den Mitteilungspflichten nach § 33 Absatz 1 gegeben sind. [2] Die Richtlinien sind im Bundesanzeiger zu veröffentlichen.

[1)] Früherer § 28 Satz 1 geänd. mWv 1.1.2002 durch G v. 20.12.2001 (BGBl. I S. 3822); Sätze 3 und 4 angef. mWv 19.8.2008 durch G v. 12.8.2008 (BGBl. I S. 1666); Abs. 1 Satz 1 geänd., Abs. 2 angef. mWv 26.11.2015 durch G v. 20.11.2015 (BGBl. I S. 2029); bish. § 28 wird § 44, Abs. 1 Sätze 1 und 4, Abs. 2 geänd. mWv 3.1.2018 durch G v. 23.6.2017 (BGBl. I S. 1693).

[2)] **Habersack, Deutsche Gesetze Nr. 51.**

[3)] Früherer § 29 neu gef. mWv 30.10.2004 durch G v. 28.10.2004 (BGBl. I S. 2630); Satz 2 geänd. mWv 1.4.2012 durch G v. 22.12.2011 (BGBl. I S. 3044); bish. § 29 wird § 45 und geänd. mWv 3.1.2018 durch G v. 23.6.2017 (BGBl. I S. 1693).

§ 46[1]) Befreiungen; Verordnungsermächtigung. (1) [1]Die Bundesanstalt kann Inlandsemittenten mit Sitz in einem Drittstaat von den Pflichten nach § 40 Absatz 1 und § 41 freistellen, soweit diese Emittenten gleichwertigen Regeln eines Drittstaates unterliegen oder sich solchen Regeln unterwerfen. [2]Die Bundesanstalt unterrichtet die Europäische Wertpapier- und Marktaufsichtsbehörde über die erteilte Freistellung. [3]Satz 1 gilt nicht für Pflichten dieser Emittenten nach § 40 Absatz 1 und § 41 auf Grund von Mitteilungen nach § 39.

(2) [1]Emittenten, denen die Bundesanstalt eine Befreiung nach Absatz 1 erteilt hat, müssen Informationen über Umstände, die denen des § 33 Absatz 1 Satz 1 und Absatz 2, § 38 Absatz 1 Satz 1, § 40 Absatz 1 Satz 1 und 2 sowie § 41 entsprechen und die nach den gleichwertigen Regeln eines Drittstaates der Öffentlichkeit zur Verfügung zu stellen sind, in der in § 40 Absatz 1 Satz 1, auch in Verbindung mit einer Rechtsverordnung nach Absatz 3, geregelten Weise veröffentlichen und gleichzeitig der Bundesanstalt mitteilen. [2]Die Informationen sind außerdem unverzüglich, jedoch nicht vor ihrer Veröffentlichung der das Unternehmensregister führenden Stelle zur Einstellung in das Unternehmensregister zu übermitteln.

(3) Das Bundesministerium der Finanzen wird ermächtigt, durch Rechtsverordnung[2]), die nicht der Zustimmung des Bundesrates bedarf, nähere Bestimmungen über die Gleichwertigkeit von Regeln eines Drittstaates und die Freistellung von Emittenten nach Absatz 1 zu erlassen.

§ 47[3]) Handelstage. (1) Für die Berechnung der Mitteilungs- und Veröffentlichungsfristen nach diesem Abschnitt gelten als Handelstage alle Kalendertage, die nicht Sonnabende, Sonntage oder zumindest in einem Land landeseinheitliche gesetzlich anerkannte Feiertage sind.

(2) Die Bundesanstalt stellt im Internet unter ihrer Adresse einen Kalender der Handelstage zur Verfügung.

Abschnitt 7.[4]) Notwendige Informationen für die Wahrnehmung von Rechten aus Wertpapieren

§ 48[5]) Pflichten der Emittenten gegenüber Wertpapierinhabern. (1) Emittenten, für die die Bundesrepublik Deutschland der Herkunftsstaat ist, müssen sicherstellen, dass

---

[1]) Früherer § 29a eingef. mWv 20.1.2007 durch G v. 5.1.2007 (BGBl. I S. 10); Abs. 3 Satz 2 neu gef. mWv 28.12.2007 durch G v. 21.12.2007 (BGBl. I S. 3089); Abs. 1 Satz 3 angef. mWv 1.2.2012 durch G v. 5.4.2011 (BGBl. I S. 538); Abs. 1 Satz 2 angef. mWv 1.1.2012 durch G v. 4.12.2011 (BGBl. I S. 2427); Überschrift neu gef., Abs. 3 aufgeh., bish. Abs. 4 wird Abs. 3 und geänd. mWv 26.11.2015 durch G v. 20.11.2015 (BGBl. I S. 2029); bish. § 29a wird § 46, Abs. 1 Sätze 1 und 3, Abs. 2 Satz 1 geänd. mWv 3.1. 2018 durch G v. 23.6.2017 (BGBl. I S. 1693); Abs. 2 Satz 2 geänd. mWv 1.8.2022 durch G v. 5.7.2021 (BGBl. I S. 3338).

[2]) Siehe die Transparenzrichtlinie-DurchführungsVO v. 13.3.2008 (BGBl. I S. 408), zuletzt geänd. durch G v. 23.6.2017 (BGBl. I S. 1693).

[3]) Früherer § 30 eingef. mWv 20.1.2007 durch G v. 5.1.2007 (BGBl. I S. 10); bish. § 30 wird § 47 mWv 3.1.2018 durch G v. 23.6.2017 (BGBl. I S. 1693).

[4]) Früherer Abschnitt 5a (§§ 30a–30g) eingef. mWv 20.1.2007 durch G v. 5.1.2007 (BGBl. I S. 10); bish. Abschnitt 5a wird Abschnitt 7 (§§ 48–52) mWv 3.1.2018 durch G v. 23.6.2017 (BGBl. I S. 1693).

[5]) Früherer § 30a eingef. mWv 20.1.2007 durch G v. 5.1.2007 (BGBl. I S. 10); Abs. 2 neu gef. mWv 1.7.2012 durch G v. 26.6.2012 (BGBl. I S. 1375); Abs. 1 Nr. 6 geänd. mWv 19.7.2014 durch G v. 15.7. 2014 (BGBl. I S. 934); bish. § 30a wird § 48 und Abs. 3 geänd. mWv 3.1.2018 durch G v. 23.6.2017 (BGBl. I S. 1693).

1. alle Inhaber der zugelassenen Wertpapiere unter gleichen Voraussetzungen gleich behandelt werden;
2. alle Einrichtungen und Informationen, die die Inhaber der zugelassenen Wertpapiere zur Ausübung ihrer Rechte benötigen, im Inland öffentlich zur Verfügung stehen;
3. Daten zu Inhabern zugelassener Wertpapiere vor einer Kenntnisnahme durch Unbefugte geschützt sind;
4. für die gesamte Dauer der Zulassung der Wertpapiere mindestens ein Finanzinstitut als Zahlstelle im Inland bestimmt ist, bei der alle erforderlichen Maßnahmen hinsichtlich der Wertpapiere, im Falle der Vorlegung der Wertpapiere bei dieser Stelle kostenfrei, bewirkt werden können;
5. im Falle zugelassener Aktien jeder stimmberechtigten Person zusammen mit der Einladung zur Hauptversammlung oder nach deren Anberaumung auf Verlangen in Textform ein Formular für die Erteilung einer Vollmacht für die Hauptversammlung übermittelt wird;
6. im Falle zugelassener Schuldtitel im Sinne des § 2 Absatz 1 Nummer 3 mit Ausnahme von Wertpapieren, die zugleich unter § 2 Absatz 1 Nummer 2 fallen oder die ein zumindest bedingtes Recht auf den Erwerb von Wertpapieren nach § 2 Absatz 1 Nummer 1 oder Nummer 2 begründen, jeder stimmberechtigten Person zusammen mit der Einladung zur Gläubigerversammlung oder nach deren Anberaumung auf Verlangen rechtzeitig in Textform ein Formular für die Erteilung einer Vollmacht für die Gläubigerversammlung übermittelt wird.

(2) [1] Ein Emittent von zugelassenen Schuldtiteln im Sinne des Absatzes 1 Nummer 6, für den die Bundesrepublik Deutschland der Herkunftsstaat ist, kann die Gläubigerversammlung in jedem Mitgliedstaat der Europäischen Union oder in jedem anderen Vertragsstaat des Abkommens über den Europäischen Wirtschaftsraum abhalten. [2] Das setzt voraus, dass in dem Staat alle für die Ausübung der Rechte erforderlichen Einrichtungen und Informationen für die Schuldtitelinhaber verfügbar sind und zur Gläubigerversammlung ausschließlich Inhaber von folgenden Schuldtiteln eingeladen werden:

1. Schuldtiteln mit einer Mindeststückelung von 100 000 Euro oder dem am Ausgabetag entsprechenden Gegenwert in einer anderen Währung oder
2. noch ausstehenden Schuldtiteln mit einer Mindeststückelung von 50 000 Euro oder dem am Ausgabetag entsprechenden Gegenwert in einer anderen Währung, wenn die Schuldtitel bereits vor dem 31. Dezember 2010 zum Handel an einem organisierten Markt im Inland oder in einem anderen Mitgliedstaat der Europäischen Union oder einem anderen Vertragsstaat des Abkommens über den Europäischen Wirtschaftsraum zugelassen worden sind.

(3) Für die Bestimmungen nach Absatz 1 Nr. 1 bis 5 sowie nach § 49 Absatz 3 Nummer 1 stehen die Inhaber Aktien vertretender Hinterlegungsscheine den Inhabern der vertretenen Aktien gleich.

§ 49[1)] Veröffentlichung von Mitteilungen und Übermittlung im Wege der Datenfernübertragung. (1) [1] Der Emittent von zugelassenen Aktien, für den die Bundesrepublik Deutschland der Herkunftsstaat ist, muss

---

[1)] Früherer § 30b eingef. mWv 20.1.2007 durch G v. 5.1.2007 (BGBl. I S. 10); Abs. 2 Satz 2 angef. mWv 5.8.2009 durch G v. 31.7.2009 (BGBl. I S. 2512); Abs. 1 Sätze 1 und 2, Abs. 2 Satz 1 geänd. mWv 1.4.2012 durch G v. 22.12.2011 (BGBl. I S. 3044); Abs. 1 Satz 1 Nr. 2 neu gef., Abs. 3 Satz 2 angef. mWv 26.11.2015 durch G v. 20.11.2015 (BGBl. I S. 2029); Abs. 1 Satz 1 Nr. 2 geänd. mWv 2.7.2016 durch G →

1. die Einberufung der Hauptversammlung einschließlich der Tagesordnung, die Gesamtzahl der Aktien und Stimmrechte unter gesonderter Angabe der Mehrstimmrechtsaktien und der auf sie entfallenden Stimmrechte im Zeitpunkt der Einberufung der Hauptversammlung und die Rechte der Aktionäre bezüglich der Teilnahme an der Hauptversammlung sowie
2. Mitteilungen über die Ausschüttung und Auszahlung von Dividenden, die Ankündigung der Ausgabe neuer Aktien und die Vereinbarung oder Ausübung von Umtausch-, Bezugs-, Einziehungs- und Zeichnungsrechten sowie die Beschlussfassung über diese Rechte

unverzüglich im Bundesanzeiger veröffentlichen. [2] Soweit eine entsprechende Veröffentlichung im Bundesanzeiger auch durch sonstige Vorschriften vorgeschrieben wird, ist eine einmalige Veröffentlichung ausreichend.

(2) [1] Der Emittent zugelassener Schuldtitel im Sinne von § 48 Absatz 1 Nummer 6, für den die Bundesrepublik Deutschland der Herkunftsstaat ist, muss

1. den Ort, den Zeitpunkt und die Tagesordnung der Gläubigerversammlung und Mitteilungen über das Recht der Schuldtitelinhaber zur Teilnahme daran sowie
2. Mitteilungen über die Ausübung von Umtausch-, Zeichnungs- und Kündigungsrechten sowie über die Zinszahlungen, die Rückzahlungen, die Auslosungen und die bisher gekündigten oder ausgelosten, noch nicht eingelösten Stücke

unverzüglich im Bundesanzeiger veröffentlichen. [2] Absatz 1 Satz 2 gilt entsprechend.

(3) [1] Unbeschadet der Veröffentlichungspflichten nach den Absätzen 1 und 2 dürfen Emittenten, für die die Bundesrepublik Deutschland der Herkunftsstaat ist, Informationen an die Inhaber zugelassener Wertpapiere im Wege der Datenfernübertragung übermitteln, wenn die dadurch entstehenden Kosten nicht unter Verletzung des Gleichbehandlungsgrundsatzes nach § 48 Absatz 1 Nummer 1 den Wertpapierinhabern auferlegt werden und

1. im Falle zugelassener Aktien
   a) die Hauptversammlung zugestimmt hat,
   b) die Wahl der Art der Datenfernübertragung nicht vom Sitz oder Wohnsitz der Aktionäre oder der Personen, denen Stimmrechte in den Fällen des § 34 zugerechnet werden, abhängt,
   c) Vorkehrungen zur sicheren Identifizierung und Adressierung der Aktionäre oder derjenigen, die Stimmrechte ausüben oder Weisungen zu deren Ausübung erteilen dürfen, getroffen worden sind und
   d) die Aktionäre oder in Fällen des § 34 Absatz 1 Satz 1 Nummer 1, 3, 4 und Absatz 2 die zur Ausübung von Stimmrechten Berechtigten in die Übermittlung im Wege der Datenfernübertragung ausdrücklich eingewilligt haben oder einer Bitte in Textform um Zustimmung nicht innerhalb eines angemessenen Zeitraums widersprochen und die dadurch als erteilt geltende Zustimmung nicht zu einem späteren Zeitpunkt widerrufen haben,
2. im Falle zugelassener Schuldtitel im Sinne von § 48 Absatz 1 Nummer 6
   a) eine Gläubigerversammlung zugestimmt hat,

(Fortsetzung der Anm. von voriger Seite)
v. 30.6.2016 (BGBl. I S. 1514); bish. § 30b wird § 49 und Abs. 2 Satz 1 einl. Satzteil, Abs. 3 Satz 1 einl. Satzteil, Nr. 1 Buchst. b und d, Nr. 2 einl. Satzteil geänd. mWv 3.1.2018 durch G v. 23.6.2017 (BGBl. I S. 1693); Abs. 1 Satz 1 Nr. 1 geänd. mWv 15.12.2023 durch G v. 11.12.2023 (BGBl. 2023 I Nr. 354).

b) die Wahl der Art der Datenfernübertragung nicht vom Sitz oder Wohnsitz der Schuldtitelinhaber oder deren Bevollmächtigten abhängt,
c) Vorkehrungen zur sicheren Identifizierung und Adressierung der Schuldtitelinhaber getroffen worden sind,
d) die Schuldtitelinhaber in die Übermittlung im Wege der Datenfernübertragung ausdrücklich eingewilligt haben oder einer Bitte in Textform um Zustimmung nicht innerhalb eines angemessenen Zeitraums widersprochen und die dadurch als erteilt geltende Zustimmung nicht zu einem späteren Zeitpunkt widerrufen haben.

[2] Ist eine Datenfernübertragung unter diesen Voraussetzungen nicht möglich, erfolgt die Übermittlung ohne Rücksicht auf anderweitige Satzungsregelungen des Emittenten auf schriftlichem Wege.

§ 50[1)] Veröffentlichung zusätzlicher Angaben und Übermittlung an das Unternehmensregister; Verordnungsermächtigung. (1) [1] Ein Inlandsemittent muss

1. jede Änderung der mit den zugelassenen Wertpapieren verbundenen Rechte sowie
   a) im Falle zugelassener Aktien der Rechte, die mit derivativen vom Emittenten selbst begebenen Wertpapieren verbunden sind, sofern sie ein Umtausch- oder Erwerbsrecht auf die zugelassenen Aktien des Emittenten verschaffen,
   b) im Falle anderer Wertpapiere als Aktien Änderungen der Ausstattung dieser Wertpapiere, insbesondere von Zinssätzen, oder der damit verbundenen Bedingungen, soweit die mit den Wertpapieren verbundenen Rechte hiervon indirekt betroffen sind, und
2. Informationen, die er in einem Drittstaat veröffentlicht und die für die Öffentlichkeit in der Europäischen Union und dem Europäischen Wirtschaftsraum Bedeutung haben können,

unverzüglich veröffentlichen und gleichzeitig der Bundesanstalt diese Veröffentlichung mitteilen. [2] Er übermittelt diese Informationen außerdem unverzüglich, jedoch nicht vor ihrer Veröffentlichung der das Unternehmensregister führenden Stelle zur Einstellung in das Unternehmensregister.

(2) Das Bundesministerium der Finanzen wird ermächtigt, durch Rechtsverordnung, die nicht der Zustimmung des Bundesrates bedarf, nähere Bestimmungen zu erlassen über den Mindestinhalt, die Art, die Sprache, den Umfang und die Form der Veröffentlichung und der Mitteilung nach Absatz 1 Satz 1.

§ 51[2)] Befreiung. (1) [1] Die Bundesanstalt kann Inlandsemittenten mit Sitz in einem Drittstaat von den Pflichten nach den §§ 48, 49 und 50 Absatz 1 Satz 1 Nummer 1 und 2 freistellen, soweit diese Emittenten gleichwertigen Regeln eines Drittstaates unterliegen oder sich solchen Regeln unterwerfen. [2] Die Bundesanstalt

---

1) Früherer § 30e eingef. mWv 20.1.2007 durch G v. 5.1.2007 (BGBl. I S. 10); Abs. 1 Satz 1 Nr. 2 geänd. mWv 1.7.2012 durch G v. 26.6.2012 (BGBl. I S. 1375); Überschrift neu gef., Abs. 1 Satz 1 Nr. 1 Buchst. b geänd., Buchst. c und Nr. 2 aufgeh., bish. Nr. 3 wird Nr. 2 mWv 26.11.2015 durch G v. 20.11. 2015 (BGBl. I S. 2029); bish. § 30e wird § 50 mWv 3.1.2018 durch G v. 23.6.2017 (BGBl. I S. 1693); Abs. 1 Satz 2 geänd. mWv 1.8.2022 durch G v. 5.7.2021 (BGBl. I S. 3338).

2) Früherer § 30f eingef. mWv 20.1.2007 durch G v. 5.1.2007 (BGBl. I S. 10); Abs. 1 Satz 2 angef. mWv 8.4.2011 durch G v. 5.4.2011 (BGBl. I S. 538); bish. § 30f wird § 51, Abs. 1 Satz 1 und Abs. 2 geänd. mWv 3.1.2018 durch G v. 23.6.2017 (BGBl. I S. 1693); Abs. 2 geänd. mWv 1.8.2022 durch G v. 5.7.2021 (BGBl. I S. 3338).

unterrichtet die Europäische Wertpapier- und Marktaufsichtsbehörde über die erteilte Freistellung.

(Fortsetzung nächstes Blatt)

1. die Finanzinstrumente nach der Veröffentlichung erwirbt und er bei dem Bekanntwerden der Unrichtigkeit der Insiderinformation noch Inhaber der Finanzinstrumente ist oder
2. die Finanzinstrumente vor der Veröffentlichung erwirbt und vor dem Bekanntwerden der Unrichtigkeit der Insiderinformation veräußert.

(2) Nach Absatz 1 kann nicht in Anspruch genommen werden, wer nachweist, dass er die Unrichtigkeit der Insiderinformation nicht gekannt hat und die Unkenntnis nicht auf grober Fahrlässigkeit beruht.

(3) Der Anspruch nach Absatz 1 besteht nicht, wenn der Dritte die Unrichtigkeit der Insiderinformation im Falle des Absatzes 1 Nr. 1 bei dem Erwerb oder im Falle des Absatzes 1 Nr. 2 bei der Veräußerung kannte.

(4) Weitergehende Ansprüche, die nach Vorschriften des bürgerlichen Rechts auf Grund von Verträgen oder vorsätzlichen unerlaubten Handlungen erhoben werden können, bleiben unberührt.

(5) Eine Vereinbarung, durch die Ansprüche des Emittenten gegen Vorstandsmitglieder wegen der Inanspruchnahme des Emittenten nach Absatz 1 im Voraus ermäßigt oder erlassen werden, ist unwirksam.

Abschnitt 13.[1] Finanztermingeschäfte

§ 99[2] Ausschluss des Einwands nach § 762 des Bürgerlichen Gesetzbuchs[3]. [1] Gegen Ansprüche aus Finanztermingeschäften, bei denen mindestens ein Vertragsteil ein Unternehmen ist, das gewerbsmäßig oder in einem Umfang, der einen in kaufmännischer Weise eingerichteten Geschäftsbetrieb erfordert, Finanztermingeschäfte abschließt oder deren Abschluss vermittelt oder die Anschaffung, Veräußerung oder Vermittlung von Finanztermingeschäften betreibt, kann der Einwand des § 762 des Bürgerlichen Gesetzbuchs nicht erhoben werden. [2] Finanztermingeschäfte im Sinne des Satzes 1 und der §§ 100 und 101 sind die derivativen Geschäfte im Sinne des § 2 Absatz 3 und Optionsscheine.

§ 100[4] Verbotene Finanztermingeschäfte. (1) Unbeschadet der Befugnisse der Bundesanstalt nach § 15 kann das Bundesministerium der Finanzen durch Rechtsverordnung Finanztermingeschäfte verbieten oder beschränken, soweit dies zum Schutz der Anleger erforderlich ist.

(2) [1] Ein Finanztermingeschäft, das einer Rechtsverordnung nach Absatz 1 widerspricht (verbotenes Finanztermingeschäft), ist nichtig. [2] Satz 1 gilt entsprechend für

1. die Bestellung einer Sicherheit für ein verbotenes Finanztermingeschäft,
2. eine Vereinbarung, durch die der eine Teil zum Zwecke der Erfüllung einer Schuld aus einem verbotenen Finanztermingeschäft dem anderen Teil gegenüber eine Verbindlichkeit eingeht, insbesondere für ein Schuldanerkenntnis,

---

[1] Früherer Abschnitt 8 (§§ 37d–37g) eingef. mWv 1.7.2002 durch G v. 21.6.2002 (BGBl. I S. 2010); bish. Abschnitt 8 wird Abschnitt 13 (§§ 99, 100) mWv 3.1.2018 durch G v. 23.6.2017 (BGBl. I S. 1693).

[2] Früherer § 37e Satz 2 angef. mWv 1.11.2007 durch G v. 16.7.2007 (BGBl. I S. 1330); bish. § 37e wird § 99 und Satz 2 geänd. mWv 3.1.2018 durch G v. 23.6.2017 (BGBl. I S. 1693).

[3] **Habersack, Deutsche Gesetze Nr. 20.**

[4] Früherer § 37g Abs. 1 geänd. mWv 10.7.2015 durch G v. 3.7.2015 (BGBl. I S. 1114); bish. § 37g wird § 100 und Abs. 1 geänd. mWv 3.1.2018 durch G v. 23.6.2017 (BGBl. I S. 1693).

3. die Erteilung und Übernahme von Aufträgen zum Zwecke des Abschlusses von verbotenen Finanztermingeschäften,
4. Vereinigungen zum Zwecke des Abschlusses von verbotenen Finanztermingeschäften.

Abschnitt 14.[1] Schiedsvereinbarungen

§ 101[2] Schiedsvereinbarungen. Schiedsvereinbarungen über künftige Rechtsstreitigkeiten aus Wertpapierdienstleistungen, Wertpapiernebendienstleistungen oder Finanztermingeschäften sind nur verbindlich, wenn beide Vertragsteile Kaufleute oder juristische Personen des öffentlichen Rechts sind.

Abschnitt 15.[3] Märkte für Finanzinstrumente mit Sitz außerhalb der Europäischen Union

§ 102[4] Erlaubnis; Verordnungsermächtigung. (1) [1] Vorbehaltlich der Regelungen in Titel VIII der Verordnung (EU) Nr. 600/2014 sowie von Beschlüssen der Europäischen Kommission gemäß Artikel 25 Absatz 4 Unterabsatz 3 der Richtlinie 2014/65/EU und Artikel 28 Absatz 4 Unterabsatz 1 der Verordnung (EU) Nr. 600/2014 bedürfen Märkte für Finanzinstrumente mit Sitz im Ausland, die keine Handelsplätze im Sinne dieses Gesetzes sind, oder ihre Betreiber der Erlaubnis der Bundesanstalt, wenn sie Handelsteilnehmern mit Sitz im Inland über ein elektronisches Handelssystem einen unmittelbaren Marktzugang gewähren und sie diesbezüglich nicht einer Erlaubnispflicht nach dem Kreditwesengesetz unterliegen. [2] Der Erlaubnisantrag muss enthalten:

1. Name und Anschrift der Geschäftsleitung des Marktes oder des Betreibers,
2. Angaben, die für die Beurteilung der Zuverlässigkeit der Geschäftsleitung erforderlich sind,
3. einen Geschäftsplan, aus dem die Art des geplanten Marktzugangs für die Handelsteilnehmer, der organisatorische Aufbau und die internen Kontrollverfahren des Marktes hervorgehen,
4. Name und Anschrift eines Zustellungsbevollmächtigten im Inland,
5. die Angabe der für die Überwachung des Marktes und seiner Handelsteilnehmer zuständigen Stellen des Herkunftsstaates und deren Überwachungs- und Eingriffskompetenzen,
6. die Angabe der Art der Finanzinstrumente, die von den Handelsteilnehmern über den unmittelbaren Marktzugang gehandelt werden sollen, sowie

---

[1] Früherer Abschnitt 9 (§ 37h) eingef. mWv 1.7.2002 durch G v. 21.6.2002 (BGBl. I S. 2010); bish. Abschnitt 9 wird Abschnitt 14 (§ 101) mWv 3.1.2018 durch G v. 23.6.2017 (BGBl. I S. 1693).

[2] Früherer § 37h eingef. mWv 1.7.2002 durch G v. 21.6.2002 (BGBl. I S. 2010); bish. § 37h wird § 101 mWv 3.1.2018 durch G v. 23.6.2017 (BGBl. I S. 1693).

[3] Abschnitt 10 (§§ 37i–37m) neu gef. mWv 30.10.2004 durch G v. 28.10.2004 (BGBl. I S. 2630); Überschrift geänd. mWv 1.11.2007 durch G v. 16.7.2007 (BGBl. I S. 1330); bish. Abschnitt 10 wird Abschnitt 15 (§§ 102–105) mWv 3.1.2018 durch G v. 23.6.2017 (BGBl. I S. 1693).

[4] Früherer § 37i neu gef. mWv 30.10.2004 durch G v. 28.10.2004 (BGBl. I S. 2630); Abs. 1 Satz 1 neu gef., Satz 2 Nr. 1, 3 und 5 geänd., Abs. 4 aufgeh. mWv 1.11.2007 durch G v. 16.7.2007 (BGBl. I S. 1330); Abs. 3 geänd. mWv 1.4.2012 durch G v. 22.12.2011 (BGBl. I S. 3044); bish. § 37i wird § 102 und Überschrift geänd. mWv 3.1.2018 durch G v. 23.6.2017 (BGBl. I S. 1693); Abs. 1 Satz 1 neu gef. mWv 14.7.2018 durch G v. 10.7.2018 (BGBl. I S. 1102); Abs. 1 Satz 1 geänd., Abs. 4 angef. mWv 29.3.2019 durch G v. 25.3.2019 (BGBl. I S. 357); Abs. 1 Satz 1 geänd. mWv 28.3.2020 durch G v. 19.3.2020 (BGBl. I S. 529); Abs. 1 Satz 1 geänd. mWv 15.12.2023 durch G v. 11.12.2023 (BGBl. 2023 I Nr. 354).

7. Namen und Anschrift der Handelsteilnehmer mit Sitz im Inland, denen der unmittelbare Marktzugang gewährt werden soll.

[3] Das Nähere über die nach Satz 2 erforderlichen Angaben und vorzulegenden Unterlagen bestimmt das Bundesministerium der Finanzen durch Rechtsverordnung[1)], die nicht der Zustimmung des Bundesrates bedarf. [4] Das Bundesministerium der Finanzen kann die Ermächtigung durch Rechtsverordnung auf die Bundesanstalt für Finanzdienstleistungsaufsicht übertragen.

(2) [1] Die Bundesanstalt kann die Erlaubnis unter Auflagen erteilen, die sich im Rahmen des mit diesem Gesetz verfolgten Zweckes halten müssen. [2] Vor Erteilung der Erlaubnis gibt die Bundesanstalt den Börsenaufsichtsbehörden der Länder Gelegenheit, innerhalb von vier Wochen zum Antrag Stellung zu nehmen.

(3) Die Bundesanstalt hat die Erlaubnis im Bundesanzeiger bekannt zu machen.

(4) [1] Wird der Austritt des Vereinigten Königreichs Großbritannien und Nordirland aus der Europäischen Union wirksam, ohne dass bis zu diesem Zeitpunkt ein Austrittsabkommen im Sinne von Artikel 50 Absatz 2 Satz 2 des Vertrages über die Europäische Union[2)] in Kraft getreten ist, so kann die Bundesanstalt zur Vermeidung von Nachteilen für die Funktionsfähigkeit oder die Stabilität der Finanzmärkte anordnen, dass Märkte für Finanzinstrumente mit Sitz im Vereinigten Königreich Großbritannien und Nordirland, die zum Zeitpunkt des Austritts des Vereinigten Königreichs Großbritannien und Nordirland aus der Europäischen Union als Handelsplätze im Register der Europäischen Wertpapier- und Marktaufsichtsbehörde verzeichnet sind, für einen Übergangszeitraum nach dem Austritt als Handelsplätze im Sinne dieses Gesetzes gelten. [2] Der im Zeitpunkt des Austritts beginnende Übergangszeitraum darf eine Dauer von 21 Monaten nicht überschreiten. [3] Die Anordnung kann auch durch Allgemeinverfügung ohne vorherige Anhörung getroffen und öffentlich bekannt gegeben werden.

§ 103[3)] **Versagung der Erlaubnis.** Die Erlaubnis ist zu versagen, wenn

1. Tatsachen vorliegen, aus denen sich ergibt, dass die Geschäftsleitung nicht zuverlässig ist,
2. Handelsteilnehmern mit Sitz im Inland der unmittelbare Marktzugang gewährt werden soll, die nicht die Voraussetzungen des § 19 Abs. 2 des Börsengesetzes erfüllen,
3. die Überwachung des Marktes oder der Anlegerschutz im Herkunftsstaat nicht dem deutschen Recht gleichwertig ist oder
4. der Informationsaustausch mit den für die Überwachung des Marktes zuständigen Stellen des Herkunftsstaates nicht gewährleistet erscheint.

§ 104[4)] **Aufhebung der Erlaubnis.** (1) Die Bundesanstalt kann die Erlaubnis außer nach den Vorschriften des Verwaltungsverfahrensgesetzes[5)] aufheben, wenn

---

[1)] Siehe die MarktzugangsangabenVO v. 30.9.2004 (BGBl. I S. 2576), zuletzt geänd. durch G v. 11.12. 2023 (BGBl. 2023 I Nr. 354).

[2)] **Sartorius Nr. 1000.**

[3)] Früherer § 37j neu gef. mWv 30.10.2004 durch G v. 28.10.2004 (BGBl. I S. 2630); Nr. 2, 3 und 4 geänd. mWv 1.11.2007 durch G v. 16.7.2007 (BGBl. I S. 1330); bish. § 37j wird § 103 mWv 3.1.2018 durch G v. 23.6.2017 (BGBl. I S. 1693).

[4)] Früherer § 37k neu gef. mWv 30.10.2004 durch G v. 28.10.2004 (BGBl. I S. 2630); Abs. 2 geänd. mWv 1.4.2012 durch G v. 22.12.2011 (BGBl. I S. 3044); bish. § 37k wird § 104 Abs. 1 Nr. 1 geänd. mWv 3.1.2018 durch G v. 23.6.2017 (BGBl. I S. 1693); Abs. 1 Nr. 2 neu gef. mWv 28.3.2020 durch G v. 19.3.2020 (BGBl. I S. 529).

[5)] **Sartorius Nr. 100.**

1. ihr Tatsachen bekannt werden, welche die Versagung der Erlaubnis nach § 103 rechtfertigen würden, oder
2. der Markt oder sein Betreiber nachhaltig gegen Bestimmungen dieses Gesetzes, der auf Grund dieses Gesetzes erlassenen Rechtsverordnungen, der in § 1 Absatz 1 Nummer 8 aufgeführten europäischen Verordnungen einschließlich der hierzu erlassenen delegierten Rechtsakte und Durchführungsrechtsakte sowie auf Grund dieser Rechtsvorschriften erlassenen Anordnungen verstoßen hat.

(2) Die Bundesanstalt hat die Aufhebung der Erlaubnis im Bundesanzeiger bekannt zu machen.

§ 105[1] Untersagung. Die Bundesanstalt kann Handelsteilnehmern mit Sitz im Inland, die Wertpapierdienstleistungen im Inland erbringen, untersagen, Aufträge für Kunden über ein elektronisches Handelssystem eines ausländischen Marktes auszuführen, wenn diese Märkte oder ihre Betreiber Handelsteilnehmern im Inland einen unmittelbaren Marktzugang über dieses elektronische Handelssystem ohne Erlaubnis gewähren.

Abschnitt 16.[2] Überwachung von Unternehmensabschlüssen, Veröffentlichung von Finanzberichten

Unterabschnitt 1.[3] Überwachung von Unternehmensabschlüssen

§ 106[4] Prüfung von Unternehmensabschlüssen und -berichten. Die Bundesanstalt hat die Aufgabe, nach den Vorschriften dieses Abschnitts zu prüfen, ob folgende Abschlüsse und Berichte, jeweils einschließlich der zugrunde liegenden Buchführung, von Unternehmen, für die als Emittenten von zugelassenen Wertpapieren die Bundesrepublik Deutschland der Herkunftsstaat ist, den gesetzlichen Vorschriften einschließlich der Grundsätze ordnungsmäßiger Buchführung oder den sonstigen durch Gesetz zugelassenen Rechnungslegungsstandards entsprechen:

1. festgestellte Jahresabschlüsse und zugehörige Lageberichte, offengelegte Jahresabschlüsse und zugehörige Lageberichte, offengelegte Einzelabschlüsse nach § 325 Absatz 2a des Handelsgesetzbuchs[5] und zugehörige Lageberichte, gebilligte Konzernabschlüsse und zugehörige Konzernlageberichte oder offengelegte Konzernabschlüsse und zugehörige Konzernlageberichte,
2. veröffentlichte verkürzte Abschlüsse und zugehörige Zwischenlageberichte sowie
3. veröffentlichte Zahlungs- oder Konzernzahlungsberichte.

---

[1] Früherer § 37l neu gef. mWv 30.10.2004 durch G v. 28.10.2004 (BGBl. I S. 2630); geänd. mWv 1.11.2007 durch G v. 16.7.2007 (BGBl. I S. 1330); bish. § 37l wird § 105 mWv 3.1.2018 durch G v. 23.6.2017 (BGBl. I S. 1693).

[2] Früherer Abschnitt 11 (§§ 37n–37u) eingef. mWv 21.12.2004 durch G v. 15.12.2004 (BGBl. I S. 3408); Überschrift neu gef. mWv 20.1.2007 durch G v. 5.1.2007 (BGBl. I S. 10); bish. Abschnitt 11 wird Abschnitt 16 (§§ 106–118) mWv 3.1.2018 durch G v. 23.6.2017 (BGBl. I S. 1693).

[3] Früherer Abschnitt 11 UAbschnitt 1 Überschrift eingef. mWv 20.1.2007 durch G v. 5.12.2007 (BGBl. I S. 10).

[4] Früherer § 37n neu gef. mWv 26.11.2015 durch G v. 20.11.2015 (BGBl. I S. 2029); einl. Satzteil geänd. mWv 18.5.2016 durch G v. 10.5.2016 (BGBl. I S. 1142); bish. § 37n wird § 106 mWv 3.1.2018 durch G v. 23.6.2017 (BGBl. I S. 1693); Nr. 1 neu gef. mWv 19.8.2020 durch G v. 12.8.2020 (BGBl. I S. 1874); einl. Satzteil geänd. mWv 1.1.2022 durch G v. 3.6.2021 (BGBl. I S. 1534).

[5] **Habersack, Deutsche Gesetze Nr. 50.**

§ 107[1)] Anordnung einer Prüfung der Rechnungslegung und Ermittlungsbefugnisse der Bundesanstalt. (1) [1]Die Bundesanstalt ordnet eine Prüfung der Rechnungslegung an, soweit konkrete Anhaltspunkte für einen Verstoß gegen Rechnungslegungsvorschriften vorliegen; die Anordnung unterbleibt, wenn ein öffentliches Interesse an der Klärung offensichtlich nicht besteht. [2]Die Bundesanstalt kann eine Prüfung der Rechnungslegung auch dann anordnen, wenn sie eine Prüfung nach § 44 Absatz 1 Satz 2 des Kreditwesengesetzes, nach § 14 Satz 2 des Kapitalanlagegesetzbuchs oder nach § 306 Absatz 1 Nummer 1 des Versicherungsaufsichtsgesetzes durchführt oder durchgeführt hat und die Prüfungen denselben Gegenstand betreffen. [3]Die Bundesanstalt kann eine Prüfung der Rechnungslegung auch ohne besonderen Anlass anordnen (stichprobenartige Prüfung). [4]Der Umfang der einzelnen Prüfung soll in der Prüfungsanordnung festgelegt werden. [5]Geprüft werden nur folgende Abschlüsse und Berichte:

1. der zuletzt festgestellte Jahresabschluss und der zugehörige Lagebericht,
2. der zuletzt offengelegte Jahresabschluss und der zugehörige Lagebericht,
3. der zuletzt offengelegte Einzelabschluss nach § 325 Absatz 2a des Handelsgesetzbuchs[2)] und der zugehörige Lagebericht,
4. der zuletzt gebilligte Konzernabschluss und der zugehörige Konzernlagebericht,
5. der zuletzt offengelegte Konzernabschluss und der zugehörige Konzernlagebericht,
6. der zuletzt veröffentlichte verkürzte Abschluss und der zugehörige Zwischenlagebericht sowie
7. der zuletzt veröffentlichte Zahlungsbericht oder Konzernzahlungsbericht.

[6]Ordnet die Bundesanstalt eine Prüfung der Rechnungslegung an, so kann sie ihre Anordnung unter Nennung des betroffenen Unternehmens und den Grund für die Anordnung auf ihrer Internetseite bekannt machen, soweit hieran ein öffentliches Interesse besteht. [7]Die Bekanntmachung des Grunds für die Anordnung darf keine personenbezogenen Daten enthalten. [8]Auf die Prüfung des verkürzten Abschlusses und des zugehörigen Zwischenlageberichts sowie des Zahlungsberichts und Konzernzahlungsberichts ist Satz 2 nicht anzuwenden. [9]Die Prüfung kann trotz Wegfalls der Zulassung der Wertpapiere zum Handel im organisierten Markt fortgesetzt werden, insbesondere dann, wenn Gegenstand der Prüfung ein Fehler ist, an dessen Bekanntmachung ein öffentliches Interesse besteht. [10]Die Bekanntmachung nach Satz 6 ist außerdem unverzüglich der das Unternehmensregister führenden Stelle zur Einstellung in das Unternehmensregister zu übermitteln.

(2) Prüfungsgegenstand können auch die Abschlüsse und Berichte sein, die die beiden Geschäftsjahre zum Gegenstand haben, die dem Geschäftsjahr vorausgehen,

---

[1)] Früherer § 37o eingef. mWv 21.12.2004 durch G v. 15.12.2004 (BGBl. I S. 3408); Abs. 1 Satz 4 geänd., Satz 6 angef. mWv 20.1.2007 durch G v. 5.1.2007 (BGBl. I S. 10); Abs. 1 Satz 5 geänd. mWv 1.4. 2012 durch G v. 22.12.2011 (BGBl. I S. 3044); Abs. 1 Sätze 4 und 6 geänd., Abs. 1a eingef. mWv 26.11. 2015 durch G v. 20.11.2015 (BGBl. I S. 2029); Abs. 1 Satz 7 angef. mWv 18.5.2016 durch G v. 10.5.2016 (BGBl. I S. 1142); bish. § 37o wird § 107, Abs. 1 Satz 5 geänd., bish. Abs. 1a, 2 und 3 werden Abs. 2, 3 und 4, bish. Abs. 4 wird Abs. 5 und Sätze 1, 3 geänd., bish. Abs. 5 wird Abs. 6 und Sätze 1, 2 geänd. mWv 3.1.2018 durch G v. 23.6.2017 (BGBl. I S. 1693); Abs. 1 Satz 4 neu gef., Satz 5 eingef., bish. Sätze 5–7 werden Sätze 6–8, Abs. 2 Satz 1 geänd. mWv 19.8.2020 durch G v. 12.8.2020 (BGBl. I S. 1874); Abs. 1 Satz 2 eingef., bish. Sätze 2–8 werden Sätze 3–9, neue Sätze 6 und 7, Abs. 2, 4 und 5 neu gef., Abs. 7–9 angef. mWv 1.1.2022 durch G v. 3.6.2021 (BGBl. I S. 1534); Abs. 1 Satz 6 geänd., Satz 10 angef. mWv 1.8.2022 durch G v. 5.7.2021 (BGBl. I S. 3338); Abs. 5 Sätze 2 und 3 eingef., bish. Sätze 2–7 werden Sätze 4–9, neue Sätze 5, 6 und 7 geänd. mWv 15.12.2023 durch G v. 11.12.2023 (BGBl. 2023 I Nr. 354).

[2)] **Habersack, Deutsche Gesetze Nr. 50.**

auf das Absatz 1 Satz 5 Bezug nimmt; eine stichprobenartige Prüfung ist hierbei nicht zulässig.

(3) [1] Eine Prüfung des Jahresabschlusses und des zugehörigen Lageberichts durch die Bundesanstalt findet nicht statt, solange eine Klage auf Nichtigkeit gemäß § 256 Abs. 7 des Aktiengesetzes[1)] anhängig ist. [2] Wenn nach § 142 Abs. 1 oder Abs. 2 oder § 258 Abs. 1 des Aktiengesetzes ein Sonderprüfer bestellt worden ist, findet eine Prüfung ebenfalls nicht statt, soweit der Gegenstand der Sonderprüfung, der Prüfungsbericht oder eine gerichtliche Entscheidung über die abschließenden Feststellungen der Sonderprüfer nach § 260 des Aktiengesetzes reichen.

(4) [1] Bei der Durchführung der Prüfung kann sich die Bundesanstalt anderer Einrichtungen und Personen bedienen. [2] Die Bundesanstalt darf anderen Einrichtungen und Personen, derer sie sich nach Satz 1 bedient, Informationen übermitteln, auch wenn diese unter gesetzliche Verschwiegenheitspflichten fallen, soweit die Einrichtungen oder Personen die Informationen zur Durchführung der ihnen nach Satz 1 im Rahmen einer Prüfung übertragenen Aufgaben benötigen. [3] Vor Übermittlung der Informationen anonymisiert die Bundesanstalt darin enthaltene personenbezogene Daten, soweit sie für die Durchführung der übertragenen Aufgaben nicht zwingend erforderlich sind. [4] Die Einrichtungen oder Personen haben ihnen übermittelte personenbezogene Daten spätestens nach Abschluss ihrer übertragenen Aufgaben zu löschen.

(5) [1] Soweit dies zur Wahrnehmung der Aufgaben nach § 106 erforderlich ist, können die Bundesanstalt und die Personen, derer sich die Bundesanstalt bei der Durchführung ihrer Aufgaben bedient, von dem geprüften Unternehmen, von den Mitgliedern seiner Organe, von seinen Beschäftigten sowie von seinen Abschlussprüfern Auskünfte, die Vorlage von Unterlagen oder sonstigen Daten und die Überlassung von Kopien verlangen. [2] Auf Verlangen der Bundesanstalt sind die Informationen nach Satz 1 elektronisch zu übermitteln. [3] Die Bundesanstalt kann die Übermittlung zudem in einem von ihr bestimmten Kommunikationsverfahren und in einem von ihr bestimmten Format verlangen. [4] Die Bundesanstalt kann die nach Satz 1 Verpflichteten laden und vernehmen. [5] Die Sätze 1 bis 4 gelten auch für die nach den Vorschriften des Handelsgesetzbuchs in den Konzernabschluss einzubeziehenden Tochterunternehmen. [6] Die Befugnisse nach den Sätzen 1 und 4 gelten gegenüber jedermann, wenn die Voraussetzungen des Absatzes 1 Satz 1 vorliegen. [7] Soweit im Rahmen von Auskunfts- oder Vorlageverlangen nach Satz 1, auch in Verbindung mit Satz 5 oder Satz 6, oder im Rahmen von Vernehmungen nach Satz 4, auch in Verbindung mit Satz 5 oder Satz 6, erforderlich, haben die ersuchten Unternehmen oder Personen auch personenbezogene Daten gegenüber der Bundesanstalt oder den Personen offenzulegen, derer sich die Bundesanstalt bei der Durchführung ihrer Aufgaben bedient. [8] Die Auskunftspflicht der Abschlussprüfer beschränkt sich auf Tatsachen, die ihnen im Rahmen der Abschlussprüfung bekannt geworden sind. [9] Für das Recht zur Auskunftsverweigerung oder Aussageverweigerung sowie die Belehrungspflicht gilt § 6 Absatz 15 entsprechend.

(6) [1] Die zur Auskunft und Vorlage von Unterlagen nach Absatz 5 Verpflichteten haben den Bediensteten der Bundesanstalt oder den von ihr beauftragten Personen, soweit dies zur Wahrnehmung ihrer Aufgaben erforderlich ist, während der üb-

(Fortsetzung nächstes Blatt)

[1)] **Habersack, Deutsche Gesetze Nr. 51.**

§ 118 Absatz 2 in der bis zum 20. Juli 2019 geltenden Fassung weiterhin Anwendung.

§ 140[1)] Übergangsvorschrift zum Gesetz zur weiteren Umsetzung der Transparenzrichtlinie-Änderungsrichtlinie im Hinblick auf ein einheitliches elektronisches Format für Jahresfinanzberichte. [1] Die §§ 106, 107, 114 und 120 in der ab dem 19. August 2020 geltenden Fassung sind erstmals auf Jahres-, Einzel- und Konzernabschlüsse sowie Jahresfinanzberichte mit Abschlüssen für das nach dem 31. Dezember 2019 beginnende Geschäftsjahr anzuwenden. [2] Die in Satz 1 bezeichneten Vorschriften in der bis einschließlich 18. August 2020 geltenden Fassung sind letztmals anzuwenden auf Jahres-, Einzel- und Konzernabschlüsse sowie Jahresfinanzberichte mit Abschlüssen für das vor dem 1. Januar 2020 beginnende Geschäftsjahr.

§ 141[2)] Übergangsvorschrift zum Finanzmarktintegritätsstärkungsgesetz. (1) Bis zum Ablauf des 31. Dezember 2021 nicht abgeschlossene Prüfungen nach § 342b Absatz 2 Satz 3 des Handelsgesetzbuchs[3)] in der bis einschließlich 31. Dezember 2021 geltenden Fassung, die bei einer nach § 342b Absatz 1 des Handelsgesetzbuchs in der bis einschließlich 31. Dezember 2021 geltenden Fassung anerkannten Prüfstelle anhängig sind, werden von der Bundesanstalt fortgeführt.

(2) [1] Die nach § 342b Absatz 1 des Handelsgesetzbuchs in der bis einschließlich 31. Dezember 2021 geltenden Fassung als Prüfstelle anerkannte Einrichtung hat sämtliche ihr zu einer Prüfung nach Absatz 1 vorliegenden Unterlagen unverzüglich nach Ablauf des 31. Dezember 2021 der Bundesanstalt zu übermitteln. [2] Die Bundesanstalt ist befugt, diese Informationen zur Fortführung der jeweiligen Prüfung zu erheben. [3] Auf eine fortgeführte Prüfung nach Absatz 1 sind die §§ 106 bis 113 anzuwenden.

(3) [1] Die nach § 342b Absatz 1 des Handelsgesetzbuchs in der bis einschließlich 31. Dezember 2021 geltenden Fassung als Prüfstelle anerkannte Einrichtung gewährt der Bundesanstalt auf Verlangen Einsicht in bei ihr vorhandene Unterlagen zu Prüfungen, die spätestens bis zum 31. Dezember 2021 abgeschlossen sind, und übermittelt der Bundesanstalt eine physische oder elektronische Ausfertigung von Unterlagen, deren Vernichtung oder Löschung sie beabsichtigt. [2] Die Absicht ist der Bundesanstalt anzuzeigen. [3] Die Bundesanstalt hat die Rechte nach Satz 1 nur, wenn das Unternehmen, auf das sich die Unterlagen beziehen, zustimmt oder ein überwiegendes öffentliches Interesse an der Einsichtnahme oder Übermittlung besteht.

§ 142[4)] Übergangsvorschriften für das Schwarmfinanzierung-Begleitgesetz. (1) [1] Wertpapierdienstleistungsunternehmen haben ihre Kunden (Bestandskunden), die die gemäß Abschnitt 11 zur Verfügung zu stellenden Informationen in schriftlicher Form erhalten haben, spätestens acht Wochen vor dem Versenden der Informationen in elektronischer Form darüber zu informieren, dass sie diese in elektronischer Form gemäß § 64a erhalten werden. [2] Soweit es sich bei den Bestandskunden um Privatkunden handelt, haben Wertpapierdienstleistungsunternehmen diese darüber zu informieren, dass sie die Wahl haben, die Informationen

---

[1)] § 140 angef. mWv 19.8.2020 durch G v. 12.8.2020 (BGBl. I S. 1874).
[2)] § 141 angef. mWv 1.7.2021 durch G v. 3.6.2021 (BGBl. I S. 1534).
[3)] **Habersack, Deutsche Gesetze Nr. 50.**
[4)] § 142 angef. mWv 28.11.2021 durch G v. 3.6.2021 (BGBl. I S. 1568).

entweder weiterhin in schriftlicher Form oder künftig in elektronischer Form zu erhalten. [3] Wertpapierdienstleistungsunternehmen haben diese Kunden zudem darüber zu informieren, dass ein automatischer Wechsel zur elektronischen Form stattfinden wird, wenn diese innerhalb der Frist von acht Wochen nicht mitteilen, dass sie die Informationen weiterhin in schriftlicher Form erhalten möchten. [4] Bestandskunden, die die gemäß diesem Abschnitt zur Verfügung zu stellenden Informationen bereits in elektronischer Form erhalten, müssen nicht informiert werden.

(2) § 82 Absatz 10 bis 12 findet bis zum 27. Februar 2023 keine Anwendung.

§ 143[1)] Übergangsvorschrift zum Zukunftsfinanzierungsgesetz. Auf die Haftung für fehlerhafte Anlagebasisinformationsblätter sind die §§ 32c bis 32e in der bis einschließlich 14. Dezember 2023 geltenden Fassung weiter anzuwenden, wenn der Vertrag über die Gewährung des Kredits oder den Erwerb des Wertpapiers oder des für Schwarmfinanzierungszwecke verwendeten Instruments oder über die individuelle Kreditportfolioverwaltung vor dem 15. Dezember 2023 zustande gekommen ist.

---

1) § 143 angef. mWv 15.12.2023 durch G v. 11.12.2023 (BGBl. 2023 I Nr. 354).

58a. Wertpapiererwerbs- und Übernahmegesetz (WpÜG)[1]

Vom 20. Dezember 2001
(BGBl. I S. 3822)

FNA 4110-7

Lfd. Nr.	Änderndes Gesetz	Datum	Fundstelle	Betroffen	Hinweis
1.	Art. 3 VO zur Ersetzung von Zinssätzen	5.4.2002	BGBl. I S. 1250	§ 38	geänd. mWv 12.4.2002
2.	Art. 1 Erste VO zur Anpassung von Bezeichnungen nach dem FinanzdienstleistungsaufsichtsG	29.4.2002	BGBl. I S. 1495	Inhaltsübersicht, §§ 4, 5, 6, 7, 8, 9, 10, 11, 14, 15, 16, 20, 23, 24, 26, 27, 28, 31, 35, 36, 37, 40, 41, 42, 43, 44, 45, 46, 47, 48, 50, 51, 52, 53, 56, 57, 61, 62, 64, 68	geänd. mWv 1.5.2002
3.	Art. 15 OLG-VertretungsänderungsG	23.7.2002	BGBl. I S. 2850	§ 66	geänd. mWv 1.8.2002
4.	Art. 71 Achte ZuständigkeitsanpassungsVO	25.11.2003	BGBl. I S. 2304	§ 5	geänd. mWv 28.11.2003
5.	Art. 2 Abs. 3 G zur Unternehmensintegrität und Modernisierung des Anfechtungsrechts	22.9.2005	BGBl. I S. 2802	§ 16	geänd. mWv 1.11.2005
6.	Art. 1 Übernahmerichtlinie-UmsetzungsG[2]	8.7.2006	BGBl. I S. 1426	Inhaltsübersicht, §§ 1, 2, 4, 8, 10, 11, 12, 14, 23, 30, 31, 33, 40, 42, 60, 68	geänd. mWv 14.7.2006
				§§ 11a, 33a, 33b, 33c, 33d, 39a, 39b, 39c	eingef. mWv 14.7.2006
				§§ 14, 16, 27, 43, 44	geänd. mWv 1.1.2007
7.	Art. 101 Neunte ZuständigkeitsanpassungsVO	31.10.2006	BGBl. I S. 2407	§ 5	geänd. mWv 8.11.2006
8.	Art. 10 Transparenzrichtlinie-UmsetzungsG	5.1.2007	BGBl. I S. 10	§§ 16, 30	geänd. mWv 20.1.2007
9.	Art. 7 Abs. 13 G zur Stärkung der Selbstverwaltung der Rechtsanwaltschaft	26.3.2007	BGBl. I S. 358	§ 53	geänd. mWv 1.6.2007
10.	Art. 4 Finanzmarktrichtlinie-UmsetzungsG	16.7.2007	BGBl. I S. 1330	§ 2	geänd. mWv 1.11.2007
11.	Art. 3a InvestmentänderungsG[3]	21.12.2007	BGBl. I S. 3089	§ 30	geänd. mWv 28.12.2007
12.	Art. 2 RisikobegrenzungsG	12.8.2008	BGBl. I S. 1666	§§ 30, 68	geänd. mWv 19.8.2008
13.	Art. 70 FGG-ReformG	17.12.2008	BGBl. I S. 2586	§§ 39a, 39b	geänd. mWv 1.9.2009

[1] Verkündet als Art. 1 G zur Regelung von öffentlichen Angeboten zum Erwerb von Wertpapieren und von Unternehmensübernahmen v. 20.12.2001 (BGBl. I S. 3822); Inkrafttreten gem. Art. 12 dieses G am 1.1.2002.

[2] **Amtl. Anm.:** Dieses Gesetz dient der Umsetzung der Richtlinie 2004/25/EG des Europäischen Parlaments und des Rates vom 21. April 2004 betreffend Übernahmeangebote (ABl. EU Nr. L 142 S. 12).

[3] **Amtl. Anm.:** *(abgedruckt in Änderungstabelle Nr. 58)*

Lfd. Nr.	Änderndes Gesetz	Datum	Fundstelle	Betroffen	Hinweis
14.	Art. 3 Dreizehntes G zur Änd. des AußenwirtschaftsG und der AußenwirtschaftsVO	18.4.2009	BGBl. I S. 770	§§ 7, 9	geänd. mWv 24.4.2009
15.	Art. 3 G zur Umsetzung der AktionärsrechteRL[1]	30.7.2009	BGBl. I S. 2479	§§ 16, 68	geänd. mWv 1.9.2009
16.	Art. 2 Anlegerschutz- und FunktionsverbesserungsG	5.4.2011	BGBl. I S. 538	§ 23	geänd. mWv 1.2.2012
17.	Art. 2 Abs. 46 G zur Änd. von Vorschriften über Verkündung und Bekanntmachungen sowie der ZPO, des EGZPO und der AO	22.12. 2011	BGBl. I S. 3044	§§ 14, 16, 39b, 43, 44	geänd. mWv 1.4.2012
18.	Art. 2c G zur Stärkung der deutschen Finanzaufsicht	28.11. 2012	BGBl. I S. 2369	§§ 5, 6	geänd. mWv 1.1.2013
19.	Art. 25 2. KostenrechtsmodernisierungsG	23.7.2013	BGBl. I S. 2586	§ 39b	geänd. mWv 1.8.2013
20.	Art. 2 Abs. 64, Art. 4 Abs. 53 G zur Strukturreform des Gebührenrechts des Bundes	7.8.2013	BGBl. I S. 3154, geänd. 2016, S. 1666	Inhaltsübersicht, § 47	geänd. mWv 15.8.2013
				Inhaltsübersicht	geänd. mWv 14.8.2018, insoweit aufgeh. 2016, S. 1666
				§ 47	aufgeh. mWv 14.8.2018, insoweit aufgeh. 2016, S. 1666
21.	Art. 5 KleinanlegerschutzG	3.7.2015	BGBl. I S. 1114	§ 29	geänd. mWv 10.7.2015
22.	Art. 194 Zehnte ZuständigkeitsanpassungsVO	31.8.2015	BGBl. I S. 1474	§§ 5, 7, 9	geänd. mWv 8.9.2015
23.	Art. 10 AbwicklungsmechanismusG[2]	2.11.2015	BGBl. I S. 1864	§ 9	geänd. mWv 6.11.2015
24.	Art. 6 G zur Umsetzung der TransparenzRL-ÄndRL	20.11. 2015	BGBl. I S. 2029	Inhaltsübersicht, §§ 29, 30, 59	geänd. mWv 26.11.2015

[1] **Amtl. Anm.:** Dieses Gesetz dient der Umsetzung
- der Richtlinie 2006/68/EG des Europäischen Parlaments und des Rates vom 6. September 2006 zur Änderung der Richtlinie 77/91/EWG des Rates in Bezug auf die Gründung von Aktiengesellschaften und die Erhaltung und Änderung ihres Kapitals (ABl. L 264 vom 25.9.2006, S. 32) und
- der Richtlinie 2007/36/EG des Europäischen Parlaments und des Rates vom 11. Juli 2007 über die Ausübung bestimmter Rechte von Aktionären in börsennotierten Gesellschaften (ABl. L 184 vom 14.7. 2007, S. 17).

[2] **Amtl. Anm.:** Dieses Gesetz dient der Anpassung an die Verordnung (EU) Nr. 806/2014 des Europäischen Parlaments und des Rates vom 15. Juli 2014 zur Festlegung einheitlicher Vorschriften und eines einheitlichen Verfahrens für die Abwicklung von Kreditinstituten und bestimmten Wertpapierfirmen im Rahmen eines einheitlichen Abwicklungsmechanismus und eines einheitlichen Abwicklungsfonds sowie zur Änderung der Verordnung (EU) Nr. 1093/2010 (ABl. L 225 vom 30.7.2014, S. 1) sowie an die delegierte Verordnung (EU) 2015/63 der Kommission vom 21. Oktober 2014 zur Ergänzung der Richtlinie 2014/59/EU des Europäischen Parlaments und des Rates im Hinblick auf im Voraus erhobene Beiträge zu Abwicklungsfinanzierungsmechanismen (ABl. L 11 vom 17.1.2015, S. 44) und die Durchführungsverordnung (EU) 2015/81 des Rates vom 19. Dezember 2014 zur Festlegung einheitlicher Modalitäten für die Anwendung der Verordnung (EU) Nr. 806/2014 des Europäischen Parlaments und des Rates im Hinblick auf im Voraus erhobene Beiträge zum einheitlichen Abwicklungsfonds (ABl. L 15 vom 22.1.2015, S. 1).

Lfd. Nr.	Änderndes Gesetz	Datum	Fundstelle	Betroffen	Hinweis
25.	Art. 16 Abs. 6 Erstes FinanzmarktnovellierungsG	30.6.2016	BGBl. I S. 1514	§§ 10, 12	geänd. mWv 2.7.2016
26.	Art. 4 Abs. 50 G zur Aktualisierung der Strukturreform des Gebührenrechts des Bundes	18.7.2016	BGBl. I S. 1666	Inhaltsübersicht § 47	geänd. mWv 1.10.2021 aufgeh. mit Ablauf des 30.9.2021
27.	Art. 9 Zweites FinanzmarktnovellierungsG	23.6.2017	BGBl. I S. 1693	§§ 5, 10, 23, 30, 60	geänd. mWv 3.1.2018
28.	Art. 59 Zweites Datenschutz-Anpassungs- und UmsetzungsG EU[1]	20.11.2019	BGBl. I S. 1626	§§ 7, 8	geänd. mWv 26.11.2019
29.	Art. 18 G zur Umsetzung der ÄndRL zur Vierten EU-GeldwäscheRL[2]	12.12.2019	BGBl. I S. 2602	§§ 15, 60 § 26	geänd. mWv 20.12.2019 neu gef. mWv 20.12.2019
30.	Art. 3 G zur Einführung von Sondervorschriften für die Sanierung und Abwicklung von zentralen Gegenparteien und zur Anpassung des WpHG an die Unterrichtungs- und Nachweispflichten nach den Art. 4a und 10 der VO (EU) Nr. 648/2012	19.3.2020	BGBl. I S. 529	§ 10	geänd. mWv 28.3.2020
31.	Art. 7 Abs. 5 G zur Umsetzung der RL (EU) 2019/2034 über die Beaufsichtigung von Wertpapierinstituten[3]	12.5.2021	BGBl. I S. 990	§§ 9, 10, 60	geänd. mWv 26.6.2021
32.	Art. 20 G zur begleitenden Ausführung der VO (EU) 2020/1503 und der Umsetzung der RL EU 2020/1504[4]	3.6.2021	BGBl. I S. 1568	Inhaltsübersicht, §§ 9, 28, 41, 47, 68 § 44	geänd. mWv 11.6.2021 neu gef. mWv 11.6.2021

[1] **Amtl. Anm.:** Dieses Gesetz dient der Umsetzung der Richtlinie (EU) 2016/680 des Europäischen Parlaments und des Rates vom 27. April 2016 zum Schutz natürlicher Personen bei der Verarbeitung personenbezogener Daten durch die zuständigen Behörden zum Zweck der Verhütung, Ermittlung, Aufdeckung oder Verfolgung von Straftaten oder der Strafvollstreckung sowie zum freien Datenverkehr und zur Aufhebung des Rahmenbeschlusses 2008/977/JI des Rates (ABl. L 119 vom 4.5.2016, S. 89; L 127 vom 23.5.2018, S. 9).

[2] **Amtl. Anm.:** Dieses Gesetz dient der Umsetzung der Richtlinie (EU) 2018/843 des Europäischen Parlaments und des Rates vom 30. Mai 2018 zur Änderung der Richtlinie (EU) 2015/849 zur Verhinderung der Nutzung des Finanzsystems zum Zwecke der Geldwäsche und der Terrorismusfinanzierung und zur Änderung der Richtlinien 2009/138/EG und 2013/36/EU (ABl. L 156 vom 19.6.2018, S. 43).

[3] **Amtl. Anm.:** Dieses Gesetz dient der Umsetzung der Richtlinie (EU) 2019/2034 des Europäischen Parlaments und des Rates vom 27. November 2019 über die Beaufsichtigung von Wertpapierfirmen und zur Änderung der Richtlinien 2002/87/EG, 2009/65/EG, 2011/61/EU, 2013/36/EU, 2014/59/EU und 2014/65/EU (ABl. L 314 vom 5.12.2019, S. 64) sowie der Anpassung der nationalen Gesetze und Verordnungen an die Verordnung (EU) 2019/2033 des Europäischen Parlaments und des Rates vom 27. November 2019 über die Aufsichtsanforderungen an Wertpapierfirmen und zur Änderung der Verordnungen (EU) Nr. 1093/2010, (EU) Nr. 575/2013, (EU) Nr. 600/2014 und (EU) Nr. 806/2014 (ABl. L 314 vom 5.12.2019, S. 1; L 20 vom 24.1.2020, S. 26).

[4] **Amtl. Anm.:** Dieses Gesetz dient der Umsetzung der Richtlinie (EU) 2020/1504 des Europäischen Parlaments und des Rates vom 7. Oktober 2020 zur Änderung der Richtlinie 2014/65/EU über Märkte →

Lfd. Nr.	Änderndes Gesetz	Datum	Fundstelle	Betroffen	Hinweis
				§§ 5, 6	aufgeh. mit Ablauf des 10.6. 2021
33.	Art. 58 Personengesellschaftsrechtsmodernisierungs G (MoPeG)	10.8.2021	BGBl. I S. 3436	§ 2	geänd. mWv 1.1.2024
34.	Art. 1 G zur Einführung virtueller Hauptversammlungen von Aktiengesellschaften und Änderung genossenschafts- sowie insolvenz- und restrukturierungsrechtlicher Vorschriften	20.7.2022	BGBl. I S. 1166	§ 16	geänd. mWv 27.7.2022
35.	Art. 8 ZukunftsfinanzierungsG	11.12. 2023	BGBl. 2023 I Nr. 354	§§ 1, 2, 9, 10, 11, 14, 20, 21, 23, 25, 26, 27, 33c, 35, 36, 37, 40, 60	geänd. mWv 1.1.2024
				§ 45	neu gef. mWv 1.1.2024

(Fortsetzung der Anm. von voriger Seite)
für Finanzinstrumente sowie der Verordnung (EU) 2020/1503 des Europäischen Parlaments und des Rats vom 7. Oktober 2020 über Europäische Schwarmfinanzierungsdienstleister für Unternehmen und zur Änderung der Verordnung (EU) 2017/1129 und der Richtlinie (EU) 2019/1937.

Inhaltsübersicht[1)]

[1)] Inhaltsübersicht geänd. mWv 1.5.2002 durch VO v. 29.4.2002 (BGBl. I S. 1495); mWv 14.7.2006 durch G v. 8.7.2006 (BGBl. I S. 1426); mWv 15.8.2013 durch G v. 7.8.2013 (BGBl. I S. 3154); mWv 26.11.2015 durch G v. 20.11.2015 (BGBl. I S. 2029); mWv 1.10.2021 durch G v. 18.7.2016 (BGBl. I S. 1666); mWv 11.6.2021 durch G v. 3.6.2021 (BGBl. I S. 1568).

Abschnitt 1. Allgemeine Vorschriften

§ 1[1)] Anwendungsbereich (1) Dieses Gesetz ist anzuwenden auf Angebote zum Erwerb von Wertpapieren, die von einer Zielgesellschaft ausgegeben wurden und zum Handel an einem organisierten Markt zugelassen sind.

(2) Auf Übernahme- und Pflichtangebote zum Erwerb von Aktien einer Zielgesellschaft im Sinne des § 2 Abs. 3 Nr. 1, deren stimmberechtigte Aktien nicht im Inland, jedoch in einem anderen Staat des Europäischen Wirtschaftsraums zum Handel an einem organisierten Markt zugelassen sind, ist dieses Gesetz nur anzuwenden, soweit es die Kontrolle, die Verpflichtung zur Abgabe eines Angebots und hiervon abweichende Regelungen, die Unterrichtung der Arbeitnehmer der Zielgesellschaft oder des Bieters, Handlungen des Vorstands der Zielgesellschaft, durch die der Erfolg eines Angebots verhindert werden könnte, oder andere gesellschaftsrechtliche Fragen regelt.

(3) [1] Auf Angebote zum Erwerb von Wertpapieren einer Zielgesellschaft im Sinne des § 2 Abs. 3 Nr. 2 ist dieses Gesetz vorbehaltlich § 11a nur unter folgenden Voraussetzungen anzuwenden:

[1)] § 1 neu gef. mWv 14.7.2006 durch G v. 8.7.2006 (BGBl. I S. 1426); Abs. 5 Satz 2 neu gef. mWv 1.1. 2024 durch G v. 11.12.2023 (BGBl. 2023 I Nr. 354).

1. es handelt sich um ein europäisches Angebot zum Erwerb stimmberechtigter Wertpapiere, und
2. a) die stimmberechtigten Wertpapiere sind nur im Inland zum Handel an einem organisierten Markt zugelassen, oder

   b) die stimmberechtigten Wertpapiere sind sowohl im Inland als auch in einem anderen Staat des Europäischen Wirtschaftsraums, jedoch nicht in dem Staat, in dem die Zielgesellschaft ihren Sitz hat, zum Handel an einem organisierten Markt zugelassen, und

      aa) die Zulassung erfolgte zuerst zum Handel an einem organisierten Markt im Inland, oder

      bb) die Zulassungen erfolgten gleichzeitig, und die Zielgesellschaft hat sich für die Bundesanstalt für Finanzdienstleistungsaufsicht (Bundesanstalt) als zuständige Aufsichtsbehörde entschieden.

2 Liegen die in Satz 1 genannten Voraussetzungen vor, ist dieses Gesetz nur anzuwenden, soweit es Fragen der Gegenleistung, des Inhalts der Angebotsunterlage und des Angebotsverfahrens regelt.

(4) Das Bundesministerium der Finanzen wird ermächtigt, durch *Rechtverordnung*[1)2)], die nicht der Zustimmung des Bundesrates bedarf, nähere Bestimmungen darüber, in welchem Umfang Vorschriften dieses Gesetzes in den Fällen des Absatzes 2 und des Absatzes 3 anwendbar sind, zu erlassen.

(5) 1 Eine Zielgesellschaft im Sinne des § 2 Abs. 3 Nr. 2, deren stimmberechtigte Wertpapiere gleichzeitig im Inland und in einem anderen Staat des Europäischen Wirtschaftsraums, jedoch nicht in dem Staat, in dem sie ihren Sitz hat, zum Handel an einem organisierten Markt zugelassen worden sind, hat zu entscheiden, welche der betroffenen Aufsichtsstellen für die Beaufsichtigung eines europäischen Angebots zum Erwerb stimmberechtigter Wertpapiere zuständig sein soll. 2 Sie hat ihre Entscheidung zu veröffentlichen und der Bundesanstalt die Veröffentlichung zu übermitteln. 3 Das Bundesministerium der Finanzen wird ermächtigt, durch Rechtsverordnung[3)], die nicht der Zustimmung des Bundesrates bedarf, nähere Bestimmungen über den Zeitpunkt sowie Inhalt und Form der Mitteilung und der Veröffentlichung nach Satz 2 zu erlassen. 4 Das Bundesministerium der Finanzen kann die Ermächtigung durch Rechtsverordnung auf die Bundesanstalt übertragen.

§ 2[4)] **Begriffsbestimmungen.** (1) Angebote sind freiwillige oder auf Grund einer Verpflichtung nach diesem Gesetz erfolgende öffentliche Kauf- oder Tauschangebote zum Erwerb von Wertpapieren einer Zielgesellschaft.

(1a) Europäische Angebote sind Angebote zum Erwerb von Wertpapieren einer Zielgesellschaft im Sinne des Absatzes 3 Nr. 2, die nach dem Recht des Staates des Europäischen Wirtschaftsraums, in dem die Zielgesellschaft ihren Sitz hat, als Angebote im Sinne des Artikels 2 Abs. 1 Buchstabe a der Richtlinie 2004/25/EG

---

1) Richtig wohl: „Rechtsverordnung".

2) Siehe die WpÜG-AnwendbarkeitsVO v. 17.7.2006 (BGBl. I S. 1698).

3) Siehe die WpÜG-BeaufsichtigungsmitteilungsVO v. 13.10.2006 (BGBl. I S. 2266), geänd. durch G v. 12.5.2021 (BGBl. I S. 990).

4) § 2 Abs. 1a eingef., Abs. 3 und 5 neu gef., Abs. 7 geänd. mWv 14.7.2006 durch G v. 8.7.2006 (BGBl. I S. 1426); Abs. 7 geänd. mWv 1.11.2007 durch G v. 16.7.2007 (BGBl. I S. 1330); Abs. 4 geänd. mWv 1.1.2024 durch G v. 10.8.2021 (BGBl. I S. 3436); Abs. 9 angef. mWv 1.1.2024 durch G v. 11.12. 2023 (BGBl. 2023 I Nr. 354).

des Europäischen Parlaments und des Rates vom 21. April 2004 betreffend Übernahmeangebote (ABl. EU Nr. L 142 S. 12) gelten.

(2) Wertpapiere sind, auch wenn für sie keine Urkunden ausgestellt sind,

1. Aktien, mit diesen vergleichbare Wertpapiere und Zertifikate, die Aktien vertreten,
2. andere Wertpapiere, die den Erwerb von Aktien, mit diesen vergleichbaren Wertpapieren oder Zertifikaten, die Aktien vertreten, zum Gegenstand haben.

(3) Zielgesellschaften sind

1. Aktiengesellschaften oder Kommanditgesellschaften auf Aktien mit Sitz im Inland und
2. Gesellschaften mit Sitz in einem anderen Staat des Europäischen Wirtschaftsraums.

(4) Bieter sind natürliche oder juristische Personen oder rechtsfähige Personengesellschaften, die allein oder gemeinsam mit anderen Personen ein Angebot abgeben, ein solches beabsichtigen oder zur Abgabe verpflichtet sind.

(5) [1] Gemeinsam handelnde Personen sind natürliche oder juristische Personen, die ihr Verhalten im Hinblick auf ihren Erwerb von Wertpapieren der Zielgesellschaft oder ihre Ausübung von Stimmrechten aus Aktien der Zielgesellschaft mit dem Bieter auf Grund einer Vereinbarung oder in sonstiger Weise abstimmen. [2] Mit der Zielgesellschaft gemeinsam handelnde Personen sind natürliche oder juristische Personen, die Handlungen zur Verhinderung eines Übernahme- oder Pflichtangebots mit der Zielgesellschaft auf Grund einer Vereinbarung oder in sonstiger Weise abstimmen. [3] Tochterunternehmen gelten mit der sie kontrollierenden Person und untereinander als gemeinsam handelnde Personen.

(6) Tochterunternehmen sind Unternehmen, die als Tochterunternehmen im Sinne des § 290 des Handelsgesetzbuchs[1)] gelten oder auf die ein beherrschender Einfluss ausgeübt werden kann, ohne dass es auf die Rechtsform oder den Sitz ankommt.

(7) Organisierter Markt sind der regulierte Markt an einer Börse im Inland und der geregelte Markt im Sinne des Artikels 4 Abs. 1 Nr. 14 der Richtlinie 2004/39/EG des Europäischen Parlaments und des Rates vom 21. April 2004 über Märkte für Finanzinstrumente, zur Änderung der Richtlinien 85/611/EWG und 93/6/EWG des Rates und der Richtlinie 2000/12/EG des Europäischen Parlaments und des Rates und zur Aufhebung der Richtlinie 93/22/EWG des Rates (ABl. EU Nr. L 145 S. 1) in einem anderen Staat des Europäischen Wirtschaftsraums.

(8) Der Europäische Wirtschaftsraum umfasst die Staaten der Europäischen Gemeinschaften sowie die Staaten des Abkommens über den Europäischen Wirtschaftsraum.

(9) Arbeitstage sind alle Kalendertage mit Ausnahme von Samstagen, Sonntagen und gesetzlichen Feiertagen.

§ 3 Allgemeine Grundsätze. (1) Inhaber von Wertpapieren der Zielgesellschaft, die derselben Gattung angehören, sind gleich zu behandeln.

(2) Inhaber von Wertpapieren der Zielgesellschaft müssen über genügend Zeit und ausreichende Informationen verfügen, um in Kenntnis der Sachlage über das Angebot entscheiden zu können.

---

1) Habersack, Deutsche Gesetze Nr. 50.

(3) Vorstand und Aufsichtsrat der Zielgesellschaft müssen im Interesse der Zielgesellschaft handeln.

(4) [1] Der Bieter und die Zielgesellschaft haben das Verfahren rasch durchzuführen. [2] Die Zielgesellschaft darf nicht über einen angemessenen Zeitraum hinaus in ihrer Geschäftstätigkeit behindert werden.

(5) Beim Handel mit Wertpapieren der Zielgesellschaft, der Bietergesellschaft oder anderer durch das Angebot betroffener Gesellschaften dürfen keine Marktverzerrungen geschaffen werden.

Abschnitt 2.[1)] Zuständigkeit der Bundesanstalt für Finanzdienstleistungsaufsicht[2)]

§ 4[3)] Aufgaben und Befugnisse. (1) [1] Die Bundesanstalt übt die Aufsicht bei Angeboten nach den Vorschriften dieses Gesetzes aus. [2] Sie hat im Rahmen der ihr zugewiesenen Aufgaben Missständen entgegenzuwirken, welche die ordnungsmäßige Durchführung des Verfahrens beeinträchtigen oder erhebliche Nachteile für den Wertpapiermarkt bewirken können. [3] Die Bundesanstalt kann Anordnungen treffen, die geeignet und erforderlich sind, diese Missstände zu beseitigen oder zu verhindern.

(2) Die Bundesanstalt nimmt die ihr nach diesem Gesetz zugewiesenen Aufgaben und Befugnisse nur im öffentlichen Interesse wahr.

§§ 5, 6[4)] *(aufgehoben)*

§ 7[5)] Zusammenarbeit mit Aufsichtsbehörden im Inland. (1) [1] Das Bundeskartellamt und die Bundesanstalt haben einander die für die Erfüllung ihrer Aufgaben erforderlichen Informationen mitzuteilen. [2] Die Bundesanstalt übermittelt dem Bundesministerium für Wirtschaft und Energie die ihr nach § 10 Abs. 2 Satz 1 Nr. 3 und § 35 Abs. 1 Satz 4 mitgeteilten Informationen und auf Ersuchen dieser Behörde die ihr nach § 14 Abs. 1 Satz 1 oder § 35 Abs. 2 Satz 1 übermittelte Angebotsunterlage. [3] Bei der Übermittlung personenbezogener Daten ist § 25 Absatz 1 und 3 des Bundesdatenschutzgesetzes[6)] anzuwenden.

(2) Die Bundesanstalt kann sich bei der Durchführung ihrer Aufgaben nach diesem Gesetz privater Personen und Einrichtungen bedienen.

§ 8[7)] Zusammenarbeit mit zuständigen Stellen im Ausland. (1) Der Bundesanstalt obliegt die Zusammenarbeit mit den für die Überwachung von Angeboten zum Erwerb von Wertpapieren, Börsen oder anderen Wertpapier- oder Deri-

---

[1)] Abschnitt 2 Überschrift geänd. mWv 1.5.2002 durch VO v. 29.4.2002 (BGBl. I S. 1495).

[2)] Siehe auch die VO zur Übertragung von Befugnissen zum Erlass von Rechtsverordnungen auf die BAFin v. 13.12.2002 (BGBl. 2003 I S. 3), zuletzt geänd. durch VO v. 24.1.2024 (BGBl. 2024 I Nr. 21).

[3)] § 4 Abs. 1 Sätze 1–3 und Abs. 2 geänd. mWv 1.5.2002 durch VO v. 29.4.2002 (BGBl. I S. 1495); Abs. 1 Satz 1 geänd. mWv 14.7.2006 durch G v. 8.7.2006 (BGBl. I S. 1426).

[4)] §§ 5 und 6 aufgeh. mWv 11.6.2021 durch G v. 3.6.2021 (BGBl. I S. 1568).

[5)] § 7 Abs. 2 geänd., Abs. 1 Satz 1 neu gef. mWv 1.5.2002 durch VO v. 29.4.2002 (BGBl. I S. 1495); Abs. 1 Satz 2 eingef., bish. Satz 2 wird Satz 3 mWv 24.4.2009 durch G v. 18.4.2009 (BGBl. I S. 770); Abs. 1 Satz 2 geänd. mWv 8.9.2015 durch VO v. 31.8.2015 (BGBl. I S. 1474); Abs. 1 Satz 3 neu gef. mWv 26.11.2019 durch G v. 20.11.2019 (BGBl. I S. 1626).

[6)] **Sartorius Nr. 245.**

[7)] § 8 Abs. 1, Abs. 2 Sätze 1 und 2, Abs. 3 Satz 1 geänd., Abs. 3 Satz 2 neu gef. mWv 1.5.2002 durch VO v. 29.4.2002 (BGBl. I S. 1495); Abs. 2 Satz 1 geänd. mWv 14.7.2006 durch G v. 8.7.2006 (BGBl. I S. 1426); Abs. 2 Sätze 2, 3 und 5 geänd., Satz 6 angef., Abs. 3 Satz 1 geänd. mWv 26.11.2019 durch G v. 20.11.2019 (BGBl. I S. 1626).

vatemärkten sowie den Handel in Wertpapieren und Derivaten zuständigen Stellen anderer Staaten.

(2) [1]Im Rahmen der Zusammenarbeit nach Absatz 1 darf die Bundesanstalt Tatsachen übermitteln, die für die Überwachung von Angeboten zum Erwerb von Wertpapieren oder damit zusammenhängender Verwaltungs- oder Gerichtsverfahren erforderlich sind; hierbei kann sie von ihren Befugnissen nach § 40 Abs. 1 und 2 Gebrauch machen. [2]Bei der Übermittlung personenbezogener Daten hat die Bundesanstalt den Zweck zu bestimmen, für den diese verarbeitet werden dürfen. [3]Der Empfänger ist darauf hinzuweisen, dass die Daten nur zu dem Zweck verarbeitet werden dürfen, zu dessen Erfüllung sie übermittelt wurden. [4]Eine Übermittlung unterbleibt, soweit Grund zu der Annahme besteht, dass durch sie gegen den Zweck eines deutschen Gesetzes verstoßen wird. [5]Die Übermittlung unterbleibt außerdem, wenn durch sie schutzwürdige Interessen der betroffenen Person beeinträchtigt würden, insbesondere wenn im Empfängerland ein angemessener Datenschutzstandard nicht gewährleistet wäre. [6]Die Übermittlung personenbezogener Daten an Drittländer und internationale Organisationen muss im Einklang mit Kapitel V der Verordnung (EU) 2016/679[1)] des Europäischen Parlaments und des Rates vom 27. April 2016 zum Schutz natürlicher Personen bei der Verarbeitung personenbezogener Daten, zum freien Datenverkehr und zur Aufhebung der Richtlinie 95/46/EG (Datenschutz-Grundverordnung) (ABl. L 119 vom 4.5.2016, S. 1; L 314 vom 22.11.2016, S. 72; L 127 vom 23.5.2018, S. 2) in der jeweils geltenden Fassung und mit den sonstigen allgemeinen datenschutzrechtlichen Vorschriften stehen.

(3) [1]Werden der Bundesanstalt von einer Stelle eines anderen Staates personenbezogene Daten mitgeteilt, so dürfen diese nur unter Beachtung der Zweckbestimmung durch diese Stelle verarbeitet werden. [2]Die Bundesanstalt darf die Daten unter Beachtung der Zweckbestimmung den Börsenaufsichtsbehörden und den Handelsüberwachungsstellen der Börsen mitteilen.

(4) Die Regelungen über die internationale Rechtshilfe in Strafsachen bleiben unberührt.

§ 9[2)] Verschwiegenheitspflicht. (1) [1]Die bei der Bundesanstalt und bei Einrichtungen nach § 7 Abs. 2 Beschäftigten und die Personen, derer sich die Bundesanstalt nach § 7 Abs. 2 bedient, dürfen ihnen bei ihrer Tätigkeit bekannt gewordene Tatsachen, deren Geheimhaltung im Interesse eines nach diesem Gesetz Verpflichteten, der zuständigen Behörden oder eines Dritten liegt, insbesondere Geschäfts- und Betriebsgeheimnisse, sowie personenbezogene Daten auch nach Beendigung ihres Dienstverhältnisses oder ihrer Tätigkeit nicht unbefugt offenbaren oder verwerten. [2]Dies gilt auch für andere Personen, die durch dienstliche Berichterstattung Kenntnis von den in Satz 1 bezeichneten Tatsachen erhalten. [3]Ein unbefugtes Offenbaren oder Verwerten im Sinne des Satzes 1 liegt insbesondere nicht vor, wenn Tatsachen weitergegeben werden an

1. Strafverfolgungsbehörden oder für Straf- und Bußgeldsachen zuständige Gerichte,

---

[1)] **Sartorius Nr. 246.**

[2)] § 9 Abs. 1 Satz 1 geänd. mWv 1.5.2002 durch VO v. 29.4.2002 (BGBl. I S. 1495); Abs. 1 Nr. 3 angef. mWv 24.4.2009 durch G v. 18.4.2009 (BGBl. I S. 770); Abs. 1 Satz 3 Nr. 3 geänd. mWv 8.9.2015 durch VO v. 31.8.2015 (BGBl. I S. 1474); Abs. 2 neu gef. mWv 6.11.2015 durch G v. 2.11.2015 (BGBl. I S. 1864); Abs. 1 Sätze 1 und 3 Nr. 2 geänd. mWv 26.6.2021 durch G v. 12.5.2021 (BGBl. I S. 990); Abs. 1 Satz 1 geänd., Abs. 3 aufgeh. mWv 11.6.2021 durch G v. 3.6.2021 (BGBl. I S. 1568); Abs. 2 Satz 1 geänd. mWv 1.1.2024 durch G v. 11.12.2023 (BGBl. 2023 I Nr. 354).

2. Stellen, die kraft Gesetzes oder im öffentlichen Auftrag mit der Bekämpfung von Wettbewerbsbeschränkungen, der Überwachung von Angeboten zum Erwerb von Wertpapieren oder der Überwachung von Börsen oder anderen Wertpapier- oder Derivatemärkten, des Wertpapier- oder Derivatehandels, von Kreditinstituten, Finanzdienstleistungsinstituten, Wertpapierinstituten, Investmentgesellschaften, Finanzunternehmen oder Versicherungsunternehmen betraut sind, sowie von solchen Stellen beauftragte Personen,
3. das Bundesministerium für Wirtschaft und Energie,

soweit die Tatsachen für die Erfüllung der Aufgaben dieser Stellen oder Personen erforderlich sind. [4] Für die bei den in Satz 3 genannten Stellen beschäftigten oder von ihnen beauftragten Personen gilt die Verschwiegenheitspflicht nach den Sätzen 1 bis 3 entsprechend. [5] An eine ausländische Stelle dürfen die Tatsachen nur weitergegeben werden, wenn diese Stelle und die von ihr beauftragten Personen einer den Sätzen 1 bis 3 entsprechenden Verschwiegenheitspflicht unterliegen.

(2) [1] Die §§ 93, 97 und 105 Absatz 1, § 111 Absatz 5 in Verbindung mit § 105 Absatz 1 sowie § 116 Absatz 1 der Abgabenordnung gelten für die in Absatz 1 Satz 1 und 2 bezeichneten Personen nur, soweit die Finanzbehörden die Kenntnisse für die Durchführung eines Verfahrens wegen einer Steuerstraftat oder eines Besteuerungsverfahrens benötigen, es sei denn, der Weitergabe der Informationen stehen andere Vorschriften entgegen. [2] Die in Satz 1 genannten Vorschriften sind jedoch nicht anzuwenden, soweit Tatsachen betroffen sind,

1. die den in Absatz 1 Satz 1 oder Satz 2 bezeichneten Personen durch eine Stelle eines anderen Staates im Sinne von Absatz 1 Satz 3 Nummer 2 oder durch von dieser Stelle beauftragte Personen mitgeteilt worden sind oder
2. von denen bei der Bundesanstalt beschäftigte Personen dadurch Kenntnis erlangen, dass sie an der Aufsicht über direkt von der Europäischen Zentralbank beaufsichtigte Institute mitwirken, insbesondere in gemeinsamen Aufsichtsteams nach Artikel 2 Nummer 6 der Verordnung (EU) Nr. 468/2014 der Europäischen Zentralbank vom 16. April 2014 zur Einrichtung eines Rahmenwerks für die Zusammenarbeit zwischen der Europäischen Zentralbank und den nationalen zuständigen Behörden und den nationalen benannten Behörden innerhalb des einheitlichen Aufsichtsmechanismus (SSM-Rahmenverordnung) (EZB/2014/17) (ABl. L 141 vom 14.5.2014, S. 1), und die nach den Regeln der Europäischen Zentralbank geheim sind.

Abschnitt 3. Angebote zum Erwerb von Wertpapieren

§ 10[1)] Veröffentlichung der Entscheidung zur Abgabe eines Angebots.

(1) [1] Der Bieter hat seine Entscheidung zur Abgabe eines Angebots unverzüglich gemäß Absatz 3 Satz 1 zu veröffentlichen. [2] Die Verpflichtung nach Satz 1 besteht auch, wenn für die Entscheidung nach Satz 1 der Beschluss der Gesellschafterversammlung des Bieters erforderlich ist und ein solcher Beschluss noch nicht erfolgt ist. [3] Die Bundesanstalt kann dem Bieter auf Antrag abweichend von Satz 2

[1)] § 10 Abs. 1 Satz 3, Abs. 2 Satz 3, Abs. 4 Satz 1 geänd. mWv 1.5.2002 durch VO v. 29.4.2002 (BGBl. I S. 1495); Abs. 3 Satz 1 Nr. 1 neu gef., Abs. 5 Satz 3 angef. mWv 14.7.2006 durch G v. 8.7.2006 (BGBl. I S. 1426); Abs. 6 geänd. mWv 2.7.2016 durch G v. 30.6.2016 (BGBl. I S. 1514); Abs. 2 Satz 1 Nr. 2 geänd. mWv 3.1.2018 durch G v. 23.6.2017 (BGBl. I S. 1693); Abs. 6 geänd. mWv 28.3.2020 durch G v. 19.3.2020 (BGBl. I S. 529); Abs. 3 Satz 1 Nr. 2 geänd. mWv 26.6.2021 durch G v. 12.5.2021 (BGBl. I S. 990); Abs. 2 Satz 1 Nr. 1 und 2 geänd., Nr. 3 aufgeh., Abs. 4 Satz 2 neu gef. mWv 1.1.2024 durch G v. 11.12.2023 (BGBl. 2023 I Nr. 354).

gestatten, eine Veröffentlichung erst nach dem Beschluss der Gesellschafterversammlung vorzunehmen, wenn der Bieter durch geeignete Vorkehrungen sicherstellt, dass dadurch Marktverzerrungen nicht zu befürchten sind.

(2) [1] Der Bieter hat die Entscheidung nach Absatz 1 Satz 1 vor der Veröffentlichung

1. den Geschäftsführungen der Börsen, an denen Wertpapiere des Bieters, der Zielgesellschaft und anderer durch das Angebot unmittelbar betroffener Gesellschaften zum Handel zugelassen sind, und
2. den Geschäftsführungen der Börsen, an denen Derivate im Sinne des § 2 Absatz 3 des Wertpapierhandelsgesetzes[1)] gehandelt werden, sofern die Wertpapiere Gegenstand der Derivate sind,

mitzuteilen. [2] Die Geschäftsführungen dürfen die ihnen nach Satz 1 mitgeteilten Entscheidungen vor der Veröffentlichung nur zum Zwecke der Entscheidung verwenden, ob die Feststellung des Börsenpreises auszusetzen oder einzustellen ist. [3] Die Bundesanstalt kann gestatten, dass Bieter mit Wohnort oder Sitz im Ausland die Mitteilung nach Satz 1 gleichzeitig mit der Veröffentlichung vornehmen, wenn dadurch die Entscheidungen der Geschäftsführungen über die Aussetzung oder Einstellung der Feststellung des Börsenpreises nicht beeinträchtigt werden.

(3) [1] Die Veröffentlichung der Entscheidung nach Absatz 1 Satz 1 ist

1. durch Bekanntgabe im Internet und
2. über ein elektronisch betriebenes Informationsverbreitungssystem, das bei Kreditinstituten, Finanzdienstleistungsinstituten, Wertpapierinstituten, nach § 53 Abs. 1 des Gesetzes über das Kreditwesen tätigen Unternehmen, anderen Unternehmen, die ihren Sitz im Inland haben und an einer inländischen Börse zur Teilnahme am Handel zugelassen sind, und Versicherungsunternehmen weit verbreitet ist,

in deutscher Sprache vorzunehmen. [2] Dabei hat der Bieter auch die Adresse anzugeben, unter der die Veröffentlichung der Angebotsunterlage im Internet nach § 14 Abs. 3 Satz 1 Nr. 1 erfolgen wird. [3] Eine Veröffentlichung in anderer Weise darf nicht vor der Veröffentlichung nach Satz 1 vorgenommen werden.

(4) [1] Der Bieter hat die Veröffentlichung nach Absatz 3 Satz 1 unverzüglich den Geschäftsführungen der in Absatz 2 Satz 1 Nr. 1 und 2 erfassten Börsen und der Bundesanstalt zu übersenden. [2] Dies gilt im Hinblick auf die Geschäftsführungen der in Absatz 2 Satz 1 Nummer 1 und 2 erfassten Börsen nicht, soweit die Bundesanstalt nach Absatz 2 Satz 3 gestattet hat, die Mitteilung nach Absatz 2 Satz 1 gleichzeitig mit der Veröffentlichung vorzunehmen.

(5) [1] Der Bieter hat dem Vorstand der Zielgesellschaft unverzüglich nach der Veröffentlichung nach Absatz 3 Satz 1 die Entscheidung zur Abgabe eines Angebots schriftlich mitzuteilen. [2] Der Vorstand der Zielgesellschaft unterrichtet den zuständigen Betriebsrat oder, sofern ein solcher nicht besteht, unmittelbar die Arbeitnehmer, unverzüglich über die Mitteilung nach Satz 1. [3] Der Bieter hat die Entscheidung zur Abgabe eines Angebots ebenso seinem zuständigen Betriebsrat oder, sofern ein solcher nicht besteht, unmittelbar den Arbeitnehmern unverzüglich nach der Veröffentlichung nach Absatz 3 Satz 1 mitzuteilen.

(6) Artikel 17 der Verordnung (EU) Nr. 596/2014 des Europäischen Parlaments und des Rates vom 16. April 2014 über Marktmissbrauch (Marktmissbrauchsverordnung) und zur Aufhebung der Richtlinie 2003/6/EG des Europäischen Par-

---

[1)] Nr. **58**.

laments und des Rates und der Richtlinien 2003/124/EG, 2003/125/EG und 2004/72/EG der Kommission (ABl. L 173 vom 12.6.2014, S. 1) in der jeweils geltenden Fassung gilt nicht für Entscheidungen zur Abgabe eines Angebots, soweit letztere unter Beachtung des Artikels 2 Absatz 1 der Durchführungsverordnung (EU) 2016/1055 der Kommission vom 29. Juni 2016 zur Festlegung technischer Durchführungsstandards hinsichtlich der technischen Mittel für die angemessene Bekanntgabe von Insiderinformationen und für den Aufschub der Bekanntgabe von Insiderinformationen gemäß Verordnung (EU) Nr. 596/2014 des Europäischen Parlaments und des Rates (ABl. L 173 vom 30.6.2016, S. 47) in der jeweils geltenden Fassung und des § 3a der Wertpapierhandelsanzeigeverordnung veröffentlicht wurden.

§ 11[1] Angebotsunterlage. (1) [1]Der Bieter hat eine Unterlage über das Angebot (Angebotsunterlage) zu erstellen und zu veröffentlichen. [2]Die Angebotsunterlage muss die Angaben enthalten, die notwendig sind, um in Kenntnis der Sachlage über das Angebot entscheiden zu können. [3]Die Angaben müssen richtig und vollständig sein. [4]Die Angebotsunterlage ist in deutscher Sprache und in einer Form abzufassen, die ihr Verständnis und ihre Auswertung erleichtert.

(2) [1]Die Angebotsunterlage hat den Inhalt des Angebots und ergänzende Angaben zu enthalten. [2]Angaben über den Inhalt des Angebots sind

1. Name oder Firma und Anschrift oder Sitz sowie, wenn es sich um eine Gesellschaft handelt, die Rechtsform des Bieters,
2. Firma, Sitz und Rechtsform der Zielgesellschaft,
3. die Wertpapiere, die Gegenstand des Angebots sind,
4. Art und Höhe der für die Wertpapiere der Zielgesellschaft gebotenen Gegenleistung,

4a. die Höhe der für den Entzug von Rechten gebotenen Entschädigung nach § 33b Abs. 4,

5. die Bedingungen, von denen die Wirksamkeit des Angebots abhängt,
6. der Beginn und das Ende der Annahmefrist.

[3]Ergänzende Angaben sind

1. Angaben zu den notwendigen Maßnahmen, die sicherstellen, dass dem Bieter die zur vollständigen Erfüllung des Angebots notwendigen Mittel zur Verfügung stehen, und zu den erwarteten Auswirkungen eines erfolgreichen Angebots auf die Vermögens-, Finanz- und Ertragslage des Bieters,
2. Angaben über die Absichten des Bieters im Hinblick auf die künftige Geschäftstätigkeit der Zielgesellschaft sowie, soweit von dem Angebot betroffen, des Bieters, insbesondere den Sitz und den Standort wesentlicher Unternehmensteile, die Verwendung des Vermögens, künftige Verpflichtungen, die Arbeitnehmer und deren Vertretungen, die Mitglieder der Geschäftsführungsorgane und wesentliche Änderungen der Beschäftigungsbedingungen einschließlich der insoweit vorgesehenen Maßnahmen,
3. Angaben über Geldleistungen oder andere geldwerte Vorteile, die Vorstands- oder Aufsichtsratsmitgliedern der Zielgesellschaft gewährt oder in Aussicht gestellt werden,

---

[1] § 11 Abs. 5 geänd. mWv 1.5.2002 durch VO v. 29.4.2002 (BGBl. I S. 1495); Abs. 2 Satz 2 Nr. 4a eingef., Satz 3 Nr. 2 neu gef. mWv 14.7.2006 durch G v. 8.7.2006 (BGBl. I S. 1426); Abs. 1 Satz 5 aufgeh. mWv 1.1.2024 durch G v. 11.12.2023 (BGBl. 2023 I Nr. 354).

4. die Bestätigung nach § 13 Abs. 1 Satz 2 unter Angabe von Firma, Sitz und Rechtsform des Wertpapierdienstleistungsunternehmens.

(3) Die Angebotsunterlage muss Namen und Anschrift, bei juristischen Personen oder Gesellschaften Firma, Sitz und Rechtsform, der Personen oder Gesellschaften aufführen, die für den Inhalt der Angebotsunterlage die Verantwortung übernehmen; sie muss eine Erklärung dieser Personen oder Gesellschaften enthalten, dass ihres Wissens die Angaben richtig und keine wesentlichen Umstände ausgelassen sind.

(4) Das Bundesministerium der Finanzen kann durch Rechtsverordnung[1]), die nicht der Zustimmung des Bundesrates bedarf,

1. nähere Bestimmungen über die Gestaltung und die in die Angebotsunterlage aufzunehmenden Angaben erlassen und
2. weitere ergänzende Angaben vorschreiben, soweit dies notwendig ist, um den Empfängern des Angebots ein zutreffendes und vollständiges Urteil über den Bieter, die mit ihm gemeinsam handelnden Personen und das Angebot zu ermöglichen.

(5) Das Bundesministerium der Finanzen kann die Ermächtigung nach Absatz 4 durch Rechtsverordnung auf die Bundesanstalt übertragen.

§ 11a[2]) Europäischer Pass. Die von der zuständigen Aufsichtsstelle eines anderen Staates des Europäischen Wirtschaftsraums gebilligte Angebotsunterlage über ein europäisches Angebot zum Erwerb von Wertpapieren einer Zielgesellschaft im Sinne des § 2 Abs. 3 Nr. 2, deren Wertpapiere auch im Inland zum Handel an einem organisierten Markt zugelassen sind, wird im Inland ohne zusätzliches Billigungsverfahren anerkannt.

§ 12[3]) Haftung für die Angebotsunterlage. (1) Sind für die Beurteilung des Angebots wesentliche Angaben der Angebotsunterlage unrichtig oder unvollständig, so kann derjenige, der das Angebot angenommen hat oder dessen Aktien dem Bieter nach § 39a übertragen worden sind,

1. von denjenigen, die für die Angebotsunterlage die Verantwortung übernommen haben, und
2. von denjenigen, von denen der Erlass der Angebotsunterlage ausgeht,

als Gesamtschuldnern den Ersatz des ihm aus der Annahme des Angebots oder Übertragung der Aktien entstandenen Schadens verlangen.

(2) Nach Absatz 1 kann nicht in Anspruch genommen werden, wer nachweist, dass er die Unrichtigkeit oder Unvollständigkeit der Angaben der Angebotsunterlage nicht gekannt hat und die Unkenntnis nicht auf grober Fahrlässigkeit beruht.

(3) Der Anspruch nach Absatz 1 besteht nicht, sofern

1. die Annahme des Angebots nicht auf Grund der Angebotsunterlage erfolgt ist,
2. derjenige, der das Angebot angenommen hat, die Unrichtigkeit oder Unvollständigkeit der Angaben der Angebotsunterlage bei der Abgabe der Annahmeerklärung kannte oder

---

[1]) Siehe die WpÜG-AngebotsVO v. 27.12.2001 (BGBl. I S. 4263), zuletzt geänd. durch G v. 11.12. 2023 (BGBl. 2023 I Nr. 354).

[2]) § 11a eingef. mWv 14.7.2006 durch G v. 8.7.2006 (BGBl. I S. 1426).

[3]) § 12 Abs. 1 und 4 neu gef., Abs. 3 Nr. 3 geänd. mWv 14.7.2006 durch G v. 8.7.2006 (BGBl. I S. 1426); Abs. 3 Nr. 3 geänd. mWv 2.7.2016 durch G v. 30.6.2016 (BGBl. I S. 1514).

3. vor der Annahme des Angebots in einer Veröffentlichung nach Artikel 17 der Verordnung (EU) Nr. 596/2014 oder einer vergleichbaren Bekanntmachung eine deutlich gestaltete Berichtigung der unrichtigen oder unvollständigen Angaben im Inland veröffentlicht wurde.

(4) Der Anspruch nach Absatz 1 verjährt in einem Jahr seit dem Zeitpunkt, zu dem derjenige, der das Angebot angenommen hat oder dessen Aktien dem Bieter nach § 39a übertragen worden sind, von der Unrichtigkeit oder Unvollständigkeit der Angaben der Angebotsunterlage Kenntnis erlangt hat, spätestens jedoch in drei Jahren seit der Veröffentlichung der Angebotsunterlage.

(5) Eine Vereinbarung, durch die der Anspruch nach Absatz 1 im Voraus ermäßigt oder erlassen wird, ist unwirksam.

(6) Weitergehende Ansprüche, die nach den Vorschriften des bürgerlichen Rechts auf Grund von Verträgen oder vorsätzlichen unerlaubten Handlungen erhoben werden können, bleiben unberührt.

§ 13 Finanzierung des Angebots. (1) [1]Der Bieter hat vor der Veröffentlichung der Angebotsunterlage die notwendigen Maßnahmen zu treffen, um sicherzustellen, dass ihm die zur vollständigen Erfüllung des Angebots notwendigen Mittel zum Zeitpunkt der Fälligkeit des Anspruchs auf die Gegenleistung zur Verfügung stehen. [2]Für den Fall, dass das Angebot als Gegenleistung die Zahlung einer Geldleistung vorsieht, ist durch ein vom Bieter unabhängiges Wertpapierdienstleistungsunternehmen schriftlich zu bestätigen, dass der Bieter die notwendigen Maßnahmen getroffen hat, um sicherzustellen, dass die zur vollständigen Erfüllung des Angebots notwendigen Mittel zum Zeitpunkt der Fälligkeit des Anspruchs auf die Geldleistung zur Verfügung stehen.

(2) Hat der Bieter die nach Absatz 1 Satz 2 notwendigen Maßnahmen nicht getroffen und stehen ihm zum Zeitpunkt der Fälligkeit des Anspruchs auf die Geldleistung aus diesem Grunde die notwendigen Mittel nicht zur Verfügung, so kann derjenige, der das Angebot angenommen hat, von dem Wertpapierdienstleistungsunternehmen, das die schriftliche Bestätigung erteilt hat, den Ersatz des ihm aus der nicht vollständigen Erfüllung entstandenen Schadens verlangen.

(3) § 12 Abs. 2 bis 6 gilt entsprechend.

§ 14[1)] Übermittlung und Veröffentlichung der Angebotsunterlage. (1) [1]Der Bieter hat die Angebotsunterlage innerhalb von vier Wochen nach der Veröffentlichung der Entscheidung zur Abgabe eines Angebots der Bundesanstalt zu übermitteln. [2]Die Bundesanstalt bestätigt dem Bieter den Tag des Eingangs der Angebotsunterlage. [3]Die Bundesanstalt kann die Frist nach Satz 1 auf Antrag um bis zu vier Wochen verlängern, wenn dem Bieter die Einhaltung der Frist nach Satz 1 auf Grund eines grenzüberschreitenden Angebots oder erforderlicher Kapitalmaßnahmen nicht möglich ist.

(2) Die Angebotsunterlage ist unverzüglich nach den Maßgaben des Absatzes 3 Satz 1 zu veröffentlichen, wenn

1. die Bundesanstalt die Veröffentlichung gestattet hat oder

[1)] § 14 Abs. 1 Sätze 1–3 geänd. mWv 1.5.2002 durch VO v. 29.4.2002 (BGBl. I S. 1495); Abs. 4 Satz 3 angef. mWv 14.7.2006, Abs. 3 Satz 1 Nr. 2 geänd., Satz 2 neu gef. mWv 1.1.2007 durch G v. 8.7.2006 (BGBl. I S. 1426); Abs. 3 Satz 1 Nr. 2 geänd. mWv 1.4.2012 durch G v. 22.12.2011 (BGBl. I S. 3044); Abs. 2 neu gef., Abs. 2a eingef., Abs. 3 Satz 2 geänd., Satz 3 angef. mWv 1.1.2024 durch G v. 11.12.2023 (BGBl. 2023 I Nr. 354).

2. seit dem Eingang der Angebotsunterlage zehn Arbeitstage verstrichen sind, ohne dass die Bundesanstalt das Angebot untersagt hat.

(2a) [1] Vor der Veröffentlichung der Angebotsunterlage darf diese nicht bekannt gegeben werden. [2] Die Bundesanstalt kann vor einer Untersagung des Angebots die Frist nach Absatz 2 Nummer 2 um bis zu fünf Arbeitstage verlängern, wenn die Angebotsunterlage nicht vollständig ist oder sonst den Vorschriften dieses Gesetzes oder einer auf Grund dieses Gesetzes erlassenen Rechtsverordnung nicht entspricht. [3] Die Frist nach Absatz 2 Nummer 2 verlängert sich, auch nach einer Verlängerung nach Satz 2, um fünf Kalendertage, nachdem die Bundesanstalt eine Untersagung nach § 4f des Finanzdienstleistungsaufsichtsgesetzes elektronisch oder nach § 4g des Finanzdienstleistungsaufsichtsgesetzes als elektronisches Dokument zum Abruf über das Melde- und Veröffentlichungssystem der Bundesanstalt bereitgestellt, öffentlich bekannt gemacht oder zur Post aufgegeben hat.

(3) [1] Die Angebotsunterlage ist zu veröffentlichen durch

1. Bekanntgabe im Internet und
2. Bekanntgabe im Bundesanzeiger oder durch Bereithalten zur kostenlosen Ausgabe bei einer geeigneten Stelle im Inland; im letzteren Fall ist im Bundesanzeiger bekannt zu machen, bei welcher Stelle die Angebotsunterlage bereit gehalten wird und unter welcher Adresse die Veröffentlichung der Angebotsunterlage im Internet nach Nummer 1 erfolgt ist.

[2] Der Bieter hat der Bundesanstalt die Veröffentlichung nach Satz 1 Nummer 2 unverzüglich unter Übermittlung der veröffentlichten Angebotsunterlage mitzuteilen. [3] Die Verpflichtung des Bieters besteht auch im Fall einer Veröffentlichung oder Bekanntmachung im Sinne des § 12 Absatz 3 Nummer 3.

(4) [1] Der Bieter hat die Angebotsunterlage dem Vorstand der Zielgesellschaft unverzüglich nach der Veröffentlichung nach Absatz 3 Satz 1 zu übermitteln. [2] Der Vorstand der Zielgesellschaft hat die Angebotsunterlage unverzüglich dem zuständigen Betriebsrat oder, sofern ein solcher nicht besteht, unmittelbar den Arbeitnehmern zu übermitteln. [3] Der Bieter hat die Angebotsunterlage ebenso seinem zuständigen Betriebsrat oder, sofern ein solcher nicht besteht, unmittelbar den Arbeitnehmern unverzüglich nach der Veröffentlichung nach Absatz 3 Satz 1 zu übermitteln.

§ 15[1)] Untersagung des Angebots. (1) Die Bundesanstalt untersagt das Angebot, wenn

1. die Angebotsunterlage nicht die Angaben enthält, die nach § 11 Abs. 2 oder einer auf Grund des § 11 Abs. 4 erlassenen Rechtsverordnung erforderlich sind,
2. die in der Angebotsunterlage enthaltenen Angaben offensichtlich gegen Vorschriften dieses Gesetzes oder einer auf Grund dieses Gesetzes erlassenen Rechtsverordnung verstoßen,
3. der Bieter entgegen § 14 Abs. 1 Satz 1 der Bundesanstalt keine Angebotsunterlage übermittelt,
4. der Bieter entgegen § 14 Abs. 2 Satz 1 die Angebotsunterlage nicht veröffentlicht hat oder
5. die Veröffentlichung der Angebotsunterlage gegen die Sperrfristen nach § 26 Absatz 1 oder 2 verstößt oder der Bieter entgegen § 26 Absatz 1 oder 2 die

---

[1)] § 15 Abs. 1 und 2 geänd. mWv 1.5.2002 durch VO v. 29.4.2002 (BGBl. I S. 1495); Abs. 1 Nr. 3 und 4 geänd., Nr. 5 angef. mWv 20.12.2019 durch G v. 12.12.2019 (BGBl. I S. 2602).

Entscheidung zur Veröffentlichung eines Angebots nach § 10 Absatz 3 Satz 1 veröffentlicht hat.

(2) Die Bundesanstalt kann das Angebot untersagen, wenn der Bieter die Veröffentlichung nicht in der in § 14 Abs. 3 Satz 1 vorgeschriebenen Form vornimmt.

(3) [1] Ist das Angebot nach Absatz 1 oder 2 untersagt worden, so ist die Veröffentlichung der Angebotsunterlage verboten. [2] Ein Rechtsgeschäft auf Grund eines nach Absatz 1 oder 2 untersagten Angebots ist nichtig.

§ 16[1)] Annahmefristen; Einberufung der Hauptversammlung. (1) [1] Die Frist für die Annahme des Angebots (Annahmefrist) darf nicht weniger als vier Wochen und unbeschadet der Vorschriften des § 21 Abs. 5 und § 22 Abs. 2 nicht mehr als zehn Wochen betragen. [2] Die Annahmefrist beginnt mit der Veröffentlichung der Angebotsunterlage gemäß § 14 Abs. 3 Satz 1.

(2) [1] Bei einem Übernahmeangebot können die Aktionäre der Zielgesellschaft, die das Angebot nicht angenommen haben, das Angebot innerhalb von zwei Wochen nach der in § 23 Abs. 1 Satz 1 Nr. 2 genannten Veröffentlichung (weitere Annahmefrist) annehmen. [2] Satz 1 gilt nicht, wenn der Bieter das Angebot von dem Erwerb eines Mindestanteils der Aktien abhängig gemacht hat und dieser Mindestanteil nach Ablauf der Annahmefrist nicht erreicht wurde.

(3) [1] Wird im Zusammenhang mit dem Angebot nach der Veröffentlichung der Angebotsunterlage eine Hauptversammlung der Zielgesellschaft einberufen, beträgt die Annahmefrist unbeschadet der Vorschriften des § 21 Abs. 5 und § 22 Abs. 2 zehn Wochen ab der Veröffentlichung der Angebotsunterlage. [2] Der Vorstand der Zielgesellschaft hat die Einberufung der Hauptversammlung der Zielgesellschaft unverzüglich dem Bieter und der Bundesanstalt mitzuteilen. [3] Der Bieter hat die Mitteilung nach Satz 2 unter Angabe des Ablaufs der Annahmefrist unverzüglich im Bundesanzeiger zu veröffentlichen. [4] Er hat der Bundesanstalt unverzüglich die Veröffentlichung mitzuteilen.

(4) [1] Die Hauptversammlung nach Absatz 3 ist mindestens 14 Tage vor der Versammlung einzuberufen. [2] Der Tag der Einberufung ist nicht mitzurechnen. [3] § 121 Abs. 7 des Aktiengesetzes gilt entsprechend. [4] Abweichend von § 121 Absatz 5 Satz 1 und 2 des Aktiengesetzes[2)] und etwaigen Bestimmungen der Satzung ist die Gesellschaft bei der Wahl des Versammlungsortes frei. [5] Wird die Frist des § 123 Abs. 1 des Aktiengesetzes unterschritten, so müssen zwischen Anmeldung und Versammlung mindestens vier Tage liegen und sind Mitteilungen nach § 125 Abs. 1 Satz 1 des Aktiengesetzes unverzüglich zu machen; § 121 Abs. 7, § 123 Abs. 2 Satz 4 und § 125 Abs. 1 Satz 2 des Aktiengesetzes gelten entsprechend. [6] Die Gesellschaft hat den Aktionären die Erteilung von Stimmrechtsvollmachten soweit nach Gesetz und Satzung möglich zu erleichtern. [7] Mitteilungen an die Aktionäre, ein Bericht nach § 186 Abs. 4 Satz 2 des Aktiengesetzes und fristgerecht eingereichte Anträge von Aktionären sind allen Aktionären zugänglich und in Kurzfassung bekannt zu machen. [8] Die Zusendung von Mitteilungen kann

---

[1)] § 16 Abs. 3 Satz 2 geänd. mWv 1.5.2002 durch VO v. 29.4.2002 (BGBl. I S. 1495); Abs. 4 Sätze 3 und 6 geänd. mWv 1.11.2005 durch G v. 22.9.2005 (BGBl. I S. 2802); Abs. 3 Sätze 3 und 4 neu gef. mWv 1.1.2007 durch G v. 8.7.2006 (BGBl. I S. 1426); Abs. 4 Satz 3 geänd. mWv 20.1.2007 durch G v. 5.1.2007 (BGBl. I S. 10); Abs. 4 Satz 1 neu gef., Sätze 2 und 3 eingef., bish. Satz 2 wird Satz 4, bish. Satz 3 wird Satz 5 und neu gef., bish. Sätze 4–6 werden Sätze 6–8, bish. Satz 7 aufgeh. mWv 1.9.2009 durch G v. 30.7.2009 (BGBl. I S. 2479); Abs. 3 Satz 3 geänd. mWv 1.4.2012 durch G v. 22.12.2011 (BGBl. I S. 3044); Abs. 4 Satz 4 geänd. mWv 27.7.2022 durch G v. 20.7.2022 (BGBl. I S. 1166).

[2)] **Habersack, Deutsche Gesetze Nr. 51.**

unterbleiben, wenn zur Überzeugung des Vorstands mit Zustimmung des Aufsichtsrats der rechtzeitige Eingang bei den Aktionären nicht wahrscheinlich ist.

§ 17 Unzulässigkeit der öffentlichen Aufforderung zur Abgabe von Angeboten. Eine öffentliche auf den Erwerb von Wertpapieren der Zielgesellschaft gerichtete Aufforderung des Bieters zur Abgabe von Angeboten durch die Inhaber der Wertpapiere ist unzulässig.

§ 18 Bedingungen; Unzulässigkeit des Vorbehalts des Rücktritts und des Widerrufs. (1) Ein Angebot darf vorbehaltlich § 25 nicht von Bedingungen abhängig gemacht werden, deren Eintritt der Bieter, mit ihm gemeinsam handelnde Personen oder deren Tochterunternehmen oder im Zusammenhang mit dem Angebot für diese Personen oder Unternehmen tätige Berater ausschließlich selbst herbeiführen können.

(2) Ein Angebot, das unter dem Vorbehalt des Widerrufs oder des Rücktritts abgegeben wird, ist unzulässig.

§ 19 Zuteilung bei einem Teilangebot. Ist bei einem Angebot, das auf den Erwerb nur eines bestimmten Anteils oder einer bestimmten Anzahl der Wertpapiere gerichtet ist, der Anteil oder die Anzahl der Wertpapiere, die der Bieter erwerben kann, höher als der Anteil oder die Anzahl der Wertpapiere, die der Bieter zu erwerben sich verpflichtet hat, so sind die Annahmeerklärungen grundsätzlich verhältnismäßig zu berücksichtigen.

§ 20[1] Handelsbestand. (1) Die Bundesanstalt lässt auf Antrag des Bieters zu, dass Wertpapiere der Zielgesellschaft bei den ergänzenden Angaben nach § 11 Abs. 4 Nr. 2, den Veröffentlichungspflichten nach § 23, der Berechnung des Stimmrechtsanteils nach § 29 Abs. 2 und der Bestimmung der Gegenleistung nach § 31 Abs. 1, 3 und 4 und der Geldleistung nach § 31 Abs. 5 unberücksichtigt bleiben.

(2) Ein Befreiungsantrag nach Absatz 1 kann gestellt werden, wenn der Bieter, die mit ihm gemeinsam handelnden Personen oder deren Tochterunternehmen

1. die betreffenden Wertpapiere halten oder zu halten beabsichtigen, um bestehende oder erwartete Unterschiede zwischen dem Erwerbspreis und dem Veräußerungspreis kurzfristig zu nutzen und
2. darlegen, dass mit dem Erwerb der Wertpapiere, soweit es sich um stimmberechtigte Aktien handelt, nicht beabsichtigt ist, auf die Geschäftsführung der Gesellschaft Einfluss zu nehmen.

(3) Stimmrechte aus Aktien, die auf Grund einer Befreiung nach Absatz 1 unberücksichtigt bleiben, können nicht ausgeübt werden, wenn im Falle ihrer Berücksichtigung ein Angebot als Übernahmeangebot abzugeben wäre oder eine Verpflichtung nach § 35 Abs. 1 Satz 1 und Abs. 2 Satz 1 bestünde.

(4) [1] Beabsichtigt der Bieter Wertpapiere, für die eine Befreiung nach Absatz 1 erteilt worden ist, nicht mehr zu den in Absatz 1 Nr. 1 genannten Zwecken zu halten oder auf die Geschäftsführung der Gesellschaft Einfluss zu nehmen, ist dies der Bundesanstalt unverzüglich mitzuteilen. [2] Die Bundesanstalt kann die Befrei-

[1] § 20 Abs. 1, 4 Sätze 1 und 2 geänd. mWv 1.5.2002 durch VO v. 29.4.2002 (BGBl. I S. 1495); Abs. 1 geänd. mWv 1.1.2024 durch G v. 11.12.2023 (BGBl. 2023 I Nr. 354).

ung nach Absatz 1 außer nach den Vorschriften des Verwaltungsverfahrensgesetzes[1] widerrufen, wenn die Verpflichtung nach Satz 1 nicht erfüllt worden ist.

§ 21[2] Änderung des Angebots. (1) [1] Der Bieter kann bis zu einem Arbeitstag vor Ablauf der Annahmefrist

1. die Gegenleistung erhöhen,
2. wahlweise eine andere Gegenleistung anbieten,
3. den Mindestanteil oder die Mindestzahl der Wertpapiere oder den Mindestanteil der Stimmrechte, von dessen Erwerb der Bieter die Wirksamkeit seines Angebots abhängig gemacht hat, verringern oder
4. auf Bedingungen verzichten.

[2] Für die Wahrung der Frist nach Satz 1 ist auf die Veröffentlichung der Änderung nach Absatz 2 abzustellen.

(2) [1] Der Bieter hat die Änderung des Angebots unter Hinweis auf das Rücktrittsrecht nach Absatz 4 unverzüglich nach Maßgabe des § 14 Absatz 3 Satz 1 zu veröffentlichen. [2] Der Bieter hat der Bundesanstalt die Veröffentlichung nach § 14 Absatz 3 Satz 1 Nummer 2 unverzüglich unter Übermittlung der veröffentlichten Änderung des Angebots mitzuteilen. [3] § 14 Absatz 4 gilt entsprechend.

(3) § 11 Abs. 1 Satz 2 bis 5, Abs. 3, §§ 12, 13 und 15 Abs. 1 Nr. 2 gelten entsprechend.

(4) Im Falle einer Änderung des Angebots können die Inhaber von Wertpapieren der Zielgesellschaft, die das Angebot vor Veröffentlichung der Änderung nach Absatz 2 angenommen haben, von dem Vertrag bis zum Ablauf der Annahmefrist zurücktreten.

(5) [1] Im Falle einer Änderung des Angebots verlängert sich die Annahmefrist um zwei Wochen, sofern die Veröffentlichung der Änderung innerhalb der letzten zwei Wochen vor Ablauf der Angebotsfrist erfolgt. [2] Dies gilt auch, falls das geänderte Angebot gegen Rechtsvorschriften verstößt.

(6) Eine erneute Änderung des Angebots innerhalb der in Absatz 5 genannten Frist von zwei Wochen ist unzulässig.

§ 22 Konkurrierende Angebote. (1) Konkurrierende Angebote sind Angebote, die während der Annahmefrist eines Angebots von einem Dritten abgegeben werden.

(2) [1] Läuft im Falle konkurrierender Angebote die Annahmefrist für das Angebot vor Ablauf der Annahmefrist für das konkurrierende Angebot ab, bestimmt sich der Ablauf der Annahmefrist für das Angebot nach dem Ablauf der Annahmefrist für das konkurrierende Angebot. [2] Dies gilt auch, falls das konkurrierende Angebot geändert oder untersagt wird oder gegen Rechtsvorschriften verstößt.

(3) Inhaber von Wertpapieren der Zielgesellschaft, die das Angebot angenommen haben, können bis zum Ablauf der Annahmefrist vom Vertrag zurücktreten, sofern der Vertragsschluss vor Veröffentlichung der Angebotsunterlage des konkurrierenden Angebots erfolgte.

---

[1] **Sartorius Nr. 100.**

[2] § 21 Abs. 1 Satz 1 einl. Satzteil geänd., Abs. 2 neu gef. mWv 1.1.2024 durch G v. 11.12.2023 (BGBl. 2023 I Nr. 354).

§ 23[1)] Veröffentlichungspflichten des Bieters nach Abgabe des Angebots.

(1) [1] Der Bieter ist verpflichtet, die Anzahl sämtlicher ihm, den mit ihm gemeinsam handelnden Personen und deren Tochterunternehmen zustehenden Wertpapiere der Zielgesellschaft einschließlich der Höhe der jeweiligen Anteile und der ihm zustehenden und nach § 30 zuzurechnenden Stimmrechtsanteile und die Höhe der nach den §§ 38 und 39 des Wertpapierhandelsgesetzes[2)] mitzuteilenden Stimmrechtsanteile sowie die sich aus den ihm zugegangenen Annahmeerklärungen ergebende Anzahl der Wertpapiere, die Gegenstand des Angebots sind, einschließlich der Höhe der Wertpapier- und Stimmrechtsanteile

1. nach Veröffentlichung der Angebotsunterlage wöchentlich sowie in der letzten Woche vor Ablauf der Annahmefrist täglich,
2. unverzüglich nach Ablauf der Annahmefrist,
3. unverzüglich nach Ablauf der weiteren Annahmefrist und
4. unverzüglich nach Erreichen der für einen Ausschluss nach § 39a Abs. 1 und 2 erforderlichen Beteiligungshöhe

gemäß § 14 Abs. 3 Satz 1 zu veröffentlichen und der Bundesanstalt mitzuteilen. [2] § 14 Abs. 3 Satz 2 und § 31 Abs. 6 gelten entsprechend.

(2) [1] Erwerben bei Übernahmeangeboten, bei denen der Bieter die Kontrolle über die Zielgesellschaft erlangt hat, und bei Pflichtangeboten der Bieter, mit ihm gemeinsam handelnde Personen oder deren Tochterunternehmen nach der Veröffentlichung der Angebotsunterlage und vor Ablauf eines Jahres nach der Veröffentlichung gemäß Absatz 1 Nr. 2 außerhalb des Angebotsverfahrens Aktien der Zielgesellschaft, so hat der Bieter die Höhe der erworbenen Aktien- und Stimmrechtsanteile unter Angabe der Art und Höhe der für jeden Anteil gewährten Gegenleistung unverzüglich gemäß § 14 Abs. 3 Satz 1 zu veröffentlichen und der Bundesanstalt mitzuteilen. [2] § 14 Absatz 3 Satz 2 und § 31 Absatz 6 gelten entsprechend.

§ 24[3)] Grenzüberschreitende Angebote. Hat der Bieter bei grenzüberschreitenden Angeboten zugleich die Vorschriften eines anderen Staates außerhalb des Europäischen Wirtschaftsraums einzuhalten und ist dem Bieter deshalb ein Angebot an alle Inhaber von Wertpapieren unzumutbar, kann die Bundesanstalt dem Bieter auf Antrag gestatten, bestimmte Inhaber von Wertpapieren mit Wohnsitz, Sitz oder gewöhnlichem Aufenthalt in dem Staat von dem Angebot auszunehmen.

§ 25[4)] Beschluss der Gesellschafterversammlung des Bieters. Hat der Bieter das Angebot unter der Bedingung eines Beschlusses seiner Gesellschafterversammlung abgegeben, hat er den Beschluss unverzüglich, spätestens bis zum fünften Arbeitstag vor Ablauf der Annahmefrist, herbeizuführen.

[1)] § 23 Abs. 1 Satz 1 und Abs. 2 Satz 1 geänd. mWv 1.5.2002 durch VO v. 29.4.2002 (BGBl. I S. 1495); Abs. 1 Satz 1 Nr. 2 und 3 geänd., Nr. 4 angef. mWv 14.7.2006 durch G v. 8.7.2006 (BGBl. I S. 1426); Abs. 1 Satz 1 geänd. mWv 1.2.2012 durch G v. 5.4.2011 (BGBl. I S. 538); Abs. 1 Satz 1 geänd. mWv 3.1.2018 durch G v. 23.6.2017 (BGBl. I S. 1693); Abs. 2 Satz 2 neu gef. mWv 1.1.2024 durch G v. 11.12.2023 (BGBl. 2023 I Nr. 354).

[2)] Nr. **58**.

[3)] § 24 geänd. mWv 1.5.2002 durch VO v. 29.4.2002 (BGBl. I S. 1495).

[4)] § 25 geänd. mWv 1.1.2024 durch G v. 11.12.2023 (BGBl. 2023 I Nr. 354).

6. die dem Bieter anvertraut sind oder aus denen er die Stimmrechte als Bevollmächtigter ausüben kann, sofern er die Stimmrechte aus diesen Aktien nach eigenem Ermessen ausüben kann, wenn keine besonderen Weisungen des Aktionärs vorliegen,
7. aus denen der Bieter die Stimmrechte auf Grund einer Vereinbarung, die eine zeitweilige Übertragung der Stimmrechte ohne die damit verbundenen Aktien gegen Gegenleistung vorsieht, ausüben kann,
8. die bei dem Bieter als Sicherheit verwahrt werden, sofern dieser die Stimmrechte hält und die Absicht bekundet, sie auszuüben.

[2] Für die Zurechnung nach Satz 1 Nummer 2 bis 8 stehen dem Bieter Tochterunternehmen des Bieters gleich. [3] Stimmrechte des Tochterunternehmens werden dem Bieter in voller Höhe zugerechnet.

(2) [1] Dem Bieter werden auch Stimmrechte eines Dritten aus Aktien der Zielgesellschaft in voller Höhe zugerechnet, mit dem der Bieter oder sein Tochterunternehmen sein Verhalten in Bezug auf die Zielgesellschaft auf Grund einer Vereinbarung oder in sonstiger Weise abstimmt; ausgenommen sind Vereinbarungen in Einzelfällen. [2] Ein abgestimmtes Verhalten setzt voraus, dass der Bieter oder sein Tochterunternehmen und der Dritte sich über die Ausübung von Stimmrechten verständigen oder mit dem Ziel einer dauerhaften und erheblichen Änderung der unternehmerischen Ausrichtung der Zielgesellschaft in sonstiger Weise zusammenwirken. [3] Für die Berechnung des Stimmrechtsanteils des Dritten gilt Absatz 1 entsprechend.

(3) Für die Zurechnung nach dieser Vorschrift gilt ein Wertpapierdienstleistungsunternehmen hinsichtlich der Beteiligungen, die von ihm im Rahmen einer Wertpapierdienstleistung nach § 2 Absatz 8 Satz 1 Nummer 7 des Wertpapierhandelsgesetzes[1)] verwaltet werden, unter den folgenden Voraussetzungen nicht als Tochterunternehmen im Sinne des § 2 Absatz 6:

1. das Wertpapierdienstleistungsunternehmen übt die Stimmrechte, die mit den betreffenden Aktien verbunden sind, unabhängig vom Bieter aus,
2. das Wertpapierdienstleistungsunternehmen
   a) darf die Stimmrechte nur aufgrund von in schriftlicher Form oder über elektronische Hilfsmittel erteilten Weisungen ausüben oder
   b) stellt durch geeignete Vorkehrungen sicher, dass die Finanzportfolioverwaltung unabhängig von anderen Dienstleistungen und unter Bedingungen erfolgt, die gleichwertig sind denen der Richtlinie 2009/65/EG des Europäischen Parlaments und des Rates vom 13. Juli 2009 zur Koordinierung der Rechts- und Verwaltungsvorschriften betreffend bestimmte Organismen für gemeinsame Anlagen in Wertpapieren (OGAW) (ABl. L 302 vom 17.11. 2009, S. 32) in der jeweils geltenden Fassung,
3. der Bieter teilt der Bundesanstalt den Namen des Wertpapierdienstleistungsunternehmens und die für dessen Überwachung zuständige Behörde oder das Fehlen einer solchen Behörde mit und
4. der Bieter erklärt gegenüber der Bundesanstalt, dass die Voraussetzungen der Nummer 1 erfüllt sind.

(4) Für die Zurechnung nach dieser Vorschrift gelten Kapitalverwaltungsgesellschaften im Sinne des § 17 Absatz 1 des Kapitalanlagegesetzbuchs und EU-Verwaltungsgesellschaften im Sinne des § 1 Absatz 17 des Kapitalanlagegesetzbuchs

[1)] Nr. **58**.

hinsichtlich der Beteiligungen, die zu den von ihnen verwalteten Investmentvermögen gehören, unter den folgenden Voraussetzungen nicht als Tochterunternehmen im Sinne des § 2 Absatz 6:

1. die Verwaltungsgesellschaft übt ihre Stimmrechte unabhängig vom Bieter aus,
2. die zum verwalteten Investmentvermögen gehörenden Beteiligungen im Sinne der §§ 29 und 30 werden nach Maßgabe der Richtlinie 2009/65/EG des Europäischen Parlaments und des Rates vom 13. Juli 2009 zur Koordinierung der Rechts- und Verwaltungsvorschriften betreffend bestimmte Organismen für gemeinsame Anlagen in Wertpapieren (OGAW) (ABl. L 302 vom 17.11.2009, S. 32), die zuletzt durch die Richtlinie 2014/91/EU (ABl. L 257 vom 28.8. 2014, S. 186) geändert worden ist, verwaltet,
3. das Mutterunternehmen teilt der Bundesanstalt den Namen dieser Verwaltungsgesellschaft und die für deren Überwachung zuständige Behörde oder das Fehlen einer solchen mit und
4. das Mutterunternehmen erklärt gegenüber der Bundesanstalt, dass die Voraussetzungen der Nummer 1 erfüllt sind.

(5) Ein Unternehmen mit Sitz in einem Drittstaat, das nach § 32 Absatz 1 Satz 1 in Verbindung mit § 1 Absatz 1a Satz 2 Nummer 3 des Kreditwesengesetzes einer Zulassung für die Finanzportfolioverwaltung oder einer Erlaubnis nach § 20 oder § 113 des Kapitalanlagegesetzbuchs bedürfte, wenn es seinen Sitz oder seine Hauptverwaltung im Inland hätte, gilt nicht als Tochterunternehmen im Sinne dieses Abschnitts, wenn

1. das Unternehmen bezüglich seiner Unabhängigkeit Anforderungen genügt, die denen nach Absatz 3 oder Absatz 4, auch in Verbindung mit einer Rechtsverordnung nach Absatz 7, jeweils gleichwertig sind,
2. der Bieter der Bundesanstalt den Namen dieses Unternehmens und die für dessen Überwachung zuständige Behörde oder das Fehlen einer solchen Behörde mitteilt und
3. der Bieter gegenüber der Bundesanstalt erklärt, dass die Voraussetzungen der Nummer 1 erfüllt sind.

(6) Abweichend von den Absätzen 3 bis 5 gelten Wertpapierdienstleistungsunternehmen und Verwaltungsgesellschaften jedoch dann als Tochterunternehmen im Sinne des § 2 Absatz 6, wenn

1. der Bieter oder ein anderes Tochterunternehmen des Bieters seinerseits Anteile an der von dem Unternehmen verwalteten Beteiligung hält und
2. das Unternehmen die Stimmrechte, die mit diesen Beteiligungen verbunden sind, nicht nach freiem Ermessen, sondern nur auf Grund unmittelbarer oder mittelbarer Weisungen ausüben kann, die ihm vom Bieter oder von einem anderen Tochterunternehmen des Bieters erteilt werden.

(7) Das Bundesministerium der Finanzen kann durch Rechtsverordnung[1)], die nicht der Zustimmung des Bundesrates bedarf, nähere Bestimmungen erlassen über die Umstände, unter denen in den Fällen der Absätze 3 bis 6 eine Unabhängigkeit des Unternehmens vom Bieter gegeben ist.

[1)] Siehe die Transparenzrichtlinie-DurchführungsVO v. 13.3.2008 (BGBl. I S. 408), zuletzt geänd. durch G v. 23.6.2017 (BGBl. I S. 1693).

§ 31[1] Gegenleistung. (1) [1]Der Bieter hat den Aktionären der Zielgesellschaft eine angemessene Gegenleistung anzubieten. [2]Bei der Bestimmung der angemessenen Gegenleistung sind grundsätzlich der durchschnittliche Börsenkurs der Aktien der Zielgesellschaft und Erwerbe von Aktien der Zielgesellschaft durch den Bieter, mit ihm gemeinsam handelnder Personen oder deren Tochterunternehmen zu berücksichtigen.

(2) [1]Die Gegenleistung hat in einer Geldleistung in Euro oder in liquiden Aktien zu bestehen, die zum Handel an einem organisierten Markt zugelassen sind. [2]Werden Inhabern stimmberechtigter Aktien als Gegenleistung Aktien angeboten, müssen diese Aktien ebenfalls ein Stimmrecht gewähren.

(3) Der Bieter hat den Aktionären der Zielgesellschaft eine Geldleistung in Euro anzubieten, wenn er, mit ihm gemeinsam handelnde Personen oder deren Tochterunternehmen in den sechs Monaten vor der Veröffentlichung gemäß § 10 Abs. 3 Satz 1 bis zum Ablauf der Annahmefrist insgesamt mindestens 5 Prozent der Aktien oder Stimmrechte an der Zielgesellschaft gegen Zahlung einer Geldleistung erworben haben.

(4) Erwerben der Bieter, mit ihm gemeinsam handelnde Personen oder deren Tochterunternehmen nach Veröffentlichung der Angebotsunterlage und vor der Veröffentlichung gemäß § 23 Abs. 1 Satz 1 Nr. 2 Aktien der Zielgesellschaft und wird hierfür wertmäßig eine höhere als die im Angebot genannte Gegenleistung gewährt oder vereinbart, erhöht sich die den Angebotsempfängern der jeweiligen Aktiengattung geschuldete Gegenleistung wertmäßig um den Unterschiedsbetrag.

(5) [1]Erwerben der Bieter, mit ihm gemeinsam handelnde Personen oder deren Tochterunternehmen innerhalb eines Jahres nach der Veröffentlichung gemäß § 23 Abs. 1 Satz 1 Nr. 2 außerhalb der Börse Aktien der Zielgesellschaft und wird hierfür wertmäßig eine höhere als die im Angebot genannte Gegenleistung gewährt oder vereinbart, ist der Bieter gegenüber den Inhabern der Aktien, die das Angebot angenommen haben, zur Zahlung einer Geldleistung in Euro in Höhe des Unterschiedsbetrages verpflichtet. [2]Satz 1 gilt nicht für den Erwerb von Aktien im Zusammenhang mit einer gesetzlichen Verpflichtung zur Gewährung einer Abfindung an Aktionäre der Zielgesellschaft und für den Erwerb des Vermögens oder von Teilen des Vermögens der Zielgesellschaft durch Verschmelzung, Spaltung oder Vermögensübertragung.

(6) [1]Dem Erwerb im Sinne der Absätze 3 bis 5 gleichgestellt sind Vereinbarungen, auf Grund derer die Übereignung von Aktien verlangt werden kann. [2]Als Erwerb gilt nicht die Ausübung eines gesetzlichen Bezugsrechts auf Grund einer Erhöhung des Grundkapitals der Zielgesellschaft.

(7) [1]Das Bundesministerium der Finanzen kann durch Rechtsverordnung[2], die nicht der Zustimmung des Bundesrates bedarf, nähere Bestimmungen über die Angemessenheit der Gegenleistung nach Absatz 1, insbesondere die Berücksichtigung des durchschnittlichen Börsenkurses der Aktien der Zielgesellschaft und der Erwerbe von Aktien der Zielgesellschaft durch den Bieter, mit ihm gemeinsam handelnder Personen oder deren Tochterunternehmen und die hierbei maßgeblichen Zeiträume sowie über Ausnahmen von dem in Absatz 1 Satz 2 genannten Grundsatz und die Ermittlung des Unterschiedsbetrages nach den Absätzen 4 und 5

[1] § 31 Abs. 7 Satz 2 geänd. mWv 1.5.2002 durch VO v. 29.4.2002 (BGBl. I S. 1495); Abs. 3 neu gef. mWv 14.7.2006 durch G v. 8.7.2006 (BGBl. I S. 1426).

[2] Siehe die WpÜG-AngebotsVO v. 27.12.2001 (BGBl. I S. 4263), zuletzt geänd. durch G v. 11.12.2023 (BGBl. 2023 I Nr. 354).

erlassen. ²Das Bundesministerium der Finanzen kann die Ermächtigung durch Rechtsverordnung auf die Bundesanstalt übertragen.

§ 32 Unzulässigkeit von Teilangeboten. Ein Übernahmeangebot, das sich nur auf einen Teil der Aktien der Zielgesellschaft erstreckt, ist unbeschadet der Vorschrift des § 24 unzulässig.

§ 33[1] Handlungen des Vorstands der Zielgesellschaft. (1) ¹Nach Veröffentlichung der Entscheidung zur Abgabe eines Angebots bis zur Veröffentlichung des Ergebnisses nach § 23 Abs. 1 Satz 1 Nr. 2 darf der Vorstand der Zielgesellschaft keine Handlungen vornehmen, durch die der Erfolg des Angebots verhindert werden könnte. ²Dies gilt nicht für Handlungen, die auch ein ordentlicher und gewissenhafter Geschäftsleiter einer Gesellschaft, die nicht von einem Übernahmeangebot betroffen ist, vorgenommen hätte, für die Suche nach einem konkurrierenden Angebot sowie für Handlungen, denen der Aufsichtsrat der Zielgesellschaft zugestimmt hat.

(2) ¹Ermächtigt die Hauptversammlung den Vorstand vor dem in Absatz 1 Satz 1 genannten Zeitraum zur Vornahme von Handlungen, die in die Zuständigkeit der Hauptversammlung fallen, um den Erfolg von Übernahmeangeboten zu verhindern, sind diese Handlungen in der Ermächtigung der Art nach zu bestimmen. ²Die Ermächtigung kann für höchstens 18 Monate erteilt werden. ³Der Beschluss der Hauptversammlung bedarf einer Mehrheit, die mindestens drei Viertel des bei der Beschlussfassung vertretenen Grundkapitals umfasst; die Satzung kann eine größere Kapitalmehrheit und weitere Erfordernisse bestimmen. ⁴Handlungen des Vorstands auf Grund einer Ermächtigung nach Satz 1 bedürfen der Zustimmung des Aufsichtsrats.

§ 33a[2] Europäisches Verhinderungsverbot. (1) ¹Die Satzung einer Zielgesellschaft kann vorsehen, dass § 33 keine Anwendung findet. ²In diesem Fall gelten die Bestimmungen des Absatzes 2.

(2) ¹Nach Veröffentlichung der Entscheidung zur Abgabe eines Angebots bis zur Veröffentlichung des Ergebnisses nach § 23 Abs. 1 Satz 1 Nr. 2 dürfen Vorstand und Aufsichtsrat der Zielgesellschaft keine Handlungen vornehmen, durch die der Erfolg des Angebots verhindert werden könnte. ²Dies gilt nicht für

1. Handlungen, zu denen die Hauptversammlung den Vorstand oder Aufsichtsrat nach Veröffentlichung der Entscheidung zur Abgabe eines Angebots ermächtigt hat,
2. Handlungen innerhalb des normalen Geschäftsbetriebs,
3. Handlungen außerhalb des normalen Geschäftsbetriebs, sofern sie der Umsetzung von Entscheidungen dienen, die vor der Veröffentlichung der Entscheidung zur Abgabe eines Angebots gefasst und teilweise umgesetzt wurden, und
4. die Suche nach einem konkurrierenden Angebot.

(3) Der Vorstand der Zielgesellschaft hat die Bundesanstalt sowie die Aufsichtsstellen der Staaten des Europäischen Wirtschaftsraums, in denen Wertpapiere der Gesellschaft zum Handel an einem organisierten Markt zugelassen sind, unverzüglich davon zu unterrichten, dass die Zielgesellschaft eine Satzungsbestimmung nach Absatz 1 Satz 1 beschlossen hat.

[1] § 33 Abs. 3 aufgeh. mWv 14.7.2006 durch G v. 8.7.2006 (BGBl. I S. 1426).
[2] § 33a eingef. mWv 14.7.2006 durch G v. 8.7.2006 (BGBl. I S. 1426).

§ 33b[1] Europäische Durchbrechungsregel. (1) Die Satzung einer Zielgesellschaft kann vorsehen, dass Absatz 2 Anwendung findet.

(2) [1] Nach Veröffentlichung der Angebotsunterlage nach § 14 Abs. 3 Satz 1 gelten die folgenden Bestimmungen:

1. während der Annahmefrist eines Übernahmeangebots gelten satzungsmäßige, zwischen der Zielgesellschaft und Aktionären oder zwischen Aktionären vereinbarte Übertragungsbeschränkungen von Aktien nicht gegenüber dem Bieter,
2. während der Annahmefrist eines Übernahmeangebots entfalten in einer Hauptversammlung, die über Abwehrmaßnahmen beschließt, Stimmbindungsverträge keine Wirkung und Mehrstimmrechtsaktien berechtigen zu nur einer Stimme und
3. in der ersten Hauptversammlung, die auf Verlangen des Bieters einberufen wird, um die Satzung zu ändern oder über die Besetzung der Leitungsorgane der Gesellschaft zu entscheiden, entfalten, sofern der Bieter nach dem Angebot über mindestens 75 Prozent der Stimmrechte der Zielgesellschaft verfügt, Stimmbindungsverträge sowie Entsendungsrechte keine Wirkung und Mehrstimmrechtsaktien berechtigen zu nur einer Stimme.

[2] Satz 1 gilt nicht für Vorzugsaktien ohne Stimmrecht sowie für vor dem 22. April 2004 zwischen der Zielgesellschaft und Aktionären oder zwischen Aktionären vereinbarten Übertragungsbeschränkungen und Stimmbindungen.

(3) Der Vorstand der Zielgesellschaft hat die Bundesanstalt sowie die Aufsichtsstellen der Staaten des Europäischen Wirtschaftsraums, in denen Wertpapiere der Gesellschaft zum Handel an einem organisierten Markt zugelassen sind, unverzüglich davon zu unterrichten, dass die Zielgesellschaft eine Satzungsbestimmung nach Absatz 1 beschlossen hat.

(4) Für die Einberufung und Durchführung der Hauptversammlung im Sinne des Absatzes 2 Satz 1 Nr. 3 gilt § 16 Abs. 4 entsprechend.

(5) [1] Werden Rechte auf der Grundlage des Absatzes 1 entzogen, ist der Bieter zu einer angemessenen Entschädigung in Geld verpflichtet, soweit diese Rechte vor der Veröffentlichung der Entscheidung zur Abgabe des Angebots nach § 10 Abs. 1 Satz 1 begründet wurden und der Zielgesellschaft bekannt sind. [2] Der Anspruch auf Entschädigung nach Satz 1 kann nur bis zum Ablauf von zwei Monaten seit dem Entzug der Rechte gerichtlich geltend gemacht werden.

§ 33c[2] Vorbehalt der Gegenseitigkeit. (1) Die Hauptversammlung einer Zielgesellschaft, deren Satzung die Anwendbarkeit des § 33 ausschließt, kann beschließen, dass § 33 gilt, wenn der Bieter oder ein ihn beherrschendes Unternehmen einer dem § 33a Abs. 2 entsprechenden Regelung nicht unterliegt.

(2) Die Hauptversammlung einer Zielgesellschaft, deren Satzung eine Bestimmung nach § 33b Abs. 1 enthält, kann beschließen, dass diese Bestimmung keine Anwendung findet, wenn der Bieter oder ein ihn beherrschendes Unternehmen einer dieser Bestimmung entsprechenden Regelung nicht unterliegt.

(3) [1] Der Vorbehalt der Gegenseitigkeit gemäß den Absätzen 1 und 2 kann in einem Beschluss gefasst werden. [2] Der Beschluss der Hauptversammlung gilt für höchstens 18 Monate. [3] Der Vorstand der Zielgesellschaft hat die Bundesanstalt und die Aufsichtsstellen der Staaten des Europäischen Wirtschaftsraums, in denen

---

[1] § 33b eingef. mWv 14.7.2006 durch G v. 8.7.2006 (BGBl. I S. 1426).

[2] § 33c eingef. mWv 14.7.2006 durch G v. 8.7.2006 (BGBl. I S. 1426); Abs. 3 Satz 5 angef. mWv 1.1.2024 durch G v. 11.12.2023 (BGBl. 2023 I Nr. 354).

stimmberechtigte Aktien der Gesellschaft zum Handel an einem organisierten Markt zugelassen sind, unverzüglich von der Ermächtigung zu unterrichten. [4] Die Ermächtigung ist unverzüglich auf der Internetseite der Zielgesellschaft zu veröffentlichen. [5] § 14 Absatz 3 Satz 2 gilt entsprechend.

§ 33d[1)] Verbot der Gewährung ungerechtfertigter Leistungen. Dem Bieter und mit ihm gemeinsam handelnden Personen ist es verboten, Vorstands- oder Aufsichtsratsmitgliedern der Zielgesellschaft im Zusammenhang mit dem Angebot ungerechtfertigte Geldleistungen oder andere ungerechtfertigte geldwerte Vorteile zu gewähren oder in Aussicht zu stellen.

§ 34 Anwendung der Vorschriften des Abschnitts 3. Für Übernahmeangebote gelten die Vorschriften des Abschnitts 3, soweit sich aus den vorstehenden Vorschriften nichts anderes ergibt.

Abschnitt 5. Pflichtangebote

§ 35[2)] Verpflichtung zur Veröffentlichung und zur Abgabe eines Angebots. (1) [1] Wer unmittelbar oder mittelbar die Kontrolle über eine Zielgesellschaft erlangt, hat dies unter Angabe der Höhe seines Stimmrechtsanteils unverzüglich, spätestens innerhalb von sieben Arbeitstagen, gemäß § 10 Abs. 3 Satz 1 und 2 zu veröffentlichen. [2] Die Frist beginnt mit dem Zeitpunkt, zu dem der Bieter Kenntnis davon hat oder nach den Umständen haben musste, dass er die Kontrolle über die Zielgesellschaft erlangt hat. [3] In der Veröffentlichung sind die nach § 30 zuzurechnenden Stimmrechte für jeden Zurechnungstatbestand getrennt anzugeben. [4] § 10 Abs. 2, 3 Satz 3 und Abs. 4 bis 6 gilt entsprechend.

(2) [1] Der Bieter hat innerhalb von vier Wochen nach der Veröffentlichung der Erlangung der Kontrolle über eine Zielgesellschaft der Bundesanstalt eine Angebotsunterlage zu übermitteln und nach § 14 Abs. 2 Satz 1 ein Angebot zu veröffentlichen. [2] § 14 Absatz 2 Satz 2 bis 4, Abs. 3 und 4 gilt entsprechend. [3] Ausgenommen von der Verpflichtung nach Satz 1 sind eigene Aktien der Zielgesellschaft, Aktien der Zielgesellschaft, die einem abhängigen oder im Mehrheitsbesitz stehenden Unternehmen der Zielgesellschaft gehören, und Aktien der Zielgesellschaft, die einem Dritten gehören, jedoch für Rechnung der Zielgesellschaft, eines abhängigen oder eines im Mehrheitsbesitz stehenden Unternehmens der Zielgesellschaft gehalten werden.

(3) Wird die Kontrolle über die Zielgesellschaft auf Grund eines Übernahmeangebots erworben, besteht keine Verpflichtung nach Absatz 1 Satz 1 und Absatz 2 Satz 1.

§ 36[3)] Nichtberücksichtigung von Stimmrechten. Die Bundesanstalt lässt auf Antrag zu, dass Stimmrechte aus Aktien der Zielgesellschaft bei der Berechnung des Stimmrechtsanteils unberücksichtigt bleiben, wenn die Aktien erlangt wurden durch

1. Erbgang, Erbauseinandersetzung oder unentgeltliche Zuwendung unter Ehegatten, Lebenspartnern oder Verwandten in gerader Linie und bis zum dritten

[1)] § 33d eingef. mWv 14.7.2006 durch G v. 8.7.2006 (BGBl. I S. 1426).

[2)] § 35 Abs. 2 Satz 1 geänd. mWv 1.5.2002 durch VO v. 29.4.2002 (BGBl. I S. 1495); Abs. 1 Satz 1, Abs. 2 Satz 2 geänd. mWv 1.1.2024 durch G v. 11.12.2023 (BGBl. 2023 I Nr. 354).

[3)] § 36 geänd. mWv 1.5.2002 durch VO v. 29.4.2002 (BGBl. I S. 1495); einl. Satzteil geänd. mWv 1.1.2024 durch G v. 11.12.2023 (BGBl. 2023 I Nr. 354).

Grade oder durch Vermögensauseinandersetzung aus Anlass der Auflösung einer Ehe oder Lebenspartnerschaft,
2. Rechtsformwechsel oder
3. Umstrukturierungen innerhalb eines Konzerns.

§ 37[1)] Befreiung von der Verpflichtung zur Veröffentlichung und zur Abgabe eines Angebots. (1) Die Bundesanstalt kann auf Antrag den Bieter von den Verpflichtungen nach § 35 Abs. 1 Satz 1 und Abs. 2 Satz 1 befreien, sofern dies im Hinblick auf die Art der Erlangung, die mit der Erlangung der Kontrolle beabsichtigte Zielsetzung, ein nach der Erlangung der Kontrolle erfolgendes Unterschreiten der Kontrollschwelle, die Beteiligungsverhältnisse an der Zielgesellschaft oder die tatsächliche Möglichkeit zur Ausübung der Kontrolle unter Berücksichtigung der Interessen des Antragstellers und der Inhaber der Aktien der Zielgesellschaft gerechtfertigt erscheint.

(2) [1]Das Bundesministerium der Finanzen kann durch Rechtsverordnung[2)], die nicht der Zustimmung des Bundesrates bedarf, nähere Bestimmungen über die Befreiung von den Verpflichtungen nach § 35 Abs. 1 Satz 1, Abs. 2 Satz 1 erlassen. [2]Das Bundesministerium der Finanzen kann die Ermächtigung durch Rechtsverordnung auf die Bundesanstalt übertragen.

§ 38[3)] Anspruch auf Zinsen. Der Bieter ist den Aktionären der Zielgesellschaft für die Dauer des Verstoßes zur Zahlung von Zinsen auf die Gegenleistung in Höhe von fünf Prozentpunkten auf das Jahr über dem jeweiligen Basiszinssatz nach § 247 des Bürgerlichen Gesetzbuchs[4)] verpflichtet, wenn
1. er entgegen § 35 Abs. 1 Satz 1 keine Veröffentlichung gemäß § 10 Abs. 3 Satz 1 vornimmt,
2. er entgegen § 35 Abs. 2 Satz 1 kein Angebot gemäß § 14 Abs. 3 Satz 1 abgibt oder
3. ihm ein Angebot im Sinne des § 35 Abs. 2 Satz 1 nach § 15 Abs. 1 Nr. 1, 2 oder 3 untersagt worden ist.

§ 39 Anwendung der Vorschriften des Abschnitts 3 und 4. Für Angebote nach § 35 Abs. 2 Satz 1 gelten mit Ausnahme von § 10 Abs. 1 Satz 1, § 14 Abs. 1 Satz 1, § 16 Abs. 2, § 18 Abs. 1, §§ 19, 25, 26 und 34 die Vorschriften der Abschnitte 3 und 4 sinngemäß.

Abschnitt 5a.[5)] Ausschluss, Andienungsrecht

§ 39a[6)] Ausschluss der übrigen Aktionäre. (1) [1]Nach einem Übernahme- oder Pflichtangebot sind dem Bieter, dem Aktien der Zielgesellschaft in Höhe von mindestens 95 Prozent des stimmberechtigten Grundkapitals gehören, auf seinen Antrag die übrigen stimmberechtigten Aktien gegen Gewährung einer angemesse-

1) § 37 Abs. 1 Satz 1, Abs. 2 Satz 2 geänd. mWv 1.5.2002 durch VO v. 29.4.2002 (BGBl. I S. 1495); Abs. 1 geänd. mWv 1.1.2024 durch G v. 11.12.2023 (BGBl. 2023 I Nr. 354).

2) Siehe die WpÜG-AngebotsVO v. 27.12.2001 (BGBl. I S. 4263), zuletzt geänd. durch G v. 11.12. 2023 (BGBl. 2023 I Nr. 354).

3) § 38 geänd. mWv 12.4.2002 durch VO v. 5.4.2002 (BGBl. I S. 1495).

4) **Habersack, Deutsche Gesetze Nr. 20.**

5) Abschnitt 5a (§§ 39a–39c) eingef. mWv 14.7.2006 durch G v. 8.7.2006 (BGBl. I S. 1426).

6) § 39a eingef. mWv 14.7.2006 durch G v. 8.7.2006 (BGBl. I S. 1426); Abs. 5 Satz 2 aufgeh. mWv 1.9. 2009 durch G v. 17.12.2008 (BGBl. I S. 2586).

nen Abfindung durch Gerichtsbeschluss zu übertragen. [2]Gehören dem Bieter zugleich Aktien in Höhe von 95 Prozent des Grundkapitals der Zielgesellschaft, sind ihm auf Antrag auch die übrigen Vorzugsaktien ohne Stimmrecht zu übertragen.

(2) Für die Feststellung der erforderlichen Beteiligungshöhe nach Absatz 1 gilt § 16 Abs. 2 und 4 des Aktiengesetzes[1)] entsprechend.

(3) [1]Die Art der Abfindung hat der Gegenleistung des Übernahme- oder Pflichtangebots zu entsprechen. [2]Eine Geldleistung ist stets wahlweise anzubieten. [3]Die im Rahmen des Übernahme- oder Pflichtangebots gewährte Gegenleistung ist als angemessene Abfindung anzusehen, wenn der Bieter auf Grund des Angebots Aktien in Höhe von mindestens 90 Prozent des vom Angebot betroffenen Grundkapitals erworben hat. [4]Die Annahmequote ist für stimmberechtigte Aktien und stimmrechtslose Aktien getrennt zu ermitteln.

(4) [1]Ein Antrag auf Übertragung der Aktien nach Absatz 1 muss innerhalb von drei Monaten nach Ablauf der Annahmefrist gestellt werden. [2]Der Bieter kann den Antrag stellen, wenn das Übernahme- oder Pflichtangebot in einem Umfang angenommen worden ist, dass ihm beim späteren Vollzug des Angebots Aktien in Höhe des zum Ausschluss mindestens erforderlichen Anteils am stimmberechtigten oder am gesamten Grundkapital der Zielgesellschaft gehören werden.

(5) Über den Antrag entscheidet ausschließlich das Landgericht Frankfurt am Main.

(6) Die §§ 327a bis 327f des Aktiengesetzes finden nach Stellung eines Antrags bis zum rechtskräftigen Abschluss des Ausschlussverfahrens keine Anwendung.

§ 39b[2)] Ausschlussverfahren. (1) Auf das Verfahren für den Ausschluss nach § 39a ist das Gesetz über das Verfahren in Familiensachen und in den Angelegenheiten der freiwilligen Gerichtsbarkeit[3)] anzuwenden, soweit in den nachfolgenden Absätzen nichts anderes bestimmt ist.

(2) Das Landgericht hat den Antrag auf Ausschluss nach § 39a in den Gesellschaftsblättern bekannt zu machen.

(3) [1]Das Landgericht entscheidet durch einen mit Gründen versehenen Beschluss. [2]Der Beschluss darf frühestens einen Monat seit Bekanntmachung der Antragstellung im Bundesanzeiger und erst dann ergehen, wenn der Bieter glaubhaft gemacht hat, dass ihm Aktien in Höhe des zum Ausschluss mindestens erforderlichen Anteils am stimmberechtigten oder am gesamten Grundkapital der Zielgesellschaft gehören. [3]Gegen die Entscheidung des Landgerichts findet die Beschwerde statt; sie hat aufschiebende Wirkung.

(4) [1]Das Landgericht hat seine Entscheidung dem Antragsteller und der Zielgesellschaft sowie den übrigen Aktionären der Gesellschaft, sofern diese im Beschlussverfahren angehört wurden, zuzustellen. [2]Es hat die Entscheidung ferner ohne Gründe in den Gesellschaftsblättern bekannt zu geben. [3]Die Beschwerde steht dem Antragsteller und den übrigen Aktionären der Zielgesellschaft zu. [4]Die Beschwerdefrist beginnt mit der Bekanntmachung im Bundesanzeiger, für den

[1)] **Habersack, Deutsche Gesetze Nr. 51.**

[2)] § 39b eingef. mWv 14.7.2006 durch G v. 8.7.2006 (BGBl. I S. 1426); Abs. 1 geänd., Abs. 3 Satz 3 neu gef., Sätze 4–6 aufgeh. mWv 1.9.2009 durch G v. 17.12.2008 (BGBl. I S. 2586); Abs. 3 Satz 2 und Abs. 4 Satz 4 geänd. mWv 1.4.2012 durch G v. 22.12.2011 (BGBl. I S. 3044); Abs. 1 geänd., Abs. 6 neu gef. mWv 1.8.2013 durch G v. 23.7.2013 (BGBl. I S. 2586).

[3)] **Habersack, Deutsche Gesetze Nr. 112.**

Antragsteller und für die übrigen Aktionäre, denen die Entscheidung zugestellt wurde, jedoch nicht vor Zustellung der Entscheidung.

(5) [1] Die Entscheidung ist erst mit Rechtskraft wirksam. [2] Sie wirkt für und gegen alle Aktionäre. [3] Mit rechtskräftiger Entscheidung gehen alle Aktien der übrigen Aktionäre auf den zum Ausschluss berechtigten Aktionär über. [4] Sind über diese Aktien Aktienurkunden ausgegeben, so verbriefen sie bis zu ihrer Aushändigung nur den Anspruch auf eine angemessene Abfindung. [5] Der Vorstand der Zielgesellschaft hat die rechtskräftige Entscheidung unverzüglich zum Handelsregister einzureichen.

(6) [1] Das Gericht ordnet an, dass die Kosten der Antragsgegner, die zur zweckentsprechenden Erledigung der Angelegenheit notwendig waren, ganz oder zum Teil vom Antragsteller zu erstatten sind, wenn dies der Billigkeit entspricht. [2] Gerichtskosten für das Verfahren erster Instanz können dem Antragsgegner nicht auferlegt werden.

§ 39c[1)] Andienungsrecht. [1] Nach einem Übernahme- oder Pflichtangebot können die Aktionäre einer Zielgesellschaft, die das Angebot nicht angenommen haben, das Angebot innerhalb von drei Monaten nach Ablauf der Annahmefrist annehmen, sofern der Bieter berechtigt ist, einen Antrag nach § 39a zu stellen. [2] Erfüllt der Bieter seine Verpflichtungen nach § 23 Abs. 1 Satz 1 Nr. 4 oder Satz 2 nicht, beginnt die in Satz 1 genannte Dreimonatsfrist erst mit der Erfüllung der Verpflichtungen zu laufen.

Abschnitt 6. Verfahren

§ 40[2)] Ermittlungsbefugnisse der Bundesanstalt. (1) [1] Die Bundesanstalt kann von jedermann Auskünfte, die Vorlage von Unterlagen und die Überlassung von Kopien verlangen sowie Personen laden und vernehmen, soweit dies auf Grund von Anhaltspunkten für die Überwachung der Einhaltung eines Gebots oder Verbots dieses Gesetzes erforderlich ist. [2] Sie kann insbesondere die Angabe von Bestandsveränderungen in Finanzinstrumenten sowie Auskünfte über die Identität weiterer Personen, insbesondere der Auftraggeber und der aus Geschäften berechtigten oder verpflichteten Personen, verlangen. [3] Die Bundesanstalt kann verlangen, dass ihr die Auskünfte, Unterlagen und Kopien nach den Sätzen 1 und 2 in einer von ihr bestimmten Form übermittelt werden. [4] Gesetzliche Auskunfts- oder Aussageverweigerungsrechte sowie gesetzliche Verschwiegenheitspflichten bleiben unberührt.

(2) [1] Während der üblichen Arbeitszeit ist Bediensteten der Bundesanstalt und den von ihr beauftragten Personen, soweit dies zur Wahrnehmung ihrer Aufgaben nach diesem Gesetz erforderlich ist, das Betreten der Grundstücke und Geschäftsräume der nach Absatz 1 auskunftspflichtigen Personen zu gestatten. [2] Das Betreten außerhalb dieser Zeit oder das Betreten von Geschäftsräumen, die sich in einer Wohnung befinden, ist ohne Einverständnis nur zulässig und insoweit zu dulden, wie dies zur Verhütung von dringenden Gefahren für die öffentliche Sicherheit und Ordnung erforderlich ist und bei der auskunftspflichtigen Person Anhalts-

---

[1)] Abschnitt 5a (§§ 39a–39c) eingef. mWv 14.7.2006 durch G v. 8.7.2006 (BGBl. I S. 1426).

[2)] § 40 Überschrift geänd. mWv 1.5.2002 durch VO v. 29.4.2002 (BGBl. I S. 1495); Abs. 1 und 2 neu gef., Abs. 3 und 4 aufgeh., bish. Abs. 5 wird Abs. 3 mWv 14.7.2006 durch G v. 8.7.2006 (BGBl. I S. 1426); Abs. 1 Satz 3 eingef., bish. Satz 3 wird Satz 4 mWv 1.1.2024 durch G v. 11.12.2023 (BGBl. 2023 I Nr. 354).

punkte für einen Verstoß gegen ein Verbot oder Gebot dieses Gesetzes vorliegen. [3]Das Grundrecht des Artikels 13 des Grundgesetzes[1)] wird insoweit eingeschränkt.

(3) [1]Der zur Erteilung einer Auskunft Verpflichtete kann die Auskunft auf solche Fragen verweigern, deren Beantwortung ihn selbst oder einen der in § 383 Abs. 1 Nr. 1 bis 3 der Zivilprozessordnung[2)] bezeichneten Angehörigen der Gefahr strafgerichtlicher Verfolgung oder eines Verfahrens nach dem Gesetz über Ordnungswidrigkeiten[3)] aussetzen würde. [2]Der Verpflichtete ist über sein Recht zur Verweigerung der Auskunft zu belehren.

§ 41[4)] Widerspruchsverfahren. (1) [1]Vor Einlegung der Beschwerde sind Rechtmäßigkeit und Zweckmäßigkeit der Verfügungen der Bundesanstalt in einem Widerspruchsverfahren nachzuprüfen. [2]Einer solchen Nachprüfung bedarf es nicht, wenn der Abhilfebescheid oder der Widerspruchsbescheid erstmalig eine Beschwer enthält. [3]Für das Widerspruchsverfahren gelten die §§ 68 bis 73 der Verwaltungsgerichtsordnung[5)], soweit in diesem Gesetz nichts Abweichendes geregelt ist.

(2) [1]Die Bundesanstalt trifft ihre Entscheidung innerhalb einer Frist von zwei Wochen ab Eingang des Widerspruchs. [2]Bei besonderen tatsächlichen oder rechtlichen Schwierigkeiten oder bei einer Vielzahl von Widerspruchsverfahren kann die Bundesanstalt die Frist durch unanfechtbaren Beschluss verlängern.

(3) [1]Die Beteiligten haben an der Aufklärung des Sachverhaltes mitzuwirken, wie es einem auf Förderung und raschen Abschluss des Verfahrens bedachten Vorgehen entspricht. [2]Den Beteiligten können Fristen gesetzt werden, nach deren Ablauf weiterer Vortrag unbeachtet bleibt.

§ 42[6)] Sofortige Vollziehbarkeit. Der Widerspruch gegen Maßnahmen der Bundesanstalt nach § 4 Abs. 1 Satz 3, § 15 Abs. 1 oder 2, § 28 Abs. 1 oder § 40 Abs. 1 und 2 hat keine aufschiebende Wirkung.

§ 43[7)] Bekanntgabe und Zustellung. (1) [1]Verfügungen, die gegenüber einer Person mit Wohnsitz oder einem Unternehmen mit Sitz außerhalb des Geltungsbereichs dieses Gesetzes ergehen, gibt die Bundesanstalt der Person bekannt, die als Bevollmächtigte benannt wurde. [2]Ist kein Bevollmächtigter benannt, so erfolgt die Bekanntgabe durch öffentliche Bekanntmachung im Bundesanzeiger.

(2) [1]Ist die Verfügung zuzustellen, so erfolgt die Zustellung bei Personen mit Wohnsitz oder Unternehmen mit Sitz außerhalb des Geltungsbereichs dieses Gesetzes an die Person, die als Bevollmächtigte benannt wurde. [2]Ist kein Bevollmächtigter benannt, so erfolgt die Zustellung durch öffentliche Bekanntmachung im Bundesanzeiger.

[1)] **Habersack, Deutsche Gesetze Nr. 1.**

[2)] **Habersack, Deutsche Gesetze Nr. 100.**

[3)] **Habersack, Deutsche Gesetze Nr. 94.**

[4)] § 41 Abs. 1 Satz 1, Abs. 2 Sätze 1 und 2 geänd. mWv 1.5.2002 durch VO v. 29.4.2002 (BGBl. I S. 1495); Abs. 4 aufgeh. mWv 11.6.2021 durch G v. 3.6.2021 (BGBl. I S. 1568).

[5)] **Sartorius Nr. 600.**

[6)] § 42 geänd. mWv 1.5.2002 durch VO v. 29.4.2002 (BGBl. I S. 1495); geänd. mWv 14.7.2006 durch G v. 8.7.2006 (BGBl. I S. 1426).

[7)] § 43 Abs. 1 Satz 1 geänd. mWv 1.5.2002 durch VO v. 29.4.2002 (BGBl. I S. 1495); Abs. 1 Satz 2 und Abs. 2 Satz 2 geänd. mWv 1.1.2007 durch G v. 8.7.2006 (BGBl. I S. 1426); Abs. 1 Satz 2 und Abs. 2 Satz 2 geänd. mWv 1.4.2012 durch G v. 22.12.2011 (BGBl. I S. 3044).

§ 44[1] **Veröffentlichungsrecht der Bundesanstalt.** Die Bundesanstalt kann ihre Verfügungen nach § 4 Absatz 1 Satz 3, § 10 Absatz 2 Satz 3, § 15 Absatz 1 und 2, § 20 Absatz 1, § 28, § 36 oder § 37 Absatz 1, auch in Verbindung mit einer Rechtsverordnung nach Absatz 2, auf ihrer Internetseite veröffentlichen.

§ 45[2] **Mitteilungen an die Bundesanstalt.** Anträge sowie nach diesem Gesetz oder nach einer auf Grundlage dieses Gesetzes erlassenen Rechtsverordnung erforderliche Mitteilungen, Erklärungen, Unterrichtungen oder Übermittlungen an die Bundesanstalt haben ausschließlich elektronisch über das Melde- und Veröffentlichungssystem der Bundesanstalt zu erfolgen.

§ 46[3] **Zwangsmittel.** [1] Die Bundesanstalt kann Verfügungen, die nach diesem Gesetz ergehen, mit Zwangsmitteln nach den Bestimmungen des Verwaltungs-Vollstreckungsgesetzes[4] durchsetzen. [2] Sie kann auch Zwangsmittel gegen juristische Personen des öffentlichen Rechts anwenden. [3] Widerspruch und Beschwerde gegen die Androhung und Festsetzung der Zwangsmittel nach den §§ 13 und 14 des Verwaltungs-Vollstreckungsgesetzes haben keine aufschiebende Wirkung. [4] Die Höhe des Zwangsgeldes beträgt abweichend von § 11 des Verwaltungs-Vollstreckungsgesetzes bis zu 500 000 Euro.

§ 47[5] *(aufgehoben)*

Abschnitt 7. Rechtsmittel

§ 48[6] **Statthaftigkeit, Zuständigkeit.** (1) [1] Gegen Verfügungen der Bundesanstalt ist die Beschwerde statthaft. [2] Sie kann auch auf neue Tatsachen und Beweismittel gestützt werden.

(2) Die Beschwerde steht den am Verfahren vor der Bundesanstalt Beteiligten zu.

(3) [1] Die Beschwerde ist auch gegen die Unterlassung einer beantragten Verfügung der Bundesanstalt statthaft, auf deren Vornahme der Antragsteller ein Recht zu haben behauptet. [2] Als Unterlassung gilt es auch, wenn die Bundesanstalt den Antrag auf Vornahme der Verfügung ohne zureichenden Grund in angemessener Frist nicht beschieden hat. [3] Die Unterlassung ist dann einer Ablehnung gleich zu erachten.

(4) Über die Beschwerde entscheidet ausschließlich das für den Sitz der Bundesanstalt in Frankfurt am Main zuständige Oberlandesgericht.

§ 49 Aufschiebende Wirkung. Die Beschwerde hat aufschiebende Wirkung, soweit durch die angefochtene Verfügung eine Befreiung nach § 10 Abs. 1 Satz 3 oder § 37 Abs. 1, auch in Verbindung mit einer Rechtsverordnung nach Abs. 2, oder eine Nichtberücksichtigung von Stimmrechtsanteilen nach § 36 widerrufen wird.

---

[1] § 44 neu gef. mWv 11.6.2021 durch G v. 3.6.2021 (BGBl. I S. 1568).
[2] § 45 neu gef. mWv 1.1.2024 durch G v. 11.12.2023 (BGBl. 2023 I Nr. 354).
[3] § 46 Sätze 1 und 2 geänd. mWv 1.5.2002 durch VO v. 29.4.2002 (BGBl. I S. 1495).
[4] **Sartorius Nr. 112.**
[5] § 47 aufgeh. mWv 1.10.2021 durch G v. 18.7.2016 (BGBl. I S. 1666).
[6] § 48 Abs. 1 Satz 1, Abs. 2, Abs. 3 Sätze 1 und 2, Abs. 4 geänd. mWv 1.5.2002 durch VO v. 29.4.2002 (BGBl. I S. 1495).

§ 50[1] Anordnung der sofortigen Vollziehung. (1) Die Bundesanstalt kann in den Fällen des § 49 die sofortige Vollziehung der Verfügung anordnen, wenn dies im öffentlichen Interesse oder im überwiegenden Interesse eines Beteiligten geboten ist.

(2) Die Anordnung nach Absatz 1 kann bereits vor der Einreichung der Beschwerde getroffen werden.

(3) Auf Antrag kann das Beschwerdegericht die aufschiebende Wirkung von Widerspruch oder Beschwerde ganz oder teilweise anordnen oder wiederherstellen, wenn

1. die Voraussetzungen für die Anordnung nach Absatz 1 nicht vorgelegen haben oder nicht mehr vorliegen,
2. ernstliche Zweifel an der Rechtmäßigkeit der angefochtenen Verfügung bestehen oder
3. die Vollziehung für den Betroffenen eine unbillige, nicht durch überwiegende öffentliche Interessen gebotene Härte zur Folge hätte.

(4) [1] Der Antrag nach Absatz 3 ist schon vor Einreichung der Beschwerde zulässig. [2] Die Tatsachen, auf die der Antrag gestützt wird, sind vom Antragsteller glaubhaft zu machen. [3] Ist die Verfügung im Zeitpunkt der Entscheidung schon vollzogen, kann das Gericht auch die Aufhebung der Vollziehung anordnen. [4] Die Anordnung der aufschiebenden Wirkung kann von der Leistung einer Sicherheit oder von anderen Auflagen abhängig gemacht werden. [5] Sie kann auch befristet werden.

(5) [1] Beschlüsse über Anträge nach Absatz 3 können jederzeit geändert oder aufgehoben werden. [2] Soweit durch sie den Anträgen entsprochen ist, sind sie unanfechtbar.

§ 51[2] Frist und Form. (1) [1] Die Beschwerde ist binnen einer Notfrist von einem Monat bei dem Beschwerdegericht schriftlich einzureichen. [2] Die Frist beginnt mit der Bekanntgabe oder der Zustellung des Widerspruchsbescheides der Bundesanstalt.

(2) Ergeht auf einen Antrag keine Verfügung, so ist die Beschwerde an keine Frist gebunden.

(3) [1] Die Beschwerde ist zu begründen. [2] Die Frist für die Beschwerdebegründung beträgt einen Monat; sie beginnt mit der Einlegung der Beschwerde und kann auf Antrag von dem Vorsitzenden des Beschwerdegerichts verlängert werden.

(4) Die Beschwerdebegründung muss enthalten

1. die Erklärung, inwieweit die Verfügung angefochten und ihre Abänderung oder Aufhebung beantragt wird, und
2. die Angabe der Tatsachen und Beweismittel, auf die sich die Beschwerde stützt.

§ 52[3] Beteiligte am Beschwerdeverfahren. An dem Verfahren vor dem Beschwerdegericht sind der Beschwerdeführer und die Bundesanstalt beteiligt.

---

[1] § 50 Abs. 1 geänd. mWv 1.5.2002 durch VO v. 29.4.2002 (BGBl. I S. 1495).
[2] § 51 Abs. 1 Satz 2 geänd. mWv 1.5.2002 durch VO v. 29.4.2002 (BGBl. I S. 1495).
[3] § 52 geänd. mWv 1.5.2002 durch VO v. 29.4.2002 (BGBl. I S. 1495).

§ 53[1] Anwaltszwang. [1] Vor dem Beschwerdegericht müssen die Beteiligten sich durch einen Rechtsanwalt oder Rechtslehrer an einer deutschen Hochschule im Sinne des Hochschulrahmengesetzes[2] mit Befähigung zum Richteramt als Bevollmächtigten vertreten lassen. [2] Die Bundesanstalt kann sich durch einen Beamten auf Lebenszeit mit Befähigung zum Richteramt vertreten lassen.

§ 54 Mündliche Verhandlung. (1) Das Beschwerdegericht entscheidet über die Beschwerde auf Grund mündlicher Verhandlung; mit Einverständnis der Beteiligten kann ohne mündliche Verhandlung entschieden werden.

(2) Sind die Beteiligten in dem Verhandlungstermin trotz rechtzeitiger Benachrichtigung nicht erschienen oder gehörig vertreten, so kann gleichwohl in der Sache verhandelt und entschieden werden.

§ 55 Untersuchungsgrundsatz. (1) Das Beschwerdegericht erforscht den Sachverhalt von Amts wegen.

(2) Das Gericht hat darauf hinzuwirken, dass Formfehler beseitigt, unklare Anträge erläutert, sachdienliche Anträge gestellt, ungenügende tatsächliche Angaben ergänzt, ferner alle für die Feststellung und Beurteilung des Sachverhalts wesentlichen Erklärungen abgegeben werden.

(3) [1] Das Beschwerdegericht kann den Beteiligten aufgeben, sich innerhalb einer zu bestimmenden Frist über aufklärungsbedürftige Punkte zu äußern, Beweismittel zu bezeichnen und in ihren Händen befindliche Urkunden sowie andere Beweismittel vorzulegen. [2] Bei Versäumung der Frist kann nach Lage der Sache ohne Berücksichtigung der nicht beigebrachten Beweismittel entschieden werden.

§ 56[3] Beschwerdeentscheidung; Vorlagepflicht. (1) [1] Das Beschwerdegericht entscheidet durch Beschluss nach seiner freien, aus dem Gesamtergebnis des Verfahrens gewonnenen Überzeugung. [2] Der Beschluss darf nur auf Tatsachen und Beweismittel gestützt werden, zu denen die Beteiligten sich äußern konnten. [3] Das Beschwerdegericht kann hiervon abweichen, soweit Beigeladenen aus berechtigten Interessen der Beteiligten oder dritter Personen Akteneinsicht nicht gewährt und der Akteninhalt aus diesen Gründen auch nicht vorgetragen worden ist. [4] Dies gilt nicht für solche Beigeladene, die an dem streitigen Rechtsverhältnis derart beteiligt sind, dass die Entscheidung auch ihnen gegenüber nur einheitlich ergehen kann.

(2) [1] Hält das Beschwerdegericht die Verfügung der Bundesanstalt für unzulässig oder unbegründet, so hebt es die Verfügung auf. [2] Hat sich die Verfügung vorher durch Zurücknahme oder auf andere Weise erledigt, so spricht das Beschwerdegericht auf Antrag aus, dass die Verfügung der Bundesanstalt unzulässig oder unbegründet gewesen ist, wenn der Beschwerdeführer ein berechtigtes Interesse an dieser Feststellung hat.

(3) Hält das Beschwerdegericht die Ablehnung oder Unterlassung der Verfügung für unzulässig oder unbegründet, so spricht es die Verpflichtung der Bundesanstalt aus, die beantragte Verfügung vorzunehmen.

(4) Die Verfügung ist auch dann unzulässig oder unbegründet, wenn die Bundesanstalt von ihrem Ermessen fehlerhaft Gebrauch gemacht hat, insbesondere

---

[1] § 53 Satz 2 geänd. mWv 1.5.2002 durch VO v. 29.4.2002 (BGBl. I S. 1495); Satz 1 geänd. mWv 1.6.2007 durch G v. 26.3.2007 (BGBl. I S. 358).

[2] **Sartorius Nr. 500.**

[3] § 56 Abs. 2 Sätze 1 und 2, Abs. 3 und 4 geänd. mWv 1.5.2002 durch VO v. 29.4.2002 (BGBl. I S. 1495).

wenn sie die gesetzlichen Grenzen des Ermessens überschritten oder durch die Ermessensentscheidung Sinn und Zweck dieses Gesetzes verletzt hat.

(5) Der Beschluss ist zu begründen und den Beteiligten zuzustellen.

(6) [1] Will das Beschwerdegericht von einer Entscheidung eines Oberlandesgerichts oder des Bundesgerichtshofs abweichen, so legt es die Sache dem Bundesgerichtshof vor. [2] Der Bundesgerichtshof entscheidet anstelle des Oberlandesgerichts.

§ 57[1)] Akteneinsicht. (1) [1] Die in § 52 bezeichneten Beteiligten können die Akten des Beschwerdegerichts einsehen und sich durch die Geschäftsstelle auf ihre Kosten Ausfertigungen, Auszüge und Abschriften erteilen lassen. [2] § 299 Abs. 3 der Zivilprozessordnung[2)] gilt entsprechend.

(2) [1] Einsicht in Vorakten, Beiakten, Gutachten und Unterlagen über Auskünfte ist nur mit Zustimmung der Stellen zulässig, denen die Akten gehören oder die die Äußerung eingeholt haben. [2] Die Bundesanstalt hat die Zustimmung zur Einsicht in die ihr gehörigen Unterlagen zu versagen, soweit dies aus wichtigen Gründen, insbesondere zur Wahrung von berechtigten Interessen Beteiligter oder dritter Personen, geboten ist. [3] Wird die Einsicht abgelehnt oder ist sie unzulässig, dürfen diese Unterlagen der Entscheidung nur insoweit zugrunde gelegt werden, als ihr Inhalt vorgetragen worden ist. [4] Das Beschwerdegericht kann die Offenlegung von Tatsachen oder Beweismitteln, deren Geheimhaltung aus wichtigen Gründen, insbesondere zur Wahrung von berechtigten Interessen Beteiligter oder Dritter verlangt wird, nach Anhörung des von der Offenlegung Betroffenen durch Beschluss anordnen, soweit es für die Entscheidung auf diese Tatsachen oder Beweismittel ankommt, andere Möglichkeiten der Sachaufklärung nicht bestehen und nach Abwägung aller Umstände des Einzelfalles die Bedeutung der Sache für die Sicherung eines ordnungsgemäßen Verfahrens das Interesse des Betroffenen an der Geheimhaltung überwiegt. [5] Der Beschluss ist zu begründen. [6] In dem Verfahren nach Satz 4 muss sich der Betroffene nicht anwaltlich vertreten lassen.

§ 58 Geltung von Vorschriften des Gerichtsverfassungsgesetzes und der Zivilprozessordnung. Im Verfahren vor dem Beschwerdegericht gelten, soweit nichts anderes bestimmt ist, entsprechend

1. die Vorschriften der §§ 169 bis 197 des Gerichtsverfassungsgesetzes[3)] über Öffentlichkeit, Sitzungspolizei, Gerichtssprache, Beratung und Abstimmung und
2. die Vorschriften der Zivilprozessordnung[2)] über Ausschließung und Ablehnung eines Richters, über Prozessbevollmächtigte und Beistände, über die Zustellung von Amts wegen, über Ladungen, Termine und Fristen, über die Anordnung des persönlichen Erscheinens der Parteien, über die Verbindung mehrerer Prozesse, über die Erledigung des Zeugen- und Sachverständigenbeweises sowie über die sonstigen Arten des Beweisverfahrens, über die Wiedereinsetzung in den vorigen Stand gegen die Versäumung einer Frist.

[1)] § 57 Abs. 2 Satz 2 geänd. mWv 1.5.2002 durch VO v. 29.4.2002 (BGBl. I S. 1495).
[2)] **Habersack, Deutsche Gesetze Nr. 100.**
[3)] **Habersack, Deutsche Gesetze Nr. 95.**

Abschnitt 8. Sanktionen

§ 59[1] Rechtsverlust. [1] Rechte aus Aktien, die dem Bieter, mit ihm gemeinsam handelnden Personen oder deren Tochterunternehmen gehören oder aus denen ihm, mit ihm gemeinsam handelnden Personen oder deren Tochterunternehmen Stimmrechte gemäß § 30 Absatz 1 und 2 zugerechnet werden, bestehen nicht für die Zeit, für welche die Pflichten nach § 35 Abs. 1 oder 2 nicht erfüllt werden. [2] Dies gilt nicht für Ansprüche nach § 58 Abs. 4 des Aktiengesetzes[2] und § 271 des Aktiengesetzes, wenn die Veröffentlichung oder das Angebot nach § 35 Abs. 1 Satz 1 oder Abs. 2 Satz 1 nicht vorsätzlich unterlassen wurde und nachgeholt worden ist.

§ 60[3] Bußgeldvorschriften. (1) Ordnungswidrig handelt, wer vorsätzlich oder leichtfertig

1. entgegen
   a) § 10 Abs. 1 Satz 1, § 14 Abs. 2 Satz 1 oder § 35 Abs. 1 Satz 1 oder Abs. 2 Satz 1,
   b) § 21 Abs. 2 Satz 1, § 23 Abs. 1 Satz 1 oder Abs. 2 Satz 1 oder § 27 Abs. 3 Satz 1 oder
   c) § 1 Abs. 5 Satz 2 in Verbindung mit einer Rechtsverordnung nach § 1 Abs. 5 Satz 3

   eine Veröffentlichung nicht, nicht richtig, nicht vollständig, nicht in der vorgeschriebenen Weise oder nicht rechtzeitig vornimmt,
2. entgegen
   a) § 10 Abs. 2 Satz 1, auch in Verbindung mit § 35 Abs. 1 Satz 4, § 14 Abs. 1 Satz 1 oder § 35 Abs. 2 Satz 1,
   b) § 10 Abs. 5, auch in Verbindung mit § 35 Abs. 1 Satz 4, oder § 14 Abs. 4, auch in Verbindung mit § 21 Abs. 2 Satz 2 oder § 35 Abs. 2 Satz 2, oder
   c) § 27 Abs. 3 Satz 2

   eine Mitteilung, Unterrichtung oder Übermittlung nicht, nicht richtig, nicht vollständig, nicht in der vorgeschriebenen Weise oder nicht rechtzeitig vornimmt,
3. entgegen § 10 Abs. 3 Satz 3, auch in Verbindung mit § 35 Abs. 1 Satz 4, oder § 14 Abs. 2 Satz 2, auch in Verbindung mit § 35 Abs. 2 Satz 2, eine Veröffentlichung vornimmt oder eine Angebotsunterlage bekannt gibt,
4. entgegen § 10 Abs. 4 Satz 1, auch in Verbindung mit § 35 Abs. 1 Satz 4, eine Veröffentlichung nicht, nicht richtig, nicht vollständig oder nicht rechtzeitig übersendet,
5. entgegen § 14 Abs. 3 Satz 2, auch in Verbindung mit § 14 Absatz 3 Satz 3, § 21 Abs. 2 Satz 2, § 23 Absatz 1 Satz 2 oder Absatz 2 Satz 2, § 33c Absatz 3 Satz 5

---

[1] § 59 Satz 1 geänd. mWv 26.11.2015 durch G v. 20.11.2015 (BGBl. I S. 2029).

[2] **Habersack, Deutsche Gesetze Nr. 51.**

[3] § 60 Abs. 1 Nr. 1 Buchst. a und b geänd., Buchst. c angef., Nr. 5 neu gef., Nr. 8 geänd., Nr. 9 und 10 angef., Abs. 2 Nr. 1 geänd., Nr. 2 neu gef. mWv 14.7.2006 durch G v. 8.7.2006 (BGBl. I S. 1426); Abs. 3 neu gef., Abs. 4–7 angef. mWv 3.1.2018 durch G v. 23.6.2017 (BGBl. I S. 1693); Abs. 1 Nr. 7 neu gef., Nr. 7a eingef. mWv 20.12.2019 durch G v. 12.12.2019 (BGBl. I S. 2602); Abs. 6 Nr. 1 geänd. mWv 26.6.2021 durch G v. 12.5.2021 (BGBl. I S. 990); Abs. 1 Nr. 5 geänd. mWv 1.1.2024 durch G v. 11.12.2023 (BGBl. 2023 I Nr. 354).

oder § 35 Abs. 2 Satz 2, oder entgegen § 27 Abs. 3 Satz 3 eine Mitteilung nicht, nicht richtig oder nicht rechtzeitig macht,
6. entgegen § 15 Abs. 3 eine Veröffentlichung vornimmt,
7. entgegen § 26 Absatz 1 oder 2 ein Angebot abgibt,
7a. entgegen § 26 Absatz 1 oder 2 seine Absicht, ein Angebot abzugeben, gemäß § 10 Absatz 3 Satz 1 veröffentlicht,
8. entgegen § 33 Abs. 1 Satz 1 oder § 33a Abs. 2 Satz 1 eine dort genannte Handlung vornimmt,
9. entgegen § 33a Abs. 3, § 33b Abs. 3 oder § 33c Abs. 3 Satz 3 eine Unterrichtung nicht, nicht richtig, nicht vollständig oder nicht rechtzeitig vornimmt oder
10. entgegen § 33c Abs. 3 Satz 4 eine Veröffentlichung nicht, nicht richtig, nicht vollständig, nicht in der vorgeschriebenen Weise oder nicht rechtzeitig vornimmt.

(2) Ordnungswidrig handelt, wer vorsätzlich oder fahrlässig
1. einer vollziehbaren Anordnung nach § 28 Abs. 1 oder § 40 Abs. 1 Satz 1 zuwiderhandelt oder
2. entgegen § 40 Abs. 2 Satz 1 oder 2 ein Betreten nicht gestattet oder nicht duldet.

(3) Die Ordnungswidrigkeit kann in den Fällen des Absatzes 1 Nummer 1 Buchstabe a, Nummer 3, 6 bis 8 mit einer Geldbuße bis zu fünf Millionen Euro, in den Fällen des Absatzes 1 Nummer 1 Buchstabe b, Nummer 2 Buchstabe a und Nummer 4 mit einer Geldbuße bis zu zweieinhalb Millionen Euro und in den übrigen Fällen mit einer Geldbuße bis zu einer Million Euro geahndet werden.

(4) Gegenüber einer juristischen Person oder Personenvereinigung kann über Absatz 3 hinaus eine höhere Geldbuße verhängt werden; diese darf
1. in den Fällen des Absatzes 1 Nummer 1 Buchstabe a, Nummer 3, 6 bis 8 den höheren der Beträge von zehn Millionen Euro und 5 Prozent des Gesamtumsatzes, den die juristische Person oder Personenvereinigung im der Behördenentscheidung vorausgegangenen Geschäftsjahr erzielt hat,
2. in den Fällen des Absatzes 1 Nummer 1 Buchstabe b, Nummer 2 Buchstabe a und Nummer 4 den höheren der Beträge von fünf Millionen Euro und 2 Prozent des Gesamtumsatzes, den die juristische Person oder Personenvereinigung im der Behördenentscheidung vorangegangenen Geschäftsjahr erzielt hat, und
3. in den übrigen Fällen zwei Millionen Euro nicht überschreiten.

(5) [1] Über die in den Absätzen 3 und 4 genannten Beträge hinaus kann die Ordnungswidrigkeit mit einer Geldbuße bis zum Zweifachen des aus dem Verstoß gezogenen wirtschaftlichen Vorteils geahndet werden. [2] Der wirtschaftliche Vorteil umfasst erzielte Gewinne und vermiedene Verluste und kann geschätzt werden.

(6) Gesamtumsatz im Sinne des Absatzes 4 ist
1. im Falle von Kreditinstituten, Zahlungsinstituten, Wertpapierinstituten und Finanzdienstleistungsinstituten im Sinne des § 340 des Handelsgesetzbuchs[1)] der Gesamtbetrag, der sich aus dem auf das Institut anwendbaren nationalen Recht *im Einklang mit* Artikel 27 Nummer 1, 3, 4, 6 und 7 oder Artikel 28 Nummer B1, B2, B3, B4 und B7 der Richtlinie 86/635/EWG des Rates vom 8. Dezem-

---

[1)] **Habersack, Deutsche Gesetze Nr. 50.**

ber 1986 über den Jahresabschluss und den konsolidierten Abschluss von Banken und anderen Finanzinstituten (ABl. L 372 vom 31.12.1986, S. 1; L 316 vom 23.11.1988, S. 51), die zuletzt durch die Richtlinie 2006/46/EG (ABl. L 224 vom 16.8.2006, S. 1) geändert worden ist, ergibt, abzüglich der Umsatzsteuer und sonstiger direkt auf diese Erträge erhobener Steuern,

2. im Falle von Versicherungsunternehmen der Gesamtbetrag, der sich aus dem auf das Versicherungsunternehmen anwendbaren nationalen Recht im Einklang mit Artikel 63 der Richtlinie 91/674/EWG des Rates vom 19. Dezember 1991 über den Jahresabschluss und den konsolidierten Abschluss von Versicherungsunternehmen (ABl. L 374 vom 31.12.1991, S. 7), die zuletzt durch die Richtlinie 2006/46/EG (ABl. L 224 vom 16.8.2006, S. 1) geändert worden ist, ergibt, abzüglich der Umsatzsteuer und sonstiger direkt auf diese Erträge erhobener Steuern,
3. im Übrigen der Betrag der Nettoumsatzerlöse nach Maßgabe des auf das Unternehmen anwendbaren nationalen Rechts im Einklang mit Artikel 2 Nummer 5 der Richtlinie 2013/34/EU des Europäischen Parlaments und des Rates vom 26. Juni 2013 über den Jahresabschluss, den konsolidierten Abschluss und damit verbundene Berichte von Unternehmen bestimmter Rechtsformen und zur Änderung der Richtlinie 2006/43/EG des Europäischen Parlaments und des Rates und zur Aufhebung der Richtlinien 78/660/EWG und 83/349/EWG des Rates (ABl. L 182 vom 29.6.2013, S. 19; L 369 vom 24.12.2014, S. 79), die zuletzt durch die Richtlinie 2014/102/EU (ABl. L 334 vom 21.11.2014, S. 86) geändert worden ist.

(7) [1] Handelt es sich bei der juristischen Person oder Personenvereinigung nach Absatz 4 um ein Mutterunternehmen oder um eine Tochtergesellschaft, so ist anstelle des Gesamtumsatzes der juristischen Person oder Personenvereinigung der jeweilige Gesamtbetrag in dem Konzernabschluss des Mutterunternehmens maßgeblich, der für den größten Kreis von Unternehmen aufgestellt wird. [2] Wird der Konzernabschluss für den größten Kreis von Unternehmen nicht nach den in Absatz 6 genannten Vorschriften aufgestellt, ist der Gesamtumsatz nach Maßgabe der den in Absatz 6 Nummer 1 bis 3 vergleichbaren Posten des Konzernabschlusses zu ermitteln. [3] Ist ein Jahresabschluss oder Konzernabschluss für das maßgebliche Geschäftsjahr nicht verfügbar, ist der Jahres- oder Konzernabschluss für das unmittelbar vorausgehende Geschäftsjahr maßgeblich; ist auch dieser nicht verfügbar, kann der Gesamtumsatz geschätzt werden.

§ 61[1)] Zuständige Verwaltungsbehörde. Verwaltungsbehörde im Sinne des § 36 Abs. 1 Nr. 1 des Gesetzes über Ordnungswidrigkeiten[2)] ist die Bundesanstalt.

§ 62[3)] Zuständigkeit des Oberlandesgerichts im gerichtlichen Verfahren.

(1) [1] Im gerichtlichen Verfahren wegen einer Ordnungswidrigkeit nach § 60 entscheidet das für den Sitz der Bundesanstalt in Frankfurt am Main zuständige Oberlandesgericht; es entscheidet auch über einen Antrag auf gerichtliche Entscheidung (§ 62 des Gesetzes über Ordnungswidrigkeiten[2)]) in den Fällen des § 52 Abs. 2 Satz 3 und des § 69 Abs. 1 Satz 2 des Gesetzes über Ordnungswidrigkeiten.

[1)] § 61 geänd. mWv 1.5.2002 durch VO v. 29.4.2002 (BGBl. I S. 1495).
[2)] **Habersack, Deutsche Gesetze Nr. 94.**
[3)] § 62 Abs. 1 Satz 1 geänd. mWv 1.5.2002 durch VO v. 29.4.2002 (BGBl. I S. 1495).

[2] § 140 Abs. 1 Nr. 1 der Strafprozessordnung[1)] in Verbindung mit § 46 Abs. 1 des Gesetzes über Ordnungswidrigkeiten findet keine Anwendung.

(2) Das Oberlandesgericht entscheidet in der Besetzung von drei Mitgliedern mit Einschluss des vorsitzenden Mitglieds.

§ 63 Rechtsbeschwerde zum Bundesgerichtshof. [1] Über die Rechtsbeschwerde (§ 79 des Gesetzes über Ordnungswidrigkeiten[2)]) entscheidet der Bundesgerichtshof. [2] Hebt er die angefochtene Entscheidung auf, ohne in der Sache selbst zu entscheiden, so verweist er die Sache an das Oberlandesgericht, dessen Entscheidung aufgehoben wird, zurück.

§ 64[3)] Wiederaufnahme gegen Bußgeldbescheid. Im Wiederaufnahmeverfahren gegen den Bußgeldbescheid der Bundesanstalt (§ 85 Abs. 4 des Gesetzes über Ordnungswidrigkeiten[2)]) entscheidet das nach § 62 Abs. 1 zuständige Gericht.

§ 65 Gerichtliche Entscheidung bei der Vollstreckung. Die bei der Vollstreckung notwendig werdenden gerichtlichen Entscheidungen (§ 104 des Gesetzes über Ordnungswidrigkeiten[2)]) werden von dem nach § 62 Abs. 1 zuständigen Gericht erlassen.

Abschnitt 9. Gerichtliche Zuständigkeit; Übergangsregelungen

§ 66[4)] Gerichte für Wertpapiererwerbs- und Übernahmesachen. (1) [1] Für bürgerliche Rechtsstreitigkeiten, die sich aus diesem Gesetz ergeben, sind ohne Rücksicht auf den Wert des Streitgegenstandes die Landgerichte ausschließlich zuständig. [2] Satz 1 gilt auch für die in § 12 Abs. 6 genannten Ansprüche und für den Fall, dass die Entscheidung eines Rechtsstreits ganz oder teilweise von einer Entscheidung abhängt, die nach diesem Gesetz zu treffen ist. [3] Für Klagen, die auf Grund dieses Gesetzes oder wegen der in § 12 Abs. 6 genannten Ansprüche erhoben werden, ist auch das Landgericht zuständig, in dessen Bezirk die Zielgesellschaft ihren Sitz hat.

(2) Die Rechtsstreitigkeiten sind Handelssachen im Sinne der §§ 93 bis 114 des Gerichtsverfassungsgesetzes[5)].

(3) [1] Die Landesregierungen werden ermächtigt, durch Rechtsverordnung bürgerliche Rechtsstreitigkeiten, für die nach Absatz 1 ausschließlich die Landgerichte zuständig sind, einem Landgericht für die Bezirke mehrerer Landgerichte zuzuweisen, wenn eine solche Zusammenfassung der Rechtspflege in Wertpapiererwerbs- und Übernahmesachen dienlich ist. [2] Sie werden ferner ermächtigt, die Entscheidungen über Berufungen und Beschwerden gegen Entscheidungen der nach Absatz 1 zuständigen Landgerichte in bürgerlichen Rechtsstreitigkeiten einem oder einigen der Oberlandesgerichte zuzuweisen, wenn in einem Land mehrere Oberlandesgerichte errichtet sind. [3] Die Landesregierungen können die Ermächtigungen auf die Landesjustizverwaltungen übertragen. [4] Durch Staatsverträge zwischen den Ländern kann die Zuständigkeit eines Landgerichts für einzelne Bezirke oder das gesamte Gebiet mehrerer Länder begründet werden.

[1)] **Habersack, Deutsche Gesetze Nr. 90.**
[2)] **Habersack, Deutsche Gesetze Nr. 94.**
[3)] § 64 geänd. mWv 1.5.2002 durch VO v. 29.4.2002 (BGBl. I S. 1495).
[4)] § 66 Abs. 4 aufgeh. mWv 1.8.2002 durch VO v. 23.7.2002 (BGBl. I S. 2850).
[5)] **Habersack, Deutsche Gesetze Nr. 95.**

§ 67 Senat für Wertpapiererwerbs- und Übernahmesachen beim Oberlandesgericht. In den ihm nach § 48 Abs. 4, § 62 Abs. 1, §§ 64 und 65 zugewiesenen Rechtssachen entscheidet das Oberlandesgericht durch einen Wertpapiererwerbs- und Übernahmesenat.

§ 68[1] Übergangsregelungen. (1) Auf Angebote, die vor dem 14. Juli 2006 veröffentlicht worden sind, findet dieses Gesetz in der vor dem 14. Juli 2006 geltenden Fassung Anwendung.

(2) Für Zielgesellschaften im Sinne des § 2 Abs. 3 Nr. 2, deren stimmberechtigte Wertpapiere am 20. Mai 2006 zum Handel an einem organisierten Markt zugelassen waren, ist § 1 Abs. 3 mit der Maßgabe anzuwenden, dass in Nummer 2 Buchstabe b Doppelbuchstabe bb an die Stelle der Entscheidung der Zielgesellschaft die Entscheidung der betroffenen Aufsichtsstellen tritt.

(3) Wird die Kontrolle über die Zielgesellschaft dadurch erlangt, dass ein vor dem 19. August 2008 abgestimmtes Verhalten auf Grund der Neufassung des § 30 Abs. 2 ab dem 19. August 2008 zu einer Zurechnung von Stimmrechten führt, besteht keine Verpflichtung nach § 35 Abs. 1 Satz 1 und Abs. 2 Satz 1.

(4) Auf Angebote, die vor dem 19. August 2008 nach § 14 Abs. 2 Satz 1 veröffentlicht worden sind, findet dieses Gesetz in der vor dem 19. August 2008 geltenden Fassung Anwendung.

(5) § 16 Abs. 4 in der Fassung des Gesetzes zur Umsetzung der Aktionärsrechterichtlinie vom 30. Juli 2009 (BGBl. I S. 2479) ist nicht auf Hauptversammlungen anzuwenden, zu denen vor dem 1. September 2009 einberufen wurde.

(6) Auf Widersprüche, die vor dem 11. Juni 2021 eingelegt wurden, finden dieses Gesetz sowie die WpÜG-Widerspruchsausschuss-Verordnung in der vor dem 11. Juni 2021 geltenden Fassung Anwendung.

---

[1] § 68 neu gef. mWv 14.7.2006 durch G v. 8.7.2006 (BGBl. I S. 1426); Abs. 3 neu gef., Abs. 4 angef. mWv 19.8.2008 durch G v. 12.8.2008 (BGBl. I S. 1666); Abs. 5 angef. mWv 1.9.2009 durch G v. 30.7. 2009 (BGBl. I S. 2479); Abs. 6 angef. mWv 11.6.2021 durch G v. 3.6.2021 (BGBl. I S. 1568).

58c. Gesetz über elektronische Wertpapiere (eWpG)[1]

Vom 3. Juni 2021

(BGBl. I S. 1423)

FNA 4134-5

Lfd. Nr.	Änderndes Gesetz	Datum	Fund-stelle	Betroffen	Hinweis
1.	Art. 16 Zukunftsfinanzie-rungsG	11.12. 2023	BGBl. 2023 I Nr. 354	§§ 5, 6, 8, 9, 13, 14, 16, 17, 18, 21, 25, Abschnitt 6, 7 und 8, § 33	geänd. mWv 15.12.2023
				§ 1	neu gef. mWv 15.12.2023
				Abschnitt 6 (§§ 30a, 30b)	eingef. mWv 15.12.2023
				§§ 20, 23, 31	geänd. mWv 1.11.2025

Abschnitt 1. Allgemeine Bestimmungen

§ 1[2] Anwendungsbereich. Dieses Gesetz ist anzuwenden auf

1. Schuldverschreibungen auf den Inhaber,
2. Aktien, die auf den Namen lauten, und
3. Aktien, die auf den Inhaber lauten, wenn sie in einem zentralen Register eingetragen sind.

§ 2 Elektronisches Wertpapier. (1) [1]Ein Wertpapier kann auch als elektronisches Wertpapier begeben werden. [2]Ein elektronisches Wertpapier wird dadurch begeben, dass der Emittent an Stelle der Ausstellung einer Wertpapierurkunde eine Eintragung in ein elektronisches Wertpapierregister (§ 4 Absatz 1) bewirkt.

(2) Soweit dieses Gesetz nichts anderes bestimmt, entfaltet ein elektronisches Wertpapier dieselbe Rechtswirkung wie ein Wertpapier, das mittels Urkunde begeben worden ist.

(3) Ein elektronisches Wertpapier gilt als Sache im Sinne des § 90 des Bürgerlichen Gesetzbuchs[3].

§ 3 Inhaber und Berechtigter. (1) Inhaber eines elektronischen Wertpapiers ist derjenige, der als Inhaber eines elektronischen Wertpapiers oder eines bestimmten Anteils an einer Gesamtemission in einem elektronischen Wertpapierregister eingetragen ist.

(2) Berechtigter im Sinne dieses Gesetzes ist, wer das Recht aus einem Wertpapier innehat.

§ 4 Begriffsbestimmungen. (1) Elektronische Wertpapierregister sind

1. zentrale Register gemäß § 12 und
2. Kryptowertpapierregister gemäß § 16.

---

[1] Verkündet als Art. 1 G v. 3.6.2021 (BGBl. I S. 1423); Inkrafttreten gem. Art. 12 dieses G am 10.6. 2021.

[2] § 1 neu gef. mWv 15.12.2023 durch G v. 11.12.2023 (BGBl. 2023 I Nr. 354).

[3] **Habersack, Deutsche Gesetze Nr. 20.**

(2) Ein Zentralregisterwertpapier ist ein elektronisches Wertpapier, das in ein zentrales Register eingetragen ist.

(3) Ein Kryptowertpapier ist ein elektronisches Wertpapier, das in ein Kryptowertpapierregister eingetragen ist.

(4) Eintragung eines elektronischen Wertpapiers ist die Aufnahme der für ein elektronisches Wertpapier nach § 13 oder § 17 erforderlichen Registerangaben in ein elektronisches Wertpapierregister unter eindeutiger und unmittelbar erkennbarer Bezugnahme auf die niedergelegten Emissionsbedingungen.

(5) Eine Wertpapiersammelbank ist eine nach Artikel 16 der Verordnung (EU) Nr. 909/2014 des Europäischen Parlaments und des Rates vom 23. Juli 2014 zur Verbesserung der Wertpapierlieferungen und -abrechnungen in der Europäischen Union und über Zentralverwahrer sowie zur Änderung der Richtlinien 98/26/EG und 2014/65/EU und der Verordnung (EU) Nr. 236/2012 (ABl. L 257 vom 28.8. 2014, S. 1; L 349 vom 21.12.2016, S. 5), die zuletzt durch die Delegierte Verordnung (EU) 2018/1229 (ABl. L 230 vom 13.9.2018, S. 1) geändert worden ist, als Zentralverwahrer zugelassene juristische Person, die in Abschnitt A des Anhangs zur Verordnung (EU) Nr. 909/2014 genannte Kerndienstleistungen im Inland erbringt.

(6) Verwahrer ist, wer über die Erlaubnis zum Betreiben des Depotgeschäfts im Inland verfügt.

(7) Emissionsbedingungen sind der niedergelegte Inhalt des Rechts, für das ein elektronisches Wertpapier eingetragen wird, einschließlich der Nebenbestimmungen.

(8) Umtragung ist die Ersetzung des Inhabers eines im elektronischen Wertpapierregister eingetragenen elektronischen Wertpapiers durch einen neuen Inhaber.

(9) Löschung ist die Kenntlichmachung eines eingetragenen elektronischen Wertpapiers und seiner niedergelegten Emissionsbedingungen als gegenstandslos.

(10) Registerführende Stellen sind die in § 12 Absatz 2 und § 16 Absatz 2 bezeichneten Stellen.

(11) Ein Aufzeichnungssystem ist ein dezentraler Zusammenschluss, in dem die Kontrollrechte zwischen den das jeweilige System betreibenden Einheiten nach einem im Vorhinein festgelegten Muster verteilt sind.

§ 5[1)] Niederlegung. (1) [1]Der Emittent hat vor der Eintragung des elektronischen Wertpapiers in einem elektronischen Wertpapierregister die Emissionsbedingungen bei der registerführenden Stelle als beständiges elektronisches Dokument jedermann zur beliebig wiederholbaren unmittelbaren Kenntnisnahme zugänglich zu machen (Niederlegung). [2]Auf Veranlassung des Emittenten kann der Zugang zu den Emissionsbedingungen nach Maßgabe einer Rechtsverordnung nach § 15 oder § 23 beschränkt werden. [3]Wird das elektronische Wertpapier nicht spätestens drei Monate nach der Niederlegung eingetragen, so löscht die registerführende Stelle die niedergelegten Emissionsbedingungen.

(2) [1]Die registerführende Stelle stellt sicher, dass nur Änderungen an den niedergelegten Emissionsbedingungen auf folgenden Grundlagen erfolgen:

1. durch Gesetz,
2. auf Grund eines Gesetzes,

[1)] § 5 Abs. 5 angef. mWv 15.12.2023 durch G v. 11.12.2023 (BGBl. 2023 I Nr. 354).

3. auf Grund eines Rechtsgeschäfts,
4. auf Grund einer gerichtlichen Entscheidung oder
5. auf Grund eines vollstreckbaren Verwaltungsakts.

[2] Satz 1 gilt nicht für die Berichtigung offenbarer Unrichtigkeiten.

(3) Änderungen von bereits niedergelegten Emissionsbedingungen bedürfen zu ihrer Wirksamkeit wiederum der Niederlegung.

(4) [1] Der Emittent hat geänderte Emissionsbedingungen niederzulegen. [2] In den geänderten Emissionsbedingungen müssen die Änderungen nachvollziehbar sein.

(5) Bei elektronischen Aktien ist die Satzung der Aktiengesellschaft nicht niederzulegen.

§ 6[1)] Verhältnis zu Wertpapierurkunden. (1) [1] Ein Anspruch auf Ausreichung einzelner Wertpapierurkunden besteht nicht. [2] Das gilt nicht, wenn die Emissionsbedingungen des elektronischen Wertpapiers oder im Fall von elektronischen Aktien die Satzung der Aktiengesellschaft einen solchen Anspruch ausdrücklich vorsehen.

(2) [1] Der Emittent kann ein elektronisches Wertpapier durch ein inhaltsgleiches mittels Urkunde begebenes Wertpapier ersetzen, wenn

1. der Berechtigte zustimmt oder
2. die Emissionsbedingungen oder im Fall von elektronischen Aktien die Satzung der Aktiengesellschaft eine solche Ersetzung ohne Zustimmung des Berechtigten ausdrücklich zulassen.

[2] Das elektronische Wertpapier ist im Falle einer Ersetzung durch ein mittels Urkunde begebenes Wertpapier aus dem Register zu löschen. [3] An die Stelle der Eintragung im Register tritt die Verkörperung des Rechts in der neu zu begebenden Urkunde, sobald die Löschung vollzogen und die Urkunde ausgestellt ist.

(3) [1] Der Emittent kann ein Wertpapier, das mittels Sammelurkunde begeben wurde oder mittels Einzelurkunden, die in Sammelverwahrung verwahrt werden, jederzeit und ohne Zustimmung der Berechtigten durch ein inhaltsgleiches Zentralregisterwertpapier ersetzen, wenn

1. das Zentralregisterwertpapier in ein bei einer Wertpapiersammelbank geführtes zentrales Register eingetragen wird,
2. für das Zentralregisterwertpapier eine Wertpapiersammelbank als Inhaber eingetragen wird und
3. dies in den Emissionsbedingungen oder im Fall von elektronischen Aktien in der Satzung der Aktiengesellschaft
   a) nicht ausgeschlossen ist oder
   b) nicht von der Zustimmung der Berechtigten abhängig gemacht wird.

[2] Mit der Eintragung des Zentralregisterwertpapiers wird die Urkunde kraftlos.

(4) [1] In allen anderen als den in Absatz 3 geregelten Fällen setzt die Ersetzung eines mittels Urkunde begebenen Wertpapiers durch ein elektronisches Wertpapier die ausdrückliche Zustimmung des Berechtigten voraus. [2] Mit der Eintragung des elektronischen Wertpapiers wird die Urkunde kraftlos.

---

1) § 6 Abs. 1 Satz 2, Abs. 2 Satz 1 Nr. 2, Abs. 3 Satz 1 Nr. 3 geänd., Abs. 5 angef. mWv 15.12.2023 durch G v. 11.12.2023 (BGBl. 2023 I Nr. 354).

(5) [1] Bei elektronischen Aktien setzt die Anwendung des Absatzes 2 voraus, dass die Satzung der Aktiengesellschaft die Verbriefung nicht ausschließt. [2] Die Anwendung der Absätze 3 und 4 setzt voraus, dass die Satzung der Aktiengesellschaft die Verbriefung für solche Aktien ausschließt, die als elektronische Aktien in einem elektronischen Wertpapierregister eingetragen werden.

§ 7 Registerführung; Schadenersatz. (1) Die registerführende Stelle hat ein elektronisches Wertpapierregister so zu führen, dass Vertraulichkeit, Integrität und Authentizität der Daten gewährleistet sind.

(2) [1] Die registerführende Stelle hat sicherzustellen, dass das elektronische Wertpapierregister jederzeit die bestehende Rechtslage zutreffend wiedergibt und Eintragungen sowie Umtragungen vollständig und ordnungsgemäß erfolgen. [2] Sie ist dem Berechtigten zum Ersatz des Schadens verpflichtet, der durch eine Satz 1 nicht entsprechende Registerführung entsteht, es sei denn, sie hat den Fehler nicht zu vertreten.

(3) [1] Die registerführende Stelle hat die erforderlichen technischen und organisatorischen Maßnahmen zu treffen, um einen Datenverlust oder eine unbefugte Datenveränderung über die gesamte Dauer, für die das elektronische Wertpapier eingetragen ist, zu verhindern. [2] Trifft die registerführende Stelle nicht die nach Satz 1 erforderlichen Maßnahmen, so haftet sie dem Berechtigten für den Schaden, der auf Grund des Datenverlustes oder der unbefugten Datenveränderung entsteht. [3] Die registerführende Stelle hat sicherzustellen, dass der Gesamtbestand der vom Emittenten jeweils elektronisch begebenen Wertpapiere durch Eintragungen und Umtragungen nicht verändert wird.

(4) Die Registerführung als solche stellt keine Verwahrung im Sinne des Depotgesetzes[1)] dar.

§ 8[2)] Sammeleintragung; Einzeleintragung. (1) Auf Veranlassung des Emittenten kann als Inhaber elektronischer Wertpapiere bis zur Höhe des Nennbetrages der jeweiligen Emission, bei Stückaktien bis zur Gesamtzahl der Stücke, eingetragen werden:

1. eine Wertpapiersammelbank oder ein Verwahrer (Sammeleintragung) oder
2. eine natürliche oder juristische Person oder rechtsfähige Personengesellschaft, die das elektronische Wertpapier als Berechtigte hält (Einzeleintragung).

(2) Einzeleintragungen können auf Antrag des Inhabers in eine Sammeleintragung umgewandelt werden, sofern dies nicht in den Emissionsbedingungen, bei Aktien in der Satzung der Aktiengesellschaft ausgeschlossen ist.

§ 9[3)] Sondervorschrift für Sammeleintragungen. (1) [1] Elektronische Wertpapiere in Sammeleintragung gelten als Wertpapiersammelbestand. [2] Die Berechtigten der eingetragenen inhaltsgleichen Rechte gelten als Miteigentümer nach Bruchteilen an dem eingetragenen elektronischen Wertpapier. [3] Der jeweilige Anteil bestimmt sich nach dem Nennbetrag der für den Berechtigten in Sammeleintragung genommenen Rechte, bei Stückaktien nach deren Zahl.

(2) [1] Die Wertpapiersammelbank oder ein Verwahrer verwaltet die Sammeleintragung treuhänderisch für die Berechtigten, ohne selbst Berechtigter zu sein. [2] Die

---

1) Nr. **59**.

2) § 8 Abs. 1 einl. Satzteil und Abs. 2 geänd. mWv 15.12.2023 durch G v. 11.12.2023 (BGBl. 2023 I Nr. 354).

3) § 9 Abs. 1 Satz 3 geänd. mWv 15.12.2023 durch G v. 11.12.2023 (BGBl. 2023 I Nr. 354).

Wertpapiersammelbank oder ein Verwahrer kann die Sammeleintragung für die Berechtigten gemeinsam mit eigenen Anteilen verwalten.

(3) Besteht die Gesamtemission als Mischbestand teils aus einer Sammeleintragung und teils aus mittels Urkunde begebenen Wertpapieren oder Wertpapieren in Einzeleintragung im selben Register, so gelten diese Teile als ein einheitlicher Sammelbestand, wenn dies im Register zur Sammeleintragung vermerkt ist.

§ 10 Publizität; Registergeheimnis. (1) Die registerführende Stelle muss sicherstellen, dass die Teilnehmer des elektronischen Wertpapierregisters elektronische Einsicht in das Register nehmen können.

(2) Die registerführende Stelle hat jedem, der ein berechtigtes Interesse darlegt, die elektronische Einsicht in das elektronische Wertpapierregister zu gewähren.

(3) [1] Auskünfte, die über die Angaben im elektronischen Wertpapierregister zum eingetragenen Wertpapier hinausgehen, einschließlich der Auskunft über die Identität und die Adresse eines Inhabers, darf die registerführende Stelle nur erteilen, soweit

1. derjenige, der Auskunft verlangt, ein besonderes berechtigtes Interesse darlegt,
2. die Erteilung der Auskunft für die Erfüllung des Interesses erforderlich ist und
3. die Interessen des Inhabers am Schutz seiner personenbezogenen Daten das Interesse desjenigen, der Auskunft verlangt, nicht überwiegen.

[2] Für den Inhaber eines elektronischen Wertpapiers besteht in Bezug auf ein für ihn eingetragenes Wertpapier stets ein besonderes berechtigtes Interesse.

(4) [1] Den zuständigen Aufsichts-, Ordnungs- und Strafverfolgungsbehörden ist gemäß Absatz 2 Einsicht in ein elektronisches Wertpapierregister zu gewähren und gemäß Absatz 3 Auskunft zu erteilen, soweit dies jeweils für die Erfüllung der gesetzlichen Aufgaben dieser Behörden erforderlich ist. [2] Die registerführende Stelle hat stets vom Vorliegen dieser Voraussetzungen auszugehen, wenn sie von den in § 34 Absatz 4 Satz 1 des Bundesmeldegesetzes[1)] genannten Behörden um Einsicht oder Auskunft ersucht wird.

(5) [1] Die registerführende Stelle hat über die von ihr nach den Absätzen 2 bis 4 gewährten Einsichten und erteilten Auskünfte ein Protokoll zu führen. [2] Einer Protokollierung bedarf es nicht bei Einsichtnahmen durch oder Auskunftserteilungen an einen Teilnehmer des Registers nach Absatz 1. [3] Den Teilnehmern des Registers ist auf Verlangen Auskunft aus diesem Protokoll zu den sie betreffenden Einsichtnahmen oder Auskunftserteilungen zu geben, es sei denn, die Bekanntgabe würde den Erfolg strafrechtlicher Ermittlungen oder die Aufgabenwahrnehmung einer in § 34 Absatz 4 Satz 1 des Bundesmeldegesetzes genannten Behörde gefährden. [4] Protokolleinträge sind nach Ablauf von zwei Jahren ab dem Eintragungsdatum zu vernichten.

§ 11 Aufsicht. Die Bundesanstalt für Finanzdienstleistungsaufsicht überwacht als Aufsichtsbehörde die Führung eines elektronischen Wertpapierregisters nach diesem Gesetz.

[1)] **Sartorius Nr. 256.**

Abschnitt 2. Zentrale Register

§ 12 Zentrale Register. (1) Zentrale Register dienen der zentralen Eintragung und Publizität von Zentralregisterwertpapieren gemäß den nachfolgenden Bestimmungen.

(2) Zentrale Register können geführt werden von

1. Wertpapiersammelbanken oder
2. einem Verwahrer, sofern der Emittent diesen ausdrücklich und in Textform dazu ermächtigt.

(3) Ein Zentralregisterwertpapier, das in ein durch eine Wertpapiersammelbank geführtes Register eingetragen wird und als dessen Inhaber eine Wertpapiersammelbank eingetragen wird, wird zur Abwicklung im Effektengiro bei einer Wertpapiersammelbank erfasst.

(4) Die registerführende Stelle hat der Aufsichtsbehörde die Einrichtung eines zentralen Registers vor Aufnahme der Eintragungstätigkeit anzuzeigen.

§ 13[1] Registerangaben in zentralen Registern. (1) Die registerführende Stelle hat sicherzustellen, dass das zentrale Register die folgenden Angaben über das eingetragene Wertpapier enthält:

1. den wesentlichen Inhalt des Rechts einschließlich einer eindeutigen Wertpapierkennnummer,
2. das Emissionsvolumen,
3. den Nennbetrag, bei Stückaktien deren Zahl,
4. den Emittenten,
5. eine Kennzeichnung, ob es sich um eine Einzel- oder eine Sammeleintragung handelt,
6. den Inhaber,
7. Angaben zum Mischbestand nach § 9 Absatz 3 sowie
8. bei Aktien zusätzlich Folgendes:
   a) ob sie auf den Namen oder auf den Inhaber lauten,
   b) im Fall von vor der vollen Leistung des Ausgabebetrags ausgegebenen Namensaktien den Betrag der Teilleistung,
   c) ob sie als Nennbetragsaktien oder als Stückaktien begründet wurden,
   d) die Gattung der Aktien, wenn mehrere Gattungen bestehen,
   e) im Fall von Mehrstimmrechtsaktien die Zahl der auf sie entfallenden Stimmrechte,
   f) ob sie als Aktien ohne Stimmrecht ausgegeben wurden und
   g) ob die Satzung der Aktiengesellschaft die Übertragung an die Zustimmung der Gesellschaft bindet.

(2) [1] Bei einer Einzeleintragung hat die registerführende Stelle sicherzustellen, dass das zentrale Register neben den Angaben nach Absatz 1 auch die folgenden Angaben über das eingetragene Wertpapier enthält:

1. Verfügungsbeschränkungen zugunsten einer bestimmten Person und
2. Rechte Dritter.

---

[1] § 13 Abs. 1 Nr. 3, 6 und 7 geänd., Nr. 8 angef. mWv 15.12.2023 durch G v. 11.12.2023 (BGBl. 2023 I Nr. 354).

[2]Die Bezeichnung des Inhabers nach Absatz 1 Nummer 6 kann bei einer Einzeleintragung auch durch Zuordnung einer eindeutigen Kennung erfolgen. [3]Die registerführende Stelle hat auf Weisung eines nach § 14 Absatz 1 Satz 1 Nummer 1 oder Nummer 2 Weisungsberechtigten zusätzlich Angaben zu sonstigen Verfügungsbeschränkungen sowie zur Geschäftsfähigkeit des Inhabers aufzunehmen.

(3) Die registerführende Stelle hat sicherzustellen, dass die Angaben nach den Absätzen 1 und 2 Satz 1 in einer Weise verknüpft sind, dass sie nur zusammen abgerufen werden können.

§ 14[1)] Änderungen des Registerinhalts. (1) [1]Die registerführende Stelle darf, soweit gesetzlich nicht anders bestimmt, Änderungen der Angaben nach § 13 Absatz 1 und 2 sowie die Löschung des Wertpapiers und seiner niedergelegten Emissionsbedingungen nur vornehmen auf Grund einer Weisung

1. des Inhabers, es sei denn, der registerführenden Stelle ist bekannt, dass dieser nicht berechtigt ist, oder
2. einer Person oder Stelle, die berechtigt ist
   a) durch Gesetz,
   b) auf Grund eines Gesetzes,
   c) durch Rechtsgeschäft,
   d) durch gerichtliche Entscheidung oder
   e) durch vollstreckbaren Verwaltungsakt.

[2]Im Falle einer Verfügungsbeschränkung nach § 13 Absatz 2 Satz 1 Nummer 1 hat der Inhaber über seine Weisung hinaus der registerführenden Stelle zu versichern, dass die Zustimmung der durch die Verfügungsbeschränkungen begünstigten Personen zu der Änderung vorliegt. [3]Im Falle des § 13 Absatz 2 Satz 1 Nummer 2 tritt an die Stelle des Inhabers der eingetragene Dritte. [4]Die registerführende Stelle versieht den Eingang der Weisungen mit einem Zeitstempel. [5]Die registerführende Stelle darf von einer Weisung des Inhabers ausgehen, wenn die Weisung mittels eines geeigneten Authentifizierungsinstruments erteilt wurde.

(2) [1]Die registerführende Stelle darf Änderungen der Angaben nach § 13 Absatz 1 Nummer 1 bis 5, 7 und 8 sowie die Löschung einer Eintragung und ihrer niedergelegten Emissionsbedingungen, soweit gesetzlich nichts anderes bestimmt ist, nur mit Zustimmung des Emittenten vornehmen. [2]Für die Eintragung des Erlöschens von nach § 13 Absatz 1 Nummer 8 Buchstabe d eingetragenen Mehrstimmrechten ist auch der Emittent allein weisungsbefugt.

(3) [1]Die registerführende Stelle stellt sicher, dass Änderungen des Registerinhalts, insbesondere hinsichtlich des Inhabers, nur in der Reihenfolge vorgenommen werden, in der die diesbezüglichen Weisungen bei der registerführenden Stelle eingehen. [2]Die registerführende Stelle versieht die Änderung des Registerinhalts mit einem Zeitstempel.

(4) Die registerführende Stelle muss sicherstellen, dass Umtragungen eindeutig sind, innerhalb einer angemessenen Zeit erfolgen und die Transaktion nicht wieder ungültig werden kann.

(5) [1]Hat die registerführende Stelle eine Änderung des Registerinhalts ohne eine Weisung nach Absatz 1 oder ohne die Zustimmung des Emittenten nach Absatz 2 vorgenommen, so muss sie die Änderung unverzüglich rückgängig

[1)] § 14 Abs. 2 Satz 1 geänd., Satz 2 angef. mWv 15.12.2023 durch G v. 11.12.2023 (BGBl. 2023 I Nr. 354).

machen. [2]Die Rechte aus der Verordnung (EU) 2016/679[1)] des Europäischen Parlaments und des Rates vom 27. April 2016 zum Schutz natürlicher Personen bei der Verarbeitung personenbezogener Daten, zum freien Datenverkehr und zur Aufhebung der Richtlinie 95/46/EG (Datenschutz-Grundverordnung) (ABl. L 119 vom 4.5.2016, S. 1; L 314 vom 22.11.2016, S. 72; L 127 vom 23.5.2018, S. 2), insbesondere Artikel 17 der Verordnung (EU) 2016/679, bleiben unberührt.

§ 15 Verordnungsermächtigung in Bezug auf zentrale Register. (1) [1]Das Bundesministerium der Justiz und für Verbraucherschutz und das Bundesministerium der Finanzen können für zentrale Register durch gemeinsame Rechtsverordnung, die nicht der Zustimmung des Bundesrates bedarf, die näheren Bestimmungen treffen über

1. die technischen Anforderungen an die Niederlegung der Emissionsbedingungen nach § 5, einschließlich der Darstellung von Änderungen und des Datenzugangs, sowie die Bedingungen für die Beschränkung des Zugangs zu den Emissionsbedingungen nach § 5 Absatz 1 Satz 2,
2. das Verfahren zum Wechsel der Begebungsform oder der Auslieferung von Einzelurkunden nach § 6,
3. die Einrichtung und die Führung des Registers nach § 7, einschließlich der für die zentralen Register vorzusehenden Eintragungsarten nach § 8 Absatz 1,
4. die Vorgaben zur Datenspeicherung und zur Datendarstellung nach § 13,
5. die Anforderungen an die Gewährleistung des Einsichtsrechts gemäß § 10, den Kreis der Einsichtsberechtigten, einschließlich des Umfangs der Einsichtnahme und des jeweiligen Teilnehmerkreises für die zentralen Register, und die Gründe, die ein berechtigtes oder ein besonderes berechtigtes Einsichtsinteresse begründen, sowie die Regelungen zur Darlegung des Interesses und zum Verfahren der Einsichtnahme,
6. den zu erwartenden Sorgfaltsmaßstab für die Abbildung der Rechtslage nach § 7 Absatz 2,
7. die Anforderungen an die Vertraulichkeit, Integrität, Verfügbarkeit und Authentizität der Daten nach § 7 Absatz 3,
8. die Anforderungen an die Zurechnung zu einem Mischbestand nach § 9 Absatz 3,
9. die Anforderungen an die Identifizierung des Weisungsberechtigten und das Authentifizierungsinstrument nach § 14 Absatz 1,
10. die Verfahrensanforderung zur Übermittlung und zur Vollziehung von Weisungen nach § 14 Absatz 1 bis 4,
11. die Anforderungen an den angemessenen Zeitraum für Umtragungen und die Gültigkeit von Transaktionen nach § 14 Absatz 4 und
12. die Modalitäten der Anzeige der Einrichtung eines zentralen Registers gegenüber der Aufsichtsbehörde nach § 12 Absatz 4.

[2]Das Bundesamt für Sicherheit in der Informationstechnik ist anzuhören, soweit die Sicherheit informationstechnischer Systeme betroffen ist.

(2) Das Bundesministerium der Justiz und für Verbraucherschutz und das Bundesministerium der Finanzen können die Ermächtigung nach Absatz 1 durch gemeinsame Rechtsverordnung auf die Bundesanstalt für Finanzdienstleistungsaufsicht übertragen.

[1)] **Sartorius Nr. 246.**

Abschnitt 3. Kryptowertpapierregister

§ 16[1)] Kryptowertpapierregister. (1) Ein Kryptowertpapierregister muss auf einem fälschungssicheren Aufzeichnungssystem geführt werden, in dem Daten in der Zeitfolge protokolliert und gegen unbefugte Löschung sowie nachträgliche Veränderung geschützt gespeichert werden.

(2) [1] Registerführende Stelle ist, wer vom Emittenten gegenüber dem Inhaber als solche benannt wird. [2] Unterbleibt eine solche Benennung, gilt der Emittent als registerführende Stelle. [3] Ein Wechsel der registerführenden Stelle durch den Emittenten ist ohne Zustimmung des Inhabers oder des Berechtigten zulässig, es sei denn, in den Emissionsbedingungen, bei Aktien in der Satzung der Aktiengesellschaft, ist etwas Abweichendes geregelt.

§ 17[2)] Registerangaben im Kryptowertpapierregister. (1) Die registerführende Stelle hat sicherzustellen, dass das Kryptowertpapierregister folgende Angaben über das eingetragene Kryptowertpapier enthält:

1. den wesentlichen Inhalt des Rechts einschließlich einer eindeutigen Kennnummer und der Kennzeichnung als Wertpapier,
2. das Emissionsvolumen,
3. den Nennbetrag, bei Stückaktien deren Zahl,
4. den Emittenten,
5. eine Kennzeichnung, ob es sich um eine Einzel- oder eine Sammeleintragung handelt,
6. den Inhaber,
7. Angaben zum Mischbestand nach § 9 Absatz 3 sowie
8. bei Aktien zusätzlich Folgendes:
   a) dass sie auf den Namen lauten,
   b) im Fall von vor der vollen Leistung des Ausgabebetrags ausgegebenen Aktien den Betrag der Teilleistung,
   c) ob sie als Nennbetragsaktien oder als Stückaktien begründet wurden,
   d) die Gattung der Aktien, wenn mehrere Gattungen bestehen,
   e) im Fall von Mehrstimmrechtsaktien die Zahl der auf sie entfallenden Stimmrecht,
   f) ob sie als Aktien ohne Stimmrecht ausgegeben wurden und
   g) ob die Satzung der Aktiengesellschaft die Eigentumsübertragung an die Zustimmung der Gesellschaft bindet.

(2) [1] Bei einer Einzeleintragung hat die registerführende Stelle sicherzustellen, dass das Kryptowertpapierregister neben den Angaben nach Absatz 1 auch die folgenden Angaben über das eingetragene Wertpapier enthält:

1. Verfügungsbeschränkungen zugunsten einer bestimmten Person und
2. Rechte Dritter.

[2] Die Bezeichnung des Inhabers nach Absatz 1 Nummer 6 muss bei einer Einzeleintragung durch Zuordnung einer eindeutigen Kennung erfolgen. [3] Die registerführende Stelle hat auf Weisung eines nach § 18 Absatz 1 Satz 1 Nummer 1 oder

---

[1)] § 16 Abs. 2 Satz 3 geänd. mWv 15.12.2023 durch G v. 11.12.2023 (BGBl. 2023 I Nr. 354).

[2)] § 17 Abs. 1 Nr. 3, 6 und 7 geänd., Nr. 8 angef. mWv 15.12.2023 durch G v. 11.12.2023 (BGBl. 2023 I Nr. 354).

Nummer 2 Weisungsberechtigten zusätzlich Angaben zu sonstigen Verfügungsbeschränkungen sowie zur Geschäftsfähigkeit des Inhabers aufzunehmen.

(3) Die registerführende Stelle hat sicherzustellen, dass die Angaben nach den Absätzen 1 und 2 Satz 1 in einer Weise verknüpft sind, dass sie nur zusammen abgerufen werden können.

§ 18[1] Änderungen des Registerinhalts. (1) [1]Die registerführende Stelle darf Änderungen der Angaben nach § 17 Absatz 1 und 2 sowie die Löschung des Kryptowertpapiers und seiner niedergelegten Emissionsbedingungen nur vornehmen auf Grund einer Weisung

1. des Inhabers, es sei denn, der registerführenden Stelle ist bekannt, dass dieser nicht berechtigt ist, oder
2. einer Person oder Stelle, die hierzu berechtigt ist
   a) durch Gesetz,
   b) auf Grund eines Gesetzes,
   c) durch Rechtsgeschäft,
   d) durch gerichtliche Entscheidung oder
   e) durch vollstreckbaren Verwaltungsakt.

[2]Im Falle einer Verfügungsbeschränkung nach § 17 Absatz 2 Satz 1 Nummer 1 hat der Inhaber über seine Weisung hinaus der registerführenden Stelle zu versichern, dass die Zustimmung der durch die Verfügungsbeschränkungen begünstigten Personen zu der Änderung vorliegt. [3]Im Falle des § 17 Absatz 2 Satz 1 Nummer 2 tritt an die Stelle des Inhabers der eingetragene Dritte. [4]Die registerführende Stelle versieht den Eingang der Weisungen mit einem Zeitstempel. [5]Die registerführende Stelle darf von einer Weisung des Inhabers ausgehen, wenn die Weisung mittels eines geeigneten Authentifizierungsinstruments erteilt wurde.

(2) [1]Die registerführende Stelle darf Änderungen der Angaben nach § 17 Absatz 1 Nummer 1 bis 5, 7 und 8 sowie die Löschung einer Eintragung und ihrer niedergelegten Emissionsbedingungen nur mit Zustimmung des Emittenten vornehmen, soweit gesetzlich nichts anderes bestimmt ist. [2]Für die Eintragung des Erlöschens von nach § 17 Absatz 1 Nummer 8 Buchstabe d eingetragenen Mehrstimmrechten ist auch der Emittent allein weisungsbefugt.

(3) [1]Die registerführende Stelle stellt sicher, dass Änderungen des Registerinhalts, insbesondere hinsichtlich des Inhabers, nur in der Reihenfolge vorgenommen werden, in der die entsprechenden Weisungen bei der registerführenden Stelle eingehen. [2]Die registerführende Stelle versieht die Änderung des Registerinhalts mit einem Zeitstempel.

(4) Die registerführende Stelle muss sicherstellen, dass Umtragungen eindeutig sind, innerhalb einer angemessenen Zeit erfolgen und die Transaktion auf dem Aufzeichnungssystem nicht wieder ungültig werden kann.

(5) [1]Hat die registerführende Stelle eine Änderung des Registerinhalts ohne eine Weisung nach Absatz 1 oder ohne die Zustimmung des Emittenten nach Absatz 2 vorgenommen, so muss sie die Änderung unverzüglich rückgängig machen. [2]Die Rechte aus der Verordnung (EU) 2016/679[2], insbesondere deren Artikel 17, bleiben unberührt.

---

[1] § 18 Abs. 2 Satz 1 geänd., Satz 2 angef. mWv 15.12.2023 durch G v. 11.12.2023 (BGBl. 2023 I Nr. 354).

[2] **Sartorius Nr. 246.**

§ 19 Registerauszug. (1) Die registerführende Stelle hat dem Inhaber eines einzeln eingetragenen Kryptowertpapiers auf Verlangen einen Registerauszug in Textform zur Verfügung zu stellen, sofern dies zur Wahrnehmung seiner Rechte erforderlich ist.

(2) Ist der Inhaber eines einzeln eingetragenen Kryptowertpapiers ein Verbraucher, so hat die registerführende Stelle dem Inhaber zu folgenden Zeitpunkten einen Registerauszug in Textform zur Verfügung zu stellen:

1. nach Eintragung eines Kryptowertpapiers in das Register zugunsten des Inhabers,
2. bei jeder Veränderung des Registerinhalts, die den Inhaber betrifft, und
3. einmal jährlich.

[§ 20 bis 31.10.2025:]

§ 20 Veröffentlichung im Bundesanzeiger. (1) [1] Der Emittent muss unverzüglich folgende Veröffentlichungen im Bundesanzeiger veranlassen:

1. die Veröffentlichung der Eintragung eines Kryptowertpapiers in ein Kryptowertpapierregister sowie
2. die Veröffentlichung der Änderung der in Absatz 2 genannten Angaben eines eingetragenen Kryptowertpapiers.

[2] Unverzüglich nach der jeweiligen Veröffentlichung hat der Emittent der Aufsichtsbehörde diese Veröffentlichung mitzuteilen.

(2) Die Veröffentlichung im Bundesanzeiger hat folgende Angaben zu enthalten:

1. den Emittenten,
2. Informationen zum Kryptowertpapierregister,
3. die registerführende Stelle,
4. den wesentlichen Inhalt des Rechts einschließlich einer eindeutigen Kennnummer und der Kennzeichnung als Wertpapier,
5. das Datum der Eintragung des Kryptowertpapiers in das Kryptowertpapierregister sowie im Fall einer Änderung das Datum der Änderung und
6. ob es sich um eine Eintragung oder um die Änderung der Angaben nach den Nummern 2 bis 4 handelt.

(3) [1] Die Aufsichtsbehörde führt über die ihr nach Absatz 1 Satz 2 in Verbindung mit Satz 1 Nummer 1 mitgeteilten Kryptowertpapiere eine öffentliche Liste im Internet. [2] Die Liste enthält zu jedem Kryptowertpapier jeweils folgende Angaben:

1. den Emittenten,
2. die registerführende Stelle,
3. das Datum der Eintragung des Kryptowertpapiers in das Kryptowertpapierregister sowie
4. bei nach Absatz 1 Satz 2 in Verbindung mit Satz 1 Nummer 2 mitgeteilten Änderungen das Datum und den wesentlichen Inhalt der jeweiligen Änderungen.

[§ 20 ab 1.11.2025:]

§ 20[1] ***Liste der Kryptowertpapiere bei der Aufsichtsbehörde.*** *(1) Der Emittent hat der Aufsichtsbehörde unverzüglich mitzuteilen:*

1. die Eintragung eines Kryptowertpapiers in ein Kryptowertpapierregister,

2. die Änderung der in Absatz 2 genannten Angaben eines eingetragenen Kryptowertpapiers sowie

3. die Löschung eines eingetragenen Kryptowertpapiers.

(2) [1] Die Aufsichtsbehörde führt über die ihr nach Absatz 1 Nummer 1 mitgeteilten Kryptowertpapiere eine öffentliche Liste im Internet. [2] Die Liste enthält zu jedem Kryptowertpapier jeweils folgende Angaben:

1. den Emittenten,

2. die registerführende Stelle,

3. Informationen zum Kryptowertpapierregister,

4. den wesentlichen Inhalt des Rechts einschließlich einer eindeutigen Kennnummer und der Kennzeichnung als Wertpapier,

5. das Datum der Eintragung des Kryptowertpapiers in das Kryptowertpapierregister,

6. bei nach Absatz 1 Nummer 2 mitgeteilten Änderungen das Datum und den wesentlichen Inhalt der jeweiligen Änderungen,

7. bei nach Absatz 1 Nummer 3 mitgeteilten Löschungen das Datum der Löschung.

§ 21[2] **Pflichten des Emittenten.** (1) [1] Der Emittent trifft die erforderlichen technischen und organisatorischen Maßnahmen, um die Integrität und die Authentizität der Kryptowertpapiere für die gesamte Dauer, für die das Kryptowertpapier eingetragen ist, zu gewährleisten. [2] Der Emittent haftet für einen durch die registerführende Stelle verursachten Schaden nur dann, wenn er bei der Auswahl der registerführenden Stelle die im Verkehr erforderliche Sorgfalt nicht angewendet hat, es sei denn, der Schaden würde auch bei Anwendung dieser Sorgfalt entstanden sein.

(2) [1] Ist die Erfüllung der nach diesem Gesetz für das Kryptowertpapierregister geltenden Anforderungen nicht mehr sichergestellt, hat der Emittent in angemessener Zeit Abhilfe zu schaffen. [2] Schafft er keine Abhilfe, so kann die Aufsichtsbehörde vom Emittenten verlangen, das Kryptowertpapier in ein anderes elektronisches Wertpapierregister zu übertragen.

§ 22 Wechsel des Wertpapierregisters. Will der Emittent ein Kryptowertpapier in ein anderes elektronisches Wertpapierregister übertragen, benötigt er hierfür die Zustimmung sämtlicher Inhaber des Kryptowertpapiers oder die Zustimmung der Aufsichtsbehörde.

§ 23[3] **Verordnungsermächtigung in Bezug auf Kryptowertpapierregister.** (1) [1] Das Bundesministerium der Justiz und für Verbraucherschutz und das Bundesministerium der Finanzen können für Kryptowertpapierregister durch ge-

---

[1] § 20 Überschrift neu gef., Abs. 1 Satz 1 einl. Satzteil, Nr. 1 und Nr. 2 geänd., Nr. 3 angef., Satz 2 und Abs. 2 aufgeh., bish. Abs. 3 wird Abs. 2 und Satz 1 geänd., Satz 2 Nr. 3 und 4 eingef., bish. Nr. 3 wird Nr. 5 und geänd., bish. Nr. 4 wird Nr. 6 und geänd., Nr. 7 angef. mWv 1.11.2025 durch G v. 11.12.2023 (BGBl. 2023 I Nr. 354).

[2] § 21 Abs. 1 Satz 2 angef. mWv 15.12.2023 durch G v. 11.12.2023 (BGBl. 2023 I Nr. 354).

[3] § 23 Abs. 1 Satz 1 Nr. 20 und 21 geänd. mWv 1.11.2025 durch G v. 11.12.2023 (BGBl. 2023 I Nr. 354).

meinsame Rechtsverordnung, die nicht der Zustimmung des Bundesrates bedarf, nähere Bestimmungen erlassen über

1. das Verfahren und die Einzelheiten der Eintragung nach § 4 Absatz 4,
2. die technischen Anforderungen an die Niederlegung der Emissionsbedingungen nach § 5, einschließlich der Darstellung von Änderungen und des Datenzugangs, sowie die Bedingungen für die Beschränkung des Zugangs zu den Emissionsbedingungen nach § 5 Absatz 1 Satz 2,
3. das Verfahren zum Wechsel der Begebungsform oder der Auslieferung von Einzelurkunden nach § 6,
4. die Einrichtung und die Führung des Registers nach § 7, einschließlich der für die Kryptowertpapierregister vorzusehenden Eintragungsarten nach § 8 Absatz 1,
5. den zu erwartenden Sorgfaltsmaßstab für die Abbildung der Rechtslage nach § 7 Absatz 2 sowie die Regelungen zur Rückgängigmachung von Eintragungen nach § 18 Absatz 5,
6. die Anforderungen an die Vertraulichkeit, Integrität, Verfügbarkeit und Authentizität der Daten nach § 7 Absatz 3,
7. die Anforderungen für die Zurechnung zu einem Mischbestand nach § 9 Absatz 3,
8. die Anforderungen an die Gewährleistung des Einsichtsrechts gemäß § 10, den Kreis der Einsichtsberechtigten, einschließlich des Umfangs der Einsichtnahme und des jeweiligen Teilnehmerkreises für die Kryptowertpapierregister, und die Gründe, die ein berechtigtes oder ein besonderes berechtigtes Einsichtsinteresse begründen, sowie die Regelungen zur Darlegung des Interesses und zum Verfahren der Einsichtnahme,
9. die Anforderungen an die Identifizierung des Weisungsberechtigten und an das Authentifizierungsinstrument nach § 18 Absatz 1,
10. die Verfahrensanforderung zur Übermittlung und zur Vollziehung von Weisungen nach § 18 Absatz 1 bis 4,
11. die Anforderungen an den angemessenen Zeitraum für Umtragungen und an die Gültigkeit von Transaktionen auf dem Aufzeichnungssystem nach § 18 Absatz 4,
12. die Anforderungen an den Austausch von Informationen des Registers mit dritten Systemen oder Anwendungen und an die gegenseitige Nutzung ausgetauschter Informationen,
13. die Zugänglichkeit des verwendeten Quellcodes,
14. die verwendeten Steuerungsverfahren und Steuerungsmaßnahmen,
15. die Sicherstellung von Verantwortlichkeiten und Identifizierungsmerkmalen,
16. die Anforderungen an die technische Leistungsfähigkeit und die technische Skalierbarkeit,
17. die Berechtigungskonzepte zur Änderung und Fortschreibung der Daten auf dem Aufzeichnungssystem und der Inhalte des Registers,
18. die verwendeten kryptografischen Verfahren und alle Mittel und Methoden für die Transformation von Daten, um ihren semantischen Inhalt zu verbergen, ihre unbefugte Verwendung zu verhindern oder ihre unbemerkte Veränderung zu verhindern,
19. die Daten, die im Aufzeichnungssystem gespeichert werden müssen,
20. die Art und Weise, das Format und den Inhalt der ***[bis 31.10.2025:*** Veröffentlichung und der***]*** Mitteilung nach § 20 Absatz 1,

21. die Voraussetzungen für die Aufnahme und die Löschung von Kryptowertpapieren, das Format, den Inhalt und die Führung der Liste durch die Aufsichtsbehörde gemäß ***[bis 31.10.2025:*** *§ 20 Absatz 3****][ab 1.11.2025:*** *§ 20 Absatz 2]*,
22. die Informationen, die die registerführende Stelle mit den Informationen im Aufzeichnungssystem abgleichen oder ergänzen muss und speichern muss,
23. die Kriterien für eine Teilnahme am Register, die einen fairen und offenen Zugang ermöglichen,
24. die Kommunikationsverfahren mit den Teilnehmern einschließlich der Schnittstellen, über die diese mit der registerführenden Stelle sowie dem Aufzeichnungssystem verbunden sind,
25. die Anforderungen an die erforderlichen technischen und organisatorischen Maßnahmen des Emittenten nach § 21 Absatz 1,
26. die Details bezüglich des Verfahrens für den Wechsel des Wertpapierregisters nach § 21 Absatz 2 und § 22,
27. die Dokumentation und die Beschreibung des Registers,
28. die Anforderungen an die Geschäftsorganisation bei der Führung des Registers und
29. die Art, das Format und den Inhalt des Registerauszugs gemäß § 19.

[2] Das Bundesamt für Sicherheit in der Informationstechnik ist anzuhören, soweit die Sicherheit informationstechnischer Systeme betroffen ist.

(2) Das Bundesministerium der Justiz und für Verbraucherschutz und das Bundesministerium der Finanzen können die Ermächtigung nach Absatz 1 durch gemeinsame Rechtsverordnung auf die Bundesanstalt für Finanzdienstleistungsaufsicht übertragen.

Abschnitt 4. Verfügungen über elektronische Wertpapiere in Einzeleintragung

§ 24 Verfügungstransparenz. Folgende Verfügungen bedürfen vorbehaltlich der sonstigen gesetzlichen Anforderungen zu ihrer Wirksamkeit einer Eintragung oder Umtragung in dem elektronischen Wertpapierregister:

1. Verfügungen über ein elektronisches Wertpapier,
2. Verfügungen über ein Recht aus einem elektronischen Wertpapier oder über ein Recht an einem solchen Recht oder
3. Verfügungen über ein Recht an einem elektronischen Wertpapier oder über ein Recht an einem solchen Recht.

§ 25[1] Übereignung. (1) [1] Zur Übertragung des Eigentums an einem elektronischen Wertpapier ist es erforderlich, dass das elektronische Wertpapier auf Weisung des Berechtigten auf den Erwerber umgetragen wird und beide sich darüber einig sind, dass das Eigentum übergehen soll. [2] Bis zur Umtragung auf den Erwerber *verliert der Berechtigte sein Eigentum nicht.*

[1] § 25 Abs. 2 Satz 2 und Abs. 3 angef. mWv 15.12.2023 durch G v. 11.12.2023 (BGBl. 2023 I Nr. 354).

(2) [1]Das Recht aus dem Wertpapier wird mit der Übereignung des elektronischen Wertpapiers nach Absatz 1 übertragen. [2]§ 67 Absatz 2 Satz 1 des Aktiengesetzes[1)] bleibt unberührt.

(3) [1]Wenn bei elektronischen Aktien die Satzung der Aktiengesellschaft die Eigentumsübertragung an die Zustimmung der Gesellschaft bindet, darf die registerführende Stelle die Umtragung erst nach Zustimmung der Gesellschaft vornehmen. [2]Eine Übertragung von elektronischen Namensaktien durch Indossament ist nicht möglich.

§ 26 Gutgläubiger Erwerb. [1]Zugunsten desjenigen, der auf Grund eines Rechtsgeschäfts in ein elektronisches Wertpapierregister eingetragen wird, gilt der Inhalt des elektronischen Wertpapierregisters als vollständig und richtig sowie der Inhaber als Berechtigter, es sei denn, dass dem Erwerber zum Zeitpunkt seiner Eintragung etwas anderes bekannt oder infolge grober Fahrlässigkeit unbekannt ist. [2]Eine Verfügungsbeschränkung im Sinne des § 13 Absatz 2 Satz 1 Nummer 1 oder des § 17 Absatz 2 Satz 1 Nummer 1 ist dem Erwerber gegenüber nur wirksam, wenn sie im elektronischen Wertpapierregister eingetragen ist oder dem Erwerber bekannt ist. [3]Die Sätze 1 und 2 sind nicht anzuwenden auf die Angaben, die unter § 13 Absatz 2 Satz 3 und § 17 Absatz 2 Satz 3 fallen.

§ 27 Eigentumsvermutung für den Inhaber. Sofern dieses Gesetz nichts anderes vorsieht, wird zugunsten des Inhabers eines elektronischen Wertpapiers vermutet, dass er für die Dauer seiner Eintragung als Inhaber Eigentümer des Wertpapiers ist.

Abschnitt 5. Sondervorschriften zu Buch 2 Abschnitt 8 Titel 24 des Bürgerlichen Gesetzbuchs

§ 28 Rechte aus der Schuldverschreibung; Einwendungen des Emittenten. (1) [1]Der Inhaber einer als elektronisches Wertpapier begebenen Schuldverschreibung kann vom Emittenten die in der Schuldverschreibung versprochene Leistung verlangen, es sei denn, dass er hierzu nicht berechtigt ist. [2]Der Emittent wird auch durch die Leistung an den Inhaber befreit.

(2) Der Emittent einer elektronisch begebenen Schuldverschreibung kann nur folgende Einwendungen erheben:
1. Einwendungen, die sich aus der Eintragung ergeben,
2. Einwendungen, die die Gültigkeit der Eintragung betreffen,
3. Einwendungen, die sich aus den Anleihebedingungen ergeben, oder
4. Einwendungen, die ihm zustehen
   a) im Fall einer Einzeleintragung unmittelbar gegen den Inhaber,
   b) im Fall einer Sammeleintragung unmittelbar gegen denjenigen, der auf Grund einer Depotbescheinigung zur Rechtsausübung gemäß § 6 Absatz 2 Satz 3 des Depotgesetzes[2)] als Inhaber gilt.

§ 29 Leistungspflicht nur gegen Umtragung; Erlöschen. (1) Der Emittent einer elektronisch begebenen Schuldverschreibung ist zur Leistung aus der Schuldverschreibung nur verpflichtet, wenn der Inhaber gegenüber der registerführenden

[1)] **Habersack, Deutsche Gesetze Nr. 51.**
[2)] Nr. **59.**

Stelle eine Weisung zur Umtragung auf den Emittenten bei Zahlungsnachweis erteilt.

(2) Die Vorlegung einer elektronisch begebenen Schuldverschreibung im Sinne des § 801 des Bürgerlichen Gesetzbuchs[1)] erfolgt durch ausdrückliches Verlangen der Leistung unter Glaubhaftmachung der Berechtigung.

§ 30 Außerordentliche Kündigung. [1]Der Inhaber einer in einem Kryptowertpapierregister eingetragenen Schuldverschreibung ist zur außerordentlichen Kündigung berechtigt, wenn er dem Emittenten erfolglos eine angemessene Frist zur Wiederherstellung der Funktionstüchtigkeit des Kryptowertpapierregisters gesetzt hat. [2]Der Wiederherstellung der Funktionstüchtigkeit des Registers steht die Übertragung der Schuldverschreibung auf ein anderes Wertpapierregister nach § 21 Absatz 2 und § 22 gleich.

Abschnitt 6.[2)] Sondervorschriften für elektronische Aktien

§ 30a[2)] Führung des Aktienregisters. [1]Der Emittent kann die registerführende Stelle auch mit der Führung des Aktienregisters nach § 67 Absatz 1 Satz 1 des Aktiengesetzes[3)] beauftragen. [2]Bei einem Wechsel des Wertpapierregisters kann der Emittent die Vereinbarung mit der bisherigen registerführenden Stelle über die Führung des Aktienregisters außerordentlich zum Zeitpunkt der Beendigung der Registerführung kündigen.

§ 30b[2)] Umtragung bei Ausschluss säumiger Aktionäre. [1]Der Emittent ist berechtigt, die Aktien, die zugunsten eines nach § 64 Absatz 3 des Aktiengesetzes[3)] ausgeschlossenen Aktionärs im elektronischen Wertpapierregister eingetragen sind, auf denjenigen Vormann umtragen zu lassen, der nach § 65 Absatz 1 des Aktiengesetzes den rückständigen Betrag gezahlt hat. [2]Der Emittent hat hierfür gegenüber der registerführenden Stelle den Ausschluss des Aktionärs durch Bekanntmachung in den Gesellschaftsblättern nach § 64 Absatz 3 Satz 1 des Aktiengesetzes nachzuweisen. [3]§ 64 Absatz 4 Satz 1 des Aktiengesetzes ist nicht anzuwenden.

Abschnitt 7.[4)] Bußgeldvorschriften

§ 31[5)] Bußgeldvorschriften. (1) Ordnungswidrig handelt, wer

[Nr. 1 bis 31.10.2025:]

1. entgegen § 20 Absatz 1 eine Veröffentlichung nicht, nicht richtig, nicht vollständig oder nicht rechtzeitig vornimmt oder eine Mitteilung nicht, nicht richtig, nicht vollständig oder nicht rechtzeitig macht oder

[Nr. 1 ab 1.11.2025:]

1. *entgegen § 20 Absatz 1, auch in Verbindung mit einer Rechtsverordnung nach § 23 Absatz 1 Satz 1 Nummer 20, eine Mitteilung nicht, nicht richtig, nicht vollständig oder nicht rechtzeitig macht oder*

2. einer vollziehbaren Anordnung nach § 21 Absatz 2 Satz 2 zuwiderhandelt.

[1)] **Habersack, Deutsche Gesetze Nr. 20.**
[2)] Abschnitt 6 (§ 30a und 30b) eingef. mWv 15.12.2023 durch G v. 11.12.2023 (BGBl. 2023 I Nr. 354).
[3)] **Habersack, Deutsche Gesetze Nr. 51.**
[4)] Bish. Abschnitt 6 wird Abschnitt 7 mWv 15.12.2023 durch G v. 11.12.2023 (BGBl. 2023 I Nr. 354).
[5)] § 31 Abs. 1 Nr. 1 neu gef. mWv 1.11.2025 durch G v. 11.12.2023 (BGBl. 2023 I Nr. 354).

(2) Ordnungswidrig handelt, wer vorsätzlich oder fahrlässig

1. entgegen § 7 Absatz 1, auch in Verbindung mit einer Rechtsverordnung nach § 15 Absatz 1 Satz 1 Nummer 3 oder § 23 Absatz 1 Satz 1 Nummer 4, ein Register nicht oder nicht richtig führt,
2. entgegen § 7 Absatz 2 Satz 1 in Verbindung mit einer Rechtsverordnung nach § 15 Absatz 1 Satz 1 Nummer 6 oder § 23 Absatz 1 Satz 1 Nummer 5 nicht sicherstellt, dass eine Eintragung oder Umtragung in der dort genannten Weise erfolgt,
3. entgegen § 7 Absatz 3 Satz 1 in Verbindung mit einer Rechtsverordnung nach § 15 Absatz 1 Satz 1 Nummer 7 oder § 23 Absatz 1 Satz 1 Nummer 6 eine dort genannte Maßnahme nicht, nicht richtig oder nicht rechtzeitig trifft,
4. entgegen § 7 Absatz 3 Satz 3, auch in Verbindung mit einer Rechtsverordnung nach § 15 Absatz 1 Satz 1 Nummer 7 oder § 23 Absatz 1 Satz 1 Nummer 6 nicht sicherstellt, dass der dort genannte Gesamtbestand nicht verändert wird,
5. entgegen § 10 Absatz 1, auch in Verbindung mit einer Rechtsverordnung nach § 15 Absatz 1 Satz 1 Nummer 5 oder § 23 Absatz 1 Satz 1 Nummer 8, nicht sicherstellt, dass die Teilnehmer Einsicht nehmen können,
6. entgegen § 10 Absatz 2 in Verbindung mit einer Rechtsverordnung nach § 15 Absatz 1 Satz 1 Nummer 5 oder § 23 Absatz 1 Satz 1 Nummer 8 Einsicht nicht oder nicht rechtzeitig gewährt,
7. entgegen § 10 Absatz 3 Satz 1 in Verbindung mit einer Rechtsverordnung nach § 15 Absatz 1 Satz 1 Nummer 5 oder § 23 Absatz 1 Satz 1 Nummer 8 eine Auskunft erteilt,
8. entgegen § 12 Absatz 4 eine Anzeige nicht, nicht richtig oder nicht rechtzeitig erstattet,
9. entgegen § 13 Absatz 1, auch in Verbindung mit einer Rechtsverordnung nach § 15 Absatz 1 Satz 1 Nummer 4, oder entgegen § 17 Absatz 1 nicht sicherstellt, dass ein dort genanntes Register die dort genannten Angaben enthält,
10. entgegen § 13 Absatz 3, auch in Verbindung mit einer Rechtsverordnung nach § 15 Absatz 1 Satz 1 Nummer 4, oder entgegen § 17 Absatz 3 nicht sicherstellt, dass die Angaben in der dort genannten Weise verknüpft sind,
11. entgegen § 14 Absatz 1 oder 2 oder § 18 Absatz 1 oder 2 eine Änderung oder Löschung vornimmt,
12. entgegen § 14 Absatz 4 in Verbindung mit einer Rechtsverordnung nach § 15 Absatz 1 Satz 1 Nummer 11 oder entgegen § 18 Absatz 4 in Verbindung mit einer Rechtsverordnung nach § 23 Absatz 1 Nummer 11 nicht sicherstellt, dass eine Umtragung oder Transaktion eine dort genannte Anforderung erfüllt,
13. entgegen § 14 Absatz 5 Satz 1 oder entgegen § 18 Absatz 5 Satz 1, auch in Verbindung mit einer Rechtsverordnung nach § 23 Absatz 1 Satz 1 Nummer 5, eine Änderung nicht, nicht richtig, nicht vollständig oder nicht rechtzeitig rückgängig macht,
14. entgegen § 16 Absatz 1 ein Kryptowertpapierregister nicht richtig führt oder
15. entgegen § 19, auch in Verbindung mit einer Rechtsverordnung nach § 23 Absatz 1 Satz 1 Nummer 29, einen Registerauszug nicht, nicht richtig, nicht vollständig oder nicht rechtzeitig zur Verfügung stellt.

(3) Die Ordnungswidrigkeit kann mit einer Geldbuße bis zu einhunderttausend Euro geahndet werden.

(4) Verwaltungsbehörde im Sinne des § 36 Absatz 1 Nummer 1 des Gesetzes über Ordnungswidrigkeiten[1] ist die Bundesanstalt für Finanzdienstleistungsaufsicht.

Abschnitt 8.[2] Schlussvorschriften

§ 32 Anwendbares Recht. (1) Soweit nicht § 17a des Depotgesetzes[3] anzuwenden ist, unterliegen Rechte an einem elektronischen Wertpapier und Verfügungen über ein elektronisches Wertpapier dem Recht des Staates, unter dessen Aufsicht diejenige registerführende Stelle steht, in deren elektronischem Wertpapierregister das Wertpapier eingetragen ist.

(2) [1]Steht die registerführende Stelle nicht unter Aufsicht, so ist der Sitz der registerführenden Stelle maßgebend. [2]Ist der Sitz der registerführenden Stelle nicht bestimmbar, so ist der Sitz des Emittenten des elektronischen Wertpapiers maßgebend.

§ 33[4] Übergangsregelung. [1]§ 6 Absatz 3 ist auch auf Schuldverschreibungen, die vor dem 10. Juni 2021 begeben wurden, sowie auf Aktien, die vor dem 15. Dezember 2023 begeben wurden und bei denen die Satzung der Aktiengesellschaft die Verbriefung ausschließt, anzuwenden. [2]Ein nach den Emissionsbedingungen oder im Fall von elektronischen Aktien der Satzung der Aktiengesellschaft bestehender Anspruch auf Ausreichung einzelner Wertpapierurkunden bleibt von einer Ersetzung nach § 6 Absatz 3 Satz 1 unberührt.

---

[1] **Habersack, Deutsche Gesetze Nr. 94.**
[2] Bish. Abschnitt 7 wird Abschnitt 8 mWv 15.12.2023 durch G v. 11.12.2023 (BGBl. 2023 I Nr. 354).
[3] Nr. **59.**
[4] § 33 Satz 1 neu gef., Satz 2 geänd. mWv 15.12.2023 durch G v. 11.12.2023 (BGBl. 2023 I Nr. 354).

58e. Gesetz über die Erstellung, Billigung und Veröffentlichung des Prospekts, der beim öffentlichen Angebot von Wertpapieren oder bei der Zulassung von Wertpapieren zum Handel an einem organisierten Markt zu veröffentlichen ist (Wertpapierprospektgesetz – WpPG)[1)]

Vom 22. Juni 2005
(BGBl. I S. 1698)

FNA 4110-9

Lfd. Nr.	Änderndes Gesetz	Datum	Fundstelle	Betroffen	Hinweis
1.	Art. 11 TransparenzRL-UmsetzungsG	5.1.2007	BGBl. I S. 10	§ 10	geänd. mWv 20.1.2007
2.	Art. 13b Nr. 2 FinanzmarktRL-UmsetzungsG	16.7.2007	BGBl. I S. 1330	§ 10	geänd. mWv 1.11.2007
3.	Art. 19a Nr. 1 InvestmentänderungsG[2)]	21.12.2007	BGBl. I S. 3089	§ 2	geänd. mWv 28.12.2007
4.	Art. 36 JahressteuerG 2009	19.12.2008	BGBl. I S. 2794	§§ 14, 30	geänd. mWv 25.12.2008
5.	Art. 4 OGAW-IV-UmsetzungsG[3)]	22.6.2011	BGBl. I S. 1126	§ 1	geänd. mWv 26.6.2011
6.	Art. 3 G zur Umsetzung der RL 2010/78/EU im Hinblick auf die Errichtung des Europ. Finanzaufsichtssystems[4)]	4.12.2011	BGBl. I S. 2427	Inhaltsübersicht, §§ 13, 16, 17, 18, 22, 23, 24 § 23a	geänd. mWv 1.1.2012 eingef. mWv 1.1.2012
7.	Art. 6 G zur Novellierung des Finanzanlagenvermittler- und Vermögensanlagenrechts	6.12.2011	BGBl. I S. 2481	Inhaltsübersicht, §§ 2, 17, Abschnitt 7, §§ 26–31, Abschnitt 8, §§ 32–36	geänd. mWv 1.6.2012

[1)] Verkündet als Art. 1 des Prospektrichtlinie-UmsetzungsG v. 22.6.2005 (BGBl. I S. 1698); Inkrafttreten gem. Art. 10 dieses G am 1.7.2005 mit Ausnahme des § 4 Abs. 3, des § 20 Abs. 3, des § 27 Abs. 5 und des § 28 Abs. 2, die bereits am 28.6.2005 in Kraft getreten sind.

[2)] **Amtl. Anm.:** *(abgedruckt in Änderungstabelle Nr. 58)*

[3)] **Amtl. Anm.:** Dieses Gesetz dient der Umsetzung
– der Richtlinie 2009/65/EG des Europäischen Parlaments und des Rates vom 13. Juli 2009 zur Koordinierung der Rechts- und Verwaltungsvorschriften betreffend bestimmte Organismen für gemeinsame Anlagen in Wertpapieren (OGAW) (ABl. L 302 vom 17.11.2009, S. 32),
– der Richtlinie 2010/43/EU der Kommission vom 1. Juli 2010 zur Durchführung der Richtlinie 2009/65/EG des Europäischen Parlaments und des Rates im Hinblick auf organisatorische Anforderungen, Interessenkonflikte, Wohlverhalten, Risikomanagement und den Inhalt der Vereinbarung zwischen Verwahrstelle und Verwaltungsgesellschaft (ABl. L 176 vom 10.7.2010, S. 42) und
– der Richtlinie 2010/44/EU der Kommission vom 1. Juli 2010 zur Durchführung der Richtlinie 2009/65/EG des Europäischen Parlaments und des Rates in Bezug auf Bestimmungen über Fondsverschmelzungen, Master-Feeder-Strukturen und das Anzeigeverfahren (ABl. L 176 vom 10.7.2010, S. 28, L 179 vom 14.7.2010, S. 16).

[4)] **Amtl. Anm.:** Dieses Gesetz dient der Umsetzung der Richtlinie 2010/78/EU des Europäischen Parlaments und des Rates vom 24. November 2010 zur Änderung der Richtlinien 98/26/EG, 2002/87/EG, 2003/6/EG, 2003/41/EG, 2003/71/EG, 2004/39/EG, 2004/109/EG, 2005/60/EG, 2006/48/EG, 2006/49/EG und 2009/65/EG im Hinblick auf die Befugnisse der Europäischen Aufsichtsbehörde (Europäische Bankenaufsichtsbehörde), der Europäischen Aufsichtsbehörde (Europäische Aufsichtsbehörde für das Versicherungswesen und die betriebliche Altersversorgung) und der Europäischen Aufsichtsbehörde (Europäische Wertpapier- und Marktaufsichtsbehörde) (ABl. L 331 vom 15.12.2010, S. 120).

Lfd. Nr.	Änderndes Gesetz	Datum	Fund-stelle	Betroffen	Hinweis
				Abschnitt 6 (§§ 21–25), § 37	eingef. mWv 1.6.2012
8.	Art. 1 G zur Umsetzung der RL 2010/73/EU und zur Änd. des BörsenG[1]	26.6.2012	BGBl. I S. 1375	Inhaltsübersicht, §§ 1, 2, 4, 5, 6, 7, 8, 9, 11, 12, 13, 14, 16, 18, 19, 23, 29, 35, 36, 37	geänd. mWv 1.7.2012
				§§ 3, 32	neu gef. mWv 1.7.2012
				§ 10	aufgeh. mWv 1.7.2012
9.	Art. 9 AIFM-UmsetzungsG[2]	4.7.2013	BGBl. I S. 1981	§ 1	geänd. mWv 22.7.2013
10.	Art. 2 Abs. 66, Art. 4 Abs. 55 G zur Strukturreform des Gebührenrechts des Bundes	7.8.2013	BGBl. I S. 3154, teilweise aufgeh. 2016, S. 1666	§ 33	geänd. mWv 15.8.2013
11.	Art. 6 Abs. 4 CRD IV-UmsetzungsG	28.8.2013	BGBl. I S. 3395	§§ 1, 2, 6	geänd. mWv 1.1.2014
12.	Art. 11 G zur Umsetzung der VerbraucherrechteRL und zur Änd. des G zur Regelung der Wohnungsvermittlung[3]	20.9.2013	BGBl. I S. 3642	§ 8	geänd. mWv 13.6.2014
13.	Art. 4 KleinanlegerschutzG	3.7.2015	BGBl. I S. 1114	§§ 3, 5, 9, 26, 35, 36	geänd. mWv 10.7.2015
				§ 6	geänd. mWv 1.1.2016
14.	Art. 196 Zehnte ZuständigkeitsanpassungsVO	31.8.2015	BGBl. I S. 1474	§§ 4, 20	geänd. mWv 8.9.2015

[1] **Amtl. Anm.:** Die Artikel 1 bis 4 dieses Gesetzes dienen im Wesentlichen der Umsetzung der Richtlinie 2010/73/EU des Europäischen Parlaments und des Rates vom 24. November 2010 zur Änderung der Richtlinie 2003/71/EG betreffend den Prospekt, der beim öffentlichen Angebot von Wertpapieren oder bei deren Zulassung zum Handel zu veröffentlichen ist, und der Richtlinie 2004/109/EG zur Harmonisierung der Transparenzanforderungen in Bezug auf Informationen über Emittenten, deren Wertpapiere zum Handel auf einem geregelten Markt zugelassen sind (ABl. L 327 vom 11.12.2010, S. 1).

[2] **Amtl. Anm.:** Dieses Gesetz dient der Umsetzung der Richtlinie 2009/65/EG des Europäischen Parlaments und des Rates vom 13. Juli 2009 zur Koordinierung der Rechts- und Verwaltungsvorschriften betreffend bestimmte Organismen für gemeinsame Anlagen in Wertpapieren (OGAW) (ABl. L 302 vom 17.11.2009, S. 1), der Richtlinie 2011/61/EU des Europäischen Parlaments und des Rates vom 8. Juni 2011 über die Verwalter alternativer Investmentfonds und zur Änderung der Richtlinien 2003/41/EG und 2009/65/EG und der Verordnungen (EG) Nr. 1060/2009 und (EU) Nr. 1095/2010 (ABl. L 174 vom 1.7.2011, S. 1) sowie der Anpassung an die Verordnung (EU) Nr. 345/2013 des Europäischen Parlaments und des Rates vom 17. April 2013 über Europäische Risikokapitalfonds (ABl. L 115 vom 25.4.2013, S. 1) und die Verordnung (EU) Nr. 346/2013 des Europäischen Parlaments und des Rates vom 17. April 2013 über Europäische Fonds für soziales Unternehmertum (ABl. L 115 vom 25.4.2013, S. 18).

[3] **Amtl. Anm.:** Dieses Gesetz dient der Umsetzung der Richtlinie 2011/83/EU des Europäischen Parlaments und des Rates vom 25. Oktober 2011 über die Rechte der Verbraucher, zur Abänderung der Richtlinie 93/13/EWG des Rates und der Richtlinie 1999/44/EG des Europäischen Parlaments und des Rates sowie zur Aufhebung der Richtlinie 85/577/EWG des Rates und der Richtlinie 97/7/EG des Europäischen Parlaments und des Rates (ABl. L 304 vom 22.11.2011, S. 64).

Lfd. Nr.	Änderndes Gesetz	Datum	Fundstelle	Betroffen	Hinweis
15.	Art. 12 AbwicklungsmechanismusG[1]	2.11.2015	BGBl. I S. 1864	§ 27	geänd. mWv 6.11.2015
16.	Art. 4 G zur Umsetzung der TransparenzRL-ÄndRL	20.11. 2015	BGBl. I S. 2029	§§ 2, 11	geänd. mWv 26.11.2015
17.	Art. 16 Abs. 7 Erstes FinanzmarktnovellierungsG	30.6.2016	BGBl. I S. 1514	§§ 11, 23	geänd. mWv 2.7.2016
18.	Art. 4 Abs. 52 G zur Aktualisierung der Strukturreform des Gebührenrechts des Bundes	18.7.2016	BGBl. I S. 1666, geänd. 2021, S. 2570	Inhaltsübersicht	geänd. mWv 1.10.2021
				§ 23	aufgeh. mit Ablauf des 30.9. 2021
19.	Art. 24 Abs. 13 Zweites FinanzmarktnovellierungsG	23.6.2017	BGBl. I S. 1693	§§ 2, 11, 32	geänd. mWv 3.1.2018
20.	Art. 6 G zur Umsetzung der Zweiten ZahlungsdiensteRL[2]	17.7.2017	BGBl. I S. 2446	§§ 5, 13	geänd. mWv 22.7.2017
21.	Art. 1 G zur Ausübung von Optionen der EU-ProspektVO und zur Anpassung weiterer Finanzmarktgesetze	10.7.2018	BGBl. I S. 1102	Inhaltsübersicht, §§ 1, 3, 4, 13, 15, 19, Abschnitt 6 Überschrift, §§ 23, 25, 26, 35	geänd. mWv 21.7.2018
				§§ 3a, 3b, 3c, 22a, 23a, 24a	eingef. mWv 21.7.2018
22.	Art. 1 G zur weiteren Ausführung der EU-ProspektVO und zur Änd. von Finanzmarktgesetzen	8.7.2019	BGBl. I S. 1002	§§ 3a, 3b, 3c, 4, 5, 6, Abschnitt 6 (§§ 9–16), Abschnitt 7 (§§ 18–20), Abschnitt 8 (§§ 21–27), §§ 31, 33, 35, 37, Anl.	geänd. mWv 21.7.2019
				Inhaltsübersicht, Abschnitt 1 (§§ 1, 2), §§ 3, 7, 24	neu gef. mWv 21.7.2019
				Abschnitt 2 Überschrift , §§ 8, 17, 21, 22, 25, 26, 28	eingef. mWv 21.7.2019
				Abschnitte 2, 3, 4, 5, §§ 28, § 28a, 29, 30, 34, 36	aufgeh. mit Ablauf des 20.7. 2019

[1] **Amtl. Anm.:** Dieses Gesetz dient der Anpassung an die Verordnung (EU) Nr. 806/2014 des Europäischen Parlaments und des Rates vom 15. Juli 2014 zur Festlegung einheitlicher Vorschriften und eines einheitlichen Verfahrens für die Abwicklung von Kreditinstituten und bestimmten Wertpapierfirmen im Rahmen eines einheitlichen Abwicklungsmechanismus und eines einheitlichen Abwicklungsfonds sowie zur Änderung der Verordnung (EU) Nr. 1093/2010 (ABl. L 225 vom 30.7.2014, S. 1) sowie an die delegierte Verordnung (EU) 2015/63 der Kommission vom 21. Oktober 2014 zur Ergänzung der Richtlinie 2014/59/EU des Europäischen Parlaments und des Rates im Hinblick auf im Voraus erhobene Beiträge zu Abwicklungsfinanzierungsmechanismen (ABl. L 11 vom 17.1.2015, S. 44) und die Durchführungsverordnung (EU) 2015/81 des Rates vom 19. Dezember 2014 zur Festlegung einheitlicher Modalitäten für die Anwendung der Verordnung (EU) Nr. 806/2014 des Europäischen Parlaments und des Rates im Hinblick auf im Voraus erhobene Beiträge zum einheitlichen Abwicklungsfonds (ABl. L 15 vom 22.1.2015, S. 1).

[2] **Amtl. Anm.:** Dieses Gesetz dient der Umsetzung der Richtlinie (EU) 2015/2366 des Europäischen Parlaments und des Rates vom 25. November 2015 über Zahlungsdienste im Binnenmarkt, zur Änderung der Richtlinien 2002/65/EG, 2009/110/EG und 2013/36/EU und der Verordnung (EU) Nr. 1093/2010 sowie zur Aufhebung der Richtlinie 2007/64/EG (ABl. L 337 vom 23.12.2015, S. 35; L 169 vom 28.6. 2016, S. 18).

Lfd. Nr.	Änderndes Gesetz	Datum	Fundstelle	Betroffen	Hinweis
23.	Art. 60 Zweites Datenschutz-Anpassungs- und UmsetzungsG EU[1]	20.11. 2019	BGBl. I S. 1626	§§ 26, 28	geänd. mWv 26.11.2019
24.	Art. 7 Abs. 33 G zur Umsetzung der RL (EU) 2019/2034 über die Beaufsichtigung von Wertpapierinstituten[2]	12.5.2021	BGBl. I S. 990	§§ 8, 19	geänd. mWv 26.6.2021
25.	Art. 3 G zur Einführung von elektronischen Wertpapieren	3.6.2021	BGBl. I S. 1423	§ 4	geänd. mWv 10.6.2021
26.	Art. 5 G zur begleitenden Ausführung der VO (EU) 2020/1503 und der Umsetzung der RL EU 2020/1504[3]	3.6.2021	BGBl. I S. 1568	§ 1	geänd. mWv 10.11.2021
27.	Art. 3 G zur weiteren Stärkung des Anlegerschutzes	9.7.2021	BGBl. I S. 2570	Inhaltsübersicht, §§ 5	geänd. mWv 16.8.2021
				§ 32	aufgeh. mit Ablauf des 15.8. 2021
				§ 5	geänd. mWv 1.1.2022
28.	Art. 10 ZukunftsfinanzierungsG	11.12. 2023	BGBl. 2023 I Nr. 354	§§ 8, 18, 19	geänd. mWv 15.12.2023

[1] **Amtl. Anm.:** Dieses Gesetz dient der Umsetzung der Richtlinie (EU) 2016/680 des Europäischen Parlaments und des Rates vom 27. April 2016 zum Schutz natürlicher Personen bei der Verarbeitung personenbezogener Daten durch die zuständigen Behörden zum Zweck der Verhütung, Ermittlung, Aufdeckung oder Verfolgung von Straftaten oder der Strafvollstreckung sowie zum freien Datenverkehr und zur Aufhebung des Rahmenbeschlusses 2008/977/JI des Rates (ABl. L 119 vom 4.5.2016, S. 89; L 127 vom 23.5.2018, S. 9).

[2] **Amtl. Anm.:** Dieses Gesetz dient der Umsetzung der Richtlinie (EU) 2019/2034 des Europäischen Parlaments und des Rates vom 27. November 2019 über die Beaufsichtigung von Wertpapierfirmen und zur Änderung der Richtlinien 2002/87/EG, 2009/65/EG, 2011/61/EU, 2013/36/EU, 2014/59/EU und 2014/65/EU (ABl. L 314 vom 5.12.2019, S. 64) sowie der Anpassung der nationalen Gesetze und Verordnungen an die Verordnung (EU) 2019/2033 des Europäischen Parlaments und des Rates vom 27. November 2019 über die Aufsichtsanforderungen an Wertpapierfirmen und zur Änderung der Verordnungen (EU) Nr. 1093/2010, (EU) Nr. 575/2013, (EU) Nr. 600/2014 und (EU) Nr. 806/2014 (ABl. L 314 vom 5.12.2019, S. 1; L 20 vom 24.1.2020, S. 26).

[3] **Amtl. Anm.:** Dieses Gesetz dient der Umsetzung der Richtlinie (EU) 2020/1504 des Europäischen Parlaments und des Rates vom 7. Oktober 2020 zur Änderung der Richtlinie 2014/65/EU über Märkte für Finanzinstrumente sowie der Verordnung (EU) 2020/1503 des Europäischen Parlaments und des Rats vom 7. Oktober 2020 über Europäische Schwarmfinanzierungsdienstleister für Unternehmen und zur Änderung der Verordnung (EU) 2017/1129 und der Richtlinie (EU) 2019/1937.

Inhaltsübersicht[1]

Abschnitt 1. Anwendungsbereich und Begriffsbestimmungen

§ 1[2] **Anwendungsbereich.** [1] Dieses Gesetz enthält ergänzende Regelungen zu den Vorschriften der Verordnung (EU) 2017/1129 des Europäischen Parlaments und des Rates vom 14. Juni 2017 über den Prospekt, der beim öffentlichen Angebot von Wertpapieren oder bei deren Zulassung zum Handel an einem geregelten Markt zu veröffentlichen ist und zur Aufhebung der Richtlinie 2003/71/EG (ABl. L 168 vom 30.6.2017, S. 12) in Bezug auf

1. Ausnahmen von der Verpflichtung zur Veröffentlichung eines Prospekts;
2. das Wertpapier-Informationsblatt;
3. die Prospekthaftung und die Haftung bei Wertpapier-Informationsblättern;
4. die Zuständigkeiten und Befugnisse der Bundesanstalt für Finanzdienstleistungsaufsicht (Bundesanstalt) und

---

[1] Inhaltsübersicht neu gef. mWv 21.7.2019 durch G v. 8.7.2019 (BGBl. I S. 1002); geänd. mWv 16.8.2021 durch G v. 9.7.2021 (BGBl. I S. 2570).

[2] § 1 neu gef. mWv 21.7.2019 durch G v. 8.7.2019 (BGBl. I S. 1002); Satz 2 angef. mWv 10.11.2021 durch G v. 3.6.2021 (BGBl. I S. 1568).

5. die Ahndung von Verstößen hinsichtlich
   a) der Vorschriften dieses Gesetzes;
   b) der Verordnung (EU) 2017/1129.

[2] Es gilt nicht für ein öffentliches Angebot der in Artikel 1 Absatz 4 Buchstabe k der Verordnung (EU) 2017/1129 bezeichneten Artikel.

§ 2[1] Begriffsbestimmungen. Im Sinne dieses Gesetzes ist oder sind

1. Wertpapiere solche im Sinne des Artikels 2 Buchstabe a der Verordnung (EU) 2017/1129;
2. öffentliches Angebot von Wertpapieren eine Mitteilung im Sinne des Artikels 2 Buchstabe d der Verordnung (EU) 2017/1129;
3. qualifizierte Anleger Personen oder Einrichtungen im Sinne des Artikels 2 Buchstabe e der Verordnung (EU) 2017/1129;
4. Kreditinstitut ein solches im Sinne des Artikels 2 Buchstabe g der Verordnung (EU) 2017/1129;
5. Emittent eine Rechtspersönlichkeit im Sinne des Artikels 2 Buchstabe h der Verordnung (EU) 2017/1129;
6. Anbieter eine Rechtspersönlichkeit oder natürliche Person im Sinne des Artikels 2 Buchstabe i der Verordnung (EU) 2017/1129;
7. Zulassungsantragsteller die Personen, die die Zulassung zum Handel an einem geregelten Markt beantragen;
8. geregelter Markt ein solcher im Sinne des Artikels 2 Buchstabe j der Verordnung (EU) 2017/1129;
9. Werbung eine Mitteilung im Sinne des Artikels 2 Buchstabe k der Verordnung (EU) 2017/1129;
10. Bundesanstalt die Bundesanstalt für Finanzdienstleistungsaufsicht.

Abschnitt 2.[2] Ausnahmen von der Prospektpflicht und Regelungen zum Wertpapier-Informationsblatt

§ 3[3] Ausnahmen von der Verpflichtung zur Veröffentlichung eines Prospekts. Die Verpflichtung zur Veröffentlichung eines Prospekts gemäß Artikel 3 Absatz 1 der Verordnung (EU) 2017/1129 gilt nicht für ein Angebot von Wertpapieren,

1. die von Kreditinstituten oder von Emittenten, deren Aktien bereits zum Handel an einem geregelten Markt zugelassen sind, ausgegeben werden, wenn der Gesamtgegenwert für alle im Europäischen Wirtschaftsraum angebotenen Wertpapiere nicht mehr als 8 Millionen Euro, berechnet über einen Zeitraum von zwölf Monaten, beträgt, oder
2. deren Gesamtgegenwert im Europäischen Wirtschaftsraum nicht mehr als 8 Millionen Euro, berechnet über einen Zeitraum von zwölf Monaten, beträgt.

---

[1] § 2 neu gef. mWv 21.7.2019 durch G v. 8.7.2019 (BGBl. I S. 1002).
[2] Abschnitt 2 Überschrift eingef. mWv 21.7.2019 durch G v. 8.7.2019 (BGBl. I S. 1002).
[3] § 3 neu gef. mWv 21.7.2019 durch G v. 8.7.2019 (BGBl. I S. 1002).

§ 4[1] Wertpapier-Informationsblatt; Verordnungsermächtigung. (1) [1]Ein Anbieter, der die Ausnahme nach § 3 Nummer 2 in Anspruch nimmt, darf die Wertpapiere im Inland erst dann öffentlich anbieten, wenn er zuvor ein Wertpapier-Informationsblatt nach den Absätzen 3 bis 5 und 6 Satz 2 sowie Absatz 7 Satz 4 erstellt, bei der Bundesanstalt hinterlegt und veröffentlicht hat. [2]Dies gilt entsprechend für ein öffentliches Angebot im Inland von Wertpapieren mit einem Gesamtgegenwert im Europäischen Wirtschaftsraum von 100 000 Euro bis weniger als 1 Million Euro, für die gemäß Artikel 1 Absatz 3 Unterabsatz 1 der Verordnung (EU) 2017/1129 kein Prospekt zu veröffentlichen ist. [3]Die Untergrenze von 100 000 Euro gemäß Satz 2 ist über einen Zeitraum von zwölf Monaten zu berechnen. [4]Die Verpflichtungen nach den Sätzen 1 und 2 gelten nicht, wenn für die Wertpapiere ein Basisinformationsblatt nach der Verordnung (EU) Nr. 1286/2014 des Europäischen Parlaments und des Rates vom 26. November 2014 über Basisinformationsblätter für verpackte Anlageprodukte für Kleinanleger und Versicherungsanlageprodukte (PRIIP) (ABl. L 352 vom 9.12.2014, S. 1; L 358 vom 13.12.2014, S. 50), die durch die Verordnung (EU) 2016/2340 (ABl. L 354 vom 23.12.2016, S. 35) geändert worden ist, veröffentlicht werden muss oder wesentliche Anlegerinformationen nach § 301 des Kapitalanlagegesetzbuches veröffentlicht werden müssen.

(2) [1]Das Wertpapier-Informationsblatt darf erst veröffentlicht werden, wenn die Bundesanstalt die Veröffentlichung gestattet. [2]Die Gestattung ist zu erteilen, wenn

1. das Wertpapier-Informationsblatt vollständig alle Angaben, Hinweise und Anlagen enthält, die nach den folgenden Absätzen, auch in Verbindung mit der nach Absatz 9 zu erlassenden Rechtsverordnung, erforderlich sind, und diese Angaben, Hinweise und Anlagen in der vorgeschriebenen Reihenfolge erfolgen und
2. das Feststellungsdatum des letzten Jahresabschlusses des Emittenten und im Falle eines Garantiegebers zusätzlich das Feststellungsdatum des letzten Jahresabschlusses des Garantiegebers zum Zeitpunkt der Gestattung nicht länger als 18 Monate zurückliegt.

[3]Die Bundesanstalt hat dem Anbieter innerhalb von zehn Arbeitstagen nach Eingang des Wertpapier-Informationsblatts mitzuteilen, ob sie die Veröffentlichung gestattet. [4]Gelangt die Bundesanstalt zu der Auffassung, dass das ihr zur Gestattung vorgelegte Wertpapier-Informationsblatt unvollständig ist oder die erforderlichen Angaben, Hinweise und Anlagen nicht in der vorgeschriebenen Reihenfolge erfolgen, beginnt die Frist nach Satz 3 erst ab dem Zeitpunkt zu laufen, zu welchem die erforderlichen Angaben, Hinweise und Anlagen vollständig und in der vorgeschriebenen Reihenfolge eingehen. [5]Die Bundesanstalt soll den Anbieter innerhalb von fünf Arbeitstagen nach Eingang des Wertpapier-Informationsblatts unterrichten, wenn sie nach Satz 4 weitere Informationen für erforderlich hält. [6]Dies gilt auch, wenn sie zu dem Ergebnis kommt, dass die erforderlichen Angaben, Hinweise und Anlagen nicht in der vorgeschriebenen Reihenfolge erfolgt sind.

(3) [1]Das Wertpapier-Informationsblatt darf nicht mehr als drei DIN-A4-Seiten umfassen. [2]Es muss mindestens die wesentlichen Informationen über die Wertpapiere, den Anbieter, den Emittenten und etwaige Garantiegeber in übersicht-

---

[1] Früherer § 3a eingef. mWv 21.7.2018 durch G v. 10.7.2018 (BGBl. I S. 1102); bish. § 3a wird § 4 und Abs. 1 Satz 1 geänd., Sätze 2 und 3 eingef., bish. Satz 2 wird Satz 4 und geänd., Abs. 2 Sätze 3 und 5, Abs. 8 Sätze 3 und 4 geänd. mWv 21.7.2019 durch G v. 8.7.2019 (BGBl. I S. 1002); Abs. 3a eingef. mWv 10.6.2021 durch G v. 3.6.2021 (BGBl. I S. 1423).

licher und leicht verständlicher Weise in der nachfolgenden Reihenfolge enthalten, so dass das Publikum

1. die Art, die genaue Bezeichnung und die internationale Wertpapier-Identifikationsnummer (ISIN) des Wertpapiers,
2. die Funktionsweise des Wertpapiers einschließlich der mit dem Wertpapier verbundenen Rechte,
3. Angaben zur Identität des Anbieters, des Emittenten einschließlich seiner Geschäftstätigkeit und eines etwaigen Garantiegebers,
4. die mit dem Wertpapier, dem Emittenten und einem etwaigen Garantiegeber verbundenen Risiken,
5. den auf Grundlage des letzten aufgestellten Jahresabschlusses berechneten Verschuldungsgrad des Emittenten und eines etwaigen Garantiegebers,
6. die Aussichten für die Kapitalrückzahlung und Erträge unter verschiedenen Marktbedingungen,
7. die mit dem Wertpapier verbundenen Kosten und Provisionen,
8. die Angebotskonditionen einschließlich des Emissionsvolumens sowie
9. die geplante Verwendung des voraussichtlichen Nettoemissionserlöses

einschätzen und bestmöglich mit den Merkmalen anderer Wertpapiere vergleichen kann.

(3a) Für die Emission eines elektronischen Wertpapiers im Sinne des Gesetzes über elektronische Wertpapiere[1)] oder eines digitalen und nicht verbrieften Wertpapiers, das kein elektronisches Wertpapier im Sinne des Gesetzes über elektronische Wertpapiere ist, gilt Absatz 3 mit der Maßgabe, dass

1. das Wertpapier-Informationsblatt abweichend von Absatz 3 Satz 1 bis zu vier DIN-A4-Seiten umfassen darf,
2. die Angaben nach Absatz 3 Satz 2 Nummer 2 auch Angaben zur technischen Ausgestaltung des Wertpapiers, zu den dem Wertpapier zugrunde liegenden Technologien sowie zur Übertragbarkeit und Handelbarkeit des Wertpapiers an den Finanzmärkten zu beinhalten haben,
3. die Angaben nach Absatz 3 Satz 2 Nummer 3 um die Angabe der registerführenden Stelle im Sinne des Gesetzes über elektronische Wertpapiere und die Angabe, wo und auf welche Weise der Anleger in das Register Einsicht nehmen kann, zu ergänzen sind, sofern es sich um ein elektronisches Wertpapier im Sinne des Gesetzes über elektronische Wertpapiere handelt.

(4) Das Wertpapier-Informationsblatt muss den drucktechnisch hervorgehobenen Warnhinweis „Der Erwerb dieses Wertpapiers ist mit erheblichen Risiken verbunden und kann zum vollständigen Verlust des eingesetzten Vermögens führen." auf der ersten Seite, unmittelbar unterhalb der ersten Überschrift enthalten.

(5) Das Wertpapier-Informationsblatt muss im Anschluss an die Angaben nach Absatz 3 dieser Vorschrift zudem in folgender Reihenfolge enthalten:

1. einen Hinweis darauf, dass die inhaltliche Richtigkeit des Wertpapier-Informationsblatts nicht der Prüfung durch die Bundesanstalt unterliegt,
2. einen Hinweis darauf, dass für das Wertpapier kein von der Bundesanstalt gebilligter Wertpapierprospekt hinterlegt wurde und der Anleger weitergehende Informationen unmittelbar vom Anbieter oder Emittenten des Wertpapiers erhält,

---

[1)] Nr. **58c**.

3. einen Hinweis auf den letzten Jahresabschluss des Emittenten und im Falle eines Garantiegebers zusätzlich auf den letzten Jahresabschluss des Garantiegebers sowie darauf, wo und wie diese Jahresabschlüsse erhältlich sind,
4. einen Hinweis darauf, dass Ansprüche auf der Grundlage einer in dem Wertpapier-Informationsblatt enthaltenen Angabe nur dann bestehen können, wenn die Angabe irreführend oder unrichtig ist oder der Warnhinweis des Absatzes 4 nicht enthalten ist und wenn das Erwerbsgeschäft nach Veröffentlichung des Wertpapier-Informationsblatts und während der Dauer des öffentlichen Angebots, spätestens jedoch innerhalb von sechs Monaten nach dem ersten öffentlichen Angebot der Wertpapiere im Inland, abgeschlossen wurde.

(6) [1] Während der Dauer des öffentlichen Angebots ist der letzte Jahresabschluss des Emittenten den Anlegern auf Anforderung kostenlos in Textform zur Verfügung zu stellen. [2] Ist der Emittent nach den handelsrechtlichen Vorschriften nicht verpflichtet, einen Jahresabschluss offenzulegen, ist der Jahresabschluss dem Wertpapier-Informationsblatt als Anlage beizufügen und mit diesem gemäß Absatz 1 Satz 1 zu hinterlegen und zu veröffentlichen. [3] Im Falle eines Garantiegebers gelten die Sätze 1 und 2 entsprechend.

(7) [1] Der Anleger muss die in Absatz 3 dieser Vorschrift aufgezählten Informationen verstehen können, ohne hierfür zusätzliche Dokumente heranziehen zu müssen. [2] Die Angaben in dem Wertpapier-Informationsblatt sind kurz zu halten und in allgemein verständlicher Sprache abzufassen. [3] Sie müssen redlich und eindeutig und dürfen nicht irreführend sein. [4] Das Wertpapier-Informationsblatt darf sich jeweils nur auf ein bestimmtes Wertpapier beziehen und keine werbenden oder sonstigen Informationen enthalten, die nicht dem in Absatz 3 genannten Zweck dienen.

(8) [1] Tritt nach der Gestattung und vor dem endgültigen Schluss des öffentlichen Angebots ein wichtiger neuer Umstand ein oder wird eine wesentliche Unrichtigkeit in Bezug auf die im Wertpapier-Informationsblatt enthaltenen Angaben festgestellt, die die Beurteilung des Wertpapiers beeinflussen könnten, so sind die in dem Wertpapier-Informationsblatt enthaltenen Angaben während der Dauer des öffentlichen Angebots unverzüglich zu aktualisieren und ist der Bundesanstalt die aktualisierte Fassung des Wertpapier-Informationsblatts zum Zweck der Hinterlegung unverzüglich zu übermitteln. [2] Das Datum der letzten Aktualisierung sowie die Zahl der seit der erstmaligen Erstellung des Wertpapier-Informationsblatts vorgenommenen Aktualisierungen sind im Wertpapier-Informationsblatt zu nennen. [3] Das aktualisierte Wertpapier-Informationsblatt ist unverzüglich entsprechend Artikel 21 Absatz 2 und 3 Unterabsatz 1 der Verordnung (EU) 2017/1129 zu veröffentlichen. [4] § 5 Absatz 1 und 3 Satz 2 gilt entsprechend.

(9) [1] Das Bundesministerium der Finanzen kann durch Rechtsverordnung, die nicht der Zustimmung des Bundesrates bedarf, im Einvernehmen mit dem Bundesministerium der Justiz und für Verbraucherschutz nähere Bestimmungen zu Inhalt und Aufbau der Wertpapier-Informationsblätter erlassen. [2] Das Bundesministerium der Finanzen kann die Ermächtigung durch Rechtsverordnung auf die Bundesanstalt übertragen.

§ 5[1)] Übermittlung des Wertpapier-Informationsblatts an die Bundesanstalt; Frist und Form der Veröffentlichung; Veröffentlichung durch die Bundesanstalt. (1) Das Wertpapier-Informationsblatt ist der Bundesanstalt elektronisch und in elektronisch durchsuchbarem Format über ihr Melde- und Veröffentlichungssystem zu übermitteln.

(2) Hinsichtlich der Aufbewahrung des Wertpapier-Informationsblatts und der aktualisierten Fassungen gilt § 22 Absatz 3 entsprechend.

(3) [1] Das hinterlegte Wertpapier-Informationsblatt muss mindestens einen Werktag vor dem öffentlichen Angebot entsprechend Artikel 21 Absatz 2 und 3 Unterabsatz 1 der Verordnung (EU) 2017/1129 veröffentlicht werden. [2] Der Anbieter hat sicherzustellen, dass das Wertpapier-Informationsblatt ohne Zugangsbeschränkung für jedermann zugänglich ist; die Regelungen des Artikels 21 Absatz 4 der Verordnung (EU) 2017/1129 gelten entsprechend.

(4) [1] Die Bundesanstalt veröffentlicht auf ihrer Webseite die nach § 4 gestatteten Wertpapier-Informationsblätter. [2] Diese bleiben zehn Jahre lang auf der Webseite öffentlich zugänglich. [3] Die Bundesanstalt veröffentlicht auf ihrer Webseite auch die nach § 4 Absatz 8 Satz 1 übermittelten aktualisierten Fassungen der Wertpapier-Informationsblätter; Satz 2 gilt entsprechend.

§ 6[2)] Einzelanlageschwellen für nicht qualifizierte Anleger. [1] Unbeschadet der Vorgaben in den §§ 4 und 5 ist die Befreiung von der Pflicht zur Veröffentlichung eines Prospekts nach § 3 Nummer 2 auf ein Angebot von Wertpapieren nur anwendbar, wenn die angebotenen Wertpapiere ausschließlich im Wege der Anlageberatung oder Anlagevermittlung über ein Wertpapierdienstleistungsunternehmen vermittelt werden, das rechtlich verpflichtet ist, zu prüfen, ob der Gesamtbetrag der Wertpapiere, die von einem nicht qualifizierten Anleger erworben werden können, folgende Beträge nicht übersteigt:

1. 1 000 Euro,
2. 10 000 Euro, sofern der jeweilige nicht qualifizierte Anleger nach einer von ihm zu erteilenden Selbstauskunft über ein frei verfügbares Vermögen in Form von Bankguthaben und Finanzinstrumenten von mindestens 100 000 Euro verfügt, oder
3. den zweifachen Betrag des durchschnittlichen monatlichen Nettoeinkommens des jeweiligen nicht qualifizierten Anlegers nach einer von ihm zu erteilenden Selbstauskunft, höchstens jedoch 25 000 Euro.

[2] Die Einschränkungen nach Satz 1 gelten nicht für Wertpapiere, die den Aktionären im Rahmen einer Bezugsrechtsemission angeboten werden.

§ 7[3)] Werbung für Angebote, für die ein Wertpapier-Informationsblatt zu veröffentlichen ist. (1) Der Anbieter hat bei Angeboten gemäß § 4 Absatz 1 Satz 1 und 2 dafür zu sorgen, dass in der Werbung für diese Angebote darauf hingewiesen wird, dass ein Wertpapier-Informationsblatt veröffentlicht wurde

---

[1)] Früherer § 3b eingef. mWv 21.7.2018 durch G v. 10.7.2018 (BGBl. I S. 1102); bish. § 3b wird § 5, Abs. 2 und 3 Sätze 1 und 2 geänd. mWv 21.7.2019 durch G v. 8.7.2019 (BGBl. I S. 1002); Überschrift *und Abs. 1 geänd.*, Abs. 4 angef. mWv 1.1.2022 durch G v. 9.7.2021 (BGBl. I S. 2570).

[2)] Früherer § 3c eingef. mWv 21.7.2018 durch G v. 10.7.2018 (BGBl. I S. 1102); bish. § 3c wird § 6, Satz 1 einl. Satzteil und Nr. 3 geänd., Satz 2 angef. mWv 21.7.2019 durch G v. 8.7.2019 (BGBl. I S. 1002).

[3)] Bish. § 4 wird § 7 und neu gef. mWv 21.7.2019 durch G v. 8.7.2019 (BGBl. I S. 1002).

oder zur Veröffentlichung ansteht und wo das Wertpapier-Informationsblatt zu erhalten ist.

(2) Der Anbieter hat bei Angeboten nach Absatz 1 dafür zu sorgen, dass die Werbung für diese Angebote klar als solche erkennbar ist.

(3) Der Anbieter hat bei Angeboten nach Absatz 1 dafür zu sorgen, dass die in der Werbung für diese Angebote enthaltenen Informationen weder unrichtig noch irreführend sind und mit den Informationen übereinstimmen, die in einem bereits veröffentlichten Wertpapier-Informationsblatt enthalten sind oder in einem noch zu veröffentlichenden Wertpapier-Informationsblatt enthalten sein müssen.

(4) Der Anbieter hat bei Angeboten nach Absatz 1 dafür zu sorgen, dass alle mündlich oder schriftlich verbreiteten Informationen über diese Angebote, auch wenn sie nicht zu Werbezwecken dienen, mit den im Wertpapier-Informationsblatt enthaltenen Informationen übereinstimmen.

(5) Falls bei Angeboten nach Absatz 1 wesentliche Informationen vom Anbieter oder vom Emittenten offengelegt und mündlich oder schriftlich an einen oder mehrere ausgewählte Anleger gerichtet werden, müssen diese vom Anbieter in das Wertpapier-Informationsblatt oder in eine Aktualisierung des Wertpapier-Informationsblatts gemäß § 4 Absatz 8 aufgenommen werden.

(6) Die Vorgaben in Kapitel IV der Delegierten Verordnung (EU) 2019/979 der Kommission vom 14. März 2019 zur Ergänzung der Verordnung (EU) 2017/1129 des Europäischen Parlaments und des Rates durch technische Regulierungsstandards für wesentliche Finanzinformationen in der Zusammenfassung des Prospekts, die Veröffentlichung und Klassifizierung von Prospekten, die Werbung für Wertpapiere, Nachträge zum Prospekt und das Notifizierungsportal und zur Aufhebung der Delegierten Verordnung (EU) Nr. 382/2014 der Kommission und der Delegierten Verordnung (EU) 2016/301 der Kommission (ABl. L 166 vom 21.6.2019, S. 1) sind auch auf Werbung für Angebote anzuwenden, für die nach § 4 Absatz 1 Satz 1 und 2 ein Wertpapier-Informationsblatt zu veröffentlichen ist.

Abschnitt 3.[1] Prospekthaftung und Haftung bei Wertpapier-Informationsblättern

§ 8[2] Prospektverantwortliche. [1]Die Verantwortung für den Inhalt des Prospekts haben zumindest der Anbieter, der Emittent, der Zulassungsantragsteller oder der Garantiegeber ausdrücklich zu übernehmen. [2]Bei einem Prospekt für das öffentliche Angebot von Wertpapieren nach Artikel 3 Absatz 1 der Verordnung (EU) 2017/1129 hat in jedem Fall der Anbieter die Verantwortung für den Inhalt des Prospekts zu übernehmen. [3]Sollen auf Grund des Prospekts Wertpapiere zum Handel an einem geregelten Markt zugelassen werden, so hat neben dem Emittenten auch das Kreditinstitut, das Finanzdienstleistungsinstitut, das Wertpapierinstitut oder das nach § 53 Absatz 1 Satz 1 oder § 53b Absatz 1 Satz 1 des Kreditwesengesetzes tätige Unternehmen, sofern dieses mit dem Emittenten zusammen die Zulassung der Wertpapiere beantragt, die Verantwortung für den Prospekt zu

[1] Früherer Abschnitt 6 (§§ 21–25) eingef. mWv 1.6.2012 durch G v. 6.12.2011 (BGBl. I S. 2481); Überschrift neu gef. mWv 21.7.2018 durch G v. 10.7.2018 (BGBl. I S. 1102); Abschnitte 2–5 (§§ 5–20) aufgeh., bish. Abschnitt 6 wird Abschnitt 3 (§§ 8–16) mWv 21.7.2019 durch G v. 8.7.2019 (BGBl. I S. 1002); Satz 3 neu gef. mWv 15.12.2023 durch G v. 11.12.2023 (BGBl. 2023 I Nr. 354).

[2] § 8 eingef. mWv 21.7.2019 durch G v. 8.7.2019 (BGBl. I S. 1002); Satz 3 neu gef. mWv 15.12.2023 durch G v. 11.12.2023 (BGBl. 2023 I Nr. 354)

übernehmen. [4] Wenn eine Garantie für die Wertpapiere gestellt wird, hat auch der Garantiegeber die Verantwortung für den Inhalt des Prospekts zu übernehmen.

§ 9[1)] Haftung bei fehlerhaftem Börsenzulassungsprospekt. (1) [1] Der Erwerber von Wertpapieren, die auf Grund eines Prospekts zum Börsenhandel zugelassen sind, in dem für die Beurteilung der Wertpapiere wesentliche Angaben unrichtig oder unvollständig sind, kann

1. von denjenigen, die für den Prospekt die Verantwortung übernommen haben, und
2. von denjenigen, von denen der Erlass des Prospekts ausgeht,

als Gesamtschuldnern die Übernahme der Wertpapiere gegen Erstattung des Erwerbspreises, soweit dieser den ersten Ausgabepreis der Wertpapiere nicht überschreitet, und der mit dem Erwerb verbundenen üblichen Kosten verlangen, sofern das Erwerbsgeschäft nach Veröffentlichung des Prospekts und innerhalb von sechs Monaten nach erstmaliger Einführung der Wertpapiere abgeschlossen wurde. [2] Ist kein Ausgabepreis festgelegt, gilt als Ausgabepreis der erste nach Einführung der Wertpapiere festgestellte oder gebildete Börsenpreis, im Falle gleichzeitiger Feststellung oder Bildung an mehreren inländischen Börsen der höchste erste Börsenpreis. [3] Auf den Erwerb von Wertpapieren desselben Emittenten, die von den in Satz 1 genannten Wertpapieren nicht nach Ausstattungsmerkmalen oder in sonstiger Weise unterschieden werden können, sind die Sätze 1 und 2 entsprechend anzuwenden.

(2) Ist der Erwerber nicht mehr Inhaber der Wertpapiere, so kann er die Zahlung des Unterschiedsbetrags zwischen dem Erwerbspreis, soweit dieser den ersten Ausgabepreis nicht überschreitet, und dem Veräußerungspreis der Wertpapiere sowie der mit dem Erwerb und der Veräußerung verbundenen üblichen Kosten verlangen. Absatz 1 Satz 2 und 3 ist anzuwenden.

(3) Sind Wertpapiere eines Emittenten mit Sitz im Ausland auch im Ausland zum Börsenhandel zugelassen, besteht ein Anspruch nach Absatz 1 oder 2 nur, sofern die Wertpapiere auf Grund eines im Inland abgeschlossenen Geschäfts oder einer ganz oder teilweise im Inland erbrachten Wertpapierdienstleistung erworben wurden.

(4) Einem Prospekt stehen Dokumente gleich, welche gemäß Artikel 1 Absatz 5 Buchstabe e, f, g, h oder j Ziffer v und vi der Verordnung (EU) 2017/1129 zur Verfügung gestellt wurden.

§ 10[2)] Haftung bei sonstigem fehlerhaften Prospekt. Sind in einem nach Artikel 3 Absatz 1 der Verordnung (EU) 2017/1129 veröffentlichten Prospekt, der nicht Grundlage für die Zulassung von Wertpapieren zum Handel an einer inländischen Börse ist, für die Beurteilung der Wertpapiere wesentliche Angaben unrichtig oder unvollständig, ist § 9 entsprechend anzuwenden mit der Maßgabe, dass

1. bei der Anwendung des § 9 Absatz 1 Satz 1 für die Bemessung des Zeitraums von sechs Monaten anstelle der Einführung der Wertpapiere der Zeitpunkt des ersten öffentlichen Angebots im Inland maßgeblich ist und

[1)] Früherer § 21 eingef. mWv 1.6.2012 durch G v. 6.12.2011 (BGBl. I S. 2481); bish. § 21 wird § 9 und Abs. 4 neu gef. mWv 21.7.2019 durch G v. 8.7.2019 (BGBl. I S. 1002).

[2)] Früherer § 22 eingef. mWv 1.6.2012 durch G v. 6.12.2011 (BGBl. I S. 2481); bish. § 22 wird § 10, einl. Satzteil, Nr. 1 und 2 geänd. mWv 21.7.2019 durch G v. 8.7.2019 (BGBl. I S. 1002).

2. § 9 Absatz 3 auf diejenigen Emittenten mit Sitz im Ausland anzuwenden ist, deren Wertpapiere auch im Ausland öffentlich angeboten werden.

§ 11[1)] Haftung bei fehlerhaftem Wertpapier-Informationsblatt. (1) Sind in einem veröffentlichten Wertpapier-Informationsblatt nach § 4 Absatz 1 Satz 1 für die Beurteilung der Wertpapiere wesentliche Angaben unrichtig oder irreführend oder ist der Warnhinweis nach § 4 Absatz 4 nicht enthalten, kann der Erwerber dieser Wertpapiere von denjenigen, von denen der Erlass des Wertpapier-Informationsblatts ausgeht, und vom Anbieter als Gesamtschuldnern die Übernahme der Wertpapiere gegen Erstattung des Erwerbspreises, soweit dieser den ersten Ausgabepreis der Wertpapiere nicht überschreitet, und der mit dem Erwerb verbundenen üblichen Kosten verlangen, sofern das Erwerbsgeschäft nach Veröffentlichung des Wertpapier-Informationsblatts und während der Dauer des öffentlichen Angebots, spätestens jedoch innerhalb von sechs Monaten nach dem ersten öffentlichen Angebot der Wertpapiere im Inland abgeschlossen wurde.

(2) Ist der Erwerber nicht mehr Inhaber der Wertpapiere, so kann er die Zahlung des Unterschiedsbetrags zwischen dem Erwerbspreis, soweit dieser den ersten Ausgabepreis nicht überschreitet, und dem Veräußerungspreis der Wertpapiere sowie der mit dem Erwerb und der Veräußerung verbundenen üblichen Kosten verlangen.

(3) Werden Wertpapiere eines Emittenten mit Sitz im Ausland auch im Ausland öffentlich angeboten, besteht ein Anspruch nach Absatz 1 oder Absatz 2 nur, sofern die Wertpapiere auf Grund eines im Inland abgeschlossenen Geschäfts oder einer ganz oder teilweise im Inland erbrachten Wertpapierdienstleistung erworben wurden.

§ 12[2)] Haftungsausschluss bei fehlerhaftem Prospekt. (1) Nach den §§ 9 oder 10 kann nicht in Anspruch genommen werden, wer nachweist, dass er die Unrichtigkeit oder Unvollständigkeit der Angaben des Prospekts nicht gekannt hat und dass die Unkenntnis nicht auf grober Fahrlässigkeit beruht.

(2) Ein Anspruch nach den §§ 9 oder 10 besteht nicht, sofern

1. die Wertpapiere nicht auf Grund des Prospekts erworben wurden,
2. der Sachverhalt, über den unrichtige oder unvollständige Angaben im Prospekt enthalten sind, nicht zu einer Minderung des Börsenpreises der Wertpapiere beigetragen hat,
3. der Erwerber die Unrichtigkeit oder Unvollständigkeit der Angaben des Prospekts bei dem Erwerb kannte,
4. vor dem Abschluss des Erwerbsgeschäfts im Rahmen des Jahresabschlusses oder Zwischenberichts des Emittenten, einer Veröffentlichung nach Artikel 17 der Verordnung (EU) Nr. 596/2014 des Europäischen Parlaments und des Rates vom 16. April 2014 über Marktmissbrauch (Marktmissbrauchsverordnung) und zur Aufhebung der Richtlinie 2003/6/EG des Europäischen Parlaments und des Rates und der Richtlinien 2003/124/EG, 2003/125/EG und 2004/72/EG der

---

[1)] Früherer § 22a eingef. mWv 21.7.2018 durch G v. 10.7.2018 (BGBl. I S. 1102); bish. § 22a wird § 11 und Abs. 1 geänd. mWv 21.7.2019 durch G v. 8.7.2019 (BGBl. I S. 1002).

[2)] Früherer § 23 eingef. mWv 1.6.2012 durch G v. 6.12.2011 (BGBl. I S. 2481); Abs. 2 Nr. 5 geänd. mWv 1.7.2012 durch G v. 26.6.2012 (BGBl. I S. 1375); Abs. 2 Nr. 4 geänd. mWv 2.7.2016 durch G v. 30.6.2016 (BGBl. I S. 1514); Überschrift geänd. mWv 21.7.2018 durch G v. 10.7.2018 (BGBl. I S. 1102); bish. § 23 wird § 12 und Abs. 1, 2 einl. Satzteil geänd., Nr. 5 neu gef. mWv 21.7.2019 durch G v. 8.7.2019 (BGBl. I S. 1002).

Kommission (ABl. L 173 vom 12.6.2014, S. 1) in der jeweils geltenden Fassung oder einer vergleichbaren Bekanntmachung eine deutlich gestaltete Berichtigung der unrichtigen oder unvollständigen Angaben im Inland veröffentlicht wurde oder

5. er sich ausschließlich auf Grund von Angaben in der Zusammenfassung nach Artikel 7 der Verordnung (EU) 2017/1129 oder in der speziellen Zusammenfassung eines EU-Wachstumsprospekts im Sinne des Artikels 15 Absatz 1 Unterabsatz 2 Satz 2 der Verordnung (EU) 2017/1129 samt etwaiger Übersetzungen ergibt, es sei denn, die Zusammenfassung ist irreführend, unrichtig oder widersprüchlich, wenn sie zusammen mit den anderen Teilen des Prospekts gelesen wird, oder sie enthält, wenn sie zusammen mit den anderen Teilen des Prospekts gelesen wird, nicht alle gemäß Artikel 7 Absatz 1 Unterabsatz 1 in Verbindung mit den Absätzen 5 bis 7 Buchstabe a bis d und Absatz 8 der Verordnung (EU) 2017/1129 erforderlichen Basisinformationen; im Falle der speziellen Zusammenfassung eines EU-Wachstumsprospekts richtet sich die Vollständigkeit der relevanten Informationen nach den Vorgaben in Artikel 33 der Delegierten Verordnung (EU) 2019/980 der Kommission vom 14. März 2019 zur Ergänzung der Verordnung (EU) 2017/1129 des Europäischen Parlaments und des Rates hinsichtlich der Aufmachung, des Inhalts, der Prüfung und der Billigung des Prospekts, der beim öffentlichen Angebot von Wertpapieren oder bei deren Zulassung zum Handel an einem geregelten Markt zu veröffentlichen ist, und zur Aufhebung der Verordnung (EG) Nr. 809/2004 der Kommission (ABl. L 166 vom 21.6.2019, S. 26).

§ 13[1)] Haftungsausschluss bei fehlerhaftem Wertpapier-Informationsblatt. (1) Nach § 11 kann nicht in Anspruch genommen werden, wer nachweist, dass er die Unrichtigkeit der Angaben des Wertpapier-Informationsblatts oder die Irreführung durch diese Angaben nicht gekannt hat und dass die Unkenntnis nicht auf grober Fahrlässigkeit beruht.

(2) Ein Anspruch nach § 11 besteht nicht, sofern

1. die Wertpapiere nicht auf Grund des Wertpapier-Informationsblatts erworben wurden,
2. der Sachverhalt, über den unrichtige oder irreführende Angaben im Wertpapier-Informationsblatt enthalten sind, nicht zu einer Minderung des Börsenpreises der Wertpapiere beigetragen hat,
3. der Erwerber die Unrichtigkeit der Angaben des Wertpapier-Informationsblatts oder die Irreführung durch diese Angaben bei dem Erwerb kannte oder
4. vor dem Abschluss des Erwerbsgeschäfts im Rahmen des Jahresabschlusses oder Zwischenberichts des Emittenten, im Rahmen einer Veröffentlichung nach Artikel 17 der Verordnung (EU) Nr. 596/2014 des Europäischen Parlaments und des Rates vom 16. April 2014 über Marktmissbrauch (Marktmissbrauchsverordnung) und zur Aufhebung der Richtlinie 2003/6/EG des Europäischen Parlaments und des Rates und der Richtlinien 2003/124/EG, 2003/125/EG und 2004/72/EG der Kommission (ABl. L 173 vom 12.6.2014, S. 1; L 287 vom 21.10.2016, S. 320; L 306 vom 15.11.2016, S. 43; L 348 vom 21.12.2016, S. 83), die zuletzt durch die Verordnung (EU) 2016/1033 (ABl. L 175 vom 30.6.2016, S. 1) geändert worden ist, in der jeweils geltenden Fassung oder einer vergleich-

---

[1)] Früherer § 23a eingef. mWv 21.7.2018 durch G v. 10.7.2018 (BGBl. I S. 1102); bish. § 23a wird § 13, Abs. 1 und 2 einl. Satzteil geänd. mWv 21.7.2019 durch G v. 8.7.2019 (BGBl. I S. 1002).

baren Bekanntmachung eine deutlich gestaltete Berichtigung der unrichtigen oder irreführenden Angaben im Inland veröffentlicht wurde.

§ 14[1)] Haftung bei fehlendem Prospekt. (1) [1] Ist ein Prospekt entgegen Artikel 3 Absatz 1 der Verordnung (EU) 2017/1129 nicht veröffentlicht worden, kann der Erwerber von Wertpapieren von dem Emittenten und dem Anbieter als Gesamtschuldnern die Übernahme der Wertpapiere gegen Erstattung des Erwerbspreises, soweit dieser den ersten Erwerbspreis nicht überschreitet, und der mit dem Erwerb verbundenen üblichen Kosten verlangen, sofern das Erwerbsgeschäft vor Veröffentlichung eines Prospekts und innerhalb von sechs Monaten nach dem ersten öffentlichen Angebot im Inland abgeschlossen wurde. [2] Auf den Erwerb von Wertpapieren desselben Emittenten, die von den in Satz 1 genannten Wertpapieren nicht nach Ausstattungsmerkmalen oder in sonstiger Weise unterschieden werden können, ist Satz 1 entsprechend anzuwenden.

(2) [1] Ist der Erwerber nicht mehr Inhaber der Wertpapiere, so kann er die Zahlung des Unterschiedsbetrags zwischen dem Erwerbspreis und dem Veräußerungspreis der Wertpapiere sowie der mit dem Erwerb und der Veräußerung verbundenen üblichen Kosten verlangen. [2] Absatz 1 Satz 1 gilt entsprechend.

(3) Werden Wertpapiere eines Emittenten mit Sitz im Ausland auch im Ausland öffentlich angeboten, besteht ein Anspruch nach Absatz 1 oder Absatz 2 nur, sofern die Wertpapiere auf Grund eines im Inland abgeschlossenen Geschäfts oder einer ganz oder teilweise im Inland erbrachten Wertpapierdienstleistung erworben wurden.

(4) Der Anspruch nach den Absätzen 1 bis 3 besteht nicht, sofern der Erwerber die Pflicht, einen Prospekt zu veröffentlichen, beim Erwerb kannte.

§ 15[2)] Haftung bei fehlendem Wertpapier-Informationsblatt. (1) Ist ein Wertpapier-Informationsblatt entgegen § 4 Absatz 1 Satz 1 oder Satz 2 nicht veröffentlicht worden, kann der Erwerber von Wertpapieren von dem Emittenten und dem Anbieter als Gesamtschuldnern die Übernahme der Wertpapiere gegen Erstattung des Erwerbspreises, soweit dieser den ersten Erwerbspreis nicht überschreitet, und der mit dem Erwerb verbundenen üblichen Kosten verlangen, sofern das Erwerbsgeschäft vor Veröffentlichung eines Wertpapier-Informationsblatts und während der Dauer des öffentlichen Angebots, spätestens jedoch innerhalb von sechs Monaten nach dem ersten öffentlichen Angebot der Wertpapiere im Inland abgeschlossen wurde.

(2) [1] Ist der Erwerber nicht mehr Inhaber der Wertpapiere, so kann er die Zahlung des Unterschiedsbetrags zwischen dem Erwerbspreis, soweit dieser den ersten Erwerbspreis nicht überschreitet, und dem Veräußerungspreis der Wertpapiere sowie der mit dem Erwerb und der Veräußerung verbundenen üblichen Kosten verlangen. [2] Absatz 1 gilt entsprechend.

(3) Werden Wertpapiere eines Emittenten mit Sitz im Ausland auch im Ausland öffentlich angeboten, besteht ein Anspruch nach Absatz 1 oder Absatz 2 nur, sofern die Wertpapiere auf Grund eines im Inland abgeschlossenen Geschäfts oder einer ganz oder teilweise im Inland erbrachten Wertpapierdienstleistung erworben wurden.

---

1) Früherer § 24 eingef. mWv 1.6.2012 durch G v. 6.12.2011 (BGBl. I S. 2481); bish. § 24 wird § 14 und Abs. 1 Satz 1 geänd. mWv 21.7.2019 durch G v. 8.7.2019 (BGBl. I S. 1002).

2) Früherer § 24a eingef. mWv 21.7.2018 durch G v. 10.7.2018 (BGBl. I S. 1102); bish. § 24a wird § 15 und Abs. 1 geänd. mWv 21.7.2019 durch G v. 8.7.2019 (BGBl. I S. 1002).

(4) Der Anspruch nach den Absätzen 1 bis 3 besteht nicht, sofern der Erwerber die Pflicht, ein Wertpapier-Informationsblatt zu veröffentlichen, beim Erwerb kannte.

§ 16[1)] Unwirksame Haftungsbeschränkung; sonstige Ansprüche. (1) Eine Vereinbarung, durch die Ansprüche nach den §§ 9, 10, 11, 14 oder 15 im Voraus ermäßigt oder erlassen werden, ist unwirksam.

(2) Weitergehende Ansprüche, die nach den Vorschriften des bürgerlichen Rechts auf Grund von Verträgen oder unerlaubten Handlungen erhoben werden können, bleiben unberührt.

Abschnitt 4.[2)] Zuständige Behörde und Verfahren

§ 17[3)] Zuständige Behörde. Die Bundesanstalt ist zuständige Behörde im Sinne des Artikels 31 Absatz 1 Satz 1 der Verordnung (EU) 2017/1129 in der jeweils geltenden Fassung.

§ 18[4)] Befugnisse der Bundesanstalt. (1) Ist bei der Bundesanstalt ein Prospekt zur Billigung eingereicht worden, kann sie vom Emittenten, Anbieter oder Zulassungsantragsteller die Aufnahme zusätzlicher Angaben in den Prospekt verlangen, wenn dies zum Schutz des Publikums geboten erscheint.

(2) [1]Die Bundesanstalt kann von jedermann Auskünfte, die Vorlage von Informationen und Unterlagen und die Überlassung von Kopien verlangen, soweit dies zur Überwachung der Einhaltung der Bestimmungen

1. dieses Gesetzes oder
2. der Verordnung (EU) 2017/1129

erforderlich ist. [2]Diese sind auf ihr Verlangen elektronisch zu übermitteln. [3]Verfügt der Verpflichtete über einen Zugang zum Melde- und Veröffentlichungssystem der Bundesanstalt, so kann sie die Übermittlung auf diesem Wege verlangen. [4]Die Bundesanstalt kann zudem die Übermittlung in einem von ihr bestimmten Format verlangen.

(3) [1]Die Bundesanstalt kann auf ihrer Internetseite öffentlich bekannt machen, dass ein Emittent, Anbieter oder Zulassungsantragsteller seinen Verpflichtungen nach diesem Gesetz oder der Verordnung (EU) 2017/1129 nicht oder nur unvollständig nachkommt oder diesbezüglich ein hinreichend begründeter Verdacht besteht. [2]Dies gilt insbesondere, wenn

1. entgegen Artikel 3, auch in Verbindung mit Artikel 5 der Verordnung (EU) 2017/1129, kein Prospekt veröffentlicht wurde,

---

1) Früherer § 25 eingef. mWv 1.6.2012 durch G v. 6.12.2011 (BGBl. I S. 2481); Abs. 1 neu gef. mWv 21.7.2018 durch G v. 10.7.2018 (BGBl. I S. 1102); bish. § 25 wird § 16 und Abs. 1 geänd. mWv 21.7.2019 durch G v. 8.7.2019 (BGBl. I S. 1002).

2) Früherer Abschnitt 6 wird Abschnitt 7 (§§ 26–31) mWv 1.6.2012 durch G v. 6.12.2011 (BGBl. I S. 2481); bish. Abschnitt 7 wird Abschnitt 4 (§§ 17–20) mWv 21.7.2019 durch G v. 8.7.2019 (BGBl. I S. 1002).

3) § 17 eingef. mWv 21.7.2019 durch G v. 8.7.2019 (BGBl. I S. 1002).

4) Früherer § 21 wird § 26 und Abs. 7 geänd. mWv 1.6.2012 durch G v. 6.12.2011 (BGBl. I S. 2481); *Abs. 2a und 2b eingef.* mWv 10.7.2015 durch G v. 3.7.2015 (BGBl. I S. 1114); bish. § 26 wird § 18 und Abs. 1 geänd., Abs. 2 neu gef., Abs. 2a und 2b aufgeh., Abs. 3 und 4 neu gef., Abs. 5 eingef., bish. Abs. 5 wird Abs. 6 und geänd., Abs. 7 und 8 eingef., bish. Abs. 6 wird Abs. 9, bish. Abs. 7 und 8 werden Abs. 10 und 11 und neu gef. mWv 21.7.2019 durch G v. 8.7.2019 (BGBl. I S. 1002); Abs. 2 Sätze 2–4 angef. mWv 15.12.2023 durch G v. 11.12.2023 (BGBl. 2023 I Nr. 354).

2. entgegen Artikel 20 der Verordnung (EU) 2017/1129 in Verbindung mit den Vorgaben in Kapitel V der Delegierten Verordnung (EU) 2019/980 ein Prospekt veröffentlicht wird,
3. der Prospekt nicht mehr nach Artikel 12 der Verordnung (EU) 2017/1129 gültig ist,
4. entgegen den in Artikel 18 der Delegierten Verordnung (EU) 2019/979 bestimmten Fällen kein Nachtrag veröffentlicht wurde,
5. entgegen § 4 Absatz 1 kein Wertpapier-Informationsblatt veröffentlicht wurde,
6. entgegen § 4 Absatz 2 ein Wertpapier-Informationsblatt veröffentlicht wird oder
7. das Wertpapier-Informationsblatt nicht nach § 4 Absatz 8 aktualisiert wurde.

[3] In einem Auskunfts- und Vorlegungsersuchen nach Absatz 2 ist auf die Befugnis nach Satz 1 hinzuweisen. [4] Die Bekanntmachung darf nur diejenigen personenbezogenen Daten enthalten, die zur Identifizierung des Anbieters, Zulassungsantragstellers oder Emittenten erforderlich sind. [5] Bei nicht bestandskräftigen Maßnahmen ist folgender Hinweis hinzuzufügen: „Diese Maßnahme ist noch nicht bestandskräftig." [6] Wurde gegen die Maßnahme ein Rechtsmittel eingelegt, sind der Stand und der Ausgang des Rechtsmittelverfahrens bekannt zu machen. [7] Die Bekanntmachung ist spätestens nach fünf Jahren zu löschen. [8] Die Bundesanstalt sieht von einer Bekanntmachung ab, wenn die Bekanntmachung die Finanzmärkte der Bundesrepublik Deutschland oder eines oder mehrerer Staaten des Europäischen Wirtschaftsraums erheblich gefährden würde. [9] Sie kann von einer Bekanntmachung außerdem absehen, wenn eine Bekanntmachung nachteilige Auswirkungen auf die Durchführung strafrechtlicher, bußgeldrechtlicher oder disziplinarischer Ermittlungen haben kann.

(4) [1] Die Bundesanstalt hat ein öffentliches Angebot zu untersagen, wenn

1. entgegen Artikel 3, auch in Verbindung mit Artikel 5 der Verordnung (EU) 2017/1129, kein Prospekt veröffentlicht wurde,
2. entgegen Artikel 20 der Verordnung (EU) 2017/1129 in Verbindung mit den Vorgaben in Kapitel V der Delegierten Verordnung (EU) 2019/980 ein Prospekt veröffentlicht wird,
3. der Prospekt nicht mehr nach Artikel 12 der Verordnung (EU) 2017/1129 gültig ist,
4. entgegen den in Artikel 18 der Delegierten Verordnung (EU) 2019/979 bestimmten Fällen kein Nachtrag veröffentlicht wurde,
5. entgegen § 4 Absatz 1 kein Wertpapier-Informationsblatt hinterlegt und veröffentlicht wurde oder
6. entgegen § 4 Absatz 2 ein Wertpapier-Informationsblatt veröffentlicht wird.

[2] Die Bundesanstalt kann ein öffentliches Angebot auch untersagen, wenn gegen andere als die in Satz 1 genannten Bestimmungen

1. der Verordnung (EU) 2017/1129 oder
2. dieses Gesetzes

verstoßen wurde. [3] Sie kann ein öffentliches Angebot ebenfalls untersagen, wenn ein hinreichend begründeter Verdacht besteht, dass gegen Bestimmungen

1. der Verordnung (EU) 2017/1129 oder
2. dieses Gesetzes

verstoßen würde. [4] Hat die Bundesanstalt einen hinreichend begründeten Verdacht, dass gegen

1. dieses Gesetz, insbesondere § 4 Absatz 1, 2 oder 8, oder
2. Bestimmungen der Verordnung (EU) 2017/1129, insbesondere die Artikel 3 bis 5, 12, 20, 23, 25 oder 27,

verstoßen wurde, kann sie anordnen, dass ein öffentliches Angebot für höchstens zehn aufeinander folgende Arbeitstage auszusetzen ist. [5]Die nach Satz 4 gesetzte Frist beginnt mit der Bekanntgabe der Entscheidung.

(5) [1]Die Bundesanstalt ist befugt zu kontrollieren, ob bei der Werbung für ein öffentliches Angebot von Wertpapieren oder eine Zulassung zum Handel an einem geregelten Markt die Regelungen in Artikel 22 Absatz 2 bis 5 und in Kapitel IV der Delegierten Verordnung (EU) 2019/979 sowie diejenigen in § 7 beachtet werden. [2]Besteht ein hinreichend begründeter Verdacht für einen Verstoß gegen die Bestimmungen
1. der Verordnung (EU) 2017/1129 oder
2. dieses Gesetzes,

so kann die Bundesanstalt die Werbung untersagen oder für jeweils höchstens zehn aufeinander folgende Arbeitstage aussetzen oder anordnen, dass sie zu unterlassen oder für jeweils höchstens zehn aufeinander folgende Arbeitstage auszusetzen ist. [3]Dies gilt insbesondere bei hinreichend begründetem Verdacht auf Verstöße gegen § 7 oder gegen Artikel 3, auch in Verbindung mit Artikel 5, oder Artikel 22 Absatz 2 bis 5 und Kapitel IV der Delegierten Verordnung (EU) 2019/979.

(6) Die Bundesanstalt kann der Geschäftsführung der Börse und der Zulassungsstelle Daten einschließlich personenbezogener Daten übermitteln, wenn Tatsachen den Verdacht begründen, dass gegen Bestimmungen dieses Gesetzes oder der Verordnung (EU) 2017/1129 verstoßen worden ist und die Daten zur Erfüllung der in der Zuständigkeit der Geschäftsführung der Börse oder der Zulassungsstelle liegenden Aufgaben erforderlich sind.

(7) Verhängt die Bundesanstalt nach Artikel 42 der Verordnung (EU) Nr. 600/2014 des Europäischen Parlaments und des Rates vom 15. Mai 2014 über Märkte für Finanzinstrumente und zur Änderung der Verordnung (EU) Nr. 648/2012 (ABl. L 173 vom 12.6.2014, S. 84) oder die Europäische Wertpapier- und Marktaufsichtsbehörde nach Artikel 40 der Verordnung (EU) Nr. 600/2014 ein Verbot oder eine Beschränkung, so kann die Bundesanstalt die Prüfung eines zur Billigung vorgelegten Prospekts oder zwecks Gestattung der Veröffentlichung vorgelegten Wertpapier-Informationsblatts aussetzen oder ein öffentliches Angebot von Wertpapieren aussetzen oder einschränken, solange dieses Verbot oder diese Beschränkungen gelten.

(8) Die Bundesanstalt kann die Billigung eines Prospekts oder die Gestattung eines Wertpapier-Informationsblatts, der oder das von einem bestimmten Emittenten, Anbieter oder Zulassungsantragsteller erstellt wurde, während höchstens fünf Jahren verweigern, wenn dieser Emittent, Anbieter oder Zulassungsantragsteller wiederholt und schwerwiegend gegen die Verordnung (EU) 2017/1129, insbesondere deren Artikel 3 bis 5, 12 oder 20, oder gegen dieses Gesetz, insbesondere gegen § 4, verstoßen hat.

(9) [1]Der zur Erteilung einer Auskunft Verpflichtete kann die Auskunft auf solche Fragen verweigern, deren Beantwortung ihn selbst oder einen der in § 383 Abs. 1 Nr. 1 bis 3 der Zivilprozessordnung[1)] bezeichneten Angehörigen der Gefahr strafgerichtlicher Verfolgung oder eines Verfahrens nach dem Gesetz über

[1)] **Habersack, Deutsche Gesetze Nr. 100.**

Ordnungswidrigkeiten[1] aussetzen würde. [2]Der Verpflichtete ist über sein Recht zur Verweigerung der Auskunft zu belehren.

(10) [1]Die Bundesanstalt kann zur Gewährleistung des Anlegerschutzes oder des reibungslosen Funktionierens des Marktes anordnen, dass der Emittent alle wesentlichen Informationen, welche die Bewertung der öffentlich angebotenen oder zum Handel an einem geregelten Markt zugelassenen Wertpapiere beeinflussen können, bekannt macht. [2]Die Bundesanstalt kann die gebotene Bekanntmachung auch auf Kosten des Emittenten selbst vornehmen.

(11) [1]Bedienstete der Bundesanstalt dürfen Geschäftsräume durchsuchen, soweit dies zur Verfolgung von Verstößen gegen die Verordnung (EU) 2017/1129, insbesondere in Fällen eines öffentlichen Angebots ohne Veröffentlichung eines Prospekts nach Artikel 3 Absatz 1 der Verordnung (EU) 2017/1129, geboten ist und der begründete Verdacht besteht, dass in Zusammenhang mit dem Gegenstand der entsprechenden Überprüfung oder Ermittlung Dokumente und andere Daten vorhanden sind, die als Nachweis für den Verstoß dienen können. [2]Das Grundrecht des Artikels 13 des Grundgesetzes[2] wird insoweit eingeschränkt. [3]Im Rahmen der Durchsuchung dürfen Bedienstete der Bundesanstalt Gegenstände sicherstellen, die als Beweismittel für die Ermittlung des Sachverhalts von Bedeutung sein können. [4]Befinden sich die Gegenstände im Gewahrsam einer Person und werden sie nicht freiwillig herausgegeben, können Bedienstete der Bundesanstalt sie beschlagnahmen. [5]Durchsuchungen und Beschlagnahmen sind, außer bei Gefahr im Verzug, durch den Richter anzuordnen. [6]Zuständig ist das Amtsgericht Frankfurt am Main. [7]Gegen die richterliche Entscheidung ist die Beschwerde zulässig. [8]Die §§ 306 bis 310 und 311a der Strafprozessordnung[3] gelten entsprechend. [9]Bei Beschlagnahmen ohne gerichtliche Anordnung gilt § 98 Absatz 2 der Strafprozessordnung entsprechend. [10]Zuständiges Gericht für die nachträglich eingeholte gerichtliche Entscheidung ist das Amtsgericht Frankfurt am Main. [11]Über die Durchsuchung ist eine Niederschrift zu fertigen. [12]Sie muss insbesondere die verantwortliche Dienststelle, Grund, Zeit und Ort der Durchsuchung und ihr Ergebnis enthalten.

§ 19[4] Verschwiegenheitspflicht. (1) [1]Die bei der Bundesanstalt Beschäftigten und die nach § 4 Abs. 3 des Finanzdienstleistungsaufsichtsgesetzes beauftragten Personen dürfen die ihnen bei ihrer Tätigkeit bekannt gewordenen Tatsachen, deren Geheimhaltung im Interesse eines nach diesem Gesetz Verpflichteten, der zuständigen Behörden oder eines Dritten liegt, insbesondere Geschäfts- und Betriebsgeheimnisse sowie personenbezogene Daten, nicht unbefugt offenbaren oder verwerten, auch wenn sie nicht mehr im Dienst sind oder ihre Tätigkeit beendet ist. [2]Dies gilt auch für andere Personen, die durch dienstliche Berichterstattung Kenntnis von den in Satz 1 bezeichneten Tatsachen erhalten. [3]Ein unbefugtes Offenbaren oder Verwerten im Sinne des Satzes 1 liegt insbesondere nicht vor, wenn Tatsachen weitergegeben werden an

---

[1] **Habersack, Deutsche Gesetze Nr. 94.**

[2] **Habersack, Deutsche Gesetze Nr. 1.**

[3] **Habersack, Deutsche Gesetze Nr. 90.**

[4] Früherer § 22 Abs. 1 Satz 3 Nr. 3 angef., Sätze 4 und 5 neu gef. mWv 1.1.2012 durch G v. 4.12.2011 (BGBl. I S. 2427); früherer § 22 wird § 27 mWv 1.6.2012 durch G v. 6.12.2011 (BGBl. I S. 2481); Abs. 2 neu gef. mWv 6.11.2015 durch G v. 2.11.2015 (BGBl. I S. 1864); bish. § 27 wird § 19 mWv 21.7.2019 durch G v. 8.7.2019 (BGBl. I S. 1002); Abs. 1 Sätze 1 und 3 Nr. 2 geänd. mWv 26.6.2021 durch G v. 12.5.2021 (BGBl. I S. 990); Abs. 2 Satz 1 geänd. mWv 15.12.2023 durch G v. 11.12.2023 (BGBl. 2023 I Nr. 354).

1. Strafverfolgungsbehörden oder für Straf- und Bußgeldsachen zuständige Gerichte,
2. kraft Gesetzes oder im öffentlichen Auftrag mit der Überwachung von Börsen oder anderen Märkten, an denen Finanzinstrumente gehandelt werden, des Handels mit Finanzinstrumenten oder Devisen, von Kreditinstituten, Finanzdienstleistungsinstituten, Wertpapierinstituten, Investmentgesellschaften, Finanzunternehmen oder Versicherungsunternehmen betraute Stellen sowie von diesen beauftragte Personen,
3. die Europäische Wertpapier- und Marktaufsichtsbehörde, die Europäische Aufsichtsbehörde für das Versicherungswesen und die betriebliche Altersversorgung, die Europäische Bankenaufsichtsbehörde, den Gemeinsamen Ausschuss der Europäischen Finanzaufsichtsbehörden, den Europäischen Ausschuss für Systemrisiken oder die Europäische Kommission,

soweit diese Stellen die Informationen zur Erfüllung ihrer Aufgaben benötigen. [4]Für die bei den in Satz 3 Nummer 1 und 2 genannten Stellen beschäftigten Personen sowie von diesen Stellen beauftragten Personen gilt die Verschwiegenheitspflicht nach Satz 1 entsprechend. [5]Befindet sich eine in Satz 3 Nummer 1 oder 2 genannte Stelle in einem anderen Staat, so dürfen die Tatsachen nur weitergegeben werden, wenn die bei dieser Stelle beschäftigten und die von dieser Stelle beauftragten Personen einer dem Satz 1 entsprechenden Verschwiegenheitspflicht unterliegen.

(2) [1]Die §§ 93, 97 und 105 Absatz 1, § 111 Absatz 5 in Verbindung mit § 105 Absatz 1 sowie § 116 Absatz 1 der Abgabenordnung gelten für die in Absatz 1 Satz 1 und 2 bezeichneten Personen nur, soweit die Finanzbehörden die Kenntnisse für die Durchführung eines Verfahrens wegen einer Steuerstraftat oder eines Besteuerungsverfahrens benötigen, es sei denn, der Weitergabe der Informationen stehen andere Vorschriften entgegen. [2]Die in Satz 1 genannten Vorschriften sind jedoch nicht anzuwenden, soweit Tatsachen betroffen sind,

1. die den in Absatz 1 Satz 1 oder Satz 2 bezeichneten Personen durch eine Stelle eines anderen Staates im Sinne von Absatz 1 Satz 3 Nummer 2 oder durch von dieser Stelle beauftragte Personen mitgeteilt worden sind oder
2. von denen bei der Bundesanstalt beschäftigte Personen dadurch Kenntnis erlangen, dass sie an der Aufsicht über direkt von der Europäischen Zentralbank beaufsichtigte Institute mitwirken, insbesondere in gemeinsamen Aufsichtsteams nach Artikel 2 Nummer 6 der Verordnung (EU) Nr. 468/2014 der Europäischen Zentralbank vom 16. April 2014 zur Einrichtung eines Rahmenwerks für die Zusammenarbeit zwischen der Europäischen Zentralbank und den nationalen zuständigen Behörden und den nationalen benannten Behörden innerhalb des einheitlichen Aufsichtsmechanismus (SSM-Rahmenverordnung) (EZB/2014/17) (ABl. L 141 vom 14.5.2014, S. 1), und die nach den Regeln der Europäischen Zentralbank geheim sind.

§ 20[1)] Sofortige Vollziehung. Keine aufschiebende Wirkung haben

1. Widerspruch und Anfechtungsklage gegen Maßnahmen nach den §§ 18 und 25 sowie
2. Widerspruch und Anfechtungsklage gegen die Androhung oder Festsetzung von Zwangsmitteln.

[1)] Früherer § 26 wird § 31 und Nr. 1 geänd. mWv 1.6.2012 durch G v. 6.12.2011 (BGBl. I S. 2481); bish. § 31 wird § 20 und Nr. 1 geänd. mWv 21.7.2019 durch G v. 8.7.2019 (BGBl. I S. 1002).

59. Gesetz über die Verwahrung und Anschaffung von Wertpapieren (Depotgesetz – DepotG)

In der Fassung der Bekanntmachung vom 11. Januar 1995[1)]
(BGBl. I S. 34)

FNA 4130-1

Lfd. Nr.	Änderndes Gesetz	Datum	Fundstelle	Betroffen	Hinweis
1.	Art. 51 InsolvenzO-EinführungsG	5.10.1994	BGBl. I S. 2911	3. Abschnitt Überschrift , §§ 32, 33, 37	geänd. mWv 1.1.1999
2.	Art. 12 HandelsrechtsreformG	22.6.1998	BGBl. I S. 1474	§§ 1, 5, 15, 16, 17, 31, 34, 35, 37	geänd. mWv 1.7.1998
				§ 41	aufgeh. mWv 1.7.1998
3.	Art. 1 Nr. 12 G zur Änd. des EinführungsG zur InsolvenzO und anderer Gesetze	19.12. 1998	BGBl. I S. 3836	§ 37	geänd. mWv 1.1.1999
4.	Art. 4 G zur Änd. insolvenzrechtlicher und kreditwesenrechtlicher Vorschr.	8.12.1999	BGBl. I S. 2384	§ 17a	eingef. mWv 11.12.1999
5.	Art. 4 G zur Umsetzung der RL 2002/47/EG über Finanzsicherheiten u. zur Änd. des HypothekenbankG u. anderer Gesetze[2)]	5.4.2004	BGBl. I S. 502	§ 16	geänd. mWv 9.4.2004
6.	Art. 36 Zweites G über die Bereinigung von BundesR im Zuständigkeitsbereich des BMJ	23.11. 2007	BGBl. I S. 2614	§§ 1, 42	geänd. mWv 30.11.2007
7.	Art. 13 InvestmentänderungsG[3)]	21.12. 2007	BGBl. I S. 3089	§ 24	geänd. mWv 28.12.2007
8.	Art. 79 FGG-ReformG	17.12. 2008	BGBl. I S. 2586	§ 32	geänd. mWv 1.9.2009
9.	Art. 5 G zur Neuregelung der Rechtsverhältnisse bei Schuldverschreibungen aus Gesamtemissionen und zur verbesserten Durchsetzbarkeit von Ansprüchen von Anlegern aus Falschberatung	31.7.2009	BGBl. I S. 2512	§ 1	geänd. mWv 5.8.2009

[1)] Neubekanntmachung des DepotG v. 4.2.1937 (RGBl. I S. 171) in der ab 1.8.1994 geltenden Fassung.

[2)] **Amtl. Anm.:** Dieses Gesetz dient der Umsetzung der Richtlinie 2002/47/EG des Europäischen Parlaments und des Rates vom 6. Juni 2002 über Finanzsicherheiten (ABl. EG Nr. L 168 S. 43).

[3)] **Amtl. Anm.:** Dieses Gesetz dient auch der Umsetzung der Richtlinie 2007/16/EG der Kommission vom 19. März 2007 zur Durchführung der Richtlinie 85/611/EWG des Rates zur Koordinierung der Rechts- und Verwaltungsvorschriften betreffend bestimmte Organismen für gemeinsame Anlagen in Wertpapieren (OGAW) im Hinblick auf die Erläuterung gewisser Definitionen (ABl. EU Nr. L 79 S. 11) und der Umsetzung der Artikel 6, 9 und 10 der Richtlinie 2007/14/EG der Kommission vom 8. März 2007 mit Durchführungsbestimmungen zu bestimmten Vorschriften der Richtlinie 2004/109/EG zur Harmonisierung der Transparenzanforderungen in Bezug auf Informationen über Emittenten, deren Wertpapiere zum Handel an einem geregelten Markt zugelassen sind (ABl. EU Nr. L 69 S. 27). […]

Lfd. Nr.	Änderndes Gesetz	Datum	Fundstelle	Betroffen	Hinweis
10.	Art. 14 AIFM-UmsetzungsG[1]	4.7.2013	BGBl. I S. 1981	§ 24	geänd. mWv 22.7.2013
11.	Art. 2 Abs. 38 G zur Modernisierung der Finanzaufsicht über Versicherungen	1.4.2015	BGBl. I S. 434	§ 32	geänd. mWv 1.1.2016
12.	Art. 199 Zehnte ZuständigkeitsanpassungsVO	31.8.2015	BGBl. I S. 1474	§ 42	geänd. mWv 8.9.2015
13.	Art. 12 Erstes FinanzmarktnovellierungsG	30.6.2016	BGBl. I S. 1514; 2017 I S. 559	§ 1 § 43	geänd. mWv 31.3.2017 neu gef. mWv 31.3.2017
14.	Art. 4 G zur Einführung von elektronischen Wertpapieren	3.6.2021	BGBl. I S. 1423	§§ 1, 6, 8, 34 § 9b	geänd. mWv 10.6.2021 eingef. mWv 10.6.2021
15.	Art. 15 ZukunftsfinanzierungsG	11.12.2023	BGBl. 2023 I Nr. 354	§§ 1, 9b, 24 § 9c	geänd. mWv 15.12.2023 eingef. mWv 15.12.2023

[1] **Amtl. Anm.:** *(abgedruckt in Änderungstabelle Nr. 58)*

§ 1[1)] Allgemeine Vorschriften. (1) [1] Wertpapiere im Sinne dieses Gesetzes sind Aktien, Kuxe, Zwischenscheine, Zins-, Gewinnanteil- und Erneuerungsscheine, auf den Inhaber lautende oder durch Indossament übertragbare Schuldverschreibungen, ferner andere Wertpapiere, wenn diese vertretbar sind, mit Ausnahme von Banknoten und Papiergeld. [2] Wertpapiere im Sinne dieses Gesetzes sind auch Namensschuldverschreibungen, soweit sie auf den Namen einer Wertpapiersammelbank ausgestellt wurden. [3] Wertpapiere im Sinne dieses Gesetzes sind auch elektronisch begebene, vertretbare Wertpapiere.

(2) Verwahrer im Sinne dieses Gesetzes ist, wem im Betrieb seines Gewerbes Wertpapiere unverschlossen zur Verwahrung anvertraut werden.

(3) Wertpapiersammelbanken sind Kreditinstitute, die nach Artikel 16 Absatz 1 der Verordnung (EU) Nr. 909/2014 des Europäischen Parlaments und des Rates vom 23. Juli 2014 zur Verbesserung der Wertpapierlieferungen und -abrechnungen in der Europäischen Union und über Zentralverwahrer sowie zur Änderung der Richtlinien 98/26/EG und 2014/65/EU und der Verordnung (EU) Nr. 236/2012 (ABl. L 257 vom 28.8.2014, S. 1) als Zentralverwahrer zugelassen sind und die die in Abschnitt A Nummer 2 des Anhangs zu dieser Verordnung genannte Kerndienstleistung im Inland erbringen.

1. Abschnitt. Verwahrung

§ 2 Sonderverwahrung. [1] Der Verwahrer ist verpflichtet, die Wertpapiere unter äußerlich erkennbarer Bezeichnung jedes Hinterlegers gesondert von seinen eigenen Beständen und von denen Dritter aufzubewahren, wenn es sich um Wertpapiere handelt, die nicht zur Sammelverwahrung durch eine Wertpapiersammelbank zugelassen sind, oder wenn der Hinterleger die gesonderte Aufbewahrung verlangt. [2] Etwaige Rechte und Pflichten des Verwahrers, für den Hinterleger Verfügungen oder Verwaltungshandlungen vorzunehmen, werden dadurch nicht berührt.

§ 3 Drittverwahrung. (1) [1] Der Verwahrer ist berechtigt, die Wertpapiere unter seinem Namen einem anderen Verwahrer zur Verwahrung anzuvertrauen. [2] Zweigstellen eines Verwahrers gelten sowohl untereinander als auch in ihrem Verhältnis zur Hauptstelle als verschiedene Verwahrer im Sinne dieser Vorschrift.

(2) [1] Der Verwahrer, der Wertpapiere von einem anderen Verwahrer verwahren läßt (Zwischenverwahrer), haftet für ein Verschulden des Drittverwahrers wie für eigenes Verschulden. [2] Für die Beobachtung der erforderlichen Sorgfalt bei der Auswahl des Drittverwahrers bleibt er auch dann verantwortlich, wenn ihm die Haftung für ein Verschulden des Drittverwahrers durch Vertrag erlassen worden ist, es sei denn, daß die Papiere auf ausdrückliche Weisung des Hinterlegers bei einem bestimmten Drittverwahrer verwahrt werden.

§ 4 Beschränkte Geltendmachung von Pfand- und Zurückbehaltungsrechten. (1) [1] Vertraut der Verwahrer die Wertpapiere einem Dritten an, so gilt als dem Dritten bekannt, daß die Wertpapiere dem Verwahrer nicht gehören. [2] Der Dritte kann an den Wertpapieren ein Pfandrecht oder ein Zurückbehaltungsrecht

---

[1)] § 1 Abs. 2 neu gef. mWv 1.7.1998 durch G v. 22.6.1998 (BGBl. I S. 1474); Abs. 1 geänd. mWv 30.11.2007 durch G v. 23.11.2007 (BGBl. I S. 2614); Abs. 1 Satz 2 angef. mWv 5.8.2009 durch G v. 31.7.2009 (BGBl. I S. 2512); Abs. 3 neu gef. mWv 31.3.2017 durch G v. 30.6.2016 (BGBl. I S. 1514; 2017 I S. 559); Abs. 1 Satz 3 angef. mWv 10.6.2021 durch G v. 3.6.2021 (BGBl. I S. 1423); Abs. 1 Satz 3 neu gef. mWv 15.12.2023 durch G v. 11.12.2023 (BGBl. 2023 I Nr. 354).

nur wegen solcher Forderungen geltend machen, die mit Bezug auf diese Wertpapiere entstanden sind oder für die diese Wertpapiere nach dem einzelnen über sie zwischen dem Verwahrer und dem Dritten vorgenommenen Geschäft haften sollen.

(2) Absatz 1 gilt nicht, wenn der Verwahrer dem Dritten für das einzelne Geschäft ausdrücklich und schriftlich mitteilt, daß er Eigentümer der Wertpapiere sei.

(3) [1] Vertraut ein Verwahrer, der nicht Bankgeschäfte betreibt, Wertpapiere einem Dritten an, so gilt Absatz 1 nicht. [2] Ist er nicht Eigentümer der Wertpapiere, so hat er dies dem Dritten mitzuteilen; in diesem Falle gilt Absatz 1 Satz 2.

§ 5[1)] Sammelverwahrung. (1) [1] Der Verwahrer darf vertretbare Wertpapiere, die zur Sammelverwahrung durch eine Wertpapiersammelbank zugelassen sind, dieser zur Sammelverwahrung anvertrauen, es sei denn, der Hinterleger hat nach § 2 Satz 1 die gesonderte Aufbewahrung der Wertpapiere verlangt. [2] Anstelle der Sammelverwahrung durch eine Wertpapiersammelbank darf der Verwahrer die Wertpapiere ungetrennt von seinen Beständen derselben Art oder von solchen Dritter selbst aufbewahren oder einem Dritten zur Sammelverwahrung anvertrauen, wenn der Hinterleger ihn dazu ausdrücklich und schriftlich ermächtigt hat. [3] Die Ermächtigung darf weder in Geschäftsbedingungen des Verwahrers enthalten sein noch auf andere Urkunden verweisen; sie muß für jedes Verwahrungsgeschäft besonders erteilt werden.

(2) Der Verwahrer kann, anstatt das eingelieferte Stück in Sammelverwahrung zu nehmen, dem Hinterleger einen entsprechenden Sammelbestandanteil übertragen.

(3) Auf die Sammelverwahrung bei einem Dritten ist § 3 anzuwenden.

(4) [1] Wertpapiersammelbanken dürfen einem ausländischen Verwahrer im Rahmen einer gegenseitigen Kontoverbindung, die zur Aufnahme eines grenzüberschreitenden Effektengiroverkehrs vereinbart wird, Wertpapiere zur Sammelverwahrung anvertrauen, sofern

1. der ausländische Verwahrer in seinem Sitzstaat die Aufgaben einer Wertpapiersammelbank wahrnimmt und einer öffentlichen Aufsicht oder einer anderen für den Anlegerschutz gleichwertigen Aufsicht unterliegt,
2. dem Hinterleger hinsichtlich des Sammelbestands dieses Verwahrers eine Rechtsstellung eingeräumt wird, die derjenigen nach diesem Gesetz gleichwertig ist,
3. dem Anspruch der Wertpapiersammelbank gegen den ausländischen Verwahrer auf Auslieferung der Wertpapiere keine Verbote des Sitzstaats dieses Verwahrers entgegenstehen und
4. die Wertpapiere vertretbar und zur Sammelverwahrung durch die Wertpapiersammelbank und den ausländischen Verwahrer im Rahmen ihrer gegenseitigen Kontoverbindung zugelassen sind.

[2] Die Haftung der Wertpapiersammelbanken nach § 3 Abs. 2 Satz 1 für ein Verschulden des ausländischen Verwahrers kann durch Vereinbarung nicht beschränkt werden.

---

1) § 5 Abs. 4 Satz 1 Nr. 4 neu gef. mWv 1.7.1998 durch G v. 22.6.1998 (BGBl. I S. 1474).

§ 6[1)] Miteigentum am Sammelbestand, Verwaltungsbefugnis des Verwahrers bei der Sammelverwahrung. (1) [1] Werden Wertpapiere in Sammelverwahrung genommen, so entsteht mit dem Zeitpunkt des Eingangs beim Sammelverwahrer für die bisherigen Eigentümer Miteigentum nach Bruchteilen an den zum Sammelbestand des Verwahrers gehörenden Wertpapieren derselben Art. [2] Für die Bestimmung des Bruchteils ist der Wertpapiernennbetrag maßgebend, bei Wertpapieren ohne Nennbetrag die Stückzahl.

(2) [1] Der Hinterleger kann zur Ausübung seiner Rechte jederzeit gegen einen angemessenen Aufwendungsersatz vom Verwahrer einen in Schriftform ausgestellten Auszug über den für den Hinterleger in Verwahrung genommenen Anteil am Sammelbestand verlangen (Depotbescheinigung zur Rechtsausübung). [2] Der Verwahrer steht für die Richtigkeit seiner Depotbescheinigung zur Rechtsausübung ein. [3] Wem die Depotbescheinigung zur Rechtsausübung den hinterlegten Anteil am Sammelbestand zuweist, gilt zum Zwecke der Beweisführung als sein Inhaber. [4] Der Leistungsanspruch des Hinterlegers aus seinem Anteil am Sammelbestand ist von vornherein dahingehend beschränkt, dass er gegen die Leistung einen der Leistung entsprechenden Anteil am Sammelbestand auf den Aussteller überträgt.

(3) [1] Der Sammelverwahrer kann aus dem Sammelbestand einem jeden der Hinterleger die diesem gebührende Menge ausliefern oder die ihm selbst gebührende Menge entnehmen, ohne daß er hierzu der Zustimmung der übrigen Beteiligten bedarf. [2] In anderer Weise darf der Sammelverwahrer den Sammelbestand nicht verringern. [3] Diese Vorschriften sind im Falle der Drittverwahrung auf Zwischenverwahrer sinngemäß anzuwenden.

§ 7 Auslieferungsansprüche des Hinterlegers bei der Sammelverwahrung. (1) Der Hinterleger kann im Falle der Sammelverwahrung verlangen, daß ihm aus dem Sammelbestand Wertpapiere in Höhe des Nennbetrags, bei Wertpapieren ohne Nennbetrag in Höhe der Stückzahl der für ihn in Verwahrung genommenen Wertpapiere ausgeliefert werden; die von ihm eingelieferten Stücke kann er nicht zurückfordern.

(2) [1] Der Sammelverwahrer kann die Auslieferung insoweit verweigern, als sich infolge eines Verlustes am Sammelbestand die dem Hinterleger nach § 6 gebührende Menge verringert hat. [2] Er haftet dem Hinterleger für den Ausfall, es sei denn, daß der Verlust am Sammelbestand auf Umständen beruht, die er nicht zu vertreten hat.

§ 8[2)] Ansprüche der Miteigentümer und sonstiger dinglich Berechtigter bei der Sammelverwahrung. Die für Ansprüche des Hinterlegers geltenden Vorschriften von § 6 Absatz 2 und 3 Satz 1 und des § 7 sind sinngemäß auf Ansprüche eines jeden Miteigentümers oder sonst dinglich Berechtigten anzuwenden.

§ 9 Beschränkte Geltendmachung von Pfand- und Zurückbehaltungsrechten bei der Sammelverwahrung. § 4 gilt sinngemäß auch für die Geltendmachung von Pfandrechten und Zurückbehaltungsrechten an Sammelbestandanteilen.

[1)] § 6 Abs. 2 eingef., bish. Abs. 2 wird Abs. 3 mWv 10.6.2021 durch G v. 3.6.2021 (BGBl. I S. 1423).
[2)] § 8 geänd. mWv 10.6.2021 durch G v. 3.6.2021 (BGBl. I S. 1423).

§ 9a Sammelurkunde. (1) [1]Der Verwahrer hat ein Wertpapier, das mehrere Rechte verbrieft, die jedes für sich in vertretbaren Wertpapieren einer und derselben Art verbrieft sein könnten (Sammelurkunde), einer Wertpapiersammelbank zur Verwahrung zu übergeben, es sei denn, der Hinterleger hat nach § 2 Satz 1 die gesonderte Aufbewahrung der Sammelurkunde verlangt. [2]Der Aussteller kann jederzeit und ohne Zustimmung der übrigen Beteiligten

1. eine von der Wertpapiersammelbank in Verwahrung genommene Sammelurkunde ganz oder teilweise durch einzelne in Sammelverwahrung zu nehmende Wertpapiere oder
2. einzelne Wertpapiere eines Sammelbestands einer Wertpapiersammelbank durch eine Sammelurkunde

ersetzen.

(2) Verwahrt eine Wertpapiersammelbank eine Sammelurkunde allein oder zusammen mit einzelnen Wertpapieren, die über Rechte der in der Sammelurkunde verbrieften Art ausgestellt sind, gelten die §§ 6 bis 9 sowie die sonstigen Vorschriften dieses Gesetzes über Sammelverwahrung und Sammelbestandanteile sinngemäß, soweit nicht in Absatz 3 etwas anderes bestimmt ist.

(3) [1]Wird auf Grund der §§ 7 und 8 die Auslieferung von einzelnen Wertpapieren verlangt, so hat der Aussteller die Sammelurkunde insoweit durch einzelne Wertpapiere zu ersetzen, als dies für die Auslieferung erforderlich ist; während des zur Herstellung der einzelnen Wertpapiere erforderlichen Zeitraums darf die Wertpapiersammelbank die Auslieferung verweigern. [2]Ist der Aussteller nach dem zugrunde liegenden Rechtsverhältnis nicht verpflichtet, an die Inhaber der in der Sammelurkunde verbrieften Rechte einzelne Wertpapiere auszugeben, kann auch von der Wertpapiersammelbank die Auslieferung von einzelnen Wertpapieren nicht verlangt werden.

§ 9b[1)] Elektronische Wertpapiere in Sammeleintragung. (1) [1]Für elektronisch begebene Wertpapiere, die in Form einer Sammeleintragung in einem elektronischen Wertpapierregister eingetragen sind und die vom Verwahrer auf einem Depotkonto des Hinterlegers verbucht werden, gelten die Vorschriften dieses Gesetzes über Sammelverwahrung und Sammelbestandanteile sinngemäß, soweit nicht Absatz 2 etwas anderes bestimmt. [2]Der Verwahrer darf Anteile am elektronischen Wertpapier in Sammeleintragung auf den von ihm geführten Depotkonten nur bis zur Höhe der auf ihn lautenden Sammeleintragung gutschreiben.

(2) Wird auf Grund der §§ 7 und 8 die Auslieferung von einzelnen Wertpapieren verlangt, so hat der Verwahrer die Sammeleintragung im Wertpapierregister in Höhe des auf den Hinterleger entfallenden Anteils auf Kosten des Hinterlegers in eine Einzeleintragung überführen zu lassen, wenn nicht in den Emissionsbedingungen anderes geregelt ist.

§ 9c[2)] Elektronische Wertpapiere nach ausländischem Recht. (1) [1]Elektronisch begebene, vertretbare Wertpapiere, die nach ausländischem Recht begeben und von einer Wertpapiersammelbank nach § 5 Absatz 1 zur Sammelverwahrung zugelassen sind, gelten als Sammelbestand. [2]Die Berechtigten an diesen Wertpapieren gelten als Miteigentümer nach Bruchteilen. [3]Die Vorschriften dieses

---

[1)] § 9b eingef. mWv 10.6.2021 durch G v. 3.6.2021 (BGBl. I S. 1423); Überschrift, Abs. 1 Sätze 1 und 2 geänd. mWv 15.12.2023 durch G v. 11.12.2023 (BGBl. 2023 I Nr. 354).

[2)] § 9c eingef. mWv 15.12.2023 durch G v. 11.12.2023 (BGBl. 2023 I Nr. 354).

Gesetzes über Sammelverwahrung und Sammelbestandanteile gelten sinngemäß, soweit nicht Absatz 2 etwas anderes bestimmt.

(2) Die §§ 7, 8 und 9a finden keine Anwendung.

§ 10 Tauschverwahrung. (1) [1]Eine Erklärung, durch die der Hinterleger den Verwahrer ermächtigt, an Stelle ihm zur Verwahrung anvertrauter Wertpapiere Wertpapiere derselben Art zurückzugewähren, muß für das einzelne Verwahrungsgeschäft ausdrücklich und schriftlich abgegeben werden. [2]Sie darf weder in Geschäftsbedingungen des Verwahrers enthalten sein noch auf andere Urkunden verweisen.

(2) Derselben Form bedarf eine Erklärung, durch die der Hinterleger den Verwahrer ermächtigt, hinterlegte Wertpapiere durch Wertpapiere derselben Art zu ersetzen.

(3) (gegenstandslos)

§ 11 Umfang der Ermächtigung zur Tauschverwahrung. [1]Eine Erklärung, durch die der Hinterleger den Verwahrer ermächtigt, an Stelle ihm zur Verwahrung anvertrauter Wertpapiere Wertpapiere derselben Art zurückzugewähren, umfaßt, wenn dies nicht in der Erklärung ausdrücklich ausgeschlossen ist, die Ermächtigung, die Wertpapiere schon vor der Rückgewähr durch Wertpapiere derselben Art zu ersetzen. [2]Sie umfaßt nicht die Ermächtigung zu Maßnahmen anderer Art und bedeutet nicht, daß schon durch ihre Entgegennahme das Eigentum an den Wertpapieren auf den Verwahrer übergehen soll.

§ 12 Ermächtigungen zur Verpfändung. (1) [1]Der Verwahrer darf die Wertpapiere oder Sammelbestandanteile nur auf Grund einer Ermächtigung und nur im Zusammenhang mit einer Krediteinräumung für den Hinterleger und nur an einen Verwahrer verpfänden. [2]Die Ermächtigung muß für das einzelne Verwahrungsgeschäft ausdrücklich und schriftlich erteilt werden; sie darf weder in Geschäftsbedingungen des Verwahrers enthalten sein noch auf andere Urkunden verweisen.

(2) [1]Der Verwahrer darf auf die Wertpapiere oder Sammelbestandanteile Rückkredit nur bis zur Gesamtsumme der Kredite nehmen, die er für die Hinterleger eingeräumt hat. [2]Die Wertpapiere oder Sammelbestandanteile dürfen nur mit Pfandrechten zur Sicherung dieses Rückkredits belastet werden. [3]Der Wert der verpfändeten Wertpapiere oder Sammelbestandanteile soll die Höhe des für den Hinterleger eingeräumten Kredits mindestens erreichen, soll diese jedoch nicht unangemessen übersteigen.

(3) [1]Ermächtigt der Hinterleger den Verwahrer nur, die Wertpapiere oder Sammelbestandanteile bis zur Höhe des Kredits zu verpfänden, den der Verwahrer für diesen Hinterleger eingeräumt hat (beschränkte Verpfändung), so bedarf die Ermächtigung nicht der Form des Absatzes 1 Satz 2. [2]Absatz 2 Satz 3 bleibt unberührt.

(4) [1]Ermächtigt der Hinterleger den Verwahrer, die Wertpapiere oder Sammelbestandanteile für alle Verbindlichkeiten des Verwahrers und ohne Rücksicht auf die Höhe des für den Hinterleger eingeräumten Kredits zu verpfänden (unbeschränkte Verpfändung), so muß in der Ermächtigung zum Ausdruck kommen, daß der Verwahrer das Pfandrecht unbeschränkt, also für alle seine Verbindlichkeiten und ohne Rücksicht auf die Höhe des für den Hinterleger eingeräumten Kredits bestellen kann. [2]Dies gilt sinngemäß, wenn der Hinterleger den Verwahrer von der Innehaltung einzelner Beschränkungen des Absatzes 2 befreit.

(5) Der Verwahrer, der zur Verpfändung von Wertpapieren oder Sammelbestandanteilen ermächtigt ist, darf die Ermächtigung so, wie sie ihm gegeben ist, weitergeben.

§ 12a Verpfändung als Sicherheit für Verbindlichkeiten aus Börsengeschäften. (1) [1]Abweichend von § 12 darf der Verwahrer die Wertpapiere oder Sammelbestandanteile auf Grund einer ausdrücklichen und schriftlichen Ermächtigung als Sicherheit für seine Verbindlichkeiten aus Geschäften an einer Börse, die einer gesetzlichen Aufsicht untersteht, an diese Börse, deren Träger oder eine von ihr mit der Abwicklung der Geschäfte unter ihrer Aufsicht beauftragte rechtsfähige Stelle, deren Geschäftsbetrieb auf diese Tätigkeit beschränkt ist, verpfänden, sofern aus einem inhaltsgleichen Geschäft des Hinterlegers mit dem Verwahrer Verbindlichkeiten des Hinterlegers bestehen. [2]Der Wert der verpfändeten Wertpapiere oder Sammelbestandanteile soll die Höhe der Verbindlichkeiten des Hinterlegers gegenüber dem Verwahrer aus diesem Geschäft nicht unangemessen übersteigen. [3]Die Ermächtigung des Hinterlegers nach Satz 1 kann im voraus für eine unbestimmte Zahl derartiger Verpfändungen erteilt werden.

(2) [1]Der Verwahrer muß gegenüber dem Pfandgläubiger sicherstellen, daß die verpfändeten Wertpapiere oder Sammelbestandanteile für seine in Absatz 1 genannten Verbindlichkeiten nur insoweit in Anspruch genommen werden dürfen, als Verbindlichkeiten des Hinterlegers gegenüber dem Verwahrer nach Absatz 1 bestehen. [2]Der Verwahrer haftet für ein Verschulden des Pfandgläubigers wie für eigenes Verschulden; diese Haftung kann durch Vereinbarung nicht beschränkt werden.

§ 13 Ermächtigung zur Verfügung über das Eigentum. (1) [1]Eine Erklärung, durch die der Verwahrer ermächtigt wird, sich die anvertrauten Wertpapiere anzueignen oder das Eigentum an ihnen auf einen Dritten zu übertragen, und alsdann nur verpflichtet sein soll, Wertpapiere derselben Art zurückzugewähren, muß für das einzelne Verwahrungsgeschäft ausdrücklich und schriftlich abgegeben werden. [2]In der Erklärung muß zum Ausdruck kommen, daß mit der Ausübung der Ermächtigung das Eigentum auf den Verwahrer oder einen Dritten übergehen soll und mithin für den Hinterleger nur ein schuldrechtlicher Anspruch auf Lieferung nach Art und Zahl bestimmter Wertpapiere entsteht. [3]Die Erklärung darf weder auf andere Urkunden verweisen noch mit anderen Erklärungen des Hinterlegers verbunden sein.

(2) Eignet sich der Verwahrer die Wertpapiere an oder überträgt er das Eigentum an ihnen auf einen Dritten, so sind von diesem Zeitpunkt an die Vorschriften dieses Abschnitts auf ein solches Verwahrungsgeschäft nicht mehr anzuwenden.

§ 14 Verwahrungsbuch. (1) [1]Der Verwahrer ist verpflichtet, ein Handelsbuch zu führen, in das jeder Hinterleger und Art, Nennbetrag oder Stückzahl, Nummern oder sonstige Bezeichnungsmerkmale der für ihn verwahrten Wertpapiere einzutragen sind. [2]Wenn sich die Nummern oder sonstigen Bezeichnungsmerkmale aus Verzeichnissen ergeben, die neben dem Verwahrungsbuch geführt werden, genügt insoweit die Bezugnahme auf diese Verzeichnisse.

(2) Die Eintragung eines Wertpapiers kann unterbleiben, wenn seine Verwahrung beendet ist, bevor die Eintragung bei ordnungsmäßigem Geschäftsgang erfolgen konnte.

(3) Die Vorschriften über die Führung eines Verwahrungsbuchs gelten sinngemäß auch für die Sammelverwahrung.

(4) [1] Vertraut der Verwahrer die Wertpapiere einem Dritten an, so hat er den Ort der Niederlassung des Dritten im Verwahrungsbuch anzugeben. [2] Ergibt sich der Name des Dritten nicht aus der sonstigen Buchführung, aus Verzeichnissen, die neben dem Verwahrungsbuch geführt werden, oder aus dem Schriftwechsel, so ist auch der Name des Dritten im Verwahrungsbuch anzugeben. [3] Ist der Verwahrer zur Sammelverwahrung nach § 5 Abs. 1 Satz 2, zur Tauschverwahrung, zur Verpfändung oder zur Verfügung über das Eigentum ermächtigt, so hat er auch dies in dem Verwahrungsbuch ersichtlich zu machen.

(5) Teilt ein Verwahrer dem Drittverwahrer mit, daß er nicht Eigentümer der von ihm dem Drittverwahrer anvertrauten Wertpapiere ist (§ 4 Abs. 3), so hat der Drittverwahrer dies bei der Eintragung im Verwahrungsbuch kenntlich zu machen.

§ 15[1)] Unregelmäßige Verwahrung, Wertpapierdarlehen. (1) Wird die Verwahrung von Wertpapieren in der Art vereinbart, daß das Eigentum sofort auf den Verwahrer oder einen Dritten übergeht und der Verwahrer nur verpflichtet ist, Wertpapiere derselben Art zurückzugewähren, so sind die Vorschriften dieses Abschnitts auf ein solches Verwahrungsgeschäft nicht anzuwenden.

(2) [1] Eine Vereinbarung der in Absatz 1 bezeichneten Art ist nur gültig, wenn die Erklärung des Hinterlegers für das einzelne Geschäft ausdrücklich und schriftlich abgegeben wird. [2] In der Erklärung muß zum Ausdruck kommen, daß das Eigentum sofort auf den Verwahrer oder einen Dritten übergehen soll und daß mithin für den Hinterleger nur ein schuldrechtlicher Anspruch auf Lieferung nach Art und Zahl bestimmter Wertpapiere entsteht. [3] Die Erklärung darf weder auf andere Urkunden verweisen noch mit anderen Erklärungen des Hinterlegers verbunden sein.

(3) Diese Vorschriften gelten sinngemäß, wenn Wertpapiere jemandem im Betrieb seines Gewerbes als Darlehen gewährt werden.

§ 16[2)] Befreiung von Formvorschriften. Die Formvorschriften des § 4 Abs 2, des § 5 Abs. 1 Satz 2 und 3 und der §§ 10, 12, 13 und 15 Abs. 2 und 3 sind nicht anzuwenden, wenn der Verwahrer einer gesetzlichen Aufsicht untersteht und der Hinterleger ein Kaufmann ist, der

1. in das Handelsregister oder Genossenschaftsregister eingetragen ist oder
2. im Falle einer juristischen Person des öffentlichen Rechts nach der für sie maßgebenden gesetzlichen Regelung, nicht eingetragen zu werden braucht oder
3. nicht eingetragen wird, weil er seinen Sitz oder seine Hauptniederlassung im Ausland hat.

§ 17[3)] Pfandverwahrung. Werden jemandem im Betrieb seines Gewerbes Wertpapiere unverschlossen als Pfand anvertraut, so hat der Pfandgläubiger die Pflichten und Befugnisse eines Verwahrers.

§ 17a[4)] Verfügungen über Wertpapiere. Verfügungen über Wertpapiere oder Sammelbestandanteile, die mit rechtsbegründender Wirkung in ein Register ein-

---

[1)] § 15 Abs. 3 geänd. mWv 1.7.1998 durch G v. 22.6.1998 (BGBl. I S. 1474).

[2)] § 16 Nr. 2 geänd. mWv 1.7.1998 durch G v. 22.6.1998 (BGBl. I S. 1474); einleit. Satzteil geänd. mWv 9.4.2004 durch G v. 5.4.2004 (BGBl. I S. 502).

[3)] § 17 geänd. mWv 1.7.1998 durch G v. 22.6.1998 (BGBl. I S. 1474).

[4)] § 17a eingef. mWv 11.12.1999 durch G v. 8.12.1999 (BGBl. I S. 2384).

getragen oder auf einem Konto verbucht werden, unterliegen dem Recht des Staates, unter dessen Aufsicht das Register geführt wird, in dem unmittelbar zugunsten des Verfügungsempfängers die rechtsbegründende Eintragung vorgenommen wird, oder in dem sich die kontoführende Haupt- oder Zweigstelle des Verwahrers befindet, die dem Verfügungsempfänger die rechtsbegründende Gutschrift erteilt.

2. Abschnitt. Einkaufskommission

§ 18 Stückeverzeichnis. (1) [1]Führt ein Kommissionär (§§ 383, 406 des Handelsgesetzbuchs[1)]) einen Auftrag zum Einkauf von Wertpapieren aus, so hat er dem Kommittenten unverzüglich, spätestens binnen einer Woche ein Verzeichnis der gekauften Stücke zu übersenden. [2]In dem Stückeverzeichnis sind die Wertpapiere nach Gattung, Nennbetrag, Nummern oder sonstigen Bezeichnungsmerkmalen zu bezeichnen.

(2) Die Frist zur Übersendung des Stückeverzeichnisses beginnt, falls der Kommissionär bei der Anzeige über die Ausführung des Auftrags einen Dritten als Verkäufer namhaft gemacht hat, mit dem Erwerb der Stücke, andernfalls beginnt sie mit dem Ablauf des Zeitraums, innerhalb dessen der Kommissionär nach der Erstattung der Ausführungsanzeige die Stücke bei ordnungsmäßigem Geschäftsgang ohne schuldhafte Verzögerung beziehen oder das Stückeverzeichnis von einer zur Verwahrung der Stücke bestimmten dritten Stelle erhalten konnte.

(3) Mit der Absendung des Stückeverzeichnisses geht das Eigentum an den darin bezeichneten Wertpapieren, soweit der Kommissionär über sie zu verfügen berechtigt ist, auf den Kommittenten über, wenn es nicht nach den Bestimmungen des bürgerlichen Rechts schon früher auf ihn übergegangen ist.

§ 19 Aussetzung der Übersendung des Stückeverzeichnisses. (1) [1]Der Kommissionär darf die Übersendung des Stückeverzeichnisses aussetzen, wenn er wegen der Forderungen, die ihm aus der Ausführung des Auftrags zustehen, nicht befriedigt ist und auch nicht Stundung bewilligt hat. [2]Als Stundung gilt nicht die Einstellung des Kaufpreises ins Kontokorrent.

(2) [1]Der Kommissionär kann von der Befugnis des Absatzes 1 nur Gebrauch machen, wenn er dem Kommittenten erklärt, daß er die Übersendung des Stückeverzeichnisses und damit die Übertragung des Eigentums an den Papieren bis zur Befriedigung wegen seiner Forderungen aus der Ausführung des Auftrags aussetzen werde. [2]Die Erklärung muß, für das einzelne Geschäft gesondert, ausdrücklich und schriftlich abgegeben und binnen einer Woche nach Erstattung der Ausführungsanzeige abgesandt werden, sie darf nicht auf andere Urkunden verweisen.

(3) Macht der Kommissionär von der Befugnis des Absatzes 1 Gebrauch, so beginnt die Frist zur Übersendung des Stückeverzeichnisses frühestens mit dem Zeitpunkt, in dem der Kommissionär wegen seiner Forderungen aus der Ausführung des Auftrags befriedigt wird.

(4) [1]Stehen die Parteien miteinander im Kontokorrentverkehr (§ 355 des Handelsgesetzbuchs[1)]), so gilt der Kommissionär wegen der ihm aus der Ausführung des Auftrags zustehenden Forderungen als befriedigt, sobald die Summe der Habenposten die der Sollposten zum erstenmal erreicht oder übersteigt. [2]Hierbei sind alle Posten zu berücksichtigen, die mit Wertstellung auf denselben Tag zu

---

[1)] **Habersack, Deutsche Gesetze Nr. 50.**

buchen waren. [3] Führt der Kommissionär für den Kommittenten mehrere Konten, so ist das Konto, auf dem das Kommissionsgeschäft zu buchen war, allein maßgebend.

(5) Ist der Kommissionär teilweise befriedigt, so darf er die Übersendung des Stückeverzeichnisses nicht aussetzen, wenn die Aussetzung nach den Umständen, insbesondere wegen verhältnismäßiger Geringfügigkeit des rückständigen Teils, gegen Treu und Glauben verstoßen würde.

§ 20 Übersendung des Stückeverzeichnisses auf Verlangen. (1) Wenn der Kommissionär einem Kommittenten, mit dem er im Kontokorrentverkehr (§ 355 des Handelsgesetzbuchs[1)]) steht, für die Dauer der Geschäftsverbindung oder für begrenzte Zeit zusagt, daß er in bestimmtem Umfang oder ohne besondere Begrenzung für ihn Aufträge zur Anschaffung von Wertpapieren auch ohne alsbaldige Berichtigung des Kaufpreises ausführen werde, so kann er sich dabei vorbehalten, Stückeverzeichnisse erst auf Verlangen des Kommittenten zu übersenden.

(2) Der Kommissionär kann von dem Vorbehalt des Absatzes 1 nur Gebrauch machen, wenn er dem Kommittenten bei der Erstattung der Ausführungsanzeige schriftlich mitteilt, daß er die Übersendung des Stückeverzeichnisses und damit die Übertragung des Eigentums an den Papieren erst auf Verlangen des Kommittenten ausführen werde.

(3) [1] Erklärt der Kommittent, daß er die Übersendung des Stückeverzeichnisses verlange, so beginnt die Frist zur Übersendung des Stückeverzeichnisses frühestens mit dem Zeitpunkt, in dem die Erklärung dem Kommissionär zugeht. [2] Die Aufforderung muß schriftlich erfolgen und die Wertpapiere, die in das Stückeverzeichnis aufgenommen werden sollen, genau bezeichnen.

§ 21 Befugnis zur Aussetzung und Befugnis zur Übersendung auf Verlangen. Will der Kommissionär die Übersendung des Stückeverzeichnisses sowohl deshalb aussetzen, weil er wegen seiner Forderungen nicht befriedigt ist (§ 19), als auch deshalb, weil er sich die Aussetzung mit Rücksicht auf die Besonderheit des Kontokorrentverkehrs mit dem Kommittenten vorbehalten hat (§ 20), so hat er dem Kommittenten bei Erstattung der Ausführungsanzeige schriftlich mitzuteilen, daß er die Übersendung des Stückeverzeichnisses und damit die Übertragung des Eigentums an den Papieren erst auf Verlangen des Kommittenten, frühestens jedoch nach Befriedigung wegen seiner Forderungen aus der Ausführung des Auftrags ausführen werde.

§ 22 Stückeverzeichnis beim Auslandsgeschäft. (1) [1] Wenn die Wertpapiere vereinbarungsgemäß im Ausland angeschafft und aufbewahrt werden, braucht der Kommissionär das Stückeverzeichnis erst auf Verlangen des Kommittenten zu übersenden. [2] Der Kommittent kann die Übersendung jederzeit verlangen, es sei denn, daß ausländisches Recht der Übertragung des Eigentums an den Wertpapieren durch Absendung des Stückeverzeichnisses entgegensteht oder daß der Kommissionär nach § 19 Abs. 1 berechtigt ist, die Übersendung auszusetzen.

(2) [1] Erklärt der Kommittent, daß er die Übersendung des Stückeverzeichnisses verlange, so beginnt die Frist zur Übersendung des Stückeverzeichnisses frühestens mit dem Zeitpunkt, in dem die Erklärung dem Kommissionär zugeht. [2] Die Auf-

---

[1)] **Habersack, Deutsche Gesetze Nr. 50.**

forderung muß schriftlich erfolgen und die Wertpapiere, die in das Stückeverzeichnis aufgenommen werden sollen, genau bezeichnen.

§ 23 Befreiung von der Übersendung des Stückeverzeichnisses. Die Übersendung des Stückeverzeichnisses kann unterbleiben, soweit innerhalb der dafür bestimmten Frist (§§ 18 bis 22) die Wertpapiere dem Kommittenten ausgeliefert sind oder ein Auftrag des Kommittenten zur Wiederveräußerung ausgeführt ist.

§ 24[1] Erfüllung durch Übertragung von Miteigentum am Sammelbestand. (1) Der Kommissionär kann sich von seiner Verpflichtung, dem Kommittenten Eigentum an bestimmten Stücken zu verschaffen, dadurch befreien, daß er ihm Miteigentum an den zum Sammelbestand einer Wertpapiersammelbank gehörenden Wertpapieren verschafft; durch Verschaffung von Miteigentum an den zum Sammelbestand eines anderen Verwahrers gehörenden Wertpapieren kann er sich nur befreien, wenn der Kommittent im einzelnen Falle ausdrücklich und schriftlich zustimmt.

(2) 1 Mit der Eintragung des Übertragungsvermerks im Verwahrungsbuch des Kommissionärs geht, soweit der Kommissionär verfügungsberechtigt ist, das Miteigentum auf den Kommittenten über, wenn es nicht nach den Bestimmungen des bürgerlichen Rechts schon früher auf ihn übergegangen ist. 2 Der Kommissionär hat dem Kommittenten die Verschaffung des Miteigentums unverzüglich mitzuteilen.

(3) Kreditinstitute, Wertpapierinstitute und Kapitalverwaltungsgesellschaften brauchen die Verschaffung des Miteigentums an einem Wertpapiersammelbestand und die Ausführung der Geschäftsbesorgung abweichend von Absatz 2 Satz 2 sowie von den §§ 675 und 666 des Bürgerlichen Gesetzbuchs[2] und von § 384 Abs. 2 des Handelsgesetzbuchs[3] den Kunden erst innerhalb von dreizehn Monaten mitzuteilen, sofern das Miteigentum jeweils auf Grund einer vertraglich vereinbarten gleichbleibenden monatlichen, zweimonatlichen oder vierteljährlichen Zahlung erworben wird und diese Zahlungen jährlich das Dreifache des höchsten Betrags nicht übersteigen, bis zu dem nach dem Fünften Vermögensbildungsgesetz in der jeweils geltenden Fassung vermögenswirksame Leistungen gefördert werden können.

§ 25 Rechte des Kommittenten bei Nichtübersendung des Stückeverzeichnisses. (1) 1 Unterläßt der Kommissionär, ohne hierzu nach den §§ 19 bis 24 befugt zu sein, die Übersendung des Stückeverzeichnisses und holt er das Versäumte auf eine nach Ablauf der Frist zur Übersendung des Stückeverzeichnisses an ihn ergangene Aufforderung des Kommittenten nicht binnen drei Tagen nach, so ist der Kommittent berechtigt, das Geschäft als nicht für seine Rechnung abgeschlossen zurückzuweisen und Schadensersatz wegen Nichterfüllung zu beanspruchen. 2 Dies gilt nicht, wenn die Unterlassung auf einem Umstand beruht, den der Kommissionär nicht zu vertreten hat.

(2) Die Aufforderung des Kommittenten verliert ihre Wirkung, wenn er dem Kommissionär nicht binnen drei Tagen nach dem Ablauf der Nachholungsfrist erklärt, daß er von dem in Absatz 1 bezeichneten Recht Gebrauch machen wolle.

---

[1] § 24 Abs. 3 geänd. mWv 28.12.2007 durch G v. 21.12.2007 (BGBl. I S. 3089); Abs. 3 geänd. mWv 22.7.2013 durch G v. 4.7.2013 (BGBl. I S. 1981); Abs. 3 geänd. mWv 15.12.2023 durch G v. 11.12.2023 (BGBl. 2023 I Nr. 354).

[2] **Habersack, Deutsche Gesetze Nr. 20.**

[3] **Habersack, Deutsche Gesetze Nr. 50.**

§ 26 Stückeverzeichnis beim Auftrag zum Umtausch und zur Geltendmachung eines Bezugsrechts. [1]Der Kommissionär, der einen Auftrag zum Umtausch von Wertpapieren oder von Sammelbestandanteilen gegen Wertpapiere oder einen Auftrag zur Geltendmachung eines Bezugsrechts auf Wertpapiere ausführt, hat binnen zwei Wochen nach dem Empfang der neuen Stücke dem Kommittenten ein Verzeichnis der Stücke zu übersenden, soweit er ihm die Stücke nicht innerhalb dieser Frist aushändigt. [2]In dem Stückeverzeichnis sind die Wertpapiere nach Gattung, Nennbetrag, Nummern oder sonstigen Bezeichnungsmerkmalen zu bezeichnen. [3]Im übrigen finden die §§ 18 bis 24 Anwendung; § 25 ist insoweit anzuwenden, als der Kommittent nur Schadensersatz wegen Nichterfüllung verlangen kann.

§ 27 Verlust des Provisionsanspruchs. Der Kommissionär, der den in § 26 ihm auferlegten Pflichten nicht genügt, verliert das Recht, für die Ausführung des Auftrags Provision zu fordern (§ 396 Abs. 1 des Handelsgesetzbuchs[1]).

§ 28 Unabdingbarkeit der Verpflichtungen des Kommissionärs. Die sich aus den §§ 18 bis 27 ergebenden Verpflichtungen des Kommissionärs können durch Rechtsgeschäft weder ausgeschlossen noch beschränkt werden, es sei denn, daß der Kommittent gewerbsmäßig Bankgeschäfte betreibt.

§ 29 Verwahrung durch den Kommissionär. Der Kommissionär hat bezüglich der in seinem Besitz befindlichen, in das Eigentum oder das Miteigentum des Kommittenten übergegangenen Wertpapiere die Pflichten und Befugnisse eines Verwahrers.

§ 30 Beschränkte Geltendmachung von Pfand- und Zurückbehaltungsrechten bei dem Kommissionsgeschäft. (1) Gibt der Kommissionär einen ihm erteilten Auftrag zur Anschaffung von Wertpapieren an einen Dritten weiter, so gilt als dem Dritten bekannt, daß die Anschaffung für fremde Rechnung geschieht.

(2) § 4 gilt sinngemäß.

§ 31[2] Eigenhändler, Selbsteintritt. Die §§ 18 bis 30 gelten sinngemäß, wenn jemand im Betrieb seines Gewerbes Wertpapiere als Eigenhändler verkauft oder umtauscht oder einen Auftrag zum Einkauf oder zum Umtausch von Wertpapieren im Wege des Selbsteintritts ausführt.

3. Abschnitt.[3] Vorrang im Insolvenzverfahren

§ 32[4] Vorrangige Gläubiger. (1) Im Insolvenzverfahren über das Vermögen eines der in den §§ 1, 17, 18 bezeichneten Verwahrer, Pfandgläubiger oder Kommissionäre haben Vorrang nach den Absätzen 3 und 4:

1. Kommittenten, die bei Eröffnung des Insolvenzverfahrens das Eigentum oder Miteigentum an Wertpapieren noch nicht erlangt, aber ihre Verpflichtungen aus dem Geschäft über diese Wertpapiere dem Kommissionär gegenüber vollständig

---

[1] **Habersack, Deutsche Gesetze Nr. 50.**

[2] § 31 geänd. mWv 1.7.1998 durch G v. 22.6.1998 (BGBl. I S. 1474).

[3] 3. Abschnitt Überschrift geänd. mWv 1.1.1999 durch G v. 5.10.1994 (BGBl. I S. 2911).

[4] § 32 neu gef. mWv 1.1.1999 durch G v. 5.10.1994 (BGBl. I S. 2911); Abs. 5 Satz 2 geänd. mWv 1.9.2009 durch G v. 17.12.2008 (BGBl. I S. 2586); Abs. 5 Satz 3 geänd. mWv 1.1.2016 durch G v. 1.4.2015 (BGBl. I S. 434).

erfüllt haben; dies gilt auch dann, wenn im Zeitpunkt der Eröffnung des Insolvenzverfahrens der Kommissionär die Wertpapiere noch nicht angeschafft hat;

2. Hinterleger, Verpfänder und Kommittenten, deren Eigentum oder Miteigentum an Wertpapieren durch eine rechtswidrige Verfügung des Verwahrers, Pfandgläubigers oder Kommissionärs oder ihrer Leute verletzt worden ist, wenn sie bei Eröffnung des Insolvenzverfahrens ihre Verpflichtungen aus dem Geschäft über diese Wertpapiere dem Schuldner gegenüber vollständig erfüllt haben;
3. die Gläubiger der Nummern 1 und 2, wenn der nichterfüllte Teil ihrer dort bezeichneten Verpflichtungen bei Eröffnung des Insolvenzverfahrens zehn vom Hundert des Wertes ihres Wertpapierlieferungsanspruchs nicht überschreitet und wenn sie binnen einer Woche nach Aufforderung des Insolvenzverwalters diese Verpflichtungen vollständig erfüllt haben.

(2) Entsprechendes gilt im Insolvenzverfahren über das Vermögen eines Eigenhändlers, bei dem jemand Wertpapiere gekauft oder erworben hat, und im Insolvenzverfahren über das Vermögen eines Kommissionärs, der den Auftrag zum Einkauf oder zum Umtausch von Wertpapieren im Wege des Selbsteintritts ausgeführt hat (§ 31).

(3) [1] Die nach den Absätzen 1 und 2 vorrangigen Forderungen werden vor den Forderungen aller anderen Insolvenzgläubiger aus einer Sondermasse beglichen; diese wird gebildet aus den in der Masse vorhandenen Wertpapieren derselben Art und aus den Ansprüchen auf Lieferung solcher Wertpapiere. [2] Die vorrangigen Forderungen werden durch Lieferung der vorhandenen Wertpapiere beglichen, soweit diese nach dem Verhältnis der Forderungsbeträge an alle vorrangigen Gläubiger verteilt werden können. [3] Soweit eine solche Verteilung nicht möglich ist, wird der volle Erlös der nichtverteilten Wertpapiere unter die vorrangigen Gläubiger im Verhältnis ihrer Forderungsbeträge verteilt.

(4) [1] Die Gläubiger der Absätze 1 und 2 haben den beanspruchten Vorrang bei der Anmeldung der Forderung nach § 174 der Insolvenzordnung[1)] anzugeben. [2] Sie können aus dem sonstigen Vermögen des Schuldners nur unter entsprechender Anwendung der für die Absonderungsberechtigten geltenden Vorschriften der §§ 52, 190 und 192 der Insolvenzordnung Befriedigung erlangen. [3] Im übrigen bewendet es für sie bei den Vorschriften der Insolvenzordnung über Insolvenzgläubiger.

(5) [1] Das Insolvenzgericht hat, wenn es nach Lage des Falles erforderlich ist, den vorrangigen Gläubigern zur Wahrung der ihnen zustehenden Rechte einen Pfleger zu bestellen. [2] Für die Pflegschaft tritt an die Stelle des Betreuungsgerichts das Insolvenzgericht. [3] § 317 Absatz 2 bis 5 des Versicherungsaufsichtsgesetzes ist sinngemäß anzuwenden.

§ 33[2)] Ausgleichsverfahren bei Verpfändung. (1) Im Insolvenzverfahren über das Vermögen eines Verwahrers, dessen Pfandgläubiger die ihm nach § 12 Abs. 2 verpfändeten Wertpapiere oder Sammelbestandanteile ganz oder zum Teil zu seiner Befriedigung verwertet hat, findet unter den Hinterlegern, die die dem Pfandgläubiger verpfändeten Wertpapiere oder Sammelbestandanteile dem Verwahrer anvertraut haben, ein Ausgleichsverfahren mit dem Ziel der gleichmäßigen Befriedigung statt.

[1)] **Habersack, Deutsche Gesetze Nr. 110.**

[2)] § 33 Überschrift neu gef., Abs. 1, 3 Sätze 2 und 4, Abs. 4 Satz 1, Abs. 5 geänd. mWv 1.1.1999 durch G v. 5.10.1994 (BGBl. I S. 2911).

(2) [1] Die am Ausgleichsverfahren beteiligten Hinterleger werden aus einer Sondermasse befriedigt. [2] In diese Sondermasse sind aufzunehmen:

1. die Wertpapiere oder Sammelbestandanteile, die dem Pfandgläubiger nach § 12 Abs. 2 verpfändet waren, von diesem aber nicht zu seiner Befriedigung verwertet worden sind;
2. der Erlös aus den Wertpapieren oder Sammelbestandanteilen, die der Pfandgläubiger verwertet hat, soweit er ihm zu seiner Befriedigung nicht gebührt;
3. die Forderungen gegen einen am Ausgleichsverfahren beteiligten Hinterleger aus dem ihm eingeräumten Kredit sowie Leistungen zur Abwendung einer drohenden Pfandverwertung.

(3) [1] Die Sondermasse ist unter den am Ausgleichsverfahren beteiligten Hinterlegern nach dem Verhältnis des Wertes der von ihnen dem Verwahrer anvertrauten Wertpapiere oder Sammelbestandanteile zu verteilen. [2] Maßgebend ist der Wert am Tag der Eröffnung des Insolvenzverfahrens, es sei denn, daß die Wertpapiere oder Sammelbestandanteile erst später verwertet worden sind. [3] In diesem Falle ist der erzielte Erlös maßgebend. [4] Ein nach Befriedigung aller am Ausgleichsverfahren beteiligter Hinterleger in der Sondermasse verbleibender Betrag ist an die Insolvenzmasse abzuführen.

(4) [1] Jeder am Ausgleichsverfahren Beteiligte ist berechtigt und verpflichtet, die von ihm dem Verwahrer anvertrauten und in der Sondermasse vorhandenen Wertpapiere oder Sammelbestandanteile zu dem Schätzungswert des Tages der Eröffnung des Insolvenzverfahrens zu übernehmen. [2] Übersteigt dieser Wert den ihm aus der Sondermasse gebührenden Betrag, so hat er den Unterschied zur Sondermasse einzuzahlen. [3] Die Wertpapiere oder Sammelbestandanteile haften als Pfand für diese Forderung.

(5) Jeder Hinterleger kann seine Forderungen, soweit er mit ihnen bei der Befriedigung aus der Sondermasse ausgefallen ist, zur Insolvenzmasse geltend machen.

(6) § 32 Abs. 4 und 5 ist sinngemäß anzuwenden.

4. Abschnitt. Strafbestimmungen

§ 34[1)] Depotunterschlagung. Wer, abgesehen von den Fällen der §§ 246 und 266 des Strafgesetzbuchs[2)], eigenen oder fremden Vorteils wegen

1. über ein Wertpapier der in § 1 Abs. 1 bezeichneten Art, das ihm als Verwahrer oder Pfandgläubiger anvertraut worden ist oder das er als Kommissionär für den Kommittenten im Besitz hat oder das er im Falle des § 31 für den Kunden im Besitz hat, rechtswidrig verfügt,
2. einen Sammelbestand solcher Wertpapiere oder den Anteil an einem solchen Bestand dem § 6 Absatz 3 Satz 2 zuwider verringert oder darüber rechtswidrig verfügt,

wird mit Freiheitsstrafe bis zu fünf Jahren oder mit Geldstrafe bestraft.

§ 35[3)] Unwahre Angaben über das Eigentum. Wer eigenen oder fremden Vorteils wegen eine Erklärung nach § 4 Abs. 2 wahrheitswidrig abgibt oder eine

---

[1)] § 34 Abs. 1 einl. Satzteil geänd. mWv 1.7.1998 durch G v. 22.6.1998 (BGBl. I S. 1474); Abs. 1 Nr. 2 geänd. mWv 10.6.2021 durch G v. 3.6.2021 (BGBl. I S. 1423).

[2)] **Habersack, Deutsche Gesetze Nr. 85.**

[3)] § 35 geänd. mWv 1.7.1998 durch G v. 22.6.1998 (BGBl. I S. 1474).

ihm nach § 4 Abs. 3 obliegende Mitteilung unterläßt, wird, wenn die Tat nicht nach anderen Vorschriften mit schwererer Strafe bedroht ist, mit Freiheitsstrafe bis zu einem Jahr oder mit Geldstrafe bestraft.

§ 36 Strafantrag. Ist in den Fällen der §§ 34 und 35 durch die Tat ein Angehöriger (§ 11 Abs. 1 Nr. 1 des Strafgesetzbuchs[1]) verletzt, so wird sie nur auf Antrag verfolgt.

§ 37[2] Strafbarkeit im Falle der Zahlungseinstellung oder des Insolvenzverfahrens. Wer einer Vorschrift der §§ 2 und 14 oder einer sich aus den §§ 18 bis 24, 26 ergebenden Pflicht zuwiderhandelt, wird mit Freiheitsstrafe bis zu zwei Jahren oder mit Geldstrafe bestraft, wenn er seine Zahlungen eingestellt hat oder über sein Vermögen das Insolvenzverfahren eröffnet worden ist und wenn durch die Zuwiderhandlung ein Anspruch des Berechtigten auf Aussonderung der Wertpapiere vereitelt oder die Durchführung eines solchen Anspruchs erschwert wird.

§§ 38–40 (weggefallen)

5. Abschnitt. Schlußbestimmungen

§ 41[3] *(aufgehoben)*

§ 42[4] Anwendung auf Treuhänder, Erlass weiterer Bestimmungen. Das Bundesministerium der Justiz und für Verbraucherschutz kann im Einvernehmen mit dem Bundesministerium der Finanzen und dem Bundesministerium für Wirtschaft und Energie durch Rechtsverordnung, die nicht der Zustimmung des Bundesrates bedarf, die Anwendung von Vorschriften dieses Gesetzes für Fälle vorschreiben, in denen Kaufleute als Treuhänder für Dritte Wertpapiere besitzen oder erwerben oder Beteiligungen oder Gläubigerrechte ausüben oder erwerben oder in öffentliche Schuldbücher oder sonstige Register eingetragen sind.

§ 43[5] Übergangsregelung zum Ersten Finanzmarktnovellierungsgesetz.

Ein Kreditinstitut, das am Tag, den die Bundesregierung nach Artikel 17 Absatz 3 Satz 2 des Gesetzes vom 30. Juni 2016 (BGBl. I S. 1514) im Bundesgesetzblatt bekannt gibt, über eine Anerkennung als Wertpapiersammelbank von der nach Landesrecht zuständigen Stelle des Landes, in dessen Gebiet das Kreditinstitut seinen Sitz hat, verfügt, gilt bis zur Bestandskraft der Entscheidung über den Antrag auf Zulassung als Zentralverwahrer nach Artikel 17 Absatz 1 der Verordnung (EU) Nr. 909/2014 weiterhin als Wertpapiersammelbank im Sinne dieses Gesetzes.

---

[1] **Habersack, Deutsche Gesetze Nr. 85.**

[2] § 37 geänd. mWv 1.1.1999 durch G v. 5.10.1994 (BGBl. I S. 2911); geänd. mWv 1.7.1998 G v. 22.6.1998 (BGBl. I S. 1474); geänd. mWv 1.1.1999 durch G v. 19.12.1998 (BGBl. I S. 3836).

[3] § 41 aufgeh. mWv 1.7.1998 durch G v. 22.6.1998 (BGBl. I S. 1474).

[4] § 42 neu gef. mWv 30.11.2007 durch G v. 23.11.2007 (BGBl. I S. 2614); geänd. mWv 8.9.2015 durch VO v. 31.8.2015 (BGBl. I S. 1474).

[5] § 43 neu gef. mWv 31.3.2017 durch G v. 30.6.2016 (BGBl. I S. 1514; 2017 I S. 559).

62c. Allgemeine Hausrat Versicherungsbedingungen (VHB 2022 – Quadratmetermodell)

Musterbedingungen des GDV[1)]
(Stand: November 2023)

Unverbindliche Bekanntgabe des Gesamtverbandes der Deutschen Versicherungswirtschaft e.V. (GDV) zur fakultativen Verwendung. Abweichende Vereinbarungen sind möglich.

[Inhaltsübersicht]

Präambel zu den Allgemeinen Hausrat Versicherungsbedingungen (VHB 2022 – Quadratmetermodell)

Die Verbundene Hausratversicherung schützt Sie vor den finanziellen Folgen von Sachschäden an Ihrem Hausrat. Versichert sind Schäden durch die in diesen Versicherungsbedingungen zusammengefassten (verbundenen) Gefahren. Wird der Hausrat zerstört oder beschädigt, entschädigen wir Sie nach den unten stehenden Bestimmungen. In der Regel vereinbaren wir mit Ihnen die Wiederbeschaffung in gleicher Art und Güte im neuwertigen Zustand. Wir berechnen Ihre Entschädigung nach dem Neuwert zum Zeitpunkt des Versicherungsfalls. Der Neuwert des zu versichernden Hausrats ist die Grundlage für die Versicherungssumme.

[1)] In der jeweils aktuellen Fassung kostenlos abrufbar unter www.gdv.de.

Wir übernehmen auch eine Reihe von Folgekosten (z.B. Schlossänderungskosten, Hotelkosten), die durch ein Schadenereignis entstehen.

Die „Allgemeinen Hausrat Versicherungsbedingungen" sind die Vertragsgrundlage für Ihre Verbundene Hausratversicherung. Auf die gleichzeitige Verwendung männlicher und weiblicher Sprachformen verzichten wir. Personenbezogene Formulierungen sind geschlechtsneutral zu verstehen.

Ihrem besseren Verständnis dieser Versicherungsbedingungen dienen folgende rechtlich unverbindliche Begriffserläuterungen:

Versicherungsnehmer: Das sind Sie als unser Vertragspartner und Käufer des Versicherungsschutzes.

Versicherungsfall: Der Versicherungsfall ist das Ereignis, für das wir Entschädigung leisten.

Ausschlüsse: Ein Ausschluss beschreibt eine Gefahr, eine Schadenart oder eine Sache, für die kein Versicherungsschutz besteht. Ausschlüsse dienen der Abgrenzung des Leistungsversprechens und gewährleisten, dass der Versicherungsschutz kalkulierbar bleibt. Sie finden sie in den Bedingungen entweder als generelle Ausschlüsse (z.B. Krieg) oder in Bestimmungen zu einzelnen Gefahren und Schäden sowie bei der Beschreibung der versicherten Sachen.

Versicherungswert: Der Versicherungswert ist der Wert Ihres Hausrats, nach dem wir im Schadenfall entschädigen. Da die Hausratversicherung im Regelfall zum Neuwert entschädigt, ist dies der Betrag, den Sie aufwenden müssten, um Sachen neu wiederzubeschaffen. Für Kunstgegenstände und Antiquitäten ist es der Betrag, den Sie aufwenden müssten, um Sachen gleicher Art und Güte wiederzubeschaffen. Bei in Ihrem Haushalt nicht mehr zweckgemäß verwendbaren Sachen, ist es der erzielbare Verkaufspreis.

Ausreichende Versicherungssumme und Vorsorge: Die Versicherungssumme ist ausreichend, wenn Sie dem Wert Ihres Hausrats entspricht. Die Versicherungssumme ist maßgeblich für die Höhe des Beitrags. Oftmals erhöht sich der Wert des Hausrats während der Vertragslaufzeit, z.B. durch Neuanschaffungen. Deshalb stellen wir für Sie im Schadenfall noch eine zusätzliche Vorsorgeversicherungssumme in der Höhe von __ Prozent zur Verfügung. Die Versicherungssumme und die Vorsorge zusammen definieren die Höchstleistung im Schadenfall. Damit reduziert sich für Sie das Risiko, nicht ausreichend versichert zu sein.

Unterversicherung: Eine Unterversicherung liegt vor, wenn der tatsächliche Wert des gesamten Hausrats die vereinbarte Versicherungssumme einschließlich des Vorsorgebetrags übersteigt. Im Versicherungsfall kann die Entschädigung dann gekürzt werden. Die Entschädigung kann auch dann gekürzt werden, wenn nur Teile des Hausrats vom Schaden betroffen sind. Die Kürzung erfolgt dann in dem Verhältnis wie Versicherungssumme und der tatsächliche Wert des Hausrats zueinander stehen. Eine Unterversicherung kann leicht entstehen. Entweder, weil Sie nicht alle versicherten Sachen bei der Wertermittlung des Hausrats berücksichtigt, oder Sie deren Zeitwert angesetzt haben. Wenn Sie eine ausreichende Versicherungssumme pro Quadratmeter Wohnfläche wählen, vereinbaren wir in der Regel einen Unterversicherungsverzicht mit Ihnen. Im Schadenfall sehen wir dann von den zuvor beschriebenen Kürzungen ab. Ist Ihr Hausrat mehr wert, sollten Sie eine höhere Versicherungssumme mit uns vereinbaren. Bei einem Totalschaden wären Sie ansonsten auch mit einem Unterversicherungsverzicht nicht ausreichend versichert.

Summenanpassung: Die Entschädigung zum Neuwert erfordert eine laufende Aktualisierung Ihrer Versicherungssumme. Die Anpassung der Versicherungssumme richtet sich nach dem Prozentsatz, um den sich der Preisindex für Ihren Hausrat verändert. Das soll Sie im Schadenfall vor einer Unterversicherung durch Preissteigerungen schützen.

Obliegenheiten: Das sind Ihre Verhaltenspflichten vor, während und nach dem Versicherungsfall. Zum Beispiel müssen Sie zur Vermeidung von Frostschäden Ihre Wohnung der kalten Jahreszeit ausreichend beheizen. Wenn Sie Obliegenheiten verletzen, gefährden Sie Ihren Versicherungsschutz.

Teil A

A 1 Welche Gefahren sind versichert? Welche Gefahren sind zusätzlich versicherbar? Welche Schäden sind versichert?

Der Versicherer entschädigt für versicherte Sachen, die durch folgende Ereignisse (Gefahren) zerstört oder beschädigt werden oder infolge solcher Ereignisse abhandenkommen:

A 1.1 Brand; Blitzschlag; Überspannung durch Blitz; Explosion; Verpuffung; Implosion; Anprall oder Absturz eines Luftfahrzeugs; Fahrzeuganprall; Sengschäden; Rauch- und Rußschäden;

A.1.2 Einbruchdiebstahl, Vandalismus nach einem Einbruch sowie Raub oder den Versuch einer solchen Tat;

A 1.3 Leitungswasser;

A 1.4 Naturgefahren;

A 1.4.1 Sturm, Hagel;

A 1.4.2 soweit zusätzlich vereinbart:

Die weiteren Naturgefahren (Elementargefahren) Überschwemmung, Rückstau, Erdbeben, Erdsenkung, Erdrutsch, Schneedruck, Lawinen und Vulkanausbruch.

A 2 Welche generellen Ausschlüsse gibt es?

A 2.1 Ausschluss Krieg

Nicht versichert sind Schäden durch Krieg, kriegsähnliche Ereignisse, Bürgerkrieg, Revolution, Rebellion oder Aufstand. Das gilt ohne Berücksichtigung mitwirkender Ursachen.

A 2.2 Ausschluss Innere Unruhen

Nicht versichert sind Schäden durch Innere Unruhen. Das gilt ohne Berücksichtigung mitwirkender Ursachen.

A 2.3 Ausschluss Kernenergie

Nicht versichert sind Schäden durch Kernenergie, nukleare Strahlung oder radioaktive Substanzen. Das gilt ohne Berücksichtigung mitwirkender Ursachen.

A 3 Was ist unter Brand; Blitzschlag; Überspannung durch Blitz und Explosion zu verstehen? Welche Schäden sind darüber hinaus versichert? Welche Schäden sind hier nicht versichert?

A 3.1 Brand

Brand ist ein Feuer, das ohne einen bestimmungsgemäßen Herd entstanden ist oder ihn verlassen hat und das sich aus eigener Kraft auszubreiten vermag.

Versichert sind auch Schäden durch einen Brand, der aus einem Nutzfeuer entstanden ist.

A 3.2 Blitzschlag

Blitzschlag ist der unmittelbare Übergang eines Blitzes auf Sachen.

Auch Überspannungs-, Überstrom- oder Kurzschlussschäden an elektrischen Einrichtungen und Geräten können Blitzschlagschäden sein. Das ist der Fall, wenn über diese Schäden hinaus auf dem Grundstück des Versicherungsorts der Einschlag eines Blitzes zumindest durch Spuren nachweisbar ist.

A 3.3 Überspannung durch Blitz

Überspannung durch Blitz ist ein Schaden, der durch Überspannung, Überstrom oder Kurzschluss infolge eines Blitzes oder durch sonstige atmosphärisch bedingte Elektrizität an versicherten elektrischen Einrichtungen und Geräten entsteht.

A 3.4 Explosion, Verpuffung

Explosion und Verpuffung sind plötzlich verlaufende Kraftäußerungen, die auf dem Ausdehnungsbestreben von Gasen oder Dämpfen beruhen. Der Unterschied zwischen Explosion und Verpuffung liegt in der Intensität der Kraftäußerung.

Die Explosion eines Behälters (Kessel, Rohrleitung usw.) liegt nur unter besonderen Voraussetzungen vor. Die Wandung muss in einem solchen Umfang zerrissen werden, dass ein plötzlicher Ausgleich des Druckunterschieds innerhalb und außerhalb des Behälters stattfindet. Wird im Innern eines Behälters eine Explosion durch chemische Reaktion hervorgerufen, so ist ein Zerreißen seiner Wandung nicht erforderlich.

A 3.5 Implosion

Implosion ist ein plötzlicher, unvorhersehbarer Zusammenfall eines Hohlkörpers durch äußeren Überdruck infolge eines inneren Unterdrucks.

A 3.6 Anprall oder Absturz eines Luftfahrzeugs, seiner Teile oder Ladung

Versichert ist der Anprall oder Absturz eines Luftfahrzeugs. Gleiches gilt für den Anprall oder Absturz seiner Teile oder seiner Ladung.

A 3.7 Fahrzeuganprall durch Straßen-, Schienen- oder Wasserfahrzeuge

Versichert ist der Anprall von Straßen-, Schienen- oder Wasserfahrzeugen an versicherten Sachen. Das gilt auch für den Anprall ihrer Teile oder ihrer Ladung.

Nicht versichert sind Schäden, die durch Straßen- oder Wasserfahrzeuge entstehen, deren Halter oder Lenker der Versicherungsnehmer oder ein Bewohner des Gebäudes ist.

A 3.8 Sengschäden

Versichert sind Sengschäden, die aus einem Ereignis nach A 3.1 bis A 3.7 entstanden sind.

Sengschäden aus anderen Ursachen sind bis zu ___ Euro versichert.

A 3.9 Rauch- und Rußschäden

Versichert sind Rauch- und Rußschäden, die aus einem Ereignis nach A 3.1 bis A 3.8 entstanden sind.

Darüber hinaus sind Schäden versichert, die dadurch entstehen, dass Rauch und Ruß versicherte Sachen unmittelbar beschädigt oder zerstört. Voraussetzung ist, dass der Rauch und Ruß plötzlich bestimmungswidrig aus Feuerungs-, Heizungs-, Koch- oder Trocknungsanlagen auf dem Versicherungsgrundstück austritt.

Die Entschädigung ist auf ____ Euro begrenzt.

Nicht versichert sind Schäden, die dadurch entstehen, dass Rauch und Ruß allmählich einwirken (z.B. Fogging).

A 3.10 Nicht versicherte Schäden

Nicht versichert sind

A 3.10.1 Schäden durch Erdbeben. Das gilt ohne Berücksichtigung mitwirkender Ursachen.

A 3.10.2 Schäden an Verbrennungsmotoren durch die im Verbrennungsraum der Maschine auftretenden Explosionen. Ferner Schäden, die an Schaltorganen von elektrischen Schaltern entstehen, und zwar durch den in ihnen auftretenden Gasdruck. Versicherungsschutz besteht aber, wenn diese Schäden Folge eines versicherten Schadenereignisses nach A 3.1 sind.

A 4 Was ist unter Einbruchdiebstahl, Diebstahl, Vandalismus nach einem Einbruch sowie Raub zu verstehen? Welche Schäden sind hier nicht versichert?

A 4.1 Einbruchdiebstahl

Einbruchdiebstahl ist in folgenden Fällen gegeben:

A 4.1.1 Unberechtigtes Eindringen in einen Raum eines Gebäudes

Das liegt vor, wenn der Dieb in einen Raum eines Gebäudes einbricht, einsteigt, mit falschem Schlüssel oder mit Hilfe von anderen Werkzeugen eindringt.

Ein Schlüssel ist falsch, wenn seine Anfertigung für das Schloss nicht von einer dazu berechtigten Person veranlasst oder gebilligt wurde.

Der Gebrauch eines falschen Schlüssels ist nicht schon dann bewiesen, wenn feststeht, dass versicherte Sachen abhandengekommen sind.

A 4.1.2 Aufbrechen eines Behältnisses in einem Raum eines Gebäudes

Das liegt vor, wenn der Dieb das in einem Raum befindliche Behältnis aufbricht. Das gilt auch, wenn er das Behältnis mit falschem Schlüssel oder mit Hilfe von anderen Werkzeugen öffnet.

Ein Schlüssel ist falsch, wenn seine Anfertigung für das Schloss nicht von einer dazu berechtigten Person veranlasst oder gebilligt wurde.

Der Gebrauch eines falschen Schlüssels ist nicht schon dann bewiesen, wenn feststeht, dass versicherte Sachen abhandengekommen sind.

A 4.1.3 Einschleichen oder Verborgenhalten

Das liegt vor, wenn der Dieb Sachen aus einem verschlossenen Raum eines Gebäudes entwendet, in das er sich zuvor eingeschlichen oder in dem er sich verborgen gehalten hatte.

A 4.1.4 Gewaltsame Sicherung des Diebesgutes

Der Dieb wird in einem Raum eines Gebäudes auf frischer Tat angetroffen und wendet Gewalt an, um sich den Besitz gestohlener Sachen zu erhalten. Eine Androhung von Gewalt mit Gefahr für Leib oder Leben ist der Anwendung von Gewalt gleichzusetzen.

A 4.1.5 Unberechtigtes Eindringen mit richtigem Schlüssel

Dies liegt in folgenden Fällen vor:

A 4.1.5.1 Der Dieb dringt in den Raum eines Gebäudes mit einem richtigen Schlüssel ein oder öffnet dort damit ein Behältnis. Den richtigen Schlüssel hat sich der Dieb vorher durch Einbruchdiebstahl oder Raub nach A 4.3 beschafft. Der Einbruchdiebstahl oder Raub dieses Schlüssels kann auch außerhalb des Versicherungsorts erfolgt sein.

A 4.1.5.2 Der Dieb dringt in einen Raum eines Gebäudes mit einem richtigen Schlüssel ein. Den richtigen Schlüssel hat sich der Dieb vorher durch Diebstahl beschafft. Dabei hat weder der Versicherungsnehmer noch der Gewahrsamsinhaber den Diebstahl des Schlüssels durch fahrlässiges Verhalten ermöglicht. Der Diebstahl dieses Schlüssels kann auch außerhalb des Versicherungsorts erfolgt sein.

A 4.2 Diebstahl

A 4.2.1 Diebstahl aus Kraftfahrzeugen

Versicherungsschutz besteht für versicherte Sachen, wenn diese nach dem Aufbrechen eines verschlossenen Kraftfahrzeugs entwendet oder bei diesem Ereignis zerstört oder beschädigt werden. Das gilt auch für mit diesem Fahrzeug verbundene und verschlossene Dachboxen. Versicherungsschutz besteht auch, wenn falsche Schlüssel oder andere nicht zum ordnungsgemäßen Öffnen von Türen oder Behältnissen bestimmte Werkzeuge verwendet werden.

Versichert sind nur Sachen, die Eigentum des Versicherungsnehmers oder einer mit ihm in häuslicher Gemeinschaft lebenden Person sind oder deren Gebrauch dienen.

Nicht versichert sind __________.

Der Versicherungsschutz gilt ______

Die Entschädigung ist je Versicherungsfall auf _____ Euro begrenzt.

A 4.2.2 Diebstahl aus Schlafwagenabteilen und Schiffskabinen

Versicherungsschutz besteht für versicherte Sachen, die aus einem verschlossenen Schlafwagenabteil oder einer verschlossenen Schiffskabine nach deren Aufbrechen entwendet werden.

Versichert sind nur Sachen, die Eigentum des Versicherungsnehmers oder einer mit ihm in häuslicher Gemeinschaft lebenden Person sind oder deren Gebrauch dienen.

Der Versicherungsschutz gilt ______.

Die Entschädigung für _____ ist auf ______ Euro je Versicherungsfall begrenzt.

Die Gesamtentschädigung ist auf ______ Euro je Versicherungsfall begrenzt.

A 4.2.3 Trickdiebstahl aus der versicherten Wohnung

Versicherungsschutz besteht für versicherte Sachen, die ein Dieb, der durch Täuschung durch ihn oder weitere Mitwirkende in die Wohnung gelangt ist, entwendet.

Die freiwillige Herausgabe von versicherten Sachen nach einer Täuschung stellt keinen versicherten Trickdiebstahl dar und ist nicht versichert.

Die Entschädigung ist je Versicherungsfall auf ____ Euro begrenzt.

A 4.2.4 Diebstahl von Rollstühlen, Rollatoren und Kinderwagen

Versicherungsschutz besteht für den Diebstahl von Rollstühlen, nicht versicherungspflichtigen Krankenfahrstühlen, Rollatoren, Kinderwagen und ________ vom Versicherungsort und dem dazugehörigen Treppenhaus.

Für Gegenstände, die mit den oben genannten Sachen lediglich lose verbunden sind, aber regelmäßig deren Gebrauch dienen, besteht Versicherungsschutz nur, wenn sie zusammen mit diesen entwendet werden.

Die Entschädigung ist je Versicherungsfall auf ____ Euro begrenzt.

A 4.2.5 Diebstahl während eines stationären Aufenthalts

Versicherungsschutz besteht für den Diebstahl von versicherten Sachen aus Patientenzimmern während eines Krankenhaus-, Kur-, Reha- oder Sanatoriumsaufenthalts.

Voraussetzung ist, dass sich der Versicherungsnehmer oder eine mit ihm in häuslicher Gemeinschaft lebende Person als Patient in einer dieser Einrichtungen befindet.

Die Entschädigung für _____ ist auf ______ Euro je Versicherungsfall begrenzt.

Die Gesamtentschädigung ist auf ______ Euro je Versicherungsfall begrenzt.

A 4.2.6 Diebstahl von Gartenmöbeln

Versicherungsschutz besteht für den Diebstahl von Gartenmöbeln und ________, die sich auf dem Versicherungsgrundstück oder in gemeinschaftlich genutzten Räumen befinden.

Die Entschädigung ist je Versicherungsfall auf ____ Euro begrenzt.

Außenversicherungsschutz nach A 12 besteht nicht.

A 4.2.7 Diebstahl von Wäsche

Versicherungsschutz besteht für den Diebstahl von Wäsche und Kleidung, die sich zum Trocknen oder Lüften auf dem Versicherungsgrundstück oder in gemeinschaftlich genutzten Räumen befinden.

Die Entschädigung ist je Versicherungsfall auf ____ Euro begrenzt.

Außenversicherungsschutz nach A 12 besteht nicht.

A 4.3 Vandalismus nach einem Einbruch

Vandalismus nach einem Einbruch liegt vor, wenn der Täter wie in A 4.1.1 oder A 4.1.5 beschrieben in den Versicherungsort eindringt und dort versicherte Sachen vorsätzlich zerstört oder beschädigt.

A 4.4 Raub

Raub ist in folgenden Fällen gegeben:

A 4.4.1 Anwendung von Gewalt

Der Räuber wendet gegen den Versicherungsnehmer Gewalt an, um dessen Widerstand gegen die Wegnahme versicherter Sachen auszuschalten. Gewalt liegt nicht vor, wenn versicherte Sachen ohne Überwindung eines bewussten Widerstandes entwendet werden (einfacher Diebstahl/Trickdiebstahl).

A 4.4.2 Androhung einer Gewalttat mit Gefahr für Leib oder Leben

Der Versicherungsnehmer gibt Sachen heraus oder lässt sie sich wegnehmen, weil der Räuber eine Gewalttat mit Gefahr für Leib oder Leben androht. Dabei soll die angedrohte Gewalttat innerhalb des Versicherungsorts verübt werden. Bei mehreren Versicherungsorten ist der Versicherungsort maßgeblich, an dem die Drohung ausgesprochen wird.

A 4.4.3 Wegnahme nach Verlust der Widerstandskraft

Dem Versicherungsnehmer werden versicherte Sachen weggenommen, weil seine Widerstandskraft ausgeschaltet war. Der Verlust der Widerstandskraft muss seine Ursache in einer Beeinträchtigung des körperlichen Zustands des Versicherungsnehmers haben. Diese Beeinträchtigung muss unmittelbar vor der Wegnahme bestanden haben und durch einen Unfall oder eine sonstige nicht verschuldete Ursache wie z.B. eine Ohnmacht oder ein Herzinfarkt entstanden sein.

Dem Versicherungsnehmer stehen Personen gleich, die mit seiner Zustimmung in der Wohnung anwesend sind.

A 4.5 Nicht versicherte Schäden

A 4.5.1 Nicht versicherte Schäden bei Einbruchdiebstahl, Vandalismus nach einem Einbruch sowie Raub

Versicherungsschutz besteht nicht für Schäden, die durch weitere Naturgefahren (Überschwemmung, Erdbeben, Erdsenkung, Erdrutsch, Schneedruck, Lawinen, Vulkanausbruch) verursacht werden. Das gilt ohne Berücksichtigung mitwirkender Ursachen.

A 4.5.2 Nicht versicherte Schäden bei Raub

Sachen, die erst auf Verlangen des Täters herangeschafft werden, sind nicht versichert. Geschieht dies allerdings innerhalb des Versicherungsorts an dem die Tathandlungen nach A 4.4.1 bis A 4.4.3 verübt werden, sind diese Sachen versichert.

A 5 Was ist unter der Gefahr Leitungswasser zu verstehen? Welche Schäden sind hier nicht versichert?

A 5.1 Versicherte Gefahren und Schäden

Unter die Gefahr Leitungswasser fallen:

A 5.1.1 Leitungswasserschäden

A 5.1.2 Bruchschäden

A 5.2 Leitungswasserschäden

Leitungswasser ist Wasser, das bestimmungswidrig ausgetreten ist aus:

A 5.2.1 Rohren der Wasserversorgung (Zu- und Ableitungen) oder damit verbundenen Schläuchen,

A 5.2.2 den mit diesen Rohren bzw. Schläuchen verbundenen sonstigen Einrichtungen oder deren wasserführenden Teilen,

A 5.2.3 Heizungs- oder Klimaanlagen,

A 5.2.4 Wasserlösch- oder Berieselungsanlagen,

A 5.2.5 **Wasserbetten oder Aquarien.**

Als Leitungswasser gelten auch Betriebsflüssigkeiten aus Heizungs- oder Klimaanlagen sowie Wasserdampf. Ausgenommen davon sind die Flüssigkeiten, die zur Energieerzeugung bestimmt sind.

Versichert sind auch Schäden, die durch Wasser entstehen, welches aus innerhalb des Gebäudes verlaufender Regenrohren bestimmungswidrig ausgetreten ist. Der Ausschluss von Schäden durch Witterungsniederschläge nach A 5.4.3 gilt nicht.

A 5.3 Bruchschäden

Soweit die folgenden Rohre und Installationen zum versicherten Hausrat gehören, sind folgende Bruchschäden innerhalb von Gebäuden versichert:

A 5.3.1 frostbedingte und sonstige Bruchschäden an Rohren

A 5.3.1.1 der Wasserversorgung (Zu- oder Ableitungen) und der Gasversorgung oder den damit verbundenen Schläuchen;

A 5.3.1.2 von Heizungs- oder Klimaanlagen;

A 5.3.1.3 von Wasserlösch- oder Berieselungsanlagen;

A 5.3.1.4 der Regenentwässerung.

Das setzt voraus, dass diese Rohre nach A 5.3.1 kein Bauteil von Heizkesseln, Boilern oder vergleichbaren Anlagen sind.

A 5.3.2 frostbedingte Bruchschäden an folgenden Installationen:

A 5.3.2.1 Badeeinrichtungen, Waschbecken, Spülklosetts, Armaturen (z.B. Wasser- und Absperrhähne, Ventile, Geruchsverschlüsse, Wassermesser) sowie deren Anschlussschläuche;

A 5.3.2.2 Heizkörper, Heizkessel, Boiler oder vergleichbare Teile von Heizungs- oder Klimaanlagen.

Als innerhalb des Gebäudes gilt der gesamte Baukörper, einschließlich der Bodenplatte.

Rohre von Solarheizungsanlagen auf dem Dach gelten als Rohre innerhalb des Gebäudes.

Soweit nicht etwas anderes vereinbart ist, sind Rohre und Installationen unterhalb der Bodenplatte (tragend oder nicht tragend) nicht versichert.

A 5.4 Nicht versicherte Schäden

Nicht versichert sind ohne Berücksichtigung mitwirkender Ursachen – es sei denn, im Folgenden sind solche genannt – Schäden durch

A 5.4.1 Plansch- oder Reinigungswasser;

A 5.4.2 Schwamm sowie alle Arten von Hausfäulepilzen;

A 5.4.3 Grundwasser, stehendes oder fließendes Gewässer, Überschwemmung oder Witterungsniederschläge oder einen durch diese Ursachen hervorgerufenen Rückstau;

A 5.4.4 Erdbeben, Schneedruck, Lawinen, Vulkanausbruch;

A 5.4.5 Erdsenkung oder Erdrutsch, es sei denn, dass Leitungswasser nach A 5.2 die Erdsenkung oder den Erdrutsch verursacht hat;

A 5.4.6 Öffnen der Sprinkler oder Bedienen der Berieselungsdüsen wegen eines Brandes, durch Druckproben oder durch Umbauten oder Reparaturarbeiten an dem versicherten Gebäude oder an der Wasserlösch- oder Berieselungsanlage.

Nicht versichert sind Schäden an

A 5.4.7 Gebäuden oder an Gebäudeteilen, die nicht bezugsfertig sind. Dies gilt auch für die in diesen Gebäuden oder Gebäudeteilen befindlichen Sachen.

A 5.4.8 dem Inhalt eines Aquariums, die dadurch entstehen, dass Wasser aus dem Aquarium ausgetreten ist.

A 6 Was ist unter Naturgefahren (Sturm, Hagel und weitere Naturgefahren) zu verstehen? Welche Schäden sind versichert? Welche Schäden sind hier nicht versichert?

A 6.1 Sturm

A 6.1.1 Ein Sturm ist eine wetterbedingte Luftbewegung von mindestens Windstärke 8 nach der Beaufortskala (Windgeschwindigkeit mindestens 62 km pro Stunde).

Ist die Windstärke für den Schadenort nicht feststellbar, wird Sturm unterstellt, wenn der Versicherungsnehmer einen der folgenden Sachverhalte nachweist:

A 6.1.1.1 Die Luftbewegung hat in der Umgebung des Versicherungsgrundstücks Schäden an Gebäuden in einwandfreiem Zustand oder an ebenso widerstandsfähigen anderen Sachen angerichtet.

A 6.1.1.2 Der Schaden kann wegen des einwandfreien Zustands des versicherten Gebäudes oder des Gebäudes, in dem sich die versicherten Sachen befunden haben, nur durch Sturm entstanden sein. Das gilt auch für Gebäude, die baulich mit dem versicherten Gebäude verbunden sind.

A 6.2 Hagel

Hagel ist ein fester Witterungsniederschlag in Form von Eiskörnern.

A 6.3 Versicherte Sturm-/Hagelereignisse

Versichert sind nur Schäden, die wie folgt entstehen:

A 6.3.1 Sturm oder Hagel wirken unmittelbar auf versicherte Sachen oder auf Gebäude ein, in denen sich versicherte Sachen befinden. Daraus entstehende Folgeschäden an versicherten Sachen sind versichert.

A 6.3.2 Sturm oder Hagel wirken unmittelbar auf Gebäude ein, die mit dem versicherten Gebäude baulich verbunden sind.

A 6.3.3 Sturm oder Hagel wirken unmittelbar auf Gebäude ein, die mit Gebäuden, in denen sich versicherte Sachen befinden, baulich verbunden sind.

A 6.3.4 Sturm oder Hagel werfen Gebäudeteile, Bäume oder andere Gegenstände auf versicherte Sachen oder auf Gebäude, in denen sich versicherte Sachen befinden. Daraus entstehende Folgeschäden an versicherten Sachen sind versichert.

A 6.3.5 Sturm oder Hagel werfen Gebäudeteile, Bäume oder andere Gegenstände auf Gebäude, die mit dem versicherten Gebäude baulich verbunden sind.

A 6.3.6 Sturm oder Hagel werfen Gebäudeteile, Bäume oder andere Gegenstände auf Gebäude, die mit Gebäuden, in denen sich versicherte Sachen befinden, baulich verbunden sind.

A 6.4 Weitere Naturgefahren (Elementargefahren)

A 6.4.1 Überschwemmung

Überschwemmung ist die Überflutung von Grund und Boden des Versicherungsgrundstücks oder von unmittelbar angrenzenden Grund- und Bodenflächen, Straßen, Geh- und Radwegen mit erheblichen Mengen von Oberflächenwasser. Dies gilt nur, wenn

A 6.4.1.1 eine Ausuferung von oberirdischen (stehenden oder fließenden) Gewässern,

A 6.4.1.2 Witterungsniederschläge

oder

A 6.4.1.3 ein Austritt von Grundwasser an die Erdoberfläche als Folge von A 6.4.1.1 oder A 6.4.1.2 die Überflutung verursacht haben.

A 6.4.2 Rückstau

Rückstau liegt vor, wenn Wasser aus den gebäudeeigenen Ableitungsrohren oder damit verbundenen Einrichtungen in das Gebäude eindringt. Dies gilt nur, wenn

A 6.4.2.1 eine Ausuferung von oberirdischen (stehenden oder fließenden) Gewässern

oder

A 6.4.2.2 Witterungsniederschläge

den Rückstau verursacht haben.

A 6.4.3 Erdbeben

Erdbeben ist eine naturbedingte Erschütterung des Erdbodens, die durch geophysikalische Vorgänge im Erdinneren ausgelöst wird.

Erdbeben wird unterstellt, wenn der Versicherungsnehmer einen der folgenden Sachverhalte nachweist:

A 6.4.3.1 Die naturbedingte Erschütterung des Erdbodens hat in der Umgebung des Versicherungsorts Schäden an Gebäuden im einwandfreien Zustand oder an ebenso widerstandsfähigen anderen Sachen angerichtet.

A 6.4.3.2 Der Schaden kann wegen des einwandfreien Zustands der versicherten Sachen nur durch ein Erdbeben entstanden sein.

A 6.4.4 Erdsenkung

Erdsenkung ist eine naturbedingte Absenkung des Erdbodens über naturbedingten Hohlräumen.

A 6.4.5 Erdrutsch

Erdrutsch ist ein naturbedingtes Abrutschen oder Abstürzen von Erd- oder Gesteinsmassen.

A 6.4.6 Schneedruck

Schneedruck ist die Wirkung des Gewichts von Schnee- oder Eismassen. Als Schneedruck gilt auch das Abrutschen von Schnee- oder Eismassen von Dächern.

A 6.4.7 Lawinen

Lawinen sind Schnee- oder Eismassen, die an Berghängen niedergehen.

A 6.4.8 Vulkanausbruch

Vulkanausbruch ist eine plötzliche Druckentladung beim Aufreißen der Erdkruste, verbunden mit Lavaergüssen, Asche-Eruptionen oder dem Austritt von sonstigen Materialien und von Gasen.

A 6.5 Nicht versicherte Schäden

Nicht versichert sind ohne Berücksichtigung mitwirkender Ursachen – es sei denn, im Folgenden sind solche genannt – Schäden durch

A 6.5.1 Sturmflut;

A 6.5.2 Eindringen von Regen, Hagel, Schnee oder Schmutz durch nicht ordnungsgemäß geschlossene Fenster, Außentüren oder andere Öffnungen. Dies gilt nicht, wenn diese Öffnungen durch Sturm oder Hagel entstanden sind und einen Gebäudeschaden darstellen;

A 6.5.3 Grundwasser, soweit nicht infolge von Witterungsniederschlägen oder Ausuferung von oberirdischen Gewässern an die Erdoberfläche gedrungen;

A 6.5.4 Brand; Blitzschlag; Überspannung durch Blitz; Explosion; Verpuffung; Implosion; Anprall oder Absturz eines Luftfahrzeugs; Fahrzeuganprall; Sengschäden; Rauch- und Rußschäden. Dies gilt nicht, soweit diese Gefahren durch ein versichertes Erdbeben ausgelöst wurden;

A 6.5.5 Trockenheit oder Austrocknung.

Nicht versichert sind Schäden an

A 6.5.6 Gebäuden oder an Gebäudeteilen, die nicht bezugsfertig sind. Dies gilt auch für die in diesen Gebäuden oder Gebäudeteilen befindlichen Sachen.

A 6.5.7 Sachen, die sich außerhalb von Gebäuden befinden. Ausgenommen hiervon sind Antennenanlagen und Markisen und Balkonkraftwerke (sog. Steckersolaranlagen, steckerfertige Mini PV-Anlagen) nach A 8.3.3.

A 7 **Welche Sachen sind versichert?**

Versichert ist der gesamte Hausrat innerhalb des im Versicherungsschein bezeichneten Versicherungsorts. Hausrat, der anlässlich eines – auch unmittelbar bevorstehenden – Versicherungsfalls aus dem Versicherungsort entfernt und bei dieser Gelegenheit zerstört oder beschädigt wird oder abhandenkommt, ist versichert. Hausrat außerhalb des im Versicherungsschein bezeichneten Versicherungsorts ist nur im Rahmen der Außenversicherung nach A 12 versichert. Er ist auch versichert, soweit dies zusätzlich vereinbart ist.

A 8 **Was gehört zum Hausrat?**

A 8.1 Zum Hausrat gehören alle Sachen, die dem Haushalt des Versicherungsnehmers zur privaten Nutzung (Gebrauch bzw. Verbrauch) dienen.

A 8.2 Wertsachen und Bargeld gehören ebenfalls zum Hausrat. Hierfür gelten besondere Voraussetzungen und Entschädigungsgrenzen nach A 18.

A 8.3 Ferner gehören zum Hausrat

A 8.3.1 alle in das Gebäude eingefügten Sachen (z.B. Einbaumöbel und Einbauküchen). Dies gilt aber nur, wenn der Versicherungsnehmer diese als Mieter oder Wohnungseigentümer auf seine Kosten beschafft oder übernommen hat. Er muss aufgrund dessen hierfür die Gefahr tragen.

A 8.3.2 Anbaumöbel und Anbauküchen, die serienmäßig vorgefertigt und lediglich mit geringem Einbauaufwand an die Gebäudeverhältnisse angepasst worden sind.

A 8.3.3 privat genutzte Antennenanlagen und Markisen und Balkonkraftwerke (sog. Steckersolaranlagen, steckerfertige Mini PV-Anlagen), die ausschließlich der versicherten Wohnung nach A 10 dienen. Diese müssen sich auf dem Grundstück befinden, auf dem die versicherte Wohnung liegt.

Die Entschädigung für Balkonkraftwerke ist je Versicherungsfall auf ____ Euro begrenzt.

A 8.3.4 selbstfahrende Krankenfahrstühle, Rasenmäher, Go-Karts, Modell- und Spielfahrzeuge, soweit diese nicht versicherungspflichtig sind.

A 8.3.5 Kanus, Ruder-, Falt- und Schlauchboote einschließlich ihrer Motoren sowie Surfgeräte.

A 8.3.6 Fall- und Gleitschirme sowie nicht motorisierte Flugdrachen.

A 8.3.7 Arbeitsgeräte, Einrichtungsgegenstände, Handelswaren, Musterkollektionen und selbst hergestellte Sachen. Diese Sachen müssen dem Versicherungsnehmer oder einer Person, die mit ihm in häuslicher Gemeinschaft lebt, zu ausschließlich beruflichen oder gewerblichen Zwecken dienen.

Die Entschädigung für Handelswaren, Musterkollektionen und selbst hergestellte Sachen ist je Versicherungsfall auf ____ Euro begrenzt.

A 8.3.8 Haustiere, d.h. Tiere, die regelmäßig artgerecht in Wohnungen nach A 10.1 gehalten werden (z.B. Fische, Katzen, Vögel).

A 8.4 Zum Hausrat gehört auch fremdes Eigentum nach A 8.1 bis A 8.3, das sich im Haushalt des Versicherungsnehmers befindet. Das gilt nicht für Sachen von Mietern bzw. Untermietern des Versicherungsnehmers nach A 9.1.5.

A 9 **Was gehört nicht zum Hausrat?**

A.9.1 Nicht zum Hausrat gehören

A 9.1.1 Gebäudebestandteile, es sei denn, sie sind in A 8.3.1 genannt.

A 9.1.2 vom Gebäudeeigentümer eingebrachte oder in sein Eigentum übergegangene Sachen, für die er die Gefahr trägt. Sofern diese Sachen danach durch den Mieter oder Wohnungseigentümer ersetzt werden, sind diese ebenfalls nicht versichert.

A 9.1.3 Kraftfahrzeuge aller Art und Anhänger, unabhängig von deren Versicherungspflicht, sowie Teile und Zubehör von Kraftfahrzeugen und Anhängern, soweit nicht unter A 8.3.4 genannt.

A 9.1.4 Luft- und Wasserfahrzeuge, unabhängig von deren Versicherungspflicht, einschließlich nicht eingebauter Teile, soweit nicht unter A 8.3.4 bis A 8.3.6 genannt.

A 9.1.5 Hausrat von Mietern und Untermietern in der Wohnung des Versicherungsnehmers, es sei denn, dieser wurde ihnen vom Versicherungsnehmer überlassen.

A 9.1.6 Sachen im Privatbesitz, die durch einen gesonderten Versicherungsvertrag (z.B. für Schmucksachen und Pelze, Kunstgegenstände, Musikinstrumente bzw. Jagd- und Sportwaffen) versichert sind.

A 9.1.7 elektronisch gespeicherte Daten und Programme. Kosten für die technische Wiederherstellung von elektronisch gespeicherten, ausschließlich für die private Nutzung bestimmten Daten und Programme sind nur versichert, soweit dies zusätzlich vereinbart ist.

A 10 **Was ist unter dem Versicherungsort zu verstehen? Was ist das Versicherungsgrundstück?**

A 10.1 Der Versicherungsort ist die im Versicherungsschein bezeichnete Wohnung. Zur Wohnung gehören

A 10.1.1 diejenigen Räume, die Wohnzwecken dienen und eine selbständige Lebensführung ermöglichen. Dies sind die ausschließlich vom Versicherungsnehmer privat genutzten Flächen eines Gebäudes. Der Nutzung durch den Versicherungsnehmer steht eine Nutzung durch

Personen, die mit dem Versicherungsnehmer in häuslicher Gemeinschaft leben, gleich. Räume, die ausschließlich beruflich oder gewerblich genutzt werden, gehören nicht zur Wohnung. Davon ausgenommen sind Räume, die ausschließlich über die Wohnung zu betreten sind (sog. Arbeitszimmer in der Wohnung).

A 10.1.2 Loggien, Balkone sowie an das Gebäude unmittelbar anschließende Terrassen. Gleiches gilt für ausschließlich vom Versicherungsnehmer zu privaten Zwecken genutzte Räume in Nebengebäuden einschließlich Garagen. Diese müssen sich auf dem Versicherungsgrundstück befinden, auf dem sich die versicherte Wohnung befindet. Der Nutzung durch den Versicherungsnehmer steht eine Nutzung durch Personen, die mit dem Versicherungsnehmer in häuslicher Gemeinschaft leben, gleich.

A 10.1.3 gemeinschaftlich genutzte, verschließbare Räume, in dem Hausrat bestimmungsgemäß vorgehalten wird (z.B. ausgewiesene Stellflächen in Fluren, Fahrradkeller, Waschkeller). Diese müssen sich auf dem Versicherungsgrundstück befinden, auf dem sich die versicherte Wohnung befindet.

A 10.1.4 privat genutzte Garagen, soweit sich diese in der Nähe des Versicherungsgrundstücks befinden.

A 10.2 Das Versicherungsgrundstück ist das Flurstück/sind die Flurstücke, auf dem die im Versicherungsschein bezeichnete Wohnung liegt. Stehen auf einem Flurstück mehrere Gebäude, ist derjenige Teil des Flurstücks Versicherungsgrundstück, der durch Einfriedung oder anderweitige Abgrenzung ausschließlich zu der versicherten Wohnung gehört.

A 11 Was gilt für Selbstbeteiligungen und Entschädigungsgrenzen im Versicherungsvertrag?

Eine Selbstbeteiligung ist der Anteil der Entschädigung oder der Betrag, den der Versicherungsnehmer je Versicherungsfall selbst zu tragen hat. Eine Entschädigungsgrenze begrenzt die Entschädigungshöhe je Versicherungsfall nach oben.

Selbstbeteiligungen und Entschädigungsgrenzen können individuell vereinbart werden. Sie können sich je nach versicherter Gefahr und Versicherungsleistung voneinander unterscheiden.

A 12 Was ist unter der Außenversicherung zu verstehen? Was beinhaltet sie?

A 12.1 Begriff und Geltungsdauer der Außenversicherung

Außerhalb des Versicherungsorts besteht für versicherte Sachen weltweit Versicherungsschutz unter folgenden Voraussetzungen:

A 12.1.1 Die Sachen sind Eigentum oder dienen dem Gebrauch des Versicherungsnehmers. Dies gilt auch für Sachen der mit ihm in häuslicher Gemeinschaft lebenden Personen.

A 12.1.2 Die Sachen befinden sich nur vorübergehend außerhalb des Versicherungsorts. Zeiträume von mehr als __ Monaten gelten nicht als vorübergehend.

A 12.2 Unselbständiger Hausstand während Ausbildung und Freiwilligendiensten

Hält sich der Versicherungsnehmer oder eine mit ihm in häuslicher Gemeinschaft lebende Person länger außerhalb der Wohnung auf, besteht Versicherungsschutz während:

A 12.2.1 der Ausbildung;

A 12.2.2 einem freiwilligen Wehrdienst;

A 12.2.3 einem sonstigen gesetzlichen Freiwilligendienst (z.B. Freiwilliges Soziales oder Ökologisches Jahr, Bundesfreiwilligendienst).

Das gilt unabhängig von der Dauer des Aufenthalts, solange die Person keinen eigenen Hausstand gründet.

A 12.3 Besonderheit bei Einbruchdiebstahl

Für Schäden durch Einbruchdiebstahl müssen die Voraussetzungen nach A 4.1 erfüllt sein.

A 12.4 Besonderheit bei Raub

Droht der Räuber eine Gewalttat mit Gefahr für Leib oder Leben nach A 4.4.2 an, besteht Außenversicherungsschutz nur unter folgender Voraussetzung:

Die angedrohte Gewalttat soll an Ort und Stelle verübt werden.

Dies gilt auch, wenn der Raub an Personen begangen wird, die mit dem Versicherungsnehmer in häuslicher Gemeinschaft leben.

Sachen, die erst auf Verlangen des Räubers herangeschafft werden, sind nicht versichert.

A 12.5 Besonderheit bei Naturgefahren

Für Schäden durch Naturgefahren besteht Versicherungsschutz nur innerhalb von Gebäuden.

A 12.6 Selbstbeteiligung und Entschädigungsgrenzen

Es gelten die vereinbarten Selbstbeteiligungen und Entschädigungsgrenzen.

A 13 Welche Kosten sind versichert?

A 13.1 Versicherte Kosten

Der Versicherer ersetzt folgende Kosten, die infolge eines Versicherungsfalls erforderlich und tatsächlich angefallen sind:

A 13.1.1 Aufräumungskosten

A 13.1.2 Bewegungs- und Schutzkosten

A 13.1.3 Hotelkosten

A 13.1.4 Transport- und Lagerkosten

A 13.1.5 Schlossänderungskosten

A 13.1.6 Bewachungskosten

A 13.1.7 Reparaturkosten für Gebäudeschäden

A 13.1.8 Reparaturkosten für Leitungswasserschäden in Wohnungen

A 13.1.9 Kosten für provisorische Maßnahmen

A 13.1.10 Kosten für Wasser-, Gas- und Heizölverlust sowie Stromverlust aus Stromspeichern

A 13.1.11 Rückreisekosten aus dem Urlaub

A 13.1.12 Schäden am Tiefkühlgut wegen öffentlichen Stromausfalls

A 13.1.13 Kosten für Telefonmissbrauch nach einem Einbruch

A 13.2 Definition und Umfang der Kosten

A 13.2.1 Aufräumungskosten

Das sind Kosten, die entstehen, um versicherte Sachen aufzuräumen. Dies schließt Aufwendungen ein, um zerstörte und beschädigte Sachen wegzuräumen, zum nächsten Ablagerungsplatz abzutransportieren und sie zu vernichten.

A 13.2.2 Bewegungs- und Schutzkosten

Das sind Kosten, die entstehen, um andere Sachen zu bewegen, zu verändern oder zu schützen. Voraussetzung ist, dass diese Maßnahmen dazu dienen, versicherte Sachen wiederherzustellen oder wiederzubeschaffen.

A 13.2.3 Hotelkosten

Das sind Kosten, die entstehen, um eine Hotel- oder ähnliche Unterbringung ohne Nebenkosten (z.B. Frühstück) vorzunehmen. Voraussetzung ist, dass die ansonsten ständig bewohnte Wohnung unbewohnbar wurde und dem Versicherungsnehmer die Beschränkung auf einen bewohnbaren Teil nicht zumutbar ist.

Die Kosten werden bis zu dem Zeitpunkt ersetzt, in dem die Wohnung wieder bewohnbar ist. Dies gilt längstens für die Dauer von __ Tagen. Die Entschädigung ist pro Tag auf __ Euro begrenzt.

A 13.2.4 Transport- und Lagerkosten

Das sind Kosten, die entstehen, um versicherten Hausrat zu transportieren und zu lagern. Voraussetzung ist, dass die Wohnung unbenutzbar wurde und dem Versicherungsnehmer auch die Lagerung in einem benutzbaren Teil nicht zumutbar ist.

Die Kosten für die Lagerung werden bis zu dem Zeitpunkt ersetzt, in dem die Wohnung wieder benutzbar oder eine Lagerung in einem benutzbaren Teil der Wohnung wieder zumutbar ist. Dies gilt längstens für die Dauer von __ Tagen.

A 13.2.5 Schlossänderungskosten

Das sind Kosten, die entstehen, um Schlossänderungen vorzunehmen. Voraussetzung ist, dass Schlüssel für Türen der Wohnung oder für dort befindliche Wertschutzschränke durch einen Versicherungsfall abhandengekommen sind.

A 13.2.6 Bewachungskosten

Das sind Kosten, die entstehen, um versicherte Sachen zu bewachen, wenn die Wohnung unbewohnbar wurde und Schließvorrichtungen und sonstige Sicherungen keinen ausreichenden Schutz bieten.

Die Kosten werden bis zu dem Zeitpunkt ersetzt, in dem die Schließvorrichtungen oder sonstige Sicherungen wieder voll gebrauchsfähig sind. Dies gilt längstens für die Dauer von __ Stunden.

A 13.2.7 Reparaturkosten für Gebäudeschäden

Das sind Kosten, die entstehen, weil Gebäudeschäden im Bereich der Wohnung repariert werden müssen. Dies setzt voraus, dass die Schäden durch Einbruchdiebstahl, Raub oder den Versuch einer solchen Tat entstanden sind. Schäden innerhalb der Wohnung, die durch Vandalismus nach einem Einbruch oder einem Raub verursacht wurden, zählen ebenfalls dazu.

A 13.2.8 Reparaturkosten für Leitungswasserschäden in Wohnungen

Das sind Kosten, die entstehen, weil Leitungswasserschäden an Bodenbelägen, Innenanstrichen oder Tapeten repariert werden müssen. Dies setzt voraus, dass der Schaden in einer gemieteten oder in Sondereigentum befindlichen Wohnung entstanden ist.

A 13.2.9 Kosten für provisorische Maßnahmen

Das sind Kosten, die für provisorische Maßnahmen entstehen, um versicherte Sachen zu schützen.

A 13.1.10 Kosten für Wasser-, Gas- und Heizölverlust sowie Stromverlust aus Stromspeichern

Das sind Kosten, die dadurch entstehen, dass Wasser, Gas oder Heizöl wegen eines Versicherungsfalls bestimmungswidrig ausgetreten sind. Hierzu gehören auch Mehrkosten für Abwasser.

Erstattet werden auch die Kosten für den Stromverlust aus Stromspeichern.

Die Entschädigung ist je Versicherungsfall auf ___ Euro begrenzt.

A 13.1.11 Rückreisekosten aus dem Urlaub

Das sind zusätzliche Reisekosten, die dadurch entstehen, dass der Versicherungsnehmer oder eine mit ihm in häuslicher Gemeinschaft lebende Person wegen eines erheblichen Versicherungsfalls vorzeitig eine Urlaubsreise abbricht und an den Versicherungsort nach A 10.1 reist. Hierzu zählen auch die Kosten für mitreisende Personen, die mit dem Versicherungsnehmer in häuslicher Gemeinschaft leben.

Erheblich ist ein Versicherungsfall, wenn der Schaden einen Betrag in Höhe von ____ Euro voraussichtlich übersteigt. Weiterhin ist die Anwesenheit des Versicherungsnehmers oder einer mit ihm in häuslicher Gemeinschaft lebenden Person am Versicherungsort erforderlich.

Als Urlaubsreise gilt jede privat veranlasste Abwesenheit von mindestens ____ Tagen bis zu einer Dauer von höchstens ___ Wochen.

Zusätzliche Reisekosten werden nur in angemessener Höhe ersetzt. Dies richtet sich nach dem ursprünglich vorgesehenen Urlaubsreisemittel und der Dringlichkeit der Rückreise an den Versicherungsort.

Die Entschädigung ist je Versicherungsfall auf _____ Euro begrenzt.

A 13.1.12 Schäden an Gefriergut

Versichert sind Schäden an Gefriergut, die dadurch entstehen, dass eine Tiefkühlanlage durch eine Unterbrechung der öffentlichen Stromversorgung ausfällt.

Die Entschädigung ist je Versicherungsfall auf _______ Euro begrenzt.

A 13.1.13 Kosten für Telefonmissbrauch nach einem Einbruch

Das sind Telefonkosten, die dadurch entstehen, dass ein Täter in einer nach A 4.1 beschriebenen Weise in die versicherte Wohnung einbricht und ein dort vorhandenes Telefon verwendet.

Die Entschädigung ist je Versicherungsfall auf _______ Euro begrenzt.

A 14 Was ist der Versicherungswert und die Versicherungssumme? Was sind die Grundlagen der Anpassung der Versicherungssumme? Was ist der Unterversicherungsverzicht?

A 14.1 Versicherungswert

Der Versicherungswert bildet die Grundlage für die Berechnung der Entschädigung.

A 14.1.1 Versicherungswert ist der Neuwert. Das ist der Betrag, der aufzuwenden ist, um Sachen gleicher Art und Güte in neuwertigem Zustand wiederzubeschaffen.

A 14.1.2 Für Kunstgegenstände nach A 18.1.1.5 und Antiquitäten nach A 18.1.1.6 ist der Versicherungswert der Betrag, der aufzuwenden ist, um Sachen gleicher Art und Güte wiederzubeschaffen.

A 14.1.3 Sind Sachen für ihren Zweck in dem versicherten Haushalt nicht mehr zu verwenden, ist der Versicherungswert der gemeine Wert. Das ist der Betrag, den der Versicherungsnehmer dafür bei einem Verkauf erzielen kann.

A 14.1.4 Ist die Entschädigung für Wertsachen auf bestimmte Beträge nach A 18.3 begrenzt, werden höchstens diese berücksichtigt.

A 14.2 Versicherungssumme

A 14.2.1 Die Versicherungssumme wird zwischen Versicherer und Versicherungsnehmer vereinbart. Sie soll dem Versicherungswert nach A 14.1 entsprechen. Ist die Versicherungssumme zu niedrig gewählt, drohen Nachteile bei der Entschädigungsberechnung. Auch bei einem vereinbarten Unterversicherungsverzicht nach A 14.4 erhält der Versicherungsnehmer höchstens die vereinbarte Versicherungssumme (siehe A 17.3).

A 14.2.2 Die Versicherungssumme errechnet sich aus dem bei Vertragsabschluss vereinbarten Betrag pro Quadratmeter Wohnfläche multipliziert mit der im Versicherungsschein genannten Wohnfläche der versicherten Wohnung.

A 14.2.3 Die Versicherungssumme wird nach A 14.3 angepasst.

A 14.2.4 Die Versicherungssumme erhöht sich um einen Vorsorgebetrag von __ Prozent.

A 14.3 Grundlagen der Anpassung von Versicherungssumme und Beitrag

Es gelten folgende Grundlagen:

A 14.3.1 Der Versicherer passt den Versicherungsschutz an die Entwicklung der Verbraucherpreise an. Er verändert hierzu den Betrag pro Quadratmeter Wohnfläche. Für die Anpassung wird der Index „Verbrauchs- und Gebrauchsgüter ohne Nahrungsmittel und ohne die normalerweise nicht in der Wohnung gelagerten Güter" verwendet. Dieser ist Bestandteil des Verbraucherpreisindexes für Deutschland (VPI). Maßgebend ist der jeweils für den Monat September vom Statistischen Bundesamt veröffentlichte Index. Der Betrag pro Quadratmeter erhöht oder vermindert sich entsprechend dem Prozentsatz, um den sich der Index im vergangenen Kalenderjahr gegenüber dem davorliegenden Kalenderjahr verändert hat. Der Veränderungsprozentsatz wird nur bis zur ersten Stelle nach dem Komma berücksichtigt.

Der neue Betrag pro Quadratmeter verändert sich jeweils mit Beginn einer jeden Versicherungsperiode. Er wird auf den nächsten vollen Euro aufgerundet. Der Versicherer gibt dem Versicherungsnehmer den gerundeten Betrag mit der neuen Versicherungssumme bekannt.

A 14.3.2 Aus der neuen Versicherungssumme ergibt sich ein neuer Beitrag.

A 14.3.3 Der Versicherungsnehmer kann der Anpassung der Versicherungssumme durch Erklärung in Textform (z.B. E-Mail, Telefax oder Brief) widersprechen. Dies muss innerhalb eines Monats geschehen, nachdem ihm die Mitteilung über die neue Versicherungssumme zugegangen ist. Um die Frist zu wahren, genügt es, den Widerspruch rechtzeitig abzusenden. Damit wird die Anpassung nicht wirksam. Die möglichen Auswirkungen des Widerspruchs auf einen vereinbarten Unterversicherungsverzicht ergeben sich aus A 14.4.4.

A 14.4 Geltung und Umfang des Unterversicherungsverzichts

A 14.4.1 Unterversicherungsverzicht

Der Unterversicherungsverzicht bedeutet, dass der Versicherer im Schadenfall auf den Einwand einer Unterversicherung verzichtet. Eine Unterversicherung besteht, wenn die vereinbarte Versicherungssumme zum Zeitpunkt des Versicherungsfalls niedriger als der Versicherungswert (siehe A 14.1) ist. Das kann dazu führen, dass der Versicherer die Entschädigung wegen Unterversicherung nach A 17.4 kürzt. Mit dem Verzicht erfolgt bei der Entschädigungsberechnung nach A 17.3 kein Abzug.

A 14.4.2 Voraussetzungen

Der Versicherer verzichtet auf den Einwand einer Unterversicherung, wenn alle folgenden Voraussetzungen vorliegen:

A 14.4.2.1 Die Wohnfläche entspricht zum Zeitpunkt des Versicherungsfalls der im Versicherungsschein genannten Wohnfläche.

A 14.4.2.2 Die Versicherungssumme wird auf folgende Weise ermittelt: Die Anzahl der Quadratmeter Wohnfläche wird mit mindestens dem Wert multipliziert, den der Versicherer vorsieht, um den Unterversicherungsverzicht vereinbaren zu können.

A 14.4.2.3 Es besteht kein weiterer Hausratversicherungsvertrag ohne Unterversicherungsverzicht für denselben Versicherungsort.

A 14.4.3 Wohnungswechsel

Wechselt der Versicherungsnehmer die Wohnung, geht ein bisher vereinbarter Unterversicherungsverzicht auf die neue Wohnung über.

Dies gilt dann, wenn die Voraussetzungen für den Unterversicherungsverzicht nach A 14.4.2 für die neue Wohnung vorliegen.

Vergrößert sich die Wohnfläche der neuen Wohnung gilt: Der Unterversicherungsverzicht besteht bis zu zwei Monate nach Umzugsbeginn fort. In dieser Zeit muss der Vertrag an die tatsächliche Anzahl der Quadratmeter angepasst werden. Der Unterversicherungsverzicht entfällt nach Ablauf dieser Frist, wenn bis dahin keine Anpassung erfolgte.

A 14.4.4 Auswirkung eines Widerspruchs gegen die Anpassung der Versicherungssumme

Durch einen Widerspruch entfällt ein vereinbarter Unterversicherungsverzicht.

Dies gilt aber nur, wenn dadurch der Betrag pro Quadratmeter Wohnfläche unterschritten wird, der zum Zeitpunkt der Anpassung vom Versicherer für den Unterversicherungsverzicht vorgegeben ist.

Der Versicherer hat den Versicherungsnehmer über den Wegfall des Unterversicherungsverzichts in Textform (z.B. E-Mail, Telefax oder Brief) zu informieren.

A 14.4.5 Kündigung

Versicherungsnehmer und Versicherer können den Unterversicherungsverzicht mit einer Frist von drei Monaten zum Ende der Versicherungsperiode in Textform (z.B. E-Mail, Telefax oder Brief) kündigen.

Kündigt der Versicherer, kann der Versicherungsnehmer den Vertrag zum Ende der laufenden Versicherungsperiode kündigen. Dafür hat er nach Zugang der Erklärung des Versicherers einen Monat Zeit.

A 15 Was sind die Grundlagen der Berechnung und Anpassung des Beitrags?

[Platzhalter für unternehmensindividuelle Regelungen zur Berechnung und Anpassung des Beitrags.]

A 16 Was gilt bei einem Wohnungswechsel?

A 16.1 Umzug in eine neue Wohnung

Wechselt der Versicherungsnehmer die Wohnung, geht der Versicherungsschutz auf die neue Wohnung über. Während des Wohnungswechsels besteht in beiden Wohnungen Versicherungsschutz. Der Versicherungsschutz in der bisherigen Wohnung erlischt spätestens __ Monate nach Umzugsbeginn. Der Umzug beginnt mit dem Zeitpunkt, in dem erstmals versicherte Sachen dauerhaft in die neue Wohnung gebracht werden.

A 16.2 Mehrere Wohnungen

Bewohnt der Versicherungsnehmer neben der neuen weiterhin seine bisherige Wohnung (Doppelwohnsitz), geht der Versicherungsschutz nicht über. Für eine Übergangszeit von __ Monaten besteht Versicherungsschutz in beiden Wohnungen.

A 16.3 Umzug ins Ausland

Liegt die neue Wohnung nicht innerhalb der Bundesrepublik Deutschland, geht der Versicherungsschutz nicht auf die neue Wohnung über. Der Versicherungsschutz in der bisherigen Wohnung erlischt spätestens __ Monate nach Umzugsbeginn.

A 16.4 Anzeige der neuen Wohnung

A 16.4.1 Ein Wohnungswechsel muss dem Versicherer spätestens bei Umzugsbeginn angezeigt werden. Dabei ist die neue Wohnfläche in Quadratmetern anzugeben.

A 16.4.2 Waren für die bisherige Wohnung besondere Sicherungen vereinbart, ist dem Versicherer mitzuteilen, ob auch in der neuen Wohnung entsprechende Sicherungen vorhanden sind. Die Anzeige muss in Textform (z.B. E-Mail, Telefax oder Brief) erfolgen.

A 16.4.3 Verändert sich nach dem Wohnungswechsel die Wohnfläche oder der Wert des Hausrats, kann das zu Unterversicherung führen, wenn der Versicherungsschutz nicht angepasst wird.

A 16.5 Festlegung des neuen Beitrags, Kündigungsrecht

A 16.5.1 Mit Umzugsbeginn gelten die Tarifbestimmungen des Versicherers, die am Ort der neuen Wohnung gültig sind.

A 16.5.2 Wenn sich der Beitrag aufgrund veränderter Beitragssätze erhöht, kann der Versicherungsnehmer den Vertrag kündigen. Dies gilt auch, wenn die Selbstbeteiligung erhöht wird. Kündigt der Versicherungsnehmer, muss er das in Textform (z.B. E-Mail, Telefax oder Brief) tun. Dafür hat er einen Monat nach Zugang der Mitteilung über die Erhöhung Zeit. Maßgeblich für die Wahrung der Frist ist der Zugang beim Versicherer. Die Kündigung wird einen Monat, nachdem sie dem Versicherer zugegangen ist, wirksam.

A 16.5.3 Dem Versicherer steht im Fall einer Kündigung der Beitrag nur in bisheriger Höhe und zeitanteilig bis zur Wirksamkeit der Kündigung zu.

A 16.6 Aufgabe einer gemeinsamen Ehewohnung

Im Fall einer Trennung von Ehegatten gilt Folgendes:

A 16.6.1 Zieht der Versicherungsnehmer aus der gemeinsamen Ehewohnung aus und bleibt der Ehegatte dort zurück, gelten als Versicherungsort beide Wohnungen: Die bisherige Ehewohnung und die neue Wohnung des Versicherungsnehmers. Dies gilt so lange, bis der Versicherungsvertrag geändert wird, längstens bis zum Ablauf von __ Monaten nach der auf den Auszug folgenden Beitragsfälligkeit. Danach besteht Versicherungsschutz nur noch in der neuen Wohnung des Versicherungsnehmers.

A 16.6.2 Wenn beide Ehegatten Versicherungsnehmer sind und einer von ihnen aus der Ehewohnung auszieht, sind Versicherungsort ebenfalls beide Wohnungen: Die bisherige Ehewohnung und die neue Wohnung des ausziehenden Ehegatten. Dies gilt so lange, bis der Versicherungsvertrag geändert wird, längstens bis zum Ablauf von __ Monaten nach der auf den Auszug folgenden Beitragsfälligkeit. Danach erlischt der Versicherungsschutz für die neue Wohnung.

A 16.6.3 Wenn beide Ehegatten Versicherungsnehmer sind und beide in neue Wohnungen ziehen, gilt A 16.6.2 entsprechend. Nach Ablauf der Frist von __ Monaten nach der auf den Auszug folgenden Beitragsfälligkeit erlischt der Versicherungsschutz für beide neuen Wohnungen.

A 16.7 Lebensgemeinschaften, Lebenspartnerschaften

A 16.6 gilt auch für eheähnliche Lebensgemeinschaften und Lebenspartnerschaften, sofern beide Partner am Versicherungsort gemeldet sind.

A 17 Wie wird die Entschädigung ermittelt? Was gilt bei einer Unterversicherung?

A 17.1 Der Versicherer ersetzt

A 17.1.1 bei zerstörten oder abhandengekommenen Sachen den Versicherungswert nach A 14.1 zum Zeitpunkt des Versicherungsfalls. Der erzielbare Verkaufspreis von Resten wird bei der Entschädigungsberechnung angerechnet.

A 17.1.2 bei beschädigten Sachen die erforderlichen Reparaturkosten zum Zeitpunkt des Versicherungsfalls. Der Versicherer ersetzt außerdem eine Wertminderung, die durch die Reparatur nicht ausgeglichen wird. Ersetzt wird aber höchstens der Versicherungswert nach A 14.1 zum Zeitpunkt des Versicherungsfalls. Der erzielbare Verkaufspreis von Resten wird bei der Entschädigungsberechnung angerechnet.

A 17.1.3 bei beschädigten Sachen, deren Gebrauchsfähigkeit nicht beeinträchtigt ist (Schönheitsschaden), einen Betrag der dem Minderwert entspricht. Das setzt voraus, dass dem Versicherungsnehmer eine Nutzung dieser Sache ohne Reparatur zumutbar ist.

A 17.2 Mehrwertsteuer

Die Mehrwertsteuer wird nur ersetzt, wenn und soweit sie anlässlich der Wiederherstellung oder Wiederbeschaffung tatsächlich angefallen ist. Sie wird nicht ersetzt, wenn der Versicherungsnehmer zum Vorsteuerabzug berechtigt ist.

A 17.3 Gesamtentschädigung, Kosten auf Weisung des Versicherers

Die Gesamtentschädigung für versicherte Sachen einschließlich versicherter Kosten ist je Versicherungsfall auf die zum Zeitpunkt des Versicherungsfalls geltende Versicherungssumme einschließlich Vorsorgebetrag nach A 14.2.4 begrenzt.

Schadenabwendungs- und Schadenminderungskosten, die auf Weisung des Versicherers entstanden sind, werden unbegrenzt ersetzt.

Wird die vereinbarte Versicherungssumme einschließlich Vorsorgebetrag für die Entschädigung versicherter Sachen bereits vollständig ausgeschöpft, gilt Folgendes: Versicherte Kosten nach A 13 werden darüber hinaus bis zu __ Prozent der Versicherungssumme nach A 14.2.1 bis A 14.2.3 ersetzt.

A 17.4 Feststellung und Berechnung einer Unterversicherung

Ist die Versicherungssumme zum Zeitpunkt des Versicherungsfalls niedriger als der Versicherungswert nach A 14.1, besteht eine Unterversicherung. In diesem Fall kann die Entschädigung nach A 17.1 in dem Verhältnis von Versicherungssumme zum Versicherungswert gekürzt werden. Es gilt folgende Berechnungsformel: Entschädigung = Schadenbetrag multipliziert mit der Versicherungssumme dividiert durch den Versicherungswert.

Die Erstattung von versicherten Kosten nach A 13 wird nach der gleichen Berechnungsformel in dem Verhältnis von Versicherungssumme zum Versicherungswert gekürzt. Das schließt auch Schadenabwendungs-, Schadenminderungs- und Schadenermittlungskosten ein.

A 17.5 Kosten

Versicherte Kosten nach A 13 werden ersetzt, wenn sie nachweislich tatsächlich angefallen sind. Dabei werden die jeweils vereinbarten Entschädigungsgrenzen berücksichtigt.

A 18 Was sind Wertsachen? Was sind Wertschutzschränke? Welche Entschädigungsgrenzen gelten für Wertsachen?

A 18.1 Wertsachen

A 18.1.1 Versicherte Wertsachen nach A 8.2 sind:

A 18.1.1.1 Bargeld sowie auf Karten oder sonstige Datenträger geladene Geldbeträge;

A 18.1.1.2 Urkunden einschließlich Sparbücher und sonstige Wertpapiere;

A 18.1.1.3 Schmucksachen, Edelsteine, Perlen, Briefmarken, Münzen, Medaillen sowie alle Sachen aus Gold oder Platin;

A 18.1.1.4 Pelze, handgeknüpfte Teppiche, Gobelins und Kunstgegenstände sowie nicht in A 18.1.1.3 genannte Sachen aus Silber;

A 18.1.1.5 Antiquitäten, die über 100 Jahre alt sind, mit Ausnahme von Möbelstücken.

A 18.2 Wertschutzschränke

A 18.2.1 Wertschutzschränke sind Sicherheitsbehältnisse, die durch ______ anerkannt sind.

A 18.2.2 Zusätzlich gilt:

Freistehende Wertschutzschränke müssen ein Mindestgewicht von ___ kg aufweisen. Bei geringerem Gewicht müssen sie nach den Herstellervorschriften fachmännisch verankert oder in der Wand oder im Fußboden bündig eingelassen sein.

A 18.3 Entschädigungsgrenzen

A 18.3.1 Wertsachen werden je Versicherungsfall bis __ Prozent der Versicherungssumme entschädigt, sofern nichts anderes vereinbart ist.

A 18.3.2 Für Wertsachen außerhalb eines verschlossenen Wertschutzschranks nach A 18.2 gelten folgende Entschädigungsgrenzen je Versicherungsfall, höchstens jedoch der jeweils vereinbarte Betrag:

A 18.3.2.1 __ Prozent der Versicherungssumme insgesamt für Bargeld und auf Karten oder sonstige Datenträger geladene Geldbeträge mit Ausnahme von Münzen, deren Versicherungswert den Nennbetrag übersteigt;

A 18.2.2.2 __ Prozent der Versicherungssumme insgesamt für Urkunden einschließlich Sparbücher und sonstige Wertpapiere;

A 18.2.2.3 __ Prozent der Versicherungssumme insgesamt für Schmucksachen, Edelsteine, Perlen, Briefmarken, Münzen, Medaillen sowie alle Sachen aus Gold oder Platin.

A 19 Welche Regeln gelten für das Sachverständigenverfahren?

A 19.1 Feststellung der Schadenhöhe

Der Versicherungsnehmer kann nach Eintritt des Versicherungsfalls verlangen, dass die Höhe des Schadens in einem Sachverständigenverfahren festgestellt wird.

Ein solches Sachverständigenverfahren können der Versicherer und der Versicherungsnehmer auch gemeinsam vereinbaren.

A 19.2 Weitere Feststellungen

Der Versicherungsnehmer und der Versicherer können vereinbaren, das Sachverständigenverfahren auf weitere Feststellungen zum Versicherungsfall auszudehnen.

A 19.3 Verfahren vor der Feststellung

Für das Sachverständigenverfahren gilt:

A 19.3.1 Jede Partei hat in Textform (z.B. E-Mail, Telefax oder Brief) einen Sachverständigen zu benennen. Eine Partei, die ihren Sachverständigen benannt hat, kann die andere Partei in Textform (z.B. E-Mail, Telefax oder Brief) auffordern, den zweiten Sachverständigen zu benennen. Dabei muss sie den von ihr benannten Sachverständigen angeben. Der zweite Sachverständige muss innerhalb von zwei Wochen nach Zugang der Aufforderung benannt werden. Wenn das nicht geschieht, kann die auffordernde Partei den Sachverständigen durch das für den Schadenort zuständige Amtsgericht ernennen lassen. In seiner Aufforderung muss der Versicherer den Versicherungsnehmer auf diese Folge hinweisen.

A 19.3.2 Der Versicherer darf folgende Personen nicht als Sachverständigen benennen:

A 19.3.2.1 Mitbewerber des Versicherungsnehmers,

A 19.3.2.2 Personen, die mit dem Versicherungsnehmer in dauernder Geschäftsverbindung stehen,

A 19.3.2.3 Personen, die bei Mitbewerbern oder Geschäftspartnern des Versicherungsnehmers angestellt sind oder mit ihnen in einem ähnlichen Verhältnis stehen.

A 19.3.3 Beide Sachverständige benennen in Textform (z.B. E-Mail, Telefax oder Brief) vor Beginn ihrer Feststellungen einen dritten Sachverständigen als Obmann. Die Regelung nach A 19.3.2 gilt auch für seine Benennung. Wenn sich die Sachverständigen nicht einigen, wird der Obmann durch das für den Schadenort zuständige Amtsgericht ernannt. Dies geschieht auf Antrag einer der beiden Parteien.

A 19.4 Feststellung

Die Feststellungen der Sachverständigen müssen enthalten:

A 19.4.1 ein Verzeichnis der abhanden gekommenen, der zerstörten und der beschädigten versicherten Sachen mit den dazugehörigen Versicherungswerten zum Zeitpunkt des Versicherungsfalls,

A 19.4.2 die Wiederherstellungs- und Wiederbeschaffungskosten,

A 19.4.3 die Restwerte der vom Schaden betroffenen Sachen,

A 19.4.4 die versicherten Kosten.

Wenn kein Unterversicherungsverzicht gegeben ist, muss zudem der Versicherungswert der nicht vom Schaden betroffenen versicherten Sachen zum Zeitpunkt des Versicherungsfalls enthalten sein.

A 19.5 Verfahren nach der Feststellung

Jeder Sachverständige übermittelt seine Feststellungen beiden Parteien gleichzeitig. Weichen die Feststellungen der Sachverständigen voneinander ab, übergibt der Versicherer sie unverzüglich dem Obmann. Dieser entscheidet über die darin streitig gebliebenen Punkte. Die Feststellungen der Sachverständigen bilden dabei die Grenzen für den Entscheidungsspielraum des Obmanns. Seine Entscheidung übermittelt der Obmann beiden Parteien gleichzeitig.

Die Feststellungen der Sachverständigen bzw. des Obmanns sind für die Vertragsparteien verbindlich. Sie sind unverbindlich, wenn nachgewiesen wird, dass sie offenbar von der wirklichen Sachlage erheblich abweichen.

Aufgrund von verbindlichen Feststellungen berechnet der Versicherer die Entschädigung. Wenn die Feststellungen unverbindlich sind, trifft das Gericht eine verbindliche Feststellung. Dies gilt auch, wenn die Sachverständigen die Feststellung nicht treffen können oder wollen oder sie verzögern.

A 19.6 Kosten

Sofern nicht etwas anderes vereinbart ist, trägt jede Partei die Kosten ihres Sachverständigen. Die Kosten des Obmanns tragen beide Parteien je zur Hälfte.

A 19.7 Obliegenheiten

Durch das Sachverständigenverfahren werden die Obliegenheiten des Versicherungsnehmers nicht berührt.

A 24 Was gilt für wiederherbeigeschaffte Sachen?

A 24.1 Anzeigepflicht

Erlangt der Versicherer oder der Versicherungsnehmer Kenntnis über den Verbleib abhandengekommener Sachen, hat er dies dem Vertragspartner unverzüglich anzuzeigen. Die Anzeige muss in Textform (z.B. E-Mail, Telefax oder Brief) erfolgen.

A 24.2 Entschädigung

Hat der Versicherungsnehmer den Besitz einer abhandengekommenen Sache wiedererhalten, so gilt für die Entschädigung dieser Sache:

A 24.2.1 Vor Zahlung der abschließenden Entschädigung

Der Versicherungsnehmer behält den Anspruch auf die Entschädigung. Das setzt voraus, dass er dem Versicherer die Sache innerhalb von zwei Wochen zur Verfügung stellt. Andernfalls ist eine zwischenzeitlich geleistete Entschädigung für diese Sache zurückzuzahlen. Das gilt auch für eine anteilig geleistete Entschädigung.

A 24.2.2 Nach Zahlung der abschließenden Entschädigung

Der Versicherungsnehmer kann innerhalb von zwei Wochen nach Empfang einer Aufforderung des Versicherers wählen, die Entschädigung zurückzuzahlen und die Sache zu behalten. Andernfalls gelten folgende Regelungen:

A 24.2.2.1 Bei Entschädigung der Sache in voller Höhe des Versicherungswerts kann er dem Versicherer die Sache zur Verfügung stellen. Dieses Wahlrecht muss er innerhalb von zwei Wochen nach Empfang der Aufforderung des Versicherers ausüben. Tut der Versicherungsnehmer das nicht, geht das Wahlrecht auf den Versicherer über.

A 24.2.2.2 Bei Entschädigung der Sache in bedingungsgemäß anteiliger Höhe des Versicherungswerts muss er sie im Einvernehmen mit dem Versicherer öffentlich meistbietend verkaufen lassen. Der Versicherer erhält von dem Erlös abzüglich der Verkaufskosten höchstens den Anteil, den er bereits für die Sache entschädigt hat.

A 24.3 Beschädigte Sachen

Behält der Versicherungsnehmer wiederherbeigeschaffte Sachen und sind diese beschädigt worden, kann er auch die bedingungsgemäße Entschädigung in Höhe der Reparaturkosten verlangen oder behalten.

A 24.4 Mögliche Rückerlangung

Ist es dem Versicherungsnehmer möglich, den Besitz einer abhandengekommenen Sache zurück zu erlangen, ohne dass er davon Gebrauch macht, gilt die Sache als zurückerhalten.

A 24.5 Übertragung der Rechte

Muss der Versicherungsnehmer dem Versicherer zurückerlangte Sachen zur Verfügung stellen, gilt:

Er hat dem Versicherer den Besitz, das Eigentum und alle sonstigen Rechte zu übertragen, die ihm an diesen Sachen zustehen.

A 24.6 Rückabwicklung bei kraftlos erklärten Wertpapieren

Ist ein Wertpapier in einem Aufgebotsverfahren für kraftlos erklärt worden, hat der Versicherungsnehmer die gleichen Rechte und Pflichten wie bei Zurückerlangung des Wertpapiers. Er kann die Entschädigung jedoch behalten, soweit ihm bei der Rückabwicklung durch Verzögerung fälliger Leistungen aus den Wertpapieren ein Zinsverlust entstanden ist.

62d. Allgemeine Wohngebäude Versicherungsbedingungen (VGB 2022 – Wohnflächenmodell)

Musterbedingungen des GDV[1)]
(Stand: November 2023)

Unverbindliche Bekanntgabe des Gesamtverbandes der Deutschen Versicherungswirtschaft e.V. (GDV) zur fakultativen Verwendung. Abweichende Vereinbarungen sind möglich.

[Inhaltsübersicht]

Präambel zu den Allgemeinen Wohngebäude Versicherungsbedingungen (VGB 2022 – Wohnflächenmodell)

Die Verbundene Wohngebäudeversicherung schützt Sie vor den finanziellen Folgen von Sachschäden an Ihrem Gebäude. Versicherbar sind Schäden durch die in diesen Versicherungsbedingungen zusammengefassten (verbundenen) Gefahren. Welche der versicherbaren Gefahren (z.B. Brand, Sturm und Hagel, Leitungswasser) tatsächlich versichert sein sollen, vereinbaren Sie mit uns. Wird das Gebäude zerstört oder beschädigt, entschädigen wir Sie für dessen Wiederherstellung nach den unten stehenden Bestimmungen. In der Regel vereinbaren wir mit Ihnen die Wiederherstellung in gleicher Art und Güte im neuwertigen Zustand in der Form einer Gleitenden Neuwertversicherung Plus. Das „Plus" steht für die Einbeziehung von Mehrkosten, die durch öffentlich-rechtliche Auflagen sowie Preissteigerungen zwischen Versicherungsfall und Wiederherstellung entstehen

[1)] In der jeweils aktuellen Fassung kostenlos abrufbar unter www.gdv.de.

können. Wir übernehmen auch eine Reihe von Folgekosten (z.B. Aufräumungs- und Abbruchkosten), die ein Schadenereignis auslöst.

Die „Allgemeinen Wohngebäude Versicherungsbedingungen" sind die Vertragsgrundlage für Ihre Verbundene Wohngebäudeversicherung. Auf die gleichzeitige Verwendung männlicher und weiblicher Sprachformen verzichten wir. Personenbezogene Formulierungen sind geschlechtsneutral zu verstehen.

Ihrem besseren Verständnis dieser Versicherungsbedingungen dienen folgende rechtlich unverbindliche Begriffserläuterungen:

Versicherungsnehmer: Das sind Sie als unser Vertragspartner und Käufer des Versicherungsschutzes.

Versicherungsfall: Der Versicherungsfall ist das Ereignis, für das wir Entschädigung leisten.

Ausschlüsse: Ein Ausschluss beschreibt eine Gefahr, eine Schadenart oder eine Sache, für die kein Versicherungsschutz besteht. Ausschlüsse dienen der Abgrenzung des Leistungsversprechens und gewährleisten, dass der Versicherungsschutz kalkulierbar bleibt. Sie finden sie in den Bedingungen entweder als generelle Ausschlüsse (z.B. Krieg) oder in Bestimmungen zu einzelnen Gefahren und Schäden sowie bei der Beschreibung der versicherten Sachen.

Gleitende Neuwertversicherung Plus: Die Gleitende Neuwertversicherung Plus geht von einem Betrag aus, der aufzuwenden ist, um ein Gebäude in gleicher Art und Güte wiederherzustellen. Wir berücksichtigen dabei automatisch eventuelle Mehrkosten durch öffentlichrechtliche Wiederherstellungsbeschränkungen. Außerdem passen wir den Versicherungsschutz an die Preisveränderungen der Baukosten für das Gebäude an. Diese Anpassung wirkt sich sowohl auf die Versicherungsleistung als auch Ihren Versicherungsbeitrag aus.

Obliegenheiten: Das sind Ihre Verhaltenspflichten vor, während und nach dem Versicherungsfall. Zum Beispiel müssen Sie Sicherheitsvorschriften zum Brand- oder Frostschutz einhalten. Wenn Sie Obliegenheiten verletzen, gefährden Sie Ihren Versicherungsschutz.

Realgläubiger: Realgläubiger sind Kreditgeber, die ihre Forderung über ein im Grundbuch eingetragenes Grundpfandrecht (z.B. Hypothek, Grundschuld) gesichert haben. Das können z.B. Banken oder Bausparkassen sein. Die Interessen der Realgläubiger sind im Rahmen einer Wohngebäudeversicherung gesetzlich geschützt. Sie müssen u.a. bei Zahlung von Versicherungsleistungen und der Beendigung des Versicherungsvertrages einbezogen werden.

Unverbindliche Bekanntgabe des Gesamtverbandes der Deutschen Versicherungswirtschaft e.V. (GDV) zur fakultativen Verwendung. Abweichende Vereinbarungen sind möglich.

Teil A

A 1 Welche Gefahren sind versicherbar? Welche Schäden sind versichert?

Der Versicherer entschädigt für versicherte Sachen, die durch folgende Ereignisse (Gefahren) zerstört oder beschädigt werden oder infolge solcher Ereignisse abhandenkommen:

A 1.1 Brand; Blitzschlag; Überspannung durch Blitz; Explosion; Verpuffung; Implosion; Anprall oder Absturz eines Luftfahrzeugs; Fahrzeuganprall; Sengschäden; Rauch- und Rußschäden;

A 1.2 Leitungswasser;

A 1.3 Naturgefahren;

A 1.3.1 Sturm, Hagel;

A 1.3.2 die weiteren Naturgefahren (Elementargefahren) Überschwemmung, Rückstau, Erdbeben, Erdsenkung, Erdrutsch, Schneedruck, Lawinen und Vulkanausbruch.

Jede der Gefahrengruppen nach A 1.1, A 1.2 und A 1.3.1 kann auch einzeln versichert werden. Weitere Naturgefahren (Elementargefahren) nach A 1.3.2 können ausschließlich in Verbindung mit einer oder mehreren unter A 1.1, A 1.2 und A 1.3.1 genannten Gefahren versichert werden.

A 2 Welche generellen Ausschlüsse gibt es?

A 2.1 Ausschluss Krieg

Nicht versichert sind Schäden durch Krieg, kriegsähnliche Ereignisse, Bürgerkrieg, Revolution, Rebellion oder Aufstand. Das gilt ohne Berücksichtigung mitwirkender Ursachen.

A 2.2 Ausschluss Innere Unruhen

Nicht versichert sind Schäden durch Innere Unruhen. Das gilt ohne Berücksichtigung mitwirkender Ursachen.

A 2.3 Ausschluss Kernenergie

Nicht versichert sind Schäden durch Kernenergie, nukleare Strahlung oder radioaktive Substanzen. Das gilt ohne Berücksichtigung mitwirkender Ursachen.

A 3 Was ist unter Brand; Blitzschlag; Überspannung durch Blitz und Explosion zu verstehen? Welche Schäden sind darüber hinaus versichert? Welche Schäden sind hier nicht versichert?

A 3.1 Brand

Brand ist ein Feuer, das ohne einen bestimmungsgemäßen Herd entstanden ist oder ihn verlassen hat und das sich aus eigener Kraft auszubreiten vermag.

Versichert sind auch Schäden durch einen Brand, der aus einem Nutzfeuer entstanden ist.

A 3.2 Blitzschlag

Blitzschlag ist der unmittelbare Übergang eines Blitzes auf Sachen.

A 3.3 Überspannung durch Blitz

Überspannung durch Blitz ist ein Schaden, der durch Überspannung, Überstrom oder Kurzschluss infolge eines Blitzes oder durch sonstige atmosphärisch bedingte Elektrizität an versicherten elektrischen Einrichtungen und Geräten entsteht.

A 3.4 Explosion, Verpuffung

Explosion und Verpuffung sind plötzlich verlaufende Kraftäußerungen, die auf dem Ausdehnungsbestreben von Gasen oder Dämpfen beruhen. Der Unterschied zwischen Explosion und Verpuffung liegt in der Intensität der Kraftäußerung.

Die Explosion eines Behälters (Kessel, Rohrleitung usw.) liegt nur unter besonderen Voraussetzungen vor. Die Wandung muss in einem solchen Umfang zerrissen werden, dass ein plötzlicher Ausgleich des Druckunterschieds innerhalb und außerhalb des Behälters stattfindet. Wird im Innern eines Behälters eine Explosion durch chemische Reaktion hervorgerufen, so ist ein Zerreißen seiner Wandung nicht erforderlich.

A 3.5 Implosion

Implosion ist ein plötzlicher, unvorhersehbarer Zusammenfall eines Hohlkörpers durch äußeren Überdruck infolge eines inneren Unterdrucks.

A 3.6 Anprall oder Absturz eines Luftfahrzeugs, seiner Teile oder Ladung

Versichert ist der Anprall oder Absturz eines Luftfahrzeugs. Gleiches gilt für den Anprall oder Absturz seiner Teile oder seiner Ladung.

A 3.7 Fahrzeuganprall durch Straßen-, Schienen- oder Wasserfahrzeuge

Versichert ist der Anprall von Straßen-, Schienen- oder Wasserfahrzeugen an versicherten Sachen. Das gilt auch für den Anprall ihrer Teile oder ihrer Ladung.

Nicht versichert sind Schäden, die durch Straßen- oder Wasserfahrzeuge entstehen, deren Halter oder Lenker der Versicherungsnehmer oder ein Bewohner des Gebäudes ist.

Nicht versichert sind Schäden an Fahrzeugen, Straßen und ______.

A 3.8 Sengschäden

Versichert sind Sengschäden, die aus einem Ereignis nach A 3.1 bis A 3.7 entstanden sind.

Sengschäden aus anderen Ursachen sind bis zu ___ Euro versichert.

A 3.9 Rauch- und Rußschäden

Versichert sind Rauch- und Rußschäden, die aus einem Ereignis nach A 3.1 bis A 3.8 entstanden sind.

Darüber hinaus sind Schäden versichert, die dadurch entstehen, dass Rauch und Ruß versicherte Sachen unmittelbar beschädigt oder zerstört. Voraussetzung ist, dass der Rauch und Ruß plötzlich bestimmungswidrig aus Feuerungs-, Heizungs-, Koch- oder Trocknungsanlagen auf dem Versicherungsgrundstück austritt.

Die Entschädigung ist auf ____ Euro begrenzt.

Nicht versichert sind Schäden, die dadurch entstehen, dass Rauch und Ruß allmählich einwirken (z.B. Fogging).

A 3.10 Nicht versicherte Schäden

Nicht versichert sind

A 3.10.1 Schäden durch Erdbeben. Das gilt ohne Berücksichtigung mitwirkender Ursachen.

A 3.10.2 Schäden an Verbrennungsmotoren durch die im Verbrennungsraum der Maschine auftretenden Explosionen. Ferner Schäden, die an Schaltorganen von elektrischen Schaltern entstehen, und zwar durch den in ihnen auftretenden Gasdruck. Versicherungsschutz besteht aber, wenn diese Schäden Folge eines versicherten Schadenereignisses nach A 3.1 sind.

A 4 Was ist unter der Gefahr Leitungswasser zu verstehen? Welche Schäden sind hier nicht versichert?

A 4.1 Versicherte Gefahren und Schäden

Unter die Gefahr Leitungswasser fallen:

A 4.1.1 Leitungswasserschäden;

A 4.1.2 Bruchschäden innerhalb von Gebäuden;

A 4.1.3 Bruchschäden außerhalb von Gebäuden.

A 4.2 Leitungswasserschäden

Leitungswasser ist Wasser, das bestimmungswidrig ausgetreten ist aus:

A 4.2.1 Rohren der Wasserversorgung (Zu- und Ableitungen) oder damit verbundenen Schläuchen;

A 4.2.2 den mit diesen Rohren bzw. Schläuchen verbundenen sonstigen Einrichtungen oder deren wasserführenden Teilen;

A 4.2.3 Heizungs- oder Klimaanlagen;

A 4.2.4 Wasserlösch- oder Berieselungsanlagen;

A 4.2.5 Wasserbetten oder Aquarien.

Als Leitungswasser gelten auch Betriebsflüssigkeiten aus Heizungs- oder Klimaanlagen sowie Wasserdampf. Ausgenommen davon sind die Flüssigkeiten, die zur Energieerzeugung bestimmt sind.

Versichert sind auch Schäden, die durch Wasser entstehen, welches aus innerhalb des Gebäudes verlaufender Regenrohren bestimmungswidrig ausgetreten ist. Der Ausschluss von Schäden durch Witterungsniederschläge nach A 4.5.3 gilt nicht.

A 4.3 Bruchschäden innerhalb von Gebäuden

Versichert sind innerhalb von Gebäuden:

A 4.3.1 frostbedingte und sonstige Bruchschäden an Rohren

A 4.3.1.1 der Wasserversorgung (Zu- oder Ableitungen) und der Gasversorgung oder den damit verbundenen Schläuchen;

A 4.3.1.2 von Heizungs- oder Klimaanlagen;

A 4.3.1.3 von Wasserlösch- oder Berieselungsanlagen;

A 4.3.1.4 der Regenentwässerung.

Das setzt voraus, dass diese Rohre nach A 4.3.1 kein Bauteil von Heizkesseln, Boilern oder vergleichbaren Anlagen sind.

A 4.3.2 frostbedingte Bruchschäden an folgenden Installationen

A 4.3.2.1 Badeeinrichtungen, Waschbecken, Spülklosetts, Armaturen (z.B. Wasser- und Absperrhähne, Ventile, Geruchsverschlüsse, Wassermesser) sowie deren Anschlussschläuche;

A 4.3.2.2 Heizkörper, Heizkessel, Boiler oder vergleichbare Teile von Heizungs- oder Klimaanlagen.

Als innerhalb des Gebäudes gilt der gesamte Baukörper, einschließlich der Bodenplatte.

Rohre von Solarheizungsanlagen auf dem Dach gelten als Rohre innerhalb des Gebäudes.

Soweit nicht etwas anderes vereinbart ist, sind Rohre und Installationen unterhalb der Bodenplatte (tragend oder nicht tragend) nicht versichert.

A 4.4 **Bruchschäden außerhalb von Gebäuden**

Versichert sind außerhalb von Gebäuden frostbedingte und sonstige Bruchschäden an Zuleitungsrohren der Wasserversorgung (*alternativ* und ___) oder an Rohren von Heizungs- oder Klimaanlagen. Dies gilt soweit der Versicherungsnehmer die Gefahr für diese Rohre trägt und

A 4.4.1 sie der Versorgung versicherter Gebäude oder Anlagen dienen oder

A 4.4.2 sich auf dem Versicherungsgrundstück befinden.

Die Entschädigung für Bruchschäden an Zuleitungsrohren, die nicht der Versorgung versicherter Gebäude oder Anlagen dienen, ist je Versicherungsfall auf den vereinbarten Betrag begrenzt.

Die Entschädigung für Bruchschäden an Zuleitungsrohren, die sich nicht auf dem Versicherungsgrundstück befinden, ist je Versicherungsfall auf den vereinbarten Betrag begrenzt.

A 4.5 **Nicht versicherte Schäden**

Nicht versichert sind ohne Berücksichtigung mitwirkender Ursachen – es sei denn, im Folgenden sind solche genannt – Schäden durch

A 4.5.1 Plansch- oder Reinigungswasser;

A 4.5.2 Schwamm sowie alle Arten von Hausfäulepilzen;

A 4.5.3 Grundwasser, stehendes oder fließendes Gewässer, Überschwemmung oder Witterungsniederschläge oder einen durch diese Ursachen hervorgerufenen Rückstau;

A 4.5.4 Erdbeben, Schneedruck, Lawinen, Vulkanausbruch;

A 4.5.5 Erdsenkung oder Erdrutsch, es sei denn, dass Leitungswasser nach A 4.2 die Erdsenkung oder den Erdrutsch verursacht hat;

A 4.5.6 Brand; Blitzschlag; Überspannung durch Blitz; Explosion; Verpuffung; Implosion; Anprall oder Absturz eines Luftfahrzeugs; Fahrzeuganprall; Sengschäden; Rauch- und Rußschäden;

A 4.5.7 Öffnen der Sprinkler oder Bedienen der Berieselungsdüsen wegen eines Brandes, durch Druckproben oder durch Umbauten oder Reparaturarbeiten an dem versicherten Gebäude oder an der Wasserlösch- oder Berieselungsanlage;

A 5.4.7 Lawinen

Lawinen sind Schnee- oder Eismassen, die an Berghängen niedergehen.

A 5.4.8 Vulkanausbruch

Vulkanausbruch ist eine plötzliche Druckentladung beim Aufreißen der Erdkruste, verbunden mit Lavaergüssen, Asche-Eruptionen oder dem Austritt von sonstigen Materialien und von Gasen.

A 5.5 Nicht versicherte Schäden

Nicht versichert sind ohne Berücksichtigung mitwirkender Ursachen – es sei denn, im Folgenden sind solche genannt – Schäden durch

A 5.5.1 Sturmflut;

A 5.5.2 Eindringen von Regen, Hagel, Schnee oder Schmutz durch nicht ordnungsgemäß geschlossene Fenster, Außentüren oder andere Öffnungen. Dies gilt nicht, wenn diese Öffnungen durch Sturm oder Hagel entstanden sind und einen Gebäudeschaden darstellen;

A 5.5.3 Grundwasser, soweit nicht infolge von Witterungsniederschlägen oder Ausuferung von oberirdischen Gewässern an die Erdoberfläche gedrungen;

A 5.5.4 Brand; Blitzschlag; Überspannung durch Blitz; Explosion; Verpuffung; Implosion; Anprall oder Absturz eines Luftfahrzeugs; Fahrzeuganprall; Sengschäden; Rauch- und Rußschäden. Dies gilt nicht, soweit diese Gefahren durch ein versichertes Erdbeben ausgelöst wurden;

A 5.5.5 Trockenheit oder Austrocknung.

Nicht versichert sind Schäden an nicht bezugsfertigen Gebäuden und Gebäudeteilen sowie an Sachen, die sich darin befinden. Schäden an Laden- und Schaufensterscheiben sind ebenfalls nicht versichert.

A 6 Welche Sachen sind versichert?

Versicherte Sachen sind:

A 6.1 die im Versicherungsschein bezeichneten Gebäude,

A 6.2 deren Gebäudebestandteile,

A 6.3 deren Gebäudezubehör,

A 6.4 Terrassen auf dem Versicherungsgrundstück, die unmittelbar an das Gebäude anschließen,

A 6.5 Weitere Grundstücksbestandteile.

A 7 Was versteht man unter Gebäuden, Gebäudebestandteilen, Gebäudezubehör, Terrassen und weiteren Grundstücksbestandteilen? Welche Sachen sind nicht versichert und welche zusätzlich versicherbar?

A 7.1 Gebäude

Gebäude sind mit dem Erdboden verbundene Bauwerke. Sie müssen gegen äußere Einflüsse schützen können und im Sinne dieser Versicherungsbedingungen für die überwiegende Nutzung zu Wohnzwecken bestimmt sein.

A 7.2 Gebäudebestandteile

Gebäudebestandteile sind in ein Gebäude eingefügte Sachen, die durch ihre feste Verbindung mit dem Gebäude ihre Selbständigkeit verloren haben. Dazu gehören auch Einbaumöbel bzw. Einbauküchen, die individuell für das Gebäude gefertigt und mit einem großen Einbauaufwand an das Gebäude angepasst sind. Dazu gehören nicht Anbaumöbel oder Anbauküchen, die serienmäßig vorgefertigt sind.

A 7.3 Gebäudezubehör

Gebäudezubehör sind bewegliche Sachen, die sich im Gebäude befinden oder außen am Gebäude angebracht sind. Sie müssen der Instandhaltung bzw. überwiegenden Zweckbestimmung des versicherten Gebäudes dienen. Als Gebäudezubehör gelten auch Müllboxen sowie Klingel- und Briefkastenanlagen sowie Balkonkraftwerke (sog. Steckersolaranlagen, steckerfertige Mini PV-Anlagen) auf dem Versicherungsgrundstück. Der Ausschluss für Photovoltaikanlagen nach A 7.6.1 gilt nicht für Balkonkraftwerke.

A 7.4 Terrassen und weitere Grundstücksbestandteile

Terrassen sind befestigte Flächen, die für den Aufenthalt im Freien vorgesehen sind.

A 7.5 Weitere Grundstücksbestandteile

Als weitere Grundstücksbestandteile gelten *insbesondere/ausschließlich* folgende fest mit dem Grund und Boden des Versicherungsgrundstücks verbundene Sachen:

[Platzhalter für Aufzählung]

A 7.6 Nicht versicherte Sachen

Nicht versichert sind

A 7.6.1 Photovoltaikanlagen sowie deren zugehörige Installationen (z.B. Solarmodule, Montagerahmen, Befestigungselemente, Mess-, Steuer- und Regeltechnik, Wechselrichter und Verkabelung).

A 7.6.2 alle in das Gebäude nachträglich eingefügten Sachen, die ein Mieter oder ein Wohnungseigentümer

A 7.6.2.1 auf seine Kosten beschafft oder übernommen hat und

A 7.6.2.2 für die er die Gefahr trägt.

Werden Sachen dagegen nur ausgetauscht, sind die neu eingefügten Sachen versichert.

Eine anderweitige Vereinbarung über die Gefahrtragung ist vom Versicherungsnehmer nachzuweisen.

A 7.6.3 Elektronisch gespeicherte Daten und Programme. Kosten für die Wiederherstellung von elektronisch gespeicherten Daten und Programmen sind nur versichert, soweit dies zusätzlich im Versicherungsvertrag vereinbart ist.

A 7.7 Zusätzlich versicherbar

Abweichend von A 7.6.2 können nachträglich eingefügte Sachen des Mieters/Wohnungseigentümers mitversichert werden, wenn er sie auf seine Kosten beschafft oder übernommen hat und er für diese die Gefahr trägt.

A 8 Was ist unter dem Versicherungsort zu verstehen?

Der Versicherungsort ist das Versicherungsgrundstück. Das Versicherungsgrundstück ist das Flurstück/sind die Flurstücke, auf dem das versicherte Gebäude steht. Stehen auf einem Flurstück mehrere Gebäude, ist derjenige Teil des Flurstücks Versicherungsort, der durch Einfriedung oder anderweitige Abgrenzung ausschließlich zu dem/den versicherten Gebäude(n) gehört.

A 9 Was gilt für Selbstbeteiligungen im Versicherungsvertrag?

Eine Selbstbeteiligung ist der Anteil der Entschädigung oder der Betrag, den der Versicherungsnehmer je Versicherungsfall selbst zu tragen hat. Selbstbeteiligungen können individuell vereinbart werden. Sie können sich je nach versicherter Gefahr und Versicherungsleistung voneinander unterscheiden. Im Versicherungsschein werden sie jeweils ausgewiesen.

A 10 Welche Regelungen gelten für Wohnungs- und Teileigentum?

A 10.1 Bei Verträgen mit Wohnungseigentümergemeinschaften gilt:

Wenn der Versicherer wegen des Verhaltens einzelner Wohnungseigentümer ganz oder teilweise leistungsfrei ist, bleibt er den übrigen Wohnungseigentümern zur Leistung verpflichtet.

Das gilt für deren Sondereigentum und deren Miteigentumsanteile.

A 10.2 Nicht oder teilweise entschädigt wird der Miteigentumsanteil desjenigen, gegenüber dem der Versicherer ganz oder teilweise leistungsfrei ist.

Die übrigen Wohnungseigentümer können dennoch Entschädigung für diesen Miteigentumsanteil verlangen. Das setzt voraus, dass diese zusätzliche Entschädigung verwendet wird, um das gemeinschaftliche Eigentum wiederherzustellen.

Der Wohnungseigentümer, gegenüber dem der Versicherer ganz oder teilweise leistungsfrei ist, muss dem Versicherer diese zusätzliche Entschädigung ersetzen.

A 10.3 Für die Gebäudeversicherung bei Teileigentum gelten A 10.1 und A 10.2 entsprechend.

A 11 Welche Kosten sind versichert?

A 11.1 Versicherte Kosten

Der Versicherer ersetzt folgende Kosten, die infolge eines Versicherungsfalls erforderlich und tatsächlich angefallen sind:

A 11.1.1 Aufräumungs- und Abbruchkosten

A 11.1.2 Bewegungs- und Schutzkosten

A 11.1.3 Kosten für Wasser-, Gas- und Heizölverlust sowie Stromverlust aus Stromspeichern

A 11.1.4 Hotelkosten

A 11.1.5 Rückreisekosten aus dem Urlaub

Der Ersatz versicherter Kosten nach A 11.1.1 bis A 11.1.5 ist auf den jeweils hierfür vereinbarten Betrag begrenzt.

A 11.2 Definition und Umfang der Kosten

A 11.2.1 Aufräumungs- und Abbruchkosten

Das sind Kosten, die entstehen, um versicherte Sachen aufzuräumen und abzubrechen.

Dies schließt Aufwendungen ein, um Schutt und sonstige Reste dieser Sachen wegzuräumen, zum nächsten Ablagerungsplatz abzutransportieren, sie abzulagern und zu vernichten.

A 11.2.2 Bewegungs- und Schutzkosten

Das sind Kosten, die entstehen, um andere Sachen zu bewegen, zu verändern oder zu schützen. Erstattet werden sie, wenn diese Maßnahmen dazu dienen, versicherte Sachen wiederherzustellen oder wiederzubeschaffen.

A 11.2.3 Kosten für Wasser-, Gas- und Heizölverlust sowie Stromverlust aus Stromspeichern

Das sind Kosten, die dadurch entstehen, dass Wasser, Gas oder Heizöl wegen eines Versicherungsfalls bestimmungswidrig ausgetreten sind. Hierzu gehören auch Mehrkosten für Abwasser.

Erstattet werden auch die Kosten für den Stromverlust aus Stromspeichern.

Die Entschädigung ist je Versicherungsfall auf ___ Euro begrenzt.

A 11.2.4 Hotelkosten

Das sind Kosten für eine Hotel- oder ähnliche Unterbringung ohne Nebenkosten (z.B. Frühstück). Voraussetzung ist, dass die vom Versicherungsnehmer ständig bewohnte Wohnung unbewohnbar wurde und ihm die Beschränkung auf einen bewohnbaren Teil nicht zumutbar ist.

Die Kosten für eine Unterbringung werden nur erstattet, wenn eine Entschädigung nicht aus einem anderen Versicherungsvertrag beansprucht werden kann.

Die Kosten für Hotel oder ähnliche Unterbringung werden nur insoweit ersetzt als sie die nach A 17.5 für den Mietwert zu leistende Entschädigung übersteigen.

Die Kosten werden bis zu dem Zeitpunkt ersetzt, in dem die Wohnung wieder bewohnbar ist.

Dies gilt längstens für die Dauer von __ Tagen. Die Entschädigung ist pro Tag auf __ Euro begrenzt.

A 11.2.5 Rückreisekosten aus dem Urlaub

Das sind zusätzliche Reisekosten, die dadurch entstehen, dass der Versicherungsnehmer oder eine mit ihm in häuslicher Gemeinschaft lebende Person wegen eines erheblichen Versicherungsfalls vorzeitig eine Urlaubsreise abbricht und an den Versicherungsort nach A 8 reist. Hierzu zählen auch die Kosten für mitreisende Personen, die mit dem Versicherungsnehmer in häuslicher Gemeinschaft leben.

Erheblich ist ein Versicherungsfall, wenn der Schaden einen Betrag in Höhe von ___ Euro voraussichtlich übersteigt. Weiterhin ist die Anwesenheit des Versicherungsnehmers oder einer mit ihm in häuslicher Gemeinschaft lebenden Person am Versicherungsort erforderlich.

Als Urlaubsreise gilt jede privat veranlasste Abwesenheit von mindestens _____ Tagen bis zu einer Dauer von höchstens _____ Wochen.

Zusätzliche Reisekosten werden nur in angemessener Höhe ersetzt. Dies richtet sich nach dem ursprünglich vorgesehenen Urlaubsreisemittel und der Dringlichkeit der Rückreise an den Versicherungsort.

Die Entschädigung ist je Versicherungsfall auf ______ Euro begrenzt.

A 12 Was ist unter Mietausfall und Mietwert zu verstehen? In welchem Umfang sind sie versichert?

A 12.1 Mietausfall, Mietwert

Der Versicherer ersetzt

A 12.1.1 den Mietausfall, wenn Mieter von Wohnräumen wegen eines Versicherungsfalls zu Recht die Zahlung der Miete ganz oder teilweise eingestellt haben oder das Mietverhältnis kündigen. Das schließt die fortlaufenden Betriebskosten im Sinne des Mietrechts ein.

A 12.1.2 den ortsüblichen Mietwert von Wohnräumen, die der Versicherungsnehmer selbst bewohnt. Das schließt die fortlaufenden Betriebskosten im Sinne des Mietrechts ein.

Voraussetzung für den Ersatz des Mietwerts ist, dass dem Versicherungsnehmer wegen eines Versicherungsfalls nicht zugemutet werden kann, zumindest Teile der Wohnung zu nutzen.

A 12.1.3 auch einen durch öffentlich-rechtliche Wiederherstellungsbeschränkungen verursachten zusätzlichen Mietausfall nach A 12.1.1 bzw. Mietwert nach A 12.1.2.

A 12.2 Zeitraum für Mietausfall oder Mietwert

A 12.2.1 Mietausfall oder Mietwert werden für den Zeitraum ersetzt, in dem Räume nicht benutzbar sind, höchstens aber für __ Monate seit dem Eintritt des Versicherungsfalls.

A 12.2.2 Mietausfall oder Mietwert werden nur insoweit ersetzt, wie der Versicherungsnehmer die mögliche Wiederbenutzung nicht schuldhaft verzögert. Es gelten die Regelungen zur Schadenabwendungs-/-minderungspflicht nach Teil B 3.3.2.1.

A 12.3 Gewerblich genutzte Räume

Für gewerblich genutzte Räume kann die Versicherung des Mietausfalls oder des ortsüblichen Mietwerts vereinbart werden.

A 12.4 Zusätzlich versicherbar

A 12.4.1 Kündigt der Mieter das Mietverhältnis wegen des Versicherungsfalls und kann der Versicherungsnehmer die Wohnung nach Fertigstellung nicht wieder vermieten, ersetzt der Versicherer auch diesen Mietausfall.

Dies setzt voraus, dass der Versicherungsnehmer die Räume zum Zeitpunkt der Wiederherstellung nicht vermieten konnte, obwohl er die im Verkehr erforderliche Sorgfalt angewandt hat.

Das gilt bis zur Neuvermietung, höchstens aber bis zum Ablauf des Zeitraums nach A 12.2.

A 12.4.2 Kann ein Mietverhältnis wegen des Versicherungsfalls nicht angetreten werden, ersetzt der Versicherer den Mietausfall. Das gilt ab dem Zeitpunkt des vertraglich vereinbarten Mietbeginns bis zum Ablauf des Zeitraums nach A 12.2.

Dies setzt voraus, dass der Mietvertrag zum Zeitpunkt des Versicherungsfalls bereits geschlossen war.

A 13 In welchem Umfang besteht Versicherungsschutz?

Der Versicherungswert bildet die Grundlage für die Berechnung der Entschädigung.

Der Versicherungswert für das Gebäude gilt auch für Gebäudezubehör, Terrassen und weitere Grundstücksbestandteile nach A 7.3 bis A 7.5.

A 13.1 Gleitender Neubauwert Plus

A 13.1.1 Versichert ist der ortsübliche Neubauwert der im Versicherungsschein bezeichneten Gebäude zum Zeitpunkt des Versicherungsfalls. Hierzu gehören auch Architektenhonorare sowie sonstige Konstruktions- und Planungskosten.

Werden innerhalb der Versicherungsperiode

A 13.1.1.1 Fläche,

A 13.1.1.2 Gebäudetyp,

A 13.1.1.3 Bauausführung oder

A 13.1.1.4 sonstige vereinbarte Merkmale, die der Beitragsberechnung zugrunde liegen,

durch bauliche Maßnahmen verändert, gilt Folgendes:

Versicherungsschutz besteht bis zum Ende der Versicherungsperiode, auch wenn die getroffene Maßnahme wertsteigernd ist.

A 13.1.2 Im Gleitenden Neubauwert Plus berücksichtigt sind:

Mehrkosten durch öffentlich-rechtliche Wiederherstellungsbeschränkungen, die dadurch entstehen, dass versicherte und vom Schaden betroffene Sachen wegen öffentlich-rechtlicher Vorschriften nicht in derselben Art und Güte wiederhergestellt oder wiederbeschafft werden können.

Preissteigerungen zwischen dem Eintritt des Versicherungsfalls und der unverzüglich veranlassten Wiederherstellung.

A 13.1.3 Der Versicherer passt den Versicherungsschutz nach A 13.1.1 an die Baukostenentwicklung an (siehe A 15). Insoweit besteht Versicherungsschutz auf der Grundlage des ortsüblichen Neubauwerts zum

Zeitpunkt der unverzüglich nach dem Versicherungsfall veranlassten Wiederherstellung.

A 13.2 Gleitender Zeitwert Plus bei unterlassener oder verspäteter Wiederherstellung

Bei Gebäuden, die nicht oder verspätet wiederhergestellt werden (A 17.6), ist nur der Gleitende Zeitwert Plus versichert.

Der Gleitende Zeitwert Plus ist der Neubauwert Plus zum Zeitpunkt des Versicherungsfalls abzüglich der Wertminderung insbesondere durch Alter und Abnutzungsgrad.

A 13.3 Gemeiner Wert bei dauerhaft entwerteten Gebäuden

Bei Gebäuden, die zum Abbruch bestimmt oder sonst dauerhaft entwertet sind, ist nur noch der erzielbare Verkaufspreis ohne Grundstücksanteile versichert (gemeiner Wert). Eine dauerhafte Entwertung liegt insbesondere vor, wenn Gebäude für ihren Zweck nicht mehr zu verwenden sind.

A 14 Wie wird der Beitrag ermittelt?

Grundlagen der Berechnung des Beitrags sind

A 14.1 die Fläche,

A 14.2 der Gebäudetyp,

A 14.3 die Bauausführung und -ausstattung,

A 14.4 die Nutzung,

A 14.5 sonstige vereinbarte Merkmale, die für die Beitragsberechnung erheblich sind und

A 14.6 der Anpassungsfaktor.

Der jeweils zu zahlende Jahresbeitrag wird berechnet durch die Multiplikation folgender Werte:

Anzahl der Quadratmeter Wohn- und Nutzfläche,

Beitrag je Quadratmeter Wohn- und Nutzfläche,

Anpassungsfaktor.

A 15 Was sind die Grundlagen der Anpassung von Versicherungsschutz und Beitrag?

Es gelten folgende Grundlagen:

A 15.1 Wird der Versicherungsschutz nach A 13.1.3 angepasst, verändert sich der Beitrag. Dazu kommt es, wenn sich der Anpassungsfaktor erhöht oder vermindert.

A 15.2 Der Anpassungsfaktor verändert sich jeweils zum 1. Januar eines jeden Jahres für die in diesem Jahr beginnende Versicherungsperiode. Er erhöht oder vermindert sich entsprechend dem Prozentsatz, um den sich folgende Indizes geändert haben:

Der „Baupreisindex für Wohngebäude“ für den Monat Mai des Vorjahres

und

der „Tariflohnindex für das Baugewerbe“ für das 2. Quartal des Vorjahres.

Beide Indizes gibt das Statistische Bundesamt bekannt.

Bei dieser Anpassung wird die Änderung des Baupreisindex zu 80 Prozent und die des Tariflohnindex zu 20 Prozent berücksichtigt. Bei der Berechnung der Veränderungsraten zum Vorjahr und der anschließenden Gewichtung beider Veränderungsraten wird jeweils auf zwei Stellen nach dem Komma gerundet.

Der Anpassungsfaktor wird auf zwei Stellen nach dem Komma gerundet.

Soweit bei Rundungen die dritte Zahl nach dem Komma eine Fünf oder eine höhere Zahl ist, wird aufgerundet, sonst abgerundet.

A 16 Was geschieht bei einer nachträglichen Änderung eines Beitragsmerkmals?

A 16.1 Beitragserhöhung

Ändert sich nachträglich ein Umstand nach A 14.1 bis A 14.5 und ergibt sich dadurch ein höherer Beitrag, gilt:

Der Versicherer kann den höheren Beitrag ab dem Zeitpunkt verlangen, zu dem die Änderung angezeigt wird.

A 16.2 Beitragsreduzierung

Entfällt nachträglich ein Umstand nach A 14.1 bis A 14.5 und ergibt sich dadurch ein niedrigerer Beitrag, gilt:

Der Versicherer muss den Beitrag ab dem Zeitpunkt reduzieren, ab dem er davon Kenntnis erlangt. Das Gleiche gilt, wenn diese Umstände ihre Bedeutung verloren haben oder der Versicherungsnehmer nur irrtümlich angenommen hatte, dass sie vorliegen.

A 17 Wie wird die Entschädigung ermittelt?

A 17.1 Grundlagen der Entschädigungsberechnung

A 17.1.1 Der Versicherer ersetzt

A 17.1.1.1 bei zerstörten Gebäuden die ortsüblichen Wiederherstellungskosten nach A 13.1.1 zum Zeitpunkt des Versicherungsfalls. Das schließt Mehrkosten nach A 13.1.2 ein. Architektenhonorare sowie sonstige Konstruktions- und Planungskosten gehören auch zur Entschädigung.

A 17.1.1.2 bei beschädigten Gebäuden oder sonstigen beschädigten Sachen die erforderlichen Reparaturkosten zum Zeitpunkt des Versicherungsfalls. Der Versicherer ersetzt außerdem eine Wertminderung, die durch die Reparatur nicht ausgeglichen wird. Ersetzt wird aber höchstens der Versicherungswert zum Zeitpunkt des Versicherungsfalls.

A 17.1.1.3 bei zerstörten oder abhandengekommenen sonstigen Sachen den Wiederbeschaffungspreis für Sachen gleicher Art und Güte im neuwertigen Zustand zum Zeitpunkt des Versicherungsfalls.

A 17.1.2 Wenn wegen öffentlich-rechtlicher Vorschriften technisch noch brauchbare Sachsubstanz der versicherten Sachen für die Wiederherstellung nicht verwendet werden darf, dann erhält der Versicherungsnehmer eine entsprechende Entschädigung nach A 17.1.1.

Das setzt voraus, dass

A 17.1.2.1 die behördlichen Anordnungen nicht vor Eintritt des Versicherungsfalls erteilt wurden

oder

A 17.1.2.2 die Nutzung der Sachen zum Zeitpunkt des Versicherungsfalls nicht aufgrund öffentlich-rechtlicher Vorschriften ganz oder teilweise untersagt war.

A 18.1.3 Preissteigerungen zwischen dem Versicherungsfall und der Wiederherstellung werden entschädigt, wenn die Wiederherstellung innerhalb von drei Jahren nach Eintritt des Versicherungsfalls sichergestellt wird.

A 17.1.4 Der erzielbare Verkaufspreis von Resten wird bei der Entschädigungsberechnung nach A 17.1.1 angerechnet.

A 17.2 **Gemeiner Wert**

Soweit ein Gebäude zum Abbruch bestimmt oder sonst dauerhaft entwertet, werden versicherte Sachen zum erzielbaren Verkaufspreis ohne den Grundstücksanteil entschädigt.

A 17.3 **Geringerwertige oder höherwertige Bauausgestaltung**

A 17.3.1 Sind die versicherten Gebäude zum Zeitpunkt des Versicherungsfalls in der tatsächlichen Bauausgestaltung geringerwertig als im Versicherungsvertrag beschrieben, gilt:

Der Versicherer ist nicht verpflichtet, mehr als den tatsächlich eingetretenen Schaden zum ortsüblichen Neubauwert zu ersetzen.

A 17.3.2 Ist zum Zeitpunkt des Versicherungsfalls die tatsächliche Bauausgestaltung höherwertig, gilt:

Dies kann zu einer Kürzung der Entschädigung führen.

Grundlage für die Entschädigung ist dann die im Versicherungsvertrag beschriebene Bauausgestaltung (A 14.1 bis A 14.5). Der Versicherer ersetzt in diesem Fall nur die dafür ortsüblichen Wiederherstellungskosten (A 17.1.1.1) bzw. die notwendigen Reparaturkosten (A 17.1.1.2).

Die folgenden Regelungen bleiben davon unberührt:

Umfang und der Anpassung des Versicherungsschutzes (siehe A 13),

Verletzung der vorvertraglichen Anzeigepflicht nach Teil B 4.9 und

Gefahrerhöhung (siehe A 21 sowie Teil B 3.2).

A 17.4 **Kosten**

Versicherte Kosten nach A 11 werden ersetzt, wenn sie nachweislich tatsächlich angefallen sind. Dabei werden die jeweils vereinbarten Entschädigungsgrenzen berücksichtigt.

A 17.5 **Mietausfall, Mietwert**

Der Versicherer ersetzt den versicherten Mietausfall bzw. Mietwert bis zum Ende des vereinbarten Zeitraums nach A 12.2.

A 17.6 Neuwertanteil

Der Versicherungsnehmer erwirbt den Anspruch auf Zahlung des Teils der Entschädigung, der den Zeitwertschaden übersteigt (Neuwertanteil) nur unter folgenden Voraussetzungen:

A 17.6.1 Der Versicherungsnehmer stellt sicher, dass er die Entschädigung verwenden wird, um versicherte Sachen in gleicher Art und Zweckbestimmung an der bisherigen Stelle wiederherzustellen oder wiederzubeschaffen

und

A 17.6.2 die Wiederherstellung oder Wiederbeschaffung ist innerhalb eines Zeitraums von drei Jahren nach Eintritt des Versicherungsfalls sichergestellt.

Ist die Wiederherstellung an der bisherigen Stelle rechtlich nicht möglich oder wirtschaftlich nicht zu vertreten, genügt es, das Gebäude an anderer Stelle innerhalb der Bundesrepublik Deutschland zu errichten.

Der Versicherungsnehmer muss den Neuwertanteil zurückzahlen, wenn er verschuldet hat, dass die Sache nicht innerhalb einer angemessenen Frist wiederhergestellt oder wiederbeschafft wurde.

A 17.7 Mehrwertsteuer

Die Mehrwertsteuer wird nur ersetzt, wenn und soweit sie anlässlich der Wiederherstellung oder Wiederbeschaffung tatsächlich angefallen ist. Sie wird nicht ersetzt, wenn der Versicherungsnehmer zum Vorsteuerabzug berechtigt ist.

A 17.8 Selbstbeteiligung

Selbstbeteiligungen werden in der vereinbarten Höhe von der Entschädigung abgezogen.

A 18 Welche Regeln gelten für das Sachverständigenverfahren?

A 18.1 Feststellung der Schadenhöhe

Der Versicherungsnehmer kann nach Eintritt des Versicherungsfalls verlangen, dass die Höhe des Schadens in einem Sachverständigenverfahren festgestellt wird.

Ein solches Sachverständigenverfahren können der Versicherer und der Versicherungsnehmer auch gemeinsam vereinbaren.

A 18.2 Weitere Feststellungen

Der Versicherungsnehmer und der Versicherer können vereinbaren, das Sachverständigenverfahren auf weitere Feststellungen zum Versicherungsfall auszudehnen.

A 18.3 Verfahren vor der Feststellung

Für das Sachverständigenverfahren gilt:

A 18.3.1 Jede Partei hat in Textform (z.B. E-Mail, Telefax oder Brief) einen *Sachverständigen* zu benennen. Eine Partei, die ihren Sachverständigen benannt hat, kann die andere Partei in Textform (z.B. E-Mail, Telefax oder Brief) auffordern, den zweiten Sachverständigen zu benennen. Dabei muss sie den von ihr benannten Sachverständigen angeben. Der zweite Sachverständige muss innerhalb von zwei Wochen nach Zugang der Aufforderung benannt werden. Wenn das nicht geschieht, kann die auffordernde Partei den Sachverständigen durch das für den Schadenort zuständige Amtsgericht ernennen lassen. In seiner Aufforderung muss der Versicherer den Versicherungsnehmer auf diese Folge hinweisen.

A 18.3.2 Der Versicherer darf folgende Personen nicht als Sachverständigen benennen:

A 18.3.2.1 Mitbewerber des Versicherungsnehmers;

A 18.3.2.2 Personen, die mit dem Versicherungsnehmer in dauernder Geschäftsverbindung stehen;

A 18.3.2.3 Personen, die bei Mitbewerbern oder Geschäftspartnern des Versicherungsnehmers angestellt sind oder mit ihnen in einem ähnlichen Verhältnis stehen.

A 18.3.3 Beide Sachverständige benennen in Textform (z.B. E-Mail, Telefax oder Brief) vor Beginn ihrer Feststellungen einen dritten Sachverständigen als Obmann. Die Regelung nach A 18.3.2 gilt auch für seine Benennung. Wenn sich die Sachverständigen nicht einigen, wird der Obmann durch das für den Schadenort zuständige Amtsgericht ernannt. Dies geschieht auf Antrag einer der beiden Parteien.

A 18.4 Feststellung

Die Feststellungen der Sachverständigen müssen enthalten:

A 18.4.1 ein Verzeichnis der abhanden gekommenen, der zerstörten und der beschädigten versicherten Sachen mit den dazugehörigen Versicherungswerten zum Zeitpunkt des Versicherungsfalls;

A 18.4.2 die Wiederherstellungs- und Wiederbeschaffungskosten;

A 18.4.3 die Restwerte der vom Schaden betroffenen Sachen;

A 18.4.4 die versicherten Kosten und den versicherten Mietausfall bzw. Mietwert.

A 18.5 Verfahren nach der Feststellung

Jeder Sachverständige übermittelt seine Feststellungen beiden Parteien gleichzeitig. Weichen die Feststellungen der Sachverständigen voneinander ab, übergibt der Versicherer sie unverzüglich dem Obmann. Dieser entscheidet über die darin streitig gebliebenen Punkte. Die Feststellungen der Sachverständigen bilden dabei die Grenzen für den Entscheidungsspielraum des Obmanns. Seine Entscheidung übermittelt der Obmann beiden Parteien gleichzeitig.

Die Feststellungen der Sachverständigen bzw. des Obmanns sind für die Vertragsparteien verbindlich. Sie sind unverbindlich, wenn nachgewiesen wird, dass sie offenbar von der wirklichen Sachlage erheblich abweichen.

Aufgrund von verbindlichen Feststellungen berechnet der Versicherer die Entschädigung. Wenn die Feststellungen unverbindlich sind, trifft das Gericht eine verbindliche Feststellung. Dies gilt auch, wenn die Sachverständigen die Feststellung nicht treffen können oder wollen oder sie verzögern.

A 18.6 Kosten

Sofern nicht etwas anderes vereinbart ist, trägt jede Partei die Kosten ihres Sachverständigen. Die Kosten des Obmanns tragen beide Parteien je zur Hälfte.

A 18.7 Obliegenheiten

Durch das Sachverständigenverfahren werden die Obliegenheiten des Versicherungsnehmers nicht berührt.

A 19 Wann wird die Entschädigung gezahlt und wie wird sie verzinst?

A 19.1 Fälligkeit der Entschädigung

A 19.1.1 Die Entschädigung wird fällig, wenn der Versicherer den Anspruch dem Grund und der Höhe nach abschließend festgestellt hat. Der Versicherungsnehmer kann einen Monat nach Meldung des Schadens den Betrag als Abschlagszahlung beanspruchen, der voraussichtlich mindestens zu zahlen ist.

A 19.1.2 Der über den Zeitwertschaden hinausgehende Teil der Entschädigung wird fällig, nachdem der Versicherungsnehmer nachgewiesen hat, dass er die Wiederherstellung oder Wiederbeschaffung sichergestellt hat.

A 19.2 Rückzahlung des Neuwertanteils

Der Versicherungsnehmer ist zur Rückzahlung der nach A 19.1.2 geleisteten Entschädigung verpflichtet, wenn die Sache infolge seines Verschuldens nicht innerhalb einer angemessenen Frist wiederhergestellt oder wiederbeschafft worden ist. Das gilt auch für Zinsen, die der Versicherer nach A 19.3.2 gezahlt hat.

A 19.3 Verzinsung

Für die Verzinsung gelten folgende Regelungen, soweit nicht aus einem anderen Rechtsgrund eine weitergehende Zinspflicht besteht:

A 19.3.1 Entschädigung

Sie ist ab der Anzeige des Schadens zu verzinsen. Dies gilt nicht, soweit die Entschädigung innerhalb eines Monats geleistet wurde.

A 19.3.2 Über den Zeitwertschaden hinausgehender Teil der Entschädigung

Dieser ist ab dem Zeitpunkt zu verzinsen, in dem der Versicherungsnehmer die Sicherstellung für die Wiederherstellung oder Wiederbeschaffung nachgewiesen hat.

A 19.3.3 Zinssatz

Der Zinssatz liegt __ Prozentpunkt(e) unter dem jeweiligen Basiszinssatz des Bürgerlichen Gesetzbuchs (§ 247 BGB[1]), mindestens aber bei __ Prozent und höchstens bei __ Prozent Zinsen pro Jahr.

Die Zinsen werden zusammen mit der Entschädigung fällig.

[1] **Habersack, Deutsche Gesetze Nr. 20.**

A 19.4 Hemmung

Bei der Berechnung der Fristen nach A 19.1 und A 19.3.1 und A 19.3.2 gilt: Nicht zu berücksichtigen ist der Zeitraum, für den wegen Verschuldens des Versicherungsnehmers die Entschädigung nicht ermittelt oder nicht gezahlt werden kann.

A 19.5 Aufschiebung der Zahlung

Der Versicherer kann die Zahlung aufschieben, solange

A 19.5.1 Zweifel an der Empfangsberechtigung des Versicherungsnehmers bestehen;

A 19.5.2 ein behördliches oder strafgerichtliches Verfahren gegen den Versicherungsnehmer oder seinen Repräsentanten aus Anlass dieses Versicherungsfalls noch läuft;

A 19.5.3 eine gesetzlich vorgesehene Mitwirkung des Realgläubigers nicht erfolgte.

A 20 Welche vertraglich vereinbarten Sicherheitsvorschriften (zusätzliche Obliegenheiten) hat der Versicherungsnehmer vor dem Versicherungsfall zu erfüllen?

A 20.1 Sicherheitsvorschriften

Als vertraglich vereinbarte, zusätzliche Obliegenheiten gelten folgende Sicherheitsvorschriften:

A 20.1.1 Versicherte Sachen sind stets in ordnungsgemäßem Zustand zu erhalten. Dies gilt insbesondere für wasserführende Anlagen und Einrichtungen, Dächer und außen angebrachte Sachen. Mängel oder Schäden an diesen Sachen müssen unverzüglich beseitigt werden.

A 20.1.2 Nicht genutzte Gebäude oder Gebäudeteile müssen zu jeder Jahreszeit genügend häufig kontrolliert werden. Außerdem sind dort alle wasserführenden Anlagen und Einrichtungen abzusperren, zu entleeren und entleert zu halten.

A 20.1.3 In der kalten Jahreszeit müssen alle Gebäude und Gebäudeteile beheizt werden. Dies ist genügend häufig zu kontrollieren. Alternativ sind dort alle wasserführenden Anlagen und Einrichtungen abzusperren, zu entleeren und entleert zu halten.

A 20.1.4 Zur Vermeidung von Überschwemmungs- bzw. Rückstauschäden gilt:

A 20.1.4.1 Bei rückstaugefährdeten Räumen müssen Rückstausicherungen funktionsbereit gehalten werden.

A 20.1.4.2 Die Abflussleitungen auf dem Versicherungsgrundstück müssen frei gehalten werden.

A 20.2 Folgen einer Obliegenheitsverletzung

Verletzt der Versicherungsnehmer eine der in A 20.1 genannten Obliegenheiten, gilt unter den Voraussetzungen nach Teil B 3.3.3.1 und B 3.3.3 folgendes: Der Versicherer ist berechtigt zu kündigen. Außerdem kann er ganz oder teilweise leistungsfrei sein.

A 21 Welche besonderen Umstände erhöhen die Gefahr?

A 21.1 Anzeigepflichtige Gefahrerhöhung

Eine anzeigepflichtige Gefahrerhöhung nach Teil B 3.2 kann insbesondere in den folgenden Fällen vorliegen:

A 21.1.1 Es ändert sich ein Umstand, nach dem der Versicherer vor Vertragsschluss gefragt hat.

A 21.1.2 Das Gebäude oder der überwiegende Teil des Gebäudes wird nicht mehr genutzt.

A 21.1.3 Am Gebäude werden Baumaßnahmen durchgeführt, in deren Verlauf das Dach ganz oder teilweise entfernt wird.

A 21.1.4 Baumaßnahmen am Gebäude führen dazu, dass es überwiegend unbenutzbar wird.

A 21.1.5 In dem Gebäude wird ein Gewerbebetrieb aufgenommen oder verändert.

A 21.1.6 Das Gebäude wird nach Vertragsschluss unter Denkmalschutz gestellt.

A 21.2 Folgen einer Gefahrerhöhung

Die Folgen einer Gefahrerhöhung sind in Teil B B 3.2.3 bis B 3.2.5 geregelt.

A 22 Welche Besonderheiten gelten bei Kündigungen und angemeldeten Realrechten?

Hat ein Realgläubiger sein Grundpfandrecht angemeldet, ist eine Kündigung des Versicherungsverhältnisses durch den Versicherungsnehmer für die Gefahrengruppe Brand; Blitzschlag; Überspannung durch Blitz; Explosion; Verpuffung; Implosion; Anprall oder Absturz eines Luftfahrzeugs; Fahrzeuganprall; Sengschäden; Rauch- und Rußschäden in folgenden Fällen wirksam:

A 22.1 Der Versicherungsnehmer hat mindestens einen Monat vor Ablauf des Versicherungsvertrags nachgewiesen, dass zu dem Zeitpunkt, zu dem die Kündigung spätestens zulässig war, das Grundstück nicht mehr mit dem Grundpfandrecht belastet war
oder

A 22.2 der Versicherungsnehmer hat mindestens einen Monat vor Ablauf des Versicherungsvertrags nachgewiesen, dass der Realgläubiger der Kündigung zugestimmt hat.

Dies gilt nicht für eine Kündigung nach Veräußerung oder im Versicherungsfall.

A 23 Was gilt, wenn versicherte Sachen veräußert werden?

A 23.1 Rechtsverhältnisse nach Eigentumsübergang

A 23.1.1 Veräußert der Versicherungsnehmer die versicherte Sache, tritt der Erwerber an dessen Stelle in den Versicherungsvertrag ein. Dies geschieht zum Zeitpunkt des Eigentumsübergangs. Bei Immobilien erfolgt dieser zum Datum des Grundbucheintrags. Ab diesem Zeitpunkt übernimmt der Erwerber die Rechte und Pflichten des Versicherungsnehmers aus dem Versicherungsverhältnis.

A 23.1.2 Der Veräußerer und der Erwerber haften für den Beitrag als Gesamtschuldner. Das gilt für den Beitrag der Versicherungsperiode, in welcher der Eigentumsübergang erfolgt.

A 22.1.3 Der Versicherer muss den Eintritt des Erwerbers in den Versicherungsvertrag erst gegen sich gelten lassen, wenn er hiervon Kenntnis erlangt.

A 23.2 Kündigungsrechte

A 23.2.1 Der Versicherer ist berechtigt, gegenüber dem Erwerber den Versicherungsvertrag zu kündigen. Dabei muss er eine Frist von einem Monat einhalten. Dieses Kündigungsrecht erlischt, wenn der Versicherer es nicht innerhalb eines Monats ab der Kenntnis von der Veräußerung ausübt.

A 23.2.2 Der Erwerber ist berechtigt, den Versicherungsvertrag mit sofortiger Wirkung oder mit Wirkung zum Ende der laufenden Versicherungsperiode in Textform (z.B. E-Mail, Telefax oder Brief) zu kündigen. Das Kündigungsrecht erlischt, wenn er es nicht innerhalb eines Monats nach dem Erwerb ausübt. Fehlt dem Erwerber die Kenntnis, dass eine Versicherung besteht, erlischt das Kündigungsrecht einen Monat nachdem er die Kenntnis erlangt hat.

A 23.2.3 Im Falle der Kündigung nach A 23.2.1 und A 23.2.2 haftet der Veräußerer allein für die Zahlung des Beitrags.

A 23.3 Anzeigepflichten

A 23.3.1 Die Veräußerung ist dem Versicherer vom Veräußerer oder Erwerber unverzüglich in Textform (z.B. E-Mail, Telefax oder Brief) anzuzeigen.

A 23.3.2 Ist die Anzeige unterblieben, ist der Versicherer nicht verpflichtet im Versicherungsfall zu leisten. Dies gilt nur, wenn die folgenden Voraussetzungen beide vorliegen:

Der Versicherungsfall ist später als einen Monat nach dem Zeitpunkt eingetreten, zu dem die Anzeige hätte zugehen müssen.

Der Versicherer weist nach, dass er den bestehenden Vertrag mit dem Erwerber nicht geschlossen hätte.

A 23.3.3 Abweichend von A 23.3.2 ist der Versicherer in folgenden Fällen verpflichtet zu leisten:

Ihm war die Veräußerung zu dem Zeitpunkt bekannt, zu dem ihm die Anzeige hätte zugehen müssen.

Zum Zeitpunkt des Versicherungsfalls war die Frist für die Kündigung des Versicherers bereits abgelaufen, und er hatte nicht gekündigt.

Lfd. Nr.	Änderndes Gesetz	Datum	Fundstelle	Betroffen	Hinweis
11.	Art. 24 Abs. 11 G zur Modernisierung des notariellen Berufsrechts und zur Änd. weiterer Vorschriften	25.6.2021	BGBl. I S. 2154	§ 50	geänd. mWv 1.8.2021
12.	Art. 92 PersonengesellschaftsrechtsmodernisierungsG (MoPeG)	10.8.2021	BGBl. I S. 3436, geänd. 2023, Nr. 411	§§ 2, 12, 18, 22, 40	geänd. mWv 1.1.2024
13.	Art. 2 SanktionsdurchsetzungsG I	23.5.2022	BGBl. I S. 754	§§ 26a, 28, 30, 32, 40	geänd. mWv 28.5.2022
14.	Art. 4 SanktionsdurchsetzungsG II	19.12. 2022	BGBl. I S. 2606	Inhaltsübersicht, §§ 1, 3a, 8, 18, 19, 20, 22, 23, 23a, 24, 26a, 32, 51, 59	geänd. mWv 28.12.2022
				§§ 16a, 19a, 19b	eingef. mWv 28.12.2022
				Inhaltsübersicht	geänd. mWv 1.1.2026
				§ 23b	eingef. mWv 1.1.2026
15.	Art. 23 G zur Umsetzung der UmwandlungsRL und zur Änd. weiterer Gesetze	22.2.2023	BGBl. 2023 I Nr. 51	§ 50	geänd. mWv 1.3.2023
16.	Art. 12 G zur Stärkung der Aufsicht bei Rechtsdienstleistungen und zur Änd. weiterer Vorschriften	10.3.2023	BGBl. 2023 I Nr. 64	§§ 50, 56	geänd. mWv 1.1.2025
17.	Art. 8 G für einen besseren Schutz hinweisgebender Personen sowie zur Umsetzung der RL zum Schutz von Personen, die Verstöße gegen das Unionsrecht melden[1)]	31.5.2023	BGBl. 2023 I Nr. 140	§ 53	geänd. mWv 2.7.2023
18.	Art. 1 G zur Stärkung der risikobasierten Arbeitsweise der Zentralstelle für Finanztransaktionsuntersuchungen	13.11. 2023	BGBl. 2023 I Nr. 311	Inhaltsübersicht, §§ 26a, 28, 29, 30, 31, 32, 39, 41, 43, 46, 59	geänd. mWv 18.11.2023
				§ 28a	eingef. mWv 18.11.2023
19.	Art. 30 ZukunftsfinanzierungsG	11.12. 2023	BGBl. 2023 I Nr. 354	§ 1	geänd. mWv 15.12.2023
20.	Art. 34 Abs. 21 KreditzweitmarktförderungsG[2)]	22.12. 2023	BGBl. 2023 I Nr. 411	§ 20	geänd. mWv 1.1.2024

[1)] **Amtl. Anm.:** Dieses Gesetz dient der Umsetzung der Richtlinie (EU) 2019/1937 des Europäischen Parlaments und des Rates vom 23. Oktober 2019 zum Schutz von Personen, die Verstöße gegen das Unionsrecht melden (ABl. L 305 vom 26.11.2019, S. 17), die zuletzt durch die Verordnung (EU) 2022/1925 (ABl. L 265 vom 12.10.2022, S. 1) geändert worden ist.

[2)] **Amtl. Anm.:** Dieses Gesetz dient der Umsetzung der Richtlinie (EU) 2021/2167 des Europäischen Parlaments und des Rates vom 24. November 2021 über Kreditdienstleister und Kreditkäufer sowie zur Änderung der Richtlinien 2008/48/EG und 2014/17/EU (ABl. L 438 vom 8.12.2021, S. 1).

Vorbemerkung:
Die Änderungen durch G v. 10.3.2023 (BGBl. 2023 I Nr. 64) treten erst mWv 1.1.2025 in Kraft und sind im Text noch nicht berücksichtigt.

Inhaltsübersicht[1)]

[1)] Inhaltsübersicht geänd. mWv 1.1.2020 durch G v. 12.12.2019 (BGBl. I S. 2602); mWv 1.7.2021 durch G v. 3.6.2021 (BGBl. I S. 1534); mWv 1.8.2021 durch G v. 25.6.2021 (BGBl. I S. 2083); mWv 28.12.2022 und mWv 1.1.2026 durch G v. 19.12.2022 (BGBl. I S. 2606); mWv 18.11.2023 durch G v. 13.11.2023 (BGBl. 2023 I Nr. 311); sie wurde teilweise nichtamtlich an die Änderungen mWv 18.11. 2023 durch G v. 13.11.2023 (BGBl. 2023 I Nr. 311) angepasst.

Abschnitt 1.[1] Begriffsbestimmungen, Verpflichtete und risikobasierter Ansatz

§ 1[2] Begriffsbestimmungen (1) Geldwäsche im Sinne dieses Gesetzes ist eine Straftat nach § 261 des Strafgesetzbuchs[3].

(2) Terrorismusfinanzierung im Sinne dieses Gesetzes ist

1. die Bereitstellung oder Sammlung von Vermögensgegenständen mit dem Wissen oder in der Absicht, dass diese Vermögensgegenstände ganz oder teilweise dazu verwendet werden oder verwendet werden sollen, eine oder mehrere der folgenden Straftaten zu begehen:
   a) eine Tat nach § 129a des Strafgesetzbuchs, auch in Verbindung mit § 129b des Strafgesetzbuchs, oder
   b) eine andere der in den Artikeln 3, 5 bis 10 und 12 der Richtlinie (EU) 2017/541 des Europäischen Parlaments und des Rates vom 15. März 2017 zur Terrorismusbekämpfung und zur Ersetzung des Rahmenbeschlusses 2002/475/JI des Rates und zur Änderung des Beschlusses 2005/671/JI des Rates (ABl. L 88 vom 31.3.2017, S. 6) umschriebenen Straftaten,
2. die Begehung einer Tat nach § 89c des Strafgesetzbuchs oder
3. die Anstiftung oder Beihilfe zu einer Tat nach Nummer 1 oder 2.

(3) Identifizierung im Sinne dieses Gesetzes besteht aus

1. dem Erheben von Angaben zum Zweck der Identifizierung und
2. der Überprüfung dieser Angaben zum Zweck der Identifizierung.

(4) Geschäftsbeziehung im Sinne dieses Gesetzes ist jede Beziehung, die unmittelbar in Verbindung mit den gewerblichen oder beruflichen Aktivitäten der Verpflichteten steht und bei der beim Zustandekommen des Kontakts davon ausgegangen wird, dass sie von gewisser Dauer sein wird.

(5) [1] Transaktion im Sinne dieses Gesetzes ist oder sind eine oder, soweit zwischen ihnen eine Verbindung zu bestehen scheint, mehrere Handlungen, die eine Geldbewegung oder eine sonstige Vermögensverschiebung bezweckt oder bezwecken oder bewirkt oder bewirken. [2] Bei Vermittlungstätigkeiten von Verpflichteten nach § 2 Absatz 1 Nummer 14 und 16 gilt als Transaktion im Sinne dieses Gesetzes das vermittelte Rechtsgeschäft.

(6) [1] Trust im Sinne dieses Gesetzes ist eine Rechtgestaltung, die als Trust errichtet wurde, wenn das für die Errichtung anwendbare Recht das Rechtsinstitut des Trusts vorsieht. [2] Sieht das für die Errichtung anwendbare Recht ein Rechtsinstitut vor, das dem Trust nachgebildet ist, so gelten auch Rechtsgestaltungen, die unter Verwendung dieses Rechtsinstituts errichtet wurden, als Trust.

(7) Vermögensgegenstand im Sinne dieses Gesetzes ist

1. jeder Vermögenswert, ob körperlich oder nichtkörperlich, beweglich oder unbeweglich, materiell oder immateriell, sowie

---

[1] Abschnitt 1 Überschrift geänd. mWv 1.8.2021 durch G v. 25.6.2021 (BGBl. I S. 2083).

[2] § 1 Abs. 2 Nr. 1 Buchst. b, Abs. 11 und 12 Satz 2 neu gef., Abs. 5 Satz 2, Abs. 12 Sätze 3 und 4, Abs. 15 Satz 2 und Abs. 23–25 angef., Abs. 9 und 18 geänd. mWv 1.1.2020 durch G v. 12.12.2019 (BGBl. I S. 2602); Abs. 3 neu gef., Abs. 26–30 angef. mWv 1.8.2021 durch G v. 25.6.2021 (BGBl. I S. 2083); Abs. 7a eingef. mWv 28.12.2022 durch G v. 19.12.2022 (BGBl. I S. 2606); Abs. 21 Nr. 2 neu gef. mWv 15.12.2023 durch G v. 11.12.2023 (BGBl. 2023 I Nr. 354).

[3] **Habersack, Deutsche Gesetze Nr. 85.**

2. Rechtstitel und Urkunden in jeder Form, einschließlich der elektronischen und digitalen Form, die das Eigentumsrecht oder sonstige Rechte an Vermögenswerten nach Nummer 1 verbriefen.

(7a) Immobilien im Sinne dieses Gesetzes sind Grundstücke, grundstücksgleiche Rechte und Miteigentumsanteile an Grundstücken, die im Bestandsverzeichnis eines Grundbuchblattes aufgeführt sind.

(8) Glücksspiel im Sinne dieses Gesetzes ist jedes Spiel, bei dem ein Spieler für den Erwerb einer Gewinnchance ein Entgelt entrichtet und der Eintritt von Gewinn oder Verlust ganz oder überwiegend vom Zufall abhängt.

(9) Güterhändler im Sinne dieses Gesetzes ist, wer gewerblich Güter veräußert, unabhängig davon, in wessen Namen oder auf wessen Rechnung.

(10) [1] Hochwertige Güter im Sinne dieses Gesetzes sind Gegenstände,

1. die sich aufgrund ihrer Beschaffenheit, ihres Verkehrswertes oder ihres bestimmungsgemäßen Gebrauchs von Gebrauchsgegenständen des Alltags abheben oder
2. die aufgrund ihres Preises keine Alltagsanschaffung darstellen.

[2] Zu ihnen gehören insbesondere

1. Edelmetalle wie Gold, Silber und Platin,
2. Edelsteine,
3. Schmuck und Uhren,
4. Kunstgegenstände und Antiquitäten,
5. Kraftfahrzeuge, Schiffe und Motorboote sowie Luftfahrzeuge.

(11) Immobilienmakler im Sinne dieses Gesetzes ist, wer gewerblich den Abschluss von Kauf-, Pacht- oder Mietverträgen über Grundstücke, grundstücksgleiche Rechte, gewerbliche Räume oder Wohnräume vermittelt.

(12) [1] Politisch exponierte Person im Sinne dieses Gesetzes ist jede Person, die ein hochrangiges wichtiges öffentliches Amt auf internationaler, europäischer oder nationaler Ebene ausübt oder ausgeübt hat oder ein öffentliches Amt unterhalb der nationalen Ebene, dessen politische Bedeutung vergleichbar ist, ausübt oder ausgeübt hat. [2] Zu den politisch exponierten Personen gehören insbesondere

1. Personen, die folgende Funktionen innehaben:
   a) Staatschefs, Regierungschefs, Minister, Mitglieder der Europäischen Kommission, stellvertretende Minister und Staatssekretäre,
   b) Parlamentsabgeordnete und Mitglieder vergleichbarer Gesetzgebungsorgane,
   c) Mitglieder der Führungsgremien politischer Parteien,
   d) Mitglieder von obersten Gerichtshöfen, Verfassungsgerichtshöfen oder sonstigen hohen Gerichten, gegen deren Entscheidungen im Regelfall kein Rechtsmittel mehr eingelegt werden kann,
   e) Mitglieder der Leitungsorgane von Rechnungshöfen,
   f) Mitglieder der Leitungsorgane von Zentralbanken,
   g) Botschafter, Geschäftsträger und Verteidigungsattachés,
   h) Mitglieder der Verwaltungs-, Leitungs- und Aufsichtsorgane staatseigener Unternehmen,
   i) Direktoren, stellvertretende Direktoren, Mitglieder des Leitungsorgans oder sonstige Leiter mit vergleichbarer Funktion in einer zwischenstaatlichen internationalen oder europäischen Organisation;

2. Personen, die Ämter innehaben, welche in der nach Artikel 1 Nummer 13 der Richtlinie (EU) 2018/843 des Europäischen Parlaments und des Rates vom 30. Mai 2018 zur Änderung der Richtlinie (EU) 2015/849 zur Verhinderung der Nutzung des Finanzsystems zum Zwecke der Geldwäsche und der Terrorismusfinanzierung und zur Änderung der Richtlinien 2009/138/EG und 2013/36/EU (ABl. L 156 vom 19.6.2018, S. 43) von der Europäischen Kommission veröffentlichten Liste enthalten sind.

[3] Das Bundesministerium der Finanzen erstellt, aktualisiert und übermittelt der Europäischen Kommission eine Liste gemäß Artikel 1 Nummer 13 der Richtlinie (EU) 2018/843. [4] Organisationen nach Satz 2 Nummer 1 Buchstabe i mit Sitz in Deutschland übermitteln dem Bundesministerium der Finanzen hierfür jährlich zum Jahresende eine Liste mit wichtigen öffentlichen Ämtern nach dieser Vorschrift.

(13) Familienmitglied im Sinne dieses Gesetzes ist ein naher Angehöriger einer politisch exponierten Person, insbesondere

1. der Ehepartner oder eingetragene Lebenspartner,
2. ein Kind und dessen Ehepartner oder eingetragener Lebenspartner sowie
3. jeder Elternteil.

(14) Bekanntermaßen nahestehende Person im Sinne dieses Gesetzes ist eine natürliche Person, bei der der Verpflichtete Grund zu der Annahme haben muss, dass diese Person

1. gemeinsam mit einer politisch exponierten Person
   a) wirtschaftlich Berechtigter einer Vereinigung nach § 20 Absatz 1 ist oder
   b) wirtschaftlich Berechtigter einer Rechtsgestaltung nach § 21 ist,
2. zu einer politisch exponierten Person sonstige enge Geschäftsbeziehungen unterhält oder
3. alleiniger wirtschaftlich Berechtigter
   a) einer Vereinigung nach § 20 Absatz 1 ist oder
   b) einer Rechtsgestaltung nach § 21 ist,

   bei der der Verpflichtete Grund zu der Annahme haben muss, dass die Errichtung faktisch zugunsten einer politisch exponierten Person erfolgte.

(15) [1] Mitglied der Führungsebene im Sinne dieses Gesetzes ist eine Führungskraft oder ein leitender Mitarbeiter eines Verpflichteten mit ausreichendem Wissen über die Risiken, denen der Verpflichtete in Bezug auf Geldwäsche und Terrorismusfinanzierung ausgesetzt ist, und mit der Befugnis, insoweit Entscheidungen zu treffen. [2] Ein Mitglied der Führungsebene muss nicht zugleich ein Mitglied der Leitungsebene sein.

(16) Gruppe im Sinne dieses Gesetzes ist ein Zusammenschluss von Unternehmen, der besteht aus

1. einem Mutterunternehmen,
2. den Tochterunternehmen des Mutterunternehmens,
3. den Unternehmen, an denen das Mutterunternehmen oder seine Tochterunternehmen eine Beteiligung halten, und
4. Unternehmen, die untereinander verbunden sind durch eine Beziehung im Sinne des Artikels 22 Absatz 1 der Richtlinie 2013/34/EU des Europäischen Parlaments und des Rates vom 26. Juni 2013 über den Jahresabschluss, den konsolidierten Abschluss und damit verbundene Berichte von Unternehmen

bestimmter Rechtsformen und zur Änderung der Richtlinie 2006/43/EG des Europäischen Parlaments und des Rates und zur Aufhebung der Richtlinien 78/660/EWG und 83/349/EWG des Rates (ABl. L 182 vom 29.6.2013, S. 19).

(17) Drittstaat im Sinne dieses Gesetzes ist ein Staat,

1. der nicht Mitgliedstaat der Europäischen Union ist und
2. der nicht Vertragsstaat des Abkommens über den Europäischen Wirtschaftsraum ist.

(18) E-Geld im Sinne dieses Gesetzes ist E-Geld nach § 1 Absatz 2 Satz 3 und 4 des Zahlungsdiensteaufsichtsgesetzes.

(19) Aufsichtsbehörde im Sinne dieses Gesetzes ist die zuständige Aufsichtsbehörde nach § 50.

(20) Die Zuverlässigkeit eines Mitarbeiters im Sinne dieses Gesetzes liegt vor, wenn der Mitarbeiter die Gewähr dafür bietet, dass er

1. die in diesem Gesetz geregelten Pflichten, sonstige geldwäscherechtliche Pflichten und die beim Verpflichteten eingeführten Strategien, Kontrollen und Verfahren zur Verhinderung von Geldwäsche und von Terrorismusfinanzierung sorgfältig beachtet,
2. Tatsachen nach § 43 Absatz 1 dem Vorgesetzten oder dem Geldwäschebeauftragten, sofern ein Geldwäschebeauftragter bestellt ist, meldet und
3. sich weder aktiv noch passiv an zweifelhaften Transaktionen oder Geschäftsbeziehungen beteiligt.

(21) Korrespondenzbeziehung im Sinne dieses Gesetzes ist eine Geschäftsbeziehung, in deren Rahmen folgende Leistungen erbracht werden:

1. Bankdienstleistungen, wie die Unterhaltung eines Kontokorrent- oder eines anderen Zahlungskontos und die Erbringung damit verbundener Leistungen wie die Verwaltung von Barmitteln, die Durchführung von internationalen Geldtransfers oder Devisengeschäften und die Vornahme von Scheckverrechnungen, durch Verpflichtete nach § 2 Absatz 1 Nummer 1 (Korrespondenten) für CRR-Kreditinstitute oder für Unternehmen in einem Drittstaat, die Tätigkeiten ausüben, die denen solcher Kreditinstitute gleichwertig sind (Respondenten), oder
2. ähnliche Dienstleistungen, soweit diese Leistungen nach den jeweiligen gesetzlichen Vorschriften durch Verpflichtete nach § 2 Absatz 1 Nummer 1 bis 3 und 6 bis 9 (Korrespondenten) erbracht werden dürfen für folgende Respondenten:
   a) andere CRR-Kreditinstitute oder Finanzinstitute im Sinne des Artikels 3 Nummer 2 der Richtlinie (EU) 2015/849 oder
   b) Unternehmen oder Personen in einem Drittstaat, die Tätigkeiten ausüben, die denen solcher Kreditinstitute oder Finanzinstitute gleichwertig sind.

   Davon umfasst sind insbesondere Beziehungen, die für Wertpapiergeschäfte oder Geldtransfers aufgenommen wurden.

(22) Bank-Mantelgesellschaft im Sinne dieses Gesetzes ist

1. ein CRR-Kreditinstitut oder ein Finanzinstitut nach Artikel 3 Nummer 2 der Richtlinie (EU) 2015/849 oder
2. ein Unternehmen,
   a) das Tätigkeiten ausübt, die denen eines solchen Kreditinstituts oder Finanzinstituts gleichwertig sind, und das in einem Land in ein Handelsregister oder

§ 20[1)] Transparenzpflichten im Hinblick auf bestimmte Vereinigungen.

(1) [1] Juristische Personen des Privatrechts und eingetragene Personengesellschaften haben die in § 19 Absatz 1 aufgeführten Angaben zu den wirtschaftlich Berechtigten dieser Vereinigungen einzuholen, aufzubewahren, auf aktuellem Stand zu halten und der registerführenden Stelle unverzüglich zur Eintragung in das Transparenzregister mitzuteilen. [2] Die Pflicht nach Satz 1 gilt auch für Vereinigungen mit Sitz im Ausland, wenn sie Eigentum an einer im Inland gelegenen Immobilie halten oder sich verpflichten, solches Eigentum zu erwerben, wenn Anteile im Sinne des § 1 Absatz 3 des Grunderwerbsteuergesetzes sich bei ihr vereinigen oder auf sie übergehen, oder wenn sie im Sinne des § 1 Absatz 3a des Grunderwerbsteuergesetzes aufgrund eines Rechtsvorgangs eine wirtschaftliche Beteiligung innehaben. [3] Die Pflicht nach Satz 1 gilt nicht für in Satz 2 genannte Vereinigungen, wenn sie die Angaben nach Artikel 1 Nummer 15 Buchstabe c der Richtlinie (EU) 2018/843 und nach § 19 Absatz 1 bereits an ein anderes Register eines Mitgliedstaates der Europäischen Union übermittelt haben. [4] Die Mitteilung hat elektronisch in einer Form zu erfolgen, die ihre elektronische Zugänglichmachung ermöglicht. [5] Bei den Angaben zu Art und Umfang des wirtschaftlichen Interesses nach § 19 Absatz 1 Nummer 4 ist anzugeben, woraus nach § 19 Absatz 3 die Stellung als wirtschaftlich Berechtigter folgt.

(2) Eine juristische Person des Privatrechts oder eine eingetragene Personengesellschaft, die nach Absatz 1 Satz 1 mitteilungspflichtig ist und die nicht im Handelsregister, Genossenschaftsregister, Gesellschaftsregister, Partnerschaftsregister oder Vereinsregister eingetragen ist, hat der registerführenden Stelle unverzüglich mitzuteilen, wenn

1. sich ihre Bezeichnung oder ihr Sitz geändert hat,
2. sie verschmolzen worden ist,
3. sie aufgelöst worden ist oder
4. ihre Rechtsform geändert wurde.

(3) [1] Wirtschaftlich Berechtigte von Vereinigungen nach Absatz 1 haben diesen Vereinigungen die zur Erfüllung der Pflichten nach Absatz 1 notwendigen Angaben mitzuteilen und jede Änderung dieser Angaben unverzüglich mitzuteilen. [2] Anteilseigner, die wirtschaftlich Berechtigte sind oder die von dem wirtschaftlich Berechtigten unmittelbar kontrolliert werden, haben den Vereinigungen nach Absatz 1 die zur Erfüllung der Pflichten nach Absatz 1 notwendigen Angaben mitzuteilen und jede Änderung dieser Angaben unverzüglich mitzuteilen. [3] Kontrolliert ein Mitglied eines Vereins oder einer Genossenschaft mehr als 25 Prozent der Stimmrechte, so trifft die Mitteilungspflicht nach Satz 1 dieses Mitglied. [4] Bei Stiftungen trifft die Mitteilungspflicht nach Satz 1 die Personen nach § 3 Absatz 3.

(3a) [1] Hat die Vereinigung keine Angaben der wirtschaftlich Berechtigten nach Absatz 3 erhalten, so hat sie von ihren Anteilseignern, soweit sie ihr bekannt sind, in angemessenem Umfang Auskunft zu den wirtschaftlich Berechtigten der Vereinigung zu verlangen. [2] Die Anteilseigner sind verpflichtet, das Auskunftsersuchen innerhalb angemessener Frist zu beantworten. [3] Die Pflicht, Auskunft nach Satz 1

[1)] § 20 Abs. 1 Sätze 2 und 3 eingef., bish. Sätze 2 und 3 werden Sätze 4 und 5, Abs. 1a, 3a und 3b eingef., Abs. 3 neu gef., Abs. 5 Satz 2 angef. mWv 1.1.2020 durch G v. 12.12.2019 (BGBl. I S. 2602); Abs. 1 Sätze 2 und 5 geänd., Abs. 2 aufgeh., Abs. 1a wird Abs. 2 und Satz 1 einl. Satzteil und Nr. 1, Abs. 4 geänd. mWv 1.8.2021 durch G v. 25.6.2021 (BGBl. I S. 2083); Abs. 1 Satz 2 geänd. mWv 28.12.2022 durch G v. 19.12.2022 (BGBl. I S. 2606); Abs. 2 einl. Satzteil geänd. mWv 1.1.2024 durch G v. 22.12.2023 (BGBl. 2023 I Nr. 411).

zu verlangen, gilt nicht, wenn der Vereinigung die Angaben zum wirtschaftlich Berechtigten nach § 19 bereits anderweitig bekannt sind. [4] Die Vereinigung hat die Auskunftsersuchen sowie die eingeholten Informationen zu dokumentieren.

(3b) [1] Gelangt der Anteilseigner zu der Erkenntnis, dass sich der wirtschaftlich Berechtigte der Vereinigung geändert hat, so muss er dies der Vereinigung innerhalb einer angemessenen Frist mitteilen. [2] Satz 1 gilt nicht, wenn

1. die Angaben zu dem neuen wirtschaftlich Berechtigten bereits über das Transparenzregister zugänglich sind, oder
2. der Anteilseigner anderweitig positive Kenntnis davon hat, dass der Vereinigung der neue wirtschaftlich Berechtigte bekannt ist.

[3] Der Anteilseigner hat die Mitteilung an die Vereinigung zu dokumentieren und aufzubewahren.

(4) Die Angabepflicht nach Absatz 3 entfällt, wenn die Anteilseigner, Mitglieder und wirtschaftlich Berechtigten die erforderlichen Angaben bereits in anderer Form mitgeteilt haben.

(5) [1] Die Zentralstelle für Finanztransaktionsuntersuchungen und die Aufsichtsbehörden können im Rahmen ihrer Aufgaben und Befugnisse die nach Absatz 1 aufbewahrten Angaben einsehen oder sich vorlegen lassen. [2] Die Angaben sind ihnen unverzüglich zur Verfügung zu stellen.

§ 20a[1)] Automatische Eintragung für Vereine. (1) [1] Für eingetragene Vereine nach § 21 des Bürgerlichen Gesetzbuchs[2)] erstellt die registerführende Stelle anhand der im Vereinsregister eingetragenen Daten eine Eintragung in das Transparenzregister, ohne dass es hierfür einer Mitteilung nach § 20 Absatz 1 Satz 1 bedarf. [2] Im Rahmen dieser Eintragung werden alle Mitglieder des Vorstands eines Vereins mit den Daten nach § 19 Absatz 1 als wirtschaftliche Berechtigte nach § 3 Absatz 2 Satz 5 im Transparenzregister erfasst. [3] Soweit diese Daten nicht im Vereinsregister vorhanden sind, wird als Wohnsitzland Deutschland und als einzige Staatsangehörigkeit die deutsche Staatsangehörigkeit angenommen. [4] Die nach Satz 1 eingetragenen Daten gelten als Angaben des Vereins, soweit der Verein der registerführenden Stelle keine abweichenden Angaben mitgeteilt hat.

(2) [1] Abweichend von § 20 Absatz 1 Satz 1 muss ein eingetragener Verein nach § 21 des Bürgerlichen Gesetzbuchs die in § 19 Absatz 1 aufgeführten Angaben zu den wirtschaftlich Berechtigten der registerführenden Stelle nur dann zur Eintragung mitteilen, wenn

1. eine Änderung des Vorstands nicht unverzüglich zur Eintragung in das Vereinsregister angemeldet worden ist,
2. mindestens ein wirtschaftlich Berechtigter nach § 3 Absatz 2 Satz 1 bis 4 vorhanden ist oder
3. die Annahmen nach Absatz 1 Satz 3 nicht zutreffen.

[2] Eine Eintragung durch die registerführende Stelle nach Absatz 1 wird nicht vorgenommen, wenn der Verein der registerführenden Stelle Angaben nach § 19 Absatz 1 zur Eintragung in das Transparenzregister mitgeteilt hat. [3] Dies gilt nicht,

---

[1)] § 20a eingef. mWv 1.8.2021 durch G v. 25.6.2021 (BGBl. I S. 2083).
[2)] **Habersack, Deutsche Gesetze Nr. 20.**

Artikel 31a der Richtlinie (EU) 2018/843 erlassenen Durchführungsrechtsakten enthalten sind.

§ 26a[1] **Abruf durch bestimmte Behörden.** (1) Die registerführende Stelle übermittelt die erforderlichen Informationen aus dem Transparenzregister an

1. die Zentralstelle für Finanztransaktionsuntersuchungen für Zwecke nach § 28 Absatz 1 Satz 3 Nummer 2, 4 und 8,
2. die Strafverfolgungsbehörden für ihre Aufgabenerfüllung,
3. die Aufsichtsbehörden, soweit dies im Einzelfall für die Erfüllung ihrer Aufgaben nach § 51 erforderlich ist,
4. das Bundeszentralamt für Steuern und die örtlichen Finanzbehörden nach § 6 Absatz 2 Nummer 5 der Abgabenordnung, soweit dies im Einzelfall für die Erfüllung ihrer jeweiligen Aufgaben erforderlich ist,
5. die Verfassungsschutzbehörden des Bundes und der Länder, soweit dies im Einzelfall zur Erfüllung ihrer Aufgaben erforderlich ist,
6. das Zollkriminalamt, soweit dies im Einzelfall zur Erfüllung seiner Aufgaben nach § 4 Absatz 2 und 3 des Zollfahndungsdienstgesetzes erforderlich ist,
7. die nach § 13 des Außenwirtschaftsgesetzes zuständigen Behörden, soweit dies im Einzelfall zur Erfüllung ihrer Aufgaben erforderlich ist,
8. den Bundesnachrichtendienst, soweit dies erforderlich ist
   a) zur politischen Unterrichtung der Bundesregierung, wenn durch die Auskunft Informationen über das Ausland gewonnen werden können, die von außen- und sicherheitspolitischer Bedeutung für die Bundesrepublik Deutschland sind und zu deren Aufklärung das Bundeskanzleramt den Bundesnachrichtendienst beauftragt hat, oder
   b) zur Früherkennung von aus dem Ausland drohenden Gefahren von internationaler Bedeutung, wenn durch die Auskunft Erkenntnisse gewonnen werden können mit Bezug zu den in § 4 Absatz 3 Nummer 1 des BND-Gesetzes genannten Gefahrenbereichen oder zum Schutz der in § 4 Absatz 3 Nummer 2 und 3 des BND-Gesetzes genannten Rechtsgüter,
9. die Zentralstelle für Sanktionsdurchsetzung, soweit dies im Einzelfall zur Erfüllung ihrer Aufgaben erforderlich ist.

(2) [1] Die Übermittlung erfolgt im Wege des automatisierten Abrufs. [2] Die registerführende Stelle richtet für Abfragen nach Absatz 1 einen nach den Vorgaben der registerführenden Stelle ausgestalteten automatisierten Zugriff auf die im Transparenzregister gespeicherten Daten ein, der auch die Suche nach

1. wirtschaftlich Berechtigten einer Vereinigung nach § 20 oder einer Rechtsgestaltung nach § 21 über die Angaben „Name" und „Vorname" sowie zusätzlich „Geburtsdatum", „Wohnort" oder „Staatsangehörigkeit" des wirtschaftlich Berechtigten oder
2. Immobilien über alle Angaben nach § 19a

erlaubt. [3] § 23 bleibt unberührt.

---

[1] § 26a eingef. mWv 1.1.2021 durch G v. 12.12.2019 (BGBl. I S. 2602); Überschrift geänd., Abs. 1 neu gef. mWv 1.8.2021 durch G v. 25.6.2021 (BGBl. I S. 2083); Abs. 1 Nr. 4 geänd., Nr. 5 neu gef., Nr. 6, 7 angef. mWv 28.5.2022 durch G v. 23.5.2022 (BGBl. I S. 754); Abs. 1 Nr. 5, 6 geänd., Nr. 7 neu gef., Nr. 8, 9 angef., Abs. 2 neu gef. mWv 28.12.2022 durch G v. 19.12.2022 (BGBl. I S. 2606); Abs. 1 Nr. 1 geänd. mWv 18.11.2023 durch G v. 13.11.2023 (BGBl. 2023 I Nr. 311).

(3) Die beteiligten Stellen haben zu gewährleisten, dass für Abfragen nach Absatz 1 dem jeweiligen Stand der Technik entsprechende Maßnahmen zur Sicherstellung von Datenschutz und Datensicherheit getroffen werden, die insbesondere die Vertraulichkeit und Unversehrtheit der Daten gewährleisten.

Abschnitt 5. Zentralstelle für Finanztransaktionsuntersuchungen

§ 27 Zentrale Meldestelle. (1) Zentrale Meldestelle zur Verhinderung, Aufdeckung und Unterstützung bei der Bekämpfung von Geldwäsche und Terrorismusfinanzierung nach Artikel 32 Absatz 1 der Richtlinie (EU) 2015/849 ist die Zentralstelle für Finanztransaktionsuntersuchungen.

(2) Die Zentralstelle für Finanztransaktionsuntersuchungen ist organisatorisch eigenständig und arbeitet im Rahmen ihrer Aufgaben und Befugnisse fachlich unabhängig.

§ 28[1] Aufgaben, Aufsicht und Zusammenarbeit. (1) [1] Die Zentralstelle für Finanztransaktionsuntersuchungen hat die Aufgabe der Erhebung und Analyse von Informationen im Zusammenhang mit Geldwäsche oder Terrorismusfinanzierung und der Weitergabe dieser Informationen an die zuständigen inländischen öffentlichen Stellen zum Zwecke der Aufklärung, Verhinderung oder Verfolgung solcher Taten. [2] Bei der Wahrnehmung ihrer Aufgaben folgt die Zentralstelle für Finanztransaktionsuntersuchungen einem risikobasierten Ansatz. [3] Ihr obliegen in diesem Zusammenhang:

1. die Entgegennahme und Sammlung von Meldungen nach diesem Gesetz,
2. die Durchführung von operativen Analysen einschließlich der Bewertung von Meldungen und sonstigen Informationen,
3. der Informationsaustausch und die Koordinierung mit inländischen Aufsichtsbehörden,
4. die Zusammenarbeit und der Informationsaustausch mit zentralen Meldestellen anderer Staaten,
5. die Untersagung von Transaktionen und die Anordnung von sonstigen Sofortmaßnahmen,
6. die Übermittlung der sie betreffenden Ergebnisse der operativen Analyse nach Nummer 2 und zusätzlicher relevanter Informationen an die zuständigen inländischen öffentlichen Stellen,
7. die Rückmeldung an den Verpflichteten, der eine Meldung nach § 43 Absatz 1 abgegeben hat,
8. die Durchführung von strategischen Analysen und Erstellung von Berichten aufgrund dieser Analysen,
9. der Austausch mit den Verpflichteten sowie mit den inländischen Aufsichtsbehörden und für die Aufklärung, Verhinderung oder Verfolgung der Geldwäsche und der Terrorismusfinanzierung zuständigen inländischen öffentlichen Stellen insbesondere über entsprechende Typologien und Methoden,
10. die Erstellung von Statistiken zu den in Artikel 44 Absatz 2 der Richtlinie (EU) 2015/849 genannten Zahlen und Angaben und die Veröffentlichung einer konsolidierten Statistik auf Jahresbasis in einem Jahresbericht,

---

[1] § 28 Abs. 1 Satz 2 Nr. 10 geänd. mWv 1.1.2020 durch G v. 12.12.2019 (BGBl. I S. 2602); Abs. 1a eingef. mWv 28.5.2022 durch G v. 23.5.2022 (BGBl. I S. 754); Abs. 1 Satz 2 eingef., bish. Satz 2 wird Satz 3, Abs. 2 neu gef. mWv 18.11.2023 durch G v. 13.11.2023 (BGBl. 2023 I Nr. 311).

11. die Veröffentlichung eines Jahresberichts über die erfolgten operativen Analysen,
12. die Teilnahme an Treffen nationaler und internationaler Arbeitsgruppen und
13. die Wahrnehmung der Aufgaben, die ihr darüber hinaus nach anderen Bestimmungen übertragen worden sind.

(1a) [1]Bei Erfüllung der ihr nach Absatz 1 Satz 1 übertragenen Aufgabe wirkt die Zentralstelle für Finanztransaktionsuntersuchungen auch an der Feststellung von Geldern und wirtschaftlichen Ressourcen bestimmter Personen oder Personengesellschaften mit, die aufgrund eines im Amtsblatt der Europäischen Gemeinschaften oder der Europäischen Union veröffentlichten unmittelbar geltenden Rechtsaktes der Europäischen Gemeinschaften oder der Europäischen Union, die der Durchführung einer vom Rat der Europäischen Union im Bereich der Gemeinsamen Außen- und Sicherheitspolitik beschlossenen wirtschaftlichen Sanktionsmaßnahme dient, einer Verfügungsbeschränkung unterliegen. [2]Absatz 1 Satz 2 gilt entsprechend.

(2) [1]Die Zentralstelle für Finanztransaktionsuntersuchungen untersteht der Aufsicht des Bundesministeriums der Finanzen. [2]Bei der Wahrnehmung der Aufsicht ist die fachliche Unabhängigkeit der Zentralstelle für Finanztransaktionsuntersuchungen nach § 27 Absatz 2 zu berücksichtigen. [3]In den Fällen des Absatzes 1 Satz 3 Nummer 1, 2, 5 und 6 ist die Aufsicht auf die Rechtsaufsicht beschränkt.

(3) Die Zentralstelle für Finanztransaktionsuntersuchungen sowie die sonstigen für die Aufklärung, Verhütung und Verfolgung der Geldwäsche, Terrorismusfinanzierung und sonstiger Straftaten sowie die zur Gefahrenabwehr zuständigen inländischen öffentlichen Stellen und die inländischen Aufsichtsbehörden arbeiten zur Durchführung dieses Gesetzes zusammen und unterstützen sich gegenseitig.

(4) Die Zentralstelle für Finanztransaktionsuntersuchungen informiert, soweit erforderlich, die für das Besteuerungsverfahren oder den Schutz der sozialen Sicherungssysteme zuständigen Behörden über Sachverhalte, die ihr bei der Wahrnehmung ihrer Aufgaben bekannt werden und die sie nicht an eine andere zuständige staatliche Stelle übermittelt hat.

§ 28a[1)] Unterrichtung des Deutschen Bundestages. (1) Das Bundesministerium der Finanzen unterrichtet in Abständen von höchstens sechs Monaten ein Gremium des Deutschen Bundestages über die Erfüllung der Aufgaben der Zentralstelle für Finanztransaktionsuntersuchungen gemäß § 28 Absatz 1 und 1a.

(2) [1]Der Deutsche Bundestag bestimmt die Zahl der Mitglieder, die Zusammensetzung und die Arbeitsweise des Gremiums. [2]Das Bundesministerium der Finanzen und die Zentralstelle für Finanztransaktionsuntersuchungen sind ständig vertreten. [3]Das Gremium beschließt anlassbezogen über die Hinzuziehung weiterer Stellen, soweit deren gesetzliche Zuständigkeiten betroffen sind.

(3) [1]Die Mitglieder des Gremiums sind zur Geheimhaltung aller Angelegenheiten verpflichtet, die ihnen bei ihrer Tätigkeit bekannt geworden sind. [2]Dies gilt auch für die Vertreterinnen und Vertreter der hinzugezogenen weiteren Stellen.

§ 29[2)] Verarbeitung personenbezogener Daten durch die Zentralstelle für Finanztransaktionsuntersuchungen. (1) Die Zentralstelle für Finanztransakti-

---

[1)] § 28a eingef. mWv 18.11.2023 durch G v. 13.11.2023 (BGBl. 2023 I Nr. 311).

[2)] § 29 Überschrift neu gef. mWv 1.1.2020 durch G v. 12.12.2019 (BGBl. I S. 2602); Abs. 4 angef. mWv 1.8.2021 durch G v. 25.6.2021 (BGBl. I S. 2083); Abs. 1 geänd., Abs. 2a–2c, Abs. 4, 5 eingef., bish. Abs. 4 wird Abs. 6, Abs. 7, 8 angef. mWv 18.11.2023 durch G v. 13.11.2023 (BGBl. 2023 I Nr. 311).

onsuntersuchungen darf personenbezogene Daten verarbeiten, die aufgrund dieses Gesetzes übermittelt, erhoben oder abgefragt werden, soweit dies zur Erfüllung ihrer Aufgaben erforderlich ist.

(2) Die Zentralstelle für Finanztransaktionsuntersuchungen darf personenbezogene Daten, die sie zur Erfüllung ihrer Aufgaben gespeichert hat, mit anderen Daten abgleichen, wenn dies nach diesem Gesetz oder nach einem anderen Gesetz zulässig ist.

(2a) [1]Die Zentralstelle für Finanztransaktionsuntersuchungen darf bei der Verarbeitung personenbezogener Daten nach Absatz 1 und beim Abgleich dieser personenbezogenen Daten mit anderen Daten nach Absatz 2 automatisierte Anwendungen zur Datenanalyse einsetzen

1. zur Risikobewertung nach § 30 Absatz 2 Satz 3,
2. bei der operativen Analyse nach § 28 Absatz 1 Satz 3 Nummer 2 und
3. bei der strategischen Analyse nach § 28 Absatz 1 Satz 3 Nummer 8

von Meldungen und sonstigen Informationen nach diesem Gesetz. [2]Folgende personenbezogene Daten dürfen in automatisierten Anwendungen zur Datenanalyse nach Satz 1 nicht verarbeitet werden:

1. Daten, die ursprünglich durch den Bundesnachrichtendienst, das Bundesamt für Verfassungsschutz, die Verfassungsschutzbehörden der Länder oder den Militärischen Abschirmdienst erhoben wurden;
2. Daten, die durch eine Maßnahme nach den §§ 100a, 100b, 100c, 100f, 100g, 100h, 100i, 100k Absatz 1 Satz 2, den §§ 110a, 163f der Strafprozessordnung[1)] oder aus vergleichbar schwerwiegenden Eingriffen in die informationelle Selbstbestimmung gewonnen wurden;
3. biometrische Daten.

[3]Folgende Datenarten dürfen mittels einer automatisierten Anwendung zur Datenanalyse verarbeitet werden: der Familienname, die Vornamen, frühere Namen, andere Namen, Aliaspersonalien, abweichende Namensschreibweisen, Name der juristischen Person, das Geschlecht, das Geburtsdatum, der Geburtsort, der Geburtsstaat, der Familienstand, die aktuellen und bisherigen Staatsangehörigkeiten, die gegenwärtigen und bisherigen Anschriften, die Nummer eines Legitimationsdokumentes einschließlich der ausstellenden öffentlichen Stelle, eigene oder jeweils genutzte Telekommunikationsanschlüsse sowie Adressen für elektronische Post, elektronische Adressen für neue Zahlungsmethoden (Wallet-Adressen), sonstige Angaben zur beruflichen Erreichbarkeit und Daten über die Geschäftsbeziehung gemäß § 1 Absatz 4 einer Person mit einem Verpflichteten nach § 2, insbesondere Daten eines bei einem Verpflichteten geführten Kontos. [4]Personenbezogene Daten aus allgemein zugänglichen Quellen dürfen nicht automatisiert in die Verarbeitung personenbezogener Daten in automatisierten Anwendungen zur Datenanalyse einbezogen werden.

(2b) [1]Durch den Einsatz automatisierter Anwendungen zur Datenanalyse nach Absatz 2a können Meldungen und sonstige Informationen im Datenbestand der Zentralstelle für Finanztransaktionsuntersuchungen dahingehend bewertet und identifiziert werden, ob relevante Anhaltspunkte bestehen, dass ein Vermögensgegenstand mit Geldwäsche, mit Terrorismusfinanzierung oder mit einer sonstigen Straftat im Zusammenhang steht. [2]Hierzu können Beziehungen zwischen Personen, Personengruppierungen, Institutionen, Organisationen, Objekten und Sa-

[1)] **Habersack, Deutsche Gesetze Nr. 90.**

chen hergestellt, unbedeutende Informationen und Erkenntnisse ausgeschlossen und die eingehenden Erkenntnisse bekannten Sachverhalten zugeordnet werden. 3 Hierzu werden die von den Verpflichteten bei der Abgabe einer Meldung anzugebenden Informationen und sonstige Informationen im Datenbestand der Zentralstelle für Finanztransaktionsuntersuchungen mit den Parametern für die Risikobewertung nach § 30 Absatz 2 Satz 2 bis 8 oder Parametern für die operative und strategische Analyse automatisiert auf Beziehungen und mögliche Übereinstimmungen abgeglichen. 4 Selbstlernende und automatisierte Systeme, die eigenständig Gefährlichkeitsaussagen über Personen treffen können, sind unzulässig.

(2c) Die Zentralstelle für Finanztransaktionsuntersuchungen darf zur Erfüllung ihrer Aufgaben nach diesem Gesetz Informationen nach § 28 Absatz 1 Satz 3 Nummer 2 erheben, verarbeiten und mit anderen Daten abgleichen.

(3) Die Zentralstelle für Finanztransaktionsuntersuchungen darf personenbezogene Daten, die bei ihr vorhanden sind, zu Fortbildungszwecken oder zu statistischen Zwecken verarbeiten, soweit eine Verarbeitung anonymisierter Daten zu diesen Zwecken nicht möglich ist.

(4) Die Zentralstelle für Finanztransaktionsuntersuchungen darf personenbezogene Daten, die bei ihr vorhanden sind, verarbeiten, um den Einsatz automatisierter Anwendungen zur Datenanalyse vorzubereiten, die sie zur Erfüllung ihrer Aufgaben nach diesem Gesetz einsetzt.

(5) 1 Die Zentralstelle für Finanztransaktionsuntersuchungen stellt durch organisatorische und technische Maßnahmen sicher, dass Daten nur gemäß ihrer rechtlichen Verwendbarkeit verarbeitet werden. 2 Hierbei sind auch Begrenzungen der Zugriffsmöglichkeiten auf die automatisierten Anwendungen zur Datenanalyse vorzusehen.

(6) Die Zentralstelle für Finanztransaktionsuntersuchungen stellt durch Schulungen sicher, dass das eingesetzte Personal mit den geltenden europäischen und nationalen Datenschutzbestimmungen vertraut ist.

(7) 1 Die oder der Bundesbeauftragte für den Datenschutz und die Informationsfreiheit führt mindestens alle zwei Jahre Kontrollen der Datenverarbeitung im Zusammenhang mit der Verarbeitung von personenbezogenen Daten nach Absatz 1 durch. 2 Diese Kontrollen erfolgen unbeschadet ihrer oder seiner in § 14 des Bundesdatenschutzgesetzes[1)] genannten Aufgaben.

(8) Sofern die oder der Bundesbeauftragte für den Datenschutz und die Informationsfreiheit Verstöße nach § 16 Absatz 2 des Bundesdatenschutzgesetzes beanstandet hat, kann sie oder er geeignete Maßnahmen anordnen, wenn dies zur Beseitigung eines erheblichen Verstoßes gegen datenschutzrechtliche Vorschriften erforderlich ist.

§ 30[2)] Analyse von Meldungen und Informationen. (1) Die Zentralstelle für Finanztransaktionsuntersuchungen hat zur Erfüllung ihrer Aufgaben folgende Meldungen und Informationen entgegenzunehmen und zu verarbeiten:

1. Meldungen von Verpflichteten nach § 43 sowie Meldungen von Aufsichtsbehörden nach § 44,
2. Mitteilungen von Finanzbehörden nach § 31b der Abgabenordnung[3)],

---

[1)] **Sartorius Nr. 245.**

[2)] § 30 Abs. 2a eingef. mWv 28.5.2022 durch G v. 23.5.2022 (BGBl. I S. 754); Überschrift neu gef., Abs. 2 Satz 1 geänd., Sätze 2–10 angef. mWv 18.11.2023 durch G v. 13.11.2023 (BGBl. 2023 I Nr. 311).

[3)] Nr. **88b**.

3. Informationen, die ihr übermittelt werden
   a) nach Artikel 5 Absatz 1 der Verordnung (EG) Nr. 1889/2005 des Europäischen Parlaments und des Rates vom 26. Oktober 2005 über die Überwachung von Barmitteln, die in die Gemeinschaft oder aus der Gemeinschaft verbracht werden (ABl. L 309 vom 25.11.2005, S. 9), und
   b) nach § 12a des Zollverwaltungsgesetzes, und
4. sonstige Informationen aus öffentlichen und nicht öffentlichen Quellen im Rahmen ihres Aufgabenbereiches.

(2) [1] Die Zentralstelle für Finanztransaktionsuntersuchungen analysiert verdächtige Transaktionen und sonstige Informationen, die im Hinblick auf Geldwäsche, damit zusammenhängende Vortaten oder Terrorismusfinanzierung von Belang sind, mit dem Ziel der Verhinderung, Aufdeckung und Unterstützung bei der Bekämpfung von Geldwäsche und Terrorismusfinanzierung. [2] Art und Umfang der Analyse haben sich am Risiko der Geldwäsche oder Terrorismusfinanzierung zu orientieren. [3] Für die risikogerechte Identifikation relevanter Meldungen und Informationen kann die Zentralstelle für Finanztransaktionsuntersuchungen automatisierte Anwendungen zur Datenanalyse nach § 29 Absatz 2a (Risikobewertungssysteme) einsetzen. [4] Dabei soll auch der Grundsatz der Wirtschaftlichkeit der Verwaltung berücksichtigt werden. [5] Die Übermittlung von Sachverhalten nach § 32 Absatz 2 Satz 1 wird durch einen Amtsträger veranlasst. [6] Die Risikobewertungssysteme sind regelmäßig auf ihre Zielerfüllung einschließlich einer Zufallsauswahl zu überprüfen. [7] Die Zentralstelle für Finanztransaktionsuntersuchungen legt die Parameter der Prüfung in automatisierten Anwendungen zur Datenanalyse nach § 29 Absatz 2a Satz 1 Nummer 1 im Benehmen mit Vertretern der Strafverfolgungsbehörden, des Bundesamtes für Verfassungsschutz, des Bundesnachrichtendienstes und des Militärischen Abschirmdienstes des Bundesministeriums der Verteidigung fest. [8] Die Zentralstelle für Finanztransaktionsuntersuchungen kann hierbei über die Analysepflicht nach Satz 1 hinaus Parameter für die Identifikation von Meldungen und Informationen, die im Hinblick auf sonstige Straftaten von Belang sind, berücksichtigen. [9] Für die Bereiche Inneres, Justiz und Finanzen bestimmt das jeweils zuständige Landesministerium oder die jeweils zuständige Senatsverwaltung die Vertreter der Strafverfolgungsbehörden des jeweiligen Landes, für den Generalbundesanwalt beim Bundesgerichtshof das Bundesministerium der Justiz. [10] Einzelheiten der Risikobewertungssysteme dürfen nicht veröffentlicht werden, soweit die Veröffentlichung die gesetzliche Aufgabenerfüllung der Zentralstelle für Finanztransaktionsuntersuchungen, der Strafverfolgungsbehörden, des Bundesamtes für Verfassungsschutz, des Bundesnachrichtendienstes oder des Militärischen Abschirmdienstes des Bundesministeriums der Verteidigung gefährden könnte.

(2a) Die Zentralstelle für Finanztransaktionsuntersuchungen ist befugt, unabhängig vom Vorliegen einer Meldung nach den §§ 43 und 44 Analysen durchzuführen, soweit dies zur Erfüllung ihrer Aufgaben erforderlich ist.

(3) [1] Die Zentralstelle für Finanztransaktionsuntersuchungen kann unabhängig vom Vorliegen einer Meldung Informationen von Verpflichteten einholen, soweit dies zur Erfüllung ihrer Aufgaben erforderlich ist. [2] Zur Beantwortung ihres Auskunftsverlangens gewährt sie dem Verpflichteten eine angemessene Frist. [3] Verpflichtete nach § 2 Absatz 1 Nummer 10 und 12 können die Auskunft verweigern, soweit sich das Auskunftsverlangen auf Informationen bezieht, die sie im Rahmen der Rechtsberatung oder der Prozessvertretung des Vertragspartners erhalten haben. [4] Die Auskunftspflicht bleibt jedoch bestehen, wenn der Verpflichtete weiß,

dass der Vertragspartner die Rechtsberatung für den Zweck der Geldwäsche oder der Terrorismusfinanzierung in Anspruch genommen hat oder nimmt.

§ 31[1)] Auskunftsrecht gegenüber inländischen öffentlichen Stellen, Datenzugriffsrecht, Verordnungsermächtigung. (1) [1]Die Zentralstelle für Finanztransaktionsuntersuchungen kann, soweit es zur Erfüllung ihrer Aufgaben erforderlich ist, bei inländischen öffentlichen Stellen Daten erheben; zu den inländischen öffentlichen Stellen zählt auch die inländische benannte Behörde im Sinne des Artikel 3 Absatz 2 der Richtlinie (EU) 2019/1153. [2]Die inländischen öffentlichen Stellen erteilen der Zentralstelle für Finanztransaktionsuntersuchungen zur Erfüllung von deren Aufgaben auf deren Ersuchen Auskunft, soweit der Auskunft keine in diesem oder in anderen Gesetzen geregelten Übermittlungsbeschränkungen entgegenstehen.

(2) [1]Die Anfragen sind von der inländischen öffentlichen Stelle unverzüglich zu beantworten. [2]Daten, die mit der Anfrage im Zusammenhang stehen, sind zur Verfügung zu stellen.

(3) [1]Die Zentralstelle für Finanztransaktionsuntersuchungen soll ein automatisiertes Verfahren für die Übermittlung personenbezogener Daten, die bei anderen inländischen öffentlichen Stellen gespeichert sind und zu deren Erhalt die Zentralstelle für Finanztransaktionsuntersuchungen gesetzlich berechtigt ist, durch Abruf einrichten, soweit gesetzlich nichts anderes bestimmt ist und diese Form der Datenübermittlung unter Berücksichtigung der schutzwürdigen Interessen der betroffenen Personen wegen der Vielzahl der Übermittlungen oder wegen ihrer besonderen Eilbedürftigkeit angemessen ist. [2]Zur Kontrolle der Zulässigkeit des automatisierten Abrufverfahrens hat die Zentralstelle für Finanztransaktionsuntersuchungen schriftlich festzulegen:

1. den Anlass und den Zweck des Abgleich- oder Abrufverfahrens,
2. die Dritten, an die übermittelt wird,
3. die Art der zu übermittelnden Daten und
4. die technischen und organisatorischen Maßnahmen zur Gewährleistung des Datenschutzes.

(4) [1]Die Zentralstelle für Finanztransaktionsuntersuchungen ist berechtigt, soweit dies zur Erfüllung ihrer Aufgaben nach § 28 Absatz 1 Satz 3 Nummer 2 erforderlich ist, die in ihrem Informationssystem gespeicherten, personenbezogenen Daten mit den im polizeilichen Informationsverbund nach § 29 Absatz 1 und 2 des Bundeskriminalamtgesetzes[2)] enthaltenen, personenbezogenen Daten automatisiert abzugleichen. [2]Wird im Zuge des Abgleichs nach Satz 1 eine Übereinstimmung übermittelter Daten mit im polizeilichen Informationsverbund gespeicherten Daten festgestellt, so erhält die Zentralstelle für Finanztransaktionsuntersuchungen automatisiert die Information über das Vorliegen eines Treffers und ist berechtigt, die dazu im polizeilichen Informationsverbund vorhandenen Daten

---

[1)] § 31 Abs. 4 Sätze 1 und 5 geänd. mWv 25.5.2018 durch G v. 23.6.2017 (BGBl. I S. 1822); Abs. 4 Sätze 1 und 2 geänd., Satz 3 neu gef., Satz 4 eingef., bish. Sätze 4–6 werden Sätze 5–7, neue Sätze 5 und 6 geänd., Abs. 4a eingef. mWv 1.1.2020 durch G v. 12.12.2019 (BGBl. I S. 2602); Abs. 4 Satz 7 geänd. mWv 27.6.2020 durch VO v. 19.6.2020 (BGBl. I S. 1328); Abs. 7 neu gef. mWv 1.5.2022 durch G v. 15.1.2021 (BGBl. I S. 530); Überschrift geänd., Abs. 5 neu gef., Abs. 5a eingef. mWv 1.7.2021 durch G v. 3.6.2021 (BGBl. I S. 1534); Abs. 1 Satz 1 geänd., Abs. 6 neu gef. mWv 1.8.2021 durch G v. 25.6.2021 (BGBl. I S. 2083); Abs. 1 Satz 2, Abs. 4 Satz 1, Abs. 4a Satz 1, Abs. 5 Satz 2, Abs. 7 Satz 2 geänd. mWv 18.11.2023 durch G v. 13.11.2023 (BGBl. 2023 I Nr. 311).

[2)] **Sartorius Nr. 450.**

automatisiert abzurufen. [3]Haben die Teilnehmer am polizeilichen Informationsverbund Daten als besonders schutzwürdig eingestuft und aus diesem Grund einen Datenabruf der Zentralstelle für Finanztransaktionsuntersuchungen nach Satz 2 ausgeschlossen, erhält der datenbesitzende Teilnehmer am polizeilichen Informationsverbund automatisiert die Information über das Vorliegen eines Treffers. [4]Zugleich erhält die Zentralstelle für Finanztransaktionsuntersuchungen in den Fällen nach Satz 3 die Information über das Vorliegen eines Treffers sowie die Information, wer datenbesitzender Teilnehmer am polizeilichen Informationsverbund ist. [5]Bei Information über das Vorliegen eines Treffers nach Satz 3 obliegt es dem jeweiligen datenbesitzenden Teilnehmer des polizeilichen Informationsverbunds, mit der Zentralstelle für Finanztransaktionsuntersuchungen unverzüglich Kontakt aufzunehmen und ihr die Daten zu übermitteln, soweit dem keine Übermittlungsbeschränkungen entgegenstehen. [6]Die Regelungen der Sätze 1 bis 5 gehen der Regelung des § 29 Absatz 8 des Bundeskriminalamtgesetzes vor. [7]Die Einrichtung eines weitergehenden automatisierten Abrufverfahrens für die Zentralstelle für Finanztransaktionsuntersuchungen ist mit Zustimmung des Bundesministeriums des Innern, für Bau und Heimat, des Bundesministeriums der Finanzen und der Innenministerien und Senatsinnenverwaltungen der Länder zulässig, soweit diese Form der Datenübermittlung unter Berücksichtigung der schutzwürdigen Interessen der Betroffenen wegen der Vielzahl der Übermittlungen oder wegen der besonderen Eilbedürftigkeit angemessen ist.

(4a) [1]Die Zentralstelle für Finanztransaktionsuntersuchungen ist berechtigt, soweit dies zur Erfüllung ihrer Aufgaben nach § 28 Absatz 1 Satz 3 Nummer 2 erforderlich ist, unter Angabe des Vornamens, des Nachnamens sowie zusätzlich des Geburtsdatums, des Geburtsortes oder der letzten bekannten Anschrift einer natürlichen Person Auskunft aus dem Zentralen Staatsanwaltschaftlichen Verfahrensregister automatisiert einzuholen. [2]Wird im Zuge der Auskunftseinholung nach Satz 1 eine Übereinstimmung übermittelter Daten mit den im Zentralen Staatsanwaltschaftlichen Verfahrensregister gespeicherten Daten festgestellt, so erhält die Zentralstelle für Finanztransaktionsuntersuchungen automatisiert die Information über das Vorliegen eines Treffers und ist berechtigt, die dazu im Zentralen Staatsanwaltschaftlichen Verfahrensregister vorhandenen Daten automatisiert abzurufen. [3]Die aus dem Zentralen Staatsanwaltschaftlichen Verfahrensregister erhobenen personenbezogenen Daten dürfen nur für die Zwecke der operativen Analyse verwendet werden.

(5) [1]Finanzbehörden erteilen der Zentralstelle für Finanztransaktionsuntersuchungen nach Maßgabe des § 31b Absatz 1 Nummer 5 der Abgabenordnung[1)] Auskunft und teilen ihr nach § 31b Absatz 2 der Abgabenordnung[1)] die dort genannten Informationen mit. [2]Die Zentralstelle für Finanztransaktionsuntersuchungen darf zur Wahrnehmung ihrer Aufgaben nach § 28 Absatz 1 Satz 3 Nummer 2 folgende, nach § 30 der Abgabenordnung[1)] dem Steuergeheimnis unterliegende Daten im automatisierten Verfahren abrufen, soweit aufgrund der Analyse einer Meldung, Mitteilung oder Information nach § 30 Absatz 1 vorliegender Tatsachen diese Daten für die weitere Analyse erforderlich sind:

1. beim Bundeszentralamt für Steuern die nach § 5 Absatz 1 Nummer 13 des Finanzverwaltungsgesetzes vorgehaltenen Daten,
2. bei den Landesfinanzbehörden die zu einem Steuerpflichtigen gespeicherten Grundinformationen, die die Steuernummer, die Gewerbekennzahl, die Grund-

[1)] Nr. **88b**.

und Zusatzkennbuchstaben, die Bankverbindung, die vergebene Umsatzsteuer-Identifikationsnummer, sowie das zuständige Finanzamt umfassen.

[3] Bei Abrufen nach Satz 2 sind hinsichtlich natürlicher Personen der Vorname, der Nachname und die Anschrift oder das Geburtsdatum, hinsichtlich juristischer Personen und Personenvereinigungen der Name oder die Firma sowie der Ort der Geschäftsleitung oder des Sitzes anzugeben. [4] Die Verantwortung für die Zulässigkeit eines Datenabrufs nach Satz 2 trägt die Zentralstelle für Finanztransaktionsuntersuchungen. [5] Die Zentralstelle für Finanztransaktionsuntersuchungen prüft unverzüglich, inwieweit sie die als Antwort übermittelten Daten im konkreten Einzelfall benötigt; nicht benötigte Daten löscht sie unverzüglich. [6] Wird das Ergebnis der Analyse nicht nach § 32 Absatz 2 Satz 1 an die zuständige Strafverfolgungsbehörde übermittelt, werden die nach den Sätzen 1 und 2 erhobenen Daten unverzüglich gelöscht. [7] Im Übrigen gilt für die Verarbeitung der Daten, die die Zentralstelle für Finanztransaktionsuntersuchungen nach Satz 1 oder Satz 2 erhält, § 29 Absatz 1; eine Übermittlung der nach den Sätzen 1 oder 2 erhobenen Daten an die für Verfahren im Sinne des § 32 Absatz 3 Satz 2 Nummer 2 und 3 zuständigen Stellen ist nicht zulässig. [8] Soweit zu befürchten ist, dass ein Datenabruf nach Satz 2 Nummer 1 den Untersuchungszweck eines Ermittlungsverfahrens im Sinne des § 30 Absatz 2 Nummer 1 Buchstabe b der Abgabenordnung[1)] gefährdet, so kann die für dieses Verfahren zuständige Finanzbehörde oder die zuständige Staatsanwaltschaft anordnen, dass kein Datenabruf nach Satz 2 erfolgen darf. [9] § 480 Absatz 1 Satz 1 und 2 der Strafprozessordnung[2)] findet Anwendung, soweit die Daten Verfahren betreffen, die zu einem Strafverfahren geführt haben. [10] Weitere Einzelheiten des Abrufverfahrens nach Satz 2, insbesondere zu den technischen Formaten der abrufbaren Daten, zur Erteilung und zum Umfang der Abrufberechtigungen, zur Protokollierung und zur Prüfung der Abrufe und sonstiger datenschutzrechtlich erforderlicher technischer und organisatorischer Maßnahmen, regelt eine Rechtsverordnung des Bundesministeriums der Finanzen im Einvernehmen mit dem Bundesministerium der Justiz und für Verbraucherschutz, die der Zustimmung des Bundesrates bedarf. [11] Ein Abruf anderer als der in Satz 2 genannten Daten, die bei den Finanzbehörden gespeichert sind und die nach § 30 der Abgabenordnung[1)] dem Steuergeheimnis unterliegen, durch die Zentralstelle für Finanztransaktionsuntersuchungen ist nur zulässig, soweit dies nach § 31b der Abgabenordnung[1)] oder sonst in den Steuergesetzen zugelassen ist. [12] Abweichend von den Sätzen 2 bis 9 findet für den Abruf von Daten, die bei den Finanzbehörden der Zollverwaltung gespeichert sind und für deren Erhalt die Zentralstelle für Finanztransaktionsuntersuchungen die gesetzliche Berechtigung hat, Absatz 3 Anwendung.

(5a) [1] Wird von der Verordnungsermächtigung des § 22a des Grunderwerbsteuergesetzes zur elektronischen Übermittlung der Anzeige im Sinne des § 18 des Grunderwerbsteuergesetzes Gebrauch gemacht, darf die Zentralstelle für Finanztransaktionsuntersuchungen unter den Voraussetzungen des Absatzes 5 Satz 2 bei den Landesfinanzbehörden die dort hierzu eingegangenen Datensätze erheben und in sonstiger Weise verarbeiten, soweit Tatsachen die Annahme rechtfertigen, dass die Transaktion einen Zusammenhang mit einem nach § 18 Absatz 1 Satz 1 des Grunderwerbsteuergesetzes anzuzeigenden Vorgang aufweist. [2] Absatz 5 Satz 3 bis 5, 7 und 10 gilt entsprechend.

[1)] Nr. **88b.**
[2)] **Habersack, Deutsche Gesetze Nr. 90.**

(6) [1] Verpflichtete nach § 2 Absatz 1 Nummer 1 haben das nach § 24c Absatz 1 des Kreditwesengesetzes zu führende Dateisystem auch für Abrufe der Zentralstelle für Finanztransaktionsuntersuchungen zu führen. [2] Entsprechendes gilt für Verpflichtete nach § 2 Absatz 1 Nummer 3 in Bezug auf das nach § 27 des Zahlungsdiensteaufsichtsgesetzes zu führende Dateisystem sowie für Verpflichtete nach § 2 Absatz 1 Nummer 9 in Bezug auf das nach § 28 des Kapitalanlagegesetzbuchs zu führende Dateisystem. [3] Die Zentralstelle für Finanztransaktionen darf zur Erfüllung ihrer Aufgaben Daten aus diesen Dateisystemen im automatisierten Verfahren abrufen. [4] § 24c Absatz 4 bis 8 des Kreditwesengesetzes gilt entsprechend.

(7) [1] Soweit zur Überprüfung der Personalien des Betroffenen erforderlich, darf die Zentralstelle für Finanztransaktionsuntersuchungen im automatisierten Abrufverfahren nach den §§ 34a und 38 des Bundesmeldegesetzes[1)] über die in § 34 Absatz 1 Satz 1 des Bundesmeldegesetzes aufgeführten Daten hinaus folgende Daten abrufen:

1. Ausstellungsbehörde, Ausstellungsdatum, Gültigkeitsdauer, Seriennummer des Personalausweises, vorläufigen Personalausweises oder Ersatzpersonalausweises, des anerkannten Passes oder Passersatzpapiers,
2. Tatsachen zu den Pass- und Ausweisdaten nach § 3 Absatz 2 Nummer 4 des Bundesmeldegesetzes sowie
3. Daten zum Wohnungsgeber nach § 3 Absatz 2 Nummer 10 des Bundesmeldegesetzes.

[2] Entsprechendes gilt, soweit konkrete Anhaltspunkte dafür bestehen, dass dies zur Erfüllung der Aufgaben nach § 28 Absatz 1 Satz 3 Nummer 2 erforderlich ist. [3] In den Fällen des Satzes 2 sind die nach Satz 1 abgerufenen Daten unverzüglich zu löschen, wenn sich nach Abschluss der operativen Analyse ergibt, dass die Voraussetzungen für eine Übermittlung nach § 32 Absatz 2 Satz 1 nicht vorliegen.

§ 32[2)] Datenübermittlungsverpflichtung an inländische öffentliche Stellen. (1) Meldungen nach § 43 Absatz 1, § 44 sind von der Zentralstelle für Finanztransaktionsuntersuchungen unverzüglich an das Bundesamt für Verfassungsschutz zu übermitteln, soweit tatsächliche Anhaltspunkte dafür bestehen, dass die Übermittlung dieser Informationen für die Erfüllung der Aufgaben des Bundesamtes für Verfassungsschutz erforderlich ist.

(2) [1] Stellt die Zentralstelle für Finanztransaktionsuntersuchungen bei der operativen Analyse fest, dass ein Vermögensgegenstand mit Geldwäsche, mit Terrorismusfinanzierung oder mit einer sonstigen Straftat im Zusammenhang steht, übermittelt sie das Ergebnis ihrer Analyse sowie alle sachdienlichen Informationen unverzüglich an die zuständigen Strafverfolgungsbehörden. [2] Die in Satz 1 genannten Informationen sind außerdem an den Bundesnachrichtendienst zu übermitteln, soweit tatsächliche Anhaltspunkte vorliegen, dass diese Übermittlung für die Erfüllung der Aufgaben des Bundesnachrichtendienstes erforderlich ist. [3] Im Fall von Absatz 1 übermittelt die Zentralstelle für Finanztransaktionsuntersuchungen außerdem dem Bundesamt für Verfassungsschutz zu der zuvor übermittelten Mel-

---

[1)] **Sartorius Nr. 256.**

[2)] § 32 Abs. 3 Sätze 1 und 2 geänd., Abs. 3a eingef., Abs. 4 Sätze 1 und 2, Abs. 5 Satz 1 einl. Satzteil und Nr. 1 geänd., Satz 2 eingef., bish. Sätze 2 und 3 werden Sätze 3 und 4, Abs. 7 Satz 3 angef. mWv 1.8.2021 durch G v. 25.6.2021 (BGBl. I S. 2083); Abs. 3 Satz 1 einl. Satzteil geänd., Abs. 3b eingef. mWv 28.5.2022 durch G v. 23.5.2022 (BGBl. I S. 754); Abs. 5 Satz 1 einl. Satzteil geänd. mWv 28.12.2022 durch G v. 19.12.2022 (BGBl. I S. 2606); Abs. 2 Satz 4 angef. mWv 18.11.2023 durch G v. 13.11.2023 (BGBl. 2023 I Nr. 311).

dung auch das entsprechende Ergebnis ihrer operativen Analyse sowie alle sachdienlichen Informationen. [4] Anstelle der Übermittlung an die zuständigen Strafverfolgungsbehörden nach Satz 1 kann die Zentralstelle für Finanztransaktionsuntersuchungen die Informationen zu sonstigen Straftaten zum automatisierten Datenabruf nach Absatz 4 bereitstellen.

(3) [1] Die Zentralstelle für Finanztransaktionsuntersuchungen übermittelt von Amts wegen oder auf Ersuchen Daten aus Finanzinformationen und Finanzanalysen, auch soweit sie personenbezogene Daten enthalten, an die Strafverfolgungsbehörden, das Bundesamt für Verfassungsschutz, den Bundesnachrichtendienst oder den Militärischen Abschirmdienst des Bundesministeriums der Verteidigung, soweit dies erforderlich ist für

1. die Aufklärung von Geldwäsche und Terrorismusfinanzierung oder die Durchführung von diesbezüglichen Strafverfahren oder
2. die Aufklärung sonstiger Gefahren und die Durchführung von anderen, nicht von Nummer 1 erfassten Strafverfahren.

[2] Die Zentralstelle für Finanztransaktionsuntersuchungen übermittelt von Amts wegen oder auf Ersuchen Daten aus Finanzinformationen und Finanzanalysen, auch soweit sie personenbezogene Daten enthalten, an andere als in Satz 1 benannte, zuständige inländische öffentliche Stellen, soweit dies erforderlich ist für

1. Besteuerungsverfahren,
2. Verfahren zum Schutz der sozialen Sicherungssysteme oder
3. die Aufgabenwahrnehmung der Aufsichtsbehörden.

(3a) Die Zentralstelle für Finanztransaktionsuntersuchungen übermittelt auf Ersuchen unverzüglich Daten aus Finanzinformationen und Finanzanalysen, auch soweit sie personenbezogene Daten enthalten, an die inländische benannte Behörde im Sinne des Artikel 3 Absatz 2 der Richtlinie (EU) 2019/1153, soweit dies zur Erfüllung ihrer gesetzlichen Aufgaben bei der Verhinderung oder Verfolgung und Ahndung schwerer Straftaten im Sinne des Anhangs I der VO (EU) 2016/794 erforderlich ist.

(3b) Die Zentralstelle für Finanztransaktionsuntersuchungen übermittelt darüber hinaus von Amts wegen oder auf Ersuchen unverzüglich Daten aus Finanzinformationen und Finanzanalysen, auch soweit sie personenbezogene Daten enthalten, an die zuständigen inländischen öffentlichen Stellen, soweit dies für die Überwachung der Einhaltung von durch den Rat der Europäischen Union im Bereich der Gemeinsamen Außen- und Sicherheitspolitik beschlossenen wirtschaftlichen Sanktionsmaßnahmen erforderlich ist.

(4) [1] In den Fällen des Absatzes 3 Satz 1 Nummer 1 und 2 sind die Strafverfolgungsbehörden und das Bundesamt für Verfassungsschutz sowie die inländische benannte Behörde im Sinne des Artikel 3 Absatz 2 der Richtlinie (EU) 2019/1153 berechtigt, die Daten zur Erfüllung ihrer Aufgaben automatisiert bei der Zentralstelle für Finanztransaktionsuntersuchungen abzurufen, soweit dem keine Übermittlungsbeschränkungen entgegenstehen. [2] Zur Kontrolle der Zulässigkeit des automatisierten Abrufverfahrens hat die abrufende Behörde schriftlich festzulegen:

1. den Anlass und den Zweck des Abrufverfahrens,
2. die Dritten, an die übermittelt wird,
3. die Art der zu übermittelnden Daten und
4. die technischen und organisatorischen Maßnahmen zur Gewährleistung des Datenschutzes.

(5) [1] Die Übermittlung nach den Absätzen 3 bis 3b unterbleibt, soweit

1. sich die Bereitstellung der Daten negativ auf den Erfolg laufender Ermittlungen oder Analysen der zuständigen inländischen öffentlichen Stellen auswirken könnte oder
2. die Weitergabe der Daten unverhältnismäßig wäre.

[2] In den Fällen des Absatzes 3a begründet die Zentralstelle für Finanztransaktionsuntersuchungen das Unterbleiben einer Übermittlung gegenüber der ersuchenden Stelle [3] Soweit ein Abruf nach Absatz 4 zu Daten erfolgt, zu denen Übermittlungsbeschränkungen dem automatisierten Abruf grundsätzlich entgegenstehen, wird die Zentralstelle für Finanztransaktionsuntersuchungen automatisiert durch Übermittlung aller Anfragedaten über die Abfrage unterrichtet. [4] Ihr obliegt es in diesem Fall, unverzüglich mit der anfragenden Behörde Kontakt aufzunehmen, um im Einzelfall zu klären, ob Erkenntnisse nach Absatz 3 übermittelt werden können.

(6) [1] Falls die Strafverfolgungsbehörde ein Strafverfahren aufgrund eines nach Absatz 2 übermittelten Sachverhalts eingeleitet hat, teilt sie den Sachverhalt zusammen mit den zugrunde liegenden Tatsachen der zuständigen Finanzbehörde mit, wenn eine Transaktion festgestellt wird, die für die Finanzverwaltung für die Einleitung oder Durchführung von Besteuerungs- oder Steuerstrafverfahren Bedeutung haben könnte. [2] Zieht die Strafverfolgungsbehörde im Strafverfahren Aufzeichnungen nach § 11 Absatz 1 heran, dürfen auch diese der Finanzbehörde übermittelt werden. [3] Die Mitteilungen und Aufzeichnungen dürfen für Besteuerungsverfahren und für Strafverfahren wegen Steuerstraftaten verwendet werden.

(7) [1] Der Empfänger darf die ihm übermittelten personenbezogenen Daten nur zu dem Zweck verwenden, zu dem sie ihm übermittelt worden sind. [2] Eine Verwendung für andere Zwecke ist zulässig, soweit die Daten auch dafür hätten übermittelt werden dürfen. [3] Im Falle einer Übermittlung nach Absatz 3a ist eine Verwendung für andere Zwecke zulässig, soweit die Daten auch dafür hätten übermittelt werden dürfen und die Zentralstelle für Finanztransaktionsuntersuchungen dieser Verwendung zuvor zugestimmt hat.

§ 32a[1)] Datenübermittlung an Europol. (1) [1] Die Zentralstelle für Finanztransaktionsuntersuchungen ist befugt, auf ordnungsgemäß begründete Ersuchen von Europol Finanzinformationen und Finanzanalysen, auch soweit sie personenbezogene Daten enthalten, zu übermitteln, soweit dies in einem Einzelfall im Rahmen der Zuständigkeiten von Europol und zur Erfüllung der Aufgaben von Europol gemäß Artikel 4 der Verordnung (EU) 2016/794 erforderlich und nach Artikel 18 der Verordnung (EU) 2016/794 zulässig ist. [2] Sie übermittelt diese Informationen zeitnah über das Bundeskriminalamt in seiner Aufgabe als nationale Stelle nach § 1 Nummer 1 des Europol-Gesetzes.

(2) [1] Die Übermittlung kann verweigert werden, soweit

1. sich die Bereitstellung der Daten negativ auf den Erfolg laufender Ermittlungen oder Analysen der zuständigen inländischen öffentlichen Stellen auswirken könnte oder
2. die Weitergabe der Daten unverhältnismäßig wäre oder
3. die angeforderten Finanzinformationen und Finanzanalysen Daten enthalten, die von einer zentralen Meldestelle eines ausländischen Staates übermittelt

---

[1)] § 32a eingef. mWv 1.8.2021 durch G v. 25.6.2021 (BGBl. I S. 2083).

wurden und diese einer Weiterübermittlung nicht zugestimmt hat, es sei denn, die Informationen stammen aus öffentlich zugänglichen Quellen.

[2] Sie unterbleibt darüber hinaus in den in Artikel 7 Absatz 7 der Verordnung (EU) 2016/794 genannten Fällen.

(3) Die Zentralstelle für Finanztransaktionsuntersuchungen hat die Verweigerung einer Übermittlung gegenüber Europol zu begründen.

(4) [1] Die Übermittlung ist mit der Bedingung zu verbinden, dass Europol die ihm übermittelten personenbezogenen Daten nur zu dem Zweck verwenden darf, zu dem sie ihm übermittelt worden sind. [2] Eine Verwendung zu anderen Zwecken bedarf der Zustimmung der Zentralstelle für Finanztransaktionsuntersuchungen.

§ 33[1)] Datenaustausch mit Mitgliedstaaten der Europäischen Union.

(1) [1] Der Datenaustausch mit den für die Verhinderung, Aufdeckung und Bekämpfung von Geldwäsche und von Terrorismusfinanzierung zuständigen zentralen Meldestellen anderer Mitgliedstaaten der Europäischen Union ist unabhängig von der Art der Vortat der Geldwäsche und auch dann, wenn die Art der Vortat nicht feststeht, zu gewährleisten. [2] Insbesondere steht eine im Einzelfall abweichende Definition der Steuerstraftaten, die nach nationalem Recht eine taugliche Vortat zur Geldwäsche sein können, einem Informationsaustausch mit zentralen Meldestellen anderer Mitgliedstaaten der Europäischen Union nicht entgegen. [3] Geht bei der Zentralstelle für Finanztransaktionsuntersuchungen eine Meldung nach § 43 Absatz 1 ein, die die Zuständigkeit eines anderen Mitgliedstaates betrifft, so leitet sie diese Meldung umgehend an die zentrale Meldestelle des betreffenden Mitgliedstaates weiter. [4] Hierzu kann die Zentralstelle für Finanztransaktionsuntersuchungen mit den Zentralstellen anderer Mitgliedstaaten ein System zur verschlüsselten automatisierten Weiterleitung einrichten und betreiben.

(2) [1] Für die Übermittlung der Daten gelten die Vorschriften über die Datenübermittlung im internationalen Bereich nach § 35 Absatz 2 bis 6 entsprechend. [2] § 35 Absatz 2 gilt mit der Maßgabe, dass die Zentralstelle für Finanztransaktionsuntersuchungen bei der Beantwortung eines Auskunftsersuchens die ihr nach diesem Gesetz zur Erhebung und Weiterleitung von Informationen zustehenden Befugnisse zu nutzen hat. [3] § 35 Absatz 2 Satz 4 gilt mit der Maßgabe, dass die Zentralstelle für Finanztransaktionsuntersuchungen die Anfrage zeitnah zu beantworten hat; richtet sich die Anfrage auf Finanzinformationen oder Finanzanalysen, die im Zusammenhang mit Terrorismus oder mit organisierter Kriminalität mit Bezug zu Terrorismus von Belang sein können, so hat sich die Zentralstelle für Finanztransaktionsuntersuchungen um eine umgehende Beantwortung zu bemühen. [4] Die Verantwortung für die Zulässigkeit der Datenübermittlung trägt die Zentralstelle für Finanztransaktionsuntersuchungen. [5] Für den Datenaustausch mit zentralen Meldestellen anderer Mitgliedstaaten nutzt die Zentralstelle für Finanztransaktionsuntersuchungen gesicherte Kommunikationskanäle.

(3) [1] Sind zusätzliche Informationen über einen in Deutschland tätigen Verpflichteten, der in einem anderen Mitgliedstaat der Europäischen Union in einem öffentlichen Register eingetragen ist, erforderlich, richtet die Zentralstelle für Finanztransaktionsuntersuchungen ihr Ersuchen an die zentrale Meldestelle dieses anderen Mitgliedstaates der Europäischen Union. [2] Geht bei der Zentralstelle für

[1)] § 33 Abs. 1 Satz 4, Abs. 3 Sätze 2 und 3, Abs. 6 angef., Abs. 2 Satz 2 eingef., bish. Satz 2 wird Satz 3, Satz 4 angef., Abs. 4 Satz 1 Nr. 2, Abs. 5 Satz 2 neu gef., Abs. 5 Satz 1 geänd. mWv 1.1.2020 durch G v. 12.12.2019 (BGBl. I S. 2602); Abs. 2 Satz 3 eingef., bish. Sätze 3 und 4 werden Sätze 4 und 5 mWv 1.8. 2021 durch G v. 25.6.2021 (BGBl. I S. 2083).

Finanztransaktionsuntersuchungen ein Ersuchen einer zentralen Meldestelle eines anderen Mitgliedstaates um zusätzliche Informationen über einen in ihrem Hoheitsgebiet tätigen Verpflichteten ein, der in Deutschland eingetragen ist, so nutzt die Zentralstelle für Finanztransaktionsuntersuchen die ihr nach diesem Gesetz zur Erhebung und Weiterleitung von Informationen zustehenden Befugnisse. [3]Die Übermittlung von Anfragen und Antworten nach den Sätzen 1 und 2 hat unverzüglich zu erfolgen.

(4) [1]Die Zentralstelle für Finanztransaktionsuntersuchungen darf ein Ersuchen um Informationsübermittlung, das eine zentrale Meldestelle eines Mitgliedstaates der Europäischen Union im Rahmen ihrer Aufgabenerfüllung an sie gerichtet hat, nur ablehnen, wenn

1. durch die Informationsübermittlung die innere oder äußere Sicherheit oder andere wesentliche Interessen der Bundesrepublik Deutschland gefährdet werden könnten,
2. im Einzelfall die Informationsübermittlung, auch unter Berücksichtigung des öffentlichen Interesses an der Datenübermittlung, mit den Grundprinzipien des deutschen Rechts nicht in Einklang zu bringen ist,
3. durch die Informationsübermittlung strafrechtliche Ermittlungen oder die Durchführung eines Gerichtsverfahrens behindert oder gefährdet werden könnten oder
4. rechtshilferechtliche Bedingungen ausländischer Stellen entgegenstehen, die von den zuständigen Behörden zu beachten sind.

[2]Die Gründe für die Ablehnung des Informationsersuchens legt die Zentralstelle für Finanztransaktionsuntersuchungen der ersuchenden zentralen Meldestelle angemessen schriftlich dar, außer wenn die operative Analyse noch nicht abgeschlossen ist oder soweit die Ermittlungen hierdurch gefährdet werden könnten.

(5) [1]Übermittelt die Zentralstelle für Finanztransaktionsuntersuchungen einer zentralen Meldestelle eines Mitgliedstaates der Europäischen Union auf deren Ersuchen Informationen, so soll sie in der Regel umgehend und unabhängig von der Art der Vortaten, die damit in Zusammenhang stehen können, ihre Einwilligung dazu erklären, dass diese Informationen an andere Behörden dieses Mitgliedstaates weitergeleitet werden dürfen. [2]Die Zentralstelle für Finanztransaktionsuntersuchungen darf ihre Einwilligung nur aus den in Absatz 4 genannten Gründen verweigern. [3]Die Gründe für die Verweigerung der Einwilligung legt die Zentralstelle für Finanztransaktionsuntersuchungen angemessen dar. [4]Die Verwendung der Informationen zu anderen Zwecken bedarf der vorherigen Zustimmung der Zentralstelle für Finanztransaktionsuntersuchungen.

(6) Die Zentralstelle für Finanztransaktionsuntersuchungen benennt eine zentrale Kontaktstelle, die für die Annahme von Informationsersuchen der zentralen Meldestellen anderer Mitgliedstaaten nach dieser Vorschrift zuständig ist.

§ 34 Informationsersuchen im Rahmen der internationalen Zusammenarbeit. (1) Die Zentralstelle für Finanztransaktionsuntersuchungen kann die zentralen Meldestellen anderer Staaten, die mit der Verhinderung, Aufdeckung und Bekämpfung von Geldwäsche, von Vortaten der Geldwäsche sowie von Terrorismusfinanzierung befasst sind, um die Erteilung von Auskünften einschließlich der personenbezogenen Daten oder der Übermittlung von Unterlagen ersuchen, wenn diese Informationen und Unterlagen erforderlich sind zur Erfüllung ihrer Aufgaben.

(2) Für ein Ersuchen kann die Zentralstelle für Finanztransaktionsuntersuchungen personenbezogene Daten übermitteln, soweit dies erforderlich ist, um ein berechtigtes Interesse an der begehrten Information glaubhaft zu machen und wenn überwiegende berechtigte Interessen des Betroffenen nicht entgegenstehen.

(3) [1] In dem Ersuchen muss die Zentralstelle für Finanztransaktionsuntersuchungen den Zweck der Datenerhebung offenlegen und die beabsichtigte Weitergabe der Daten an andere inländische öffentliche Stellen mitteilen. [2] Die Zentralstelle für Finanztransaktionsuntersuchungen darf die von einer zentralen Meldestelle eines anderen Staates übermittelten Daten nur verwenden

1. zu den Zwecken, zu denen um die Daten ersucht wurde, und
2. zu den Bedingungen, unter denen die Daten zur Verfügung gestellt wurden.

[3] Sollen die übermittelten Daten nachträglich an eine andere öffentliche Stelle weitergegeben werden oder für einen Zweck genutzt werden, der über die ursprünglichen Zwecke hinausgeht, so ist vorher die Zustimmung der übermittelnden zentralen Meldestelle einzuholen.

§ 35[1)] Datenübermittlung im Rahmen der internationalen Zusammenarbeit. (1) [1] Geht bei der Zentralstelle für Finanztransaktionsuntersuchungen eine Meldung nach § 43 Absatz 1 ein, die die Zuständigkeit eines anderen Staates betrifft, so kann sie diese Meldung umgehend an die zentrale Meldestelle des betreffenden Staates weiterleiten. [2] Sie weist die zentrale Meldestelle des betreffenden Staates darauf hin, dass die personenbezogenen Daten nur zu dem Zweck genutzt werden dürfen, zu dem sie übermittelt worden sind.

(2) [1] Die Zentralstelle für Finanztransaktionsuntersuchungen kann einer zentralen Meldestelle eines anderen Staates auf deren Ersuchen personenbezogene Daten übermitteln

1. für eine von der zentralen Meldestelle des anderen Staates durchzuführende operative Analyse,
2. im Rahmen einer beabsichtigten Sofortmaßnahme nach § 40, soweit Tatsachen darauf hindeuten, dass der Vermögensgegenstand
   a) sich in Deutschland befindet und
   b) im Zusammenhang steht mit einem Sachverhalt, der der zentralen Meldestelle des anderen Staates vorliegt, oder
3. zur Erfüllung der Aufgaben einer anderen ausländischen öffentlichen Stelle, die der Verhinderung, Aufdeckung und Bekämpfung von Geldwäsche oder von Vortaten der Geldwäsche oder von Terrorismusfinanzierung dient.

[2] Sie kann hierbei auf ihr vorliegende Informationen zurückgreifen. [3] Enthalten diese Informationen auch Daten, die von anderen in- oder ausländischen Behörden erhoben oder von diesen übermittelt wurden, so ist eine Weitergabe dieser Daten nur mit Zustimmung dieser Behörden zulässig, es sei denn, die Informationen stammen aus öffentlich zugänglichen Quellen. [4] Die Ersuchen einer zentralen Meldestelle eines anderen Staates sind in angemessener Zeit zu beantworten. [5] Die Zentralstelle für Finanztransaktionsuntersuchungen kann nach Maßgabe der §§ 28, 30 und 31 andere inländische öffentliche Stellen um Auskunft ersuchen oder von Verpflichteten Auskunft verlangen.

[1)] § 35 Abs. 2 Sätze 2 und 4, Abs. 3 Nr. 5 geänd., Abs. 4 Satz 2 angef. mWv 1.1.2020 durch G v. 12.12. 2019 (BGBl. I S. 2602); Abs. 2 Satz 4 eingef., bish. Satz 4 wird Satz 5, bish. Satz 5 aufgeh. mWv 1.8.2021 durch G v. 25.6.2021 (BGBl. I S. 2083).

(3) Die Übermittlung personenbezogener Daten an eine zentrale Meldestelle eines anderen Staates ist nur zulässig, wenn das Ersuchen mindestens folgende Angaben enthält:

1. die Bezeichnung, die Anschrift und sonstige Kontaktdaten der ersuchenden Behörde,
2. die Gründe des Ersuchens und die Benennung des Zwecks, zu dem die Daten verwendet werden sollen, nach Absatz 2,
3. erforderliche Einzelheiten zur Identität der betroffenen Person, sofern sich das Ersuchen auf eine bekannte Person bezieht,
4. die Beschreibung des Sachverhalts, der dem Ersuchen zugrunde liegt, sowie die Behörde, an die die Daten gegebenenfalls weitergeleitet werden sollen, und
5. die Angabe, inwieweit der Sachverhalt mit Geldwäsche oder mit Terrorismusfinanzierung im Zusammenhang steht.

(4) [1] Die Zentralstelle für Finanztransaktionsuntersuchungen kann auch ohne Ersuchen personenbezogene Daten an eine zentrale Meldestelle eines anderen Staates übermitteln, wenn Tatsachen darauf hindeuten, dass natürliche oder juristische Personen auf dem Hoheitsgebiet dieses Staates Handlungen, die wegen Geldwäsche oder Terrorismusfinanzierung strafbar sind, begangen haben. [2] Dies gilt unabhängig von der Art der Vortat der Geldwäsche und auch, wenn die Art der Vortat nicht feststeht.

(5) [1] Die Verantwortung für die Zulässigkeit der Übermittlung trägt die Zentralstelle für Finanztransaktionsuntersuchungen. [2] Sie kann bei der Übermittlung von Daten an eine ausländische zentrale Meldestelle Einschränkungen und Auflagen für die Verwendung der übermittelten Daten festlegen.

(6) [1] Der Empfänger personenbezogener Daten ist darauf hinzuweisen, dass die personenbezogenen Daten nur zu dem Zweck genutzt werden dürfen, zu dem sie übermittelt worden sind. [2] Sollen die Daten von der ersuchenden ausländischen zentralen Meldestelle an eine andere Behörde in dem Staat weitergeleitet werden, muss die Zentralstelle für Finanztransaktionsuntersuchungen dem unter Berücksichtigung des Zwecks und der schutzwürdigen Interessen des Betroffenen an den Daten zuvor zustimmen. [3] Soweit die Informationen als Beweismittel in einem Strafverfahren verwendet werden sollen, gelten die Regeln der grenzüberschreitenden Zusammenarbeit in Strafsachen.

(7) [1] Die Übermittlung personenbezogener Daten an eine ausländische zentrale Meldestelle unterbleibt, soweit

1. durch die Übermittlung die innere oder äußere Sicherheit oder andere wesentliche Interessen der Bundesrepublik Deutschland verletzt werden könnten,
2. einer Übermittlung besondere bundesgesetzliche Übermittlungsvorschriften entgegenstehen oder
3. im Einzelfall, auch unter Berücksichtigung des besonderen öffentlichen Interesses an der Datenübermittlung, die schutzwürdigen Interessen der betroffenen Person überwiegen.

[2] Zu den schutzwürdigen Interessen der betroffenen Person gehört auch das Vorhandensein eines angemessenen Datenschutzniveaus im Empfängerstaat. [3] Die schutzwürdigen Interessen der betroffenen Person können auch dadurch gewahrt werden, dass der Empfängerstaat oder die empfangende zwischen- oder überstaatliche Stelle im Einzelfall einen angemessenen Schutz der übermittelten Daten garantiert.

(8) Die Übermittlung personenbezogener Daten soll unterbleiben, wenn

1. strafrechtliche Ermittlungen oder die Durchführung eines Gerichtsverfahrens durch die Übermittlung behindert oder gefährdet werden könnten oder
2. nicht gewährleistet ist, dass die ersuchende ausländische zentrale Meldestelle einem gleichartigen deutschen Ersuchen entsprechen würde.

(9) Die Gründe für die Ablehnung eines Informationsersuchens sollen der ersuchenden zentralen Meldestelle angemessen dargelegt werden.

(10) [1]Die Zentralstelle für Finanztransaktionsuntersuchungen hat den Zeitpunkt, die übermittelten Daten sowie die empfangende zentrale Meldestelle aufzuzeichnen. [2]Unterbleibt die Datenübermittlung, so ist dies entsprechend aufzuzeichnen. [3]Sie hat diese Daten drei Jahre aufzubewahren und danach zu löschen.

§ 36 Automatisierter Datenabgleich im europäischen Verbund. [1]Die Zentralstelle für Finanztransaktionsuntersuchungen kann im Verbund mit zentralen Meldestellen anderer Mitgliedstaaten der Europäischen Union ein System zum verschlüsselten automatisierten Abgleich von dazu geeigneten Daten, die die nationalen zentralen Meldestellen im Rahmen ihrer Aufgabenerfüllung erhoben haben, einrichten und betreiben. [2]Zweck dieses Systems ist es, Kenntnis davon zu erlangen, ob zu einer betreffenden Person bereits durch zentrale Meldestellen anderer Mitgliedstaaten der Europäischen Union eine Analyse nach § 30 durchgeführt wurde oder anderweitige Informationen zu dieser Person dort vorliegen.

§ 37 Berichtigung, Einschränkung der Verarbeitung und Löschung personenbezogener Daten aus automatisierter Verarbeitung und bei Speicherung in automatisierten Dateien. (1) Die Zentralstelle für Finanztransaktionsuntersuchungen berichtigt unrichtig gespeicherte personenbezogene Daten, die sie automatisiert verarbeitet.

(2) Die Zentralstelle für Finanztransaktionsuntersuchungen löscht gespeicherte personenbezogene Daten, wenn die Speicherung dieser Daten unzulässig ist oder die Kenntnis dieser Daten für die Aufgabenerfüllung nicht mehr erforderlich ist.

(3) [1]An die Stelle einer Löschung tritt eine Einschränkung der Verarbeitung der gespeicherten personenbezogenen Daten, wenn

1. Anhaltspunkte vorliegen, dass durch die Löschung schutzwürdige Interessen eines Betroffenen beeinträchtigt würden,
2. die Daten für laufende Forschungsarbeiten benötigt werden oder
3. eine Löschung wegen der besonderen Art der Speicherung nur mit unverhältnismäßigem Aufwand möglich ist.

[2]Der eingeschränkten Verarbeitung unterliegende Daten dürfen nur für den Zweck verarbeitet werden, für den die Löschung unterblieben ist. [3]Sie dürfen auch verarbeitet werden, soweit dies zur Durchführung eines laufenden Strafverfahrens unerlässlich ist oder der Betroffene einer Verarbeitung zustimmt.

(4) Die Zentralstelle für Finanztransaktionsuntersuchungen prüft bei der Einzelfallbearbeitung und nach festgesetzten Fristen, ob gespeicherte personenbezogene Daten zu berichtigen, zu löschen oder in der Verarbeitung einzuschränken sind.

(5) Die Fristen beginnen mit dem Tag, an dem die Zentralstelle für Finanztransaktionsuntersuchungen die operative Analyse nach § 30 abgeschlossen hat.

(6) [1]Die Zentralstelle für Finanztransaktionsuntersuchungen ergreift angemessene Maßnahmen, um zu gewährleisten, dass personenbezogene Daten, die unrichtig, unvollständig oder in der Verarbeitung eingeschränkt sind, nicht übermittelt

werden. [2] Zu diesem Zweck überprüft sie, soweit durchführbar, die Qualität der Daten vor ihrer Übermittlung. [3] Bei jeder Übermittlung von personenbezogenen Daten fügt sie nach Möglichkeit Informationen bei, die es dem Empfänger gestatten, die Richtigkeit, die Vollständigkeit und die Zuverlässigkeit der personenbezogenen Daten zu beurteilen.

(7) Stellt die Zentralstelle für Finanztransaktionsuntersuchungen fest, dass sie unrichtige, zu löschende oder in der Verarbeitung einzuschränkende personenbezogene Daten übermittelt hat, so teilt sie dem Empfänger dieser Daten die Berichtigung, Löschung oder Einschränkung der Verarbeitung mit, wenn eine Mitteilung erforderlich ist, um schutzwürdige Interessen des Betroffenen zu wahren.

§ 38[1)] Berichtigung, Einschränkung der Verarbeitung und Vernichtung personenbezogener Daten, die weder automatisiert verarbeitet werden noch in einer automatisierten Datei gespeichert sind. (1) Die Zentralstelle für Finanztransaktionsuntersuchungen hält in geeigneter Weise fest, wenn

1. sie feststellt, dass personenbezogene Daten, die weder automatisiert verarbeitet werden noch in einer automatisierten Datei gespeichert sind, unrichtig sind, oder
2. die Richtigkeit der personenbezogenen Daten, die weder automatisiert verarbeitet werden noch in einer automatisierten Datei gespeichert sind, von dem Betroffenen bestritten wird.

(2) [1] Die Zentralstelle für Finanztransaktionsuntersuchungen schränkt die Verarbeitung personenbezogener Daten, die weder automatisiert verarbeitet werden noch in einer automatisierten Datei gespeichert sind, ein, wenn sie im Einzelfall feststellt, dass

1. ohne die Einschränkung der Verarbeitung schutzwürdige Interessen des Betroffenen beeinträchtigt würden und
2. die Daten für die Aufgabenerfüllung nicht mehr erforderlich sind.

[2] Die personenbezogenen Daten sind auch dann in der Verarbeitung einzuschränken, wenn für sie eine Löschungsverpflichtung nach § 37 Absatz 2 besteht.

(3) Die Zentralstelle für Finanztransaktionsuntersuchungen vernichtet die Unterlagen mit personenbezogenen Daten entsprechend den Bestimmungen über die Aufbewahrung von Akten, wenn diese Unterlagen insgesamt zur Erfüllung der Aufgaben der Zentralstelle für Finanztransaktionsuntersuchungen nicht mehr erforderlich sind.

(4) [1] Die Vernichtung unterbleibt, wenn

1. Anhaltspunkte vorliegen, dass anderenfalls schutzwürdige Interessen des Betroffenen beeinträchtigt würden, oder
2. die Daten für laufende Forschungsarbeiten benötigt werden.

[2] In diesen Fällen schränkt die Zentralstelle für Finanztransaktionsuntersuchungen die Verarbeitung der Daten ein und versieht die Unterlagen mit einem Einschränkungsvermerk. [3] Für die Einschränkung gilt § 37 Absatz 3 Satz 2 und 3 entsprechend.

(5) Anstelle der Vernichtung nach Absatz 3 sind die Unterlagen an das zuständige Archiv abzugeben, sofern diesen Unterlagen ein bleibender Wert nach § 3 des

---

[1)] § 38 Abs. 5 geänd. mWv 1.8.2021 durch G v. 25.6.2021 (BGBl. I S. 2083).

Bundesarchivgesetzes vom 10. März 2017 (BGBl. I S. 410), das zuletzt durch Artikel 1 des Gesetzes vom 9. April 2021 (BGBl. I S. 750) geändert worden ist, in der jeweils geltenden Fassung zukommt.

(6) Für den Fall, dass unrichtige, zu löschende oder in der Verarbeitung einzuschränkende personenbezogene Daten übermittelt worden sind, gilt § 37 Absatz 7 entsprechend.

§ 38a[1] Protokollierung von Informationsersuchen, Statistik, Verordnungsermächtigung. (1) Die Zentralstelle für Finanztransaktionsuntersuchungen protokolliert Ersuchen um Auskunft in den Fällen des § 32 Absatz 3a, des § 32a, des § 33 Absatz 2 Satz 3 Halbsatz 2 sowie in den Fällen des § 31, wenn die Zentralstelle für Finanztransaktionsuntersuchungen Daten bei der inländischen benannten Behörde im Sinne des Artikels 3 Absatz 2 der Richtlinie (EU) 2019/1153 erhebt.

(2) Die Protokolle enthalten mindestens folgende Angaben:

1. Die Bezeichnung und Kontaktdaten derjenigen Behörde sowie den Namen derjenigen Person, die das Ersuchen an die Zentralstelle für Finanztransaktionsuntersuchungen gerichtet hat sowie – sofern bekannt – den Namen derjenigen Person, die das Ergebnis des Ersuchens empfängt;
2. das Aktenzeichen des nationalen Falles, hinsichtlich dessen das Ersuchen an die Zentralstelle für Finanztransaktionsuntersuchungen gerichtet wird;
3. den Gegenstand des Ersuchens und
4. alle Maßnahmen, die getroffen werden, um dem Ersuchen nachzukommen.

(3) [1] Die Protokolle werden über einen Zeitraum von fünf Jahren nach ihrer Erstellung zugriffsgeschützt aufbewahrt. [2] Sie dienen ausschließlich dem Zweck der Datenschutzkontrolle. [3] Die Zentralstelle für Finanztransaktionsuntersuchungen stellt auf Anforderung der oder dem Bundesbeauftragten für den Datenschutz und die Informationssicherheit alle erforderlichen Protokolle zur Verfügung. [4] Nach Ablauf der Aufbewahrungsfrist sind die Protokolle unverzüglich zu löschen, sofern sie nicht für laufende Kontrollverfahren erforderlich sind.

(4) [1] Die Zentralstelle für Finanztransaktionsuntersuchungen führt eine Statistik über Ersuchen um Auskunft in den Fällen des § 33 Absatz 2 Satz 3 Halbsatz 2. [2] Sie erhebt hierfür die Zahl der Ersuchen sowie die Reaktionszeit sowie nach Möglichkeit die Kosten der Bearbeitung der Ersuchen und stellt die Daten dem Bundesministerium der Finanzen zur Verfügung. [3] Das Bundesministerium der Finanzen wird ermächtigt, durch Rechtsverordnung, die nicht der Zustimmung des Bundesrates bedarf, das Nähere zu den zu erhebenden Daten, deren Aufbereitung, Auswertung und Bereitstellung zu regeln.

§ 39[2] Errichtungsanordnung. (1) [1] Die Zentralstelle für Finanztransaktionsuntersuchungen erlässt für jedes automatisierte Verfahren zur Verarbeitung personenbezogener Daten nach § 29 Absatz 2a, das sie zur Erfüllung ihrer Aufgaben führt, eine Errichtungsanordnung. [2] Die Errichtungsanordnung bedarf der Zustimmung des Bundesministeriums der Finanzen. [3] Vor Erlass einer Errichtungsanordnung ist die oder der Bundesbeauftragte für den Datenschutz und die Informationsfreiheit anzuhören.

---

[1] § 38a eingef. mWv 1.8.2021 durch G v. 25.6.2021 (BGBl. I S. 2083).

[2] § 39 Abs. 1 Satz 1 geänd., Abs. 2 neu gef. mWv 18.11.2023 durch G v. 13.11.2023 (BGBl. 2023 I Nr. 311).

(2) In der Errichtungsanordnung sind festzulegen:
1. Bezeichnung der verantwortlichen Stelle,
2. Rechtsgrundlage und Zweck der Verarbeitung,
3. Personenkreis, über den Daten gespeichert werden,
4. Arten der zu speichernden personenbezogenen Daten,
5. Arten der personenbezogenen Daten, die der Erschließung der Sammlung dienen,
6. Anlieferung oder Eingabe der zu speichernden Daten,
7. Voraussetzungen, unter denen gespeicherte personenbezogene Daten an welche Empfänger und in welchen Verfahren übermittelt werden,
8. Prüffristen und Speicherungsdauer sowie
9. Protokollierung.

(3) [1] Ist im Hinblick auf die Dringlichkeit der Aufgabenerfüllung der Zentralstelle für Finanztransaktionsuntersuchungen eine Mitwirkung der in Absatz 1 genannten Stellen nicht möglich, so kann die Generalzolldirektion eine Sofortanordnung treffen. [2] Gleichzeitig unterrichtet die Generalzolldirektion das Bundesministerium der Finanzen und legt ihm die Sofortanordnung vor. [3] Das Verfahren nach Absatz 1 ist unverzüglich nachzuholen.

(4) In angemessenen Abständen ist die Notwendigkeit der Weiterführung oder der Änderung der Errichtungsanordnung zu überprüfen.

§ 40[1)] Sofortmaßnahmen. (1) [1] Liegen der Zentralstelle für Finanztransaktionsuntersuchungen Anhaltspunkte dafür vor, dass eine Transaktion im Zusammenhang mit Geldwäsche oder einer Straftat nach § 18 Absatz 1 des Außenwirtschaftsgesetzes steht oder der Terrorismusfinanzierung dient, so kann sie die Durchführung der Transaktion untersagen, um diesen Anhaltspunkten nachzugehen und die Transaktion zu analysieren. [2] Außerdem kann sie unter den Voraussetzungen des Satzes 1
1. einem Verpflichteten nach § 2 Absatz 1 Nummer 1 bis 3 untersagen,
   a) Verfügungen von einem bei ihm geführten Konto oder Depot auszuführen und
   b) sonstige Finanztransaktionen durchzuführen,
2. einen Verpflichteten nach § 2 Absatz 1 Nummer 1 anweisen, dem Vertragspartner und allen sonstigen Verfügungsberechtigten den Zugang zu einem Schließfach zu verweigern, oder
3. gegenüber einem Verpflichteten anderweitige Anordnungen in Bezug auf eine Transaktion treffen.

(2) [1] Maßnahmen nach Absatz 1 können von der Zentralstelle für Finanztransaktionsuntersuchungen aufgrund des Ersuchens einer zentralen Meldestelle eines anderen Staates getroffen werden. [2] Ein Ersuchen hat die Angaben entsprechend § 35 Absatz 3 zu enthalten. [3] Die Zentralstelle für Finanztransaktionsuntersuchungen soll die Gründe für die Ablehnung eines Ersuchens angemessen darlegen.

(3) Maßnahmen nach Absatz 1 werden von der Zentralstelle für Finanztransaktionsuntersuchungen aufgehoben, sobald oder soweit die Voraussetzungen für die Maßnahmen nicht mehr vorliegen.

[1)] § 40 Abs. 5 einl. Satzteil geänd. mWv 1.1.2024 durch G v. 10.8.2021 (BGBl. I S. 3436); Abs. 1 Satz 1 neu gef. mWv 28.5.2022 durch G v. 23.5.2022 (BGBl. I S. 754).

(4) Maßnahmen nach Absatz 1 enden

1. spätestens mit Ablauf eines Monats nach Anordnung der Maßnahmen durch die Zentralstelle für Finanztransaktionsuntersuchungen,
2. mit Ablauf des fünften Werktages nach Abgabe des Sachverhalts an die zuständige Strafverfolgungsbehörde, wobei der Samstag nicht als Werktag gilt, oder
3. zu einem früheren Zeitpunkt, wenn ein solcher von der Zentralstelle für Finanztransaktionsuntersuchungen festgelegt wurde.

(5) Die Zentralstelle für Finanztransaktionsuntersuchungen kann Vermögensgegenstände, die einer Maßnahme nach Absatz 1 Satz 2 unterliegen, auf Antrag der betroffenen Person oder einer Personenvereinigung freigeben, soweit diese Vermögensgegenstände einem der folgenden Zwecke dienen:

1. der Deckung des notwendigen Lebensunterhalts der Person oder ihrer Familienmitglieder,
2. der Bezahlung von Versorgungsleistungen oder Unterhaltsleistungen oder
3. vergleichbaren Zwecken.

(6) [1] Gegen Maßnahmen nach Absatz 1 kann der Verpflichtete oder ein anderer Beschwerter Widerspruch erheben. [2] Der Widerspruch hat keine aufschiebende Wirkung.

§ 41[1)] Rückmeldung an Verpflichtete und Behörden. (1) Die Zentralstelle für Finanztransaktionsuntersuchungen bestätigt dem Verpflichteten, der eine Meldung nach § 43 Absatz 1 durch elektronische Datenübermittlung abgegeben hat, unverzüglich den Eingang seiner Meldung.

(2) [1] Die Zentralstelle für Finanztransaktionsuntersuchungen gibt dem Verpflichteten in angemessener Zeit Rückmeldung zur Relevanz seiner Meldung. [2] Der Verpflichtete darf hierdurch erlangte personenbezogene Daten nur zur Verbesserung seines Risikomanagements, der Erfüllung seiner Sorgfaltspflichten und seines Meldeverhaltens nutzen. [3] Er hat diese Daten zu löschen, wenn sie für den jeweiligen Zweck nicht mehr erforderlich sind, spätestens jedoch nach einem Jahr.

(3) Die Absätze 1 und 2 Satz 1 gelten auch im Falle des § 44 dieses Gesetzes und des § 31b Absatz 2 der Abgabenordnung[2)].

§ 42[3)] Benachrichtigung von inländischen öffentlichen Stellen an die Zentralstelle für Finanztransaktionsuntersuchungen. (1) [1] In Strafverfahren, in denen die Zentralstelle für Finanztransaktionsuntersuchungen Informationen weitergeleitet hat, teilt die zuständige Staatsanwaltschaft der Zentralstelle für Finanztransaktionsuntersuchungen die Erhebung der öffentlichen Klage und den Ausgang des Verfahrens einschließlich aller Einstellungsentscheidungen mit. [2] Die Mitteilung erfolgt durch Übersendung einer Kopie der Anklageschrift, der begründeten Einstellungsentscheidung oder des Urteils.

(2) [1] Leitet die Zentralstelle für Finanztransaktionsuntersuchungen Informationen an sonstige inländische öffentliche Stellen weiter, so benachrichtigt die empfangende Stelle die Zentralstelle für Finanztransaktionsuntersuchungen über die abschließende Verwendung der bereitgestellten Informationen und über die Ergebnisse der auf Grundlage der bereitgestellten Informationen durchgeführten

---

[1)] § 41 Überschrift neu gef., Abs. 3 angef. mWv 18.11.2023 durch G v. 13.11.2023 (BGBl. 2023 I Nr. 311).

[2)] Nr. **88b**.

[3)] § 42 Abs. 2 Satz 2 angef. mWv 1.1.2020 durch G v. 12.12.2019 (BGBl. I S. 2602).

Maßnahmen, soweit andere Rechtsvorschriften der Benachrichtigung nicht entgegenstehen. [2] § 30 Absatz 1 der Abgabenordung[1)] steht dem nicht entgegen.

Abschnitt 6. Pflichten im Zusammenhang mit Meldungen von Sachverhalten

§ 43[2)] Meldepflicht von Verpflichteten, Verordnungsermächtigung.

(1) [1] Liegen Tatsachen vor, die darauf hindeuten, dass

1. ein Vermögensgegenstand, der mit einer Geschäftsbeziehung, einem Maklergeschäft oder einer Transaktion im Zusammenhang steht, aus einer strafbaren Handlung stammt, die eine Vortat der Geldwäsche darstellen könnte,
2. ein Geschäftsvorfall, eine Transaktion oder ein Vermögensgegenstand im Zusammenhang mit Terrorismusfinanzierung steht oder
3. der Vertragspartner seine Pflicht nach § 11 Absatz 6 Satz 3, gegenüber dem Verpflichteten offenzulegen, ob er die Geschäftsbeziehung oder die Transaktion für einen wirtschaftlich Berechtigten begründen, fortsetzen oder durchführen will, nicht erfüllt hat,

so hat der Verpflichtete diesen Sachverhalt unabhängig vom Wert des betroffenen Vermögensgegenstandes oder der Transaktionshöhe unverzüglich der Zentralstelle für Finanztransaktionsuntersuchungen zu melden. [2] Gibt der Verpflichtete zusätzlich zu der Meldung eines nach Satz 1 meldepflichtigen Sachverhalts auch eine Strafanzeige oder einen Strafantrag ab, so teilt er dies der Zentralstelle für Finanztransaktionsuntersuchungen mit Abgabe der Meldung mit.

(2) [1] Abweichend von Absatz 1 sind Verpflichtete nach § 2 Absatz 1 Nummer 10 und 12 nicht zur Meldung verpflichtet, wenn sich der meldepflichtige Sachverhalt auf Informationen bezieht, die sie im Rahmen von Tätigkeiten der Rechtsberatung oder Prozessvertretung erhalten haben. [2] Die Meldepflicht bleibt jedoch bestehen, wenn der Verpflichtete weiß, dass der Vertragspartner die Rechtsberatung oder Prozessvertretung für den Zweck der Geldwäsche, der Terrorismusfinanzierung oder einer anderen Straftat genutzt hat oder nutzt, oder ein Fall des Absatzes 6 vorliegt.

(3) Ein Mitglied der Führungsebene eines Verpflichteten hat eine Meldung nach Absatz 1 an die Zentralstelle für Finanztransaktionsuntersuchungen abzugeben, wenn

1. der Verpflichtete über eine Niederlassung in Deutschland verfügt und
2. der zu meldende Sachverhalt im Zusammenhang mit einer Tätigkeit der deutschen Niederlassung steht.

(4) [1] Wenn ein nach Absatz 1 gegenüber der Zentralstelle für Finanztransaktionsuntersuchungen gemeldeter Sachverhalt zugleich die für eine Anzeige nach § 261 Absatz 8 des Strafgesetzbuches[3)] erforderlichen Angaben enthält, gilt die Meldung zugleich als Selbstanzeige im Sinne von § 261 Absatz 8 des Strafgesetz-

---

[1)] Nr. **88b**.

[2)] § 43 Überschrift, Abs. 2 Sätze 1 und 2 geänd., Abs. 4 neu gef., Abs. 6 angef. mWv 1.1.2020 durch G v. 12.12.2019 (BGBl. I S. 2602); Abs. 4 Sätze 1 und 2 geänd. mWv 18.3.2021 durch G v. 9.3.2021 (BGBl. I S. 327); Abs. 2 Satz 2 geänd. mWv 1.8.2021 durch G v. 25.6.2021 (BGBl. I S. 2083); Abs. 1 Satz 2 angef., Abs. 5 Satz 1 geänd., Sätze 2 und 3 angef. mWv 18.11.2023 durch G v. 13.11.2023 (BGBl. 2023 I Nr. 311).

[3)] **Habersack, Deutsche Gesetze Nr. 85.**

buches. [2] Die Pflicht zur Meldung nach Absatz 1 schließt die Freiwilligkeit der Anzeige nach § 261 Absatz 8 des Strafgesetzbuches nicht aus.

(5) [1] Die Zentralstelle für Finanztransaktionsuntersuchungen kann im Benehmen mit Aufsichtsbehörden typisierte Transaktionen bestimmen, die stets nach Absatz 1 zu melden sind. [2] Sie kann im Benehmen mit Strafverfolgungsbehörden, Aufsichtsbehörden und sonstigen Behörden nach diesem Gesetz auch typisierte Transaktionen bestimmen, die nicht von der Meldepflicht nach Absatz 1 erfasst sind. [3] § 30 Absatz 2 Satz 9 gilt entsprechend.

(6) Das Bundesministerium der Finanzen kann im Einvernehmen mit dem Bundesministerium der Justiz und für Verbraucherschutz durch Rechtsverordnung ohne Zustimmung des Bundesrates Sachverhalte bei Erwerbsvorgängen nach § 1 des Grunderwerbsteuergesetzes bestimmen, die von Verpflichteten nach § 2 Absatz 1 Nummer 10 und 12 stets nach Absatz 1 zu melden sind.

§ 44[1)] Meldepflicht von Aufsichtsbehörden. (1) [1] Liegen Tatsachen vor, die darauf hindeuten, dass ein Vermögensgegenstand mit Geldwäsche oder mit Terrorismusfinanzierung im Zusammenhang steht, meldet die Aufsichtsbehörde diese Tatsachen unverzüglich der Zentralstelle für Finanztransaktionsuntersuchungen. [2] Dies gilt nicht, wenn Verpflichtete nach § 2 Absatz 1 Nummer 10 und 12 gemäß § 43 Absatz 2 nicht zur Meldung verpflichtet sind und daher von einer Meldung abgesehen haben.

(2) Absatz 1 gilt entsprechend für Behörden, die für die Überwachung der Aktien-, Devisen- und Finanzderivatemärkte zuständig sind.

§ 45[2)] Form der Meldung, Registrierungspflicht, Ausführung durch Dritte, Verordnungsermächtigung. (1) [1] Die Meldung nach § 43 Absatz 1 oder § 44 hat elektronisch zu erfolgen. [2] Verpflichtete nach § 2 Absatz 1 haben sich unabhängig von der Abgabe einer Verdachtsmeldung bei der Zentralstelle für Finanztransaktionsuntersuchungen elektronisch zu registrieren. [3] Bei einer Störung der elektronischen Datenübermittlung ist die Übermittlung auf dem Postweg zulässig. [4] Meldungen nach § 44 sind aufgrund des besonderen Bedürfnisses nach einem einheitlichen Datenübermittlungsverfahren auch für die aufsichtsführenden Landesbehörden bindend.

(2) [1] Auf Antrag kann die Zentralstelle für Finanztransaktionsuntersuchungen zur Vermeidung von unbilligen Härten auf die elektronische Übermittlung einer Meldung eines Verpflichteten verzichten und die Übermittlung auf dem Postweg genehmigen. [2] Die Ausnahmegenehmigung kann befristet werden.

(3) Für die Übermittlung auf dem Postweg ist der amtliche Vordruck zu verwenden.

(4) Bei Erfüllung der Meldepflicht nach § 43 Absatz 1 kann ein Verpflichteter entsprechend § 6 Absatz 7 auf Dritte zurückgreifen.

(5) [1] Das Bundesministerium der Finanzen kann durch Rechtsverordnung ohne Zustimmung des Bundesrates nähere Bestimmungen über die Form der Meldung nach § 43 Absatz 1 oder § 44 erlassen. [2] Von Absatz 1 und den Regelungen einer Rechtsverordnung nach Satz 1 kann durch Landesrecht nicht abgewichen werden.

[1)] § 44 Abs. 1 Satz 2 angef. mWv 1.8.2021 durch G v. 25.6.2021 (BGBl. I S. 2083).

[2)] § 45 Überschrift geänd., Abs. 1 Satz 2 eingef., bish. Sätze 2 und 3 werden Sätze 3 und 4, Abs. 4 eingef., bish. Abs. 4 wird Abs. 5 mWv 1.1.2020 durch G v. 12.12.2019 (BGBl. I S. 2602).

§ 46[1] **Durchführung von Transaktionen.** (1) [1] Eine Transaktion, wegen der eine Meldung nach § 43 Absatz 1 erfolgt ist, darf frühestens durchgeführt werden, wenn

1. dem Verpflichteten die Zustimmung der Zentralstelle für Finanztransaktionsuntersuchungen oder der Staatsanwaltschaft zur Durchführung übermittelt wurde oder
2. der dritte Werktag nach dem Abgangstag der Meldung verstrichen ist, ohne dass die Durchführung der Transaktion durch die Zentralstelle für Finanztransaktionsuntersuchungen oder die Staatsanwaltschaft untersagt worden ist.

[2] Für die Berechnung der Frist gilt der Samstag nicht als Werktag. [3] Die Zentralstelle für Finanztransaktionsuntersuchungen bestimmt im Benehmen mit Vertretern der Strafverfolgungsbehörden Kriterien, bei deren Vorliegen sie einen Sachverhalt grundsätzlich innerhalb der Frist nach Satz 1 Nummer 2 analysiert. [4] Hierbei können solche Sachverhalte bestimmt werden, die bereits vor Ablauf der Frist nach Satz 1 Nummer 2 mit vereinfachter Analyse an die zuständigen Strafverfolgungsbehörden übermittelt werden. [5] § 30 Absatz 2 Satz 9 gilt entsprechend.

(2) [1] Ist ein Aufschub der Transaktion, bei der Tatsachen vorliegen, die auf einen Sachverhalt nach § 43 Absatz 1 hindeuten, nicht möglich oder könnte durch den Aufschub die Verfolgung einer mutmaßlichen strafbaren Handlung behindert werden, so darf die Transaktion durchgeführt werden. [2] Die Meldung nach § 43 Absatz 1 ist vom Verpflichteten unverzüglich nachzuholen.

§ 47[2] **Verbot der Informationsweitergabe, Verordnungsermächtigung.**

(1) Ein Verpflichteter darf den Vertragspartner, den Auftraggeber der Transaktion und sonstige Dritte nicht in Kenntnis setzen von

1. einer beabsichtigten oder erstatteten Meldung nach § 43 Absatz 1,
2. einem Ermittlungsverfahren, das aufgrund einer Meldung nach § 43 Absatz 1 eingeleitet worden ist, und
3. einem Auskunftsverlangen nach § 30 Absatz 3 Satz 1.

(2) [1] Das Verbot gilt nicht für eine Informationsweitergabe

1. an staatliche Stellen,
2. zwischen Verpflichteten nach § 2 Absatz 1 Nummer 1 bis 3 und 6 bis 8, die derselben Unternehmensgruppe angehören,
3. zwischen Verpflichteten nach § 2 Absatz 1 Nummer 1 bis 3 und 6 bis 8, die Mutterunternehmen nach § 9 Absatz 1 sind, und ihren in Drittstaaten ansässigen und dort geldwäscherechtlichen Pflichten unterliegenden Zweigstellen und gruppenangehörigen Unternehmen gemäß § 1 Absatz 16 Nummer 2, sofern diese die Maßnahmen nach § 9 Absatz 1 Satz 2 Nummer 1, 3 und 4 wirksam umgesetzt haben,
4. zwischen Verpflichteten nach § 2 Absatz 1 Nummer 10 bis 12 aus Mitgliedstaaten der Europäischen Union oder aus Drittstaaten, in denen die Anforderungen an ein System zur Verhinderung von Geldwäsche und von Terrorismusfinanzierung denen der Richtlinie (EU) 2015/849 entsprechen, sofern die betreffenden Personen ihre berufliche Tätigkeit

   a) selbständig ausüben,

---

[1] § 46 Abs. 1 Sätze 3–5 angef. mWv 18.11.2023 durch G v. 13.11.2023 (BGBl. 2023 I Nr. 311).

[2] § 47 Abs. 2 Satz 1 Nr. 2 und 3 neu gef., Abs. 3 Satz 2 geänd. mWv 1.1.2020 durch G v. 12.12.2019 (BGBl. I S. 2602); Abs. 6 geänd. mWv 27.6.2020 durch VO v. 19.6.2020 (BGBl. I S. 1328).

b) angestellt in derselben juristischen Person ausüben oder
c) angestellt in einer Struktur ausüben, die einen gemeinsamen Eigentümer oder eine gemeinsame Leitung hat oder über eine gemeinsame Kontrolle in Bezug auf die Einhaltung der Vorschriften zur Verhinderung der Geldwäsche oder der Terrorismusfinanzierung verfügt,

5. zwischen Verpflichteten nach § 2 Absatz 1 Nummer 1 bis 3, 6, 7, 9, 10 und 12 in Fällen, die sich auf denselben Vertragspartner und auf dieselbe Transaktion beziehen, an der zwei oder mehr Verpflichtete beteiligt sind, wenn
   a) die Verpflichteten ihren Sitz in einem Mitgliedstaat der Europäischen Union oder in einem Drittstaat haben, in dem die Anforderungen an ein System zur Verhinderung von Geldwäsche und Terrorismusfinanzierung den Anforderungen der Richtlinie (EU) 2015/849 entsprechen,
   b) die Verpflichteten derselben Berufskategorie angehören und
   c) für die Verpflichteten vergleichbare Verpflichtungen in Bezug auf das Berufsgeheimnis und auf den Schutz personenbezogener Daten gelten.

[2] Nach Satz 1 Nummer 2 bis 5 weitergegebene Informationen dürfen ausschließlich zum Zweck der Verhinderung der Geldwäsche oder der Terrorismusfinanzierung verwendet werden.

(3) [1] Soweit in diesem oder anderen Gesetzen nicht etwas anderes geregelt ist, dürfen andere staatliche Stellen als die Zentralstelle für Finanztransaktionsuntersuchungen, die Kenntnis von einer nach § 43 Absatz 1 abgegebenen Meldung erlangt haben, diese Informationen nicht weitergeben an

1. den Vertragspartner des Verpflichteten,
2. den Auftraggeber der Transaktion,
3. den wirtschaftlich Berechtigten,
4. eine Person, die von einer der in den Nummern 1 bis 3 genannten Personen als Vertreter oder Bote eingesetzt worden ist, und
5. den Rechtsbeistand, der von einer der in den Nummern 1 bis 4 genannten Personen mandatiert worden ist.

[2] Eine Weitergabe dieser Informationen an diese Personen ist nur zulässig, wenn die Zentralstelle für Finanztransaktionsuntersuchungen vorher ihr Einverständnis erklärt hat und durch die Weitergabe dieser Informationen der ursprüngliche Zweck der Verdachtsmeldung nicht verändert wird.

(4) Nicht als Informationsweitergabe gilt, wenn sich Verpflichtete nach § 2 Absatz 1 Nummer 10 bis 12 bemühen, einen Mandanten davon abzuhalten, eine rechtswidrige Handlung zu begehen.

(5) [1] Verpflichtete nach § 2 Absatz 1 Nummer 1 bis 9 dürfen einander andere als die in Absatz 1 genannten Informationen über konkrete Sachverhalte, die auf Geldwäsche, eine ihrer Vortaten oder Terrorismusfinanzierung hindeutende Auffälligkeiten oder Ungewöhnlichkeiten enthalten, zur Kenntnis geben, wenn sie davon ausgehen können, dass andere Verpflichtete diese Informationen benötigen für

1. die Risikobeurteilung einer entsprechenden oder ähnlichen Transaktion oder Geschäftsbeziehung oder
2. die Beurteilung, ob eine Meldung nach § 43 Absatz 1 oder eine Strafanzeige nach § 158 der Strafprozessordnung[1)] erstattet werden sollte.

[1)] **Habersack, Deutsche Gesetze Nr. 90.**

[2] Die Informationen dürfen auch unter Verwendung von Datenbanken zur Kenntnis gegeben werden, unabhängig davon, ob diese Datenbanken von den Verpflichteten nach § 2 Absatz 1 Nummer 1 bis 9 selbst oder von Dritten

(Fortsetzung nächstes Blatt)

insbesondere für die Vorhaltung der Statistik nach § 51 Absatz 9, erforderlich sind.

(7) Die Aufsichtsbehörden überprüfen im Bundeszentralregister, ob eine einschlägige Verurteilung der betreffenden Person vorliegt.

(8) Die zuständigen Aufsichtsbehörden nach § 50 Nummer 1, 2 und 9 informieren die Europäische Bankenaufsichtsbehörde hinsichtlich der Verpflichteten nach § 2 Absatz 1 Nummer 1 bis 3 und 6 bis 9 über

1. die gegen diese Verpflichteten verhängten Geldbußen,
2. sonstige Maßnahmen aufgrund von Verstößen gegen Vorschriften dieses Gesetzes oder anderer Gesetze zur Verhinderung von Geldwäsche oder von Terrorismusfinanzierung und
3. diesbezügliche Rechtsmittelverfahren und deren Ergebnisse.

§ 57[1] Bekanntmachung von bestandskräftigen Maßnahmen und von unanfechtbaren Bußgeldentscheidungen. (1) [1] Die zuständigen Aufsichts- und Verwaltungsbehörden und die Behörde nach § 56 Absatz 5 Satz 2 haben bestandskräftige Maßnahmen und unanfechtbare Bußgeldentscheidungen, die sie wegen eines Verstoßes gegen dieses Gesetz oder die auf seiner Grundlage erlassenen Rechtsverordnungen verhängt haben, nach Unterrichtung des Adressaten der Maßnahme oder Bußgeldentscheidung auf ihrer Internetseite oder auf einer gemeinsamen Internetseite bekannt zu machen. [2] Dies gilt auch für gerichtliche Entscheidungen, soweit diese unanfechtbar geworden sind und die Verhängung eines Bußgeldes zum Gegenstand haben. [3] In der Bekanntmachung sind Art und Charakter des Verstoßes und die für den Verstoß verantwortlichen natürlichen Personen und juristischen Personen oder Personenvereinigungen zu benennen.

(2) [1] Die Bekanntmachung nach Absatz 1 ist aufzuschieben, solange die Bekanntmachung

1. das Persönlichkeitsrecht natürlicher Personen verletzen würde oder eine Bekanntmachung personenbezogener Daten aus sonstigen Gründen unverhältnismäßig wäre,
2. die Stabilität der Finanzmärkte der Bundesrepublik Deutschland oder eines oder mehrerer Vertragsstaaten des Abkommens über den Europäischen Wirtschaftsraum gefährden würde oder
3. laufende Ermittlungen gefährden würde.

[2] Anstelle einer Aufschiebung kann die Bekanntmachung auf anonymisierter Basis erfolgen, wenn hierdurch ein wirksamer Schutz nach Satz 1 Nummer 1 gewährleistet ist. [3] Ist vorhersehbar, dass die Gründe der anonymisierten Bekanntmachung innerhalb eines überschaubaren Zeitraums wegfallen werden, so kann die Bekanntmachung der Informationen nach Satz 1 Nummer 1 entsprechend aufgeschoben werden. [4] Die Bekanntmachung erfolgt, wenn die Gründe für den Aufschub entfallen sind.

(3) Eine Bekanntmachung darf nicht erfolgen, wenn die Maßnahmen nach Absatz 2 nicht ausreichend sind, um eine Gefährdung der Finanzmarktstabilität auszuschließen oder die Verhältnismäßigkeit der Bekanntmachung sicherzustellen.

(4) [1] Eine Bekanntmachung muss fünf Jahre auf der Internetseite der Aufsichtsbehörde veröffentlicht bleiben. [2] Abweichend von Satz 1 sind personenbezogene Daten zu löschen, sobald die Bekanntmachung nicht mehr erforderlich ist.

---

[1] § 57 Abs. 1 Satz 1 geänd., Satz 2 eingef., bish. Satz 2 wird Satz 3 mWv 1.1.2020 durch G v. 12.12. 2019 (BGBl. I S. 2602).

§ 58[1)] *(aufgehoben)*

§ 59[2)] **Übergangsregelung.** (1) Die Mitteilungen nach § 20 Absatz 1 und § 21 haben erstmals bis zum 1. Oktober 2017 an das Transparenzregister zu erfolgen.

(2) [1] Die Eröffnung des Zugangs zu Eintragungen im Vereinsregister, welche § 22 Absatz 1 Satz 1 Nummer 8 vorsieht, erfolgt ab dem 26. Juni 2018. [2] Bis zum 25. Juni 2018 werden die technischen Voraussetzungen geschaffen, um diejenigen Indexdaten nach § 22 Absatz 2 zu übermitteln, welche für die Eröffnung des Zugangs zu den Originaldaten nach § 22 Absatz 1 Satz 1 Nummer 8 erforderlich sind. [3] Für den Übergangszeitraum vom 26. Juni 2017 bis zum 25. Juni 2018 enthält das Transparenzregister stattdessen einen Link auf das gemeinsame Registerportal der Länder.

(3) § 23 Absatz 3 findet ab dem 1. Januar 2023 Anwendung.

(4) Gewährte Befreiungen der Aufsichtsbehörden nach § 50 Nummer 8 gegenüber Verpflichteten nach § 2 Absatz 1 Nummer 15, soweit sie Glücksspiele im Internet veranstalten oder vermitteln, bleiben in Abweichung zu § 16 bis zum 30. Juni 2018 wirksam.

(5) Ist am 25. Juni 2015 ein Gerichtsverfahren betreffend die Verhinderung, Aufdeckung, Ermittlung oder Verfolgung von mutmaßlicher Geldwäsche oder Terrorismusfinanzierung anhängig gewesen und besitzt ein Verpflichteter Informationen oder Unterlagen im Zusammenhang mit diesem anhängigen Verfahren, so darf der Verpflichtete diese Informationen oder Unterlagen bis zum 25. Juni 2020 aufbewahren.

(6) [1] Die Pflicht zur Registrierung nach § 45 Absatz 1 Satz 2 besteht mit Inbetriebnahme des neuen Informationsverbundes der Zentralstelle für Finanztransaktionsuntersuchungen, spätestens jedoch ab dem 1. Januar 2024. [2] Das Bundesministerium der Finanzen gibt den Tag der Inbetriebnahme des neuen Informationsverbundes der Zentralstelle für Finanztransaktionsuntersuchungen im Bundesgesetzblatt bekannt. [3] Für Güterhändler, die nicht mit Kunst, Schmuck, Uhren, Edelmetall, Edelsteinen, Kraftfahrzeugen, Schiffen, Motorbooten oder Luftfahrzeugen handeln, besteht die Pflicht zur Registrierung spätestens ab dem 1. Januar 2027. [4] Die Registrierungspflicht gilt nicht für Annahmestellen, die nach Maßgabe des § 29 Absatz 6 des Glücksspielstaatsvertrages 2021 Sportwetten vermitteln.

(7) [1] Bis zur technischen Umsetzung des Verfahrens nach § 31 Absatz 6, längstens jedoch bis zum 31. Dezember 2027, darf die Zentralstelle für Finanztransaktionsuntersuchungen das Bundeszentralamt für Steuern ersuchen, bei den Kreditinstituten die in § 93b Absatz 1 und 1a der Abgabenordnung bezeichneten Daten, ausgenommen die Identifikationsnummer nach § 139b der Abgabenordnung, abzurufen (§ 93 Absatz 8 der Abgabenordnung). [2] Bei einem Ersuchen nach Satz 1 gilt § 93 Absatz 8a bis 10 der Abgabenordnung entsprechend. [3] Das Bundeszentralamt übermittelt der Zentralstelle für Finanztransaktionsuntersuchungen in Beantwortung des Ersuchens nur solche Daten, die die Zentralstelle nach § 31 Absatz 6 abrufen darf.

(8) Juristische Personen des Privatrechts und eingetragene Personengesellschaften nach § 20 Absatz 1, deren Pflicht zur Mitteilung an das Transparenzregister am

---

[1)] § 58 aufgeh. mWv 1.1.2020 durch G v. 12.12.2019 (BGBl. I S. 2602).

[2)] § 59 Abs. 6 angef. mWv 1.1.2020 durch G v. 12.12.2019 (BGBl. I S. 2602); Abs. 7 angef. mWv 1.7. 2021; Abs. 3 neu gef., Abs. 8–10 angef. mWv 1.8.2021 durch G v. 25.6.2021 (BGBl. I S. 2083); Abs. 11-14 angef. mWv 28.12.2022 durch G v. 19.12.2022 (BGBl. I S. 2606); Abs. 6 Sätze 3 und 4 angef., Abs. 7 Satz 1 geänd., Abs. 15 angef. mWv 18.11.2023 durch G v. 13.11.2023 (BGBl. 2023 I Nr. 311).

31. Juli 2021 nach der bis einschließlich zum 31. Juli 2021 geltenden Fassung des § 20 Absatz 2 als erfüllt galt, haben die in § 19 Absatz 1 aufgeführten Angaben,

1. sofern es sich um eine Aktiengesellschaft, SE, Kommanditgesellschaft auf Aktien handelt bis zum 31. März 2022,
2. sofern es sich um eine Gesellschaft mit beschränkter Haftung, Genossenschaft, Europäische Genossenschaft oder Partnerschaft handelt bis zum 30. Juni 2022,
3. in allen anderen Fällen bis spätestens zum 31. Dezember 2022

der registerführenden Stelle zur Eintragung in das Transparenzregister mitzuteilen.

(9) § 56 Absatz 1 Nummer 55 und 58 bis 60 sind nicht anwendbar auf juristische Personen des Privatrechts oder eingetragene Personengesellschaften nach § 20 Absatz 1, deren Pflicht zur Mitteilung an das Transparenzregister am 31. Juli 2021 nach der bis einschließlich zum 31. Juli 2021 geltenden Fassung des § 20 Absatz 2 als erfüllt galt,

1. sofern es sich um eine Aktiengesellschaft, SE, Kommanditgesellschaft auf Aktien handelt bis zum 31. März 2023,
2. sofern es sich um eine Gesellschaft mit beschränkter Haftung, Genossenschaft, Europäische Genossenschaft oder Partnerschaft handelt bis zum 30. Juni 2023,
3. in allen anderen Fällen bis spätestens zum 31. Dezember 2023.

(10) Abweichend von § 23a Absatz 1 sind Unstimmigkeitsmeldungen wegen des Fehlens einer Eintragung nach § 20 bis zum 1. April 2023 nicht abzugeben, wenn nach der bis einschließlich zum 31. Juli 2021 geltenden Fassung des § 23a Absatz 1 in Verbindung mit § 20 Absatz 2 keine Pflicht zur Abgabe einer Unstimmigkeitsmeldung an das Transparenzregister bestanden hätte.

(11) § 16a findet keine Anwendung auf Rechtsgeschäfte, die vor dem 1. April 2023 geschlossen wurden.

(12) [1] § 19 Absatz 3 Satz 2 findet ab dem 1. Januar 2023 Anwendung auf Mitteilungen nach § 20. [2] Soweit Vereinigungen vor diesem Zeitpunkt Angaben zur Eintragung in das Transparenzregister mitgeteilt haben, ist eine Aktualisierung nur zu Art und Umfang des wirtschaftlichen Interesses gemäß § 19 Absatz 3 Satz 2 nicht erforderlich.

(13) Soweit Vereinigungen mit Sitz im Ausland von der Pflicht des § 20 Absatz 1 Satz 2 erfasst sind, weil sie seit einem Zeitpunkt vor dem 1. Januar 2020 Eigentum an einer im Inland gelegenen Immobilie halten oder weil sich seit einem Zeitpunkt vor dem 1. August 2021 Anteile im Sinne des § 1 Absatz 3 des Grunderwerbsteuergesetzes bei ihr vereinigen oder sie seit einem Zeitpunkt vor dem 1. August 2021 im Sinne des § 1 Absatz 3a des Grunderwerbsteuergesetzes aufgrund eines Rechtsvorgangs eine wirtschaftliche Beteiligung innehaben, sind die in § 19 Absatz 1 aufgeführten Angaben bis zum 30. Juni 2023 der registerführenden Stelle zur Eintragung in das Transparenzregister mitzuteilen.

(14) [1] § 23 Absatz 1 Satz 3 und § 23a Absatz 5 Satz 2 findet nur auf solche Eigentums- und Kontrollstrukturübersichten Anwendung, bei denen die Prüfung der Unstimmigkeitsmeldung nach dem 30. Juni 2023 abgeschlossen wurde. [2] Die Übermittlung von Eigentums- und Kontrollübersichten aufgrund von Einzelanfragen einer Behörde außerhalb des Einsichtnahmeverfahrens bleibt unberührt.

(15) [1] Informationen können erstmalig nach § 32 Absatz 2 Satz 4 zum automatisierten Datenabruf bereitgestellt werden, sobald das Verfahren zum automatisierten Datenabruf es ermöglicht, dass die Zentralstelle für Finanztransaktionsuntersuchungen Informationen spezifisch für den Abruf durch eine oder mehrere Strafverfolgungsbehörden kennzeichnet. [2] Ab diesem Zeitpunkt werden für die

Dauer von zwei Jahren die Informationen für Strafverfolgungsbehörden, die am automatisierten Abruf nach § 32 Absatz 4 teilnehmen, anstelle einer Übermittlung nur automatisiert bereitgestellt. [3] Nach Ablauf dieser Frist kann die Zentralstelle für Finanztransaktionsuntersuchungen gegenüber allen Strafverfolgungsbehörden von einer Übermittlung absehen, wenn eine Evaluierung des Bundesministeriums der Finanzen im Einvernehmen mit dem Bundesministerium des Innern und für Heimat und dem Bundesministerium der Justiz ergibt, dass sich eine Bereitstellung zum automatisierten Abruf anstelle der Übermittlung in der Praxis bewährt hat.

Anlage 1[1)]
(zu den §§ 5, 10, 14, 15)

Faktoren für ein potenziell geringeres Risiko

Die Liste ist eine nicht abschließende Aufzählung von Faktoren und möglichen Anzeichen für ein potenziell geringeres Risiko nach § 14:

1. Faktoren bezüglich des Kundenrisikos:
   a) öffentliche, an einer Börse notierte Unternehmen, die (aufgrund von Börsenordnungen oder von Gesetzes wegen oder aufgrund durchsetzbarer Instrumente) solchen Offenlegungspflichten unterliegen, die Anforderungen an die Gewährleistung einer angemessenen Transparenz hinsichtlich des wirtschaftlichen Eigentümers auferlegen,
   b) öffentliche Verwaltungen oder Unternehmen,
   c) Kunden mit Wohnsitz in geografischen Gebieten mit geringerem Risiko nach Nummer 3.
2. Faktoren bezüglich des Produkt-, Dienstleistungs-, Transaktions- oder Vertriebskanalrisikos:
   a) Lebensversicherungspolicen mit niedriger Prämie,
   b) Versicherungspolicen für Rentenversicherungsverträge, sofern die Verträge weder eine Rückkaufklausel enthalten noch als Sicherheit für Darlehen dienen können,
   c) Rentensysteme und Pensionspläne oder vergleichbare Systeme, die den Arbeitnehmern Altersversorgungsleistungen bieten, wobei die Beiträge vom Gehalt abgezogen werden und die Regeln des Systems den Begünstigten nicht gestatten, ihre Rechte zu übertragen,
   d) Finanzprodukte oder -dienste, die bestimmten Kunden angemessen definierte und begrenzte Dienstleistungen mit dem Ziel der Einbindung in das Finanzsystem („financial inclusion") anbieten,
   e) Produkte, bei denen die Risiken der Geldwäsche und der Terrorismusfinanzierung durch andere Faktoren wie etwa Beschränkungen der elektronischen Geldbörse oder die Transparenz der Eigentumsverhältnisse gesteuert werden (z.B. bestimmte Arten von E-Geld).
3. Faktoren bezüglich des geografischen Risikos – Registrierung, Niederlassung, Wohnsitz in:
   a) Mitgliedstaaten,
   b) Drittstaaten mit gut funktionierenden Systemen zur Verhinderung, Aufdeckung und Bekämpfung von Geldwäsche und von Terrorismusfinanzierung,

---

1) Anl. 1 geänd. mWv 1.1.2020 durch G v. 12.12.2019 (BGBl. I S. 2602).

c) Drittstaaten, in denen Korruption und andere kriminelle Tätigkeiten laut glaubwürdigen Quellen schwach ausgeprägt sind,

d) Drittstaaten, deren Anforderungen an die Verhinderung, Aufdeckung und Bekämpfung von Geldwäsche und von Terrorismusfinanzierung laut glaubwürdigen Quellen (z.B. gegenseitige Evaluierungen, detaillierte Bewertungsberichte oder veröffentlichte Follow-up-Berichte) den überarbeiteten FATF (Financial Action Task Force)-Empfehlungen entsprechen und die diese Anforderungen wirksam umsetzen.

Anlage 2[1)]
(zu den §§ 5, 10, 14, 15)

Faktoren für ein potenziell höheres Risiko

Die Liste ist eine nicht erschöpfende Aufzählung von Faktoren und möglichen Anzeichen für ein potenziell höheres Risiko nach § 15:

1. Faktoren bezüglich des Kundenrisikos:
   a) außergewöhnliche Umstände der Geschäftsbeziehung,
   b) Kunden, die in geografischen Gebieten mit hohem Risiko gemäß Nummer 3 ansässig sind,
   c) juristische Personen oder Rechtsvereinbarungen, die als Instrumente für die private Vermögensverwaltung dienen,
   d) Unternehmen mit nominellen Anteilseignern oder als Inhaberpapiere emittierten Aktien,
   e) bargeldintensive Unternehmen,
   f) angesichts der Art der Geschäftstätigkeit als ungewöhnlich oder übermäßig kompliziert erscheinende Eigentumsstruktur des Unternehmens,
   g) der Kunde ist ein Drittstaatsangehöriger, der Aufenthaltsrechte oder die Staatsbürgerschaft eines Mitgliedstaats im Austausch gegen die Übertragung von Kapital, den Kauf von Immobilien oder Staatsanleihen oder Investitionen in Gesellschaften in diesem Mitgliedstaat beantragt;
2. Faktoren bezüglich des Produkt-, Dienstleistungs-, Transaktions- oder Vertriebskanalrisikos:
   a) Betreuung vermögender Privatkunden,
   b) Produkte oder Transaktionen, die Anonymität begünstigen könnten,
   c) Geschäftsbeziehungen oder Transaktionen ohne persönliche Kontakte und ohne bestimmte Sicherungsmaßnahmen wie elektronische Mittel für die Identitätsfeststellung, einschlägige Vertrauensdienste gemäß der Definition in der Verordnung (EU) Nr. 910/2014 oder andere von den einschlägigen nationalen Behörden regulierte, anerkannte, gebilligte oder akzeptierte sichere Verfahren zur Identifizierung aus der Ferne oder auf elektronischem Weg,
   d) Eingang von Zahlungen unbekannter oder nicht verbundener Dritter,
   e) neue Produkte und neue Geschäftsmodelle einschließlich neuer Vertriebsmechanismen sowie Nutzung neuer oder in der Entwicklung begriffener Technologien für neue oder bereits bestehende Produkte,
   f) Transaktionen in Bezug auf Öl, Waffen, Edelmetalle, Tabakerzeugnisse, Kulturgüter und andere Artikel von archäoloischer, historischer, kultureller oder

[1)] Anl. 2 geänd. mWv 1.1.2020 durch G v. 12.12.2019 (BGBl. I S. 2602).

religiöser Bedeutung oder von außergewöhnlichem wissenschaftlichem Wert sowie Elfenbein und geschützte Arten;

3. Faktoren bezüglich des geografischen Risikos:
   a) unbeschadet des Artikels 9 der Richtlinie (EU) 2015/849 ermittelte Länder, deren Finanzsysteme laut glaubwürdigen Quellen (z.B. gegenseitige Evaluierungen, detaillierte Bewertungsberichte oder veröffentlichte Follow-up-Berichte) nicht über hinreichende Systeme zur Verhinderung, Aufdeckung und Bekämpfung von Geldwäsche und Terrorismusfinanzierung verfügen,
   b) Drittstaaten, in denen Korruption oder andere kriminelle Tätigkeiten laut glaubwürdigen Quellen signifikant stark ausgeprägt sind,
   c) Staaten, gegen die beispielsweise die Europäische Union oder die Vereinten Nationen Sanktionen, Embargos oder ähnliche Maßnahmen verhängt hat oder haben,
   d) Staaten, die terroristische Aktivitäten finanziell oder anderweitig unterstützen oder in denen bekannte terroristische Organisationen aktiv sind.

88b. Abgabenordnung (AO)[1) 2)]

In der Fassung der Bekanntmachung vom 1. Oktober 2002[3)]
(BGBl. I S. 3866; 2003 I S. 61)

FNA 610-1-3

zuletzt geänd. durch Art. 23, 24 KreditzweitmarktförderungsG[4)] v. 22.12.2023 (BGBl. 2023 I Nr. 411)

– Auszug –

Erster Teil. Einleitende Vorschriften

Vierter Abschnitt.[5)] Verarbeitung geschützter Daten und Steuergeheimnis

§§ 29b, 29c *(vom Abdruck wurde abgesehen)*

§ 30 Steuergeheimnis. (1) Amtsträger haben das Steuergeheimnis zu wahren.

(2)[6)] Ein Amtsträger verletzt das Steuergeheimnis, wenn er

1. personenbezogene Daten eines anderen, die ihm
   a) in einem Verwaltungsverfahren, einem Rechnungsprüfungsverfahren oder einem gerichtlichen Verfahren in Steuersachen,
   b) in einem Strafverfahren wegen einer Steuerstraftat oder einem Bußgeldverfahren wegen einer Steuerordnungswidrigkeit,
   c)[7)] im Rahmen einer Weiterverarbeitung nach § 29c Absatz 1 Satz 1 Nummer 4, 5 oder 6 oder aus anderem dienstlichen Anlass, insbesondere durch Mitteilung einer Finanzbehörde oder durch die gesetzlich vorgeschriebene Vorlage eines Steuerbescheids oder einer Bescheinigung über die bei der Besteuerung getroffenen Feststellungen,

   bekannt geworden sind, oder
2. ein fremdes Betriebs- oder Geschäftsgeheimnis, das ihm in einem der in Nummer 1 genannten Verfahren bekannt geworden ist,

(geschützte Daten) unbefugt offenbart oder verwertet oder

3. geschützte Daten im automatisierten Verfahren unbefugt abruft, wenn sie für eines der in Nummer 1 genannten Verfahren in einem automationsgestützten Dateisystem gespeichert sind.

(3) Den Amtsträgern stehen gleich

1. die für den öffentlichen Dienst besonders Verpflichteten (§ 11 Abs. 1 Nr. 4 des Strafgesetzbuchs[8)]),

---

[1)] Beachte Art. 97 Übergangsvorschriften des EGAO v. 14.12.1976 (BGBl. I S. 3341; 1977 I S. 667), zuletzt geänd. durch G v. 22.12.2023 (BGBl. 2023 I Nr. 411).

[2)] Überschrift geänd. durch G v. 13.12.2006 (BGBl. I S. 2878).

[3)] Neubekanntmachung der AO v. 16.3.1976 (BGBl. I S. 613, 1977 S. 269) in der ab 1.9.2002 geltenden Fassung.

[4)] **Amtl. Anm.:** Dieses Gesetz dient der Umsetzung der Richtlinie (EU) 2021/2167 des Europäischen Parlaments und des Rates vom 24. November 2021 über Kreditdienstleister und Kreditkäufer sowie zur Änderung der Richtlinien 2008/48/EG und 2014/17/EU (ABl. L 438 vom 8.12.2021, S. 1).

[5)] 1. Teil 4. Abschnitt Überschrift neu gef. mWv 25.5.2018 durch G v. 17.7.2017 (BGBl. I S. 2541).

[6)] § 30 Abs. 2 neu gef. mWv 25.5.2018 durch G v. 17.7.2017 (BGBl. I S. 2541).

[7)] § 30 Abs. 2 Nr. 1 Buchst. c neu gef. mWv 18.12.2019 durch G v. 12.12.2019 (BGBl. I S. 2451); zur Anwendung siehe Art. 97 § 1 Abs. 13 EGAO.

[8)] **Habersack, Deutsche Gesetze Nr. 85.**

1a. die in § 193 Abs. 2 des Gerichtsverfassungsgesetzes[1] genannten Personen,
2. amtlich zugezogene Sachverständige,
3. die Träger von Ämtern der Kirchen und anderen Religionsgemeinschaften, die Körperschaften des öffentlichen Rechts sind.

(4)[2] Die Offenbarung oder Verwertung geschützter Daten ist zulässig, soweit

1. sie der Durchführung eines Verfahrens im Sinne des Absatzes 2 Nr. 1 Buchstaben a und b dient,

1a.[3] sie einer Verarbeitung durch Finanzbehörden nach Maßgabe des § 29c Absatz 1 Satz 1 Nummer 4 oder 6 dient,

1b.[4] sie der Durchführung eines Bußgeldverfahrens nach Artikel 83 der Verordnung (EU) 2016/679[5] im Anwendungsbereich dieses Gesetzes dient,

2.[6] sie durch Bundesgesetz ausdrücklich zugelassen ist,

2a.[7] sie durch Recht der Europäischen Union vorgeschrieben oder zugelassen ist,

2b.[8] sie der Erfüllung der gesetzlichen Aufgaben des Statistischen Bundesamtes oder für die Erfüllung von Bundesgesetzen durch die Statistischen Landesämter dient,

2c.[9] sie der Gesetzesfolgenabschätzung dient und die Voraussetzungen für eine Weiterverarbeitung nach § 29c Absatz 1 Satz 1 Nummer 5 vorliegen,

2d.[10] sie der Sicherung, Nutzung und wissenschaftlichen Verwertung von Archivgut der Finanzbehörden durch das Bundesarchiv nach Maßgabe des Bundesarchivgesetzes oder durch das zuständige Landes- oder Kommunalarchiv nach Maßgabe des einschlägigen Landesgesetzes oder der einschlägigen kommunalen Satzung dient, sofern die Beachtung der Vorgaben der §§ 6 und 10 bis 14 des Bundesarchivgesetzes im Landesrecht oder in der kommunalen Satzung sichergestellt ist,

3.[11] die betroffene Person zustimmt,

4.[12] sie der Durchführung eines Strafverfahrens wegen einer Tat dient, die keine Steuerstraftat ist, und die Kenntnisse
   a) in einem Verfahren wegen einer Steuerstraftat oder Steuerordnungswidrigkeit erlangt worden sind; dies gilt jedoch nicht für solche Tatsachen, die der Steuerpflichtige in Unkenntnis der Einleitung des Strafverfahrens oder des Bußgeldverfahrens offenbart hat oder die bereits vor Einleitung des Strafverfahrens oder des Bußgeldverfahrens im Besteuerungsverfahren bekannt geworden sind, oder
   b) ohne Bestehen einer steuerlichen Verpflichtung oder unter Verzicht auf ein Auskunftsverweigerungsrecht erlangt worden sind,

---

[1] **Habersack, Deutsche Gesetze Nr. 95.**
[2] § 30 Abs. 4 einl. Satzteil neu gef. mWv 25.5.2018 durch G v. 17.7.2017 (BGBl. I S. 2541).
[3] § 30 Abs. 4 Nr. 1a eingef. mWv 25.5.2018 durch G v. 17.7.2017 (BGBl. I S. 2541).
[4] § 30 Abs. 4 Nr. 1b eingef. mWv 25.5.2018 durch G v. 17.7.2017 (BGBl. I S. 2541).
[5] **Sartorius Nr. 246.**
[6] § 30 Abs. 4 Nr. 2 geänd. mWv 25.5.2018 durch G v. 17.7.2017 (BGBl. I S. 2541).
[7] § 30 Abs. 4 Nr. 2a eingef. mWv 25.5.2018 durch G v. 17.7.2017 (BGBl. I S. 2541).
[8] § 30 Abs. 4 Nr. 2b neu gef. mWv 18.12.2019 durch G v. 12.12.2019 (BGBl. I S. 2451); zur Anwendung siehe Art. 97 § 1 Abs. 13 EGAO.
[9] § 30 Abs. 4 Nr. 2c eingef. mWv 25.5.2018 durch G v. 17.7.2017 (BGBl. I S. 2541).
[10] § 30 Abs. 4 Nr. 2d eingef. mWv 21.12.2022 durch G v. 16.12.2022 (BGBl. I S. 2294).
[11] § 30 Abs. 4 Nr. 3 geänd. mWv 26.11.2019 durch G v. 20.11.2019 (BGBl. I S. 1626).
[12] Siehe hierzu § 4 Abs. 5 Nr. 10 Satz 3 EStG idF der Bek. v. 8.10.2009 (BGBl. I S. 3366, 3862), zuletzt geänd. durch G v. 22.12.2023 (BGBl. 2023 I Nr. 411).

5. für sie ein zwingendes öffentliches Interesse besteht; ein zwingendes öffentliches Interesse ist namentlich gegeben, wenn
   a)[1] die Offenbarung erforderlich ist zur Abwehr erheblicher Nachteile für das Gemeinwohl oder einer Gefahr für die öffentliche Sicherheit, die Verteidigung oder die nationale Sicherheit oder zur Verhütung oder Verfolgung von Verbrechen und vorsätzlichen schweren Vergehen gegen Leib und Leben oder gegen den Staat und seine Einrichtungen,
   b) Wirtschaftsstraftaten verfolgt werden oder verfolgt werden sollen, die nach ihrer Begehungsweise oder wegen des Umfangs des durch sie verursachten Schadens geeignet sind, die wirtschaftliche Ordnung erheblich zu stören oder das Vertrauen der Allgemeinheit auf die Redlichkeit des geschäftlichen Verkehrs oder auf die ordnungsgemäße Arbeit der Behörden und der öffentlichen Einrichtungen erheblich zu erschüttern, oder
   c) die Offenbarung erforderlich ist zur Richtigstellung in der Öffentlichkeit verbreiteter unwahrer Tatsachen, die geeignet sind, das Vertrauen in die Verwaltung erheblich zu erschüttern; die Entscheidung trifft die zuständige oberste Finanzbehörde im Einvernehmen mit dem Bundesministerium der Finanzen; vor der Richtigstellung soll der Steuerpflichtige gehört werden.

(5)[2] Vorsätzlich falsche Angaben der betroffenen Person dürfen den Strafverfolgungsbehörden gegenüber offenbart werden.

(6)[3] [1] Der Abruf geschützter Daten, die für eines der in Absatz 2 Nummer 1 genannten Verfahren in einem automationsgestützten Dateisystem gespeichert sind, ist nur zulässig, soweit er der Durchführung eines Verfahrens im Sinne des Absatzes 2 Nummer 1 Buchstabe a und b oder der zulässigen Übermittlung geschützter Daten durch eine Finanzbehörde an die betroffene Person oder Dritte dient. [2] Zur Wahrung des Steuergeheimnisses kann das Bundesministerium der Finanzen durch Rechtsverordnung mit Zustimmung des Bundesrates bestimmen, welche technischen und organisatorischen Maßnahmen gegen den unbefugten Abruf von Daten zu treffen sind. [3] Insbesondere kann es nähere Regelungen treffen über die Art der Daten, deren Abruf zulässig ist, sowie über den Kreis der Amtsträger, die zum Abruf solcher Daten berechtigt sind. [4] Die Rechtsverordnung bedarf nicht der Zustimmung des Bundesrates, soweit sie die Kraftfahrzeugsteuer, die Luftverkehrsteuer, die Versicherungsteuer sowie Einfuhr- und Ausfuhrabgaben und Verbrauchsteuern, mit Ausnahme der Biersteuer, betrifft.

(7)[4] Werden dem Steuergeheimnis unterliegende Daten durch einen Amtsträger oder diesem nach Absatz 3 gleichgestellte Personen nach Maßgabe des § 87a Absatz 4 oder 7 über De-Mail-Dienste im Sinne des § 1 des De-Mail-Gesetzes versendet, liegt keine unbefugte Offenbarung, Verwertung und kein unbefugter Abruf von dem Steuergeheimnis unterliegenden Daten vor, wenn beim Versenden eine kurzzeitige automatisierte Entschlüsselung durch den akkreditierten Diensteanbieter zum Zweck der Überprüfung auf Schadsoftware und zum Zweck der Weiterleitung an den Adressaten der De-Mail-Nachricht stattfindet.

---

[1] § 30 Abs. 4 Nr. 5 Buchst. a neu gef. mWv 25.5.2018 durch G v. 17.7.2017 (BGBl. I S. 2541).

[2] § 30 Abs. 5 geänd. mWv 26.11.2019 durch G v. 20.11.2019 (BGBl. I S. 1626).

[3] § 30 Abs. 6 Satz 4 neu gef. mWv 30.6.2013 durch G v. 26.6.2013 (BGBl. I S. 1809); Satz 1 neu gef. mWv 25.5.2018 durch G v. 17.7.2017 (BGBl. I S. 2541).

[4] § 30 Abs. 7 angef. mWv 1.8.2013 durch G v. 25.7.2013 (BGBl. I S. 2749); geänd. mWv 25.5.2018 durch G v. 17.7.2017 (BGBl. I S. 2541).

(8)[1] Die Einrichtung eines automatisierten Verfahrens, das den Abgleich geschützter Daten innerhalb einer Finanzbehörde oder zwischen verschiedenen Finanzbehörden ermöglicht, ist zulässig, soweit die Weiterverarbeitung oder Offenbarung dieser Daten zulässig und dieses Verfahren unter Berücksichtigung der schutzwürdigen Interessen der betroffenen Person und der Aufgaben der beteiligten Finanzbehörden angemessen ist.

(9)[2] Die Finanzbehörden dürfen sich bei der Verarbeitung geschützter Daten nur dann eines Auftragsverarbeiters im Sinne von Artikel 4 Nummer 8 der Verordnung (EU) 2016/679 bedienen, wenn diese Daten ausschließlich durch Personen verarbeitet werden, die zur Wahrung des Steuergeheimnisses verpflichtet sind.

(10)[3] Die Offenbarung besonderer Kategorien personenbezogener Daten im Sinne des Artikels 9 Absatz 1 der Verordnung (EU) 2016/679 durch Finanzbehörden an öffentliche oder nicht-öffentliche Stellen ist zulässig, wenn die Voraussetzungen der Absätze 4 oder 5 und ein Ausnahmetatbestand nach Artikel 9 Absatz 2 der Verordnung (EU) 2016/679 oder nach § 31c vorliegen.

(11)[4] [1] Wurden geschützte Daten

1. einer Person, die nicht zur Wahrung des Steuergeheimnisses verpflichtet ist,
2. einer öffentlichen Stelle, die keine Finanzbehörde ist, oder
3. einer nicht-öffentlichen Stelle

nach den Absätzen 4 oder 5 offenbart, darf der Empfänger diese Daten nur zu dem Zweck speichern, verändern, nutzen oder übermitteln, zu dem sie ihm offenbart worden sind. [2] Die Pflicht eines Amtsträgers oder einer ihm nach Absatz 3 gleichgestellten Person, dem oder der die geschützten Daten durch die Offenbarung bekannt geworden sind, zur Wahrung des Steuergeheimnisses bleibt unberührt.

§§ 30a, 31 *(vom Abdruck wurde abgesehen)*

§ 31a Mitteilungen zur Bekämpfung der illegalen Beschäftigung und des Leistungsmissbrauchs. (1)[5] [1] Die Offenbarung der nach § 30 geschützten Daten der betroffenen Person ist zulässig, soweit sie

1. für die Durchführung eines Strafverfahrens, eines Bußgeldverfahrens oder eines anderen gerichtlichen oder Verwaltungsverfahrens mit dem Ziel
   a) der Bekämpfung von illegaler Beschäftigung oder Schwarzarbeit oder
   b) der Entscheidung
      aa) über Erteilung, Rücknahme oder Widerruf einer Erlaubnis nach dem Arbeitnehmerüberlassungsgesetz oder
      bb) über Bewilligung, Gewährung, Rückforderung, Erstattung, Weitergewährung oder Belassen einer Leistung aus öffentlichen Mitteln

   oder
2. für die Geltendmachung eines Anspruchs auf Rückgewähr einer Leistung aus öffentlichen Mitteln

---

[1] § 30 Abs. 8 angef. mWv 25.5.2018 durch G v. 17.7.2017 (BGBl. I S. 2541).

[2] § 30 Abs. 9 angef. mWv 25.5.2018 durch G v. 17.7.2017 (BGBl. I S. 2541).

[3] § 30 Abs. 10 angef. mWv 25.5.2018 durch G v. 17.7.2017 (BGBl. I S. 2541); geänd. mWv 26.11.2019 durch G v. 20.11.2019 (BGBl. I S. 1626).

[4] § 30 Abs. 11 angef. mWv 25.5.2018 durch G v. 17.7.2017 (BGBl. I S. 2541).

[5] § 31a Abs. 1 einl. Satzteil geänd. mWv 25.5.2018 durch G v. 17.7.2017 (BGBl. I S. 2541); einl. Satzteil geänd. mWv 26.11.2019 durch G v. 20.11.2019 (BGBl. I S. 1626); Satz 2 angef. mWv 21.12.2022 durch G v. 16.12.2022 (BGBl. I S. 2294).

erforderlich ist. [2] In den Fällen von Satz 1 Nummer 1 Buchstabe b Doppelbuchstabe bb oder Nummer 2 ist die Offenbarung auf Ersuchen der zuständigen Stellen auch zulässig, soweit sie für die Durchführung eines Strafverfahrens wegen einer zu Unrecht erlangten Leistung aus öffentlichen Mitteln erforderlich ist.

(2)[1)] [1] Die Finanzbehörden sind in den Fällen des Absatzes 1 verpflichtet, der zuständigen Stelle die jeweils benötigten Tatsachen mitzuteilen. [2] In den Fällen des Absatzes 1 Satz 1 Nummer 1 Buchstabe b und Nummer 2 erfolgt die Mitteilung auch auf Antrag der betroffenen Person. [3] Die Mitteilungspflicht nach den Sätzen 1 und 2 besteht nicht, soweit deren Erfüllung mit einem unverhältnismäßigen Aufwand verbunden wäre.

§ 31b[2)] Mitteilungen zur Bekämpfung der Geldwäsche und der Terrorismusfinanzierung. (1)[3)] Die Offenbarung der nach § 30 geschützten Daten der betroffenen Person an die jeweils zuständige Stelle ist auch ohne Ersuchen zulässig, soweit sie einem der folgenden Zwecke dient:

1. der Durchführung eines Strafverfahrens wegen Geldwäsche oder Terrorismusfinanzierung nach § 1 Absatz 1 und 2 des Geldwäschegesetzes[4)],
2. der Verhinderung, Aufdeckung und Bekämpfung von Geldwäsche oder Terrorismusfinanzierung nach § 1 Absatz 1 und 2 des Geldwäschegesetzes,
3. der Durchführung eines Bußgeldverfahrens nach § 56 des Geldwäschegesetzes gegen Verpflichtete nach § 2 Absatz 1 Nummer 13 bis 16 des Geldwäschegesetzes,
4. dem Treffen von Maßnahmen und Anordnungen nach § 51 Absatz 2 des Geldwäschegesetzes gegenüber Verpflichteten nach § 2 Absatz 1 Nummer 13 bis 16 des Geldwäschegesetzes oder
5. der Wahrnehmung von Aufgaben nach § 28 Absatz 1 des Geldwäschegesetzes durch die Zentralstelle für Finanztransaktionsuntersuchungen.

(2) [1] Die Finanzbehörden haben der Zentralstelle für Finanztransaktionsuntersuchungen unverzüglich Sachverhalte unabhängig von deren Höhe mitzuteilen, wenn Tatsachen vorliegen, die darauf hindeuten, dass

1. es sich bei Vermögensgegenständen, die mit dem mitzuteilenden Sachverhalt im Zusammenhang stehen, um den Gegenstand einer Straftat nach § 261 des Strafgesetzbuchs[5)] handelt oder
2. die Vermögensgegenstände im Zusammenhang mit Terrorismusfinanzierung stehen.

[2] Mitteilungen an die Zentralstelle für Finanztransaktionsuntersuchungen sind durch elektronische Datenübermittlung zu erstatten; hierbei ist ein sicheres Verfahren zu verwenden, das die Vertraulichkeit und Integrität des Datensatzes gewährleistet. [3] Im Fall einer Störung der Datenübertragung ist ausnahmsweise eine Mitteilung auf dem Postweg möglich. [4] § 45 Absatz 3 und 4 des Geldwäschegesetzes gilt entsprechend.

[1)] § 31a Abs. 2 Satz 2 geänd. mWv 26.11.2019 durch G v. 20.11.2019 (BGBl. I S. 1626); Satz 2 geänd. mWv 1.1.2024 durch G v. 22.12.2023 (BGBl. 2023 I Nr. 411).

[2)] § 31b neu gef. mWv 26.6.2017 durch G v. 23.6.2017 (BGBl. I S. 1822).

[3)] § 31b Abs. 1 einl. Satzteil geänd. mWv 25.5.2018 durch G v. 17.7.2017 (BGBl. I S. 2541); einl. Satzteil geänd. mWv 26.11.2019 durch G v. 20.11.2019 (BGBl. I S. 1626).

[4)] Nr. **88a**.

[5)] **Habersack, Deutsche Gesetze Nr. 85.**

(2a)[1] Die Finanzbehörden übermitteln der Zentralstelle für Finanztransaktionsuntersuchungen folgende Daten nach Maßgabe des § 31 Absatz 5 des Geldwäschegesetzes im automatisierten Verfahren, soweit dies zur Wahrnehmung der Aufgaben der Zentralstelle für Finanztransaktionsuntersuchungen nach § 28 Absatz 1 Satz 2 Nummer 2 des Geldwäschegesetzes erforderlich ist:

1. beim Bundeszentralamt für Steuern die nach § 5 Absatz 1 Nummer 13 des Finanzverwaltungsgesetzes vorgehaltenen Daten,
2. bei den Landesfinanzbehörden die zu einem Steuerpflichtigen gespeicherten Grundinformationen, die die Steuernummer, die Gewerbekennzahl, die Grund- und Zusatzkennbuchstaben, die Bankverbindung, die vergebene Umsatzsteuer-Identifikationsnummer sowie das zuständige Finanzamt umfassen.

(2b)[2] [1] Wird von der Verordnungsermächtigung des § 22a des Grunderwerbsteuergesetzes zur elektronischen Übermittlung der Anzeige im Sinne des § 18 des Grunderwerbsteuergesetzes Gebrauch gemacht, übermitteln die Landesfinanzbehörden die dort eingegangenen Datensätze nach Maßgabe des § 31 Absatz 5a des Geldwäschegesetzes der Zentralstelle für Finanztransaktionsuntersuchungen zur Wahrnehmung ihrer Aufgaben nach § 28 Absatz 1 Satz 2 Nummer 2 des Geldwäschegesetzes im automatisierten Verfahren. [2] Absatz 2 Satz 2 gilt entsprechend.

(3) Die Finanzbehörden haben der zuständigen Verwaltungsbehörde unverzüglich solche Tatsachen mitzuteilen, die darauf schließen lassen, dass

1. ein Verpflichteter nach § 2 Absatz 1 Nummer 13 bis 16 des Geldwäschegesetzes eine Ordnungswidrigkeit nach § 56 des Geldwäschegesetzes begangen hat oder begeht oder
2. die Voraussetzungen für das Treffen von Maßnahmen und Anordnungen nach § 51 Absatz 2 des Geldwäschegesetzes gegenüber Verpflichteten nach § 2 Absatz 1 Nummer 13 bis 16 des Geldwäschegesetzes gegeben sind.

(4) § 47 Absatz 3 des Geldwäschegesetzes gilt entsprechend.

§§ 31c *(vom Abdruck wurde abgesehen)*

Achter Teil. Straf- und Bußgeldvorschriften, Straf- und Bußgeldverfahren

Erster Abschnitt. Strafvorschriften

§ 369 Steuerstraftaten. (1) Steuerstraftaten (Zollstraftaten) sind:

1. Taten, die nach den Steuergesetzen strafbar sind,
2. der Bannbruch,
3. die Wertzeichenfälschung und deren Vorbereitung, soweit die Tat Steuerzeichen betrifft,
4. die Begünstigung einer Person, die eine Tat nach den Nummern 1 bis 3 begangen hat.

(2) Für Steuerstraftaten gelten die allgemeinen Gesetze über das Strafrecht, soweit die Strafvorschriften der Steuergesetze nichts anderes bestimmen.

[1] § 31b Abs. 2a eingef. mWv 1.7.2021 durch G v. 3.6.2021 (BGBl. I S. 1534).
[2] § 31b Abs. 2b eingef. mWv 1.7.2021 durch G v. 3.6.2021 (BGBl. I S. 1534).

90f. Gesetz zur Beschränkung des Brief-, Post- und Fernmeldegeheimnisses (Artikel 10-Gesetz – G 10)[1]

Vom 26. Juni 2001

(BGBl. I S. 1254, 2298; 2017 I S. 154)

FNA 190-4

Lfd. Nr.	Änderndes Gesetz	Datum	Fundstelle	Betroffen	Hinweis
1.	Art. 4 TerrorismusbekämpfungsG	9.1.2002	BGBl. I S. 361, 3142, geänd. 2007, S. 2	§§ 7, 19	
2.	Art. 11 Nr. 5 ZuwanderungsG	20.6.2002	BGBl. I S. 1946, nichtig gem. Urt. des BVerfG v. 18.12. 2002 – 2 BvF 1/02 –		
3.	Art. 5 Abs. 1 34. StrafrechtsÄndG	22.8.2002	BGBl. I S. 3390	§§ 3, 7	
4.	Art. 4 G zur Umsetzung des Rahmenbeschlusses des Rates v. 13.6.2002 zur Terrorismusbekämpfung und zur Änd. anderer Gesetze	22.12. 2003	BGBl. I S. 2836	§ 7	
5.	Art. 4 Abs. 6 KostenrechtsmodernisierungsG	5.5.2004	BGBl. I S. 718	§ 20	
6.	§ 151 Abs. 2 TelekommunikationsG	22.6.2004	BGBl. I S. 1190	§§ 2, 20	
7.	Art. 11 Nr. 5 ZuwanderungsG	30.7.2004	BGBl. I S. 1950	§ 3	
8.	Art. 3 Abs. 1 37. StrafrechtsÄndG	11.2.2005	BGBl. I S. 239	§ 7	
9.	Art. 5, 10 Abs. 4 TerrorismusbekämpfungsergänzungsG	5.1.2007	BGBl. I S. 2, Art. 10 Abs. 4 aufgeh. 2020, S. 2667	§ 2	
10.	Art. 1 G zur Änd. telekommunikationsrechtlicher Vorschriften	18.2.2007	BGBl. I S. 106	§ 20	
11.	Art. 78 Abs. 1 Zweites G über die Bereinigung von Bundesrecht im Zuständigkeitsbereich des BMJ	23.11. 2007	BGBl. I S. 2614	§ 3	

[1] Verkündet als Art. 1 Artikel 10-NeuregelungsG v. 26.6.2001 (BGBl. I S. 1254, 2298; 2017 I S. 154); Inkrafttreten gem. Art. 5 Satz 1 dieses G am 29.6.2001.

Lfd. Nr.	Änderndes Gesetz	Datum	Fundstelle	Betroffen	Hinweis
12.	Art. 5 Telekommunikationsüberwachung-NeuregelungsG	21.12. 2007	BGBl. I S. 3198	§ 17	
13.	Art. 2 TK-Entschädigungs-NeuordnungsG	29.4.2009	BGBl. I S. 994	§ 20	
14.	Art. 3 Abs. 1 G zur Fortentwicklung der parlamentarischen Kontrolle der Nachrichtendienste des Bundes	29.7.2009	BGBl. I S. 2346	§ 14	geänd. mWv 4.8.2009
15.	Art. 4 Abs. 1 G zur Verfolgung der Vorbereitung von schweren staatsgefährdenden Gewalttaten	30.7.2009	BGBl. I S. 2437	§§ 3, 7	geänd. mWv 4.8.2009
16.	Art. 1 Erstes ÄndG	31.7.2009	BGBl. I S. 2499	§§ 1, 2, 3, 4, 5, 6, 7, 8, 10, 12, 14, 15	geänd. mWv 5.8.2009
				§§ 3a, 3b, 5a, 7a	eingef. mWv 5.8.2009
17.	Art. 5 G zur Änd. des BundesverfassungsschutzG	7.12.2011	BGBl. I S. 2576	§§ 2, 10	geänd. mWv 10.1.2012
18.	Art. 2 Abs. 4 G zur Modernisierung des Außenwirtschaftsrechts	6.6.2013	BGBl. I S. 1482	§ 7	geänd. mWv 1.9.2013
19.	Art. 2 Abs. 1 GVVG-ÄnderungsG	12.6.2015	BGBl. I S. 926	§§ 3, 7	geänd. mWv 20.6.2015
20.	Art. 6 G zur Verbesserung der Zusammenarbeit im Bereich des Verfassungsschutzes	17.11. 2015	BGBl. I S. 1938	§§ 1, 2, 3, 5, 6, 7, 7a, 9, 14	geänd. mWv 21.11.2015
21.	Art. 5 G zum besseren Informationsaustausch bei der Bekämpfung des internationalen Terrorismus	26.7.2016	BGBl. I S. 1818	§ 15	geänd. mWv 30.7.2016
22.	Art. 2 G zur weiteren Fortentwicklung der parlamentarischen Kontrolle der Nachrichtendienste des Bundes	30.11. 2016	BGBl. I S. 2746	§ 15	geänd. mWv 7.12.2016
23.	Art. 2 Abs. 1 G zur Änd. des Völkerstrafgesetzbuches	22.12. 2016	BGBl. I S. 3150	§§ 3, 7	geänd. mWv 1.1.2017
24.	Art. 3 Abs. 3 G zur Ausland-Ausland-Fernmeldeaufklärung des Bundesnachrichtendienstes	23.12. 2016	BGBl. I S. 3346	§§ 2, 7, 8	geänd. mWv 31.12.2016
25.	Art. 2 Abs. 2 Erstes G zur Änd. des SicherheitsüberprüfungsG	16.6.2017	BGBl. I S. 1634	§ 2	geänd. mWv 21.6.2017
26.	Art. 6 Datenschutz-Anpassungs- und -UmsetzungsG EU	30.6.2017	BGBl. I S. 2097	§§ 4, 6, 15, 16	geänd. mWv 25.5.2018
27.	Art. 12 G zur effektiveren und praxistauglicheren Ausgestaltung des Strafverfahrens	17.8.2017	BGBl. I S. 3202	§ 17	geänd. mWv 24.8.2017
28.	Art. 38 Elfte ZuständigkeitsanpassungsVO	19.6.2020	BGBl. I S. 1328	§§ 2, 10	geänd. mWv 27.6.2020

Lfd. Nr.	Änderndes Gesetz	Datum	Fund-stelle	Betroffen	Hinweis
29.	Art. 2 Abs. 3 G zur Neustrukturierung des Zollfahndungsdienstgesetzes	30.3.2021	BGBl. I S. 402	§ 3	geänd. mWv 2.4.2021
30.	Art. 5 G zur Anpassung der Regelungen über die Bestandsdatenauskunft an die Vorgaben aus der Entscheidung des BVerfG v. 27.5. 2020	30.3.2021	BGBl. I S. 448	§ 2	geänd. mWv 2.4.2021
31.	Art. 2 G zur Änd. des BND-G zur Umsetzung der Vorgaben des Bundesverfassungsgerichts sowie des Bundesverwaltungsgerichts	19.4.2021	BGBl. I S. 771	§§ 6, 7, 8	geänd. mWv 1.1.2022
				§ 4a	eingef. mWv 1.1.2022
32.	Art. 7 TelekommunikationsmodernisierungsG[1]	23.6.2021	BGBl. I S. 1858	§ 2	geänd. mWv 1.12.2021
33.	Art. 5, Art. 6 Abs. 4 Verfassungsschutzrechts-AnpassungsG	5.7.2021	BGBl. I S. 2274	§§ 2, 3a, 3b, 5a, 9, 10, 11, 14, 15, 17, 19, 20	geänd. mWv 9.7.2021
				§§ 15a, 22	eingef. mWv 9.7.2021
				§ 2	geänd. mWv 1.12.2021
34.	Art. 2 G zur Änd. des BND-G	22.12. 2023	BGBl. 2023 I Nr. 410	§§ 4, 7, 7a, 8	geänd. mWv 1.1.2024
				§ 5b	eingef. mWv 1.1.2024
35.	Art. 4 G zum ersten Teil der Reform des Nachrichtendienstrechts	22.12. 2023	BGBl. 2023 I Nr. 413	§ 4	geänd. mWv 30.12.2023

Ua haben folgende Länder Durch- bzw. Ausführungsbestimmungen zum Artikel 10-Gesetz erlassen:

- **Baden-Württemberg:** Gesetz zur Ausführung des Artikel 10-Gesetzes (Ausführungsgesetz zum Artikel 10-Gesetz – AG G10) v. 13.5.1969 (GBl. S. 79), zuletzt geänd. durch G v. 18.12.2018 (GBl. S. 1552)
- **Bayern:** Gesetz über die Aufgaben der G10-Kommission im Bayerischen Landtag und zur Ausführung des Art. 10-Gesetzes – G 10 (Ausführungsgesetz Art. 10-Gesetz – AGG 10) v. 11.12.1984 (GVBl. S. 522), zuletzt geänd. durch V v. 26.3.2019 (GVBl. S. 98)
- **Berlin:** Gesetz zur Ausführung des Artikel 10-Gesetzes (AG G 10) idF der Bek. v. 25.6.2001 (GVBl. S. 251), zuletzt geänd. durch G v. 5.12.2003 (GVBl. S. 571)
- **Brandenburg:** Gesetz zur Ausführung des Artikel 10-Gesetzes v. 14.12.1995 (GVBl. I S. 286), zuletzt geänd. durch G v. 27.2.2020 (GVBl. I Nr. 4)
- **Bremen:** Gesetz zur Ausführung des Gesetzes zur Beschränkung des Brief-, Post- und Fernmeldegeheimnisses v. 14.10.1969 (Brem.GBl. S. 131), zuletzt geänd. durch G v. 11.4.2017 (Brem.GBl. S. 157)
- **Hamburg:** Gesetz zur Ausführung des Artikel 10-Gesetzes v. 17.1.1969 (HmbGVBl. S. 5), zuletzt geänd. durch G v. 10.6.2022 (HmbGVBl. S. 376)
- **Hessen:** Hessisches Ausführungsgesetz zum Artikel 10-Gesetz v. 16.12.1969 (GVBl. I S. 303), zuletzt geänd. durch G v. 12.12.2023 (GVBl. S. 798)
- **Mecklenburg-Vorpommern:** Gesetz zur Ausführung des Artikel 10-Gesetzes v. 17.7.1992 (GVOBl. M-V S. 486), zuletzt geänd. durch G v. 30.7.2007 (GVOBl. M-V S. 278)
- **Niedersachsen:** Niedersächsisches Gesetz zur Ausführung des Artikel 10-Gesetzes v. 27.1.2004 (Nds. GVBl. S. 38), zuletzt geänd. durch G v. 7.7.2021 (Nds. GVBl. S. 483)

---

[1] **Amtl. Anm.:** Dieses Gesetz dient der Umsetzung der Richtlinie (EU) 2018/1972 des Europäischen Parlaments und des Rates vom 11. Dezember 2018 über den europäischen Kodex für die elektronische Kommunikation (Neufassung) (ABl. L 321 vom 17.12.2018, S. 36).

- **Rheinland-Pfalz:** Landesgesetz zur parlamentarischen Kontrolle von Beschränkungen des Brief-, Post- und Fernmeldegeheimnisses v. 16.12.2002 (GVBl. S. 477), zuletzt geänd. durch G v. 22.12.2015 (GVBl. S. 461)
- **Saarland:** Gesetz zur Durchführung des Artikel 10-Gesetzes (G 10-Durchführungsgesetz) v. 19.3.2003 (Amtsbl. S. 1350), zuletzt geänd. durch G v. 18.4.2018 (Amtsbl. I S. 332)
- **Sachsen:** Gesetz zur Ausführung des Artikel 10-Gesetzes im Freistaat Sachsen (SächsAG G 10) v. 16.10. 1992 (SächsGVBl. S. 464), zuletzt geänd. durch G v. 3.5.2019 (SächsGVBl. S. 312)
- **Sachsen-Anhalt:** Gesetz zur Ausführung des Artikel 10-Gesetzes (AG G 10-LSA) v. 26.1.2006 (GVBl. LSA S. 25), zuletzt geänd. durch G v. 21.10.2020 (GVBl. LSA S. 596)
- **Thüringen:** Thüringer Gesetz zur Ausführung des Artikel 10-Gesetzes v. 16.7.2008 (GVBl. S. 245), zuletzt geänd. durch G v. 6.6.2018 (GVBl. S. 229)

Der Bundestag hat das folgende Gesetz beschlossen:

Abschnitt 1. Allgemeine Bestimmungen

§ 1[1)] Gegenstand des Gesetzes. (1) Es sind

1. die Verfassungsschutzbehörden des Bundes und der Länder, der Militärische Abschirmdienst und der Bundesnachrichtendienst zur Abwehr von drohenden Gefahren für die freiheitliche demokratische Grundordnung oder den Bestand oder die Sicherheit des Bundes oder eines Landes einschließlich der Sicherheit der in der Bundesrepublik Deutschland stationierten Truppen der nichtdeutschen Vertragsstaaten des Nordatlantikvertrages,
2. der Bundesnachrichtendienst im Rahmen seiner Aufgaben nach § 1 Abs. 2 des BND-Gesetzes auch zu den in § 5 Abs. 1 Satz 3 Nr. 2 bis 8 und § 8 Abs. 1 Satz 1 bestimmten Zwecken

berechtigt, die Telekommunikation zu überwachen und aufzuzeichnen, in den Fällen der Nummer 1 auch die dem Brief- oder Postgeheimnis unterliegenden Sendungen zu öffnen und einzusehen.

(2) Soweit Maßnahmen nach Absatz 1 von Behörden des Bundes durchgeführt werden, unterliegen sie der Kontrolle durch das Parlamentarische Kontrollgremium und durch eine besondere Kommission (G 10-Kommission).

§ 2[2)] Pflichten der Anbieter von Post- und Telekommunikationsdiensten; Verordnungsermächtigung. (1) [1]Wer geschäftsmäßig Postdienste erbringt oder an der Erbringung solcher Dienste mitwirkt, hat der berechtigten Stelle auf Anordnung Auskunft über die näheren Umstände des Postverkehrs zu erteilen und Sendungen, die ihm zum Einsammeln, Weiterleiten oder Ausliefern anvertraut sind, auszuhändigen. [2]Der nach Satz 1 Verpflichtete hat der berechtigten Stelle auf Verlangen die zur Vorbereitung einer Anordnung erforderlichen Auskünfte zu Postfächern zu erteilen, ohne dass es hierzu einer gesonderten Anordnung bedarf.

(1a) [1]Wer geschäftsmäßig Telekommunikationsdienste erbringt oder an der Erbringung solcher Dienste mitwirkt, hat der berechtigten Stelle auf Anordnung

1. Auskunft über die näheren Umstände der nach Wirksamwerden der Anordnung durchgeführten Telekommunikation zu erteilen,
2. Inhalte, die ihm zur Übermittlung auf dem Telekommunikationsweg anvertraut sind, auszuleiten,
3. die Überwachung und Aufzeichnung der Telekommunikation zu ermöglichen, auch durch Zugangsgewährung zu seinen Einrichtungen während seiner üblichen Geschäftszeiten, sowie
4. die Einbringung von technischen Mitteln zur Durchführung einer Maßnahme nach § 11 Absatz 1a durch Unterstützung bei der Umleitung von Telekommunikation durch die berechtigte Stelle zu ermöglichen

---

[1)] § 1 Abs. 1 Nr. 2 geänd. mWv 5.8.2009 durch G v. 31.7.2009 (BGBl. I S. 2499); Abs. 1 Nr. 2 geänd. mWv 21.11.2015 durch G v. 17.11.2015 (BGBl. I S. 1938).

[2)] § 2 Abs. 1 Satz 4 eingef., bish. Satz 4 wird Satz 5 mWv 11.1.2007 durch G v. 5.1.2007 (BGBl. I S. 2); Abs. 2 Satz 1 neu gef., Satz 3 eingef., bish. Satz 3 wird Satz 4, Abs. 3 Satz 1 geänd. mWv 5.8.2009 durch G v. 31.7.2009 (BGBl. I S. 2499); Abs. 2 Satz 3 geänd. mWv 21.11.2015 durch G v. 17.11.2015 (BGBl. I S. 1938); Abs. 2 Satz 4 neu gef. mWv 21.6.2017 durch G v. 16.6.2017 (BGBl. I S. 1634); Abs. 2 Satz 3, Abs. 3 Satz 3 geänd. mWv 27.6.2020 durch VO v. 19.6.2020 (BGBl. I S. 1328); Überschrift neu gef., Abs. 1 Sätze 3–5 aufgeh., Abs. 1a, 1b eingef., Abs. 2 Satz 1 einl. Satzteil, Sätze 3, 4 geänd. mWv 9.7.2021, Abs. 1a Satz 2 geänd. mWv 1.12.2021 durch G v. 5.7.2021 (BGBl. I S. 2274).

a) durch Mitteilung der zur Erbringung in den umgeleiteten Datenstrom erforderlichen Informationen über die Strukturen der von ihm betriebenen Telekommunikationsnetze und Telekommunikationsanlagen sowie die von ihm erbrachten Telekommunikationsdienste;

b) durch sonstige Unterstützung bei der Umleitung einschließlich der Gewährung des Zugangs zu seinen Einrichtungen während seiner üblichen Geschäftszeiten sowie der Ermöglichung der Aufstellung und des Betriebs von Geräten für die Durchführung der Maßnahme.

2 Das Nähere zur technischen und organisatorischen Umsetzung der Mitwirkungspflichten nach Satz 1 Nummer 1 bis 3 bestimmt sich nach § 170 des Telekommunikationsgesetzes und der dazu erlassenen Rechtsverordnung. 3 In den Fällen des Satzes 1 Nummer 1 bleiben § 8a Absatz 1 Satz 1 Nummer 4 des Bundesverfassungsschutzgesetzes[1)], § 4a des MAD-Gesetzes und § 3 des BND-Gesetzes unberührt. 4 Satz 1 Nummer 4 Buchstabe b gilt nur für denjenigen, der eine Telekommunikationsanlage betreibt, mit der öffentlich zugängliche Internetzugangsdienste oder öffentlich zugängliche Dienste, die ganz oder überwiegend in der Übertragung von Signalen bestehen, erbracht werden.

(1b) Das Bundesministerium des Innern, für Bau und Heimat wird ermächtigt, durch Rechtsverordnung im Einvernehmen mit dem Bundeskanzleramt, dem Bundesministerium für Wirtschaft und Energie, dem Bundesministerium für Verkehr und digitale Infrastruktur, dem Bundesministerium der Justiz und für Verbraucherschutz und dem Bundesministerium der Verteidigung mit Zustimmung des Bundesrates das Nähere zur technischen und organisatorischen Umsetzung der Mitwirkungspflichten nach Absatz 1a Satz 1 Nummer 4 zu bestimmen.

(2) 1 Der nach Absatz 1 oder Absatz 1a Verpflichtete hat vor Durchführung einer beabsichtigten Beschränkungsmaßnahme unverzüglich die Personen, die mit der Durchführung der Maßnahme betraut werden sollen,

1. auszuwählen,
2. einer einfachen Sicherheitsüberprüfung unterziehen zu lassen und
3. über Mitteilungsverbote nach § 17 sowie die Strafbarkeit eines Verstoßes nach § 18 zu belehren; die Belehrung ist aktenkundig zu machen.

2 Mit der Durchführung einer Beschränkungsmaßnahme dürfen nur Personen betraut werden, die nach Maßgabe des Satzes 1 überprüft und belehrt worden sind. 3 Nach Zustimmung des Bundesministeriums des Innern, für Bau und Heimat, bei Beschränkungsmaßnahmen einer Landesbehörde des zuständigen Landesministeriums, kann der Behördenleiter der berechtigten Stelle oder dessen Stellvertreter die nach Absatz 1 oder Absatz 1a Verpflichteten schriftlich auffordern, die Beschränkungsmaßnahme bereits vor Abschluss der Sicherheitsüberprüfung durchzuführen. 4 Der nach Absatz 1 oder Absatz 1a Verpflichtete hat sicherzustellen, dass die Geheimschutzmaßnahmen zum Schutz als VS-NUR FÜR DEN DIENSTGEBRAUCH eingestufter Informationen gemäß der nach § 35 Absatz 1 des Sicherheitsüberprüfungsgesetzes zu erlassenden allgemeinen Verwaltungsvorschrift zum materiellen Geheimschutz in der jeweils geltenden Fassung getroffen werden.

(3) 1 Die Sicherheitsüberprüfung nach Absatz 2 Satz 1 Nr. 2 ist entsprechend dem Sicherheitsüberprüfungsgesetz durchzuführen. 2 Für Beschränkungsmaßnahmen einer Landesbehörde gilt dies nicht, soweit Rechtsvorschriften des Landes vergleichbare Bestimmungen enthalten; in diesem Fall sind die Rechtsvorschriften

[1)] **Sartorius Nr. 80.**

des Landes entsprechend anzuwenden. [3] Zuständig ist bei Beschränkungsmaßnahmen von Bundesbehörden das Bundesministerium des Innern, für Bau und Heimat; im Übrigen sind die nach Landesrecht bestimmten Behörden zuständig. [4] Soll mit der Durchführung einer Beschränkungsmaßnahme eine Person betraut werden, für die innerhalb der letzten fünf Jahre bereits eine gleich- oder höherwertige Sicherheitsüberprüfung nach Bundes- oder Landesrecht durchgeführt worden ist, soll von einer erneuten Sicherheitsüberprüfung abgesehen werden.

Abschnitt 2. Beschränkungen in Einzelfällen

§ 3[1)] Voraussetzungen. (1) [1] Beschränkungen nach § 1 Abs. 1 Nr. 1 dürfen unter den dort bezeichneten Voraussetzungen angeordnet werden, wenn tatsächliche Anhaltspunkte für den Verdacht bestehen, dass jemand

1. Straftaten des Friedensverrats oder des Hochverrats (§§ 80a bis 83 des Strafgesetzbuches[2)]),
2. Straftaten der Gefährdung des demokratischen Rechtsstaates (§§ 84 bis 86, 87 bis 89b, 89c Absatz 1 bis 4 des Strafgesetzbuches, § 20 Abs. 1 Nr. 1 bis 4 des Vereinsgesetzes[3)]),
3. Straftaten des Landesverrats und der Gefährdung der äußeren Sicherheit (§§ 94 bis 96, 97a bis 100a des Strafgesetzbuches),
4. Straftaten gegen die Landesverteidigung (§§ 109e bis 109g des Strafgesetzbuches),
5. Straftaten gegen die Sicherheit der in der Bundesrepublik Deutschland stationierten Truppen der nichtdeutschen Vertragsstaaten des Nordatlantikvertrages (§§ 87, 89, 94 bis 96, 98 bis 100, 109e bis 109g des Strafgesetzbuches in Verbindung mit § 1 des NATO-Truppen-Schutzgesetzes),
6. Straftaten nach
   a) den §§ 129a bis 130 des Strafgesetzbuches sowie
   b) den §§ 211, 212, 239a, 239b, 306 bis 306c, 308 Abs. 1 bis 3, § 315 Abs. 3, § 316b Abs. 3 und § 316c Abs. 1 und 3 des Strafgesetzbuches, soweit diese sich gegen die freiheitliche demokratische Grundordnung, den Bestand oder die Sicherheit des Bundes oder eines Landes richten,
7. Straftaten nach § 95 Abs. 1 Nr. 8 des Aufenthaltsgesetzes[4)],
8. Straftaten nach den §§ 202a, 202b und 303a, 303b des Strafgesetzbuches, soweit sich die Straftat gegen die innere oder äußere Sicherheit der Bundesrepublik Deutschland, insbesondere gegen sicherheitsempfindliche Stellen von lebenswichtigen Einrichtungen richtet, oder
9. Straftaten nach § 13 des Völkerstrafgesetzbuches[5)]

[1)] § 3 Abs. 1 Satz 1 Nr. 6 Buchst. a geänd. mWv 30.8.2002 durch G v. 22.8.2002 (BGBl. I S. 3390); Abs. 1 Satz 1 Nr. 7 geänd. mWv 1.1.2005 durch G v. 30.7.2004 (BGBl. I S. 1950); Abs. 1 Satz 1 Nr. 5 geänd. mWv 30.11.2007 durch G v. 23.11.2007 (BGBl. I S. 2614); Abs. 1 Satz 1 Nr. 2 geänd. mWv 4.8. 2009 durch G v. 30.7.2009 (BGBl. I S. 2437); Abs. 1a eingef. mWv 5.8.2009 durch G v. 31.7.2009 (BGBl. I S. 2499); Abs. 1 Satz 1 Nr. 2 geänd. mWv 20.6.2015 durch G v. 12.6.2015 (BGBl. I S. 926); Abs. 1 Satz 1 Nr. 6 Buchst. b und Nr. 7 geänd., Nr. 8 angef. mWv 21.11.2015 durch G v. 17.11.2015 (BGBl. I S. 1938); Abs. 1 Satz 1 Nr. 1, 7 und 8 geänd., Nr. 9 angef. mWv 1.1.2017 durch G v. 22.12.2016 (BGBl. I S. 3150); Abs. 1a geänd. mWv 2.4.2021 durch G v. 30.3.2021 (BGBl. I S. 402).

[2)] **Habersack, Deutsche Gesetze Nr. 85.**

[3)] **Sartorius Nr. 425.**

[4)] **Sartorius Nr. 565.**

[5)] Nr. **85g**.

plant, begeht oder begangen hat. [2] Gleiches gilt, wenn tatsächliche Anhaltspunkte für den Verdacht bestehen, dass jemand Mitglied einer Vereinigung ist, deren Zwecke oder deren Tätigkeit darauf gerichtet sind, Straftaten zu begehen, die gegen die freiheitliche demokratische Grundordnung, den Bestand oder die Sicherheit des Bundes oder eines Landes gerichtet sind.

(1a) Beschränkungen nach § 1 Abs. 1 Nr. 1 dürfen unter den dort bezeichneten Voraussetzungen für den Bundesnachrichtendienst auch für Telekommunikationsanschlüsse, die sich an Bord deutscher Schiffe außerhalb deutscher Hoheitsgewässer befinden, angeordnet werden, wenn tatsächliche Anhaltspunkte bestehen, dass jemand eine der in § 72 Absatz 1 und 3 des Zollfahndungsdienstgesetzes genannten Straftaten plant, begeht oder begangen hat.

(2) [1] Die Anordnung ist nur zulässig, wenn die Erforschung des Sachverhalts auf andere Weise aussichtslos oder wesentlich erschwert wäre. [2] Sie darf sich nur gegen den Verdächtigen oder gegen Personen richten, von denen auf Grund bestimmter Tatsachen anzunehmen ist, dass sie für den Verdächtigen bestimmte oder von ihm herrührende Mitteilungen entgegennehmen oder weitergeben oder dass der Verdächtige ihren Anschluss benutzt. [3] Maßnahmen, die sich auf Sendungen beziehen, sind nur hinsichtlich solcher Sendungen zulässig, bei denen Tatsachen die Annahme rechtfertigen, dass sie von dem, gegen den sich die Anordnung richtet, herrühren oder für ihn bestimmt sind. [4] Abgeordnetenpost von Mitgliedern des Deutschen Bundestages und der Parlamente der Länder darf nicht in eine Maßnahme einbezogen werden, die sich gegen einen Dritten richtet.

§ 3a[1] Schutz des Kernbereichs privater Lebensgestaltung. (1) [1] Beschränkungen nach § 1 Abs. 1 Nr. 1 sind unzulässig, soweit tatsächliche Anhaltspunkte für die Annahme vorliegen, dass durch sie allein Erkenntnisse aus dem Kernbereich privater Lebensgestaltung erfasst würden. [2] Soweit im Rahmen von Beschränkungen nach § 1 Abs. 1 Nr. 1 neben einer automatischen Aufzeichnung eine unmittelbare Kenntnisnahme erfolgt, ist die Maßnahme unverzüglich zu unterbrechen, soweit sich während der Überwachung tatsächliche Anhaltspunkte dafür ergeben, dass Inhalte, die dem Kernbereich privater Lebensgestaltung zuzurechnen sind, erfasst werden. [3] Bestehen insoweit Zweifel, darf nur eine automatische Aufzeichnung fortgesetzt werden. [4] Automatische Aufzeichnungen nach Satz 3 sind unverzüglich einem bestimmten Mitglied der G10-Kommission oder seinem Stellvertreter zur Entscheidung über die Verwertbarkeit oder Löschung der Daten vorzulegen. [5] Das Nähere regelt die Geschäftsordnung. [6] Die Entscheidung des Mitglieds der Kommission, dass eine Verwertung erfolgen darf, ist unverzüglich durch die Kommission zu bestätigen. [7] Ist die Maßnahme nach Satz 2 unterbrochen worden, so darf sie für den Fall, dass sie nicht nach Satz 1 unzulässig ist, fortgeführt werden. [8] Erkenntnisse aus dem Kernbereich privater Lebensgestaltung, die durch eine Beschränkung nach § 1 Abs. 1 Nr. 1 erlangt worden sind, dürfen nicht verwertet werden. [9] Aufzeichnungen hierüber sind unverzüglich zu löschen. [10] Die Tatsachen der Erfassung der Daten und der Löschung sind zu dokumentieren. [11] Die Dokumentation darf ausschließlich für Zwecke der Datenschutzkontrolle verwendet werden. [12] Sie ist sechs Monate nach der Mitteilung nach § 12 Absatz 1 Satz 1 oder der Feststellung nach § 12 Absatz 1 Satz 5 zu löschen.

(2) [1] Bei Gefahr im Verzug können Aufzeichnungen nach Absatz 1 Satz 3 unter Aufsicht eines Bediensteten, der die Befähigung zum Richteramt hat, gesichtet

[1] § 3a eingef. mWv 5.8.2009 durch G v. 31.7.2009 (BGBl. I S. 2499); Abs. 1 Satz 12 neu gef., Abs. 2 angef. mWv 9.7.2021 durch G v. 5.7.2021 (BGBl. I S. 2274).

werden. ²Der Bedienstete entscheidet im Benehmen mit dem nach § 5 des Bundesdatenschutzgesetzes[1] oder entsprechenden landesrechtlichen Vorschriften benannten Datenschutzbeauftragten oder einem von diesem beauftragten Beschäftigten, für den § 6 Absatz 3 des Bundesdatenschutzgesetzes insoweit entsprechend gilt, über eine vorläufige Nutzung.

§ 3b[2] Schutz zeugnisverweigerungsberechtigter Personen. (1) ¹Maßnahmen nach § 1 Abs. 1 Nr. 1, die sich gegen eine in § 53 Absatz 1 Satz 1 Nummer 1, 2, 3 oder Nummer 4 der Strafprozessordnung[3] genannte Person, im Falle von § 53 Absatz 1 Satz 1 Nummer 3 der Strafprozessordnung beschränkt auf Rechtsanwälte und Kammerrechtsbeistände, richten und voraussichtlich Erkenntnisse erbringen würden, über die diese Person das Zeugnis verweigern dürfte, sind unzulässig. ²Dennoch erlangte Erkenntnisse dürfen nicht verwertet werden. ³Aufzeichnungen hierüber sind unverzüglich zu löschen. ⁴Die Tatsache ihrer Erlangung und Löschung ist zu dokumentieren. ⁵Die Sätze 2 bis 3 gelten entsprechend, wenn durch eine Maßnahme, die sich nicht gegen eine in Satz 1 genannte Person richtet, von einer dort genannten Person Erkenntnisse erlangt werden, über die sie das Zeugnis verweigern dürfte.

(2) ¹Soweit durch eine Beschränkung eine in § 53 Abs. 1 Satz 1 Nr. 3 bis 3b oder Nr. 5 der Strafprozessordnung genannte Person, im Falle von § 53 Absatz 1 Satz 1 Nummer 3 der Strafprozessordnung mit Ausnahme von Rechtsanwälten und Kammerrechtsbeiständen, betroffen wäre und dadurch voraussichtlich Erkenntnisse erlangt würden, über die diese Person das Zeugnis verweigern dürfte, ist dies im Rahmen der Prüfung der Verhältnismäßigkeit unter Würdigung des öffentlichen Interesses an den von dieser Person wahrgenommenen Aufgaben und des Interesses an der Geheimhaltung der dieser Person anvertrauten oder bekannt gewordenen Tatsachen besonders zu berücksichtigen. ²Soweit hiernach geboten, ist die Maßnahme zu unterlassen oder, soweit dies nach der Art der Maßnahme möglich ist, zu beschränken.

(3) Die Absätze 1 und 2 gelten entsprechend, soweit die in § 53a der Strafprozessordnung Genannten das Zeugnis verweigern dürften.

(4) Die Absätze 1 bis 3 gelten nicht, sofern die zeugnisverweigerungsberechtigte Person Verdächtiger im Sinne des § 3 Abs. 2 Satz 2 ist oder tatsächliche Anhaltspunkte den Verdacht begründen, dass sie dessen in § 3 Abs. 1 bezeichnete Bestrebungen durch Entgegennahme oder Weitergabe von Mitteilungen bewusst unterstützt.

§ 4[4] Prüf-, Kennzeichnungs- und Löschungspflichten, Übermittlungen, Zweckbindung. (1) ¹Die erhebende Stelle prüft unverzüglich und sodann in Abständen von höchstens sechs Monaten, ob die erhobenen personenbezogenen Daten im Rahmen ihrer Aufgaben allein oder zusammen mit bereits vorliegenden Daten für die in § 1 Abs. 1 Nr. 1 bestimmten Zwecke erforderlich sind. ²Soweit die Daten für diese Zwecke nicht erforderlich sind und nicht für eine Übermitt-

---

[1] **Sartorius Nr. 245.**

[2] § 3b eingef. mWv 5.8.2009 durch G v. 31.7.2009 (BGBl. I S. 2499); Abs. 1 Sätze 1 und 5, Abs. 2 Satz 1 geänd. mWv 9.7.2021 durch G v. 5.7.2021 (BGBl. I S. 2274).

[3] **Habersack, Deutsche Gesetze Nr. 90.**

[4] § 4 Abs. 1 Sätze 4 und 5 eingef., bish. Sätze 4 und 5 werden Sätze 6 und 7, neuer Satz 6, Abs. 4 Nr. 1 Buchst. a geänd. mWv 5.8.2009 durch G v. 31.7.2009 (BGBl. I S. 2499); Abs. 1 Satz 7 neu gef., Abs. 4 Satz 1 einl. Satzteil geänd., Satz 2 angef. mWv 25.5.2018 durch G v. 30.6.2017 (BGBl. I S. 2097); Abs. 4 Satz 1 Nr. 1 Buchst. b geänd. mWv 1.1.2024 durch G v. 22.12.2023 (BGBl. 2023 I Nr. 410); Abs. 4 Satz 2 aufgeh., abschl. Satzteil geänd. mWv 30.12.2023 durch G v. 22.12.2023 (BGBl. 2023 I Nr. 413).

lung an andere Stellen benötigt werden, sind sie unverzüglich unter Aufsicht eines Bediensteten, der die Befähigung zum Richteramt hat, zu löschen. [3] Die Löschung ist zu protokollieren. [4] Die Protokolldaten dürfen ausschließlich zur Durchführung der Datenschutzkontrolle verwendet werden. [5] Die Protokolldaten sind am Ende des Kalenderjahres, das dem Jahr der Protokollierung folgt, zu löschen. [6] Die Löschung der Daten unterbleibt, soweit die Daten für eine Mitteilung nach § 12 Abs. 1 oder für eine gerichtliche Nachprüfung der Rechtmäßigkeit der Beschränkungsmaßnahme von Bedeutung sein können. [7] In diesem Fall ist die Verarbeitung der Daten einzuschränken; sie dürfen nur zu diesen Zwecken verwendet werden.

(2) [1] Die verbleibenden Daten sind zu kennzeichnen. [2] Nach einer Übermittlung ist die Kennzeichnung durch den Empfänger aufrechtzuerhalten. [3] Die Daten dürfen nur zu den in § 1 Abs. 1 Nr. 1 und den in Absatz 4 genannten Zwecken verwendet werden.

(3) [1] Der Behördenleiter oder sein Stellvertreter kann anordnen, dass bei der Übermittlung auf die Kennzeichnung verzichtet wird, wenn dies unerlässlich ist, um die Geheimhaltung einer Beschränkungsmaßnahme nicht zu gefährden, und die G 10-Kommission oder, soweit es sich um die Übermittlung durch eine Landesbehörde handelt, die nach Landesrecht zuständige Stelle zugestimmt hat. [2] Bei Gefahr im Verzuge kann die Anordnung bereits vor der Zustimmung getroffen werden. [3] Wird die Zustimmung versagt, ist die Kennzeichnung durch den Übermittlungsempfänger unverzüglich nachzuholen; die übermittelnde Behörde hat ihn hiervon zu unterrichten.

(4) Die Daten dürfen an andere als die nach § 1 Absatz 1 Nummer 1 berechtigten Stellen nur übermittelt werden

1. zur Verhinderung oder Aufklärung von Straftaten, wenn
   a) tatsächliche Anhaltspunkte für den Verdacht bestehen, dass jemand eine der in § 3 Abs. 1 und 1a genannten Straftaten plant oder begeht,
   b) bestimmte Tatsachen den Verdacht begründen, dass jemand eine sonstige in § 7 Absatz 2 genannte Straftat plant oder begeht,
2. zur Verfolgung von Straftaten, wenn bestimmte Tatsachen den Verdacht begründen, dass jemand eine in Nummer 1 bezeichnete Straftat begeht oder begangen hat, oder
3. zur Vorbereitung und Durchführung eines Verfahrens nach Artikel 21 Abs. 2 Satz 2 des Grundgesetzes[1)] oder einer Maßnahme nach § 3 Abs. 1 Satz 1 des Vereinsgesetzes[2)],

soweit sie zur Erfüllung der Aufgaben des Empfängers erforderlich sind und in den Fällen der Nummern 1 und 2 daneben die Voraussetzungen der Vorschriften vorliegen, die Übermittlungen der übermittelnden Stelle für die Verhinderung, Aufklärung oder Verfolgung von Straftaten allgemein regeln.

(5) [1] Sind mit personenbezogenen Daten, die übermittelt werden dürfen, weitere Daten des Betroffenen oder eines Dritten in Akten so verbunden, dass eine Trennung nicht oder nur mit unvertretbarem Aufwand möglich ist, ist die Übermittlung auch dieser Daten zulässig; eine Verwendung dieser Daten ist unzulässig. [2] Über die Übermittlung entscheidet ein Bediensteter der übermittelnden Stelle, der die Befähigung zum Richteramt hat. [3] Die Übermittlung ist zu protokollieren.

[1)] **Habersack, Deutsche Gesetze Nr. 1.**
[2)] **Sartorius Nr. 425.**

(6) [1]Der Empfänger darf die übermittelten Daten nur für die Zwecke verwenden, zu deren Erfüllung sie ihm übermittelt worden sind. [2]Er prüft unverzüglich und sodann in Abständen von höchstens sechs Monaten, ob die übermittelten Daten für diese Zwecke erforderlich sind. [3]Absatz 1 Satz 2 und 3 gilt entsprechend. [4]Der Empfänger unterrichtet die übermittelnde Stelle unverzüglich über die erfolgte Löschung.

§ 4a[1)] Weiterverarbeitung von Verkehrsdaten durch den Bundesnachrichtendienst. (1) Der Bundesnachrichtendienst darf erhobene Verkehrsdaten, bei denen für einen Teilnehmer der Kommunikation eine Beschränkung nach § 3 angeordnet ist, zur Erfüllung seiner Aufgaben auch weiterverarbeiten, um

1. Personen zu erkennen, die einen Deutschlandbezug aufweisen und über die Informationen erlangt werden können, die für die Aufgabenerfüllung des Bundesnachrichtendienstes relevant sind, oder
2. geeignete Übertragungswege im Sinne des § 10 Absatz 4 Satz 2 zu bestimmen.

(2) [1]Spätestens drei Monate nach ihrer Erhebung sind die nach Absatz 1 gespeicherten Verkehrsdaten daraufhin zu prüfen, ob die weitere Speicherung zur Erfüllung der Aufgaben des Bundesnachrichtendienstes erforderlich ist. [2]Spätestens sechs Monate nach ihrer Erhebung sind diese Daten zu löschen, es sei denn, es wurde im Einzelfall festgestellt, dass eine weitere Speicherung für die Zwecke des Absatzes 1 erforderlich ist. [3]Ist im Einzelfall festgestellt worden, dass eine weitere Speicherung für die Zwecke nach Absatz 1 erforderlich ist, prüft der Bundesnachrichtendienst sodann regelmäßig in Abständen von höchstens sechs Monaten, ob die weitere Speicherung der Verkehrsdaten für diese Zwecke erforderlich ist.

(3) [1]Die Erfüllung der in den Absätzen 1 und 2 genannten Voraussetzungen wird regelmäßig stichprobenartig durch eine hierzu beauftragte Bedienstete oder einen hierzu beauftragten Bediensteten des Bundesnachrichtendienstes, die oder der die Befähigung zum Richteramt hat, überprüft. [2]Soweit die Überprüfung eine unzulässige Verarbeitung ergibt, sind die Daten unverzüglich unter Aufsicht einer Bediensteten oder eines Bediensteten des Bundesnachrichtendienstes, die oder der die Befähigung zum Richteramt hat, zu löschen. [3]§ 4 Absatz 1 Satz 3 bis 5 gilt entsprechend.

Abschnitt 3. Strategische Beschränkungen

§ 5[2)] Voraussetzungen. (1) [1]Auf Antrag des Bundesnachrichtendienstes dürfen Beschränkungen nach § 1 für internationale Telekommunikationsbeziehungen, soweit eine gebündelte Übertragung erfolgt, angeordnet werden. [2]Die jeweiligen Telekommunikationsbeziehungen werden von dem nach § 10 Abs. 1 zuständigen Bundesministerium mit Zustimmung des Parlamentarischen Kontrollgremiums bestimmt. [3]Beschränkungen nach Satz 1 sind nur zulässig zur Sammlung von Informationen über Sachverhalte, deren Kenntnis notwendig ist, um die Gefahr

1. eines bewaffneten Angriffs auf die Bundesrepublik Deutschland,
2. der Begehung internationaler terroristischer Anschläge mit unmittelbarem Bezug zur Bundesrepublik Deutschland,

---

[1)] § 4a eingef. mWv 1.1.2022 durch G v. 19.4.2021 (BGBl. I S. 771).

[2)] § 5 Abs. 1 Satz 3 Nr. 4 neu gef., Nr. 5 und 6 geänd., Nr. 7 angef., Abs. 2 Satz 2 neu gef. mWv 5.8.2009 durch G v. 31.7.2009 (BGBl. I S. 2499); Abs. 1 Satz 3 Nr. 6 und 7 Buchst. c geänd., Nr. 8 angef. mWv 21.11.2015 durch G v. 17.11.2015 (BGBl. I S. 1938).

3. der internationalen Verbreitung von Kriegswaffen im Sinne des Gesetzes über die Kontrolle von Kriegswaffen[1] sowie des unerlaubten Außenwirtschaftsverkehrs mit Waren, Datenverarbeitungsprogrammen und Technologien in Fällen von erheblicher Bedeutung,
4. der unbefugten gewerbs- oder bandenmäßig organisierten Verbringung von Betäubungsmitteln in das Gebiet der Europäischen Union in Fällen von erheblicher Bedeutung mit Bezug zur Bundesrepublik Deutschland,
5. der Beeinträchtigung der Geldwertstabilität im Euro-Währungsraum durch im Ausland begangene Geldfälschungen,
6. der international organisierten Geldwäsche in Fällen von erheblicher Bedeutung,
7. des gewerbs- oder bandenmäßig organisierten Einschleusens von ausländischen Personen in das Gebiet der Europäischen Union in Fällen von erheblicher Bedeutung mit Bezug zur Bundesrepublik Deutschland
   a) bei unmittelbarem Bezug zu den Gefahrenbereichen nach Nr. 1 bis 3 oder
   b) in Fällen, in denen eine erhebliche Anzahl geschleuster Personen betroffen ist, insbesondere wenn durch die Art der Schleusung von einer Gefahr für ihr Leib oder Leben auszugehen ist, oder
   c) in Fällen von unmittelbarer oder mittelbarer Unterstützung oder Duldung durch ausländische öffentliche Stellen oder
8. des internationalen kriminellen, terroristischen oder staatlichen Angriffs mittels Schadprogrammen oder vergleichbaren schädlich wirkenden informationstechnischen Mitteln auf die Vertraulichkeit, Integrität oder Verfügbarkeit von IT-Systemen in Fällen von erheblicher Bedeutung mit Bezug zur Bundesrepublik Deutschland

rechtzeitig zu erkennen und einer solchen Gefahr zu begegnen. [4] In den Fällen von Satz 3 Nr. 1 dürfen Beschränkungen auch für Postverkehrsbeziehungen angeordnet werden; Satz 2 gilt entsprechend.

(2) [1] Bei Beschränkungen von Telekommunikationsbeziehungen darf der Bundesnachrichtendienst nur Suchbegriffe verwenden, die zur Aufklärung von Sachverhalten über den in der Anordnung bezeichneten Gefahrenbereich bestimmt und geeignet sind. [2] Es dürfen keine Suchbegriffe verwendet werden, die

1. Identifizierungsmerkmale enthalten, die zu einer gezielten Erfassung bestimmter Telekommunikationsanschlüsse führen, oder
2. den Kernbereich der privaten Lebensgestaltung betreffen.

[3] Dies gilt nicht für Telekommunikationsanschlüsse im Ausland, sofern ausgeschlossen werden kann, dass Anschlüsse, deren Inhaber oder regelmäßige Nutzer deutsche Staatsangehörige sind, gezielt erfasst werden. [4] Die Durchführung ist zu protokollieren. [5] Die Protokolldaten dürfen ausschließlich zu Zwecken der Datenschutzkontrolle verwendet werden. [6] Sie sind am Ende des Kalenderjahres, das dem Jahr der Protokollierung folgt, zu löschen.

§ 5a[2] Schutz des Kernbereichs privater Lebensgestaltung. [1] Durch Beschränkungen nach § 1 Abs. 1 Nr. 2 dürfen keine Kommunikationsinhalte aus dem Kernbereich privater Lebensgestaltung erfasst werden. [2] Sind durch eine

---

[1] **Sartorius Nr. 823.**

[2] § 5a eingef. mWv 5.8.2009 durch G v. 31.7.2009 (BGBl. I S. 2499); Satz 4 geänd., Satz 7 neu gef. mWv 9.7.2021 durch G v. 5.7.2021 (BGBl. I S. 2274).

Beschränkung nach § 1 Abs. 1 Nr. 2 Kommunikationsinhalte aus dem Kernbereich privater Lebensgestaltung erfasst worden, dürfen diese nicht verwertet werden. [3]Sie sind unverzüglich unter Aufsicht eines Bediensteten, der die Befähigung zum Richteramt hat, zu löschen. [4]§ 3a Absatz 1 Satz 2 bis 7 und Absatz 2 gilt entsprechend. [5]Die Tatsache der Erfassung der Daten und ihrer Löschung ist zu protokollieren. [6]Die Protokolldaten dürfen ausschließlich zum Zwecke der Durchführung der Datenschutzkontrolle verwendet werden. [7]Sie sind sechs Monate nach der Mitteilung oder der Feststellung nach § 12 Absatz 2 zu löschen.

§ 5b[1)] Schutz zeugnisverweigerungsberechtigter Personen. Für den Schutz zeugnisverweigerungsberechtigter Personen gilt § 3b entsprechend.

§ 6[2)] Prüf-, Kennzeichnungs- und Löschungspflichten, Zweckbindung.

(1) [1]Der Bundesnachrichtendienst prüft unverzüglich und sodann in Abständen von höchstens sechs Monaten, ob die erhobenen personenbezogenen Daten im Rahmen seiner Aufgaben allein oder zusammen mit bereits vorliegenden Daten für die in § 5 Abs. 1 Satz 3 bestimmten Zwecke erforderlich sind. [2]Soweit die Daten für diese Zwecke nicht erforderlich sind und nicht für eine Übermittlung an andere Stellen benötigt werden, sind sie unverzüglich unter Aufsicht eines Bediensteten, der die Befähigung zum Richteramt hat, zu löschen. [3]Die Löschung ist zu protokollieren. [4]Die Protokolldaten dürfen ausschließlich zur Durchführung von Kontrollen der Datenverarbeitung, einschließlich der Datenschutzkontrolle, verwendet werden. [5]Die Protokolldaten sind am Ende des Kalenderjahres zu löschen, das dem Jahr der Protokollierung folgt. [6]Außer in den Fällen der erstmaligen Prüfung nach Satz 1 unterbleibt die Löschung, soweit die Daten für eine Mitteilung nach § 12 Abs. 2 oder für eine gerichtliche Nachprüfung der Rechtmäßigkeit der Beschränkungsmaßnahme von Bedeutung sein können. [7]In diesem Fall ist die Verarbeitung der Daten einzuschränken; sie dürfen nur zu diesen Zwecken verwendet werden.

(2) [1]Die verbleibenden Daten sind zu kennzeichnen. [2]Nach einer Übermittlung ist die Kennzeichnung durch den Empfänger aufrechtzuerhalten. [3]Die Daten dürfen nur zu den in § 5 Abs. 1 Satz 3 genannten Zwecken und für Übermittlungen nach § 7 Abs. 1 bis 4a und § 7a verwendet werden.

(3) [1]Auf Antrag des Bundesnachrichtendienstes dürfen zur Prüfung der Relevanz erfasster Telekommunikationsverkehre auf Anordnung des nach § 10 Abs. 1 zuständigen Bundesministeriums die erhobenen Daten in einem automatisierten Verfahren mit bereits vorliegenden Rufnummern oder anderen Kennungen bestimmter Telekommunikationsanschlüsse abgeglichen werden, bei denen tatsächliche Anhaltspunkte dafür bestehen, dass sie in einem Zusammenhang mit dem Gefahrenbereich stehen, für den die Überwachungsmaßnahme angeordnet wurde. [2]Zu diesem Abgleich darf der Bundesnachrichtendienst auch Rufnummern oder andere Kennungen bestimmter Telekommunikationsanschlüsse im Inland verwenden. [3]Die zu diesem Abgleich genutzten Daten dürfen nicht als Suchbegriffe im Sinne des § 5 Abs. 2 Satz 1 verwendet werden. [4]Der Abgleich und die Gründe für die Verwendung der für den Abgleich genutzten Daten sind zu protokollieren.

[1)] § 5b eingef. mWv 1.1.2024 durch G v. 22.12.2023 (BGBl. 2023 I Nr. 410).

[2)] § 6 Abs. 1 Sätze 4 und 5 eingef., bish. Sätze 4 und 5 werden Sätze 6 und 7, Abs. 2 Satz 3 geänd., Abs. 3 angef. mWv 5.8.2009 durch G v. 31.7.2009 (BGBl. I S. 2499); Abs. 2 Satz 3 geänd. mWv 21.11. 2015 durch G v. 17.11.2015 (BGBl. I S. 1938); Abs. 1 Satz 7 neu gef. mWv 25.5.2018 durch G v. 30.6. 2017 (BGBl. I S. 2097); Abs. 1 Satz 4, Abs. 3 Satz 5 geänd., Abs. 4–6 angef. mWv 1.1.2022 durch G v. 19.4.2021 (BGBl. I S. 771).

[5] Die Protokolldaten dürfen ausschließlich zur Durchführung von Kontrollen der Datenverarbeitung, einschließlich der Datenschutzkontrolle, verwendet werden. [6] Sie sind am Ende des Kalenderjahres, das dem Jahr der Protokollierung folgt, zu vernichten.

(4) [1] Unabhängig von Absatz 1 Satz 1 und 2 darf der Bundesnachrichtendienst auf den nach § 5 Absatz 1 in Verbindung mit § 10 Absatz 4 Satz 2 angeordneten Übertragungswegen zur Erfüllung seiner Aufgaben Verkehrsdaten erheben und unter den Voraussetzungen des Satzes 3 weiterverarbeiten, sofern diejenigen Verkehrsdaten, die eine Identifizierung von deutschen Staatsangehörigen, von inländischen juristischen Personen oder von sich im Bundesgebiet aufhaltenden Personen ermöglichen, im Falle ihrer Erhebung unverzüglich automatisiert unkenntlich gemacht werden. [2] Die automatisierte Unkenntlichmachung ist so durchzuführen, dass

1. die Eindeutigkeit der Daten erhalten bleibt und
2. eine rückwirkende Identifizierung der in Satz 1 genannten Personen unmöglich oder nur mit unvertretbar hohem Aufwand möglich ist.

[3] Der Bundesnachrichtendienst darf Verkehrsdaten, die nach den Sätzen 1 und 2 unkenntlich gemacht wurden, zur Erfüllung seiner Aufgaben weiterverarbeiten, um

1. Personen außerhalb des in Satz 1 genannten Personenkreises zu erkennen, die einen Deutschlandbezug aufweisen und über die Informationen erlangt werden können, die für die Aufgabenerfüllung des Bundesnachrichtendienstes relevant sind, sowie
2. geeignete Übertragungswege im Sinne des § 10 Absatz 4 Satz 2 zu bestimmen.

[4] Die in Satz 1 genannten Verkehrsdaten sind spätestens sechs Monate nach ihrer Erhebung zu löschen, es sei denn, es wurde im Einzelfall festgestellt, dass eine weitere Speicherung für die Zwecke nach Satz 3 erforderlich ist. [5] Ist im Einzelfall festgestellt worden, dass eine weitere Speicherung für die Zwecke nach Satz 3 erforderlich ist, prüft der Bundesnachrichtendienst bei der Einzelfallbearbeitung und nach festgesetzten Fristen, spätestens nach zehn Jahren, ob die unkenntlich gemachten Verkehrsdaten weiterhin für diese Zwecke erforderlich sind.

(5) [1] Unabhängig von Absatz 1 Satz 1 und 2 darf der Bundesnachrichtendienst erhobene Verkehrsdaten, die auf der Grundlage eines Suchbegriffs nach § 5 Absatz 2 erfasst worden sind, zur Erfüllung seiner Aufgaben weiterverarbeiten, um

1. Personen zu erkennen, die einen Deutschlandbezug aufweisen und über die Informationen erlangt werden können, die für die Aufgabenerfüllung des Bundesnachrichtendienstes relevant sind, sowie
2. geeignete Übertragungswege im Sinne des § 10 Absatz 4 Satz 2 zu identifizieren.

[2] Wird bei der Weiterverarbeitung nach Satz 1 erkannt, dass eine darüber hinausgehende Weiterverarbeitung der Verkehrsdaten durch den Bundesnachrichtendienst erforderlich ist, um Straftaten im Sinne des § 3 Absatz 1 oder Gefahren im Sinne des § 5 Absatz 1 Satz 3 oder des § 8 Absatz 1 zu erkennen und einer solchen Gefahr zu begegnen, darf der Bundesnachrichtendienst diese Daten auch zu diesen Zwecken weiterverarbeiten. [3] Spätestens drei Monate nach ihrer Erhebung sind die in den Sätzen 1 und 2 genannten Verkehrsdaten daraufhin zu prüfen, ob die weitere Speicherung zur Erfüllung der Aufgaben des Bundesnachrichtendienstes erforderlich ist. [4] Spätestens sechs Monate nach ihrer Erhebung sind die in den Sätzen 1 und 2 genannten Daten zu löschen, es sei denn, es wurde im Einzelfall

festgestellt, dass eine weitere Speicherung für die Zwecke nach den Sätzen 1 und 2 erforderlich ist. [5] Ist im Einzelfall festgestellt worden, dass eine weitere Speicherung für die Zwecke nach den Sätzen 1 und 2 erforderlich ist, prüft der Bundesnachrichtendienst sodann regelmäßig in Abständen von höchstens sechs Monaten, ob die weitere Speicherung der Verkehrsdaten für diese Zwecke nach den Sätzen 1 und 2 erforderlich ist.

(6) [1] Die Erfüllung der in Absatz 5 genannten Voraussetzungen wird regelmäßig stichprobenartig durch eine hierzu beauftragte Bedienstete oder einen hierzu beauftragten Bediensteten des Bundesnachrichtendienstes, die oder der die Befähigung zum Richteramt hat, überprüft. [2] Soweit die Überprüfung eine unzulässige Verarbeitung ergibt, sind die Daten unverzüglich unter Aufsicht einer Bediensteten oder eines Bediensteten des Bundesnachrichtendienstes, die oder der die Befähigung zum Richteramt hat, zu löschen. [3] Absatz 1 Satz 3 bis 5 gilt entsprechend.

§ 7[1)] Übermittlungen durch den Bundesnachrichtendienst. (1) Durch Beschränkungen nach § 5 erhobene personenbezogene Daten dürfen an die Verfassungsschutzbehörden des Bundes und der Länder sowie an das Bundesamt für den Militärischen Abschirmdienst unter den Voraussetzungen des § 11 des BND-Gesetzes übermittelt werden.

(2) Durch Beschränkungen nach § 5 erhobene personenbezogene Daten dürfen an inländische Strafverfolgungsbehörden unter den Voraussetzungen des § 11a des BND-Gesetzes übermittelt werden.

(3) Durch Beschränkungen nach § 5 erhobene personenbezogene Daten dürfen an inländische öffentliche Stellen unter den Voraussetzungen des § 11b des BND-Gesetzes übermittelt werden.

(4) *(aufgehoben)*

(5) [1] Die Übermittlung ist nur zulässig, soweit sie zur Erfüllung der Aufgaben des Empfängers erforderlich ist. [2] Sind mit personenbezogenen Daten, die übermittelt werden dürfen, weitere Daten des Betroffenen oder eines Dritten in Akten so verbunden, dass eine Trennung nicht oder nur mit unvertretbarem Aufwand möglich ist, ist die Übermittlung auch dieser Daten zulässig; eine Verwendung dieser Daten ist unzulässig. [3] Über die Übermittlung entscheidet ein Bediensteter des Bundesnachrichtendienstes, der die Befähigung zum Richteramt hat. [4] Die Übermittlung ist zu protokollieren.

(6) [1] Der Empfänger darf die Daten nur für die Zwecke verwenden, zu deren Erfüllung sie ihm übermittelt worden sind. [2] Er prüft unverzüglich und sodann in Abständen von höchstens sechs Monaten, ob die übermittelten Daten für diese Zwecke erforderlich sind. [3] § 4 Abs. 6 Satz 4 und § 6 Abs. 1 Satz 2 und 3 gelten entsprechend.

§ 7a[2)] Übermittlungen durch den Bundesnachrichtendienst an ausländische öffentliche Stellen. (1) Der Bundesnachrichtendienst darf durch Beschränkungen nach § 5 Absatz 1 Satz 3 Nummer 2, 3, 7 und 8 erhobene personenbezogene Daten unter den Voraussetzungen des § 11e des BND-Gesetzes

[1)] § 7 Abs. 6 Satz 3 neu gef. mWv 5.8.2009 durch G v. 31.7.2009 (BGBl. I S. 2499); Abs. 4a eingef. mWv 21.11.2015 durch G v. 17.11.2015 (BGBl. I S. 1938); Abs. 1–3 neu gef., Abs. 4 und 4a aufgeh. mWv 1.1.2024 durch G v. 22.12.2023 (BGBl. 2023 I Nr. 410).

[2)] § 7a eingef. mWv 5.8.2009 durch G v. 31.7.2009 (BGBl. I S. 2499); Abs. 1, 2 und 5 neu gef. mWv 1.1.2024 durch G v. 22.12.2023 (BGBl. 2023 I Nr. 410).

an die mit nachrichtendienstlichen Aufgaben betrauten ausländischen öffentlichen Stellen übermitteln.

(2) Die Übermittlung bedarf der Zustimmung des Bundeskanzleramtes.

(3) [1] Über die Übermittlung entscheidet ein Bediensteter des Bundesnachrichtendienstes, der die Befähigung zum Richteramt hat. [2] Die Übermittlung ist zu protokollieren. [3] Der Bundesnachrichtendienst führt einen Nachweis über den Zweck, die Veranlassung, die Aktenfundstelle und die Empfänger der Übermittlungen nach Absatz 1 und 2. [4] Die Nachweise sind gesondert aufzubewahren, gegen unberechtigten Zugriff zu sichern und am Ende des Kalenderjahres, das dem Jahr ihrer Erstellung folgt, zu vernichten.

(4) Der Empfänger ist zu verpflichten,

1. die übermittelten Daten nur zu dem Zweck zu verwenden, zu dem sie ihm übermittelt wurden,
2. eine angebrachte Kennzeichnung beizubehalten und
3. dem Bundesnachrichtendienst auf Ersuchen Auskunft über die Verwendung zu erteilen.

(5) Das Bundeskanzleramt unterrichtet monatlich die G10-Kommission über Übermittlungen nach Absatz 1.

(6) Das Parlamentarische Kontrollgremium ist in Abständen von höchstens sechs Monaten über die vorgenommenen Übermittlungen nach Absatz 1 und 2 zu unterrichten.

§ 8[1)] Gefahr für Leib oder Leben einer Person im Ausland. (1) Auf Antrag des Bundesnachrichtendienstes dürfen Beschränkungen nach § 1 für internationale Telekommunikationsbeziehungen im Sinne des § 5 Abs. 1 Satz 1 angeordnet werden, wenn dies erforderlich ist, um eine im Einzelfall bestehende Gefahr für Leib oder Leben einer Person im Ausland rechtzeitig zu erkennen oder ihr zu begegnen und dadurch Belange der Bundesrepublik Deutschland unmittelbar in besonderer Weise berührt sind.

(2) [1] Die jeweiligen Telekommunikationsbeziehungen werden von dem nach § 10 Abs. 1 zuständigen Bundesministerium mit Zustimmung des Parlamentarischen Kontrollgremiums bestimmt. [2] Die Zustimmung bedarf der Mehrheit von zwei Dritteln seiner Mitglieder. [3] Die Bestimmung tritt spätestens nach zwei Monaten außer Kraft. [4] Eine erneute Bestimmung ist zulässig, soweit ihre Voraussetzungen fortbestehen.

(3) [1] Die Anordnung ist nur zulässig, wenn die Erforschung des Sachverhalts auf andere Weise aussichtslos oder wesentlich erschwert wäre. [2] Der Bundesnachrichtendienst darf nur Suchbegriffe verwenden, die zur Erlangung von Informationen über die in der Anordnung bezeichnete Gefahr bestimmt und geeignet sind. [3] § 5 Abs. 2 Satz 2 bis 6 gilt entsprechend. [4] Ist die Überwachungsmaßnahme erforderlich, um einer im Einzelfall bestehenden Gefahr für Leib oder Leben einer Person zu begegnen, dürfen die Suchbegriffe auch Identifizierungsmerkmale enthalten, die zu einer gezielten Erfassung der Rufnummer oder einer anderen Kennung des Telekommunikationsanschlusses dieser Person im Ausland führen.

(4) [1] Der Bundesnachrichtendienst prüft unverzüglich und sodann in Abständen von höchstens sechs Monaten, ob die erhobenen personenbezogenen Daten im

[1)] § 8 Abs. 1 Satz 2 aufgeh., Abs. 2 neu gef., Abs. 3 Satz 4 angef. mWv 5.8.2009 durch G v. 31.7.2009 (BGBl. I S. 2499); Abs. 4 Satz 4 neu gef. mWv 1.1.2022 durch G v. 19.4.2021 (BGBl. I S. 771); Abs. 5 und 6 neu gef., Abs. 7 angef. mWv 1.1.2024 durch G v. 22.12.2023 (BGBl. 2023 I Nr. 410).

Rahmen seiner Aufgaben allein oder zusammen mit bereits vorliegenden Daten zu dem in Absatz 1 bestimmten Zweck erforderlich sind. [2]Soweit die Daten für diesen Zweck nicht erforderlich sind, sind sie unverzüglich unter Aufsicht eines Bediensteten, der die Befähigung zum Richteramt hat, zu löschen. [3]Die Löschung ist zu protokollieren. [4]§ 6 Absatz 1 Satz 4 und 5, Absatz 2 Satz 1 und 2 und Absatz 5 und 6 gilt entsprechend mit der Maßgabe, dass die Weiterverarbeitung nach § 6 Absatz 5 Satz 2 nur zur Erkennung und Begegnung von Gefahren im Sinne des § 8 Absatz 1 zulässig ist. [5]Die Daten dürfen nur zu den in den Absätzen 1, 5 und 6 genannten Zwecken verwendet werden.

(5) Die erhobenen personenbezogenen Daten dürfen unter den Voraussetzungen der §§ 11 und 11b des BND-Gesetzes übermittelt werden, wenn zudem tatsächliche Anhaltspunkte den Verdacht begründen, dass jemand eine Straftat plant oder begeht, die geeignet ist, zu der Entstehung oder Aufrechterhaltung der in Absatz 1 bezeichneten Gefahr beizutragen.

(6) Die erhobenen personenbezogenen Daten dürfen an Strafverfolgungsbehörden unter den Voraussetzungen des § 11a des BND-Gesetzes übermittelt werden, wenn zudem bestimmte Tatsachen den Verdacht begründen, dass jemand eine in Absatz 5 bezeichnete Straftat begeht oder begangen hat.

(7) § 7 Absatz 5 und 6 sowie § 7a gelten entsprechend.

Abschnitt 4. Verfahren

§ 9[1)] Antrag. (1) Beschränkungsmaßnahmen nach diesem Gesetz dürfen nur auf Antrag angeordnet werden.

(2) Antragsberechtigt sind im Rahmen ihres Geschäftsbereichs

1. das Bundesamt für Verfassungsschutz,
2. die Verfassungsschutzbehörden der Länder,
3. der Militärische Abschirmdienst und
4. der Bundesnachrichtendienst

durch den Behördenleiter oder seinen Stellvertreter.

(3) [1]Der Antrag ist schriftlich zu stellen und zu begründen. [2]Er muss alle für die Anordnung erforderlichen Angaben enthalten; im Falle der Durchführung nach § 11 Absatz 1a auch eine möglichst genaue Bezeichnung des informationstechnischen Systems, in das zur Datenerhebung eingegriffen werden soll. [3]In den Fällen der §§ 3 und 8 hat der Antragsteller darzulegen, dass die Erforschung des Sachverhalts auf andere Weise aussichtslos oder wesentlich erschwert wäre.

(Fortsetzung nächstes Blatt)

[1)] § 9 Abs. 2 Nr. 3 geänd. mWv 21.11.2015 durch G v. 17.11.2015 (BGBl. I S. 1938); Abs. 3 Satz 2 neu gef. mWv 9.7.2021 durch G v. 5.7.2021 (BGBl. I S. 2274).

Fassung ab Erlass eines Bundesgesetzes:[1)]

(1) *Der Gefangene darf von seinen in diesem Gesetz geregelten Bezügen mindestens dreißig Deutsche Mark monatlich (Hausgeld) und das Taschengeld (§ 46) für den Einkauf (§ 22 Abs. 1) oder anderweit verwenden.*

(2) [1] *Der Mindestbetrag des Hausgeldes erhöht sich um jeweils zehn vom Hundert der dreihundert Deutsche Mark übersteigenden monatlichen Bezüge.* [2] *Die Vollzugsbehörde kann höhere Beträge von der Höhe des Überbrückungsgeldes abhängig machen.*

(3) *Für Gefangene, die in einem freien Beschäftigungsverhältnis stehen (§ 39 Abs. 1) oder denen gestattet ist, sich selbst zu beschäftigen (§ 39 Abs. 2), wird aus ihren Bezügen ein angemessenes Hausgeld festgesetzt.*

§ 48[2)] **Rechtsverordnung.** Das Bundesministerium der Justiz und für Verbraucherschutz wird ermächtigt, im Einvernehmen mit dem Bundesministerium für Wirtschaft und Energie mit Zustimmung des Bundesrates zur Durchführung der §§ 43 bis 45 Rechtsverordnungen über die Vergütungsstufen zu erlassen.

§ 49[3)] ***Unterhaltsbeitrag.*** *(1) Auf Antrag des Gefangenen ist zur Erfüllung einer gesetzlichen Unterhaltspflicht aus seinen Bezügen an den Berechtigten oder einen Dritten ein Unterhaltsbeitrag zu zahlen.*

(2) [1] *Reichen die Einkünfte des Gefangenen nach Abzug des Hausgeldes und des Unterhaltsbeitrages nicht aus, um den Haftkostenbeitrag zu begleichen, so wird ein Unterhaltsbeitrag nur bis zur Höhe des nach § 850c der Zivilprozeßordnung unpfändbaren Betrages gezahlt.* [2] *Bei der Bemessung des nach Satz 1 maßgeblichen Betrages wird die Zahl der unterhaltsberechtigten Personen um eine vermindert.*

§ 50[4)] **Haftkostenbeitrag.** (1) [1] Als Teil der Kosten der Vollstreckung der Rechtsfolgen einer Tat (§ 464a Abs. 1 Satz 2 der Strafprozessordnung[5)]) erhebt die Vollzugsanstalt von dem Gefangenen einen Haftkostenbeitrag. [2] Ein Haftkostenbeitrag wird nicht erhoben, wenn der Gefangene

1. Bezüge nach diesem Gesetz erhält oder
2. ohne sein Verschulden nicht arbeiten kann oder
3. nicht arbeitet, weil er nicht zur Arbeit verpflichtet ist.

[3] Hat der Gefangene, der ohne sein Verschulden während eines zusammenhängenden Zeitraumes von mehr als einem Monat nicht arbeiten kann oder nicht arbeitet, weil er nicht zur Arbeit verpflichtet ist, auf diese Zeit entfallende Einkünfte, so hat er den Haftkostenbeitrag für diese Zeit bis zur Höhe der auf sie entfallenden Einkünfte zu entrichten. [4] Dem Gefangenen muss ein Betrag verbleiben, der dem mittleren Arbeitsentgelt in den Vollzugsanstalten des Landes entspricht. [5] Von der Geltendmachung des Anspruchs ist abzusehen, soweit dies notwendig ist, um die Wiedereingliederung des Gefangenen in die Gemeinschaft nicht zu gefährden.

---

1) § 47 in nachfolgender Fassung wird durch besonderes Bundesgesetz in Kraft gesetzt (vgl. § 198 Abs. 3).

2) § 48 geänd. durch G v. 26.8.1998 (BGBl. I S. 2461); geänd. mWv 28.11.2003 durch VO v. 25.11. 2003 (BGBl. I S. 2304); geänd. mWv 8.11.2006 durch VO v. 31.10.2006 (BGBl. I S. 2407); geänd. mWv 8.9.2015 durch VO v. 31.8.2015 (BGBl. I S. 1474).

3) § 49 wird durch besonderes Bundesgesetz in Kraft gesetzt (vgl. § 198 Abs. 3).

4) § 50 neu gef. mWv 15.12.2001 durch G v. 10.12.2001 (BGBl. I S. 3422); Abs. 2 Satz 1 geänd. mWv 1.1.2008 durch G v. 19.12.2007 (BGBl. I S. 3024); Abs. 2 Satz 2 geänd. mWv 8.9.2015 durch VO v. 31.8. 2015 (BGBl. I S. 1474).

5) **Habersack, Deutsche Gesetze Nr. 90.**

(2) [1] Der Haftkostenbeitrag wird in Höhe des Betrages erhoben, der nach § 17 Abs. 1 Nr. 4 des Vierten Buches Sozialgesetzbuch durchschnittlich zur Bewertung der Sachbezüge festgesetzt ist. [2] Das Bundesministerium der Justiz und für Verbraucherschutz stellt den Durchschnittsbetrag für jedes Kalenderjahr nach den am 1. Oktober des vorhergehenden Jahres geltenden Bewertungen der Sachbezüge, jeweils getrennt für das in Artikel 3 des Einigungsvertrages genannte Gebiet und für das Gebiet, in dem das Strafvollzugsgesetz schon vor dem Wirksamwerden des Beitritts gegolten hat, fest und macht ihn im Bundesanzeiger bekannt.[1)] [3] Bei Selbstverpflegung entfallen die für die Verpflegung vorgesehenen Beträge. [4] Für den Wert der Unterkunft ist die festgesetzte Belegungsfähigkeit maßgebend. [5] Der Haftkostenbeitrag darf auch von dem unpfändbaren Teil der Bezüge, nicht aber zu Lasten des Hausgeldes und der Ansprüche unterhaltsberechtigter Angehöriger angesetzt werden.

(3) Im Land Berlin gilt einheitlich der für das in Artikel 3 des Einigungsvertrages genannte Gebiet geltende Durchschnittsbetrag.

(4) Die Selbstbeschäftigung (§ 39 Abs. 2) kann davon abhängig gemacht werden, dass der Gefangene einen Haftkostenbeitrag bis zur Höhe des in Absatz 2 genannten Satzes monatlich im Voraus entrichtet.

(5) [1] Für die Erhebung des Haftkostenbeitrages können die Landesregierungen durch Rechtsverordnung andere Zuständigkeiten begründen. [2] Auch in diesem Fall ist der Haftkostenbeitrag eine Justizverwaltungsabgabe; auf das gerichtliche Verfahren finden die §§ 109 bis 121 entsprechende Anwendung.

(Fortsetzung nächstes Blatt)

[1)] In der Haftkostenbeiträge-Bek. 2024 v. 30.11.2023 (BAnz AT 19.12.2023 B1) werden für das Kalenderjahr 2024 folgende Durchschnittsbeträge festgesetzt:

I. für Unterkunft	
1. für Gefangene bis zur Vollendung des 18. Lebensjahres und für Auszubildende in einem Haftraum mit einer festgesetzten Kapazität für	
einen Gefangenen	185,50 €
zwei Gefangene	79,50 €
drei Gefangene	53,00 €
mehr als drei Gefangene	26,50 €
2. für alle übrigen Gefangenen in einem Haftraum mit einer festgesetzten Kapazität für	
einen Gefangenen	225,25 €
zwei Gefangene	119,25 €
drei Gefangene	92,75 €
mehr als drei Gefangene	66,25 €
II. für Verpflegung	
Frühstück	60,00 €
Mittagessen	114,00 €
Abendessen	114,00 €

Alle Beträge beziehen sich jeweils auf einen Monat. Für kürzere Zeiträume ist für jeden Tag ein Dreißigstel der aufgeführten Beträge zugrunde zu legen.

95e. Verordnung über die Aufbewahrung und Speicherung von Justizakten (Justizaktenaufbewahrungsverordnung – JAktAV)

Vom 8. November 2021

(BGBl. I S. 4834)

FNA 224-20-1

Lfd. Nr.	Änderndes Gesetz	Datum	Fundstelle	Betroffen	Hinweis
1.	Art. 6 G zur Abschaffung des Güterrechtsregisters und zur Änd. des COVID-19-InsolvenzaussetzungsG	31.10. 2022	BGBl. I S. 1966	Anl.	geänd. mWv 1.1.2023
2.	Art. 1 Erste ÄndVO	28.11. 2023	BGBl. 2023 I Nr. 335	Anl.	geänd. mWv 5.12.2023

Auf Grund des § 2 Absatz 1 Satz 1 des Justizaktenaufbewahrungsgesetzes[1]), der durch Artikel 4 Nummer 3 Buchstabe a des Gesetzes vom 5. Juli 2017 (BGBl. I S. 2208) neu gefasst worden ist, verordnet die Bundesregierung:

§ 1 Anwendungsbereich. [1]Diese Verordnung regelt die Aufbewahrung und Speicherung der Akten, Aktenregister, Karteien, Namens- und sonstigen Verzeichnisse der Gerichte und der Staatsanwaltschaften, die für das Verfahren nicht mehr erforderlich sind, und die hierbei zu beachtenden Aufbewahrungs- und Speicherungsfristen. [2]Die Regelungen für die Akten der allgemeinen Verwaltung, der Justizverwaltung und der Strafvollzugsbehörden sowie für die Akten zu Verfahren, die auf Landesrecht beruhen, bleiben unberührt.

§ 2 Durchführung der Aufbewahrung und Speicherung. (1) [1]Die weggelegten oder abschließend bearbeiteten Akten, Aktenregister, Karteien, Namens- und sonstigen Verzeichnisse sind bis zum Ablauf der jeweiligen Aufbewahrungs- und Speicherungsfristen vollständig aufzubewahren, vor unbefugtem Zugriff zu sichern und vor Beschädigung und Verfall zu schützen. [2]Ihre Lesbarkeit ist zu gewährleisten.

(2) Bei elektronisch gespeicherten Akten, Aktenregistern, Karteien, Namens- und sonstigen Verzeichnissen sind die Vertraulichkeit, die Integrität, die Verfügbarkeit und die Authentizität durch geeignete Maßnahmen zu gewährleisten.

§ 3 Aufbewahrungs- und Speicherungsfristen. (1) [1]Die Aufbewahrungs- und Speicherungsfristen bestimmen sich nach der Anlage. [2]Für in der Anlage nicht ausdrücklich bezeichnete Akten gelten die für Akten in vergleichbaren Angelegenheiten bestimmten Aufbewahrungs- und Speicherungsfristen.

---

[1]) Nr. **95d**.

(2) Werden in Papierform geführte Teile einer Akte, für die unterschiedliche Aufbewahrungs- und Speicherungsfristen gelten, in die elektronische Form oder in eine Mikroform übertragen und ist damit ihre jeweils fristgerechte Löschung nicht mehr oder nur noch mit unvertretbarem Aufwand möglich, so bestimmt sich die Aufbewahrungs- und Speicherungsfrist nach der längsten Frist.

(3) [1] Die Leitung der für die Aktenaufbewahrung oder -speicherung zuständigen Stelle kann von Amts wegen im Einzelfall eine längere oder kürzere Aufbewahrungs- und Speicherungsfrist für einzelne Akten oder Aktenteile anordnen, soweit dies aufgrund besonderer Umstände erforderlich ist. [2] Die Anordnung kann auch auf Antrag einer am Verfahren beteiligten oder einer sonstigen Person erlassen werden, sofern diese ein berechtigtes Interesse darlegt. [3] Der Anordnung dürfen weder schutzwürdige Interessen von Verfahrensbeteiligten oder sonstigen Personen noch öffentliche Interessen entgegenstehen. [4] Die Anordnung ist zu begründen und zu dokumentieren. [5] Im Fall einer Verkürzung der Aufbewahrungs- und Speicherungsfrist ist die Dokumentation bis zum Ablauf der ursprünglichen Aufbewahrungs- und Speicherungsfrist aufzubewahren oder zu speichern.

(4) [1] Aktenregister, Karteien, Namens- und sonstige Verzeichnisse sind dauernd aufzubewahren, soweit in ihnen Akten oder Aktenteile verzeichnet sind, die dauernd aufzubewahren sind. [2] Ebenfalls dauernd aufzubewahren sind Namens- und Unternehmensverzeichnisse zum Grundbuch und zu allen sonstigen öffentlichen Registern. [3] Im Übrigen sind Aktenregister, Karteien, Namens- und sonstige Verzeichnisse auszusondern oder darin enthaltene Daten zu löschen oder unkenntlich zu machen, sobald sie für abgeschlossene und laufende Verfahren nicht mehr benötigt werden.

§ 4 Beginn der Aufbewahrungs- und Speicherungsfristen. (1) [1] Die Aufbewahrungs- und Speicherungsfrist beginnt mit Ablauf des Jahres, in dem die Weglegung der Akten angeordnet wurde. [2] Für Akten, für die die Weglegung nicht geregelt ist, beginnt die Aufbewahrungs- und Speicherungsfrist mit Ablauf des Jahres, in dem die letzte Verfügung zur Sache ergangen ist.

(2) Für Akten, die nach einem wieder aufgenommenen oder fortgesetzten Verfahren erneut weggelegt werden, beginnt mit Ablauf des Jahres der erneuten Weglegung eine neue Aufbewahrungs- und Speicherungsfrist.

(3) [1] Beträgt die Aufbewahrungs- und Speicherungsfrist weniger als ein Jahr, beginnt sie abweichend von Absatz 1 mit Ablauf des Monats, in dem die Weglegung der Akten angeordnet wurde oder die letzte Verfügung zur Sache ergangen ist. [2] Absatz 2 gilt mit der Maßgabe, dass die neue Aufbewahrungs- und Speicherungsfrist mit Ablauf des Monats der erneuten Weglegung beginnt.

§ 5 Beginn der Aufbewahrungs- und Speicherungsfristen in Straf- und Bußgeldsachen. (1) [1] Die Aufbewahrungs- und Speicherungsfrist für Akten in Straf- und Bußgeldsachen beginnt mit Ablauf des Jahres, in dem die verfahrensbeendende Entscheidung rechtskräftig geworden ist. [2] Sofern die verfahrensbeendende Entscheidung keiner Rechtskraft bedarf, beginnt die Aufbewahrungs- und Speicherungsfrist mit Ablauf des Jahres, in dem die Entscheidung getroffen worden ist. [3] Bei Verfahren gegen mehrere Beschuldigte oder Betroffene ist die letzte Entscheidung maßgebend.

(2) Wird nachträglich auf eine Gesamtstrafe erkannt, so beginnt für die Akten über die in diese Entscheidung einbezogenen Verurteilungen eine neue Aufbewahrungs- und Speicherungsfrist mit Ablauf des Jahres, in dem diese Entscheidung rechtskräftig geworden ist.

(3) [1] Ist zum Zeitpunkt der Weglegung der Akten die unter Zugrundelegung der Fristbestimmung nach Absatz 1 oder Absatz 2 bestimmte Aufbewahrungs- und Speicherungsfrist bereits abgelaufen oder endet diese mit Ablauf des Jahres der Weglegung oder der beiden darauffolgenden Jahre, so sind die Akten mit Ablauf des Jahres, in dem die Weglegung angeordnet wurde, für weitere drei Jahre aufzubewahren oder zu speichern. [2] In den Fällen der Nummer 1113.1 Buchstabe a der Anlage sind die Akten für weitere zwei Jahre aufzubewahren oder zu speichern.

§ 6 Beginn der Aufbewahrungs- und Speicherungsfristen in Kindschaftssachen. [1] Die Aufbewahrungs- und Speicherungsfrist für Akten in Kindschaftssachen nach § 151 des Gesetzes über das Verfahren in Familiensachen und in den Angelegenheiten der freiwilligen Gerichtsbarkeit[1)] beginnt unabhängig von der tatsächlichen Verfahrensbeendigung mit dem Ablauf des Jahres, in dem die ehemals minderjährige Person das 30. Lebensjahr vollendet hat oder vollendet hätte. [2] Sind mehrere Geschwister vorhanden, so ist die jüngste an der Angelegenheit beteiligte Person maßgebend.

§ 7 Beginn der Aufbewahrungs- und Speicherungsfristen in bestimmten Nachlasssachen. (1) Die Aufbewahrungs- und Speicherungsfrist für Akten über Verfügungen von Todes wegen, soweit diese nicht zurückgegeben wurden, beginnt mit Ablauf des Jahres, in dem die Verfügung von Todes wegen vollständig eröffnet wurde oder die Eröffnung nach dem Letztverstorbenen erfolgt ist.

(2) Die Aufbewahrungs- und Speicherungsfrist für Verwahrungsbücher über Verfügungen von Todes wegen beginnt für den jeweiligen Jahrgang mit dem Ablauf des Jahres, in dem die letzte darin verzeichnete Verfügung von Todes wegen eröffnet wurde.

§ 8 Abweichende Bestimmung des Beginns der Aufbewahrungs- und Speicherungsfrist. [1] Die Leitung der für die Aktenaufbewahrung oder -speicherung zuständigen Stelle kann anordnen, dass die Aufbewahrungs- und Speicherungsfrist allgemein oder für einzelne Angelegenheiten abweichend von den §§ 4 bis 7 unmittelbar mit dem Ereignis beginnt, das dem Fristbeginn zugrunde liegt. [2] Die Anordnung ist zu dokumentieren. [3] Sie kann auch von einer übergeordneten Stelle erlassen werden.

§ 9 Aussetzung der Aussonderung. (1) [1] Die Leitung der für die Aktenaufbewahrung oder -speicherung zuständigen Stelle kann für eine Gruppe von Akten anordnen, dass deren Aussonderung bis zum Ablauf einer von ihr bestimmten Frist auszusetzen ist, wenn ein öffentliches Interesse dies erfordert. [2] Die Frist darf höchstens vier Jahre betragen. [3] Sie kann einmalig um bis zu zwei Jahre verlängert werden. [4] Ein öffentliches Interesse besteht insbesondere dann, wenn Anhaltspunkte dafür vorliegen, dass die Akten für einen parlamentarischen Untersuchungsausschuss von Bedeutung sein können.

(2) [1] Spätestens zwei Jahre nach der Anordnung nach Absatz 1 Satz 1 ist zu prüfen, ob die Voraussetzungen der Anordnung weiterhin vorliegen. [2] Ist dies nicht der Fall, ist die Anordnung aufzuheben.

(3) [1] Entscheidungen nach den Absätzen 1 und 2 sind zu begründen und zu dokumentieren. [2] § 8 Satz 3 gilt entsprechend.

[1)] **Habersack, Deutsche Gesetze Nr. 112.**

§ 10 Übergangsbestimmung. Die Aufbewahrungs- und Speicherungsfristen nach der Anlage sind, vorbehaltlich abweichender Regelungen der Länder auf der Grundlage des § 2 Absatz 3 des Justizaktenaufbewahrungsgesetzes[1], auch auf Akten anzuwenden, für die die Aufbewahrungs- und Speicherungsfrist bereits vor dem 1. Januar 2022 begonnen hat.

§ 11 Inkrafttreten. Diese Verordnung tritt am 1. Januar 2022 in Kraft.

Anlage[2]
(zu § 3 Absatz 1 Satz 1)

Aufbewahrungs- und Speicherungsfristen

---

[1] Nr. **95d**.
[2] Anl. geänd. mWv 1.1.2023 durch G v. 31.10.2022 (BGBl. I S. 1966); geänd. mWv 5.12.2023 durch VO v. 28.11.2023 (BGBl. 2023 I Nr. 335).

Teil 1. Aufbewahrungs- und Speicherungsfristen für Akten der Gerichte und Staatsanwaltschaften der Länder

Kapitel 1. Ordentliche Gerichtsbarkeit und Staatsanwaltschaften

Nr.	Registerzeichen	Angelegenheit	Aufbewahrungs- und Speicherungsfrist	Vor der Vernichtung herauszunehmende Dokumente	Bemerkungen
1	2	3	4	5	6
Abschnitt 1 **Amtsgericht** **Unterabschnitt 1** **Allgemeines**					
1111.0	AR	Akten über Angelegenheiten, die in das Allgemeine Register eingetragen sind			
		a) soweit sie Vertreterbestellungen nach § 13 Abs. 2 GWB betreffen	10 Jahre		
		b) soweit sie Schutzschriften enthalten	1 Jahr		
		c) alle übrigen	2 Jahre		
Unterabschnitt 2 **Zivilprozess-, Insolvenz-, Konkurs- und Vergleichssachen**					
1112.0	B	Mahnsachen			zu den Buchstaben a bis d: – Bei nicht maschineller Bearbeitung beginnt die Aufbewahrungsfrist mit dem Ablauf des Jahres, in dem das Verfahren als weggelegt gilt. – Bei maschineller Bearbeitung entspricht
		a) Akten und Datenbestände über Mahnsachen, auch bei automatisierter Bearbeitung, sofern ein (Teil-) Vollstreckungsbescheid bzw. Europäischer Zahlungsbefehl erlassen wurde, der nicht durch Antragsrücknahme wirkungslos geworden ist	30 Jahre		

Nr.	Registerzeichen	Angelegenheit	Aufbewahrungs- und Speicherungsfrist	Vor der Vernichtung herauszunehmende Dokumente	Bemerkungen
1	2	3	4	5	6
1114.13	II	Akten über sonstige Handlungen und Entscheidungen in Sachen der freiwilligen Gerichtsbarkeit			
		a) soweit sie die Gewährung richterlicher Vertragshilfe betreffen	10 Jahre	Entscheidungen und Vergleiche sowie Urkunden, auf die darin Bezug genommen ist (siehe Nr. 1114.13 Buchstabe h)	
		b) soweit sie Aufgebotsverfahren betreffen	10 Jahre	wie zu Nr. 1114.13 Buchstabe a	bis zum 31. August 2009: siehe Nr. 1112.1 Buchstabe e
		c) soweit sie Verfahren nach den §§ 43 bis 50 des Wohnungseigentumsgesetzes betreffen	5 Jahre	wie zu Nr. 1114.13 Buchstabe a	
		d) soweit sie die Regelung der Rechtsverhältnisse an der Wohnung und am Hausrat geschiedener Ehegatten betreffen (AV vom 16. Januar 1945 – Dt. Justiz S. 29)	5 Jahre	wie zu Nr. 1114.13 Buchstabe a	
		e) soweit sie Angelegenheiten nach dem Beratungshilfegesetz betreffen	5 Jahre		
		f) soweit sie Eide und eidesstattliche Versicherungen betreffen	30 Jahre		

Nr.	Registerzeichen	Angelegenheit	Aufbewahrungs- und Speicherungsfrist	Vor der Vernichtung herauszunehmende Dokumente	Bemerkungen
1	2	3	4	5	6
		g) alle übrigen	30 Jahre		
		h) Entscheidungen und Vergleiche in den unter Buchstabe a bis d aufgeführten Angelegenheiten sowie Urkunden, auf die darin Bezug genommen ist	30 Jahre		Zu den Entscheidungen usw. im Sinne dieser Vorschrift gehören auch die zu den Akten genommenen beglaubigten Abschriften der Entscheidungen der höheren Instanzen.
1114.14	III	Standesamtssachen	30 Jahre		Akten zu Verfahren nach dem Transsexuellengesetz sind mindestens bis zum 31. Dezember 2030 aufzubewahren.
1114.15		a) Sammelakten mit den Entscheidungen über die Erteilung der Vollstreckungsklausel für vollstreckbare Urkunden, die von Beamten der Jugendämter aufgenommen worden sind	30 Jahre		
		b) Sammelakten mit den Entscheidungen über die Erteilung weiterer vollstreckbarer Ausfertigungen notarieller Urkunden	30 Jahre		

Nr.	Registerzeichen	Angelegenheit	Aufbewahrungs- und Speicherungsfrist	Vor der Vernichtung herauszunehmende Dokumente	Bemerkungen
1	2	3	4	5	6
1114.16		Sammelakten über Wechsel- und Scheckproteste	5 Jahre		
1114.17	IV	Akten über Verfügungen von Todes wegen (Testamente, Erbverträge, Erklärungen gemäß § 13 EHRV)			
		a) soweit sie lediglich zurückgegebene Verfügungen von Todes wegen betreffen	5 Jahre		
		b) sonstige	130 Jahre		
1114.18		a) Verwahrungsbücher über Verfügungen von Todes wegen	30 Jahre		
		b) die zu den Verwahrungsbüchern über Verfügungen von Todes wegen gehörenden Belege	30 Jahre		
		c) Sammelakten mit den Anzeigen über auswärts hinterlegte Testamente	130 Jahre		
1114.19	V	Akten über die Vermittlung von Auseinandersetzungen	30 Jahre	Auseinandersetzungsverträge unter Miterben oder Teilnehmern an einer Gütergemeinschaft und sonstige in das Urkundsregister un-	

Nr.	Registerzeichen	Angelegenheit	Aufbewahrungs- und Speicherungsfrist	Vor der Vernichtung herauszunehmende Dokumente	Bemerkungen
1	2	3	4	5	6
				ter I eingetragene Beurkundungen (siehe Nr. 1114.12 Buchstabe a)	
1114.20	VI	a) Akten über sonstige Handlungen des Nachlassgerichts	30 Jahre	Erbscheine, Europäische Nachlasszeugnisse, gerichtlich beurkundete Erbscheinsanträge, Urkunden über die Übertragung eines Erbteils, Zeugnisse über Ernennung eines Testamentsvollstreckers und ähnliche Zeugnisse, ferner Ausschlagungen von Erbschaften und Erbverzichtsverträge sowie Unterlagen über die Anfechtung von Verfügungen von Todes wegen	

Nr.	Registerzeichen	Angelegenheit	Aufbewahrungs- und Speicherungsfrist	Vor der Vernichtung herauszunehmende Dokumente	Bemerkungen
1	2	3	4	5	6
				(siehe Nr. 1114.20 Buchstabe c); soweit keine gesonderten Akten über Verfügungen von Todes wegen geführt werden auch die in Nr. 1114.17 Buchstabe b genannten Unterlagen	
		b) Sammelakten mit Sterbefallnachrichten und -anzeigen			
		aa) der Standesämter und des Amtsgerichts Schöneberg (Hauptkartei für Testamente)	30 Jahre		
		bb) des Zentralen Testamentsregisters nach § 78e Satz 3 BNotO	1 Jahr		
		c) Erbscheine, Europäische Nachlasszeugnisse, gerichtlich beurkundete Erbscheinsanträge, Urkunden zur Übertragung eines Erbteils, Zeugnisse über Ernennung eines Testamentsvollstreckers und ähnliche Zeugnisse, ferner Ausschlagungen			

Nr.	Registerzeichen	Angelegenheit	Aufbewahrungs- und Speicherungsfrist	Vor der Vernichtung herauszunehmende Dokumente	Bemerkungen
1	2	3	4	5	6
		von Erbschaften und Erbverzichtsverträge sowie Unterlagen über die Anfechtung von Verfügungen von Todes wegen	130 Jahre		
1114.21	F (bis zum 31.08. 2009 VII, VIII, IX)	a) Akten über Kindschaftssachen nach § 151 FamFG sowie Akten über Vormundschaften, Beistandschaften und Pflegschaften	10 Jahre	Entscheidungen, Anhörungsprotokolle und -vermerke gemäß § 28 Abs. 4 FamFG, Berichte der Jugendämter, Stellungnahmen des Verfahrensbeistandes, Sachverständigengutachten, familiengerichtliche Genehmigung der freiheitsentziehenden Unterbringung/Maßnahme oder ärztlicher Zwangsmaßnahmen (bis zum 31. August 2009: vormundschaftsgerichtli-	Der Beginn der Aufbewahrungsfrist richtet sich nach § 6.

Nr.	Registerzeichen	Angelegenheit	Aufbewahrungs- und Speicherungsfrist	Vor der Vernichtung herauszunehmende Dokumente	Bemerkungen
1	2	3	4	5	6
				che Genehmigung der Unterbringung) siehe Nr. 1114.21 Buchstabe b) Anerkennung der Vaterschaft, Zustimmung des Kindes zur Anerkennung der Vaterschaft und sonstige in das Urkundsregister unter I eingetragene Beurkundungen (siehe Nr. 1114.21 Buchstabe c) Aktenteile, die die in Nr. 1114.24 Buchstabe a und b bezeichneten Angelegenheiten betreffen die zur Zwangsvollstreckung geeigneten Titel (siehe Nr. 1114.29)	

Nr.	Registerzeichen	Angelegenheit	Aufbewahrungs- und Speicherungsfrist	Vor der Vernichtung herauszunehmende Dokumente	Bemerkungen
1	2	3	4	5	6
		b) Entscheidungen, Anhörungsprotokolle und -vermerke gemäß § 28 Abs. 4 FamFG, Berichte der Jugendämter, Stellungnahmen des Verfahrensbeistandes, Sachverständigengutachten, familiengerichtliche Genehmigung der freiheitsentziehenden Unterbringung/Maßnahmen oder ärztlicher Zwangsmaßnahmen (bis 31. August 2009: vormundschaftsgerichtliche Genehmigung der Unterbringung)	30 Jahre		
		c) Anerkennung der Vaterschaft, Zustimmung des Kindes zur Anerkennung der Vaterschaft und sonstige in das Urkundsregister unter I eingetragene Beurkundungen	130 Jahre		
1114.22	F (bis zum 31.08. 2009 XVI)	Akten über Adoptionen	130 Jahre		
1114.23	XVII	a) Akten über Betreuungssachen	10 Jahre	Vorgänge über die Genehmigung oder Anordnung einer freiheitsentziehenden Unter-	

Nr.	Registerzeichen	Angelegenheit	Aufbewahrungs- und Speicherungsfrist	Vor der Vernichtung herauszunehmende Dokumente	Bemerkungen
1	2	3	4	5	6
				bringung oder einer ärztlichen Zwangsmaßnahme (§ 312 Nr. 1 und 3 FamFG) oder freiheitsentziehende Maßnahmen nach § 312 Nr. 2 FamFG (bis zum 31. August 2009: § 70 Abs. 1 Satz 2 Nr. 2 des Gesetzes über die Angelegenheiten der freiwilligen Gerichtsbarkeit) Anhörungsvermerke, ärztliche Gutachten und Zeugnisse, betreuungsgerichtliche Genehmigung (bis zum 31. August 2009: vormundschaftsgerichtliche Genehmigung) nach § 1905 Abs. 2	

Nr.	Registerzeichen	Angelegenheit	Aufbewahrungs- und Speicherungsfrist	Vor der Vernichtung herauszunehmende Dokumente	Bemerkungen
1	2	3	4	5	6
				BGB (siehe Nr. 1114.23 Buchstabe b) die zur Zwangsvollstreckung geeigneten Titel (siehe Nr. 1114.29)	
		b) Vorgänge über die Genehmigung oder Anordnung einer freiheitsentziehenden Unterbringung oder einer ärztlichen Zwangsmaßnahme (§ 312 Nr. 1 und 3 FamFG) oder freiheitsentziehende Maßnahmen nach § 312 Nr. 2 FamFG (bis zum 31. August 2009: § 70 Abs. 1 Satz 2 Nr. 2 des Gesetzes über die Angelegenheiten der freiwilligen Gerichtsbarkeit), Vorgänge über die betreuungsgerichtliche Genehmigung (bis zum 31. August 2009: vormundschaftsgerichtliche Genehmigung) nach § 1905 Abs. 2 BGB	30 Jahre		Ist die betreute Person verstorben, so sind die gesamten Akten nach dem Tode nur noch 10 Jahre aufzubewahren.
1114.24	X	a) Akten über betreuungsgerichtliche Zuweisungssachen; bis 31. August 2009: Akten über andere vormundschaftsgerichtliche Angelegenheiten	5 Jahre		
		b) Vorgänge über einstweilige Anordnungen; bis zum 31. August 2009:			Ergibt sich aus der Akte, dass die betroffene Per-

Nr.	Registerzeichen	Angelegenheit	Aufbewahrungs- und Speicherungsfrist	Vor der Vernichtung herauszunehmende Dokumente	Bemerkungen
1	2	3	4	5	6
		Vorgänge über die Genehmigung der Unterbringung und sonstiger Unterbringungsmaßnahmen (§ 70 Abs. 1 Satz 2 Nr. 2 des Gesetzes über die Angelegenheiten der freiwilligen Gerichtsbarkeit)	30 Jahre		son verstorben ist, so sind die gesamten Akten nach dem Tode nur noch 10 Jahre aufzubewahren.
		c) Ehelichkeitserklärungen, Feststellungen der Legitimation durch nachfolgende Ehe, Anfechtungen der Ehelichkeit, Feststellungen der Vaterschaft, Anfechtungen der Vaterschaft, Annahme an Kindes statt	130 Jahre		ab dem 1. September 2009: siehe Nr. 1114.40 Buchstabe c
		d) Erklärungen über Gütertrennung nach Artikel 8 Abschnitt I Nr. 3 bis 5 des Gleichberechtigungsgesetzes, Erklärungen nach den §§ 2 und 3 des Gesetzes über den ehelichen Güterstand von Vertriebenen und Flüchtlingen sowie Erklärungen über die Fortgeltung des bisherigen gesetzlichen Güterstandes nach Artikel 234 § 4 Abs. 2 des Einführungsgesetzes zum bürgerlichen Gesetzbuche	130 Jahre		ab dem 1. September 2009: siehe Nr. 1114.35 Buchstabe b

Nr.	Registerzeichen	Angelegenheit	Aufbewahrungs- und Speicherungsfrist	Vor der Vernichtung herauszunehmende Dokumente	Bemerkungen
1	2	3	4	5	6
1114.25	XI	Akten über Erziehungsbeistandschaften (Schutzaufsichten) nach dem JWG	30 Jahre		
1114.26	XII	Akten über Fürsorgeerziehung nach dem JWG	30 Jahre		
1114.27	XIV	a) Akten über Abschiebehaftsachen und sonstige Freiheitsentziehung/Unterbringung (bis zum 31. August 2009: auch Akten über Minderjährige), sofern nicht unter Buchstabe b erfasst	30 Jahre		bei Minderjährigen ab dem 1. September 2009: siehe Nr. 1114.39 Buchstabe a
		b) Akten über Abschiebehaftsachen und sonstige Freiheitsentziehung/Unterbringung (bis zum 31. August 2009: auch Akten über Minderjährige), in denen keine richterliche Entscheidung ergangen ist	5 Jahre		bei Minderjährigen ab dem 1. September 2009: siehe Nr. 1114.39 Buchstabe a
1114.28		Sammelakten über Anzeigen und Mitteilungen an das Betreuungsgericht, die zu Maßnahmen keinen Anlass geben	5 Jahre		
1114.29		Die zur Zwangsvollstreckung geeigneten Titel sowie verfahrenseinleitende Dokumente und weitere Nachweise, die für die Vollstreckbarkeitserklärung			

Nr.	Registerzeichen	Angelegenheit	Aufbewahrungs- und Speicherungsfrist	Vor der Vernichtung herauszunehmende Dokumente	Bemerkungen
1	2	3	4	5	6
		nach Artikel 54 EuGVVO gemäß Artikel 34 EuGVVO erforderlich sind	30 Jahre		

(Fortsetzung nächstes Blatt)

Nr.	Registerzeichen	Angelegenheit	Aufbewahrungs- und Speicherungsfrist	Vor der Vernichtung herauszunehmende Dokumente	Bemerkungen
1	2	3	4	5	6
		Unterabschnitt 6 Berufsgerichtssachen			
1136.0	Not	Akten über			
		a) Disziplinarverfahren gegen Notarinnen und Notare (einschließlich der im Rahmen des Untersuchungsverfahrens entstandenen Akten), in denen auf Entfernung aus dem Amt erkannt worden ist	30 Jahre		
		b) alle anderen Disziplinarverfahren gegen Notarinnen und Notare	20 Jahre		
		c) verwaltungsrechtliche Notarsachen nach § 111 BNotO	30 Jahre		
1136.1	AGH	a) Akten des Anwaltsgerichtshofs über verwaltungsrechtliche Anwaltssachen (§ 112a BRAO und Patentanwaltssachen (§§ 94a ff. PAO)	30 Jahre		
		b) Sammelakten und Blattsammlungen über anwaltsgerichtliche Verfahren vor dem Anwaltsgerichtshof mit den in der Berufungs- oder Beschwerdeinstanz zurückbehaltenen Dokumenten, wenn auf Ausschließung aus dem Beruf erkannt worden ist	50 Jahre		

Nr.	Registerzeichen	Angelegenheit	Aufbewahrungs- und Speicherungsfrist	Vor der Vernichtung herauszunehmende Dokumente	Bemerkungen
1	2	3	4	5	6
		c) alle übrigen der unter Buchstabe b genannten Akten und Blattsammlungen	30 Jahre		
1136.2		Sammelakten und Blattsammlungen (Senatsakten) über berufsgerichtliche Verfahren	20 Jahre		
		Abschnitt 4 **Staatsanwaltschaft, Amtsanwaltschaft** **Unterabschnitt 1** **Allgemeines**			
1141.0	AR	Akten über Angelegenheiten, die in das Allgemeine Register eingetragen sind	5 Jahre		
1141.1		Listen der Überführungsstücke	5 Jahre		Die Frist beginnt mit der Ausgabe des letzten Asservats.
		Unterabschnitt 2 **Zivilsachen**			
1142.0		Akten über Zivilsachen	5 Jahre		
		Unterabschnitt 3 **Strafsachen**			
1143.0	Js, UJs	Akten (einschließlich aufzubewahrender Handakten) über			zu den Buchstaben a bis d:

Nr.	Registerzeichen	Angelegenheit	Aufbewahrungs- und Speicherungsfrist	Vor der Vernichtung herauszunehmende Dokumente	Bemerkungen
1	2	3	4	5	6
		b) nicht freisprechende Urteile sowie die dazugehörigen Vollstreckungsnachweise aus den unter Nr. 1153.0 Buchstabe h genannten Akten	10 Jahre		
1153.2	Zs	Sammelakten über die Beschwerden gegen das Verfahren eines Staatsanwalts (Amtsanwalts), die nicht zu den Hauptakten genommen sind	5 Jahre		
1153.3	Ausl.	Auslieferungssachen	10 Jahre		
1153.4		Handakten über Revisionen in Strafsachen und über Rechtsbeschwerden in Bußgeldsachen	5 Jahre		
1153.5		Akten über Verfahren nach dem Gesetz über die innerdeutsche Rechts- und Amtshilfe in Strafsachen vom 2. Mai 1953 (BGBl. I S. 161)			
		a) soweit sie Entscheidungen enthalten, die die Genehmigung einer Zuführung oder einer Vollstreckung zum Gegenstand haben oder gemäß den §§ 10, 11, 14 oder 15 ergangen sind	50 Jahre		
		b) sonstige	10 Jahre		

Nr.	Registerzeichen	Angelegenheit	Aufbewahrungs- und Speicherungsfrist	Vor der Vernichtung herauszunehmende Dokumente	Bemerkungen
1	2	3	4	5	6
1153.6		Akten über Verfahren nach den §§ 23 bis 30a des Einführungsgesetzes zum Gerichtsverfassungsgesetz	5 Jahre		
1153.7		Handakten über Kartellbußgeldsachen	10 Jahre		
		Unterabschnitt 4 Berufsgerichtssachen			
1154.0		Handakten des Vertreters der Einleitungsbehörde in Disziplinarverfahren gegen Notarinnen und Notare	10 Jahre		
1154.1		a) Handakten über anwaltsgerichtliche Verfahren gegen Rechtsanwältinnen und Rechtsanwälte, sofern die Hauptakten nicht bei der Generalstaatsanwaltschaft geführt werden ...	10 Jahre		
		b) Akten über Ermittlungsverfahren, die nicht zur Einleitung eines anwaltsgerichtlichen Verfahrens geführt haben, einschließlich der dazugehörigen Handakten, soweit die Akten über diese Ermittlungsverfahren nicht an eine andere Stelle abzugeben sind	5 Jahre		
		c) Akten über anwaltsgerichtliche Verfahren gegen Rechtsanwältinnen und Rechtsanwälte (einschließlich			

Nr.	Registerzeichen	Angelegenheit	Aufbewahrungs- und Speicherungsfrist	Vor der Vernichtung herauszunehmende Dokumente	Bemerkungen
1	2	3	4	5	6
		der dazugehörigen Handakten, soweit der Generalstaatsanwaltschaft die Führung der Hauptakten übertragen ist), in denen auf Ausschließung aus dem Beruf erkannt worden ist	40 Jahre		
		d) alle übrigen unter Buchstabe c genannten Akten	20 Jahre		
1154.2		Akten über berufsgerichtliche Verfahren einschließlich der dazugehörigen Handakten			
		a) in denen auf Ausschließung aus dem Beruf erkannt oder in denen ein Beweissicherungsverfahren angeordnet worden ist	aufzubewahren bis zum Tod oder bis zum Ablauf des Jahres, in dem die oder der Verurteilte das 90. Lebensjahr vollendet hätte		Dies gilt, sofern nicht ausnahmsweise eine Entfernung nach § 25 BZRG erfolgt ist.
		b) die nicht zur Einleitung eines berufsgerichtlichen Verfahrens geführt haben	5 Jahre		
		c) alle übrigen	20 Jahre		

Nr.	Registerzeichen	Angelegenheit	Aufbewahrungs- und Speicherungsfrist	Vor der Vernichtung herauszunehmende Dokumente	Bemerkungen
1	2	3	4	5	6
		d) Sammelakten über Rügebescheide	10 Jahre		

Kapitel 2. Fachgerichtsbarkeiten

Nr.	Registerzeichen	Angelegenheit	Aufbewahrungs- und Speicherungsfrist	Vor der Vernichtung herauszunehmende Dokumente	Bemerkungen
1	2	3	4	5	6
		Abschnitt 1 **Gerichte der Verwaltungsgerichtsbarkeit** **Unterabschnitt 1** **Allgemeines**			
1211.0	AR	Akten a) über Angelegenheiten, die in das Allgemeine Register eingetragen sind, mit Ausnahme der unter Buchstabe b aufgeführten Akten .... b) die Schutzschriften enthalten	 2 Jahre 1 Jahr		
		Unterabschnitt 2 **Rechtssachen**			
1212.0		Akten über Flurbereinigungssachen, Lastenausgleichssachen, Disziplinarsachen, berufsgerichtliche Verfahren, Unterbringungs-			

Nr.	Registerzeichen	Angelegenheit	Aufbewahrungs- und Speicherungsfrist	Vor der Vernichtung herauszunehmende Dokumente	Bemerkungen
1	2	3	4	5	6
		sachen, Normenkontrollverfahren	30 Jahre		
1212.1		Akten über Mediationsverfahren und sonstige güterichterliche Verfahren	Dauer des zugrunde liegenden streitigen Verfahrens		
1212.2		Akten über Numerus-Clausus-Verfahren	3 Jahre	siehe Nr. 1212.6	
1212.3		Verfahrensakten, soweit sie nicht unter den Nrn. 1212.0 bis 1212.2 besonders genannt sind	10 Jahre	siehe Nr. 1212.6	
1212.4		Verfahrensakten der in den Nrn. 1212.0, 1212.1 und 1212.3 genannten Art, die durch Antrags- oder Klagerücknahme oder einen Kostenbeschluss nach § 161 Absatz 2 VwGO beendet worden sind	5 Jahre	siehe Nr. 1212.6	
1212.5		Sammelakten und Blattsammlungen mit den in der Berufungs- und Beschwerdeinstanz zurückbehaltenen Schriftstücken	5 Jahre	siehe Nr. 1212.6	
1212.6		Zur Zwangsvollstreckung geeignete Titel, Urteile, rechtskräftige Beschlüsse, Bescheide und Vor-			Zu den Urteilen usw. im Sinne dieser Vorschrift gehören neben den Zustellungsnach-

Nr.	Registerzeichen	Angelegenheit	Aufbewahrungs- und Speicherungsfrist	Vor der Vernichtung herauszunehmende Dokumente	Bemerkungen
1	2	3	4	5	6
		bescheide, Vergleiche, Schiedssprüche, sowie Dokumente, auf die in der Entscheidungsformel Bezug genommen ist	30 Jahre		weisen auch die zu den Akten genommenen beglaubigten Abschriften von Entscheidungen der höheren Instanzen sowie Leseabschriften, sofern das volle Rubrum in keinem anderen in der Sache aufzubewahrenden Dokument enthalten ist. Ausgenommen sind zur Zwangsvollstreckung geeignete Titel, die durch eine spätere Klage- oder Antragsrücknahme wirkungslos geworden sind.

Abschnitt 2

Gerichte der Arbeitsgerichtsbarkeit

Unterabschnitt 1

Allgemeines

1221.0	AR	Akten a) über Angelegenheiten, die in das Allgemeine Register eingetragen sind, mit Ausnahme der unter Buchstabe b aufgeführten Akten .... b) die Schutzschriften enthalten	 2 Jahre 1 Jahr		

Nr.	Registerzeichen	Angelegenheit	Aufbewahrungs- und Speicherungsfrist	Vor der Vernichtung herauszunehmende Dokumente	Bemerkungen
1	2	3	4	5	6
		Unterabschnitt 2 Rechtssachen			
1222.0	BA	Akten über Mahnsachen	2 Jahre	siehe Nr. 1222.3	
1222.1		Verfahrensakte	5 Jahre	siehe Nr. 1222.3	
1222.2	RNS	Akten über die bei dem Gericht niedergelegten Schiedssprüche und schiedsrichterlichen Vergleiche	30 Jahre		
1222.3		Zur Zwangsvollstreckung geeignete Titel, Urteile, verfahrensbeendende Beschlüsse, Vergleiche; sowie Dokumente, auf die in der Entscheidungsformel Bezug genommen ist	30 Jahre		Zu den Urteilen usw. im Sinne dieser Vorschrift gehören neben den Zustellungsnachweisen auch die zu den Akten genommenen beglaubigten Abschriften von Entscheidungen der höheren Instanzen sowie Leseabschriften, sofern das volle Rubrum in keinem anderen in der Sache aufzubewahrenden Dokument enthalten ist. Ausgenommen sind zur Zwangsvollstreckung geeignete Titel, die durch eine spätere Klage- oder Antragsrücknahme wirkungslos geworden sind.

Nr.	Registerzeichen	Angelegenheit	Aufbewahrungs- und Speicherungsfrist	Vor der Vernichtung herauszunehmende Dokumente	Bemerkungen
1	2	3	4	5	6
1222.4		Vergleiche aus den Akten über Anträge außerhalb eines anhängigen Verfahrens, die nicht Bestandteil der Hauptakten geworden sind	30 Jahre		
		Abschnitt 3			
		Gerichte der Sozialgerichtsbarkeit			
		Unterabschnitt 1			
		Allgemeines			
1231.0	AR	Akten			
		a) über Angelegenheiten, die in das Allgemeine Register eingetragen sind, mit Ausnahme der unter Buchstabe b aufgeführten Akten	2 Jahre		
		b) die Schutzschriften enthalten	1 Jahr		
		Unterabschnitt 2			
		Rechtssachen			
1232.0		Verfahrensakten	10 Jahre	siehe Nr. 1232.1	
1232.1		Zur Zwangsvollstreckung geeignete Titel, Urteile, verfahrensbeendende Beschlüsse, Vorbescheide, Bescheide, Vergleiche, Anerkenntnisse, sowie Dokumente, auf die in der Entschei-			Zu den Urteilen usw. im Sinne dieser Vorschrift gehören neben den Zustellungsnachweisen auch die zu den Akten genommenen beglaubigten Abschriften von Entscheidungen der höheren Instanzen so-

Nr.	Registerzeichen	Angelegenheit	Aufbewahrungs- und Speicherungsfrist	Vor der Vernichtung herauszunehmende Dokumente	Bemerkungen
1	2	3	4	5	6
		dungsformel Bezug genommen ist	30 Jahre		wie Leseabschriften, sofern das volle Rubrum in keinem anderen in der Sache aufzubewahrenden Dokument enthalten ist. Ausgenommen sind zur Zwangsvollstreckung geeignete Titel, die durch eine spätere Klage- oder Antragsrücknahme wirkungslos geworden sind.

Abschnitt 4
Gerichte der Finanzgerichtsbarkeit
Unterabschnitt 1
Allgemeines

Nr.	Registerzeichen	Angelegenheit	Aufbewahrungs- und Speicherungsfrist	Vor der Vernichtung herauszunehmende Dokumente	Bemerkungen
1241.0	AR	Akten a) über Angelegenheiten, die in das allgemeine Register eingetragen sind, mit Ausnahme der unter Buchstabe b aufgeführten Akten .... b) die Schutzschriften enthalten	 2 Jahre 1 Jahr		

Unterabschnitt 2
Rechtssachen

Nr.	Registerzeichen	Angelegenheit	Aufbewahrungs- und Speicherungsfrist	Vor der Vernichtung herauszunehmende Dokumente	Bemerkungen
1242.0		Verfahrensakten		zu den Buchstaben a und b:	

Nr.	Registerzeichen	Angelegenheit	Aufbewahrungs- und Speicherungsfrist	Vor der Vernichtung herauszunehmende Dokumente	Bemerkungen
1	2	3	4	5	6
		a) die durch Antrags- oder Klagerücknahme oder einen Kostenbeschluss nach § 138 FGO beendet worden sind ...	5 Jahre	siehe Nr. 1242.1	
		b) sonstige	10 Jahre		
1242.1		Zur Zwangsvollstreckung geeignete Titel, Urteile; sowie Dokumente, auf die in der Entscheidungsformel Bezug genommen ist	30 Jahre		Zu den Urteilen usw. im Sinne dieser Vorschrift gehören neben den Zustellungsnachweisen auch die zu den Akten genommenen beglaubigten Abschriften von Entscheidungen der höheren Instanz sowie Leseabschriften, sofern das volle Rubrum in keinem anderen in der Sache aufzubewahrenden Dokument enthalten ist. Ausgenommen sind zur Zwangsvollstreckung geeignete Titel, die durch eine spätere Klage- oder Antragsrücknahme wirkungslos geworden sind.

Teil 2. Aufbewahrungs- und Speicherungsfristen für Akten der Gerichte des Bundes, des Generalbundesanwalts beim Bundesgerichtshof, der Wehrdisziplinaranwaltschaften und des Bundeswehrdisziplinaranwalts beim Bundesverwaltungsgericht

Kapitel 1. Bundesarbeitsgericht

Nr.	Registerzeichen	Angelegenheit	Aufbewahrungs- und Speicherungsfrist	Vor der Vernichtung herauszunehmende Dokumente	Bemerkungen
1	2	3	4	5	6
2100.0		Akten über Verfahren vor dem Bundesarbeitsgericht			
		a) soweit sie Voten oder Vollstreckungstitel enthalten	40 Jahre		
		b) im Übrigen	10 Jahre		
		c) Voten	weitere 50 Jahre		
		d) Akten des Großen Senats und diejenigen, mit denen er befasst war	dauernd		

Kapitel 2. Bundesfinanzhof

(hier nicht wiedergegeben)

Kapitel 3. Bundesgerichtshof

Nr.	Registerzeichen	Angelegenheit	Aufbewahrungs- und Speicherungsfrist	Vor der Vernichtung herauszunehmende Dokumente	Bemerkungen
1	2	3	4	5	6
2300.0		Akten			
		a) der Großen Senate und der Vereinigten Großen Senate ...	50 Jahre		

Nr.	Registerzeichen	Angelegenheit	Aufbewahrungs- und Speicherungsfrist	Vor der Vernichtung herauszunehmende Dokumente	Bemerkungen
1	2	3	4	5	6
		b) übrige Akten	30 Jahre		

Kapitel 4. Bundessozialgericht

(hier nicht wiedergegeben)

Kapitel 5. Bundesverwaltungsgericht

(hier nicht wiedergegeben)

Kapitel 6. Bundespatentgericht

Nr.	Registerzeichen	Angelegenheit	Aufbewahrungs- und Speicherungsfrist	Vor der Vernichtung herauszunehmende Dokumente	Bemerkungen
1	2	3	4	5	6
2600.0		Akten über Verfahren, in denen beim Bundesgerichtshof			
		a) eine Rechtsbeschwerde zugelassen war	30 Jahre		
		b) ohne Zulassung eingelegt worden ist	30 Jahre		
2600.1		Akten über Verfahren, die Gegenstand eines Verfahrens vor dem Bundesverfassungsgericht waren aufgrund			
		a) eines Vorlagebeschlusses	30 Jahre		
		b) einer Verfassungsbeschwerde	30 Jahre		

Nr.	Registerzeichen	Angelegenheit	Aufbewahrungs- und Speicherungsfrist	Vor der Vernichtung herauszunehmende Dokumente	Bemerkungen
1	2	3	4	5	6
		c) aus sonstigen Gründen	30 Jahre		
2600.2		Akten über Verfahren, die Gegenstand eines Verfahrens vor dem Europäischen Gerichtshof waren	30 Jahre		
2600.3		Urteile	30 Jahre		
2600.4		Vergleiche	30 Jahre		
2600.5		Beschlüsse mit Kostenentscheidungen	30 Jahre		
2600.6		Beschlüsse über die Festsetzung des Streitwertes nach § 63 GKG oder über die Festsetzung des Gegenstandswerts nach § 33 RVG ...	30 Jahre		
2600.7		Kostenfestsetzungsbeschlüsse	30 Jahre		
2600.8		Beschlüsse über die Bewilligung der Verfahrenskostenhilfe (VKH)	30 Jahre		
2600.9		Beschlüsse über die Aufhebung der VKH	30 Jahre		
2600.10	Ni	Nichtigkeitsakten nach § 81 des Patentgesetzes			
		a) in denen das Patent oder ein ergänzendes Schutzzertifikat aufrechterhalten bleibt	20 Jahre		
		b) alle übrigen Akten	10 Jahre		

Nr.	Registerzeichen	Angelegenheit	Aufbewahrungs- und Speicherungsfrist	Vor der Vernichtung herauszunehmende Dokumente	Bemerkungen
1	2	3	4	5	6
2600.11	Li	Akten über die Klage auf Erteilung einer Zwangslizenz oder Anpassung der durch Urteil festgesetzten Vergütung für eine Zwangslizenz	20 Jahre		
2600.12	LiQ	Akten über einen Antrag auf Erlass einer einstweiligen Verfügung in Zwangslizenzverfahren	20 Jahre		
2600.13	LiR	Akten über die Klage auf Rücknahme einer Zwangslizenz	20 Jahre		
2600.14	W (pat)	Beschwerdeakten in Patentsachen, in denen das Beschwerdeverfahren geführt hat zur			
		a) Bekanntmachung einer Patentanmeldung (nach der bis 31. Dezember 1980 geltenden Fassung des Patentgesetzes)	30 Jahre		
		b) Erteilung eines Patents	30 Jahre		
		c) Aufrechterhaltung eines Patents	30 Jahre		
		d) beschränkten Aufrechterhaltung eines Patents	30 Jahre		

97. Deutsches Richtergesetz (DRiG)[1) 2)]

In der Fassung der Bekanntmachung vom 19. April 1972[3)]
(BGBl. I S. 713)

FNA 301-1

Lfd. Nr.	Änderndes Gesetz	Datum	Fundstelle	Betroffen	Hinweis
1.	Art. 1 G zur Änd. der Bezeichnungen der Richter und ehrenamtlichen Richter und der Präsidialverfassung der Gerichte	26.5.1972	BGBl. I S. 841	§§ 12, 14, 29, 54 §§ 19a, 45a, 120a	geänd. mWv 1.10.1972 eingef. mWv 1.10.1972
2.	Art. 3 Abs. 4 Zweites G zur Änd. des BundesbeamtenG	28.7.1972	BGBl. I S. 1288	§ 71a	eingef. mWv 1.8.1972
3.	Art. 4 G zur Änd. beamten- und richterrechtlicher Vorschriften	31.1.1974	BGBl. I S. 131	§§ 48a, 62, 76a, 78	eingef. mWv 6.2.1974
4.	§ 113 BundespersonalvertretungsG	15.3.1974	BGBl. I S. 693	§§ 4, 52, 53, 58, 60	geänd. mWv 1.4.1974
5.	Art. 4 G zur Ergänzung des Ersten G zur Reform des Strafverfahrensrechts	20.12.1974	BGBl. I S. 3686	§§ 45, 123	geänd. mWv 1.1.1975
6.	Art. 6 HaushaltsstrukturG	18.12.1975	BGBl. I S. 3091	§ 48	geänd. mWv 1.1.1976
7.	Art. 1 G zur Änd. von Bezeichnungen der Richter und ehrenamtlichen Richter	22.12.1975	BGBl. I S. 3176	§§ 19a, 45a	geänd. mWv 31.1.1975
8.	Art. 1 Nr. 2 Zweites G zur Änd. des RechtspflegerG	18.8.1976	BGBl. I S. 2186	§ 5b	geänd. mWv 1.9.1976
9.	§ 95 BeamtenversorgungsG	24.8.1976	BGBl. I S. 2485	§§ 71, 71a, 115	geänd. mWv 1.1.1977
10.	Art. 5 G zur Neuregelung der Rechtsverhältnisse der Mitglieder des Deutschen Bundestages	18.2.1977	BGBl. I S. 297	§ 36 § 17a	geänd. mWv 1.4.1977 eingef. mWv 1.4.1977
11.	§ 3 G zur Änd. dienstrechtlicher Vorschriften	30.7.1979	BGBl. I S. 1299	§ 48	geänd. mWv 4.8.1979
12.	Art. 5 Zweites G zur Änd. dienstrechtlicher Vorschriften	30.7.1979	BGBl. I S. 1301	§ 121	geänd. mWv 1.10.1979
13.	Art. 3 Drittes G zur Änd. dienstrechtlicher Vorschriften	10.5.1980	BGBl. I S. 561	§§ 48a, 76a	geänd. mWv 15.5.1980
14.	Art. 4 Nr. 4 G über die Prozeßkostenhilfe	13.6.1980	BGBl. I S. 677	§ 5b	geänd. mWv 1.1.1981
15.	Art. 1 Zweites ÄndG	16.8.1980	BGBl. I S. 1451	§§ 5a, 5b, 5d	geänd. mWv 23.8.1980

[1)] Gliederungs- und Paragraphenüberschriften neu gef. mWv 1.8.2021 durch G v. 25.6.2021 (BGBl. I S. 2154); die Neufassung aller Gliederungs- und Paragraphenüberschriften ist nicht einzeln in Fußnoten nachgewiesen.

[2)] Überschrift geänd. mWv 1.8.2021 durch G v. 25.6.2021 (BGBl. I S. 2154).

[3)] Neubekanntmachung des DRiG v. 8.9.1961 (BGBl. I S. 1665).

Lfd. Nr.	Änderndes Gesetz	Datum	Fundstelle	Betroffen	Hinweis
16.	Art. 3 Viertes G zur Änd. dienstrechtlicher Vorschriften	12.7.1984	BGBl. I S. 875	§ 48a	geänd. mWv 15.7.1984
17.	Art. 1 Drittes ÄndG	25.7.1984	BGBl. I S. 995	§§ 5, 5a, 5b, 5c, 5d, 109	geänd. mWv 16.9.1984
18.	Art. 3 Fünftes G zur Änd. dienstrechtlicher Vorschriften	25.7.1984	BGBl. I S. 998	§§ 48a, 62, 76a, 78	geänd. mWv 1.8.1984
				§ 48b	eingef. mWv 1.8.1984
19.	Art. 2 Nr. 1 G zur Änd. des G über das Bundesverfassungsgericht und zur Änd. des Deutschen RichterG	12.12.1985	BGBl. I S. 2226	§§ 48, 70	geänd. mWv 1.1.1986
20.	Art. 3 Abs. 4 G zur Änd. des GebrauchsmusterG	15.8.1986	BGBl. I S. 1446	§ 120	geänd. mWv 1.1.1987
21.	Art. 3 Achtes G zur Änd. dienstrechtlicher Vorschriften	30.6.1989	BGBl. I S. 1282	§§ 21, 48a, 48b, 76a, 78	geänd. mWv 1.8.1989
22.	Art. 4 ArbeitsgerichtsG-ÄnderungsG	26.6.1990	BGBl. I S. 1206	§ 45	geänd. mWv 1.7.1990
23.	Art. 7 § 14 BetreuungsG	12.9.1990	BGBl. I S. 2002	§§ 18, 19	geänd. mWv 1.1.1992
24.	Art. 7 Abs. 2 Rechtspflege-VereinfachungsG	17.12.1990	BGBl. I S. 2847	§ 61	geänd. mWv
25.	Art. 4 Neuntes G zur Änd. dienstrechtlicher Vorschriften	11.6.1992	BGBl. I S. 1030	§§ 48a, 76a	geänd. mWv 1.1.1993
26.	Art. 1 G zur Verkürzung der Juristenausbildung	20.11.1992	BGBl. I S. 1926	§§ 5a, 5b, 5d	geänd. mWv 28.11.1992
27.	Art. 5 G zur Entlastung der Rechtspflege	11.1.1993	BGBl. I S. 50	§ 29	geänd. mWv 1.3.1993
28.	Art. 4 Zehntes G zur Änd. dienstrechtlicher Vorschriften	20.12.1993	BGBl. I S. 2136	§§ 48b, 76a	geänd. mWv 24.12.1993
29.	Art. 7 Elftes G zur Änd. dienstrechtlicher Vorschriften	20.5.1994	BGBl. I S. 1078	§§ 48a, 48b, 76a	geänd. mWv 1.6.1994
				§ 76b	eingef. mWv 1.6.1994
30.	Art. 2 G zur Änd. des RechtspflegerG und anderer Gesetze	24.6.1994	BGBl. I S. 1374	§ 112	geänd. mWv 1.7.1994
31.	Art. 4 Zweites GleichberechtigungsG	24.6.1994	BGBl. I S. 1406, ber. S. 2103	§§ 48a, 76a	geänd. mWv 1.9.1994
32.	Art. 5 Anwaltsrechts-NeuordnungsG	2.9.1994	BGBl. I S. 2278	§ 123	geänd. mWv 9.9.1994
33.	Art. 6 ReformG	24.2.1997	BGBl. I S. 322	§§ 48, 48a, 48b, 76, 76a, 76b	geänd. mWv 1.7.1997
				§§ 48c, 48d, 76c, 76d	eingef. mWv 1.7.1997
34.	Art. 9 VersorgungsreformG	29.6.1998	BGBl. I S. 322	§§ 34, 48d, 62, 76b, 78	geänd. mWv 1.1.1999

Lfd. Nr.	Änderndes Gesetz	Datum	Fundstelle	Betroffen	Hinweis
35.	Art. 1 ÄndG	16.7.1998	BGBl. I S. 1826	§ 76c	geänd. mWv 23.7.1998
36.	Art. 7 Bundesbesoldungs- und -versorgungsanpassungsG 1998	6.8.1998	BGBl. I S. 2026	§§ 48, 48b	geänd. mWv 1.1.1999
				§ 76e	eingef. mWv 14.8.1998
37.	Art. 9 Bundesbesoldungs- und -versorgungsanpassungsG 2000	19.4.2001	BGBl. I S. 618	§ 76e	geänd. mWv 1.7.2000
38.	Art. 22 SGB IX	19.6.2001	BGBl. I S. 1046	§ 48	geänd. mWv 1.7.2001
39.	Art. 10 Bundesdisziplinarrechts-NeuordnungsG	9.7.2001	BGBl. I S. 1510	§§ 22, 30, 50, 54, 61, 63, 65, 66, 80, 82, 110, 122	geänd. mWv 1.1.2002
40.	Art. 1 Juristenausbildungs-ReformG	11.7.2002	BGBl. I S. 2592	§§ 5, 5a, 5b, 5d, 6, 9, 109, 112	geänd. mWv 1.7.2003
41.	Art. 1 Viertes ÄndG	7.6.2004	BGBl. I S. 1054	§ 77	geänd. mWv 12.6.2004
42.	Art. 2 G zur Vereinfachung und Vereinheitlichung der Verfahrensvorschriften zur Wahl und Berufung ehrenamtlicher Richter	21.12. 2004	BGBl. I S. 3599	§§ 44, 45	geänd. mWv 1.1.2005
43.	Art. 15b JustizkommunikationsG	22.3.2005	BGBl. I S. 837	§ 76b	geänd. mWv 1.4.2005
44.	Art. 27 Erstes G über die Bereinigung von Bundesrecht im Zuständigkeitsbereich des BMJ	19.4.2006	BGBl. I S. 866	§ 124	geänd. mWv 25.4.2006
				§§ 44a, 44b	eingef. mWv 25.4.2006
				§§ 107, 108, 113, 114, 115, 116, 117, 118, 125	aufgeh. mWv 25.4.2006
45.	Art. 4 Zweites JustizmodernisierungsG	22.12. 2006	BGBl. I S. 3416	§ 112a	eingef. mWv 31.12.2006
46.	§ 62 Abs. 9 BeamtenstatusG	17.6.2008	BGBl. I S. 1010	§§ 71, 76, 76a, 78	geänd. mWv 1.4.2009
				§§ 76b, 76c, 76d, 76e	aufgeh. mWv 1.4.2009
47.	Art. 9 DienstrechtsneuordnungsG	5.2.2009	BGBl. I S. 160	§§ 48, 48b, 63, 83	geänd. mWv 12.2.2009
48.	Art. 17 G zur Verbesserung der Feststellung und Anerkennung im Ausland erworbener Berufsqualifikationen	6.12.2011	BGBl. I S. 2515	§§ 112, 112a	geänd. mWv 1.4.2012
49.	Art. 132 Zehnte ZuständigkeitsanpassungsVO	31.8.2015	BGBl. I S. 1474	§§ 5d, 47, 122	geänd. mWv 8.9.2015
50.	Art. 9 G zu bereichsspezifischen Regelungen der Gesichtsverhüllung und zur Änd. weiterer dienstrechtlicher Vorschriften	8.6.2017	BGBl. I S. 1570	§§ 45, 48	geänd. mWv 15.6.2017
51.	Art. 1 Fünftes ÄndG	22.11. 2019	BGBl. I S. 1755	§§ 5a, 5d	geänd. mWv 29.11.2019

Lfd. Nr.	Änderndes Gesetz	Datum	Fundstelle	Betroffen	Hinweis
52.	Art. 10 G zur Novellierung des BundespersonalvertretungsG	9.6.2021	BGBl. I S. 1614	§§ 4, 52, 53, 58, 60	geänd. mWv 15.6.2021
53.	Art. 5 G zur Fortentwicklung der StrafprozessO und zur Änd. weiterer Vorschriften	25.6.2021	BGBl. I S. 2099	§ 29	neu gef. mWv 1.7.2021
54.	Art. 4 G zur Modernisierung des notariellen Berufsrechts und zur Änd. weiterer Vorschriften	25.6.2021	BGBl. I S. 2154	Überschrift, §§ 5d, 17a, 47, 122, 123	geänd. mWv 1.8.2021
				Gliederungs-, Paragraphenüberschriften	neu gef. mWv 1.8.2021; die Neufassung aller Gliederungs- und Paragraphenüberschriften ist nicht einzeln in Fußnoten nachgewiesen
				Inhaltsübersicht	eingef. mWv 1.8.2021
				§§ 105, 106, 110, 111	aufgeh. mit Ablauf des 31.7.2021
				§§ 5a, 5d	geänd. mWv 1.1.2022
				§§ 5b, 5d	geänd. mWv 1.1.2023
55.	Art. 2 G zur Beschleunigung von Disziplinarverfahren in der Bundesverwaltung und zur Änd. weiterer dienstrechtlicher Vorschriften	20.12.2023	BGBl. 2023 I Nr. 389	§§ 24, 63	geänd. mWv 1.4.2024

Inhaltsübersicht[1)]

[1)] Inhaltsübersicht eingef. mWv 1.8.2021 durch G v. 25.6.2021 (BGBl. I S. 2154).

Teil 1. Richteramt in Bund und Ländern

Abschnitt 1. Einleitende Vorschriften

§ 1 Berufsrichter und ehrenamtliche Richter. Die rechtsprechende Gewalt wird durch Berufsrichter und durch ehrenamtliche Richter ausgeübt.

§ 2 Geltung für Berufsrichter. Die Vorschriften dieses Gesetzes gelten, soweit dieses Gesetz nicht anderes bestimmt, nur für die Berufsrichter.

§ 3 Dienstherr. Die Richter stehen im Dienst des Bundes oder eines Landes.

§ 4[1] Unvereinbare Aufgaben. (1) Ein Richter darf Aufgaben der rechtsprechenden Gewalt und Aufgaben der gesetzgebenden oder der vollziehenden Gewalt nicht zugleich wahrnehmen.

(2) Außer Aufgaben der rechtsprechenden Gewalt darf ein Richter jedoch wahrnehmen

1. Aufgaben der Gerichtsverwaltung,
2. andere Aufgaben, die auf Grund eines Gesetzes Gerichten oder Richtern zugewiesen sind,
3. Aufgaben der Forschung und Lehre an einer wissenschaftlichen Hochschule, öffentlichen Unterrichtsanstalt oder amtlichen Unterrichtseinrichtung,
4. Prüfungsangelegenheiten,

---

[1] § 4 Abs. 2 Nr. 5 angef. durch G v. 15.3.1974 (BGBl. I S. 693); Abs. 2 Nr. 5 neu gef. mWv 15.6.2021 durch G v. 9.6.2021 (BGBl. I S. 1614).

5. den Vorsitz in Einigungsstellen im Sinne des § 73 Absatz 2 Satz 1 des Bundespersonalvertretungsgesetzes vom 9. Juni 2021 (BGBl. I S. 1614).

Abschnitt 2. Befähigung zum Richteramt

§ 5[1) 2)] Befähigung zum Richteramt. (1) Die Befähigung zum Richteramt erwirbt, wer ein rechtswissenschaftliches Studium an einer Universität mit der ersten Prüfung und einen anschließenden Vorbereitungsdienst mit der zweiten Staatsprüfung abschließt; die erste Prüfung besteht aus einer universitären Schwerpunktbereichsprüfung und einer staatlichen Pflichtfachprüfung.

(2) Studium und Vorbereitungsdienst sind inhaltlich aufeinander abzustimmen.

[1)] § 5 neu gef. durch G v. 25.7.1984 (BGBl. I S. 995); Abs. 1 neu gef. mWv 1.7.2003 durch G v. 11.7. 2002 (BGBl. I S. 2592).

[2)] Die Länder haben ua folgende Vorschriften erlassen:

- **Baden-Württemberg:** G über die juristischen Prüfungen und den juristischen Vorbereitungsdienst (Juristenausbildungsgesetz – JAG) v. 16.7.2003 (GBl. S. 354), zuletzt geänd. durch G v. 17.12.2020 (GBl. 2021 S. 1); VO des Justizministeriums über die Ausbildung und Prüfung der Juristinnen und Juristen (Juristenausbildungs- und Prüfungsordnung – JAPrO) v. 2.5.2019 (GBl. S. 131), zuletzt geänd. durch VO v. 1.2.2023 (GBl. S. 55)
- **Bayern:** Ausbildungs- und Prüfungsordnung für Juristen v. 13.10.2003 (GVBl. S. 758), zuletzt geänd. durch V v. 17.11.2022 (GVBl. S. 680)
- **Berlin:** G über die Ausbildung von Juristinnen und Juristen im Land Berlin (Berliner Juristenausbildungsgesetz – JAG) v. 23.6.2003 (GVBl. S. 232), zuletzt geänd. durch G v. 14.9.2021 (GVBl. S. 1077); Ausbildungs- und PrüfungsO für Juristen (JAO) v. 4.8.2003 (GVBl. S. 298), zuletzt geänd. durch VO v. 23.12.2022 (GVBl. 2023 S. 2)
- **Brandenburg:** G über die Juristenausbildung im Land Brandenburg (Brandenburgisches Juristenausbildungsgesetz – BbgJAG) v. 4.6.2003 (GVBl. I S. 166), zuletzt geänd. durch G v. 20.12.2023 (GVBl. I Nr. 30); Ausbildungs- und PrüfungsO für Juristen im Land Brandenburg (Brandenburgische Juristenausbildungsordnung – BbgJAO) v. 6.8.2003 (GVBl. II S. 438), zuletzt geänd. durch VO v. 21.12.2022 (GVBl. II Nr. 81)
- **Bremen, Hamburg und Schleswig-Holstein:** Übereinkunft über ein Gemeinsames Prüfungsamt und die PrüfungsO für die zweite Staatsprüfung für Juristen, veröffentlicht in Bremen: Bek. v. 25.7.2005 (GBl. S. 393), in Hamburg: G v. 26.6.1972 (GVBl. S. 119), in Schleswig-Holstein: Bek. v. 16.8.2005 (GVOBl. S. 389) und zuletzt geänd. durch ÄndStV v. 15.11.2007, veröffentlicht in Bremen: G v. 26.2. 2008 (GBl. S. 43); in Hamburg: G v. 19.2.2008 (GVBl. S. 71, 72), in Schleswig-Holstein: G v. 17.1.2008 (GVOBl. S. 73)
- **Bremen:** G über die erste juristische Staatsprüfung und den juristischen Vorbereitungsdienst (Juristenausbildungs- und -prüfungsgesetz – JAPG) v. 20.5.2003 (Brem.GBl. S. 251), zuletzt geänd. durch G v. 28.2.2023 (Brem.GBl. S. 132); G zur Regelung der Zulassungsbeschränkung zum Vorbereitungsdienst im Lande Bremen (Vorbereitungsdienst-Zulassungsgesetz) v. 21.2.1977 (Brem.GBl. S. 111), zuletzt geänd. durch G v. 8.5.2018 (Brem.GBl. S. 226)
- **Hamburg:** Hamburgisches Juristenausbildungsgesetz (HmbJAG) v. 11.6.2003 (HmbGVBl. S. 156), zuletzt geänd. durch G v. 20.12.2022 (HmbGVBl. S. 656); siehe auch unter Bremen, Hamburg und Schleswig-Holstein
- **Hessen:** G über die juristische Ausbildung (Juristenausbildungsgesetz – JAG) idF der Bek. v. 15.3.2004 (GVBl. I S. 158), zuletzt geänd. durch G v. 13.10.2022 (GVBl. S. 489); VO zur Ausführung des JuristenausbildungsG (Juristische AusbildungsO – JAO –) v. 25.10.2004 (GVBl. I S. 316), zuletzt geänd. durch G v. 13.10.2022 (GVBl. S. 489)
- **Mecklenburg-Vorpommern:** G über die Juristenausbildung im Land Mecklenburg-Vorpommern – Juristenausbildungsgesetz (JAG M-V) v. 16.12.1992 (GVOBl. M-V S. 725), zuletzt geänd. durch G v. 9.12.2022 (GVOBl. M-V S. 589); VO zur Ausführung des Gesetzes über die Juristenausbildung (Juristenausbildungs- und PrüfungsO – JAPO M-V –) v. 16.6.2004 (GVOBl. M-V S. 281), zuletzt geänd. durch VO v. 5.7.2023 (GVOBl. M-V S. 690); VO über die Beschränkung der Aufnahme in den juristischen Vorbereitungsdienst (KapazitätsVO des jur. Vorbereitungsdienstes – KapVO –) v. 24.3.1993 (GVOBl. M-V S. 227), geänd. durch VO v. 19.12.1995 (GVOBl. 1996 M-V S. 52)
- **Niedersachsen:** Niedersächsisches G zur Ausbildung der Juristinnen und Juristen (NJAG) idF der Bek. v. 15.1.2004 (Nds. GVBl. S. 7), zuletzt geänd. durch G v. 22.9.2022 (Nds. GVBl. S. 568); VO zum Niedersächsischen Gesetz zur Ausbildung der Juristinnen und Juristen (NJAVO) v. 2.11.1993 (Nds. GVBl. S. 561), zuletzt geänd. durch VO v. 23.5.2023 (Nds. GVBl. S. 88) →

§ 5a[1)] Studium. (1) [1]Die Studienzeit beträgt viereinhalb Jahre; diese Zeit kann unterschritten werden, sofern die jeweils für die Zulassung zur universitären Schwerpunktbereichsprüfung und zur staatlichen Pflichtfachprüfung erforderlichen Leistungen nachgewiesen sind. [2]Mindestens zwei Jahre müssen auf ein Studium an einer Universität im Geltungsbereich dieses Gesetzes entfallen.

(2) [1]Gegenstand des Studiums sind Pflichtfächer und Schwerpunktbereiche mit Wahlmöglichkeiten. [2]Außerdem ist der erfolgreiche Besuch einer fremdsprachigen rechtswissenschaftlichen Veranstaltung oder eines rechtswissenschaftlich ausgerichteten Sprachkurses nachzuweisen; das Landesrecht kann bestimmen, dass die Fremdsprachenkompetenz auch anderweitig nachgewiesen werden kann. [3]Pflichtfächer sind die Kernbereiche des Bürgerlichen Rechts, des Strafrechts, des Öffentlichen Rechts und des Verfahrensrechts einschließlich der europarechtlichen Bezüge, der rechtswissenschaftlichen Methoden und der philosophischen, geschichtlichen und gesellschaftlichen Grundlagen; die Vermittlung der Pflichtfächer erfolgt auch in Auseinandersetzung mit dem nationalsozialistischen Unrecht und dem Unrecht der SED-Diktatur. [4]Die Schwerpunktbereiche dienen der Ergänzung des Studiums, der Vertiefung der mit ihnen zusammenhängenden Pflichtfächer sowie der Vermittlung interdisziplinärer und internationaler Bezüge des Rechts.

(3) [1]Die Inhalte des Studiums berücksichtigen die ethischen Grundlagen des Rechts und fördern die Fähigkeit zur kritischen Reflexion des Rechts; sie berücksichtigen ferner die rechtsprechende, verwaltende und rechtsberatende Praxis einschließlich der hierfür erforderlichen Schlüsselqualifikationen wie Verhandlungsmanagement, Gesprächsführung, Rhetorik, Streitschlichtung, Mediation, Vernehmungslehre und Kommunikationsfähigkeit. [2]Während der vorlesungsfreien Zeit

---

(Fortsetzung der Anm. von voriger Seite)

- **Nordrhein-Westfalen:** Gesetz über die juristischen Prüfungen und den juristischen Vorbereitungsdienst (JuristenausbildungsG – JAG NRW) v. 11.3.2003 (GV. NRW. S. 135, 431), zuletzt geänd. durch G v. 1.2.2022 (GV. NRW. S. 122)
- **Rheinland-Pfalz:** Landesgesetz über die juristische Ausbildung (JAG) v. 23.6.2003 (GVBl. S. 116), zuletzt geänd. durch G v. 22.12.2022 (GVBl. S. 479); Juristische Ausbildungs- und Prüfungsordnung (JAPO) v. 6.7.2023 (GVBl. S. 211)
- **Saarland:** G über die juristische Ausbildung (Juristenausbildungsgesetz – JAG) idF der Bek. v. 12.6.2015 (Amtsbl. I S. 402), zuletzt geänd. durch G v. 17.11.2022 (Amtsbl. I S. 1391); VO zur Ausführung des Gesetzes über die juristische Ausbildung (Ausbildungsordnung für Juristen – JAO) idF der Bek. v. 8.1. 2004 (Amtsbl. S. 90), zuletzt geänd. durch VO v. 7.9.2022 (Amtsbl. I S. 1199)
- **Sachsen:** Sächsisches Juristenausbildungsgesetz – SächsJAG v. 26.2.2021 (SächsGVBl. S. 318), zuletzt geänd. durch G v. 17.1.2024 (SächsGVBl. S. 38); Sächsische Juristenausbildungs- und -prüfungsordnung – SächsJAPO v. 13.9.2021 (SächsGVBl. S. 1124), geänd. durch VO v. 23.12.2022 (SächsGVBl. S. 767)
- **Sachsen-Anhalt:** G über die Juristenausbildung im Land Sachsen-Anhalt (JuristenausbildungsG Sachsen-Anhalt – JAG LSA) v. 16.7.2003 (GVBl. LSA S. 167), geänd. durch G v. 13.6.2018 (GVBl. LSA S. 72); Ausbildungs- und Prüfungsverordnung für Juristen (JAPrVO) v. 2.10.2003 (GVBl. LSA S. 245, ber. S. 349), zuletzt geänd. durch VO v. 12.6.2014 (GVBl. LSA S. 263)
- **Schleswig-Holstein:** G über die Ausbildung der Juristinnen und Juristen im Land Schleswig-Holstein (Juristenausbildungsgesetz – JAG) v. 20.2.2004 (GVOBl. Schl.-H. S. 66), zuletzt geänd. durch G v. 19.12.2022 (GVOBl. Schl.-H. S. 1008); LandesVO über die Ausbildung der Juristinnen und Juristen (Juristenausbildungsverordnung – JAVO) v. 26.7.2023 (GVOBl. Schl.-H. S. 422); siehe auch unter Bremen, Hamburg und Schleswig-Holstein
- **Thüringen:** Thüringer G über die juristischen Staatsprüfungen und den juristischen Vorbereitungsdienst (Thüringer JuristenausbildungsG – ThürJAG –) v. 7.12.2022 (GVBl. S. 485), geänd. durch G v. 10.6.2023 (GVBl. S. 192); Thüringer Juristenausbildungs- und PrüfungsO (ThürJAPO) v. 24.2.2004 (GVBl. S. 217), zuletzt geänd. durch VO v. 12.2.2018 (GVBl. S. 43)

[1)] § 5a neu gef. durch G v. 25.7.1984 (BGBl. I S. 995), Abs. 2 neu gef., Abs. 4 aufgeh., bish. Abs. 5 wird Abs. 4 durch G v. 20.11.1992 (BGBl. I S. 1926); Abs. 1 Satz 1, Abs. 2, 3 Satz 1 neu gef. mWv 1.7.2003 durch G v. 11.7.2002 (BGBl. I S. 2592); Abs. 1 Satz 1 geänd. mWv 29.11.2019 durch G v. 22.11.2019 (BGBl. I S. 1755); Abs. 2 Satz 3 geänd., Abs. 3 Satz 1 neu gef. mWv 1.8.2021 durch G v. 25.6.2021 (BGBl. I S. 2154).

finden praktische Studienzeiten von insgesamt mindestens drei Monaten Dauer statt. 3 Das Landesrecht kann bestimmen, daß die praktische Studienzeit bei einer Stelle und zusammenhängend stattfindet.

(4) Das Nähere regelt das Landesrecht.[1)]

§ 5b[2)] **Vorbereitungsdienst.** (1) Der Vorbereitungsdienst dauert zwei Jahre.

(2) Die Ausbildung findet bei folgenden Pflichtstationen statt:

1. einem ordentlichen Gericht in Zivilsachen,
2. einer Staatsanwaltschaft oder einem Gericht in Strafsachen,
3. einer Verwaltungsbehörde,
4. einem Rechtsanwalt

sowie bei einer oder mehreren Wahlstationen, bei denen eine sachgerechte Ausbildung gewährleistet ist.

(3) 1 Die Ausbildung kann in angemessenem Umfang bei überstaatlichen, zwischenstaatlichen oder ausländischen Ausbildungsstellen oder ausländischen Rechtsanwälten stattfinden. 2 Eine Ausbildung an einer rechtswissenschaftlichen Fakultät sowie an der Deutschen Hochschule für Verwaltungswissenschaften Speyer kann angerechnet werden. 3 Das Landesrecht kann bestimmen, dass die Ausbildung nach Absatz 2 Nr. 1 zum Teil bei einem Gericht der Arbeitsgerichtsbarkeit, die Ausbildung nach Absatz 2 Nr. 3 zum Teil bei einem Gericht der Verwaltungs-, der Finanz- oder der Sozialgerichtsbarkeit stattfinden kann.

(4) 1 Eine Pflichtstation dauert mindestens drei Monate, die Pflichtstation bei einem Rechtsanwalt neun Monate; das Landesrecht kann bestimmen, dass die Ausbildung nach Absatz 2 Nr. 4 bis zu einer Dauer von drei Monaten bei einem Notar, einem Unternehmen, einem Verband oder bei einer sonstigen Ausbildungsstelle stattfinden kann, bei der eine sachgerechte rechtsberatende Ausbildung gewährleistet ist. 2 Der Vorbereitungsdienst kann im Einzelfall aus zwingenden Gründen verlängert werden, nicht jedoch wegen unzureichender Leistungen.

(5) Während der Ausbildung können Ausbildungslehrgänge bis zu einer Gesamtdauer von drei Monaten vorgesehen werden.

(6) 1 Die Ableistung des Vorbereitungsdienstes in Teilzeit ist auf Antrag zu eröffnen im Falle der tatsächlichen Betreuung oder Pflege

1. mindestens eines Kindes unter 18 Jahren oder
2. eines laut ärztlichen Gutachtens pflegebedürftigen Ehegatten, Lebenspartners oder in gerader Linie Verwandten.

2 Liegen besondere persönliche Gründe vor, die in Art und Umfang den in Satz 1 genannten Gründen vergleichbar sind und eine besondere Härte darstellen, kann auf Antrag die Ableistung des Vorbereitungsdienstes in Teilzeit eröffnet werden. 3 Für die Ableistung in Teilzeit wird der regelmäßige Dienst um ein Fünftel reduziert. 4 Die Dauer des Vorbereitungsdienstes in Teilzeit beträgt zweieinhalb Jahre. 5 Die Zeit der Verlängerung des Vorbereitungsdienstes ist in angemessener Weise auf die Pflichtstationen zu verteilen.

(7) Das Nähere regelt das Landesrecht.[1)]

[1)] Vgl. Anm. zu § 5.

[2)] § 5b neu gef. mWv 1.7.2003 durch G v. 11.7.2002 (BGBl. I S. 2592); Abs. 6 eingef., bish. Abs. 6 wird Abs. 7 mWv 1.1.2023 durch G v. 25.6.2021 (BGBl. I S. 2154)..

§ 5c[1)] Anrechnung einer Ausbildung für den gehobenen Dienst. (1) [1] Eine erfolgreich abgeschlossene Ausbildung für den gehobenen Justizdienst oder für den gehobenen nichttechnischen Verwaltungsdienst kann auf Antrag bis zur Dauer von 18 Monaten auf die Ausbildung angerechnet werden. [2] Auf den Vorbereitungsdienst dürfen jedoch nicht mehr als sechs Monate angerechnet werden.

(2) Das Nähere regelt das Landesrecht.[2)]

§ 5d[3)] Prüfungen; Verordnungsermächtigung. (1) [1] Staatliche und universitäre Prüfungen berücksichtigen die inhaltlichen Vorgaben des § 5a Absatz 3 Satz 1; unbeschadet von § 5a Abs. 2 Satz 2 können die Prüfungen auch Fremdsprachenkompetenz berücksichtigen. [2] Die Einheitlichkeit der Prüfungsanforderungen und der Leistungsbewertung ist zu gewährleisten. [3] Das Bundesministerium der Justiz und für Verbraucherschutz wird ermächtigt, durch Rechtsverordnung mit Zustimmung des Bundesrates eine Noten- und Punkteskala für die Einzel- und Gesamtnoten aller Prüfungen festzulegen.[4)]

(2) [1] Der Stoff der universitären Schwerpunktbereichsprüfung und der staatlichen Pflichtfachprüfung ist so zu bemessen, dass das Studium nach fünf Studien-

---

[1)] § 5c neu gef. durch G v. 25.7.1984 (BGBl. I S. 995).
[2)] Vgl. Anm. zu § 5.
[3)] § 5d neu gef. mWv 1.7.2003 durch G v. 11.7.2002 (BGBl. I S. 2592); Abs. 1 Satz 3 geänd. mWv 8.9. 2015 durch VO v. 31.8.2015 (BGBl. I S. 1474); Abs. 2 Satz 1 geänd. mWv 29.11.2019 durch G v. 22.11. 2019 (BGBl. I S. 1755); Überschrift, Abs. 1 Satz 3 geänd., Abs. 6 Satz 2 angef. mWv 1.8.2021, Abs. 1 Satz 1 geänd. mWv 1.1.2022, Abs. 3 Sätze 1 und 2 geänd. mWv 1.1.2023 durch G v. 25.6.2021 (BGBl. I S. 2154).
[4)] VO über eine Noten- und Punkteskala für die erste und zweite juristische Staatsprüfung v. 3.12.1981 (BGBl. I S. 1243), geänd. durch G v. 19.4.2006 (BGBl. I S. 866); §§ 1 und 2 lauten:
„**§ 1 Notenstufen und Punktzahlen.** Die einzelnen Leistungen in der ersten und zweiten Prüfung sind mit einer der folgenden Noten und Punktzahlen zu bewerten:

sehr gut	eine besonders hervorragende Leistung	= 16 bis 18 Punkte
gut	eine erheblich über den durchschnittlichen Anforderungen liegende Leistung	= 13 bis 15 Punkte
vollbefriedigend	eine über den durchschnittlichen Anforderungen liegende Leistung	= 10 bis 12 Punkte
befriedigend	eine Leistung, die in jeder Hinsicht durchschnittlichen Anforderungen entspricht	= 7 bis 9 Punkte
ausreichend	eine Leistung, die trotz ihrer Mängel durchschnittlichen Anforderungen noch entspricht	= 4 bis 6 Punkte
mangelhaft	eine an erheblichen Mängeln leidende, im ganzen nicht mehr brauchbare Leistung	= 1 bis 3 Punkte
ungenügend	eine völlig unbrauchbare Leistung	= 0 Punkte.

§ 2 Bildung von Gesamtnoten. (1) Soweit Einzelbewertungen zu einer Gesamtbewertung zusammengefaßt werden, ist die Gesamtnote bis auf zwei Dezimalstellen ohne Auf- oder Abrundung rechnerisch zu ermitteln.

(2) Den errechneten Punktwerten entsprechen folgende Notenbezeichnungen:

14.00 – 18.00	sehr gut
11.50 – 13.99	gut
9.00 – 11.49	vollbefriedigend
6.50 – 8.99	befriedigend
4.00 – 6.49	ausreichend
1.50 – 3.99	mangelhaft
0 – 1.49	ungenügend.“

jahren abgeschlossen werden kann. [2]In der universitären Schwerpunktbereichsprüfung ist mindestens eine schriftliche Leistung zu erbringen. [3]In der staatlichen Pflichtfachprüfung sind schriftliche und mündliche Leistungen zu erbringen; das Landesrecht kann bestimmen, dass Prüfungsleistungen während des Studiums erbracht werden, jedoch nicht vor Ablauf von zweieinhalb Studienjahren. [4]Das Zeugnis über die erste Prüfung weist die Ergebnisse der bestandenen universitären Schwerpunktbereichsprüfung und der bestandenen staatlichen Pflichtfachprüfung sowie zusätzlich eine Gesamtnote aus, in die das Ergebnis der bestandenen staatlichen Pflichtfachprüfung mit 70 vom Hundert und das Ergebnis der bestandenen universitären Schwerpunktbereichsprüfung mit 30 vom Hundert einfließt; es wird in dem Land erteilt, in dem die staatliche Pflichtfachprüfung bestanden wurde.

(3) [1]Die schriftlichen Leistungen in der zweiten Staatsprüfung sind frühestens im 18. und spätestens im 21. Ausbildungsmonat zu erbringen; bei Teilzeitausbildung nach § 5b Absatz 6 Satz 1 ist die Verlängerung des Vorbereitungsdienstes angemessen zu berücksichtigen. [2]Die schriftlichen Leistungen beziehen sich mindestens auf die Ausbildung bei den Pflichtstationen. [3]Sieht das Landesrecht neben Aufsichtsarbeiten auch eine häusliche Arbeit vor, kann bestimmt werden, dass diese Leistung nach Beendigung der letzten Station erbracht werden muss. [4]Die mündlichen Leistungen beziehen sich auf die gesamte Ausbildung.

(4) [1]In den staatlichen Prüfungen kann das Prüfungsorgan bei seiner Entscheidung von der rechnerisch ermittelten Gesamtnote abweichen, wenn dies auf Grund des Gesamteindrucks den Leistungsstand des Kandidaten besser kennzeichnet und die Abweichung auf das Bestehen der Prüfung keinen Einfluss hat; hierbei sind bei der zweiten Staatsprüfung auch die Leistungen im Vorbereitungsdienst zu berücksichtigen. [2]Die Abweichung darf ein Drittel des durchschnittlichen Umfangs einer Notenstufe nicht übersteigen. [3]Der Anteil der mündlichen Prüfungsleistungen an der Gesamtnote darf 40 vom Hundert nicht übersteigen. [4]Eine rechnerisch ermittelte Anrechnung von im Vorbereitungsdienst erteilten Noten auf die Gesamtnote der zweiten Staatsprüfung ist ausgeschlossen.

(5) [1]Die staatliche Pflichtfachprüfung kann einmal wiederholt werden. [2]Eine erfolglose staatliche Pflichtfachprüfung gilt als nicht unternommen, wenn der Bewerber sich frühzeitig zu dieser Prüfung gemeldet und die vorgesehenen Prüfungsleistungen vollständig erbracht hat. [3]Das Nähere, insbesondere den Ablauf der Meldefrist, die Anrechnung von Zeiten des Auslandsstudiums, der Erkrankung und der Beurlaubung auf die Studiendauer sowie die Folgen einer Prüfungsunterbrechung regelt das Landesrecht. [4]Das Landesrecht kann eine Wiederholung der staatlichen Prüfungen zur Notenverbesserung vorsehen.

(6) [1]Das Nähere regelt das Landesrecht.[1)] [2]Es kann auch bestimmen, dass in den staatlichen Prüfungen schriftliche Leistungen elektronisch erbracht werden dürfen.

§ 6[2)] Anerkennung von Prüfungen. (1) [1]Die Zulassung zum Vorbereitungsdienst darf einem Bewerber nicht deswegen versagt werden, weil er die universitäre Schwerpunktbereichsprüfung oder die staatliche Pflichtfachprüfung nach § 5 in einem anderen Land im Geltungsbereich dieses Gesetzes abgelegt hat. [2]Die in einem Land im Geltungsbereich dieses Gesetzes auf den Vorbereitungsdienst verwendete Zeit ist in jedem deutschen Land anzurechnen.

---

1) Vgl. Anm. zu § 5.
2) § 6 Abs. 1 Satz 1 neu gef. mWv 1.7.2003 durch G v. 11.7.2002 (BGBl. I S. 2592).

(2) Wer im Geltungsbereich dieses Gesetzes die Befähigung zum Richteramt nach § 5 erworben hat, ist im Bund und in jedem deutschen Land zum Richteramt befähigt.

§ 7 Universitätsprofessoren. Jeder ordentliche Professor der Rechte an einer Universität im Geltungsbereich dieses Gesetzes ist zum Richteramt befähigt.

Abschnitt 3. Richterverhältnis

§ 8 Rechtsformen des Richterdienstes. Richter können nur als Richter auf Lebenszeit, auf Zeit, auf Probe oder kraft Auftrags berufen werden.

§ 9[1] Voraussetzungen für die Berufungen. In das Richterverhältnis darf nur berufen werden, wer

1. Deutscher im Sinne des Artikels 116 des Grundgesetzes[2] ist,
2. die Gewähr dafür bietet, dass er jederzeit für die freiheitliche demokratische Grundordnung im Sinne des Grundgesetzes eintritt,
3. die Befähigung zum Richteramt besitzt (§§ 5 bis 7) und
4. über die erforderliche soziale Kompetenz verfügt.

§ 10 Ernennung auf Lebenszeit. (1) Zum Richter auf Lebenszeit kann ernannt werden, wer nach Erwerb der Befähigung zum Richteramt mindestens drei Jahre im richterlichen Dienst tätig gewesen ist.

(2) [1] Auf die Zeit nach Absatz 1 können angerechnet werden Tätigkeiten

1. als Beamter des höheren Dienstes,
2. im deutschen öffentlichen Dienst oder im Dienst einer zwischenstaatlichen oder überstaatlichen Einrichtung, wenn die Tätigkeit nach Art und Bedeutung der Tätigkeit in einem Amt des höheren Dienstes entsprochen hat,
3. als habilitierter Lehrer des Rechts an einer deutschen wissenschaftlichen Hochschule,
4. als Rechtsanwalt, Notar oder als Assessor bei einem Rechtsanwalt oder Notar,
5. in anderen Berufen, wenn die Tätigkeit nach Art und Bedeutung wie die unter den Nummern 1 bis 4 genannten Tätigkeiten geeignet war, Kenntnisse und Erfahrungen für die Ausübung des Richteramts zu vermitteln.

[2] Die Anrechnung von mehr als zwei Jahren dieser Tätigkeiten setzt besondere Kenntnisse und Erfahrungen des zu Ernennenden voraus.

§ 11 Ernennung auf Zeit. Eine Ernennung zum Richter auf Zeit ist nur unter den durch Bundesgesetz bestimmten Voraussetzungen und nur für die bundesgesetzlich bestimmten Aufgaben zulässig.

§ 12[3] Ernennung auf Probe. (1) Wer später als Richter auf Lebenszeit oder als Staatsanwalt verwendet werden soll, kann zum Richter auf Probe ernannt werden.

(2) [1] Spätestens fünf Jahre nach seiner Ernennung ist der Richter auf Probe zum Richter auf Lebenszeit oder unter Berufung in das Beamtenverhältnis auf Lebenszeit zum Staatsanwalt zu ernennen. [2] Die Frist verlängert sich um die Zeit einer Beurlaubung ohne Bezüge.

---

[1] § 9 neu gef. mWv 1.7.2003 durch G v. 11.7.2002 (BGBl. I S. 2592).
[2] **Habersack, Deutsche Gesetze Nr. 1.**
[3] § 12 Abs. 1 Satz 2 aufgeh. durch G v. 26.5.1972 (BGBl. I S. 841).

§ 13 Verwendung eines Richters auf Probe. Ein Richter auf Probe kann ohne seine Zustimmung nur bei einem Gericht, bei einer Behörde der Gerichtsverwaltung oder bei einer Staatsanwaltschaft verwendet werden.

§ 14[1] Ernennung zum Richter kraft Auftrags. (1) Ein Beamter auf Lebenszeit oder auf Zeit kann zum Richter kraft Auftrags ernannt werden, wenn er später als Richter auf Lebenszeit verwendet werden soll.

(2) *(aufgehoben)*

§ 15 Wirkungen auf das Beamtenverhältnis. (1) [1]Der Richter kraft Auftrags behält sein bisheriges Amt. [2]Seine Besoldung und Versorgung bestimmen sich nach diesem Amt. [3]Im übrigen ruhen für die Dauer des Richterverhältnisses kraft Auftrags die Rechte und Pflichten aus dem Beamtenverhältnis mit Ausnahme der Pflicht zur Amtsverschwiegenheit und des Verbots der Annahme von Geschenken.

(2) Wird das Richterverhältnis zu einem anderen Dienstherrn begründet, so ist auch dieser zur Zahlung der Dienstbezüge verpflichtet.

§ 16 Dauer der Verwendung als Richter kraft Auftrags. (1) [1]Spätestens zwei Jahre nach seiner Ernennung ist der Richter kraft Auftrags zum Richter auf Lebenszeit zu ernennen oder einem Richterwahlausschuß zur Wahl vorzuschlagen. [2]Lehnt der Richter die Ernennung ab, so endet das Richterverhältnis kraft Auftrags.

(2) Für die Verwendung des Richters kraft Auftrags gelten die Vorschriften für Richter auf Probe entsprechend.

§ 17 Ernennung durch Urkunde. (1) Der Richter wird durch Aushändigung einer Urkunde ernannt.

(2) Einer Ernennung bedarf es

1. zur Begründung des Richterverhältnisses,
2. zur Umwandlung des Richterverhältnisses in ein solches anderer Art (§ 8),
3. zur Verleihung eines anderen Amtes mit anderem Endgrundgehalt.

(3) [1]In der Ernennungsurkunde müssen bei der Begründung des Richterverhältnisses die Worte „unter Berufung in das Richterverhältnis" mit dem Zusatz „auf Lebenszeit", „auf Zeit", „auf Probe" oder „kraft Auftrags" enthalten sein. [2]Bei der Begründung eines Richterverhältnisses auf Zeit ist die Zeitdauer der Berufung in der Urkunde anzugeben.

(4) Bei der Umwandlung eines Richterverhältnisses in ein Richterverhältnis anderer Art müssen in der Ernennungsurkunde die diese Art bestimmenden Worte nach Absatz 3 enthalten sein, bei der ersten Verleihung eines Amtes und bei der Verleihung eines anderen Amtes mit anderem Endgrundgehalt und anderer Amtsbezeichnung muß in der Ernennungsurkunde die Amtsbezeichnung dieses Amtes enthalten sein.

§ 17a[2] Niederlegung eines Mandats im Deutschen Bundestag. Legt ein Richter sein Mandat nieder und bewirbt er sich zu diesem Zeitpunkt erneut um einen Sitz im Deutschen Bundestag, so ist die Übertragung eines anderen Amtes mit höherem Endgrundgehalt nicht zulässig.

---

[1] § 14 Abs. 2 aufgeh. durch G v. 26.5.1972 (BGBl. I S. 841).

[2] § 17a eingef. durch G v. 18.2.1977 (BGBl. I S. 297).; Überschrift eingef. mWv 1.8.2021 durch G v. 25.6.2021 (BGBl. I S. 2154)

§ 18[1] **Nichtigkeit der Ernennung.** (1) [1] Eine Ernennung ist nichtig, wenn sie von einer sachlich unzuständigen Behörde ausgesprochen wurde. [2] Die Ernennung kann nicht rückwirkend bestätigt werden.

(2) Eine Ernennung ist ferner nichtig, wenn der Ernannte im Zeitpunkt der Ernennung

1. nicht Deutscher im Sinne des Artikels 116 des Grundgesetzes[2] war oder
2. *(aufgehoben)*
3. nicht die Fähigkeit zur Bekleidung öffentlicher Ämter hatte.

(3) Die Nichtigkeit einer Ernennung zum Richter auf Lebenszeit oder zum Richter auf Zeit kann erst geltend gemacht werden, nachdem ein Gericht sie rechtskräftig festgestellt hat.

§ 19[3] **Rücknahme der Ernennung.** (1) Eine Ernennung ist zurückzunehmen,

1. wenn der Ernannte nicht die Befähigung zum Richteramt besaß,
2. wenn die gesetzlich vorgeschriebene Beteiligung eines Richterwahlausschusses unterblieben war und der Richterwahlausschuß die nachträgliche Bestätigung abgelehnt hat,
3. wenn die Ernennung durch Zwang, arglistige Täuschung oder Bestechung herbeigeführt wurde oder
4. wenn nicht bekannt war, daß der Ernannte ein Verbrechen oder Vergehen begangen hatte, das ihn der Berufung in das Richterverhältnis unwürdig erscheinen läßt, und er deswegen rechtskräftig zu einer Strafe verurteilt war oder wird.

(2) Eine Ernennung kann zurückgenommen werden, wenn nicht bekannt war, daß der Ernannte in einem gerichtlichen Verfahren aus dem Dienst oder Beruf entfernt oder zum Verlust der Versorgungsbezüge verurteilt worden war.

(3) Die Ernennung zum Richter auf Lebenszeit oder zum Richter auf Zeit kann ohne schriftliche Zustimmung des Richters nur auf Grund rechtskräftiger richterlicher Entscheidung zurückgenommen werden.

§ 19a[4] **Amtsbezeichnungen.** (1) Amtsbezeichnungen der Richter auf Lebenszeit und der Richter auf Zeit sind „Richter“, „Vorsitzender Richter“, „Direktor“, „Vizepräsident“ oder „Präsident“ mit einem das Gericht bezeichnenden Zusatz („Richter am …“, „Vorsitzender Richter am …“, „Direktor des …“, „Vizepräsident des …“, „Präsident des …“).

(2) Richter kraft Auftrags führen im Dienst die Bezeichnung "Richter" mit einem das Gericht bezeichnenden Zusatz („Richter am …“).

(3) Richter auf Probe führen die Bezeichnung „Richter“, im staatsanwaltschaftlichen Dienst die Bezeichnung „Staatsanwalt“.

§ 20 Allgemeines Dienstalter. [1] Das allgemeine Dienstalter eines Richters bestimmt sich nach dem Tag, an dem ihm sein Richteramt übertragen worden ist. [2] Hat der Richter zuvor ein anderes Richteramt oder ein sonstiges Amt mit

---

[1] § 18 Abs. 2 Nr. 1 geänd., Nr. 2 aufgeh. durch G v. 12.9.1990 (BGBl. I S. 2002).
[2] **Habersack, Deutsche Gesetze Nr. 1.**
[3] § 19 Abs. 2 Nr. 1 und 2 aufgeh. durch G v. 12.9.1990 (BGBl. I S. 2002).
[4] § 19a eingef. durch G v. 26.5.1972 (BGBl. I S. 841), Abs. 1 neu gef. durch G v. 22.12.1975 (BGBl. I S. 3176).

mindestens dem gleichen Anfangsgrundgehalt bekleidet, so bestimmt sich das allgemeine Dienstalter nach dem Tag der Übertragung dieses Amtes.

§ 21[1)] **Entlassung aus dem Dienstverhältnis.** (1) [1]Der Richter ist entlassen,

1. wenn er die Eigenschaft als Deutscher im Sinne des Artikels 116 des Grundgesetzes[2)] verliert,
2. wenn er in ein öffentlich-rechtliches Dienst- oder Amtsverhältnis zu einem anderen Dienstherrn tritt, sofern gesetzlich nicht anderes bestimmt ist, oder
3. wenn er zum Berufssoldaten oder Soldaten auf Zeit ernannt wird.

[2]In den Fällen der Nummer 2 kann die oberste Dienstbehörde im Einvernehmen mit dem neuen Dienstherrn und mit Zustimmung des Richters die Fortdauer des Richterverhältnisses neben dem neuen Dienst- oder Amtsverhältnis anordnen.

(2) Der Richter ist zu entlassen,

1. wenn er sich weigert, den Richtereid (§ 38) zu leisten,
2. wenn er zur Zeit der Ernennung Mitglied des Bundestages oder eines Landtages war und nicht innerhalb der von der obersten Dienstbehörde gesetzten angemessenen Frist sein Mandat niederlegt,
3. wenn er nach Erreichen der Altersgrenze berufen worden ist,
4. wenn er seine Entlassung schriftlich verlangt,
5. wenn er die Altersgrenze erreicht oder dienstunfähig ist und das Dienstverhältnis nicht durch Eintritt in den Ruhestand endet oder
6. wenn er ohne Genehmigung der obersten Dienstbehörde seinen Wohnsitz oder dauernden Aufenthalt im Ausland nimmt.

(3) [1]Ein Richter auf Lebenszeit oder ein Richter auf Zeit kann ohne seine schriftliche Zustimmung nur auf Grund rechtskräftiger richterlicher Entscheidung entlassen werden. [2]Die Entlassung eines Richters auf Lebenszeit oder eines Richters auf Zeit nach Absatz 1 kann erst geltend gemacht werden, nachdem ein Gericht sie rechtskräftig festgestellt hat.

§ 22[3)] **Entlassung eines Richters auf Probe.** (1) Ein Richter auf Probe kann zum Ablauf des sechsten, zwölften, achtzehnten oder vierundzwanzigsten Monats nach seiner Ernennung entlassen werden.

(2) Ein Richter auf Probe kann zum Ablauf des dritten oder vierten Jahres entlassen werden,

1. wenn er für das Richteramt nicht geeignet ist oder
2. wenn ein Richterwahlausschuß seine Übernahme in das Richterverhältnis auf Lebenszeit oder auf Zeit ablehnt.

(3) Ein Richter auf Probe kann ferner bei einem Verhalten, das bei Richtern auf Lebenszeit eine im gerichtlichen Disziplinarverfahren zu verhängende Disziplinarmaßnahme zur Folge hätte, entlassen werden.

(4) Die Fristen der Absätze 1 und 2 verlängern sich um die Zeit einer Beurlaubung ohne Bezüge.

---

1) § 21 Abs. 1 Satz 1 Nr. 2 aufgeh., bish. Nr. 3 und 4 werden Nr. 2 und 3, Satz 2, Abs. 2 Nr. 4 und 5 geänd., Nr. 6 angef. durch G v. 30.6.1989 (BGBl. I S. 1282).

2) **Habersack, Deutsche Gesetze Nr. 1.**

3) § 22 Abs. 3 geänd. mWv 1.1.2002 durch G v. 9.7.2001 (BGBl. I S. 1510).

(5) In den Fällen der Absätze 1 und 2 ist die Entlassungsverfügung dem Richter mindestens sechs Wochen vor dem Entlassungstag mitzuteilen.

§ 23 Entlassung eines Richters kraft Auftrags. Für die Beendigung des Richterverhältnisses kraft Auftrags gelten die Vorschriften über die Beendigung des Richterverhältnisses auf Probe entsprechend.

§ 24[1)] Beendigung des Dienstverhältnisses durch richterliche Entscheidung. Wird gegen einen Richter durch Urteil eines deutschen Gerichts im Geltungsbereich dieses Gesetzes erkannt auf

1. Freiheitsstrafe von mindestens einem Jahr wegen einer vorsätzlichen Tat,

1a. Freiheitsstrafe von mindestens sechs Monaten wegen einer Tat, die nach § 130 des Strafgesetzbuchs[2)] (Volksverhetzung) strafbar ist,

2. Freiheitsstrafe wegen einer vorsätzlichen Tat, die nach den Vorschriften über Friedensverrat, Hochverrat, Gefährdung des demokratischen Rechtsstaates oder Landesverrat und Gefährdung der äußeren Sicherheit strafbar ist,

3. Aberkennung der Fähigkeit zur Bekleidung öffentlicher Ämter oder

4. Verwirkung eines Grundrechts gemäß Artikel 18 des Grundgesetzes[3)],

so endet das Richterverhältnis mit der Rechtskraft dieses Urteils, ohne daß es einer weiteren gerichtlichen Entscheidung bedarf.

(Fortsetzung nächstes Blatt)

[1)] § 24 Nr. 1a eingef. mWv 1.4.2024 durch G v. 20.12.2023 (BGBl. 2023 I Nr. 389).
[2)] **Habersack, Deutsche Gesetze Nr. 85.**
[3)] **Habersack, Deutsche Gesetze Nr. 1.**

(5) In den Fällen der Absätze 1 und 2 ist die Entlassungsverfügung dem Richter mindestens sechs Wochen vor dem Entlassungstag mitzuteilen.

§ 23 Entlassung eines Richters kraft Auftrags. Für die Beendigung des Richterverhältnisses kraft Auftrags gelten die Vorschriften über die Beendigung des Richterverhältnisses auf Probe entsprechend.

§ 24[1] **Beendigung des Dienstverhältnisses durch richterliche Entscheidung.** Wird gegen einen Richter durch Urteil eines deutschen Gerichts im Geltungsbereich dieses Gesetzes erkannt auf

1. Freiheitsstrafe von mindestens einem Jahr wegen einer vorsätzlichen Tat,

1a. Freiheitsstrafe von mindestens sechs Monaten wegen einer Tat, die nach § 130 des Strafgesetzbuchs[2] (Volksverhetzung) strafbar ist,

2. Freiheitsstrafe wegen einer vorsätzlichen Tat, die nach den Vorschriften über Friedensverrat, Hochverrat, Gefährdung des demokratischen Rechtsstaates oder Landesverrat und Gefährdung der äußeren Sicherheit strafbar ist,

3. Aberkennung der Fähigkeit zur Bekleidung öffentlicher Ämter oder

4. Verwirkung eines Grundrechts gemäß Artikel 18 des Grundgesetzes[3],

so endet das Richterverhältnis mit der Rechtskraft dieses Urteils, ohne daß es einer weiteren gerichtlichen Entscheidung bedarf.

(Fortsetzung nächstes Blatt)

[1] § 24 Nr. 1a eingef. mWv 1.4.2024 durch G v. 20.12.2023 (BGBl. 2023 I Nr. 389).
[2] Habersack, Deutsche Gesetze Nr. 85.
[3] Habersack, Deutsche Gesetze Nr. 1.

Abordnung länger als drei Monate gedauert hat. [2] Wird ein Richter im Bundesdienst an ein anderes Gericht oder an eine Verwaltungsbehörde abgeordnet, so verliert er sein Wahlrecht zum Richterrat bei dem bisherigen Gericht nach Ablauf von drei Monaten.

(2) [1] Ein abgeordneter Richter kann dem Präsidialrat für das Gericht des Bundes, an das er abgeordnet ist, nicht angehören; er ist für diesen Präsidialrat nicht wahlberechtigt. [2] Ein Richter im Bundesdienst scheidet mit Beginn der Abordnung aus dem Präsidialrat seines bisherigen Gerichts aus; seine Wahlberechtigung bleibt jedoch unberührt.

§ 60[1)] **Rechtsweg in Angelegenheiten der Richtervertretungen.** [1] Für Rechtsstreitigkeiten aus der Bildung oder Tätigkeit der Richtervertretungen steht der Rechtsweg zu den Verwaltungsgerichten offen. [2] Das Verwaltungsgericht entscheidet bei Rechtsstreitigkeiten aus der gemeinsamen Beteiligung von Richterrat und Personalvertretung (§ 53 Abs. 1) nach den Verfahrensvorschriften und in der Besetzung des § 108 Absatz 2 und § 109 des Bundespersonalvertretungsgesetzes[2)] vom 9. Juni 2021 (BGBl. I S. 1614).

Abschnitt 3. Dienstgericht des Bundes

§ 61[3)] **Verfassung des Dienstgerichts.** (1) Für die Richter im Bundesdienst wird als Dienstgericht des Bundes ein besonderer Senat des Bundesgerichtshofs gebildet.

(2) [1] Das Dienstgericht des Bundes verhandelt und entscheidet in der Besetzung mit einem Vorsitzenden, zwei ständigen Beisitzern und zwei nichtständigen Beisitzern. [2] Der Vorsitzende und die ständigen Beisitzer müssen dem Bundesgerichtshof, die nichtständigen Beisitzer als Richter auf Lebenszeit dem Gerichtszweig des betroffenen Richters angehören. [3] Der Präsident eines Gerichts und sein ständiger Vertreter können nicht Mitglied des Dienstgerichts sein.

(3) [1] Das Präsidium des Bundesgerichtshofs bestimmt den Vorsitzenden und die Beisitzer sowie deren Vertreter für fünf Geschäftsjahre. [2] Bei der Hinzuziehung der nichtständigen Beisitzer ist es an die Reihenfolge in den Vorschlagslisten gebunden, die von den Präsidien der obersten Gerichtshöfe des Bundes aufgestellt werden.

(4) Das Dienstgericht gilt als Zivilsenat im Sinne des § 132 des Gerichtsverfassungsgesetzes[4)].

§ 62[5)] **Zuständigkeit des Dienstgerichts.** (1) Das Dienstgericht des Bundes entscheidet endgültig

1. in Disziplinarsachen, auch der Richter im Ruhestand;
2. über die Versetzung im Interesse der Rechtspflege;

---

1) § 60 Satz 2 neu gef. durch G v. 15.3.1974 (BGBl. I S. 693); Satz 2 geänd. mWv 15.6.2021 durch G v. 9.6.2021 (BGBl. I S. 1614).

2) **Sartorius Nr. 240.**

3) § 61 Abs. 4 geänd. durch G v. 17.12.1990 (BGBl. I S. 2847); Abs. 4 neu gef. mWv 1.1.2002 durch G v. 9.7.2001 (BGBl. I S. 1510).

4) **Habersack, Deutsche Gesetze Nr. 95.**

5) § 62 Abs. 1 Nr. 4 Buchst. f neu gef. durch G v. 25.7.1984 (BGBl. I S. 998); Abs. 1 Nr. 3 Buchst. e angef., Abs. 1 Nr. 4 Buchst. f geänd. durch G v. 29.6.1998 (BGBl. I S. 1666).

3. bei Richtern auf Lebenszeit oder auf Zeit über die
   a) Nichtigkeit einer Ernennung,
   b) Rücknahme einer Ernennung,
   c) Entlassung,
   d) Versetzung in den Ruhestand wegen Dienstunfähigkeit,
   e) eingeschränkte Verwendung wegen begrenzter Dienstfähigkeit;
4. bei Anfechtung
   a) einer Maßnahme wegen Veränderung der Gerichtsorganisation,
   b) der Abordnung eines Richters gemäß § 37 Abs. 3,
   c) einer Verfügung, durch die ein Richter auf Probe oder kraft Auftrags entlassen, durch die seine Ernennung zurückgenommen oder die Nichtigkeit seiner Ernennung festgestellt oder durch die er wegen Dienstunfähigkeit in den Ruhestand versetzt wird,
   d) der Heranziehung zu einer Nebentätigkeit,
   e) einer Maßnahme der Dienstaufsicht aus den Gründen des § 26 Abs. 3,
   f) einer Verfügung über Ermäßigung des Dienstes oder Beurlaubung nach §§ 48a bis 48c.

(2) Das Dienstgericht des Bundes entscheidet auch über die Revision gegen Urteile der Dienstgerichte der Länder (§ 79).

§ 63[1] Disziplinarverfahren. (1) Für das Verfahren in Disziplinarsachen gelten die Vorschriften des Bundesdisziplinargesetzes[2] in der am 31. März 2024 geltenden Fassung sinngemäß.

(2) [1] Über die vorläufige Dienstenthebung und die Einbehaltung von Bezügen sowie über die Aufhebung dieser Maßnahmen entscheidet auf Antrag der obersten Dienstbehörde das Dienstgericht durch Beschluss. [2] Der Beschluß ist der obersten Dienstbehörde und dem Richter zuzustellen.

(3) [1] § 78 des Bundesdisziplinargesetzes ist mit der Maßgabe anzuwenden, dass in Disziplinarverfahren vor dem Dienstgericht des Bundes die für das Verfahren über die Berufung getroffenen gebührenrechtlichen Bestimmungen sinngemäß anzuwenden sind. [2] Dem Verfahren über die Auferlegung einer Geldbuße durch das Dienstgericht steht hinsichtlich der Kosten das Verfahren über die Klage gegen eine entsprechende Disziplinarverfügung des Dienstvorgesetzten gleich. [3] In Verfahren über den Antrag auf Anordnung der vorläufigen Dienstenthebung und der Einbehaltung von Bezügen gelten die für das Verfahren über den Antrag auf Aussetzung dieser Maßnahmen getroffenen gebührenrechtlichen Bestimmungen entsprechend.

§ 64 Disziplinarmaßnahmen. (1) Durch Disziplinarverfügung kann nur ein Verweis ausgesprochen werden.

(2) Gegen einen Richter bei einem obersten Gerichtshof des Bundes kann nur Verweis, Geldbuße oder Entfernung aus dem Dienst verhängt werden.

---

[1] § 63 Abs. 1 geänd., Abs. 2 Satz 1 neu gef., Abs. 3 aufgeh. mWv 1.1.2002 durch G v. 9.7.2001 (BGBl. I S. 1510); Abs. 3 angef. mWv 12.2.2009 durch G v. 5.2.2009 (BGBl. I S. 160); Abs. 1 geänd. mWv 1.4. 2024 durch G v. 20.12.2023 (BGBl. 2023 I Nr. 389).

[2] **Sartorius Nr. 220.**

§ 65[1)] Versetzungsverfahren. (1) Für das Verfahren bei Versetzung im Interesse der Rechtspflege (Versetzungsverfahren) gelten die Vorschriften der Verwaltungsgerichtsordnung[2)] sinngemäß.

(2) [1] Das Verfahren wird durch einen Antrag der obersten Dienstbehörde eingeleitet. [2] Ein Vorverfahren findet nicht statt. [3] Der Vertreter des Bundesinteresses beim Bundesverwaltungsgericht wirkt an dem Verfahren nicht mit.

(3) Das Gericht erklärt eine der in § 31 vorgesehenen Maßnahmen für zulässig oder weist den Antrag zurück.

§ 66[3)] Prüfungsverfahren. (1) [1] Für das Verfahren in den Fällen des § 62 Abs. 1 Nr. 3 und 4 (Prüfungsverfahren) gelten die Vorschriften der Verwaltungsgerichtsordnung[2)] sinngemäß. [2] Der Vertreter des Bundesinteresses beim Bundesverwaltungsgericht wirkt an dem Verfahren nicht mit.

(2) Ein Vorverfahren findet nur in den Fällen des § 62 Abs. 1 Nr. 4 statt.

(3) Das Verfahren wird in den Fällen des § 62 Abs. 1 Nr. 3 durch einen Antrag der obersten Dienstbehörde, in den Fällen der Nummer 4 durch einen Antrag des Richters eingeleitet.

§ 67 Urteilsformel im Prüfungsverfahren. (1) In dem Fall des § 62 Abs. 1 Nr. 3 Buchstabe a stellt das Gericht die Nichtigkeit fest oder weist den Antrag zurück.

(2) In den Fällen des § 62 Abs. 1 Nr. 3 Buchstaben b bis d stellt das Gericht die Zulässigkeit der Maßnahme oder die Entlassung fest oder weist den Antrag zurück.

(3) In den Fällen des § 62 Abs. 1 Nr. 4 Buchstaben a bis d hebt das Gericht die angefochtene Maßnahme auf oder weist den Antrag zurück.

(4) In dem Fall des § 62 Abs. 1 Nr. 4 Buchstabe e stellt das Gericht die Unzulässigkeit der Maßnahme fest oder weist den Antrag zurück.

§ 68 Aussetzung von Verfahren. (1) [1] Ist eine Maßnahme der Dienstaufsicht aus den Gründen des § 26 Abs. 3 angefochten und hängt die Entscheidung hierüber von dem Bestehen oder Nichtbestehen eines Rechtsverhältnisses ab, das den Gegenstand eines anderen Verfahrens bildet oder bilden kann, so hat das Dienstgericht die Verhandlung bis zur Erledigung des anderen Verfahrens auszusetzen. [2] Der Aussetzungsbeschluß ist zu begründen.

(2) [1] Ist das Verfahren bei dem anderen Gericht noch nicht anhängig, so setzt das Dienstgericht in dem Aussetzungsbeschluß eine angemessene Frist zur Einleitung des Verfahrens. [2] Nach fruchtlosem Ablauf der Frist weist es den Antrag ohne weitere Sachprüfung zurück.

(3) [1] Hängt die Entscheidung eines anderen Gerichts als eines Dienstgerichts davon ab, ob eine Maßnahme der Dienstaufsicht aus den Gründen des § 26 Abs. 3 unzulässig ist, so hat das Gericht die Verhandlung bis zur Erledigung des Verfahrens vor dem Dienstgericht auszusetzen. [2] Der Aussetzungsbeschluß ist zu begründen. [3] Absatz 2 gilt sinngemäß.

[1)] § 65 Abs. 2 Satz 3 geänd. mWv 1.1.2002 durch G v. 9.7.2001 (BGBl. I S. 1510).
[2)] **Sartorius Nr. 600.**
[3)] § 66 Abs. 1 Satz 2 geänd. mWv 1.1.2002 durch G v. 9.7.2001 (BGBl. I S. 1510).

Abschnitt 4. Richter des Bundesverfassungsgerichts

§ 69 Beschränkte Geltung dieses Gesetzes. Für die Richter des Bundesverfassungsgerichts gelten die Vorschriften dieses Gesetzes nur, soweit sie mit der besonderen Rechtsstellung dieser Richter nach dem Grundgesetz[1] und nach dem Gesetz über das Bundesverfassungsgericht[2] vereinbar sind.

§ 70[3] Bundesrichter als Richter des Bundesverfassungsgerichts. (1) Die Rechte und Pflichten eines Richters an den obersten Gerichtshöfen des Bundes ruhen, solange er Mitglied des Bundesverfassungsgerichts ist.

(2) Er ist auf seinen Antrag auch als Richter an einem obersten Gerichtshof des Bundes zu dem Zeitpunkt in den Ruhestand zu versetzen, zu dem sein Amt als Richter des Bundesverfassungsgerichts nach Maßgabe des § 98 des Gesetzes über das Bundesverfassungsgericht[2] endet.

Teil 3. Richter im Landesdienst[4]

§ 71[5] Geltung des Beamtenstatusgesetzes. Soweit dieses Gesetz nichts anderes bestimmt, gelten für das Statusrecht der Richter im Landesdienst bis zu

(Fortsetzung nächstes Blatt)

---

[1] **Habersack, Deutsche Gesetze Nr. 1.**
[2] **Sartorius Nr. 40.**
[3] § 70 neu gef. durch G v. 12.12.1985 (BGBl. I S. 2226).
[4] Die Länder haben ua folgende Vorschriften erlassen:
- **Baden-Württemberg:** Landesrichter- und -staatsanwaltsgesetz (LRiStAG) idF der Bek. v. 22.5.2000 (GBl. S. 504), zuletzt geänd. durch G v. 25.7.2023 (GBl. S. 269)
- **Bayern:** Bayerisches Richter- und Staatsanwaltsgesetz (BayRiStAG) v. 22.3.2018 (GVBl. S. 118), zuletzt geänd. durch G v. 7.7.2023 (GVBl. S. 318)
- **Berlin:** Berliner RichterG v. 9.6.2011 (GVBl. S. 238), zuletzt geänd. durch G v. 9.2.2023 (GVBl. S. 38)
- **Brandenburg:** Brandenburgisches RichterG – BbgRiG v. 12.7.2011 (GVBl. I Nr. 18), zuletzt geänd. durch G v. 16.12.2022 (GVBl. I Nr. 32)
- **Bremen:** Bremisches RichterG (BremRiG) v. 28.2.2023 (Brem.GBl. S. 166)
- **Hamburg:** Hamburgisches Richtergesetz (HmbRiG) v. 2.5.1991 (HmbGVBl. S. 169), zuletzt geänd. durch G v. 26.6.2020 (HmbGVBl. S. 380)
- **Hessen:** Hessisches RichterG (HRiG) idF der Bek. v. 11.3.1991 (GVBl. I S. 54), zuletzt geänd. durch G v. 28.3.2023 (GVBl. S. 183)
- **Mecklenburg-Vorpommern:** LandesrichterG des Landes Mecklenburg-Vorpommern v. 7.6.1991 (GVOBl. M-V S. 159), zuletzt geänd. durch G v. 22.8.2023 (GVOBl. M-V S. 710);
- **Niedersachsen:** Niedersächsisches RichterG v. 21.1.2010 (Nds. GVBl. S. 16), zuletzt geänd. durch G v. 22.3.2023 (Nds. GVBl. S. 32)
- **Nordrhein-Westfalen:** Landesrichter- und Staatsanwältegesetz – LRiStaG v. 8.12.2015 (GV. NRW. S. 812), zuletzt geänd. durch G v. 30.5.2023 (GV. NRW. S. 316)
- **Rheinland-Pfalz:** LandesrichterG (LRiG) v. 22.12.2003 (GVBl. 2004 S. 1), zuletzt geänd. durch G v. 27.1.2022 (GVBl. S. 19)
- **Saarland:** Saarländisches RichterG v. 18.4.1975 (Amtsbl. S. 566), zuletzt geänd. durch G v. 30.11.2016 (Amtsbl. 2017 I S. 81, geänd. durch G v. 24.10.2017, Amtsbl. I S. 1005)
- **Sachsen:** Sächsisches RichterG – SächsRiG v. 4.7.2023 (SächsGVBl. S. 446, 451), geänd. durch G v. 6.7.2023 (SächsGVBl. S. 467)
- **Sachsen-Anhalt:** LandesrichterG – LRiG v. 28.1.2011 (GVBl. LSA S. 30), zuletzt geänd. durch G v. 27.9.2022 (GVBl. LSA S. 338)
- **Schleswig-Holstein:** LandesrichterG – LRiG – v. 23.1.1992 (GVOBl. Schl.-H. S. 46), zuletzt geänd. durch VO v. 27.10.2023 (GVOBl. Schl.-H. S. 514)
- **Thüringen:** Thüringer Richter- und StaatsanwälteG v. 14.12.2018 (GVBl. S. 677), geänd. durch G v. 21.12.2021 (GVBl. S. 592)

[5] § 71 neu gef. mWv 1.4.2009 durch G v. 17.6.2008 (BGBl. I S. 1010).

Lfd. Nr.	Änderndes Gesetz	Datum	Fundstelle	Betroffen	Hinweis
				schnitt 3 Überschrift, Teil 12 Überschrift, §§ 206, 207	
				§§ 31b, 43f, 113a, 113b, Teil 7 Abschnitt 1 UAbschnitt 1 Überschrift, UAbschnitt 2 (§§ 118c, 118d, 118e, 118f, 118g), Teil 8 Abschnitt 3 UAbschnitt 1 Überschrift, UAbschnitt 2 (§ 173a), §§ 207a, 209a	eingef. mWv 1.8.2022
				§§ 51a, 59a, 115c, 120a, 135, 172a	aufgeh. mit Ablauf des 31.7. 2022
93.	Art. 1 G zur Förderung verbrauchergerechter Angebote im Rechtsdienstleistungsmarkt[1]	10.8.2021	BGBl. I S. 3415	§ 49b	geänd. mWv 1.10.2021
94.	Art. 22 G zum Ausbau des elektronischen Rechtsverkehrs mit den Gerichten und zur Änd. weiterer Vorschriften[1]	5.10.2021	BGBl. I S. 4607	§ 30	geänd. mWv 1.1.2022
95.	Art. 8 G zur Ergänzung der Regelungen zur Umsetzung der DigitalisierungsRL und zur Änd. weiterer Vorschriften[1]	15.7.2022	BGBl. I S. 1146	§ 31b	geänd. mWv 1.8.2022
96.	Art. 4 G zur Stärkung der Aufsicht bei Rechtsdienstleistungen und zur Änd. weiterer Vorschriften	10.3.2023	BGBl. 2023 I Nr. 64	§§ 45, 59c, 59o, 149, 177, 206, 207, 207a	geänd. mWv 16.3.2023
97.	Art. 1 Zweites G zur Umsetzung der VerhältnismäßigkeitsRL (RL (EU) 2018/958) im Bereich öffentlich-rechtlicher Körperschaften[2]	17.1.2024	BGBl. 2024 I Nr. 12	Inhaltsübersicht, §§ 59a, 193, 195, Anl., Anl. 2	geänd. mWv 23.1.2024
				Anl. 1	eingef. mWv 23.1.2024

[1] **Amtl. Anm.:** Notifiziert gemäß der Richtlinie (EU) 2015/1535 des Europäischen Parlaments und des Rates vom 9. September 2015 über ein Informationsverfahren auf dem Gebiet der technischen Vorschriften und der Vorschriften für die Dienste der Informationsgesellschaft (ABl. L 241 vom 17.9.2015, S. 1).

[2] **Amtl. Anm.:** Dieses Gesetz dient der Umsetzung der Richtlinie (EU) 2018/958 des Europäischen Parlaments und des Rates vom 28. Juni 2018 über eine Verhältnismäßigkeitsprüfung vor Erlass neuer Berufsreglementierungen (ABl. L 173 vom 9.7.2018, S. 25).

Inhaltsübersicht[1)]

Erster Teil. Der Rechtsanwalt

Zweiter Teil. Zulassung und allgemeine Vorschriften

Erster Abschnitt. Zulassung zur Rechtsanwaltschaft

Zweiter Abschnitt. Kanzlei und Rechtsanwaltsverzeichnis

Dritter Abschnitt. Verwaltungsverfahren

Dritter Teil. Rechte und Pflichten des Rechtsanwalts und berufliche Zusammenarbeit der Rechtsanwälte

Erster Abschnitt. Allgemeines

[1)] Inhaltsübersicht neu gef. mWv 18.5.2017 durch G v. 12.5.2017 (BGBl. I S. 1121); geänd. mWv 9.11.2017 durch G v. 30.10.2017 (BGBl. I S. 3618); geänd. mWv 1.8.2021 durch G v. 25.6.2021 (BGBl. I S. 2154); geänd. mWv 1.8.2022 durch G v. 7.7.2021 (BGBl. I S. 2363); geänd. mWv 23.1.2024 durch G v. 17.1.2024 (BGBl. 2024 I Nr. 12).

Erster Teil. Der Rechtsanwalt

§ 1 Stellung des Rechtsanwalts in der Rechtspflege. Der Rechtsanwalt ist ein unabhängiges Organ der Rechtspflege.

§ 2 Beruf des Rechtsanwalts. (1) Der Rechtsanwalt übt einen freien Beruf aus.

(2) Seine Tätigkeit ist kein Gewerbe.

§ 3 Recht zur Beratung und Vertretung. (1) Der Rechtsanwalt ist der berufene unabhängige Berater und Vertreter in allen Rechtsangelegenheiten.

(2) Sein Recht, in Rechtsangelegenheiten aller Art vor Gerichten, Schiedsgerichten oder Behörden aufzutreten, kann nur durch ein Bundesgesetz beschränkt werden.

(3) Jedermann hat im Rahmen der gesetzlichen Vorschriften das Recht, sich in Rechtsangelegenheiten aller Art durch einen Rechtsanwalt seiner Wahl beraten und vor Gerichten, Schiedsgerichten oder Behörden vertreten zu lassen.

Zweiter Teil.[1) 2)] Zulassung und allgemeine Vorschriften

Erster Abschnitt.[3)] Zulassung zur Rechtsanwaltschaft[4)]

§ 4[5)] Zugang zum Beruf des Rechtsanwalts. [1]Zur Rechtsanwaltschaft kann nur zugelassen werden, wer

1. die Befähigung zum Richteramt nach dem Deutschen Richtergesetz[6)] erlangt hat,
2. die Eingliederungsvoraussetzungen nach Teil 3 des Gesetzes über die Tätigkeit europäischer Rechtsanwälte in Deutschland[7)] erfüllt oder
3. über eine Bescheinigung nach § 16a Absatz 5 des Gesetzes über die Tätigkeit europäischer Rechtsanwälte in Deutschland verfügt.

[2]Das Berufsqualifikationsfeststellungsgesetz ist nicht anzuwenden.

§ 5[8)] (weggefallen)

§ 6[9)] Antrag auf Zulassung zur Rechtsanwaltschaft. (1) Die Zulassung zur Rechtsanwaltschaft wird auf Antrag erteilt.

(2) Ein Antrag darf nur aus den in diesem Gesetz bezeichneten Gründen abgelehnt werden.

§ 7[10)] Versagung der Zulassung. [1]Die Zulassung zur Rechtsanwaltschaft ist zu versagen,

1. wenn die antragstellende Person nach der Entscheidung des Bundesverfassungsgerichts ein Grundrecht verwirkt hat;

---

1) 2. Teil Überschrift neu gef. mWv 18.5.2017 durch G v. 12.5.2017 (BGBl. I S. 1121); Überschrift neu gef. mWv 1.8.2022 durch G v. 7.7.2021 (BGBl. I S. 2363).

2) Nach Art. 21 Abs. 5 G v. 2.9.1994 (BGBl. I S. 2278) wird die Wirksamkeit der auf der Grundlage des RechtsanwaltsG v. 13.9.1990 (GBl. I S. 1504) getroffenen Entscheidungen der Berufsgerichtsbarkeit, der Landesjustizverwaltungen und der Rechtsanwaltskammern durch die Aufhebung dieses Gesetzes nicht berührt.

3) 1. Abschnitt Überschrift neu gef., Gliederungsüberschriften vor §§ 4 und 6 aufgeh. mWv 18.5.2017 durch G v. 12.5.2017 (BGBl. I S. 1121).

4) Aufgrund des Einigungsvertrages steht ein Rechtsanwalt, der im Gebiet der ehem. DDR oder im Geltungsbereich der Bundesrechtsanwaltsordnung zugelassen ist, in dem jeweils anderen Gebiet einem dort zugelassenen Rechtsanwalt gleich.
Für das Gebiet des beigetretenen Teils des Landes Berlin beachte zur Zulassung von Rechtsanwälten aufgrund des Einigungsvertrages geltende Maßgaben.

5) § 4 neu gef. mWv 18.5.2017 durch G v. 12.5.2017 (BGBl. I S. 1121).

6) Nr. **97**.

7) Nr. **98/4**.

8) § 5 aufgeh. mWv 18.5.2017 durch G v. 12.5.2017 (BGBl. I S. 1121).

9) § 6 Abs. 2 eingef., bish. Abs. 2 wird Abs. 3 mWv 1.6.2007 durch G v. 26.3.2007 (BGBl. I S. 358); Abs. 2 aufgeh., bish. Abs. 3 wird Abs. 2 mWv 1.9.2009 durch G v. 30.7.2009 (BGBl. I S. 2449).

10) § 7 Nr. 3 und 11 eingef., Nr. 7, 9 und 10 neu gef. durch G v. 13.12.1989 (BGBl. I S. 2135); Nr. 8 neu gef. durch G v. 2.9.1994 (BGBl. I S. 2278); Nr. 9 neu gef., Nr. 10 aufgeh., bish. Nr. 11 wird Nr. 10 durch G v. 5.10.1994 (BGBl. I S. 2911); Nr. 7 neu gef. mWv 1.5.2002 durch G v. 27.4.2002 (BGBl. I S. 1467); Nr. 9 geänd. mWv 1.1.2013 durch G v. 29.7.2009 (BGBl. I S. 2258); Überschrift neu gef., Nr. 1–9 geänd., Nr. 10 neu gef. mWv 18.5.2017 durch G v. 12.5.2017 (BGBl. I S. 1121); Satz 1 Nr. 3 und 9 geänd., Sätze 2 und 3 angef. mWv 1.8.2021 durch G v. 25.6.2021 (BGBl. I S. 2154).

versehenen beglaubigten Abschrift des Festsetzungsbescheides nach den Vorschriften beigetrieben, die für die Vollstreckung von Urteilen in bürgerlichen Rechtsstreitigkeiten gelten. [3] § 767 der Zivilprozessordnung[1)] gilt mit der Maßgabe, dass Einwendungen, die den Anspruch selbst betreffen, nur insoweit zulässig sind, als sie nicht in dem Verfahren nach Absatz 3 geltend gemacht werden konnten. [4] Solche Einwendungen sind im Wege der Klage bei dem in § 797 Absatz 5 der Zivilprozessordnung bezeichneten Gericht geltend zu machen.

§ 58[2)] Mitgliederakten. (1) [1] Die Rechtsanwaltskammern führen zur Erfüllung ihrer Aufgaben Akten über ihre Mitglieder (§ 60 Absatz 2). [2] Mitgliederakten können teilweise oder vollständig elektronisch geführt werden. [3] Zu den Mitgliederakten sind insbesondere die Dokumente zu nehmen, die im Zusammenhang mit der Zulassung, der Mitgliedschaft oder der Qualifikation des Mitglieds stehen oder die in Bezug auf das Mitglied geführte berufsaufsichtliche Verfahren betreffen.

(2) [1] Die Mitglieder der Rechtsanwaltskammern haben das Recht, die über sie geführten Akten einzusehen. [2] Bei einer Einsichtnahme dürfen Aufzeichnungen über den Inhalt der Akten oder Kopien der Dokumente gefertigt werden. [3] Bei einer elektronischen Aktenführung hat die Rechtsanwaltskammer den Inhalt elektronisch oder durch Ausdrucke zugänglich zu machen. [4] Die Akteneinsicht kann verweigert werden, solange die in § 29 Absatz 1 Satz 2 und Absatz 2 des Verwaltungsverfahrensgesetzes[3)] und § 147 Absatz 2 Satz 1 der Strafprozessordnung[4)] genannten Gründe vorliegen.

(3) [1] Beantragt ein Mitglied die Aufnahme in eine andere Rechtsanwaltskammer, übersendet die abgebende Kammer der anderen Kammer dessen Mitgliederakte. [2] Ist die Aufnahme in die andere Kammer erfolgt, löscht die abgebende Kammer alle personenbezogenen Daten des Mitglieds mit Ausnahme des Hinweises auf den Wechsel und eventueller weiterer zu ihrer Aufgabenerfüllung noch erforderlicher Daten.

(4) [1] Mitgliederakten sind dreißig Jahre nach dem Ende des Jahres, in dem die Mitgliedschaft in der Rechtsanwaltskammer erloschen war, zu vernichten. [2] Davon abweichende Pflichten, Aktenbestandteile früher zu vernichten, bleiben unberührt. [3] Satz 1 gilt nicht, wenn das Mitglied in eine längere Aufbewahrung eingewilligt hat oder die Akte einem öffentlichen Archiv angeboten wird. [4] Wurde die Zulassung des Mitglieds wegen Unzuverlässigkeit, Ungeeignetheit oder Unwürdigkeit zurückgenommen oder widerrufen oder wurde das Mitglied aus der Rechtsanwaltschaft ausgeschlossen, darf die Akte nicht vernichtet werden, bevor die entsprechende Eintragung im Bundeszentralregister entfernt wurde. [5] Satz 4 gilt auch, wenn das Mitglied während eines Rücknahme- oder Widerrufsverfahrens wegen Unzuverlässigkeit, Ungeeignetheit oder Unwürdigkeit auf die Zulassung verzichtet hat. [6] Bei einer elektronischen Aktenführung tritt an die Stelle der Vernichtung der Akten die Löschung der Daten.

(5) Nach dem Tod eines Mitglieds kann die Rechtsanwaltskammer zu Zwecken wissenschaftlicher Forschung Einsicht in die Mitgliederakte gewähren, soweit das wissenschaftliche Interesse die Persönlichkeitsrechte und Interessen der von einer

---

[1)] **Habersack, Deutsche Gesetze Nr. 100.**

[2)] § 58 neu gef. mWv 1.8.2021 durch G v. 25.6.2021 (BGBl. I S. 2154); Abs. 6 Satz 1 geänd. mWv 1.8. 2022 durch G v. 7.7.2021 (BGBl. I S. 2363).

[3)] **Sartorius Nr. 100.**

[4)] **Habersack, Deutsche Gesetze Nr. 90.**

Einsicht betroffenen Personen überwiegt und der Zweck der Forschung auf andere Weise nicht oder nur mit unverhältnismäßigem Aufwand erreicht werden kann.

(6) [1] Auf Personen, die einen Antrag auf Zulassung zur Rechtsanwaltschaft oder als Berufsausübungsgesellschaft gestellt haben, sind die Absätze 1, 2, 4 und 5 entsprechend anzuwenden. [2] Absatz 2 gilt auch für frühere Mitglieder.

§ 59[1)] Ausbildung von Referendaren. [1]Der Rechtsanwalt soll in angemessenem Umfang an der Ausbildung der Referendare mitwirken. [2] Er hat den Referendar, der im Vorbereitungsdienst bei ihm beschäftigt ist, in den Aufgaben eines Rechtsanwalts zu unterweisen, ihn anzuleiten und ihm Gelegenheit zu praktischen Arbeiten zu geben. [3] Gegenstand der Ausbildung soll insbesondere sein die gerichtliche und außergerichtliche Anwaltstätigkeit, der Umgang mit Mandanten, das anwaltliche Berufsrecht und die Organisation einer Anwaltskanzlei.

§ 59a[2)] Satzungskompetenz. (1) Das Nähere zu den beruflichen Rechten und Pflichten wird durch Satzung in einer Berufsordnung[3)] bestimmt.

(2) Die Berufsordnung kann im Rahmen der Vorschriften dieses Gesetzes näher regeln:

1. die allgemeinen Berufspflichten und Grundpflichten:
   a) Gewissenhaftigkeit,
   b) Wahrung der Unabhängigkeit,
   c) Verschwiegenheit,
   d) Sachlichkeit,
   e) Verbot der Vertretung widerstreitender Interessen,
   f) sorgfältiger Umgang mit fremden Vermögenswerten,
   g) Kanzleipflicht und Pflichten bei der Einrichtung und Unterhaltung von weiteren Kanzleien und Zweigstellen,
   h) Kenntnisse im Berufsrecht;
2. die besonderen Berufspflichten im Zusammenhang mit dem Führen der Fachanwaltsbezeichnung; hierbei betrifft die Regelungsbefugnis
   a) die Bestimmung der Rechtsgebiete, in denen weitere Fachanwaltsbezeichnungen verliehen werden können,
   b) die Regelung der Voraussetzungen für die Verleihung der Fachanwaltsbezeichnung und des Verfahrens der Erteilung, der Rücknahme und des Widerrufs der Erlaubnis;
3. die besonderen Berufspflichten im Zusammenhang mit der Werbung und Angaben über selbst benannte Interessenschwerpunkte;
4. die besonderen Berufspflichten im Zusammenhang mit der Versagung der Berufstätigkeit;

[1)] § 59 Abs. 1 neu gef. mWv 1.7.2003 durch G v. 11.7.2002 (BGBl. I S. 2592); Abs. 2 aufgeh. mWv 18.12.2007 durch G v. 12.12.2007 (BGBl. I S. 2840).

[2)] Früherer § 59b eingef. durch G v. 2.9.1994 (BGBl. I S. 2278); Abs. 2 Nr. 5 Buchst. b geänd. mWv 1.9.2009 durch G v. 30.7.2009 (BGBl. I S. 2449); Abs. 2 Nr. 1 einl. Satzteil, Buchst. f und g, Nr. 2 einl. Satzteil, Buchst. a und b, Nr. 6 einl. Satzteil und Nr. 8 geänd. mWv 18.5.2017 durch G v. 12.5.2017 (BGBl. I S. 1121); Abs. 3 und 4 angef. mWv 30.7.2020 durch G v. 19.6.2020 (BGBl. I S. 1403); Abs. 2 Nr. 8 geänd. mWv 1.8.2021 durch G v. 25.6.2021 (BGBl. I S. 2154); § 59a aufgeh., bish. § 59b wird § 59a und Abs. 2 Nr. 1 Buchst. g geänd., Buchst. h angef. mWv 1.8.2022 durch G v. 7.7.2021 (BGBl. I S. 2363); Abs. 4 Satz 1 geänd. mWv 23.1.2024 durch G v. 17.1.2024 (BGBl. 2024 I Nr. 12).

[3)] Nr. **98/1**.

5. die besonderen Berufspflichten
   a) im Zusammenhang mit der Annahme, Wahrnehmung und Beendigung eines Auftrags,
   b) gegenüber Rechtsuchenden im Rahmen von Beratungs-, Verfahrenskosten- und Prozesskostenhilfe,
   c) bei der Beratung von Rechtsuchenden mit geringem Einkommen,
   d) bei der Führung der Handakten;
6. die besonderen Berufspflichten gegenüber Gerichten und Behörden:
   a) Pflichten bei der Verwendung von zur Einsicht überlassenen Akten sowie der hieraus erlangten Kenntnisse,
   b) Pflichten bei Zustellungen,
   c) Tragen der Berufstracht;
7. die besonderen Berufspflichten bei der Vereinbarung und Abrechnung der anwaltlichen Gebühren und bei deren Beitreibung;
8. die besonderen Berufspflichten gegenüber der Rechtsanwaltskammer in Fragen der Aufsicht, das berufliche Verhalten gegenüber anderen Mitgliedern der Rechtsanwaltskammer, die Pflichten bei der Zustellung von Anwalt zu Anwalt, die Pflichten bei beruflicher Zusammenarbeit, die Pflichten im Zusammenhang mit der Beschäftigung von Rechtsanwälten und der Ausbildung sowie Beschäftigung anderer Personen;
9. die Berufspflichten im grenzüberschreitenden Rechtsverkehr.

(3) [1] Die Berufsordnung muss im Einklang mit den Vorgaben des auf sie anzuwendenden europäischen Rechts stehen. [2] Insbesondere sind bei neuen oder zu ändernden Vorschriften, die dem Anwendungsbereich der Richtlinie 2005/36/EG des Europäischen Parlaments und des Rates vom 7. September 2005 über die Anerkennung von Berufsqualifikationen (ABl. L 255 vom 30.9.2005, S. 22; L 271 vom 16.10.2007, S. 18; L 93 vom 4.4.2008, S. 28; L 33 vom 3.2.2009, S. 49; L 305 vom 24.10.2014, S. 115), die zuletzt durch die Richtlinie 2013/55/EU (ABl. L 354 vom 28.12.2013, S. 132; L 268 vom 15.10.2015, S. 35; L 95 vom 9.4.2016, S. 20) geändert worden ist, in der jeweils geltenden Fassung unterfallen, die Vorgaben der Richtlinie (EU) 2018/958 des Europäischen Parlaments und des Rates vom 28. Juni 2018 über eine Verhältnismäßigkeitsprüfung vor Erlass neuer Berufsreglementierungen (ABl. L 173 vom 9.7.2018, S. 25) in der jeweils geltenden Fassung einzuhalten.

(4) [1] Eine Vorschrift im Sinne des Absatzes 3 Satz 2 ist anhand der in der Anlage 1 zu diesem Gesetz festgelegten Kriterien auf ihre Verhältnismäßigkeit zu prüfen. [2] Der Umfang der Prüfung muss im Verhältnis zu der Art, dem Inhalt und den Auswirkungen der Vorschrift stehen. [3] Die Vorschrift ist so ausführlich zu erläutern, dass ihre Übereinstimmung mit dem Verhältnismäßigkeitsgrundsatz bewertet werden kann. [4] Die Gründe, aus denen sich ergibt, dass sie gerechtfertigt und verhältnismäßig ist, sind durch qualitative und, soweit möglich und relevant, quantitative Elemente zu substantiieren. [5] Mindestens zwei Wochen vor der Beschlussfassung der Satzungsversammlung über die Vorschrift ist auf der Internetseite der Bundesrechtsanwaltskammer ein Entwurf mit der Gelegenheit zur Stellungnahme zu veröffentlichen. [6] Nach dem Erlass der Vorschrift ist ihre Übereinstimmung mit dem Verhältnismäßigkeitsgrundsatz zu überwachen und bei einer Änderung der Umstände zu prüfen, ob die Vorschrift anzupassen ist.

Zweiter Abschnitt.[1] Berufliche Zusammenarbeit

§ 59b[1] Berufsausübungsgesellschaften. (1) [1] Rechtsanwälte dürfen sich zur gemeinschaftlichen Ausübung ihres Berufs zu Berufsausübungsgesellschaften verbinden. [2] Sie dürfen sich zur Ausübung ihres Berufs auch in Berufsausübungsgesellschaften organisieren, deren einziger Gesellschafter sie sind.

(2) [1] Berufsausübungsgesellschaften zur gemeinschaftlichen Berufsausübung in der Bundesrepublik Deutschland können die folgenden Rechtsformen haben:

1. Gesellschaften nach deutschem Recht einschließlich der Handelsgesellschaften,
2. Europäische Gesellschaften und
3. Gesellschaften, die zulässig sind nach dem Recht
   a) eines Mitgliedstaats der Europäischen Union oder
   b) eines Vertragsstaats des Abkommens über den Europäischen Wirtschaftsraum.

[2] Für Berufsausübungsgesellschaften nach dem Gesellschaftsrecht eines Staates, der nicht Mitgliedstaat der Europäischen Union oder Vertragsstaat des Abkommens über den Europäischen Wirtschaftsraum ist, gilt § 207a.

§ 59c[2] Berufsausübungsgesellschaften mit Angehörigen anderer Berufe. (1) [1] Die Verbindung zur gemeinschaftlichen Berufsausübung in einer Berufsausübungsgesellschaft nach § 59b ist Rechtsanwälten auch gestattet

1. mit Mitgliedern einer Rechtsanwaltskammer, Mitgliedern der Patentanwaltskammer, Steuerberatern, Steuerbevollmächtigten, Wirtschaftsprüfern und vereidigten Buchprüfern,
2. mit Angehörigen von Rechtsanwaltsberufen aus anderen Staaten, die nach dem Gesetz über die Tätigkeit europäischer Rechtsanwälte in Deutschland oder nach § 206 berechtigt wären, sich in der Bundesrepublik Deutschland niederzulassen, und mit Angehörigen von Patentanwaltsberufen aus anderen Staaten, die nach dem Gesetz über die Tätigkeit europäischer Patentanwälte in Deutschland[3] oder nach § 157 der Patentanwaltsordnung berechtigt wären, sich in der Bundesrepublik Deutschland niederzulassen,
3. mit Steuerberatern, Steuerbevollmächtigten, Wirtschaftsprüfern und vereidigten Buchprüfern anderer Staaten, die nach dem Steuerberatungsgesetz oder der Wirtschaftsprüferordnung ihren Beruf mit Steuerberatern, Steuerbevollmächtigten, Wirtschaftsprüfern oder vereidigten Buchprüfern in der Bundesrepublik Deutschland gemeinschaftlich ausüben dürfen,
4. mit Personen, die in der Berufsausübungsgesellschaft einen freien Beruf nach § 1 Absatz 2 des Partnerschaftsgesellschaftsgesetzes[4] ausüben, es sei denn, dass die Verbindung mit dem Beruf des Rechtsanwalts, insbesondere seiner Stellung als unabhängigem Organ der Rechtspflege, nicht vereinbar ist oder das Vertrauen in seine Unabhängigkeit gefährden kann.

---

[1] 2. Abschnitt (§§ 59b–59q) neu gef. mWv 1.8.2022 durch G v. 7.7.2021 (BGBl. I S. 2363).

[2] § 59c neu gef. mWv 1.8.2022 durch G v. 7.7.2021 (BGBl. I S. 2363); Abs. 1 Satz 1 Nr. 2 geänd., Nr. 3 neu gef. mWv 16.3.2023 durch G v. 10.3.2023 (BGBl. 2023 I Nr. 64).

[3] Nr. **98/4**.

[4] **Habersack, Deutsche Gesetze Nr. 50b.**

beim Erlass von Satzungen auf Grund des § 89 Absatz 2 Nummer 2 entsprechend gelten.

Zweiter Abschnitt.[1] Kosten in gerichtlichen Verfahren in verwaltungsrechtlichen Anwaltssachen

§ 193[2] Gerichtskosten. [1] In verwaltungsrechtlichen Anwaltssachen werden Gebühren nach dem Gebührenverzeichnis der Anlage 2 zu diesem Gesetz erhoben. [2] Im Übrigen sind die für Kosten in Verfahren vor den Gerichten der Verwaltungsgerichtsbarkeit geltenden Vorschriften des Gerichtskostengesetzes[3] entsprechend anzuwenden, soweit in diesem Abschnitt nichts anderes bestimmt ist.

§ 194[4] Streitwert. (1) [1] Der Streitwert bestimmt sich nach § 52 des Gerichtskostengesetzes[3]. [2] Er wird von Amts wegen festgesetzt.

(2) [1] In Verfahren, die Klagen auf Zulassung zur Rechtsanwaltschaft oder deren Rücknahme oder Widerruf betreffen, ist ein Streitwert von 50 000 Euro anzunehmen. [2] Unter Berücksichtigung der Umstände des Einzelfalls, insbesondere des Umfangs und der Bedeutung der Sache sowie der Vermögens- und Einkommensverhältnisse des Klägers, kann das Gericht einen höheren oder einen niedrigeren Wert festsetzen.

(3) Die Festsetzung ist unanfechtbar; § 63 Abs. 3 des Gerichtskostengesetzes bleibt unberührt.

Dritter Abschnitt.[5] Kosten im anwaltsgerichtlichen Verfahren und im Verfahren bei Anträgen auf anwaltsgerichtliche Entscheidung

§ 195[6] Gerichtskosten. [1] Im anwaltsgerichtlichen Verfahren, im Verfahren über den Antrag auf Entscheidung des Anwaltsgerichts über die Rüge (§ 74a Abs. 1) und im Verfahren über den Antrag auf Entscheidung des Anwaltsgerichtshofs gegen die Androhung oder die Festsetzung eines Zwangsgelds (§ 57 Abs. 3) werden Gebühren nach dem Gebührenverzeichnis der Anlage 2 zu diesem Gesetz erhoben. [2] Im Übrigen sind die für Kosten in Strafsachen geltenden Vorschriften des Gerichtskostengesetzes[3] entsprechend anzuwenden.

§ 196[7] Kosten bei Anträgen auf Einleitung des anwaltsgerichtlichen Verfahrens. (1) Einem Mitglied der Rechtsanwaltskammer, das einen Antrag auf gerichtliche Entscheidung über die Entschließung der Staatsanwaltschaft (§ 123 Abs. 2) zurücknimmt, sind die durch dieses Verfahren entstandenen Kosten aufzuerlegen.

---

[1] 2. Abschnitt (§§ 193, 194) eingef. mWv 1.9.2009 durch G v. 30.7.2009 (BGBl. I S. 2449); Überschrift neu gef. mWv 18.5.2017 durch G v. 12.5.2017 (BGBl. I S. 1121).

[2] § 193 aufgeh. mWv 1.6.2007 durch G v. 26.3.2007 (BGBl. I S. 358); neu eingef. mWv 1.9.2009 durch G v. 30.7.2009 (BGBl. I S. 2449); Satz 1 geänd. mWv 23.1.2024 durch G v. 17.1.2024 (BGBl. 2024 I Nr. 12).

[3] **Habersack, Deutsche Gesetze Nr. 115.**

[4] § 194 aufgeh. mWv 1.6.2007 durch G v. 26.3.2007 (BGBl. I S. 358); neu eingef. mWv 1.9.2009 durch G v. 30.7.2009 (BGBl. I S. 2449).

[5] Früherer 2. Abschnitt Überschrift neu gef. durch G v. 13.1.1969 (BGBl. I S. 25); Überschrift geänd. durch G v. 2.9.1994 (BGBl. I S. 2278); bish. 2. Abschnitt wird 3. Abschnitt mWv 1.9.2009 durch G v. 30.7.2009 (BGBl. I S. 2449); Überschrift neu gef. mWv 18.5.2017 durch G v. 12.5.2017 (BGBl. I S. 1121).

[6] § 195 neu gef. mWv 31.12.2006 durch G v. 22.12.2006 (BGBl. I S. 3416); Satz 1 geänd. mWv 23.1.2024 durch G v. 17.1.2024 (BGBl. 2024 I Nr. 12).

[7] § 196 Abs. 1 neu gef. durch G v. 9.12.1974 (BGBl. I S. 3393); Abs. 2 neu gef. durch G v. 5.10.1978 (BGBl. I S. 1645); Überschrift geänd. durch G v. 2.9.1994 (BGBl. I S. 2278); Abs. 1 und 2 geänd. mWv 1.8.2022 durch G v. 7.7.2021 (BGBl. I S. 2363).

(2) Wird ein Antrag des Vorstandes der Rechtsanwaltskammer auf gerichtliche Entscheidung in den Fällen des § 122 Absatz 2, des § 150a oder des § 161a Abs. 2 verworfen, so sind die durch das Verfahren über den Antrag veranlaßten Kosten der Rechtsanwaltskammer aufzuerlegen.

§ 197[1)] Kostenpflicht des Verurteilten. (1) [1] Dem Mitglied der Rechtsanwaltskammer, das im anwaltsgerichtlichen Verfahren verurteilt wird, sind zugleich die in dem Verfahren entstandenen Kosten ganz oder teilweise aufzuerlegen. [2] Dasselbe gilt, wenn das anwaltsgerichtliche Verfahren wegen Erlöschens der Zulassung eingestellt wird und nach dem Ergebnis des bisherigen Verfahrens die Verhängung einer anwaltsgerichtlichen Maßnahme gerechtfertigt gewesen wäre; zu den Kosten des anwaltsgerichtlichen Verfahrens gehören in diesem Fall auch diejenigen, die in einem anschließenden Verfahren zum Zwecke der Beweissicherung (§§ 148, 149) entstehen. [3] Wird das Verfahren nach § 139 Abs. 3 Nr. 2 eingestellt, kann das Gericht dem Mitglied die in dem Verfahren entstandenen Kosten ganz oder teilweise auferlegen, wenn es dies für angemessen erachtet.

(2) [1] Dem Mitglied der Rechtsanwaltskammer, das im anwaltsgerichtlichen Verfahren ein Rechtsmittel zurückgenommen oder ohne Erfolg eingelegt hat, sind zugleich die durch dieses Verfahren entstandenen Kosten aufzuerlegen. [2] Hatte das Rechtsmittel teilweise Erfolg, so kann dem Mitglied ein angemessener Teil dieser Kosten auferlegt werden.

(3) Für die Kosten, die durch einen Antrag auf Wiederaufnahme des durch ein rechtskräftiges Urteil abgeschlossenen Verfahrens verursacht worden sind, ist Absatz 2 entsprechend anzuwenden.

§ 197a[2)] Kostenpflicht im Verfahren bei Anträgen auf anwaltsgerichtliche Entscheidung. (1) [1] Wird der Antrag auf anwaltsgerichtliche Entscheidung gegen die Androhung oder die Festsetzung des Zwangsgelds oder über die Rüge als unbegründet zurückgewiesen, so ist § 197 Abs. 1 Satz 1 entsprechend anzuwenden. [2] Stellt das Anwaltsgericht fest, daß die Rüge wegen der Verhängung einer anwaltsgerichtlichen Maßnahme unwirksam ist (§ 74a Abs. 5 Satz 2) oder hebt es den Rügebescheid gemäß § 74a Abs. 3 Satz 2 auf, so kann es dem Mitglied der Rechtsanwaltskammer die in dem Verfahren entstandenen Kosten ganz oder teilweise auferlegen, wenn es dies für angemessen erachtet.

(2) Nimmt das Mitglied der Rechtsanwaltskammer den Antrag auf anwaltsgerichtliche Entscheidung zurück oder wird der Antrag als unzulässig verworfen, so gilt § 197 Abs. 2 Satz 1 entsprechend.

(3) [1] Wird die Androhung oder die Festsetzung des Zwangsgelds aufgehoben, so sind die notwendigen Auslagen des Mitglieds der Rechtsanwaltskammer der Rechtsanwaltskammer aufzuerlegen. [2] Das gleiche gilt, wenn der Rügebescheid, den Fall des § 74a Abs. 3 Satz 2 ausgenommen, aufgehoben wird oder wenn die Unwirksamkeit der Rüge wegen eines Freispruchs des Mitglieds im anwalts-

---

[1)] § 197 Abs. 1 und 2 geänd. durch G v. 13.1.1969 (BGBl. I S. 25); Abs. 1 Satz 2 geänd., Satz 3 angef. durch G v. 13.12.1989 (BGBl. I S. 2135); Abs. 1 Sätze 1 und 2, Abs. 2 Satz 1 geänd. durch G v. 2.9.1994 (BGBl. I S. 2278); Abs. 1 Satz 2 geänd. mWv 1.9.2009 durch G v. 30.7.2009 (BGBl. I S. 2449); Abs. 1 Sätze 1–3, Abs. 2 Sätze 1 und 2 geänd. mWv 1.8.2022 durch G v. 7.7.2021 (BGBl. I S. 2363).

[2)] § 197a eingef. durch G v. 13.1.1969 (BGBl. I S. 25); Überschrift, Abs. 1 Sätze 1 und 2, Abs. 2, Abs. 3 Satz 2 geänd. durch G v. 2.9.1994 (BGBl. I S. 2278); Überschrift neu gef. mWv 18.5.2017 durch G v. 12.5. 2017 (BGBl. I S. 1121); Abs. 1 Satz 2, Abs. 2, 3 Sätze 1 und 2 geänd. mWv 1.8.2022 durch G v. 7.7.2021 (BGBl. I S. 2363).

und 12 Absatz 2 Nummer 1 und Absatz 4 sowie der §§ 12a und 17, der Dritte und Vierte Teil, der Vierte Abschnitt des Fünften Teils, der Sechste, Siebente, Zehnte, Elfte und Dreizehnte Teil dieses Gesetzes sinngemäß sowie die auf Grund von § 31d erlassene Rechtsverordnung. [4]Der Erlaubnisinhaber kann auf besondere Kenntnisse in einem der in § 43c Abs. 1 Satz 2 genannten Gebiete durch den Zusatz „Fachgebiet" mit höchstens zwei der in § 43c Abs. 1 Satz 2 geregelten Gebiete hinweisen.

(2) [1]Die Aufnahme in die Rechtsanwaltskammer wird auf Antrag des Erlaubnisinhabers widerrufen. [2]Die Entscheidung über den Widerruf wird ausgesetzt, solange gegen den Erlaubnisinhaber ein anwaltsgerichtliches Verfahren schwebt.

(3) [1]Bei einem Wechsel des Ortes der Niederlassung ist auf Antrag des Erlaubnisinhabers nur der in der Erlaubnis bestimmte Ort zu ändern. [2]Die Änderung wird von der Rechtsanwaltskammer verfügt, in deren Bezirk der neugewählte Ort der Niederlassung liegt. [3]Mit der Änderung wird der Erlaubnisinhaber Mitglied der nunmehr zuständigen Rechtsanwaltskammer.

§ 209a[1)] Zulassung und Befugnisse bestehender Berufsausübungsgesellschaften. (1) Wenn eine Gesellschaft vor dem 1. August 2022 als Rechtsanwaltsgesellschaft zugelassen war, gilt diese Zulassung als Zulassung der Berufsausübungsgesellschaft nach § 59f Absatz 1.

(2) [1]Berufsausübungsgesellschaften, die

1. am 1. August 2022 bestanden,
2. nach § 59f Absatz 1 zulassungsbedürftig sind und
3. nicht schon nach Absatz 1 als zugelassen gelten,

müssen bis zum 1. November 2022 eine Zulassung beantragen. [2]Ihnen stehen bis zur Entscheidung der zuständigen Rechtsanwaltskammer über den Antrag auf Zulassung die Befugnisse nach den §§ 59k und 59l zu.

§ 210[2)] Bestehenbleiben von Rechtsanwaltskammern. Am 1. September 2009 bestehende Rechtsanwaltskammern, die ihren Sitz nicht am Ort eines Oberlandesgerichts haben, bleiben bestehen.

§ 211[3)] Befreiung von der Voraussetzung der Befähigung zum Richteramt. (1) Die Befähigung zur anwaltlichen Tätigkeit besitzen auch Personen, die bis zum 9. September 1996 die fachlichen Voraussetzungen für die Zulassung zur Rechtsanwaltschaft nach § 4 des Rechtsanwaltsgesetzes vom 13. September 1990 (GBl. I Nr. 61 S. 1504) erfüllt haben.

(2) Rechtsanwälte, die schon nach dem Rechtsanwaltsgesetz vom 13. September 1990 zugelassen waren oder die auf Grundlage des Absatzes 1 zugelassen sind, erfüllen die Voraussetzungen der Befähigung zum Richteramt gemäß § 93 Abs. 1 Satz 3 und § 101 Abs. 1 Satz 2.

[1)] § 209a eingef. mWv 1.8.2022 durch G v. 7.7.2021 (BGBl. I S. 2363).

[2)] § 210 neu gef. mWv 1.9.2009 durch G v. 30.7.2009 (BGBl. I S. 2449).

[3)] Früherer § 214 aufgeh. durch G v. 13.12.1989 (BGBl. I S. 2135) und neu eingef. mWv 25.4.2006 durch G v. 19.4.2006 (BGBl. I S. 866); bish. § 214 wird § 211 mWv 18.5.2017 durch G v. 12.5.2017 (BGBl. I S. 1121).

Anlage 1[1)]
(zu § 59a Absatz 4 Satz 1)

Verhältnismäßigkeitsprüfung vor Erlass neuer Berufsreglementierungen

I. Begriffsbestimmungen

Im Rahmen dieser Anlage bezeichnen die Begriffe

1. „reglementierter Beruf" eine berufliche Tätigkeit oder eine Gruppe beruflicher Tätigkeiten, bei der die Aufnahme, die Ausübung oder eine der Arten der Ausübung durch Rechts- oder Verwaltungsvorschriften direkt oder indirekt an den Besitz bestimmter Berufsqualifikationen gebunden ist; eine Art der Ausübung ist insbesondere die Führung einer geschützten Berufsbezeichnung, die durch Rechts- oder Verwaltungsvorschriften auf Personen beschränkt ist, die eine bestimmte Berufsqualifikation besitzen;
2. „Berufsqualifikation" eine Qualifikation, die durch einen Ausbildungsnachweis, durch einen Befähigungsnachweis im Sinne des Artikels 11 Buchstabe a Ziffer i der Richtlinie 2005/36/EG oder durch Berufserfahrung nachgewiesen wird;
3. „geschützte Berufsbezeichnung" eine Form der Reglementierung eines Berufs, bei der die Verwendung einer Bezeichnung bei der Ausübung einer beruflichen Tätigkeit oder einer Gruppe von beruflichen Tätigkeiten auf Grund von Rechts- oder Verwaltungsvorschriften unmittelbar oder mittelbar an den Besitz einer bestimmten Berufsqualifikation gebunden ist und bei der bei einer missbräuchlichen Verwendung der Bezeichnung Sanktionen verhängt werden;
4. „vorbehaltene Tätigkeit" eine Form der Reglementierung eines Berufs, bei der der Zugang zu einer beruflichen Tätigkeit oder einer Gruppe von beruflichen Tätigkeiten auf Grund von Rechts- oder Verwaltungsvorschriften unmittelbar oder mittelbar Angehörigen eines reglementierten Berufs vorbehalten wird, die eine bestimmte Berufsqualifikation besitzen, und zwar auch dann, wenn diese Tätigkeit mit anderen reglementierten Berufen geteilt wird.

II. Zu prüfende Kriterien

Eine Vorschrift im Sinne des § 59a Absatz 3 Satz 2

1. darf weder eine direkte noch eine indirekte Diskriminierung auf Grund der Staatsangehörigkeit oder des Wohnsitzes darstellen;
2. muss durch zwingende Ziele des Allgemeininteresses objektiv gerechtfertigt sein; während Gründe, die rein wirtschaftlicher oder verwaltungstechnischer Natur sind, hierbei ausscheiden, kommen insbesondere in Betracht
   a) die öffentliche Sicherheit und Ordnung,
   b) die öffentliche Gesundheit,
   c) die geordnete Rechtspflege,
   d) der Schutz der Verbraucher und der sonstigen Dienstleistungsempfänger,
   e) der Schutz der Arbeitnehmer,
   f) die Lauterkeit des Handelsverkehrs,

[1)] Anl. 1 eingef. mWv 23.1.2024 durch G v. 17.1.2024 (BGBl. 2024 I Nr. 12).

g) die Betrugsbekämpfung,

h) die Verhinderung von Steuerhinterziehung und Steuervermeidung einschließlich der wirksamen Steueraufsicht,

i) der Schutz des geistigen Eigentums,

j) der Umweltschutz,

k) die Sozialpolitik einschließlich des finanziellen Gleichgewichts der sozialen Sicherungssysteme und

l) die Kulturpolitik einschließlich des Schutzes des Kulturerbes;

3. muss zur Erreichung des angestrebten Ziels des Allgemeininteresses geeignet sein und darf nicht über das zur Erreichung dieses Ziels erforderliche Maß hinausgehen; hierbei sind zu berücksichtigen

a) die Eigenarten der mit dem angestrebten Ziel verbundenen Risiken, insbesondere der Risiken für Verbraucher und sonstige Dienstleistungsempfänger, für Berufsangehörige und für Dritte;

b) die Eignung bereits bestehender spezifischer oder allgemeiner Regelungen, etwa solcher des Verbraucherschutzes, das angestrebte Ziel zu erreichen;

c) die Eignung der Vorschrift, das angestrebte Ziel angemessen, kohärent und systematisch zu erreichen, wobei insbesondere zu beachten ist, wie solchen Risiken entgegengewirkt werden soll, die bei vergleichbaren Tätigkeiten in ähnlicher Weise identifiziert wurden;

d) die Auswirkungen auf den freien Personen- und Dienstleistungsverkehr innerhalb der Europäischen Union, den anderen Vertragsstaaten des Europäischen Wirtschaftsraums und der Schweiz;

e) die Auswirkungen auf die Wahlmöglichkeiten der Verbraucher;

f) die Auswirkungen auf die Qualität der bereitgestellten Dienstleistungen;

g) die Möglichkeit, das angestrebte Ziel mit milderen Mitteln zu erreichen; hierbei ist in dem Fall, in dem die Vorschrift nur durch den Verbraucherschutz gerechtfertigt ist und sich die identifizierten Risiken auf das Verhältnis zwischen den Berufsangehörigen und den Verbrauchern beschränken und sich deshalb nicht negativ auf Dritte auswirken, insbesondere zu prüfen, ob mildere Mittel in Betracht kommen, als eine Tätigkeit einem reglementierten Beruf vorzubehalten;

h) die positiven oder negativen Auswirkungen der Vorschrift, wenn sie mit anderen Vorschriften kombiniert wird, die den Zugang zu reglementierten Berufen oder deren Ausübung beschränken; hierbei ist insbesondere zu prüfen, wie die Vorschrift in der Kombination mit anderen Anforderungen zur Erreichung desselben im Allgemeininteresse liegenden Ziels beiträgt und ob sie hierfür notwendig ist; dies gilt insbesondere für folgende Anforderungen:

aa) Tätigkeitsvorbehalte, geschützte Berufsbezeichnungen und sonstige Formen der Reglementierung im Sinne des Artikels 3 Absatz 1 Buchstabe a der Richtlinie 2005/36/EG;

bb) Verpflichtungen zur kontinuierlichen beruflichen Weiterbildung;

cc) Vorgaben zur Berufsorganisation, zu Standesregeln und zur Aufsicht;

dd) Pflichtmitgliedschaften in einer Berufsorganisation sowie Registrierungs- und Genehmigungsregelungen, und zwar insbesondere dann, wenn diese den Besitz einer bestimmten Berufsqualifikation implizieren;

ee) quantitative Beschränkungen, insbesondere Anforderungen, die die Zahl der Zulassungen zur Ausübung eines Berufs begrenzen oder eine Mindest- oder Höchstzahl derjenigen Arbeitnehmer, Geschäftsführer oder Vertreter festsetzen, die bestimmte Berufsqualifikationen besitzen müssen oder dürfen;

ff) Anforderungen an bestimmte Rechtsformen, an Beteiligungsstrukturen oder an die Geschäftsleitung eines Unternehmens, soweit diese Anforderungen unmittelbar mit der Ausübung des reglementierten Berufs zusammenhängen;

gg) geografische Beschränkungen, einschließlich solcher Bestimmungen, die den Beruf in einigen Teilen der Bundesrepublik Deutschland in anderer Weise reglementieren als in anderen Teilen;

hh) Anforderungen, die die gemeinschaftliche oder partnerschaftliche Ausübung eines reglementierten Berufs beschränken;

ii) Unvereinbarkeitsregeln;

jj) Anforderungen an den Versicherungsschutz oder andere Mittel des persönlichen oder kollektiven Schutzes in Bezug auf die Berufshaftpflicht;

kk) Anforderungen an Sprachkenntnisse, die für die Ausübung des Berufs erforderlich sind;

ll) Festlegungen zu Mindest- oder Höchstpreisen;

mm) Anforderungen an die Werbung;

i) die folgenden Kriterien, sofern sie für die Art oder den Inhalt der neuen oder geänderten Vorschrift relevant sind:

aa) der Zusammenhang zwischen dem Umfang der von einem reglementierten Beruf erfassten oder ihm vorbehaltenen Tätigkeiten und der erforderlichen Berufsqualifikation;

bb) der Zusammenhang zwischen der Komplexität der betroffenen Aufgaben und der Notwendigkeit einer bestimmten Berufsqualifikation der sie wahrnehmenden Personen, insbesondere in Bezug auf das Niveau, die Eigenart und die Dauer der erforderlichen Ausbildung oder Erfahrung;

cc) die Möglichkeit, die berufliche Qualifikation auf alternativen Wegen zu erlangen;

dd) die Eignung der einem bestimmten Beruf vorbehaltenen Tätigkeiten, mit anderen Berufen geteilt zu werden;

ee) der Grad an Autonomie bei der Ausübung eines reglementierten Berufs und die Auswirkungen von Organisations- und Überwachungsmodalitäten auf die Erreichung des angestrebten Ziels, insbesondere wenn die mit dem Beruf zusammenhängenden Tätigkeiten unter der Kontrolle und Verantwortung einer ordnungsgemäß qualifizierten Fachkraft stehen;

ff) die wissenschaftlichen und technologischen Entwicklungen, die die Informationsasymmetrie zwischen Berufsangehörigen und Verbrauchern verringern oder verstärken können;

4. muss, soweit sie spezifische Anforderungen im Zusammenhang mit der vorübergehenden oder gelegentlichen Erbringung von Dienstleistungen gemäß Titel II der Richtlinie 2005/36/EG enthält, insbesondere auch im Hinblick auf diese Anforderungen verhältnismäßig sein, es sei denn, dass es sich um Maßnahmen handelt, durch die die Einhaltung geltender Arbeits- und Beschäftigungsbedingungen gewährleistet werden soll und die im Einklang mit dem Recht der Europäischen Union angewendet werden; die Verhältnismäßigkeitsprüfung umfasst vor allem
   a) automatische vorübergehende Eintragungen oder Pro-forma-Mitgliedschaften bei einer Berufsorganisation im Sinne des Artikels 6 Absatz 1 Buchstabe a der Richtlinie 2005/36/EG;
   b) vorherige Meldungen im Sinne des Artikels 7 Absatz 1 der Richtlinie 2005/36/EG, erforderliche Dokumente im Sinne des Artikels 7 Absatz 2 der Richtlinie 2005/36/EG und sonstige gleichwertige Anforderungen;
   c) Gebühren und Entgelte, die vom Dienstleistungserbringer für Verwaltungsverfahren im Zusammenhang mit dem Zugang zu einem reglementierten Beruf oder dessen Ausübung gefordert werden.

Anlage 2[1)]
(zu § 193 Satz 1 und § 195 Satz 1)

Gebührenverzeichnis

Gliederung

---

1) Frühere Anl. angef. mWv 31.12.2006 durch G v. 22.12.2006 (BGBl. I S. 3416); geänd. mWv 1.9.2009 durch G v. 30.7.2009 (BGBl. I S. 2449); geänd. mWv 1.8.2021 durch G v. 25.6.2021 (BGBl. I S. 2154); geänd. mWv 1.8.2022 durch G v. 7.7.2021 (BGBl. I S. 2363); bish. Anl. wird Anl. 2 mWv 23.1.2024 durch G v. 17.1.2024 (BGBl. 2024 I Nr. 12).

Teil 1. Anwaltsgerichtliche Verfahren

Nr.	Gebührentatbestand	Gebührenbetrag oder Satz der jeweiligen Gebühr 1110 bis 1112
	Vorbemerkung 1: (1) Im anwaltsgerichtlichen Verfahren bemessen sich die Gerichtsgebühren vorbehaltlich des Absatzes 2 für alle Rechtszüge nach der rechtskräftig verhängten Maßnahme. (2) Wird ein Rechtsmittel oder ein Antrag auf anwaltsgerichtliche Entscheidung nur teilweise verworfen oder zurückgewiesen, so hat das Gericht die Gebühr zu ermäßigen, soweit es unbillig wäre, das Mitglied der Rechtsanwaltskammer damit zu belasten. (3) Im Verfahren nach Wiederaufnahme werden die gleichen Gebühren wie für das wiederaufgenommene Verfahren erhoben. Wird jedoch nach Anordnung der Wiederaufnahme des Verfahrens das frühere Urteil aufgehoben, gilt für die Gebührenerhebung jeder Rechtszug des neuen Verfahrens mit dem jeweiligen Rechtszug des früheren Verfahrens zusammen als ein Rechtszug. Gebühren werden auch für Rechtszüge erhoben, die nur im früheren Verfahren stattgefunden haben.	
	Abschnitt 1. Verfahren vor dem Anwaltsgericht	
	Unterabschnitt 1. Anwaltsgerichtliches Verfahren erster Instanz	
1110	Verfahren mit Urteil bei Verhängung einer oder mehrerer der folgenden Maßnahmen: 1. einer Warnung, 2. eines Verweises, 3. einer Geldbuße	240,00 EUR
1111	Verfahren mit Urteil bei Verhängung eines Vertretungs- oder Beistandsverbots nach § 114 Abs. 1 Nr. 4 oder Abs. 2 Nr. 4 BRAO	360,00 EUR
1112	Verfahren mit Urteil bei Ausschließung aus der Rechtsanwaltschaft oder Aberkennung der Rechtsdienstleistungsbefugnis	480,00 EUR
	Unterabschnitt 2. Antrag auf gerichtliche Entscheidung über die Rüge	
1120	Verfahren über den Antrag auf gerichtliche Entscheidung über die Rüge nach § 74a Abs. 1 BRAO: Der Antrag wird verworfen oder zurückgewiesen	160,00 EUR
	Abschnitt 2. Verfahren vor dem Anwaltsgerichtshof	
	Unterabschnitt 1. Berufung	
1210	Berufungsverfahren mit Urteil	1,5
1211	Erledigung des Berufungsverfahrens ohne Urteil Die Gebühr entfällt bei Zurücknahme der Berufung vor Ablauf der Begründungsfrist.	0,5
	Unterabschnitt 2. Beschwerde	
1220	Verfahren über Beschwerden im anwaltsgerichtlichen Verfahren, die nicht nach anderen Vorschriften gebührenfrei sind: Die Beschwerde wird verworfen oder zurückgewiesen Von dem Mitglied der Rechtsanwaltskammer wird eine Gebühr nur erhoben, wenn gegen es rechtskräftig eine anwaltsgerichtliche Maßnahme verhängt worden ist.	50,00 EUR

Nr.	Gebührentatbestand	Gebührenbetrag oder Satz der jeweiligen Gebühr 1110 bis 1112
	Unterabschnitt 3. Antrag auf gerichtliche Entscheidung über die Androhung oder die Festsetzung eines Zwangsgelds	
1230	Verfahren über den Antrag auf gerichtliche Entscheidung über die Androhung oder die Festsetzung eines Zwangsgelds nach § 57 Abs. 3 BRAO:	
	Der Antrag wird verworfen oder zurückgewiesen	200,00 EUR
	Abschnitt 3. Verfahren vor dem Bundesgerichtshof	
	Unterabschnitt 1. Revision	
1310	Revisionsverfahren mit Urteil oder mit Beschluss nach § 116 Abs. 1 Satz 2 BRAO i.V.m. § 349 Abs. 2 oder Abs. 4 StPO	2,0
1311	Erledigung des Revisionsverfahrens ohne Urteil und ohne Beschluss nach § 116 Abs. 1 Satz 2 BRAO i.V.m. § 349 Abs. 2 oder Abs. 4 StPO	1,0
	Die Gebühr entfällt bei Zurücknahme der Revision vor Ablauf der Begründungsfrist.	
	Unterabschnitt 2. Beschwerde	
1320	Verfahren über die Beschwerde gegen die Nichtzulassung der Revision:	
	Die Beschwerde wird verworfen oder zurückgewiesen ..	1,0
1321	Verfahren über sonstige Beschwerden im anwaltsgerichtlichen Verfahren, die nicht nach anderen Vorschriften gebührenfrei sind:	
	Die Beschwerde wird verworfen oder zurückgewiesen ..	50,00 EUR
	Von dem Mitglied der Rechtsanwaltskammer wird eine Gebühr nur erhoben, wenn gegen es rechtskräftig eine anwaltsgerichtliche Maßnahme verhängt worden ist.	
	Unterabschnitt 3. Verfahren wegen bei dem Bundesgerichtshof zugelassenen Rechtsanwälten oder Berufsausübungsgesellschaften	
1330	Anwaltsgerichtliches Verfahren mit Urteil bei Verhängung einer Maßnahme	1,5
1331	Verfahren über den Antrag auf gerichtliche Entscheidung über die Androhung oder die Festsetzung eines Zwangsgelds nach § 57 Abs. 3 i.V.m. § 163 Satz 2 BRAO:	
	Der Antrag wird verworfen oder zurückgewiesen	240,00 EUR
1332	Verfahren über den Antrag auf gerichtliche Entscheidung über die Rüge nach § 74a Abs. 1 i.V.m. § 163 Satz 2 BRAO:	
	Der Antrag wird verworfen oder zurückgewiesen	240,00 EUR

Nr.	Gebührentatbestand	Gebührenbetrag oder Satz der jeweiligen Gebühr 1110 bis 1112
	Abschnitt 4. Rüge wegen Verletzung des Anspruchs auf rechtliches Gehör	
1400	Verfahren über die Rüge wegen Verletzung des Anspruchs auf rechtliches Gehör: Die Rüge wird in vollem Umfang verworfen oder zurückgewiesen	50,00 EUR

Teil 2. Gerichtliche Verfahren in verwaltungsrechtlichen Anwaltssachen

Nr.	Gebührentatbestand	Gebührenbetrag oder Satz der Gebühr nach § 34 GKG
	Abschnitt 1. Erster Rechtszug *Unterabschnitt 1. Anwaltsgerichtshof*	
2110	Verfahren im Allgemeinen	4,0
2111	Beendigung des gesamten Verfahrens durch 1. Zurücknahme der Klage a) vor dem Schluss der mündlichen Verhandlung, b) wenn eine solche nicht stattfindet, vor Ablauf des Tages, an dem das Urteil, der Gerichtsbescheid oder der Beschluss in der Hauptsache der Geschäftsstelle übermittelt wird, c) im Fall des § 112c Abs. 1 Satz 1 BRAO i.V.m. § 93a Abs. 2 VwGO vor Ablauf der Erklärungsfrist nach § 93a Abs. 2 Satz 1 VwGO, 2. Anerkenntnis- oder Verzichtsurteil, 3. gerichtlichen Vergleich oder 4. Erledigungserklärungen nach § 112c Abs. 1 Satz 1 BRAO i.V.m. § 161 Abs. 2 VwGO, wenn keine Entscheidung über die Kosten ergeht oder die Entscheidung einer zuvor mitgeteilten Einigung der Beteiligten über die Kostentragung oder der Kostenübernahmeerklärung eines Beteiligten folgt, es sei denn, dass bereits ein anderes als eines der in Nummer 2 genannten Urteile, ein Gerichtsbescheid oder Beschluss in der Hauptsache vorausgegangen ist: Die Gebühr 2110 ermäßigt sich auf .... Die Gebühr ermäßigt sich auch, wenn mehrere Ermäßigungstatbestände erfüllt sind.	2,0
	Unterabschnitt 2. Bundesgerichtshof	
2120	Verfahren im Allgemeinen	5,0
2121	Beendigung des gesamten Verfahrens durch 1. Zurücknahme der Klage a) vor dem Schluss der mündlichen Verhandlung, b) wenn eine solche nicht stattfindet, vor Ablauf des Tages, an dem das Urteil oder der Gerichtsbescheid der Geschäftsstelle übermittelt wird,	

Nr.	Gebührentatbestand	Gebührenbetrag oder Satz der Gebühr nach § 34 GKG
	c) im Fall des § 112c Abs. 1 Satz 1 BRAO i.V.m. § 93a Abs. 2 VwGO vor Ablauf der Erklärungsfrist nach § 93a Abs. 2 Satz 1 VwGO, 2. Anerkenntnis- oder Verzichtsurteil, 3. gerichtlichen Vergleich oder 4. Erledigungserklärungen nach § 112c Abs. 1 Satz 1 BRAO i.V.m. § 161 Abs. 2 VwGO, wenn keine Entscheidung über die Kosten ergeht oder die Entscheidung einer zuvor mitgeteilten Einigung der Beteiligten über die Kostentragung oder der Kostenübernahmeerklärung eines Beteiligten folgt, es sei denn, dass bereits ein anderes als eines der in Nummer 2 genannten Urteile, ein Gerichtsbescheid oder Beschluss in der Hauptsache vorausgegangen ist: Die Gebühr 2120 ermäßigt sich auf .... Die Gebühr ermäßigt sich auch, wenn mehrere Ermäßigungstatbestände erfüllt sind.	3,0
	Abschnitt 2. Zulassung und Durchführung der Berufung	
2200	Verfahren über die Zulassung der Berufung: Soweit der Antrag abgelehnt wird	1,0
2201	Verfahren über die Zulassung der Berufung: Soweit der Antrag zurückgenommen oder das Verfahren durch anderweitige Erledigung beendet wird	0,5
	Die Gebühr entsteht nicht, soweit die Berufung zugelassen wird.	
2202	Verfahren im Allgemeinen	5,0
2203	Beendigung des gesamten Verfahrens durch Zurücknahme der Berufung oder der Klage, bevor die Schrift zur Begründung der Berufung bei Gericht eingegangen ist: Die Gebühr 2202 ermäßigt sich auf	1,0
	Erledigungserklärungen nach § 112c Abs. 1 Satz 1 BRAO i.V.m. § 161 Abs. 2 VwGO stehen der Zurücknahme gleich, wenn keine Entscheidung über die Kosten ergeht oder die Entscheidung einer zuvor mitgeteilten Einigung der Beteiligten über die Kostentragung oder der Kostenübernahmeerklärung eines Beteiligten folgt.	
2204	Beendigung des gesamten Verfahrens, wenn nicht Nummer 2203 erfüllt ist, durch 1. Zurücknahme der Berufung oder der Klage a) vor dem Schluss der mündlichen Verhandlung, b) wenn eine solche nicht stattfindet, vor Ablauf des Tages, an dem das Urteil oder der Beschluss in der Hauptsache der Geschäftsstelle übermittelt wird, oder c) im Fall des § 112c Abs. 1 Satz 1 BRAO i.V.m. § 93a Abs. 2 VwGO vor Ablauf der Erklärungsfrist nach § 93a Abs. 2 Satz 1 VwGO, 2. Anerkenntnis- oder Verzichtsurteil,	

Nr.	Gebührentatbestand	Gebührenbetrag oder Satz der Gebühr nach § 34 GKG
	3. gerichtlichen Vergleich oder 4. Erledigungserklärungen nach § 112c Abs. 1 Satz 1 BRAO i.V.m. § 161 Abs. 2 VwGO, wenn keine Entscheidung über die Kosten ergeht oder die Entscheidung einer zuvor mitgeteilten Einigung der Beteiligten über die Kostentragung oder der Kostenübernahmeerklärung eines Beteiligten folgt, es sei denn, dass bereits ein anderes als eines der in Nummer 2 genannten Urteile oder ein Beschluss in der Hauptsache vorausgegangen ist: Die Gebühr 2202 ermäßigt sich auf	3,0
	Die Gebühr ermäßigt sich auch, wenn mehrere Ermäßigungstatbestände erfüllt sind.	

Abschnitt 3. Vorläufiger Rechtsschutz

Vorbemerkung 2.3:

(1) Die Vorschriften dieses Abschnitts gelten für einstweilige Anordnungen und für Verfahren nach § 112c Abs. 1 Satz 1 BRAO i.V.m. § 80 Abs. 5 und § 80a Abs. 3 VwGO.

(2) Im Verfahren über den Antrag auf Erlass und im Verfahren über den Antrag auf Aufhebung einer einstweiligen Anordnung werden die Gebühren jeweils gesondert erhoben. Mehrere Verfahren nach § 112c Abs. 1 Satz 1 BRAO i.V.m. § 80 Abs. 5 und 7 und § 80a Abs. 3 VwGO gelten innerhalb eines Rechtszugs als ein Verfahren.

Unterabschnitt 1. Anwaltsgerichtshof

Nr.	Gebührentatbestand	Gebührenbetrag oder Satz der Gebühr nach § 34 GKG
2310	Verfahren im Allgemeinen	2,0
2311	Beendigung des gesamten Verfahrens durch 1. Zurücknahme des Antrags a) vor dem Schluss der mündlichen Verhandlung oder, b) wenn eine solche nicht stattfindet, vor Ablauf des Tages, an dem der Beschluss der Geschäftsstelle übermittelt wird, 2. gerichtlichen Vergleich oder 3. Erledigungserklärungen nach § 112c Abs. 1 Satz 1 BRAO i.V.m. § 161 Abs. 2 VwGO, wenn keine Entscheidung über die Kosten ergeht oder die Entscheidung einer zuvor mitgeteilten Einigung der Beteiligten über die Kostentragung oder der Kostenübernahmeerklärung eines Beteiligten folgt, es sei denn, dass bereits ein Beschluss über den Antrag vorausgegangen ist: Die Gebühr 2310 ermäßigt sich auf	0,75
	Die Gebühr ermäßigt sich auch, wenn mehrere Ermäßigungstatbestände erfüllt sind.	

Unterabschnitt 2. Bundesgerichtshof als Rechtsmittelgericht in der Hauptsache

Nr.	Gebührentatbestand	Gebührenbetrag oder Satz der Gebühr nach § 34 GKG
2320	Verfahren im Allgemeinen	1,5
2321	Beendigung des gesamten Verfahrens durch 1. Zurücknahme des Antrags a) vor dem Schluss der mündlichen Verhandlung oder,	

Nr.	Gebührentatbestand	Gebührenbetrag oder Satz der Gebühr nach § 34 GKG
	b) wenn eine solche nicht stattfindet, vor Ablauf des Tages, an dem der Beschluss der Geschäftsstelle übermittelt wird, 2. gerichtlichen Vergleich oder 3. Erledigungserklärungen nach § 112c Abs. 1 Satz 1 BRAO i.V.m. § 161 Abs. 2 VwGO, wenn keine Entscheidung über die Kosten ergeht oder die Entscheidung einer zuvor mitgeteilten Einigung der Beteiligten über die Kostentragung oder der Kostenübernahmeerklärung eines Beteiligten folgt, es sei denn, dass bereits ein Beschluss über den Antrag vorausgegangen ist: Die Gebühr 2320 ermäßigt sich auf	0,5
	Die Gebühr ermäßigt sich auch, wenn mehrere Ermäßigungstatbestände erfüllt sind.	
	Unterabschnitt 3. Bundesgerichtshof	
	Vorbemerkung 2.3.3: Die Vorschriften dieses Unterabschnitts gelten, wenn der Bundesgerichtshof auch in der Hauptsache erstinstanzlich zuständig ist.	
2330	Verfahren im Allgemeinen	2,5
2331	Beendigung des gesamten Verfahrens durch 1. Zurücknahme des Antrags a) vor dem Schluss der mündlichen Verhandlung oder, b) wenn eine solche nicht stattfindet, vor Ablauf des Tages, an dem der Beschluss der Geschäftsstelle übermittelt wird, 2. gerichtlichen Vergleich oder 3. Erledigungserklärungen nach § 112c Abs. 1 Satz 1 BRAO i.V.m. § 161 Abs. 2 VwGO, wenn keine Entscheidung über die Kosten ergeht oder die Entscheidung einer zuvor mitgeteilten Einigung der Beteiligten über die Kostentragung oder der Kostenübernahmeerklärung eines Beteiligten folgt, es sei denn, dass bereits ein Beschluss über den Antrag vorausgegangen ist: Die Gebühr 2330 ermäßigt sich auf	1,0
	Die Gebühr ermäßigt sich auch, wenn mehrere Ermäßigungstatbestände erfüllt sind.	
	Abschnitt 4. Rüge wegen Verletzung des Anspruchs auf rechtliches Gehör	
2400	Verfahren über die Rüge wegen Verletzung des Anspruchs auf rechtliches Gehör: Die Rüge wird in vollem Umfang verworfen oder zurückgewiesen	50,00 EUR

Lfd. Nr.	Änderndes Gesetz	Datum	Fundstelle	Betroffen	Hinweis
67.	Art. 2 G zur Ergänzung der Regelungen zur Umsetzung der DigitalisierungsRL und zur Änd. weiterer Vorschriften[1]	15.7.2022	BGBl. I S. 1146	§ 78p	geänd. mWv 22.7.2022
				§§ 10a, 33	geänd. mWv 1.8.2022
68.	Art. 21 G zur Umsetzung der UmwandlungsRL und zur Änd. weiterer Gesetze	22.2.2023	BGBl. 2023 I Nr. 51	§ 92	geänd. mWv 1.3.2023
69.	Art. 3 G zur Stärkung der Aufsicht bei Rechtsdienstleistungen und zur Änd. weiterer Vorschriften	10.3.2023	BGBl. 2023 I Nr. 64	§ 10a	geänd. mWv 16.3.2023
70.	Art. 3 G zur Beschleunigung von Disziplinarverfahren in der Bundesverwaltung und zur Änd. weiterer dienstrechtlicher Vorschriften	20.12. 2023	BGBl. 2023 I Nr. 389	§§ 96, 105, 109	geänd. mWv 1.4.2024

Zur Ausführung und Durchführung der BNotO haben die Länder ua folgende Vorschriften erlassen:

- **Bayern:** VO v. 10.2.2000 (GVBl. S. 60), zuletzt geänd. durch V v. 2.10.2018 (GVBl. S. 745)
- **Hamburg:** AV v. 20.3.2012 (JVBl S. 20), zuletzt geänd. durch Allgemeine Verfügung v. 18.6.2014 (JVBl S. 76)
- **Hessen:** RdErl. v. 30.10.2014 (JMBl. S. 737), zuletzt geänd. durch Erl. v. 17.7.2017 (JMBl. S. 516)
- **Nordrhein-Westfalen:** VO v. 18.5.1999 (GV. NRW. S. 208), geänd. durch VO v. 13.4.2022 (GV. NRW. S. 543)
- **Rheinland-Pfalz:** VO v. 14.7.1999 (GVBl. S. 189), zuletzt geänd. durch VO v. 25.10.2018 (GVBl. S. 376)
- **Saarland:** VO v. 30.11.1993 (Amtsbl. S. 1236), geänd. durch VO v. 9.2.2005 (Amtsbl. S. 226)
- **Sachsen:** VO idF der Bek. v. 25.3.2013 (SächsGVBl. S. 205), zuletzt geänd. durch VO v. 18.3.2020 (SächsGVBl. S. 122)
- **Sachsen-Anhalt:** VO v. 16.12.1998 (GVBl. LSA S. 486), zuletzt geänd. durch G v. 16.2.2023 (GVBl. LSA S. 37)

[1] **Amtl. Anm.:** Notifiziert gemäß der Richtlinie (EU) 2015/1535 des Europäischen Parlaments und des Rates vom 9. September 2015 über ein Informationsverfahren auf dem Gebiet der technischen Vorschriften und der Vorschriften für die Dienste der Informationsgesellschaft (ABl. L 241 vom 17.9.2015, S. 1).

sowie ihnen die für die Zwecke der Aufsicht notwendigen Auskünfte zu erteilen. [3] § 78i bleibt unberührt. [4] Personen, mit denen sich der Notar zur gemeinsamen Berufsausübung verbunden oder mit denen er gemeinsame Geschäftsräume hat oder hatte, sind verpflichtet, den Aufsichtsbehörden Auskünfte zu erteilen und Akten und Verzeichnisse vorzulegen, soweit dies für die Prüfung der Einhaltung der Mitwirkungsverbote erforderlich ist. [5] Dies gilt auch für Dritte, mit denen eine berufliche Verbindung im Sinne von § 27 Absatz 1 Satz 2 besteht oder bestanden hat.

§ 94[1)] Missbilligung. (1) [1] Die Aufsichtsbehörden sind befugt, Notaren und Notarassessoren eine Missbilligung auszusprechen, wenn diese eine Amtspflichtverletzung leichter Art begangen haben. [2] Für die Verjährung gilt § 95a Absatz 1 Satz 1.

(2) [1] § 75 Absatz 2 und 3 Satz 1 und 2 gilt entsprechend. [2] Der Notarkammer ist eine Kopie der Missbilligung zu übermitteln.

(3) [1] Gegen eine Missbilligung kann der Notar oder Notarassessor innerhalb eines Monats nach Zustellung schriftlich bei der Aufsichtsbehörde Beschwerde einlegen. [2] Die Aufsichtsbehörde kann der Beschwerde abhelfen. [3] Hilft sie ihr nicht ab, entscheidet über die Beschwerde die nächsthöhere Aufsichtsbehörde. [4] Deren Entscheidung ist zu begründen und dem Notar oder Notarassessor zuzustellen.

(4) [1] Wird die Beschwerde zurückgewiesen, kann der Notar oder Notarassessor die Entscheidung des Oberlandesgerichts als Disziplinargericht für Notare beantragen. [2] § 75 Absatz 5 Satz 2 bis 4 gilt entsprechend.

(5) [1] Eine Missbilligung lässt das Recht der Aufsichtsbehörde zur Einleitung eines Disziplinarverfahrens unberührt. [2] § 75 Absatz 6 Satz 2 und 3 gilt entsprechend.

Abschnitt 2. Disziplinarverfahren

§ 95[2)] Einleitung eines Disziplinarverfahrens. Liegen zureichende tatsächliche Anhaltspunkte dafür vor, dass ein Notar oder ein Notarassessor seine Amtspflichten schuldhaft verletzt hat und die Amtspflichtverletzung nicht nur leichter Art war, so hat die Aufsichtsbehörde gegen ihn wegen des Dienstvergehens ein Disziplinarverfahren einzuleiten.

§ 95a[3)] Verjährung. (1) [1] Die Verfolgung eines Dienstvergehens verjährt nach fünf Jahren. [2] Abweichend davon

1. beträgt die Verjährungsfrist zehn Jahre, wenn das Dienstvergehen eine Maßnahme nach § 97 Absatz 2 Satz 1 oder Absatz 3 Satz 1 rechtfertigt,
2. tritt keine Verjährung ein, wenn das Dienstvergehen eine Maßnahme nach § 97 Absatz 1 Nummer 3 rechtfertigt.

(2) Die Verjährung wird gehemmt für die Dauer

1. eines Widerspruchsverfahrens,
2. eines gerichtlichen Disziplinarverfahrens,
3. einer Aussetzung des Disziplinarverfahrens entsprechend § 22 des Bundesdisziplinargesetzes[4)],
4. eines wegen desselben Verhaltens eingeleiteten Strafverfahrens und

---

1) § 94 neu gef. mWv 1.8.2021 durch G v. 25.6.2021 (BGBl. I S. 2154).
2) § 95 neu gef. mWv 1.8.2021 durch G v. 25.6.2021 (BGBl. I S. 2154).
3) § 95a neu gef. mWv 1.8.2022 durch G v. 7.7.2021 (BGBl. I S. 2363).
4) **Sartorius Nr. 220.**

5. eines wegen desselben Verhaltens eingeleiteten vorrangigen berufsaufsichtlichen Verfahrens.

(3) Die Verjährung wird unterbrochen durch

1. die Einleitung des Disziplinarverfahrens,
2. die Erhebung der Disziplinarklage und
3. die Erhebung der Nachtragsdisziplinarklage.

§ 96[1] Anwendung der Vorschriften des Bundesdisziplinargesetzes; Verordnungsermächtigung. (1) [1] Soweit in diesem Gesetz nichts Abweichendes bestimmt ist, sind die Vorschriften des Bundesdisziplinargesetzes[2] in der am 31. März 2024 geltenden Fassung entsprechend anzuwenden. [2] Die in diesen Vorschriften den Dienstvorgesetzten zugewiesenen Aufgaben und Befugnisse nehmen die Aufsichtsbehörden, die Aufgaben und Befugnisse der obersten Dienstbehörde nimmt die Landesjustizverwaltung wahr.

(2) [1] Mit der Durchführung der Ermittlungen ist eine Person zu beauftragen, die die Befähigung zum Richteramt hat. [2] Zur Durchführung einer gerichtlichen Vernehmung gemäß § 25 Absatz 2 des Bundesdisziplinargesetzes kann das Gericht das Amtsgericht um Rechtshilfe ersuchen.

(3) [1] Die über § 3 des Bundesdisziplinargesetzes anzuwendenden Vorschriften der Verwaltungsgerichtsordnung[3] über die Mitwirkung ehrenamtlicher Richter finden keine Anwendung. [2] Die Fristen des § 3 des Bundesdisziplinargesetzes in Verbindung mit § 116 Absatz 2 und § 117 Absatz 4 der Verwaltungsgerichtsordnung betragen jeweils fünf Wochen.

(4) [1] Von der Anwendbarkeit des § 41 Absatz 1 Satz 1 des Bundesdisziplinargesetzes kann durch Landesgesetz abgesehen werden. [2] Die Landesregierungen werden ermächtigt, die in Absatz 1 Satz 2 genannten Aufgaben und Befugnisse durch Rechtsverordnung auf den Landesjustizverwaltungen nachgeordnete Behörden zu übertragen. [3] Die Landesregierungen können diese Ermächtigung durch Rechtsverordnung auf die Landesjustizverwaltungen übertragen.

(5) [1] Auf den Rechtsschutz bei überlangen Gerichtsverfahren sind die Vorschriften des Siebzehnten Titels des Gerichtsverfassungsgesetzes[4] anzuwenden. [2] Die Vorschriften dieses Gesetzes, die die Besetzung des Oberlandesgerichts und des Bundesgerichtshofs in Disziplinarsachen gegen Notare regeln, sind nicht anzuwenden.

(6) [1] In Disziplinarverfahren gegen Notare hat das Gericht die Notarkammer, deren Mitglied der Notar ist, von dem Termin der Verhandlung zu benachrichtigen. [2] Vertretern der Notarkammer, die einer Verschwiegenheitspflicht nach § 69a Absatz 1 unterliegen, soll zu einer nicht öffentlichen Verhandlung der Zutritt gestattet werden.

[1] § 96 neu gef. mWv 1.1.2010 durch G v. 17.6.2009 (BGBl. I S. 1282); Abs. 5 angef. mWv 3.12.2011 durch G v. 24.11.2011 (BGBl. I S. 2302); Abs. 6 angef. mWv 1.8.2021 durch G v. 25.6.2021 (BGBl. I S. 2154); Abs. 1 Satz 1 geänd. mWv 1.4.2024 durch G v. 20.12.2023 (BGBl. 2023 I Nr. 389).

[2] **Sartorius Nr. 220.**

[3] **Sartorius Nr. 600.**

[4] **Habersack, Deutsche Gesetze Nr. 95.**

§ 97[1] Disziplinarmaßnahmen. (1) [1] Im Disziplinarverfahren können folgende Maßnahmen verhängt werden:

1. Verweis,
2. Geldbuße,
3. Entfernung aus dem Amt.

[2] Die Disziplinarmaßnahmen des Verweises und der Geldbuße können nebeneinander verhängt werden.

(2) [1] Gegen einen hauptberuflichen Notar kann als Disziplinarmaßnahme auch auf Entfernung vom bisherigen Amtssitz erkannt werden [2] In diesem Fall hat die Landesjustizverwaltung dem Notar nach Rechtskraft der Entscheidung, nachdem die Notarkammer gehört worden ist, unverzüglich einen anderen Amtssitz zuzuweisen. [3] Neben der Entfernung vom bisherigen Amtssitz kann auch eine Geldbuße verhängt werden.

(3) [1] Gegen einen Anwaltsnotar kann als Disziplinarmaßnahme auch auf Entfernung aus dem Amt auf bestimmte Zeit erkannt werden. [2] In diesem Fall darf die erneute Bestellung zum Notar nur versagt werden, wenn sich der Notar in der Zwischenzeit eines Verhaltens schuldig gemacht hat, das ihn unwürdig erscheinen läßt, das Amt eines Notars wieder auszuüben.

(4) [1] Geldbuße kann gegen Notare bis zu fünfzigtausend Euro, gegen Notarassessoren bis zu fünftausend Euro verhängt werden. [2] Beruht die Handlung, wegen der eine Geldbuße verhängt wird, auf Gewinnsucht, so kann auf Geldbuße bis zum Doppelten des erzielten Vorteils erkannt werden.

(5) Die Entfernung aus dem Amt nach Absatz 1 Satz 1 Nummer 3 hat bei einem Anwaltsnotar zugleich die Ausschließung aus der Rechtsanwaltschaft zur Folge.

§ 98[2] Verhängung der Disziplinarmaßnahmen. [1] Verweis und Geldbuße können durch Disziplinarverfügung der Aufsichtsbehörden verhängt werden. [2] Soll gegen den Notar auf Entfernung aus dem Amt, Entfernung vom bisherigen Amtssitz oder Entfernung aus dem Amt auf bestimmte Zeit erkannt werden, ist gegen ihn Disziplinarklage zu erheben. [3] § 14 Absatz 1 Nummer 2 des Bundesdisziplinargesetzes[3] findet auf die Entfernung vom bisherigen Amtssitz und die Entfernung aus dem Amt auf bestimmte Zeit entsprechende Anwendung.

§ 99 Disziplinargericht. Als Disziplinargerichte für Notare sind im ersten Rechtszug das Oberlandesgericht und im zweiten Rechtszug der Bundesgerichtshof zuständig.

§ 100[4] Übertragung von Aufgaben des Disziplinargerichts durch Rechtsverordnung. [1] Sind in einem Land mehrere Oberlandesgerichte errichtet, so kann die Landesregierung durch Rechtsverordnung die örtliche Zuständigkeit der Oberlandesgerichte für die ihnen als Disziplinargericht zugewiesenen Aufgaben abwei-

---

[1] § 97 Abs. 4 neu gef. durch G v. 29.1.1991 (BGBl. I S. 150); Abs. 4 Satz 1 geänd. durch G v. 31.8.1998 (BGBl. I S. 2585); Abs. 4 Satz 1 geänd. mWv 1.1.2002 durch G v. 9.7.2001 (BGBl. I S. 1510); Abs. 1 Satz 1 neu gef., Abs. 5 geänd. mWv 18.5.2017 durch G v. 12.5.2017 (BGBl. I S. 1121); Abs. 2 Satz 1, Abs. 5 geänd. mWv 1.8.2021 durch G v. 25.6.2021 (BGBl. I S. 2154).

[2] § 98 Abs. 2 geänd. durch G v. 31.8.1998 (BGBl. I S. 2585); Abs. 2 geänd. mWv 1.1.2002 durch G v. 9.7.2001 (BGBl. I S. 1510); Abs. 1 Sätze 2 und 3 angef. mWv 1.1.2010 durch G v. 17.6.2009 (BGBl. I S. 1282); Abs. 2 aufgeh. mWv 1.8.2021 durch G v. 25.6.2021 (BGBl. I S. 2154).

[3] **Sartorius Nr. 220.**

[4] § 100 Satz 2 angef. mWv 18.5.2017 durch G v. 12.5.2017 (BGBl. I S. 1121); Satz 1 neu gef. mWv 1.8. 2021 durch G v. 25.6.2021 (BGBl. I S. 2154).

chend regeln oder diese Aufgaben dem obersten Landesgericht übertragen. [2]Die Landesregierungen können diese Ermächtigung durch Rechtsverordnung auf die Landesjustizverwaltungen übertragen.

§ 101 Besetzung des Oberlandesgerichts. Das Oberlandesgericht entscheidet in Disziplinarsachen gegen Notare in der Besetzung mit dem Vorsitzenden, einem Beisitzer, der planmäßig angestellter Richter ist, und einem Beisitzer, der Notar ist.

§ 102[1)] Bestellung der richterlichen Mitglieder. [1]Der Vorsitzende, der mindestens Vorsitzender Richter am Oberlandesgericht sein muss, seine Stellvertreter sowie die richterlichen Beisitzer und ihre Stellvertreter werden von dem Präsidium des Oberlandesgerichts aus der Zahl der ständigen Mitglieder des Oberlandesgerichts auf die Dauer von fünf Jahren bestellt. [2]Im übrigen gelten die Vorschriften des Zweiten Titels des Gerichtsverfassungsgesetzes[2)] entsprechend.

§ 103[3)] Bestellung der notariellen Beisitzer. (1) [1]Die Beisitzer aus den Reihen der Notare werden von der Landesjustizverwaltung ernannt. [2]Sie müssen im Zuständigkeitsbereich des Disziplinargerichts als Notare bestellt sein. [3]Sie werden einer Vorschlagsliste entnommen, die der Vorstand der Notarkammer der Landesjustizverwaltung einreicht. [4]Die Landesjustizverwaltung bestimmt, welche Zahl von Beisitzern erforderlich ist; sie hat vorher den Vorstand der Notarkammer zu hören. [5]Die Vorschlagsliste des Vorstandes der Notarkammer muß mindestens die Hälfte mehr als die erforderliche Zahl von Notaren enthalten. [6]Umfaßt ein Oberlandesgericht mehrere Bezirke von Notarkammern oder Teile von solchen Bezirken, so verteilt die Landesjustizverwaltung die Zahl der Beisitzer auf die Bezirke der einzelnen Notarkammern.

(2) Die Beisitzer dürfen nicht gleichzeitig

1. Präsident der Kasse (§ 113 Abs. 3) sein oder dem Vorstand der Notarkammer, dem Verwaltungsrat der Kasse oder dem Präsidium der Bundesnotarkammer angehören;
2. bei der Notarkammer, der Kasse oder der Bundesnotarkammer im Haupt- oder Nebenberuf tätig sein;
3. einem anderen Disziplinargericht (§ 99) angehören.

(3) Zum Beisitzer kann nur ernannt werden, wer mindestens fünf Jahre als Notar tätig war.

(4) Notare, deren Wählbarkeit in den Vorstand der Notarkammer nach § 69 Absatz 4 ausgeschlossen ist, können nicht zum Beisitzer ernannt werden.

(5) [1]Die Beisitzer werden für die Dauer von fünf Jahren ernannt; sie können nach Ablauf ihrer Amtszeit wieder berufen werden. [2]Scheidet ein Beisitzer vorzeitig aus, so wird für den Rest der Amtszeit ein Nachfolger ernannt.

---

1) § 102 Sätze 1 und 2 geänd. mWv 1.1.2005 durch G v. 21.12.2004 (BGBl. I S. 3599); Satz 1 neu gef. mWv 1.9.2009 durch G v. 30.7.2009 (BGBl. I S. 2449); Satz 2 geänd. mWv 1.8.2021 durch G v. 25.6.2021 (BGBl. I S. 2154).

2) **Habersack, Deutsche Gesetze Nr. 95.**

3) § 103 Abs. 4 Nr. 2 und 5 geänd durch G v. 2.9.1994 (BGBl. I S. 2278); Abs. 4 Nr. 4 neu gef., Nr. 5 angef. durch G v. 29.1.1991 (BGBl. I S. 150); Abs. 5 Satz 1 geänd. mWv 1.1.2005 durch G v. 21.12.2004 (BGBl. I S. 3599); Abs. 1 Satz 2 eingef., bish. Sätze 2–5 werden Sätze 3–6, Abs. 2 neu gef. mWv 1.9.2009 durch G v. 30.7.2009 (BGBl. I S. 2449); Abs. 3 und 4 neu gef. mWv 1.8.2022 durch G v. 7.7.2021 (BGBl. I S. 2363).

§ 104[1)] Rechte und Pflichten der notariellen Beisitzer. (1) [1] Die Beisitzer aus den Reihen der Notare haben als solche während der Dauer ihres Amtes alle Rechte und Pflichten eines Berufsrichters. [2] Ihr Amt ist ein Ehrenamt. [3] Sie erhalten aus der Staatskasse für den mit ihrer Tätigkeit verbundenen Aufwand eine Entschädigung die sich auf das Eineinhalbfache des in Nummer 32008 des Kostenverzeichnisses zum Gerichts- und Notarkostengesetz[2)] genannten höchsten Betrages beläuft. [4] Außerdem haben sie Anspruch auf Ersatz ihrer Fahrt- und Übernachtungskosten nach Maßgabe der Nummern 32006, 32007 und 32009 des Kostenverzeichnisses zum Gerichts- und Notarkostengesetz.

(1a) [1] Das Amt eines Beisitzers endet, sobald das Amt des Notars erlischt oder nachträglich ein Umstand eintritt, der nach § 103 Abs. 2 der Ernennung entgegensteht, und der Beisitzer jeweils zustimmt. [2] Der Beisitzer, die Kasse und die Notarkammer haben Umstände nach Satz 1 unverzüglich der Landesjustizverwaltung und dem Oberlandesgericht mitzuteilen. [3] Über die Beendigung des Amtes nach Satz 1 entscheidet auf Antrag der Landesjustizverwaltung der Erste Zivilsenat des Oberlandesgerichts, das als Disziplinargericht zuständig ist, wenn das betroffene Mitglied der Beendigung nicht zugestimmt hat; Absatz 2 Satz 3 bis 5 gilt entsprechend.

(2) [1] Ein Beisitzer ist auf Antrag der Landesjustizverwaltung seines Amtes zu entheben,

1. wenn nachträglich bekannt wird, dass er nicht hätte ernannt werden dürfen;
2. wenn nachträglich ein Umstand eintritt, der der Ernennung entgegensteht;
3. wenn er eine Amtspflicht grob verletzt.

[2] Über den Antrag entscheidet der Erste Zivilsenat des Oberlandesgerichts oder des obersten Landesgerichts, das als Disziplinargericht zuständig ist. [3] Bei der Entscheidung dürfen die Mitglieder des Disziplinargerichts (§ 102) nicht mitwirken. [4] Vor der Entscheidung sind der Notar und der Vorstand der Notarkammer zu hören. [5] Die Entscheidung ist endgültig.

(3) Die Landesjustizverwaltung kann einen Beisitzer auf seinen Antrag aus dem Amt entlassen, wenn er aus gesundheitlichen Gründen auf nicht absehbare Zeit gehindert oder es ihm aus gewichtigen persönlichen Gründen nicht zuzumuten ist, sein Amt weiter auszuüben.

§ 105[3)] Anfechtung von Entscheidungen des Oberlandesgerichts. Für die Anfechtung von Entscheidungen des Oberlandesgerichts gelten die Vorschriften des Bundesdisziplinargesetzes[4)] in der am 31. März 2024 geltenden Fassung über die Anfechtung von Entscheidungen des Verwaltungsgerichts entsprechend.

§ 106 Besetzung des Bundesgerichtshofs. Der Bundesgerichtshof entscheidet in Disziplinarsachen gegen Notare in der Besetzung mit dem Vorsitzenden, zwei Richtern und zwei Notaren als Beisitzern.

[1)] § 104 Abs. 1 Satz 3 geänd., Satz 4 neu gef., Sätze 5 und 6 aufgeh. mWv 1.7.1994 durch G v. 24.6.1994 (BGBl. I S. 1325); Abs. 3 angef. mWv 1.1.2005 durch G v. 21.12.2004 (BGBl. I S. 3599); Abs. 1a eingef., Abs. 2 Satz 1 und Abs. 3 neu gef. mWv 1.9.2009 durch G v. 30.7.2009 (BGBl. I S. 2449); Abs. 1 Sätze 3 und 4 geänd. mWv 1.8.2013 durch G v. 23.7.2013 (BGBl. I S. 2586).

[2)] **Habersack, Deutsche Gesetze Nr. 119.**

[3)] § 105 neu gef. mWv 1.1.2010 durch G v. 17.6.2009 (BGBl. I S. 1282); geänd. mWv 1.4.2024 durch G v. 20.12.2023 (BGBl. 2023 I Nr. 389).

[4)] **Sartorius Nr. 220.**

§ 107[1)] Bestellung der richterlichen Mitglieder. [1] Der Vorsitzende, der mindestens Vorsitzender Richter am Bundesgerichtshof sein muss, seine Stellvertreter sowie die richterlichen Beisitzer und ihre Stellvertreter werden von dem Präsidium des Bundesgerichtshofes aus der Zahl der ständigen Mitglieder des Bundesgerichtshofes auf die Dauer von fünf Jahren bestellt. [2] Im übrigen gelten die Vorschriften des Zweiten Titels des Gerichtsverfassungsgesetzes[2)] entsprechend.

§ 108[3)] Bestellung der notariellen Beisitzer. (1) [1] Die Beisitzer aus den Reihen der Notare werden von dem Bundesministerium der Justiz und für Verbraucherschutz berufen. [2] Sie werden einer Vorschlagsliste entnommen, die das Präsidium der Bundesnotarkammer auf Grund von Vorschlägen der Notarkammern dem Bundesministerium der Justiz und für Verbraucherschutz einreicht. [3] Das Bundesministerium der Justiz und für Verbraucherschutz bestimmt, welche Zahl von Beisitzern erforderlich ist; er hat vorher das Präsidium der Bundesnotarkammer zu hören. [4] Die Vorschlagsliste muß mindestens die doppelte Zahl von Notaren enthalten und sich je zur Hälfte aus hauptberuflichen Notaren und Anwaltsnotaren zusammensetzen.

(2) § 103 Abs. 2 bis 5 und § 104 Abs. 1 Satz 2 bis 4, Abs. 1a bis 3 gelten entsprechend mit der Maßgabe, dass das Bundesministerium der Justiz und für Verbraucherschutz an die Stelle der Landesjustizverwaltung tritt und vor der Entscheidung über die Amtsenthebung eines Beisitzers auch das Präsidium der Bundesnotarkammer zu hören ist.

(3) [1] Die Notare sind ehrenamtliche Richter. [2] Sie haben in der Sitzung, zu der sie als Beisitzer herangezogen werden, die Stellung eines Berufsrichters.

(4) [1] Die Notare haben über Angelegenheiten, die ihnen bei ihrer Tätigkeit als Beisitzer bekannt werden, Verschwiegenheit zu bewahren. [2] § 69a Absatz 1 Satz 1 und 2, Absatz 2 ist entsprechend anzuwenden. [3] Die Genehmigung zur Aussage erteilt der Präsident des Bundesgerichtshofes.

(5) Die zu Beisitzern berufenen Notare sind zu den einzelnen Sitzungen in der Reihenfolge einer Liste heranzuziehen, die der Vorsitzende des Senats nach Anhörung der beiden ältesten der zu Beisitzern berufenen Notare vor Beginn des Geschäftsjahres aufstellt.

§ 109[4)] Anzuwendende Verfahrensvorschriften. Auf das Verfahren des Bundesgerichtshofs in Disziplinarsachen gegen Notare sind die Vorschriften des Bundesdisziplinargesetzes[5)] in der am 31. März 2024 geltenden Fassung über das Disziplinarverfahren vor dem Oberverwaltungsgericht entsprechend anzuwenden.

§ 110[6)] Verhältnis des Disziplinarverfahrens zu berufsaufsichtlichen Verfahren nach anderen Berufsgesetzen. (1) [1] Über eine Amtspflichtverletzung eines Anwaltsnotars, die zugleich Pflichten eines anderen Berufs verletzt, dessen

---

[1)] § 107 Sätze 1 und 2 geänd. mWv 1.1.2005 durch G v. 21.12.2004 (BGBl. I S. 3599); Satz 1 neu gef. mWv 1.9.2009 durch G v. 30.7.2009 (BGBl. I S. 2449); Satz 2 geänd. mWv 1.8.2021 durch G v. 25.6.2021 (BGBl. I S. 2154).

[2)] **Habersack, Deutsche Gesetze Nr. 95.**

[3)] § 108 Abs. 1 Sätze 1–3 geänd. durch G v. 31.8.1998 (BGBl. I S. 2585); Abs. 2 neu gef., Abs. 3–5 angef. mWv 1.9.2009 durch G v. 30.7.2009 (BGBl. I S. 2449); Abs. 1 Sätze 1–3 und Abs. 2 geänd. mWv 8.9.2015 durch VO v. 31.8.2015 (BGBl. I S. 1474); Abs. 2, 4 Satz 2 geänd. mWv 1.8.2021 durch G v. 25.6.2021 (BGBl. I S. 2154).

[4)] § 109 neu gef. mWv 1.1.2010 durch G v. 17.6.2009 (BGBl. I S. 1282); geänd. mWv 1.4.2024 durch G v. 20.12.2023 (BGBl. 2023 I Nr. 389).

[5)] **Sartorius Nr. 220.**

[6)] § 110 neu gef. mWv 1.8.2022 durch G v. 7.7.2021 (BGBl. I S. 2363).

103c. Verordnung (EU) 2020/1784 des Europäischen Parlaments und des Rates vom 25. November 2020 über die Zustellung gerichtlicher und außergerichtlicher Schriftstücke in Zivil- oder Handelssachen in den Mitgliedstaaten (Zustellung von Schriftstücken)

(Neufassung)

(ABl. L 405 vom 2.12.2020, S. 40, ELI: http://data.europa.eu/eli/reg/2020/1784/oj)

Celex-Nr. 3 2020 R 1784

Lfd. Nr.	Änderndes Gesetz	Datum	Fundstelle	Betroffen	Hinweis
1.	Art. 24 VO (EU) 2023/2844	13.12.2023	ABl. L, 2023/2844, 27.12.2023	Art. 12, 13, 19a, 37	mWv 1.5.2025

Vorbemerkung:
Die Änderungen durch VO v. 13.12.2023 (ABl. L, 2023/2844, 27.12.2023) treten erst mWv 1.5.2025 in Kraft und sind im Text noch nicht berücksichtigt.

DAS EUROPÄISCHE PARLAMENT UND DER RAT DER EUROPÄISCHEN UNION –

gestützt auf den Vertrag über die Arbeitsweise der Europäischen Union[1)], insbesondere auf Artikel 81 Absatz 2,

auf Vorschlag der Europäischen Kommission,

nach Zuleitung des Entwurfs des Gesetzgebungsakts an die nationalen Parlamente,

nach Stellungnahme des Europäischen Wirtschafts- und Sozialausschusses[2)],

nach Anhörung des Ausschusses der Regionen,

gemäß dem ordentlichen Gesetzgebungsverfahren[3)],

in Erwägung nachstehender Gründe:

(1) Die Verordnung (EG) Nr. 1393/2007 des Europäischen Parlaments und des Rates[4)] ist bereits früher geändert worden. Da weitere erhebliche Änderungen vorgenommen werden müssen, sollte die Verordnung im Interesse der Klarheit neu gefasst werden.

[1)] **Sartorius Nr. 1001.**

[2)] **Amtl. Anm.:** ABl. C 62 vom 15.2.2019, S. 56.

[3)] **Amtl. Anm.:** Standpunkt des Europäischen Parlaments vom 13. Februar 2019 (noch nicht im Amtsblatt veröffentlicht) und Standpunkt des Rates in erster Lesung vom 4. November 2020 (noch nicht im Amtsblatt veröffentlicht). Standpunkt des Europäischen Parlaments vom 23. November 2020 (noch nicht im Amtsblatt veröffentlicht).

[4)] **Amtl. Anm.:** Verordnung (EG) Nr. 1393/2007 des Europäischen Parlaments und des Rates vom 13. November 2007 über die Zustellung gerichtlicher und außergerichtlicher Schriftstücke in Zivil- oder Handelssachen in den Mitgliedstaaten (Zustellung von Schriftstücken) und zur Aufhebung der Verordnung (EG) Nr. 1348/2000 des Rates (ABl. L 324 vom 10.12.2007, S. 79).

(2) Die Union hat sich zum Ziel gesetzt, die Union als einen Raum der Freiheit, der Sicherheit und des Rechts, in dem die Freizügigkeit gewährleistet ist, zu erhalten und weiterzuentwickeln. Um diesen Raum aufzubauen, erlässt die Union unter anderem im Bereich der justiziellen Zusammenarbeit in Zivilsachen die für das reibungslose Funktionieren des Binnenmarkts erforderlichen Maßnahmen.

(3) Für das reibungslose Funktionieren des Binnenmarkts und die Entwicklung eines Rechtsraums in Zivilsachen in der Union muss die Übermittlung und Zustellung gerichtlicher und außergerichtlicher Schriftstücke zwischen den Mitgliedstaaten in Zivil- oder Handelssachen weiter verbessert und beschleunigt und zugleich ein hohes Maß an Sicherheit und Schutz bei der Übermittlung solcher Schriftstücke – unter Wahrung des Schutzes der Rechte der Empfänger sowie des Schutzes der Privatsphäre und der personenbezogenen Daten – sichergestellt werden. Diese Verordnung verfolgt das Ziel, die Effizienz und Schnelligkeit von Gerichtsverfahren durch ihre Vereinfachung und Straffung im Bereich der Zustellung gerichtlicher und außergerichtlicher Schriftstücke in der Union zu verbessern, und gleichzeitig dazu beizutragen, Verzögerungen und Kosten für natürliche Personen und Unternehmen zu verringern. Durch die Schaffung größerer Rechtssicherheit und die Vereinfachung, Straffung und Digitalisierung der Verfahren werden natürliche Personen und Unternehmen dazu ermutigt, sich am grenzüberschreitenden Geschäftsverkehr zu beteiligen, wodurch der Handel innerhalb der Union angekurbelt und somit das Funktionieren des Binnenmarkts verbessert wird.

(4) Mit dieser Verordnung werden Regeln über die Zustellung gerichtlicher und außergerichtlicher Schriftstücke in den Mitgliedstaaten in Zivil- oder Handelssachen festgelegt. Sie sollte nicht für die Zustellung gerichtlicher und außergerichtlicher Schriftstücke in anderen Angelegenheiten wie Steuer- und Zollsachen sowie verwaltungsrechtlichen Angelegenheiten gelten.

(5) Bei der grenzüberschreitenden Zustellung sollte es sich um die Zustellung von einem Mitgliedstaat in einen anderen Mitgliedstaat handeln.

(6) Diese Verordnung sollte nicht für die Zustellung von Schriftstücken an einen Bevollmächtigten einer Partei im Forummitgliedstaat gelten, sondern – unabhängig von der Zustellung an den Bevollmächtigten der Partei – für die Zustellung aller Schriftstücke an eine Partei im Ausland, falls diese Zustellung nach dem Recht des Forummitgliedstaats vorgeschrieben ist.

(7) Wenn ein Empfänger keine bekannte Zustelladresse im Forummitgliedstaat, aber eine oder mehrere bekannte Zustelladressen in einem oder mehreren anderen Mitgliedstaaten hat, so sollte das Schriftstück dem betreffenden anderen Mitgliedstaat zwecks Zustellung gemäß dieser Verordnung übermittelt werden. Diese Situation sollte nicht als eine inländische Zustellung im Forummitgliedstaat ausgelegt werden. Insbesondere sollte die Zustellung des Schriftstücks an den Empfänger nicht durch eine Methode der fiktiven Zustellung – wie beispielsweise eine Zustellung durch Anschlag an der Gerichtstafel oder durch Aufbewahrung des Schriftstücks im Gerichtsakt – erfolgen.

(8) Für die Zwecke dieser Verordnung sollte der Begriff „außergerichtliche Schriftstücke" so verstanden werden, dass er von einer Behörde oder einer Amtsperson erstellte oder beglaubigte Schriftstücke umfasst sowie andere Schriftstücke, deren förmliche Übermittlung an einen in einem anderen Mitgliedstaat ansässigen Empfänger zur Geltendmachung, zum Beweis oder zur Wahrung eines Rechts oder Anspruchs in Zivil- oder Handelssachen erforderlich ist. Der Begriff „außergerichtliche Schriftstücke" sollte nicht so verstan-

den werden, dass er Schriftstücke umfasst, die von Verwaltungsbehörden für die Zwecke von Verwaltungsverfahren ausgestellt werden.

(9) Die Wirksamkeit und Schnelligkeit der gerichtlichen Verfahren in Zivilsachen setzt voraus, dass die Übermittlung gerichtlicher und außergerichtlicher Schriftstücke unmittelbar und auf schnellstmöglichem Wege zwischen den von den Mitgliedstaaten benannten örtlichen Stellen erfolgt. Die Mitgliedstaaten sollten separate Übermittlungs- oder Empfangsstellen oder eine einzige oder mehrere Stellen, die beide Funktionen zugleich wahrnehmen, für einen Zeitraum von fünf Jahren benennen können. Es sollte jedoch möglich sein, diese Benennung alle fünf Jahre zu erneuern.

(10) Um die schnelle Übermittlung von Schriftstücken zwischen den Mitgliedstaaten zum Zwecke der Zustellung sicherzustellen, sollten alle geeigneten modernen Kommunikationstechnologien genutzt werden, vorausgesetzt, be-

(Fortsetzung nächstes Blatt)

(3) Die Mitgliedstaaten übermitteln der Kommission:

a) eine Abschrift der zwischen den Mitgliedstaaten geschlossenen Übereinkünfte oder Vereinbarungen nach Absatz 2 sowie die Entwürfe von ihnen geplanter Übereinkünfte oder Vereinbarungen und

b) jede Kündigung oder Änderung dieser Übereinkünfte oder Vereinbarungen.

Art. 30 Prozesskostenhilfe. Die vorliegende Verordnung berührt nicht Artikel 24 des Haager Übereinkommens vom 1. März 1954 über den Zivilprozess und Artikel 13 des Abkommens über die Erleichterung des internationalen Zugangs zu den Gerichten vom 25. Oktober 1980 im Verhältnis zwischen den Mitgliedstaaten, die Vertragspartei dieser Übereinkünfte sind.

Art. 31 Schutz übermittelter Informationen. (1) *[1]* Die nach dieser Verordnung durchgeführte Verarbeitung personenbezogener Daten, einschließlich des Austausches oder der Übermittlung personenbezogener Daten durch die zuständigen Behörden, erfolgt gemäß der Verordnung (EU) 2016/679[1].

[2] Der Austausch oder die Übermittlung von Informationen durch die zuständigen Stellen auf Ebene der Union erfolgt gemäß der Verordnung (EU) 2018/1725.

[3] Personenbezogene Daten, die für die Bearbeitung eines einzelnen Falls nicht relevant sind, werden sofort gelöscht.

(2) Die nach nationalem Recht zuständige Behörde oder zuständigen Behörden gilt bzw. gelten für die Verarbeitung personenbezogener Daten im Rahmen der vorliegenden Verordnung als Verantwortliche im Sinne der Verordnung (EU) 2016/679.

(3) Unbeschadet der Absätze 1 und 2 darf die Empfangsstelle die nach dieser Verordnung übermittelten Informationen nur zu dem Zweck verwenden, zu dem sie übermittelt wurden.

(4) Die Empfangsstellen stellen die Vertraulichkeit derartiger Informationen nach Maßgabe ihres nationalen Rechts sicher.

(5) Die Absätze 3 und 4 berühren nicht das Auskunftsrecht von Betroffenen über die Verwendung der nach dieser Verordnung übermittelten Informationen, das ihnen nach dem nationalen Recht zusteht.

(6) Die Richtlinie 2002/58/EG bleibt von dieser Verordnung unberührt.

Art. 32 Achtung der Grundrechte nach dem Unionsrecht. Die Grundrechte und Grundfreiheiten aller beteiligten Personen, insbesondere das Recht auf gleichberechtigten Zugang zur Justiz, das Recht auf Nichtdiskriminierung und das Recht auf Schutz personenbezogener Daten und der Privatsphäre, sind nach Maßgabe des Unionsrechts uneingeschränkt zu wahren und zu achten.

Art. 33[2] Mitteilung, Veröffentlichung und Handbuch. (1) *[1]* Die Mitgliedstaaten teilen der Kommission die Angaben nach den Artikeln 3, 7, 12, 14, 17, 19, 20 und 22 mit.

[2] Die Mitgliedstaaten teilen der Kommission mit, ob ihr nationales Recht die Zustellung eines Schriftstücks nach Artikel 12 Absatz 5 und Artikel 13 Absatz 2 innerhalb einer bestimmten Frist erfordert.

---

[1] **Sartorius Nr. 246.**
[2] Art. 33 Abs. 3 ber. ABl. L, 2024/90073, 2.2.2024.

(2) [1] Sind Mitgliedstaaten in der Lage, den Betrieb des dezentralen IT-Systems früher als in dieser Verordnung vorgeschrieben aufzunehmen, so können sie das der Kommission mitteilen. [2] Die Kommission stellt diese Informationen auf elektronischem Wege zur Verfügung, insbesondere im Europäischen Justizportal.

(3) Die Kommission veröffentlicht die nach Absatz 1 mitgeteilten Angaben auf geeignete Weise, einschließlich über das Europäische Justizportal,[1)]

(4) [1] Die Kommission erstellt und aktualisiert regelmäßig ein Handbuch, das die Angaben nach Absatz 1 enthält. [2] Sie stellt das Handbuch in elektronischer Form bereit, insbesondere über das Europäische Justizielle Netz für Zivil- und Handelssachen und über das Europäische Justizportal.

Art. 34 Monitoring. (1) Die Kommission erstellt bis zum 2. Juli 2023 ein ausführliches Programm für das Monitoring der Leistungen, der Ergebnisse und der Wirkung dieser Verordnung.

(2) [1] In dem Monitoring-Programm wird festgelegt, welche Maßnahmen die Kommission und die Mitgliedstaaten zum Monitoring der Leistungen, der Ergebnisse und der Wirkung dieser Verordnung zu treffen haben. [2] Darin wird festgelegt, wann die in Absatz 3 genannten Daten erstmals zu erfassen sind – spätestens bis zum 2. Juli 2026 – und in welchen weiteren Zeitabständen diese Daten zu erfassen sind.

(3) Die Mitgliedstaaten übermitteln der Kommission je nach Verfügbarkeit folgende für die Zwecke des Monitorings erforderliche Daten:

a) die Anzahl der nach Artikel 8 übermittelten Ersuchen um Zustellung von Schriftstücken;
b) die Anzahl der nach Artikel 11 ausgeführten Ersuchen um Zustellung von Schriftstücken;
c) die Anzahl der Fälle, in denen das Ersuchen um Zustellung von Schriftstücken mit anderen Mitteln als dem dezentralen IT-System nach Artikel 5 Absatz 4 übermittelt wurde;
d) die Anzahl der eingegangenen Bescheinigungen über die Nichtzustellung von Schriftstücken;
e) die Anzahl der Fälle, in denen die Annahme von Schriftstücken, die bei den Übermittlungsstellen eingegangen sind, aus sprachlichen Gründen verweigert wurde.

(4) Die Referenzimplementierungssoftware und – soweit es dafür ausgerüstet ist – das nationale Back-End-System erfassen die in Absatz 3 Buchstaben a, b und d genannten Daten durch entsprechende Programmierung und übermitteln sie regelmäßig der Kommission.

Art. 35 Bewertung. (1) Spätestens fünf Jahre nach Geltungsbeginn des Artikels 5 gemäß Artikel 37 Absatz 2 führt die Kommission eine Bewertung dieser Verordnung durch und legt dem Europäischen Parlament, dem Rat und dem Europäischen Wirtschafts- und Sozialausschuss einen Bericht mit ihren wichtigsten Ergebnissen – gegebenenfalls zusammen mit einem Legislativvorschlag – vor.

(2) Die Mitgliedstaaten übermitteln der Kommission die Angaben, die für die Ausarbeitung des in Absatz 1 genannten Berichts erforderlich sind.

[1)] Wortlaut und Zeichensetzung amtlich.

103e. Verordnung (EG) Nr. 861/2007 des Europäischen Parlaments und des Rates vom 11. Juli 2007 zur Einführung eines europäischen Verfahrens für geringfügige Forderungen

(ABl. L 199 vom 31.7.2007, S. 1, ELI: http://data.europa.eu/eli/reg/2007/861/oj)

Celex-Nr. 3 2007 R 0861

Lfd. Nr.	Änderndes Gesetz	Datum	Fund-stelle	Betroffen	Hinweis
1.	Art. 1 Abs. 1 Buchst. k VO (EU) 517/2013	13.5.2013	ABl. L 158 S. 1	Anh. I, II	mWv 1.7.2013
2.	Art. 1 VO (EU) 2015/2421	16.12. 2015	ABl. L 341 S. 1	Art. 25	mWv 14.1.2017
				Art. 2, 3, 4, 5, 8, 9, 11, 13, 15a, 17, 18, 20, 21, 21a, 23a, 26, 27, 28	mWv 14.7.2017
3.	Art. 1 VO (EU) 2017/1259	19.6.2017	ABl. L 182 vom 13.7. 2017, S. 1	Anh. I, II, III, IV	mWv 14.7.2017
4.	Art. 20 VO (EU) 2023/ 2844	13.12. 2023	ABl. L, 2023/ 2844, 27.12. 2023	Art. 4, 13, 15a	mWv 1.5.2025

Vorbemerkung:
Die Änderungen durch VO v. 13.12.2023 (ABl. L, 2023/2844, 27.12.2023) treten erst mWv 1.5.2025 in Kraft und sind im Text noch nicht berücksichtigt.

DAS EUROPÄISCHE PARLAMENT UND DER RAT DER EUROPÄISCHEN UNION –

gestützt auf den Vertrag zur Gründung der Europäischen Gemeinschaft, insbesondere auf Artikel 61 Buchstabe c und Artikel 67,

auf Vorschlag der Kommission,

nach Stellungnahme des Europäischen Wirtschafts- und Sozialausschusses[1],
gemäß dem Verfahren des Artikels 251 des Vertrags[2],
in Erwägung nachstehender Gründe:

(1) Die Gemeinschaft hat sich zum Ziel gesetzt, einen Raum der Freiheit, der Sicherheit und des Rechts, in dem der freie Personenverkehr gewährleistet ist, zu erhalten und weiterzuentwickeln. Zur schrittweisen Schaffung eines solchen Raums erlässt die Gemeinschaft unter anderem im Bereich der justiziellen Zusammenarbeit in Zivilsachen mit grenzüberschreitendem Bezug die für das reibungslose Funktionieren des Binnenmarkts erforderlichen Maßnahmen.

(2) Gemäß Artikel 65 Buchstabe c des Vertrags schließen diese Maßnahmen die Beseitigung der Hindernisse für eine reibungslose Abwicklung von Zivilverfahren

[1] **Amtl. Anm.:** ABl. C 88 vom 11.4.2006, S. 61.

[2] **Amtl. Anm.:** Stellungnahme des Europäischen Parlaments vom 14. Dezember 2006 (noch nicht im Amtsblatt veröffentlicht) und Beschluss des Rates vom 13. Juni 2007.

ein, erforderlichenfalls durch Förderung der Vereinbarkeit der in den Mitgliedstaaten geltenden zivilrechtlichen Verfahrensvorschriften.

(3) Bisher hat die Gemeinschaft in diesem Bereich unter anderem bereits folgende Maßnahmen erlassen: Verordnung (EG) Nr. 1348/2000 des Rates vom 29. Mai 2000 über die Zustellung gerichtlicher und außergerichtlicher Schriftstücke in Zivil- oder Handelssachen in den Mitgliedstaaten[1], Verordnung (EG) Nr. 44/2001 des Rates vom 22. Dezember 2000 über die gerichtliche Zuständigkeit und die Anerkennung und Vollstreckung von Entscheidungen in Zivil- und Handelssachen[2], Entscheidung 2001/470/EG des Rates vom 28. Mai 2001 über die Einrichtung eines Europäischen Justiziellen Netzes für Zivil- und Handelssachen[3], Verordnung (EG) Nr. 805/2004[4] des Europäischen Parlaments und des Rates vom 21. April 2004 zur Einführung eines europäischen Vollstreckungstitels für unbestrittene Forderungen[5] und Verordnung (EG) Nr. 1896/2006[6] des Europäischen Parlaments und des Rates vom 12. Dezember 2006 zur Einführung eines Europäischen Mahnverfahrens[7].

(4) Der Europäische Rat forderte auf seiner Tagung vom 15. und 16. Oktober 1999 in Tampere den Rat und die Kommission auf, gemeinsame Verfahrensregeln für vereinfachte und beschleunigte grenzüberschreitende Gerichtsverfahren bei verbraucher- und handelsrechtlichen Ansprüchen mit geringem Streitwert zu verabschieden.

(5) Am 30. November 2000 verabschiedete der Rat ein gemeinsames Programm der Kommission und des Rates über Maßnahmen zur Umsetzung des Grundsatzes der gegenseitigen Anerkennung gerichtlicher Entscheidungen in Zivil- und Handelssachen[8]. In dem Programm wird auf die Vereinfachung und Beschleunigung der Beilegung grenzüberschreitender Streitigkeiten Bezug genommen. Dies wurde durch das vom Europäischen Rat am 5. November 2004 angenommene Haager Programm[9], in dem eine aktive Durchführung der Arbeiten zu geringfügigen Forderungen gefordert wird, weiter vorangebracht.

(6) Am 20. Dezember 2002 nahm die Kommission ein Grünbuch über ein Europäisches Mahnverfahren und über Maßnahmen zur einfacheren und schnelleren Beilegung von Streitigkeiten mit geringem Streitwert an. Mit dem Grünbuch wurde eine Konsultation über Maßnahmen zur Vereinfachung und Beschleunigung von Streitigkeiten mit geringem Streitwert eingeleitet.

(7) Viele Mitgliedstaaten haben vereinfachte zivilrechtliche Verfahren für Bagatellsachen eingeführt, da der Zeit-/Kostenaufwand und die Schwierigkeiten, die mit der Rechtsverfolgung verbunden sind, nicht unbedingt proportional zum Wert der Forderung abnehmen. Die Hindernisse für ein schnelles Urteil mit geringen Kosten verschärfen sich in grenzüberschreitenden Fällen. Es ist daher erforderlich, ein europäisches Verfahren für geringfügige Forderungen einzuführen. Ziel eines solchen europäischen Verfahrens sollte der erleichterte Zugang zur

---

[1] **Amtl. Anm.:** ABl. L 160 vom 30.6.2000, S. 37.

[2] **Amtl. Anm.:** ABl. L 12 vom 16.1.2001, S. 1. Geändert durch die Verordnung (EG) Nr. 1791/2006 (ABl. L 363 vom 20.12.2006, S. 1).

[3] **Amtl. Anm.:** ABl. L 174 vom 27.6.2001, S. 25.

[4] Nr. **103f**.

[5] **Amtl. Anm.:** ABl. L 143 vom 30.4.2004, S. 15. Geändert durch die Verordnung (EG) Nr. 1869/2005 der Kommission (ABl. L 300 vom 17.11.2005, S. 6).

[6] Nr. **103g**.

[7] **Amtl. Anm.:** ABl. L 399 vom 30.12.2006, S. 1.

[8] **Amtl. Anm.:** ABl. C 12 vom 15.1.2001, S. 1.

[9] **Amtl. Anm.:** ABl. C 53 vom 3.3.2005, S. 1.

103f. Verordnung (EG) Nr. 805/2004 des Europäischen Parlaments und des Rates vom 21. April 2004 zur Einführung eines europäischen Vollstreckungstitels für unbestrittene Forderungen

(ABl. L 143 vom 30.4.2004, S. 15, ELI: http://data.europa.eu/eli/reg/2004/805/oj)

Celex-Nr. 3 2004 R 0805

Lfd. Nr.	Änderndes Gesetz	Datum	Fundstelle	Betroffen	Hinweis
1.	Art. 1 VO (EG) 1869/2005	16.11. 2005	ABl. L 300 S. 6	Anh. I–VI	mWv 24.11. 2005
2.	Anh. Nr. 4 VO (EG) 1103/ 2008	22.10. 2008	ABl. L 304 S. 80	Art. 31, 32	mWv 4.12.2008
3.	Art. 1 VO (EU) 2022/2040	19.10. 2022	ABl. L 275 S. 30	Art. 31, 31a, 32	mWv 26.10. 2022
4.	Art. 18 VO (EU) 2023/ 2844	13.12. 2023	ABl. L, 2023/ 2844, 27.12. 2023	Art. 13	mWv 1.5.2025

Vorbemerkung:

Die Änderung durch VO v. 13.12.2023 (ABl. L, 2023/2844, 27.12.2023) tritt erst mWv 1.5.2025 in Kraft und ist im Text noch nicht berücksichtigt.

DAS EUROPÄISCHE PARLAMENT UND DER RAT DER EUROPÄISCHEN UNION –

gestützt auf den Vertrag zur Gründung der Europäischen Gemeinschaft, insbesondere auf Artikel 61 Buchstabe c) und Artikel 67 Absatz 5 zweiter Gedankenstrich,

auf Vorschlag der Kommission[1)],

nach Stellungnahme des Europäischen Wirtschafts- und Sozialausschusses[2)],

gemäß dem Verfahren des Artikels 251 des Vertrags[3)],

in Erwägung nachstehender Gründe:

(1) Die Gemeinschaft hat sich zum Ziel gesetzt, einen Raum der Freiheit, der Sicherheit und des Rechts, in dem der freie Personenverkehr gewährleistet ist, zu erhalten und weiterzuentwickeln. Dazu erlässt die Gemeinschaft unter anderem im Bereich der justiziellen Zusammenarbeit in Zivilsachen die für das reibungslose Funktionieren des Binnenmarkts erforderlichen Maßnahmen.

---

1) **Amtl. Anm.:** ABl. C 203 E vom 27.8.2002, S. 86.

2) **Amtl. Anm.:** ABl. C 85 vom 8.4.2003, S. 1.

3) **Amtl. Anm.:** Stellungnahme des Europäischen Parlaments vom 8. April 2003 (ABl. C 64 E vom 12.3.2004, S. 79). Gemeinsamer Standpunkt des Rates vom 6. Februar 2004 (noch nicht im Amtsblatt veröffentlicht) und Standpunkt des Europäischen Parlaments vom 30. März 2004 (noch nicht im Amtsblatt veröffentlicht).

(2) Am 3. Dezember 1998 nahm der Rat den Aktionsplan des Rates und der Kommission zur bestmöglichen Umsetzung der Bestimmungen des Amsterdamer Vertrags über den Aufbau eines Raums der Freiheit, der Sicherheit und des Rechts[1] an (Wiener Aktionsplan).

(3) Auf seiner Tagung vom 15. und 16. Oktober 1999 in Tampere bekräftigte der Europäische Rat den Grundsatz der gegenseitigen Anerkennung gerichtlicher Entscheidungen als Eckpfeiler für die Schaffung eines echten europäischen Rechtsraums.

(4) Am 30. November 2000 verabschiedete der Rat ein Programm über Maßnahmen zur Umsetzung des Grundsatzes der gegenseitigen Anerkennung gerichtlicher Entscheidungen in Zivil- und Handelssachen[2]. Dieses Programm sieht in seiner ersten Phase die Abschaffung des Vollstreckbarerklärungsverfahrens, d.h. die Einführung eines Europäischen Vollstreckungstitels für unbestrittene Forderungen vor.

(5) Der Begriff „unbestrittene Forderung" sollte alle Situationen erfassen, in denen der Schuldner Art oder Höhe einer Geldforderung nachweislich nicht bestritten hat und der Gläubiger gegen den Schuldner entweder eine gerichtliche Entscheidung oder einen vollstreckbaren Titel, der die ausdrückliche Zustimmung des Schuldners erfordert, wie einen gerichtlichen Vergleich oder eine öffentliche Urkunde, erwirkt hat.

(6) Ein fehlender Widerspruch seitens des Schuldners im Sinne von Artikel 3 Absatz 1 Buchstabe b) liegt auch dann vor, wenn dieser nicht zur Gerichtsverhandlung erscheint oder einer Aufforderung des Gerichts, schriftlich mitzuteilen, ob er sich zu verteidigen beabsichtigt, nicht nachkommt.

(7) Diese Verordnung sollte auch für Entscheidungen, gerichtliche Vergleiche und öffentliche Urkunden über unbestrittene Forderungen und solche Entscheidungen gelten, die nach Anfechtung von als Europäischer Vollstreckungstitel bestätigten Entscheidungen, gerichtlichen Vergleichen und öffentlichen Urkunden ergangen sind.

(8) Der Europäische Rat hat in seinen Schlussfolgerungen von Tampere die Auffassung vertreten, dass der Zugang zur Vollstreckung einer Entscheidung in einem anderen Mitgliedstaat als dem, in dem die Entscheidung ergangen ist, durch den Verzicht auf die dort als Voraussetzung einer Vollstreckung erforderlichen Zwischenmaßnahmen beschleunigt und vereinfacht werden sollte. Eine Entscheidung, die vom Gericht des Ursprungsmitgliedstaats als Europäischer Vollstreckungstitel bestätigt worden ist, sollte im Hinblick auf die Vollstreckung so behandelt werden, als wäre sie im Vollstreckungsmitgliedstaat ergangen. So erfolgt beispielsweise im Vereinigten Königreich die Registrierung einer bestätigten ausländischen Entscheidung nach den gleichen Vorschriften wie die Registrierung einer Entscheidung aus einem anderen Teil des Vereinigten Königreichs und darf nicht mit einer inhaltlichen Überprüfung der ausländischen Entscheidung verbunden sein. Die Umstände der Vollstreckung dieser Entscheidung sollten sich weiterhin nach innerstaatlichem Recht richten.

(9) Dieses Verfahren sollte gegenüber dem Vollstreckbarerklärungsverfahren der Verordnung (EG) Nr. 44/2001 des Rates vom 22. Dezember 2000 über die gerichtliche Zuständigkeit und die Anerkennung und Vollstreckung von Ent-

---

[1] **Amtl. Anm.:** ABl. C 19 vom 23.1.1999, S. 1.
[2] **Amtl. Anm.:** ABl. C 12 vom 15.1.2001, S. 1.

scheidungen in Zivil- und Handelssachen[1)] einen erheblichen Vorteil bieten, der darin besteht, dass auf die Zustimmung des Gerichts eines zweiten Mitgliedstaats mit den daraus entstehenden Verzögerungen und Kosten verzichtet werden kann.

(10) Auf die Nachprüfung einer gerichtlichen Entscheidung, die in einem anderen Mitgliedstaat über eine unbestrittene Forderung in einem Verfahren ergangen ist, auf das sich der Schuldner nicht eingelassen hat, kann nur dann verzichtet werden, wenn eine hinreichende Gewähr besteht, dass die Verteidigungsrechte beachtet worden sind.

(11) Diese Verordnung soll der Förderung der Grundrechte dienen und berücksichtigt die Grundsätze, die insbesondere mit der Charta der Grundrechte der Europäischen Union anerkannt wurden. Sie zielt insbesondere darauf ab, die uneingeschränkte Wahrung des Rechts auf ein faires Verfahren, wie es in Artikel 47 der Charta verankert ist, zu gewährleisten.

(12) Für das gerichtliche Verfahren sollten Mindestvorschriften festgelegt werden, um sicherzustellen, dass der Schuldner so rechtzeitig und in einer Weise über das gegen ihn eingeleitete Verfahren, die Notwendigkeit seiner aktiven Teilnahme am Verfahren, wenn er die Forderung bestreiten will, und

(Fortsetzung nächstes Blatt)

[1)] **Amtl. Anm.:** ABl. L 12 vom 16.1.2001, S. 1. Zuletzt geändert durch die Verordnung (EG) Nr. 1496/2002 der Kommission (ABl. L 225 vom 22.8.2002, S. 13).

103g. Verordnung (EG) Nr. 1896/2006 des Europäischen Parlaments und des Rates vom 12. Dezember 2006 zur Einführung eines Europäischen Mahnverfahrens

(ABl. L 399 vom 30.12.2006, S. 1, ELI: http://data.europa.eu/eli/reg/2006/1896/oj)

Celex-Nr. 3 2006 R 1896

Lfd. Nr.	Änderndes Gesetz	Datum	Fundstelle	Betroffen	Hinweis
1.	Art. 1 VO (EU) 936/2012	4.10.2012	ABl. L 283 S. 1	Anh. I, II, III, IV, V, VI, VII	neu gef. mWv 23.10.2012
2.	Art. 1 VO (EU) 517/2013	13.5.2013	ABl. L 158 S. 1	Anh. I, II, V	geänd. mWv 1.7.2013
3.	Art. 2 VO (EU) 2015/2421	16.12.2015	ABl. L 341 S. 1	Art. 7, 17, 25, 30, 31	mWv 14.7.2017
4.	Art. 1 VO (EU) 2017/1260	19.6.2017	ABl. L 182 S. 20	Anh. I	mWv 14.7.2017
5.	Art. 19 VO (EU) 2023/2844	13.12.2023	ABl. L, 2023/2844, 27.12.2023	Art. 7, 13, 16	mWv 1.5.2025

Vorbemerkung:

Die Änderungen durch VO v. 13.12.2023 (ABl. L, 2023/2844, 27.12.2023) treten erst mWv 1.5.2025 in Kraft und sind im Text noch nicht berücksichtigt.

DAS EUROPÄISCHE PARLAMENT UND DER RAT DER EUROPÄISCHEN UNION –

gestützt auf den Vertrag zur Gründung der Europäischen Gemeinschaft[1)], insbesondere auf Artikel 61 Buchstabe c,

auf Vorschlag der Kommission,

nach Stellungnahme des Europäischen Wirtschafts- und Sozialausschusses[2)],

gemäß dem Verfahren des Artikels 251 des Vertrages[3)],

in Erwägung nachstehender Gründe:

(1) Die Gemeinschaft hat sich zum Ziel gesetzt, einen Raum der Freiheit, der Sicherheit und des Rechts, in dem der freie Personenverkehr gewährleistet ist, zu erhalten und weiterzuentwickeln. Zur schrittweisen Schaffung eines solchen Raums erlässt die Gemeinschaft unter anderem im Bereich der justiziel-

[1)] Nunmehr Vertrag über die Arbeitsweise der Europäischen Union durch Vertrag von Lissabon v. 13.12.2007 (ABl. C 306 S. 1).

[2)] **Amtl. Anm.:** ABl. C 221 vom 8.9.2005, S. 77.

[3)] **Amtl. Anm.:** Stellungnahme des Europäischen Parlaments vom 13. Dezember 2005 (noch nicht im Amtsblatt veröffentlicht), Gemeinsamer Standpunkt des Rates vom 30. Juni 2006 (noch nicht im Amtsblatt veröffentlicht), Standpunkt des Europäischen Parlaments vom 25. Oktober 2006. Beschluss des Rates vom 11. Dezember 2006.

len Zusammenarbeit in Zivilsachen mit grenzüberschreitendem Bezug die für das reibungslose Funktionieren des Binnenmarkts erforderlichen Maßnahmen.

(2) Gemäß Artikel 65 Buchstabe c des Vertrags schließen diese Maßnahmen die Beseitigung der Hindernisse für eine reibungslose Abwicklung von Zivilverfahren ein, erforderlichenfalls durch Förderung der Vereinbarkeit der in den Mitgliedstaaten geltenden zivilrechtlichen Verfahrensvorschriften.

(3) Auf seiner Tagung am 15. und 16. Oktober 1999 in Tampere forderte der Europäische Rat den Rat und die Kommission auf, neue Vorschriften zu jenen Aspekten auszuarbeiten, die unabdingbar für eine reibungslose justizielle Zusammenarbeit und einen verbesserten Zugang zum Recht sind, und nannte in diesem Zusammenhang ausdrücklich auch das Mahnverfahren.

(4) Am 30. November 2000 verabschiedete der Rat ein gemeinsames Programm der Kommission und des Rates über Maßnahmen zur Umsetzung des Grundsatzes der gegenseitigen Anerkennung gerichtlicher Entscheidungen in Zivil- und Handelssachen[1]. Darin wird die Schaffung eines besonderen, gemeinschaftsweit einheitlichen oder harmonisierten Verfahrens zur Erwirkung einer gerichtlichen Entscheidung in speziellen Bereichen, darunter die Beitreibung unbestrittener Forderungen, in Erwägung gezogen. Dies wurde durch das vom Europäischen Rat am 5. November 2004 angenommene Haager Programm, in dem eine zügige Durchführung der Arbeiten am Europäischen Zahlungsbefehl gefordert wird, weiter vorangebracht.

(5) Am 20. Dezember 2002 nahm die Kommission ein Grünbuch über ein Europäisches Mahnverfahren und über Maßnahmen zur einfacheren und schnelleren Beilegung von Streitigkeiten mit geringem Streitwert an. Mit dem Grünbuch wurde eine Anhörung zu den möglichen Zielen und Merkmalen eines einheitlichen oder harmonisierten Europäischen Mahnverfahrens zur Beitreibung unbestrittener Forderungen eingeleitet.

(6) Für die Wirtschaftsbeteiligten der Europäischen Union ist die rasche und effiziente Beitreibung ausstehender Forderungen, die nicht Gegenstand eines Rechtsstreits sind, von größter Bedeutung, da Zahlungsverzug eine der Hauptursachen für Zahlungsunfähigkeit ist, die vor allem die Existenz von kleinen und mittleren Unternehmen bedroht und für den Verlust zahlreicher Arbeitsplätze verantwortlich ist.

(7) Alle Mitgliedstaaten versuchen, dem Problem der Beitreibung unzähliger unbestrittener Forderungen beizukommen, die meisten Mitgliedstaaten im Wege eines vereinfachten Mahnverfahrens, doch gibt es bei der inhaltlichen Ausgestaltung der einzelstaatlichen Vorschriften und der Effizienz der Verfahren erhebliche Unterschiede. Überdies sind die derzeitigen Verfahren in grenzüberschreitenden Rechtssachen häufig entweder unzulässig oder praktisch undurchführbar.

(8) Der daraus resultierende erschwerte Zugang zu einer effizienten Rechtsprechung bei grenzüberschreitenden Rechtssachen und die Verfälschung des Wettbewerbs im Binnenmarkt aufgrund des unterschiedlichen Funktionierens der verfahrensrechtlichen Instrumente, die den Gläubigern in den einzelnen Mitgliedstaaten zur Verfügung stehen, machen eine Gemeinschaftsregelung erforderlich, die für Gläubiger und Schuldner in der gesamten Europäischen Union gleiche Bedingungen gewährleistet.

---

[1] **Amtl. Anm.:** ABl. C 12 vom 15.1.2001, S. 1.

103h. Verordnung (EU) Nr. 655/2014 des Europäischen Parlaments und des Rates vom 15. Mai 2014 zur Einführung eines Verfahrens für einen Europäischen Beschluss zur vorläufigen Kontenpfändung im Hinblick auf die Erleichterung der grenzüberschreitenden Eintreibung von Forderungen in Zivil- und Handelssachen[1)]

(ABl. L 189 vom 27.6.2014, S. 59, ELI: http://data.europa.eu/eli/reg/2014/655/oj)

Celex-Nr. 3 2014 R 0655

Lfd. Nr.	Änderndes Gesetz	Datum	Fundstelle	Betroffen	Hinweis
1.	Art. 22 VO (EU) 2023/2844	13.12.2023	ABl. L, 2023/2844, 27.12.2023	Art. 8, 17, 29, 36	mWv 1.5.2025

Vorbemerkung:

Die Änderungen durch VO v. 13.12.2023 (ABl. L, 2023/2844, 27.12.2023) treten erst mWv 1.5.2025 in Kraft und sind im Text noch nicht berücksichtigt.

DAS EUROPÄISCHE PARLAMENT UND DER RAT DER EUROPÄISCHEN UNION –

gestützt auf den Vertrag über die Arbeitsweise der Europäischen Union[2)], insbesondere auf Artikel 81 Absatz 2 Buchstaben a, e und f,

auf Vorschlag der Europäischen Kommission,

nach Zuleitung des Entwurfs des Gesetzgebungsakts an die nationalen Parlamente,

nach Stellungnahme des Europäischen Wirtschafts- und Sozialausschusses[3)],

gemäß dem ordentlichen Gesetzgebungsverfahren[4)],

in Erwägung nachstehender Gründe:

(1) Die Union hat sich zum Ziel gesetzt, einen Raum der Freiheit, der Sicherheit und des Rechts, in dem der freie Personenverkehr gewährleistet ist, zu erhalten und weiterzuentwickeln. Zum schrittweisen Aufbau eines solchen Raums hat die Union im Bereich der justiziellen Zusammenarbeit in Zivilsachen, die einen grenzüberschreitenden Bezug aufweisen, Maßnahmen zu erlassen, insbesondere wenn dies für das reibungslose Funktionieren des Binnenmarkts erforderlich ist.

[1)] Die VO gilt **ab dem 18.1.2017**, abweichend hiervon gilt Art. 50 ab dem 18.7.2016, vgl. Art. 54 UAbs. 2.

[2)] **Sartorius Nr. 1001.**

[3)] **Amtl. Anm.:** ABl. C 191 vom 29.6.2012, S. 57.

[4)] **Amtl. Anm.:** Standpunkt des Europäischen Parlaments vom 15. April 2014 (noch nicht im Amtsblatt veröffentlicht) und Beschluss des Rates vom 13. Mai 2014.

(2) Gemäß Artikel 81 Absatz 2 des Vertrags über die Arbeitsweise der Europäischen Union (AEUV)[1] können dazu Maßnahmen gehören, die unter anderem Folgendes sicherstellen sollen: die gegenseitige Anerkennung und die Vollstreckung gerichtlicher Entscheidungen zwischen den Mitgliedstaaten, einen effektiven Zugang zum Recht und die Beseitigung von Hindernissen für die reibungslose Abwicklung von Zivilverfahren, erforderlichenfalls durch Förderung der Vereinbarkeit der in den Mitgliedstaaten geltenden zivilrechtlichen Verfahrensvorschriften.

(3) Am 24. Oktober 2006 leitete die Kommission mit dem Grünbuch „Effizientere Vollstreckung von Urteilen in der Europäischen Union: vorläufige Kontenpfändung" eine Konsultation über die Notwendigkeit eines einheitlichen europäischen Verfahrens für die vorläufige Pfändung von Bankkonten und etwaige Merkmale dieses Verfahrens ein.

(4) Im Stockholmer Programm vom Dezember 2009[2], in dem die Prioritäten im Bereich Freiheit, Sicherheit und Recht für den Zeitraum 2010-2014 festgelegt sind, forderte der Europäische Rat die Kommission auf, das Erfordernis bestimmter einstweiliger Maßnahmen auf Unionsebene, einschließlich solcher, die auf eine Sicherung gerichtet sind, wie z.B. Verhinderung der Entziehung von Vermögensgegenständen vor Vollstreckung einer Forderung, sowie die Durchführbarkeit solcher Maßnahmen zu prüfen und angemessene Vorschläge zur Verbesserung der Effizienz der Vollstreckung von Urteilen in der Union betreffend Bankkonten und Schuldnervermögen vorzulegen.

(5) Nationale Verfahren zur Erwirkung von Sicherungsmaßnahmen etwa in Gestalt von Beschlüssen zur vorläufigen Kontenpfändung gibt es in allen Mitgliedstaaten; allerdings unterscheiden sie sich hinsichtlich der Bedingungen für ihren Erlass und der Effizienz ihrer Ausführung beträchtlich voneinander. Außerdem kann sich die Inanspruchnahme nationaler Sicherungsmaßnahmen in Fällen mit grenzüberschreitendem Bezug als aufwändig erweisen, vor allem wenn der Gläubiger mehrere Konten in verschiedenen Mitgliedstaaten vorläufig pfänden lassen will. Daher scheint es erforderlich und angemessen, ein verbindliches und unmittelbar geltendes Rechtsinstrument der Union zu erlassen, mit dem ein neues Unionsverfahren eingeführt wird, das in grenzüberschreitenden Fällen die vorläufige Pfändung von Geldern auf Bankkonten in einer effizienten und zügigen Weise ermöglicht.

(6) Das mit dieser Verordnung eingeführte Verfahren sollte dem Gläubiger als weitere fakultative Möglichkeit dienen; es steht ihm nach wie vor frei, von einem anderen Verfahren zur Erwirkung einer gleichwertigen Maßnahme nach nationalem Recht Gebrauch zu machen.

(7) Ein Gläubiger sollte eine Sicherungsmaßnahme in Form eines Europäischen Beschlusses zur vorläufigen Kontenpfändung (im Folgenden „Beschluss zur vorläufigen Pfändung" oder „Beschluss") erwirken können, um die Überweisung oder Abhebung von Geldern, die sein Schuldner auf einem in einem Mitgliedstaat geführten Bankkonto hält, zu verhindern, wenn die Gefahr besteht, dass die spätere Vollstreckung seiner Forderung gegenüber dem Schuldner ohne eine solche Maßnahme unmöglich oder erheblich erschwert wird. Die Pfändung von Geldern auf dem Konto des Schuldners sollte zur Folge haben, dass nicht nur der Schuldner selbst, sondern auch Personen, die von diesem mit der Ausführung von Zahlungen über dieses Konto betraut

---

[1] **Sartorius Nr. 1001.**
[2] **Amtl. Anm.:** ABl. C 115 vom 4.5.2010, S. 1.

sind, z.B. in Form von Daueraufträgen oder durch Lastschriftverfahren oder die Verwendung einer Kreditkarte, daran gehindert werden, die Gelder zu verwenden.

(8) Der sachliche Anwendungsbereich dieser Verordnung sollte sich, von einigen genau festgelegten Rechtsgebieten abgesehen, auf das gesamte Zivil- und Handelsrecht erstrecken. Keine Anwendung finden sollte diese Verordnung insbesondere auf Forderungen gegenüber einem Schuldner

(Fortsetzung nächstes Blatt)

103n. Gesetz zur Aus- und Durchführung bestimmter Rechtsinstrumente auf dem Gebiet des internationalen Familienrechts (Internationales Familienrechtsverfahrensgesetz – IntFamRVG)

In der Fassung der Bekanntmachung vom 15. Januar 2024[1]
(BGBl. 2024 I Nr. 19)

FNA 319-109

Inhaltsübersicht

[1] Neubekanntmachung des IntFamRVG v. 26.1.2005 (BGBl. I S. 162) in der ab 1.8.2022 geltenden Fassung.

Abschnitt 1. Anwendungsbereich; Begriffsbestimmungen

§ 1 Anwendungsbereich. Dieses Gesetz dient

1. der Durchführung der Verordnung (EU) 2019/1111[1)] des Rates vom 25. Juni 2019 über die Zuständigkeit, die Anerkennung und Vollstreckung von Entscheidungen in Ehesachen und in Verfahren betreffend die elterliche Verantwortung und über internationale Kindesentführungen (ABl. L 178 vom 2.7. 2019, S. 1);
2. der Ausführung des Haager Übereinkommens vom 19. Oktober 1996 über die Zuständigkeit, das anzuwendende Recht, die Anerkennung, Vollstreckung und Zusammenarbeit auf dem Gebiet der elterlichen Verantwortung und der Maßnahmen zum Schutz von Kindern[2)] (BGBl. 2009 II S. 602, 603) – im Folgenden: Haager Kinderschutzübereinkommen;
3. der Ausführung des Haager Übereinkommens vom 25. Oktober 1980 über die zivilrechtlichen Aspekte internationaler Kindesentführung[3)] (BGBl. 1990 II S. 207) – im Folgenden: Haager Kindesentführungsübereinkommen;
4. der Ausführung des Europäischen Übereinkommens vom 20. Mai 1980 über die Anerkennung und Vollstreckung von Entscheidungen über das Sorgerecht für Kinder und die Wiederherstellung des Sorgeverhältnisses[4)] (BGBl. 1990 II S. 220) – im Folgenden: Europäisches Sorgerechtsübereinkommen;
5. der Ausführung des Europäischen Übereinkommens vom 27. November 2008 über die Adoption von Kindern (revidiert) (BGBl. 2015 II S. 3) – im Folgenden: Europäisches Adoptionsübereinkommen.

§ 2 Begriffsbestimmungen. Im Sinne dieses Gesetzes sind „Titel" Entscheidungen, Vereinbarungen und öffentliche Urkunden, auf welche die durchzuführende EU-Verordnung oder das jeweils auszuführende Übereinkommen Anwendung findet.

Abschnitt 2. Zentrale und nationale Behörde; Jugendamt

§ 3 Bestimmung der Zentralen und der nationalen Behörde. (1) [1] Zentrale Behörde nach

1. Artikel 76 der Verordnung (EU) 2019/1111[1)],
2. Artikel 29 des Haager Kinderschutzübereinkommens[2)],
3. Artikel 6 des Haager Kindesentführungsübereinkommens[3)],
4. Artikel 2 des Europäischen Sorgerechtsübereinkommens[4)]

ist das Bundesamt für Justiz. [2] Dieses ist auch nationale Behörde nach Artikel 15 Satz 2 des Europäischen Adoptionsübereinkommens.

(2) Die Verfahren der Zentralen Behörde und der nationalen Behörde gelten als Justizverwaltungsverfahren.

§ 4 Übersetzungen bei eingehenden Ersuchen. (1) [1] Die Zentrale Behörde, bei der ein Antrag aus einem anderen Staat nach der Verordnung (EU) 2019/

[1)] Nr. **103b**.
[2)] Nr. **45m**.
[3)] Nr. **103l**.
[4)] Nr. **103m**.

1111[1] oder nach dem Europäischen Sorgerechtsübereinkommen[2] eingeht, kann es ablehnen, tätig zu werden, solange Anträge oder beizufügende Schriftstücke nicht in deutscher Sprache abgefasst oder von einer Übersetzung in diese Sprache begleitet sind. [2] Satz 1 gilt auch für Mitteilungen nach dem Europäischen Sorgerechtsübereinkommen. [3] Für Mitteilungen nach der Verordnung (EU) 2019/1111 gilt Satz 1, solange die Mitteilungen nicht in deutscher oder englischer Sprache abgefasst oder von einer Übersetzung in eine dieser Sprachen begleitet sind.

(2) Ist ein Schriftstück nach Artikel 54 des Haager Kinderschutzübereinkommens[3] oder nach Artikel 24 Absatz 1 des Haager Kindesentführungsübereinkommens[4] ausnahmsweise nicht von einer deutschen Übersetzung begleitet, so veranlasst die Zentrale Behörde die Übersetzung.

§ 5 Übersetzungen bei ausgehenden Ersuchen. (1) Beschafft die antragstellende Person erforderliche Übersetzungen für Anträge, die in einem anderen Staat zu erledigen sind, nicht selbst, veranlasst die Zentrale Behörde die Übersetzungen auf Kosten der antragstellenden Person.

(2) Das Amtsgericht befreit eine antragstellende natürliche Person, die ihren gewöhnlichen Aufenthalt oder bei Fehlen eines gewöhnlichen Aufenthalts im Inland ihren tatsächlichen Aufenthalt im Gerichtsbezirk hat, auf Antrag von der Erstattungspflicht nach Absatz 1, wenn sie die persönlichen und wirtschaftlichen Voraussetzungen für die Gewährung von Verfahrenskostenhilfe ohne einen eigenen Beitrag zu den Kosten nach den Vorschriften des Gesetzes über das Verfahren in Familiensachen und in Angelegenheiten der freiwilligen Gerichtsbarkeit[5] erfüllt.

§ 6 Aufgabenerfüllung durch die Zentrale Behörde. (1) [1] Zur Erfüllung der ihr obliegenden Aufgaben veranlasst die Zentrale Behörde mit Hilfe der zuständigen Stellen alle erforderlichen Maßnahmen. [2] Sie verkehrt unmittelbar mit allen zuständigen Stellen im In- und Ausland. [3] Mitteilungen leitet sie unverzüglich an die zuständigen Stellen weiter.

(2) [1] Zum Zweck der Ausführung des Haager Kindesentführungsübereinkommens[4] und des Europäischen Sorgerechtsübereinkommens[2] leitet die Zentrale Behörde erforderlichenfalls gerichtliche Verfahren ein. [2] Im Rahmen dieser Übereinkommen gilt sie zum Zweck der Rückgabe des Kindes als bevollmächtigt, im Namen der antragstellenden Person selbst oder im Weg der Untervollmacht durch Vertreter gerichtlich oder außergerichtlich tätig zu werden. [3] Ihre Befugnis, zur Sicherung der Einhaltung der Übereinkommen im eigenen Namen entsprechend zu handeln, bleibt unberührt.

§ 7 Aufenthaltsermittlung. (1) Die Zentrale Behörde trifft alle erforderlichen Maßnahmen einschließlich der Einschaltung von Polizeivollzugsbehörden, um den Aufenthaltsort des Kindes zu ermitteln, wenn dieser unbekannt ist und Anhaltspunkte dafür vorliegen, dass sich das Kind im Inland befindet.

(2) Soweit zur Ermittlung des Aufenthalts des Kindes erforderlich, darf die Zentrale Behörde bei dem Kraftfahrt-Bundesamt erforderliche Halterdaten nach

[1] Nr. **103b**.
[2] Nr. **103m**.
[3] Nr. **45m**.
[4] Nr. **103l**.
[5] **Habersack, Deutsche Gesetze Nr. 112.**

§ 33 Absatz 1 Satz 1 Nummer 2 des Straßenverkehrsgesetzes[1] erheben und die Leistungsträger im Sinne der §§ 18 bis 29 des Ersten Buches Sozialgesetzbuch um Mitteilung des derzeitigen Aufenthalts einer Person ersuchen.

(3) [1] Unter den Voraussetzungen des Absatzes 1 kann die Zentrale Behörde die Ausschreibung zur Aufenthaltsermittlung durch das Bundeskriminalamt veranlassen. [2] Sie kann auch die Speicherung eines Suchvermerks im Zentralregister veranlassen.

(4) Soweit andere Stellen eingeschaltet werden, übermittelt sie ihnen die zur Durchführung der Maßnahmen erforderlichen personenbezogenen Daten; diese dürfen nur für den Zweck verwendet werden, für den sie übermittelt worden sind.

§ 8 Anrufung des Oberlandesgerichts. (1) Nimmt die Zentrale Behörde einen Antrag nicht an oder lehnt sie es ab, tätig zu werden, so kann die Entscheidung des Oberlandesgerichts beantragt werden.

(2) Zuständig ist das Oberlandesgericht, in dessen Bezirk die Zentrale Behörde ihren Sitz hat.

(3) [1] Das Oberlandesgericht entscheidet im Verfahren der freiwilligen Gerichtsbarkeit. [2] § 14 Absatz 1 und 2 sowie die Abschnitte 4 und 5 des Buches 1 des Gesetzes über das Verfahren in Familiensachen und in den Angelegenheiten der freiwilligen Gerichtsbarkeit[2] gelten entsprechend.

§ 9 Mitwirkung des Jugendamts an Verfahren. (1) [1] Unbeschadet der Aufgaben des Jugendamts bei der grenzüberschreitenden Zusammenarbeit unterstützt das Jugendamt die Gerichte und die Zentrale Behörde bei allen Maßnahmen nach diesem Gesetz. [2] Insbesondere

1. gibt es auf Anfrage Auskunft über die soziale Lage des Kindes und seines Umfelds,
2. unterstützt es in jeder Lage eine gütliche Einigung,
3. leistet es in geeigneten Fällen Unterstützung bei der Durchführung des Verfahrens, auch bei der Sicherung des Aufenthalts des Kindes,
4. leistet es in geeigneten Fällen Unterstützung bei der Ausübung des Rechts zum persönlichen Umgang, der Heraus- oder Rückgabe des Kindes sowie der Vollstreckung gerichtlicher Entscheidungen.

(2) [1] Zuständig ist das Jugendamt, in dessen Bereich sich das Kind gewöhnlich aufhält. [2] Solange die Zentrale Behörde oder ein Gericht mit einem Herausgabe- oder Rückgabeantrag oder dessen Vollstreckung befasst ist, oder wenn das Kind keinen gewöhnlichen Aufenthalt im Inland hat, oder das zuständige Jugendamt nicht tätig wird, ist das Jugendamt zuständig, in dessen Bereich sich das Kind tatsächlich aufhält. [3] In den Fällen des Artikels 35 Absatz 2 Satz 1 des Haager Kinderschutzübereinkommens[3] ist das Jugendamt örtlich zuständig, in dessen Bezirk der antragstellende Elternteil seinen gewöhnlichen Aufenthalt hat.

(3) Das Gericht unterrichtet das zuständige Jugendamt über Entscheidungen nach diesem Gesetz auch dann, wenn das Jugendamt am Verfahren nicht beteiligt war.

---

[1] **Habersack, Deutsche Gesetze Nr. 35.**
[2] **Habersack, Deutsche Gesetze Nr. 112.**
[3] Nr. **45m.**

Abschnitt 3. Gerichtliche Zuständigkeit und Zuständigkeitskonzentration

§ 10 Örtliche Zuständigkeit für die Anerkennung und Vollstreckung.

[1] Das Familiengericht, in dessen Zuständigkeitsbereich sich die Person, gegen die sich der Antrag richtet, oder das Kind, auf das sich die Entscheidung bezieht, zum Zeitpunkt der Einleitung des Verfahrens gewöhnlich aufhält, ist örtlich ausschließlich zuständig für

1. Verfahren nach Artikel 30 Absatz 3, Artikel 40 Absatz 1, Artikel 54 Absatz 1, Artikel 56 Absatz 1, 2 und 4 sowie Artikel 59 der Verordnung (EU) 2019/1111[1)],
2. die Zwangsvollstreckung von Titeln nach Kapitel IV der Verordnung (EU) 2019/1111 über die Herausgabe oder Rückgabe von Personen oder die Regelung des Umgangs,
3. Verfahren nach den Artikeln 24 und 26 des Haager Kinderschutzübereinkommens[2)] und
4. Verfahren nach dem Europäischen Sorgerechtsübereinkommen[3)].

[2] Besteht für Verfahren nach Satz 1 keine Zuständigkeit nach dieser Vorschrift, so ist dasjenige Familiengericht örtlich ausschließlich zuständig, in dessen Zuständigkeitsbereich zum Zeitpunkt der Einleitung des Verfahrens das Interesse an der Feststellung hervortritt oder das Bedürfnis der Fürsorge bekannt wird. [3] Besteht für Verfahren nach Satz 1 keine Zuständigkeit nach Satz 1 oder Satz 2, ist das im Bezirk des Kammergerichts zur Entscheidung berufene Gericht örtlich ausschließlich zuständig.

§ 11 Örtliche Zuständigkeit nach dem Haager Kindesentführungsübereinkommen. Örtlich zuständig für Verfahren nach dem Haager Kindesentführungsübereinkommen[4)] ist das Familiengericht, in dessen Zuständigkeitsbereich

1. sich das Kind beim Eingang des Antrags bei der Zentralen Behörde aufgehalten hat oder
2. bei Fehlen einer Zuständigkeit nach Nummer 1 das Bedürfnis der Fürsorge bekannt wird.

§ 12 Zuständigkeitskonzentration. (1) In Verfahren über eine in den §§ 10 und 11 bezeichnete Sache entscheidet das Familiengericht, in dessen Bezirk ein Oberlandesgericht seinen Sitz hat, für den Bezirk dieses Oberlandesgerichts.

(2) Im Bezirk des Kammergerichts entscheidet das Familiengericht Pankow.

(3) [1] Die Landesregierungen werden ermächtigt, diese Zuständigkeit durch Rechtsverordnung einem anderen Familiengericht des Oberlandesgerichtsbezirks oder, wenn in einem Land mehrere Oberlandesgerichte errichtet sind, einem Familiengericht für die Bezirke aller oder mehrerer Oberlandesgerichte zuzuweisen. [2] Sie können die Ermächtigung auf die Landesjustizverwaltungen übertragen.

---

1) Nr. **103b**.
2) Nr. **45m**.
3) Nr. **103m**.
4) Nr. **103l**.

§ 13 Zuständigkeitskonzentration für andere Familiensachen. (1) [1] Das Familiengericht, bei dem eine in den §§ 10 bis 12 bezeichnete Sache anhängig wird, ist von diesem Zeitpunkt an ungeachtet des § 137 Absatz 1 und 3 des Gesetzes über das Verfahren in Familiensachen und in den Angelegenheiten der freiwilligen Gerichtsbarkeit[1)] für alle dasselbe Kind betreffenden Familiensachen nach § 151 Nummer 1 bis 3 des Gesetzes über das Verfahren in Familiensachen und in den Angelegenheiten der freiwilligen Gerichtsbarkeit einschließlich der Verfügungen nach § 44 und den §§ 35 und 89 bis 94 des Gesetzes über das Verfahren in Familiensachen und in den Angelegenheiten der freiwilligen Gerichtsbarkeit zuständig. [2] Die Zuständigkeit nach Satz 1 tritt nicht ein, wenn der Antrag offensichtlich unzulässig ist. [3] Sie entfällt, sobald das angegangene Gericht auf Grund unanfechtbarer Entscheidung unzuständig ist; Verfahren, für die dieses Gericht hiernach seine Zuständigkeit verliert, sind nach näherer Maßgabe des § 281 Absatz 2 und 3 Satz 1 der Zivilprozessordnung[2)] von Amts wegen an das zuständige Gericht abzugeben.

(2) Bei dem Familiengericht, das in dem Oberlandesgerichtsbezirk, in dem sich das Kind gewöhnlich aufhält, für Anträge der in Absatz 1 Satz 1 genannten Art zuständig ist, kann auch eine andere Familiensache nach § 151 Nummer 1 bis 3 des Gesetzes über das Verfahren in Familiensachen und in den Angelegenheiten der freiwilligen Gerichtsbarkeit anhängig gemacht werden, wenn ein Elternteil seinen gewöhnlichen Aufenthalt in einem anderen Mitgliedstaat der Europäischen Union oder in einem anderen Vertragsstaat des Haager Kinderschutzübereinkommens[3)], des Haager Kindesentführungsübereinkommens[4)] oder des Europäischen Sorgerechtsübereinkommens[5)] hat.

(3) [1] Im Falle des Absatzes 1 Satz 1 hat ein anderes Familiengericht, bei dem eine dasselbe Kind betreffende Familiensache nach § 151 Nummer 1 bis 3 des Gesetzes über das Verfahren in Familiensachen und in den Angelegenheiten der freiwilligen Gerichtsbarkeit im ersten Rechtszug anhängig ist oder anhängig wird, dieses Verfahren von Amts wegen an das nach Absatz 1 Satz 1 zuständige Gericht abzugeben. [2] Auf übereinstimmenden Antrag beider Elternteile sind andere Familiensachen, an denen diese beteiligt sind, an das nach Absatz 1 oder Absatz 2 zuständige Gericht abzugeben. [3] § 281 Absatz 2 Satz 1 bis 3 und Absatz 3 Satz 1 der Zivilprozessordnung gilt entsprechend.

(4) [1] Das Familiengericht, das gemäß Absatz 1 oder Absatz 2 zuständig oder an das die Sache gemäß Absatz 3 abgegeben worden ist, kann diese aus wichtigen Gründen an das nach den allgemeinen Vorschriften zuständige Familiengericht abgeben oder zurückgeben, soweit dies nicht zu einer erheblichen Verzögerung des Verfahrens führt. [2] Als wichtiger Grund ist es in der Regel anzusehen, wenn die besondere Sachkunde des erstgenannten Gerichts für das Verfahren nicht oder nicht mehr benötigt wird. [3] § 281 Absatz 2 und 3 Satz 1 der Zivilprozessordnung gilt entsprechend. [4] Die Ablehnung einer Abgabe nach Satz 1 ist unanfechtbar.

(5) §§ 4 und 5 Absatz 1 Nummer 5, Absatz 2 und 3 des Gesetzes über das Verfahren in Familiensachen und in den Angelegenheiten der freiwilligen Gerichtsbarkeit bleibt unberührt.

[1)] **Habersack, Deutsche Gesetze Nr. 112.**
[2)] **Habersack, Deutsche Gesetze Nr. 100.**
[3)] Nr. **45m**.
[4)] Nr. **103l**.
[5)] Nr. **103m**.

§ 13a Verfahren bei grenzüberschreitender Abgabe. (1) [1] Ersucht das Familiengericht das Gericht eines anderen Vertragsstaats nach Artikel 8 des Haager Kinderschutzübereinkommens[1)] um Übernahme der Zuständigkeit, so setzt es eine Frist, innerhalb derer das ausländische Gericht die Übernahme der Zuständigkeit mitteilen kann. [2] Setzt das Familiengericht das Verfahren nach Artikel 8 des Haager Kinderschutzübereinkommens aus, setzt es den Parteien eine Frist, innerhalb derer das ausländische Gericht anzurufen ist. [3] Ist die Frist nach Satz 1 abgelaufen, ohne dass das ausländische Gericht die Übernahme der Zuständigkeit mitgeteilt hat, so ist in der Regel davon auszugehen, dass das ersuchte Gericht die Übernahme der Zuständigkeit ablehnt. [4] Ist die Frist nach Satz 2 abgelaufen, ohne dass eine Partei das ausländische Gericht angerufen hat, bleibt es bei der Zuständigkeit des Familiengerichts. [5] Das Gericht des ersuchten Staates und die Parteien sind auf diese Rechtsfolgen hinzuweisen.

(2) Ersucht ein Gericht eines anderen Vertragsstaats das Familiengericht nach Artikel 8 des Haager Kinderschutzübereinkommens um Übernahme der Zuständigkeit oder ruft eine Partei das Familiengericht nach dieser Vorschrift an, so kann das Familiengericht die Zuständigkeit innerhalb von sechs Wochen übernehmen.

(3) Die Absätze 1 und 2 sind auf Anträge, Ersuchen und Entscheidungen nach Artikel 9 des Haager Kinderschutzübereinkommens entsprechend anzuwenden.

(4) [1] Der Beschluss des Familiengerichts,

1. das ausländische Gericht nach Absatz 1 Satz 1 oder nach Artikel 12 Absatz 1 Buchstabe b der Verordnung (EU) 2019/1111[2)] um Übernahme der Zuständigkeit zu ersuchen,
2. das Verfahren nach Absatz 1 Satz 2 oder nach Artikel 12 Absatz 1 Buchstabe a der Verordnung (EU) 2019/1111 auszusetzen,
3. das zuständige ausländische Gericht nach Artikel 9 des Kinderschutzübereinkommens oder nach Artikel 13 Absatz 1 der Verordnung (EU) 2019/1111 um Abgabe der Zuständigkeit zu ersuchen,
4. die Parteien einzuladen, bei dem zuständigen ausländischen Gericht nach Artikel 9 des Haager Kinderschutzübereinkommens die Abgabe der Zuständigkeit an das Familiengericht zu beantragen, oder
5. die Zuständigkeit auf Ersuchen eines ausländischen Gerichts oder auf Antrag der Parteien nach Artikel 9 des Haager Kinderschutzübereinkommens oder auf Ersuchen eines ausländischen Gerichts nach Artikel 13 Absatz 2 der Verordnung (EU) 2019/1111 an das ausländische Gericht abzugeben,

ist mit der sofortigen Beschwerde in entsprechender Anwendung der §§ 567 bis 572 der Zivilprozessordnung[3)] anfechtbar. [2] Die Rechtsbeschwerde ist ausgeschlossen. [3] Die in Satz 1 genannten Beschlüsse werden erst mit ihrer Rechtskraft wirksam. [4] Hierauf ist in dem Beschluss hinzuweisen.

(5) Im Übrigen sind Beschlüsse nach den Artikeln 8 und 9 des Haager Kinderschutzübereinkommens und nach den Artikeln 12 und 13 der Verordnung (EU) 2019/1111 unanfechtbar.

(6) [1] Parteien im Sinne dieser Vorschrift sowie der Artikel 8 und 9 des Haager Kinderschutzübereinkommens und des Artikels 12 der Verordnung (EU) 2019/1111 sind die in § 7 Absatz 1 und 2 Nummer 1 des Gesetzes über das Verfahren in

---

[1)] Nr. **45m**.
[2)] Nr. **103b**.
[3)] **Habersack, Deutsche Gesetze Nr. 100.**

Familiensachen und in den Angelegenheiten der freiwilligen Gerichtsbarkeit[1]) genannten Beteiligten. [2]Die Vorschriften über die Hinzuziehung weiterer Beteiligter bleiben unberührt.

Abschnitt 4. Allgemeine gerichtliche Verfahrensvorschriften

§ 14 Familiengerichtliches Verfahren. Soweit nicht anders bestimmt, entscheidet das Familiengericht

1. über eine in den §§ 10 und 12 bezeichnete Ehesache nach den hierfür geltenden Vorschriften des Gesetzes über das Verfahren in Familiensachen und in den Angelegenheiten der freiwilligen Gerichtsbarkeit[1]),
2. über die übrigen in den §§ 10, 11, 12 und 47 bezeichneten Angelegenheiten nach den für Kindschaftssachen geltenden Vorschriften des Gesetzes über das Verfahren in Familiensachen und in den Angelegenheiten der freiwilligen Gerichtsbarkeit.

§ 15 Einstweilige Anordnungen. Das Gericht kann auf Antrag oder von Amts wegen einstweilige Anordnungen treffen, um Gefahren von dem Kind abzuwenden oder eine Beeinträchtigung der Interessen der Beteiligten zu vermeiden, insbesondere um den Aufenthaltsort des Kindes während des Verfahrens zu sichern oder eine Vereitelung oder Erschwerung der Rückgabe zu verhindern; Abschnitt 4 des Buches 1 des Gesetzes über das Verfahren in Familiensachen und in den Angelegenheiten der freiwilligen Gerichtsbarkeit[1]) gilt entsprechend.

Abschnitt 5. Zulassung der Zwangsvollstreckung, Anerkennungsfeststellung und Wiederherstellung des Sorgeverhältnisses im Anwendungsbereich des Haager Kinderschutzübereinkommens und des Europäischen Sorgerechtsübereinkommens

Unterabschnitt 1. Zulassung der Zwangsvollstreckung im ersten Rechtszug

§ 16 Antragstellung. (1) Im Anwendungsbereich des Haager Kinderschutzübereinkommens und des Europäischen Sorgerechtsübereinkommens wird der in einem anderen Staat vollstreckbare Titel dadurch zur Zwangsvollstreckung zugelassen, dass er auf Antrag mit der Vollstreckungsklausel versehen wird.

(2) Der Antrag auf Erteilung der Vollstreckungsklausel kann bei dem zuständigen Familiengericht schriftlich eingereicht oder mündlich zu Protokoll der Geschäftsstelle erklärt werden.

(3) Ist der Antrag entgegen § 184 des Gerichtsverfassungsgesetzes[2]) nicht in deutscher Sprache abgefasst, so kann das Gericht der antragstellenden Person aufgeben, eine Übersetzung des Antrags beizubringen, deren Richtigkeit von einer

1. in einem Mitgliedstaat der Europäischen Union oder
2. in einem anderen Vertragsstaat eines auszuführenden Übereinkommens

hierzu befugten Person bestätigt worden ist.

---

[1]) **Habersack, Deutsche Gesetze Nr. 112.**
[2]) **Habersack, Deutsche Gesetze Nr. 95.**

§ 17 Zustellungsbevollmächtigter. (1) Hat die antragstellende Person in dem Antrag keinen Zustellungsbevollmächtigten im Sinne des § 184 Absatz 1 Satz 1 der Zivilprozessordnung[1] benannt, so können bis zur nachträglichen Benennung alle Zustellungen an sie durch Aufgabe zur Post (§ 184 Absatz 1 Satz 2, Absatz 2 der Zivilprozessordnung) bewirkt werden.

(2) Absatz 1 gilt nicht, wenn
1. für die Zustellung unmittelbar anwendbare Regelungen der Europäischen Union im Sinne von § 183 Absatz 1 Satz 1 der Zivilprozessordnung maßgeblich sind oder
2. die antragstellende Person einen Verfahrensbevollmächtigten für das Verfahren bestellt hat, an den im Inland zugestellt werden kann.

§ 18 Besondere Regelungen zum Haager Kinderschutzübereinkommen. [1]Im Anwendungsbereich des Haager Kinderschutzübereinkommens[2] erhält im erstinstanzlichen Verfahren auf Zulassung der Zwangsvollstreckung nur die antragstellende Person Gelegenheit, sich zu äußern. [2]Die Entscheidung ergeht ohne mündliche Verhandlung. [3]Jedoch kann eine mündliche Erörterung mit der antragstellenden oder einer von ihr bevollmächtigten Person stattfinden, wenn diese hiermit einverstanden ist und die Erörterung der Beschleunigung dient.

§ 19 Besondere Regelungen zum Europäischen Sorgerechtsübereinkommen. Die Vollstreckbarerklärung eines Titels aus einem anderen Vertragsstaat des Europäischen Sorgerechtsübereinkommens[3] ist auch in den Fällen der Artikel 8 und 9 des Übereinkommens ausgeschlossen, wenn die Voraussetzungen des Artikels 10 Absatz 1 Buchstabe a oder b des Übereinkommens vorliegen, insbesondere wenn die Wirkungen des Titels mit den Grundrechten des Kindes oder eines Sorgeberechtigten unvereinbar wären.

§ 20 Entscheidung. (1) [1]Ist die Zwangsvollstreckung aus dem Titel zuzulassen, so beschließt das Gericht, dass der Titel mit der Vollstreckungsklausel zu versehen ist. [2]In dem Beschluss ist die zu vollstreckende Verpflichtung in deutscher Sprache wiederzugeben. [3]Zur Begründung des Beschlusses genügt in der Regel die Bezugnahme auf den auszuführenden Anerkennungs- und Vollstreckungsvertrag sowie auf die von der antragstellenden Person vorgelegten Urkunden.

(2) Auf die Kosten des Verfahrens ist § 81 des Gesetzes über das Verfahren in Familiensachen und in den Angelegenheiten der freiwilligen Gerichtsbarkeit[4] entsprechend anzuwenden.

(3) [1]Ist der Antrag nicht zulässig oder nicht begründet, so lehnt ihn das Gericht durch mit Gründen versehenen Beschluss ab. [2]Für die Kosten gilt Absatz 2.

§ 21 Bekanntmachung der Entscheidung. (1) [1]Im Falle des § 20 Absatz 1 sind der verpflichteten Person eine beglaubigte Abschrift des Beschlusses, eine beglaubigte Abschrift des noch nicht mit der Vollstreckungsklausel versehenen Titels und gegebenenfalls seiner Übersetzung sowie der gemäß § 20 Absatz 1 Satz 3 in Bezug genommenen Urkunden von Amts wegen zuzustellen. [2]Ein Beschluss nach § 20 Absatz 3 ist der verpflichteten Person formlos mitzuteilen.

---

[1] **Habersack, Deutsche Gesetze Nr. 100.**
[2] Nr. 45m.
[3] Nr. 103m.
[4] **Habersack, Deutsche Gesetze Nr. 112.**

(2) [1] Der antragstellenden Person sind eine beglaubigte Abschrift des Beschlusses nach § 20, im Falle des § 20 Absatz 1 ferner eine Bescheinigung über die bewirkte Zustellung zu übersenden. [2] Die mit der Vollstreckungsklausel versehene Ausfertigung des Titels ist der antragstellenden Person erst dann zu übersenden, wenn der Beschluss nach § 20 Absatz 1 wirksam geworden und die Vollstreckungsklausel erteilt ist.

(3) [1] In einem Verfahren, das die Vollstreckbarerklärung einer die elterliche Verantwortung betreffenden Entscheidung zum Gegenstand hat, sind Zustellungen auch an den gesetzlichen Vertreter des Kindes, an den Vertreter des Kindes im Verfahren, an das Kind selbst, wenn es das 14. Lebensjahr vollendet hat und nicht geschäftsunfähig ist, an einen Elternteil, der nicht am Verfahren beteiligt war, sowie an das Jugendamt zu bewirken. [2] Eine Begründung soll dem Kind nicht mitgeteilt werden, wenn Nachteile für dessen Entwicklung, Erziehung oder Gesundheit zu befürchten sind.

(4) Handelt es sich bei der für vollstreckbar erklärten Maßnahme um eine Unterbringung, so ist der Beschluss auch dem Leiter der Einrichtung oder der Pflegefamilie bekannt zu machen, in der das Kind untergebracht werden soll.

§ 22 Wirksamwerden der Entscheidung. [1] Der Beschluss nach § 20 wird erst mit Rechtskraft wirksam. [2] Hierauf ist in dem Beschluss hinzuweisen.

§ 23 Vollstreckungsklausel. (1) Auf Grund eines wirksamen Beschlusses nach § 20 Absatz 1 erteilt der Urkundsbeamte der Geschäftsstelle die Vollstreckungsklausel in folgender Form:
„Vollstreckungsklausel nach § 23 des Internationalen Familienrechtsverfahrensgesetzes vom 26. Januar 2005 (BGBl. I S. 162). Gemäß dem Beschluss des … (Bezeichnung des Gerichts und des Beschlusses) ist die Zwangsvollstreckung aus … (Bezeichnung des Titels) zugunsten … (Bezeichnung der berechtigten Person) gegen … (Bezeichnung der verpflichteten Person) zulässig.
Die zu vollstreckende Verpflichtung lautet:
… (Angabe der aus dem ausländischen Titel der verpflichteten Person obliegenden Verpflichtung in deutscher Sprache; aus dem Beschluss nach § 20 Absatz 1 zu übernehmen).“

(2) Wird die Zwangsvollstreckung nur für einen oder mehrere der durch den ausländischen Titel zuerkannten oder in einem anderen ausländischen Titel niedergelegten Ansprüche oder nur für einen Teil des Gegenstands der Verpflichtung zugelassen, so ist die Vollstreckungsklausel als „Teil-Vollstreckungsklausel nach § 23 des Internationalen Familienrechtsverfahrensgesetzes vom 26. Januar 2005 (BGBl. I S. 162)“ zu bezeichnen.

(3) [1] Die Vollstreckungsklausel ist von dem Urkundsbeamten der Geschäftsstelle zu unterschreiben und mit dem Gerichtssiegel zu versehen. [2] Sie ist entweder auf die Ausfertigung des Titels oder auf ein damit zu verbindendes Blatt zu setzen. [3] Falls eine Übersetzung des Titels vorliegt, ist sie mit der Ausfertigung zu verbinden.

Unterabschnitt 2. Beschwerde

§ 24 Einlegung der Beschwerde; Beschwerdefrist. (1) [1] Gegen die im ersten Rechtszug ergangene Entscheidung findet die Beschwerde zum Oberlandesgericht statt. [2] Die Beschwerde wird bei dem Oberlandesgericht durch Einreichen einer Beschwerdeschrift oder durch Erklärung zu Protokoll der Geschäftsstelle eingelegt.

(2) Die Zulässigkeit der Beschwerde wird nicht dadurch berührt, dass sie statt bei dem Oberlandesgericht bei dem Gericht des ersten Rechtszugs eingelegt wird; die Beschwerde ist unverzüglich von Amts wegen an das Oberlandesgericht abzugeben.

(3) Die Beschwerde gegen die Zulassung der Zwangsvollstreckung ist einzulegen

1. innerhalb eines Monats nach Zustellung, wenn die beschwerdeberechtigte Person ihren gewöhnlichen Aufenthalt im Inland hat;
2. innerhalb von zwei Monaten nach Zustellung, wenn die beschwerdeberechtigte Person ihren gewöhnlichen Aufenthalt im Ausland hat. Die Frist beginnt mit dem Tag, an dem die Vollstreckbarerklärung der beschwerdeberechtigten Person entweder persönlich oder in ihrer Wohnung zugestellt worden ist. Eine Verlängerung dieser Frist wegen weiter Entfernung ist ausgeschlossen.

(4) Die Beschwerdefrist ist eine Notfrist.

(5) Die Beschwerde ist dem Beschwerdegegner von Amts wegen zuzustellen.

§ 25 Einwendungen gegen den zu vollstreckenden Anspruch. Die verpflichtete Person kann mit der Beschwerde gegen die Zulassung der Zwangsvollstreckung aus einem Titel über die Erstattung von Verfahrenskosten auch Einwendungen gegen den Anspruch selbst insoweit geltend machen, als die Gründe, auf denen sie beruhen, erst nach Erlass des Titels entstanden sind.

§ 26 Verfahren und Entscheidung über die Beschwerde. (1) Der Senat des Oberlandesgerichts entscheidet durch Beschluss, der mit Gründen zu versehen ist und ohne mündliche Verhandlung ergehen kann.

(2) Solange eine mündliche Verhandlung nicht angeordnet ist, können zu Protokoll der Geschäftsstelle Anträge gestellt und Erklärungen abgegeben werden.

(3) Eine vollständige Ausfertigung des Beschlusses ist den Beteiligten auch dann von Amts wegen zuzustellen, wenn der Beschluss verkündet worden ist.

(4) § 20 Absatz 1 Satz 2, Absatz 2 und 3, § 21 Absatz 1, 2 und 4 sowie § 23 gelten entsprechend.

§ 27 Anordnung der sofortigen Wirksamkeit. (1) [1] Der Beschluss des Oberlandesgerichts nach § 26 wird erst mit seiner Rechtskraft wirksam. [2] Hierauf ist in dem Beschluss hinzuweisen.

(2) Das Oberlandesgericht kann in Verbindung mit der Entscheidung über die Beschwerde die sofortige Wirksamkeit eines Beschlusses anordnen.

Unterabschnitt 3. Rechtsbeschwerde

§ 28 Statthaftigkeit der Rechtsbeschwerde. Gegen den Beschluss des Oberlandesgerichts findet die Rechtsbeschwerde zum Bundesgerichtshof nach Maßgabe des § 574 Absatz 1 Nr. 1, Absatz 2 der Zivilprozessordnung[1)] statt.

§ 29 Einlegung und Begründung der Rechtsbeschwerde. [1] § 575 Absatz 1 bis 4 der Zivilprozessordnung[1)] ist entsprechend anzuwenden. [2] Soweit die Rechtsbeschwerde darauf gestützt wird, dass das Oberlandesgericht von einer Entscheidung des Gerichtshofs der Europäischen Union abgewichen sei, muss die Entscheidung, von der der angefochtene Beschluss abweicht, bezeichnet werden.

[1)] **Habersack, Deutsche Gesetze Nr. 100.**

§ 30 Verfahren und Entscheidung über die Rechtsbeschwerde. (1) [1]Der Bundesgerichtshof kann nur überprüfen, ob der Beschluss auf einer Verletzung des Rechts der Europäischen Union, eines Anerkennungs- und Vollstreckungsvertrags, sonstigen Bundesrechts oder einer anderen Vorschrift beruht, deren Geltungsbereich sich über den Bezirk eines Oberlandesgerichts hinaus erstreckt. [2]Er darf nicht prüfen, ob das Gericht seine örtliche Zuständigkeit zu Unrecht angenommen hat.

(2) [1]Der Bundesgerichtshof kann über die Rechtsbeschwerde ohne mündliche Verhandlung entscheiden. [2]Entsprechend anzuwenden sind die §§ 546, 547, 560 und 577 der Zivilprozessordnung[1)] mit Ausnahme von Absatz 2 Satz 1 bis 3.

(3) § 20 Absatz 1 Satz 2, Absatz 2 und 3, § 21 Absatz 1, 2 und 4 sowie § 23 gelten entsprechend.

§ 31 Anordnung der sofortigen Wirksamkeit. Der Bundesgerichtshof kann auf Antrag der verpflichteten Person eine Anordnung nach § 27 Absatz 2 aufheben oder auf Antrag der berechtigten Person erstmals eine Anordnung nach § 27 Absatz 2 treffen.

Unterabschnitt 4. Feststellung der Anerkennung

§ 32 Anerkennungsfeststellung. [1]Auf das Verfahren über einen gesonderten Feststellungsantrag nach Artikel 24 des Haager Kinderschutzübereinkommens[2)] oder nach dem Europäischen Sorgerechtsübereinkommen[3)], einen Titel aus einem anderen Staat anzuerkennen oder nicht anzuerkennen, sind die Unterabschnitte 1 bis 3 entsprechend anzuwenden. [2]§ 18 Satz 1 ist nicht anzuwenden, wenn die antragstellende Person die Feststellung begehrt, dass ein Titel aus einem anderen Staat nicht anzuerkennen ist. [3]§ 18 Satz 3 ist in diesem Falle mit der Maßgabe anzuwenden, dass die mündliche Erörterung auch mit weiteren Beteiligten stattfinden kann.

Unterabschnitt 5. Wiederherstellung des Sorgeverhältnisses

§ 33 Anordnung auf Herausgabe des Kindes. (1) Umfasst ein vollstreckungsfähiger Titel im Anwendungsbereich des Haager Kinderschutzübereinkommens[2)] oder des Europäischen Sorgerechtsübereinkommens[3)] nach dem Recht des Staates, in dem er geschaffen wurde, das Recht auf Herausgabe des Kindes, so kann das Familiengericht die Herausgabeanordnung in der Vollstreckungsklausel oder in einer nach § 44 getroffenen Anordnung klarstellend aufnehmen.

(2) Liegt im Anwendungsbereich des Europäischen Sorgerechtsübereinkommens ein vollstreckungsfähiger Titel auf Herausgabe des Kindes nicht vor, so stellt das Gericht nach § 32 fest, dass die Sorgerechtsentscheidung oder die von der zuständigen Behörde genehmigte Sorgerechtsvereinbarung aus dem anderen Vertragsstaat anzuerkennen ist, und ordnet zur Wiederherstellung des Sorgeverhältnisses auf Antrag an, dass die verpflichtete Person das Kind herauszugeben hat.

Unterabschnitt 6. Aufhebung oder Änderung von Beschlüssen

§ 34 Verfahren auf Aufhebung oder Änderung. (1) [1]Wird der Titel in dem Staat, in dem er geschaffen worden ist, aufgehoben oder abgeändert und kann die

---

[1)] **Habersack, Deutsche Gesetze Nr. 100.**
[2)] Nr. **45m.**
[3)] Nr. **103m.**

verpflichtete Person diese Tatsache in dem Verfahren der Zulassung der Zwangsvollstreckung nicht mehr geltend machen, so kann sie die Aufhebung oder Änderung der Zulassung in einem besonderen Verfahren beantragen. [2]Das Gleiche gilt für den Fall der Aufhebung oder Änderung von in den Anwendungsbereich des Haager Kinderschutzübereinkommens[1)] und des Europäischen Sorgerechtsübereinkommens[2)] fallenden Entscheidungen, deren Anerkennung festgestellt ist.

(2) Für die Entscheidung über den Antrag ist das Familiengericht ausschließlich zuständig, das im ersten Rechtszug über den Antrag auf Erteilung der Vollstreckungsklausel oder auf Feststellung der Anerkennung entschieden hat.

(3) [1]Der Antrag kann bei dem Gericht schriftlich oder durch Erklärung zu Protokoll der Geschäftsstelle gestellt werden. [2]Die Entscheidung ergeht durch Beschluss.

(4) Auf die Beschwerde finden die Unterabschnitte 2 und 3 entsprechend Anwendung.

(5) [1]Im Falle eines Titels über die Erstattung von Verfahrenskosten sind für die Einstellung der Zwangsvollstreckung und die Aufhebung bereits getroffener Vollstreckungsmaßregeln die §§ 769 und 770 der Zivilprozessordnung[3)] entsprechend anzuwenden. [2]Die Aufhebung einer Vollstreckungsmaßregel ist auch ohne Sicherheitsleistung zulässig.

§ 35 Schadensersatz wegen ungerechtfertigter Vollstreckung aus Titeln über die Erstattung von Verfahrenskosten. (1) [1]Wird die Zulassung der Zwangsvollstreckung aus einem Titel über die Erstattung von Verfahrenskosten auf die Rechtsbeschwerde aufgehoben oder abgeändert, so ist die berechtigte Person zum Ersatz des Schadens verpflichtet, welcher der verpflichteten Person durch die Vollstreckung des Titels oder durch eine Leistung zur Abwendung der Vollstreckung entstanden ist. [2]Das Gleiche gilt, wenn die Zulassung der Zwangsvollstreckung nach § 34 aufgehoben oder abgeändert wird, sofern der zur Zwangsvollstreckung zugelassene Titel zum Zeitpunkt der Zulassung nach dem Recht des Staates, in dem er ergangen ist, noch mit einem ordentlichen Rechtsbehelf angefochten werden konnte.

(2) [1]Für den Antrag, mit dem ein Anspruch nach Absatz 1 geltend gemacht wird, ist das Gericht ausschließlich zuständig, das im ersten Rechtszug über den Antrag, den Titel mit der Vollstreckungsklausel zu versehen, entschieden hat. [2]Es entscheidet nach den für sonstige Familiensachen im Sinne des § 266 Absatz 1 des Gesetzes über das Verfahren in Familiensachen und in den Angelegenheiten der freiwilligen Gerichtsbarkeit[4)] geltenden Vorschriften.

Unterabschnitt 7. Vollstreckungsabwehrklage

§ 36 Vollstreckungsabwehrklage bei Titeln über die Erstattung von Verfahrenskosten. (1) Ist die Zwangsvollstreckung aus einem Titel über die Erstattung von Verfahrenskosten zugelassen, so kann die verpflichtete Person Einwendungen gegen den Anspruch selbst in einem Verfahren nach § 767 der Zivilprozessordnung[3)] nur geltend machen, wenn die Gründe, auf denen ihre Einwendungen beruhen, erst

[1)] Nr. **45m**.
[2)] Nr. **103m**.
[3)] **Habersack, Deutsche Gesetze Nr. 100.**
[4)] **Habersack, Deutsche Gesetze Nr. 112.**

1. nach Ablauf der Frist, innerhalb deren sie die Beschwerde hätte einlegen können, oder
2. falls die Beschwerde eingelegt worden ist, nach Beendigung dieses Verfahrens

entstanden sind.

(2) Die Klage nach § 767 der Zivilprozessordnung ist bei dem Gericht zu erheben, das über den Antrag auf Erteilung der Vollstreckungsklausel entschieden hat.

Abschnitt 6. Verfahren nach dem Haager Kindesentführungsübereinkommen

§ 37 Anwendbarkeit. Kommt im Einzelfall die Rückgabe des Kindes nach dem Haager Kindesentführungsübereinkommen[1)] und dem Europäischen Sorgerechtsübereinkommen[2)] in Betracht, so sind zunächst die Bestimmungen des Haager Kindesentführungsübereinkommens anzuwenden, sofern die antragstellende Person nicht ausdrücklich die Anwendung des Europäischen Sorgerechtsübereinkommens begehrt.

§ 38 Besondere Verfahrensvorschriften. (1) [1] Das Gericht hat das Verfahren auf Rückgabe eines Kindes in allen Rechtszügen vorrangig und beschleunigt zu behandeln. [2] Mit Ausnahme von Artikel 12 Absatz 3 des Haager Kindesentführungsübereinkommens[1)] findet eine Aussetzung des Verfahrens nicht statt. [3] Das Gericht hat alle erforderlichen Maßnahmen zur Beschleunigung des Verfahrens zu treffen, insbesondere auch damit die Entscheidung in der Hauptsache binnen der in Artikel 24 Absatz 2 und 3 der Verordnung (EU) 2019/1111[3)] genannten Fristen ergehen kann.

(2) Das Gericht prüft in jeder Lage des Verfahrens, ob das Recht zum persönlichen Umgang mit dem Kind gewährleistet werden kann.

(3) Die Beteiligten haben an der Aufklärung des Sachverhalts mitzuwirken, wie es einem auf Förderung und Beschleunigung des Verfahrens bedachten Vorgehen entspricht.

(4) [1] Werden gerichtliche Verfahren nach dem Haager Kindesentführungsübereinkommen nicht nach § 6 Absatz 2 Satz 1 und 2 von der Zentralen Behörde eingeleitet, so benachrichtigt das Gericht die Zentrale Behörde von der Einleitung des Verfahrens. [2] Auf ihren Antrag ist sie am Verfahren zu beteiligen.

§ 39 Ausstellung von Bescheinigungen nach Artikel 29 Absatz 2 der Verordnung (EU) 2019/1111 und Übersendung von Unterlagen. (1) Die Bescheinigung nach Artikel 29 Absatz 2 der Verordnung (EU) 2019/1111[3)] wird beim Gericht des ersten Rechtszugs von dem Familienrichter, in Verfahren vor dem Oberlandesgericht von dem Vorsitzenden des Senats für Familiensachen ausgestellt.

(2) Werden Unterlagen nach Artikel 29 Absatz 3 der Verordnung (EU) 2019/1111 unmittelbar dem zuständigen Gericht oder der Zentralen Behörde im Ausland übermittelt, sind der Zentralen Behörde zur Erfüllung ihrer Aufgaben nach Artikel 7 des Haager Kindesentführungsübereinkommens[1)] Abschriften dieser Unterlagen zu übersenden.

[1)] Nr. **103l**.
[2)] Nr. **103m**.
[3)] Nr. **103b**.

§ 40 Wirksamkeit der Entscheidung; Rechtsmittel. (1) Eine Entscheidung, die zur Rückgabe des Kindes in einen anderen Vertragsstaat verpflichtet, wird erst mit deren Rechtskraft wirksam.

(2) [1] Gegen eine im ersten Rechtszug ergangene Entscheidung findet die Beschwerde zum Oberlandesgericht nach Unterabschnitt 1 des Abschnitts 5 des Buches 1 des Gesetzes über das Verfahren in Familiensachen und in den Angelegenheiten der freiwilligen Gerichtsbarkeit[1)] statt; § 65 Absatz 2, § 68 Absatz 4 Satz 1 sowie § 69 Absatz 1 Satz 2 bis 4 jenes Gesetzes sind nicht anzuwenden. [2] Die Beschwerde ist innerhalb von zwei Wochen einzulegen und zu begründen. [3] Die Beschwerde gegen eine Entscheidung, die zur Rückgabe des Kindes verpflichtet, steht nur dem Antragsgegner, dem Kind, soweit es das 14. Lebensjahr vollendet hat, und dem beteiligten Jugendamt zu. [4] Eine Rechtsbeschwerde findet nicht statt.

(3) [1] Das Beschwerdegericht hat nach Eingang der Beschwerdeschrift unverzüglich zu prüfen, ob die sofortige Wirksamkeit der angefochtenen Entscheidung über die Rückgabe des Kindes anzuordnen ist. [2] Die sofortige Wirksamkeit soll angeordnet werden, wenn die Beschwerde offensichtlich unbegründet ist oder die Rückgabe des Kindes vor der Entscheidung über die Beschwerde unter Berücksichtigung der berechtigten Interessen der Beteiligten mit dem Wohl des Kindes zu vereinbaren ist. [3] Die Entscheidung über die sofortige Wirksamkeit kann während des Beschwerdeverfahrens abgeändert werden.

§ 41 Bescheinigung über Widerrechtlichkeit. (1) [1] Über einen Antrag, die Widerrechtlichkeit des Verbringens oder des Zurückhaltens eines Kindes nach Artikel 15 Satz 1 des Haager Kindesentführungsübereinkommens[2)] festzustellen, entscheidet in folgender Rangfolge das Familiengericht, in dessen Zuständigkeitsbereich

1. die Sorgerechtsangelegenheit oder Ehesache im ersten Rechtszug anhängig ist oder war,
2. das Kind seinen letzten gewöhnlichen Aufenthalt im Geltungsbereich dieses Gesetzes hatte,
3. das Bedürfnis der Fürsorge bekannt wird.

[2] § 12 gilt entsprechend.

(2) Der Antrag ist zu begründen; die für die Widerrechtlichkeit geltend gemachten Gründe sind glaubhaft zu machen.

(3) [1] Das Gericht kann im schriftlichen Verfahren und ohne Anhörung der Beteiligten entscheiden. [2] Die Entscheidung ist zu begründen.

(4) [1] Der Beschluss ist mit der sofortigen Beschwerde in entsprechender Anwendung der §§ 567 bis 572 der Zivilprozessordnung[3)] anfechtbar. [2] Eine Rechtsbeschwerde findet nicht statt.

§ 42 Einreichung von Anträgen bei dem Amtsgericht. (1) [1] Ein Antrag, der in einem anderen Vertragsstaat zu erledigen ist, kann auch bei dem Amtsgericht als Justizverwaltungsbehörde eingereicht werden, in dessen Bezirk die antragstellende Person ihren gewöhnlichen Aufenthalt oder, mangels eines solchen im Geltungsbereich dieses Gesetzes, ihren tatsächlichen Aufenthalt hat. [2] Das Gericht über-

---

[1)] **Habersack, Deutsche Gesetze Nr. 112.**
[2)] Nr. 103l.
[3)] **Habersack, Deutsche Gesetze Nr. 100.**

mittelt den Antrag nach Prüfung der förmlichen Voraussetzungen unverzüglich der Zentralen Behörde, die ihn an den anderen Vertragsstaat weiterleitet.

(2) Für die Tätigkeit des Amtsgerichts und der Zentralen Behörde bei der Entgegennahme und Weiterleitung von Anträgen werden mit Ausnahme der Fälle nach § 5 Absatz 1 Kosten nicht erhoben.

§ 43 Verfahrenskosten- und Beratungshilfe. Abweichend von Artikel 26 Absatz 2 des Haager Kindesentführungsübereinkommens[1] findet eine Befreiung von gerichtlichen und außergerichtlichen Kosten bei Verfahren nach diesem Übereinkommen nur nach Maßgabe der Vorschriften über die Beratungshilfe und Verfahrenskostenhilfe statt.

Abschnitt 7. Vollstreckung

Unterabschnitt 1. Besondere Vorschriften zur Vollstreckung von Titeln über die Herausgabe und Rückgabe von Personen und die Regelung des Umgangs

§ 44 Ordnungsmittel; Vollstreckung von Amts wegen. (1) [1] Bei Zuwiderhandlung gegen einen im Inland zu vollstreckenden Titel nach Kapitel IV der Verordnung (EU) 2019/1111[2], nach dem Haager Kinderschutzübereinkommen[3], dem Haager Kindesentführungsübereinkommen[1] oder dem Europäischen Sorgerechtsübereinkommen[4], der auf Herausgabe oder Rückgabe von Personen oder die Regelung des Umgangs gerichtet ist, soll das Gericht Ordnungsgeld und für den Fall, dass dieses nicht beigetrieben werden kann, Ordnungshaft anordnen. [2] Verspricht die Anordnung eines Ordnungsgeldes keinen Erfolg, soll das Gericht Ordnungshaft anordnen.

(2) Für die Vollstreckung eines in Absatz 1 genannten Titels nach dem Haager Kinderschutzübereinkommen, dem Haager Kindesentführungsübereinkommen oder dem Europäischen Sorgerechtsübereinkommen ist das Oberlandesgericht zuständig, sofern es die Anordnung für vollstreckbar erklärt, erlassen oder bestätigt hat.

(3) [1] Ist ein Kind heraus- oder zurückzugeben, so hat das Gericht die Vollstreckung von Amts wegen durchzuführen, es sei denn, die Anordnung ist auf Herausgabe des Kindes zum Zweck des Umgangs gerichtet. [2] Auf Antrag der berechtigten Person soll das Gericht hiervon absehen.

Unterabschnitt 2. Besondere Vorschriften zur Vollstreckung von Titeln nach Kapitel IV der Verordnung (EU) 2019/1111

§ 44a Allgemeine Verfahrensvorschriften. (1) Aus einem Titel nach Kapitel IV der Verordnung (EU) 2019/1111[2], der in einem anderen Mitgliedstaat vollstreckbar ist, findet die Zwangsvollstreckung im Inland statt, ohne dass es einer Vollstreckungsklausel bedarf.

(2) Weist die zur Vollstreckung berechtigte Person bei Vorlage der nach den Artikeln 35, 46 oder 65 Absatz 2 Satz 2 der Verordnung (EU) 2019/1111 zwecks Vollstreckung vorzulegenden Unterlagen nicht nach, wann der verpflichteten

[1] Nr. **103l**.
[2] Nr. **103b**.
[3] Nr. **45m**.
[4] Nr. **103m**.

Person der zu vollstreckende Titel und die nach den Artikeln 36, 47 oder 66 ausgestellte Bescheinigung zugestellt worden sind, so stellt die für die Vollstreckung zuständige Stelle der verpflichteten Person von Amts wegen Abschriften der ihr vorgelegten Bescheinigung sowie der ihr vorgelegten Ausfertigung der Entscheidung zu.

(3) Umfasst ein vollstreckungsfähiger Titel nach Kapitel IV der Verordnung (EU) 2019/1111 nach dem Recht des Staates, in dem er geschaffen wurde, das Recht auf Herausgabe des Kindes, so kann das Familiengericht die Herausgabeanordnung in einer nach § 44 getroffenen Anordnung klarstellend aufnehmen.

§ 44b Verfahren auf Versagung der Vollstreckung nach Artikel 59 der Verordnung (EU) 2019/1111. (1) Mit dem Antrag auf Versagung der Vollstreckung nach Artikel 59 der Verordnung (EU) 2019/1111[1)] können ausschließlich die in den Artikeln 41, 50, 56 Absatz 6 und Artikel 68 Absatz 2 und 3 der Verordnung (EU) 2019/1111 vorgesehenen Vollstreckungsversagungsgründe geltend gemacht werden.

(2) [1] Der Antrag nach Absatz 1 ist bei dem zuständigen Gericht schriftlich einzureichen oder mündlich zu Protokoll der Geschäftsstelle zu erklären. [2] Er soll die Vollstreckungsversagungsgründe bezeichnen, die geltend gemacht werden, und die zu ihrer Begründung dienenden Tatsachen und Beweismittel angeben. [3] Abweichend von § 114 Absatz 1 des Gesetzes über das Verfahren in Familiensachen und in den Angelegenheiten der freiwilligen Gerichtsbarkeit[2)] ist auch in Ehesachen im ersten Rechtszug eine Vertretung durch einen Rechtsanwalt nicht erforderlich.

(3) [1] Das Gericht kann der antragstellenden Person eine Frist für die Bezeichnung der geltend gemachten Vollstreckungsversagungsgründe und die Angabe der zu ihrer Begründung dienenden Tatsachen und Beweismittel setzen. [2] Mit der Fristsetzung ist die antragstellende Person über die Folgen der Versäumung der Frist zu belehren.

(4) [1] Vollstreckungsversagungsgründe und die zu ihrer Begründung dienenden Tatsachen und Beweismittel, die erst nach Ablauf einer nach Absatz 3 Satz 1 gesetzten Frist vorgebracht werden, sind nur zuzulassen, wenn

1. ihre Zulassung nach der freien Überzeugung des Gerichts die Erledigung des Verfahrens nicht verzögern würde oder
2. die antragstellende Person die Verspätung genügend entschuldigt.

[2] Der Entschuldigungsgrund nach Satz 1 Nummer 2 ist auf Verlangen des Gerichts glaubhaft zu machen.

§ 44c Entscheidung über die Versagung der Vollstreckung und Bekanntmachung der Entscheidung. (1) [1] Über den Antrag auf Versagung der Vollstreckung nach Artikel 59 der Verordnung (EU) 2019/1111[1)] entscheidet das Gericht durch Beschluss. [2] Der Beschluss ist zu begründen. [3] Er kann ohne mündliche Verhandlung ergehen.

(2) Für die Kostenentscheidung gelten in Ehesachen die §§ 91 bis 107 der Zivilprozessordnung[3)] und in den übrigen Verfahren die §§ 80 bis 85 des Gesetzes

---

1) Nr. **103b**.
2) **Habersack, Deutsche Gesetze Nr. 112.**
3) **Habersack, Deutsche Gesetze Nr. 100.**

über das Verfahren in Familiensachen und in Angelegenheiten der freiwilligen Gerichtsbarkeit[1)] entsprechend.

(3) Der Beschluss ist den Beteiligten zuzustellen.

(4) [1] In einem Verfahren, das die Versagung der Vollstreckung einer die elterliche Verantwortung betreffenden Entscheidung zum Gegenstand hat, ist der Beschluss auch zuzustellen:

1. dem gesetzlichen Vertreter des Kindes,
2. dem Vertreter des Kindes im Verfahren,
3. dem Kind selbst, wenn es das 14. Lebensjahr vollendet hat und nicht geschäftsunfähig ist,
4. einem Elternteil, der nicht am Verfahren beteiligt war, sowie
5. dem Jugendamt.

[2] Eine Begründung soll dem Kind nicht mitgeteilt werden, wenn Nachteile für dessen Entwicklung, Erziehung oder Gesundheit zu befürchten sind.

(5) In einem Verfahren, das die Versagung der Vollstreckung einer Unterbringung zum Gegenstand hat, ist der Beschluss auch dem Leiter der Einrichtung oder der Pflegefamilie bekannt zu machen, in der das Kind untergebracht werden soll.

§ 44d Sofortige Beschwerde. (1) Der Beschluss ist in entsprechender Anwendung der §§ 567 bis 572 der Zivilprozessordnung[2)] mit der sofortigen Beschwerde anfechtbar.

(2) [1] Abweichend von § 571 Absatz 2 Satz 1 und Absatz 3 der Zivilprozessordnung sind als neue Angriffs- und Verteidigungsmittel nur solche zuzulassen, die im ersten Rechtszug nicht geltend gemacht worden sind, ohne dass dies auf einer Nachlässigkeit der Partei beruht. [2] Das Beschwerdegericht kann verlangen, dass die Tatsachen, aus denen sich die Zulässigkeit der neuen Angriffs- und Verteidigungsmittel nach Satz 1 ergibt, glaubhaft gemacht werden.

(3) Vollstreckungsversagungsgründe und die zu ihrer Begründung dienenden Tatsachen und Beweismittel, die im ersten Rechtszug nach § 44b Absatz 4 zu Recht zurückgewiesen worden sind, bleiben ausgeschlossen.

(4) § 44c Absatz 2 bis 5 ist entsprechend anzuwenden.

§ 44e Rechtsbeschwerde. (1) Gegen den Beschluss des Beschwerdegerichts findet die Rechtsbeschwerde zum Bundesgerichtshof statt, wenn das Beschwerdegericht sie in seinem Beschluss in entsprechender Anwendung des § 574 Absatz 1 Satz 1 Nummer 2 und Absatz 3 der Zivilprozessordnung[2)] zugelassen hat.

(2) [1] § 574 Absatz 4, § 575 Absatz 1 bis 4 sowie die §§ 576 und 577 der Zivilprozessordnung und § 44c Absatz 2 bis 5 sind entsprechend anwendbar. [2] In Angelegenheiten der freiwilligen Gerichtsbarkeit bleiben § 574 Absatz 4 und § 577 Absatz 2 Satz 1 bis 3 der Zivilprozessordnung sowie in § 576 Absatz 3 die Verweisung auf § 556 der Zivilprozessordnung außer Betracht.

(3) Soweit die Rechtsbeschwerde darauf gestützt wird, dass das Beschwerdegericht von einer Entscheidung des Gerichtshofs der Europäischen Union abgewichen sei, muss die Entscheidung, von der der angefochtene Beschluss abweicht, in der Beschwerdebegründung bezeichnet werden.

[1)] **Habersack, Deutsche Gesetze Nr. 112.**
[2)] **Habersack, Deutsche Gesetze Nr. 100.**

§ 44f Aussetzung der Vollstreckung nach Artikel 56 Absatz 1, 2 und 4 der Verordnung (EU) 2019/1111. (1) [1] Antragsberechtigt nach Artikel 56 Absatz 1 und 2 der Verordnung (EU) 2019/1111[1)] ist auch das betroffene Kind. [2] Antragsberechtigt nach Artikel 56 Absatz 4 der Verordnung (EU) 2019/1111 sind auch das betroffene Kind und das Jugendamt.

(2) [1] Die Befugnis zur Aussetzung der Vollstreckung im Sinne des Artikels 56 Absatz 1, 2 und 4 der Verordnung (EU) 2019/1111 umfasst die Befugnis zur Aufhebung der bisherigen Vollstreckungsmaßregeln. [2] Die Entscheidung über eine Aussetzung der Vollstreckung nach Artikel 56 Absatz 1, 2 und 4 der Verordnung (EU) 2019/1111 ist unanfechtbar.

(3) Für die Entscheidung über die Aussetzung der Vollstreckung ist das Oberlandesgericht zuständig, wenn dort eine sofortige Beschwerde gegen einen im Vollstreckungsverfahren ergangenen Beschluss anhängig ist.

(4) § 93 des Gesetzes über das Verfahren in Familiensachen und in den Angelegenheiten der freiwilligen Gerichtsbarkeit[2)] findet keine Anwendung.

§ 44g Einstellung der Zwangsvollstreckung. (1) [1] Die Zwangsvollstreckung ist einzustellen, wenn die Ausfertigung einer rechtskräftigen Entscheidung vorgelegt wird, aus der sich ergibt, dass

1. die Vollstreckung im Verfahren nach Artikel 59 der Verordnung (EU) 2019/1111[1)] versagt worden ist oder
2. die Vollstreckung nach Artikel 56 Absatz 1, 2 oder 4 der Verordnung (EU) 2019/1111 ausgesetzt worden ist.

[2] In den Fällen des Satzes 1 Nummer 1 sind die bereits getroffenen Vollstreckungsmaßregeln aufzuheben. [3] In den Fällen des Satzes 1 Nummer 2 bleiben die bereits getroffenen Vollstreckungsmaßregeln einstweilen bestehen, sofern nicht durch die Entscheidung über die Aussetzung der Vollstreckung auch die Aufhebung der bisherigen Vollstreckungsmaßregeln angeordnet ist.

(2) [1] Die Zwangsvollstreckung ist entsprechend § 775 Nummer 1 und 2 und § 776 der Zivilprozessordnung[3)] einzustellen oder zu beschränken, wenn Folgendes vorgelegt wird:

1. im Fall einer nach Artikel 47 der Verordnung (EU) 2019/1111 bescheinigten Entscheidung eine Bescheinigung über die Aussetzung oder Einschränkung der Vollstreckbarkeit nach Artikel 49 Absatz 1 der Verordnung (EU) 2019/1111,
2. im Fall eines nicht in Nummer 1 genannten Titels eine Entscheidung des Mitgliedstaates, in dem der Titel geschaffen wurde, über die Nichtvollstreckbarkeit oder über die Beschränkung der Vollstreckbarkeit.

[2] Im Fall des Satzes 1 Nummer 2 ist auf Verlangen des Vollstreckungsorgans eine Übersetzung der Entscheidung in die deutsche Sprache vorzulegen. [3] Die Übersetzung ist von einer in einem der Mitgliedstaaten der Europäischen Union hierzu befugten Person zu erstellen.

§ 44h Schadensersatz wegen ungerechtfertigter Vollstreckung aus Titeln über die Erstattung von Verfahrenskosten. (1) Wird ein Titel über die Erstattung von Verfahrenskosten in dem Mitgliedstaat, in dem er geschaffen wurde, aufgehoben oder abgeändert, so ist die berechtigte Person zum Ersatz des Schadens

---

1) Nr. **103b**.
2) **Habersack, Deutsche Gesetze Nr. 112.**
3) **Habersack, Deutsche Gesetze Nr. 100.**

verpflichtet, welcher der verpflichteten Person durch die Vollstreckung des Titels oder durch eine Leistung zur Abwendung der Vollstreckung entstanden ist, sofern der Titel zum Zeitpunkt der Zwangsvollstreckungsmaßnahme noch mit einem ordentlichen Rechtsbehelf angefochten werden konnte.

(2) [1] Für den Antrag, mit dem ein Anspruch nach Absatz 1 geltend gemacht wird, ist das Gericht ausschließlich zuständig, das im ersten Rechtszug über den Antrag auf Versagung der Vollstreckung entschieden hat oder über einen solchen Antrag zu entscheiden hätte. [2] Es entscheidet nach den für sonstige Familiensachen im Sinne des § 266 Absatz 1 des Gesetzes über das Verfahren in Familiensachen und in den Angelegenheiten der freiwilligen Gerichtsbarkeit[1)] geltenden Vorschriften.

§ 44i Vollstreckungsabwehrklage bei Titeln über die Erstattung von Verfahrenskosten. (1) Die aus einem Titel über die Erstattung von Verfahrenskosten verpflichtete Person kann Einwendungen gegen den Anspruch selbst im Wege einer Klage entsprechend § 767 der Zivilprozessordnung[2)] insoweit geltend machen, als die Gründe, auf denen sie beruhen, erst nach Erlass des Titels entstanden sind.

(2) Für die Klage nach Absatz 1 ist das Gericht ausschließlich zuständig, das im ersten Rechtszug über den Antrag auf Versagung der Vollstreckung entschieden hat oder über einen solchen Antrag zu entscheiden hätte.

§ 44j Verfahren auf Feststellung des Nichtvorliegens von Anerkennungsversagungsgründen und auf Versagung der Anerkennung. (1) [1] Auf das Verfahren über einen gesonderten Feststellungsantrag nach Artikel 30 Absatz 3 der Verordnung (EU) 2019/1111[3)] und auf das Verfahren über einen gesonderten Antrag auf Versagung der Anerkennung nach Artikel 40 Absatz 1 der Verordnung (EU) 2019/1111 sind § 44b Absatz 2 Satz 1 und 3, Absatz 3 und 4 sowie § 44c entsprechend anzuwenden. [2] Antragsberechtigt ist, wer ein rechtliches Interesse an der Feststellung oder an der Versagung der Anerkennung hat. [3] Der Antrag auf Versagung der Anerkennung nach Artikel 40 Absatz 1 der Verordnung (EU) 2019/1111 soll bezeichnen, welche der in den Artikeln 38, 39, 50 oder 68 der Verordnung (EU) 2019/1111 vorgesehenen Anerkennungsversagungsgründe geltend gemacht werden, und die zu ihrer Begründung dienenden Tatsachen und Beweismittel angeben.

(2) [1] Der erstinstanzliche Beschluss ist mit der sofortigen Beschwerde in entsprechender Anwendung des § 44d anfechtbar. [2] Der Beschluss des Beschwerdegerichts ist in entsprechender Anwendung des § 44e mit der Rechtsbeschwerde anfechtbar.

(3) [1] Wird der Titel in dem Mitgliedstaat, in dem er geschaffen worden ist, aufgehoben oder geändert und kann die Aufhebung oder Änderung in dem Verfahren auf Feststellung des Nichtvorliegens von Anerkennungsversagungsgründen nicht mehr geltend gemacht werden, so kann der Antragsgegner die Aufhebung oder Änderung der Entscheidung, dass kein Anerkennungsversagungsgrund gegeben ist, in einem besonderen Verfahren beantragen. [2] Für die Entscheidung über den Antrag ist das Familiengericht ausschließlich zuständig, das im ersten Rechtszug über den Feststellungsantrag nach Absatz 1 entschieden hat.

---

1) **Habersack, Deutsche Gesetze Nr. 112.**
2) **Habersack, Deutsche Gesetze Nr. 100.**
3) Nr. **103b**.

[3] § 44b Absatz 2 Satz 1 und 3, die §§ 44c und 44d Absatz 1 und 4 sowie § 44e sind entsprechend anzuwenden.

Abschnitt 8. Grenzüberschreitende Unterbringung

§ 45 Zuständigkeit für die Zustimmung zu einer Unterbringung. [1] Zuständig für die Erteilung der Zustimmung zu einer Unterbringung eines Kindes nach Artikel 82 der Verordnung (EU) 2019/1111[1)] oder nach Artikel 33 des Haager Kinderschutzübereinkommens[2)] im Inland ist der überörtliche Träger der öffentlichen Jugendhilfe, in dessen Bereich das Kind nach dem Vorschlag der ersuchenden Stelle untergebracht werden soll, andernfalls der überörtliche Träger, zu dessen Bereich die Zentrale Behörde den engsten Bezug festgestellt hat. [2] Hilfsweise ist das Land Berlin zuständig.

§ 46 Konsultationsverfahren. (1) Dem Ersuchen soll in der Regel zugestimmt werden, wenn

1. die Durchführung der beabsichtigten Unterbringung im Inland dem Wohl des Kindes entspricht, insbesondere weil es eine besondere Bindung zum Inland hat,
2. die ausländische Stelle einen Bericht und, soweit erforderlich, ärztliche Zeugnisse oder Gutachten vorgelegt hat, aus denen sich die Gründe der beabsichtigten Unterbringung ergeben,
3. das Kind im ausländischen Verfahren angehört wurde, sofern eine Anhörung nicht auf Grund des Alters oder des Reifegrades des Kindes unangebracht erschien,
4. die Zustimmung der geeigneten Einrichtung oder Pflegefamilie vorliegt und der Vermittlung des Kindes dorthin keine Gründe entgegenstehen,
5. eine erforderliche ausländerrechtliche Genehmigung erteilt oder zugesagt wurde,
6. die Übernahme der Kosten geregelt ist.

(2) Im Falle einer Unterbringung, die mit Freiheitsentziehung verbunden ist, ist das Ersuchen ungeachtet der Voraussetzungen des Absatzes 1 abzulehnen, wenn

1. im ersuchenden Staat über die Unterbringung kein Gericht entscheidet oder
2. bei Zugrundelegung des mitgeteilten Sachverhalts nach innerstaatlichem Recht eine Unterbringung, die mit Freiheitsentziehung verbunden ist, nicht zulässig wäre.

(3) Die ausländische Stelle kann um ergänzende Informationen ersucht werden.

(4) Wird um die Unterbringung eines ausländischen Kindes ersucht, ist die Stellungnahme der Ausländerbehörde einzuholen.

(5) [1] Die zu begründende Entscheidung ist auch der Zentralen Behörde und der Einrichtung oder der Pflegefamilie, in der das Kind untergebracht werden soll, mitzuteilen. [2] Sie ist unanfechtbar.

§ 47 Genehmigung des Familiengerichts. (1) [1] Die Zustimmung des überörtlichen Trägers der öffentlichen Jugendhilfe nach den §§ 45 und 46 ist nur mit Genehmigung des Familiengerichts zulässig. [2] Das Gericht soll die Genehmigung in der Regel erteilen, wenn

---

1) Nr. **103b**.
2) Nr. **45m**.

1. die in § 46 Absatz 1 Nummer 1 bis 3 bezeichneten Voraussetzungen vorliegen und
2. kein Hindernis für die Anerkennung der beabsichtigten Unterbringung erkennbar ist.

[3] § 46 Absatz 2 und 3 gilt entsprechend.

(2) [1] Örtlich zuständig ist das Familiengericht, in dessen Bezirk das Oberlandesgericht, in dessen Bezirk das Kind untergebracht werden soll, seinen Sitz hat. [2] § 12 Absatz 2 und 3 gilt entsprechend.

(3) Der zu begründende Beschluss ist unanfechtbar.

Abschnitt 9. Bescheinigungen zu inländischen Entscheidungen nach Kapitel IV der Verordnung (EU) 2019/1111

§ 48 Ausstellung von Bescheinigungen. (1) [1] Bescheinigungen nach Artikel 36 Absatz 1 der Verordnung (EU) 2019/1111[1)] werden von dem Gericht ausgestellt, das die Entscheidung erlassen hat. [2] Bescheinigungen nach Artikel 49 Absatz 1 der Verordnung (EU) 2019/1111 werden von dem Gericht ausgestellt, das die Vollstreckbarkeit der Entscheidung ausgesetzt oder eingeschränkt hat.

(2) [1] Bescheinigungen nach Artikel 36 Absatz 1, Artikel 47 Absatz 1 und Artikel 49 Absatz 1 der Verordnung (EU) 2019/1111 werden beim Gericht des ersten Rechtszugs von dem Familienrichter, bei einem höheren Gericht von dem Vorsitzenden des zuständigen Senats für Familiensachen ausgestellt. [2] Die Bescheinigungen sind ohne Anhörung des Antragsgegners auszustellen.

(3) [1] Eine Ausfertigung der Bescheinigung nach Artikel 36 Absatz 1 und Artikel 47 Absatz 1 der Verordnung (EU) 2019/1111 ist dem Antragsgegner zuzustellen. [2] Die Zustellung erfolgt von Amts wegen. [3] Das gilt nicht, wenn die antragstellende Person Übermittlung an sich zur Zustellung im Parteibetrieb beantragt hat.

(4) [1] Die Entscheidung des Familienrichters, mit der ein Antrag auf Ausstellung einer Bescheinigung nach Artikel 36 Absatz 1 oder nach Artikel 47 Absatz 1 der Verordnung (EU) 2019/1111 zurückgewiesen wird, ist mit der sofortigen Beschwerde in entsprechender Anwendung der §§ 567 bis 572 der Zivilprozessordnung[2)] anfechtbar. [2] Eine Rechtsbeschwerde findet nicht statt.

§ 49 Berichtigung von Bescheinigungen. Für die Berichtigung einer Bescheinigung nach Artikel 36 der Verordnung (EU) 2019/1111[1)] (Artikel 37 der Verordnung (EU) 2019/1111) und für die Berichtigung einer Bescheinigung nach Artikel 47 der Verordnung (EU) 2019/1111 (Artikel 48 Absatz 1 und 3 der Verordnung (EU) 2019/1111) gilt § 319 der Zivilprozessordnung[2)] entsprechend.

§ 50 Widerruf von Bescheinigungen. (1) Über den Widerruf einer Bescheinigung nach Artikel 47 der Verordnung (EU) 2019/1111[1)] (Artikel 48 der Verordnung (EU) 2019/1111) entscheidet das Gericht, das die Bescheinigung ausgestellt hat.

(2) § 319 Absatz 2 und 3 der Zivilprozessordnung[2)] ist auf den Widerruf entsprechend anzuwenden.

[1)] Nr. **103b**.
[2)] **Habersack, Deutsche Gesetze Nr. 100.**

Abschnitt 10. Verfahren nach dem Europäischen Adoptionsübereinkommen

§ 51 Verfahren der nationalen Behörde. Auf Anträge aus einem anderen Staat nach Artikel 15 des Europäischen Adoptionsübereinkommens finden § 4 Absatz 1, § 6 Absatz 1 und § 9 entsprechende Anwendung.

Abschnitt 11. Kosten

§ 52 (weggefallen)

§ 53 (weggefallen)

§ 54 Übersetzungen. Die Höhe der Vergütung für die von der Zentralen Behörde veranlassten Übersetzungen richtet sich nach dem Justizvergütungs- und -entschädigungsgesetz[1)].

Abschnitt 12. Übergangsvorschriften

§ 55 Übergangsvorschriften zur Verordnung (EU) 2019/1111. Wenn für vor dem 1. August 2022 eingeleitete gerichtliche Verfahren, förmlich errichtete oder eingetragene öffentliche Urkunden und vollstreckbar gewordene Vereinbarungen nach Artikel 100 Absatz 2 der Verordnung (EU) 2019/1111[2)] die Verordnung (EG) Nr. 2201/2003 des Rates vom 27. November 2003 über die Zuständigkeit und die Anerkennung und Vollstreckung von Entscheidungen in Ehesachen und in Verfahren betreffend die elterliche Verantwortung und zur Aufhebung der Verordnung (EG) Nr. 1347/2000 (ABl. L 338 vom 23.12.2003, S. 1; L 99 vom 15.4.2016, S. 34), die zuletzt durch die Verordnung (EG) Nr. 2116/2004 (ABl. L 367 vom 14.12.2004, S. 1) geändert worden ist, weiter gilt, ist dieses Gesetz in seiner am 31. Juli 2022 geltenden Fassung anzuwenden.

[1)] **Habersack, Deutsche Gesetze Nr. 116.**
[2)] Nr. **103b**.

110b. Verordnung (EU) 2015/848 des Europäischen Parlaments und des Rates vom 20. Mai 2015 über Insolvenzverfahren[1)]

(Neufassung)

(ABl. L 141 vom 5.6.2015, S. 19, ELI: http://data.europa.eu/eli/reg/2015/848/oj)

Celex-Nr. 3 2015 R 0848

Lfd. Nr.	Änderndes Gesetz	Datum	Fund-stelle	Betroffen	Hinweis
1.	Art. 1 VO (EU) 2017/353	15.2.2017	ABl. L 57 S. 19	Anh. A, B	mWv 26.6.2017
2.	Art. 1 VO (EU) 2018/946	4.7.2018	ABl. L 171 S. 1	Anh. A, B	mWv 26.7.2018
3.	Art. 1 VO (EU) 2021/2260	15.12. 2021	ABl. L 455 S. 4	Anh. A, B	mWv 9.1.2022
4.	Art. 23 VO (EU) 2023/ 2844	13.12. 2023	ABl. L, 2023/ 2844, 27.12. 2023	Art. 42, 53, 57	mWv 1.5.2025

Vorbemerkung:
Die Änderungen durch VO v. 13.12.2023 (ABl. L, 2023/2844, 27.12.2023) treten erst mWv 1.5.2025 in Kraft und sind im Text noch nicht berücksichtigt.

DAS EUROPÄISCHE PARLAMENT UND DER RAT DER EUROPÄISCHEN UNION –

gestützt auf den Vertrag über die Arbeitsweise der Europäischen Union[2)], insbesondere auf Artikel 81,

auf Vorschlag der Europäischen Kommission,

nach Zuleitung des Entwurfs des Gesetzgebungsakts an die nationalen Parlamente,

nach Stellungnahme des Europäischen Wirtschafts- und Sozialausschusses[3)],

gemäß dem ordentlichen Gesetzgebungsverfahren[4)],

in Erwägung nachstehender Gründe:

(1) Die Kommission hat am 12. Dezember 2012 einen Bericht über die Anwendung der Verordnung (EG) Nr. 1346/2000 des Rates[5)] angenommen. Dem Bericht zufolge funktioniert die Verordnung im Allgemeinen gut, doch sollte die An-

[1)] Siehe hierzu VO (EU) 2017/1105 zur Festlegung der Formulare gem. Insolvenz-VO v. 12.6.2017 (ABl. L 160 vom 22.6.2017, S. 1)

[2)] **Sartorius Nr. 1001.**

[3)] **Amtl. Anm.:** ABl. C 271 vom 19.9.2013, S. 55.

[4)] **Amtl. Anm.:** Standpunkt des Europäischen Parlaments vom 5. Februar 2014 (noch nicht im Amtsblatt veröffentlicht) und Standpunkt des Rates in erster Lesung vom 12. März 2015 (noch nicht im Amtsblatt veröffentlicht). Standpunkt des Europäischen Parlaments vom 20. Mai 2015 (noch nicht im Amtsblatt veröffentlicht).

[5)] **Amtl. Anm.:** Verordnung (EG) Nr. 1346/2000 des Rates vom 29. Mai 2000 über Insolvenzverfahren (ABl. L 160 vom 30.6.2000, S. 1).

wendung einiger Vorschriften verbessert werden, um grenzüberschreitende Insolvenzverfahren noch effizienter abwickeln zu können. Da die Verordnung mehrfach geändert wurde und weitere Änderungen erfolgen sollen, sollte aus Gründen der Klarheit eine Neufassung vorgenommen werden.

(2) Die Union hat sich die Schaffung eines Raums der Freiheit, der Sicherheit und des Rechts zum Ziel gesetzt.

(3) Für ein reibungsloses Funktionieren des Binnenmarktes sind effiziente und wirksame grenzüberschreitende Insolvenzverfahren erforderlich. Die Annahme dieser Verordnung ist zur Verwirklichung dieses Ziels erforderlich, das in den Bereich der justiziellen Zusammenarbeit in Zivilsachen im Sinne des Artikels 81 des Vertrags[1] fällt.

(4) Die Geschäftstätigkeit von Unternehmen greift mehr und mehr über die einzelstaatlichen Grenzen hinaus und unterliegt damit in zunehmendem Maß den Vorschriften des Unionsrechts. Die Insolvenz solcher Unternehmen hat auch nachteilige Auswirkungen auf das ordnungsgemäße Funktionieren des Binnenmarktes, und es bedarf eines Unionsrechtsakts, der eine Koordinierung der Maßnahmen in Bezug auf das Vermögen eines zahlungsunfähigen Schuldners vorschreibt.

(5) Im Interesse eines ordnungsgemäßen Funktionierens des Binnenmarkts muss verhindert werden, dass es für Beteiligte vorteilhafter ist, Vermögensgegenstände oder Gerichtsverfahren von einem Mitgliedstaat in einen anderen zu verlagern, um auf diese Weise eine günstigere Rechtsstellung zum Nachteil der Gesamtheit der Gläubiger zu erlangen (im Folgenden „Forum Shopping").

(6) Diese Verordnung sollte Vorschriften enthalten, die die Zuständigkeit für die Eröffnung von Insolvenzverfahren und für Klagen regeln, die sich direkt aus diesen Insolvenzverfahren ableiten und eng damit verknüpft sind. Darüber hinaus sollte diese Verordnung Vorschriften für die Anerkennung und Vollstreckung von in solchen Verfahren ergangenen Entscheidungen sowie Vorschriften über das auf Insolvenzverfahren anwendbare Recht enthalten. Sie sollte auch die Koordinierung von Insolvenzverfahren regeln, die sich gegen denselben Schuldner oder gegen mehrere Mitglieder derselben Unternehmensgruppe richten.

(7) Konkurse, Vergleiche und ähnliche Verfahren sowie damit zusammenhängende Klagen sind vom Anwendungsbereich der Verordnung (EU) Nr. 1215/2012[2] des Europäischen Parlaments und des Rates ausgenommen[3]. Diese Verfahren sollten unter die vorliegende Verordnung fallen. Die vorliegende Verordnung ist so auszulegen, dass Rechtslücken zwischen den beiden vorgenannten Rechtsinstrumenten so weit wie möglich vermieden werden. Allerdings sollte der alleinige Umstand, dass ein nationales Verfahren nicht in Anhang A dieser Verordnung aufgeführt ist, nicht bedeuten, dass es unter die Verordnung (EU) Nr. 1215/2012[2] fällt.

(8) Zur Verwirklichung des Ziels einer Verbesserung der Effizienz und Wirksamkeit der Insolvenzverfahren mit grenzüberschreitender Wirkung ist es notwendig und angemessen, die Bestimmungen über den Gerichtsstand, die Anerkennung und das anwendbare Recht in diesem Bereich in

(Fortsetzung nächstes Blatt)

[1] **Sartorius Nr. 1001.**
[2] Nr. **103.**
[3] **Amtl. Anm.:** Verordnung (EU) Nr. 1215/2012 des Europäischen Parlaments und des Rates vom 12. Dezember 2012 über die gerichtliche Zuständigkeit und die Anerkennung und Vollstreckung von Entscheidungen in Zivil- und Handelssachen (ABl. L 351 vom 20.12.2012, S. 1).

110e. Gesetz über den Stabilisierungs- und Restrukturierungsrahmen für Unternehmen (Unternehmensstabilisierungs- und -restrukturierungsgesetz – StaRUG)[1) 2)]

Vom 22. Dezember 2020

(BGBl. I S. 3256)

FNA 311-20

Lfd. Nr.	Änderndes Gesetz	Datum	Fundstelle	Betroffen	Hinweis
1.	Art. 38 PersonengesellschaftsrechtsmodernisierungsG (MoPeG)	10.8.2021	BGBl. I S. 3436, geänd. BGBl. 2023 I Nr. 411	§§ 2, 11, 15, 32, 43, 57, 60, 67, 94, 96	geänd. mWv 1.1.2024
2.	Art. 12 G zur Einführung virtueller Hauptversammlungen von Aktiengesellschaften und Änderung genossenschafts- sowie insolvenz- und restrukturierungsrechtlicher Vorschriften	20.7.2022	BGBl. I S. 1166	§§ 45, 48, 63, 73, 76, 90	geänd. mWv 27.7.2022
3.	Art. 34 Abs. 14 KreditzweitmarktförderungsG	22.12.2023	BGBl. 2023 I Nr. 411	§§ 1, 15	geänd. mWv 1.1.2024

[1)] Verkündet als Art. 1 G v. 22.12.2020 (BGBl. I S. 3256); Inkrafttreten gem. Art. 25 Abs. 1 dieses G am 1.1.2021, mit Ausnahme der §§ 84–88, die gem. Art. 25 Abs. 3 Nr. 1 erst mWv 17.7.2022 in Kraft treten.

[2)] **Amtl. Anm. an der Überschrift des MantelG**: „Dieses Gesetz dient der weiteren Umsetzung der Richtlinie (EU) 2019/1023 des Europäischen Parlaments und des Rates vom 20. Juni 2019 über präventive Restrukturierungsrahmen, über Entschuldung und über Tätigkeitsverbote sowie über Maßnahmen zur Steigerung der Effizienz von Restrukturierungs-, Insolvenz- und Entschuldungsverfahren und zur Änderung der Richtlinie (EU) 2017/1132 (Richtlinie über Restrukturierung und Insolvenz) (ABl. L 172 vom 26.6.2019, S. 18)."

Inhaltsübersicht

Teil 1. Krisenfrüherkennung und Krisenmanagement

§ 1[1)] Krisenfrüherkennung und Krisenmanagement bei haftungsbeschränkten Unternehmensträgern. (1) [1] Die Mitglieder des zur Geschäftsführung berufenen Organs einer juristischen Person (Geschäftsleiter) wachen fortlaufend über Entwicklungen, welche den Fortbestand der juristischen Person gefährden können. [2] Erkennen sie solche Entwicklungen, ergreifen sie geeignete Gegenmaßnahmen und erstatten den zur Überwachung der Geschäftsleitung berufenen Organen (Überwachungsorganen) unverzüglich Bericht. [3] Berühren die zu ergreifenden Maßnahmen die Zuständigkeiten anderer Organe, wirken die Geschäftsleiter unverzüglich auf deren Befassung hin.

(2) Bei rechtsfähigen Personengesellschaften im Sinne von § 15a Absatz 1 Satz 3 und Absatz 2 der Insolvenzordnung[2)] gilt Absatz 1 entsprechend für die Geschäftsleiter der zur Geschäftsführung berufenen Gesellschafter.

(3) Weitergehende Pflichten, die sich aus anderen Gesetzen ergeben, bleiben unberührt.

Teil 2. Stabilisierungs- und Restrukturierungsrahmen

Kapitel 1. Restrukturierungsplan

Abschnitt 1. Gestaltung von Rechtsverhältnissen

§ 2[3)] Gestaltbare Rechtsverhältnisse. (1) Auf der Grundlage eines Restrukturierungsplans können gestaltet werden:

1. Forderungen, die gegen eine restrukturierungsfähige Person (Schuldner) begründet sind (Restrukturierungsforderungen), und
2. die an Gegenständen des schuldnerischen Vermögens bestehenden Rechte, die im Fall der Eröffnung eines Insolvenzverfahrens zur Absonderung berechtigen

[1)] § 1 Abs. 2 geänd. mWv 1.1.2024 durch G v. 22.12.2023 (BGBl. 2023 I Nr. 411).
[2)] **Habersack, Deutsche Gesetze Nr. 110.**
[3)] § 2 Abs. 3 und 4 Satz 2 geänd. mWv 1.1.2024 durch G v. 10.8.2021 (BGBl. I S. 3436).

würden, es sei denn, es handelt sich bei ihnen um Finanzsicherheiten im Sinne des § 1 Absatz 17 des Kreditwesengesetzes oder um Sicherheiten, die dem Betreiber eines Systems nach § 1 Absatz 16 des Kreditwesengesetzes zur Absicherung seiner Ansprüche aus dem System oder der Zentralbank eines Mitgliedstaats der Europäischen Union oder der Europäischen Zentralbank gestellt wurden (Absonderungsanwartschaften).

(2) [1] Beruhen Restrukturierungsforderungen oder Absonderungsanwartschaften auf einem mehrseitigen Rechtsverhältnis zwischen dem Schuldner und mehreren Gläubigern, so sind auch Einzelbestimmungen in diesem Rechtsverhältnis durch den Restrukturierungsplan gestaltbar. [2] Satz 1 gilt auch für die Bedingungen von Schuldtiteln im Sinne des § 2 Absatz 1 Nummer 3 des Wertpapierhandelsgesetzes[1)] und von Verträgen, die zu gleichlautenden Bedingungen mit einer Vielzahl von Gläubigern geschlossen wurden. [3] Beruhen Restrukturierungsforderungen oder Absonderungsanwartschaften auf unterschiedlichen Rechtsverhältnissen und haben die Inhaber der Forderungen oder Anwartschaften untereinander und mit dem Schuldner Vereinbarungen über die Durchsetzung der gegenüber diesem bestehenden Forderungen oder Anwartschaften und das relative Rangverhältnis der aus der Durchsetzung resultierenden Erlöse getroffen, so sind auch die Bedingungen dieser Vereinbarung durch den Plan gestaltbar.

(3) Ist der Schuldner eine juristische Person oder eine rechtsfähige Personengesellschaft, können auch die Anteils- oder Mitgliedschaftsrechte der an dem Schuldner beteiligten Personen durch den Restrukturierungsplan gestaltet, sonstige gesellschaftsrechtlich zulässige Regelungen getroffen sowie Anteils- und Mitgliedschaftsrechte übertragen werden.

(4) [1] Der Restrukturierungsplan kann auch die Rechte der Inhaber von Restrukturierungsforderungen gestalten, die diesen aus einer von einem verbundenen Unternehmen im Sinne des § 15 des Aktiengesetzes[2)] als Bürge, Mitschuldner oder aufgrund einer anderweitig übernommenen Haftung oder an Gegenständen des Vermögens dieses Unternehmens zustehen (gruppeninterne Drittsicherheit); der Eingriff ist durch eine angemessene Entschädigung zu kompensieren. [2] Satz 1 Halbsatz 2 gilt entsprechend für eine Beschränkung der persönlichen Haftung eines persönlich haftenden Gesellschafters eines als rechtsfähige Personengesellschaft verfassten Schuldners.

(5) [1] Maßgeblich für die Absätze 1 bis 4 sind die Rechtsverhältnisse zum Zeitpunkt der Unterbreitung des Planangebots (§ 17), im Fall einer Abstimmung im gerichtlichen Planabstimmungsverfahren zum Zeitpunkt der Antragstellung (§ 45). [2] Erwirkt der Schuldner vorher eine Stabilisierungsanordnung (§ 49), tritt an die Stelle des Planangebots oder des Antrags der Zeitpunkt der Erstanordnung.

§ 3 Bedingte und nicht fällige Restrukturierungsforderungen; Forderungen aus gegenseitigen Verträgen. (1) Restrukturierungsforderungen sind auch dann gestaltbar, wenn sie bedingt oder noch nicht fällig sind.

(2) Restrukturierungsforderungen aus gegenseitigen Verträgen sind nur insoweit gestaltbar, als die dem anderen Teil obliegende Leistung bereits erbracht ist.

§ 4 Ausgenommene Rechtsverhältnisse. [1] Einer Gestaltung durch einen Restrukturierungsplan sind unzugänglich:

---

1) Nr. **58**.
2) **Habersack, Deutsche Gesetze Nr. 51.**

1. Forderungen von Arbeitnehmern aus oder im Zusammenhang mit dem Arbeitsverhältnis, einschließlich der Rechte aus Zusagen auf betriebliche Altersversorgung,
2. Forderungen aus vorsätzlich begangenen unerlaubten Handlungen und
3. Forderungen nach § 39 Absatz 1 Nummer 3 der Insolvenzordnung[1)].

[2] Handelt es sich bei dem Schuldner um eine natürliche Person, gilt dies auch für Forderungen und Absonderungsanwartschaften, die mit dessen unternehmerischer Tätigkeit in keinem Zusammenhang stehen.

Abschnitt 2. Anforderungen an den Restrukturierungsplan

§ 5 Gliederung des Restrukturierungsplans. [1] Der Restrukturierungsplan besteht aus einem darstellenden und einem gestaltenden Teil. [2] Er enthält mindestens die nach der Anlage zu diesem Gesetz erforderlichen Angaben. [3] Dem Restrukturierungsplan sind die nach den §§ 14 und 15 erforderlichen Anlagen beizufügen.

§ 6 Darstellender Teil. (1) [1] Der darstellende Teil beschreibt die Grundlagen und die Auswirkungen des Restrukturierungsplans. [2] Der darstellende Teil enthält alle Angaben, die für die Entscheidung der von dem Plan Betroffenen über die Zustimmung zum Plan und für dessen gerichtliche Bestätigung erheblich sind, einschließlich der Krisenursachen und der zur Krisenbewältigung vorzunehmenden Maßnahmen. [3] Soweit Restrukturierungsmaßnahmen vorgesehen sind, die nicht über den gestaltenden Teil des Plans umgesetzt werden können oder sollen, sind sie im darstellenden Teil gesondert hervorzuheben.

(2) [1] Der darstellende Teil enthält insbesondere eine Vergleichsrechnung, in der die Auswirkungen des Restrukturierungsplans auf die Befriedigungsaussichten der Planbetroffenen dargestellt werden. [2] Sieht der Plan eine Fortführung des Unternehmens vor, ist für die Ermittlung der Befriedigungsaussichten ohne Plan zu unterstellen, dass das Unternehmen fortgeführt wird. [3] Dies gilt nicht, wenn ein Verkauf des Unternehmens oder eine anderweitige Fortführung aussichtslos ist.

(3) Sieht der Restrukturierungsplan Eingriffe in die Rechte von Gläubigern aus gruppeninternen Drittsicherheiten (§ 2 Absatz 4) vor, sind in die Darstellung auch die Verhältnisse des die Sicherheit gewährenden verbundenen Unternehmens und die Auswirkungen des Plans auf dieses Unternehmen einzubeziehen.

§ 7 Gestaltender Teil. (1) Der gestaltende Teil des Restrukturierungsplans legt fest, wie die Rechtsstellung der Inhaber der Restrukturierungsforderungen, der Absonderungsanwartschaften, der Rechte aus gruppeninternen Drittsicherheiten und der Anteils- oder Mitgliedschaftsrechte (Planbetroffenen) durch den Plan geändert werden soll.

(2) [1] Soweit Restrukturierungsforderungen oder Absonderungsanwartschaften gestaltet werden, ist zu bestimmen, um welchen Bruchteil diese gekürzt, für welchen Zeitraum sie gestundet, wie sie gesichert und welchen sonstigen Regelungen sie unterworfen werden sollen. [2] Satz 1 gilt entsprechend für die Gestaltung der Rechte aus gruppeninternen Drittsicherheiten (§ 2 Absatz 4).

(3) Soweit vertragliche Nebenbestimmungen oder Vereinbarungen nach § 2 Absatz 2 gestaltet werden, legt der gestaltende Teil fest, wie diese abgeändert werden sollen.

[1)] **Habersack, Deutsche Gesetze Nr. 110.**

(4) [1] Restrukturierungsforderungen können auch in Anteils- oder Mitgliedschaftsrechte an dem Schuldner umgewandelt werden. [2] Eine Umwandlung gegen den Willen der betroffenen Gläubiger ist ausgeschlossen. [3] Insbesondere kann der Plan eine Kapitalherabsetzung oder -erhöhung, die Leistung von Sacheinlagen, den Ausschluss von Bezugsrechten oder die Zahlung von Abfindungen an ausscheidende an dem Schuldner beteiligte Personen vorsehen. [4] Der Plan kann vorsehen, dass Anteils- oder Mitgliedschaftsrechte übertragen werden. [5] Im Übrigen kann jede Regelung getroffen werden, die gesellschaftsrechtlich zulässig ist. [6] § 225a Absatz 4 und 5 der Insolvenzordnung[1)] ist entsprechend anzuwenden.

§ 8 Auswahl der Planbetroffenen. [1] Die Auswahl der Planbetroffenen hat nach sachgerechten Kriterien zu erfolgen, die im darstellenden Teil des Plans anzugeben und zu erläutern sind. [2] Die Auswahl ist sachgerecht, wenn

1. die nicht einbezogenen Forderungen auch in einem Insolvenzverfahren voraussichtlich vollständig erfüllt würden,
2. die in der Auswahl angelegte Differenzierung nach der Art der zu bewältigenden wirtschaftlichen Schwierigkeiten des Schuldners und den Umständen angemessen erscheint, insbesondere, wenn ausschließlich Finanzverbindlichkeiten und die zu deren Sicherung bestellten Sicherheiten gestaltet werden oder die Forderungen von Kleingläubigern, insbesondere Verbrauchern, Klein- und Kleinstunternehmen oder mittleren Unternehmen, unberührt bleiben oder
3. mit Ausnahme der in § 4 genannten Forderungen sämtliche Forderungen einbezogen werden.

§ 9 Einteilung der Planbetroffenen in Gruppen. (1) [1] Bei der Festlegung der Rechte der Planbetroffenen im Restrukturierungsplan sind Gruppen zu bilden, soweit Planbetroffene mit unterschiedlicher Rechtsstellung betroffen sind. [2] Es ist zu unterscheiden zwischen

1. den Inhabern von Absonderungsanwartschaften,
2. den Inhabern von Forderungen, die im Fall der Eröffnung eines Insolvenzverfahrens als nicht nachrangige Insolvenzforderungen geltend zu machen wären, nebst darauf entfallender Zinsen und Säumniszuschläge (einfache Restrukturierungsgläubiger),
3. den Inhabern von Forderungen, die im Fall der Eröffnung eines Insolvenzverfahrens nach § 39 Absatz 1 Nummer 4, 5 oder Absatz 2 der Insolvenzordnung[1)] als nachrangige Insolvenzforderungen anzumelden wären (nachrangige Restrukturierungsgläubiger), wobei für jede Rangklasse eine Gruppe zu bilden ist, und
4. den Inhabern von Anteils- oder Mitgliedschaftsrechten.

[3] Sieht der gestaltende Teil des Restrukturierungsplans Eingriffe in die Rechte von Gläubigern aus gruppeninternen Drittsicherheiten vor, bilden die davon betroffenen Gläubiger eigenständige Gruppen.

(2) [1] Die Gruppen können nach Maßgabe wirtschaftlicher Interessen in weitere Gruppen unterteilt werden. [2] Sie müssen sachgerecht voneinander abgegrenzt werden. [3] Die Kriterien für die Abgrenzung sind im Plan anzugeben. [4] Kleingläubiger sind im Rahmen der nach Absatz 1 zu bildenden Gruppen zu eigenständigen Gruppen zusammenzufassen.

[1)] **Habersack, Deutsche Gesetze Nr. 110.**

§ 10 Gleichbehandlung von Planbetroffenen. (1) Innerhalb jeder Gruppe sind allen Planbetroffenen gleiche Rechte anzubieten.

(2) [1] Eine unterschiedliche Behandlung der Planbetroffenen in einer Gruppe ist nur mit Zustimmung aller Planbetroffenen, zu deren Lasten die unterschiedliche Behandlung geht, zulässig. [2] In diesem Fall ist dem Restrukturierungsplan die zustimmende Erklärung eines jeden Planbetroffenen, zu dessen Lasten die unterschiedliche Behandlung geht, beizufügen.

(3) Jedes Abkommen des Schuldners oder Dritter mit einzelnen Planbetroffenen, durch das diesen für ihr Verhalten bei Abstimmungen oder sonst im Zusammenhang mit dem Restrukturierungsverfahren ein nicht im Plan vorgesehener Vorteil gewährt wird, ist nichtig.

§ 11[1)] Haftung des Schuldners. [1] Ist im Restrukturierungsplan nichts anderes bestimmt, wird der Schuldner mit der im gestaltenden Teil vorgesehenen Befriedigung der Gläubiger von seinen restlichen Verbindlichkeiten gegenüber diesen aus den in den Plan einbezogenen Restrukturierungsforderungen und Absonderungsanwartschaften befreit. [2] Handelt es sich bei dem Schuldner um eine rechtsfähige Personengesellschaft oder eine Kommanditgesellschaft auf Aktien, so gilt Satz 1 entsprechend für die persönliche Haftung der unbeschränkt haftenden Gesellschafter.

§ 12 Neue Finanzierung. [1] In den Restrukturierungsplan können Regelungen zur Zusage von Darlehen oder sonstigen Krediten aufgenommen werden, die zur Finanzierung der Restrukturierung auf der Grundlage des Plans erforderlich sind (neue Finanzierung). [2] Als neue Finanzierung gilt auch deren Besicherung.

§ 13 Änderung sachenrechtlicher Verhältnisse. [1] Sollen Rechte an Gegenständen begründet, geändert, übertragen oder aufgehoben werden, so können die erforderlichen Willenserklärungen der Beteiligten in den gestaltenden Teil des Restrukturierungsplans aufgenommen werden. [2] Sind im Grundbuch eingetragene Rechte an einem Grundstück oder an eingetragenen Rechten betroffen, so sind diese Rechte unter Beachtung des § 28 der Grundbuchordnung[2)] genau zu bezeichnen. [3] Für Rechte, die im Schiffsregister, im Schiffsbauregister oder im Register für Pfandrechte an Luftfahrzeugen eingetragen sind, gilt Satz 2 entsprechend.

§ 14 Erklärung zur Bestandsfähigkeit; Vermögensübersicht; Ergebnis- und Finanzplan. (1) Dem Restrukturierungsplan ist eine begründete Erklärung zu den Aussichten darauf beizufügen, dass die drohende Zahlungsunfähigkeit des Schuldners durch den Plan beseitigt wird und dass die Bestandsfähigkeit des Schuldners sicher- oder wiederhergestellt wird.

(2) [1] Dem Restrukturierungsplan ist eine Vermögensübersicht beizufügen, in der die Vermögensgegenstände und die Verbindlichkeiten, die sich bei Wirksamwerden des Plans gegenüberstünden, mit ihren Werten aufgeführt sind. [2] Zudem ist aufzuführen, welche Aufwendungen und Erträge für den Zeitraum, während dessen die Gläubiger befriedigt werden sollen, zu erwarten sind und durch welche Abfolge von Einnahmen und Ausgaben die Zahlungsfähigkeit des Unternehmens während dieses Zeitraums gewährleistet werden soll. [3] Dabei sind neben den Restrukturierungsforderungen auch die vom Plan unberührt bleibenden Forde-

---

[1)] § 11 Satz 2 geänd. mWv 1.1.2024 durch G v. 10.8.2021 (BGBl. I S. 3436).
[2)] **Habersack, Deutsche Gesetze Nr. 114.**

rungen sowie die künftig nach dem Plan zu begründenden Forderungen zu berücksichtigen.

§ 15[1] Weitere beizufügende Erklärungen. (1) Handelt es sich bei dem Schuldner um eine rechtsfähige Personengesellschaft oder eine Kommanditgesellschaft auf Aktien, so ist dem Restrukturierungsplan eine Erklärung der Personen beizufügen, die nach dem Plan persönlich haftende Gesellschafter des Unternehmens sein sollen, dass sie zur Fortführung des Unternehmens auf der Grundlage des Plans bereit sind.

(2) Sollen Gläubiger Anteils- oder Mitgliedschaftsrechte oder Beteiligungen an einer juristischen Person, einem Verein ohne Rechtspersönlichkeit oder einer rechtsfähige Personengesellschaft übernehmen, so ist dem Restrukturierungsplan die Zustimmungserklärung eines jeden dieser Gläubiger beizufügen.

(3) Hat ein Dritter für den Fall der Bestätigung des Restrukturierungsplans Verpflichtungen gegenüber den Gläubigern übernommen, so ist dem Plan die Erklärung des Dritten beizufügen.

(4) Sieht der Restrukturierungsplan Eingriffe in die Rechte von Gläubigern aus gruppeninternen Drittsicherheiten vor, so ist dem Plan die Zustimmung des verbundenen Unternehmens beizufügen, das die Sicherheit gestellt hat.

§ 16 Checkliste für Restrukturierungspläne. [1] Das Bundesministerium der Justiz und für Verbraucherschutz macht eine Checkliste für Restrukturierungspläne bekannt, welche an die Bedürfnisse von kleinen und mittleren Unternehmen angepasst ist. [2] Die Checkliste wird auf der Internetseite www.bmjv.bund.de veröffentlicht.

Abschnitt 3. Planabstimmung

Unterabschnitt 1. Planangebot und Planannahme

§ 17 Planangebot. (1) [1] Das an die Planbetroffenen gerichtete Angebot des Schuldners, den Restrukturierungsplan anzunehmen (Planangebot), hat den deutlichen Hinweis darauf zu enthalten, dass der Plan im Fall seiner mehrheitlichen Annahme und gerichtlichen Bestätigung auch gegenüber Planbetroffenen wirksam wird, die das Angebot nicht annehmen. [2] Dem Planangebot ist der vollständige Restrukturierungsplan nebst Anlagen sowie eine Darstellung der bereits angefallenen und der noch zu erwartenden Kosten des Restrukturierungsverfahrens einschließlich der Vergütung des Restrukturierungsbeauftragten beizufügen.

(2) Aus dem Planangebot muss hervorgehen, mit welchen Forderungen oder Rechten der jeweilige Planbetroffene in den Restrukturierungsplan einbezogen ist, welchen Gruppen der Planbetroffene zugeordnet ist und welche Stimmrechte die ihm zustehenden Forderungen und Rechte gewähren.

(3) Hat der Schuldner vor Abgabe des Planangebots nicht allen Planbetroffenen Gelegenheit zur gemeinschaftlichen Erörterung des Plans oder des Restrukturierungskonzepts gegeben, das durch den Plan umgesetzt werden soll, hat das Planangebot den Hinweis darauf zu enthalten, dass auf Verlangen eines Planbetroffenen oder mehrerer Planbetroffener eine Versammlung der Planbetroffenen zwecks Erörterung des Plans abgehalten wird.

---

[1] § 15 Abs. 1, 2 geänd. mWv 1.1.2024 durch G v. 10.8.2021 (BGBl. I S. 3436); Abs. 2 geänd. mWv 1.1.2024 durch G v. 22.12.2023 (BGBl. 2023 I Nr. 411).

(4) [1] Sofern im Verhältnis zu einzelnen Planbetroffenen nichts anderes vereinbart ist, unterliegt das Planangebot der Schriftform. [2] Bestimmt der Schuldner im Planangebot keine andere Form, unterliegt auch die Planannahme der Schriftform.

§ 18 Auslegung des Planangebots. Im Zweifel ist anzunehmen, dass das Planangebot unter der Bedingung steht, dass sämtliche Planbetroffene zustimmen oder dass der Plan gerichtlich bestätigt wird.

§ 19 Annahmefrist. [1] Für die Annahme des Restrukturierungsplans setzt der Schuldner eine Frist. [2] Die Frist beträgt mindestens 14 Tage. [3] Sie kann kürzer sein, wenn dem Plan ein Restrukturierungskonzept zugrunde liegt, das allen Planbetroffenen seit mindestens 14 Tagen in Textform zugänglich gemacht ist.

§ 20 Abstimmung im Rahmen einer Versammlung der Planbetroffenen.

(1) [1] Der Schuldner kann den Restrukturierungsplan im Rahmen einer Versammlung der Planbetroffenen zur Abstimmung stellen. [2] Die Einberufung erfolgt schriftlich. [3] Die Einberufungsfrist beträgt 14 Tage. [4] Räumt der Schuldner die Möglichkeit einer elektronischen Teilnahme ein, beträgt die Frist sieben Tage. [5] Der Einberufung ist der vollständige Restrukturierungsplan nebst Anlagen beizufügen.

(2) Das Planangebot kann vorsehen, dass Planbetroffene auch ohne Anwesenheit an dem Versammlungsort teilnehmen und sämtliche oder einzelne ihrer Rechte ganz oder teilweise im Wege elektronischer Kommunikation ausüben können (elektronische Teilnahme).

(3) [1] Den Vorsitz der Versammlung führt der Schuldner. [2] Er hat jedem Planbetroffenen auf Verlangen Auskunft über den Restrukturierungsplan und die für die sachgemäße Beurteilung des Plans relevanten Verhältnisse sowie im Fall des § 2 Absatz 4 Satz 1 jeder betroffenen Tochtergesellschaft zu erteilen. [3] Planbetroffene haben das Recht, Vorschläge zur Abänderung des Plans zu unterbreiten. [4] Die Vorschläge sind dem Schuldner mindestens einen Tag vor dem Beginn der Versammlung in Textform zugänglich zu machen.

(4) In der Versammlung kann auch dann über den Plan abgestimmt werden, wenn dieser aufgrund der Erörterungen in der Versammlung inhaltlich in einzelnen Punkten abgeändert wird.

(5) [1] Jede Gruppe der Planbetroffenen stimmt gesondert ab. [2] Im Übrigen legt der Schuldner die Modalitäten der Abstimmung fest. [3] Üben Planbetroffene ihr Stimmrecht elektronisch aus, ist diesen der Zugang der elektronisch abgegebenen Stimme elektronisch zu bestätigen. [4] Die Stimmabgabe ist auch ohne Teilnahme an der Versammlung bis zum Ende der Abstimmung möglich.

§ 21 Erörterung des Restrukturierungsplans. (1) Findet eine Abstimmung im Rahmen einer Versammlung der Planbetroffenen nicht statt, ist unter den Voraussetzungen des § 17 Absatz 3 auf Verlangen eines Planbetroffenen eine Versammlung der Planbetroffenen zur Erörterung des Plans abzuhalten.

(2) [1] Die Einberufung erfolgt schriftlich. [2] Die Frist zur Einberufung beträgt mindestens 14 Tage. [3] Räumt der Schuldner die Möglichkeit einer elektronischen Teilnahme ein, beträgt die Frist sieben Tage.

(3) § 20 Absatz 3 gilt entsprechend.

Für handschriftliche Notizen

Für handschriftliche Notizen

Für handschriftliche Notizen

Für handschriftliche Notizen

Für handschriftliche Notizen

Für handschriftliche Notizen

Für handschriftliche Notizen

Für handschriftliche Notizen

Für handschriftliche Notizen

Für handschriftliche Notizen

Für handschriftliche Notizen

Für handschriftliche Notizen

Für handschriftliche Notizen

Für handschriftliche Notizen

Für handschriftliche Notizen

Für handschriftliche Notizen

Für handschriftliche Notizen

Für handschriftliche Notizen

Für handschriftliche Notizen

Für handschriftliche Notizen